纪念天津图书馆成立112周年

天津图书馆新编历史文献目录五种

天津图书馆 编

下

国家图书馆出版社

天津图书馆馆藏

新中国成立前中文期刊目录

天津图书馆新编历史文献目录五种

（1884—1949）

王永华 编

国家图书馆出版社

编辑说明

天津图书馆肇始于 1908 年,新中国成立后由直隶图书馆、天津市立图书馆和原天津图书馆三家馆合并而成。天津图书馆馆藏新中国成立前的中文期刊大部分是这三家馆的旧藏,在社会动荡和经费短缺的情况下,历经战乱和水患,能够保存至今,值得庆幸,更显珍贵,它们是天津图书馆馆藏历史文献的重要组成部分。经过多年的整理、著录和编次,20 世纪 80 年代,《馆藏建国前中文期刊目录(1890—1949)》(以下简称"草目")油印本问世,为方便广大读者查阅和利用这部分文献发挥了积极作用。

由于当时条件所限,"草目"不仅油印的数量不多,而且存在着一些舛误和缺陷,既有一种期刊拆成两种、两种期刊合成一种的情况,也有因为对合订本旧刊核查不细,造成一些刊期漏著的问题。特别是随着时间的推移和馆藏建设的陆续进行,"草目"已不能真正反映馆藏旧刊的全貌,从而影响到读者阅读和文献的开发与利用。在天津图书馆领导的安排下,笔者开始重新对馆藏期刊进行全面细致的核查,并以"草目"为底本,着手进行馆藏目录的新编工作。

第一,对馆藏旧刊逐一翻阅和著录,校正文字和刊期,补充空缺的著录项目;对著录信息不明确,需要推定的内容,加著"[   ]"号;对一种期刊拆成两种的进行合并,对两种期刊合成一种的进行拆分。

同时,改变"草目"对画刊独立编排的方法。"草目"将画刊集中编排,附在正文之后,有的读者不了解这一特点,就会造成漏检;而且对"画刊"的收录标准不清,存在有的画刊没有收录,有的不是画刊却收入其中的问题。此次,在保持画刊馆藏位置和馆藏号不变的前提下,采取目录混排的方法,使其在目录中既不独立,又容易识别。

第二,收集旧平装书和古籍中混藏的期刊。为了新编目录能够全面反映馆藏情况,将旧平装书目录和普本古籍目录翻检一遍,查出旧刊 118 种,其中未见著录的有 110 种。古籍中的期刊一般为线装形式,是年代较早的品种,如清代的《燃犀画报》和《点石斋画报》等,以其图文并茂的内容尤其引人注目。特别是《燃犀画报》,为首次发现的清代天津石印画报。清代天津出版的画报很少,此前有记载的仅有 5 种。遗憾的是《燃犀画报》已经重新装订,可以采录的信息很少,无法以独立的条目进行著录,所以未能收入到本目录中。

对于这些在馆藏形式上已经成为旧平装书或古籍的期刊,采取了保持现状与合并归整相结合的办法。新发现的品种,著录时维持其馆藏号和馆藏位置不变;对已有著录的期刊零种,能归整的归整,不能归整的补著刊期,并在注释项中注明该部分的馆藏号。

第三,整理未经著录的书刊 600 多册,从中发现新种期刊 26 种 103 期,补充著录原有期刊 28 种 269 期。对新刊种进行给号著录,原有刊种进行补充著录,新购藏的影印本期刊也进行了给号

1

著录,并将它们全部排入馆藏。经过清整也发现了一些很有价值的期刊,如《东亚声》,为天津东亚毛纺厂的厂刊,全国各大图书馆都未见著录。"草目"仅著录第 1 期和第 27 期,此次补充著录第 2 至 24 期,新增 23 期,使该刊的馆藏著录趋于完整。

第四,对收入《1833—1949 全国中文期刊联合目录》(以下简称《联合目录》)的期刊,加注"总藏"和其在《联合目录》中的页码,使读者能参照检索,全面了解每种馆藏旧刊在全国各家图书馆的总体收藏和存世情况。

《联合目录》于 1961 年编成,1981 年修订再版,共收录中文期刊近两万种。全国有 50 个省市级以上图书馆的馆藏收入其中,令人遗憾的是天津图书馆没有位列其中。据统计,《天津图书馆馆藏新中国成立前中文期刊目录(1884—1949)》中无"总藏"项的期刊有 1026 种,这部分期刊未收入在《联合目录》中,但有可能是天津图书馆特藏。这里说的"有可能",是因为《联合目录》或许受时代观念的影响和篇幅数量的制约,其收录的期刊是有选择性的。《联合目录》"编例"称:

> 仅收录比较有参考价值的品种。县级以下的期刊和有关中小学与儿童教育的期刊,酌量选收。至于纯属反动宣传、诲淫诲盗以及反动宗教会道门等毫无学术史料参考价值的期刊,不予收录。伪满、伪华北、汪伪等汉奸军政机关出版的期刊,除自然科学方面的期刊酌收外,其他的不予收录。

通过对《联合目录》和本目录中无"总藏"项期刊的分析判断,可以大致了解该刊是《联合目录》不予收录的,还是天津图书馆所特藏的。

经过几个寒暑,在对每种旧刊进行逐一校阅和重新著录后,新目录的手稿终于编写完成,并受到天津图书馆领导的重视,列入馆藏系列目录的出版计划。随即开始了下一阶段的文字录入、校对和编排工作。

根据多年编制书目索引和版面制作的经验,本书先将信息录入电子表格,后经格式转换等处理,完成编辑工作。本目录在电子文本录入的基础上,不仅实现条目的排序,而且便于对相关著录项目进行统计分析,从而获得了馆藏旧刊较为全面、准确的信息,同时也为读者提供了多渠道检索的途径。

本目录的编制和出版离不开天津图书馆各位领导的帮助和指导,他们对工作环境和办公设备都做了悉心安排,保障了数据处理的顺利完成。再有,国家图书馆出版社也为本书出版给予了专业指导,使图书质量有了大幅提高。在此一并表示感谢。

由于编者水平所限,难免存在舛误疏漏之处,恳请方家和广大读者不吝赐教。

编者

2018 年 7 月

凡　例

一、本目录收录天津图书馆所藏新中国成立前国内外出版的中文期刊3905种。

为客观、全面反映馆藏文献，不论旧刊政治立场、道德观念如何，尽可能悉数收录，对个别明确具有反动宣传作用的期刊不予收录。有些馆藏文献的期刊特征并不明显，原应归入报纸或普通图书，但考虑已将其归入期刊，同样予以收录。有的期刊在新中国成立后继续出版，为了体现馆藏的完整性，1949年以后出版的部分也予以著录。

本目录采用标准简体字著录，按刊名汉语拼音音序排列。并附有《刊名首字拼音索引》和《刊名首字笔画索引》，以便于读者检索。

二、本目录的著录方法参照《馆藏建国前中文期刊目录(1890—1949)》(以下简称"草目")，并根据馆藏情况予以变通。著录项目一般包括馆藏号，刊名，刊期，编辑出版者，出版地，创刊停刊年月、卷期，注释，总藏，馆藏等内容。

(一)馆藏号

1.馆藏号一般由5位阿拉伯数字组成，如《半月文摘》馆藏号为"44591"。画刊的馆藏号增加一个英文大写字母"H"，如《北洋画报》馆藏号为"44388H"。

2.有的期刊分散在其他文献中，其馆藏号也有所不同。在古籍中的期刊，其馆藏号前有英文大写字母"P"，如《点石斋画报》馆藏号为"P12409"；在普通书中的期刊，其馆藏号为"中图法"分类号加著者号，如《安徽大学年刊》馆藏号为"(旧参)G684/AHD"。

3.一种期刊分散收藏在不同文献中的，著录其主体部分的馆藏号，并加"等"字，其余部分的馆藏号在注释项中予以说明。

(二)刊名

1.一般按照原刊名著录，依次以封面、版权页及其他信息源所题为依据。

2.凡刊名改变但卷期连续的，以馆藏现存最晚出版的刊名著录，另为其他刊名作互见条目。刊名有改变，而馆藏又不完整的期刊，可能出现刊名著录与《联合目录》不完全相同的情况。

3.凡刊名改变且卷期另起的，按不同品种分别著录，但在各刊的注释项中说明它们之间的关系。

4.刊名前冠有"国立"字样的，"国立"二字外加括号，刊名排序时不计算在内。

(三)刊期

1.刊期著录于刊名之后，并外加括号。原刊名包括刊期或能反映刊期的，不再著录。

2.在原刊中没有注明刊期的，根据该刊出版的时间间隔，予以推定；难以推定的暂缺。

3.刊期有变化的，以馆藏现存最晚出版的刊期著录，并在注释项中说明刊期的变化。

（四）编辑出版者

1.旧中文期刊的编辑者和出版者，一般为同一责任者。如二者不同时，以编辑者著录为主，但个人编辑者不予著录。

2.凡刊名中包含编辑出版者名称的，采取简化著录方式。如天津市立通俗图书馆编辑的"天津市立通俗图书馆月刊"，即著录为"该馆"。

3.凡编辑出版者有改变的，著录馆藏现存最晚出版的期刊责任者名称，另在注释项中加以说明。

4.凡编辑出版者不明确的，根据该刊其他信息源予以推定，著录时外加"［　　］"；难以查明的著录"［不详］"。

（五）出版地

1.出版地一般著录城市名称，较小的城市及地区名称，则冠以省或自治区名称；在国外出版的期刊，在出版地前均冠以国别。

2.出版地有改变的，以馆藏现存最晚的刊期著录，另在注释项中说明出版地的变化。

3.城市名称有变更的情况，一般按该刊出版时的名称著录。

4.凡出版地不明确的，根据该刊其他信息源予以推定，著录时外加"［　　］"；难以查明的著录"［不详］"。

（六）创刊停刊年月、卷期

1.只著录首尾的出版年月和卷期。根据馆藏不能确定年月和卷期的，依《联合目录》著录；《联合目录》未收的品种，凡停刊年月不能确定的，以馆藏该刊最后年月和卷期为准。

2.凡中途有停刊、复刊、新刊、改版等变化的，如复刊、新刊、改版后卷期不另起，仍采用首尾出版年月和卷期总著录的办法；如卷期另起，则采用另起一行分段著录的办法。复刊卷期前加"复"字，另起新卷期的加"新"字，改版的卷期前加"改"字，发行试刊的卷期前加"试刊"二字。（卷期前所加字样适用于馆藏项）

3.在著录创刊停刊年月时，年与月之间用"."隔开。在著录创刊停刊卷期时，卷期之间用"："标识；以年代卷的，年后加"："。

4.无明确创刊停刊年月、卷期的，推定的年月、卷期，著录时外加"［　　］"；难以推定的年月和卷期，在不能推定的部分加"？"。如：年月为"［19？］""［193？］""［1935.？］"，卷期为"［？］"。

（七）注释

1.说明刊名、刊期、编者及出版等情况的变化。

2.新中国成立后影印的期刊，说明其影印的时间及出版单位等情况。

3.馆藏情况的说明。

（八）总藏

1.凡收入《联合目录》的品种，依据《联合目录》著录此项。在"总藏"二字后著录该刊在《联合目录》中的页码，并用"（　）"标识。

2.通过"总藏"可以了解著录于《联合目录》的全国各家单位入藏该刊总藏量,对比"馆藏",可以了解我馆的特藏部分。

(九)馆藏

1.著录馆藏每种期刊的现存情况,按出版年和卷期分两栏著录。

2.能够区分每一年出版卷期情况的,分年著录;难以区分的则采用连续著录的方法。

3.复刊、新刊、改版后分段著录的,只在其起始卷期前加注相应的标识文字。

4.影印期刊与原件分开著录,原件在前,影印件在后,影印件在起始出版年前加"影"字。

目　录

编辑说明 ……………………………………………………………………………… 003

凡例 …………………………………………………………………………………… 005

天津图书馆馆藏新中国成立前中文期刊目录（1884—1949）……………………… 009

刊名首字拼音索引 …………………………………………………………………… 439

刊名首字笔画索引 …………………………………………………………………… 447

A

45458

爱国报（半月刊）

中华圣教总会　上海

1923.5—1925.2　1—41

总藏　（960）　1—33,41

馆藏　1923　6

　　　　1924　22—24,26—27

46380

爱伦（月刊）

爱伦月刊社　北平

1945.11—1946.1　1:1—2

总藏　（960）　1:1—2

馆藏　1946　1:2

（旧参）**G684/AHD**

安徽大学年刊

该校廿一级级友会　安庆

1932.10　1

总藏　（441）　1

馆藏　1932　1

47511

安徽大学月刊

该校编译委员会　安庆

1933.2—1935.6　1—2:

本刊自1936年1月起改名为"安大季刊",卷期另起。

总藏　（441）　1—2:

馆藏　1933　1:3

46753

安徽高等法院公报（季刊）

该院公报处　安庆

1929.12—1934.6　1—5:2

本刊原为月刊,自2卷1931年起改为季刊,卷

期续前。

总藏　（446）　1—3:2;4:3—4;5:1—2

馆藏　1931　2:1—2

46574

安徽建设

见"安徽建设月刊"

47137

安徽建设公报（旬刊）

安徽省建设厅秘书处　安庆

1931.1—1932.6　1—40

本刊自37期起改为半月刊。

总藏　（443）　1—40

馆藏　1931　1—8,29—30

46574

安徽建设月刊

安徽省政府建设厅编译处　安庆

1929.1—1931.8　1—3:8

本刊原名为"安徽建设",自2卷11期1930年

11月改用本名,卷期续前。

馆藏　1929　1:1—12

　　　　1930　2:1,3—12

　　　　1931　3:1—8

44092

安徽教育（季刊）

安徽省教育厅　安庆

1918.1—1924.8　1—61

1929.10—1933.4　新1—3:4

1933.5—1934.9　新1:1—4

1942.1—1943.12　新1—4:

本刊原为月刊,自1929年10月起改为半月刊,

新2卷1932年起改为月刊,卷期续前。1933年

5月起改为季刊,卷期另起。1942年改为月刊,

卷期又另起。抗战期间改在立煌出版。

总藏　（446）　1—61;新1:1—22;2:1—12;

　　　　　　　　3:1—4;新1:1—4;新1—4:

馆藏　1918　3

　　　　1919　14—24

　　　　1920　25—36

　　　　1921　37—48

1922　49—56
1924　58—59
[1930]　新1:7—13
1933　新1:1

44097

安徽教育通讯(半月刊)

教育通讯社　安徽

1948.1—10　1—2:1

本刊原由安徽教育厅总务处编,自1卷3期1948年2月起改由安徽教育通讯社编。

总藏　(448)　1—2:1

馆藏　1948　1:1—8,10

47136

安徽教育行政旬刊

见"安徽教育旬刊"

47136

安徽教育行政周刊

见"安徽教育旬刊"

47136

安徽教育旬刊

安徽省府教育厅秘书处　安庆

1928.4—1932.12　1—5:

1933.1—12　新1:

本刊原名为"安徽教育行政周刊"。共出5卷,1卷出36期,2卷出46期,3至5卷每卷出50期。1933年1月起改名为"安徽教育行政旬刊",卷期另起。自新1卷30期起改用本名,卷期续前。新1卷共出36期。

总藏　(446)　1—5:;新1:

馆藏　1933　新1:12,14—15,23—24,29,36

47692

安徽省教育工作月报

该省政府教育厅　安庆

1929.1—11　1—11

总藏　(445)　1—4,8—10

馆藏　1929　8,11

44096

安徽实业杂志(月刊)

安徽实业杂志编辑所　安庆

1917.5—1920.[2]　1—32

总藏　(443)　1—5,7—9,11—32

馆藏　1920　31

46703

安徽水利(半月刊)

安徽省水利局　合肥

1948.2　1—2

总藏　(441)　1—2

馆藏　1948　1—2

47876

安徽俗话报(半月刊)

科学图书社　芜湖

1904.3—1905.8　1—22

本刊1983年由人民出版社影印。

总藏　(446)　2—3,10,12—13,21—22

馆藏　影1904　1—18

　　　1905　19—22

44093

安琪儿(周刊)

安琪儿社　北平

1929.10—1930.10　1—40

馆藏　1929　1—12

　　　1930　13—40

44094

安庆女中校刊

安徽省立安庆女子中学　安庆

[193?]—1937.5　1—11

馆藏　1936　8—10

　　　1937　11

B

ba

47587

八德杂志(季刊)

八德推行社　北平

1947.3　1

馆藏　1947　1

45316

巴黎新世纪

见"新世纪"

见"新世纪"

bai

46883

白鹅（半月刊）

白鹅出版社　上海

1930.3—5　1—4

总藏　（413）　2,4

馆藏　1930　1—2

45950

白河（周刊）

白河周刊社　天津

1931.1—1933.5　1—2:26

总藏　（413）　1—2:26

馆藏　1931　1:3—5

　　　1932　2:1—2

44997

百美图（月刊）

艺友出版社　上海

1938.11—1939.8　1:1—7

馆藏　1938　1:1

　　　1939　1:4—7

46351

拜耳医疗新报

拜耳药品无限公司　上海

[19?]—1943　1—17:5

总藏　（876）　12:1—3,5;13:9—10;14:8;

　　　　　　　15:2,5—8;16:1—3,5,8;17:

　　　　　　　2,4—5

馆藏　1940　14:1—2,5

　　　1941　15:7

　　　1942　16:7

　　　1941　17:1—2,5

ban

44074

半月

大东书局　上海

1921.9—1925.11　1—4:

总藏　（284）　1—4:

馆藏　1921　1:1—8

　　　1922　1:9—24;2:1—7

　　　1923　2:8—24;3:1—7

　　　1924　3:8,10—24;4:1

　　　1925　4:13—16,19,24

47211

半月文萃

半月文萃社　桂林

1942.5—1944.6　1—3:3

1946.1—3　复1—3

本刊第 1 卷出 12 期,2 卷出 6 期。3 卷 3 期

1944 年 6 月后曾停刊,1946 年复刊,期数另起。

总藏　（284）　1—3:3;复1—3

馆藏　1943　2:1—5

44591

半月文摘

华中图书公司　汉口

1937.10—1939.7　1—3:

本刊自 3 卷 2 期 1939 年起迁重庆出版。1 至

3 卷,每卷出 8 期。

总藏　（285）　1—3:

馆藏　1937　1:4

44076

半月戏剧

半月戏剧出版社　上海

1937.6—1948.11　1—6:

总藏　（285）　1—5:9;6:

馆藏　1937　1:1—3

　　　1938　1:4—12;2:1

　　　1939　2:2—7

　　　1940　2:8—12;3:1—2

　　　1941　3:4—11

　　　1942　3:12;4:1—3,5—7

　　　1943　4:8—10,12;5:1

　　　1944　5:3—6

　　　1946　6:1

　　　1947　6:2—7

　　　1948　6:8—12

45396

保险季刊

中国保险学会　上海

1936.9—1937.6　1:1—4

总藏　（897）　1:1—3

馆藏　1936　1:1—2

　　　1937　1:3—4

45393

保险界(半月刊)

太平、安平、丰盛保险公司　上海

1935.10—1942.1　1—8:2

本刊原名为"太安丰保险界"，自5卷起改用本名。

总藏　（897）　1—8:2

馆藏　1935　1:1—5

　　　1936　2:1—22,24

　　　1937　3:1—14

　　　1940　6:4,6—10,17—21,23—24

　　　1941　7:1

44789

报报(周刊)

报报出版社　重庆

1946.1—9　1—3:

本刊每卷出13期。

总藏　（615）　1—3:

馆藏　1946　1:1—13;2:1—13;3:1—9,

　　　　　　11—13

47499

报学季刊

申时电讯社　上海

1934.10—1935.8　1:

总藏　（615）　1:

馆藏　1934　1:1

　　　1935　1:3—4

45949

报学月刊

报学社　上海

1929.3—6　1:1—4

总藏　（615）　1:1—4

馆藏　1929　1:2—3

44712

报学杂志(半月刊)

报学杂志社　南京

1948.8　试刊1

1948.8—1949.1　1:1—10

本刊在发行第1期前曾出试刊号。

总藏　（615）　试刊1;1:1—10

馆藏　1948　试刊1;1:1—8

44444

北碚月刊

北碚嘉陵三峡乡村建设实验区署北碚月刊编辑部　四川巴县

1936.8—1949.11　1—4:2

本刊原名为"工作月刊"，1卷4期1936年12月后改用本名，卷期续前。

总藏　（372）　1—4:2

馆藏　1936　1:1—3

　　　1937　1:5

44430

北辰

见"工商学志"

44430

北辰杂志

见"工商学志"

45931H

北晨画报(周刊)

晨报社　北平

1931.1—11　1:1—44

本刊原名为"北晨评论及画报"，自1卷26期起改用本名。自1934年改名为"北晨画刊"，卷期另起。

总藏　（371）　1:1—35,37—44

馆藏　1931　1:28,30—38,40—44

45931H

北晨画刊（周刊）

晨报社　北平

1934.5—1937.4　1—12:1

本刊前身为"北晨画报"。自7卷11期1936年2月后改出134期,至139期1936年3月后,续出8卷1期。

总藏　（371）　1:1—13;2:1,3—13;3—6:13;
　　　　　　　7:1—11;8—11:13

馆藏　1934　1:1—13;2:1—13;3:1—7
　　　1935　3:8—13;4:1—13;5:1—13;
　　　　　　6:1—13;7:1—7
　　　1936　7:8—11;134—139;8:1—13;9:
　　　　　　1—13;10:1—13;11:1
　　　1937　11:2—13;12:1

45931H

北晨评论及画报

见"北晨画报"

46596

北大工程

北京大学工学院自治会　北平

1948　1

总藏　（359）　1

馆藏　1948　1

44988

北大化讯（双月刊）

国立北京大学化学系同学会　重庆

1944.3—1947.3　1—19

总藏　（359）　1—19

馆藏　1946　17
　　　1947　18—19

46885

北大清华联合报（旬刊）

北京大学清华大学学生自治会　北平

1948.10—11　1—6

总藏　（359）　1—6

馆藏　1948　2—6

46432

北大日刊

北京大学　北平

1917.11—1930.12　1—2526

本刊原名为"北京大学日刊",自2142期1929年4月改用本名,期数续前。1981年由人民出版社影印。

馆藏　影1917　1—36
　　　1918　37—279
　　　1919　280—512
　　　1920　513—778
　　　1921　779—928
　　　1923　1145—1376
　　　1926　1840—2016
　　　1927　2017—2141
　　　1929　2142—2320
　　　1930　2321—2526

46459

北大学生（月刊）

北京大学学生月刊委员会　北平

1930.6—1931.6　1:1—6

总藏　（359）　1:1—6

馆藏　1931　1:4

46459

北大学生周刊

北京大学出版组　北平

1930.12—1932.1　1—2:3

总藏　（359）　1:1—10;2:1—3

馆藏　1931　2:2
　　　1932　2:3

44946H

北戴河（周刊）

北戴河社　上海

[1946.?]—6　1—11

馆藏　1946　11

44946H

北戴河（周刊）

北戴河社　天津

1947.1—1948.12　1—92

总藏　（373）　1—16,18—33,37—38,70,
　　　　　　　　77,79

馆藏　1947　22,34,38,45
　　　　1948　87—89,91—92

47330
北戴河海滨公报(年刊)
北戴河自治区公署　北戴河
[19?]—1935　1—5
馆藏　1934　4
　　　　1935　5

45597
北调(月刊)
北调月刊社　天津
1935.1—1936.8　1—4:2
总藏　(373)　1—2:;3:2—3,5—6;4:2
馆藏　1935　1:2;2:2

46727
北斗(月刊)
北斗杂志社　上海
1931.9—1932.7　1—2:4
本刊收入《中国现代文学史资料丛书(乙
种)》,由上海文艺出版社影印。
总藏　(359)　1—2:4
馆藏　1932　2:1
　　　影 1931　1:1—4
　　　　1932　2:1—4

(旧参)**P416. 22/1931—1933**
北方大港港址气象潮位年报
交通部铁道部北方大港筹备委员会　天津
1931—1933　1—3
总藏　(360)　1—3
馆藏　1931　1
　　　　1932　2
　　　　1933　3

44985
北方公论(周刊)
北方公论社　北平
1932.9—1935.5　1—98
总藏　(360)　2—98
馆藏　1932　8—10
　　　　1933　24—28

44382
北方经济旬刊
北方经济建设协会研究部　北平
1946.7—1947.5　1—2:8
总藏　(361)　1—2:8
馆藏　1946　1:1—14,18

47347
北方评论
北方评论社　北平
1928.[?]—11　1—2
馆藏　1928　2

45942
北方青年(半月刊)
清华园北方青年社　北平
1937.6　1:1—2
总藏　(360)　1:1—2
馆藏　1937　1:1

44987
北方青年(半月刊)
北方青年半月刊社　天津
1947.6—1948.10　1—3:
本刊原为月刊,自2卷1948年起改为半月刊。
总藏　(360)　1—3:
馆藏　1947　1:2—6
　　　　1948　2:1—6;3:1—3

46544
北方文化(半月刊)
北方文化社　张家口
1946.3—8　1—2:6
总藏　(360)　1—2:6
馆藏　1946　1:2,4—6;2:2—4,6

44986
北方杂志(月刊)
北方杂志社　北平
1946.11—1948.10　1—4:4
总藏　(360)　1—4:4
馆藏　1947　1:4—6;2:3,6
　　　　1948　3:5—6;4:1—4

47388
北方杂志(月刊)
晋冀鲁豫边区文联北方杂志社　邯郸
1946.6—1947.3　1—2:2
总藏　(360)　1—2:2
馆藏　1946　1:1—3,5—6

45002
北风(旬刊)
北风旬刊社　天津
1933.11—1934.1　1—7
总藏　(361)　1—7
馆藏　1933　2

45977
北光(月刊)
北光书店　沈阳
1946.3—7　1:1—3
总藏　(367)　1:1—2
馆藏　1946　1:1—3

45003
北京大学半月刊
该校学生自治会　北平
1948.3—9　1—11
总藏　(368)　1—11
馆藏　1948　2—5,7

46432
北京大学日刊
见"北大日刊"

47535
北京大学学生周刊
北京大学学生会　北京
1920.1—5　1—17
本刊1980年由人民出版社影印。
总藏　(359)　1—17
馆藏　影1920　1—17

44605
北京大学研究所国学门周刊
该所　上海
1925.10—1926.8　1—24

1926.10—1927.11　新1:1—8
本刊自1926年10月起改为月刊,期数另起。
总藏　(368)　1—24;新1:1—8
馆藏　1925　1—12
　　　　1926　13—17

47151
北京大学月刊
该校　北京
1919.1—1922.2　1:1—9
总藏　(368)　1:1—9
馆藏　1919　1:1

46378
(国立)北京工大旅哈同学会年刊
该会　哈尔滨
1931.1　1
馆藏　1931　1

47553H
北京画报(三日刊)
北京画报社　北平
1928.6—1932.9　1—243
本刊原为周刊,自89期改为三日刊。
总藏　(369)　1—243
馆藏　1928　1—10,12—27
　　　　1929　28—35,37—64
　　　　1930　65—86,88—89,91—146
　　　　1931　147—148,150—182,184—200,
　　　　　　　203—223
　　　　1932　224—243

47826H
北京画报(月刊)
北京画报社　北京
1926.11—1928.1　1—2:3
本刊自2卷1期1927年起,改为半月刊。
总藏　(369)　1:1—6;2:1—3
馆藏　1926　1:4

44990
北京近代科学图书馆馆刊(不定期刊)
该馆　北京
1937.9—1939.7　1—6

总藏　（369）　1—6
馆藏　1938　4—5
　　　1939　6

44981

北京漫画(月刊)

武德报社　北京

[1940.1]—1943.8　1—4:8

馆藏　1941　2:5—11
　　　1942　3:5—12
　　　1943　4:1—5,8

(旧参)**G658.1/YJB**

北京女子高等师范幼稚教育研究

该校幼稚教育研究会　北京

1920.12　1

馆藏　1920　1

46961

北京体育专科学校校刊(半月刊)

该校　北京

1939.4—1942.5　1—50

总藏　（369）　1—50

馆藏　1941　37,39—45
　　　1942　46—50

44982

北京图书馆月刊

见"（国立）北平图书馆馆刊"

44989

北京医药月刊

国医职业分会　北京

1939.1—8　1—8

馆藏　1939　1,3—5,7—8

44372

北宁日刊

北宁铁路管理局总务处文书课　天津

[19?]—1938　1—2136

馆藏　1931　150
　　　1933　872—873,887,896,905,911
　　　1934　923—925,929—930,947,949,
　　　　　　951—952,961,966,968,980—

984,987,991—997,1000,1003,
1012,1020,1022—1025,1030—
1031,1033,1038,1050,1071—
1073,1110,1020
　　　1935　1304,1315,1319—1320,1323,
　　　　　　1325
　　　1937　2011—2061
　　　1938　2136

44992

北宁铁路车务公报

见"北宁铁路运输公报"

47398

北宁铁路管理局局报

该局　[天津]

1938.3—4　3—4月号外:2

馆藏　1938　3月号外:1—3;4月号外:2

44992

北宁铁路运输公报(周刊)

北宁铁路管理局运输处　天津

1930.3—1931.3　1—2:8

本刊原名为"北宁铁路车务公报",自1卷17期起改用本名。

总藏　（361）　1—2:8

馆藏　1930　1:1—37,39—40
　　　1931　2:1—8

44984

北平半月剧刊

半月剧刊社　北平

1936.9—1937.5　1—18

总藏　（363）　1—18

馆藏　1936　1—8
　　　1937　9—10,12—18

44982

北平北海图书馆月刊

见"（国立）北平图书馆馆刊"

47122

(国立)北平大学工学院半月刊

该院　北平

1934.1—1937.4   1—34

总藏 （361）   1—21,29—34

馆藏   1934   12

45154

（国立）北平大学农学院农业经济学会会刊
（季刊）

该会   北平

1930.12—1931.12   1—4

总藏 （361）   1—4

馆藏   1930   1

44983

（国立）北平大学区教育旬刊

该校秘书处   北平

1929.3—7   1—12

总藏 （361）   1—12

馆藏   1929   12

（旧参）**D928/GBF** 等

（国立）北平大学学报（年刊）

该校校长办公室   北平

1932.5—1936.［?］   1:1—5

本刊 1 卷 4 期馆藏号为"（旧参）Z426/BDN"。

总藏 （362）   1:1—5

馆藏   1933   1:2

　　　　1935   1:4

46031

北平风（半月刊）

北平风报社   北平

1946.9—12   1:1—5

总藏 （362）   1:1—5

馆藏   1946   1:1—5

46714H

北平画报（周刊）

北平画报社   北平

1928.8—1929.5   1—41

馆藏   1928   1—22

　　　　1929   23—41

46391

北平剧世界月刊

见"剧世界月刊"

46333

北平青年（周刊）

青年社   北平

1945.9—11   1—8

总藏 （365）   1—8

馆藏   1945   2

45605

（国立）北平师范大学月刊

该校   北平

1932.11—1937.3   1—32;专刊

总藏 （364）   1—32;专刊

馆藏   1932   1

　　　　1933   2—8

　　　　1934   9—16;专刊

　　　　1935   17,19,23

　　　　1936   24—30

　　　　1937   31—32

44999

北平市市立第一普通图书馆馆刊

该馆   北平

1931.6   1

总藏 （362）   1

馆藏   1931   1

44979

北平市市政公报（周刊）

市政府   北平

1928.7—12   1—6

1929.1—6   新 1—177

1929.7—1937.12   新 1—426

本刊原名为"北平特别市市报"月刊,1929 年 1 月改为日刊,期数另起。自 1929 年 7 月起改名为"北平特别市市政公报",并改为周刊,期数另起。自新 65 期起改用本名。自 1946 年 6 月起改名为"北平市政府公报"半月刊,卷期另起。

总藏 （362）   1—6;新 1—177;新 1—406,
　　　　　　　　　408—426

馆藏   1928   1—4

1929 新 57—116
1930 新 27—47
1931 78—127
1932 128—179
1933 180—216,221—223,225—229
1934 230—256,258—281
1935 282—302,304—311,313—319,
323—324,329—330
1936 335—386
1937 387—404

47091

北平市卫生处第一卫生区事务所年报

该所 北平

［1926］—1938 1—13

总藏 （362） 13

馆藏 1934 9

47333 等

北平市政府工务局工务合刊

该局 北平

1929—1932

本刊原名为"北平特别市工务局工务特刊"，
自 1930 年起改用本名。1930 年刊馆藏号为
"（线装）P28480"。

总藏 （363） 1929—1932

馆藏 1929
1930

44978

北平市政府公报(半月刊)

市政府编审室 北平

1946.7—1948.7 1—3:14

本刊前身为"北平市市政公报"。

总藏 （363） 1—3:14

馆藏 1947 2:12

44996

北平市政统计(月刊)

市政府统计处 北平

1946.10—1948.8 1—3:8

总藏 （363） 1:1—2;2:;3:5,8

馆藏 1947 2:1,3

44994

北平私立木斋图书馆季刊

该馆 北平

1937.2—5 1—2

总藏 （365） 1—2

馆藏 1937 1—2

47333

北平特别市工务局工务特刊

见"北平市政府工务局工务合刊"

44979

北平特别市市报

见"北平市市政公报"

44999

**北平特别市市立第一普通图书馆周年纪
念刊**

该馆 北平

1930.3 1

馆藏 1930 1

44979

北平特别市市政公报

见"北平市市政公报"

44982

(国立)**北平图书馆馆刊**(双月刊)

该馆 北平

1928.5—1937.1 1—11:1

本刊原名为"北京图书馆月刊"，自 1 卷 5 期
1928 年 10 月起改名"北平北海图书馆月刊"，
又自 3 卷 1 期 1929 年起改名"（国立）北平图
书馆月刊"，自 4 卷 1 期 1930 年起改用本名，
并改为双月刊。

总藏 （365） 1—11:1

馆藏 1928 1:1—6
1929 2:1—6;3:1—6
1930 4:1—6
1931 5:1—6
1932 6:1—6
1933 7:1—6
1934 8:1—6
1935 9:1—6

1936　10:1—6
1937　11:1

(旧参)**G259.28/GLB 等**

(国立)**北平图书馆馆务报告**(年刊)

该馆　北平

1927—1937

本刊 1932 和 1934 年刊的馆藏号为"(旧参)G259.281/BTG",1933 年刊的馆藏号为"(旧参)G259.281/BTG—6"。

总藏　(366)　1927—1937

馆藏　1931

　　　1932

　　　1933

　　　1934

　　　1935

44995

北平图书馆协会会刊(不定期刊)

该会　北平

1924.8—1933.5　1—5

总藏　(365)　1—5

馆藏　1929　2

44982

(国立)**北平图书馆月刊**

见"(国立)北平图书馆馆刊"

45136

(国立)**北平研究院院务汇报**(双月刊)

该院　北平

1930.5—1936.11　1—7:

本刊 1 卷出 4 期。

总藏　(366)　1—7:

馆藏　1930　1:1—2,4

　　　1935　6:1—3,5

　　　1936　7:1—6

46487

北平医刊(月刊)

北平医刊社　北平

1933.1—1937.7　1—5:7

总藏　(365)　1—5:7

馆藏　1936　4:9

1937　5:6

46749

北平医药月刊

医药月刊社　北平

1935.1—5　1:1—3

总藏　(365)　1:1—3

馆藏　1935　1:3

47833

北平邮刊(月刊)

北平邮票会　北平

1945.9—1948.1　1—28

1948.5—12　新 1—6

本刊原由北平邮币公司编,1948 年 5 月改由北平邮票会编,期数另起。

总藏　(365)　1—28;新 1,3—6

馆藏　1946　13—15

　　　1947　16—24

　　　1948　新 1—3

47528

北平中法大学理学院特刊(季刊)

该院　北平

1935—1944　1—20

总藏　(362)　1—2,4—7,9—11,14—20

馆藏　1940　11

46082

北强月刊

民友书局　北平

1934.4—1935.6　1—2:6;专号

本刊原为双月刊,自 1 卷 3 期起改为月刊。

总藏　(372)　1—2:6;专号

馆藏　1935　专号

45001

北新(半月刊)

北新书局　上海

1926.8—1930.12　1—4:

本刊原为周刊,自 2 卷 1 期 1927 年 11 月起改为半月刊。

总藏　(372)　1—4:

馆藏　1926　1:1—15,17—19

1927 　1：20—26，31，41—52；2：1—4

1928 　2：5—12

1929 　3：13—17，19—23

1930 　3：24；4：1—10，12—15，17，19—20

44494

北洋半月刊

　见"北洋月刊"

44480

北洋大学季刊

　该校季刊社　天津

　1927.11　1：1

　馆藏　1927　1：1

45468

北洋大学校季刊

　该校季刊社　天津

　1915.12—1916.3　1—2

　总藏　（370）　1

　馆藏　1915　1

　　　　1916　2

45006

北洋大学周刊

　见"北洋周刊"

46431

（国立）北洋工学院工科研究所研究丛刊

　该院　天津

　1935.11—1937.［？］　1—13

　总藏　（370）　1—13

　馆藏　1935　1

　　　　1936　2—11

　　　　1937　12

45814

（国立）北洋工学院四十周年纪念画刊

　该院　天津

　1935.10　1

　馆藏　1935　1

47596

北洋官报

北洋官报局　天津

［1903］—1911　1—2732

馆藏　1903　36

　　　1908　1851—1853

　　　1911　2732

44388H

北洋画报（隔日刊）

北洋画报社　天津

1926.7—1937.7　1—1587

本刊原为周刊，继改为三日刊，最后改为隔日刊。1985年8月由书目文献出版社影印。

总藏　（371）　1—1587

馆藏　1926　1—50

　　　1927　51—150

　　　1928　151—263

　　　1929　264—416

　　　1930　417—570

　　　1931　571—722

　　　1932　723—877

　　　1933　878—1031

　　　1934　1032—1179

　　　1935　1180—1341

　　　1936　1342—1350，1407—1498

　　　1937　1499—1584

影 1926　1—50

　　　1927　51—150

　　　1928　151—263

　　　1929　264—416

　　　1930　417—570

　　　1931　571—722

　　　1932　723—877

　　　1933　878—1031

　　　1934　1032—1179

　　　1935　1180—1341

　　　1936　1342—1498

　　　1937　1499—1587

45005

北洋理工季刊

国立北洋工学院　天津

1933.3—1937.6　1—5：2

总藏 （371）　1—5：2
馆藏　1933　　1：1—4
　　　1934　　2：1—4
　　　1935　　3：1—4
　　　1936　　4：1—4
　　　1937　　5：1—2

45671

北洋校刊（月刊）

国立北洋大学　天津

1948.4—10　1—6

总藏 （371）　1—6
馆藏　1948　1—6

46552

北洋校友通讯

国立北洋大学同学会总会　贵阳

1942.5　1

馆藏　1942　1

45004

北洋学报（周刊）

北洋官报总局　天津

1906.1—12　1—46

本刊馆藏为汇编本。

总藏 （371）　1—33,36,38—46
馆藏　1906　汇1—6,19—24

46157

北洋医学学友会会报（年刊）

该会　天津

[1920]—1925　1—6

馆藏　1924　5
　　　1925　6

44494

北洋月刊

北洋大学学生会　天津

1929.7—9　1—4

1929.11—12　新1：1—2

本刊原名为"北洋半月刊",自1929年11月
起改为月刊,卷期另起。

总藏 （370）　1—4;新1：1—2
馆藏　1929　1—3;新1：1—2

45006

北洋周刊

国立北洋大学学生自治会　天津

1927.6—1933.5　1—66

1933—1937　新1—165

1947.5—10　复1—4

本刊原名为"北洋大学周刊",由北洋大学学生会
编,后改用本名。1933年改由北洋工学院学生会
编,期数另起。抗战期间曾停刊,1947年5月复
刊,由北洋大学学生自治会编,期数另起。

总藏 （370）　1,37—66;新1—165;复1—4
馆藏　1932　37—47
　　　1933　新1,4—5
　　　1934　6—24,26—27,29—50
　　　1935　51—91
　　　1936　92—108,110—119,121—137
　　　1937　138—139,141—159,161—164
　　　1947　复1—4

45000

北银月刊

北海银行总行　山东

1947.7—1949.2　1—复6

本刊曾停刊,1948年9月复刊,期数另起。

总藏 （373）　1;复1—6
馆藏　1948　复1

47584

北直农话报

高等农业学堂　保定

1905.11—1906.10　1—20

总藏 （370）　2—11,18—20
馆藏　1906　15

47314

贝满季刊

[贝满学校]季刊委员会　[北京]

1940.6　1

馆藏　1940　1

ben

44658

奔流（月刊）

北新书局　上海

1928.6—1929.8　1—2∶5

本刊第 1 卷共出 10 期。

总藏　（738）　1—2∶5

馆藏　1928　1∶1—7

　　　　1929　1∶8—10;2∶1—5

46260

本行通讯(半月刊)

中国农民银行经济研究处　南京

1941.1—1948.[9]　1—186

总藏　（228）　1—140,143—167,169—186

馆藏　1946　137—138,143—144

　　　　1947　153—154,156,158,160

　　　　1948　176

bi

47890

笔谈(半月刊)

笔谈社　香港

1941.9—12　1—7

本刊 1981 年 10 月由上海书店影印。

总藏　（961）　1—7

馆藏　影 1941　1—7

bian

46750

边疆半月刊

边疆半月刊社　南京

1936.8—1938.4　1—3∶

本刊第 1 卷出 9 期。

总藏　（354）　1—3∶

馆藏　1936　1∶7—8

　　　　1937　2∶5—6,8

45590

边疆人文(双月刊)

南开大学文科研究所　天津

1943.9—1947.12　1—4∶

本刊在昆明创刊,自 4 卷 1947 年起迁至天津
出版。

总藏　（355）　1—4∶

馆藏　1947　4∶1—6

45589

边疆通讯(月刊)

蒙藏委员会边疆通讯社　南京

1942.11—1948.11　1—5∶11

本刊在四川巴县创刊,自 4 卷 1947 年起迁至
南京出版。

总藏　（355）　1—5∶11

馆藏　1947　4∶4,12

（新善）**G67—55/BJB**

边区教育通讯(月刊)

边区教育厅　延安

[1945.12]—1949.1　1—3∶2

总藏　（352）　1∶4—5;3∶1—2

馆藏　1946　1∶5—6;2∶1

（新善）**573.914/11213**

边区政报(不定期刊)

晋冀鲁豫边区政府秘书处　[河南武安]

[194?]—1947　1—69

总藏　（352）　39,41,47,50—51,53,55—58,

　　　　　　　　60—69

馆藏　1947　69

45588

边事研究(月刊)

边事研究会　南京

1934.12—1942.3　1—13∶2

本刊在抗战期间迁重庆出版。

总藏　（353）　1—13∶2

馆藏　1937　6∶1

47232

边政(季刊)

宁属屯垦委员会　西昌

1941.4—11　1—3

总藏　（354）　1—3

馆藏　1941　1

45801

鞭(半月刊)

鞭杂志社　上海

1948.12—1949.1   1—3
总藏 （1256） 1—3
馆藏 1948   2

biao

46019

标准（季刊）

工商部中央标准局   南京

1944.7—1948.10   1—11

本刊原名为"工业标准通讯"半年刊,在重庆创刊,由经济部标准委员会编。自6期1947年5月起改用本名。1945年起改为不定期刊,1946年起改为季刊,迁至南京出版,并改由经济部中央标准局编印。自10期起改由工商部中央标准局编印。

总藏 （846） 1—11
馆藏 1945   2—3,5
　　　1947   7
　　　1948   8—11

45864

标准无线电（月刊）

标准无线电机厂学术部   上海

1942.3—8   1:1—6

总藏 （846） 1:1—6
馆藏 1942   1:5—6

bing

45236

兵事杂志（月刊）

浙江兵事杂志社   杭州

1914.4—1926.8   1—148

总藏 （660） 1—26,28—42,44—46,49—
　　　　　　　116,118,120—121,127—129,
　　　　　　　131—132,139—144
馆藏 1914   1,3
　　　1915   13
　　　1917   34—36
　　　1918   53
　　　1921   81
　　　1922   103—104

1923   105—109,116
1924   118—128
1925   130—134,136—140
1926   141—148

47294

兵站通讯

第七兵站   ［不详］

1947.1   1

馆藏 1947   1

47681

丙辰（月刊）

丙辰杂志社   上海

1916.1—1917.6   1—4

总藏 （294） 1—4
馆藏 1916   1

47661

丙寅杂志（月刊）

丙寅杂志社   北京

1926.12—［？］ 1—2

总藏 （294） 1—2
馆藏 1926   1

46453

并州学院月刊

该院月刊社   太原

1933.1—1934.6   1:1—7

总藏 （476） 1:1—7
馆藏 1934   1:7

bo

44796

播音教育月刊

教育部社会教育局   南京

1936.11—1937.10   1:1—10

总藏 （1242） 1:1—10
馆藏 1936   1:1—2
　　　1937   1:3—6

47603

泊声

河北省第九师范学校   河北泊镇

［1933］　1—2

馆藏　［1933］　2

44798

博物学杂志(季刊)

中华博物学研究会　上海

1914.10—1928.10　1—2：

总藏　(1092)　1—2：

馆藏　1923　2：1

　　　1927　2：2—3

　　　1928　2：4

45725

渤海月刊

渤海月刊社　天津

1947.6　1

馆藏　1947　1

bu

44495

不忍(月刊)

广智书局　上海

1913.2—1917.12　1—10

本刊自 8 期 1913 年 11 月后曾停刊,1917 年

12 月复刊,复刊 1 期即总号 9 期。

总藏　(164)　1—10

馆藏　1913　1—8

　　　1917　9—10

C

cai

46330

财政部公报

见"财政公报"

46388

财政公报(周刊)

财政部总务司　南京

［19?］—1942.12　1—116

馆藏　1941　53—89

1942　90—97,99—116

46330

财政公报(月刊)

财政部总务司　南京

1927.8—1937.6　1—111

1940.1—1945.6　新 1—6：12

本刊自 1940 年 1 月迁重庆,改名为"财政部公

报",并改为半月刊,卷期另起。

总藏　(956)　1—111；新 1—6：12

馆藏　1933　60

　　　1935　82—93

　　　1936　94—105

　　　1937　108

45066

财政评论(月刊)

财政评论社　上海

1939.1—1948.9　1—19：3

本刊在香港创刊,后迁重庆,抗战胜利后迁上

海出版。1 至 18 卷,每卷出 6 期。

总藏　(957)　1—19：3

馆藏　1939　1：1—6；2：1—6

　　　1940　3：1—6；4：1—6

　　　1941　5：1—6；6：1—4

　　　1947　16：3—6；17：1,5

　　　1948　18：1—6；19：1—2

47754

财政统计

特别市公署财政局统计室　北京

［1939］—1940　1—14

馆藏　1939　10

　　　1940　11,13—14

46478

财政统计通讯

财政部统计处　南京

1945.12—1948.10　1—24

总藏　(959)　1—24

馆藏　1946　4—7

　　　1947　8—13

　　　1948　22,24

47106

采社杂志（半年刊）

太原教育学院采社　太原

1928.6—1934.5　1—12

总藏　（796）　1—2,4—8,11—12

馆藏　1929　4

can

47401

参考材料

第一战区政治部　洛阳

[19？]—1940.2　1—6

馆藏　1940　6

46423

参议院公报

该院　北京

1913—1924

总藏　（813）　民2第1次国会:1—16;民5—
6第2期:1—54;民7第1期:
1—6,10;民8第1期:4,第2
期:1—4;民7—8临时会第2
期:1—4,7,9,12—15,17;民
9临时会第2期:2;民11第2
期:54—56;民11—13第3期:
1—19

馆藏　1922　民11第3期:1—2

　　　　1923　民12第3期:4

47254

残不废月刊

荣誉军人生产事业委员会北平分会　北平

1947.1—1948.8　1—2:20

本刊卷后期数为总期号。

总藏　（1099）　1—2:20

馆藏　1947　1:1,4—12

　　　　1948　2:13—20

44727

蚕丝杂志（月刊）

中国蚕丝杂志社　苏州

1947.1—1949.4　1—3:4

总藏　（963）　1—2:

馆藏　1947　1:1—12

　　　　1948　2:1—12

　　　　1949　3:1—4

cao

46327

草原月刊

见"草原杂志"

46327

草原杂志（月刊）

草原杂志社　北平

1936.9—1937.5　1—2:4

本刊原名为"草原月刊"，由草原文艺社编。
自2卷3期1937年4月起改用本名，并改由
草原杂志社编。第1卷出4期。

总藏　（842）　1:;2:1,3—4

馆藏　1937　2:3

ce

46065

测量公报（月刊）

参谋本部陆地测量总局　南京

[19？]—1936.7　1—79

馆藏　1932　31—33

　　　　1934　49—51,53,55—56,59—60

　　　　1936　75—76,79

47600

测验（季刊）

中国测验学会　南京

1932.5—1937.1　1—3:1

总藏　（1083）　1—3:1

馆藏　1934　2:1

cha

45064

茶话（月刊）

联华图书公司　上海

1946.6—1949.4　1—35

总藏 （843） 1—35
馆藏 1946 2,4—6
1947 8—9,11,13—19
1948 20—25,27

45819
茶阳邑侨蒙难特辑
茶阳励志社 星洲［新加坡］
1946.8 1
馆藏 1946 1

45063
茶叶研究(月刊)
茶叶研究所 福建
1943.7—1945.12 1—3：
本刊 1 至 2 卷每卷出 6 期。
总藏 （842） 1—3:6
馆藏 1943 1:1—6
1944 2:1—6
1945 3:1—12

45917
察哈尔报(月刊)
察哈尔报社 张家口
［1933.？］—1935.1 1—2:12
馆藏 1934 2:10
1935 2:11—12

46359
察哈尔教育(月刊)
察哈尔省教育厅秘书室 张家口
1935.1—1936.7 1—2:8
总藏 （1217） 1:1—9;2:1—8
馆藏 1936 2:2

47669
察哈尔日报增刊
察哈尔日报社 ［张家口］
1949.4 1
馆藏 1949 1

48016
察省建设公报(季刊)
察哈尔省建设厅 张家口

1929.［？］—1930.9 1—9
1933.10—1936.10 新 1—13
总藏 （1216） 1—7,9;新 1—6,8—13
馆藏 1936 新 13

46955
察省经济(季刊)
察哈尔省银行经济研究室 张家口
1948.8 1:1
总藏 （1216） 1:1
馆藏 1948 1:1

47156
察绥公路(季刊)
察绥公路管理处 张家口
1948.1 1
总藏 （1217） 1
馆藏 1948 1

chan

46725
产业界(月刊)
产业界月刊社 上海
1937.4—5 1:1—2
总藏 （450） 1:1—2
馆藏 1937 1:1

chang

47457
昌黎周报
昌黎周报社 昌黎
［19？］—1933.4 1—118
馆藏 1933 113,116—118

46164
昌农月刊
河北省立昌黎农业职业学校 昌黎
1947.12—1948.1 1:1—2
馆藏 1947 1:1
1948 1:2

47285
昌中校刊
省立昌乐中学 山东

［19？］—1948.1　1—3

馆藏　1948　3

46302H

长城（半月刊）

长城画刊社　北京

1939.3—1940.1　1—3:4

馆藏　1939　2:4—6;3:1—3

　　　　1940　3:4

47192

长城（半月刊）

长城书局　上海

1934.1—1937.6　1—4:

本刊自2卷3期1935年2月起改为月刊。

总藏　（398）　1—4:

馆藏　1934　1:1—16

47630

长城（月刊）

中华全国文艺协会张家口分会　张家口

1946.7—8　1:1—2

总藏　（399）　1:1—2

馆藏　1946　1:1

45711

长城季刊

绥远长城出版社　归绥

1935.6—1937.4　1—2:

总藏　（399）　1—2:

馆藏　1937　2:4

44993

长春（月刊）

长春游艺月刊社　北平

1946.9—1947.6　1—10

本刊1947年曾改为旬刊。

总藏　（398）　1—10

馆藏　1946　1—3

　　　　1947　5—7

47363

长春警察（月刊）

市警察局　长春

1946.5—1947.10　1:1—6

馆藏　1946　1:1

　　　　1947　1:2—4,6

44649

长风（月刊）

长风月刊社　上海

1929.［1］—7　1—7

总藏　（396）　1—7

馆藏　1929　4

47084

长虹周刊

狂飙出版部　北平

［19？］—1929.8　1—22

馆藏　1929　20,22

46034

长江（半月刊）

长江半月刊社　天津

1947.8　1:1—2

馆藏　1947　1:2

47414H

长江画刊

长江画刊社　南京

［19？］—1945.6　1—4:4

馆藏　1945　4:4

46759

长江水利季刊

水利工程总局　南京

1947.7—1948.10　1—2:1

本刊前身为"扬子江水利季刊"。

总藏　（397）　1—2:1

馆藏　1947　1:1

　　　　1948　1:2—4;2:1

44650

长江月刊

长江杂志社　北平

1947.7—1948.8　1—14

总藏　（397）　1—14

馆藏　1947　1—2

　　　　1948　11

47409

长寿(周刊)

长寿周刊社　上海

[1931]—1935　1—170

总藏　(398)　129—134,138—170

馆藏　1933　76—82

　　　1934　83—100

46691H

常识画报(半周刊)

常识画报社　天津

1928.11—1929.1　1—14

本刊原为周刊,自3期起改为半周刊。

馆藏　1928　1—11

　　　1929　12—14

45163

常谈(月刊)

常谈月刊社　天津

1936.6—12　1:1—7

总藏　(1044)　1:1—2,4—7

馆藏　1936　1:1—7

47593

厂庆专刊

联合勤务总司令部平津被服总厂　[北平]

1946.10　1

馆藏　1946　1

chao

47406

潮流(月刊)

潮流社　上海

1944.6—7　1—2

馆藏　1944　1—2

44393

潮声(月刊)

潮声月刊社　杭州

1942.11—1943.5　1—2:5

本刊第1卷出2期。

总藏　(1233)　1—2:5

馆藏　1942　1:1—2

　　　1943　2:1—3

46565

潮声汇刊(月刊)

之江日报社　杭州

1933.7　1

馆藏　1933　1

46564

潮音(月刊)

潮音月刊社　广州

1948.10　创刊号

馆藏　1948　创刊号

47433

潮州留省学会年刊

潮州会馆潮州留省学会　广州

1924.3　1

馆藏　1924　1

chen

47365

辰星(周刊)

辰星社　北平

1928.9—10　1—3

本刊为"朝报"副刊。

馆藏　1928　1—3

45164

晨报副镌

见"晨报副刊"

45164

晨报副刊

晨报社出版部　北京

1921:10—1928:5

本刊原名"晨报副镌",自1925年4月改用本名。1981年由人民出版社影印。

总藏　(1046)　1921:10—12;1922—1928:4

馆藏　1925:4—9

　　　1926:7

　　　1927:3—5,12

1928:1
影 1921:10—12
1922:1—12
1923:1—12
1924:1—12
1925:1—12
1926:1—12
1927:1—12
1928:1—5

47501

晨报纪念增刊(年刊)

晨报社编辑处　北京

1923—1925

总藏　（1046）　1923—1925

馆藏　1925

47412

晨风(月刊)

晨风摄影研究社　上海

1933.12—1935.[?]　1—12

总藏　（1045）　1—3,5—7,9—12

馆藏　1935　11

46666

晨光(周刊)

晨光社　杭州

1932.6—1937.8　1—6;28

总藏　（1045）　1—4:30;5:1—50;6:1—28

馆藏　1933　1:50

　　　1934　3:1—2,6,16—17

46040

晨曦(月刊)

晨曦社　天津

1946.6—1947.3　1—2:1

总藏　（1047）　2:1

馆藏　1946　1:1—6

　　　1947　2:1

44133

沉钟(半月刊)

沉钟社　北京

1926.8—1927.[?]　1—12

1932.[9]—1934.2　新1—34

本刊自1932年起期数另起。

总藏　（576）　1—12;新1—34

馆藏　1926　1—6

cheng

45632

成都市市政公报(月刊)

市政府秘书处　成都

1928.11—1932.9　1—48

本刊原由成都市政公所公报编辑处编,后改由成都市政府秘书处编。

总藏　（511）　1—4,10—27,31—33,40—48

馆藏　1929　10

44571

成师校刊(五日刊)

成达师范学校成师校刊社　北平

1934.4—1942.10　1—7:1

本刊原名为"成师月刊",自3卷1期起改用本名,并改为五日刊。自5卷1939年起又改为月刊。

总藏　（511）　1—2:;3:1,4—62;4:1—8;5:
　　　　　　　1,3—12;6:1—2,5—12;7:1

馆藏　1936　2:11—12;3:1,3—4,6—7,10,
　　　　　　　12,16—21

44571

成师月刊

见"成师校刊"

(新善)**D674/DC**

城工通讯

东北局城工部　[不详]

[194?]—1948.8　1—4

馆藏　1948　4

chi

47623

齿科月刊

齿科月刊社　天津

1935.7—9　1:1—2

馆藏　1935　1:1—2

chong

46456

崇善报(月刊)

中国良心崇善会　上海

[192?]—1934.3　1—102

馆藏　1929　56,60,63,66

1930　68,71

1931　83,86

1932　88

1933　99

1934　102

47558

崇实(月刊)

中国铁路崇实学社　绥远

1927.5—8　1—4

馆藏　1927　1—4

47731

崇实周刊

崇实初级中学校学生自治会　安徽石埭

1930.[?]—1931.6　1—17

馆藏　1930　13,15

1931　17

45398

重大校刊

见"四川省立重庆大学校刊"

46767

(国立)**重庆大学校刊**(半月刊)

该校校刊编委会　重庆

1943.5—1948.11　1—18

本刊前身为"四川省立重庆大学校刊"。

总藏　(877)　1—16,18

馆藏　1947　7—9

1948　10—16

46745

重庆清华(月刊)

清华中学　重庆

1947.1—1949.1　1—22

总藏　(879)　1—22

馆藏　1947　3—8,10—12

1948　15—19,21

46584

重庆商埠月刊

商埠督办公署　重庆

1927.1—9　1—10

总藏　(879)　1—10

馆藏　1927　3

46105

重庆市政(月刊)

市政府秘书处　重庆

1944.1—12　1—2:

本刊每卷出6期。

总藏　(878)　1—2:

馆藏　1944　1:2,4—5;2:2—6

chou

45484

绸缪月刊

绸业银行　上海

1934.9—1937.7　1—3:11

总藏　(1232)　1—3:11

馆藏　1934　1:1—4

1935　1:5—12;2:1—4

1936　2:5—12;3:1—3

1937　3:5—10

chu

47497

出版月刊

新书推荐社　上海

1929.12—1930.10　1—10

总藏　(399)　1—10

馆藏　1929　1

46748

出版月刊

中华书局　上海

1937.4—8　1—5

总藏　（399）　1—5

馆藏　1937　1—2

45599

出版月刊

见"出版周刊"

45599

出版周刊

商务印书馆　上海

[19?]—1931.12　1—408

1932.12—1937.7　新1—243

1937.10—1941.8　新1—47

本刊自1932年12月起,期数另起。1937年10月迁长沙出版,改名"出版月刊",期数又另起。

总藏　（399）　110—187,221—242,247—408;
　　　　　　　新1—243;新1—47

馆藏　1934　新66—67,71,75—77,81,83—
　　　　　　　84,86,88—89,91—92,96—97,
　　　　　　　101—109
　　　　1935　110—161
　　　　1936　162—213
　　　　1937　214—241

47141

初等教育(季刊)

初等教育季刊社　南京

1923.3—1924.12　1—2:

总藏　（580）　1—2:

馆藏　1923　1:1—3

47258

锄声(月刊)

浙江省立湘湖乡村师范学校　杭州

1933.5　1

1934.5—1936.10　新1—2:5

本刊自1934年5月起卷期另起。

总藏　（1244）　1;新1:;2:1—2,5

馆藏　1936　新2:5

46488

储汇服务(月刊)

邮政储金汇业局经济研究室　上海

1941.4—1948.[?]　1—87

总藏　（1255）　1—87

馆藏　1948　84

chuan

45210

川边季刊

中国银行　重庆

1935.3—1936.6　1—2:2

总藏　（100）　1—2:2

馆藏　1935　1:1—4
　　　　1936　2:1—2

chuang

45431

创导(半月刊)

创导社　南京

1937.5—1938.[?]　1—3:2

本刊自2卷3期起迁汉口出版。

总藏　（528）　1—3:2

馆藏　1937　1:1—6

47043

创化(月刊)

中国文化协会　上海

1932.5—7　1—3

1933.3　新1:1

本刊自1933年3月起改名为"创化季刊",卷期另起。

总藏　（527）　1—3;新1:1

馆藏　1932　1—3

47043

创化季刊

见"创化"

45428

创进(周刊)

创进出版社　上海

1948.7—12　1:1—21

总藏　（528）　1:1—21

馆藏　1948　1:1—20

45427

创世(半月刊)

创世社　上海

1947.9—1948.7　1—19

总藏　(528)　1—19

馆藏　1948　13—17

45432

创造(季刊)

创造社　上海

1922.3—1924.11　1—2:2

总藏　(529)　1—2:2

馆藏　1922　1:1—2

　　　　1923　1:3—4

　　　　1924　2:1—2

46066

创造日汇刊

创造社　上海

1932　1—100

总藏　(529)　1—100

馆藏　1932　1—100

45429

创造月刊

创造社　上海

1926.3—1928.12　1—2:6

总藏　(529)　1—2:6

馆藏　1926　1:1—5

　　　　1927　1:6—7

　　　　1928　1:8—12;2:1—4

45434

创造周报

创造社　上海

1923.5—1924.5　1—52

总藏　(529)　1—52

馆藏　1923　1—34

　　　　1924　35—52

45430

创作(半月刊)

创作杂志社　北平

1945.9—10　1:1—2

总藏　(528)　1:1—2

馆藏　1945　1:2

45433

创作(月刊)

薰风出版社　上海

1935.7—9　1:1—3

总藏　(528)　1:1—3

馆藏　1935　1:1—2

45435

创作与批评(月刊)

虹社　南京

1934.7—9　1—3

总藏　(529)　1—3

馆藏　1934　1—3

chun

44659

春潮(月刊)

春潮书局　上海

1928.11—1929.9　1:1—9

总藏　(833)　1:1—9

馆藏　1928　1:1—2

　　　　1929　1:3—6,8—9

47160

春柳(月刊)

春柳杂志社　天津

1918.12—1919.10　1—8

总藏　(832)　1—8

馆藏　1919　5

46090H

春明

见"京报图画周刊"

46090H

春明画报(周刊)

成报社　北平

1929.11—1930.3　1—21

总藏　(832)　10—21

馆藏　1929　1—9

　　　　1930　10—21

46436

春明增刊(周刊)

[不详] 北平

1946.9—10　1:1—2

总藏　(832)　1:1—2

馆藏　1946　1:1

44723

春秋

见"春秋月报"

46582H

春秋(月刊)

春秋画报社　上海

1947.1—1948.2　1—14

总藏　(833)　1—3,6—12

馆藏　1947　6—7,9—12

　　　1948　13—14

44723

春秋月报

春秋杂志社　上海

1943.8—1949.3　1—6:4

本刊自 6 卷 3 期 1949 年 3 月起改名为"春秋",并改为半月刊。2 卷 7 期 1945 年后曾停刊,1946 年 8 月复刊,卷期续前。第 1 卷出 10 期,2 卷出 7 期,5 卷出 6 期。

总藏　(833)　1—3:2;4:1;5—6:4

馆藏　1943　1:2—4

　　　1944　1:5—10;2:1—2

　　　1945　2:3—7

　　　1947　4:1

　　　1948　5:3—4

46529

春游

健康家庭出版社　上海

1937.4　专号

本刊为"健康家庭"专号。

馆藏　1937　专号

ci

45186

词学季刊

词学季刊社　上海

1933.4—1936.9　1—3:3

总藏　(1086)　1—3:3

馆藏　1933　1:1—3

　　　1934　1:4;2:1

　　　1935　2:2—4

　　　1936　3:1—3

47564

慈航画报(周刊)

慈航画报社　上海

[19?]—1934.10　1—66

馆藏　1934　65—66

46467

慈惠校刊

见"慈惠学校年刊"

46467

慈惠学校二十周年纪念刊

见"慈惠学校年刊"

46467

慈惠学校年刊

该校编辑委员会　天津

[193?]—1946.10　1—8

本刊原名"慈惠校刊"。7 期 1939 年后曾停刊。第 8 期为"慈惠学校二十周年纪念刊"。

馆藏　1937　5

　　　1939　7

　　　1946　8

47667

慈幼月刊

中华慈幼协济会　上海

1930.4—1932.8　1—2:

本刊 1 至 2 卷每卷出 10 期。

总藏　(1198)　1—2:

馆藏　1931　1:8

44815

磁铁(月刊)

特别市中小学党义教师党义研究会　天津

1931—1932　1—12

馆藏　1931　2—3
　　　　1932　12

cun

46382

村治月刊

村治社　北平

1929.4—1930.4　1—2:2

1930.6—1933.8　新1—3:5

本刊自2卷2期1930年4月后曾停刊。1930
年6月改为半月刊,卷期另起。自新2卷2期
1931年1月起改为不定期刊,卷期续前。

总藏　(616)　1—2:2;新1—3:5

馆藏　1929　1:4—5

47264

存诚月刊

存诚月刊社　北平

1934.11—1935.5　1:1—7

总藏　(512)　1:1—7

馆藏　1934　1:1—2

　　　　1935　1:3—5

D

da

44422

大道半月刊

新民编辑社　天津

1933.12—1934.12　1—24

总藏　(71)　1—24

馆藏　1933　1

　　　　1934　2—13,17—18,20,22,24

46845

大地(周刊)

大地周刊社　天津

1947.4　1:1

馆藏　1947　1:1

47213

大地(月刊)

国立中山大学地质学会　广州

1937.1—1940.2　1—2:2

总藏　(58)　1—2:2

馆藏　1937　1:1,6

44413

大地周报

大地出版社　北平

1945.12—1946.3　1—11

总藏　(59)　1—11

馆藏　1945　1—5

　　　　1946　6—11

47400

大东亚(周刊)

大东亚报社　北京

[19?]—1943.7　1:1—28

馆藏　1943　1:27—28

44414

大东亚公论(月刊)

电报通信社　[日本]东京

[1938]—1944.3　1—7:3

本刊原名为"远东经济月报",自5卷3期
1942年3月起改名为"大东亚经济",卷期续
前。后改用本名,卷期仍续前。

馆藏　1942　5:1—8,10—12

　　　　1943　6:1—10

　　　　1944　7:3

44414

大东亚经济

见"大东亚公论"

47639H

大东亚战争画报

华北政务委员会情报局　[北京]

[1942.?]—12　1—3

本刊为"时事解释"临时增刊。

馆藏　1942　2—3

46658

大东月报

大东书局　上海

1936.7—1937.5　1—4

总藏　(58)　1—4

馆藏　1936　1

45979

大风(旬刊)

大风社　香港

1938.3—1941.11　1—101

本刊自54期1940年1月起改为半月刊。

总藏　(58)　1—79,81—101

馆藏　1938　10—11,14—15

44415

大风月刊

大风月刊社　济南

1941.6—1944.7　1—28

总藏　(57)　1—28

馆藏　1941　2—7

　　　　1942　8—17

　　　　1944　24—25

45966

大风月刊

大风社　南京

1947.4—9　1:1—3

总藏　(58)　1:1—3

馆藏　1947　1:3

46994

大戈壁杂志(月刊)

大戈壁杂志社　北平

1932.1—5　1:1—5

总藏　(57)　1:1—5

馆藏　1932　1:3—4

44410

大公(周刊)

大公周报社　南京

1945.4—7　1—13

馆藏　1945　1—13

44411

大公园地(半月刊)

大公报社　上海

1947.5—1948.5　复1—19

本刊为大公报社"同人"半月刊。复刊前情况不详。

馆藏　1947　复1—16

　　　　1948　17—19

46968

大江月刊

大江书铺　上海

1928.10—12　1—3

总藏　(58)　1—3

馆藏　1928　2—3

46983

大流(月刊)

大流月刊社　天津

1948.10　试1

馆藏　1948　试1

44409

大陆(月刊)

大陆杂志社　上海

1932.7—1934.2　1—2:8

总藏　(64)　1—2:8

馆藏　1932　1:1—6

　　　　1933　1:7—12;2:1—5

　　　　1934　2:6—8

46851H

大陆画报(旬刊)

大陆画报社　北平

1947.12　复1

本刊复刊前情况不详。

馆藏　1947　复1

46501H

大陆画刊(月刊)

朝日新闻社　[日本]东京

1940.10—1945.4　1—6:4

馆藏　1940　1:1

　　　　1941　2:7—11

　　　　1942　3:9—12

　　　　1943　4:1—4,6—8

1944   5:1—3,5—11
1945   6:1—4

46570

大路周刊

大路周刊社   西安

1936.5—1937.1   1—34

总藏   (72)   1—29,34

馆藏   1936   3,6,15

47529

大上海(周刊)

大上海周刊社   上海

1943.[?]—8   1—3

馆藏   1943   3

46129

大上海教育(月刊)

市教育局   上海

1933.3—1935.12   1—2:10

总藏   (56)   1—2:10

馆藏   1933   1:3—5
        1935   2:2—3

46403

大声(周刊)

大声周刊社   上海

1933.4—9   1:1—25

总藏   (64)   1:1—25

馆藏   1933   1:9

45924

大声半月刊

大声半月刊社   天津

1934.11   1:1—2

馆藏   1934   1:1—2

44405

大天津(月刊)

特别市政府宣传处大天津月刊编辑部   天津

1944.1—10   1:1—10

本刊前身为"津津月刊"。

馆藏   1944   1:1—10

44407

大同(半月刊)

大同半月刊社   北平

1946.[?]—12   1—20

馆藏   1946   16—20

46242

大同(月刊)

大同中学校学生自治会学术股   北平

1935.10—11   1:1—2

馆藏   1935   1:1—2

44406

大同月刊

国民文化协会   [日本]东京

[19?]—1940.2   1—4:18

馆藏   1939   3:17
        1940   4:18

46917

大无畏周刊

大无畏周刊社   北平

1929.9—1930.8   1—16

总藏   (57)   1—2,16

馆藏   1930   8

46203

大侠魂(双周刊)

大侠魂两周刊社   南京

1932—1941   1—10:3

本刊自6卷1期起改为周刊,自7卷1期起迁至重庆出版。

总藏   (67)   1:1—40;2:1—20;3:1—13;4:
        1—24;5:1—15,23—24;6:1—
        7;7:1—30;8:1—21;9:1—22;
        10:1—3

馆藏   1935   4:9—10,15—16

45718

大夏(月刊)

大夏大学学报社   上海

1934.4—1935.3   1:1—10

总藏   (68)   1:1—10

馆藏   1934   1:1,3—7

1935　1:8—10

46404

大夏大学七周年纪念刊

该校　上海

1931.6　1

馆藏　1931　1

45754

大夏周报

大夏大学学生会　上海

1924.[？]—1949.12　1—26:2;特刊

本刊原名"大夏周刊",后改用本名。在上海创刊,自15卷1938年起迁贵阳,21卷1945年起迁贵州赤水,23卷1946年起迁回上海出版。1至86期以总期号计算,86期后改为7卷1期计算。

总藏　(68)　11—38,43—55,57—63,65—
　　　　　　86;7:1—23,25;8—14:13;
　　　　　　15:1—24;16:1—8,10—18;
　　　　　　17:1—12;18:1—12;19:1—
　　　　　　12;20:1—14,16—20;21:1—
　　　　　　2;22:1—2,4—8,10;23:1—
　　　　　　11;24—25:6;26:1—2

馆藏　1929　65,68—70

　　　1930　7:2—8,10—11;特刊

　　　1931　7:12,14—23;8:1;特刊

　　　1935　11:27—28

45754

大夏周刊

见"大夏周报"

45959

大学(月刊)

大学月刊社　成都

1942.1—1947.10　1—6:5

总藏　(65)　1—4:10;5:1—7;6:1—5

馆藏　1942　1:8,11—12

　　　1943　2:1,7

　　　1944　3:2,5—6,9—12

　　　1945　4:1—2,4—6

　　　1947　6:2—5

44416

大学评论(周刊)

南京大学评论社　南京

1948.7—1949.3　1—3:7

本刊前身为"大学周报"。1至2卷每卷出10期。

总藏　(66)　1—3:7

馆藏　1948　1:1,9;2:1—6,8

　　　1949　2:9—10;3:1—7

46677

大学生

中国大学生学术研究会　上海

[193?]—1935.7　1—2

馆藏　1935　2

46660

大学生言论(月刊)

中央大学大学生言论社　南京

1934.4—1935.3　1—8

总藏　(66)　1—8

馆藏　1935　6—7

46620H

大亚画报(五日刊)

大亚画报社　沈阳

[19?]—1931.9　1—323

馆藏　1929　164—200

　　　1930　218—223,225—227,229—247,
　　　　　　249—272

　　　1931　273—298,303—313,315—323

45867

大亚月刊

大亚月刊社　天津

[1940.?]—1941.4　1—2:1

馆藏　1940　1:2

　　　1941　2:1

44423

大侦探(半月刊)

第一编辑公司　上海

[19?]—1948.10　1—25

馆藏　1948　23—25

45630

大中(月刊)

大中杂志社 北平

1946.1—8 1:1—9

总藏 (57) 1:1—9

馆藏 1946 1:1—9

44417

大中国周报

大中国周报社 上海

1933.1—10 1—4:5

总藏 (57) 1—4:5

馆藏 1933 1:2—10;2:1—10

44902

大中华(月刊)

中华书局 上海

1915.1—1916.12 1—2:

总藏 (57) 1—2:

馆藏 1915 1:1—12

1916 2:1—12

44412

大中华杂志(月刊)

大中华杂志社 北平

1947.5—12 1—2

总藏 (57) 1

馆藏 1947 1—2

45780H

大众(月刊)

大众出版社 上海

1933.11—1935.5 1—19

总藏 (60) 1—19

馆藏 1933 1—2

1934 3—14

1935 15—19

45828

大众(月刊)

大众出版社 上海

1942.11—1945.7 1—32

总藏 (61) 1—32

馆藏 1942 1

1943 3—13

1944 15—17,19—26

1945 27—28,30,32

46133

大众论坛(半月刊)

大众论坛社 上海

1936.11—12 1:1—4

总藏 (64) 1:1—4

馆藏 1936 1:1—2

44420

大众农业(月刊)

大众农业社 上海

1948.8—1951.12 1—6:

本刊1至5卷每卷出6期。自1952年1月起与"农业科学通讯"合并。

总藏 (62) 1—5:;6:1—3,10—12

馆藏 1948 1:1—3,5

1949 2:2—5

44705

大众生活(周刊)

大众生活社 香港

1935.11—1936.2 1—16

1941.5—12 新1—30

本刊在上海创刊,自16期1936年2月后停刊,改出"永生周刊"。1941年5月在香港复刊,期数另起。1981年8月由上海韬奋纪念馆与上海书店合作影印。

总藏 (62) 1—16;新1—29

馆藏 1935 1—7

1936 8—16

影1941 新1—30

47858

大众文艺(月刊)

现代书局 上海

1928.9—1930.6 1—2:7

本刊收入《中国现代文学史资料丛书(乙种)》,1961年5月由上海文艺出版社影印。

总藏 (61) 1—2:7

馆藏 1928 1:1—4

1929　　1:5—6
1930　　2:3—6
影 1928　　1:1—4
1929　　1:5—6;2:1—2
1930　　2:3—6

47533

大众文艺丛刊(双月刊)

生活书店　香港

1948.3—7　　1—3

总藏　(61)　1—3

馆藏　1948　　1

44419

大众新闻(半月刊)

大众新闻社　南京

1948.6—1949.4　　1—2:6

本刊第 1 卷出 12 期。

总藏　(64)　1—2:6

馆藏　1948　　1:1—3,8—11

46621

大众医学月刊

大众医刊社　上海

1932.10—1935.11　　1—2:

总藏　(62)　1:

馆藏　1935　　2:11—12

44418

大众知识(半月刊)

通俗读物编刊社　北平

1936.10—1937.5　　1:1—12

总藏　(63)　1:1—12

馆藏　1936　　1:1—2,4

1937　　1:6,8—9,11—12

dang

45175

当代(月刊)

嘤嘤书屋　上海

1929.1—4　　1:1—4

总藏　(520)　1:1—4

馆藏　1929　　1:1—4

45176

当代文献(不定期刊)

中国文化服务社　上海

1942—1947　　1—7:2

本刊为英汉对照刊物。

馆藏　1942—1947　　1—6:;7:2;专册 5

45178

当代文艺(月刊)

当代文艺社　桂林

1944.1—6　　1:

本刊第 1 卷出 6 期。

总藏　(521)　1:

馆藏　1944　　1:1—6

47165

当代文艺(月刊)

神州国光社　上海

1931.1—11　　1—2:5

本刊第 1 卷出 6 期。

总藏　(520)　1—2:5

馆藏　1931　　1:1—2

45177

当代杂志(月刊)

当代杂志社　北平

1934.6　　1:1

总藏　(521)　1:1

馆藏　1934　　1:1

47051

党声旬刊

[不详]　[不详]

[1929]　　1—3

馆藏　[1929]　　3

45061

党史史料丛刊

见"革命文献丛刊"

47773

党务(周刊)

国民革命军第二十一军军特别党部　[不详]

[19?]—1929.4　　1—51

39

馆藏 1929 51

47096
谎报(月刊)
中国进步党留日东京支部 ［日本］东京
1913.4—1914.8 1—14
总藏 （1254） 1—14
馆藏 1913 1,3

dao

47840H
导光(周刊)
工商学院导光社 天津
1933.9—1937.6 1—5:21
本刊原为半月刊,自 1 卷 5 期 1933 年 11 月改
为周刊。
总藏 （512） 1—2:39;3:1—42;4:1—22,
24—42;5:1—21
馆藏 1933 1:1—12
1934 2:1—39
1935 3:1—42
1936 4:1—40
1937 4:41—42

46607
导淮委员会半年刊
该会 南京
1936.9—1947.9 1—19
总藏 （513） 1—19
馆藏 1936 1
1946 15—17
1947 18

47769
道德半月刊
万国道德总会 北平
[19?]—1936.1 1—3:2
馆藏 1936 3:2

47779
道德月刊
道德总社 济南
1933.8—1935.10 1—2:10

馆藏 1933 1:1—5
1934 1:6—12
1935 2:1—10

44342
道德杂志(月刊)
道德杂志社 济南
1921.10—1924.11 1—4:7
总藏 （1090） 1:1—4;2—4:7
馆藏 1921 1:1
1922 2:1—8
1923 2:11—12;3:1—8
1924 3:9—12;4:1—6

44341
道德专刊
道德学社 汉口
1946.8—1949.2 1—3:7
总藏 （1090） 1—3:7
馆藏 1946 1:2,4—5
1947 1:10;2:1—2,4—5
1948 2:6—9,11—12;3:1—4

44340
道路月刊
中华全国道路建设协会 上海
1922.3—1937.7 1—54:2
本刊 1 至 53 卷每卷出 3 期。
总藏 （1089） 1—54:2
馆藏 1929 28:3;29:1
1930 29:2;30:1—3;31:1—3
1931 34:3;35:3
1932 36:1—3;37:1—3;38:3;39:1
1933 39:2—3;40:1;41:1—3

di

44581
抵抗(三日刊)
抵抗三日刊社 上海
1937.8—1938.7 1—86
本刊原名为"抗战",自 7 期起采用"抗战""抵
抗"双名出刊,86 期后与"全民周刊"合并,改
名为"全民抗战",卷期另起。

总藏　（731）　1—86
馆藏　1937　1—32
　　　　1938　33—86

47651

地磁月报

市观象台　青岛

1934.［?］—1935.6　1—18

本刊又名"青岛市观象台地磁月报"。

总藏　（488）　1—18

馆藏　1935　13—14,16—17

44574

地方自治(月刊)

地方自治月刊社　上海

1947.1—1948.12　1—2:

总藏　（480）　1—2:

馆藏　1947　1:1,7—8,11
　　　　1948　2:1—10

44577

地理教学(季刊)

国立北平师范大学地理系　北平

1937.1—1947.12　1—2:4

本刊原为月刊,自2卷1947年起改为季刊。1卷6期1937年6月后曾停刊,1947年3月复刊,卷期续前。

总藏　（486）　1—2:4

馆藏　1937　1:1—6
　　　　1947　2:1

46485

地理教育(月刊)

中国地理教育研究会　南京

1936.4—1937.7　1—2:7

本刊第1卷出9期。

总藏　（486）　1—2:7

馆藏　1936　1:2,6—9
　　　　1937　2:1—7

46991

地理学报(季刊)

中国地理学会　南京

1934.9—　1—

本刊自24卷1958年起改为双月刊。原在南京出版,抗战期间曾迁重庆出版,抗战胜利后迁回南京,新中国成立后迁北京出版。

总藏　（485）　1—15:

馆藏　1935　2:2—4

44576

地理之友(季刊)

中国地理教育研究会　上海

1948.3—6　1:1—2

总藏　（485）　1:1—2

馆藏　1948　1:1—2

46398

地学季刊

中华地学会　上海

1932.7—1936.3　1—2:

总藏　（482）　1—2:

馆藏　1936　2:4

46393

地学杂志(月刊)

中国地学会　北京

1910.1—1937.3　1—25:1

本刊全年原出10期,自1912年起改为月刊,并改由3卷1期计算。自15卷1924年起改为季刊,20卷起改为半年刊,23卷起又改为季刊。1至2卷卷后期数为总期号。13卷出9期,14卷出6期,15卷出1期,16至17卷各出2期。

总藏　（482）　1—25:1

馆藏　1910　1:1—10
　　　　1911　2:11—18
　　　　1912　3:1—12
　　　　1913　4:1—12
　　　　1914　5:1—2,4—12
　　　　1915　6:3—12
　　　　1916　7:1—12
　　　　1917　8:1—12
　　　　1918　9:1—12
　　　　1919　10:1—12
　　　　1920　11:2—3,6—7,10—12
　　　　1921　12:1—2,4—10

46138

地政通讯（月刊）

地政部地政研究委员会　南京

1943.7—1948.1　1—24

1948.2—11　3:1—10

本刊原在重庆出版,自 19 期 1947 年 8 月起迁至南京出版。14 期 1944 年 8 月后曾停刊,1947 年 5 月复刊,期数续前。24 期后改为 3 卷 1 期计算,3 卷 1 至 10 期即总期号 25 至 34 期。

总藏　（484）　1—24;3:1—10

馆藏　1947　15—16,19—23

　　　1948　24;3:1—5,7—10

44572

地政月刊

中国地政学会　南京

1933.1—1937.3　1—5:3

总藏　（483）　1—5:3

馆藏　1933　1:1—12

　　　1934　2:1—12

　　　1935　3:1—12

　　　1936　4:1—12

　　　1937　5:1—3

46275

地质汇报（不定期刊）

地质调查所图书馆　北平

1919.7—1948.[?]　1—37

总藏　（487）　1—37

馆藏　1919　1

　　　1920　2

　　　1921　3

　　　1922　4

　　　1923　5(1—2)

　　　1924　6

　　　1925　7

　　　1926　8

　　　1927　9

　　　1928　10—11

　　　1929　12—13

　　　1930　14—15

　　　1931　16

　　　1933　20—23

　　　1934　24

　　　1935　25—26

　　　1936　27—28

　　　1937　29

47740 等

地质专报（不定期刊）

地质调查所　北平

1919.10—1937.1　乙种 1—10

本刊 1 期馆藏号为"（旧参）P617.2/WWH",2 期馆藏号为"（旧参）P57—53/ZHZ",3 期馆藏号为"（旧参）P57—53/ZHZ—2",5 期馆藏号为"（旧参）P534.6/YZJ",7 期馆藏号为"（旧参）P535.2/PWZ",10 期馆藏号为"（旧参）P618.44—2/DWJ"。

总藏　（486）　乙种 1—10

馆藏　1919　乙种 1

　　　1921　2

　　　1925　3

　　　1931　4

　　　1933　5

　　　1934　6—7

　　　1935　8

　　　1936　9

　　　1937　10

47538 等

地质专报（不定期刊）

地质调查所　北平

1920—1947　甲种 1—21

本刊 1 期馆藏号为"（旧参）P562.1/YLF",4 期馆藏号为"（旧参）P562.53/LJC",6 期馆藏号为"（旧参）P562.22/BEB",8 期馆藏号为"（旧参）P562/DRJ",9 期馆藏号为"（旧参）P562/ZYZ",10 期馆藏号为"（旧参）P535.2/HJQ",12 期馆藏号为"（旧参）P562.1/SJC",13 期馆藏号为"（旧参）P618.31/XJR"。

总藏　（486）　甲种 1—21

馆藏　1920　甲种 1

　　　1924　4

```
        1925    5
        1929    6
        1930    8
        1931    9
        1932    10
        1934    12
        1935    13
```

47642H

第二次世界大战画报(月刊)

良友图画杂志社　上海

1939.11—1941.9　1—15

本刊为"良友图画杂志"号外。

总藏　（1049）　1—15

馆藏　1940　2—6

　　　1941　7—15

45687

第二四六四部队公报

该公报编辑室　[天津]

[19?]—1947.11　1—9

馆藏　1947　9

47647H

第六届全运会画刊

商务印书馆　上海

1935.10　1—7

本刊为"东方杂志"号外。

馆藏　1935　6—7

47848H

第七届全国运动会画刊

申报馆　上海

1948.7　1

馆藏　1948　1

46417

第一中山大学校报

见"（国立）中山大学校报"

46118

（国立）第一中山大学语言历史学研究所周刊

见"（国立）中山大学语言历史学研究所周刊"

dian

（线装）**P12409**

点石斋画报(旬刊)

点石斋画馆　上海

1884.5—1890.12　甲集—木集12

本刊每月出 3 次，每次出 8 帧。自1884年5月起，第 1 号为甲集 1 号，至木集 12 号终刊。其中包含甲、乙、丙、丁、戊、己、庚、辛、壬、癸；子、丑、寅、卯、辰、巳、午、未、申、酉、戌、亥；元、亨、利、贞；文、行、忠、信；礼、乐、射、御、书、数；金、石、丝、竹、匏、土、革、木等集。每集有 12 期。

总藏　（863）　甲集 1—木集 12

馆藏　1884　甲集 1—12；乙集 1—12

　　　[1885]　丙集 1—12；丁集 1—12；戊集
　　　　　　　1—12；己集 1—12

　　　[1886]　庚集 1—12；辛集 1—12；壬集
　　　　　　　1—12；癸集 1—12

46077

电波(季刊)

国际电台电波季刊社　上海

1932.10—1934.1　1—5

总藏　（378）　1—5

馆藏　1934　5

47404

电工(双月刊)

中国电工杂志社　杭州

1930.5—1948.11　1—17:1

本刊自 6 卷 1935 年起迁至上海出版。第 1 卷共出 4 期。

总藏　（375）　1—8;3;9:1;10:1;11:1;12:1;
　　　　　　　13:1,3;14:1;15:1;16:1;17:1

馆藏　1931　2:5

45015

电化教育(月刊)

中国教育电影协会上海分会　上海

1936.12—1937.6　1—5

总藏 （376） 1—5
馆藏 1936 1
　　　 1937 2—5

47493

电键(月刊)

电键月刊社　天津

1929.6—1930.8　1—12

总藏 （380） 1—12

馆藏 ［1929］ 5

46652

电界(半月刊)

邓子安电气工程师事务所　北京

1917.9—1919.4　1—39

总藏 （378） 1—39

馆藏 1917 5

45026

电气

见"电气协会会报"

46014

电气(月刊)

电气杂志社　北平

1936.9—12　1:1—4

总藏 （376） 1:1—4

馆藏 1936 1:2—4

45027

电气工业杂志(月刊)

电气工业学校　北京

1920.10—1922.5　1—2:4

总藏 （376） 1—2:4

馆藏 1920 1:1—3

　　　 1921 1:4—12;2:1—3

　　　 1922 2:4

45026

电气协会会报(月刊)

中华全国电气协会　北京

1913.12—1922.［?］　1—32

本刊原名为"电气协会杂志"，又名"电气"月刊，

自31期1921年8月起改用本名，期数续前。

总藏 （376） 1—32

馆藏 1914 2—3,5—12

　　　 ［1915］ 14—15

　　　 1916 16—17

　　　 1917 18—19

　　　 1918 20,22—23

　　　 1919 24—26

　　　 1920 27—30

45026

电气协会杂志

见"电气协会会报"

45011

电声(周刊)

电声周刊社　上海

［1932.?］—1941.12　1—10:5

总藏 （377） 3—6:32;7:1—48;8:1—38;9:
　　　　　　　 1—27;10:1—5

馆藏 1934 3:3—4,7—30,32—33,37,39,
　　　　　　　 41—43,48

　　　 1935 4:1,9,11—13,15—16,18,20,22,
　　　　　　　 24,27,29—31,33,36,40—43,
　　　　　　　 48,50

　　　 1936 5:5,8,11—12,14,17,20,26—
　　　　　　　 37,39—43,46,48

　　　 1937 6:1—5,7—18,20—29

　　　 1938 7:1,3—17

　　　 1939 8:31,37

45016

电世界(月刊)

电世界社　上海

1946.6—1949.10　1—3:

总藏 （376） 1—3:

馆藏 1946 1:1—7

　　　 1947 1:8—12;2:1—6

　　　 1948 2:7—12;3:1,3

45007H

电通(半月刊)

电通画报社　上海

1935.5—11 1—13
总藏 （379） 1—13
馆藏 1935 1—2,4,7—8

45895
电信(双月刊)
电信局 北平
1947.11—1948.6 1—4
总藏 （378） 1—2,4
馆藏 1947 1—2

46409
电信界(月刊)
电信界月刊社 台北
1937.4—1949.3 1—7:8
本刊在南京创刊,抗战期间迁至成都出版。
曾停刊,1947 年 10 在台北复刊,卷期续前。
总藏 （378） 1:1—6;2:4,6,9—12;3:1—5;
4:1—2,4—6,11;5:1—3;6—
7:8
馆藏 1948 6:4,6,9,11—12;7:1—3

46425
电信杂志(季刊)
交通部电政同人公益会 上海
1933.1—1937.10 1—5:
总藏 （378） 1—5:
馆藏 1933 1:1
1934 2:2—3
1935 3:1

46929H
电影(周刊)
电影周刊社 上海
1938.[9]—1940.7 1—92
总藏 （379） 4,9—10,14—22,24,30—56,
61,63,65—80,85,87,91—92
馆藏 1938 13
1939 21,26,31,36,38,47,50,56,60,
64
1940 67,72—77,79—81,83—91

47132
电影(旬刊)

一四七画报社 北平
1946.3—6 1:1—8
总藏 （379） 1:4
馆藏 1946 1:1,3,8

46975
电影(月刊)
文华美术图书公司 上海
1930.7—1933.12 1—28;汇刊
总藏 （379） 1,3,5—7,9,11—12,16—28;
汇刊
馆藏 1931 8
1932 18—19
1933 汇刊(1—12)

47494H
电影(月刊)
环球出版社 上海
1946.1—1949.3 1—2:9
总藏 （379） 1—2:9
馆藏 1947 1:8

45109
电影风(月刊)
环球图书杂志公司 上海
1948.9—1949.4 1—7
总藏 （380） 1—7
馆藏 1948 1

45018
电影故事
青青电影出版社 上海
1948.9 1
本刊为青青电影出版社丛刊第3种。
馆藏 1

46594H
电影画报
满洲杂志社 [长春]
[19?]—1942.1 1—6:1
馆藏 1942 6:1

46672H
电影画报(月刊)
良友图书印刷有限公司 上海

45

1933—1937 1—38

本刊原为半月刊,后改为月刊。

馆藏 1933 3—5

　　　1934 10

　　　1937 38

45020

电影明星小史

青青电影出版社 上海

[194?]—1948 1—5

本刊为青青电影出版社图画丛刊第 1 种。

馆藏 1948 5

47114

电影生活

电影图书出版社 上海

1935.6—8 1—2

总藏 (380) 1

馆藏 1935 2

46708H

电影世界(月刊)

电影世界编辑部 上海

1939.5—1941.11 1—24

总藏 (380) 1—14

馆藏 1939 4

　　　1940 14

　　　1941 20,22—24

45012

电影新歌集(不定期刊)

电影新歌集出版社 天津

[19?]—1940.4 1—5

馆藏 1940 5

44317

电影新闻(周刊)

电影新闻编辑部 上海

1935.7—1939.4 1—[5]:8

馆藏 1935 1:1—7

　　　1939 [5]:6—8

45014

电影与播音(月刊)

电影与播音编刊社 南京

1942.3—1948.7 1—7:5

本刊简称"影音",在成都创刊,1946 年 5 月后迁至南京出版。1 至 6 卷每卷出 10 期。

总藏 (379) 1—7:5

馆藏 1946 5:2—3,10

　　　1947 6:7—8

　　　1948 6:9—10;7:1—4

47365

电影与文艺(周刊)

电影与文艺社 北平

1928.8—9 1—4

本刊为"朝报"副刊。

馆藏 1928 2—4

47498

电影与戏剧(旬刊)

影剧出版社 北平

1946.3—5 1—4

总藏 (379) 1—4

馆藏 1946 4

45017

电影月报

六合影片营业公司 上海

1928.4—1929.9 1—12

总藏 (379) 1—12

馆藏 1928 1—8

　　　1929 9—12

45010

电影杂志(半月刊)

影业出版社 上海

1947.10—1949.4 1—38

总藏 (380) 1—38

馆藏 1948 21,24

47331

电影周报

电影周报社 [不详]

[19?]—1938 1—5

馆藏 1938 5

44936

电影周刊

电影周刊社　天津

1924.3—9　1—28

总藏　（379）　2—28

馆藏　1924　8

46414

电友(月刊)

电报学术研究会　南京

1925.1—1937.7　1—13:3

[1947.12]—1948.11　复1—9

本刊原在北京出版,自4卷1928年迁至南京出版。曾停刊,1947年12月前后复刊,期数另起。

总藏　（376）　2—3:;4:7,9—12;5—6:;7:
　　　　　　　1—2,4,6,9,12;8—10:;11:
　　　　　　　1—3,5;12:1,3;13:3

馆藏　1948　复5,7—9

dong

44599

东北(旬刊)

东北旬刊社　北平

1933.9—1935.1　1—2:13

总藏　（317）　1—2:13

馆藏　1933　1:1—11
　　　1934　1:12,14—24,26—35;2:1—10
　　　1935　2:11—13

44163

东北(月刊)

东北大学学生自治会　北平

1936.[?]—9　1:1—3

总藏　（316）　1:3

馆藏　1936　1:3

46781

东北(月刊)

东北问题研究社　重庆

1940.3—1942.4　1—4:

本刊1至4卷每卷出6期。

总藏　（316）　1—4:

馆藏　1940　1:2,5;2:2
　　　1941　2:6;3:1,3—4

45694

东北丛刊(月刊)

辽宁省教育厅编译处　沈阳

1930.1—1931.7　1—20

总藏　（318）　1—20

馆藏　1930　1—12

44600

东北大学校刊(周刊)

该校　北平

1931.4—1936.2　1—9:14

1936.7—1938.1　新1—2:1

1944.8—1945.9　复1—15

本刊原为三日刊,自2卷起改为周刊。1936年7月改为月刊,卷期另起。曾停刊,1944年在四川三台复刊,期数另起。

总藏　（318）　1:1—14,16—17,19—22,24—
　　　　　　　27;2:1—2,6—22;3:1—3,5—
　　　　　　　14;4:3—16,18,20—22;5:;6:
　　　　　　　1—12,14;7—8:;9:1—12,14;
　　　　　　　新1:2,5—7;2:1;复1—13,15

馆藏　1935　6:12,14;7:1—8,14

46369

东北大学周刊

该校周刊编辑部　沈阳

1926—1930　1—110

1937.[?]—1938.1　新1—2:1

本刊曾停刊,1937年在四川三台复刊,卷期另起。

总藏　（317）　1—110;复1:1,3,5—6,8—
　　　　　　　11;2:1

馆藏　1930　105

46416

东北电信(月刊)

交通部第九区电信管理局　沈阳

1947.1—1948.1　1—5

总藏　（318）　1—5

馆藏 1947 1—3
　　　1948 5

45755
东北光复纪念
今日东北社、东北前锋社　北平
1945.12　1
总藏 （273） 1
馆藏 1945 1

48019
东北画报(半月刊)
东北画报社　沈阳
1945.11—　1—
本刊 1953 年改名为"东北工人"。自 127 期
1954 年 1 月起改回本名，并改为月刊。1955
年 7 月改名为"辽宁画报"。原在哈尔滨出
版，自 45 期起迁至沈阳出版。
总藏 （356） 3,5—80
馆藏 1948 36
　　　1949 46

(线装)**P1524**
东北集刊(不定期刊)
国立东北大学东北史地经济研究室　四川
三台
1941.6—1945.12　1—8
总藏 （320） 1—8
馆藏 1941 1—2

47674
东北经济(月刊)
东北经济研究社　沈阳
1947.4—6　1:1—3
总藏 （320） 1:1—3
馆藏 1947 1:1—2

44609
东北经建(月刊)
东北经建编委会　沈阳
1947.8　1:1
总藏 （320） 1:1
馆藏 1947 1:1

45449
东北军事月刊
东北保安司令长官司令部机械化杂志社
沈阳
1947.4　1
馆藏 1947 1

44601
东北科学(月刊)
东北科学技术学会　长春
1946.2—1947.8　1—2:3
总藏 （320） 1—2:3
馆藏 1946 1:3—4
　　　1947 2:1—3

44610
东北矿学会报(双月刊)
该会　辽宁北陵
1929.2—1931.6　1—3:4
总藏 （319） 1—3:4
馆藏 1929 1:1—6
　　　1930 2:1—6
　　　1931 3:1—3

47808
东北论丛(月刊)
政务委员会编纂委员会　沈阳
1948.8　1:1
馆藏 1948 1:1

46537
东北青年(周刊)
东北青年学社　北平
[19?]—1935.4　1—6:8
馆藏 1935 6:7—8

46752
东北税务通讯(月刊)
财政部辽安区税务管理局　沈阳
1946.11—1947.11　1—2:11
本刊 1 卷出 2 期。
总藏 （320） 1:;2:1—4,10—11
馆藏 1947 2:4

44608

东北文化(半月刊)

中日文化协会　大连

[19?]—1932.2　1—177

本刊原为周刊,136 期 1930 年 5 月起改为半月刊。

馆藏　1929　110

　　　1930　123—142,144—147,149

　　　1931　150,153—154,158—169,173

　　　1932　174—175,177

47892

东北文化(半月刊)

东北文化社　佳木斯

1946.10—1947.2　1—2:2

总藏　(318)　1—2:2

馆藏　1946　1:2,5

44607

东北文化月报

满蒙文化协会　大连

[1922.1]—1928.8　1—7:8

馆藏　1923　2:4—6,8—12

　　　1924　3:1—3,5,7—12

　　　1925　4:1—7,9—12

　　　1926　5:1—2,4—5,7,11

　　　1927　6:2,5—6,8,11

　　　1928　7:3—4,6,8

44606

东北问题(周刊)

东北大学东北问题编委会　北平

[1932.1]—1935.3　1—220

总藏　(320)　137—138

馆藏　1934　208

　　　1935　220

44602

东北新建设(月刊)

东北新建设杂志社　沈阳

1928.10—1931.5　1—3:5

总藏　(320)　1—2:2;3:1—5

馆藏　1929　[1:8]

45812

东北行政导报(月刊)

东北行政委员会办公厅　沈阳

1946.9—1948.8　1—3:5

总藏　(319)　1—3:5

馆藏　1946　1:1—2

　　　1947　1:4

　　　1948　2:3

46693

东北政闻(半月刊)

东北剿匪总司令部政务委员会　[沈阳]

1948.[?]—9　1:1—4

馆藏　1948　1:3—4

46694

东北中正大学校刊(周刊)

该校　沈阳

1947.4—6　1—9

总藏　(318)　1—9

馆藏　1947　1—8

46700

东北周报

东北文艺作者协会　沈阳

1947.5—9　1—6

馆藏　1947　1—6

44618

东方副刊(月刊)

东方副刊编委会　上海

1944.11—1947.1　1—20

总藏　(316)　1—20

馆藏　1945　9

　　　1946　10—13

44620

东方公论(旬刊)

东方公论社　沈阳

1929.10—1932.11　1—85

本刊 66 期 1932 年后迁至北平出版,期数续前。

总藏　(310)　1—63,66—85

馆藏　1930　9—10,18—19

44619

东方文化月刊

东方文化月刊社　北京

1938.1—1939.3　1—2:3

总藏　（310）　1:1—7;2:3

馆藏　1938　1:1

44617

东方杂志(月刊)

商务印书馆东方杂志社　上海

1904.1—1948.12　1—44:

本刊原为月刊,在上海创刊,自17卷1920年起改为半月刊。1932年1月因"一·二八"事变停刊,不久复刊。1937年8月因抗日战争停刊,1938年1月迁长沙复刊,1938年11月迁香港。1941年12月因太平洋战争爆发又停刊,1943年3月迁重庆复刊,1947年1月迁回上海出版。自44卷起又改为月刊。3卷和6卷每卷出13期,11出6期,29卷出8期,39卷出20期,1、2、4、5、7至10、12至16、44等卷每卷出12期,17至28、30至38、40至43等卷每卷出24期。

总藏　（310）　1—44:

馆藏　1904　1:1—12

1905　2:1—12

1906　3:1—13

1907　4:1—12

1908　5:1—12

1909　6:1—12

1910　7:1—12

1911　8:1—12

1912　9:1—12

1913　10:1—6

1914　10:7—12;11:1—6

1915　12:1—12

1916　13:1—12

1917　14:1—12

1918　15:1—12

1919　16:1—12

1920　17:1—24

1921　18:1—24

1922　19:1—24

1923　20:1—24

1924　21:1—24

1925　22:1—24

1926　23:1—24

1927　24:1—24

1928　25:1—4,6—24

1929　26:1—24

1930　27:1—24

1931　28:1—24

1932　29:1—8

1933　30:1—24

1934　31:1—24

1935　32:1—24

1936　33:1—24

1937　34:1—14,20—24

1938　35:1—7,9—11,15—18

1939　36:5,23—24

1940　37:5

1941　38:15,17—19

1943　39:1—3,6,12—20

1944　40:1—4,6—11,13,15—24

1945　41:1—24

1946　42:1—13

1947　43:1—18

1948　44:1—10

47548

东光(季刊)

东亚交通公社　［日本］东京

［19?］—1944.3　1—4:1

馆藏　1944　4:1

44075

东光半月刊

国民党东光县党务指导委员会　河北

1928.12　1

馆藏　1928　1

44621

东南论衡(周刊)

东南论衡社　南京

1926.3—1927.1　1—30

总藏　（323）　1—30

馆藏　1926　3—4

46458

东南医讯(月刊)

东南医学院校友会　上海

1934.10—1935.12　1—6

1948.1—5　复1—3

本刊原名为"校声"季刊。曾停刊,1948年1月复刊,改为月刊,期数另起。自复刊3期起改用本名。

总藏　(323)　1—6;复1—3

馆藏　1948　复3

44616

东三省官银号经济月刊

该银号经济月刊编辑处　沈阳

1929.5—1931.8　1—3:

总藏　(309)　1—3:

馆藏　1930　2:6—7,10—12

　　　　1931　3:1—6

47590

东吴(双月刊)

东吴大学校同门会著述科　苏州

1914.[1]—3　1:1—2

馆藏　1914　1:2

44598

东吴学报(季刊)

东吴大学文理学院东吴学报社　苏州

1919—1922　1—4:1

1933.3—1938.[?]　复1—4:3

本刊曾停刊,1933年3月复刊,卷期另起。

总藏　(322)　1:2—5;2:2—3;3:1—2;4:1;
　　　　　　　复1—4:3

馆藏　1933　复1:1—4

　　　　1935　3:3

　　　　1936　4:1

　　　　1937　4:2

44955H

东西画报

见"中西画报"

44615

东亚经济(月刊)

东亚经济恳谈会华北本部编译室　北京

1942.9—1944.7　1—2:7

馆藏　1942　1:1—4

　　　　1943　1:5—12

　　　　1944　2:1—7

47788

东亚快览(月刊)

东亚快览社　天津

1939.[1]—2　1—2

馆藏　1939　2

44612

东亚联盟(月刊)

中国东亚联盟协会　北京

1940.6—1944.7　1—8:1

馆藏　1940　1:1

　　　　1941　2:1—4

　　　　1942　4:4—5

　　　　1943　5:4—6;6:1—2

　　　　1944　8:1

44613H

东亚联盟画报(月刊)

东亚联盟中国总会广州分会　广州

[1941.1]—1944.7　1—4:3

馆藏　1941　1:2,4,11

　　　　1942　2:1—4,6,8,10

　　　　1943　3:1—7,9—10

　　　　1944　4:2—3

44611

东亚联盟月刊

中华东亚联盟协会东亚联盟出版社　广州

1940.11—1944.7　1—4:7

本刊2卷以前没有分卷,以月份记期。

馆藏　1940　创刊号,12

　　　　1941　1—3,6—9,11—12

　　　　1942　2:1—12

　　　　1943　3:1—8

　　　　1944　4:2,6—7

51

46531

东亚声(双周刊)

东亚企业股份有限公司　天津

1947.6—1948.7　1—27

馆藏　1947　1—14

　　　　1948　15—24,27

44614

东亚周报

东亚周报社　上海

[1941]—1943　1—3;9

馆藏　1943　3;9

46051

动力(月刊)

动力杂志社　上海

1930.7—9　1:1—2

总藏　(476)　1:1—2

馆藏　1930　1:2

46711

动力工程(季刊)

中国动力工程学会　上海

1947.9—1948.10　1—2:2

总藏　(477)　1—2:2

馆藏　1948　2:1—2

dou

46670

斗争(不定期刊)

中国共产党苏区中央局　[不详]

1933.2—1934.9　1—73

本刊1963年由中央档案馆影印。

馆藏　影1933　1—40

　　　　1934　41—73

du

46557

都会(半月刊)

新时代出版公司　天津

[1939.?]—1940.7　1—33

馆藏　1939　7

1940　24—26,29,32—33

46967

督办江苏运河工程局季刊

该局　江苏

1920.6—1926.6　1—25

总藏　(1205)　1—25

馆藏　1920　1—3

　　　　1921　4—5

　　　　1922　10—11

　　　　1923　12—15

　　　　1924　16—17

46181

督察汇刊

市教育局　天津

1931　1

馆藏　1931　1

44651

读书(月刊)

上海杂志公司编辑部　上海

1937.5—7　1:1—3

本刊又名"读书月报"。

总藏　(1234)　1:1—3

馆藏　1937　1:2—3

46911

读书顾问(季刊)

读书顾问社　南京

1934.4—1935.1　1—4

总藏　(1237)　1—4

馆藏　1935　4

44375

读书季刊

读书季刊社　南京

1935.6—1936.3　1—2:1

本刊原由中国文化建设协会北平分会编,后迁至南京,改由读书季刊社编。第1卷出2期。

总藏　(1235)　1—2:1

馆藏　1935　1:1—2

　　　　1936　2:1

46350

读书青年(半月刊)

读书青年社　北京

1944.10—1945.4　1—3:1

本刊1至2卷每卷出6期。

总藏　（1237）　1—3:1

馆藏　1945　2:5—6

46812

读书生活

读书生活社　天津

1946.1　1

总藏　（1236）　1

馆藏　1946　1

44378

读书生活(半月刊)

读书生活社　上海

1934.11—1936.11　1—5:2

本刊1至4卷每卷出12期。

总藏　（1236）　1—5:2

馆藏　1934　1:1—4

　　　　1935　1:5—12;2:1—12;3:1—4

　　　　1936　3:5—12;4:1—12;5:1—2

44379

读书通讯(半月刊)

中国文化服务社　上海

1940.5—1948.10　1—168

本刊在重庆创刊,自110期1946年起迁上海出版。

总藏　（1237）　1—168

馆藏　1946　118—123

　　　　1947　124—133,137—144,146—147

　　　　1948　149—167

44377

读书与出版(月刊)

生活书店　上海

1935.5—1937.6　1—28

1946.4—1948.9　复1—3:9

本刊28期1937年6月后曾停刊,1946年4月复刊,卷期另起。

总藏　（1235）　1—16,23—28;复1—3:9

馆藏　1936　15

　　　　1946　复1:1—8

　　　　1947　2:1—12

　　　　1948　3:1—9

44380

读书月报

生活书店　重庆

1939.2—1941.2　1—2:11

总藏　（1234）　1—2:11

馆藏　1939　1:1—10

　　　　1940　1:11—12;2:1—9

　　　　1941　2:10—11

44651

读书月报

见"读书"

47127

读书月刊

国立北平图书馆　北平

1931.10—1933.9　1—2:

总藏　（1234）　1—2:

馆藏　1932　2:1—3

　　　　1933　2:4—12

44374

读书月刊

光华书局　上海

1930.11—1933.10　1—3:

本刊每卷出6期。

总藏　（1234）　1—3:

馆藏　1930　1:1—2

　　　　1931　1:3—6;2:1—6

　　　　1932　3:1—2

44376

读书杂志(月刊)

神州国光社　上海

1931.4—1933.[11]　1—3:9

本刊第1卷出9期。

总藏　（1236）　1—2:;3:1—7,9

馆藏　1931　1:1—9

　　　　1932　2:1—12

　　　　1933　3:1—7

53

47063

读者文摘(半月刊)

读者文摘出版社　上海

1946.5—1947.5　1—4:5

本刊1至3卷每卷出6期。

总藏　(1238)　1—4:5

馆藏　1946　3:2

　　　1947　4:1

46083

独立漫画(月刊)

独立出版社　上海

1935.9—1936.2　1—9

本刊原为半月刊,自9期1936年2月起改为月刊。

馆藏　1935　1,4—7

　　　1936　8—9

45451

独立评论(周刊)

独立评论社　北平

1932.5—1937.7　1—244

总藏　(898)　1—244

馆藏　1932　1—32

　　　1933　33—58,60—83

　　　1934　84—133

　　　1935　134—183

　　　1936　184—202,205,207—229

　　　1937　230—244

45452

独立周报

独立周报社　上海

1912.9—1913.6　1—2:26

本刊第1卷出14期。

总藏　(898)　1:;2:1—24,26

馆藏　1912　1:3,5—14

　　　1913　2:1—13,16—17,21

45493

锻炼(月刊)

锻炼社　上海

1944:1—1945:11

本刊原为半月刊,自1944年3月改为月刊,并按月计期。

总藏　(1195)　1944:;1945:1—7,10—11

馆藏　1944　1—4

　　　1944：3—5,8—12

　　　1945：1—5,7

45558

对抗(半月刊)

通俗教育馆　北平

1932.8—1933.3　1—10

总藏　(356)　1—10

馆藏　1932　6

　　　1933　10

47652

兑泽校刊

湖南兑泽中学校学生自治会　长沙

[19?]—1935.6　1—5:8;特刊

馆藏　1935　5:8;特刊

46772

铎声(旬刊)

铎声旬刊社　北平

1937.5—7　1—8

总藏　(1260)　1—8

馆藏　1937　1,6—7

E

47750

鄂报(月刊)

鄂报画报社　汉口

1941.[1]—2　1—2

馆藏　1941　2

45067

恩友半月刊

见"恩友团契月刊"

45067

恩友团契月刊

燕京大学恩友出版社　北平

1946.2—5　1:1—6

1947.3—12　复1—8

1948.3—10　新1—7

1949.3—6　新1:1—3

本刊原名为"恩友半月刊"。曾停刊,1947年3月复刊,改为月刊,卷期另起。自1948年3月起期数另起。1949年3月改用本名,卷期另起。

总藏　（959）　1:1—6;复1—8;新1—7;新
　　　　　　　　1:1

馆藏　1947　复1—3,6,8

　　　1948　新4

　　　1949　新1:3

(旧参)**G681.3/XJ**

儿童(月刊)

儿童书局　上海

1930.[?]—12　1:1—5

馆藏　1930　1:5

46259

儿童福利通讯(月刊)

中国儿童福利研究社　南京

1947.4—1948.12　1—21

总藏　（805）　1—21

馆藏　1947　1—2,4—9

　　　1948　10—12,14—17

45502

儿童教育(月刊)

中华儿童教育社　上海

1929.[1]—1937.4　1—8:2

本刊第1卷出10期,2卷出6期,3至7卷每

卷出10期。

总藏　（805）　1:3—6,8—10;2—8:2

馆藏　1931　3:10;4:3—4

　　　1932　4:5—10

　　　1935　6:7;7:1

45715

儿童科学杂志(半月刊)

儿童科学杂志社　上海

1934.[5]—6　1:1—3

馆藏　1934　1:3

46931

儿童生活(半月刊)

儿童生活社　天津

1946.[?]—1947.2　1—7

馆藏　1947　6—7

45504

儿童世界(半月刊)

商务印书馆　上海

[1921.?]—1937.7　1—39:1

馆藏　1922　3:1

　　　1932　29:4

　　　1933　30:1,11

　　　1934　33:1—12

　　　1936　36:7;37:8

　　　1937　38:10—11;39:1

45501

儿童与社会(月刊)

儿童福利促进会　上海

1948.4—9　1—4

总藏　（804）　1—4

馆藏　1948　1—2

(新善)**I236—55/EZS**

儿童杂志

华北新华书店　邢台

[194?]—1946.8　1—3

馆藏　1946　3

44403

二六校刊

市立第二十六小学校　天津

[1930.?]—1937.1　1—24

馆藏　1931　2

　　　　1932　5—7

　　　　1933　8—10

　　　　1934　12

　　　　1935　17—19

　　　　1936　20—23

　　　　1937　24

44398

二十世纪(不定期刊)

二十世纪杂志社　上海

1931.2—1934.4　1—2：

本刊每卷出 8 期。

总藏　(2)　1—2：

馆藏　1931　1：1—6；

　　　　1932　1：7—8；2：1

　　　　1933　2：3—7

　　　　1934　2：8

45946H

二五八画报(三日刊)

二五八画报社　北平

1946.5　1：1—3

馆藏　1946　1：1—3

F

fa

44176

法函半月刊

法律专科函授学校同学会　天津

[1932.2]—1934.9　1—61

总藏　(665)　44—58

馆藏　1934　44—61

44176

法函校刊

法律专科函授学校　天津

1935.1—1936.12　1—24

总藏　(665)　8，22—24

馆藏　1935　1—12

　　　　1936　13—18，20—24

45508

法令旬刊

律师公会法令旬刊社　天津

[1933]—1935　1—3；6

总藏　(662)　2：1—3，7，11—13，21—24，28；

　　　　　　　3：2，4，6

馆藏　1934　2：13—15，17—28

　　　　1935　2：29—36；3：1—4

44173

法令周刊

法学编译社　上海

1930.7—1937.11　1—384

1945.10—12　复 1—4

1946.1—1948.12　385—540

本刊 384 期后曾停刊，1945 年 10 月复刊，期数另起。自 1946 年 1 月起续出 385 期，亦即 9 卷 1 期。

总藏　(662)　1—384；复 1—4；385—540

馆藏　1930　1—26

　　　　1931　27—78

　　　　1932　79—130

　　　　1933　131—182

　　　　1934　183—234

　　　　1935　235—286

　　　　1936　287—312，315，317，330

　　　　1937　340—341，343，345，356

　　　　1945　复 1—4

　　　　1946　385—436

　　　　1947　437—488

　　　　1948　489—532

44171

法律汇刊(半月刊)

河北法政学社　天津

1932.4—1933.1　1—20

总藏　(666)　1—20

馆藏　1932　1—18

　　　　1933　19—20

44168

法律评论(双周刊)

朝阳大学法律评论社　南京

1923.6—1948.9　1—16：

本刊原为周刊,在北平出版。14 卷 40 期 1937
年 7 月后曾停刊,1947 年 7 月迁南京复刊,改
为双周刊。原以期计算,260 期 1928 年 6 月
后改为 6 卷 1 期计算。6 至 13 卷每卷出 52
期,14 卷出 40 期,15 至 16 卷出 27 期。

总藏　(667)　1—16：

馆藏　1929　6:45

　　　1930　7:13—19,21,34

　　　1931　9:5—6

　　　1932　9:27—35;10:6—7

　　　1934　12:1—10

　　　1935　12:11—23,25—26

　　　1947　15:5

　　　1948　16:5—8

46943

法律月刊

中国大学出版部　北平

1929.12—1931.3　1—2:1

总藏　(666)　1:1—4;2:1

馆藏　1929　1:1

44167

法律知识(半月刊)

法律知识社　北平

1947.2—1948.9　1—2:4

总藏　(667)　1—2:4

馆藏　1947　1:1—12

　　　1948　2:1—4

46600

法商半月刊

河北省立法商学校学生自治会　天津

1934.1　1:1—2

总藏　(668)　1:1—2

馆藏　1934　1:1—2

46476

法商季刊

河北省立法商学院　天津

1931.4　1:1

总藏　(668)　1:1

馆藏　1931　1:1

47463

法商学院年刊

法商年刊编辑委员会　天津

1931.8　1

馆藏　1931　1

44177

法商周刊

河北省立法商学院　天津

1930.12—1931.5　1:1—15

1934.10—1937.1　新 1—3:17

本刊自 1934 年 10 月起卷期另起。

总藏　(668)　1:1—15;新 1:1—30;2:20;3:
　　　　　　　1—9,11—12,14—17

馆藏　1930　1:3

　　　1931　1:8

　　　1934　新 1:1—10

　　　1935　1:11—30;2:1—15

　　　1936　2:16—34;3:9—16

　　　1937　3:17

44170

法学丛刊(月刊)

律师协会法学丛刊社　上海

1930.3—1936.〔?〕　1—6:6

总藏　(664)　1:1—6;2—6:6

馆藏　1933　2:1—4

　　　1934　2:5—6,9—11

　　　1935　3:2—3,7—8

　　　1936　4:7

46533

法学会杂志(双月刊)

该会编辑部　北京

1911.6—9　1:1—5

1913.2—1914.12　复 1—2:8

1921.7—1923.1　复 1—10

本刊原为月刊,1911 年 9 月后曾停刊。1913
年 2 月复刊,卷期另起。后又停刊,1921 年 7
月复刊,改为双月刊,卷期另起。

天津图书馆馆藏新中国成立前中文期刊目录(1884—1949)

总藏 （664） 1：1—5；复 1：1—10；2：1—8；
复 1—10
馆藏 1921 复 2

46139
法学新报（周刊）
法学研究会 奉天
1927.10—1931.8 1—174；特刊
本刊原为五日刊,自 34 期 1928 年 4 月起改为
周刊,期数续前。
总藏 （665） 1—174
馆藏 1927 2—16
1928 17—65
1929 66—91,93—102；特刊
1930 103—110

44178
法学周刊
北平大学法学院法学周刊社 北平
1929.3—1930.2 1—52
总藏 （664） 1—52
馆藏 1929 17—28

46532
法医月刊
司法行政部法医研究所 上海
1934.1—1936.2 1—22
总藏 （663） 1—22
馆藏 1935 12—13

44162
法政
法学政治编审会 天津
1947.[?]—12 1：1—3
总藏 （665） 1：3
馆藏 1947 1：2—3

46364
法政浅说报（旬刊）
法政浅说报社 北京
1911.4—1913.1 1—39
总藏 （666） 1—34
馆藏 1911 7,16
1912 30
1913 39

44164
法政学报（月刊）
国立北京法政大学法政学报社 北京
1918.3—1926.4 1—5：4
总藏 （666） 1—3：10；4：1—6,9—10；5：
1—4
馆藏 1918 1：4
1919 1：12
1921 2：10

44156
法政杂志（月刊）
法政杂志社事务所 ［日本］东京
1906.2—6 1：1—6
总藏 （665） 1：1—6
馆藏 1906 1：1—4

44172
法政杂志（月刊）
法政杂志社 上海
1911.2—1915.12 1—5：
总藏 （665） 1—4：6；5：
馆藏 1911 1：1—2
1914 4：1—6
1915 5：1—12

45892
法政质疑录（月刊）
法政质疑会 ［日本］东京
1906.[?]—12 1：1—6
馆藏 1906 1：6

47052
法政专刊
国民法政专刊总社 ［天津］
[1946] 1
馆藏 [1946] 1

44166
法制半月刊
国防部政工局 ［南京］
1948.1—4 1—6
馆藏 1948 1—6

44165

法治周报

司法行政部法官训练所 南京

[19？]—1934.1 1—2:1

馆藏 1934 2:1

fan

（旧参）**Z62／FSL**

翻身乐(月刊)

翻身乐杂志社 ［沈阳］

1948.3—1949.6 1—26

总藏 （1256） 1—26

馆藏 1948 5,7

（旧参）**K305／YBT**

翻译月刊

言行社 上海

1940.1—6 1—6

总藏 （1256） 1—4,6

馆藏 1940 3

46004

反侵略(半月刊)

国际反侵略运动大会中国分会 重庆

1938.9—1942.6 1—4：

本刊原为月刊,后改为半月刊。在汉口创刊,
后迁重庆出版。

总藏 （272） 1—4：

馆藏 1940 3:9—10

45845

反日周刊

中国国民党广西省党务指导委员会宣传部
南宁

1928 1—10

总藏 （270） 6

馆藏 1928 5—6,8,10

fang

44068

方舟月刊

方舟月刊社 天津

1934.6—1937.7 1—39

总藏 （108） 1—39

馆藏 1934 1—7

1935 8—15,17,19

1936 21,23,25—31

1937 32—39

44622

防空

见"防空月刊"

44622

防空月刊

防空学校防空月刊编辑部 南京

1935.5—1938.9 1—4:5

1939.7—1947.8 复1—23

本刊原名"防空杂志"月刊,自1卷3期1935
年7月起改名"防空",自3卷1期1937年1
月起改用本名。4卷5期1938年9月后曾停
刊,1939年7月复刊,又改名"防空",期数另
起。原在杭州创刊,继迁南京,后迁贵阳出
版。第1卷出8期,第2卷出12期。

总藏 （516） 1—3:8;4:1—5;复1—23

馆藏 1935 1:1—8

1936 2:1—12

1937 3:1—6

44580

防空月刊

防空月刊社 天津

1936.3—4 1:1—2

馆藏 1936 1:1—2

44622

防空杂志

见"防空月刊"

47010

防痨

见"防痨月刊"

47010

防痨月刊

中国防痨协会 上海

1934.11—1936.6　1—2:6

本刊原名"防痨"，自2卷4期1936年4月起改用本名。

总藏　(517)　1—2:6

馆藏　1935　1:3—5,7

　　　1936　2:4

45905

纺建(半月刊)

中国纺织建设公司　上海

1947.11—1949.1　1—2:12

总藏　(973)　1—2:12

馆藏　1947　1:1—3

　　　1948　1:4—8,10—12;2:2—7

45409

纺织建设(月刊)

纺织建设月刊社　上海

1947.12—1953.3　1—6:3

本刊1953年3月后与"中国纺织"合并。

总藏　(974)　1—2:

馆藏　1947　1:1

　　　1948　1:2—12;2:1

　　　1949　2:2—7,9—10,12

45408

纺织年刊

中国纺织学会　上海

1921—1949

总藏　(973)　1921;1931—1935;1947—1949

馆藏　1931

　　　1932

　　　1933

　　　1934

　　　1935

　　　1947

　　　1948

45403

纺织染(月刊)

中华纺织染杂志社编辑部　上海

1934.8—1950.4　1—4:4

总藏　(974)　1:1;2—3:

馆藏　1948　2:1—4

　　　1949　3:6

45402

纺织染工程(月刊)

中国纺织染工程研究所　上海

1939.5—1953.12　1—15:

总藏　(974)　1—11:

馆藏　1939　1:1—3

　　　1940　2:1—4

　　　1941　3:1—4

　　　1943　4:1—4;5:1—4

　　　1944　6:1—4

　　　1946　8:1—12

　　　1947　9:1—12

　　　1948　10:3—12

45407

纺织染季刊

苏工纺织染学会　上海

1939.10—1949.1　1—4:3

总藏　(974)　1—4:3

馆藏　1939　1:1

　　　1940　1:2—4;2:1

　　　1941　2:2—4;3:1

　　　1947　3:2—4

　　　1948　4:1—2

　　　1949　4:3

47041

纺织染通讯(半年刊)

国立中央技艺专科学校　四川乐山

[1946.1]—1950.10　1—9

总藏　(975)　3—9

馆藏　1948　4

45406

纺织时报(半周刊)

华商纱厂联合会　上海

1923.4—1937.8　1—1408

总藏　(974)　580,586,589,591—592,665,
　　　　　　　673—1408

馆藏　1931　762—775,777—796,798,800—

808,810—837,840—844,846—
847,849—860
1932 861—886,888—892,894,896,
899—900,902—945

47899
纺织世界(半月刊)
中国纺织世界社　上海
1936.5—1937.7　1:1—18
总藏　(974)　1:1—18
馆藏　1936　1:2—3,6—10
1937　1:16—17

45401
纺织之友(月刊)
南通学院纺织科学友会　上海
1931.4—1940.6　1—15
总藏　(974)　1—15
馆藏　1931　1
1932　2
1933　3
1935　4—5
1937　6

45405
纺织周刊
纺织书报出版社　上海
1931.4—1949.1　1—10:10
本刊6卷38期1937年后曾停刊,1946年1月
复刊,卷期续前。
总藏　(973)　1—10:10
馆藏　1934　4:31—33,35—45,47—52
1935　5:1—3,6
1946　7:1—36
1947　8:1—28
1948　9:1—23;10:1—2,4

fei

46674
飞报(月刊)
飞报社　上海
[1929]—1943　1—292
本刊原为周刊,自212期起改为月刊,218期

起改为半月刊,225期起改回月刊。
总藏　(76)　68,71—72,74,76—77,79—94,
96—126,130—134,137,144—
232,288—289,291—292
馆藏　1932　174—175,186,188
1933　191,194,196,199,208,214
1934　220—221,228

46473
飞利浦无线电杂志
见"无线电杂志"

47239
飞沫(半月刊)
南开大学校飞沫社　天津
1930.5　1:1
馆藏　1930　1:1

47624
飞行月刊
国民革命军讨逆军第八路总指挥部航空处
广州
[19?]—1929.12　1—16
馆藏　1929　16

44714
飞鹰摄影杂志(月刊)
飞鹰摄影杂志社　上海
1936.1—1937.7　1—19
总藏　(76)　1—19
馆藏　1936　6,8—11
1937　13,15—16

46371
菲律宾华侨中学校三周年纪念册
该校　[菲律宾]马尼拉
1926　1
馆藏　1926　1

fen

45978
奋斗(周刊)
奋斗周刊社　汉口

61

1931.[?]—10 1—15
馆藏 1931 14—15

46510

奋斗(周刊)
国民革命军第一军政治训练部 [不详]
1927.7 1
馆藏 1927 1

44821

奋斗(月刊)
中国留俄同学会 上海
1940.[5]—12 1:1—8
总藏 (738) 1:6,8
馆藏 1940 1:2

feng

46418

风光(周刊)
风光社 上海
1946 1—30;号外
总藏 (267) 9,13,15,17,26,30
馆藏 1946 12,14,18,24;号外

45389

风雨谈(月刊)
风雨谈社 上海
1943.4—1945.8 1—21
总藏 (267) 1—21
馆藏 1943 1—8
       1944 9—16
       1945 17—21

46728H

风月画报(半周刊)
风月画报社 天津
1933.1—1937.7 1—11:10
本刊曾一周出版3期。1至9卷每卷出50期。
馆藏 1933 1:1—29,31—50
       1934 3:1—26,29—32,38—39,42,
              44—45,48—50;4:1—46,48—50
       1935 5:1—50;6:1—30
       1936 6:31—33,35—50;7:1—17,19—

25,35;8:15,18,21,27,33;9:6,8—
12,15—16,18—20,22,24—27
1937 9:28—29,32,34—35,37—38,
43,45,47—50;10:1—5,10,15—
17,19,21,23—24,26—33,35—37,
39,41—43,45—46,48—49;11:2,
8,10

44269

烽火(旬刊)
烽火出版社 广州
1937.9—1938.11 1—20
本刊系文学社、中流社、译社、文季社联合刊物,原为周刊,在上海创刊。自13期起改为旬刊,并迁至广州出版。1982年由上海书店影印。
总藏 (991) 1—20
馆藏 1937 11
       1938 20
       影 1937 1—12
       1938 13—20

46025

烽火(月刊)
烽火月刊社 北平
1948.1—4 1—2
总藏 (991) 1—2
馆藏 1948 1

44270

烽火东北
文丛出版社 香港
[19?]—1947.6 1—7
总藏 (991) 7
馆藏 1947 7

46631

冯大附中月刊
冯庸大学编辑部 辽宁
1931.[?]—5 1:1—2
馆藏 1931 1:2

46289

冯庸大学月刊

该校　沈阳

1929.1—1930.11　1—4

1931.4—5　新1:1—2

本刊自1931年4月起卷期另起。

总藏　(1087)　1—4;新1:1—2

馆藏　1930　2—3

44655

奉天教育杂志(月刊)

学务公所　奉天

[19?]—1913　1—6

馆藏　1913　6

47350

奉天统计月报

市长官房总务科　奉天

[19?]—1944.5　1—29

馆藏　1944　29

fo

46341

佛化新青年(月刊)

佛化新青年会　汉口

1923.1—1924.10　创刊号;1—2:8

本刊自1卷4期起迁至北京出版。1卷1期
前曾发行创刊号。

总藏　(658)　创刊号;1—2:8

馆藏　1923　1:3

45475

佛教月报

佛教月报社　天津

1936.4—6　1:1—3

馆藏　1936　1:1—3

47145

佛教杂志(月刊)

佛教杂志社　太原

[1934.?]—1935.12　1—2:

总藏　(659)　2:12

馆藏　1935　2:9

45474

佛学半月刊

佛学半月刊社　上海

1930.1—1944.11　1—313

总藏　(658)　1—300,303—313

馆藏　1932　38

1933　64

1934　86,89—90

1935　94—105,112—113,115

1936　121

1937　150—152

1940　196—216,218—219

1944　292,298—305,308,310,312

46760

佛学丛报(月刊)

佛学丛报社　上海

1912.10—1914.6　1—12

总藏　(658)　1—12

馆藏　1912　1—3

1914　12

45473

佛学月刊

中国佛教学院　北京

1941.7—1944.9　1—4:2

总藏　(658)　1—4:2

馆藏　1942　2:1—7

1943　2:8—12;3:1—6

1944　3:7—12;4:1—2

fu

45074H

扶风画报(周刊)

扶风画报社　天津

1947.11　1:1—3

馆藏　1947　1:1—3

44588

扶中学生(半月刊)

扶中学生编辑委员会　天津

1936.[4]—5　1:1—4

馆藏　1936　1:2—4

46059

拂晓杂志（月刊）

市立师范附属小学拂晓新闻社　北平

［193？］—1936.5　1—2：7

馆藏　1935　2：2—3

　　　　1936　2：6—7

44346

福建教育（月刊）

福建省教育厅　福州

1924.3—1925.［？］　1—2：10

1935.3—1937.2　新1—3：2

1940.1—9　新1—9

1948.3　复1

本刊自1935年3月起卷期另起,自1940年1
月起期数又另起。曾停刊,1948年3月复刊,
改为季刊,期数又另起。

总藏　（1192）　1—2：10；新1—3：2；新1—9；
　　　　　　　　　复1

馆藏　1936　新2：12

　　　　1937　3：1—2

44349

福建教育官报（月刊）

福建提学使署　福州

1908.7—1910.9　1—24

总藏　（1192）　4

馆藏　1908　1—2,4

　　　　1909　7,9—16

　　　　1910　17—24

46297

福建农业（月刊）

福建省农业改进处　福州

1940.［5］—1947.10　1—7：

总藏　（1187）　1—4：6；5：1—2；6—7：

馆藏　1946　6：1—12

　　　　1947　7：1—12

46324

福建劝业杂志（月刊）

福建劝业会筹备事业局　福州

1916.3—5　1—3

总藏　（1186）　1—3

馆藏　1916　1—3

44345

福建善救月刊

行政院善后救济总署福建办事处　福州

1947.2—8　1—6

总藏　（1193）　1—6

馆藏　1947　4—6

44348

福建省研究院研究汇报

该院　福建永安

1945.12—1952.1　1—3

总藏　（1191）　1—2

馆藏　1945　1

　　　　1947　2

46267

福建文化（季刊）

协和大学福建文化研究会　福州

1931.12—1939.12　1—27

1941.3—1948.6　新1—3：

本刊原为月刊,自1941年3月起改为季刊,卷
期另起。新1卷1期即总号28期,新3卷3
至4期合刊为总号35期。

总藏　（1185）　1—27；新1—3：

馆藏　1947　新3：1—2

　　　　1948　3：3—4

46690

福建县政（半月刊）

福建省县政指导委员会　福州

1936.9—1937.2　1—2：4

总藏　（1188）　1—2：4

馆藏　1936　1：4

44347

福建学院月刊

该院　福州

1934.4—1937.1　1—3：2

总藏　（1188）　1—3：2

馆藏　1937　3：2

44344

福建邮工（月刊）

福建邮务工会 福州

[19?]—1949.2 1—27

总藏 （1188） 4,6,8—25,27

馆藏 1948 25

46472

福音（双月刊）

福音书房 上海

1948.[7]—11 1—3

馆藏 1948 2—3

45238

抚矿旬刊

资源委员会抚顺矿务局秘书室 抚顺

1947.4—1948.8 1—3:14;专刊

本刊第 1 卷出 19 期,第 2 卷出 18 期。

总藏 （1242） 1—3:14;专刊

馆藏 1947 1:1,4—10,12—14,16—19;2:
　　　　　3—7

　　　　1948 3:10;专刊

45756

俯瞰（旬刊）

俯瞰月刊社 上海

1949.4 1—2

总藏 （964） 1—2

馆藏 1949 1—2

（旧参）**G648.54/FRN**

辅大年刊

辅仁大学 北京

1944

馆藏 1944

44826

辅导通讯

市训练团 天津

[194?]—1948.11 1—11

馆藏 1948 10—11

44825

辅导通讯（季刊）

考试院辅导委员会 南京

1944.6—1948.9 1—19

本刊在重庆创刊,后迁南京出版。

总藏 （1221） 1—19

馆藏 1944 3—4

　　　 1945 5,7

　　　 1946 9—12

　　　 1947 13—16

　　　 1948 17—19

46262

辅仁生活（月刊）

辅仁大学辅仁生活出版社 北京

1939.11—1942.6 1—4:8

本刊原以期计算,17 期后改为 3 卷 1 期计算。

总藏 （1220） 1—17;3:1—6;4:4—8

馆藏 1941 3:1—2

47180

辅仁文苑（季刊）

辅仁大学文苑社 北京

1939.4—1942.4 1—11

本刊原名为"文苑",自 2 期起改用本名。

总藏 （1220） 1—11

馆藏 1939 1—2

　　　 1941 6

44799

辅仁学志（半年刊）

辅仁大学 北平

1928.12—1947.12 1—15:

总藏 （1220） 1—15:

馆藏 1928 1:1

　　　 1929 1:2

　　　 1930 2:1

　　　 1932 3:1—2

　　　 1933 4:1

　　　 1934 4:2

　　　 1936 5:1—2

　　　 1939 8:1—2

　　　 1940 9:1

　　　 1942 11:1—2

　　　 1943 12:1—2

1945　13:1—2
1946　14:1—2
1947　15:1—2

45290

妇女(月刊)

中华基督教女青年会　上海

[19?]—1929　1—15:10

1945.10—1949.7　新1—4:4;特辑

本刊曾停刊,1945年10月复刊,卷期另起。

总藏　(566)　11:3;13:4,7,11;14:2—4,7—
　　　　　　9,12;15:9—10;新1—4:4

馆藏　1947　新1:11;2:2;特辑
　　　1948　3:1—3,5—8
　　　1949　4:4

45794

妇女(月刊)

妇女月刊社　天津

1927.[8]—12　1:1—4

馆藏　1927　1:2,4

45384

妇女共鸣(月刊)

妇女共鸣社　重庆

1929.3—1931.11　1—60

1932.1—1944.12　新1—13:6

本刊原为半月刊,以期计算,自1932年1月起
改为月刊,卷期另起。原在上海创刊,后迁至
重庆出版。

总藏　(570)　1—60;新1—6:7;7:1—8,10—
　　　　　　11;8:;9:1—2,5—9;10:1—7;
　　　　　　11:1—10;12:;13:1—3,6

馆藏　1942　新11:2
　　　1943　12:5—6,11—12

45321

妇女生活(半月刊)

妇女生活社　上海

1935.7—1941.1　1—9:6

本刊原为月刊,自3卷起改为半月刊。月刊每
卷出6期,半月刊每卷出12期。

总藏　(569)　1—9:6

馆藏　1935　1:1—6
　　　1936　2:1—6;3:1,3,9
　　　1937　4:1—12;5:1—12
　　　1938　6:1—10
　　　1939　7:1—3,9—10;8:1—6
　　　1940　8:7—10,12

(线装)P8676

妇女提倡国货会会刊

该会　南京

1931.4　1

馆藏　1931　1

45013

妇女文化(月刊)

妇女文化月刊社　重庆

1946.1—1948.4　1—3:1

总藏　(569)　1:1—6;2:1—10;3:1

馆藏　1946　1:1
　　　1947　2:2

45292

妇女文化(月刊)

妇女文化月刊社　南京

1937.3—1939.2　1—2:15

本刊自2卷起改为半月刊,迁至汉口出版。

总藏　(569)　1:1—3,5;2:1—15

馆藏　1937　1:1

46291H

妇女新都会(三日刊)

妇女新都会画报社　天津

1939.6—1941.12　1—248

馆藏　1939　1—49
　　　1940　50—52,78,107,110—150
　　　1941　151—189,192—224,226—232,
　　　　　　234—242,244—248

47797

妇女新生活月刊

新生活运动促进总会妇女指导委员会　[南
京]

[1936]—[1937]　1—5

馆藏　［1937］　5

46602

妇女新运（月刊）

新生活运动总会妇女指导委员会　重庆

1938.12—1948.11　1—8:9

总藏　（574）　1—6:10;7:1—9;8:1—9

馆藏　1948　8:1—4

45291

妇女旬刊

妇女旬刊社　杭州

1917.6—1948.11　1—749

本刊原以期计算,1929 年至 1934 年改以年计
期,自 1935 年起改为 19 卷计算。19 卷 20 期
1935 年后曾停刊,1946 年复刊,续出总期号。

总藏　（567）　108,128,134—135,137,141—
144,146—149,151—186,192—
195,203,210—215,217—220,
261—278,285—299,301—312,
387;1929:1,6,10;1930:2—7,
9;1931:3—4,8;1932:1,5—6,
9;1933:1,4—7,9;1934:5,7,
11;1935:1;19:1—20;721—
743,745—749

馆藏　1946　722—724
1947　725—728,731—732,737—738,
745—746

45356

妇女月刊

妇女月刊社　南京

1941.11—1948.［10］　1—7:5

本刊原在重庆出版,自 5 卷 1946 年起迁南京
出版,卷期续前。1 至 6 卷每卷出 6 期。

总藏　（566）　1—7:5

馆藏　1946　5:2
1947　5:4—5;6:1—2,4—5
1948　7:2—4

45300

妇女杂志（半月刊）

中华周报社　北京

1945.8　1:1

总藏　（573）　1:1

馆藏　1945　1:1

45294

妇女杂志（月刊）

妇女杂志社　北京

1940.9—1945.7　1—6:7

总藏　（572）　1—6:7

馆藏　1941　2:3,6—12
1942　3:1—12
1943　4:1—12
1944　5:1—5,7—11
1945　6:1—7

45355

妇女杂志（月刊）

妇女杂志社　奉天

1938.［3］—10　1:1—8

馆藏　1938　1:8

45293

妇女杂志（月刊）

妇女杂志社　上海

1915.1—1931.12　1—17:

总藏　（571）　1—17:

馆藏　1915　1:1—12
1916　2:1—12
1917　3:1—12
1918　4:1—12
1919　5:1—12
1920　6:1—12
1921　7:1—12
1922　8:1—12
1923　9:1—5,8—12
1924　10:1—12
1925　11:1—12
1926　12:1—12
1927　13:1—12
1928　14:1—12
1929　15:1—12
1930　16:1—12
1931　17:1—12

46094H

妇人画报（月刊）

妇人画报社　上海

1933.4—1937.7　1—48

本刊原为半月刊,自 13 期起改为月刊。原由良友图书印刷公司发行,自 32 期 1935 年 9 月起改由妇人画报社发行。

总藏　（566）　1—48

馆藏　1933　1—13

1934　14,17,19—21,23—24

1935　25—35

1936　37—40,42—43

1937　44—46,48

45757

妇声（半月刊）

妇声半月刊社　北平

1946.10—1947.6　1—2:3

本刊自 2 卷起改为月刊。

总藏　（574）　1—2:3

馆藏　1946　1:3—4

1947　1:8

45299

妇婴卫生（月刊）

妇婴卫生编委会　上海

1941.11—　1:1—

本刊创刊后出版 2 期即停刊,1945 年 11 月复刊,卷期续前。

总藏　（575）　1—5:

馆藏　1948　4:3,8,10—11

47054

复报（月刊）

复报社　[日本]东京

1907.4—1908.6　1—10

总藏　（882）　1—10

馆藏　1907　1,4,7

1908　8,10

47795

复旦大学社会学系半月刊

该学系　上海

1930.10—1934.7　1—4:

本刊自 4 卷 1934 年起改名为"社会学期刊",并改为半年刊,卷期续前。

总藏　（587）　1:1—6;2:1—10;3—4:

馆藏　1931　2:7

45453

复兴月刊

新中国建设学会　上海

1932.9—1937.7　1—5:11

总藏　（880）　1—5:11

馆藏　1932　1:1—4

1933　1:5—12;2:1—4

1934　2:5—12;3:1—4

1935　3:5—12;4:1—4

1936　4:5—12;5:1—3

1937　5:4—11

46156

复兴中医（月刊）

复兴中医社　上海

1940.1—1941.11　1—2:

本刊每卷出 6 期。

总藏　（881）　1—2:

馆藏　1940　1:1,3—6

1941　2:1—6

45716

副官业务通讯（不定期刊）

国防部副官局　南京

1948.5—8　1—2

馆藏　1948　1—2

G

gai

44593

改进（月刊）

[不详]　[不详]

[19?]—[1940]　1—4:

馆藏　[1940]　4:1—12

46093

改进专刊(月刊)

北宁铁路管理局改进委员会　天津

1934.10—1937.3　1—22

总藏　(625)　1—22

馆藏　1934　1—3

　　　1935　4—11

　　　1936　12—19

　　　1937　20—22

46661

改良碱地月刊

财政部长芦盐区改良碱地委员会　天津

1936.8—1937.3　1:1—8

总藏　(624)　1:1—8

馆藏　1936　1:1—5

　　　1937　1:6—8

44590

改造(半月刊)

改造社　重庆

1945.10—11　1:1—3

总藏　(626)　1:1—3

馆藏　1945　1:3

44589

改造(月刊)

新学会　北京

1919.9—1922.9　1—4:

本刊原名"解放与改造"半月刊,自3卷1期1920年9月起改用本名,并改为月刊,卷期续前。第1卷出8期,2卷出16期。

总藏　(625)　1—4:

馆藏　1919　1:1—6

　　　1920　2:1,3—4,7—16;3:1—4

　　　1921　3:5—10,12;4:3

　　　1922　4:5,7

44592

改造评论(半月刊)

改造评论社　上海

1946.[?]—1948.6　1—2:5

本刊原为日文版月刊,1947年曾停刊,1948年

2月复刊,改为中文版半月刊,卷期续前。

馆藏　1948　2:1—5

46720

改造杂志(月刊)

改造出版社　上海

1946.11—1947.3　1—4

总藏　(626)　1—4

馆藏　1946　1

　　　1947　2—4

gan

47625

甘行旬报

[甘肃省银行]　[兰州]

1947　1—15

馆藏　1947　15

47255

甘肃建设月刊

甘肃省政府建设厅　[兰州]

1929.2—1930.8　1—18

总藏　(296)　2—8,11,13

馆藏　1929　1—11

　　　1930　13—18

46794

(国立)**甘肃科学教育馆专刊**

该馆　兰州

1943.[4]—5　1—3

1946.12—1947.3　新1—7

总藏　(296)　2—3;新1,5,7

馆藏　1946　新1

47263

甘肃省政府公报(周刊)

该省政府公报局　兰州

1927—1929　1—124

1930—1932　1930—1932:18

本刊自1930年起改为以年计期。

总藏　(296)　1—23,25—41,43—55,57—124;1930:1—51;1931:1—26;1932:1—18

馆藏 1931:21—22

47637
感化(旬刊)
感化院编纂科 长沙
[1928.?]—1929.12 1—34
本刊原为月刊,后改为旬刊。
馆藏 1929 7—10,12—13,15,17—27,29—
32,34

(旧参)**D64—53/ZZD**
干部学习(月刊)
中共中央东北局宣传部 [不详]
1948.11—1949.8 1—15
总藏 (39) 1—15
馆藏 1948 2

45786
干刊(旬刊)
国民革命军广东守备军干部教导队 广州
1927 1—5
馆藏 1927 5

46167
干声
陆军第九十二军干训班 [不详]
1946.[?]—8 1—6
馆藏 1946 3—6

gang

47008
港工(季刊)
交通部青岛港工程局 青岛
1947.7—1948.12 1—2:2
总藏 (1067) 1—2:2
馆藏 1947 1:2
1948 1:3—4;2:1

gao

47265
高等教育季刊
高等教育季刊社 重庆
1941.3—1943.12 1—3:

总藏 (934) 1:1,3—4;2—3:
馆藏 1942 2:1

47844
高尔基研究年刊
时代书报出版社 上海
1947.6—1948.12 1947—1948:
总藏 (934) 1947:
馆藏 1947:
1948:

44242
高原(月刊)
高原出版社 西安
1944.11—1945.5 1—3
1946 新1:1—3
本刊自1946年起卷期另起。
总藏 (934) 1—3
馆藏 1944 1—2
1945 3
1946 新1:1,3

ge

46058
歌舞剧刊
安琪儿图画周刊社 北平
1930.5 1
馆藏 1930 1

46676
歌舞升平
游艺画刊社 天津
1942.2 1
馆藏 1942 1

44800
歌谣(周刊)
北京大学歌谣研究会 北平
1922.12—1937.6 1—3:13
本刊1卷97期1925年6月后曾停刊,1936年
4月复刊,卷期续前。1962年由上海文艺出版
社影印。
总藏 (1221) 1—3:13

馆藏　1922　1:1—3
　　　　1923　1:4—39
　　　　1924　1:40—74
　　　　1925　1:75—97
　　　　1936　2:1—30
　　　　1937　2:31—40;3:1—13
　　　影1922　1:1—3
　　　　1923　1:4—24
　　　　1924　1:49—74
　　　　1925　1:75—97
　　　　1936　2:1—30
　　　　1937　2:31—40

47736

歌与剧(月刊)

[冀中新华书店]　[河北]

[1947.1]—7　1—5

总藏　(1221)　3—5

馆藏　[1947]　1

47540

革命动力(半月刊)

第二战区政治会议秘书处　[山西]

[19?]—1941.8　1—2:7

馆藏　1941　2:7

45060

革命呼声

革命呼声社　成都

[19?]—1943.3　1—3:10

馆藏　1943　3:10

46688

革命军(月刊)

国民革命军第二十四军政治训练部　成都

[1927.?]—1928.8　1—21

本刊原为旬刊,后改为月刊。

馆藏　1928　7—8,21

46867

革命空军(半月刊)

革命空军半月刊社　杭州

1934.1—1935.9　1—2:18

本刊原为旬刊,自1卷17期1934年6月起改

为半月刊,卷期续前。

馆藏　1934　1:1—2,4—8,10—29
　　　　1935　2:1—18

45910

革命民众

中国国民党江苏省党务指导委员会民众训练
委员会　南京

[19?]—1928.12　1—13

馆藏　1928　13

47349

革命评论(周刊)

革命评论社　上海

1928.5—9　1—18

本刊后改名为"民众先锋",卷期另起。

总藏　(844)　1—18

馆藏　1928　1,4,7—8,10—12,14,18

46502

革命生活(半月刊)

民族革命同志会临时执行部革命生活社
山西

[1941.?]—1942.2　1—2:5

馆藏　1942　2:5

45058

革命外交周刊

中央宣传部革命外交周刊编辑处　南京

1930.2—8　1—25

本刊前身为"中东路"周刊。

总藏　(843)　1—25

馆藏　1930　1—7,9,12,15,17—18,20—24

45061

革命文献丛刊

中国国民党中央党史史料编委会　南京

[1942.?]—1947.3　1—5

本刊原名为"党史史料丛刊",自1947年3月
改用本名,期数续前。在重庆创刊,后迁南京
出版。

馆藏　[1942]　1—2
　　　　1944　3
　　　　1947　5

71

47426

革命向导(半月刊)

中国国民党河北省党部　北平

1932.[?]—6　1:1—2

馆藏　1932　1:2

47451

革命行动(周刊)

第二战区政治会议秘书处　[太原]

[19?]—1945.5　1—14:1

馆藏　1944　10:9,11;11:12

　　　　1945　12:11;14:1

45062

革命战线(旬刊)

革命战线旬刊社　北平

1930.[?]—6　1—8

馆藏　1930　8

45638

革命政治周刊

第二战区长官部山西省政府军政联合办公室
秘书处　山西

[19?]—1946.12　1—6:4

馆藏　1946　5:3—4,6,9;6:4

47309

革命之花周报

广西省政府革命之花周报社　南宁

1926.10—1927.8　1—36

总藏　(843)　1—9,11—36

馆藏　1927　29—30

45057

革命周刊

国民革命军第二十一军政治训练部　[不详]

[19?]—1930.8　1—57

馆藏　1929　49—50

　　　　1930　56—57

46892

革新月刊

革新月刊社　太原

1934.1—1935.7　1—2:7

总藏　(844)　1:2—11;2:1—3,6—7

馆藏　1935　2:1

48004

格致新闻汇报

见"汇报"

geng

45604

耕余

津中耕余社　天津

[19?]—1945.12　1—2

馆藏　1945　2

gong

47067

工程(月刊)

中国工程师学会武汉分会　武汉

1946.10—1947.10　1—9

总藏　(52)　1—9

馆藏　1946　2

45641

工程(双月刊)

中国工程师学会　上海

1925.3—1948.4　1—20:2

本刊又名"中国工程师学会会刊"。原为季
刊,自8卷1933年起改为双月刊。原在上海
出版,抗战期间迁至香港、重庆出版,自20卷
1948年起迁回上海。原由中国工程学会编,
自7卷起改由中国工程师学会编。

总藏　(51)　1—16:2;18:1—4;19:1—2;20:
　　　　　　1—2

馆藏　1925　1:2—3

　　　　1926　2:3—4

　　　　1928　4:1

　　　　1929　4:2—4;5:1

　　　　1930　5:2—4

　　　　1932　7:1—4

　　　　1933　8:1—6

　　　　1934　9:1—6

　　　　1935　10:1—6

1936   11:1—6
1937   12:1—4
1948   20:1

45641

工程(不定期刊)

中国工程师学会衡阳分会   衡阳

1947.6—1948.6 纪念刊;特刊

馆藏 1947   纪念刊
      1948   特刊

44437

工程报导(月刊)

行公编译学社   上海

1945.7—1948.9 1—40

本刊在重庆创刊,自3期1945年9月起迁至
上海出版。

总藏 (53)   3—40
馆藏 1947   26—31
      1948   32—33,35—40

44436

工程季刊

国立清华大学   北平

1937.3—1941.4 1—2:1

本刊1卷2期1937年6月后曾停刊,1941年
4月在昆明复刊,卷期续前。

总藏 (53)   1—2:1
馆藏 1937   1:1—2

45153

工程季刊

国立浙江大学   杭州

1935.12—1945.[?] 1—4:

本刊又名"(国立)浙江大学工程季刊"。2卷
1期1937年后曾停刊,1941年7月在遵义复
刊,卷期续前。

总藏 (53)   1—3:2;4:
馆藏 1936   1:2—3
      1937   2:1

47606

工程季刊

中国工程师学会湛江分会   湛江

1948.3—6 1:1—2

总藏 (53)   1:1—2

馆藏 1948   1:1—2

44435

工程界(月刊)

中国技术协会   上海

1945.7—1952.12 1—7:

本刊自5卷1期1950年1月起改名为"生产
与技术",卷期续前。

总藏 (402)   1:1—4;2—4:
馆藏 1947   2:4—12
      1948   3:1—8
      1949   4:5—12

44438

工程学报(月刊)

国民大学工学院土木工程研究会   广州

1933.1—1936.12 1—8

1947.6 复1

本刊原为半年刊,8期1936年后曾停刊,1947
年6月复刊,改为月刊,卷期另起。

总藏 (54)   1—8;复1
馆藏 1936   8
      1947   复1

46553

工程学报(季刊)

泰山实业公司   昆明

1943.1—1945.3 1—2:2

总藏 (54)   1—2:2
馆藏 1943   1:1

47226

工程学报(半年刊)

国立清华大学   北平

1945—1950 1—4:

总藏 (54)   3—4:
馆藏 1947   3:1
      1948   4:1

48015

工程杂志

中国工程学会   南京

1942.8　1

馆藏　1942　1

45703

工程周刊

中国工程师学会　上海

1932.1—1937.5　1—6:8

总藏（53）　1—5:16;6:1—8

馆藏　1932　1:1—21

　　　1933　2:1—20

　　　1934　3:1—37

　　　1935　4:1—24

　　　1936　5:1—16

　　　1937　6:1—8

48018

工读半月刊

工读半月刊社　上海

1936.5—1937.1　1—2:5

本刊前身为"工读周刊"。

总藏（54）　1—2:5

馆藏　1936　2:1

44440

工矿建设(月刊)

工矿出版社　上海

1947.6—1948.4　1:

总藏（47）　1:

馆藏　1947　1:1,3

　　　1948　1:10—12

44439

工矿月刊

工矿月刊社　台北

1948.4—1949.3　1—2:6

总藏（47）　1:1—2,4—6;2:1—6

馆藏　1948　1:3

(新善)**Z62/GNB**

工农兵(半月刊)

冀南新华书店工农兵编委会　河北威县

1945.[3]—1949.[6]　1—6:4

总藏（45）　1:1,3;2:3—6,9;3:1—6,8;4:

　　　　　2—12;5—6:4

馆藏　1947　3:4

　　　1948　4:12;5:2—3

44445

工人周刊

工人周刊社　天津

1946.10—1948.10　1—27

总藏（40）　1—15,17—23,25—27

馆藏　1946　1—7

　　　1947　8—15

　　　1948　17—25

44425

工商半月刊

实业部国际贸易局　上海

1929.1—1935.12　1—8:

本刊原名为"中外经济周刊",自1927年11月起改名为"经济半月刊",自1929年1月起改用本名。原由上海工商部工商访问局编,自4卷起改由上海实业部国际贸易局编。自1936年1月起与"国际贸易导报"合并,改名为"国际贸易导报"。8卷为纪念号一册。

总藏（47）　1—8:

馆藏　1929　1:1—3,6—24

　　　1930　2:1—6,9—24

　　　1931　3:1—18,21—24

　　　1932　4:1—24

　　　1933　5:1,6,16

　　　1934　6:1—24

　　　1935　7:1—20;8:1

44801

工商部天津商品检验局月刊

见"检验月刊"

44595

工商法规(三日刊)

市商会　上海

1948.6—1949.7　1—2:38

总藏（49）　1—2:38

馆藏　1948　1:1—5,8—24,33

46614

工商附中(年刊)

工商中学生出版社　天津

1941—1947　特刊;纪念刊

馆藏　1941　十周年庆祝特刊

　　　　1946　十五周年庆祝特刊

　　　　1947　卅六年毕业纪念刊

44426

工商公报(半月刊)

国民政府工商部　南京

1940.4—1941.8　1—34

馆藏　1940　1—18

　　　　1941　19—34

46722

工商管理(月刊)

人生出版社　上海

1948.1—6　1—2

总藏　(51)　1—2

馆藏　1948　1

46788

工商教育杂志(月刊)

工商教育杂志社　北京

1922　1—2

馆藏　1922　2

44596

工商经济(月刊)

工商经济月刊社　广州

1947.5—1949.4　1—3:1

本刊1至2卷每卷出6期。

总藏　(50)　1—3:1

馆藏　1947　1:2—3

　　　　1948　2:1—3

46282

工商生活(月刊)

工商学院工商出版社　天津

1941.6—1944.8　1—20

总藏　(49)　1,3—4,20

馆藏　1941　1—5

　　　　1942　6—9

　　　　1943　17—18

　　　　1944　19

44428

工商特刊(月刊)

工商月刊社　上海

1947—1948

总藏　(50)　1947:1,4—6,12;1948:1,12

馆藏　1947：　1,12

44597

工商天地(半月刊)

工商天地出版社　上海

1947.4—1949.4　1—4:4

本刊1至3卷每卷出12期。

总藏　(48)　1—4:4

馆藏　1947　2:1,6—7

　　　　1948　3:5—10

44429

工商通讯(周刊)

江西省政府工商管理处　南昌

1936.12—1937.6　1:1—23

总藏　(50)　1:1—23

馆藏　1937　1:17—20

46499

工商向导

工商学院出版委员会　天津

1940.5　1

馆藏　1940　1

46127

工商新闻(周刊)

工商新闻社　南京

1946.11—1948.11　1—104;特刊

总藏　(51)　1—104;特刊

馆藏　1946　1—4,6

　　　　1947　17—21,24—48;特刊

　　　　1948　62

47018

工商新闻(周刊)

工商新闻社　天津

1934.4—1935.11　1—2:5

总藏　(51)　1:1—32,34—36;2:1—5

馆藏　1934　1:3,5,7—13,15—16

工商新闻百期汇刊

工商新闻报馆　上海

1925.9　1—100

总藏　(51)　1—100

馆藏　1925　1—100

47121

工商学报(年刊)

工商大学　天津

1927—1930　1—4

总藏　(50)　3—4

馆藏　1930　4

45898

工商学生(月刊)

工商学院校刊委员会　天津

1937.[4]—5　1:1—2

馆藏　1937　1:2

44430

工商学志(半年刊)

工商学院北辰社　天津

1929.1—1948.4　1—11;特号

本刊原名为"北辰"月刊,5 至 6 卷改名为"北辰杂志"半月刊,自 7 卷 1 期起改用本名,并改为半年刊。

总藏　(49)　1:1, 13; 2:1—9, 13, 16—17,
　　　　　　　19—22; 3:1—10; 4:1—5, 7—
　　　　　　　10;5—9:1;10:1—5;11;特号

馆藏　1933　5:1—20

　　　1934　6:1—19;特号

　　　1935　7:1—2

　　　1936　8:1—2

　　　1937　9:1

　　　1947　11:1

44594

工商月报

工商月报社　上海

1946.8—1948.4　1:1—9

本刊原名为"工商月刊",自 1 卷 3 期 1946 年起改用本名。

总藏　(47)　1:1—3,8—9

馆藏　1946　1:1—3

　　　1948　1:8—9

44594

工商月刊

见"工商月报"

44427

工商杂志(月刊)

工商杂志社　天津

1936.8—1937.5　1:1—10

总藏　(49)　1:3,6,9—10

馆藏　1936　1:1—5

　　　1937　1:6—10

46936

工商知识(月刊)

大纬出版公司　南昌

[194?]—1948.9　1—4:9

总藏　(50)　4:1—9

馆藏　1948　4:1—9

46547

工商周刊

工商周刊社　天津

1946.3—10　1:1—4

总藏　(48)　1:1

馆藏　1946　1:1—2,4

47698

工声(月刊)

台湾纸业股份有限公司台中厂员工励进会
台中

1947.1—6　1:1—6

总藏　(45)　1:1,4—6

馆藏　1947　1:3

工务总署公路局试验调查报告(年刊)

该局调查科　北京

1940.12—1944.12　1—5

本刊原名"建设总署公路局试验调查报告",自 4 期 1943 年起改用本名,期数续前。

馆藏 1940 1
1941 2
1942 3
1943 4
1944 5

47468

工协（双月刊）

江西省工业协会 南昌

1947.4—1948.3 1—5

本刊原由中国全国工业协会江西分会编辑，后改由江西省工业协会编辑。

总藏 （45） 1—5

馆藏 1947 1—4

1948 5

47095

工学

国立中央大学工学院 南京

1930.5 1

总藏 （46） 1

馆藏 1930 1

46945

工学半月刊

工作与学习社 南京

[19?]—1948.9 1—318

本刊原名为"工学通讯"，后改用本名。

总藏 （46） 101—106,201—203,205—224,
301—318

馆藏 1948 315—316

44442

工学季刊

国立北平大学工学院纺织系 北平

1934.2—1937.1 1—3:1

总藏 （47） 1—3:1

馆藏 1934 1:1—2

1935 2:1—2

47045

工学季刊

国立中山大学工学院 广州

1935.2—1938.[?] 1—4:2

总藏 （46） 1—4:2

馆藏 1935 1:4

46945

工学通讯

见"工学半月刊"

44434

工业

见"中国工业"

46019

工业标准通讯

见"标准"

46810

工业标准与度量衡月刊

实业部全国度量衡局 南京

1934.7—1944.12 1—11:

本刊在南京创刊，由实业部编印，抗战期间迁至重庆出版，改由经济部编印。

总藏 （44） 1—11:

馆藏 1936 3:1—3,5—6

1937 3:7—10

47592

工业参考资料

市财政经济委员会 天津

[1949.?]—8 1—18

馆藏 1949 18

47011

工业年刊

河北省立工业学院 天津

1931—1932 1—2

本刊自1934年起改名为"河北省立工业学院学报"，卷期另起。

总藏 （42） 1—2

馆藏 1931 1

1932 2

46447

工业通讯（半月刊）

中国全国工业协会等 上海

1943.10—1944.10 1—13

1947.2—3　复1—3

本刊 1943 年 10 月在重庆创刊,原为月刊,曾停刊。1947 年 2 月在上海复刊,与上海市工业协会联合出版,改为半月刊,期数另起。

总藏　(44)　1—13

馆藏　1947　复1—3

44431

工业研究月刊

省工业研究所　台湾

1947.1—1948.12　1—2:

本刊自 2 卷 8 期 1948 年起改名为"工业月刊"。

总藏　(41)　1—2:

馆藏　1947　1:1—12

　　　1948　2:1

46751

工业月刊

中国全国工业协会青岛分会　青岛

1946.10—12　1—3

总藏　(42)　1—3

馆藏　1946　3

44433

工业月刊

工业月刊社　天津

1944.4—1948.12　1—5:

本刊在西安创刊,自 3 卷 8 期 1946 年 8 月起迁至天津出版。

总藏　(41)　1—5:

馆藏　1946　3:8—10,12

　　　1947　4:1—12

　　　1948　5:1—12

44431

工业月刊

见"工业研究月刊"

44432

工业杂志(月刊)

中国工业杂志社　上海

[191?]—1922　1—10:

总藏　(43)　8:7—8;9:;10:2—4,7—10,12

馆藏　1921　9:12

46206

工业中心(季刊)

实业部中央工业试验所　南京

1932.8—1949.1　1—12:

本刊在南京创刊,原为月刊,自 7 卷 1938 年起迁至重庆出版,改为季刊,抗战胜利后迁回南京。

总藏　(42)　1—12:

馆藏　1932　1:3

　　　1933　2:2,5—6,8,12

　　　1934　3:1,6

　　　1935　4:1

　　　1937　6:1—5

　　　1948　12:1

46916

工业周刊

河北省立工业学院周刊社　天津

1930.[?]—1937.6　1—306

总藏　(42)　31—32,37—40,64—65,77,82—268,271—306

馆藏　1935　221—225,236,238,244

45886

工友(周刊)

工友周刊社　天津

1946.9　1

馆藏　1946　1

47629

工专

见"工专校刊"

47629

工专校刊(半月刊)

江西省工业专科学校　南昌

1935.1　1

1947.11—1948.1　复1—6

本刊原名为"工专",抗战期间曾停刊,1947 年 11 月复刊,改用本名,期数另起。

总藏　(425)　1;复1—6

馆藏　1948　复5—6

44443

工作竞赛月报

见"工作竞赛月刊"

44443

工作竞赛月刊

工作竞赛月刊社　南京

1943.11—1948.8　1—5:5

本刊原名为"工作竞赛月报",在重庆创刊,1947年迁至南京出版,自4卷5期起改用本名。

总藏　(46)　1—3:10;4—5:5

馆藏　1947　4:1—5

　　　1948　5:1—5

(新善)**D67/ZZJ**

工作通讯

中共中央晋察冀分局研究室　[不详]

[194?]—1945.9　1—2

馆藏　1945　2

44444

工作月刊

见"北碚月刊"

46151H

公安画报(周刊)

市公安局秘书处　天津

1930.4—9　1—24

1930.[11]—1932.10　新1—4:8

本刊原由天津特别市公安局刊行,出至24期后停刊。1930年内复刊,改由天津市公安局秘书处刊行,卷期另起。

馆藏　1930　1—24;新1:4—6

　　　1931　1:12—20;2:1—2,4—8,10—12,14

　　　1932　2:15—18,20;3:1—6,8—19;4:1—8

46344

公安月刊

特别市公安局秘书处　天津

[192?]—1929.12　1—40

1930.1—7　新1—7

本刊原为旬刊,自1930年1月起改为月刊,期数另起。

馆藏　1929　37

　　　1930　新1,3—5,7

46339

公安月刊

市公安局秘书处　天津

1930.12—1932.10　创刊号;1931—1932:9

1936.4　创刊号

1936.7—10　复1—4

本刊前身由天津特别市公安局秘书处出版,1930年12月重新创刊,改由天津市公安局秘书处出版,以年份计期。1932年10月后曾停刊,1936年4月又出创刊号后停刊。1936年7月复刊,期数另起。

馆藏　1930　创刊号

　　　1931:1—9

　　　1931:10—12;1932:4—9

　　　1936　创刊号;复1—4

45216

公共卫生月刊

卫生署　重庆

1935.7—1941.[?]　1—3:3

本刊前身为"卫生半月刊"。在南京创刊,1937年5月后曾停刊,1941年在重庆复刊,卷期续前。

总藏　(258)　1—3:3

馆藏　1935　1:2—6

　　　1936　1:7—12;2:1—6

　　　1937　2:7—11

46507

公教学生(季刊)

工商学院公教出版社　天津

[1940.12]—1943.1　1—3:1

馆藏　1941　1:4;2:1

　　　1942　2:4

　　　1943　3:1

47250

公路(季刊)

全国经济委员会公路季刊编委会　南京

1935.6—1937.3　1—2:

总藏 （261） 1—2：

馆藏 1935 1:1

47212

公路丛刊

公路研究实验室　昆明

1942.6　1

总藏 （261）　1

馆藏 1942　1

47183

公路工程(月刊)

运输统制局公路工务总处　重庆

1942.3—1943.1　1—4

总藏 （261）　1—4

馆藏 1942　2

47472

公路公报(月刊)

交通部公路总局秘书室　[南京]

1946.3—1948.10　1—29

总藏 （261）　1—29

馆藏 1946　1,3—7

　　　 1947　8—21

　　　 1948　22—25

46937

公路月刊

交通部清华大学公路研究实验室　昆明

1940.2—1941.12　1—3：3

1942.12　合订本

总藏 （260）　1:1—4;2:1—4;3:1—3;合
　　　　　　　 订本

馆藏 1942　合订本

46842

公论(半月刊)

公论报社　北京

1913.6—7　1:1—4

总藏 （261）　1:1—4

馆藏 1913　1:2—4

47846H

公懋画刊

美商公懋洋行　天津

[19?]—1941.8　1:1—5

馆藏 1941　1:5

45217

公信会计月刊

公信会计师事务所　上海

1939.1—1948.12　1—13：

总藏 （259）　1—13：

馆藏 1946　9:5—6

　　　 1947　10:1—6;11:1—6

　　　 1948　12:1—6;13:1—4

45218

公益工商通讯(半月刊)

公益工商研究所　上海

1947.4—1949.4　1—5:2

总藏 （259）　1—5:2

馆藏 1947　1:1—12;2:1,3—6

　　　 1948　2:7—8,11—12;3:1—12;4:
　　　　　　　 1—4

45934

公用月刊

市公用局　上海

1945.11—1948.12　1—37

总藏 （258）　1—37

馆藏 1946　8—10,12—13

　　　 1947　20—21

47863

共产党(月刊)

中国共产党上海发起组　上海

1920.11—1921.7　1—6

本刊1954年由人民出版社影印。

总藏 （509）　5；影1—6

馆藏 影1920　1—2

　　　 1921　3—6

47807

共产党人(月刊)

共产党人编辑委员会　[不详]

1939.10—1941.8　1—19

本刊1966年5月由人民出版社影印。

总藏　（509）　1—19
馆藏　1939　1—2
　　　 1940　4—13
　　　 1941　14—18
　　　 影 1939　1—3
　　　 1940　4—13
　　　 1941　14—19

47875
共进(半月刊)
共进社　北京
1921.10—1926.9　1—105
本刊 1983 年由人民出版社影印。
总藏　（509）　1—6,17—72,102
馆藏　影 1921　1—6
　　　 1922　7—28
　　　 1923　29—52
　　　 1924　53—72
　　　 1925　73—96
　　　 1926　97—105

44700
贡献(旬刊)
嘤嘤书屋　上海
1927.12—1929.3　1—5:3
本刊自 5 卷 1929 年起改为月刊。
总藏　（939）　1—5:3
馆藏　1927　1:3
　　　 1928　1:4—6,8—9;2:9;3:6

gu

44654
孤军(月刊)
孤军杂志社　上海
1922.9—1925.11　1—3:6
总藏　（746）　1—3:6
馆藏　1922　1:1
　　　 1924　2:4,8
　　　 1925　2:9

47040
孤星(半月刊)
孤星社　［不详］

1934.4　1
馆藏　1934　1

47194
古黄河(月刊)
古黄河社　徐州
1943.3—1944.5　1—2:2
1945.1　新 1:1
本刊 2 卷 2 期 1944 年 5 月后曾停刊,1945 年
1 月改出革新号,卷期另起。
总藏　（307）　1:1—4,6;2:1—2;新 1:1
馆藏　1943　1:3

44549
古今(半月刊)
古今出版社　上海
1942.3—1944.10　1—57
本刊原为月刊,自 9 期 1942 年 10 月改为半
月刊。
馆藏　1942　1—13
　　　 1943　14—37
　　　 1944　38—57

(线装)P20246 等
古学丛刊(双月刊)
古学院　北京
1939.3—1940.7　1—9
本刊部分刊期的馆藏号为"44550"。
总藏　（307）　1—9
馆藏　1939　1—5
　　　 1940　6—9

47274
骨鲠(旬刊)
骨鲠旬刊社　南京
1933.5—1935.10　1—68
总藏　（959）　1—68
馆藏　1934　48

46562
故城县政周报
县政府　河北故城
［19?］—1936.9　1—83
馆藏　1936　83

45861H

故宫旬刊

故宫博物院　北平

1936.5—1937.3　1—32

本刊前身为"故宫周刊"。

总藏　（845）　1—32

馆藏　1936　1—24

　　　　1937　25—32

45861H

故宫周刊

故宫博物院　北平

1929.10—1936.4　1—510；纪念号；总索引

本刊自 1936 年 5 月起改名为"故宫旬刊"，期数另起。

总藏　（845）　1—510；纪念号；总索引

馆藏　1929　1—12

　　　　1930　13—64；纪念号

　　　　1931　65—116

　　　　1932　117—207

　　　　1933　208—311

　　　　1934　312—415

　　　　1935　416—493

　　　　1936　494—510；总索引

47149

故事杂志（月刊）

故事杂志社　重庆

1946.7—1947.1　1—3

总藏　（845）　1—3

馆藏　1946　1—2

guan

45563

观察（周刊）

观察社　上海

1946.9—1950.5　1—6：14

本刊自 6 卷 1 期起改为半月刊，并迁至北京出版。1 至 4 卷每卷出 24 期，5 卷出 18 期。

总藏　（862）　1—5：

馆藏　1946　1：1—18

　　　　1947　1：19—24；2：1—24；3：1—18

1948　3：19—24；4：1—24；5：1—18

45559

观象丛报（月刊）

中国天文学会　北京

1915.7—1921.9　1—7：3

本刊原由教育部中央观象台编辑发行，自 3 卷 1 期 1917 年 7 月改由中国天文学会编辑，教育部中央观象台发行。

总藏　（862）　1—7：3

馆藏　1915　1：1—6

　　　　1916　1：7—12；2：1—6

　　　　1917　2：7—12；3：1—2，4—5

　　　　1918　3：7—12；4：1—6

　　　　1919　4：7—12；5：1—6

　　　　1920　5：7—12；6：1—6

　　　　1921　6：7—12；7：1—3

46209

观象月报

见"气象月报"

47476

管理中英庚款董事会半年刊

该董事会事务所　南京

1931.12—1936.6　1—10

本刊原为年刊，自 2 期起改为半年刊。

总藏　（1231）　1—10

馆藏　1933　5

45643

贯通杂志（月刊）

贯通编译社　南京

1939.12—1940.3　1：1—3

馆藏　1939　1：1

　　　　1940　1：2—3

guang

45031

光

见"光杂志"

45033

光华大学半月刊

该校　上海

1932.10—1937.6　1—5：

本刊每卷出 10 期。

总藏　（518）　1—5：

馆藏　1935　4：1—5

　　　　1936　4：6—10；5：1—4

　　　　1937　5：5—10

45351

光华附中(半月刊)

光华大学附属中学　上海

1932.10—1937.6　1—5：7；纪念册

馆藏　1932　1：2，4

　　　　1933　1：6—7，9—10；2：2—4

　　　　1934　2：6—10；3：1—2

　　　　1935　3：3—10；4：1—3；纪念册

　　　　1936　4：4—10

　　　　1937　5：1—7

45035

光华周报

光华日报社　北平

1945.9—10　1：1—6

总藏　（518）　1：1—6

馆藏　1945　1：1—6

46534

光化(月刊)

光化出版社　上海

1945.[2]—5　1：1—4

馆藏　1945　1：4

45021

光芒(旬刊)

光芒书店　上海

1934.5—12　1：1—22

总藏　（517）　1：1—6，9，11—12，14—22

馆藏　1934　1：1—5，7—8，10，14，20

46143

光明(半月刊)

光明半月刊社　上海

1936.6—1937.8　1—3：5

本刊 1985 年由上海文艺出版社影印。

总藏　（519）　1—3：5

馆藏　1936　1：10

　　　　影 1936　1：1—12

45034

光明之路(月刊)

光明之路杂志社　南京

1931.3—11　1—2：2

本刊原为半月刊，自 2 卷起改为月刊。

总藏　（520）　1—2：2

馆藏　1931　1：1—3，11—12；2：1—2

45031

光杂志(月刊)

光杂志社　上海

1945.1—1947.6　1—23

本刊原名为"光"，自 18 期起改用本名。原为月刊，后改为周刊，继而又改回月刊。原在重庆出版，1946 年迁上海出版。

总藏　（517）　1—23

馆藏　1946　15—16

　　　　1947　18—21

47845H

广播三日画报

广播日报社　天津

1936.[3]—5　1—21

馆藏　1936　4—9，17，19，21

44010

广播周报

中央广播事业管理处　南京

1934.9—1941.4　1—196

1946.9—1948.12　复 1—116

本刊在南京创刊，抗战期间迁重庆出版。196 期 1941 年 4 月后曾停刊，1946 年 9 月在南京复刊，期数另起。

总藏　（35）　1—196；复 1—116

馆藏　1934　1—15

　　　　1935　16—66

　　　　1936　67—117

　　　　1937　118—150

　　　　1946　复 1

1947　27

44001

广大计政(月刊)

广州大学计政训练班　广州

1938.[？]—1941.1　1—7:3

1946.10—1949.5　复1—3:5

本刊原为半月刊,自7卷起改为月刊。曾停刊,1946年10月复刊,卷期另起。

总藏　(15)　1:1—12;2:1—10;3:1—6;4:
1—6;5:1—6;6:1—12;7:1—
3;复1—3:5

馆藏　1946　复1:1—2
1948　2:2—4

46612

广大学报(半年刊)

广州大学出版委员会　广州

1937.4—1949.3　1—复1:1

本刊出创刊号后停刊,1944年在曲江出1期后又停刊,1949年3月复刊,卷期另起。

总藏　(15)　1:1;1(曲江版);复1:1

馆藏　1949　复1:1

44002

广大学生(周刊)

广州大学学生自治会　广州

1925.10—12　1—8

1946.12—1949.3　复1—5

本刊原名"广大学生会周刊",8期1925年12月后曾停刊,1946年12月复刊,改用本名,期数另起。

总藏　(15)　1—8;复1—3,5

馆藏　1947　复2—3
1949　5

44002

广大学生会周刊

见"广大学生"

46850

(国立)广东大学文科学院季刊

该校　广州

1925　1:1

总藏　(16)　1:1

馆藏　1925　1:1

44007

广东国民大学导报

该校　广州

1942.5—1944.1　1—15

1946.[？]—1947.12　新1—10

1948.4—1949.5　改1—9

本刊又名"民大导报"半月刊。15期1944年1月后曾停刊,1946年复刊,期数另起,至1948年4月改版,期数又另起。

总藏　(325)　1—15;新1—3,6—10;改1—9

馆藏　1948　改1—3

44531

广东国民大学校刊

见"民大校刊"

44359

广东国民大学周报

该校学生会　广州

1929.5—12　1—2:9

总藏　(19)　1—2:9

馆藏　1929　2:6,8

46880

广东合作(半月刊)

广东省合作事业委员会　广州

1934.1—1936.6　1—3:12

本刊原为旬刊,自2卷28期1935年起改为半月刊。

总藏　(17)　1—3:12

馆藏　1935　2:1—19,22—33
1936　3:1—12

46272

广东建设公报

见"广东建设月刊"

46272

广东建设月刊

广东省政府建设厅　广州

1926.8—1930.7　1—5:6

1932.11—1936.6　复 1—2：3

本刊原名"广东建设公报"半月刊,自 1 卷 4 期起改为月刊,自 4 卷 6 期 1929 年 6 月起改用本名。5 卷 6 期 1930 年 7 月后曾停刊,1932 年 11 月复刊,卷期另起。

总藏　（19）　1—2：11；3—5：6；复 1—2：3

馆藏　1927　1：9—12

1928　2：9—11

1929　4：1—2,7—10

1930　5：1—2

1933　复 1：10

44360

广东教育（月刊）

广东教育月刊社　广州

1946.5—1948.6　1—3：1

本刊第 1 卷出 6 期,第 2 卷出 5 期。

总藏　（23）　1—3：1

馆藏　1948　3：1

（旧参）D689/GJW—2

广东禁烟季刊

广东省禁烟委员会　广州

1937.2　1

总藏　（24）　1

馆藏　1937　1

47334

广东警政月刊

广东省政府民政厅第三科　广州

1946.[?]—1947.3　1—6

馆藏　1946　2—3

1947　5—6

44006

广东旅沪同乡会月刊

该会月刊社　上海

[1933.11]—1935.1　1—2：3

馆藏　1934　1：11—12；2：1—2

1935　2：3

46879

广东省银行月刊

该行经济研究室　广州

1937.7—1947.12　1—3：

本刊 1 卷 3 期 1937 年 9 月后曾停刊,1946 年 3 月复刊,卷期续前。

总藏　（22）　1—3：

馆藏　1937　1：1

45739

广东省政府公报（旬刊）

该省政府秘书处　广州

1929.7—1944.[?]　1—1005；特刊

1945.[?]—1948.5　特刊；复 1—68

本刊原为三日刊,自 131 期起改为旬刊,465 期起改为日刊,720 期起改为三日刊,980 期起改为周刊。1005 期 1944 年以后曾停刊。1945 年复刊,期数另起。

总藏　（21）　1—383,390—409,443,445,449,

465—1005；特刊；复 1—68

馆藏　1929　7—9,11,13,17,23,27,35—39

1930　76,79,81,83—89,92,95—106,

113—115,117—123,125—134,

136—139

1931　140—141,143—145,149—150,

169—175

1932　176—181,183,191—205,209

1933　211,222,225,227

1934　254—255

1935　296,298—299,303,306—307

1936　331,335

1937　364—365

1938　392

1939　442

1940　特刊

46649

广东水利（年刊）

广东治河委员会　广州

1930.6—1933.10　1—4

总藏　（16）　1—4

馆藏　1930　1—2

1932　3

1933　4

44008

广东统计通讯(月刊)

广东省政府统计处　广州

1942.9—1947.6　1—5:7

本刊在曲江创刊,抗战胜利后迁广州出版。原以期计算,32期1945年2月后改为3卷1期计算。

总藏　(24)　1—32;3—5:7

馆藏　1946　4:1—5,9—12
　　　1947　5:1—4

47003

广东统计月报

广东省政府统计处　广州

1947.1—7　1:1—6

总藏　(24)　1:1—6

馆藏　1947　1:4

44005

广东文献通讯(不定期刊)

广东省文献馆　广州

1948.3　1

总藏　(16)　1

馆藏　1948　1

47504

广东医药月报

新中医学会宣传委员会　广东

1929.1—8　1:1—8

总藏　(18)　1:3—4,8

馆藏　1929　1:4

45771

广东治河处工程报告书

该处　[广州]

[19?]—1926　1—7

馆藏　1926　7

46724

广济医报(双月刊)

广济医学专门学校同学会　杭州

1915.1—1922.8　1—7:4

总藏　(34)　1:;2:3—4;3—6:;7:1—3

馆藏　1922　7:4

47241

广西大学周刊

该校　广西

1931.10—1936.9　1—10:9

1939.12—1942.3　复1—5:3

1946.9—12　新1—13

本刊10卷9期1936年后曾停刊,1939年12月复刊,卷期另起。自1946年9月起期数又另起。

总藏　(26)　1:1—14;2:1—12;3:1—17;4:
　　　　　1—17;5:1—18;6:1—11,13—
　　　　　17;7:1—16;8:1—15;9:1—10;
　　　　　10:6—9;复1:1—7;2:1—17;
　　　　　3:1—13;5:2—3;新1—8,10—
　　　　　11,13

馆藏　1935　9:2—3
　　　1936　10:7—9

46135

广西建设特刊(半年刊)

广西建设厅　南宁

1928.6—1929.3　1—2:3

1932.1—1933.8　新1—3

本刊原名"广西建设月刊",2卷3期1929年3月后曾停刊。自1932年1月改用本名,并改为半年刊,期数另起。第1卷出7期。

总藏　(30)　1—2:3;新1—3

馆藏　1928　1:1—7
　　　1929　2:1—3
　　　1932　新1—2
　　　1933　3

46135

广西建设月刊

见"广西建设特刊"

46895

广西教育公报(月刊)

广西教育厅编译处　[南宁]

1928.1—1929.7　1—3:11

总藏　(33)　1:5—12;2:1—9,11;3:1—6,
　　　　　8—10

馆藏　1929　3:7—11

44004

广西省训练团团刊(季刊)

该团刊编委会 广西

[1943.?]—1947.6 1—5:2

馆藏 1946 4:3—4

1947 5:1—2

44003

广西通志馆馆刊(季刊)

该馆 桂林

1948.7—1949.1 1—5

总藏 (32) 1—5

馆藏 1948 3

44131

广智馆星期报

见"广智星期报"

44131

广智星期报

广智馆编辑部 天津

1929.1—1937.7 1—435

本刊前身为"社会教育星期报"。原名为"广智馆星期报",后改名为"天津广智馆星期报",自52期1930年1月改用本名,期数续前。

总藏 (34) 405—435

馆藏 1929 1—51

1930 52—102

1931 103—150

1932 151—201

1933 202—253

1934 254—304

1935 305—355

1936 356—406

44013

广州大学图书馆季刊

该校图书馆 广州

1933.6—1937.3 1—2:3

总藏 (24) 1—2:3

馆藏 1933 1:1

1934 1:4

1937 2:2—3

44012

广州大学校刊(半月刊)

该校出版组 广州

1945.12—1949.4 1—54

总藏 (24) 1—54

馆藏 1946 12—16

1947 18—26,28—30

1948 31—32,34—42,44—46

1949 52—54

(旧参)**F810.7/GCJ**

广州市财政统计(月刊)

市财政局 广州

1936:1—1937:12

总藏 (25) 1936—1937:

馆藏 1936: 9—12

46546

广州市商会周年特刊

该商会 广州

1947.9 1

馆藏 1947 1

44011

广州市市政公报(旬刊)

市政府编辑股 广州

1921.2—1936.[?] 1—552;特刊

1946.10—1947.3 复1—2:2

本刊1936年后曾停刊,1946年10月复刊,卷期另起。

总藏 (25) 1—26,30—32,36—42,44,69—

237,241—242,251—254,257—

549,551—552;复1:1—12;2:

1—2

馆藏 1929 329—341

1930 342—375;特刊

1931 376—387;特刊

1932 406,409

1933 415—450

1934 451—486

1935 487,502—509,513—514,516—522

1936 523,544—545

44358

广州旬报

见"美禁华工拒约报"

gui

46119

归纳（月刊）

归纳杂志社　上海

1933.10—12　1—3

总藏　（399）　1—3

馆藏　1933　1—3

47148

贵大学报

贵州大学　贵阳

1946.9　1

总藏　（1106）　1

馆藏　1946　1

45089

贵州教育公报（月刊）

贵州省政府教育厅秘书室　贵阳

[1935.7]—1936.2　1—6

馆藏　1935　5

　　　　1936　6

47286

贵州省政府公报（半月刊）

该省政府秘书处　贵阳

[19?]—1927.4　1—22

1929.11—1932.2　新1—110

1935.5—1937.9　新1—145

1938.[?]—10　新1—39

1938.10—1941.12　新1—13:169

1942.1—1949.11　新1—16:12

本刊原为旬刊，1930年改为周刊，1937年改为三日刊，1939年至1941年改为周刊，1947年至1948年6月改为半月刊，1948年7月改为五日刊，自新16卷1949年起改为旬刊。

总藏　（1108）　5,22；新1—18，50—81，

　　　　　103—110；新1—20,22—28,

　　　　　36—41,44—61,63—68,70—

100,102—145；新1—39；新1:1—13；2:14—25,28—32,36,38；3:26—38；4:39—65；5:53—65；6—12:；13:1—93,95—169；新1:1—8,10—12；2:13—14,17—24；3:1—12,25—37；4:38—46；5:1—18；6:20—24；7:1—12；8:1—12；9:1—12；10:1—12；11:1—12；12:1—3；13:1—12；14:1—43；15:1—31,33—38,42—44；16:1—12

馆藏　1948　新13:2—6

guo

45141

国本（半月刊）

国本半月刊社　南京

1936.12—1937.4　1:1—10

总藏　（761）　1:1—10

馆藏　1936　1:1—2

　　　　1937　1:3—10

45107

国粹学报（月刊）

国粹学报馆　上海

1905.1—1911.12　1—7：

本刊除2卷、5卷、7卷每卷出13期外，其他各卷每卷出12期。

总藏　（787）　1—7：

馆藏　1905　1:1—5,7—12

　　　　1907　3:1—12

　　　　1908　4:1—2,4—7,9—12

　　　　1909　5:2—4,6—13

　　　　1910　6:1—2,6—8

　　　　1911　7:1—2,4—7

　　　　1905　汇编1:2—7

　　　　1906　2:1—7

　　　　1908　4:2—8

　　　　1910　6:4—8

　　　　1911　7:3

46548

国粹邮刊(月刊)

国粹邮票公司　香港

1942.3—1950.7　1—43

本刊在上海创刊,自 42 期 1946 年前后停刊,
1950 年 7 月在香港复刊,期数续前,亦以 5 卷
1 期计算。

总藏　(787)　1—17,19—33

馆藏　1942　1—12

　　　　1950　43

46563

国大与制宪史地丛刊

南开中学史地研究会　天津

1947.2　1

馆藏　1947　1

47218

国防部二厅周报

该部　[不详]

[19?]—[1948]　1—60

馆藏　[1948]　60

45124

国防部公报(半月刊)

国防部新闻局　南京

1946.10—1947.11　1—3:10

馆藏　1946　1:1—6

　　　　1947　2:1—12;3:1—10

47543

国防科学简报(半月刊)

国防部第六厅　南京

[19?]—1948.5　1—2:9

馆藏　1948　2:9

45122

国防论坛(周刊)

国防论坛社　上海

1933.5—1936.7　1—6:2

本刊自 6 卷 1 期 1936 年 7 月起改名为"国防
周刊"。1 至 5 卷每卷出 12 期。

总藏　(769)　1:1—9;2—6:2

馆藏　1935　3:12;4:1,3—5,7—12

1936　5:11

45125

国防新报(半月刊)

国防新报社　上海

[194?]—1947.10　1—19

1948.[?]—9　革 1—6

本刊 1948 年出革新号,期数另起。

馆藏　1947　19

　　　　1948　革 2—6

45123

国防月刊

国防月刊社　南京

1946.[9]—1948.8　1—6:

本刊每卷出 4 期。

馆藏　1946　1:2—4

　　　　1947　2:1—4;3:1—4;4:1—4

　　　　1948　5:1—3;6:3—4

45122

国防周刊

见"国防论坛"

46126

国风半月刊

国风社　南京

1932.9—1934.7　1—5:2

馆藏　1932　1:1—8,10

　　　　1934　5:2

45111

国风报(旬刊)

国风报馆　上海

1910.1—1911.6　1—2:17

本刊第 1 卷出 35 期。

总藏　(760)　1—2:17

馆藏　1910　1:1—35

　　　　1911　2:1—12,14—15,17

45139H

国风画报(三日刊)

国风画报社　天津

1946.7—1947.4　1—5:3

总藏　（760）　1:9,14;2:7,9;3:6—7
馆藏　1946　1:1—18;2:1—18;3:1—10
　　　1947　4:1—6,9—11,15,17—21;5:1,3

47662

国风杂志(月刊)

国风杂志社　北平

1947.12—1948.5　1—2:2

本刊第1卷出4期。

总藏　（760）　1—2:2

馆藏　1947　1:1

47520

国父实业计划研究分会会讯(月刊)

该会　南京

[19?]—1948.5　1—35

总藏　（759）　12,22,24—30,32,35

馆藏　1947　29

　　　1948　31—35

45138

国光(月刊)

国光专刊总社　天津

1946.[6]—1947.8　1—2:4

馆藏　1946　1:2

　　　1947　2:2—4

47131

国光(月刊)

国学专门学院　无锡

1929.1　1

总藏　（770）　1

馆藏　1929　1

45121

国衡(半月刊)

国衡半月刊社　南京

1935.5—11　1:1—13

总藏　（791）　1:1—13

馆藏　1935　1:1—13

45148

国画月刊

中国画学出版社　上海

1934.11—1935.8　1:

1936.1—12　新1—6

本刊原由中国画会月刊社编印,自1936年1月起改由中国画学出版社编印,期数另起。

总藏　（782）　1:;新1—6

馆藏　1934　1:1—2

　　　1935　1:5—10

　　　1936　新1—2,5—6

45798

国魂(旬刊)

国魂旬刊社　汉口

1938.2—5　1—10

本刊在武昌创刊,自6期1938年4月起迁至汉口出版。

馆藏　1938　1—10

44529

国货半月刊

见"国货月刊"

47789

国货调查录

市商会　天津

1932.12　1

馆藏　1932　1

(旧参)**F127.22/HGC**

国货年刊

河北省国货陈列馆　天津

1934.6　1

总藏　（785）　1

馆藏　1934　1

45116

国货商标汇刊(不定期刊)

中华国产厂商联合会　上海

1940.1—9　1—2

馆藏　1940　1—2

45106

国货研究月刊

国货研究所　天津

1932.6—1933.1　1—2:1

本刊第 1 卷出 7 期。

总藏　(786)　1—2:1

馆藏　1932　1:1—5,7

　　　　1933　2:1

45117

国货月报

中国国货月报社　上海

1934.2—1935.12　1—2:

总藏　(785)　1—2:

馆藏　1934　1:1—11

44529

国货月刊

市提倡国货委员会　广州

1934.4—1937.6　1—3:

本刊原名为"国货半月刊",自 1 卷 4 期起改用本名。

总藏　(785)　1—3:

馆藏　1935　1:12;2:1—10

　　　　1936　2:11—12;3:1—6

　　　　1937　3:8

46592

国际(月刊)

国际图画杂志社　上海

1940.[?]—9　1—5

馆藏　1940　5

45893

国际公报(周刊)

尚贤堂　北京

1922.12—1936.12　1—14:

本刊自 6 卷 1927 年起改为季刊。自 4 卷 47 期 1926 年起迁至上海出版。

总藏　(774)　1—5:;6:1,3;7—14:

馆藏　1922　1:1

　　　　1923　1:7,52

　　　　1925　3:15—18,23—24,26,29,33—

　　　　　　　36,38—39,41

　　　　1926　4:15—16

46081

国际间(半月刊)

国际间半月刊社　上海

1940.1—1941.11　1—4:10

本刊 1 至 3 卷每卷出 12 期。

总藏　(778)　1—3:;4:1—3,5—10

馆藏　1941　3:5—6;4:1—2,4—6

46783

国际经济(月刊)

财经委员会调查统计处　东北

1949.4　1:1

馆藏　1949　1:1

(旧参)F119.51—54/JZP

国际经济政治年报

经济政治批判会　上海

1932.7　1

总藏　(777)　1

馆藏　1932　1

45105

国际劳工通讯(月刊)

国际劳工局中国分局　上海

1934.10—1941.9　1—8:9

本刊 1 至 21 期不分卷,自 3 卷 7 期起开始分卷期,1 至 21 期作为 1 卷 1 期至 3 卷 6 期计算。第 1 卷出 3 期,2 卷出 12 期。

总藏　(775)　1—8:9

馆藏　1934　1:1—3

　　　　1935　2:1—12

　　　　1936　3:1—12

　　　　1937　4:1—6

47759

国际两周报

见"国际周报"

47896

国际贸易(半月刊)

中国进出口贸易协会　上海

1946.4—12　1:1—14

总藏　(778)　1:1—14

馆藏　1946　1:1—3,6—13

45104

国际贸易导报(月刊)

商品检验局等　上海

1930.4—1937.7　1—9：7

本刊自 3 卷 1932 年起与"工商半月刊"合并，仍用本名。原由上海商品检验局编，自 6 卷 1934 年起与国际贸易局合编。第 1 卷出 9 期，2 卷出 12 期，3 卷出 4 期，4 卷出 8 期，5 至 8 卷每卷出 12 期。

总藏　(778)　1—9：7

馆藏　1931　2：7—9

　　　1932　4：4

　　　1933　5：6—12

　　　1934　6：1—5,11—12

　　　1935　7：1—10

　　　1936　8：11—12

　　　1937　9：1—7

45103

国际贸易情报(周刊)

实业部国际贸易局　上海

1936.3—1937.8　1—2：31

本刊第 1 卷出 44 期。

总藏　(779)　1—2：31

馆藏　1936　1：1—3,15,22—23,25—44

　　　1937　2：1—31

47778

国际时报(月刊)

满洲国外务局调查处　[长春]

1937.[10]—1944.10　1—8：10

馆藏　1937　1：2

　　　1944　8：10

47085

国际通讯(周刊)

国际问题研究社　香港

1940.[6]—1941.10　1—6：1

本刊原以期计算，66 期后改为 6 卷 1 期计算。

总藏　(776)　4,6—7,9—66；6：1

馆藏　1941　47,63

(旧参) **D5／CH**

国际文摘(月刊)

国际编译社　香港

1949.1—8　1—8

总藏　(774)　2,8

馆藏　1949　8

45161

国际新闻(月刊)

国际新闻社　北京

[1940.8]—1943.9　1—4：9

馆藏　1941　1：6；2：1—8

　　　1942　2：9—12；3：1—8

　　　1943　4：1—9

45102

国际译报(月刊)

国际译报社　上海

1932.9—1934.9　1—7：1

本刊原为周刊，自 5 卷 1933 年 9 月起改为半月刊，又自 7 卷 1934 年 9 月起改为月刊。在南京创刊，后迁至上海出版。1 至 6 卷每卷出 12 期。

总藏　(780)　1—7：1

馆藏　1934　6：1—2,5—7,9—12；7：1

45160

国际政情(月刊)

学海书院国际政情调查室　广州

1936.3—7　1：1—5

总藏　(776)　1：1—5

馆藏　1936　1：2—4

46606

国际知识(半月刊)

上海出版社　上海

1945.6—8　1—3

1946.5—1947.7　新 1—2：1

本刊自 1946 年 5 月起卷期另起。

总藏　(776)　1—3；新 1：1；2：1

馆藏　1945　1—2

45307

国际知识(月刊)

知识书店　天津

1937.5—7　1:1—3

总藏　（776）　1:1—3

馆藏　1937　1:1—3

46516

国际周报

国际周报社　上海

1928.9—1929.1　1—2:6

总藏　（773）　1—2:6

馆藏　1928　1:2,4

47759

国际周报

新生命社　上海

1938.5—1939.7　1—64

1940.1—1944.1　新1—4:

本刊在香港创刊,由南华日报社编印。自1940年1月起迁至上海出版,改由新生命社编印,卷期另起。自新3卷1942年起改名为"国际两周报"。

总藏　（772）　1—21,25—27,29—33,35—

40,43—64;新1—4:

馆藏　1941　新2:35

46300H

国剧画报(周刊)

国剧学会　北平

1932.1—1933.8　1—2:30

总藏　（784）　1—2:30

馆藏　1932　1:1—40;2:2—10

1933　2:11—30

46803

国立大学联合会季刊

该会　上海

1928.1—1929.12　1—2:8

1930.6—12　新1:1—2

本刊原名为"国立大学联合会月刊",自1930年6月起改用本名,卷期另起。

总藏　（760）　1—2:8;新1:1—2

馆藏　1930　新1:1

46803

国立大学联合会月刊

见"国立大学联合会季刊"

45157

国联文化合作报告(年刊)

国际联盟秘书处　上海

[19?]—1936.7　1—17

总藏　（786）　15—17

馆藏　1934　15

1936　17

45119

国论(周刊)

国论社　重庆

1935.7—1937.6　1—2:10

1938.2—10　新1—34

1938.10—1939.4　新1—19

1940.1—1945.7　复1—4:10

本刊原为月刊,在上海创刊,1938年2月迁成都出版,改为周刊,卷期另起。1938年10月迁重庆出版,期数另起。曾停刊,1940年1月在成都复刊,改为半月刊,卷期又另起。

总藏　（790）　1—2:10;新1—34;新1—19;

复1—3:21;4:1—10

馆藏　1935　1:1,3

1936　2:4

1937　2:5—10

1938　新3,6,8—10

1939　11—17,19

45128

国民(周刊)

国民周刊社　上海

1937.5—11　1:1—19

总藏　（762）　1:1—19

馆藏　1937　1:1—17

45741

国民(月刊)

国民党上海交通部　上海

1913.5—6　1:1—2

总藏　（761）　1:1—2

天津图书馆馆藏新中国成立前中文期刊目录(1884—1949)

馆藏　1913　1:1—2

45129

国民防疫专刊(月刊)

国民防疫专刊社　天津

1937.4—6　1—3

馆藏　1937　1—3

47577

国民革命军第二十四军部政务汇刊

该军政务委员会　[四川]

[1927]　1

馆藏　[1927]　1

46451

国民公论(半月刊)

国民公论社　重庆

1938.9—1941.2　1—5:1

本刊原为旬刊,自1939年起改为半月刊。原
在汉口出版,后迁重庆,1940年迁桂林出版。
1至4卷每卷出12期。

总藏　(762)　1—5:1

馆藏　1939　2:7

45770

国民公论(月刊)

国民公论社　北平

1945.10—11　1:1—2

总藏　(762)　1:1—2

馆藏　1945　1:1—2

47391

国民教育辅导月刊

市教育局国民教育处　上海

1946.12—1948.1　1—8

总藏　(768)　1—8

馆藏　1947　3

45131

国民教育辅导月刊

台湾省政府教育厅　台北

1947.6—1949.4　1—4:4

本刊前身为"国民教育指导月刊"。1至2卷
每卷出6期,3卷出3期。

总藏　(768)　1—4:4

馆藏　1947　1:1—6

　　　　1948　2:1—6;3:1

45132

国民教育辅导月刊

江苏省教育厅　镇江

1947.1—1948.6　1—2:6

总藏　(768)　1—2:6

馆藏　1947　1:1—12

　　　　1948　2:1—6

45133

国民教育通讯(月刊)

陕西省教育厅　西安

1946.4—1947.12　1—20

总藏　(768)　1—20

馆藏　1947　18—20

45135

国民教育指导月刊

福建省政府教育厅　福州

1941.7—1947.2　1—4:

总藏　(766)　1—4:

馆藏　1945　3:7—10

　　　　1946　4:1—2,9—10

　　　　1947　4:11—12

45134

国民教育指导月刊

广西省政府教育厅　桂林

1941.8—1948.12　1—6:

总藏　(767)　1—2:11;3—6:

馆藏　1945　3:11—12

45130

国民教育指导月刊

台湾省行政长官公署教育处　台北

1946.8—1947.4　1—2:3

本刊1947年6月起改名为"国民育辅导月
刊",卷期另起。第1卷出6期。

总藏　(766)　1—2:3

馆藏　1946　1:3—5

　　　　1947　1:6;2:1—3

44103

国民教育指导月刊

见"江西地方教育"

46194

国民经济(月刊)

国民经济研究所　南京

1937.5—8　1:1—4

总藏　(768)　1:1—4

馆藏　1937　1:1,3

45896

国民外交半月刊

辽宁省国民外交协会宣传部　沈阳

1929.9—1931.7　1—62

本刊原名为"国民外交周报",自43期起改用
本名,期数续前。

总藏　(763)　1—50,53—62

馆藏　1929　18

　　　　1930　27,42

　　　　1931　50

46765

国民外交月报

中国国民外交协会驻美办事处　[美国]纽约

1943.1—11　1:1—11

总藏　(763)　1:3,5,8—11

馆藏　1943　1:1—3,5—11

46881

国民外交杂志(月刊)

国民外交杂志社　北京

1922.6—11　1:1—5

总藏　(763)　1:1—5

馆藏　1922　1:1

45100

国民外交杂志(月刊)

国民外交协会　南京

1932.10—1935.2　1—5:5

本刊1至4卷,每卷出6期。

总藏　(763)　1—5:5

馆藏　1932　1:1—3

　　　　1933　1:4—6;2:1—6;3:1—3

1934　3:4—6;4:1—6;5:1—2

1935　5:3—4

45896

国民外交周报

见"国民外交半月刊"

45126

国民文化(半月刊)

国民文化供应站　济南

1946.2　1

总藏　(762)　1

馆藏　1946　1

45127

国民文学(月刊)

国民文学月刊社　上海

1934.[?]—1935.4　1—2:1

馆藏　1935　1:5;2:1

45109

国民新闻(月刊)

国民新闻社　天津

1947.7—8　1—2

总藏　(769)　1—2

馆藏　1947　1—2

45098

国民杂志(月刊)

国民杂志社　北京

[1941.1]—1944.12　1—4:

馆藏　1941　1:4—12

　　　　1942　2:1—12

　　　　1943　3:1—4,6—12

　　　　1944　4:1—12

45099

国民政府公报(日刊)

国民政府文官处印铸局　南京

1925.[7]—1926.8　1—49

1927.5—1928.10　新1—100

1928.10—1932.[?]　新1—991;特刊

1932.2—11　洛1—73

1932.11—1937.11　新992—2509

［1937.12］—1946.5　渝 1—1051

1946.5—1948.5　新 2512—3137

本刊原为旬刊,在广州出版,1927 年迁至南京,期数另起。同年 6 月改为三日刊。1928 年 10 月改为日刊,期数另起。1932 年 2 月迁洛阳出版,期数另起,期号前冠"洛"字。1932 年 11 月迁回南京续出 992 期。抗战期间,迁至重庆出版,期数另起,期号前冠"渝"字。1946 年在南京续出 2512 期。1948 年 5 月后改名为"总统府公报",期数另起。

总藏　（764）　3,23,31—39,41—42,44—45,
　　　　　　48—49;新 1—100;新 1—991;
　　　　　　特刊;洛 1—73;新 992—2509;
　　　　　　渝 10—938,941—1051;新
　　　　　　2512—3137

馆藏　1928　新 1—16,19—56;特刊

　　　1929　57—82,115—192,194—200,211—
　　　　　　222,224—239,241—257,283—
　　　　　　291,294—304,306—308,319—
　　　　　　326

　　　1930　360—383,408—443,445—457,
　　　　　　548—586,636—662;特刊

　　　1931　663—810,819—964;特刊

　　　1932　965—989

　　　1936　新 1967—1968,2115,2117,2144—
　　　　　　2145,2167,2179,2185,2193—
　　　　　　2194,2201,2205,2207,2217,
　　　　　　2233

　　　1937　2259,2261,2265,2267,2271,
　　　　　　2293,2295,2297—2298

　　　1943　渝 427,440,444,479—500,531—
　　　　　　582

　　　1944　583—699,716—732,734—736

　　　1945　738—741,744—759,762—763,
　　　　　　768—777

　　　1946　新 2560—2637

　　　1947　2787—2813,2839—3019

　　　1948　3020—3137

45110

国民政府教育部教育公报(半月刊)

该部编审委员会　南京

1940.［5］—1941.1　1—18

馆藏　1940　5—13,15—16

　　　1941　17—18

47488

国民周报

国民周报社　长沙

［1947.?］—1948.8　1—2:28

总藏　（762）　2:1—28

馆藏　1948　2:21

45774

国民周刊

国民周刊社　上海

1937.5—11　1:1—19

总藏　（762）　1:1—19

馆藏　1937　1:7,14

46155

国难教育(周刊)

国难教育社　上海

1936.7　1—2

本刊由红旗出版社影印。同时影印合订一册的刊物是"救亡情报""学生报道""上海文化界救国会会刊"和"上海职业界救国会会刊"。

馆藏　影 1936　1—2

47097

国难专报(半月刊)

国难专报社　北平

1932.10—1935.［?］　1—73

总藏　（785）　1—2,4—14,17,19—28,30,
　　　　　　34,36—46,50—57,73

馆藏　1935　73

45813

国内外大事记

辽宁东三省民报社　沈阳

1931.1　1

本刊为"辽宁东三省民报"新年增刊。

馆藏　1931　1

47741

国庆特刊

特别市各界庆祝国庆纪念大会　天津

1929.10　1

馆藏　1929　1

45870

国师月刊

山西国师月刊委员会　太原

1929.4—1935.6　1—6：1

本刊又名"山西省立国民师范学校月刊"。

总藏　（98）　1：1—3，5—9；2：1—6；3：1—

10；4：1—10；5：1—10；6：1

馆藏　1931　2：6

1932　3：1—2

1934　5：10

45146

国史馆馆刊（季刊）

该馆　南京

1947.12—1949.[4]　1—2：2

总藏　（769）　1—2：2

馆藏　1947　1：1

1948　1：2—3

45147

国术月刊

市国术馆编审科　天津

1934.4—1935.4　1—13

总藏　（761）　1—13

馆藏　1934　1—9

1935　10—13

45143

国术周刊

国术周刊社　天津

1935.1　1

总藏　（761）　1

馆藏　1935　1

46761

国税半月刊

财政部国税署　南京

1948.8—10　1：1—6

总藏　（786）　1：1—6

馆藏　1948　1：1—6

45152

（国立）**国体师专校刊**（季刊）

国立国术体育师范专科学校　天津

[19?]—1948.7　1：1—15

总藏　（780）　1：5，8—15

馆藏　1948　12—15

45112

国外情报选编（不定期刊）

外交部情报司　南京

[19?]—1937.8　1—199

总藏　（769）　130—199

馆藏　1936　130—168

1937　169—195

47223

国文学会特刊（半年刊）

河北省立女子师范学院国文学会　天津

1934.1—1935.5　1—3

总藏　（670）　1—3

馆藏　1934　2

45142

国文月刊

开明书店　上海

1940.6—1949.8　1—82

本刊原由昆明西南联合大学国文系编，开明书店出版，自41期1946年3月起改由开明书店编印。在昆明创刊，曾先后在曲江、桂林、重庆等地出版，自48期1947年7月起迁上海出版。

总藏　（758）　1—82

馆藏　1941　8—11

1942　12—18

1943　19—24

1944　25—32

1945　34—37，39

1946　40—50

1947　51—62

1948　63—74

1949　75—82

46492

国文杂志（月刊）

国文杂志社　桂林

1942.8—1946.2　1—3：

本刊每卷出 6 期。

总藏　（758）　1—3：

馆藏　1942　1：1—3

　　　1943　1：4—6；2：1—6

45162

国闻周报

国闻周报社　上海

1924.8—1937.12　1—14：

本刊在上海创刊，自 4 卷 1927 年迁至天津出版，自 13 卷 1936 年起迁回上海出版。第 1 卷出 22 期，2 至 14 卷每卷出 50 期。

总藏　（788）　1—14：

馆藏　1924　1：1—22

　　　1925　2：1—50

　　　1926　3：1—48

　　　1927　4：1—50

　　　1928　5：1—50

　　　1929　6：1—25，27—50

　　　1930　7：1—50

　　　1931　8：1—50

　　　1932　9：1—50

　　　1933　10：1—50

　　　1934　11：1—50

　　　1935　12：1—50

　　　1936　13：1—50

　　　1937　14：1—30，33—35，43

47270

国学（月刊）

大东书局　上海

1926.10—1927.1　1：1—4

总藏　（780）　1：1—4

馆藏　1926　1：2—3

45145

国学（月刊）

国学研究社　天津

1937.4—8　1：1—5

总藏　（780）　1：1—5

馆藏　1937　1：1—4

45114

国学丛刊（不定期刊）

国学书院　北京

1941.3—1945.5　1—15

总藏　（781）　1—15

馆藏　1941　1—5

　　　1942　6—11

　　　1943　12—13

　　　1944　14

　　　1945　15

46463

国学丛刊（不定期刊）

东南大学国学研究会　南京

1923.3—1926.8　1—3：1

本刊原为季刊，自 1926 年 8 月起改为不定期刊，出 1 期后即停刊。后改名为"国学辑林"，期数另起。

总藏　（781）　1—3：1

馆藏　1923　1：1—4

　　　1924　2：1—3

　　　1925　2：4

　　　1926　3：1

47217

国学辑林

中国国学研究会　上海

1926.9　1

本刊前身为"国学丛刊"。

总藏　（782）　1

馆藏　1926　1

45115

国学季刊

国立北京大学国学季刊编委会　北平

1923.1—1952.12　1—7：3

本刊 2 卷 1 期 1925 年后曾停刊，6 卷 3 期 1937 年后又停刊。1946 年复刊，卷期续前。6 卷 4 期以后又停刊，1950 年 7 月复刊，卷期续前。

总藏　（781）　1—6：

馆藏　1923　1：1—4

　　　1925　2：1

1929 2:2
1930 2:3—4
1932 3:1—4
1934 4:1—4
1935 5:1—4
1936 6:1—2

45120

国学论丛(季刊)

清华学校研究院 北平

1927.6—1930.12 1—2：

总藏 (782) 1—2：

馆藏 1927 1:1—2

1928 1:4

45113

国学论衡(半年刊)

苏州国学会 苏州

1933.6—1937.6 1—10

本刊原名为"国学商兑"，自2期起改用本名。

总藏 (782) 1—10

馆藏 1933 1—2

1934 3—4

1935 5—6

1936 7—8

1937 9

45113

国学商兑

见"国学论衡"

(旧参)**G259.28—54/GTG 等**

国学图书馆年刊

见"江苏省立国学图书馆年刊"

46326

国学选刊

江西征文会 上海

1928.10—1929.1 1—2

馆藏 1928 1

1929 2

46679

国学月报

述学社 北平

1924.5—1929.7 1—3:2

总藏 (780) 1—3:2

馆藏 1927 2:11

1928 1:汇刊

1929 2:汇刊

45804

国学月刊

国学月刊社 北京

1945.1—8 1:1—6

总藏 (780) 1:1—2,5—6

馆藏 1945 1:1—2,5

47280

国学专刊(双月刊)

国学专刊社 上海

1926.[3]—1927.10 1:1—4

馆藏 1926 1:2—4

44759

国讯(周刊)

国讯社 上海

1931.12—1948.4 1—457

本刊原名为"救国通讯"半月刊，自1934年7月起改用本名。后改为旬刊，1947年5月又改为周刊。在上海创刊，抗战期间曾迁重庆、桂林、香港等地出版，抗战胜利后迁回上海出版。

总藏 (783) 1—457

馆藏 1932 20—26

1933 47—60

1934 61—83

1938 179

1940 234,243

1941 268,275—276

1944 361—362,371,377,379—380

1945 395,400,403

1947 431—444

1948 446—454,456—457

45144

国药新声(月刊)

国药新声社　上海

1939.4—1944.1　1—59

总藏　(786)　1—59

馆藏　1939　1—9

　　　1940　10—21

　　　1941　22—33

　　　1942　34—45

　　　1943　46—56

　　　1944　57—59

46024

国医砥柱月刊

国医砥柱月刊社　北京

1937.1—1948.9　1—6:

总藏　(772)　1—2:;4:5—6,8—12;5—6:

馆藏　1937　1:1,3,5—7

　　　1938　1:8—12

　　　1939　2:1—8

　　　1941　2:12

　　　1943　3:5

47190

国医求是月刊

国医求是月刊社　北京

1941.9—10　1:1—2

总藏　(772)　1:1—2

馆藏　1941　1:1—2

45151

国医学院院刊

上海国医学院　上海

[1930]—1931　1—3

馆藏　1931　3

45149

国医杂志

国医学会　上海

1931.10—1933.11　1—7

总藏　(772)　2,6

馆藏　1931　1—2

　　　1932　3—4

　　　1933　5—7

45150

国医正言(月刊)

国医研究会　天津

1934.5—1937.[?]　1—38

总藏　(772)　1—38

馆藏　1934　1

　　　1935　13—19

　　　1936　20—27,29—31

　　　1937　32—38

45349

国艺(月刊)

中国文艺协会　南京

1940.1—1942.4　1—4:1

本刊1至3卷,每卷出6期。

馆藏　1940　1:1—6;2:1,5—6

　　　1941　3:2—4

　　　1942　3:5—6;4:1

45101

国有铁路统计月刊

铁道部秘书厅研究室　南京

1932:9—1936:7

总藏　(769)　1932:9—12;1933—1936:7

馆藏　1932:10—12

　　　1933:1—12

　　　1934:1—8

　　　1935:12

　　　1936:1—6

47110

国语月刊

中华民国国语研究会　上海

1922.2—1925.5　1—2:3

总藏　(786)　1—2:3

馆藏　1922　1:7

　　　1924　2:1—2

46377

国语周刊

国语统一筹备委员会　北平

[19?]—1933.3　1—78

馆藏　1932　53—67

1933   69—78

46429
国运
审美书馆   上海
[191?]—1915   1—2
本刊又名"中华开国四年来大摄影",第 2 期内容为"真相画报"第 11 至 17 期。
馆藏   1915   2

45108
国专月刊
国学专修学校   无锡
1935.3—1937.6   1—5：
本刊每卷出 5 期。
总藏   (759)   1—5：
馆藏   1935   1:1—5;2:2—4
       1936   2:5;3:1—4;4:1—4
       1937   4:5;5:1—5

H

hai

45785
海潮音(月刊)
海潮音月刊社   南京
1920.3—1949.7   1—30:7
本刊在杭州创刊,曾迁至汉口、武昌、重庆、北京、泰州、上海、九江、成都、南京等地出版。
总藏   (926)   1—30:7
馆藏   1921   2:1
       1925   6:6—10
       1926   6:11—12;7:8
       1932   13:12
       1937   18:6
       1947   28:2

46735
海风(周刊)
海风社   北平
1945.9—10   1:1—4
总藏   (923)   1:1—4

馆藏   1945   1:1,4

47021
海风(周刊)
海风周报社   上海
1945.11—1946.5   1—25
总藏   (923)   7,18—19,21—22,25
馆藏   1946   23

47742
海风(双旬刊)
私立渤海中学学生自治会   天津
1947.4—10   1—3
馆藏   1947   1—3

44221
海风(月刊)
海风社   天津
1936.[10]—1937.3   1—6
总藏   (923)   4—6
馆藏   1937   5—6

46734
海风周报
海风周报社   上海
1929.1—5   1—17
本刊 1959 年由上海文艺出版社影印。
总藏   (923)   1—17
馆藏   影 1929   1—17

44227
海关进出口贸易统计月报
上海海关总税务司署统计科   上海
1931—1948：
总藏   (924)   1931:9—12;1932—1933:;1934:
               1—3,5—8;1935:12;1936—1941:
               11;1945:1—5;1946:7—12;
               1947—1948：
馆藏   1932:1—12
       1933:1—2,12
       1934:4,8—9
       1935:1—5,7—8,11—12
       1936:1
       1937:3,5

1940：2

46299

海建(月刊)

中国建设出版社　上海

1948.5—12　1:1—8

总藏　(925)　1:1—8

馆藏　1948　1:1—5,7—8

46647

海军公报(月刊)

海军部公报室　南京

[19?]—1936.4　1—82

馆藏　1936　82

44226

海军杂志(月刊)

海军部海军编译处　南京

1928.4—1937.5　1—9:9

馆藏　1933　5:6—7,12

　　　1934　6:5—12;7:1,3—4

　　　1935　7:5—6,9,12;8:1

　　　1936　8:5—6,9;9:1—3

　　　1937　9:5,9

47500

海声

青海留平学会　北平

1936.11　1:1

总藏　(924)　1:1

馆藏　1936　1:1

46183

海事(月刊)

市海事杂志社　台北

1947.3—1948.11　1—20

总藏　(925)　2—9,11—12,15—17,20

馆藏　1947　5—9

　　　1948　10—17

44225

海事(月刊)

海事编译局　天津

1927.7—1937.7　1—11:

本刊原名"海事杂志",后改用本名。在武昌创刊,后曾迁至辽宁、青岛、天津等地出版。

总藏　(924)　1—10:;11:1,7—10,12

馆藏　1931　5:1—6

　　　1932　5:7—12;6:1—6

　　　1933　6:7—12;7:1—6

　　　1934　7:7—12;8:1—6

　　　1935　8:7—12;9:1—6

　　　1936　9:7—12;10:1—6

　　　1937　10:7—12;11:1

44225

海事杂志

见"海事"

44224

海事杂志(半年刊)

海事杂志社　武昌

1947.5—1948.2　1—2

总藏　(925)　1—2

馆藏　1947　1

　　　1948　2

47358

海涛(周刊)

大同出版公司　上海

1946.[2]—10　1—32

总藏　(925)　5,19,21,32

馆藏　1946　11

47680

海涛(周刊)

海涛周刊社　上海

1949.1—4　1—2:1

总藏　(925)　1:1—11;2:1

馆藏　1949　1:3

46357

海涛旬刊

海涛旬刊社　天津

1947.6—7　1—3

总藏　(925)　1—3

馆藏　1947　1—2

44222

海王(旬刊)

海王社　南京

1928.9—1949.3　1—21:19

本刊在天津塘沽创刊,1937年迁长沙,1940年迁四川乐山,1945年迁重庆,1947年迁南京出版。

总藏　(920)　2:1—12;3:1—12,32—36;4: 1—12;5:1—11;6—8;9:1— 32,34,36;11—21:19

馆藏　1934　7:2—4,6,8—9

1935　7:12,17—24,26—36;8:2,6—10

1936　8:12—14,16—21,23—26,28— 35;9:2—6,8—11

1937　9:12—32

1947　19:14,32,34,36;20:1—10

1948　20:11—13,15—36;21:1,3—7

1949　21:17,19

47857

海燕(周刊)

海燕周刊社　上海

1946.2—6　1—15

总藏　(928)　2—3,8,10

馆藏　1946　15

47879

海燕(月刊)

海燕文艺社　上海

1936.1—7　1—7

本刊1983年3月由上海书店影印。

总藏　(928)　1—2,7

馆藏　影1936　1—2

47249

海洋半年刊

市观象台　青岛

1930.7—1934.12　1—10

1949.4　新1

本刊又名"青岛市观象台海洋半年刊",抗战期间曾停刊,1949年4月复刊,期数另起。

总藏　(925)　1—10;新1

馆藏　1933　7—8

1934　9—10

47399

海洋新闻

海军总司令部政工处海洋新闻社　［南京］

1948.8　1:1

馆藏　1948　1:1

46746

海员通讯

中国国民党中华航业海员特别党部海员通讯社　上海

1948.3　新1

本刊此前曾出版发行,情况不详。

馆藏　1948　新1

46746

海员通讯

见"中华海员季刊"

44223

海运月刊

中华海运服务社　天津

1947.5—7　1:1—3

总藏　(924)　1:1—3

馆藏　1947　1:1—3

han

47271

寒圃(半月刊)

国立北平大学农学院绥远农业学会　北平

1933.12—1935.12　1—21

总藏　(1083)　1—21

馆藏　1933　1

1934　6

45658

汉口市政公报

见"新汉口"

44098

汗血月刊

汗血书店　上海

[19?]—1936.5　1—7:2

馆藏 1936 7:2

45994

汗血周刊

汗血书店 上海

1933.[7]—1937.10 1—9:17

馆藏 1935 5:16

　　　1936 7:6,15

　　　1937 8:12,15—16,18—19,21,23,

　　　　　 25;9:1—3,6,17

hang

44623

杭州市政半月刊

市政府秘书处 杭州

1927.7—8 1:1—8

1933.1—1937.5 新1—5:1

1947.9 复1

1948.10—1949.2 新1—2:4

本刊原名为"杭州市政周刊",自1933年1月
起改名为"杭州市政季刊",卷期另起。抗战
期间曾停刊,1947年9月复刊,期数另起。自
1948年10月起改用本名,卷期另起。

总藏 (731) 1:1—8;新1—5:1;复1;新

　　　　　 1—2:4

馆藏 1936 新4:1

　　　1948 新1:1—3

44623

杭州市政季刊

　见"杭州市政半月刊"

44623

杭州市政周刊

　见"杭州市政半月刊"

45461

航海杂志(月刊)

中国航海学社 上海

1935.3—1938.6 1—3:10

本刊自3卷8期1937年起迁汉口出版。第1
卷出10期。

总藏 (972) 1—3:10

馆藏 1935 1:2—10

　　　1936 2:1—12

46970

航空(半月刊)

中国航空协会 上海

1935.[?]—1936.12 1—4:6

总藏 (969) 2—4:6

馆藏 1935 2:5

45491

航空(月刊)

航空署航空月报编纂所 北京

1920.5—1927.[10] 1—8:10;增刊

本刊自5卷1924年后曾改名为"航空月刊",
期数另起。1926年12月改回本名,继续出版
第7卷,将1925年5月至1926年3月所出版
的"航空月刊"10期编为第6卷。

总藏 (969) 1—3:6;4:1—2;5:1—5;6—

　　　　　 8:10;增刊

馆藏 1920 1:1—8

　　　1921 2:1—12;增刊

　　　1922 3:1—3

45518

航空机械(月刊)

航空机械月刊社 南昌

1936.12—1946.12 1—9:

1947.4—1948.12 新1—2:2

本刊原名为"航空机械通讯",自2卷1937年
起改用本名,自1947年4月起改为季刊,卷期
另起。在南昌创刊,后迁成都出版。

总藏 (970) 1—2:3;3—9:;新1—2:2

馆藏 1937 1:2—6;2:2

45518

航空机械通讯

　见"航空机械"

45460

航空建设(月刊)

中国航空建设协会总会 南京

1942.8—1948.6 1—3:3

本刊前身为"航空时代"。原为双月刊,自2

卷4期1947年起改为月刊。在重庆创刊,抗
战胜利后,迁至南京出版。
总藏 (972) 1:1—7;2:1—8;3:1—3
馆藏 1947 2:3—4,6—7

45464

航空生活(年刊)

中央航空学校 杭州

1934—1936

总藏 (969) 1934,1936

馆藏 1934

44220

航空学校月刊

见"空校月刊"

45540

航空月刊

中华航空协进会第二特别区分会 广州

1925.11—1929.11 1—20

本刊原由广州航空同志总会宣传科编,自6期
起改由国民革命军总司令部航空处编。自8
期起由航空同志总会编,自11期起由航空救
国同志委员会编,又自17期起改由中华航空
协进会第二特别区分会编。

总藏 (969) 1—20

馆藏 1926 2—4,7

1927 8—10

1928 13—18

45491

航空月刊

见"航空"

45463

航空杂志(月刊)

航空委员会 南京

1929.3—1944.3 1—13:1;专刊1—2

本刊在杭州创刊,由航空署情报科编。自4卷
5期1934年5月起迁至南昌出版,改由航空
委员会编。自5卷1935年起迁南京出版。

总藏 (970) 1—7:7;8—13:1

馆藏 1929 1:1—5

1932 3:2

1933 3:10—12;专号1—2

1934 4:4,7,9,11

1935 5:4,7—12

1936 6:2—4

1937 7:2—6

46804

航业通讯(月刊)

轮船商业同业工会 上海

1946.11—1949.5 1—67

总藏 (968) 1—47,49—67

馆藏 1947 9,16,21—22

1948 28,32—42,44—46

45462

航业月刊

轮船业同业工会 上海

1930.7—1937.6 1—4:11

总藏 (968) 1—4:11

馆藏 1931 1:10

1932 2:1—5

1933 2:10

1934 2:11

1935 3:1—8

1936 3:9—12;4:2—3,5

1937 4:6—7,9—11

47311

航政特刊

建设厅编辑处 广东

1931.8 特刊

馆藏 1931 特刊

hao

45302

好莱坞(周刊)

好莱坞周刊社 上海

1938.11—1941.5 1—126

馆藏 1938 1—9

1939 10—25,27—32,34—39,43,46—
48,50—55,58—59

1940 60,62—68,70—71,74—75,78—
79,82—86

1941 113—114,123—124,126

46838H

好男儿(月刊)

好男儿画报社 [汉口]

1935.8 1

馆藏 1935 1

46043

好朋友(半月刊)

市教育局 北京

1939.[5]—1942.2 1—54

馆藏 1939 2—4,9—12

1940 13—19,24—25

1941 31—34,36—37,44

1942 53—54

47842H

号外画报

时报社 [不详]

[193？]—1934 1—182

本刊为"时报"号外。

馆藏 1934 19,24,42—43,49,72,101,116—

117,136,145,163,176,182

he

45287

合作季刊

中国合作学社 南京

1948.7 1

总藏 （561） 1

馆藏 1948 1

45288

合作经济(月刊)

中国合作经济研究社 上海

1944.5—1945.5 1—2

1947.7—1948.11 新 1—2：

本刊在福建永安创刊,自1947年7月迁上海,

卷期另起。每卷出6期。

总藏 （564） 1—2：；新 1—2：

馆藏 1947 新 1：1—2

1948 1：5—6；2：1—3

45286

合作讯(月刊)

中国华洋义赈救灾总会农利股 北京

1926.3—1940.8 1—161

总藏 （563） 1—144,154—157

馆藏 1933 91—94,100

1934 102—106,109,112—113

1935 114—120,122—123

1936 126

1940 161

45289

合作月刊

中国合作学社 南京

1929.3—1937.7 1—9：7

1938.4—1944.12 复 1—38

本刊在上海创刊,自7卷起迁南京出版。9卷

7期1937年7月后曾停刊,1938年4月在湖

南芷江复刊,期数另起。1939年9月迁重庆

出版。

总藏 （560） 1—9：7；复 1—38

馆藏 1934 6：11—12

1935 7：1—12

1936 8：1—12

45368

和平钟月刊

和平钟杂志社 北平

1945.9—10 1：1—2

总藏 （801） 1：1—2

馆藏 1945 1：1—2

46490

河北(月刊)

河北月刊社 北平

1946.[？]—12 1—14

本刊原为半月刊,后改为月刊。

馆藏 1946 4,14

47012H

河北博物院画刊(半月刊)

该院 天津

1931.9—1937.7 1—141

本刊原名为"河北第一博物院半月刊",自 49 期起改名为"河北第一博物院画报",自 80 期起改用本名。

总藏 （673） 1—140

馆藏 1931 1—7
     1932 8—31
     1933 32—55
     1934 56—79
     1935 80—103
     1936 104—127
     1937 128—141

44152

河北财政公报(月刊)
河北省财政厅 保定
1928.8—1937.2 1—89
总藏 （672） 1—89
馆藏 1931 19
     1932 34

47012H

河北第一博物院半月刊
见"河北博物院画刊"

47012H

河北第一博物院画报
见"河北博物院画刊"

44139

河北高等法院公报
该院书记室 北平
1928.7—1935.〔？〕 1—15
1937.3—6 新 1—4
1947.6 复 1

本刊原在天津出版,由河北高等法院编纂室编。1937 年 3 月迁至北平,改由河北高等法院书记室编,期数另起。抗战期间曾停刊,1947 年 6 月复刊,期数又另起。

总藏 （672） 1—14;新 1—4;复 1
馆藏 1928 1
     1929 2—3
     1930 4—6

1931 7
1932 8—9
1933 10—11
1934 12—13
1935 14—15
1937 新 1—4
1947 复 1

47108

河北工商月报
河北省政府工商厅 北平
1928.12—1930.1 1:1—15
总藏 （669） 1:1—15
馆藏 1928 1:1—2
     1929 1:4—5,11—12

44157

河北合作通讯
中国银行 天津
〔19?〕—1937.8 1—6
馆藏 1937 6

(旧参)TV882.822—53/HJT 等

河北河务会议汇刊
见"河务会议汇刊"

46785

河北建设公报(月刊)
河北省政府建设厅 天津
1928.10—1934.9 1—6:
总藏 （669） 1—6:
馆藏 1929 2:1—3
     1930 2:4—12;3:1—3
     1931 3:4—12;4:1—3
     1932 4:4—12;5:1—3
     1933 5:4—12
     1934 6:4,6

44160

河北教育(月刊)
河北省政府教育厅 保定
1928.9—1935.6 1—8:18
1935.8—1936.4 新 1:1—18
1947.6—1948.9 复 1—8

本刊原名为"河北教育公报"旬刊,自 1935 年
8 月起改名为"河北教育半月刊",卷期另起。
自新 1 卷 11 期 1936 年 1 月起改名"河北教育
公报",期数续前。抗战期间停刊,1947 年 6
月复刊,改用本名,并改为月刊,期数另起。

总藏 (672) 1—8:18;新 1:1—18;复 1—8

馆藏 1931 4:7

　　　 1932 5:14,16—18

　　　 1933 6:3,7,9,24

　　　 1934 7:3—12,31—34

　　　 1935 新 1:2—10

　　　 1936 1:11—18

　　　 1947 复 1—4

　　　 1948 5—8

44160

河北教育半月刊

见"河北教育"

44160

河北教育公报

见"河北教育"

46839

河北留东年刊

河北驻日留学生经理处　 [日本] 东京

1934.3 1

总藏 (672) 1

馆藏 1934 1

44159

河北棉产汇报(半月刊)

河北省棉产改进会　北京

1936.5—1939.2 1—47

总藏 (673) 1—47

馆藏 1936 1—16

　　　 1937 17—29,35

　　　 1938 37—38,40—43

47069

河北民国日报副刊

河北民国日报社　北平

[19?]—1929.2 1—62

馆藏 1929 42—62

44153

河北民政刊要(月刊)

河北省民政厅编辑室　天津

1931.10—1935.7 1—43

总藏 (669) 1—43

馆藏 1931 2

　　　 1932 6,8

　　　 1933 14,20,24

　　　 1934 26,31—34

　　　 1935 38,40

47237

河北农林学刊

河北省立农学院　保定

1935.4 1:1

总藏 (669) 1:1

馆藏 1935 1:1

44145

河北前锋(周刊)

中国国民党河北省党务整理委员会　北平

1931.[3]—11 1—41

馆藏 1931 10—14,20,26,34—37,39—41

44154

河北省工程师协会月刊

该会编辑部　天津

1932.11—1936.10 1—[4:?]

总藏 (670) 1—2:;3:5,7—12

馆藏 1932 创刊号

　　　 1933 1:1—12

　　　 1934 2:1—12

　　　 1935 3:[6],7—10

　　　 1936 3:11—12;[4:?]

44142

河北省公报(周刊)

该省公署秘书处　河北

1938.[7]—1945.5 1—347

馆藏 1938 6,10

　　　 1939 38—41,44—71

　　　 1940 72—124

　　　 1941 125—176

1942　177—228
1943　229—277
1944　286—293,304—329
1945　330—347

(旧参)**TV882.822—53/HJT** 等
河北省河务会议汇刊
　见"河务会议汇刊"

44137
河北省会公安局月刊
　该局秘书处　天津
1934.7—1935.4　1—10
馆藏　1934　1—6
　　　1935　7—10

(旧参)**TV882.822—53/HJT** 等
河北省建设厅河务会议汇刊
　见"河务会议汇刊"

47287
河北省立大名师范学校期刊
　该校期刊编委会　河北大名
1934.2—1935.7　1—5
总藏　(670)　1—5
馆藏　1934　2

47755
河北省立第一女子中学校丛刊
　该校　［天津］
1930.1　1
馆藏　1930　1

44138
河北省立工学院半月刊
　见"河北省立工学院月刊"

44138
河北省立工学院月刊
　该院出版委员会　天津
1947.2—1948.9　1—27
本刊原名为"河北省立工学院半月刊",自
1948 年起改用本名。
总藏　(670)　1—27
馆藏　1947　1—20

1948　21—27

47123
河北省立工业学院学报(年刊)
　该院　天津
1934.9—1937.6　1—3
本刊前身为"工业年刊"。
总藏　(670)　1—3
馆藏　1935　2
　　　1937　3

44140
河北省立民众教育人员养成所工作报告
　该所　北平
1930.8—1931.7　1—2
馆藏　1930　1
　　　1931　2

44150
河北省立民众教育实验学校周刊
　该校　天津
1932.10—1935.5　1—3:22
总藏　(671)　1:1—40;2:1—19,21—40;3:
　　　　　　　1—22
馆藏　1934　2:10—19,21—30
　　　1935　3:8—18

46348
河北省立女子师范学院季刊
　该院师中部学生自治会　天津
［19?］—1930.6　1—3
1932.12—1936.［?］　新 1—4:2
本刊又名"女师季刊"、"女师学院季刊"。自
1932 年 12 月起卷期另起。
总藏　(670)　3;新 1—3;;4:2
馆藏　1930　3
　　　1932　新 1:1—2
　　　1933　1:3—4;2:1—2
　　　1934　2:3—4;3:1—2
　　　1935　3:3—4

45213
河北省立女子师范学院期刊(半年刊)
　该院　天津

1933.1—1936.6　1—4：

本刊又名"女师学院期刊"。

总藏　（670）　1—4：

馆藏　1933　1：1—2；2：1

　　　1934　2：2

　　　1935　3：1—2

　　　1936　4：1—2

46656

河北省立女子师范学院四十二周年校庆特刊

该院　天津

1948.4　1

总藏　（670）　1

馆藏　1948　1

44158

河北省立女子师范学院图书馆月报

该馆　天津

1934.10—1935.1　1：1—4

总藏　（670）　1：1—4

馆藏　1934　1：1—3

　　　1935　1：4

47764

河北省临时参议会会刊

该会秘书处　河北

1947.3—11　1—2

馆藏　1947　1—2

47459

河北省新生活运动促进会会刊

该会　天津

1935.1—5　1—5

馆藏　1935　1，3—5

47385

河北省训练团团刊（月刊）

该团秘书室　河北

1948.［？］—11　1—8

馆藏　1948　7—8

44155

河北省银行经济半月刊

该行经济研究室　天津

1946.1—1947.10　1—4：8

本刊自1948年2月起改名为"河北省银行月刊"，卷期另起。

总藏　（672）　1—4：8

馆藏　1946　1：1—12；2：1—12

　　　1947　3：1—12；4：1—8

44155

河北省银行月刊

该行经济研究室　天津

1948.2—5　1：1—11

本刊前身为"河北省银行经济半月刊"。

总藏　（672）　1：1—11

馆藏　1948　1：1—8

44144

河北省政府公报（半月刊）

省政府秘书处　保定

1928.8—1937.8　1—3224

1946.6—1948.10　复1—5：11

本刊原为日刊，1944年后曾停刊，1946年6月复刊，改为半月刊，卷期另起。复刊1至4卷每卷出12期。

总藏　（671）　1—2933，2935—3194，3199，3201，3203，3207—3209，3212—3213，3218—3219，3224；复1—5：11

馆藏　1928　1—25，27—153

　　　1929　156—157，170，185—240，242—330，332—415，417—518

　　　1930　519，578—595，597—730，762—791，829—859

　　　1931　860—941，996，1002—1030

　　　1932　1212—1389，1420—1571

　　　1933　1572—1931

　　　1934　1932—2077，2108—2227，2248—2287

　　　1935　2288—2509，2548，2562，2570—2629

　　　1936　2630—2882，2890，2951，2976

　　　1937　2996，3022，3058—3059，3061—3062，3064—3070，3083—3178，

3181—3186

1946　复 1：1—12；2：1—2

1947　2：3—12

1948　3：1—12；4：1—12；5：1—11

44144

河北省政府公报特刊

河北省政府秘书处　保定

1929.8—1936.11　1—89

总藏　（671）　1—27,29—40,65,87—89

馆藏　1929　1—5

　　　1930　7—16

　　　1931　17—27

　　　1932　28—35,37—39

　　　1933　40

44149

河北实业公报（月刊）

河北省实业厅秘书处　天津

1931.5—1934.9　1—41

总藏　（669）　1—41

馆藏　1931　1—3,7

　　　1932　12—20

　　　1933　21,23—24,26,28—31

　　　1934　33—35,37—40

46210

河北通俗农刊（季刊）

河北省立农学院出版委员会　保定

1934.12—1935.12　1—2：1

总藏　（672）　1—2：1

馆藏　1934　1：1

　　　1935　1：2—4；2：1

47407

河北团讯

三民主义青年团河北支团部　［河北］

1946.1　复1

本刊1946年1月复刊,此前情况不详。

馆藏　1946　复1

45873

河北物价指数季刊

河北省实业厅　天津

1931.3—1934.6　1931：1—1934：2

本刊前身为"河北零售物价指数月报"。

总藏　（670）　1931—1934：2

馆藏　1931：　2

44146

河北训练通讯

该省训练团　河北

1947.6—10　1—4

馆藏　1—4

44141

河北月刊

河北省政府河北月刊社　天津

1933.1—1937.5　1—5：5

总藏　（669）　1—5：5

馆藏　1933　1：1—12

　　　1934　2：1—12

　　　1935　3：1—12

　　　1936　4：1—12

　　　1937　5：1—5

46070

河北月刊

私立河北中学校学生出版委员会　天津

［19?］—1935.3　1—26

馆藏　1935　26

44151

河北中学季刊

该校　天津

［19?］—1932.12　1—7

馆藏　1930　2—3

　　　1931　4

　　　1932　5—7

44143

河北周刊

中国国民党河北省党务指导委员会　天津

1928.［?］—12　1—22

馆藏　1928　3—9,16,18—22

46669

河海友声（月刊）

河海同学会 南京

[19?]—1937.3 1—10:3

总藏 (680) 10:3

馆藏 1936 9:4,7

46906

河海月刊

河海工程专门学校 南京

1917—1921 1—4:6

总藏 (679) 1:7;2:3—8;3:1,4—6;4:1—6

馆藏 1921 4:3

47061

河南博物馆馆刊(月刊)

该馆 开封

1936.7—1938.3 1—15

总藏 (679) 1—15

馆藏 1936 4

1937 13

45806

河南大学学报(双月刊)

该校出版委员会 开封

1934.4—10 1:1—3

总藏 (673) 1:1—3

馆藏 1934 1:1

46944

河南大学医学院季刊

该院医学研究会 开封

1930.6—1931.12 1:1—3

本刊原名为"河南中山大学医学季刊",自2
期起改用本名。

总藏 (673) 1:1—3

馆藏 1931 1:3

47098

河南教育月刊

河南省教育厅 开封

1928.8—1930.8 1—3:2

1930.10—1935.5 新 1—5:7

1937.8—9 新 1:1—4

本刊原为半月刊,自1930年10月起改为月
刊,卷期另起。自1937年起卷期又另起。

总藏 (678) 1—3:2;新 1—5:7;新 1:1—4

馆藏 1932 新 2:5—6

47467

河南警政(月刊)

河南警政月刊编辑部 开封

1946.11—1947.8 1—8

馆藏 1946 1

1947 3—8

47453

河南民政周刊

河南省民政厅 开封

1927.8 1:1—4

1928.1—6 1928:1—6

1931.2—1932.[9] 新 1—2:8

1932.9—12 新 1—16

1933.1—1934.7 新 1—18

本刊原以卷期计算,后改以年计期。自1931
年2月起卷期另起。原为月刊,1932年9月
起改为周刊,期数另起。1933年1月改回月
刊,期数又另起。

总藏 (674) 1:1—4;1928:1—6;新 1:2—
10;2:2—8;新 1—16;新 1—18

馆藏 1932 新 2

44181

河南民众半月刊

河南民众半月刊编辑部 开封

1942.5—1943.8 1—3:2

总藏 (674) 1:8,11—12;2—3:2

馆藏 1942 1:1—6

44179

河南农村合作(月刊)

河南省农村合作委员会 开封

1934.6—1935.3 1:1—10

总藏 (675) 1:1—10

馆藏 1934 1:1—7

1935 1:8—10

44182

河南省训练团团刊

该团 河南

［19？］—1947.7　1—12

馆藏　1947　5—12

44180

河南省政府公报(周刊)

该省政府秘书处　开封

1931.1—1943.8　1—2453

1945.12—1948.6　复1—49

本刊原为日刊,自1938年5月起为五日刊,卷期续前。自同年11月起改为旬刊,期数续前。曾停刊,1945年12月复刊,改为周刊,期数另起。

总藏　(677)　1—202,204—2257,2260—2354,
　　　　　　2356—2383,2385—2388,2390—
　　　　　　2417,2422—2424,2431—2453;
　　　　　　复1—49

馆藏　1948　复28—45

(旧参)**D683.2/HZM**

河南省政府年刊

该省政府秘书处　开封

1931—1937

总藏　(677)　1931—1937

馆藏　1931

46343

河南统计月报

见"河南统计月刊"

46343

河南统计月刊

河南省省政府秘书处　开封

1935.1—1937.［？］　1—3:8

1946.12—1947.11　刊前号;新1—10

本刊原名"河南统计月报",抗战期间曾停刊。1946年12月复刊,改用本名,期数另起。

总藏　(679)　1—3:8;新1—10

馆藏　1937　3:2
　　　　1946　刊前号
　　　　1947　新1,3—6

(旧参)**G259.286.1/HTG**

河南图书馆馆刊(双月刊)

该馆　开封

1933.2—1936.［？］　1—5

总藏　(676)　1—5

馆藏　1933　1—3
　　　　1934　4

46215

河南新建设(年刊)

省建设厅　河南

［1940.？］—1941.7　1—2

馆藏　1941　2

46944

河南中山大学医学季刊

见"河南大学医学院季刊"

(旧参)**TV882.822—53/HJT** 等

河务会议汇刊(年刊)

河北省建设厅　［天津］

1929—1936

本刊原名"河北省建设厅河务会议汇刊",后改为"河北省河务会议汇刊""河北河务会议汇刊"及本名。1936年刊的馆藏号为"(旧参)TV882—53/HWH"。

总藏　(673)　1933,1936

馆藏　1929
　　　　1930
　　　　1931
　　　　1932
　　　　1933
　　　　1934
　　　　1936

44183

河务季报

内务部土木司全国河务研究会　北京

1919.9—1925.［？］　1—10

总藏　(673)　1—10

馆藏　1920　4
　　　　1921　6
　　　　1922　7
　　　　1923　8
　　　　1924　9
　　　　1925　10

45165

黑白(半月刊)

黑白半月刊社　上海

1933.11—1935.5　1—3:10

本刊原由上海东北协会编印,自3卷1935年起改由黑白半月刊社编印。第1卷出16期,2卷出12期。

总藏　(1104)　1—3:10

馆藏　1933　1:1—4

　　　1934　1:5—16;2:1—12

　　　1935　3:1—4,7—8

46779

黑龙江建设季刊

黑龙江省建设厅　齐齐哈尔

1929.8—1930.3　1—2:1

本刊原名为"黑龙江建设月报",自2卷1期1930年3月起改用本名。

总藏　(1104)　1—2:1

馆藏　1929　1:1—5

　　　1930　2:1

46779

黑龙江建设月报

见"黑龙江建设季刊"

47442

黑龙江省留日学生同乡会会刊

该会　[日本]东京

1931.7　1:1

馆藏　1931　1:1

44566

弘法刊

见"弘法社刊"

44566

弘法社刊(月刊)

弘法研究社　宁波

1928.8—1937.6　1—34

本刊自28期起改名为"弘法刊",期数续前。

总藏　(350)　1,3—34

馆藏　1930　14,16

　　　1933　23

44710

弘化月刊

弘化社　上海

1941.7—1951.9　1—124

总藏　(350)　1—124

馆藏　1941　1—3,5—6

　　　1942　7—18

　　　1943　19—30

　　　1944　31—42

　　　1945　43—54

　　　1946　55—66

　　　1947　67—79

　　　1948　80—90

　　　1949　98—99

47025

红黑(月刊)

红黑出版社　上海

1929.1—8　1—8

总藏　(902)　1—8

馆藏　1929　5—7

47118

红蓝白周报

红蓝白周报社　北平

1946.9—12　1—2:1

总藏　(902)　1:1—3;2:1

馆藏　1946　1:1

47752

红绿(半月刊)

红绿出版社　天津

1935.[9]—10　1—2

馆藏　1935　2

47405

红绿灯(半月刊)

红绿灯出版社　上海

1947.[?]—9　1—3

馆藏　1947　3

45268

红玫瑰(三日刊)

市民日报社　北平

1947.1—6　1—44

本刊为"市民日报"增刊,原名为"红玫瑰画报",自第7期起改用本名。

馆藏　1947　1—44

45400

红玫瑰(旬刊)

世界书局　上海

1924.7—1932.1　1—7:30

本刊原为周刊,后改为旬刊。

总藏　(901)　1—7:30

馆藏　1924　1:1—10,14,21,25

　　　1925　1:26—35,37,39—41,45,48—
　　　　　　50;2:1,3—6,11—13

　　　1926　2:14—21,23—26,28,30—36,
　　　　　　38—50

　　　1927　3:6,8—24,28—32,35—40,42—
　　　　　　44,46—49

　　　1928　4:1—5,7—8,10—14,16,18—
　　　　　　23,25—36

　　　1929　5:1—2,4—13,15,20,22—24,
　　　　　　26—36

　　　1930　6:1—6,10—14,17—28

　　　1931　6:34—36;7:2,4,6—8,11—13,
　　　　　　17—18,21,25—26,28

　　　1932　7:29

45268

红玫瑰画报

见"红玫瑰"

47756H

红皮画报

红皮出版社　北平

1949.2　试1

馆藏　1949　试1

47325

红旗(三日刊)

中国共产党中央委员会　[不详]

1928.11—1930.8　1—126

本刊1963年由中央档案馆影印。

馆藏　影1928　1—6

　　　　1929　7—65

　　　　1930　66—126

47859

红旗日报

红旗日报编辑部　[不详]

1930.8—1931.3　1—182

本刊1963年由中央档案馆影印。

馆藏　影1930　1—104,107—118

　　　　1931　119—124,126—182

46789

红旗周报

中共中央委员会　[上海]

1931.3—1934.3　1—64;附刊

本刊1963年9月由中央档案馆影印,包括附刊13期。

馆藏　影1931　1—4,6—27;附刊

　　　　1932　28—53;附刊

　　　　1933　54—62;附刊

　　　　1934　63—64

46828

红色中华

见"新中华报"

47150

红十字月刊

中华民国红十字总会　南京

1946.1—1948.12　1—36

总藏　(900)　1—36

馆藏　1946　3—4,6—7,10—12

　　　1947　13,21

47435

红叶(周刊)

红叶社　北平

1945.10　1:1—4

总藏　(901)　1:1—4

馆藏　1945　1:4

47679H

红叶画报(周刊)

红叶画报社　天津

1947.4—6　1:1—7

总藏　(901)　1:1—5,7

馆藏　1947　1:5

45399

红杂志(周刊)

世界书局　上海

1922.8—1924.7　1—2:100

本刊卷后期数为总期号。

总藏　(901)　1—2:100

馆藏　1922　1:3,11—[25]

　　　　1923　[26]—35,37,41—50;2:6—15,

　　　　21—50

45051

虹纹(季刊)

直一中学出版部　天津

1923.1　1

馆藏　1923　1

46978

洪荒半月刊

洪荒社　上海

1928.5—6　1:1—3

总藏　(815)　1:1—3

馆藏　1928　1:1

44188

洪水(半月刊)

创造社洪水编辑部　上海

1925.9—1927.12　1—3:36

总藏　(814)　1—3:36

馆藏　1925　1:1—12

　　　　1926　2:1—12

47196

鸿闻拔萃月刊

鸿闻拔萃月刊社　[北京]

1917.1　1

总藏　(1254)　1

馆藏　1917　1

hu

47815

呼海铁路旬刊

见"呼海铁路月刊"

47815

呼海铁路月刊

呼海铁路文书课　哈尔滨

[1925.9]—1931.12　1—85

1932.10—1933.1　新1—11

本刊自1932年10月起改名为"呼海铁路旬刊",期数另起。

总藏　(753)　17—32,35,39—44,46—49,

　　　　51—80,82,85;新1—3,5,9—

　　　　11

馆藏　1929　49—52

　　　　1930　53—60

47738

呼吸

呼吸社　成都

[1946.?]—1947.1　1—2

馆藏　1947　2

46198

湖北地方政务研究半月刊

见"湖北地方政务研究会半月刊"

46198

湖北地方政务研究会半月刊

该会　武汉

1934.[6]—1935.10　1—34

本刊原名"湖北地方政务研究半月刊",1935年后改用本名。

馆藏　1934　5—7,10,12—14

　　　　1935　21—22,25—34

46561

湖北建设月刊

湖北建设厅　武昌

1928.6—1933.3　1—4:5

总藏　(1069)　1—2:8;3:;4:1—2,4—5

馆藏　1928　1:1—7

1929   1:8—10,12;2:1—2

1930   2:3—7

1931   2:8;3:1—8

44259

湖北教育(月刊)

湖北省教育厅   武昌

1933.9—1936.12   1—3:2

1937.3—1938.3   新1:1—43

1939.1—6   新1:

本刊自1937年3月起改为旬刊,卷期另起。

自1939年1月起改为半年刊,卷期又另起。

总藏   (1072)   1—3:2;新1:1—43;新1:

馆藏   1933   1:4

　　　　1934   1:5—7

44260

湖北教育公报(月刊)

该厅编审股   武昌

[19?]—1921.6   1—10:6

1928.6—10   新1:1—3

1930.4—1933.6   新1—4:10

本刊自1928年6月起卷期另起。1930年4月改名为"湖北教育厅公报",并改为半月刊,卷期另起。自3卷5期起改为月刊,自4卷3期起又改为半月刊。

总藏   (1072)   2:7—9,11—12;3:1—2,4—

　　　　　　　　5,7;7:5;8:1,4,9;9:1,11—

　　　　　　　　12;10:6;新1:1—3;新1—

　　　　　　　　4:10

馆藏   1928   新1:2

44260

湖北教育厅公报

见"湖北教育公报"

44258

湖北民教(月刊)

湖北全省民众教育馆联合会   武昌

1936.9—1938.5   1—2:9

本刊第1卷出10期。

总藏   (1068)   1—2:9

馆藏   1937   1:6

46709

(国立)**湖北师范学院院刊**

该院   沙市

[19?]—1947.1   1—2

总藏   (1069)   2

馆藏   1947   2

47005

湖北水利月刊

湖北省政府水利局   武昌

1929.10—1931.12   1—2:6

总藏   (1068)   1—2:6

馆藏   1929   1:1—3

　　　　1930   1:5—12;2:1—3

　　　　1931   2:4—6

44265

湖南财政汇刊(月刊)

湖南省财政厅第一科   长沙

1929.3—1935.6   1—42

总藏   (1079)   1—42

馆藏   1933   31

　　　　1934   34—39

　　　　1935   40

44264

湖南大学季刊

该校学生自治会   长沙

1932—1933   1—9

1935.1—1937.1   新1—3:2

本刊自1935年1月起卷期另起。

总藏   (1073)   7—9;新1—3:2

馆藏   1935   新1:2—4

(旧参) **P562.64/TQJ**

湖南地质调查所报告

该所   长沙

1927.12—1936.12   1—18

总藏   (1075)   1—18

馆藏   1933   15

44262

湖南教育(月刊)

湖南省政府教育厅   长沙

[19?]—1920.3　1：1—5

1928.11—1932.1　新 1—25

1940.1—1943.[？]　新 1—46

1947.7—1948.12　复 1—3：

本刊自 1928 年 11 月起,期数另起。自 1940 年 1 月起,期数又另起。曾停刊,1947 年 7 月复刊,卷期另起。

总藏　（1079）　1：3,5；新 1—25；新 1—46；复
　　　　　　　　　1—3：

馆藏　1947　复 1：1—2,5

　　　1948　2：3—6；3：2—3

46990

湖南教育行政汇刊（双月刊）

湖南省教育厅　长沙

1929.7—1931.[？]　1—10

总藏　（1080）　1—10

馆藏　1929　4

44263

湖南教育杂志（月刊）

湖南教育总会　长沙

1912.6—1916.[？]　1—5：6

1921—1925　新 1—4：8

本刊原为半月刊,后改为月刊。自 1921 年起卷期另起。

总藏　（1080）　1：1—2；2：1—18；3：1—12；4：
　　　　　　　　1—12；5：1—6；新 1：1—4,6—
　　　　　　　　8,10—12；2：2—8；3：；4：2—8

馆藏　1913　2：2

47547

湖南区货物税业务通讯（不定期刊）

财政部湖南区货物税局　长沙

1946.2—1948.3　1—15

总藏　（1074）　1—15

馆藏　1947　11—12

46989

湖南省参议会会刊（月刊）

该会秘书处议事组　长沙

1946.10—1948.12　1—25

本刊原为半月刊,后改为月刊。

总藏　（1078）　1—25

馆藏　1948　15—18

44261

湖南实业杂志

见"实业杂志"

44257

湖社

见"湖社月刊"

44257

湖社月刊

湖社画会　北平

1927.11—1936.3　1—100

本刊原名"湖社"半月刊,自 11 期改用本名。

总藏　（1073）　1—100

馆藏　1927—1936　1—100

45894

湖洲（月刊）

湖社　上海

1924.10—1936.5　1—6：

总藏　（1073）　1—6：

馆藏　1924　1：3

　　　1925　1：6；2：1—3,5—6,8—9

　　　1926　2：11—12；3：1—2

　　　1928　3：4,6

　　　1930　3：7

45717

互励月刊

互励月刊社　南京

1934.10—1935.8　1—2：4

本刊第 1 卷出 6 期。

总藏　（167）　1—2：4

馆藏　1934　1：1

　　　1935　1：3

47447

互助（半月刊）

互助半月刊社　上海

1934.3—7　1：1—13

本刊自 1 卷 4 期 1934 年 5 月起改为周刊。

总藏　（167）　1:1—13

馆藏　1934　1:2

46920

互助周刊

国民革命军二十四军学友互助总社　成都

[19?]—1932.8　1—13:4

馆藏　1930　4:4,8

　　　1931　5:1—2,4,8;6:4;7:2—3,5,9;
　　　　　　8:2,5,8—9

　　　1932　11:1;12:3,6;13:4

44069

户政导报(年刊)

内政部户政导报社　南京

1945.12—1948.5　1—4

本刊在重庆创刊,后迁南京出版。

总藏　（139）　1—4

馆藏　1945　1

　　　1946　2

　　　1947　3

　　　1948　4

47206

护生报(双周刊)

护生报社　上海

[1932.6]—1936.9　1—107

总藏　（614）　8,16—19,37—59,64—107

馆藏　1935　86—87

44385

沪农(月刊)

市农会　上海

1933.7—1936.7　1—4:4

本刊 1 至 3 卷,每卷出 6 期。

总藏　（577）　1—4:4

馆藏　1935　2:5—6;3:1—6

　　　1936　4:1—4

hua

45065

花絮(半月刊)

花絮图书刊行社　上海

1935.9—10　1—4

总藏　（605）　3—4

馆藏　1935　2—4

45272

华安(月刊)

华安出版社　上海

1933.4—1935.1　1—3:1

总藏　（536）　1:1—4;2—3:1

馆藏　1933　2:1—2

　　　1934　2:3—10

47517

华报(周刊)

华报发行部　北平

1946.[?]—11　1:1—7

馆藏　1946　1:7

45833

(国立)**华北编译馆馆刊**(月刊)

该馆　北京

1942.10—1943.10　1—2:10

本刊第 1 卷出 3 期。

馆藏　1942　1:1—3

　　　1943　2:1,3—8,10

47810

华北防疫委员会工作季刊

该会常务委员室　华北

[1939]—1941　1—12

馆藏　1941　9,12

45264

华北工矿(月刊)

华北工矿月刊社　天津

1946.5—8　1:1—4

总藏　（535）　1:1—4

馆藏　1946　1:1—4

46479

华北工商(月刊)

华北工商社　北京

1943.5　1

馆藏　1943　1

45263

华北工商（月刊）

华北工商月刊社　天津

1948.5　1

总藏　（535）　1

馆藏　1948　1

46800

华北公理会月刊

该会出版部　北平

[19?]—1933.3　1—7:3

1946.10—1948.6　复1—2:4

本刊曾停刊,1946 年 10 月复刊,卷期另起。

总藏　（535）　3:6;4:2—9;5:1—10;6:1—6;
　　　　　　　7:1—3;复1:1—4;2:1—4

馆藏　1929　3:10

　　　1932　6:8

45259

华北海关进出口贸易统计月报

天津海关　天津

1939:6—1942:2

馆藏　1939:6—12

　　　1940:1—11

　　　1942:2

46837

华北航业（月刊）

华北航业总公会　青岛

[19?]—1942.11　1—2:8

馆藏　1942　2:8

45260

华北合作（月刊）

华北农业合作事业委员会　北平

1934.[?]—1937.3　1—3:9

本刊前身为"农赈月刊"。先按期计算,后改
为分卷计期。

馆藏　1934　12

　　　1935　14—16,18,20—21,23—24

　　　1936　25—27

　　　1937　3:7—9

45811H

华北画报

中国人民解放军华北军区政治部　［华北］

1948.10—1949.12　1—2

总藏　（536）　1—2

馆藏　1948　1

46309H

华北画刊（周刊）

华北日报社　北平

1929—1930　1—96

总藏　（536）　1—96

馆藏　1929　25—50

　　　1930　51—60

（旧参）**P416.22/WSD**

华北降水量（不定期刊）

测候所　天津

1940　1—4:131

本刊卷后期数为总期号。

总藏　（536）　1—4:131

馆藏　1940　1:1—17;2:18—48;3:49—78;
　　　　　　　4:79—131

（旧参）**Z62/HBJ**

华北军大（不定期刊）

华北军政大学政治部　［华北］

1949—1950　1—42

总藏　（536）　8,10,15—30,32—37,39,41—42

馆藏　1949[26]

45262

华北劳动（月刊）

华北劳动月刊社　天津

1946.1—1947.5　1:1—11

总藏　（536）　1:1—11

馆藏　1946　1:1—2,4—5

　　　1947　1:7—9

46997

华北气象月刊

中央气象局北平气象台　北平

1947.1—1948.8　1—2:8

总藏　（536）　1—2:6

馆藏　1947　1:1—12
　　　　1948　2:1—8

47289

华北社会教育协进会会刊

该会　北京

1943.10　1

馆藏　1943　1

46710

华北水利委员会计划汇刊

该会　〔天津〕

1932.11　1

馆藏　1932　1

45258

华北水利月刊

华北水利委员会　天津

1928.10—1937.4　1—10:4

总藏　(535)　1—10:4

馆藏　1928　1:1—3
　　　　1929　2:1—12
　　　　1930　3:1—12
　　　　1931　4:1—12
　　　　1932　5:1—6
　　　　1933　6:1—12
　　　　1934　7:1—12
　　　　1935　8:1—12
　　　　1936　9:1—12
　　　　1937　10:1—4

45261

华北通信（月刊）

北支文化通讯社　青岛

1943.1—8　1—8

馆藏　1943　1—2,6—8

46237

华北医药月报

华北医药月报社　北京

1942.1—1944.12　1—3:

总藏　(536)　1—3:

馆藏　1942　1:11
　　　　1943　2:2—3,12

1944　3:2

47636H

华北银线画报（三日刊）

华北银线画报社　天津

〔19?〕—1942.11　1—331

馆藏　1942　260—267,269—285,287—294,
　　　　　302—322,324,331

45265

华北映画

见"华北映画旬刊"

45265

华北映画旬刊

电影报社　北京

1940.11—1945.2　1—77

本刊原名为"华北映画"月刊,后改用本名。

馆藏　1941　10—11,13—14
　　　　1942　15—20,24—26
　　　　1943　27—35
　　　　1944　38—47,50—73
　　　　1945　75—77

45257

华北政务委员会公报（五日刊）

该会政务厅情报局　北京

1940.6—1945.2　1—336

本刊前身是"临时政府公报"。

馆藏　1940　1—42
　　　　1941　43—50,55—60,63—68,73—112
　　　　1942　113—184
　　　　1943　185—252
　　　　1944　253—324
　　　　1945　325—336

46064

华北之水文（不定期刊）

华北水利委员会　北平

1937—1947　1—2

总藏　(535)　1—2

馆藏　1937　1
　　　　1947　2

45901

华北作家月报

华北作家协会　北京

1943.[1]—8　1—8

馆藏　1943　6—8

44052

华萃丛书

见"文萃"

46243

华国月刊

华国月刊社　上海

1923.9—1926.7　1—3:4

总藏　(539)　1—3:4

馆藏　1923　1:2—4

　　　1924　1:5—10,12

　　　1925　2:3—10

　　　1926　2:11;3:4

45270

华美(周刊)

华美出版公司　上海

1938.4—1939.7　1—2:11

总藏　(542)　1—2:11

馆藏　1938　1:1—37

　　　1939　1:38—50

45267

华年(周刊)

华年周刊社　上海

1932.4—1937.8　1—6:29

总藏　(538)　1—6:29

馆藏　1932　1:1—38

　　　1933　2:1—15,25,27

　　　1936　5:14,20—50

　　　1937　6:1—9,11—29

46253

华侨教育

暨南大学师范科同学会　上海

[19?]—1932　1—5

本刊又名"进修"。

总藏　(542)　3—5

馆藏　1932　5

45266

华侨先锋(月刊)

华侨先锋社　南京

1938.6—1946.2　1—8:2

1946.9　复1

1947.2—1948.9　9—10:6

本刊创刊于武汉,原为半月刊,后改为月刊。曾迁香港、重庆等地出版,抗战胜利后又迁至南京出版。8卷2期1946年12月后曾停刊,1946年9月复刊,期数另起。1947年2月又续出9卷1期。

总藏　(541)　1:1—10,13—17;2:21,24;3:

　　　　　　1—6,8,10;5—8:2;复1;9—

　　　　　　10:6

馆藏　1947　9:3—6

　　　1948　10:1—2,5—6

46312

华侨月刊

海外华侨公会　厦门

1941.[4]—1943.3　1—3:1

总藏　(540)　1:5—7;3:1

馆藏　1942　2:4—5

47549

华商季刊

缅甸华商商会　[缅甸]仰光

1947.9　1

馆藏　1947　1

45271

华商纱厂联合会半年刊

该会发行部　上海

1919.9—1934.12　1—12:

本刊原为季刊,自9卷1931年起改为半年刊。

总藏　(543)　1—12:

馆藏　1919　1:1

　　　1920　1:2—4;2:1

　　　1921　2:2—4

　　　1922　3:1—4

　　　1923　4:1—4

1924　5:1—4
1925　6:1—4
1927　7:1
1928　7:2—3
1929　7:4
1930　8:1—4
1931　9:1—2
1932　10:1—2
1933　11:1—2
1934　12:1—2

47143

华商月刊

华商总会　香港

1934.4—1937.11　1—2:8

本刊原名为"香港华商总会月刊"，自1卷9期起改用本名。

总藏　(543)　1:;2:1—6,8

馆藏　1936　2:1

　　　1937　2:5

45269

华文北电(月刊)

华文北电编辑部　北京

1941.[1]—1944.8　1—4:8

馆藏　1941　1:11

　　　1942　2:1,5,7,12

　　　1943　3:1—3,5,7—8,11—12

　　　1944　4:1,8

44408

华文大阪每日

见"华文每日"

47282

华文国际(旬刊)

中华国际新闻社　[日本]大阪

[1948.1]—7　1—2:3

馆藏　1948　1:2—3,5—8,11—14,16—18;

　　　　　　2:3

44408

华文每日(半月刊)

大阪每日新闻社　[日本]大阪

1938.11—1944.6　1—12:6

本刊原名"华文大阪每日"，自10卷1期1943年改用本名，卷期续前。

馆藏　1938　1:1—4

　　　1939　2:1—12;3:1—4,6—12

　　　1940　4:1—12;5:1—12

　　　1941　6:1—12;7:1—12

　　　1942　8:1—12;9:1—12

　　　1943　10:1—12;11:1—12

　　　1944　12:4—6

45970

华文月刊

华西大学文学院　成都

1942.3—1943.9　1—2:5

本刊第1卷出6期。

总藏　(533)　1—2:5

馆藏　1942　1:2,5

　　　1943　2:1

46026

华夏(半月刊)

华夏出版社　天津

1947.11　1

馆藏　1947　1

47723

华字汇报(日刊)

华字汇报馆　[北京]

[1905.6]—1906.10　1—463

馆藏　1906　436—463

45620H

滑稽(周刊)

滑稽周刊社　上海

1939.4—1941.8　1—115

总藏　(1123)　1—46,48—49,52—55,62,

　　　　　　　　67,78

馆藏　1939　2—7,10,12—17,20,23,25—26

　　　1940　30—35,37—38,41—42,45—

　　　　　　50,52—57,59,66—67,80

　　　1941　86,94,110,113,115

123

46162H

滑稽画报(半月刊)

滑稽画报社　上海

1936.8—1937.7　1—24

总藏　(1123)　3,14,16,18

馆藏　1936　1—8

　　　1937　11—14,16—22,24

46657

滑稽时报(月刊)

时报馆　上海

1915.4—7　1—4

总藏　(1123)　1—4

馆藏　1915　1—2

44384H

滑稽世界(周刊)

滑稽世界社　上海

1938.[3]—1941.7　1—165

总藏　(1123)　9,16,18—20,22,27—30,32—
　　　　　　36,38—39,41—45,47—59,70,
　　　　　　72,74,76—77,79—80,82—83,
　　　　　　89,91—94,98—100,104,129,
　　　　　　131—132,138,144—146

馆藏　1938　4—5,7—8,10—13,15,17,20—
　　　　　　23,25—29,31—32

　　　1939　34—40,43—44,46,48—68,70—
　　　　　　72,74—76,79—81,83—85

　　　1940　86—90,92—102,104—105,107—
　　　　　　121,126—127,134

　　　1941　136,141,143—145,147—155,159,
　　　　　　161,164—165

46080H

滑稽世界(月刊)

图画世界出版社　上海

1946.9—1947.11　1—12

总藏　(1123)　1—2,4,6,8—12

馆藏　1947　6

47153

化工(半年刊)

国立浙江大学化学工程学会　杭州

1933.4—1935.3　1—2:

本刊自1935年12月起改名为"浙江大学工程
季刊",卷期另起。

总藏　(267)　1—2:

馆藏　1933　1:1

　　　1934　1:2;2:1

　　　1935　2:2

45219

化学(双月刊)

中国化学会　南京

1934.1—　1:1—

本刊在南京创刊,抗战期间迁成都出版,胜利
后迁回南京。11卷1948年后曾停刊,1950年
在北京复刊,卷期续前。自1952年起改名为
"化学通报",并改为月刊。

总藏　(269)　1—11:

馆藏　1934　1:1—4

　　　1935　2:1—2,4

　　　1936　3:3,5—6

　　　1937　4:1—3

46313

化学工业(月刊)

国立中山大学化学工程学会　广州

1935.4—1937.5　1—2:3

总藏　(268)　1:1—3,5—10;2:1—3

馆藏　1935　1:1

　　　1936　2:1

　　　1937　2:2—3

46464

化学工业(季刊)

中华化学工业会　上海

1923.1—1949.12　1—21:

本刊原名为"中华化学工业会会志",1925年
曾休刊,1929年复刊,改用本名,卷期续前。
15卷2期1939年后又休刊,1945年4月复
刊,卷期续前。1950年与"化学工程"合并,改
名为"化学工业与工程"。原为半年刊,4卷后
改为季刊。原在北京出版,2卷后迁至上海出
版。抗战期间迁移重庆,胜利后迁回上海

出版。
总藏 （268） 1—21：
馆藏 1924 2:1—2
　　　1925 3:2
　　　1947 19:1—2
　　　1948 20:3—4

47181
化学季刊
国立北平大学工学院　北平
1933.5—1934.［?］　1—3
总藏 （268） 1—3
馆藏 1933 1

45220
化学世界（月刊）
中华化学工业会　上海
1946.5—1949.［?］　1—4：
本刊原为半月刊,自 2 卷 1 期 1947 年起改为
月刊。
总藏 （269） 1—4：
馆藏 1946 1:3
　　　1947 2:1—12
　　　1948 3:1—2,5—10

47410
画风
画风社　广州
1929.［?］—12　1—2
馆藏 1929 2

45975
话务进修（月刊）
话务进修月刊社　南京
1948.1—11　1:1—11
总藏 （1183） 1:1—11
馆藏 1948 1:1,3

45907
话友月刊
话友月刊社　重庆
［19?］—1949.2　1—5:11
总藏 （1183） 3:5—6;4:3,5—12;5:1—3,
　　　　　　　6—7,9—11

馆藏 1946 4:5—6
　　　1947 4:7
　　　1948 5:8

huai

47411
淮海月刊
淮海编译社　徐州
［19?］—1944.7　1—7
馆藏 1944 7

huan

46884
还我河山
见"无锡杂志"

46161H
寰球（月刊）
寰球图书出版社　上海
1945.10—1949.3　1—41
总藏 （1246） 1—41
馆藏 1946 9—10,12
　　　1947 25
　　　1948 27—37

45312
幻洲（半月刊）
幻洲编辑部　上海
1926.10—1928.1　1—2:8
总藏 （275） 1—2:8
馆藏 1926 1:1—5
　　　1927 1:6—12;2:1,3—4
　　　1928 2:7

huang

47374
皇后（旬刊）
今代出版社　上海
1934.［?］—8　1—7
馆藏 1934 7

46663

黄海(双月刊)

黄海化学工业研究社　四川五通桥

1939.6—1951.12　1—12：

总藏　(1036)　1—11：

馆藏　1945　7：2—3

　　　1946　7：4—6；8：1,3

　　　1947　8：5—6

　　　1948　9：5—6；10：1—3

　　　1949　10：4；11：1

　　　1951　12：5

45557

黄河(周刊)

黄河报社　天津

1948.3—6　试刊1—3；1—7

总藏　(1036)　2,7

馆藏　1948　试刊1,3；3—7

46646

黄河堵口复堤工程局月刊

该局　郑州

1946.7—1947.5　1—10

总藏　(1036)　1—10

馆藏　1946　1—2,5

46114

黄河水利月刊

黄河水利委员会　开封

1934.1—1936.10　1—3：10

总藏　(1036)　1—3：10

馆藏　1935　2：1—12

　　　1936　3：1—10

45072

黄河月刊

新中国文化出版社　西安

1940.2—1944.4　1—5：4

1948.3—8　复1—6

本刊曾停刊,1948年3月复刊,期数另起。

总藏　(1035)　1—5：4；复1—6

馆藏　1948　复1—3

47303

黄埔(周刊)

黄埔出版社　成都

[19?]—1942.10　1—8：13

馆藏　1942　8：12—13

48032

黄埔(月刊)

中央陆军军官学校政治训练处黄埔月刊社

南京

[19?]—1937.6　1—7：6

馆藏　1937　7：3—5

47065

黄埔潮(周刊)

黄埔同学会宣传科　广州

1926.7—1927.1　1—25

本刊1960年由中国科学院广州哲学社会科学

研究所影印。

总藏　(1036)　1—5,7—21,24—25

馆藏　影1927　24—25

46515

黄埔党务周刊

黄埔国民革命军军官学校特别党部筹备委员

会　广州

1929.[?]—9　1—7

馆藏　1929　4—5,7

46503

黄埔季刊

中央陆军军官学校黄埔出版社　成都

[19?]—1941.3　1—3：1

馆藏　1941　3：1

46509

黄埔月刊

陆军军官学校黄埔出版社　成都

1949.[1]—6　1—6

馆藏　1949　2,5—6

47594

黄埔周刊

中国国民党黄埔革命同学会北方区执委会

北平

1930.[？]—7　1—4

馆藏　1930　3—4

hui

45730

回教(月刊)

中国回教总联合会华北联合总部　北京

1938.[？]—7　1:1—4

馆藏　1938　1:4

45040

回民公报(月刊)

清真大寺教义研究室　天津

1937.6　1

馆藏　1937　1

47299

回文白话报

[不详]　[不详]

1913.1　1

馆藏　1913　1

48004

汇报(三日刊)

汇报馆　上海

1898.7—1905.1　1—650

1905.1—1911.8　8—33:57

本刊原名为"格致新闻汇报",1908年改用本名。1912年改名为"圣教杂志",卷期另起。原以期计算,自1905年起改为8卷1期计算。

总藏　(275)　1—650;8—10:;11:1—62,64—
　　　　　　　97;12:72—74;31—32:97;33:
　　　　　　　1—57

馆藏　1909　31:26—50

47413

汇文旬刊

汇文女子中学　南京

[193？]—1937　1—44

馆藏　1936　39—41,43
　　　　1937　44

46007

汇文月刊

汇文中学汇文月刊社　天津

1948.1　试1

馆藏　1948　试1

47737

会务月刊

黄埔同学会　[不详]

[1930]　1—4

馆藏　[1930]　4

hun

47579

婚姻报(周刊)

婚姻报社　上海

1930.[？]—5　1—40

馆藏　1930　40

huo

44213

活教育(月刊)

活教育月刊社　上海

1941.1—1952.5　1—8:5

本刊在江西创刊,3卷1943年后曾停刊,1947年在上海复刊,卷期续前。1至5卷每卷出10期。自6卷7期起改名为"新儿童教育"。

总藏　(1160)　1—5:

馆藏　1947　4:1,5—8
　　　　1948　5:1—4
　　　　1949　5:7

47022

火把月刊

火把月刊社　天津

1946.2　1

总藏　(141)　1

馆藏　1946　1

45826

火线

中国国民党广西省宣传员养成所　南宁

1926 1—2
总藏 （141） 2
馆藏 1926 1

J

ji

46650

机会

见"机联会刊"

46650

机联

见"机联会刊"

46650

机联会刊（半月刊）

机制国货工厂联合会 上海

1930.1—1952.3 1—318

本刊自 226 期起改名为"机联"。173 期后曾停刊，1946 年 3 月复刊，复刊 1 至 24 期即总期号 174 至 197 期。174、176、183 等期曾用"机会"刊名。

总藏 （510） 1—264

馆藏 1930 3,22

1931 27,29,33—35,37

1934 103,107

1935 124

47026

机务季刊

津浦铁路机务译报社 南京

1933.7—1937.3 1—4:1

本刊原名为"机务译报"，自 2 卷 1 期起改用本名。

总藏 （510） 1—4:1

馆藏 1933 1:1—2

1934 1:3—4;2:1—2

1935 2:3—4;3:1—2

1936 3:3—4

1937 4:1

47026

机务译报

见"机务季刊"

46342

机械工程（季刊）

中国机械工程学会 北平

1936.10—1937.1 1:1—2

总藏 （510） 1:1—2

馆藏 1937 1:2

45591

鸡与蛋（月刊）

中国养鸡学术研究会 上海

1936.1—1937.8 1—2:8

总藏 （1205） 1—2:8

馆藏 1936 1:1—9,11—12

1937 2:2

44831

基本教育（双月刊）

浙江国民教育实验区 杭州

1947.6—1948.11 1—2:4

本刊第 1 卷出 5 期。

总藏 （1039） 1—2:4

馆藏 1948 2:3

47506

基础教育（月刊）

山东省教育厅 济南

1935.12—1937.7 1—2:7

总藏 （1039） 1—2:7

馆藏 1937 2:3

46642

基督教丛刊（季刊）

基督教联合出版社 上海

［19?］—1947.3 1—17

馆藏 1947 17

46642

基督教丛刊、真理与生命合刊（季刊）

基督教联合出版社 上海

1943.2—1951.［?］ 1—29

本刊原在成都出版,自 21 期 1948 年起迁上海
出版。
总藏　(1040)　1—12,14—16,19—29
馆藏　1949　23

44563

吉林教育公报(周刊)

[吉林省教育厅]　吉林

1918.4—1929.3　1—136

1929.4—1931.3　新 1—99

本刊原为月刊,自 1929 年 4 月起改为周刊,期
数另起。

总藏　(478)　1,8—27,29—30,36,38—50,
53—54,59—74,76—109,111—
136;新 1—99

馆藏　[1930]　新 49—[94]
1931　[95]—99

44564

吉林教育杂志

吉林教育厅　吉林

[191?]—1917.11　1—69

总藏　(479)　12—13,15,21,23—24,46,
48—50,52,54—57,67,69

馆藏　1914　23

47430

吉林通俗教育讲演范本(月刊)

省立通俗教育馆　吉林

[19?]—1924.12　1—104

馆藏　1924　94,103—104

46437

吉普(周刊)

大中出版社　上海

1945.11—1948.[?]　1—34

总藏　(479)　1—9,11—30,34

馆藏　1946　28,32

44148

吉祥剧刊

吉祥戏院　北平

[19?]　1—3

馆藏　[19?]　3

45489

集美周刊

集美学校秘书处　厦门

1921.10—1950.[?]　1—45:

本刊原以期计算,自 1931 年 9 月起改为 10 卷
1 期计算。除 10 卷、21 卷各出 17 期外,其他
各卷每卷出 16 期。

总藏　(1114)　141—152,155,157—280;10:
13:;14:1—8,11—14;15:
17:11;18—22:;23:1—3,13—
16;24:1—14,16;25—33:15;
34:1—10;35:1—2;36:1—11;
37—38:13;39—40:12;41—
43:12

馆藏　1930　229—230,236,240,246,250—
252,254—255,257—260
1931　262—264,267,270—271,279—
280;10:3—4,6,10—12,16
1932　10:17;11:2—3,8—9;12:3
1933　13:11;14:13—14
1934　15:2,12—14;16:12—15
1935　17:2,5,8—9;18:5—6,8,12,
14—15
1936　19:5—16;20:1—5,8—13
1937　20:14—16;21:1—17

45655

集纳(半月刊)

集纳社　北平

1946.2—6　1—6

总藏　(1115)　1—6

馆藏　1946　1—2,4

44228

计政学报(半年刊)

中央政治学校计政学院　南京

1933.9—1937.2　1—2:3

总藏　(820)　1—2:3

馆藏　1933　1:1
1936　2:1—2

45653

纪事报画刊

见"纪事报每周增刊"

45653

纪事报每周增刊

纪事报社　北平

1946.6—1948.11　1—127

本刊自 36 期起改名为"纪事报画刊",第 80
期改回本名,自 81 期起又改名为"明报画
刊"。

总藏　(756)　1—127

馆藏　1946　1—2,4,6,8—9,12—13,15—
　　　　　　　23,27

　　　　1947　29,33—45,47—66,68—78,80

46747

技击改进

见"侠魂"

45777

济案特刊

中国国民党河北省党务指导委员会宣传部
天津

1928.7　1

馆藏　1928　1

45776

济案特刊(月刊)

北平学界济案外交后援会　北平

1928.8—10　1—3

总藏　(814)　1—3

馆藏　1928　1

47515

济南气象年报

山东省建设厅气象测候所　济南

1933—1938　1—7

总藏　(263)　1—3,7

馆藏　1933　2

　　　　1935　3

47093

济南市教育行政旬刊

市教育局　济南

[1932.4]—1934.9　1—90

总藏　(814)　41—90

馆藏　1932　7,19

46984

济南市市政府月刊

见"济南市政府市政月报"

46984

济南市政府市政月报

市政府秘书处　济南

1929.9—1937.5　1—11:5

本刊原名为"济南市市政府月刊",自 8 卷
1934 年起改用本名。第 1 卷出 3 期,2 卷出 4
期,3 卷出 2 期,4 至 7 卷每卷出 6 期。

总藏　(814)　1—11:5

馆藏　1929　1:1—2

　　　　1934　8:12

46697

济南铁路管理局局报

该局　济南

[19?]—1949.5　1—63

馆藏　1949　63

46455

(国立)**暨南大学校刊**(半月刊)

该校　上海

1929.9—1937.6　1—214

1947.10—1948.11　复1—19

本刊原为半周刊,后改为周刊,曾停刊,1947
年 10 月复刊,改为半月刊,期数另起。

总藏　(1224)　1—42,44—46,48—49,52—
　　　　　　　60,63—103,105—140,142—
　　　　　　　147,149—214;复1—19

馆藏　1936　176

　　　　1937　206

　　　　1947　复3

　　　　1948　11,13,16

47193

暨南周刊

暨南大学秘书处　上海

1927.[?]—1929.5　1—5:7

总藏　（1224）　1:1—11;2:3—12;3:;4:1—
　　　　　　　3,7—8;5:1—7
馆藏　1928　3:12;4:1—2,7—8
　　　1929　5:1—7

45183

冀北电力专刊

冀北电力公司　北平

1948.3　1

总藏　（1251）　1

馆藏　1948　1

45642

冀北役政(月刊)

冀北师管区司令部兵役月刊社　天津

[1947.9]—1948.7　1—2:5

馆藏　1947　1:2

　　　1948　2:2—5

45180

冀察调查统计丛刊(月刊)

冀察政务委员会秘书处　北平

1936.7—1937.7　1—3:1

本刊1至2卷,每卷出6期。

总藏　（1252）　1—3:1

馆藏　1936　1:1—6

　　　1937　2:1—6;3:1

45181

冀察政务委员会公报

该会秘书处编译室　北平

1936.2—1937.7　1—151

总藏　（1251）　1—151

馆藏　1936　1—94

　　　1937　95—151

47428

冀东日报增刊(旬刊)

冀东日报社　[河北]

1948.[3]—1949.4　1—25

总藏　（1251）　14—25

馆藏　1948　14—17

　　　1949　24

46860

冀南教育(月刊)

冀察教育社　威县

[19?]—1947.1　1—4

1949.4—6　新1:1—3

本刊自1949年4月起卷期另起。

总藏　（1251）　4;新1:1—3

馆藏　1947　4

47838

冀中教育(月刊)

冀中教育社　[保定]

1948.8—1949.7　1—2:5

总藏　（1251）　1:1—6;2:1—5

馆藏　1948　1:1—3,5

　　　1949　2:1—5

jia

44215

家(月刊)

家杂志社　上海

1946.1—1952.10　1—79

总藏　（929）　1—79

馆藏　1946　6,9

　　　1947　13,15—17,21,24

　　　1948　27—31,33—36

44216

家庭(月刊)

人生出版社　上海

1937.[6]—1949.3　1—16:4

本刊1至15卷每卷出6期。

总藏　（929）　2:4—5;3—4:5;5:1—4;6:2,
　　　　　　5—6;7:1,4;8:2—6;9:2—5;
　　　　　　10—12:4;13—16:4

馆藏　1948　14:5—6;15:1—2,4

44219

家庭研究(月刊)

家庭研究社　上海

1920.9—1922.11　1—2:2

本刊在北京创刊,后迁上海出版。

总藏 （930） 1—2:2

馆藏 1921 1:2—3

44218

家庭医药(月刊)

家庭医药社 上海

1946.9—1948.1 复1—15

本刊1944年创刊于桂林,曾停刊,1946年在

上海复刊。

总藏 （930） 复1—15

馆藏 1947 复14

44220

家庭与妇女(半月刊)

中国图书编译馆 上海

1939.9—1941.10 1—5:3

总藏 （930） 1:2,5;2:1—3,5—6;3:1—2,
4—6;4:1,4,5:1,3

馆藏 1941 4:6

44217

家庭周刊

家庭周刊社 天津

1931.5—1932.1 甲种:1—13

1932.[?]—1948.12 乙种:1—192

总藏 （929） 甲种:1—6,8—13;乙种:4—
167,172,175,177—179,185,
189

馆藏 1932 乙种:11—12

1933 27,33,38,46—49,53

1934 54,59—73,79

1935 88,99

1936 119

1946 146—155

1947 156,159—161,163—166,168—
170,172—177,179

1948 180—182,184—192

47069

笳(周刊)

河北民国日报社 北平

[19?]—1929.2 1—8

馆藏 1929 4—6,8

47288

嘉定县教育会会刊

该会 嘉定

1933.7 1

馆藏 1933 1

45029

甲戌邮刊

见"甲戌邮刊、西南邮风联合版"

45029

甲戌邮刊、西南邮风联合版(双月刊)

湘桂黔邮学会 柳州

[1934.1]—1949.9 甲1—16:9;
西1—3:7

"甲戌邮刊"在1934年创刊,刊期为月刊,由

河南郑州甲戌邮票会编。自1948年起与"西

南邮风"联合出版,改为双月刊,由广西柳州

湘桂黔邮学会编印。联合版包括"甲戌邮刊"

15卷1期至16卷9期,"西南邮风"2卷1期

至3卷7期。

总藏 （373） 甲1—5:;6:1—7,11—12;7—
11:;12:4—6;13—16:2;西
2—3:1

馆藏 1935 甲2:1—12

1936 3:1—12

1937 4:1—12

1938 5:1—6

1949 16:1—9

1949 西3:1—7

45030

甲寅杂志(月刊)

甲寅杂志社 上海

1914.5—1915.10 1:1—10

本刊原在日本东京出版,自5期起迁至上海出

版,自1925年7月起改名为"甲寅周刊",卷

期另起。

总藏 （373） 1:1—10

馆藏 1914 1:1—4

1915 1:5—10

45030

甲寅周刊

甲寅周刊社　天津

1925.7—1927.2　1:1—45

本刊前身为"甲寅杂志"。原在北京出版,自37期起迁至天津出版。

总藏　（373）　1:1—45

馆藏　1925　1:1—24

　　　　1926　1:25—37

　　　　1927　1:38—45

jian

47134

监察院公报(月刊)

该院秘书处　南京

1931.5—1937.3　1—125

1943.5—1945.5　新1—5

本刊自27期1935年7月起改为周刊,在南京创刊,曾停刊,1943年在重庆复刊,卷期另起。

总藏　（960）　1—125;新1—5

馆藏　1933　19—20

47261

检讨(半月刊)

中华留日青年会　[日本]东京

1929.5—1930.1　1—12

总藏　（1043）　2—3,5—10,12

馆藏　1930　12

47059

检验统计(年刊)

实业部汉口商品检验局　汉口

1935.10—1938.6　1—4

总藏　（1043）　1—4

馆藏　1935　1

44801

检验月刊

实业部商品检验局　天津

1929.10—1930.9　1—7

1931.5—1932.2　新1—2:

1932:9—1943:6

本刊原名为"工商部天津商品检验局月刊",1931年5月改名为"实业部天津商品检验局月刊",卷期另起。自1932年9月起改用本名,以年计期。

总藏　（1043）　1—7;新1:1—4;2:1—2;1932:
　　　　　　　　9—12;1933—1935:3

馆藏　1932:11—12

　　　　1933:1—5,9—12

　　　　1934:1—12

　　　　1935:1—3

　　　　1938:4—10,12

　　　　1939:12

　　　　1940:1—3

　　　　1941:11—12

　　　　1942:1—12

　　　　1943:1—6

47072

检阅(周刊)

检阅周刊社　上海

1928.11—1929.1　1—13

总藏　（1043）　1—13

馆藏　1928　3

45078

见闻(周刊)

见闻周报社　上海

1946.7—12　1:1—16

总藏　（650）　1:1—16

馆藏　1946　1:1—3,5,8,12

45913

建国(周刊)

建国周刊社　上海

1928.4—1929.3　1—40

本刊在广州创刊,自12期起迁上海出版。

总藏　（741）　1—40

馆藏　1928　20,26—29

　　　　1929　33—34,38,40

45728

建国青年(半月刊)

建国青年社　南京

1946.3—1947.12　1—6:2

本刊在重庆创刊,1946年5月起迁南京出版。1至5卷每卷出6期。

总藏　(741)　1—6:2

馆藏　1946　1:2

46508

建国月刊

国立贵州大学建国月刊　贵阳

1947.2—1948.2　1:1—5

总藏　(740)　1:1,3,5

馆藏　1947　1:1

44656

建国月刊

建国月刊社　南京

1929.5—1937.12　1—17:

1947.10—1948.8　新1—2:5

本刊原名"建国周刊",在上海出版,1931年2月起迁南京出版,自1947年10月起迁台湾出版,卷期另起。

总藏　(740)　1—17:;新1:1—6;2:1,3,5

馆藏　1929　1:6

1930　2:3

1933　9:1—6

1934　10:1—6;11:1—6

1935　12:1—3,5—6;13:1—6

1936　14:1—6;15:1—6

1937　16:1—6

44660

建国周刊

英国利物浦中华建国协进社　[英国]

1946.1—2　1—6

总藏　(741)　2—6

馆藏　1946　2—6

44656

建国周刊

见"建国月刊"

47828

建设(周刊)

建设日报社　长沙

1948.12—1949.[5]　1—2:8

总藏　(743)　1—2:8

馆藏　1949　2:5

47823

建设(月刊)

建设社　上海

1919.8—1920.12　1—3:1

本刊1至2卷每卷出6期。1980年由人民出版社影印。

总藏　(742)　1—3:1

馆藏　1920　2:6

影1919　1:1—5

1920　1:6;2:1—6;3:1

45633

建设(季刊)

建设委员会　南京

1928.10—1937.[?]　1—22

本刊原名为"建设公报",自6期起改用本名。

总藏　(743)　1—22

馆藏　1928　1

1929　4

1930　7

1931　11—12

1932　13

1933　14

1934　15—16

1935　17

1936　19

1937　20

44657

建设(季刊)

报国工业会　上海

1946.10—1948.6　1—2:2

总藏　(743)　1—2:2

馆藏　1947　1:2—4

1948　2:1—2

45633

建设公报

见"建设"

46353

建设委员会公报(月刊)

中国建设委员会秘书处 南京

1930.1—1937.6 1—77

总藏 （745） 1—77

馆藏 1933 27—35

        1934 40—43

        1936 66—71

        1937 72—77

48017

建设旬刊

建设总署总务局 ［北京］

1938.4—6 1—9

馆藏 1938 1—9

47222

建设周讯

四川省政府建设厅 成都

1937.3—1940.12 1—10：

本刊 1 至 4 卷每卷出 12 期,6 至 10 卷每卷出 26 期。

总藏 （744） 1—10：

馆藏 1937 1:1—12;2:1—12;3:1—2;4:1

        1938 4:10—11;6:4—13,15—16,18—

               19,23—24;7:3—6,12,14,17

        1939 7:22—23;8:1—2

(旧参)**U41—2/GJD**

建设总署公路局试验调查报告

    见"工务总署公路局试验调查报告"

47384

建设总署土木工程同学同学会会刊

该会编辑股 金华

［19?］—1941 1—4

馆藏 1941 4

44661

建筑材料(月刊)

建筑材料月刊社 南京

1947.1—7 1—2:1

本刊第 1 卷出 6 期。

总藏 （746） 1—2:1

馆藏 1947 1:2—6;2:1

46802

建筑月刊

市建筑学会 上海

1932.1—1937.4 1—5:1

总藏 （746） 1—5:1

馆藏 1932 1:1—2

        1934 2:2—4

        1935 3:1,3—12

        1936 4:1—2

46529

健康家庭

见"春游"

46106

健康家庭(月刊)

健康家庭社编辑部 上海

1939.4—1944.9 1—5:6

总藏 （966） 1—3:;4:1—4,7—8;5:2—3,

               5—6

馆藏 1939 1:1

        1941 2:10;3:1,4—5

        1942 3:7—8

46125

健康生活(月刊)

健康生活社 上海

1934.8—1941.7 1—25:2

本刊原为半月刊,自 8 卷 2 期起改为月刊。在天津创刊,1937 年后迁汉口、上海等地出版。1 至 24 卷每卷出 6 期。

总藏 （966） 1—6:;7:1—2,5—6;8:1—2,

               4—6;9:1—5;12—16:3;17:

               1;18:1,3—6;19:;20:1—3,

               6;21:1—2,4—6;22:1—3,

               5—6;23—25:2

馆藏 1934 1:3,5;2:1—3

        1935 2:4—6;3:1—6;4:1—6;5:1,

               4—6;6:2—3

        1936 8:2—3

        1938 12:1

1939　16:3

47420

健康知识(月刊)

医学院分院健康社　北平

1937.1—7　1:1—7

总藏　(966)　1:1—7

馆藏　1937　1:5

45496

健力美(双月刊)

健身学院　上海

1941.7—1949.2　1—5:1

本刊3卷1期1944年后曾停刊,1946年11月
复刊,卷期续前。

总藏　(964)　1:2,4;2:1—4,6;3—5:1

馆藏　1947　3:6;4:2

　　　　1948　4:3—4,6

44392H

健美月刊

青青画报社　上海

1934.7—1935.5　1—2:3

馆藏　1934　1:2—3,[6]

　　　　1935　2:2—3

45973

健与力(月刊)

健与力月刊社　上海

1938.12—1947.[?]　1—6:

本刊在香港创刊,抗战期间迁重庆出版,胜利
后又迁上海出版。

总藏　(964)　1—3:9;4—6:

馆藏　1946　6:1—4

　　　　1947　6:5—6,9—10

46902

健与美(双月刊)

李氏健身学院　香港

1941—1951　1—31

本刊3期后曾停刊,1947年6月复刊,期数
续前。

总藏　(965)　1—18

馆藏　1949　17—19

1950　20—23

　　　　1951　27—29,31

44109

江北运河工程局汇刊(不定期刊)

该局　苏州

1928.3—9　1—2

总藏　(422)　1—2

馆藏　1928　1—2

44109

江北运河工程局年刊

该局秘书处　无锡

1935　1—2

馆藏　1935　1—2

47338

江苏党务周刊

中国国民党江苏省党务整理委员会宣传部
镇江

[19?]—1930.10　1—40

馆藏　1930　25,29,39—40

47173

江苏地政(季刊)

江苏省土地局　镇江

1932.12　1

1935.10—12　新1:1—3

1937.7　复1:1

本刊1935年10月改为月刊,卷期另起。曾停
刊,1937年3月复刊,卷期又另起。

总藏　(430)　1;新1:1—3;复1:1

馆藏　1932　1

47071

江苏货物税通讯(月刊)

财政部江苏区货物税局　镇江

1946.7—1947.6　1—2:

总藏　(436)　1—2:

馆藏　1947　2:5—6

46629

江苏建设月刊

江苏省建设厅　镇江

1934.3—1937.8　1—4:8

本刊自 3 卷 10 期起改名为"江苏省政建设月刊"，卷期续前。原为季刊，自 2 卷起改为月刊。

总藏　（435）　1—4:8

馆藏　1935　2:10—12

46110

江苏教育(月刊)

江苏教育厅编审室　镇江

1930.10—1931.7　1—4

1932.2—1937.6　新 1—6:6

本刊原为季刊，自 1932 年 2 月起改为月刊，卷期另起。

总藏　（436）　1—4;新 1—6:6

馆藏　1933　新 2:4,6,9—12

47450

江苏教育公报(月刊)

江苏省教育厅公报处　南京

1918.1—1926.12　1—9:

总藏　（436）　1—9:

馆藏　1921　4:9

　　　　1922　5:6—9

46063

江苏军事月刊

军事编辑委员会　江苏

1921—1924　1—4:7

总藏　（432）　1:3—6;2—4:7

馆藏　1921　1:1—6

　　　　1922　2:8—10

　　　　1924　4:4

(旧参)**F328.62/JJG**

江苏省教育团公有林报告书(年刊)

该团公有林总局　[上海]

1916—1920　1—5

总藏　（435）　1—2

馆藏　1916　1

　　　　1917　2

　　　　1918　3

1919　4

1920　5

47760

江苏省立第二女子师范学校校友会汇刊

该会　苏州

[19?]—1922.12　1—15

馆藏　1922　15

(旧参)**G259.28—54/GTG** 等

江苏省立国学图书馆年刊

该馆　南京

1928.11—1937.10　1—10

本刊原名"中央大学国学图书馆年刊"，1929 年改名为"国学图书馆年刊"，1930 年改用本名，期数续前。本刊第 1 期馆藏号为"（旧参）G259.28—54/ZDG"。

总藏　（433）　1—10

馆藏　1928　1

　　　　1929　2

　　　　1933　6

　　　　1936　9

47749

江苏省立南通中学校刊(月刊)

该校校刊编辑室　南通

[19?]—1934.1　1—12

馆藏　1934　12

46926

江苏省立上海中学校半月刊

该校出版委员会　江苏

[1928.11]—1937.3　1—116

1946.10—1947.11　复 1—9

本刊原名为"中央大学区立上海中学校半月刊"，自 24 期起改用本名。抗战期间曾停刊，1946 年复刊，改为月刊，期数另起。

总藏　（432）　11—84,91—98,101—111,114—116;复 1—9

馆藏　1929　29

45140

江苏省立苏州图书馆馆刊(不定期刊)

该馆　苏州

1929.11—1932.4　1—3

总藏　（433）　1—3

馆藏　1929　1

　　　1930　2

　　　1932　3

46770

江苏省水利局月刊

该局　苏州

1929.5—1930.1　1—9

总藏　（432）　1—9

馆藏　1929　1

44107

江苏省政府土地整理委员会公报（月刊）

该会公报室　镇江

1929—1930　1—16

总藏　（434）　1—16

馆藏　1929　4—5

46629

江苏省政建设月刊

　　见"江苏建设月刊"

44108

江苏实业月志

江苏实业月志编辑处　南京

1919.4—1925.[7]　1—76

1926.1—1927.2　新1—14

本刊自1926年1月起期数另起。

总藏　（431）　1—76；新1—8,10—14

馆藏　1919　1—9

　　　1920　10—15,19

47456

江苏文献（月刊）

江苏省国学社　苏州

1942.2—1943.10　1—2：4

1944.2—1945.5　新1：1—10

本刊1944年改由江苏文献史料馆编,卷期另起。

总藏　（430）　1—2：4；新1：1—10

馆藏　1942　1：1—2,5—10

44106

江苏研究（月刊）

江苏研究社　上海

1935.5—1937.6　1—3：6

本刊第1卷出8期。

总藏　（432）　1—3：6

馆藏　1936　2：5—12

　　　1937　3：1—6

44103

江西地方教育（月刊）

省教育厅　江西泰和

1935.3—1942.12　1—274

1943：1—1945：10

1945.12—1949.2　新1—3：6

本刊自1942年1月至1944年6月又名为"国民教育指导月刊"。原为旬刊,1941年7月改为月刊。自1943年1月起改以年计期,1945年12月起改以卷期计算。

总藏　（423）　1—274；1943—1944：8；1945：1—10；新1：1—8,10—12；2：1—8；3：1—6

馆藏　1936　41—42,46,48,53—54,56—61,64,66

　　　1937　67—71,73—78,83,91—93,96—99

　　　1938　108—112,117

　　　1939　134—136,143—145,151—152

　　　1940　177—178

　　　1947　新2：1—8

（旧参）**F428.61/JDK**

江西地质矿业调查所年报

该所　南昌

1933.10—1937.6　1—4

总藏　（424）　1—4

馆藏　1933　1

47242

江西建设公报

　　见"江西建设月刊"

（旧参）**F128.7/JJ**

江西建设汇刊

江西省建设厅　南昌

1930.1—10　1—2

总藏　（425）　1—2

馆藏　1930　1—2

47242

江西建设月刊

江西省建设厅　南昌

1927.5—1933.10　1—7：

本刊2至3卷曾改名为"江西建设公报"，自4卷起又改回本名。

总藏　（425）　1：1—9；2：1—9；3：1—6；4：
　　　　　　　　1—5；5：1—4；6—7：

馆藏　1930　4：4—5
　　　1931　5：1—4

47900

江西教育（月刊）

江西省政府教育厅　南昌

1928.11—1931.10　1—5：1

1932.3—1934.9　新1—11：2

1934.11—1937.4　新1—27

本刊原为旬刊，每卷出9期。5卷1期1931年后曾停刊。1932年3月改名为"江西教育行政旬刊"，卷期另起。自新4卷1932年起改名为"江西教育旬刊"，卷期续前，每卷出9期。11卷2期1934年9月后曾停刊，1935年复刊，改回本名，并改为月刊，期数另起。

总藏　（427）　1—3：5；4：1；5：1；新1—2：7；
　　　　　　　　3—11：2；新1—27

馆藏　1933　新8：1—2
　　　1934　8：3—6，9；9：1—2，5—7，9；10：
　　　　　　　1—2；11：2
　　　1936　新15—24
　　　1937　25—27

47900

江西教育行政旬刊

见"江西教育"

47900

江西教育旬刊

见"江西教育"

44104

江西省立图书馆馆务汇刊

该馆　南昌

1929.7　1

总藏　（426）　1

馆藏　1929　1

44105

江西省政府公报（双周刊）

该省政府秘书处　南昌

1927.10—1928.12　1—45

1929.1—1931.4　新1—87

1931.5—12　新1—32

1932.1—1934.9　新1—99

1934.10—1948.12　新1—1680

本刊原为旬刊，1934年至1937年改为日刊，1938年起又改为旬刊。自1946年1月起改为双周刊。1929年1月期数另起，1931年5月期数另起，1932年1月期数另起，1934年10月期数又另起。

总藏　（426）　1—45；新1—87；新1—32；新
　　　　　　　　2—99；新1—1680

馆藏　1931　新1—9
　　　1932　新2—25
　　　1934　73，75—78，81，83，85，89，93—
　　　　　　　94，97；新35，45—46，53
　　　1935　94，100，108，113，129，137，144，
　　　　　　　146，150，154—155，161—162，165，
　　　　　　　168，171—172，181，186，189，200—
　　　　　　　201，204—205，210，215，219，224—
　　　　　　　226，228，230，232—234，238，248—
　　　　　　　249，253，265，282，284，293，296，
　　　　　　　299，305，312，326—327，341，360
　　　1936　390，395，417，440，443，448，459，
　　　　　　　465，468，479，485，491，530，538—
　　　　　　　539，547，551，564，574，591—592，
　　　　　　　594，607，613，615，622，624—625，

631,634,649,654
1937　848,859,866—867
1948　1643—1655

(旧参) **TV882.856/JXS**
江西水利局报告书(不定期刊)
该局　南昌
[1928]—1930　1—4
总藏　(422)　4
馆藏　1928　2

45610
将来(月刊)
将来社　天津
1929.9—1930.2　1:1—5
总藏　(863)　1:1—5
馆藏　1929　1:3

47767
讲经公报
文庙洗心总社讲经公会　山西
[19?]—1921.1　1—2
馆藏　1921　2

46578
讲演汇编
京兆尹公署通俗书说编纂会　北京
1916—1918　1—33
馆藏　1916　2—8
　　　1917　9—19
　　　1918　33

jiao

46227
交大季刊
交通大学出版委员会　上海
1930.4—1937.6　1—24
总藏　(450)　1—24
馆藏　1930　1—3
　　　1931　4—7
　　　1932　8—9
　　　1933　10—12

1934　13—14
1937　23

46732
交大唐院季刊
交通大学唐山工程学院　唐山
1930.9—1937.[?]　1—5:1
总藏　(451)　1—3:;4:1,4;5:1
馆藏　1930　1:1—2
　　　1931　1:3—4;2:1—2
　　　1932　2:3—4
　　　1933　3:1
　　　1934　3:2—4
　　　1935　4:1—4

46042
交大唐院周刊
交通大学唐山工程学院　唐山
1930.9—1937.5　1—162;专刊
总藏　(451)　1—6,27,31—43,45—50,53—
　　　　　　54,67—110,113—116,119—
　　　　　　120,127—162
馆藏　1935　113—114;专刊
　　　1936　141—146
　　　1937　147—150,153—162

44087
交大校友(双月刊)
交通大学校友通讯处　上海
1937.1—7　1—3
总藏　(451)　1—3
馆藏　1937　1,3

44088
交行通信(月刊)
交通银行总行事务处　上海
1932.8—1937.3　1—10:3
本刊原为周刊,自2卷起改为半月刊,自3卷
起又改为月刊。
总藏　(451)　1—10:3
馆藏　1932　1:1—20
　　　1933　2:1—12;3:1—6
　　　1934　4:1—6;5:1—6

1935 6:1—6;7:1—6
1936 8:1—6;9:1—3,5—6
1937 10:1—3

45857

交通部第七区电信管理局半月刊

该局秘书室 ［不详］

1947.8—1948.8 1—3:4

总藏 （455） 1:1

馆藏 1947 1:6—10

　　　1948 2:1—2,4,6—8,11—12;3:1—4

45858

交通部公路总局第八区公路工程管理局公报（周刊）

该局 北平

［1946.？］—1948.9 1—5:12

馆藏 1947 3:14—26

　　　1948 4:1—26;5:1—12

46625

交通部公路总局第二区公路工程管理局季刊

该局月刊编委会 ［汉口］

［1946.？］—1947.10 1—2:3

馆藏 1947 2:2—3

44493

交通部公路总局第五区公路工程管理局公报（月刊）

该局秘书室 重庆

1946.7—10 1—4

总藏 （454） 1

馆藏 1946 4

46877

交通部台湾邮电管理局公报（半月刊）

该局 台北

1947.1—1949.3 1—5:6

本刊每卷出12期。

总藏 （455） 1—3:;4:1—6,8—12;5:1—6

馆藏 1948 4:7

48033

交通部统计年报

该部总务司 南京

1928—1934

总藏 （455） 1928—1934

馆藏 1928

（旧参）TV882.2/YZJ

交通部扬子江水道整理委员会年报

该会 ［南京］

［1922］—1932 1—11

总藏 （455） ［8］

馆藏 1927 6

　　　1928 7

　　　1929 8

　　　1930 9

　　　1931 10

　　　1932 11

44095

交通部直辖津浦铁路管理局公报（旬刊）

该局 天津

［19？］—1918.5 1—1365

1919.1—12 新1—35

本刊原为日刊,从1919年1月起改为旬刊,期数另起。

总藏 （455） 1302—1303,1306—1307,1316—1318,1323—1327,1329—1331,1333,1337,1347,1362,1365

馆藏 1919 新29—31,34—35

47743

交通大学纪念刊

该校 上海

1948 1

本刊为交通大学民卅七级毕业纪念册。

馆藏 1948 1

47748

交通大学江西同学会会刊

该会出版部 上海

［19？］—1934.4 1—2

馆藏 1934 2

46413

交通大学年报

该校出版委员会 上海

1930.8 1

总藏 （452） 1

馆藏 1930 1

47269

交通大学月刊

该校总办事处 北京

1922.1—2 1—2

总藏 （452） 1—2

馆藏 1922 2

46933

交通公报(三日刊)

交通部交通公报处 南京

1917.1—1928.6 1—1943

1927.12—1928.11 新 1:1—36

1929.1—1937.8 新 1—895

1938.4—1948.11 新 1—11:21

本刊原名"交通月刊"，在北京创刊,后迁南京
出版。自 38 期 1920 年 2 月起改用本名,并自
1922 年 9 月起改为日刊,1927 年 12 月至 1928
年 5 月改为旬刊,自 1929 年起改为三日刊,期
数另起。抗战期间迁重庆出版,抗战胜利后
迁回南京。自 1946 年起改为半月刊,卷期
续前。

总藏 （452） 1—1943;新 1:1—36;新 1—895;
新 1:4;2—8:21;9—11:21

馆藏 1917 1—6

1918 13—24

1919 25—30

1920 42—45

1921 49—54

1922 67—69

1924 637—667

1927 新 1:1—3

1928 1:4—9

1929 新 76—103

1930 104—208

1931 240—311

1932 312—359,361—415

1933 416—519

1934 520—623

1935 624—727

1936 728—832

1937 833—892

46933

交通公报法规索引

交通部交通公报处 南京

1931—1943

总藏 （453） 1931—1943

馆藏 1932 1—12

1933 1—12

1934 1—3,7—12

1935 1—3,7—12

1936 1—12

1937 1—3

47251

交通管理学院院刊

见"交通与经济"

44090

交通建设(月刊)

交通部出版物委员会 重庆

1943.1—1945.3 1—3:3

总藏 （454） 1—3:3

馆藏 1944 2:1—12

47117

交通经济汇刊(季刊)

交通大学交通经济汇刊社 北平

1927.2—1934.9 1—5:3

本刊原名为"苏光",自 2 卷起改用本名。

总藏 （456） 1:2—4;2—5:3

馆藏 1928 2:2

47251

交通与经济(季刊)

交通大学交通管理学院 上海

1929.1—7 1—2

本刊又名"交通管理学院院刊"。

总藏 （452） 1—2

馆藏　1929　1

45723

交通与警察(月刊)

交警月刊社　南京

1947.7—1948.6　1—2：6

馆藏　1947　1：1—2，4

　　　　1948　2：5—6

46244

交通月刊

交通月刊编辑部　南京

1947.7—1948.12　1—2：6

本刊又名"世界交通月刊"。

总藏　（452）　1—2：6

馆藏　1947　1：1，5

　　　　1948　1：8，11—12；2：1—4

46933

交通月刊

见"交通公报"

44089

交通杂志(月刊)

交通杂志社　南京

1932.10—1937.7　1—5：7

总藏　（453）　1—5：7

馆藏　1932　1：1—3

　　　　1933　1：4—12；2：1

　　　　1934　2：2—12；3：1—2

　　　　1935　3：3—12

　　　　1936　4：1—12

　　　　1937　5：1—6

44091

交通职工(月刊)

交通部职工事务委员会　南京

1933.3—1937.5　1—5：5

总藏　（455）　1—5：5

馆藏　1935　3：4—10

　　　　1936　3：11—12；4：1—9，11—12

　　　　1937　5：2

47721

胶东文化(月刊)

胶东文化编辑委员会　山东

1949.1—2　1：1—2

总藏　（964）　1：1—2

馆藏　1949　1：1—2

47649

胶东文艺(半月刊)

胶东新华书店　山东

1947.9—1948.1　1：1—8

总藏　（963）　1：1—8

馆藏　1947　1：6—7

46231

教师之友(月刊)

儿童书局　上海

1935.1—1937.7　1—3：7

总藏　（1011）　1—3：7

馆藏　1936　2：5，7

44784

教学资料(月刊)

福建省教育厅　福州

1943.12—1946.3　1—4：

本刊在永安创刊,抗战胜利后迁福州出版。

每卷出6期。

总藏　（1012）　1：；2：3—6；3—4：

馆藏　1945　4：1，3

　　　　1946　4：4—6

44785

教与学月刊

教与学月刊社　重庆

1935.7—1942.2　1—7：2

本刊在南京创刊,自3卷7期1938年9月起迁重庆出版。1至5卷每卷出12期,6卷出6期。

总藏　（1010）　1—7：2

馆藏　1935　1：2—6

　　　　1936　1：7—12；2：1—6

　　　　1937　2：7—12；3：1—2，5

　　　　1938　3：6，8，10

　　　　1939　3：11—12；4：3

44780

教育半月刊

国立四川大学教育研究会　成都

1936.1—1943.1　1—6；

1946.5—1949.1　复1：1—8

本刊曾停刊,1946年5月复刊,卷期另起。1
至5卷每卷出10期。

总藏　(1013)　1：1,3,5—7,9—10；2—4；；5：
　　　　　　　1—4,6—10；6；；复1：1—8

馆藏　1947　复1：3
　　　1948　1：5

44781

教育部公报（月刊）

教育部总务司　南京

1929.1—1948.12　1—20；

本刊前身为"大学院公报"。原为月刊,自2
卷起改为周刊,10卷起改为月刊,12卷起改为
半月刊,18卷起改为月刊。在南京创刊,自10
卷起迁重庆出版,自18卷1946年起迁回南京
出版。

总藏　(1027)　1—20；

馆藏　1931　3：38
　　　1933　5：1—4,9—32,37—38
　　　1935　7：5—12,25—28,31—34,37—
　　　　　　38,41—44
　　　1936　8：3—6,11—20,37—38,41—
　　　　　　42,47—48
　　　1937　9：7—8,13—14,17—18
　　　1946　18：1,3,5,7—8,10
　　　1947　19：1—12
　　　1948　20：1—7,10

44782

教育部国际文教丛刊

该部国际文化教育事业处　南京

1947.1—1948.9　1：1—4

总藏　(1029)　1：1—4

馆藏　1947　1：1—3

44783

教育参考资料汇编

见"教育论文索引"

44775

教育丛刊（月刊）

师范大学　北京

1919.12—1926.4　1—5：6

本刊原由北京高等师范学校教育丛刊编辑处
编,自4卷起改由北京师范大学编。2至4卷
每卷出8期。

总藏　(1021)　1—5：6

馆藏　1923　4：5

46809

教育丛刊（半年刊）

中央大学教育学院　南京

1933.11—1940.6　1—5：1

本刊在南京创刊,由中央大学教育学院编,自
4卷1939年起迁重庆出版,改由中央大学师
范学院编。

总藏　(1021)　1—5：1

馆藏　1936　3：2

44774

教育短波（半月刊）

教育短波社　济南

1934.10—1940.11　1—176

1946.12—1948.1　复1—2：5

本刊原为旬刊,在北平创刊。曾停刊,1946年
在重庆复刊,改为半月刊,卷期另起。后迁济
南出版。

总藏　(1032)　1—111,115—153,155—169,
　　　　　　　171,175—176；复1—2：5

馆藏　1947　复1：5,7,13—14

44773

教育辅导

江苏省立民众教育馆　南京

1934.11—1937.[?]　1—3：4

本刊1至2卷每卷出10期。

总藏　(1033)　1—2；；3：1—2,4

馆藏　1934　1：1—2
　　　1935　1：3—8
　　　1936　2：1—9
　　　1937　2：10；3：1

44761

教育公报(半月刊)

市教育局　天津

1929.[4]—1936.1　1—164

1936.9—1937.7　复1—21

本刊1936年1月后曾停刊,同年9月复刊,卷
期另起。

馆藏　1929　1—17

　　　1930　18—41

　　　1931　42—65

　　　1932　66—89

　　　1933　90—113

　　　1934　114—137

　　　1935　138—160

　　　1936　161—164;复1—8

　　　1937　9—21

46868

教育公报(月刊)

教育部编审处　北京

1914.6—1926.[?]　1—12:3

1927.2—4　新1—3

本刊自1927年起改为双月刊,期数另起。

总藏　(1019)　1—2:3;新1—3

馆藏　1915　2:6—9

　　　1916　3:1,3—4

　　　1917　4:1

　　　1918　5:1,7

　　　1920　7:7

　　　1921　8:6—7

　　　1922　9:5

　　　1924　11:5

47525

教育公报(月刊)

市治安维持会教育局秘书室　天津

1937.12—1938.1　1—2

馆藏　1937　1

　　　1938　2

46224

教育函授(半月刊)

河南教育函授学院　开封

1947.3—5　试刊1—6

1948.1—6　1:1—6

本刊在正式发行前曾出试刊1至6期。

总藏　(1026)　试刊1—6;1:1—6

馆藏　1948　1:2—6

47452

教育汇刊(半年刊)

高等师范教育研究会　南京

1921.3—1926.6　1—2:

本刊自2卷起改为季刊,自5期起改由国立东
南大学高等师范教育研究会编印。第1卷出
6期。

总藏　(1020)　1—2:

馆藏　1921　1:1—2

44767

教育季刊

国立中央大学出版组　南京

1930.2—1931.6　1:

总藏　(1015)　1:

馆藏　1930　1:1—3

　　　1931　1:4

47006

教育季刊

山西省立教育学院教育学会　太原

1934.1—7　1:1—2

总藏　(1014)　1:1—2

馆藏　1934　1:2

46891

教育季刊

中华基督教教育会　上海

1925.3—1941.3　1—17:1

总藏　(1014)　1—13:3;14:1—3;15:1,4,

　　　　　　　16:1—2,4,17:1

馆藏　1925　1:4

　　　1926　2:3

　　　1927　3:4

46893

教育季刊

大夏大学教育季刊社　上海

1927.6　1:1

总藏　(1014)　1:1

馆藏　1927　1:1

44764

教育建设

中国教育建设协会　南京

1940.10—1943.3　1—5:

本刊每卷出 6 期。

馆藏　1941　1:4—6;2:1—6;3:1—3

　　　　1942　3:4—6;4:1—6;5:1—3

　　　　1943　5:4—6

47895

教育界(月刊)

直隶省教育会　天津

[19?]—1917.4　1—11

总藏　(1027)　7—11

馆藏　1917　11

44769

教育论坛(半月刊)

教育论坛社　北平

1946.3—1947.12　1—2:1

本刊第 1 卷出 10 期。

总藏　(1034)　1—2:1

馆藏　1946　1:1—5,10

46572

教育论坛(月刊)

广西教育厅　南宁

1931.11—1933.10　1—2:

总藏　(1034)　1—2:

馆藏　1931　1:2

　　　　1932　1:4,6;2:1

44783

教育论文索引

国立师范学院教育资料室　湖南

1947:12—1948:7

本刊为油印本,是"教育参考资料汇编"第

二种。

馆藏　1947：12

　　　　1948：1—7

44771

教育生活(半月刊)

市立小学校教职员联合会　广州

1934.12—1937.7　1—4:

总藏　(1021)　1—4:

馆藏　1935　2:4—7,9—12;3:1—2

　　　　1936　3:5—8,10—12;4:1—5

　　　　1937　4:6—11

44772

教育时报(双月刊)

华北政务委员会教育总署教育时报编纂委员

会　北京

1941.7—1943.11　1—15

馆藏　1941　1—4

　　　　1942　5—9

　　　　1943　10—15

44766

教育通讯(半月刊)

教育通讯社　上海

1938.3—1944.3　1—7:9

1946.3—1949.1　复1—6:10

本刊原为周刊,自 5 卷起改为旬刊,后又改为

半月刊。创刊于汉口,曾迁重庆出版,7 卷

1944 年后曾停刊,1946 年 3 月在上海复刊,卷

期另起。本刊第 1 卷出 40 期,2 至 5 卷每卷

出 50 期,6 卷出 36 期。复刊第 1 卷出 13 期,2

至 5 卷每卷出 12 期。

总藏　(1030)　1—7:9;复1—6:10

馆藏　1938　1:11,13,25—26,28,30,33

　　　　1939　2:4—5,7,12,15—23,28,36,

　　　　　　　40—41

　　　　1940　3:8—9,11—13,15—18,23,46,

　　　　　　　48—50

　　　　1941　4:1—5,7,11—12,16—20,24,

　　　　　　　34,41—43

　　　　1942　5:7,13—14,26—27,29—32

　　　　1943　6:3,5—6,8—11,29—31

　　　　1946　复1:2—13;2:1—8

　　　　1947　2:9—12;3:1—12;4:1—8

　　　　1948　4:9—12;5:1—12;6:1—8

1949　6：9—10

（新善）**G683/BJJ**
教育通讯（不定期刊）
陕甘宁边区新华书店　［不详］
［19?］—1949.5　1—3：4
总藏　（1030）　3：1，3—4
馆藏　1949　3：3

47055
教育新潮（季刊）
安徽大学教育学社　安庆
1931.11—1936.12　1—4：
1947.6—1948.5　复1—3
本刊原为旬刊，自2卷1932年起改为月刊，又
自3卷4期1933年起改为季刊，卷期续前。
抗战期间曾停刊，1947年6月复刊，期数
另起。
总藏　（1033）　1：1—17；2：1—6；3—4：；复
　　　　　　　　　1—3
馆藏　1932　2：1
　　　1936　4：3

44770
教育新路
江苏省立徐州民众教育馆　徐州
1932.9—1937.6　1—130
总藏　（1033）　1—130
馆藏　1934　55—64
　　　1935　75—99
　　　1936　100—113
　　　1937　114—128

46974
教育行政周报
东省特别区教育厅　哈尔滨
1930.1—1931.11　1—2：45
总藏　（1025）　1：1—9，36—44
馆藏　1931　2：19—23，45

44768
教育学报（季刊）
中华民国教育总会　北京
1939.1—1940.5　1—5

馆藏　1939　1—2，4
　　　1940　5

45902
教育学报（年刊）
燕京大学教育学会　北京
1936.3—1941.9　1—6
总藏　（1026）　1—6
馆藏　1939　4
　　　1940　5
　　　1941　6

46178
教育旬刊
广西省政府教育厅　桂林
1932.5—1934.6　1—3：9
1934.10—1935.2　新1：1—15
本刊原名为"教育周报"，自1934年10月起
改用本名，卷期另起。
总藏　（1014）　1—2：13；3：1—9；新1：1—15
馆藏　1934　新1：7—8

46177
教育旬刊
陕西省教育厅编审委员会　西安
1937.5—7　1：1—9
总藏　（1013）　1：1—9
馆藏　1937　1：2，6

46928
教育研究（月刊）
国立中山大学研究部　广州
1928.2—1948.9　1—110
总藏　（1026）　1—110
馆藏　1934　55
　　　1935　60—64
　　　1936　69—72
　　　1937　73—74

46239
教育益闻录（双月刊）
公教教育联合会　北平
1929.4—1934.［?］　1—6：
本刊原为季刊，自6卷起改为双月刊。

总藏　（1029）　1—6：

馆藏　1929　1：1—2

　　　　1930　2：4

　　　　1931　3：1，3—4

　　　　1934　6：1—2

44765

教育与民众（月刊）

江苏省立教育学院　无锡

1929.5—1948.7　1—12：4

本刊原由南京中央大学区立民众教育院劳农学院编印，自2卷起改由无锡江苏省立教育学院编印。1至11卷，每卷出10期。

总藏　（1016）　1—12：4

馆藏　1930　1：8—10；2：1—4

　　　　1931　3：1，4

　　　　1932　3：5—10；4：1—4

　　　　1933　4：5—10；5：1—4

　　　　1934　5：5—10；6：1—4

　　　　1935　6：5—10；7：1—4

　　　　1936　7：5—10；8：1—4

　　　　1937　8：5—8

　　　　1947　11：3—4，9—10

　　　　1948　12：1—4

44779

教育与青年

市教育促进会　天津

1947.11—1948.11　1—2：1

总藏　（1018）　1：1—4；2：1

馆藏　1947　1：1

　　　　1948　1：2—3；2：1

45714

教育与社会（月刊）

高等师范教育与社会杂志社　北京

1920.4　1：1

本刊后与"平民教育"合并，改名为"平民教育"。

总藏　（1018）　1：1

馆藏　1920　1：1

44776

教育与社会（季刊）

国立社会教育学院　苏州

1942.1—1948.12　1—7：

本刊在四川璧山创刊，自5卷3期1946年12月起迁至苏州出版。

总藏　（1018）　1—3：2；4—7：

馆藏　1942　1：1—4

　　　　1944　2：1—4；3：1—2

　　　　1945　4：1—2

　　　　1947　6：1—4

　　　　1948　7：1—2

44778

教育与文化（月刊）

福建省教育厅　福州

1945.12—1947.3　1—2：6

总藏　（1016）　1：1—6；2：1—6

馆藏　1945　1：1

　　　　1946　1：2—5；2：1—2

44777

教育与职业（月刊）

中华职业教育社　上海

1917.11—1949.12　1—208

本刊原为双月刊，自17期起改为月刊。在上海创刊，自192期1940年起迁重庆出版，自201期1946年起迁回上海出版。

总藏　（1019）　1—208

馆藏　1918　7

　　　　1919　12

　　　　1921　29

　　　　1922　34，36

　　　　1931　120—130

　　　　1932　131—140

　　　　1934　151—160

　　　　1935　166

　　　　1936　171—176，179

　　　　1937　183，185

45851

教育杂志

天津县教育会　天津

1919.5—7　1—2

馆藏　1919　1—2

44762

教育杂志
见"直隶教育杂志"

45223

教育杂志(月刊)
省教育会　山西
1914.〔5〕—12　1:1—8
馆藏　1914　1:5—8

44763

教育杂志(月刊)
商务印书馆　上海
1909.1—1948.12　1—33:;增刊;索引1—25:
本刊在上海创刊,抗战期间曾迁长沙、香港等地出版。1932年12月曾停刊,1934年9月复刊,卷期续前。第1卷出13期,24卷出4期,其他各卷每卷出12期。
总藏　(1022)　1—33:;索引1—25:
馆藏　1909　1:1—13
　　　1910　2:1—12
　　　1911　3:1—12;增刊
　　　1912　4:1—12
　　　1913　5:1—6,9
　　　1914　5:10—11;6:1,3—5,7—8,12
　　　1915　7:3—5,7—12
　　　1916　8:1,3—12
　　　1917　9:1—12
　　　1918　10:1—12
　　　1919　11:1—12
　　　1920　12:1—12
　　　1921　13:1—12
　　　1922　14:1—12
　　　1923　15:1—12
　　　1924　16:1—12
　　　1925　17:1—5,7—12
　　　1926　18:1,3,5,7—8,10
　　　1927　19:1—7,9—10,12
　　　1928　20:3,7,9,11—12
　　　1929　21:1—12
　　　1930　22:1—12
　　　1931　23:1—3,5—6,8,10—12
　　　1934　14:1—4
　　　1935　25:1—12
　　　1936　26:1—12;索引1—25:
　　　1937　27:1—7
　　　1941　31:2
　　　1947　32:1—6
　　　1948　33:1—11

47228

教育阵地(月刊)
教育阵地社　浙江慈溪
1939.5—1940.10　1—3:3
本刊原为半月刊,后改为月刊。
总藏　(1027)　1:8,12;3:1—3
馆藏　1939　1:1—8,11

47730

教育阵地(月刊)
晋察冀边区教育阵地社　张家口
〔19?〕—1947.6　1—8:2
总藏　(1027)　5:5—6;6:1—6;7:1—2,6;8:
　　　　　　　　　1—2
馆藏　1946　6:5

46178

教育周报
见"教育旬刊"

jie

47157

解放(周刊)
解放周刊社　延安
1937.4—1941.8　1—134
本刊1966年由人民出版社影印。
总藏　(1211)　1—134
馆藏　影1937　1—27
　　　1938　28—59
　　　1939　60—95
　　　1940　96—121
　　　1941　122—134

（旧参）**J642.1/JGS**

解放歌声（半月刊）

解放歌声社　［天津］

1949.2—4　1—6

总藏　(1212)　1—6

馆藏　1949　1,3—4,6

45802

解放旬刊

广东特别委员会　广州

1927.7—8　1—4

总藏　(1211)　2,4

馆藏　1927　2—3

44589

解放与改造

见"改造"

jin

46500H

今代妇女（月刊）

今代妇女社　上海

1928.6—1931.7　1—29

总藏　(275)　1—29

馆藏　1930　23

　　　　1931　26

45233

今日（旬刊）

今日杂志社　北京

1922.2—1923.8　1—3:2

本刊1至2卷每卷出4期。馆藏为油印复制品。

总藏　(272)　1—3:2

馆藏　1922　1:1—4;2:1—4

45225

今日东北（月刊）

今日东北社　北平

1944.7—1946.11　1—2:6

本刊在重庆创刊,1945年12月迁至北平出版。

总藏　(273)　1—2:

馆藏　1946　2:5

46057

今日儿童（半月刊）

今日儿童社　天津

1946.11—1947.5　1—5

总藏　(273)　1—5

馆藏　1946　1—3

　　　　1947　4

46609

今日妇女

人民世纪杂志社　天津

1946.12—1947.1　1;新年号

总藏　(273)　1

馆藏　1947　新年号

45224

今日科学（月刊）

今日科学社　天津

1947.8—1948.4　1:1—9

总藏　(274)　1:1—9

馆藏　1947　1:1—2,4—5

　　　　1948　1:6—9

47658

今日评论（周刊）

今日评论社　昆明

1939.1—1941.4　1—5:14

总藏　(274)　1—5:14

馆藏　1940　4:7,9

47036

今虞琴刊

今虞琴社　苏州

1937.5　1

总藏　(275)　1

馆藏　1937　1

46876

金城（月刊）

金城银行总经理处　北平

1926.1—1929.12　1—4:

总藏　(807)　1—4:

馆藏 1928 3:4,7—8,12
1929 4:2—3,7

46665

金陵大学校刊(半月刊)

该校编辑部 南京

1930.10—1948.10 1—377

本刊原为周刊,自253期起改为半月刊。

总藏 (808) 1—232,235—238,240—252,
263—377

馆藏 1932 66—75
1933 80—82,86—89,94—97,101—113
1934 126—129
1948 370—371

45925

金陵光(不定期刊)

金陵大学 南京

1913.6—1930.5 1—17:2

总藏 (809) 1:5;2:1;8:1,4;9:1—5;10:
1—4;11:1—2;12—14:2;15:
1—4;16:1;17:1—2

馆藏 1916 8:1
1917 8:2
1918 9:4—5;10:2
1919 10:4
1922 12:1
1923 12:3—4;13:1
1924 13:2;特刊
1925 14:1
1930 17:1

46899

金陵女子文理学院校刊(半月刊)

该院 南京

1933.10—1948.10 1—153

总藏 (808) 1—115,117—132,134—153

馆藏 1937 66

47687

金陵学报(半年刊)

金陵大学 南京

1931.5—1941.10 1—11:3

本刊在南京创刊,抗战期间迁至成都出版。

总藏 (809) 1—10:;11:2—3

馆藏 1931 1:1—2
1932 2:1—2

45303

金融导报(月刊)

银行学会 上海

1939.3—1941.12 1—3:

总藏 (812) 1—2:;3:1—7,9—12

馆藏 1939 1:1
1940 2:1,4,6,8—11
1941 3:2,7

47682

金融统计年报

中中交农四行联合办事总处 [上海]

1946 1

总藏 (813) 1

馆藏 1946 1

45358

金融统计月报

中国银行总管理处经济研究室 上海

1930.1—1934.12 1—60

总藏 (813) 1—60

馆藏 1931 13—14,19—22
1932 27—34,36
1933 37—48
1934 50—60

46071

金融物价(月刊)

东北银行总行 沈阳

1947.[6]—1951.1 1—51

总藏 (813) 11—51

馆藏 1949 27—33,38
1950 39

45359

金融周报(月刊)

中央银行经济研究处 上海

1936.1—1949.5 1—20:21

本刊除2卷、18卷各出27期外,其他每卷各出 26 期。

总藏　（810）　1—20:21

馆藏　1946　14:1—13;15:6

　　　　1947　16:14—23,25;17:1—3,5—26

　　　　1948　18:1—27;19:1—5,7—10,13—

　　　　　　　22

45304

金融周刊

中中交农四行联合办事处　上海

1940.6—1948.1　1—9:5

本刊在重庆创刊,抗战胜利后迁至上海出版。

第 1 卷出 33 期。

总藏　（810）　1:3—33;2—9:5

馆藏　1946　7:45—52

　　　　1947　8:1—21,23—52

　　　　1948　9:1—5

45357

金属(双月刊)

广西大学中国金属研究会　梧州

1936.11—1937.10　1:1—5

总藏　（810）　1:1—5

馆藏　1936　1:1

　　　　1937　1:3—4

46426

金屋月刊

金屋书店　上海

1929.1—1930.9　1:

总藏　（807）　1:

馆藏　1929　1:1—2

47088

津逮季刊

河北省立天津师范学校津逮季刊社　天津

1931—1934　1:1—3

总藏　（815）　1:1—3

馆藏　1932　1:2

44194

津电月刊

电信局秘书室　天津

1946.［?］—1947.2　1—2:2

总藏　（815）　2:2

馆藏　1946　1:2—4

　　　　1947　2:1—2

45742

津纺简讯(周刊)

中国纺织建设公司天津分公司秘书室　天津

1947.1—1948.12　1—100

馆藏　1947　1—50

　　　　1948　51—100

44190

津纺统计年报

中国纺织建设公司天津分公司秘书室统计股

　天津

1947—1948

总藏　（815）　1948

馆藏　1947

44196

津海关进出口贸易统计月报

天津海关　天津

1938:9—1939:5

馆藏　1938:9—12

　　　　1939:1—5

44192

津汇半月刊

见"津汇月刊"

44192

津汇月刊

汇文中学学生自治会　天津

1931.［1］—2　1—2

1934.11—1937.5　新 1—17

本刊自 1934 年 11 月重新创刊,1936 年 2 月起

改名为"津汇半月刊",期数另起。半月刊仅

出 3 期计作 9 至 11 期。自 12 期 1936 年 5 月

起又改为月刊,卷期续前。

馆藏　1931　2

　　　　1934　新 1—2

　　　　1935　3—8

　　　　1936　9—14

　　　　1937　15—17

44191

津津月刊

天津特别市公署宣传处　天津

1942.2—1943.12　1—2：

本刊自 1944 年 1 月起改名为"大天津"月刊，
卷期另起。

馆藏　1942　1：1—10

　　　　1943　2：1—10

44195

津南农声(季刊)

津南农村生产建设实验场　河北沧县

1935.9—1936.12　1—2：2

总藏　（815）　1—2：2

馆藏　1935　1：1

　　　　1936　1：2—4；2：1

45951

津浦日刊

津浦铁路管理委员会　［南京］

1931.［？］—1933.6　1—648

馆藏　1931　83—84,90,94,204—233

　　　　1932　234—516

　　　　1933　518—648

45766

津浦铁路公报(月刊)

交通部津浦铁路管理局　浦口

1928.1—1930.8　1—41

本刊原名为"津浦之声"，自 8 期起改用本名。
原为月刊，自 10 期起改为旬刊，自 24 期起又
改回月刊。

总藏　（815）　1—41

馆藏　1928　7,9

45766

津浦之声

见"津浦铁路公报"

46857

津声周刊

中国国民党天津特别市党务整理委员会宣传
部　天津

1929.［？］—1930.1　1—2：2

馆藏　1929　1：5,8—9

　　　　1930　2：2

47757

津市警察三日刊

特别市公署警察局　天津

［1938.？］—1941.10　1—423

馆藏　1938　21—40,42—80,101—102

　　　　1939　103—200

　　　　1940　281—338

　　　　1941　395—423

44189

津中周刊

河北省立天津中学校　天津

［19？］—1937.5　1—188

馆藏　1935　118—148

　　　　1936　149—153,157,159—161,166—177

　　　　1937　182—188

45550

进步(周刊)

进步出版社　南京

1947.4—8　1：1—10

总藏　（596）　1：1—10

馆藏　1947　1：10

46513

进步(旬刊)

进步杂志社　北平

1946.5—6　1—4

1947.3—5　新 1：1—12

本刊自 1947 年 3 月起期数另起。

总藏　（596）　1—4；新 1：1—3,6,9—12

馆藏　1947　新 1：2

45549

进步(月刊)

进步杂志社　上海

1911.9—1917.2　1—11：4

本刊自 1917 年 3 月起与"青年杂志"合并，改
名为"青年进步"，卷期另起。1 至 10 卷每卷
出 6 期。

总藏　（596）　1—11：4

153

馆藏 1911 1:1
1912 1:3;2:1—6;3:1—2
1913 3:3—6;4:1—6

44967

进步青年

见"中学生"

46111

进出口贸易月刊

市进出口商业同业公会 上海

1948.6—1949.3 1—2:3

本刊第 1 卷出 6 期。

总藏 (596) 1—2:3

馆藏 1948 1:1—5

47341

进德月刊

山东省进德会 济南

1935.8—1937.7 1—2:11

总藏 (597) 1—2:11

馆藏 1936 2:1—4

1937 2:5,10

45551

进德杂志

进德学社 天津

[192?]—1923.1 1—2

馆藏 1923 2

(旧参)**Z426/JDW**

进镜

交通大学武进同学会 上海

1930 1

馆藏 1930 1

46253

进修

见"华侨教育"

46438

进修(月刊)

聚兴诚银行总申同人进修会 上海

1947.6—1948.4 1—2:4

总藏 (597) 1:1—7;2:1,3—4

馆藏 1947 1:6—7

1948 2:1,4

46113

进修资料

新运妇女指导委员会 南京

1947.[?]—11 1:1—3

馆藏 1947 1:2—3

46277

近代邮刊(月刊)

近代邮学研究社 上海

1946.1—1951.12 1—6:

本刊原以期计算,24 期 1947 年后改为 3 卷 1

期计算。

总藏 (661) 1—4:

馆藏 1946 1:1—12

1947 2:1—12

1948 3:1,4,6—11

1949 4:3

(新善)**D67—55/ZJX**

晋绥学讯

中共晋绥总学委会编委会 [不详]

[194?]—1946.9 1—13

馆藏 1946 13

46257

禁烟委员会公报(月刊)

该会总务处第二科 南京

1931.1—12 1—12

总藏 (1200) 1—12

馆藏 1931 8—12

jing

44186

京报副刊

京报出版部 北京

1924.12—1926.3 1—456

总藏 (705) 1—225,258—344,374—456

馆藏 1925 50—77,256—285

46090H

京报图画周刊

图画周刊社　北平

1929.1—1936.6　1—358

本刊曾改名为"春明"。

总藏　（704）　1—358

馆藏　1929　26—38

1930　39—75

1931　101—127

1932　128—150,152—158,160—177

1933　178—194,196—219,227—228

1934　229—233,235—280

1935　281—284,286—332

47195

京都市政通告（月刊）

京都市政公所　北京

1914.11—1916.3　1—32

1917.［?］—1920.5　新1—27

1920.12—1922.8　新1—8

本刊原为旬刊,自1917年起改为月刊,期数另起,自1920年12月起改为季刊,期数又另起。

总藏　（705）　1—32;新3—5,7—27;新1—8

馆藏　1917　新4

47772

京奉铁路机务处技术员学会会刊

该会　北京

1926.9　1

总藏　（705）　1

馆藏　1926　1

44187

京沪周刊

京沪周刊社　上海

1947.1—1949.2　1—3:4

总藏　（704）　1—3:4

馆藏　1947　1:40,49

2:3,8,12—28,30—49

44184

京津工商月报

京津工商月报社　天津

［19?］—1924.12　1—12

馆藏　1924　12

47601H

京津画报（不定期刊）

京津画报馆　天津

1927.8—10　1—15

本刊为"京津快报"附刊,原名"燕语"。

馆藏　1927　1—12,15

44185

京兆通俗周刊

京兆尹公署通俗书说编纂会　北京

1919.1—1920.9　1—66

总藏　（703）　1—66

馆藏　1919　24

47356

经济（月刊）

经济研究会　大连

1948.10—1950.5　1—2:

总藏　（1053）　1:

馆藏　1948　1:3

46366

经济（双月刊）

经济学社　［日］东京

1923.6—1924.［?］　1—3

总藏　（1052）　1—3

馆藏　1923　2

45417

经济半月刊

工商部工商访问局　北平

1927.11—1928.11　1—2:21

本刊前身为"中外经济周刊"。原由经济讨论处编,自2卷14期起改由工商部工商访问局编。1929年1月改名为"工商半月刊",卷期另起。第1卷出4期。

总藏　（1053）　1—2:21

馆藏　1927　1:4

1928　2:1—21

44425

经济半月刊

见"工商半月刊"

48034

经济部公报(月刊)

该部 南京

1938.2—1947.12 1—10:

本刊原为半月刊,自7卷1944年起改为月刊。自8卷11期1945年12月停刊,1947年1月复刊,卷期按10卷1期计算,并由重庆迁南京出版。1944年12月由南京出版社影印。

总藏 (1061) 1:1—21;2—8:;10:

馆藏 影1938 1:1—21

　　　 1939 2:1—24

　　　 1940 3:1—24

　　　 1941 4:1—24

　　　 1942 5:1—24

　　　 1943 6:1—24

　　　 1944 7:1—12

　　　 1945 8:1—11

　　　 1947 10:1—12

45820

经济常识(不定期刊)

经济书局 上海

1935.6—1937.6 1—7

总藏 (1062) 1—7

馆藏 1935 3

　　　 1936 4

　　　 1937 7

46245

经济导报(周刊)

经济导报社 香港

1947.1—1957.12 1—550

总藏 (1058) 1—139

馆藏 1947 13—24,29,31

　　　 1948 51,94

　　　 1949 103

　　　 1950 161—165,167—170,172,178,

　　　　　　 190,192—201

　　　 1951 203—232,236,251

　　　 1952 252—277

　　　 1953 316

47460

经济导报(半月刊)

民生出版公司 北平

1946.8—11 1—7

总藏 (1058) 1—7

馆藏 1946 1

46087

经济导报(月刊)

经济导报社 上海

1942.12 1

1943.5—9 新1:1—2

本刊自1943年5月起期数另起。

总藏 (1058) 1;新1:1—2

馆藏 1943 新1:1—2

47077

经济汇报(半月刊)

中央银行经济研究处 重庆

1939.11—1945.8 1—11:8

本刊自11卷1期1945年1月起改为月刊。第1卷出16期,2至10卷每卷出12期。

总藏 (1056) 1—11:8

馆藏 1942 6:11

　　　 1943 7:1—2

45422

经济汇刊(季刊)

河北省立法商学院经济学会 天津

1936.1—12 1:

总藏 (1056) 1:

馆藏 1936 1:2—4

46474

经济建设(月刊)

经济建设出版社 广州

1947.6—1949.1 1—4:1

总藏 (1060) 1—4:1

馆藏 1947 1:2

46519

经济建设半月刊

国民经济建设运动委员会安徽省分会　安庆

1936.10—1937.7　1—19

总藏　（1060）　1—19

馆藏　1937　9

46187

经济建设季刊

中国经济建设协会　重庆

1942.7—1945.1　1—3：

总藏　（1060）　1—3：

馆藏　1942　1：1—2

　　　 1943　1：3；2：1

　　　 1944　2：3；3：1—2

47348

经济论评（半月刊）

经济论评社　北平

1946.10—1947.4　1—10

馆藏　1946　2—4

　　　 1947　6,8—9

46287

经济论述（半月刊）

商业储蓄银行　上海

1946.11—1949.5　1—50

总藏　（1065）　1—50

馆藏　1946　1—2

　　　 1947　5—17

　　　 1948　18,23—25,27,29—40

45415

经济评论（周刊）

经济评论社　上海

1947.4—1949.5　1—5：3

本刊 1 至 4 卷每卷出 24 期。

总藏　（1063）　1—5：3

馆藏　1947　1：1—24；2：1—13

　　　 1948　2：14—24；3：1—24；4：1—8

45652

经济评论（月刊）

中国经济评论社　汉口

1934.2—1936.10　1—3：10

本刊第 1 卷出 9 期。

总藏　（1062）　1—3：10

馆藏　1936　3：3,6

46723

经济特讯

神州电讯社　上海

［194?］—1948　1—196

总藏　（1062）　80—81,89—92,99—100,102—

　　　　　　　　　 105,110—112,141—142,152—

　　　　　　　　　 155,157,159,163—164,166—

　　　　　　　　　 168,170—171,173,177,191,

　　　　　　　　　 194—196

馆藏　1948　156

（新善）**F127.9—55/JBM**

经济通讯

晋绥边区贸易总局西北农民银行总行　［不

详］

［19?］—1946.4　1—14

馆藏　1946　14

45418

经济通讯（周刊）

经济资料社　香港

1946.1—1948.12　1—3：

本刊每卷出 50 期。

总藏　（1062）　1—3：

馆藏　1946　1：4—13,15—20,22—25,27—

　　　　　　　　 35,37,39—43,47—50

　　　 1947　2：1—13,17,25

　　　 1948　3：8,15—19,23,25—26,31—32

45414

经济统计（月刊）

银行周报社　上海

1923—1935：

总藏　（1064）　1923—1935：

馆藏　1923：1—12

　　　 1924：1—12

　　　 1925：1—12

　　　 1926：1—12

1927:1—12
1928:1—12
1929:1—12
1930:1—12
1931:1—12
1932:1—12
1933:1—12
1934:1—12
1935:1—12

45423

经济统计季刊

见"政治经济学报"

47654

经济统计简报(月刊)

市政府统计处　青岛

[19?]—1947.12　1—14

本刊原名为"青岛市经济统计简报"月刊,自6
期起改用本名。

总藏　(1064)　2—14

馆藏　1947　13—14

45419

经济统计月志

中国经济统计研究所　上海

1934.1—1941.10　1—8:10

总藏　(1064)　1—8:10

馆藏　1934　1:5,7—8,11—12

　　　1935　2:1—9,11—12

　　　1936　3:1—12

　　　1937　4:1—6

　　　1938　5:1—3,5—9

　　　1939　6:1—12

47296

经济学报(年刊)

燕京大学经济学会　北京

1940.5—1941.5　1—2

总藏　(1059)　1—2

馆藏　1940　1

45416

经济学季刊

中国经济学会　上海

1930.4—1937.5　1—8:1

总藏　(1059)　1—8:1

馆藏　1931　2:2—4

　　　1933　4:2—4

　　　1934　5:2

　　　1935　6:3

　　　1936　7:1—3

　　　1937　7:4;8:1

45412

经济旬刊

江西省政府秘书处统计室　南昌

1933.6—1937.12　1—9:

本刊每卷出18期。

总藏　(1053)　1—9:

馆藏　1933　1:2—16,18

　　　1934　2:1—6,8—18;3:1—18

　　　1935　4:1—18;5:1—18

　　　1936　6:1—6,8;7:12—18

　　　1937　8:1—2,4—14;9:11—13

45421

经济研究季报

达仁学院经济研究所　天津

1941.3—6　1:

总藏　(1060)　1:

馆藏　1941　1:1—4

45413

经济周报

经济周报社　上海

1945.11—1951.12　1—13:

总藏　(1054)　1—8:16;9:

馆藏　1945　1:1—9

　　　1946　2:1—25;3:1—25

　　　1947　4:1—25;5:1—25

　　　1948　6:1—25;7:1—25

　　　1949　8:1—16;9:4,7,10—15,24—25

47365

经济周刊

中华经济研究学会　北平

1928.8—10　1—9

本刊为"朝报"副刊。

馆藏　1928　2—9

45420

经济资料汇编(月刊)

中中交农四行联合办事处天津分处　天津

1946.4—12　1:1—9

本刊为油印刊物。

馆藏　1946　1:1—9

47075

经建季刊

江西省银行经济研究室　南昌

1946.9—1948.11　1—6

本刊前身为"裕民"。

总藏　(1052)　1—6

馆藏　1947　4

　　　　1948　5

45426

经理月刊

经理月刊编辑组　重庆

1935.7—1940.9　1—5:8

本刊在武汉创刊,后迁重庆出版。1至4卷每

卷出6期。

总藏　(1066)　1—5:8

馆藏　1935　1:4—6

　　　　1936　2:1—6;3:1—6

　　　　1937　4:1—2

46306

经纶月刊

经纶出版社　上海

[194?]—1942.5　1—2:5

馆藏　1942　2:2,5

45425

经世(月刊)

经世社　重庆

1937.1—8　1—2:2

1937.10—1939.9　新1—48

1940.6—1944.9　新1—3:1

1945.3—5　新1—3

本刊原为半月刊,自1940年6月起改为季刊,

卷期另起。自1945年3月起改为月刊,卷期

又另起。自1937年10月起出战时特刊,期数

另起。在南京创刊,抗战期间曾迁开封、汉

口、成都、重庆等地出版。第1卷出12期。

总藏　(1052)　1—2:2;新1—48;新1—3:1;

　　　　　　　　新1—3

馆藏　1937　1:1—12;2:1;新3

　　　　1938　25

　　　　1945　新1

47310

经世报(月刊)

经世报社　北京

1922.1—1927.4　1—3:6

总藏　(1052)　1—3:6

馆藏　1922　1:1

47576

井矿月刊

井陉矿务局　河北

1936.10—1937.6　1—9

总藏　(143)　1—9

馆藏　1937　5

47454

井陉矿半月刊

井陉矿务局总务科秘书处　河北

1934.10—1935.5　1—10

馆藏　1934　1

　　　　1935　5—6,10

47455

井陉县政周报

该县政府　河北井陉

[19?]—1934.10　1—83

馆藏　1934　82—83

47281

警察季刊

省甲种警察教练所警察季刊社　河南

1943.3　1:1

馆藏　1943　1:1

47369

警察杂志

全省警察研究会　奉天

1912.7　1

馆藏　1912　1

45734

警察杂志(半月刊)

警察杂志社　广州

1946　1:1—2

馆藏　1946　1:2

45595

警灯月刊

市公安局警灯月刊社　上海

[193?]—1936.1　1—3:6

馆藏　1934　2:1

　　　　1935　2:2—4;3:1,3—4

　　　　1936　3:6

45196

警风旬刊

台湾省警风出版社　台北

1947.8—1948.11　1—4:2

馆藏　1947　1:4,10;2:1,4

　　　　1948　2:5;3:1—2,6—10;4:1—2

45721

警风月刊

警风月刊社　北平

1947.1—12　1—10

1948.5—6　新1:1—2

本刊在保定创刊,10期1947年12月后曾停
刊,1948年5月在北平复刊,卷期另起。

馆藏　1947　1,5—10

　　　　1948　新1:1—2

47720

警高月刊

内政部警官高等学校编译委员会　南京

1934.[?]—1935.11　1—3:5

馆藏　1934　1:4—6

　　　　1935　2:1—5;3:1—5

47305

警光周刊

省警官学校　浙江

1934.10—1936.5　1—4:14

馆藏　1934　1:1—8

　　　　1935　1:9;2:1—23;3:1—22

　　　　1936　3:23—25;4:1—14

47602

警民

山西省警民出版社　太原

1947.[?]—10　1:1—2

馆藏　1947　1:2

45733

警声(月刊)

警声社　北京

1940.8—1945.6　1—6:6

馆藏　1940　1:1,3

　　　　1941　2:11

　　　　1942　3:1

　　　　1943　4:1

　　　　1945　6:5—6

45194

警声月刊

中华警察学术研究社平津分社　北平

1946.11—1947.6　1—3:3

馆藏　1946　1:1

　　　　1947　2:1,3;3:1—3

45503

警声月刊

中华警察学术研究社　重庆

[19?]—1945.5　1—9:9

馆藏　1940　5:2

　　　　1941　5:6,8—9

　　　　1945　9:9

47852

警声月刊

警声月刊社东北分社　[东北]

1946.[7]—9　1:1—3

馆藏　1946　1:2—3

45722
警声月刊
中华警察学术研究社　南京
1946.6—1947.4　1:1—7
馆藏　1946　1:1—3
　　　　1947　1:6—7

45191
警声月刊
中华警察学术研究社湖北分社　武昌
[19?]—1947.6　1—7
馆藏　1947　7

45195
警务半月刊
市警察局秘书处　天津
1937.1—3　1—5
本刊1937年4月改名为"警务月刊"，期数
另起。
馆藏　1937　1—5

45197
警务丛报(周刊)
警务丛报社　上海
1912.[4]—12　1—37
馆藏　1912　5—29,32—34,37

45680
警务旬报
省民政厅警务处　河北
[19?]—1935.4　1—91
馆藏　1934　72,78
　　　　1935　91

47565
警务月报
省会警察厅　江苏
[19?]—1918.11　1—39
馆藏　1918　39

47622
警务月刊
警务月刊社　上海
1947.3—9　1:1—6

馆藏　1947　1:2—6

45596
警务月刊
市警务局秘书处　天津
1937:4—6
本刊前身为"警务半月刊"。
馆藏　1937：4—6

45629
警政导报(月刊)
内政部警察总署　南京
[1947.1]—1948.6　1—17
馆藏　1947　2,4,6,8—12
　　　　1948　13,17

45846
警钟(旬刊)
内河水警局政治训练处　浙江
1927　1—3
馆藏　1927　3

47345
警钟(月刊)
警钟月刊社　南京
[19?]—1948.5　1—3
馆藏　1948　3

44387H
竞乐画报(周刊)
竞乐画报社　上海
[19?]—1937.5　1—12:18
总藏　(931)　10:39—50
馆藏　1937　11:9—14;12:15—18

jiu

47829
九江市政(季刊)
市政委员会　九江
1935　1—2
总藏　(5)　1—2
馆藏　1935　1

46137

旧剧集成

华新书局　天津

1939—[1943]　1—16

馆藏　1939—[1943]　1—16

47389

救国(旬刊)

华北救国旬刊社　天津

1934.[1]—6　1—5

馆藏　1934　2,5

45963

救国半月刊

浙江省立第一中学抗日救国会文艺股　杭州

1931.10—12　1—5

总藏　(1041)　1—3

馆藏　1931　1—5

44759

救国通讯

见"国讯"

44757

救国旬刊

东北民众抗日救国会　北平

1932.2—1933.7　1—54;纪念号

总藏　(1041)　1—54;纪念号

馆藏　1932　1—8,10—17,22—31;纪念号

　　　　1933　50

44758

救国周报

救国周报社　上海

1932.6—12　1—31

总藏　(1041)　1—27,29,31

馆藏　1932　8—15,17—19

46100

救世旬刊

救世新教总会宣化部　北京

1927.[?]—1928.3　1—14

馆藏　1927　4—5

　　　　1928　8,11,13—14

46155

救亡情报(周刊)

全国各界救国联合会　上海

1936.5—1936.12　1—30;号外

本刊由红旗出版社影印。同时影印合订一册的刊物是"学生报道""国难教育""上海文化界救国会会刊"和"上海职业界救国会会刊"。

馆藏　影1936　1—30;号外

47238

救灾会刊(月刊)

中国华洋义赈救灾总会　北平

1923.10—1937.6　1—14:9

本刊原为双月刊,自12卷1933年起改为月刊。

总藏　(1041)　1—14:9

馆藏　1923　1:1—2

　　　　1924　1:3;2:1—2

　　　　1925　2:4;3:2

　　　　1926　3:3—4

　　　　1927　4:3—4

　　　　1936　14:1—3

　　　　1937　14:4—9

ju

47638

橘林医报(月刊)

医声通讯社香港分社　香港

1947.10—11　1—2

总藏　(1251)　1—2

馆藏　1947　2

46225

巨型(月刊)

大众出版社　上海

1947.7—9　1—3

总藏　(158)　1—3

馆藏　1947　1—2

46798

拒毒月刊

中华国民拒毒会　上海

［192?］—1929.3　1—29

馆藏　1928　26
　　　　1929　27—29

44206

炬火（月刊）

炬火月刊社　南京

1942.12—1943.1　1—2

馆藏　1942　1
　　　　1943　2

47268

俱乐部（月刊）

图画书局俱乐部杂志社　上海

1935.2　1

总藏　（967）　1

馆藏　1935　1

47179

剧场艺术（旬刊）

剧场艺术出版社　上海

1938.11—1941.10　1—3:6

本刊原为月刊,自2卷1940年改为旬刊。

总藏　（952）　1—3:6

馆藏　1941　3:1—4

44901

剧世界（三日刊）

剧世界编辑部　北平

1945.10—1946.3　1—20

1946.6—8　革1—7

1946.7—11　增1—3:2

本刊前身为"剧世界月刊"。1945年10月复刊,又名"剧世界画报",每逢周五、周日出版,期数另起。1946年6月出革新号周刊,1946年7月出增刊号三日刊。

总藏　（951）　1,13;增2:2—3

馆藏　1945　1—8
　　　　1946　9—20;革1,3—7;增1:1—10;
　　　　　　　　2:1—7,9;3:1—2

44901

剧世界画报

见"剧世界"

46391

剧世界月刊

剧世界月刊社　北平

1937.4—6　1—3

本刊原名"北平剧世界月刊",自3期起改用本名。

总藏　（367）　1—2

馆藏　1937　1—3

45982

剧坛旬刊

剧坛旬刊社　北平

1946.1—2　1—6

总藏　（951）　2—3,5—6

馆藏　1946　4

45350

剧学月刊

中国戏曲音乐院研究所　北平

1932.1—1936.6　1—5:6

本刊原由南京戏曲音乐院北平分院研究所编,自3卷9期起改由北平中国戏曲音乐院研究所编印。

总藏　（951）　1—5:6

馆藏　1932　1:1—12
　　　　1933　2:1—12
　　　　1934　3:1—12
　　　　1935　4:1—12
　　　　1936　5:1—2,5

46922

聚星月刊

聚兴诚银行经济研究室　上海

1947.7—1949.4　1—2:10

总藏　（1222）　1—2:10

馆藏　1947　1:4—6

jue

47256

觉书（季刊）

觉社　上海

1919.［1］—10　1—5

总藏　（1083）　3—5

馆藏　1919　3—4

46958

觉悟

觉悟社　天津

1920.1　1

本刊1980年由人民出版社影印。

馆藏　影1920　1

44603

觉悟（日刊）

民国日报馆　上海

1920：5—1929：11

本刊为上海"民国日报"副刊。

总藏　（1084）　1920：5—12；1921—1922：；

1923：1—7，8（2、7、9—10、

12、14、17、19、21、23—24、28、

30—31），10；1924：2—12；1925：；

1926：1（4、9、11—12、14—17、

19、22—23、25—28、30）；1928—

1929：1

馆藏　1924　2（8—29），3—4，6

1925　2（1—26），5

45772

觉有情（月刊）

觉有情月刊社　上海

1939.10—1953.2　1—14：2

本刊原为半月刊，自9卷1948年起改为月刊。

总藏　（1084）　2：4—5，12—24；3：1—5；4：

6—12，15—20，23—26；5：3—

41；6：1—12，15—24；7：；8：

1—14，17—18；9—10：6

馆藏　1943　4：9—10，19—20；5：3—4

1944　5：9—10

1948　9：4，7—9

47485

爵士

爵士出版社　上海

1934.5　1：1

馆藏　1934　1：1

45095

军队党部——政治通讯

中央组织委员会　［不详］

［19?］—［1934］　1—13

馆藏　［1934］　13

47048

军国民杂志（月刊）

军国民杂志社　镇江

1933.3—1934.6　1—2：2

总藏　（823）　1—2：2

馆藏　1934　2：1

45995

军声周刊

罗洪记咭纸洋簿印务局　广州

［19?］—1927.1　1—77

馆藏　1927　76—77

45749H

军事画报（月刊）

军事画报社　南京

［19?］—1947.9　1—复45

本刊曾停刊，情况不详。

馆藏　1947　复42—45

45848

军事要刊

第三编遣区办事处及军事整理委员会教育处

［不详］

［19?］—1930　1—13

馆藏　1930　8—11，13

48029

军事月刊

治安总署军事月刊社　北京

［1940.8］—1943.6　1—35

馆藏　1941　7

1943　35

45997

军事月刊

东北保安司令长官司令部机械化杂志社
沈阳
1947.[?]—6　1—3
馆藏　1947　3

46406
军事杂志(月刊)
参谋本部　北京
1912.10—1916.11　1—43
总藏　(823)　1—13,16—30,32—43
馆藏　1914　27
　　　1915　29—37

44203
军事杂志(月刊)
军事委员会军事杂志社　南京
1928.8—1948.[11]　1—211
本刊在南京创刊,抗战期间曾先后迁至湘潭、
重庆出版,自201期1948年起迁回南京出版。
总藏　(823)　1—173,201—211
馆藏　1928　4
　　　1929　8—9
　　　1931　35—36
　　　1934　68—69,71
　　　1935　74,76,79—80,83—84
　　　1936　85—86
　　　1937　[104]
　　　1942　142,145
　　　1948　201—210

46407
军事杂志附录(月刊)
参谋本部　北京
1914.7—1916.[?]　1—15
总藏　(823)　1—15
馆藏　1915　5,8

47178
军事周刊
第十七路军军事周刊编委会　西安
1931.[?]—1932.7　1—2:4
本刊第1卷出26期。
总藏　(822)　1—2:4

馆藏　1931　1:9,21—26

47693
军需杂志
中国军需学会北平分会编辑股　北平
1929.9—11　1—2
馆藏　1929　1—2

45678
军学杂志(半月刊)
军学研究社　北京
1912.8—1914.4　1—22
总藏　(822)　1—3,5—10,13—16,19—22
馆藏　1912　1

44204
军医公报(月刊)
军政部陆军署军医司　南京
1929.10—1935.7　1—64
总藏　(821)　1—64
馆藏　1931　27
　　　1932　28—37
　　　1934　50—58
　　　1935　59—64

47142
军医月刊
国防部联合勤务总司令部军医署　南京
1947.1—1948.8　1—2:8
总藏　(821)　1—2:8
馆藏　1947　1:5—7
　　　1948　2:5—6

(旧参)**G67—55/DJD**
军政大学(月刊)
东北军政大学编委会　北安
1946.9—1947.11　1—15
总藏　(824)　1—15
馆藏　1947　11—12

45743
军政府公报(三日刊)
军政府总务厅　广州
1918.8—1920.9　1—210

总藏　（824）　1—67,69—78,80—89,91—
　　　　　　93,95—108,110—117,119—
　　　　　　171,173—174,177,179—184,
　　　　　　186—187,189—192,194—204,
　　　　　　207—210
馆藏　1919　97,100,105—106,111,131,134,
　　　　　　136

44014

军政月刊

军事委员会委员长行营第二厅　南京

1936.1—1937.4　1—16

本刊前身为"军政旬刊"。

馆藏　1936　1—12
　　　1937　13—16

47437

军政周报

国民革命军第二十四军　[不详]

1928.2—5　1—10

馆藏　1928　1—10

K

kai

44703

开发西北(月刊)

开发西北协会　南京

1934.1—1935.12　1—4:

本刊每卷出6期。

总藏　（142）　1—4:

馆藏　1934　1:1,3—6;2:1—2,5
　　　1935　3:1—6;4:1—2

44713

开封会刊(月刊)

新民会开封市总会　开封

1943.5　1:1

馆藏　1943　1:1

45545

开封教育(月刊)

新民会开封市教育分会　开封

1940.1—1942.12　1—3:

本刊卷后为总期数。

馆藏　1940　1:3—6,8—9
　　　1941　2:10—21
　　　1942　3:22—32

47508

开封实验教育(月刊)

教育实验区月刊编辑部　开封

[19?]—1934.3　1:1—6

馆藏　1934　1:3—4,6

44702

开明少年(月刊)

生活书店　上海

1945.7—1951.12　1—76

本刊前身为"新少年"。8至10期1946年2
至4月在重庆出版。

总藏　（142）　1—76

馆藏　1946　7—12,14
　　　1947　19—30
　　　1948　31—42
　　　1949　43—47

45544

开展(月刊)

开展文艺社　南京

1930.8—9　1—2

馆藏　1930　1—2

47919

开智录(半月刊)

开智会　[日本]横滨

1900.12—1901.3　1—6

本刊为复印本。

馆藏　影1900　1
　　　　1901　2—6

45169

凯旋(月刊)

凯旋杂志社　沈阳

1946.5—1948.11　1—37

总藏　（1111）　1—7,9,12—37

馆藏　1947　25
　　　　1948　33,36—37

kang

47663

康导月刊

康导月刊社　康定

1938.9—1947.1　1—6:10

本刊在康定创刊,后迁成都出版。

总藏　(989)　1—6:10

馆藏　1938　1:1—3

　　　1939　1:5—12;2:1—4

　　　1940　2:6,12

47091

康健杂志(月刊)

康健杂志社　上海

1933.5—1939.6　1—6:6

本刊第1卷出8期。

总藏　(989)　1—5:;6:6

馆藏　1933　1:8

　　　1934　2:4

44256

康藏研究(月刊)

康藏研究月刊社　成都

1946.10—1949.9　1—29

总藏　(990)　1—29

馆藏　1946　1—3

　　　1947　4—15

　　　1948　16—23

　　　1949　24,27—29

47236

康专校刊

国立西康技艺专科学校校刊编委会　西昌

1944.7　1

总藏　(988)　1

馆藏　1944　1

45284

伉俪月刊

伉俪月刊社　上海

1946.6—1948.10　1—3:4

总藏　(532)　1—3:4

馆藏　1947　1:11;2:6

　　　1948　2:9,11;3:1—3

47830

抗敌(周刊)

抗敌周刊社　广东梅县

1938.1—4　1:1—12

总藏　(613)　1:1,5,7—12

馆藏　1938　1:4

46506

抗敌导报(旬刊)

重庆各界抗敌后援会　重庆

1938.1—1939.3　1—2:4

总藏　(613)　1:7—22,24,26—28,30,32—33;2:1—4

馆藏　1938　1:12,24

47855H

抗敌画报(周刊)

抗敌画报社　上海

1937.9—11　1—14

总藏　(614)　1—14

馆藏　1937　1—2

46682

抗敌青年(周刊)

教育书局　临海

1938.3—7　1—14

本刊原为半月刊,由临海抗敌青年团出版,自3期起改为周刊,改由临海教育书局出版。

馆藏　1938　1,3—14

46395

抗敌先锋(半月刊)

抗敌先锋编辑委员会　西安

1938.1—1939.6　1—3:2

1939.8—1940.3　新1—2:3

1940.7—1941.[?]　新1:1—6

本刊1939年8月改为月刊,卷期另起。1940年7月卷期又另起。

总藏　(613)　1:3—12;2:1—2,7,9;3:1—2;

新 1:1—5;2:1—3;新 1:1—6

馆藏　1938　1:12
　　　　1939　2:10—11

47832

抗敌周刊

抗敌周刊社　成都

1937.11—1938.2　1—2:2

总藏　(613)　1:1—7,10;2:1—2

馆藏　1937　1:7
　　　　1938　1:8—10

46410

抗敌周刊

县立一中高一 A 班　兴宁

1937.[?]—11　1—5

馆藏　1937　5

46002

抗敌周刊

康山正谊中学抗敌周刊社　扬州

1937.9—11　1:1—8

馆藏　1937　1:1—8

45987

抗建(三日刊)

陕西教育厅编审室　西安

1939.6—1943.5　1—5:7

本刊自 4 卷 29 期 1942 年起改为半月刊。自 1
卷出 41 期,2 至 4 卷每卷出 40 期。

总藏　(607)　1—3:;4:1—8,10—16,19—
　　　　　　　　40;5:1—7

馆藏　1939　1:1—41
　　　　1940　2:35—36,39—40;3:1—3,7—8
　　　　1941　3:18—29

44587

抗建通俗画刊(月刊)

抗建通俗画刊社　重庆

1940.1—1942.7　1—2:2

总藏　(607)　1:1—2;2:1—2

馆藏　1940　1:1,4—7
　　　　1941　1:10
　　　　1942　2:2

47763

抗日半月刊

皖二中抗日救国会出版委员会　徽州

1932.[?]—6　1—2

馆藏　1932　2

47856H

抗日画报(周刊)

新生出版社　上海

1937.9—11　1—15

本刊为"新生画报"号外。

总藏　(606)　1—15

馆藏　1937　4—6

47372

抗日特刊

国立北平大学附属高级中学　北平

1931.10　1

馆藏　1931　1

46001

抗日特刊

衡阳学生抗日救国会　衡阳

1932.2　1

馆藏　1932　1

46000

抗日特刊

浦东中学抗日救国会　上海

[1931]　1—5

馆藏　[1931]　5

47746

抗日战线

广东留日归国同学抗日救国会　广州

1932.1　1

馆藏　1932　1

45930

抗卫半月刊

浙江省国民抗敌自卫团总司令部政训处
金华

1939.12—1940.2　1—5

馆藏　1939　1

1940　3,5

45634H

抗卫军画刊(月刊)

浙江省国民抗敌自卫团总司令部政训处宣传科　金华

[1939.9]—1940.1　1:1—6

总藏　(606)　1:3—6

馆藏　1939　1:4—5

44581

抗战

见"抵抗"

47747H

抗战画刊

[不详]　[不详]

[19?]—1938.3　1—7

馆藏　1938　7

44584

抗战建国传习片

战时民众教育推行委员会　四川

[19?]　1—11

本刊为单页油印宣传品。

馆藏　[19?]　1,3—11

45998

抗战军人(半月刊)

抗战军人半月刊社　汉口

1938.5—1939.[?]　1—15

总藏　(612)　1—2,4,13—15

馆藏　1938　3

44583

抗战漫画(半月刊)

漫画宣传队　汉口

1938.1—1940.11　1—15

总藏　(612)　1—15

馆藏　1938　1,3—4,6—8,11

45849

抗战文献(不定期刊)

抗战文献刊行社　成都

[1937]—[1938]　1—101

馆藏　[1937]　5—11,14

　　　[1938]　101

44582

抗战文艺(月刊)

中华全国文艺界抗敌协会抗战文艺编委会
重庆

1938.5—1946.5　1—10:;特刊

本刊原为三日刊,自1卷5期起改为周刊,4卷起改为半月刊,6卷起改为月刊。1至3卷每卷出12期,4至10卷,除6卷、8卷各出4期外,每卷均出6期。1963年6月由上海文艺出版社影印。

总藏　(609)　1—9:;10:1—3,6;特刊

馆藏　影1938　1:1—12;2:13—24;3:25—36

　　　1939　4:3—6

　　　1940　5:6;6:1,4

　　　1941　7:1—5

　　　1942　8:1—2

　　　1943　8:3

　　　1944　9:3—6

　　　1945　10:2—3;特刊

45999

抗战戏剧(半月刊)

华中图书公司　汉口

1937.11—1938.[?]　1—2:7

本刊第1卷出8期。

总藏　(610)　1:;2:1—5,7

馆藏　1937　1:1,3

47854

抗战行动(旬刊)

抗战行动社　汉口

1938.2—7　1—8

总藏　(611)　1—8

馆藏　1938　5

47911

抗战艺术(月刊)

国民政府军事委员会政治部　重庆

1939.9—1940.1　1—5

总藏　(610)　1—5

馆藏　1940　5

44585

抗战与交通(半月刊)

交通部总务司　重庆

1938.2—1942.12　1—97

总藏　(609)　1—97

馆藏　1939　29

　　　　1940　33—37,41—49

46012

抗战与文化(半月刊)

抗战与文化社　西安

1937.12—1942.6　1—6:8

本刊1至5卷每卷出12期。

总藏　(608)　1—6:8

馆藏　1937　1:1—2

　　　　1938　1:7—8,10—12;2:1—2

44586

抗战月报

江西省各界民众抗敌后援会宣传股　南昌

1938.11—1940.1　1—2:2

总藏　(608)　1:3,7,9,12;2:1—2

馆藏　1939　1:3—8

47830

抗战周刊

抗战周刊社　广东梅县

1939.8—1941.3　1—57

总藏　(608)　1—13,16—19,23—24,27—

　　　　　　30,33,36,47,52—53,55—57

馆藏　1939　5,8

kao

47659

考古(半年刊)

燕京大学考古学社　北平

1934.12—1937.6　1—6

本刊1981年由上海书店影印。

总藏　(479)　1—6

馆藏　1937　6

　　　影 1934　1

1935　2—3

1936　4—5

1937　6

(旧参)**K877.4/GBY**

考古专报

国立北平研究院史学研究会　北平

1935.1　1:1

总藏　(479)　1:1

馆藏　1935　1:1

44698

考试院公报(月刊)

该院秘书处　南京

1930.1—12　1—12

1931:1—1937:6

本刊原名为"考试院月报",自1931年起改用

本名,并改以年计期。

总藏　(480)　1—12;1931—1937:6

馆藏　1933:2

　　　　1935:8

　　　　1936:1

44698

考试院月报

见"考试院公报"

ke

44701

柯达杂志(月刊)

柯达杂志公司　上海

1930.7—1937.8　1—8:8

本刊第1卷出6期。

总藏　(846)　1—8:8

馆藏　1931　2:2,4—7,10,12

　　　　1932　3:1,8,11

　　　　1933　4:7—8,10

　　　　1934　5:1,4,6—12

　　　　1935　6:1—12

　　　　1936　7:2,5—6,8

　　　　1937　8:1—3,5—6

45376

科学(月刊)

中国科学社　上海

1915.1—1950.12　1—32:

总藏　(882)　1—31:

馆藏　1916　2:11

　　　1919　4:8—12;5:1

　　　1920　5:3—12

　　　1921　6:1—8,11—12

　　　1922　7:8—11

　　　1923　8:1—12

　　　1924　9:1—7

　　　1925　9:8—12;10:1—12

　　　1926　11:1—12

　　　1927　12:2,6—8,10—12

　　　1928　13:1—7

　　　1929　13:8—12;14:1—4

　　　1930　14:5—12

　　　1931　15:1—12

　　　1932　16:1—6

　　　1933　17:1—12

　　　1934　18:7—12

　　　1935　19:1,3,5—6

　　　1936　20:1,4,6,9—10

　　　1937　21:2—3,5

　　　1939　23:5—6

　　　1940　24:1

　　　1941　25:5—8

　　　1946　28:5

　　　1947　29:2—5,10

　　　1948　30:3—12

46673

科学丛谈(月刊)

科学丛谈编辑部　北京

1941.12—1942.6　1—6

总藏　(888)　1,4,6

馆藏　1942　3

45386

科学大众(月刊)

科学大众月刊社　上海

1937.6—8　1:1—3

1946.10—　复1—

本刊在上海创刊,曾停刊,1946 年 10 月复刊,卷期另起。1953 年迁北京出版。复刊 1 至 5 卷每卷出 6 期。

总藏　(886)　1:1—3;复1—6:

馆藏　1946　复1:1

　　　1947　1:4,6;2:5—6;3:2—3

　　　1948　3:4—6;4:1—6;5:1—3

　　　1949　5:4

45378

科学的中国(半月刊)

中国科学化运动协会　汉口

1933.1—1937.8　1—10:3

1938.1—[?]　新1—9

本刊在南京创刊,1938 年 1 月迁至汉口出版,期数另起。1 至 9 卷每卷出 12 期。

总藏　(893)　1—10:3;新1—9

馆藏　1933　1:1—12;2:1—12

　　　1934　3:1,3—12;4:1—12

　　　1935　5:1—3,5—9,11—12;6:1—12

　　　1936　7:1—12;8:1—12

　　　1937　9:1—12;10:1—2

47298

科学的中学生(月刊)

中国青年自然科学会　成都

[19?]—1937.4　1—3:3

馆藏　1936　2:3

　　　1937　3:1—3

45377H

科学画报(月刊)

中国科学社　上海

1933.8—　1—

本刊原为半月刊,自 6 卷 1 期 1939 年 7 月起改为月刊。原由中国科学社编,后改由科学技术普及协会编。

总藏　(890)　1—15:

馆藏　1933　1:1—10

　　　1934　1:11—24;2:1—10

　　　1935　2:11—24;3:1—10

171

1936　3:11—24;4:1—10
1937　4:11—24;5:1—4
1938　5:5—16
1939　5:17—24;6:1—6
1940　6:7—12;7:1—6
1941　7:7—12;8:1—6
1942　8:7—12;9:1—5
1943　9:6—12;10:1—5
1944　10:7—12;11:1—3
1945　11:9;12:1—3
1946　12:7—12
1947　13:1—12
1948　14:1—12
1949　15:1—11

45382

科学纪录(季刊)

中央研究院　南京

1942—1948　1—2:

本刊原在成都创刊,后迁南京出版。

总藏　(894)　1—2:

馆藏　1942　1:1—2

　　　1945　1:3—4

　　　1947　2:1

　　　1948　2:2

45654

科学教育(双月刊)

中华科学教育改进社　广州

1935.7　1:1

总藏　(894)　1:1

馆藏　1935　1:1

46671

科学趣味(月刊)

科学趣味社　上海

1939.6—1942.6　1—6:

本刊每卷出6期。

总藏　(894)　1—6:

馆藏　1940　2:1—6

　　　1941　4:6;5:1—2

45383

科学生活(月刊)

南洋同学会科学生活社　上海

1939.5—1940.11　1—3:

本刊1至3卷每卷出6期。

总藏　(888)　1—3:

馆藏　1940　3:6

45381

科学时报(月刊)

世界科学社　北平

1934.10—1948.[10]　1—16:4

本刊第1卷出3期,2卷出11期,3卷1至2期未出版,1936年3月续出3卷3期,4卷4期1937年4月后曾停刊,1946年2月复刊,以11卷1期计算。11至15卷每卷出6期。

总藏　(890)　1—4:4;11—16:4

馆藏　1934　1:1

　　　1936　3:8

　　　1946　11:1—2,4—6;12:7—8,10—12

　　　1947　13:1—6;14:1—6

　　　1948　15:2,5—6;16:3

45388

科学时代(月刊)

中国科学工作者协会　上海

1946.1—1950.12　1—5:5

本刊在重庆创刊,自1卷7期起迁至上海出版。

总藏　(889)　1—4:5

馆藏　1946　1:6,10

　　　1947　2:2,5,7—10

　　　1948　3:1—7

　　　1949　4:5

45387

科学世界(月刊)

中华自然科学社　南京

1932.11—1950.12　1—19:6

本刊原为月刊,在南京创刊,自7卷4期1938年起迁至重庆出版,自10卷1期1941年1月起迁成都出版,改为双月刊,后又改回月刊。自15卷1期1946年5月起迁回南京出版。

总藏　　(886)　1—7;8;8:1—4;9:1—7;10—18:7
馆藏　　1932　1:1
　　　　1934　3:4,9
　　　　1935　4:1
　　　　1947　16:1—2,5—6,11—12
　　　　1948　17:3—11
　　　　1949　18:5—7

46346

科学世界(月刊)

科学仪器馆科学世界社　上海

1903.2—1904.11　1:

1921.[7]—1922.7　新1—5

本刊曾停刊,1921年复刊,期数另起。

总藏　　(886)　1:;新2—5

馆藏　　1921　新2

　　　　1922　3—5

47465

科学新闻(季刊)

中国科学工作者协会　南京

1945.9—1947.9　1—6

总藏　　(894)　1,4—6

馆藏　　1947　5

46903

科学医报(月刊)

科学医报社　杭州

1932.1—1934.6　1—3:6

总藏　　(889)　1—3:6

馆藏　　1932　1:5

47023

科学与生活(月刊)

科学与生活社　重庆

1946.1—12　1:1—8

总藏　　(885)　1:1—8

馆藏　　1946　1:1

45380

科学月刊

四川省立科学馆　成都

1946.9—1949.4　1—32

总藏　　(885)　1—32

馆藏　　1946　1—4

　　　　1947　5—6,12—16

　　　　1948　17—22

45379

科学月刊

中华科学文化社　上海

1929.1—1931.9　1—3:5

本刊原由上海科学月刊社编,自3卷1931年起改由中华科学文化社编,1至2卷每卷出10期。

总藏　　(884)　1—3:5

馆藏　　1929　1:2—7

　　　　1930　2:1,3—8

　　　　1931　3:3

45385

科学杂志(月刊)

科学杂志编委会　上海

1941.1—1942.4　1—3:3

本刊1至2卷每卷出6期。

总藏　　(889)　1—3:3

馆藏　　1941　1:1—2,4—6;2:1—2

46182

科学知识(半月刊)

中外出版有限公司　上海

1933.6—1934.1　1:1—9

总藏　　(893)　1:1—9

馆藏　　1933　1:5

45719

科学知识(月刊)

科学知识社　北平

1946.5—6　1:1—2

总藏　　(892)　1:1—2

馆藏　　1946　1:1

46719

客观月刊

客观月刊社　南昌

1947.6—1948.1　1—8

总藏　　(817)　1—8

馆藏　　1947　1

45607

垦荒与洗硪

农林部垦业农场　天津

1948.11　1

总藏　（862）　1

馆藏　1948　1

45759

空军(半月刊)

国民政府航空处　南京

1927.10—1928.9　1—23

总藏　（686）　1—23

馆藏　1928　13—15,17—20,22—23

44199

空军(周刊)

中央航空学校空军周刊社　杭州

1932.11—1937.8　1—241

总藏　（686）　1—241

馆藏　1935　131—157

1936　158—208

44200

空校月刊

航空司令部航空学校　广州

1932.11—1936.6　1—25

本刊原名"航空学校月刊",自17期起改用

本名。

总藏　（687）　1—25

馆藏　1933　9

1935　12—13,16

1936　24

45411

会计季刊

中国会计学社　南京

1935.7—1937.7　1—3:1

总藏　（558）　1—3:1

馆藏　1935　1:1

45410

会计杂志(月刊)

徐永祚会计师事务所　上海

1933.1—1936.12　1—8:

总藏　（559）　1—8:

馆藏　1933　1:1—6;2:1—6

1934　3:1—6;4:1—6

1935　5:1—6;6:1—6

1936　7:1—6;8:1,4—6

45424

会计知识

中国会计学社天津分社出版委员会　天津

1948.7　1

总藏　（559）　1

馆藏　1948　1

44161

快活(旬刊)

世界书局　上海

1922.1—12　1—36

总藏　（578）　1—36

馆藏　1922　1—5,7—8,11—36

44272

快乐家庭(半月刊)

光华印刷公司出版部　天津

1923.1—12　1:1—23

总藏　（578）　1:1—22

馆藏　1923　1:1—23

47047

快乐世界(旬刊)

中心美术社　上海

1930.8—9　1—3

总藏　（578）　2—3

馆藏　1930　1

45295

狂飙(周刊)

狂飙周刊社　上海
1926.10—1927.1　1—17
总藏　（660）　1—17
馆藏　1927　14

45438
狂潮(月刊)
狂潮文艺月刊社　齐齐哈尔
1946.[1]—6　1—6
馆藏　1946　6

47266
狂涛(月刊)
狂涛社　武昌
1930.4—5　1:1—2
总藏　（660）　1:1—2
馆藏　1930　1:1

47632
矿测近讯(月刊)
资源委员会矿产测勘处　南京
[194?]—1950　1—118
总藏　（736）　57—106
馆藏　1946　63

47522
矿学汇报(年刊)
南开矿学会　天津
1925.6—1926.5　1—2
总藏　（736）　1—2
馆藏　1925　1

45553
矿冶(季刊)
中国矿冶工程学会　南京
1927.8—1936.12　1—8:32
1942.12—1944.[?]　复1—5
本刊又名"中国矿冶工程学会会刊"。创刊于北京,自3卷9期1929年起迁南京出版。原为季刊,自5卷1932年起改为半年刊。自7卷1934年起改为季刊,卷期续前。卷后期数为总期号。
总藏　（736）　1—8:32;复1—5
馆藏　1927　1:1—2

1928	1:3—4;2:5—6
1929	2:7—8;3:9—10
1930	3:11—12;4:13—14
1931	4:15—16
1932	5:17—18
1933	6:19—20
1934	7:21—24
1935	8:25—28
1936	8:29—30

45555
矿冶资料(月刊)
中华矿业促进会　太原
1937.1—7　1:1—7
总藏　（736）　1:1—7
馆藏　1937　1:1—6

45554
矿业(季刊)
湖南矿业总会　长沙
[1929.?]—1934.6　1—13
本刊原为月刊,后改为季刊。
总藏　（735）　4—13
馆藏　1929　6
　　　1933　12
　　　1934　13

46560
矿业周报
中华矿学社　南京
1928.4—1937.8　1—442
总藏　（735）　1—442
馆藏　1928　1—28
　　　1929　29—76
　　　1930　77—124
　　　1931　125—172
　　　1932　173—220
　　　1933　221—268
　　　1934　269—312

kun

45052
昆虫通讯

天则昆虫研究所　陕西武功

1946—1947　1—2：

本刊为"昆虫与艺术"副刊。

总藏　（240）　1—2：

馆藏　1946　1：1

45052

昆虫与艺术（双月刊）

天则昆虫研究所　陕西武功

1946.4—12　1：1—6

总藏　（753）　1：1—6

馆藏　1946　1：1—6

45054

昆虫与植病（旬刊）

浙江省昆虫局　杭州

1933.1—1937.9　1—5：30

总藏　（753）　1—5：30

馆藏　1933　1：1—36

　　　1934　2：1—36

　　　1935　3：1—36

　　　1936　4：1—36

　　　1937　5：1—10,12—13,15—20

kuo

46799

廓清（月刊）

浙江省政府新闻处　杭州

1948.1—12　1：

总藏　（1183）　1：

馆藏　1948　1：9

L

lai

44642

来复（周刊）

山西来复报社　太原

1918.4—1930.［?］　1—611

总藏　（595）　1—423,425—443,445,448—

　　　　　　449,453,457,459—460,462—

470,472—477,479—482,484—

　　611

馆藏　1921　146

lan

45583

蓝皮书（月刊）

蓝皮书编辑部　上海

1946.10—1949.5　1—26

总藏　（1198）　1—14,18—22,24—26

馆藏　1946　2—3

　　　1948　13—15

47103H

揽胜画报

中国旅行社　上海

1940.8　1

总藏　（1242）　1

馆藏　1940　1

lang

47574

琅嬛（月刊）

琅嬛杂志社　天津

1946.1—3　1：1—3

馆藏　1946　1：1—3

lao

46102

劳大周刊

国立劳动大学编译馆　上海

1927.［?］—1930.12　1—4：

1931.1—6　新1—24

1931.9—1932.1　新1：1—20

本刊原名为"劳动大学周刊"，自2卷21期起改用本名。第1卷出48期,2卷出36期,3至4卷每卷出15期。

总藏　（601）　1—4：；新1—24；新1：1—20

馆藏　1928　1：44

　　　1929　2：1—2,28,33,35

　　　1930　3：1,11,15；4：2,6—8,10,12

47573

劳动大学月刊

该校　上海

1929.11—1930.12　1:1—9

总藏　(602)　1:1—9

馆藏　1930　1:4,6

46102

劳动大学周刊

见"劳大周刊"

44267

劳动季报

劳动季报社　杭州

1934.4—1937.5　1:1—11

总藏　(601)　1:1—11

馆藏　1934　1:1—3

　　　　1935　1:4—7

　　　　1936　1:8—9

　　　　1937　1:10—11

47483

劳动界(周刊)

新青年社　上海

1920.8—1921.1　1—23

本刊1至19期解放后由北京工人出版社影印。

总藏　(602)　1—20,22—23

馆藏　影1920　1—12,15—19

47657

劳动与妇女(周刊)

水母湾群报馆　广州

1921.2—4　1—8

馆藏　1921　1—8

46008

劳动月报

联合勤务总司令部平津被服厂　天津

1946.4—9　1:1—6

本刊原在北平由军政部华北被服呢革总厂北平劳动月刊社编印,自6期起迁至天津,改由联合勤务总司令部平津被服厂编印。

总藏　(601)　1:1—6

馆藏　1946　1:6

44266

劳工月刊

劳动月刊社　南京

1932.4—1936.12　1—5:

本刊原由实业部劳工司编,自1卷5期起改由劳工月刊社编。第1卷出8期。

总藏　(600)　1—5:

馆藏　1932　1:6

　　　　1933　2:1—4,8,10

　　　　1935　4:7

　　　　1936　5:1

44135

牢骚月刊

牢骚月刊社　天津

1936.12—1937.6　1:1—6

总藏　(578)　1:1—6

馆藏　1937　1:3—6

45807

老百姓

浙江省动员委员会战时教育文化事业委员会

金华

[19?]—1940.5　1—66

馆藏　1940　66

45779

老百姓(周刊)

老百姓社　上海

1946.6　1:1—2

1947.1　新1

1949.2—3　新1—5

本刊原为半月刊,自1949年2月起改为周刊。1947年1月期数另起。改周刊后期数又另起。

总藏　(479)　1:1—2;新1;新1—5

馆藏　1949　新3

44570

老实话(旬刊)

老实话社　北平

1933.8—1935.6　1—67

总藏　(479)　1—67

馆藏　1933　1—16

1934　17—18,20—26,29,34—37,39—
　　　　40,43—50
1935　51—60,63—67

le

45327

乐群(月刊)

乐群月刊社　上海

1928.9—12　1—4

1929.1—1930.3　新1—3:13

本刊原为半月刊,自1929年1月起改为月刊,卷期另起。新1至3卷卷后期数为总期号。

总藏　(414)　1—4;新1—3:13

馆藏　1928　1—4

　　　1929　新1:1—7;2:8—12

47227

乐天报(半月刊)

中华圣教总会　香港

1921.4—1928.8　1—134

总藏　(413)　2—20,22—37,39—45,49—
　　　　　　52,54—57,59—60,65—66,
　　　　　　68,70,72—73,76—81,83,85,
　　　　　　87,89,91,94,99

馆藏　1923　55—60,62—68

　　　1924　69,71—92

　　　1925　93,95—106,108,110—112,114—
　　　　　　115

　　　1927　118—119

　　　1928　128—129,134

45437

乐园(月刊)

私立秀山第一小学校　天津

[19?]—1937.3　1—85

馆藏　1935　69—73

　　　1936　74—82

　　　1937　83—85

li

45209H

梨园画刊(周刊)

梨园画刊社　北京

1939.[?]—3　1—4

馆藏　1939　4

47616H

梨园周刊

梨园周刊社　北京

1938—1939　1—17

馆藏　1938　4—5

　　　1939　6,9—11,16—17

45495

黎明周报

黎明周报社　天津

1948.4　试刊1

馆藏　1948　试刊1

44373

礼拜六

礼拜六报馆　上海

1914.6—1923.2　1—200

1923.[?]—1937.8　新1—703

1945.10—1948.7　复1—135

本刊1923年期数另起,703期1937年8月后曾停刊,1945年复刊,期数又另起。

总藏　(283)　1—200;新1—20,67—703;复
　　　　　　　1—135

馆藏　1914—1923　1—200

　　　1933　新490,498

　　　1934　552,563—565

　　　1946　复26

　　　1947　86

44386

礼乐半月刊

国立礼乐馆　南京

1945.10　1

1947.3—1948.2　新1—24

本刊自1947年3月起期数另起。

总藏　(283)　1;新1—24

馆藏　1947　新1

44790

理工杂志(半年刊)

震旦大学理工学院　上海

1933.6—1937.6　1—3：

本刊1至2卷每卷出4期。

总藏　（1008）　1—3：

馆藏　1933　1：1

　　　1934　1：2—3

　　　1935　1：4；2：1—3

　　　1936　2：4

　　　1937　3：1—2

47684

理化杂志(半年刊)

高等师范学校理化学会　北京

1919.5—1927.7　1—3：

本刊每卷出4期。

总藏　（1008）　1—3：

馆藏　1919　1：1

46762

理科论丛(季刊)

中华留日帝国大学理科同学会　［日本］仙台

1936.7—11　1：1—2

总藏　（1009）　1：1—2

馆藏　1936　1：1

46701

理科学报(半年刊)

南开大学理科学会　天津

1930.2—1935.3　1—7

本刊前身为"理科学会会刊"。

总藏　（1009）　1，5，7

馆藏　1933　6

46099

理想家庭(月刊)

理想家庭月刊社　上海

1941.3—5　1—3

总藏　（1009）　1

馆藏　1941　1—3

44402

力行(月刊)

陆军第十师司令部　南昌

［1932］—1933　1—2：11

馆藏　1933　2：1—11

44401

力行周刊

力行周刊社　北平

1948.［6］—10　1—15

总藏　（5）　11，15

馆藏　1948　4，15

45092

历史博物馆丛刊(双月刊)

该馆　北京

1926.10—1927.2　1：1—3

总藏　（164）　1：1—3

馆藏　1926　1：1—2

　　　1927　1：3

47691

历史教育(季刊)

国立北平师范大学史学会　北平

1937.2—5　1—2

总藏　（164）　1—2

馆藏　1937　2

46824

历史与考古(不定期刊)

博物馆编委会　沈阳

1946.10　1

总藏　（164）　1

馆藏　1946　1

46925

立达(月刊)

立达社　北京

［19?］—1925.12　1—66

馆藏　1925　57—64，66

(旧参) **D928/LMC**

立法专刊(半年刊)

立法院秘书处　南京

1929—1946　1—25

总藏　（278）　1—25

馆藏 1929 1
1930 2—3
1931 4—5
1933 7—8
1936 12

44073

立信月报

见"立信月刊"

44073

立信月刊

立信会计事务所　上海

1936.8—1949.4　1—8:4

本刊原名为"立信月报",自6卷8期1947年起改用本名。原在上海出版,自3卷1940年起迁重庆出版,5卷1946年起又迁回上海。

总藏　(279)　1:1—10;2—8:4

馆藏 1947 6:4
1948 7:3,7—9

44573

立兴杂志

法商立兴洋行药品部　上海

1929—1932　1—6

总藏　(278)　2,4

馆藏 1932 6

44072H

立言画刊(周刊)

立言画刊社　北京

1938.10—1945.8　1—353

馆藏 1938 1—14
1939 15—16,18,20—35,38—46,48—66
1940 67—118
1941 119—170
1942 171—222
1943 223—274
1944 275—327
1945 328—353

44822

励行月刊

贵州银行励行月刊社　贵阳

1944.8—1947.7　1—3:3

本刊1至2卷每卷出5期。

总藏　(623)　1—2:;3:2—3

馆藏 1946 2:1

45567

励志半月刊

励志社总社秘书室　南京

1947　1:1—7

馆藏 1947 1:4,6—7

46571

利民(半月刊)

蒙疆新闻社　[不详]

[19?]—1943.4　1—3:7

馆藏 1943 3:7

lian

45283

连环两周刊

见"乒乓世界"

46440H

联合画报(周刊)

联合画报社　上海

1943.2—1949.4　1—227

本刊在重庆创刊,1946年10月停刊,后在上海复刊,期数续前。

总藏　(1094)　2,16,21,24—31,33,41,80—81,90,101—104,106—111,114—115,123,126,130—133,135—138,141—143,146—147,150—152,155—227

馆藏 1945 155—158
1946 159—174,189—190
1947 195—200,203—205,208—209,211
1948 212—215,217—220,222

47115

联华导报

联华通讯社　北平

1946.11　1

180

总藏　（1094）　1

馆藏　1946　1

45945H
联华画报(半月刊)
联华影片公司　上海

[19?]—1937.8　1—9:6

本刊原为周刊,后改为半月刊。

总藏　（1094）　4:1—25;5:1—2,4—12;6:1,
　　　　　　　　　3—4,6,8,12;7:1—12;8:1—
　　　　　　　　　6;9:1—6

馆藏　1935　5:7
　　　1937　9:4

44689
联美(五日刊)
联美社　北平

1946.10—1947.9　1—44

1948.9—10　新1:1—4

本刊原为周刊,自1948年9月起改为五日刊,
卷期另起。

总藏　（1095）　1—12,14—27,29—41;新1:
　　　　　　　　　1—2,4

馆藏　1946　6—8,10—11
　　　1947　13,15—28,30—34,36—44
　　　1948　新1:4

44819
联勤公报
见"联勤月报"

44819
联勤月报
联合勤务总司令部　[南京]

1947.9—1948.10　1—2:10

本刊原名"联勤公报",自1948年1月起改用
本名。第1卷出4期。

馆藏　1947　1:1,3—4
　　　1948　2:1—10

liang

46374H
良友(月刊)

良友图书印刷公司　上海

1926.2—1945.10　1—172;纪念册

总藏　（579）　1—142,144,147—149,151,
　　　　　　　　　153—167,170—172

馆藏　1926　5,8—11
　　　1927　13—19,21—22
　　　1928　23,25—26,28—29,31—33
　　　1929　34—37,39—42
　　　1930　43—45,47—48,50—53
　　　1931　54—64
　　　1932　65—72
　　　1933　73—83
　　　1934　84—100
　　　1935　101—112
　　　1936　113—123;纪念册
　　　1937　124—130
　　　1940　158

46610
粮情简报
见"粮情旬报"

46610
粮情旬报
粮食部调查处　南京

1941.4—1948.12　1—329

本刊原名为"粮情简报",自90期起改名为
"粮情周报",自169期起改用本名,期数续
前。在重庆创刊,后迁南京出版。

总藏　（1194）　1—11,13—14,16—329

馆藏　1947　288—290

46610
粮情周报
见"粮情旬报"

44389
粮政季刊
粮食部督导处　南京

1943.4—1944.9　1—2:

1945.6—1948.3　新1—8

本刊原名为"粮政月刊"。2卷4期1944年9
月后曾停刊,1945年6月复刊,改用本名,期
数另起。1至2卷每卷出4期。原在重庆创

181

刊,后迁至南京出版。

总藏 （1193） 1—2：；新 1—8
馆藏 1947 新 4—6
　　　 1948 8

44389
粮政月刊
见"粮政季刊"

(旧参)**P562.6/LDD**
两广地质调查所年报
该所 广州
1927—1934 1—5：
总藏 （600） 1—5：
馆藏 1928 1：
　　　 1931 3：2

(旧参)**P618.132/HAM 等**
两广地质调查所特刊(不定期刊)
该所 广州
1929.［?］—1941.8 1—19
本刊部分馆藏号为第 13 期"(旧参)P542/
HAM"、第 14 期"(旧参)P562.7/HAM"。
总藏 （600） 1—15,17,19
馆藏 1931 8
　　　 1932 13
　　　 1933 14

45168
量才流通图书馆馆刊
见"量才月刊"

45168
量才月刊
量才流通图书馆 上海
1936.8—1937.7 1：
本刊原名为"量才流通图书馆馆刊",自 1 卷
11 期起改用本名。
总藏 （1105） 1：
馆藏 1937 1：11—12

liao

48008
辽宁建设月刊

辽宁省政府建设厅 沈阳
1929.8—10 1：1—3
1930.1—1931.4 新 1—2：2
本刊自 1930 年起改为季刊,卷期另起。
总藏 （357） 1：1—3；新 1—2：2
馆藏 1929 1：2

(旧参)**D683.5/LJG**
辽宁警官高等学校校刊
该校校刊部 ［沈阳］
1931.8 1
馆藏 1931 1

44814
辽宁省立图书馆馆刊(不定期刊)
该馆 沈阳
1930.9—1947.1 1；新 1
本刊自 1947 年 1 月起期数另起。
总藏 （357） 1；新 1
馆藏 1947 新 1

44823
辽宁省政府公报(双周刊)
该省政府秘书处 沈阳
1929—1931：
1946.6—1947.10 复 1—26
1948.7—10 新 1：1—7
本刊原为日刊,曾停刊,1946 年 6 月复刊,改
为双周刊,期数另起。自 1948 年 7 月起卷期
又另起。
总藏 （357） 1929：26—329；1930：1—361；
　　　 1931：1—340；复 1—25；新 1：
　　　 1—7
馆藏 1947 复 11,26

47568
辽西教育通讯(月刊)
省人民政府教育厅 辽西
1949.8—9 1—2
馆藏 1949 1—2

lin

44643
林产通讯(半月刊)

台湾省政府农村处　台北

1947.9—1948.12　1—4:

本刊每卷出 8 期。

总藏　(733)　1—4:

馆藏　1947　1:1—8

1948　2:2—8;3:1—5

46120

林钟(不定期刊)

音乐学院　上海

1939.6　1

总藏　(733)　1

馆藏　1939　1

47870 等

临时公报(日刊)

[中华民国临时政府]　北京

1912:2—5

本刊 1982 年 2 月由江苏人民出版社影印。影印本的馆藏号为"(线装)P11244""(线装)P11245"。

总藏　(876)　1912:2—5

馆藏　1912:2—4

影 1912:2—4

(线装)P11247 等

临时政府公报(日刊)

临时政府　南京

1912.1—4　1—58

本刊 1981 年 10 月由江苏人民出版社影印。部分馆藏号为"(线装)P11248"。

总藏　(876)　1—58

馆藏　影 1912　22—58

ling

46108

灵食季刊

灵食季刊社　北平

[1926.?]—1946.[9]　1—78

馆藏　1936　37—40

1941　59—60

1943　65—68

1946　77—78

46085

灵学要志(月刊)

悟善社　北京

1920.9—1922.5　1:1—12

馆藏　1920　1:1

1921　1:2,4—10

1922　1:11—12

47354

灵友(不定期刊)

神召会灵友社　北平

[19?]—1948.11　1:1—4

馆藏　1948　1:4

44760H

玲珑(周刊)

玲珑周刊社　上海

1931—1937　1—7:31

本刊 1 至 2 卷卷后期数为总期号。

总藏　(834)　1—2:80;3:1—3,5—45;4:

1—40;5—7:31

馆藏　1931　1:1—24,26—30,32—41

1932　1:42—43,45,47—50;2:51—80

1933　3:2,4—8,10—11,13,17—23,

25—26,28—36,38—40,42—

43,45

1934　4:1—17,19—23,25—40

1935　5:2—3,5,9,11,18,25,28—31,

34,37,39,47—48

1936　5:50

1937　7:9,11,13,15—16,18,22,27—28

46074H

玲珑画报(周刊)

玲珑画报馆　天津

1929.6—1930.4　1—41

本刊前身为"银幕舞台画报"。

馆藏　1929　1—27

1930　28—41

45488

铃铛

河北省立天津中学 天津

[1932]—1937 1—6

1945.11 复1

本刊在抗战期间曾停刊,1945年11月复刊,期数另起。

馆藏 1933 2

　　　 1934 3

　　　 1935 4

　　　 1936 5(上、下)

　　　 1937 6(上)

　　　 1945 复1

45296

岭南大学校报(周刊)

该校校长办公室 广州

1927.10—1929.7 1—9

1929.2—1938.1 新1—10:

1938.12—1941.1 新1—110

本刊原为月刊,自1929年起改为周刊,卷期另起。原在广州出版,1938年12月迁香港出版,卷期另起。

总藏 (795) 1—9;新1—3:30;4:1—4;5:1—3,11;6—10:2;新1—48,51—80,82—89,108—110

馆藏 1933 新6:3

　　　 1936 8:16,20;9:1—8

　　　 1937 9:9—15,17—19

liu

45506

留东学报(月刊)

留东学会 [日本]东京

1935.7—1937.5 1—3:5

本刊1至2卷每卷出6期。

总藏 (967) 1—3:5

馆藏 1936 2:3

　　　 1937 3:2

(旧参)**G680.6/LXH**

留美学生季报

见"留美学生年报"

(旧参)**G680.6/LXH**

留美学生年报

留美中国学生会 上海

1911.7—1914.1 1—3

1914.3—1928.6 新1—13:2

本刊自1914年3月起改名为"留美学生季报",卷期另起。

总藏 (968) 1—3;新1—2:;3:1,4;4—9:2;11—13:2

馆藏 1911 1

47351

留日东京高等工业学校同窗会会志(年刊)

该会 [日本]东京

1920.4—1926.12 1—6

总藏 (967) 2

馆藏 1924 4

　　　 1926 6

45507

留英学报(月刊)

留英学报社 上海

1927.10—1930.12 1—6

总藏 (968) 1—6

馆藏 1929 3—4

47704

流沙(半月刊)

创造社出版部 上海

1928.3—5 1—6

本刊收入《中国现代文学史资料丛书(乙种)》,1961年3月由上海文艺出版社影印。

总藏 (903) 1—6

馆藏 影1928 1—6

44211

流萤(月刊)

中国大学英文学会 北平

1930.3—11 1—4

总藏 (903) 1—4

馆藏 1930 1

44066

六艺(月刊)

六艺社　上海
1936.2—4　1:1—3
总藏　（109）　1:1—3
馆藏　1936　1:2

44065
六艺(月刊)
六艺新文艺社　上海
1945.2—1946.4　1:1—6
总藏　（109）　1:1—6
馆藏　1945　1:1—4
　　　1946　1:5—6

long

48020
龙凤(月刊)
龙凤月刊社　福建永安
1945.4—9　1—3
总藏　（309）　1—3
馆藏　1945　2

lu

47124
芦盐周报
长芦盐运使署周报编辑处　天津
1933.2—1934.6　1—60
馆藏　1933　1—39
　　　1934　40—58,60

47806
鲁东月刊
鲁东月刊社　烟台
1938.5—1939.1　1—2:9
本刊卷后期数为总期号。
总藏　（1245）　1—2:9
馆藏　1938　1:1,3

45497
鲁论(月刊)
鲁论社　济南
[19?]—1937.9　1—2:8
总藏　（1245）　2:1—8

馆藏　1937　2:2—6

45353
鲁迅风(半月刊)
中国文化服务社　上海
1939.1—9　1—19
本刊原为周刊,自13期起改为半月刊。1982年由上海书店影印。
总藏　（1245）　1—19
馆藏　1939　1—19
　　　影1939　1—19

46875
鲁迅文艺月刊
鲁迅文艺社　天津
1946.2—6　1:1—3
总藏　（1245）　1:1—-3
馆藏　1946　1:1

44722
陆大月刊
陆大月刊社　重庆
1929.10—1930.2　1—19
1935.1—1937.7　新1—3:7;附录1—2
本刊原名为"陆大周刊",在北平出版,1935年1月迁至南京出版,改用本名,卷期另起。
总藏　（626）　1,6,14—16,19;新1—3:7;附录
　　　　　　　1—2
馆藏　1935　新1:1—12
　　　1936　2:1—12
　　　1937　3:1—7;附录1—2

44722
陆大周刊
见"陆大月刊"

47732
陆军第一五一师三十周年纪念特刊
该师　[河北]
1947.2　1
馆藏　1947　1

46528
陆军学会军事月报

该会总务处　北京

1912—1914　1—9

总藏　（822）　1—9

馆藏　1912　1—2

1913　3,5

45815

陆军整编六十二师周年纪念特刊

陆军第二军司令部　天津

1947.7　1

馆藏　1947　1

46992

路面

交通部乐西公路工程处工程事务所　四川
乐山

1941.6—8　1—11

总藏　（1111）　1—11

馆藏　1941　1—10

45512

潞潮(季刊)

省立通县女子师范学校学生自治会　河北

1934.6　1

馆藏　1934　1

lü

46493

旅津广东学校廿六周年校庆专刊

广东学校四九校庆筹委会　天津

1948.4　专刊

馆藏　1948　专刊

44236

旅行杂志(月刊)

中国旅行社　上海

1927.3—1954.7　1—28:7

本刊原为季刊,自3卷1929年起改为月刊。
在上海创刊,自16卷7期1942年起迁桂林,
自18卷4期1944年迁重庆,自20卷1946年
起又迁回上海出版。自1955年起改名为"旅
行家"。

总藏　（932）　1—23:

馆藏　1927　1:1—4

1928　2:1—4

1929　3:1—12

1930　4:1—12

1931　5:1—12

1932　6:1—6

1933　7:1—12

1934　8:1—12

1935　9:1—12

1936　10:1—12

1937　11:1—12

1938　12:1—12

1939　13:1—12

1940　14:1—12

1941　15:1—12

1942　16:1—12

1945　19:7

1946　20:1—12

1947　21:1—12

1948　22:1—12

1949　23:5—8,10

45485

绿藁(月刊)

绿藁美术会　天津

1937.1—6　1—6

总藏　（1233）　2—6

馆藏　1937　1—5

46263

绿洲(月刊)

绿洲月刊社　北平

1936.4—6　1:1—3

总藏　（1233）　1:1—3

馆藏　1936　1:2

lun

47004

轮机月刊

轮机月刊社　上海

1947.1—1949.4　1—3:4

总藏　（1241）　1—3:4

馆藏　1948　2：10—11

44369

论语(半月刊)

论语半月刊社　上海

1932.9—1949.5　1—177

本刊117期1937年8月后曾停刊,1946年12月复刊,期数续前。

总藏　(1239)　1—177

馆藏　1932　1—7

　　　1933　8—31

　　　1934　32—55

　　　1935　56—72

　　　1936　85—88,91—102

　　　1937　103—115

　　　1946　118—119

　　　1947　120—130,134—135,137,141—143

　　　1948　144,149—166

44371

论纸老虎

文丛出版社　香港

[19?]—1947.5　1—6

总藏　(1239)　6

馆藏　1947　6

luo

45190

罗素月刊

商务印书馆　上海

1921.1—10　1—4

总藏　(757)　1—4

馆藏　1921　1,3

47365

骆驼(周刊)

骆驼周刊社　北平

1928.9　1

本刊为"朝报"副刊。

馆藏　1928　1

46587

骆驼文丛(月刊)

骆驼文丛社　北平

1946　1—4

1947.8—12　新1：1—4

本刊原在西安出版,自1947年8月起迁北平出版,卷期另起。

总藏　(1247)　4;新1：1—4

馆藏　1947　新1：2

M

ma

45354

蚂蚁小集(不定期刊)

蚂蚁社　上海

1948.3—1949.7　1—7

本刊曾在成都出版,自7期1949年7月起迁上海出版。

馆藏　1948　1—7

mai

46591

麦克风(五日刊)

麦克风社　北平

1946.11—1947.11　复1—56

本刊1946年11月出复刊革新第1号,此前情况不详。

馆藏　1946　复1—9,

　　　1947　10—18,20—22,24—29,31—37,39—45,51,54—56

man

45511

满州映画(月刊)

满州映画社　[长春]

[19?]—1940.5　1—4：5

馆藏　1938　2：3

　　　1940　4：2,4—5

47402

漫画和生活(月刊)

漫画和生活社　上海

1935.11—1936.2　1—4

总藏　（1216）　1—2,4

馆藏　1936　3

46293

漫画界(月刊)

漫画建设社　上海

1936.4—12　1—8

总藏　（1216）　1—8

馆藏　1936　1—6,8

47668

漫画生活(月刊)

美术生活杂志社　上海

1934.9—1935.9　1—13

总藏　（1215）　1—13

馆藏　1935　9

46681

漫画之友(半月刊)

漫画之友社　上海

1937.3—5　1—4

总藏　（1215）　1—4

馆藏　1937　1

mang

45323

芒种(半月刊)

芒种社　上海

1935.3—10　1—2:1

本刊第1卷出10期。

总藏　（507）　1—2:1

馆藏　1935　1:1—10;2:1

45592

莽原(半月刊)

未名社　北京

1926.1—1927.12　1—2:

本刊1983年由上海书店影印。

总藏　（941）　1—2:

馆藏　1926　1:1—24

　　　　1927　2:1—24

　　影 1926　1:1—24

　　　　1927　2:1—24

mao

45228

毛革杂志(月刊)

毛革改良会　北京

1920.9—1921.12　1—4

总藏　（265）　1—4

馆藏　1920　1

　　　　1921　2—3

44565

矛盾(月刊)

矛盾出版社　上海

1932.4—1934.[6]　1—3:4

总藏　（356）　1—3:4

馆藏　1934　3:2

45459

贸易月刊

贸易月刊编审委员会　北平

1948.[7]—1949.9　1—2:9

馆藏　1948　1:4

　　　　1949　2:专号,9

mei

47751H

玫瑰画报

玫瑰画报社　天津

1936.2—1937.7　1—144

总藏　（706）　1—25,27—72,74—85,87—

　　　　　　　115,117—122,124—140,142—

　　　　　　　144

馆藏　1936　1—88

　　　　1937　89—100,103,106—107,109—

　　　　　　　112,114—115,118—123,125,

　　　　　　　130—134,138

46737H

每月画报

合众出版社　上海

1937.1—4　1—4

总藏　（654）　1—2,4

馆藏　1937　1

45366H

每月科学

见"每月科学画报"

45366H

每月科学画报

每月科学画报社　天津

1941.5—1945.11　1—4:8

1945.1—7　新1:1—7

本刊原名为"每月科学"，自3卷1943年1月起改用本名。自1945年1月起卷期另起。第1卷共出8期。

总藏　（654）　1—3:;4:1,8;新1:1—7

馆藏　1941　1:1—8

　　　　1942　2:1—12

　　　　1943　3:1—12

　　　　1944　4:1

　　　　1945　4:8;新1:1—6

45367

每月小品

春野出版社　上海

1935.7　1:1

总藏　（654）　1:1

馆藏　1935　1:1

47891

每周评论

每周评论社　北京

1918.12—1919.8　1—37

本刊1954年12月由人民出版社影印。

总藏　（655）　1—37

馆藏　影1918　1—2

　　　　1919　3—37

45365

每周评论

每周评论社　北平

1933.1—1934.5　1—59

1946—1947　新1—2:6

本刊原名为"三日评论"，在南京创刊，自31期起改用本名，并迁至北平出版。抗战期间曾停刊，胜利后复刊，卷期另起。

总藏　（655）　9—59;新1:3,6,8;2:1—6

馆藏　1933　37—38

　　　　1934　39—59

45364

每周评论

西北论衡社　北平

1946.9—1947.3　1—2:

本刊每卷出12期。

总藏　（655）　1—2:

馆藏　1946　1:1—4,6—12

　　　　1947　2:1—4

(旧参)E87/GXD

每周新闻情报

国防部新闻局第二处　[南京]

1947.[？]—10　1—21

馆藏　1947　4,11,13,18—21

44358

美禁华工拒约报

城西高基进取学校　广州

[19?]—1905.10　1—8

本刊又名为"广州旬报"，1962年7月由广州市博物馆影印。

馆藏　影1905　8

45856H

美丽画报(周刊)

美丽画报社　天津

1946.10—1948.11　1—110

总藏　（826）　10—49,54—56,63—64,68—69,73,75

馆藏　1946　1,6

　　　　1947　43—44

　　　　1948　74,76,79,85—87,89—92,97,99—101,103—107,110

46713H

美美画报(周刊)

美美画报社　北平

1928.8　1

馆藏　1928　1

47199

美术

美术专门学校美术杂志社　上海

[19?]—1922.5　1—3:2

馆藏　1922　3:2

46675

美术

市立美术馆　天津

1937.7　1

总藏　(825)　1

馆藏　1937　1

44205

美术丛刊(不定期刊)

美术馆　天津

1931.10—1934.1　1—3

总藏　(826)　1—3

馆藏　1931　1

　　　　1932　2

　　　　1934　3

46185H

美术生活(月刊)

美术生活杂志社　上海

1934.4—1937.9　1—42

总藏　(826)　1—42

馆藏　1934　1—9

　　　　1935　10—21

　　　　1936　22—33

　　　　1937　34—40

46836

美星电影(半月刊)

[美星电影社]　北平

1947.[?]—9　1—4

馆藏　1947　4

meng

46053

萌芽月刊

萌芽社　上海

1930.1—5　1:1—5

总藏　(1037)　1:1—5

馆藏　1930　1:1—5

44441

蒙古旬刊

各盟旗联合驻京办事处　南京

1930.10—1936.[?]　1—122

总藏　(1195)　1—50,54—60,90—95,111—
　　　　　　　115,118—122

馆藏　1930　9

45187

蒙学报(周刊)

时务日报馆　上海

1897—1899　1—72

总藏　(1196)　1—72

馆藏　1897　1—6

　　　　1898　7—39

45185

蒙藏月报

蒙藏委员会　南京

1934.4—1948.11　1—20:11

本刊抗战期间迁至重庆出版,抗战胜利后迁
回南京出版。

总藏　(1196)　1—7:3;8—10:3;11—12:5;
　　　　　　　13—17:;18:9—12;19—20:11

馆藏　1947　19:4—12

　　　　1948　20:1

45594

梦碧月刊

梦碧吟社　天津

1947.[?]—8　1—4

馆藏　1947　4

45455

秘闻丛刊(月刊)

三人出版社　上海

1948.9—11　1—2

总藏　（962）　1—2

馆藏　1948　1—2

47782

蜜丝(半月刊)

蜜丝杂志社　天津

[19?]—1930.8　1:1—6

馆藏　1930　1:6

47128

棉纺会讯(半月刊)

苏浙皖京沪区棉纺织工业同业公会　上海

1948.8—10　1:1—10

总藏　（1099）　1:1—10

馆藏　1948　1:1—2

47656

棉业季刊

华新纺织有限公司青岛厂　青岛

1923　1:1—2

馆藏　1923　1:2

44786

棉业月刊

棉业统制委员会　南京

1937.1—7　1:1—7

总藏　（1098）　1:1—7

馆藏　1937　1:1—6

（线装）**P8423**

勉仁文学院院刊

该院　重庆北碚

1949.5　1

总藏　（896）　1

馆藏　1949　1

45800

民报(月刊)

民报编辑部　[日本]东京

1905.10—1910.2　1—26;增刊

本刊1957年由北京科学出版社影印。

总藏　（338）　1—26;增刊

馆藏　影1905　1—2

　　　1906　3—10

　　　1907　11—18;增刊

　　　1908　19—24

　　　1910　25—26

44007

民大导报

见"广东国民大学导报"

47542

民大高中自治会月刊

广东国民大学高中部学生自治会　广州

1933.5　1:1

馆藏　1933　1:1

44531

民大校刊(周刊)

该校出版委员会　广州

1930.11—1938.6　1—26:11

1939.11—1941.1　复1—21

本刊又名"广东国民大学校刊"。原以期计,
自1932年12月起改以年度计卷期,民国21
年度即21卷。曾停刊,1939年11月复刊,期
数另起。

总藏　（19）　1—17,20;21:1—18;22:1—23;
　　　　　　　23:1—25;24:1—5;26:8—11;
　　　　　　　复1—15,21

馆藏　1934　22:18—23;23:1—16

47174

民大月刊

民国大学月刊编辑部　北京

1925.1—1926.1　1—11

1928.4—5　新1—3

本刊自 1928 年 4 月起期数另起。

总藏 （339） 1—11；新 1—3

馆藏 1925 2

46858

民德女中（季刊）

民德女中出版委员会 天津

1936—1937 创刊号；1

馆藏 1937 创刊号；1

46150

民德体育

私立民德中学校学生出版委员会 天津

1936.6 专刊

馆藏 1936 专刊

44545

民德月刊

私立民德中学校学生出版委员会 天津

[193？]—1937.5 1—9

本刊原为季刊,自 8 期起改为月刊,期数续前。

馆藏 1937 3,8—9

44542

民铎杂志（月刊）

学术研究会 上海

1916.6—1931.1 1—11：1

本刊原为季刊,自 2 卷起改为月刊,10 卷起改为双月刊。在日本东京创刊,自 2 卷 1920 年起迁上海出版。第 1 卷出 7 期,2 至 10 卷每卷出 5 期。

总藏 （349） 1—11：1

馆藏 1921 3：1

1923 5：4

1926 8：3

46856

民间（周刊）

民间周报社 河北庆云

1930.2—4 1：1—4

馆藏 1930 1：1—2,4

44518

民间（周刊）

民间周刊社 上海

1931.5—1932.1 1：1—25

总藏 （345） 1：1—25

馆藏 1931 1：8—15,17—23

1932 1：24—25

44519

民间（半月刊）

民间社 北平

1934.5—1937.7 1—4：6

总藏 （345） 1—4：6

馆藏 1934 1：1—16

1935 1：17—24；2：1—16

1936 2：17—24；3：1—16

1937 3：17—24；4：1—6

46940

民间月刊

中国民俗学会 杭州

1931.6—1937.［？］ 1—3：

总藏 （345） 1—3：

馆藏 1932 2：1

44528

民教（月刊）

社教编审会 天津

1938.11—1942.12 1—5：3

馆藏 1938 1：1—2

1939 1：3—11

1940 1：12；2：1—10

1941 2：11—12；3：1—5；4：1—6

1942 5：1—3

45556

民立旬刊

民立中学 上海

1936.［？］—1937.1 1—19

馆藏 1936 12—17

1937 18—19

44527

民民民（月刊）

民民民月刊编辑部 青岛

1944.［2］—9 1—7

馆藏 1944 3,6—7

46611
民鸣
见"民鸣杂志"

44540
民鸣(周刊)
民鸣周刊社 上海
1934.6—1937.7 1—4:3
本刊前身为"民鸣杂志"月刊。
总藏 (348) 1—2:42;3:1—10;4:1—3
馆藏 1936 2:40—41;3:1,5—9
1937 3:10

44541
民鸣月刊
民鸣月刊社 天津
1936.10—1939.5 1—28
本刊自 13 期 1937 年 10 月起改名为"民治月刊",期数续前。
总藏 (338) 1—28
馆藏 1937 7,10

46611
民鸣杂志(月刊)
学术研究会总会 南京
1929.5—1932.8 1—4:3
1933:8
本刊原名为"民鸣"月刊,自 3 卷 3 期 1931 年起改用本名,卷期续前。4 卷 3 期 1932 年 8 月后曾停刊,1933 年 8 月复刊,改以年计期。1934 年 6 月改名为"民鸣"周刊,卷期另起。
总藏 (348) 1—4:3;1933:8
馆藏 1931 3:5—6

44520
民生(旬刊)
民生报社 〔长春〕
1942.〔?〕—1943.1 1—2:1
馆藏 1942 1:17—31
1943 2:1

47112
民生(旬刊)
民生旬刊社 天津
1928.10—11 1:1—3
总藏 (330) 1:1
馆藏 1928 1:3

46535
民生教育(月刊)
中国民生教育学会 上海
1937.5—1939.9 1:1—4
本刊在上海创刊,抗战期间迁重庆出版。
总藏 (330) 1:1—4
馆藏 1937 1:1

47081
民生医药(月刊)
民生医药月刊社 杭州
1934.8—1948.12 1—148
本刊自 38 期 1937 年起迁至上海出版。
总藏 (330) 1—148
馆藏 1935 10

44523
民声(周刊)
民声出版社 上海
1945.11—1946.3 1—2:6
1946.10—1948.10 新 1—4:3
本刊原在南京出版,自 1946 年 10 月起迁至上海出版,卷期另起。
总藏 (337) 1—2:6;新 1:1—7;2:1—3,8;
3:1—3;4:1—3
馆藏 1948 新 4:1

44522
民声(月刊)
民声月报社 北京
1940.6—11 1:1—6
馆藏 1940 1:1—3,5—6

44521
民声周报
民声周报社 北平
1933.11—1934.6 1—2:4

本刊第 1 卷出 10 期。

总藏　(338)　1—2:4

馆藏　1933　1:1

　　　　1934　1:7,9—10;2:1,3—4,7

46806

民俗(周刊)

国立中山大学语言历史学研究所民俗学会

广州

1928.3—1933.6　1—123

1936.9—1943.[?]　复1—2:

本刊前身为"民间文艺"周刊。123 期 1933 年

6 月后曾停刊,1936 年 9 月复刊,改为双月刊,

卷期另起。1 至 2 卷每卷出 4 期。

总藏　(340)　1—123;复1—2:

馆藏　1928　15—24,27—33,36

　　　　1929　69—70

　　　　1933　115

46816

民宪(半月刊)

民宪半月刊社　重庆

1944.5—1945.8　1—2:3

总藏　(340)　1—2:3

馆藏　1944　1:1,4

　　　　1945　2:2—3

44524

民心(半月刊)

张一军发行　[不详]

[193?]—1939.6　1—38

馆藏　1938　8—10,12—22

　　　　1939　27,34—38

47666

民心(月刊)

警醒社　福州

1911.2—7　1—6

总藏　(325)　1—6

馆藏　1911　4

44525

民心周报

民心周刊社　上海

1919.12—1922.1　1—3:8

总藏　(325)　1—3:8

馆藏　1919　1:1,3

　　　　1920　1:7—13,15—17,24,29,33,38,

　　　　　　　45;2:1—2,4

　　　　1921　2:6—16,18—21

44539

民言(半月刊)

民言出版社　天津

1946.1—4　1:1—6

总藏　(337)　1:1—6

馆藏　1946　1:1—6

46075H

民言星期三画报(周刊)

民言社　北平

1929.10—1930.9　1—48;特刊

总藏　(337)　1—48

馆藏　1929　9—11

　　　　1930　12—47;特刊

46870

民岩(月刊)

甘肃民岩社　兰州

1932.12—1933.2　1—2

总藏　(339)　1—2

馆藏　1932　1

　　　　1933　2

45669

民意(周刊)

民意周刊社　汉口

1937.12—1941.8　1—190

本刊自 37 期 1938 年 9 月迁重庆出版。

总藏　(347)　1—190

馆藏　1938　24

44530

民用航空(月刊)

民用航空局　南京

1947.12—1948.8　1—9

总藏　(331)　1—9

馆藏　1947　1

天津图书馆新编历史文献目录五种

1948   2—8

47205

民友(周刊)

民友社   上海

1931.4—7   1—2:5

本刊第 1 卷出 12 期。

总藏   （326）   1—2:5

馆藏   1931   1:4,12

44541

民治月刊

见"民鸣月刊"

44526

民治周刊

民治周刊社   天津

1947.2—1948.11   1—4:9

总藏   （338）   1—4:8

馆藏   1947   1:3

            1948   4:1—9

47207

民智月报

中华民智月报社   无锡

1932.[1]—1937.1   1—6:1

总藏   （346）   1:3—4,7—12;2—5:9;6:1

馆藏   1933   2:6

44543

民钟(月刊)

民钟社   广东新会

1922.[?]—1927.7   1—2:7

本刊原在上海出版,自 2 卷起迁至广东新会出版,原为不定期刊,自 2 卷起改为月刊。

总藏   （346）   1:1—10,12—16;2:1—7

馆藏   1922   1:1

            1923   1:5

            1925   1:10,13

            1926   1:15

            1927   2:3

44544

民钟季刊

国民大学文法学院学术研究社   广东

1935.3—1937.3   1—3:1

总藏   （346）   1—3:1

馆藏   1935   1:1—4

45937

民众

中国国民党广西省党务指导委员会宣传部   广西

[19?]—1928.8   1—2

馆藏   1928   2

44538

民众半月刊

河北省立保定民众教育馆   保定

1932—1934   1—64

1934—1935   新 1—36

[1935.?]—1936.7   新 1—2:9

本刊原名为"民众旬报",1935 年改为半月刊,卷期另起。

总藏   （332）   1—64;新 2,4—36;新 2:2—9

馆藏   1936   新 2:5—9

46286

民众半月刊

中国国民党天津特别市党务整理委员会民众训练委员会   天津

[19?]—1930.2   1—4:12

本刊原名为"民众旬刊",1930 年改为半月刊,卷期续前。

馆藏   1929   2:5;3:7—8

            1930   4:10,12

44536

民众丛书(月刊)

市立民众教育馆   天津

1933.7—1935.7   1—27

总藏   （334）   1—14,16—24

馆藏   1933   1—6

            1934   7—18

            1935   19—27

46683

民众教育

见"山东民众教育月刊"

45968
民众教育季刊
江苏省立民众教育馆　南京
1932.7—1935.[？]　1—4：
总藏　(336)　1—2：;4:1—2,4
馆藏　1932　1:1—2
　　　　1933　1:3

47229
民众教育月刊
江苏省立南京民众教育馆　南京
1928.11—1931.12　1—3：
总藏　(335)　1—3：
馆藏　1931　3:11—12

45859
民众生活(旬刊)
民众学会　上海
1930.5—1931.6　1：
总藏　(334)　1：
馆藏　1930　1:1—17,22
　　　　1931　1:24—28,30—33,35—36

44537
民众先锋(月刊)
省立蒲圻民众教育馆　湖北
1935.5—1936.4　1—2：
本刊每卷出6期。
总藏　(334)　1：;2:1—3,5—6
馆藏　1935　2:1

46604
民众先锋(不定期刊)
民众先锋社　上海
1929.1—2　1—5
本刊前身为"革命评论"。
总藏　(334)　1—5
馆藏　1929　4

46280
民众新报
国立北洋大学民众新报社　天津

1937　1—3
总藏　(337)　2—3
馆藏　1937　2—3

44538
民众旬报
见"民众半月刊"

46286
民众旬刊
见"民众半月刊"

46910
民众旬刊
见"民众月刊"

47188
民众医报(月刊)
民众医报社　广州
1930.8—1931.7　1—15
总藏　(335)　1—15
馆藏　1930　新4

46910
民众月刊
察哈尔省立民众教育馆　张家口
1931　1—6
1936.9—1937.4　新1—8
本刊原名为"民众旬刊",由察哈尔省立通俗
教育讲演所编,1936年改为月刊,由察哈尔省
立民众教育馆编。
总藏　(331)　1—6;新1—8
馆藏　1936　新4
　　　　1937　6—7

46873
民众运动月刊
民众运动月刊社　南京
1932.8—1933.1　1：
总藏　(334)　1：
馆藏　1933　1:6

45075
民众周报
通俗读物编刊社　北平

1936.10—1937.5 1—3:7

总藏 （333） 1—3:7

馆藏 1937 3:1

46315

民众周报

河南省立民众教育馆 开封

1931—1933 1—2:45

总藏 （333） 1:25—36,38,41—52;2:1—
33,35—45

馆藏 1933 2:43—44

44535

民众周报

见"民众周刊"

44535

民众周刊

国立社会教育学院民众读物社 苏州

1947.5—1948.9 1—2:14

本刊原名为"民众周报",自 1 卷 2 期起改用
本名,2 卷 1 期起改为双周刊,卷期续前。第 1
卷出 30 期。

总藏 （331） 1—2:14

馆藏 1947 1:10—11,19—20

44547

民主(周刊)

民主周刊社 上海

1945.10—1946.10 1—54

总藏 （327） 1—54

馆藏 1945 1—12
1946 13—54

46808

民主(周刊)

民主周刊社 ［不详］

［19？］—1930.2 1—18

馆藏 1930 18

45834

民主半月刊

民主半月刊社 北平

1946.1—12 1—15

1947.1—3 新 1—4

本刊原名为"民主周刊",自 1947 年 1 月起改
用本名,期数另起。

总藏 （326） 1—15;新 1—4

馆藏 1946 1—2,4—6,9,11—12,15
1947 新 2—3

46954

民主论坛(周刊)

民主论坛社 上海

1947.5—11 1—2:

总藏 （329） 1—2:

馆藏 1947 1:5

44534

民主青年(半月刊)

民主青年社 北平

1945.12—1946.6 1—2:3

本刊在重庆创刊,后迁北平出版。

总藏 （329） 1:1—6;2:1—3

馆藏 1946 1:5—6;2:1—3

45670

民主生活(周刊)

民主生活社 重庆

1946.1—4 1—12

总藏 （328） 1—12

馆藏 1946 1—3

45762

民主时代(半月刊)

民主时代出版社 香港

1949.6—7 1—4

总藏 （329） 1—4

馆藏 1949 3—4

44533

民主时代(月刊)

民主时代出版社 广州

1947.10—1948.6 1—2:3

总藏 （329） 1—2:3

馆藏 1947 1:2—3
1948 1:4—6

47198

民主与科学(月刊)

民主与科学杂志社　重庆

1945.1—12　1：

总藏　(328)　1：

馆藏　1945　1：4

46956

民主与统一(旬刊)

民主与统一旬刊社　上海

1946.5—1947.5　1—36

总藏　(328)　1—36

馆藏　1946　23

44532

民主周刊

民主周刊社　昆明

1944.12—1946.8　1—3：19

总藏　(327)　1—2：；3：1—17,19

馆藏　1945　1：9,22—24,26；2：4,6—10,12,

　　　　　　　15—17,19—20

　　　　1946　2：22—23,25；3：7,19

45834

民主周刊

见"民主半月刊"

44548

民族(月刊)

民族杂志社　上海

1933.1—1937.8　1—5：8

总藏　(341)　1—5：8

馆藏　1933　1：1—12

　　　　1934　2：1—12

　　　　1935　3：1,7

　　　　1937　5：1—7

46630

民族魂(旬刊)

民族魂旬刊社　上海

1934.[？]—8　1：1—3

馆藏　1934　1：3

（旧参）C08—53/ZWJ

民族学研究集刊(不定期刊)

中山文化教育馆研究部民族问题研究室

上海

本刊在上海创刊,2 期迁至长沙出版,自 3 期

起迁至重庆出版。

1936.5—1948.8　1—6

总藏　(342)　1—6

馆藏　1936　1

45865

民族与社会月刊

见"社会主义月刊"

47836

民族正气(月刊)

民族正气编委会　江西铅山

1943.7—1946.1　1—5：1

总藏　(342)　1—5：1

馆藏　1943　1：4

47080

闽茶(月刊)

福建省农林公司茶叶部　福州

1940.10—1941.1　1—2

1945.11—1947.7　新 1—2：3

本刊原名为"闽茶季刊",曾停刊,1945 年 11

月复刊,改用本名,并改为月刊,卷期另起。

新 1 卷出 10 期。

总藏　(1223)　1—2；新 1—2：3

馆藏　1947　新 2：1

47080

闽茶季刊

见"闽茶"

45509

闽政月刊

福建省政府秘书处　福州

1937.3—1941.12　1—9：；附刊

本刊第 1 卷出 12 期,2 至 6 卷,8 至 9 卷每卷

出 6 期,7 卷出 4 期。

总藏　(1223)　1—9：

馆藏　1937　1：2—3

1939　附刊

ming

45050

名著选译(月刊)

艺文书局　上海

1939.4—1948.[3]　1—36

本刊抗战期间曾停刊,抗战胜利后复刊,期数续前。

总藏　(530)　1—36

馆藏　1939　6—7

　　　1940　11,15

　　　1945　17

　　　1946　24

　　　[1947]　32

　　　1948　35

45653

明报画刊

见"纪事报每周增刊"

47001

明耻(月刊)

中央陆军军官学校特别训练班　[不详]

[19?]—1937.3　1—3:1

馆藏　1937　3:1

45048

明德报

回教联合会　天津

1924.11—1925.3　1—2

馆藏　1924　1

　　　1925　2

45046

明德月刊

回教联合会　天津

1924.5—1927.[?]　1—11

总藏　(757)　9—11

馆藏　1924　1—3

　　　1925　4—8

　　　1926　9—10

47479

明经说

明经学会　[不详]

[19?]　1—14

馆藏　[19?]　8,13—14

45944

明星(半月刊)

明星影片公司　上海

1933.5—1935.1　1—2:

1935.4—1937.7　新1—8:

本刊原为月刊,后改为半月刊。自1935年4月起,卷期另起。1至2卷,新1至8卷,每卷出6期。

总藏　(756)　1—2:;新1—8:

馆藏　1933　1:1—4;2:1

　　　1935　新1:3—6;2:1—2;3:4—5

　　　1936　3:6;4:1,3—6;5:1—6;6:1,3—6;7:4—5

　　　1937　8:2—5

46397H

明星画报(周刊)

明星画报社　天津

1947.[?]—8　1—16

馆藏　1947　9,16

46397H

明星画报(月刊)

影艺出版公司　上海

[194?]—1943.8　1—5

馆藏　1943　5

45758

明星特刊

明星影片公司　上海

1925.5—1928.1　1—29

总藏　(757)　1—29

馆藏　1925　1

mo

45877

摩登周报

摩登周报社　上海

1932.［11］—1933.1　1:1—9

馆藏　1932　1:2—3

　　　　1933　1:9

46738

摩洛月刊

摩洛社　上海

1929.1—［？］　1:1—2

总藏　（1240）　1:2

馆藏　1929　1:1

mu

46904

木铎（半月刊）

木铎杂志社　天津

1936.9—1937.7　1:1—19

总藏　（162）　1:1—19

馆藏　1937　1:11,13—14

44489

木铎（月刊）

木铎社　南京

1948.10—11　1:1—2

总藏　（162）　1:1—2

馆藏　1948　1:1—2

46036

木刻艺术（月刊）

中华全国木刻协会　上海

1941.9—1943.12　1—2

1946.8—9　复1—2

本刊在浙江丽水创刊,由木刻艺术社编。2 期
迁至重庆,改由中国木刻研究会编。后曾停
刊,1946 年 8 月在上海复刊,由中华全国木刻
协会编,期数另起。

总藏　（162）　1—2;复1—2

馆藏　1946　复1

47690

穆音（月刊）

穆音月刊社　湖南常德

［1933.1］—1934.11　1—2:6

总藏　（1253）　1:6

馆藏　1933　1:3

　　　　1934　2:1—6

N

nan

（线装）**P20754**

南报（月刊）

南报社　桂林

1910.8—11　1—3

总藏　（853）　1—3

馆藏　1910　1

45878

南北（三日刊）

南北杂志社　北平

1945.10　创刊号

1946.6—7　复1—2:5

本刊 1945 年 10 月出创刊号后停刊,1946 年 6
月复刊,卷期另起。

馆藏　1946　复1:1,3,5;2:5

45933

南北（周刊）

南北报社　北平

1946.12—1947.3　1—12

1947.12　复1

本刊又名"南北画刊"。曾停刊,1947 年 12 月
复刊,期数另起。

馆藏　1946　1—3

　　　　1947　4—12;复1

45933

南北画刊

见"南北"

44667

南大半月刊

南开大学出版社　天津

1933.4—1936.4　1—28

本刊前身为"南开大学周刊"。

总藏　（849）　1—24,26—28
馆藏　1933　1—9
　　　　1934　10—15,17—18
　　　　1935　21—24
　　　　1936　28

45884

南大副刊（周刊）

南开大学出版社　天津

1932.3—1936.〔4〕　1—69

本刊原名为"南大周刊副刊",后改用本名。

总藏　（848）　1—23,27—28,30,32—44,
　　　　　　　　46—61,65—69
馆藏　1932　1—5,7—10,16—17
　　　　1933　21,34—35
　　　　1934　41,43

46454

南大教育（半年刊）

岭南大学教育学会　广州

1935.〔?〕—1937.4　1—4

1947.11—1948.12　复1—3

本刊原为半年刊,自4期1937年4月起改为
年刊后曾停刊,1947年11月复刊,改回半年
刊,期数另起。

总藏　（848）　1—4;复1—3
馆藏　1948　复2

47037

南大经济（半年刊）

岭南大学商学会　广州

1932.1—1935.6　1—4:2

1948.6　复1

本刊4卷2期1935年6月后曾停刊,1948年6月
复刊,改由岭南大学经济学会编,期数另起。

总藏　（848）　1—4:;复1
馆藏　1933　2:2

44667

南大周刊

见"南开大学周刊"

45884

南大周刊副刊

见"南大副刊"

44677

南风（旬刊）

南风旬刊社　广州

1932.3—1933.3　1—2:18

总藏　（852）　1:10,18;2:1—18
馆藏　1933　2:9—15,17—18

44676

南风（半月刊）

岭南大学南风社　广州

1920.4—1940.6　1—16:1

1948.10—1950.1　新1—3:4

本刊原为月刊,后改为半月刊。1940年曾停
刊,1948年10月复刊,卷期另起。

总藏　（851）　1:1—4;2:1—4;3:1—4;4:1;
　　　　　　　5—12:;13:1;14:1;16:1;新
　　　　　　　1:1—2;2:1,3—6;3:3—4
馆藏　1932　6:1
　　　　1933　7:1;8:1;9:1
　　　　1934　10:1
　　　　1935　11:1
　　　　1936　12:2—5
　　　　1948　新1:2

47474

南海县政季报

该县政府编辑处　广州

1929.12—1932.12　1—12

总藏　（860）　1—12
馆藏　1930　5

（线装）**P10915**

南华（月刊）

南华社　广州

1937.1—4　1:1—4

总藏　（853）　1:1—4
馆藏　1937　1:4

46505

南华文艺

未央书店　上海

〔193?〕—1932.4　1:1—8

馆藏 1932 1:7—8

44681

南金(月刊)

南金杂志社 天津

1927.8—1928.8 1—10

总藏 (857) 1—10

馆藏 1927 1—5

1928 6—9

46634

南京青年(月刊)

基督教青年会 南京

[1919.?]—1920.1 1—9

馆藏 1920 9

44208

南京市政府公报

见"首都市政公报"

(旧参)**R199.2/NZW**

南京市政府卫生局年刊

该局 南京

1930

总藏 (854) 1930

馆藏 1930

44682

南京市政公报

市政府秘书处 南京

[19?]—1940.7 1—52

馆藏 1940 52

44208

南京特别市市政公报

见"首都市政公报"

44664

南京文献(月刊)

通志馆 南京

1947.1—1949.2 1—26

总藏 (853) 1—26

馆藏 1947 1—12

1948 13—16,19—24

44873

南京中央日报周刊

中央日报社 南京

1947.8—1948.11 1—6;8

本刊原名为"中央日报周刊",自2卷1期1947年10月起改用本名。1至5卷每卷出12期。

总藏 (854) 1—6;8

馆藏 1947 1:1—12;2:1—12

1948 3:1—5,7—12;4:1,4—12;5:1—12;6:1—8

45637

南开初中

南开中学初中部 天津

[19?]—1934 1—3;2

1935.10—1937.4 1—8

本刊自1935年10月起期数另起。

馆藏 1933 2:1

1934 3:2

1935 1

1937 8

46758

南开大学电工会刊(年刊)

该会 天津

1934—1937 1—5

总藏 (850) 1,3—4

馆藏 1934 2

1935 3

1936 4

1937 5

(旧参)**O6—53/NKD**

南开大学应用化学研究所报告书(年刊)

该所 天津

1933—1937 1—5

总藏 (850) 1—5

馆藏 1936 4

44667

南开大学周刊

该校出版部 天津

1924.4—1933.3　1—139

本刊原名为"南大周刊"。1933 年 4 月改名为"南大半月刊",期数另起。

总藏　（850）　1—139

馆藏　1929　72—77
　　　1930　78—100
　　　1931　101—122
　　　1932　123—138
　　　1933　139

44674

南开高中学生(月刊)

该校出版干事会　天津

1933.10—1934.1　1:1—6

1934.4—1936.12　新 1—13

本刊自 1934 年 4 月起期数另起。

总藏　（850）　1:2—6;新 1—3

馆藏　1935　新 5
　　　1936　11—13

46993

南开季刊

南开学校　天津

1922.1　1

总藏　（849）　1

馆藏　1922　1

44672

南开女中校刊

该校出版委员会　天津

1932.6—1937.4　1—7:4

总藏　（850）　1:1;2:2—3;3:2;4:1—2

馆藏　1932　1:1
　　　1933　2:5—6
　　　1934　3:1—2
　　　1935　4:1—3;5:1—2
　　　1936　6:1—3;7:1—2
　　　1937　7:4

44668

南开双周

南开中学出版委员会　天津

1928.3—1931.11　1—8:4

总藏　（849）　1:1—5;2:1—7;3:1—6;4:
　　　　　　　1—7;5:1—7;6:1—6;7:1—
　　　　　　　5;8:1—2,4

馆藏　1928　1:1;2:1—5
　　　1929　2:6—7;3:1—6;4:7
　　　1930　5:1—7;6:1—6
　　　1931　7:1—5;8:1—4

47015

南开思潮(半年刊)

南开学校　天津

1917.12—1920.2　1—5

总藏　（850）　1—5

馆藏　1918　2

45636

南开童子军

中国童子军第七七七团团部出版股　天津

[19?]　1

馆藏　[19?]　1

44669

南开校风(周刊)

南开学校校风报社　天津

[19?]—1919.12　1—134

总藏　（851）　11,14—32,108—115,119,
　　　　　　　121,123—128,130—131,133—
　　　　　　　134

馆藏　1917　75,78
　　　1918　85

44675

南开校友

南开校友会天津分会　天津

[19?]—1948.10　1—2:3;特刊

总藏　（850）　1:5

馆藏　1945　特刊
　　　1947　1:4
　　　1948　2:1—3

44670

南开校友(月刊)

南开校友总会　重庆

1935.10—1941.5　1—6:7

本刊在天津创刊,自 3 卷 1937 年起迁重庆出版。

总藏 （850） 1:1—9;2:1—2,5—7;3:2—
3,7—10;4:1—6;5:7—10;6:
2—7

馆藏 1935 1:2—3
1936 1:4—7
1937 2:5—8
1938 4:5

44665

南开周刊

南开大学 天津

1921.4—1925.6 1—126

1925.9—1926.1 新 1:1—17

1947 复 1—5

本刊自 1925 年 9 月起卷期另起。曾停刊,
1947 年复刊,期数又另起。

总藏 （849） 1—10,13—126;新1:1—17;复5

馆藏 1921 16
1922 43—45
1924 84,92,100—101,103—105,
108—109
1925 111—126
1947 复 5

44680

南通学院院刊

见"南通学院月刊"

44680

南通学院月刊

该院 江苏

1937.4—7 1—7

1947.5—1948.6 复 1—6

本刊抗战期间曾停刊,1947 年 5 月复刊,期数
另起。自复刊 3 期起改名"南通学院院刊",
并改为半月刊。

总藏 （861） 1—7;复 1—4,6

馆藏 1937 1—7

47225

南行(月刊)

南行学社 上海

1946.9—1949.3 1—7

总藏 （853） 1—7

馆藏 1947 2—3

44663

南洋情报(半月刊)

国立暨南大学南洋美洲文化事业部 上海

1932.11—1933.10 1—2:6

本刊第 1 卷出 10 期。

总藏 （859） 1—2:6

馆藏 1932 1:1—3
1933 1:4—10;2:1—6

47802

南洋烟草职工同志会二周纪念特刊

该会 上海

1924.11 1

馆藏 1924 1

44662

南洋研究(月刊)

国立暨南大学海外文化事业部 上海

1928.1—1944.9 1—11:3

本刊原为月刊,自 5 卷 1 期 1934 年起改为双
月刊,自 5 卷 4 期 1935 年起与"中南情报"合
并,仍用本名,改回月刊。原在上海出版,8 至
9 卷曾迁福建建阳出版,自 10 卷起又迁回上
海出版。

总藏 （859） 1—7:3;8:1—3;9:1,3—4;10:
1—2;11:1—3

馆藏 1933 4:4
1934 5:1
1935 5:2—5
1936 5:6;6:1—6;7:1
1937 7:2—3

47471

南中半月刊

南开中学 天津

1923.11—12 1:1—4

总藏 （850） 1:1—4

馆藏 1923 1:1—4

46511

南中学生

南洋中学学生自治会 [暹罗]曼谷

1947.12　1

总藏 （851） 1

馆藏 1947 1

44671

南中学生(月刊)

南开中学学生自治会 天津

1932.1—12 1:1—10

总藏 （851） 1:1—10

馆藏 1932 1:3—10

44673

南中周刊

南开中学学生会 天津

1926.3—1927.12 1—37

总藏 （850） 1—24,27—29,31—37

馆藏 1926 1,5

　　　 1927 17

44679

南钟

南开中学校南钟社 天津

1945—1947 1—5

馆藏 1946 4

　　　 1947 5

nei

47182

内阁官报(日刊)

内阁印铸局 北京

1909 1—8

1911.7—12 新 1—173

1916:5—8

1917:5—6

本刊自 1911 年起期数另起。

总藏 （254） 1—8;新 1—173;1916:5—8;

　　　　　　　 1917:5—6

馆藏 1917:5(1—8)

45045H

内幕新闻

星期六画报社丛书部 天津

1948.9—12 1—4

总藏 （874） 1—4

馆藏 1948 1—3

46539

内幕新闻(周刊)

新潮出版社 上海

1948.[?]—1949.1 1—14

馆藏 1948 5—9

　　　 1949 11—14

47317

内外公论(月刊)

内外公论社 [日本]东京

[19?]—1941.10 1—20:10

馆藏 1941 20:10

44516

内政公报(月刊)

内政部内政公报编纂室 [北京]

[1939.1]—11 1—11

馆藏 1939 2—11

44516

内政公报(月刊)

内政部公报处 重庆

1928.5—1943.12 1—16:

本刊原为月刊,自 4 卷 5 期 1931 年起改为周刊,自 9 卷起又改为月刊。原在南京出版,抗战期间迁至重庆出版。

总藏 （253） 1—16:

馆藏 1928 1:3—5

　　　 1935 8:17—22

　　　 1936 9:1—3,8,11

　　　 1937 10:1,4

45008

内政月刊

内务总署内政月刊社 北京

1943.7—11 1—5

馆藏 1943 1—5

ni

46522

泥土

泥土文艺社　北平

[19?]—1948.3　1—5

馆藏　1948　5

45677H

霓裳画报(周刊)

霓裳画报社　天津

1947.8—10　1—8

总藏　(1247)　1—8

馆藏　1947　7

niang

44828

酿造杂志

中国酿造学社　上海

1939.1—1941.4　1—7

总藏　(1221)　1—7

馆藏　1940　5—6

ning

45691

宁波警察(月刊)

宁波警察月刊社　宁波

1946—1947　1—2:11

馆藏　1946　1:8—9

　　　　1947　2:1,3—4,11

45938

宁波周报

宁波周报馆　上海

1924.8—1925.3　1—2:3

总藏　(277)　1:1—19;2:1—3

馆藏　1924　1:6

47634

宁城农村

县工作团　宁城

[194?]—1948　1—3

馆藏　1948　3

(旧参)**F128.7—55/NJ**

宁夏省建设汇刊

省建设厅　宁夏

1936.12　1

总藏　(277)　1

馆藏　1936　1

niu

44434

牛顿

见"中国工业"

nong

45532

农报(旬刊)

实业部中央农业实验所农报社　南京

1934.3—1948.12　1—13:

本刊自12卷1947年起改为双月刊。原在南京出版,自5卷1940年起迁重庆出版,11卷1946年迁回南京出版。本刊4卷22期1937年8月后曾停刊,1940年1月复刊,卷期续前。第1卷出29期。

总藏　(465)　1—13:

馆藏　1934　1:1—29

　　　　1935　2:1—25,27—36

　　　　1936　3:1—32,34—36

45524

农村(月刊)

农村月刊社　北平

1936.10—1937.7　1—2:7

本刊第1卷出3期。

总藏　(467)　1—2:7

馆藏　1936　1:1—3

　　　　1937　2:1—7

47234

农村(季刊)

江西农村改进社　南昌

1933.11—1936.10　1—4:1

本刊原为月刊,自 3 卷 1935 年起改为季刊。

总藏　(467)　1—2;4;3:1—3;4:1

馆藏　1933　1:1—2

　　　　1934　1:3—12

　　　　1936　3:3;4:1

45529

农村服务通讯(月刊)

农林部江西农村服务区管理处　南昌

1935.8—1943.10　1—41

总藏　(468)　1—41

馆藏　1935　1—5

　　　　1936　6—17

　　　　1937　18—26

　　　　1938　27

　　　　1940　28—30

　　　　1941　31—34

　　　　1942　35—36

45528

农村复兴委员会会报(月刊)

行政院农村复兴委员会　南京

1933.6—1935.5　1—2:

总藏　(468)　1—2:

馆藏　1933　1:1—7

　　　　1934　1:8—12;2:1—7

　　　　1935　2:8—11

46158

农村合作(月刊)

江西省农村合作委员会　南昌

1932.10—1935.5　1—2:5

本刊原为周刊,自 1 卷 51 期起改为月刊。

总藏　(467)　1—2:5

馆藏　1933　1:51—53

　　　　1934　1:54—57,59

45526

农村合作(月刊)

中国农村合作出版社　武昌

1935.8—1937.11　1—3:2

总藏　(467)　1—3:2

馆藏　1935　1:1—5

1936　1:6—12;2:1—5

1937　2:6—10

45517

农村建设(半月刊)

县政府合作事业推广委员会　嘉兴

1936.12—1937.5　1:1—11

馆藏　1936　1:1

　　　　1937　1:2—11

45527

农村经济(月刊)

农村经济月刊社　镇江

1933.11—1937.5　1—4:5

总藏　(469)　1—4:5

馆藏　1934　1:6—12;2:1—2

　　　　1935　2:3—12;3:1—2

　　　　1936　3:3—4

45516

农村通讯(半月刊)

中国银行农村放款委员会　[不详]

1937.4—7　1:1—8

馆藏　1937　1:2—3,7—8

45515

农村月刊

世界农村月刊编委会　上海

1947.2—1949.4　1—3:4

本刊原名为“世界农村月刊”,自 1 卷 7 期起改用本名。第 1 卷出 11 期。

总藏　(466)　1—3:4

馆藏　1947　1:1,5,7—9,11

　　　　1948　2:1—2,4—6

45538

农贷消息(半月刊)

广东银行农村贷款部　曲江

1939.11—1944.7　1—8:4

本刊自 6 卷 1942 年起改为月刊。1 至 5 卷每卷出 12 期。

总藏　(475)　1—8:4

馆藏　1940　2:9—10

45530

农铎(半月刊)

山西农业专科学校推广部　太原

1928.9—1937.〔?〕　1—124

总藏　（475）　34—49,51,53—58,60—124

馆藏　1935　89—105

　　　　1936　106—120

　　　　1937　121—122

47626

农工月刊

中央农工部　南京

1947.4—1948.9　1—2:3

总藏　（457）　1:1—9;2:1—3

馆藏　1947　1:9

45535

农行月刊

江苏省农民银行总行　镇江

1934.5—1937.6　1—4:6

本刊第1卷出8期。

总藏　（464）　1—4:6

馆藏　1934　1:1—8

　　　　1935　2:1—12

　　　　1936　3:1—12

　　　　1937　4:1—4,6

45539

农矿公报(周刊)

农矿部总务司　南京

1940.4—1941.8　1—71

馆藏　1940　1—4,6—38

　　　　1941　40—46,48—50,52—71

46913

农矿公报(月刊)

农矿部公报室　南京

1928.6—1930.9　1—28

本刊原为半月刊,自5期起改为月刊。

总藏　（473）　1—28

馆藏　1929　14

45537

农林新报(旬刊)

金陵大学农学院农林新报社　南京

1924.1—1929.12　1—192

1930.1—1946.4　7—23:18

本刊原为半月刊,自49期起改为旬刊。原以期计算,自193期起改为7卷,卷后仍为总期号。自8卷起以卷期计算。1937年6月后曾停刊,1938年9月复刊,卷期续前。

总藏　（471）　56,67,69—70,85—89,92—

　　　　　　　　103,107,110,112—114,116,

　　　　　　　　118,120—124,128—129,133—

　　　　　　　　192;7—14;25;15:26—36;16—

　　　　　　　　23:18

馆藏　1935　12:1—36

　　　　1936　13:1—32

46905

农民(半月刊)

河南大学农学院　开封

1936.11—1937.9　1—36

总藏　（459）　1—18,34—36

馆藏　1936　2

　　　　1937　11

45536

农情报告(月刊)

实业部中央农业实验所　南京

1933.1—1939.6　1—7:6

总藏　（474）　1—7:6

馆藏　1934　2:1—12

　　　　1935　3:1—12

46169

农商部观测所年报

该所　北京

1917.3—1918.10　1914—1917

总藏　（474）　1914—1917

馆藏　1917　1914—1916

　　　　1918　1917

45514

农商公报(月刊)

农商部公报编辑处　北京

1914.8—1926.2　1—12:11

总藏　（474）　1—11.;12:1—7,10—11

馆藏　1914　1:1—5

　　　1915　1:6—12;2:1—5

　　　1916　2:6—12;3:1—5

　　　1917　3:6—12;4:1—5

　　　1918　4:6—12;5:1—5

　　　1919　5:6;6:1—5

　　　1920　6:6—12;7:1—5

　　　1921　7:6

　　　1922　9:1—5

　　　1923　9:6—12;10:1—5

　　　1924　10:6—12;11:1—5

　　　1925　11:6—12

45531

农声(月刊)

国立中山大学农学院　广州

1923.5—1944.2　1—232

本刊原为旬刊,自115期1931年起改为月刊,自229期1943年起改为双月刊。原在广州出版,抗战期间曾迁坪石出版,抗战胜利后迁回广州。

总藏　（464）　1—80,83—220,222—232

馆藏　1928　100—116

　　　1929　117—128

　　　1930　129,131,134—140

　　　1931　141—152

　　　1932　153—160

　　　1933　161—172

　　　1934　173—180

　　　1935　181—191

　　　1937　207—208

47429

农事双月刊

　　见"农事月刊"

47429

农事月刊

岭南大学农科学院　广州

1922.[7]—1932.6　1—9:3

本刊自5卷起改名为"农事双月刊"。

总藏　（470）　1—9:3

馆藏　1925　3:11

46235

农学(月刊)

国立北京大学农学院农学月刊社　北京

1939.1—1942.12　1—8:

本刊每卷出6期。

总藏　（469）　1—8:

馆藏　1940　3:5—6;4:1—2,5—6

　　　1941　5:1—4;6:1—2

45522

农学丛刊(半年刊)

国立中央大学农学院　南京

1933.11—1937.1　1—4:1

总藏　（469）　1—4:1

馆藏　1933　1:1

　　　1934　1:2

45525

农讯(半月刊)

国立北平大学农学院　北平

1929.2—1937.6　1—52

本刊原为月刊,自45期1936年起改为半月刊。

总藏　（473）　9—50,52

馆藏　1936　44—46

　　　1937　47—48,50,52

45523

农业进步(月刊)

农业进步社　旅顺

[1933.8]—1945.5　1—13:5

总藏　（461）　3—7:7;8:1—3,5,10—12;9:
　　　　　　　2—12;10:1—8,11—12;11:
　　　　　　　1—4,6—7,9,12:1—8

馆藏　1936　4:1,4

　　　1938　6:3,6,8—9,11—12

　　　1939　7:2—3,5—7,10,12

　　　1941　9:1,5

　　　1942　10:8

　　　1943　11:1—12

　　　1944　12:1—3,7,10,12

　　　1945　13:1—5

47113

农业经济(月刊)

法商学院农业经济研究会　天津

1934.6　1:1

总藏　(463)　1:1

馆藏　1934　1:1

45520

农业论坛(月刊)

四川大学中国农政研究社　成都

1948.2—8　1—8

总藏　(464)　1—8

馆藏　1948　3

45521

农业生产(月刊)

农业生产社　北平

1946.6—1955.9　1—10:9

总藏　(461)　1:1—7;2—4:

馆藏　1948　3:3—7,9—11

　　　1949　4:3—4

45519

农业通讯

见"农业推广通讯"

45534

农业推广(季刊)

中央农业推广委员会　南京

1930.4—1937.6　1—13

总藏　(462)　1—13

馆藏　1933　5

　　　1934　6—7

　　　1935　8—10

　　　1936　11—12

45519

农业推广通讯(月刊)

农林部农业推广委员会　南京

1939.8—1946.12　1—8:

1947.1—12　新1:

1948.2—8　10:1—8

本刊在成都创刊,由四川农产促进委员会编,
自7卷1945年起改由农林部农业推广委员会

编。自8卷1946年起迁至南京出版。1947
年曾改名为"农业通讯",卷期另起。1948年
改回本名,继续出10卷1期。

总藏　(462)　1—8:;新1:;10:1—8

馆藏　1946　8:8

　　　1947　新1:1—12

　　　1948　10:1—8

46946

农业周报

中国农学社　南京

1929.10—1931.4　1—80

总藏　(460)　1—80

馆藏　1930　53—55

45533

农业周报

农业周报社　南京

1931.5—1937.3　1—6:10

总藏　(460)　1—4:36;5:1—27;6:1—10

馆藏　1934　3:1—50

　　　1935　4:1—36

45513

农友(月刊)

中国农民银行总行调查处　上海

1933.10—1938.12　1—6:

本刊原由汉口豫鄂皖赣四省农民银行总行调
查处出版,后改由上海中国农民银行总行调
查处出版。

总藏　(458)　1—6:

馆藏　1937　5:5

45260

农赈月刊

华北战区救济委员会农赈组　北平

[1934.1]—6　1—6

本刊后改名为"华北合作",卷期另起。

馆藏　1934　6

nu

45395

怒潮(月刊)

怒潮月刊社　北平
1946.4—6　1:1—3
总藏　(900)　1:1—3
馆藏　1946　1:1—3

45394
怒吼(月刊)
奇峰出版社　天津
1946.2—9　1—5
总藏　(900)　4
馆藏　1946　1—5

nü

46095
女铎(月刊)
广学会　上海
1912—1942　1—30:11
1944.7—1945.12　复1—2:
1946.2—1950.12　31—35:
本刊原名"女铎报",由广学书局出版,后改用本
名,由广学会出版。30卷1942年后曾停刊,1944
年7月复刊,卷期另起。复刊2卷1945年迁成都
出版,1946年仍迁回上海,续出31卷。
总藏　(105)　1—2:;3:1—6,12;4:;5:2—
　　　　　　　12;6—8;9:1—6,8—12;10—
　　　　　　　12:;13:7;14:4,11;16:2,6,11—
　　　　　　　12;17:1—4,6—12;18—25:;
　　　　　　　26:1—3,7—9,12;27—28:;29:
　　　　　　　1—9,12;30:1—11;复1:1—3;
　　　　　　　2:;31—35:
馆藏　1919　8:1—9
　　　1920　8:10—12;9:1—9
　　　1921　9:10—12
　　　1946　31:3—4
　　　1947　32:2—10
　　　1948　33:1—11

46095
女铎报
见"女铎"

46558
女朋友(三日刊)

中华出版社　上海
[19?]—1932.11　1:1—26
馆藏　1932　1:26

45212
女青年
见"女青年月刊"

45649
女青年(半月刊)
女青年半月刊社　重庆
1945.1—1946.10　1—5:4
总藏　(104)　1—2:6;3:1—4;4:1,3,5;5:
　　　　　　　1—4
馆藏　1945　1:3—4

45212
女青年报
见"女青年月刊"

45212
女青年月刊
中华基督教女青年会全国协会　上海
1922.1—1937.7　1—16:7
本刊原名为"女青年报",自5卷2期1926年
起改名为"女青年"。自8卷2期1929年3月
起改用本名。5至7卷每卷出8期,8至15卷
每卷出10期。
总藏　(103)　1:3—9,11;2:1,4—6,10,12;
　　　　　　　3:1,4—5,11—12;4:1—6,
　　　　　　　10—11;5—16:7
馆藏　1924　3:3
　　　1929　8:10
　　　1930　9:1—9
　　　1931　10:1—9
　　　1932　11:1—10
　　　1933　12:1—10
　　　1934　13:1—10
　　　1935　14:2—3,5,8—10
　　　1936　15:1—10
　　　1937　16:1—7

45879
女声(半月刊)

女声社　上海

1932.10—1948.1　1—4:10

本刊自 4 卷 1 期 1935 年起改为月刊。

总藏　（103）　1—2:;3:1—22,24;4:1—2,
　　　　　　　　　7—10

馆藏　1932　1:1—2,6

45897

女声(月刊)

女声社　上海

1942.5—1946.1　1—5:1

总藏　（103）　1—4:4;5:1

馆藏　1944　2:9;3:1

46348

女师季刊

见"河北省立女子师范学院季刊"

46348

女师学院季刊

见"河北省立女子师范学院季刊"

45213

女师学院期刊

见"河北省立女子师范学院期刊"

47689

女子世界(月刊)

中华图书馆　上海

1914.12—1915.7　1—6

总藏　（102）　1—6

馆藏　1914　1

45211

女子月刊

女子月刊社　上海

1933.3—1937.7　1—5:7

本刊第 1 卷出 10 期。

总藏　（101）　1—5:7

馆藏　1933　1:3,5—10

　　　1934　2:1—12

　　　1935　3:1—7,12

　　　1936　4:1—12

　　　1937　5:5—6

nuan

46924

暖流(半月刊)

暖流社　天津

1928.1—12　1—24

总藏　（1205）　1—10,12—24

馆藏　1928　19

O

ou

44818

欧闻集锦(不定期刊)

欧闻集锦社　上海

1944.8—11　1—2

总藏　（734）　1—2

馆藏　1944　1

47725H

欧亚画报(半月刊)

璧恒公司　上海

1940.2—1942.［?］　1—3:

本刊原名为"远东画报",自 3 卷 1 期 1942 年
1 月起改用本名。

总藏　（734）　1—3:

馆藏　1940　1:14,17

　　　1941　2:1—2,8,11—12,14—19,21—
　　　　　　22,24

　　　1942　3:2

46068

欧战实报(周报)

欧战实报社　上海

1915.［4］—1918.12　1—177

总藏　（734）　5—6,8—10,16—18,21—24,
　　　　　　　44,106,108,110,112,118,121,
　　　　　　　131—134,136—137,139—141,
　　　　　　　143,147,149,152—155,157—
　　　　　　　161,163—164,166,168,170—
　　　　　　　171,173,175,177

馆藏　1915　7—8,10,12—14,16—18,21—

22,24

(线装) **P13285**
瓯风杂志(月刊)
瓯风社　浙江瑞安
1934.1—1935.12　1—24
总藏　(847)　1—24
馆藏　1934　汇刊 1 辑

P

pei

47378
培道校刊
培道女子中学校刊社　广州
[19?]—1930.10　1—3:1
馆藏　1930　3:1

46349
培善之花
西河培善堂　杭州
[19?]　1—8
总藏　(1035)　2—4,6—8
馆藏　[19?]　2,4

45598
培正中学图书馆馆刊
该馆　广州
[19?]—1936.6　1—3:1
馆藏　1936　3:1

peng

46523
朋友(半月刊)
朋友出版社　上海
1947.5—6　1—3
总藏　(802)　1—3
馆藏　1947　1

ping

45283
乒乓世界(月刊)

中国乒乓研究会　上海
1934.6—1937.2　1—3:2
本刊原名为"连环两周刊",自 1 卷 16 期起改
用本名。
总藏　(544)　1:1—23;2:1—8;3:1—2
馆藏　1935　1:17—23
　　　1936　2:1—5

44497
平等杂志(月刊)
平等杂志社　北平
1931.3—1932.2　1:
总藏　(288)　1:
馆藏　1931　1:1,3—7
　　　1932　1:11—12

47046
平凡(半月刊)
平凡编辑社　上海
1934.5—10　1:1—10
总藏　(286)　1:1—10
馆藏　1934　1:5

47365
平凡周刊
平凡社　北平
1928.8—9　1—6
本刊为"朝报"副刊。
馆藏　1928　3—6

45479
平汉铁路公报
见"铁路月刊——平汉线"

45479
平汉铁路月刊
见"铁路月刊——平汉线"

45343
平剧汇刊(周刊)
戏学书局　上海
1936.[9]—1947.6　1—41
总藏　(288)　4,15,29,36,41
馆藏　1936—1947　1—11,13—23,25—27,
　　　　　　　　　30—36,38,40

45874

平论半月刊

平论社　上海

1945.9—1946.3　1—12

总藏　（288）　1—12

馆藏　1945　1—7

　　　　1946　8—11

45714

平民教育(半月刊)

师范大学平民教育社　北京

1920.12—1924.1　1—73

本刊原为周刊,23 期 1920 年暑假后,与"教育
与社会"合并,仍用本名,续出 24 期,改为半
月刊,全年出 18 期。1922 年 5 月与"实际教
育"合并,仍用本名,期数续前。

总藏　（287）　1—73

馆藏　1920　25

　　　　1921　37

44498

平明杂志(月刊)

平明杂志社　北平

1932.5—1934.6　1—3:9

本刊原为半月刊。1 卷共出 16 期,2 卷共出
24 期。自 3 卷 7 期 1934 年起改为月刊。

总藏　（287）　1—3:9

馆藏　1932　1:1—16

　　　　1933　2:1—24

　　　　1934　3:1—9

44496

平言(周刊)

平行俱乐部　北平

1935.4—1937.5　1—85

本刊为油印本。

馆藏　1935　1—5,8—10,12—28

　　　　1936　30,34—35,38—44,47—56,58—

　　　　　　60,62—63,65—69

　　　　1937　71—73,77—78,84—85

47352

平原杂志

平原杂志社　冀中

[1946.?]—1947.11　1—7

总藏　（288）　5—7

馆藏　1946　2

44118

评论报(周刊)

评论报社　上海

1946.11—1947.5　1—21

总藏　（1086）　1—21

馆藏　1946　1—2,4—8

　　　　1947　9—17

47346

评论与通讯(周刊)

评论与通讯周报社　上海

1934.9　1:1—2

总藏　（1086）　1:1—2

馆藏　1934　1:1

44175

评论之评论(季刊)

北京大学评论之评论社　北京

1920.12—1921.12　1:

总藏　（1086）　1:

馆藏　1920　1:1

44268

评论周报

评论周报社　天津

1932.5—9　1:1—18

总藏　（1085）　1:1—4,6—7,9—18

馆藏　1932　1:10—12,14—18

po

45500

鄱阳教育(月刊)

鄱阳教育编委会　江西

1936.7—1938.8　1—26

总藏　（1231）　1—11,13—23,25—26

馆藏　1936　6

Q

qi

46149

七七抗战纪念特刊

中央日报　南京

1946.7—1947.7　1—2

馆藏　1946　1

　　　1947　2

46589

七日谈（周刊）

七日谈社　上海

[1945.12]—1946.6　1—28

总藏　(4)　23,25

馆藏　1946　22,26,28

45311

期刊索引（月刊）

中山文化教育馆　南京

1933.11—1937.8　1—8:4

本刊每卷出6期。

总藏　(1093)　1—8:4

馆藏　1933　1:1

　　　1934　1:6;2:1—6;3:1—2

　　　1935　3:3—5;4:1—6;5:1—2

　　　1936　5:3—6;6:1—3;7:1—2

　　　1937　7:3—6;8:1—3

（线装）P6

齐大国学季刊

齐鲁大学国学研究所　成都

1940.11—1941.6　1:1—2

总藏　(781)　1:1—2

馆藏　1941　1:2

（旧参）G684/QNS

齐大年刊

齐鲁大学　济南

1932.11　1

馆藏　1932　1

46801

齐大旬刊

齐鲁大学　济南

1930.11—1937.9　1—8:1

总藏　(456)　1:1—4,6—7,9—11,13—19,

　　　　　21—26;2:1—28;3:1—15,17—

　　　　　26;4:1—26;5:1—22;6:1—27;

　　　　　7:1—27;8:1

馆藏　1936　6:27

46957

齐鲁大学校刊（月刊）

该校校刊编辑室　济南

1939.12—1949.2　1—72

本刊原在成都出版,自54期起迁济南出版。

总藏　(457)　1—39,43—72

馆藏　1948　70—71

44034

齐中月刊

齐鲁中学齐中月刊社　济南

[193?]—1934.12　1—2:7

馆藏　1934　2:6—7

46405

麒麟（月刊）

满洲杂志社　长春

1941.[6]—12　1:1—7

馆藏　1941　1:7

47781

企新月刊

企新学社　天津

1922.11　1:1

馆藏　1922　1:1

45624H

启蒙画报（半月刊）

启蒙画报馆　北京

1902.6—1904.[?]　1—2:10

本刊原为月刊,自2卷1期起改为半月刊。

总藏　(580)　1—2:10

馆藏　1902　1:1—12

　　　1903　2:1—5

47800

启示

启示社 上海

[19？]—1949.3 1—3

馆藏 1949 3

46964

气象汇报(月刊)

中央气象局 南京

1947.2—1948.6 1—2：8

总藏 (263) 1：1—6，8—12；2：1—8

馆藏 1948 2：1—8

46232

气象季刊

河北省立农学院气象观测所 保定

1932.3—1937.3 1—6：1

总藏 (263) 1—6：1

馆藏 1932 1：1—4

1933 2：1—4

1934 3：1—4

(旧参)**P416.22/1929—1932**

气象年报

国立中央研究院气象研究所 南京

1928—1933 1—6

总藏 (263) 1—6

馆藏 1929 2

1930 3

1931 4

1932 5

45392

气象通讯(月刊)

台湾省气象局 台北

1946.9—1949.3 1—4：3

总藏 (264) 1：1—4；2—4：3

馆藏 1948 3：9

45391

气象学报

见"气象杂志"

46208

气象月报

山东省建设厅气象测候所 济南

1931.6—1936.[？] 1—67

1947：7—1949：12

本刊 1936 年后曾停刊，1947 年复刊，以年计期。

总藏 (263) 1— 4，17—67；1947：7—12；

1948：1—3，11—12；1949：

馆藏 1931 1—6

1932 8—10，12，16—19

1934 32—43

46209

气象月报

市观象台 青岛

[19？]—1931.6 1—88

1946.11—1949.10 新 1—4：10

本刊原名为"观象月报"。自 1946 年 11 月起期数另起，新 2 卷 1 期起改用本名。

总藏 (263) 1—4：10

馆藏 1947 新 2：1—5

46089

气象月报

华北水利委员会天津测候所 天津

[1934.1]—1937.1 1—4：1

馆藏 1934 1：2，5，7—12

1935 2：1—12

1936 3：1—12

1937 4：1

48014

气象月刊

中央观象台 北京

1922.1—9 1—9

总藏 (261) 1—9

馆藏 1922 1—5

46963

气象月刊

江苏省建设厅测候所 镇江

1931：12—1932：8

馆藏 1931：12
　　　 1932：1—8

45391

气象杂志(月刊)

中国气象学会　上海

1925—　1—

本刊原名为"中国气象学会会刊"年刊,在南京出版。自 11 卷 1 期 1935 年 7 月起改用本名,迁上海出版。自 15 卷 1 期 1941 年起迁重庆出版,改名为"气象学报"季刊。解放后迁回上海继续出版。原以期计算,10 期后改为 11 卷计算。11 卷共出 6 期。

总藏　(264)　1—19：

馆藏　1935　11：2—6
　　　 1936　12：1—12
　　　 1937　13：1,8—9

qian

46005

前方周报

前方周报社　浙江

1939.7—9　1—12

总藏　(826)　1—12

馆藏　1939　2—5

47867

前锋(月刊)

平民书社　广州

1923.7—1924.2　1—3

本刊 1954 年由人民出版社影印。

总藏　(830)　1；影 1—3

馆藏　影 1923　1—2
　　　　　 1924　3

44201

前进(半月刊)

前进杂志社　上海

1928.6—1929.1　1：1—11

本刊自 1 卷 9 期起改为月刊。

总藏　(827)　1：1—11

馆藏　1928　1：5,7—8

47824

前哨

见"文学导报"

47571

前哨(月刊)

前哨文艺社　天津

1945.11　1

馆藏　1945　1

44202

前途(月刊)

前途杂志社　上海

1933.1—1939.4　1—7：8

本刊自 6 卷 10 期 1938 年起改为旬刊,迁武昌出版。自 6 卷 23 期 1938 年起又迁重庆出版。

总藏　(828)　1—5：；6：1—16,18—19,21,
　　　　　　　 23—29；7：1—8

馆藏　1933　1：1—4
　　　 1937　5：2

45980

前线的安徽(月刊)

前线的安徽月刊社　重庆

1938.6　创刊号

馆藏　1938　创刊号

45492

钱业月报

钱业月报社　上海

1921.2—1949.4　1—20：4

本刊 17 卷 1939 年后曾停刊,1947 年 7 月复刊,卷期续前。

总藏　(1253)　1—20：4

馆藏　1921　1：1—6
　　　 1922　2：1—12
　　　 1923　3：1—12
　　　 1924　4：1—12
　　　 1925　5：1—12
　　　 1926　6：1—12
　　　 1927　7：1—12
　　　 1928　8：1—12
　　　 1929　9：1—12
　　　 1930　10：1—12

1931   11:1—12
1932   12:1—12
1947   18:1—2,4—6
1948   19:4,7—10

47034
浅草(季刊)
浅草社   上海
1923.3—1925.2   1:
总藏   (981)   1:
馆藏   1923   1:1

qiao

45483
侨声(月刊)
华侨协会   北京
1939.[1]—7   1:1—7
馆藏   1939   1:2,6—7

qin

47877
秦钟(月刊)
旅京陕西学生联合会   北京
1920.1—6   1—6
本刊1983年由人民出版社影印。
总藏   (939)   1—6
馆藏   影1920   1—6

45552
勤奋体育月报
勤奋体育月报社   上海
1933.10—1937.10   1—4:10
总藏   (1198)   1—4:10
馆藏   1933   1:1—3
        1934   1:4—12;2:1—3
        1935   2:4—12;3:1—3
        1936   3:4—12;4:1—3
        1937   4:4—8

qing

46556H
青春画报(周刊)

青春画报社   天津
[1931.?]—1932.5   1—28
本刊原为旬刊,自23期起改为周刊。
馆藏   1932   21—28

44639
青春月刊
青春月刊社   上海
1929.10—12   1:1—3
总藏   (722)   1:1—3
馆藏   1929   1:1—2

46469
青岛工商季刊
工商学会   青岛
1933.12—1936.12   1—4:
总藏   (723)   1—4:
馆藏   1935   3:2
        1936   4:3

46653
青岛教育(月刊)
市教育局   青岛
1929.10—12   1:1—3
1931.1—9   新1—2
1933.5—1937.3   新1—4:9
1947.5   复1
本刊原为半月刊,自1931年1月起期数另起,
自1933年5月起卷期另起。自新1卷7期
1933年12月起改为月刊。曾停刊,1947年复
刊,期数又另起。
总藏   (725)   1:1—3;新1—2;新1—4:9;复
                1
馆藏   1937   新4:8

47353
青岛经济统计月报
日本商工会议所   青岛
[1939.3]—1943.2   1—4:
馆藏   1942   3:11—12;4:1—10
        1943   4:11—12

44626
青岛警察(月刊)

市警察局　青岛
1947.4—1948.2　1—11
馆藏　1947　1,3—4,6—9
　　　1948　10—11

(旧参) **G687—55/QSM**
青岛民众
　　见"青岛民众季刊"

(旧参) **G687—55/QSM**
青岛民众季刊
市立民众教育馆　青岛
1933.5—9　1—5
1934.3　新1
本刊原名为"青岛民众"月刊,自1934年3月
起改用本名,期数另起。
总藏　(725)　1—5;新1
馆藏　1934　新1

46387
青岛市港务行政年刊
市港务局　青岛
1934—1936
总藏　(724)　1934—1936
馆藏　1936

46898
青岛市港务月报
市港务局　青岛
1930:10—1936:8
总藏　(724)　1930:10—12;1931:1—2;1932:;
　　　　　　　1933:4—12;1934:1—1936:8
馆藏　1933:2

45704
青岛市公安局行政年刊
市公安局　青岛
1935　1
本刊内容的时间为1934年7月至1935年6月。
馆藏　1935　1

47651
青岛市观象台地磁月报
　　见"地磁月报"

47249
青岛市观象台海洋半年刊
　　见"海洋半年刊"

47654
青岛市经济统计简报
　　见"经济统计简报"

44624
青岛市政府公报(周刊)
该市政府秘书处　青岛
1945.12—1948.10　1—7:13
本刊原为月刊,自3卷1期1946年6月起改
为周刊,期数续前。
总藏　(724)　1:1—3;2:1—5;3:1—22,
　　　　　　　24—29;4:1—26;5:1—26;
　　　　　　　6:1—25,28—29;7:1—13
馆藏　1947　4:23—24

44239
青岛市政公报(月刊)
市政府秘书处　青岛
1929.8—1937.5　1—87
总藏　(723)　1—87
馆藏　1934　31—41,45—63
　　　1935—1937　64—87

44625
青岛橡胶(季刊)
橡胶厂　青岛
1947.8　1:1
总藏　(725)　1:1
馆藏　1947　1:1

46056
青纺半月刊
　　见"青纺月刊"

46684
青纺统计年报
中国纺织建设公司青岛分公司　青岛
1946　1
总藏　(726)　1

天津图书馆馆藏新中国成立前中文期刊目录(1884—1949)

馆藏　1946　1

46056

青纺旬刊

见"青纺月刊"

46056

青纺月刊

中国纺织建设公司青岛分公司　青岛

1946.9—1947.5　1—2:5

1948.9—1949.4　新1—2:11

本刊原为"青纺半月刊",自1卷4期1946年11月改用本名,卷期续前。1948年9月改名"青纺旬刊",卷期另起。

总藏　（725）　1:1—4;2:1—5;新1:1—12;
　　　　　　　　　2:1—12

馆藏　1946　1:1—4

　　　1947　2:1—3

45965

青光(半月刊)

青光半月刊社　上海

1945.10—12　1—4

总藏　（707）　1—4

馆藏　1945　1—2

45727

青光(月刊)

青光杂志社　北平

1946.4　1

总藏　（707）　1

馆藏　1946　1

44640

青鹤杂志(半月刊)

青鹤杂志社　上海

1932.11—1937.8　1—5:18

总藏　（726）　1—5:18

馆藏　1932　1:1—3

　　　1933　1:4—24;2:1—3

　　　1934　2:4—24;3:1—3

　　　1935　3:4—24;4:1—3

　　　1936　4:4—24;5:1—3

　　　1937　5:4—13

46495

青年

蕙兰学生会　杭州

1928.1　1

馆藏　1928　1

47443

青年

南开学校基督教青年会　天津

1916.10　1

馆藏　1916　1

44627

青年(半月刊)

大夏大学大夏青年社　上海

[1933.?]—1937.5　1—6:8

总藏　（709）　3:4—5;4—6:8

馆藏　1936　4:1—10;5:1—2,5—6

　　　1937　5:10;6:1—8

44631

青年半月刊

青年半月刊社　天津

1946.5—1948.5　1—3:11

总藏　（709）　1:1—4,7—12;2—3:11

馆藏　1946　1:1—12

　　　1947　2:1—10;3:1—10

44630

青年呼声(周刊)

青年呼声社　上海

1928.5—11　1:1—27

总藏　（717）　1:1—27

馆藏　1928　1:1—27

45841

青年魂(半月刊)

青年出版社　天津

1946.1　1:1—2

总藏　（722）　1:2

馆藏　1946　1:2

44628

青年界(月刊)

220

北新书店　上海

1931.3—1937.[7]　　1—12:2

1946.1—1949.1　　新1—6:

本刊12卷2期1937年后曾停刊,1946年1月复刊,卷期另起。1至11卷、新1至6卷,每卷出5期。

总藏　（720）　1—12:2;新1—6:

馆藏　1931　1:1—5

　　　1932　2:2—3,5

　　　1933　4:1—2

　　　1935　7:4;8:4

　　　1936　9:1,3—5;10:1—2

　　　1937　12:1

　　　1946　新1:2—5

　　　1948　5:2—5;6:1—3

44636

青年进步(月刊)

中华青年全国协会　上海

1917.3—1932.2　　1—150

本刊系由"青年""进步"二刊合并,改用本名。

总藏　（716）　1—150

馆藏　1917　1—4

　　　1918　11—18

　　　1919　19—26

　　　1920　29—30,32—36,38

　　　1921　39—48

　　　1922　49—53,55—58

　　　1923　59—60

　　　1924　69

　　　1925　81—82,84—86,88

　　　1926　89,91—93,95—97

　　　1927　100,103—104

　　　1928　110,116—117

　　　1929　122

　　　1930　134

　　　1931　140

46517

青年军(半月刊)

青年远征军第二零八师政治部　[不详]

1946.10　1

馆藏　1946　1

46579H

青年良友(月刊)

青年良友社　上海

1940.1—1941.8　　1—20

馆藏　1940　1,4,8,10—12

　　　1941　14—15,20

46385

青年评论(周刊)

青年评论社　汉口

1932.9—1934.2　　1—2:15

总藏　（721）　1—2:15

馆藏　1932　1:18

47423

青年生活(半月刊)

青年生活社　北平

1945.11—1946.2　　1:1—9

总藏　（715）　1:1—9

馆藏　1945　1:4

46295

青年生活(月刊)

青年生活社　上海

[194?]—1948.2　　1—22

馆藏　1947　19

　　　1948　22

44634

青年时代月刊

青年时代月刊社　北平

1948.5—7　　1:1—3

馆藏　1948　1:1—3

44629

青年世界(月刊)

青年世界杂志社　重庆

1932.1—1933.8　　1—2:4

总藏　（713）　1—2:4

馆藏　1932　1:4—7

47197

青年文化(半月刊)

青年文化半月刊社　北平

1945.6—1946.12　1—2:7

本刊第1卷出6期。

总藏　(712)　1:;2:1,7

馆藏　1946　2:1

47422

青年文化(月刊)

满洲青少年文化社　[长春]

[1943.1]—1944.6　1—2:6

馆藏　1944　2:6

46689

青年文会(月刊)

青年文会社　上海

1939.5—1941.1　1—2:10

本刊原为半月刊,自2卷1940年起改为月刊。

第1卷出13期。

总藏　(712)　1—2:10

馆藏　1939　1:9,11—13

　　　　1940　2:4

46400

青年文艺(旬刊)

青年学会文学研究部　长沙

1922.6　1—2

馆藏　1922　1—2

46888

青年先锋

河北省立天津师范学校青年先锋社　天津

1947.2—1948.11　特刊

馆藏　1947　校庆特刊

　　　　1948　复校特刊

46887

青年向导(周刊)

青年向导社　重庆

1938.7—1940.1　1—2:7

总藏　(716)　1:1—40;2:1—7

馆藏　1938　1:3

45665

青年与妇女

见"新声"

44632

青年月刊

青年月刊社　重庆

1935.10—1943.8　1—16:2

本刊在南京创刊,自14卷1942年起迁重庆出版。1至15卷每卷出6期。

总藏　(708)　1—16:2

馆藏　1935　1:3

　　　　1936　1:4—6;2:1—6;3:1

　　　　1937　3:5

45760

青年杂志

见"新青年"

46995

青年杂志(半月刊)

青年杂志社　北平

1945　1—2:

总藏　(716)　1—2:

馆藏　1945　1:2

44635

青年杂志(月刊)

青年杂志月刊社　南京

1948.8—9　1:1—2

总藏　(715)　1:1—2

馆藏　1948　1:1—2

47780

青年之友(旬刊)

青年之友社　北平

1945.10—1947.8　1—2:2

总藏　(711)　1:1—12;2:2

馆藏　1945　1:6

44633

青年知识(半月刊)

青年知识出版社　上海

1945.7—1946.6　1—2:2

1946.9—1947.9　新1—18

本刊在重庆创刊,自1946年9月起期数另起。

自新 3 期起迁上海出版。

总藏　（718）　1：1—5；2：1—2；新 1—18

馆藏　1945　1：5

　　　　1947　新 6—13,15—16,18

44174

青年知识(半月刊)

青年知识社　香港

1941.8—[1942.4]　1—18

1946.5—1949.8　新 1—48

总藏　（718）　1—18；新 1—46,48

馆藏　1949　新 48

45984H

青年知识画报(半月刊)

中国图书杂志公司　上海

1937.12—1941.11　1—9：2

本刊 1 至 8 卷每卷出 12 期。

总藏　（718）　1：1；2：；3：2—3,5—7,10—11；
　　　　　　　4—8；4：9：1—2

馆藏　1939　4：1—8,11—12；5：1—10

　　　　1940　5：11；6：1—8,10—12；7：1—8

　　　　1941　7：9—12；8：1—4；9：1

46372

青年中国季刊

青年中国季刊社　重庆

1939.9—1941.7　1—2：

总藏　（713）　1—2：

馆藏　1940　1：2

　　　　1941　2：1

47734

青年周刊

青年周刊编辑部　[印度尼西亚]爪哇

[19?]—1947.11　1—102

馆藏　1947　102

47598

青年周刊

中国国民党浙江临时执行委员会青年部
浙江

[1927]　1—3

馆藏　[1927]　3

46386

青青(半月刊)

青青出版社　上海

1933.8—10　1：1—7

总藏　（722）　1：1—7

馆藏　1933　1：4—5

44637

青青电影(周刊)

青青电影出版社　上海

1934.[?]—1951.10　1—19：20

本刊原为月刊,1936 年曾停刊,1937 年复刊,
卷期续前。自 3 卷 4 期起改为半月刊,自 16
卷 1948 年起又改为周刊。

总藏　（722）　1—2：10；3：1—8；4：6,25—26,
　　　　　　　32,35—37,40；5：1,3—18,21,
　　　　　　　25—26,35,39；14：8—12；15：
　　　　　　　1—36；16：1—40；17：

馆藏　1934　1：5,7,10

　　　　1935　1：11—12；2：1—2,4—5,7

　　　　1939　4：11

　　　　1948　16：9

46835

青少年(半月刊)

青少年半月刊编辑部　北京

1943.[10]—12　1：1—4

馆藏　1943　1：2,4

44638

青洲(半月刊)

青洲书店　南昌

1929.3—4　1：1—4

馆藏　1929　1：1—4

47044

清华大学工程学会会刊(半年刊)

该会　北平

1932.[?]—1935.11　1—4：

总藏　（978）　4：

馆藏　1935　4：1—2

45707

清华大学年刊

该校　北平

1932—1937

总藏　（976）　1933

馆藏　1932

　　　　1933

　　　　1935

　　　　1937

47670

清华大学土木工程学会会刊（不定期刊）

该会　北平

1932.6—1949.［?］　1—7

本刊在北平创刊,自 5 期起迁至昆明出版,9 期起迁回北平出版。

总藏　（978）　1—7

馆藏　1932　1

　　　　1933　2

　　　　1934　3

　　　　1937　4

45627

清华大学旬刊

该校　北平

1948.2—8　1—13

总藏　（976）　1—11,13

馆藏　1948　2,6—10

45628

清华大学周刊

该校　北平

1914.3—1937.5　1—46:6

1947.［3］—7　复1—17

本刊原由清华学校编印,自 30 卷 1928 年起改由清华大学编印。原以期计算,350 期 1925 年后改为 24 卷 1 期计算。46 卷 6 期 1937 年后曾停刊,1947 年复刊,期数另起。

总藏　（976）　13—17,19,47—350;24—45:;

　　　　　　　46:1,6;复1—11,13—15,17

馆藏　1918　146,148,155

　　　　1920　191

　　　　1925　336,338

　　　　1926　25:2—16

　　　　1930　33:10;34:2

1932　36:11;37:1,6—7,9—10

1935　43:2

45631

清华大学周刊临时增刊

该校　北京

1915—1925　1—11

总藏　（977）　1—11

馆藏　1918　4

　　　　1920　6

46901

清华机工月刊

清华大学机械工程学会　北平

1936.10—1937.6　1:1—8

总藏　（978）　1:1—8

馆藏　1936　1:2—3

　　　　1937　1:4—6

47152

清华暑期周刊

国立清华暑期周刊社　北平

1932.7—9　1—10

总藏　（980）　1—10

馆藏　1932　9—10

46757

清华同学会总会校友通讯

见“清华校友通讯”

44214

清华消夏旬刊

见“清华消夏周刊”

44214

清华消夏周刊

清华大学消夏团学术部　北平

1923.7—8　1—6

1928.7—8　复1—7

1929—1930　新1—6

1931.1—［?］　新1—7

本刊原名为“清华消夏旬刊”。曾停刊,1928 年 7 月复刊,改用本名,期数另起。自 1929 年起期数又另起。自 1931 年 1 月起期数又另起。

总藏　（980）　1—6;复1—7;新1—6;新1—7

馆藏　1931　新5

46757

清华校友通讯

国立清华大学　北平

1934.1—1941.[?]　1—8:1

1947.3—4　复1—3

1949.4　新1

本刊原名为"清华同学会总会校友通讯"，后改用本名。在北平创刊，后迁昆明出版。8卷1期后曾停刊，1947年3月在北平复刊，期数另起。自1949年4月起，期数又另起。

总藏　（980）　1:1,5—6,10;2:1—2,4—9;3:
　　　　　　　　1—10;4:1—7;5:1—6;6:1—
　　　　　　　　5,8—12;7:1—2;8:1;复1—
　　　　　　　　3;新1

馆藏　1934　1:1,7,9

　　　1935　2:4,8

　　　1936　3:1—7

　　　1937　4:1—5

44255

清华学报(半年刊)

清华大学　北平

1915.12—1919.12　1—5:1

1924.6—1948.[?]　新1—15:;目录索引

本刊原为季刊，分出中、英文本。曾停刊，1924年6月复刊，改为半年刊，卷期另起。自新9卷1934年起又改为季刊，自新13卷1941年起改回半年刊。原由清华学校编印，后改由清华大学编印。在北京创刊，抗战期间迁昆明出版，胜利后迁回北平出版。

总藏　（979）　1—5:1;新1—15:;目录索引

馆藏　1915　1:2,6,8

　　　1916　2:2

　　　1917　2:6

　　　1918　3:2,4,6,8

　　　1919　4:2,6,8;5:1

　　　1924　新1:1—2

　　　1925　2:1—2

　　　1926　3:1—2

　　　1927　4:1—2

　　　1928　5:1

　　　1934　9:3—4

　　　1935　10:1—4;目录索引(新1—10:)

　　　1936　11:2—4

　　　1937　12:1—2

　　　1947　14:1

　　　1948　14:2

47664

清华中国文学会月刊

见"文学月刊"

44252

清明(月刊)

山河图书公司　上海

1946.5—10　1—4

总藏　（980）　1—4

馆藏　1946　1—4

44253

清议(月刊)

战后建设问题研究会　上海

1947.5—1948.11　1—2:7

总藏　（980）　1—2:7

馆藏　1948　1:10—12;2:1—2,4—7

44254

清议报全编

新民社　[日本]横滨

1898.10—1901.12　1—100

本刊将"清议报"1至100期的文字加以删补，删去约十分之四，补入十分之二，编为6集26卷。

总藏　（981）　1—26:

馆藏　1898—1901

　　　1—26:

47418

清真月刊

寰球清真青年会　上海

1920.1　1:1

馆藏　1920　1:1

44805H

晴雨画报（周刊）

晴雨画报社 北平

1946.8 1—11

1947.3 复1—5

本刊原为三日刊,曾停刊;复刊后改为周刊,
期数另起。

馆藏 1946 1—11

1947 复1—5

47761

庆祝民国三十七年元旦特刊

陆军第六十二军司令部 唐山

1948.1 1

馆藏 1948 1

qiu

46605

求是（月刊）

求是月刊社 南京

[19?]—1944.5 1:1—3

馆藏 1944 1:3

46668

求是（月刊）

求是月刊社 上海

1948.[?]—7 1—3

馆藏 1948 3

46747

求是季刊

见"侠魂"

46747

求是月刊

见"侠魂"

46318

求真杂志（月刊）

求真杂志社 上海

1946.5—1947.1 1:1—9

总藏 （605） 1:1—9

馆藏 1946 1:2,4—7

1947 1:9

qu

47809

渠梁（月刊）

女子师范 天津

1936.7 1

馆藏 1936 1

44824

趣味的昆虫（月刊）

南通大学农学院昆虫趣味会 江苏

1935.4—1937.5 1—3:2

总藏 （1241） 1:1—8;2—3:2

馆藏 1935 1:1,4—8

1936 2:4,7—9

1937 2:10—12;3:1—2

quan

47140

全国公民和平协助会周刊

该会 上海

1919.12—1920.2 1—10

总藏 （557） 1—10

馆藏 1919 1,3

1920 4

44817

全国学术工作咨询处月刊

该处 南京

1935.1—1937.9 1—3:8

总藏 （557） 1—3:8

馆藏 1936 2:1—12

1937 3:1—5

47847

全国运动大会日刊

大会宣传组 上海

1933.10 1—12

馆藏 1933 1—12

45285

全家福（月刊）

全家福杂志社　北京

1939.1—1944.9　1—6:9

总藏　(558)　1:1—7,9;2:;3:2—12;4—5:
　　　　　　　10,12;6:1—2,7—9

馆藏　1940　2:1—2,4—5,7—11

　　　1941　3:1,3—12

　　　1942　4:1—12

　　　1943　5:1—12

　　　1944　6:1—2,7—9

45972

全面战(周刊)

第五路军总政训处全面战周刊社　广西

[19?]—1938.8　1—31

馆藏　1938　31

47139

全民周报

全民报社　北平

1947.1—2　1:1—7

总藏　(556)　1:1,3,7

馆藏　1947　1:2,4—5

45768

全民周刊

全民周刊出版社　汉口

1937.12—1938.7　1—2:5

本刊1938年7月后与"抵抗"合并,改名为
"全民抗战",卷期另起。第1卷出25期。

总藏　(556)　1—2:5

馆藏　1937　1:1—3

　　　1938　1:4—25;2:1—5

46951

泉币(双月刊)

中国泉币学社　上海

1940.7—1945.9　1—32

总藏　(898)　1—32

馆藏　1940　1—3

　　　1941　4—9

　　　1942　10—12,14—15

　　　1943　16—21

　　　1944　22—27

1945　28—29

45486

铨政月刊

铨政月刊社　南京

1947.11—1948.12　1—3:

本刊第1卷出2期,2至3卷每卷出6期。

总藏　(1231)　1—3:

馆藏　1947　1:1—2

　　　1948　2:1—6;3:1—2,4

qun

44794

群力(旬刊)

群力旬刊社　上海

1936.1—6　1—2:3

本刊第1卷出12期。

总藏　(1200)　1:1—2,4—12;2:1—3

馆藏　1936　1:8

(线装)**P7**

群雅(月刊)

群雅月刊社　上海

1940.4—1941.2　1—2:2

本刊第1卷出6期。

总藏　(1204)　1—2:2

馆藏　1940　1:1—6

44795

群言(周刊)

群言杂志社　上海

1946.1—4　1—3

1946.12—1948.1　复1—10

1948.7—1949.3　新1—34

本刊原为月刊,在杭州创刊,曾停刊,1946年
12月复刊,期数另起。自1948年7月起改为
周刊,迁上海出版,期数又另起。

总藏　(1204)　1—3;复1—10;新1—34

馆藏　1948　新2,4—11,13—19

45073

群言(季刊)

广西留穗学会　广州

227

1919.[？]—1937.4　1—13：3

本刊自 11 卷 1934 年起改为半月刊，自 12 卷 1936 年起又改为月刊。

总藏　（1204）　4：2—4；5：3；7：；9：1—2；11：
　　　　　　　　　2—12；12：1—6；13：1—3

馆藏　1932　9：1

47491

群众（周刊）

群众杂志社　上海

1937.12—1947.3　1—14：9

本刊在汉口创刊，自 3 卷起迁重庆，抗战胜利后迁上海出版。1 至 3 卷每卷出 25 期，4 至 5 卷每卷出 18 期，6 卷出 12 期，7 卷出 24 期，8 卷出 22 期，9 至 10 卷每卷出 24 期，11 至 13 卷每卷出 12 期。

总藏　（1201）　1—14：9

馆藏　1937　1：1—3
　　　1938　1：19；2：3，10—12
　　　1939　2：13—15，17—25；3：1—25
　　　1940　4：1—18；5：1—16
　　　1941　5：17—18；6：3—4，8—12
　　　1942　7：1—6，8—24
　　　1944　9：1—24
　　　1945　10：1—24
　　　1946　11：1—12；13：1—12
　　　1947　14：1—9

47359

群众（周刊）

群众周刊社　香港

1947.1—1949.9　1—3：43

总藏　（1201）　1—3：43

馆藏　1947　1：14
　　　1948　2：30，38，45
　　　1949　2：52；3：19，28，37，39

46998

群众漫画（月刊）

群众漫画社　上海

1935.2—4　1—2

总藏　（1204）　1

馆藏　1935　2

45988

群众日报增刊（旬刊）

群众日报社　［不详］

1948.6—9　1—9

总藏　（1204）　1—9

馆藏　1948　1，3—7，9

（新善）**Z62/QZW**

群众文化（半月刊）

华东新华书店　［山东］

1948.［1］—7　1—10

1948.9—1949.1　新 1—5

本刊自 1948 年 9 月起期数另起。

总藏　（1203）　2—5，9—10；新 1—5

馆藏　1948　新 4

R

ran

47116

燃料专刊

北碚经济部矿冶研究所　重庆

1946.7　1

总藏　（1247）　1

馆藏　1946　1

44197

染化月刊

中国染化工程学会　上海

1939.3—1952.［？］　1—8：4

本刊原由南通学院纺织科染化工程系同学会染化研究会编辑，1947 年改由中国染化工程学会出版。

总藏　（816）　1—5：

馆藏　1939　1：5—6，10
　　　1940　2：1—12
　　　1941　3：1—10，12
　　　1947　4：1—6，9
　　　1948　5：3
　　　1949　5：5—10，12
　　　1951　7：2

46402

染织

浙江省立高级工业职业学校等　杭州

1935.6—1936.5　1—2:2

总藏　（816）　1:1;2:1—2

馆藏　1936　2:1—2

44198

染织纺(月刊)

染织纺周刊社　上海

1935.8—1941.8　1—8:2

本刊原为周刊,自3卷起改为月刊。

总藏　（816）　1—8:2

馆藏　1935　1:1—21

　　　1936　1:22—50;2:1—22

　　　1937　2:23—50

　　　1939　4:10

　　　1940　5:1—2

rang

46815

勷大师范学院月刊

勷勤大学师范学院　广州

1933.9—1935.6　1—19

总藏　（21）　1—19

馆藏　1935　17

ren

45644

人道(周刊)

人道周刊社　香港

1948.1—1949.2　1—2:1

总藏　（13）　1:1—20;2:1

馆藏　1948　1:1,4,6

45203

人道(月刊)

人道月刊社　上海

1934.8—1936.9　1—2:4

总藏　（13）　1—2:4

馆藏　1934　1:2—7

　　　1935　1:8—12;2:1—2

47272

人间(月刊)

人间书店　上海

1929.1　1

总藏　（14）　1

馆藏　1929　1

45208

人间世(半月刊)

良友图书公司　上海

1934.4—1935.12　1—42

1936.1—4　新1—2

本刊在上海创刊,由良友图书公司编印,1936年1月迁汉口改由华中图书公司发行,期数另起。

总藏　（14）　1—42;新1—2

馆藏　1934　1—18

　　　1935　19—36,38,40—41

47417

人间味(月刊)

人间味杂志社　南京

1943.1—12　1—2:6

总藏　（14）　1:1—3;2:1—6

馆藏　1943　2:3—4

（新善）**Z62/RMS**

人民时代(半月刊)

新华书店晋绥分店　山西兴县

1946.7—12　1—12

总藏　（9）　1—12

馆藏　1946　12

45816

人民世纪(周刊)

人民世纪出版社　南京

1948.2—6　1:1—6

1949.4　新1:1—3

本刊原为月刊,自1949年4月起改为周刊,卷期另起。

总藏　（9）　1:1—6;新1:1—3

馆藏　1949　新1:1

45647

人民世纪(周刊)

人民世纪社　上海

1946.2—6　1—13

总藏　(9)　1—13

馆藏　1946　1—11

47283

人民世纪(半月刊)

人民世纪社　北平

1945.[？]—1946.3　1—4

总藏　(9)　1—4

馆藏　1946　3—4

45200

人民世纪(半月刊)

人民世纪杂志社　天津

1946.2—1947.4　1:1—11

总藏　(9)　1:1—11

馆藏　1946　1:1—4

　　　　1947　1:5—11

47089

人民文艺(半月刊)

人民文艺社　北平

1946.1—9　1:1—6

本刊自6期1946年9月起改由中华全国文艺
协会北平分会编。

总藏　(9)　1:1—6

馆藏　1946　1:2,4

45205

人民与文艺(双月刊)

大众文艺丛刊社　香港

1948.[3]—5　1—2

总藏　(9)　2

馆藏　1948　2

47883

人民周刊

人民周刊社　广州

1926.2—1927.4　1—50

本刊1982年人民出版社影印。

总藏　(8)　1—31,34—43,45,47—50

馆藏　影 1926　1—31,33—36

　　　　1927　37—45,47—50

45202

人权之歌

人权之歌社　上海

[1946.？]—1947.4　1—2:25

总藏　(11)　2:25

馆藏　1947　2:25

46834

人人周刊

人人周刊社　上海

1945.9—1946.5　1—3:4

总藏　(6)　1—3:4

馆藏　1946　3:2

47615H

人生画报(月刊)

独立出版社　上海

[193？]—1936　1—2:6

本刊原为声美出版社出版,后改由独立出版
社出版。

馆藏　1935　2:2

　　　　1936　2:5—6

47049

人生旬刊

声美出版社　上海

1935.7—9　1:1—8

总藏　(10)　1:1—8

馆藏　1935　1:4

45204

人生与文学(月刊)

南开大学人生与文学社　天津

1935.6—1937.4　1—2:

本刊自2卷1936年起改为季刊。

总藏　(10)　1:1—6;2:

馆藏　1935　1:4

45201

人生杂志(月刊)

人生杂志社　上海

1947.12—1949.2　1—2:2

总藏 （11） 1—2:2
馆藏 1948 1:3—4

47696

人世间(月刊)
人世间社 上海
［1939.11］—1941.10 1—2:
馆藏 1941 2:5,8,10—12

45199

人世间(月刊)
人世间社 上海
1942.10—1945.［11］ 1—2:1
1947.3—1949.2 复1—3:2
本刊在桂林创刊,曾停刊,1947 年 3 月在上海
复刊,卷期另起。原为半月刊,复刊后改为
月刊。
总藏 （8） 1—2:10;复1—3:2
馆藏 1947 复1:1—6;2:1—3
1948 2:4—6
1949 3:1

45648

人事行政(年刊)
中国人事行政学会 重庆
1942.12—1943.10 1—2
总藏 （12） 1—2
馆藏 1942 1
1943 2

45198

人文(季刊)
人文编辑所 上海
1930.2—1937.12 1—8:;索引
1947.4—1949.5 复1—3:1
本刊自 4 卷 1 期 1933 年起改名为“人文月
刊”。1 至 8 卷每卷出 10 期。1937 年 12 月后
停刊,1947 年 4 月复刊,改回本名,并改为季
刊,卷期另起。
总藏 （7） 1—8:;索引;复1—3:1
馆藏 1930 1:1—10
1931 2:1—10
1932 3:1—10;索引

1933 4:1—10
1934 5:1—10
1935 6:1—10
1936 7:1—10
1937 8:1—5
1947 复1:1

45198

人文月刊
见“人文”

45372

人物新丛
人物新丛社 上海
1948.11 1
本刊第 1 辑名为“看大局”。
馆藏 1948 1

45206

人物杂志(月刊)
人物杂志社 上海
1946.2—1951.6 1—6:12
本刊 1 卷 5 期至 2 卷 12 期在重庆出版。
总藏 （12） 1—3:;4:1—6,11—12
馆藏 1946 1:1—12
1947 2:1—12
1948 3:1—12

45207

人言周刊
人言周刊社 上海
1934.2—1936.6 1—3:16
总藏 （11） 1—3:16
馆藏 1934 1:1—46
1935 1:47—50;2:1—27,30,32—42
1936 2:43—50;3:1—16

47762

仁声季刊
同仁中学校出版股 保定
［19？］—1933.12 1—7
馆藏 1933 7

47201

仁智林丛刊(月刊)

仁智林丛刊社 北京

1926.9—11 1—3

总藏 (267) 1—3

馆藏 1926 1—3

46233

壬申(半月刊)

壬申社 天津

1932.6—9 1:1—7

总藏 (265) 1:1—3,7

馆藏 1932 1:1—3

45226

壬申医学(半年刊)

河北省立医学院壬申医学社 保定

1932.6—1936.5 1—4:1

总藏 (265) 1—4:1

馆藏 1932 1:1—2

　　　 1933 2:1

44604

认识月刊

读书生活社 上海

1937.6—8 1:1—2

总藏 (820) 1:1—2

馆藏 1937 1:1

45337

日报索引(月刊)

中山文化教育馆 南京

1934.5—1937.8 1—7:3

本刊在上海创刊,1935 年 2 月迁南京出版。

总藏 (174) 1—7:3

馆藏 1936 4:3—6;5:1—6;6:1

　　　 1937 6:2—6;7:1—3

44970

日本评论(月刊)

中国文化服务社 上海

1932.7—1945.3 1—18:3

本刊前身为"日本评论三日刊"。10 卷 5 期 1937 年 6 月后曾停刊,1940 年 1 月在重庆复刊,卷期续前。

总藏 (172) 1—18:3

馆藏 1932 1:1—3

　　　 1933 1:4;2:1—4;3:1—3

　　　 1934 4:1—5;5:1—5

　　　 1935 6:1,3—5;7:1—3

　　　 1936 8:3—5;9:1—2,4—5

　　　 1937 10:2—4

(旧参)**K264.2/YXZ**

日本研究(月刊)

日本研究社 上海

1930.1—1931.12 1—2:3

总藏 (172) 1—2:3

馆藏 1931 2:2—3

47812

日出旬刊

日出社 上海

1928.11—1928.12 1—5

本刊收入《中国现代文学史资料丛书(乙种)》,1960 年 3 月由上海文艺出版社影印。

馆藏 影1928 1—5

46985

日文与日语(月刊)

人人书店 北平

1934.1—1935.12 1—3:

本刊 2 至 3 卷每卷出 6 期。

总藏 (172) 1—3:

馆藏 1934 1:1—4,7—8,11—12

46623H

日新画报(月刊)

上海圣书会 上海

[1889]—1890 1—10

馆藏 1890 5,10

47739

日新治疗(月刊)

日新治疗社　［日本］大阪

[19?]—1937.1　1—133

馆藏　1930　57—58

1931　65

1934　94

1937　133

45831H

日曜画报（周刊）

晨报社　北平

1928.8—1930.9　1—108

本刊为"新晨报"副刊。

总藏　（174）　1—100

馆藏　1928—1930　1—108

45976

日用经济月刊

美商环球信托公司研究部　上海

1939.3—1941.12　1—3:

总藏　（173）　1—3:

馆藏　1949　1:1—10

1940　2:6

ru

47209

儒效月刊

河南儒效月刊社　开封

1935.7—1947.1　1—2:10

总藏　（1253）　1:1,4—12;2:1—10

馆藏　1946　2:2—3

1947　2:10

rui

47678

睿湖（月刊）

神州国光社　上海

1929.6—1930.10　1—2

本刊在北平创刊,自2期起迁上海出版。

总藏　（1225）　1—2

馆藏　1930　2

S

san

44447

三二校刊

三十二小学校学生自治会　天津

[1932.?]—5　1—2

馆藏　1932　2

47308

三津报特刊

三津报社　天津

1947.4　1

"三津报"1935年创刊,抗战时期停刊。本刊为该报1947年4月准备复刊时所出的特刊。

馆藏　1947　1

44404H

三六九画报（三日刊）

三六九画报社　北京

1939.[11]—1945.10　1—35:11;特辑1—2;

专集

馆藏　1939　1:4—6,8—9,11—14

1940　2:1—19,21—34;3:1—18;4:1—18;5:1—18;6:1—18

1941　7:1—17;8:1—18;9:1—18;10:1—18;11:1—18;12:1—2,4—18

1942　13:1—14,16—17;14:1—18;15:1—18;16:1—17;17:1—18;18:1—18;特辑1—2

1943　19:1—17;20:1—18;21:1—18;22:1—18;23:1—18;24:1—16,18;专集

1944　25:1—18;26:1—18;27:1—18;28:1—18;29:1—18;30:1—18

1945　31:1—17;32:1—11,33:17;34:1—5,7—11,13—17;35:1—2,4—11

天津图书馆馆藏新中国成立前中文期刊目录(1884—1949)

44477

三六校刊

市立第三十六小学校　天津

1935.5　1

馆藏　1935　1

46704

三民半月刊

三民学社　北平

1928.9—1932.1　1—7:10

总藏　(37)　1—7:10

馆藏　1930　4:12

47562

三民月刊

中国国民党汉口特别市党部三民编译社
汉口

1942.1—1943.3　1—3:3

馆藏　1942　1:1

　　　　1943　3:3

44446

三民主义半月刊

三民主义半月刊社　南京

1941.1—1942.4　1—2:

1942.7—1947.12　新1—11:7

本刊原名为"三民主义周刊",1942年改用本
名。原在重庆出版,自9卷7期1946年8月
起迁南京出版。

总藏　(37)　1—2:;新1—7:8;8:1—5;9:
　　　　　　1—10;10—11:7

馆藏　1942　新1:2—12

　　　　1943　2:1—12;3:1—12

　　　　1944　4:1—12

　　　　1947　10:3—12;11:1—3,5—7

44446

三民主义周刊

见"三民主义半月刊"

46662H

三日画报

三日画报馆　上海

1925.8—1927.3　1—169

总藏　(37)　1—64

馆藏　1925　1—51

　　　　1926　52—159

　　　　1927　160—169

45365

三日评论

见"每周评论"

46525H

三三画报(月刊)

三三画报社　天津

1935.[?]—1936.8　1—12

馆藏　1936　5—12

44448

三三校刊

市立三十三小学校出版委员会　天津

1936.6　1

馆藏　1936　1

44449

三三医报(旬刊)

三三医报社　杭州

1923.5—1929.7　1—4:

本刊每卷出33期。

总藏　(36)　1—4:

馆藏　1925　3:1—3,5—8

　　　　1926　3:18—33

47561

三师汇刊

河北省立第三师范学校　河北滦县

[19?]—1931.12　1—3

馆藏　1931　3

sen

46974

森林(季刊)

中华森林会　上海

1921.3—1922.9　1—2:3

总藏　(1098)　1—2:3

馆藏　1921　1:1—2

46616

沙乐美(月刊)

共鸣社　上海

1935.9—1937.［？］　1—2:3

总藏　(577)　1:8—9;2:3

馆藏　1936　1:10

46319

沙仑(月刊)

沙仑社　上海

1930.6　1:1

本刊收入《中国现代文学史资料丛书(乙种)》，由上海文艺出版社影印。

总藏　(577)　1:1

馆藏　影 1930　1:1

44134H

沙漠画报(半月刊)

沙漠画报社　北京

1938.4—1943.10　1—6:15

本刊原为周刊，自 6 卷 1 期 1943 年 1 月改为半月刊。

馆藏　1938　1:9—14

　　　1939　2:3—14,18—49

　　　1940　3:1—22

　　　1941　4:9,14,16,21,25,28—48

　　　1942　5:1—16,21,24—38,40—43

　　　1943　6:1—15

47231

山大学报

山西大学文法学院　太原

1947.5　1:1

总藏　(93)　1:1

馆藏　1947　1:1

46921

山东财政旬刊

山东省政府财政厅　济南

1935.4—1937.［？］　1—86

本刊前身为"财政旬刊"。

总藏　(96)　1—81,83,86

馆藏　1937　67

(旧参) **G684/SEB**

(国立)**山东大学年刊**

该校　青岛

1936

总藏　(93)　1936

馆藏　1936

46793

(国立)**山东大学校刊**(不定期刊)

该校　青岛

1946.10—1948.6　1—26

总藏　(93)　1—26

馆藏　1946　7—8

46687

山东公报(日刊)

山东都督府　济南

1912—1928　1—5241

总藏　(93)　1—9,11—20,22—23,28—118,
149—209,233—292,294—295,
298,300—302,304—305,321—
335,341,352—357,359—365,
368,370—378,380—383,385—
388,391—395,397—442,444—
445,447—448,450—452,454—
455,459—460,462—464,466—
469,471,473—477,1061—1073,
1075—1145,1147—1166,1168—
1176,1178—1208,1210—1267,
1270,1272—1329,1345—1388,
1912,2297—2300,2316—2320,
2323—2325,2327—2330,2512—
2519,2522,2562,2564,2567,
2577—2605,2650,2710,2719,
5227—5237,5239,5241

馆藏　1919　2351—2370,2372—2438

　　　1920　2494,2496—2518,2536—2548,

2550—2563，2565—2576，2608—2632，
2637—2666

46134

山东河务特刊(年刊)

山东河务局　济南

1928.10—1936.1　1—8

总藏　(95)　1—8

馆藏　1928　1

　　　1931　3

　　　1932　4

　　　1933　5

47262

山东教育行政周报

山东省政府教育厅编译处　济南

1928.9—1936.4　1—390

总藏　(97)　1—390

馆藏　1930　90—100

　　　1934　308

　　　1935　330,360,369,373

　　　1936　376

47293

山东警察(月刊)

山东警察出版社　济南

1947.〔?〕—1948.7　1—8

馆藏　1947　2,4—5

　　　1948　6—8

48030

山东警监周刊

山东警监周刊社　济南

1923.11—1924.10　1—45

馆藏　1923　1—2,4—9

　　　1924　10—23,25—45

46966

山东民国日报副刊合订本

山东民国日报馆　济南

1929　1:1—2

总藏　(94)　1:2

馆藏　1929　1:1

46683

山东民众教育月刊

山东省立民众教育馆　济南

1930.1—1937.6　1—8:6

本刊原名为"民众教育"，自4卷1期起改用
本名。

总藏　(94)　1:1—4;2—8:6

馆藏　1932　3:11

　　　1934　5:1,6,8

　　　1936　7:4,9

(旧参)**G260.89/SGC**

山东省国货陈列馆国货年刊

该馆　济南

1931—1935

总藏　(95)　1931—1935

馆藏　1931

46097

山东省建设半月刊

山东省政府建设厅　济南

1936.5—1937.5　1—2:10

本刊第1卷出16期。

总藏　(95)　1—2:10

馆藏　1936　1:1—9,14—16

　　　1937　2:1—3,6—10

45747

山东省建设月刊

山东省建设厅　济南

1931.1—1934.2　1—4:2

总藏　(95)　1—4:2

馆藏　1932　2:4

　　　1933　3:5—12

　　　1934　4:1—2

48027

山东省立第二中学校学生丛刊

该校学生自治会　山东聊城

1917.11　1

馆藏　1917　1

47427

山东省立剧院第一周年纪念年刊

该院年刊委员会　济南

1935.11　1

馆藏　1935　1

47068

山东省立图书馆季刊

该馆　济南

1931.3—1936.12　1:1—2

总藏　（95）　1:1—2

馆藏　1931　1:1

46969

山东省政府公报(周刊)

该省政府秘书处　济南

1928.8—1937.8　1—450

1946.5—1948.8　复1—120

本刊1937年8月后曾停刊,1946年5月复刊,
期数另起。

总藏　（96）　1—450;复1—120

馆藏　1928　18—19,21

　　　　1931　154

　　　　1932　178

48024

山东省政府建设厅统计汇刊

该省政府建设厅　〔济南〕

1929.10　1

馆藏　1929　1

46195

山东实业公报(月刊)

山东省政府实业厅　济南

1914　1—4

1931.7—1933.3　新1—21

总藏　（95）　1—2,4;新1—21

馆藏　1931　新4

　　　　1932　15

44969

山东自治月刊

山东自治研究会　济南

1942.1—6　1:1—6

馆藏　1942　1:1—6

44968

山西公报(月刊)

山西省政府秘书处　太原

1932.7—1936.10　1—53

总藏　（97）　1—53

馆藏　1936　46

45837

山西教育报(月刊)

山西省长公署教育报办事处　太原

1917.1—10　1—10

总藏　（99）　2—5,8—10

馆藏　1917　8

46266

山西教育公报(半月刊)

山西教育公报办事处　太原

1918—1932　1—344

1932—1936　新1—224

本刊自1932年起改为周刊,期数另起。

总藏　（99）　1—225,236—240,246—344;新
　　　　　　　1—224

馆藏　1918　14—16,24

　　　　1920　60

　　　　1928　250

44857

山西民众教育(月刊)

山西省立民众教育馆　太原

1934.4—1937.6　1—4:3

本刊原名为"山西省立民众教育馆月刊",自3
卷1期1936年起改用本名。1至3卷每卷出
10期。

总藏　（98）　1—4:3

馆藏　1934　1:1

　　　　1935　2:1,3

　　　　1936　3:1—8

　　　　1937　3:9—10;4:1—3

47344

山西省公报

省公署秘书处　山西

[19?]—1939.2　1—4

馆藏 1939 4

45870

山西省立国民师范学校月刊

见"国师月刊"

44857

山西省立民众教育馆月刊

见"山西民众教育"

45843

山西省治安月报

山西省公署警务厅特务科 太原

1942.[?]—1943.9 1—2:8

馆藏 1943 2:8

44709

陕行汇刊(月刊)

陕西省银行 西安

1934.10—1946.6 1—10:2

本刊又名"陕西省银行汇刊"。自7卷1943
年起改为双月刊,自9卷1945年起又改为季
刊。1至9卷每卷出10期。

总藏 (750) 1—10:2

馆藏 1937 2:2

45911

陕西建设公报

见"陕西建设月刊"

45911

陕西建设月刊

陕西省建设厅 西安

1928.1—12 1—4

1929.4—1933.4 新1—4:

1933.4—1935.1 新1—42

1935.1—1937.9 新1—2:3

本刊自1929年4月起改名为"陕西建设周
报",卷期另起。1933年4月起改为"陕西建
设公报",期数另起。1935年1月改回本名,
卷期又另起。原以期计算,新30期1937年7
月后改为新2卷1期计算。

总藏 (749) 1—4;新1—4:;新1—42;新
1—2:3

馆藏 1929 新1:1—34

1930 1:35—46;2:1—28

1931 3:12—33

1932 3:34—47;4:1—34

1933 4:35—37,39—48;新2—6,8—17

1934 18—22,27—41

1935 42;新1:1—12

1936 1:13—21

1937 1:25—27

45911

陕西建设周报

见"陕西建设月刊"

44707

陕西教育行政(月刊)

陕西巡按使署教育科 西安

[191?]—1914.10 1—2:2

总藏 (752) 2:1—2

馆藏 1914 1:12

46648

陕西教育月刊

见"陕西教育周刊"

46648

陕西教育周刊

陕西省教育厅 西安

1927.8—11 1—3

1927.11—1930.9 新1—3:42

本刊原名为"陕西教育月刊",自1927年11
期起改用本名,卷期另起。原以期计算,后改
为分卷计期。

总藏 (751) 1—3;新1—3:42

馆藏 1928 新26—31,35,40,54—56

1929 57—59;2:33—48

44709

陕西省银行汇刊

见"陕行汇刊"

44708

陕西省政府公报(周刊)

该省政府秘书处　西安

1927.7—1936.12　1—2992

1937.1—1948.[?]　新1—1136

本刊原为日刊,后改为周刊。自1937年1月起期数另起。

总藏　(749)　34,54—58,74,131—2992;新1—594,687—694,699—703,752—769,771—776,792—936,939—1136

馆藏　1937　新110—112

46117

陕西水利季报

陕西省水利局　西安

1932.12—1936.7　1—4:6

1936.9—1948.3　新1—10:1

本刊原名为"陕西水利月刊",自1936年9月起改用本名,卷期另起。

总藏　(747)　1—4:6;新1:1—3;2—6:1;7:1—2

馆藏　1932　1:1

　　　1933　1:2—12

　　　1934　2:1—11

　　　1935　2:12;3:1—5,9—11

　　　1936　3:12;4:1—6;新1:1—2

　　　1937　2:1

　　　1940　5:1—2

　　　1948　10:1

46117

陕西水利月刊

见"陕西水利季报"

46741

汕头教育

市教育会　汕头

1928—1929　1—4

总藏　(437)　3

馆藏　1929　4

45696

汕头市市政公报(月刊)

市政府秘书处　汕头

1921.1—1935.12　1—121

总藏　(437)　1—30,32—34,39,41—111,115—121

馆藏　1932　83—84

　　　1933　85—86

47000

善后救济

见"善后救济总署冀热平津分署半月刊"

47000

善后救济总署冀热平津分署半月刊

该分署编译室　北平

1946.4—8　1—8

1946.10—1947.1　新1—4

本刊原名为"善后救济总署冀热平津分署周报",自1946年10月起改用本名,期数另起。又名"善后救济"半月刊。

总藏　(1088)　1—8;新1—4

馆藏　1946　8;新1—2

47000

善后救济总署冀热平津分署周报

见"善后救济总署冀热平津分署半月刊"

shang

44248

商标公报

工商部商标局　南京

1940—1941　1—18

馆藏　1940　6—7

　　　1941　8—10,13—14,18

44248

商标公报(半月刊)

工商部商标局　南京

1923.9—1927.12　1—124

1928.2—1948.6　新1—285

本刊一名"商标局商标公报",又名"实业部商标局商标公报"。原为月刊,自新250期1947年1月起改为半月刊。在北京创刊,抗战期间迁重庆出版,1946年迁南京出版。自1928年2月起期数另起。原由农商部商标局编印,商

239

标局后改属实业部,继改属经济部,后又改属
工商部。

总藏 (987) 1—106,119—124;新1—283,
285
馆藏 1926 73
1929 新18—27
1930 28—39,43
1932 65—70
1935 95—100
1936 114—115,123—125,127
1937 131,133
1946 246
1947 250—273

44248

商标局商标公报
见"商标公报"

45868

商工月刊
商工研究社 大连
[193?]—1943 1—8:7
总藏 (982) 3:6—12;4—5:1;7:7,11;8:7
馆藏 1940 5:10
1941 6:3

44249

商联周报
商联周报社 天津
1947.3—9 1—30
总藏 (988) 12,15—16,18—30
馆藏 1947 1—9,11—23,25—30

46900

商旅友报(月刊)
联洋发刊社 上海
1924.1—1925.9 1—21
总藏 (987) 1—6,9—17,20—21
馆藏 1924 4—5

47604

商民评论(周刊)
中国商民评论周刊社 天津
1934—1936 1—76

馆藏 1936 76

46988

商情报告(日刊)
中国征信所 上海
[19?]—1937.7 1—866
1938.[?]—1939.10 新1—419
本刊自1938年期数另起。
馆藏 1937 792—866
1938 新105—107,110—190,192
1939 193—229,231—286,338—370,
419

47477

商情旬报
华北贸易总公司商情科 华北
1948.8—1949.9 1—39
总藏 (987) 2—6,18,20—35,37—39
馆藏 1949 18—38

46392

商学汇报
见"商学汇刊"

46392

商学汇刊(不定期刊)
南开大学商学会 天津
1927.10—1937.6 1—5
本刊原名为"商学汇报",自4期1935年7月
起改用本名。
总藏 (986) 1—2,4—5
馆藏 1934 3
1935 4
1937 5

46205

商学季刊
商学会出版部 天津
[19?]—1929.1 1—8:
总藏 (986) 6:3—4;7:1,3—4;8:1—4
馆藏 1925 7:4
1927 8:2—3

44251

商学研究(季刊)

商学研究社　上海

1941.1—1942.2　1—2:1

1946.12—1948.10　复1—8

本刊曾停刊,1946 年 12 月复刊,期数另起。

总藏　(986)　1—2:1;复1—8

馆藏　1948　复6—8

46321

商学月报

中国商业公学　上海

1923.9　1

馆藏　1923　1

46942

商学杂志(月刊)

河北商学会　天津

1916.[?]—1921.1　1—6:10

总藏　(986)　1:1,3;2:1—10;3:1—8;4:1—
　　　　　5;5:1—8;6:1—5,9—10

馆藏　1916　1:9

　　　1917　2:8—10

　　　1920　5:4—5

44509

商业经济评论

见"正风经济"

44244

商业经济周刊

合众兴业公司图书部　天津

1939.1—8　1—30

馆藏　1939　1—30

46628

商业日报复刊号副刊画报(三日刊)

商业日报社　[北平]

1946.10　1

馆藏　1946　1

46914

商业旬刊

北京市商会　北京

1938.8—1944.12　1—9:2

本刊后改为月刊。

总藏　(983)　1—4:17;6:3—12;7:1—6,
　　　　　8—12;8:1—8,10—12;9:1—2

馆藏　1938　1:1—8

　　　1939　1:15—17;2:1,5—11,13,15—
　　　　　16;3:5—6,8,10

45657

商业月报

市商会商业月报社　上海

1921.7—1937.8　1—17:8

1937.9—11　新1—6

1937.12—1948.12　17:12—24:

本刊原名为"上海总商会月报",自 8 卷 1 期
1928 年 1 月起改用本名。1937 年出战时特
刊,并改为半月刊,期数另起。出 6 期后续出
17 卷 12 期,1941 年后曾停刊,1946 年 5 月复
刊,卷期续前。

总藏　(983)　1—17:8;新1—6;17:12;18—24:

馆藏　1928　8:7—12

　　　1929　9:1

　　　1937　新2;17:12

　　　1938　18:3

　　　1940　20:3—4

　　　1947　23:1,3—12

　　　1948　24:1,3—5,7—9

44246

商业月刊

商业月刊社　上海

1931.5—1932.12　1—2:1

本刊第 1 卷出 7 期。

总藏　(982)　1—2:1

馆藏　1931　1:1—4,6—7

44250

商业杂志(月刊)

商业杂志社　上海

1926.11—1931.5　1—5:

总藏　(984)　1—5:

馆藏　1930　5:1

天津图书馆馆藏新中国成立前中文期刊目录(1884—1949)

44245

商职月刊

公立商科职业学校　天津

1935.9—1937.6　1—3：

本刊每卷出 6 期。

总藏（987）　1—3：

馆藏　1935　1：1—4

　　　1936　1：5—6；2：1—6；3：1—4

　　　1937　3：5—6

44243

商钟(半月刊)

商钟杂志社　天津

1941.11—1945.7　1—4：6

总藏（988）　1：1；3：12，15—17，19

馆藏　1941　1：1—2

　　　1942　1：3—5

　　　1943　2：8，11，13—17

　　　1944　2：18—20，22；3：1—2，5，7

　　　1945　4：5—6

46320

商专季刊

法学院商业专修科毕业同学会　上海

1934.1—1937.4　1—14

总藏（982）　2—14

馆藏　1936　9

44247

商专年刊

法学院商业专修科　上海

1934.12—1936.9　1—3

总藏（982）　1—3

馆藏　1936　3

44841

上海潮声月刊

潮声月刊社　上海

1932.9　1

总藏（92）　1

馆藏　1932　1

46853

上海党声(半月刊)

中国国民党上海特别市执委会　上海

[19?]—1936.5　1—2：7

馆藏　1936　2：7

46442

上海风光(周刊)

上海风光社　上海

[194?]—1947.4　1—35

馆藏　1947　35

46843

上海各大学教职员联合会报

该会　上海

1935.1　1

总藏（87）　1

馆藏　1935　1

44835

上海各大学联合会会刊

该会　上海

1933.12　1

总藏（87）　1

馆藏　1933　1

47421

上海工商业异动报告

中国征信所　上海

1936：1—1937：4

馆藏　1936：1，4—5，8，10—12

　　　1937：1—4

44842

上海洪声(月刊)

洪声月刊社　上海

1947.4—1948.8　1—2：8

总藏（90）　1—2：8

馆藏　1948　2：4，6

45341H

上海画报

见"中国生活"

47870H

上海画报(三日刊)

上海画报社　上海

1925.6—1932.12　1—847;新年号

总藏　(89)　72—308,321,324—542,544,551,
554,562—563,568,571,576,579,
581—582,584,586—587,589—
600,602—604,610—611,613—
618,621—622,632,638,648,653,
658,660—760,762—847

馆藏　1925　1—69

1926　新年号;86—89,92—93,99,109—
136,151,153,155—157,159—160,
163,165—168,174—177,179,182

1927　188,191,195,197—198,200,205,
207—212,239,244—245,249,264

1930　571—572,574—599,601—618,
620—623,629—660

1931　661—676,678—744

47030

上海货价季刊

见"上海物价年刊"

44840

上海教育(周刊)

教育出版社　上海

1946.[1]—1948.9　1—6:1

1949.4　新1:1

本刊6卷1期1948年9月后曾停刊,1949年
4月复刊,卷期另起。

总藏　(92)　1—6:1;新1:1

馆藏　1946　1:4

1948　5:1

44839

上海教育(月刊)

特别市教育局　上海

1928.2—4　1:1—5

1929.6—1930.12　新1—19

本刊原为半月刊,1929年6月改为月刊,期数
另起。

总藏　(91)　1:1—5;新1—19

馆藏　1929　新2—4,7

1930　8—9

44836

上海警察(月刊)

市警察局　上海

1946.4—1948.11　1—3:5

馆藏　1946　1:1,3,5

1947　1:6—7,10;2:1—3

1948　2:5,9—10;3:1—5

46376

上海漫画(月刊)

独立出版社　上海

1936.5—1937.6　1—2:1

总藏　(92)　1—2:1

馆藏　1936　1:2

1937　1:9

44833

上海民众(月刊)

市立民众教育馆　上海

1936.11—1937.6　1—8

总藏　(87)　1—8

馆藏　1936　1—2

1937　5

47550

上海商情日报

浙江兴业银行上海总行业务处调查股　上海

1940.[?]—1941.7　1940:1—297

1941:1—170

馆藏　1940:139—297

1941:1—170

45155

(国立)**上海商学院院务半月刊**

见"(国立)上海商学院院务月刊"

45155

(国立)**上海商学院院务月刊**

该院　上海

1933.10—1936.6　1—49

1947.1—1948.10　复1—2:5

本刊原名为"(国立)上海商学院院务半月刊",49 期 1936 年 6 月后曾停刊,1947 年 1 月复刊,改用本名,卷期另起。

总藏　(91)　1—49;复 1—2:5

馆藏　1947　复 1:1

46073

上海生活(月刊)

联华广告公司出版部　上海

1937.3—1941.12　1—5:

总藏　(87)　1:1—6;2:1—7;3—5:

馆藏　1939　3:12

　　　　1941　5:5

46692

上海市工务局法规汇编

市工务局　上海

1946.1　1

馆藏　1946　1

44832

上海市通志馆期刊(季刊)

该馆　上海

1933.6—1935.3　1—2:

总藏　(86)　1—2:

馆藏　1933　1:1—4

　　　　1934　2:1—3

　　　　1935　2:4

45639

上海市政府公报(周刊)

该市政府秘书处　上海

1927.8—1937.5　1—180;副刊 1—5

1945.12—1949.3　复 1—10:13

本刊原名为"上海特别市政府公报",自 58 期起改用本名。抗战期间曾停刊,1945 年 12 月复刊,卷期另起。原为三日刊,自复刊 6 卷 1 期 1947 年 1 月起改为周刊。复刊 1 至 5 卷每卷出 30 期,复刊 6 至 9 卷每卷出 26 期。

总藏　(86)　1—180;复 1—10:13;副刊 1—5

馆藏　1928　7—14,17;副刊 2—3

　　　　1929　19—24,30—40;副刊 4

　　　　1930　41—76

1931	77—92,94,100—112
1932	113—118,123—125
1933	128,132—136,138—139
1934	140—144,148
1935	153—159,161
1936	167,169—175
1937	176—179
1948	复 8:26

44838

上海市总工会第五届一周年纪念特刊

市总工会　上海

1947.9　1

馆藏　1947　1

46336

上海滩

上海滩社　上海

1946.2—7　1:1—11

馆藏　1946　1:1,6—7,9—11

46336

上海滩(周刊)

黄浦出版社　上海

1936.8—1945.9　1—14

1946.[4]—1948.10　新 1—56

本刊 14 期 1945 年 9 月后曾停刊,1946 年复刊,期数另起。

总藏　(92)　1;新 3—4,8,11

馆藏　1945　14

　　　　1946　新 3,6—7,15

　　　　1947　16—17

　　　　1948　53,56

45639

上海特别市政府公报

见"上海市政府公报"

46449

上海特写(周刊)

上海特写周报社　上海

1946.5—12　1—29

总藏　(91)　2—3,5,7,9—11,17,29

馆藏　1946　23

45077

上海文化(月刊)

文化服务社　上海

1945.12—1947.1　1—12

总藏　（84）　1—12

馆藏　1946　5,7—11

46155

上海文化界救国会会刊(周刊)

该会　上海

1936.3—4　1—6

本刊由红旗出版社影印。同时影印合订一册的刊物是"救亡情报""学生报道""国难教育"和"上海职业界救国会会刊"。

馆藏　影 1936　1—6

47030

上海物价年刊

财政部国定税则委员会　上海

1923—1938：

本刊原名为"上海货价季刊"，自1934年起改用本名。原由财政部驻沪调查货价处编，自1929年起改由国定税则委员会编。

总藏　（90）　1923—1938：

馆藏　1934：

　　　　1935：

48023

上海物价月报

财政部国定税则委员会　上海

1925.10—1940.6　1—16：6

总藏　（90）　1—14：;15：1—5,7—11;16：1,

　　　　　　　3—6

馆藏　1935　11：6

　　　　1937　13：6

44834

上海现银移动状况

国民政府主计处统计局　南京

1934.8—1937.3　1—32

总藏　（91）　1—32

馆藏　1934　1—5

　　　　1935　6—17

1936　18—29

1937　30—32

45752

上海影坛(月刊)

影业出版公司　上海

1943.10—1945.8　1—2：8

总藏　（92）　1—2：8

馆藏　1944　1：6

46029

上海游艺(半月刊)

游艺出版社　上海

1946.[?]—11　1—5

馆藏　1946　2,4—5

45753

上海战影

时事新闻社　上海

[1932]　1

馆藏　[1932]　1

46155

上海职业界救国会会刊

该会宣传部　上海

1936.7—9　1—3

本刊由红旗出版社影印。同时影印合订一册的刊物是"救亡情报""学生报道""国难教育"和"上海文化界救国会会刊"。

馆藏　影 1936　1—3

45053

上海周报

上海周报社　上海

1932.12—1934.5　1—4：24

本刊1至3卷每卷出26期。

总藏　（84）　1—4：24

馆藏　1933　3：1,3—5

　　　　1934　3：6—10,14—26

45657

上海总商会月报

见"商业月报"

46251

尚贤堂纪事(月刊)

该堂　上海

[19?]—1922　1—13:10

总藏　(753)　4:2,12;5:1—4,7—8,11—12;
　　　　　　　6:5;7—8:;10:12;11:3;13:
　　　　　　　4—5,10

馆藏　1914　5:7

　　　1915　6:12

　　　1916　7:3

　　　1921　12:3

45906

尚志

见"尚志周刊"

45906

尚志周刊

尚志周刊社　成都

1932.10—1934.1　1—3:1

本刊自 3 卷 1 期 1934 年 1 月起改名为"尚志"
月刊。

总藏　(752)　1:2,14—17,23—25;2:1—25;
　　　　　　　3:1

馆藏　1932　1:11,16—17,25

　　　1933　2:10—11

shao

46191

少年(月刊)

商务印书馆　上海

1911.2—1931.12　1—21:

总藏　(170)　1—4:6;5—21:

馆藏　1918　8:9

　　　1921　11:8

　　　1922　12:5

　　　1925　15:4,10

　　　1926　16:3

　　　1927　17:7

　　　1930　20:12

　　　1931　21:1,3—11

47837

少年读物(月刊)

少年读物社　上海

1938.9—1947.5　1—4:5

本刊原为半月刊,1 卷 6 期 1938 年 11 月后曾
停刊,1946 年 1 月复刊,并改为月刊,卷期
续前。

总藏　(172)　1—4:5

馆藏　1947　4:1

46265H

少年画报(月刊)

商务印书馆　上海

1937.4—1941.11　1—49

本刊在上海创刊,后迁长沙,继又迁香港
出版。

总藏　(171)　1—49

馆藏　1937　1,4

46435

少年科学杂志(半月刊)

新中国书局　上海

[193?]—1937.5　1—4:2

总藏　(172)　3:1,3—5,7,9—24;4:1—2

馆藏　1936　3:2

44854

少年时代(半月刊)

神州国光社　上海

1931.1—12　1:1—26

总藏　(171)　1:1—26

馆藏　1931　1:1,4

44856

少年世界(月刊)

少年中国学会南京分会　南京

1920.1—12　1:;增刊

总藏　(170)　1:;增刊

馆藏　1920　1:1—12

　　　1921　增刊

45737

少年友(半年刊)

市新民少年团本部　天津

1939.7　1

馆藏　1939　1

（旧参）**Z62/SNZ**

少年战线（半月刊）

少年战线社　桂林

1939.5—1940.〔?〕　1—3:5

总藏　（172）　2:1;3:2,5

馆藏　1940　2:4

45750

少年中国（月刊）

少年中国学会　北京

1919.7—1924.5　1—4:

本刊1980年由人民出版社影印。

总藏　（170）　1—4:

馆藏　1920　2:1

　　　1922　3:7

　　　影 1919　1:1—6

　　　1920　1:7—12;2:1—6

　　　1921　2:7—12;3:1—5

　　　1922　3:6—12

　　　1923　4:1—8

　　　1924　4:9—12

44855

少年周报

中华书局　上海

1937.4—10　1:1—23

总藏　（169）　1:1—23

馆藏　1937　1:1

she

44129

社会（周刊）

社会周刊社　上海

1934.4—1935.4　1:

本刊第1卷出50期。

总藏　（582）　1:

馆藏　1934　1:1—4,6—20,25,29—30

44126

社会半月刊

见"社会月刊"

46184

社会导报（半月刊）

社会导报社　南京

1947.9—1948.11　1—23

总藏　（585）　1—23

馆藏　1948　17,19—20

45668

社会导报（月刊）

社会导报社　成都

1931.1—1933.3　1—3:3

总藏　（585）　1:1—11;2—3:3

馆藏　1931　1:8

45781

社会法规汇编

市政府社会局　天津

〔19?〕—1946.1　1—3

馆藏　1946　3

46067

社会服务（年刊）

中国社会服务事业协进会　重庆

1942.1　1

1943.2—1944.〔?〕　新 1—22

1944.12　新 1

本刊原为季刊,自1943年2月起改为周刊,期数另起。自1944年12月起改为年刊,期数又另起。

总藏　（587）　1;新 1—22;新 1

馆藏　1944　新 1

44122

社会工作通讯（月刊）

社会工作通讯月刊社　南京

1944.1—1948.3　1—5:3

本刊在重庆创刊,自3卷3期1946年3月起迁至南京出版。5卷3期1948年3月停刊,后并入"社会建设"月刊。

总藏　（582）　1—5:3

馆藏　1947　4:2,5

　　　1948　5:2—3

天津图书馆馆藏新中国成立前中文期刊目录（1884—1949）

46890

社会公论(半月刊)

社会公论社　南京

1947.6—1948.7　1—4：

本刊每卷出6期。

总藏　（584）　1—4：

馆藏　1947　1：1—2,4,6；2：1—6

　　　1948　3：1—6

44122

社会建设(月刊)

社会建设月刊社　南京

1944.7—1946.7　1：1—5

1948.5—1949.1　复1：1—9

本刊在重庆创刊,曾停刊,1948年5月在南京复刊,期数另起。

总藏　（587）　1：1—5；复1：1—9

馆藏　1948　复1：1—7

44121

社会教育季刊

大夏大学社会教育研究会　上海

1937.1—4　1：1—2

总藏　（592）　1：1—2

馆藏　1937　1：1—2

44131

社会教育星期报

社会教育办事处　天津

1915.8—1928.12　1—688

本刊自第689号1929年1月起改名为"广智馆星期报",期数另起。

总藏　（592）　421—540,586—601

馆藏　1915　1—22

　　　1916　23—74

　　　1917　75—125

　　　1918　126—176

　　　1919　177—227

　　　1920　228—278

　　　1921　279—329

　　　1922　330—381

　　　1923　382—432

　　　1924　433—483

　　　1925　484—534

　　　1926　535—585

　　　1927　586—636

　　　1928　637—688

44119

社会经济月报

社会经济调查所　上海

1934.1—1939.2　1—6：2

本刊自5卷8期1938年8月起迁至重庆出版。

总藏　（592）　1—6：2

馆藏　1934　1：1—12

　　　1935　2：1—12

　　　1936　3：1—12

　　　1937　4：1—6

44115

社会局公报(半月刊)

该局公报处　天津

1936.3—8　1—11

总藏　（586）　1—11

馆藏　1936　1—11

44127

社会科学(半月刊)

广州大学社会科学研究社　广州

1936.11—1938.1　1—2：1

本刊第1卷出20期。

总藏　（588）　1—2：1

馆藏　1936　1：1—4

　　　1937　1：5—14

44110

社会科学(季刊)

清华大学社会科学编辑部　北平

1935.10—1950.10　1—6：2

总藏　（589）　1—5：

馆藏　1935　1：1

　　　1936　1：2—4；2：1

　　　1937　2：2—3

　　　1947　4：1

　　　1948　4：2

45705

社会科学(季刊)

福建省研究院社会科学研究所　福州

1945.3—1949.6　1—5:2

本刊在永安创刊,后迁福州出版。

总藏　(589)　1—5:2

馆藏　1947　3:1—4

　　　1948　4:1—2,4

47534

社会科学丛刊(半年刊)

国立中央大学社会科学丛刊编委会　南京

1934.5—1936.1　1—2:

总藏　(590)　1—2:

馆藏　1934　1:1

44112

社会科学季刊

北京大学社会科学季刊编委会　北平

1922.11—1936.[12]　1—6:

1942—1943　新1—2:

本刊4卷4期1930年后曾停刊,1935年复刊,卷期续前。6卷4期1936年12月后又停刊,1942年复刊,卷期另起。

总藏　(588)　1—6:;新1—2:

馆藏　1922　1:1

　　　1923　1:2—4;2:1

　　　1924　2:3—4;3:1

　　　1925　3:2—4

　　　1926　4:1—2

　　　1935　5:3

　　　1936　6:1

44111

社会科学季刊

国立武汉大学　武昌

1930.3—1948.12　1—9:1

本刊又名"(国立)武汉大学社会科学季刊"。在武昌创刊,7卷5期1937年12月后曾停刊,1943年迁至四川乐山出版,卷期续前,出一期后停刊。1948年迁回武昌复刊,卷期续前。

总藏　(589)　1—9:1

馆藏　1930　1:1—4

1931　2:1—2

1932　2:3—4;3:1—2

1933　3:3—4;4:1—2

1934　4:3—4

1935　5:1—4

1936　6:1—3;7:1

1937　7:2

46971

社会科学论丛

见"社会科学论丛季刊"

46971

社会科学论丛季刊

国立中山大学出版部　广州

1928.11—1933.9　1—4:9

1934.1—1937.4　新1—3:2

1948.2　复1

本刊原名为"社会科学论丛"月刊,自1934年1月起改用本名,卷期另起。新3卷2期1937年4月后曾停刊,1948年2月复刊,期数另起。

总藏　(591)　1—4:9;新1—3:2;复1

馆藏　1937　新3:1—2

46193

社会科学研究(季刊)

社会科学研究社　上海

1935.3—12　1:

总藏　(591)　1:

馆藏　1935　1:2

44128

社会科学月报

社会科学月报编委会　上海

1937.3—7　1:1—5

总藏　(588)　1:1—5

馆藏　1937　1:2

44117

社会科学杂志(月刊)

中国社会科学会　上海

1928.2—1930.6　1—2:4

本刊原为季刊,1卷4期1928年9月后曾停刊,1930 年 3 月复刊,改为月刊,卷期续前。
第 1 卷出 4 期。
总藏　（590）　1—2 :4
馆藏　1930　2 :1—2,4

44116
社会科学杂志(半年刊)
中央研究院社会科学研究所　南京
1930.3—1948.6　1—10 :1
本刊原为季刊,自 9 卷 1947 年起改为半年刊。
原由北平社会调查所编印,自 5 卷 3 期 1934
年 9 月起改由南京中央研究院社会科学研究
所编印。8 卷 3 期 1937 年后曾停刊,1947 年
复刊,卷期续前。
总藏　（590）　1—10 :1
馆藏　1930　1 :1—4
　　　1931　2 :1—4
　　　1932　3 :1—4
　　　1933　4 :1—4
　　　1934　5 :1—2,4
　　　1935　6 :4
　　　1936　7 :1—4
　　　1937　8 :1—2
　　　1947　9 :1

45936
社会评论(半月刊)
社会评论社　长沙
1945.8—1949.5　1—88
总藏　（593）　1—88
馆藏　1948　71—72

44123
社会评论(半月刊)
社会评论社　上海
1935.2—1936.4　1—2 :
本刊每卷出 12 期。
总藏　（593）　1—2 :
馆藏　1935　1 :5—9,11—12;2 :1—6
　　　1936　2 :7

46847
社会生活(旬刊)

社会生活社　天津
1940.5　1—2
馆藏　1940　1—2

44120
社会统计月刊
特别市公署社会局第三科　天津
1939.12—1940.12　创刊号;1 :1—12
本刊 1941 年改名为“社会月刊”,卷期另起。
馆藏　1939　创刊号
　　　1940　1 :1—12

46332
社会卫生(月刊)
社会卫生月刊社　上海
1944.6—1947.12　1—2 :
本刊在重庆创刊,自 2 卷起迁至上海出版。第
1 卷出 7 期。
总藏　（584）　1—2 :
馆藏　1946　2 :6—7
　　　1947　2 :8—10

44064
社会新闻
　见“中外问题”

44124
社会新闻(双周刊)
社会新闻编委会　南京
1948.10　1 :1
总藏　（593）　1 :1
馆藏　1948　1 :1

44114
社会学界(年刊)
燕京大学社会学系　北平
1927—1938　1—10
总藏　（586）　1—10
馆藏　1928　2
　　　1933　7

47795
社会学期刊
　见“复旦大学社会学系半月刊”

47224

社会与教育（周刊）

社会与教育社　上海

1930.11—1933.12　1—7 :4

本刊 1 至 6 卷每卷出 26 期。

总藏　（583）　1—7 :4

馆藏　1930　1 :1—7

　　　1931　1 :8—26

　　　1932　4 :1—26

44113

社会月报

社会出版社　上海

1934.6—1935.9　1 :

总藏　（581）　1 :

馆藏　1934　1 :1—6

45866

社会月刊

市社会局　上海

1929.1—1931.6　1—2 :

1934.9—1935.7　复 1 :1—21

本刊 1931 年 6 月后曾停刊,1934 年 9 月复刊,
改为半月刊,卷期另起。

总藏　（582）　1—2 :;复 1 :1—21

馆藏　1929　1 :1

44125

社会月刊

社会月刊社　上海

1946.7—1948.10　1—3 :7

本刊第 1 卷出 6 期。

总藏　（581）　1—3 :7

馆藏　1946　1 :4—6

　　　1947　2 :10

　　　1948　3 :1—7

44126

社会月刊

市社会局　天津

1929.7—12　1 :

1931.3　复 1

1931.9　2 :1

本刊原名为"社会半月刊",后改用本名。1 卷
6 期 1929 年 12 月后曾停刊,1931 年 3 月复
刊,同年 9 月续出 2 卷 1 期。第 1 卷出 6 期。

总藏　（581）　1 :;复 1 :2 :1

馆藏　1929　1 :1,5—6

　　　1931　复 1 :2 :1

44120

社会月刊

特别市公署社会局第三科　天津

1941.1—12　创刊号 ;1 :1—12

本刊前身为"社会统计月刊"。

馆藏　1941　创刊号 ;1 :1—12

45675

社会杂志（月刊）

社会杂志社　北平

1931.1—1932.11　1—4 :1

本刊原在南京出版,自 3 卷 1932 年起迁北平
出版。1 至 3 卷每卷出 6 期。

总藏　（585）　1—4 :1

馆藏　1931　1 :1—6 :2 :1—6

　　　1932　3 :1—6 :4 :1

46196

社会之花（旬刊）

藜青社　上海

1923.11—1925.11　1—2 :

本刊自 1925 年 7 月起改为月刊。1 至 2 卷每
卷出 18 期。

总藏　（582）　1—2 :

馆藏　1924　1 :17

47613

社会知识（月刊）

社会知识月刊社　上海

1935.12—1936.2　1 :1—3

总藏　（587）　1 :1—3

馆藏　1935　1 :1

45865

社会主义月刊

社会主义学会　上海

1933.3—1934.6　1—2 :4

天津图书馆馆藏新中国成立前中文期刊目录（1884—1949）

本刊又名"民族与社会月刊"。

总藏 (584) 1—2:4

馆藏 1933 1:5

1934 2:1

45818

社教通讯(月刊)

教育部西南公路线社会教育工作团 贵阳

1941.1—12 1:

1942.4—7 新1:1—4

本刊原由教育部第一社会教育工作团编,自1942年4月起改由教育部西南公路线社会教育工作团编,卷期另起。

总藏 (594) 1:;新1:1—4

馆藏 1942 新1:1

44130

社友通讯(不定期刊)

中国社会教育社 无锡

1932.7—1941.5 1—7:4

1947.3—9 复1:1—2

本刊原为月刊,在无锡创刊,1937年8月迁四川巴县出版。7卷4期1941年5月后曾停刊,1947年3月迁回无锡复刊,改为不定期刊,卷期另起。

总藏 (580) 1—6:2;7:1—4;复1:1—2

馆藏 1934 3:1—6

1935 3:8—11;4:1—6

1936 4:7—11;5:1—3,6

1937 5:9—11

47484

射电(月刊)

青年无线电研究社 上海

1934.5—8 1:1—4

总藏 (967) 1:1,3—4

馆藏 1934 1:1

44830H

摄影画报(周刊)

摄影画报社 上海

[1925.?]—1937.8 1—13:18

本刊自13卷9期起改为半月刊。

总藏 (1199) 9:1—46;10:1—40;11:1—43;12:1—46;13:1—18

馆藏 1929 4:196

1930 5:222,226—227,231—240,242—249;6:251—270

1931 6:271—300;7:301—320

1932 7:321—324

1933 9:1—17,19—46

1934 10:1—3,6—14,16—21,23—28,30—32,36—39

1935 10:40;11:2,4,6,8,10—12,16—19,22—24,26,37—38,42—43

1936 12:9

shen

44971

申报每周增刊

申报馆 上海

1936.1—1937.12 1—2:

本刊又名"申报周刊"。1至2卷每卷出50期。

总藏 (374) 1—2:

馆藏 1936 1:1—50

1937 2:1—33

47371H

申报图画特刊(周刊)

申报馆 上海

1934.3—1937.7 1—262

本刊原为每逢星期一、四出版,自1936年改为周刊。

总藏 (375) 1—224

馆藏 1934 1—82

1935 83—182

1936 201—233

1937 234—262

44972

申报月刊

申报馆 上海

1932.7—1935.12 1—4:

1943.1—1945.6　复1—3:6

本刊4卷12期1935年12月后改名为"申报每周增刊",卷期另起。1943年1月改回本名,卷期另起。第1卷共出6期。

总藏　（374）　1—4:;复1—3:6
馆藏　1932　1:1—6
　　　1933　2:1—12
　　　1934　3:1—12
　　　1935　4:1—12
　　　1944　复2:3—6,8,10
　　　1945　3:3—6

47357H
申报月刊画报
［申报馆］　［上海］
［19?］—［1935］　1—4:
馆藏　1935　4:1—12

44971
申报周刊
见"申报每周增刊"

45028
申论（周刊）
申论周刊社　上海
1948.5—10　1—2:
本刊每卷出12期。
总藏　（375）　1—2:
馆藏　1948　1:1—5,7—9,11—12;2:3—5,
　　　　　　7—9,11—12

47162
申时经济情报（月刊）
申时电讯社　上海
1934:10—1936:12
总藏　（375）　1934:10—12;1935:3—9;1936:
馆藏　1935：11—12
　　　1936：1—6

46872
神州大观
见"神州国光集"

46872
神州国光集（双月刊）
神州国光社　上海
1908.2—1912.10　1—21
1928—1931　新1—11
本刊后改名为"神州大观"。1928年出续编,期数另起。
总藏　（825）　1—21;新1—6,8—11
馆藏　1908　1—6
　　　1909　7—11
　　　1910　14—15,17—18
　　　1911　20
　　　1912　21

46061
神州吉光集
上海书画会　上海
1922.10—1923.8　1—5
馆藏　1922　1—2
　　　1923　4—5

47490H
沈水画报（周刊）
东三省民报社　沈阳
1929.7—1931.5　1—89
本刊为"东三省民报"副刊。
总藏　（576）　5—89
馆藏　1929　1—17,20

47833
沈阳邮泉（月刊）
邮泉研究会　沈阳
1947.［1］—2　1:1—2
馆藏　1947　1:2

44133
沈钟
见"沉钟"

46204
审计部公报（月刊）
审计部总务处　重庆
1931.3—1937.4　1—74
1937.6—7　新1—3

253

1937.7—1946.12　77—111

本刊自 1937 年改为周刊,期数另起。出 3 期
后,又续出总期号 77 期。1946 年迁至南京
出版。

总藏　(686)　1—74;新 1—3;77—111
馆藏　1934　41—46
　　　1935　47—49
　　　1936　65—70
　　　1937　71—72

sheng

(新善)F327.9—55/JBZ
生产通讯(不定期刊)
晋冀鲁豫边区政府晋察冀边区行政委员会
[不详]
[194?]—1948.7　1—7
总藏　(403)　6
馆藏　1948　7

45235
生活(周刊)
生活周刊社　上海
1925.10—1933.12　1—8:
本刊 1 至 7 卷每卷出 52 期,第 8 卷出 50 期。
1980 年由人民出版社影印。
总藏　(405)　1—8:
馆藏　1925　1:1—12
　　　1926　1:13—52
　　　1928　4:1—7
　　　1929　4:8—49;5:1—5
　　　1930　5:6—52;6:1—3
　　　1931　6:4—52
　　　1932　7:1—50
　　　1933　8:1—50
　　　影 1925　1:1—12
　　　1926　1:13—52;2:1—10
　　　1927　2:11—52;3:1—8
　　　1928　3:9—52;4:1—7
　　　1929　4:8—52;5:1—5
　　　1930　5:6—52;6:1—3
　　　1931　6:4—52
　　　1932　7:1—50

1933　8:1—50

47841
生活(旬刊)
生活社　北平
1945.11—1946.5　1—17
总藏　(405)　1,4—5,7,11—17
馆藏　1945　4

45679
生活(月刊)
生活杂志社　安东
1948.8—1949.5　1—2:3
本刊原名为"生活杂志",自 1 卷 3 期起改用
本名。
总藏　(404)　1—2:3
馆藏　1949　2:2

45651
生活(月刊)
生活月刊社　上海
1947.6—1948.3　1:1—6
总藏　(404)　1:1—6
馆藏　1947　1:1—4
　　　1948　1:5—6

46274H
生活画报(半月刊)
生活周刊社　上海
1932.7—1933.12　1—38
馆藏　1932　1—13
　　　1933　27—38

46006
生活教育(半月刊)
生活教育社　上海
1934.2—1936.8　1—3:12
本刊原由上海儿童书局出版,自 3 卷 1 期
1936 年 3 月改由生活教育社出版。第 1 至 2
卷每卷出 24 期。1981 年由上海书店影印。
总藏　(407)　1—3:12
馆藏　1936　3:8—9,11—12
　　　影 1934　1:1—21

1935　1:22—24;2:1—20
1936　2:21—24;3:1—12

45234

生活日报星期增刊
　见"生活星期刊"

45234

生活日报周刊
　见"生活星期刊"

45958

生活文摘(半月刊)
　世界编译社　上海
　1947.9—12　1:1—7
　总藏　(406)　1:1—7
　馆藏　1947　1:1—7

45234

生活星期刊
　生活书店　上海
　1936.6—12　1:1—28
本刊原名为"生活日报星期增刊",在香港创
刊。自9期起改名为"生活日报周刊",迁至
上海出版。自12期起改用本名,同时在香港
发行。1981年由上海书店影印。
　总藏　(407)　1:12—28
　馆藏　1936　1:12—28
　　　　影 1936　1:1—28

45967

生活学校(半月刊)
　生活学校半月刊社　上海
　1937.3—8　1:1—7
　总藏　(406)　1:1—7
　馆藏　1937　1:2—4

45231

生活与时代(旬刊)
　生活与时代杂志社　长沙
　1948.9—12　1—2:2
　总藏　(406)　1:1—9;2:1—2
　馆藏　1948　1:8;2:1

45960

生活与学习(月刊)
　生活与学习月刊社　成都
　1946.4—10　1:1—6
　总藏　(406)　1:1—6
　馆藏　1946　1:1,3—4

45679

生活杂志
　见"生活"

46818

生活杂志(周刊)
　生活杂志社　天津
　1947.10—12　1—9
　总藏　(406)　1—7
　馆藏　1947　3—6,8—9

47446

生活知识(半月刊)
　生活知识社　上海
　1935.10—1936.12　1—2:11
本刊第1卷出17期。
　总藏　(407)　1—2:11
　馆藏　1935　1:1

47273

生力(半月刊)
　生力杂志社　南京
　1933.7—1934.4　1—16
　总藏　(401)　1—16
　馆藏　1933　1

46593

生路月刊
　生路月刊社　上海
　1933.1—2　1:1—2
　总藏　(408)　1:1—2
　馆藏　1933　1:1

45922

生命(月刊)
　基督教青年会生命月刊社　北京
　1920.6—1926.3　1—6:6

255

天津图书馆馆藏新中国成立前中文期刊目录 (1884—1949)

本刊 1 至 5 卷每卷各出 10 期。自 1926 年 4
月起与"真理"周刊合并,改出"真理与生命"。
总藏 (404) 1—6:6
馆藏 1924 4:8;5:3
1925 5:5—6

45232
生物科学杂志(季刊)
谦庐生物科学材料社 南京
1936.3—1937.2 1:
总藏 (404) 1:
馆藏 1936 1:1—3

47551
圣功校刊
[圣功文中] 天津
1947.4 1
馆藏 1947 1

46919
圣教杂志(月刊)
圣教杂志社 上海
1912.1—1938.8 1—27:8
本刊前身为"格致益闻汇报"。
总藏 (358) 1—27:8
馆藏 1931 20:6

46878
圣经报(双月刊)
宣道书局 上海
1913—1941 1—30:229
1947.2—1951.4 复 1—5:2
本刊原为季刊,1917 年起改为双月刊,有时改
为月刊出版。原不分卷,后改为分卷,卷数后
为总期数。30 卷 229 期 1941 年后曾停刊。
1947 年 2 月复刊,卷期另起。
总藏 (358) 1,13,19,24,28;21:140;24:
172;25:176—179,181—184;
26:185—192;27:195—198,
203—204;28:205—210,213—
214;29:215,217;30:223—227;
复1—3:;4:2—6;5:1—2
馆藏 1941 30:229

47537
圣心
圣心中学校 广州
[19?]—1933.7 1—2
馆藏 1933 2

47260
圣心报(月刊)
圣心报馆 上海
1887.6—1949.5 1—63:6
总藏 (358) 1—63:6
馆藏 1937 51:7

46585
胜流(半月刊)
胜流半月刊社 杭州
1945.1—1948.6 1—7:
本刊每卷出 12 期。
总藏 (896) 1—7:
馆藏 1946 3:1—12

shi

47394
(国立)**师范学院旬刊**
该院 湖南南岳
1939.12—1948.12 1—138
总藏 (527) 1—129,137—138
馆藏 1947 124—125
1948 126—127

46112
诗(月刊)
桂林诗社 桂林
1940.[2]—1943.2 1—3:6
总藏 (1180) 1:2—6;2:1—2;3:1—6
馆藏 1942 3:3

45315
诗(月刊)
文学研究会 上海
1922.1—1923.5 1—2:2
本刊原由中国新诗社编印,自 1 卷 4 期起改由
文学研究会编印。第 1 卷出 5 期。

总藏　（1180）　1—2：2
馆藏　1922　1：1—5
　　　　1923　2：1—2

44364

诗创造(月刊)

诗创造社　上海

1947.7—1948.10　1—2：4

总藏　（1181）　1—2：4

馆藏　1947　1：4

　　　　1948　1：7,11—12

44365

诗创作(月刊)

诗创作社　桂林

1941.7—1943.3　1—19

总藏　（1181）　1—19

馆藏　1941　3—4

　　　　1942　7—8,10—11,13—16

　　　　1943　19

44366

诗歌小品(月刊)

海风诗歌小品社　天津

1936.10—12　1—3

总藏　（1182）　1—3

馆藏　1936　1—2

45338

诗歌月报

诗歌月报社　上海

1934.4—11　1—2：2

本刊第 1 卷出 5 期。

总藏　（1182）　1—2：2

馆藏　1934　1：1—5；2：1

46654

诗号角(月刊)

诗号角社　北平

1948.[8]—1949.11　1—8

总藏　（1181）　1—8

馆藏　1949　6—8

47062

诗经(月刊)

大夏诗社编委会　上海

1935.2—1936.4　1：1—6

总藏　（1182）　1：1—6

馆藏　1935　1：2

46932

诗刊(季刊)

诗社　上海

1931.1—1932.7　1—4

总藏　（1181）　1—4

馆藏　1931　1—2

　　　　1932　4

47586

诗音讯

北京大学文学院诗音讯社　北平

1947.2—6　1：1—3

总藏　（1182）　1：1—3

馆藏　1947　1：3

46756

狮吼(月刊)

狮吼月刊社　济南

1948.2　1：1

总藏　（899）　1：1

馆藏　1948　1：1

46011

十日谈

第一出版社　上海

1933.8—1934.12　1—48

总藏　（4）　1—48

馆藏　1934　19,25—28,31,37,40,48；增刊1

44399

十日戏剧

国剧保存社　上海

1937.2—1941.[?]　1—3：8

本刊前身为"戏剧旬刊"。

总藏　（3）　1—3：8

馆藏　1937　1：1—16

　　　　1938　1：17—36；2：1—2

257

1939　2:3—[27]
1940　2:[28]—36;3:1—2
1941　3:3—8

46580
十日杂志
十日杂志社　上海
1935.10—1936.5　1—24
总藏　(3)　1—24
馆藏　1935　3

47208
十字街头(半月刊)
[中国左翼作家联盟]　上海
1931.12—1932.1　1—3
本刊收入《中国现代文学史资料丛书(乙种)》,1959年5月由上海文艺出版社影印。
馆藏　影1931　1—2
　　　　1932　3

46096 等
时代(周刊)
时代书报出版社　上海
1941.8—1951.8　1—11:16
本刊自10卷起改为半月刊。1至2卷卷后期数为总期号,共出56期,3卷出51期,4卷出12期,5卷出25期,6至8卷每卷出50期,9卷出31期。本刊部分馆藏号为"45079"。
总藏　(634)　1—9:
馆藏　1945　5:13—14
　　　　1947　7:1—4,11—13,24,46,48
　　　　1948　8:8—10,13,17,24,29—32

46717H
时代(月刊)
时代图书公司　上海
1929.10—1936.8　1—10:
1936.10—1937.5　111—118
本刊原为月刊,自1卷4期1930年6月改为半月刊。原由中国美术刊行社出版,后改由上海时代图书公司刊行。自1936年10月改为111期计算,并改为月刊。
总藏　(633)　1:4—5,8—10,12;2—8:;9:3;

10:;113,115—116
馆藏　1929　1:1—2
　　　　1930　1:4—12;2:1
　　　　1931　2:2—6
　　　　1932　2:7—12;3:1—8
　　　　1933　3:9—12;4:1—12;5:1—4
　　　　1934　5:5—12;6:1—12;7:1—4
　　　　1935　7:5—12;8:1—12;9:1
　　　　1936　9:2—12;10:1;111—113
　　　　1937　114—118

45080
时代电影(月刊)
时代图书公司　上海
1936.1—1937.6　1—2:7
总藏　(637)　1:1—2,4,9—10;2:1
馆藏　1936　1:1—2,11
　　　　1937　2:1—7

45087
时代公论(周刊)
时代公论社　南京
1932.4—1935.3　1—156
总藏　(636)　1—156
馆藏　1932　11—20,23—39
　　　　1933　40—52,79—91
　　　　1934　92—143
　　　　1935　144—156

45086
时代教育(季刊)
社会局第三科　北平
1933.1—1935.12　1—3:4
1936.4—12　新1:1—3
本刊原为月刊,自1936年4月起改为季刊,卷期另起。
总藏　(640)　1—3:4;新1:1—3
馆藏　1933　1:1—12
　　　　1934　2:1—7,11—12
　　　　1935　3:1—4
　　　　1936　新1:1—2

45082

时代漫画(月刊)

时代图书公司　上海

1934.1—1937.6　1—39

总藏　（640）　1—39

馆藏　1934　1—12

　　　1935　13—21,23—24

　　　1936　25—33

　　　1937　34—39

45084

时代批评(半月刊)

时代批评社　香港

1938.6—1949.5　1—6:113

本刊卷后期数为总期号。抗战期间曾停刊,
1947年6月复刊,卷期续前。

总藏　（638）　1:1—21,23—24;2:25—48;3:
　　　　　　　49—65,70—71;4:73—74,77—
　　　　　　　81,85—96;5:97—104,106—
　　　　　　　107,109—110;6:111—113

馆藏　1947　4:85—87,95

　　　1948　5:97—99,103,107

　　　1949　6:109—110,112

45731

时代评论

时代评论社　南京

1946.6　1

总藏　（640）　1

馆藏　1946　1

46481

时代前(月刊)

时代前杂志社　上海

1931.1—7　1:1—6

总藏　（639）　1:1—6

馆藏　1931　1:2

47200

时代青年(半月刊)

时代青年半月刊社　上海

1932.11—1933.7　1—17

总藏　（639）　2—17

馆藏　1933　15

46859

时代青年(半月刊)

晋察冀边区时代青年社　张家口

1945.12—1947.6　1—4:3

本刊1至3卷每卷出6期。

总藏　（639）　1—4:3

馆藏　1946　1:5—6;2:1—6

　　　1947　4:3

45083

时代青年(月刊)

时代青年月刊社　北平

1948.6—8　1:1—2

总藏　（638）　1:1—2

馆藏　1948　1:1—2

45085

时代生活(三日刊)

时代生活社　北平

1946.2—1947.[?]　1—5:14

1948—1949　复1—74

本刊1947年曾停刊,1948年复刊,期数另起。

总藏　（637）　1:2—8,10,12,14—17,19—
　　　　　　　25,27;2:1—5,7—9,11—28;
　　　　　　　3:1—27;4:1—27;5:1—14;
　　　　　　　复1,58,73

馆藏　1946　1:1—27;2:1—11,13,15,17—
　　　　　　　21,24;3:2—5,7—11,17,20—
　　　　　　　21,23;25,27;4:1—4,7—8

　　　1947　4:11—14,16—17

　　　1948　复26,31,35,45,49,70

　　　1949　特辑4

44728

时代生活(月刊)

中国健康学会　上海

1935.2—1937.4　1—5:6

本刊在天津创刊,原为半月刊,由天津时代公
司编印。自4卷1期起迁上海出版,改为月
刊,并改由中国健康学会编印。

总藏　（637）　1:1—4;2:1—2,4—6;3:1—
5;4:1—3,5—6;5:1—6
馆藏　1935　2:1—6;3:2—5;4:1

47744
时代新闻社社稿(周刊)
该社　南京
[19?]—1948.7　1—70
馆藏　1937　21—23,41—43
1938　61—70

46180
时代周刊
时代周刊社　南京
[1946.5]—1947.1　1—29
总藏　（635）　22,29
馆藏　1946　21

47619
时局观察
沪光周报社　上海
1949.2　1
馆藏　1949　1

45808
时局人物(周刊)
影艺出版公司　上海
1949.2　1—3
馆藏　1949　2—3

44648
时论(半月刊)
时论社　上海
1936.11—12　1:1—3
总藏　（648）　1:1—3
馆藏　1936　1:3

46645
时论文萃(月刊)
时论文萃分社　成都
1946.2—1949.5　1—35
本刊原由西安时论文萃总社编印,后改由成
都分社编印,期数续前。
总藏　（649）　1—3,6—7,14—16,21—24,

26,32,35
馆藏　1946　3

46037
时时周报
时时周报社　上海
1930.11—1932.1　1—3:1
本刊第1卷出12期。
总藏　（643）　1—3:1
馆藏　1931　2:1,3

45918
时事半月刊
时事半月刊社　连城
[19?]—1941.3　1—4:8
馆藏　1941　4:5—8

46844H
时事画报(月刊)
时事画报社　北京
1939.12—1943.9　1—99
本刊原为旬刊,自49期1941年4月起改为半
月刊,自93期1943年3月起改为月刊。
馆藏　1939　1—2
1940　12
1941　45,48—64
1942　65—80,82—88
1943　89—94,96—99

46310
时事解释(半月刊)
华北政务委员会情报局　[北京]
1941.[3]—1942.4　1—25
馆藏　1941　1—8,10—12,15—16,18—19
1942　20—23,25

45096
时事类编(半月刊)
中山文化教育馆　南京
1933.8—1937.8　1—5:
本刊原为旬刊,在上海出版,自2卷22期1934
年9月起改为半月刊,自3卷1期1935年2
月起迁至南京出版。自1937年9月起改出
"时事类编特刊",期数另起。第1卷出14

期,2 卷出 28 期,3 至 4 卷每卷出 22 期,5 卷出 15 期。

总藏 （646） 1—5：

馆藏 1933 1：1—14

1934 2：1—28

1935 3：1—22

1936 4：1—22

1937 5：1—14

45097

时事年刊

时事月报社 南京

1931.11 1

总藏 （645） 1

馆藏 1931 1

45090

时事评论(周刊)

时事评论周刊社 上海

1948.7—12 1：1—24

总藏 （647） 1：1—24

馆藏 1948 1：1—10,12,14—21

45081

时事旬报

大众出版社 上海

1934.6—1935.〔7〕 1—39

总藏 （645） 1—39

馆藏 1934 4,14

1935 29

46696

时事旬刊

亚洲文明协会 北京

1919.2—1920.12 1—2：

1921.2—12 新 1：1—11

本刊自 1921 年 2 月起改名为"时事月刊",卷期另起。

总藏 （643） 1—2：;新 1：1—11

馆藏 1919 1：19

45091

时事月报

时事月报社 重庆

1929.11—1944.10 1—31：4

本刊原为月刊,在南京出版,自 17 卷 1937 年起迁至汉口出版,自 18 卷 1938 年起迁至上海出版,并改为抗战半月刊,卷期续前。自 20 卷 1939 年起迁至重庆出版,改回月刊。第 1 卷出 2 期,2 至 17 卷每卷出 6 期,18 卷出 12 期,19 卷出 7 期,20 卷至 30 卷每卷出 6 期。

总藏 （643） 1—31：4

馆藏 1929 1：1

1930 2：1—5;3：1—6

1931 4：1—6;5：1—6

1932 6：1—6;7：1—6

1933 8：1—6;9：1—6

1934 10：1—6;11：1—6

1935 12：1—6;13：1—6

1936 14：1—6;15：1—6

1937 16：1—6;17：1—2,4

1938 19：5

1941 25：1

46696

时事月刊

见"时事旬刊"

46179

时事杂志(半月刊)

时事杂志社 天津

1946.5—6 1：1—2

总藏 （646） 1：1—2

馆藏 1946 1：2

45076

时务报(旬刊)

时务报馆 上海

1896.7—1898.7 1—69

本刊 1898 年 8 月后改名为"昌言报",期数另起。1986 年由陕西省社会科学院图书馆影印。

总藏 （633） 1—69

馆藏 1896 1—17

1897 21,30—32,40—41,43,49—50

1898 56—60,66

影1897 18—20,22—29,33—39,42,

45070

时与潮(半月刊)

时与潮社　上海

1938.4—1949.2　1—33:

本刊在汉口创刊,自1卷5期起迁至重庆出版。24卷6期1946年2月后曾停刊,1946年12月在上海复刊,卷期续前。每卷出6期。

总藏　(629)　1—33:

馆藏　1939　3:4;4:5
　　　1940　5:2,4,6;6:5—6
　　　1941　7:6;10:2—3
　　　1942　14:1
　　　1943　15:1—6;16:1;17:1—3,5—6;
　　　　　　18:1—3,5
　　　1944　18:6;19:6;20:1;21:1;22:1
　　　1945　23:1,5;24:1—4
　　　1946　25:2—3
　　　1947　25:4—6;26:1—6;27:1—6;28:
　　　　　　1—5;29:1—3
　　　1948　29:4—6;30:1—6;31:1—6;32:
　　　　　　1—6;33:1—3

45071

时与潮副刊(月刊)

时与潮社　上海

1942.8—1948.12　1—10:

本刊在重庆创刊,自7卷1期1947年起迁至上海出版。每卷出6期。

总藏　(632)　1—10:

馆藏　1947　7:1,4;8:3,5—6
　　　1948　9:4—6;10:1—4

45071

时与潮文艺(月刊)

时与潮社　重庆

1943.3—1946.5　1—5:

本刊原为双月刊,自2卷起改为月刊。第1卷出3期,2至5卷每卷出6期。

总藏　(632)　1—5:

馆藏　1944　4:1—4

1945　4:5—6;5:1—3
1946　5:4

45069

时与文(周刊)

时与文周刊编辑部　上海

1947.3—1948.9　1—3:

本刊1至2卷每卷出24期,3卷出23期。

总藏　(629)　1—3:

馆藏　1947　1:1—24;2:1—15
　　　1948　2:16—24;3:1—23

45088

时兆月报

时兆报馆　上海

1905—1915　1—101

[1915.10]—1951.12　10—46:12

本刊原以期计算,1915年10月后改为10卷计算。原在上海出版,36卷11期1941年11月后曾停刊,1943年1月在重庆复刊。抗战胜利后,仍迁回上海出版。复刊1至4卷,即总卷38至41卷。

总藏　(641)　85,91,100—101;10:8,10—
　　　　　　12;11:1—7,9—12;12:;13:
　　　　　　1—7,9;14:6—12;16:6—12;
　　　　　　17:;18:1—5,8—12;19—21:;
　　　　　　22:1—10;23—35:;36:1—9,
　　　　　　11;37:1—4;38—45:;46:1—
　　　　　　6,10—12

馆藏　1926　21:2,9
　　　1928　23:6
　　　1929　24:9
　　　1930　25:5,7
　　　1931　26:8
　　　1932　27:2
　　　1934　29:1—2,4—11
　　　1935　30:1,3—8,10—12
　　　1936　31:1
　　　1937　32:7,9
　　　1938　33:3,7,10—12
　　　1939　34:4—5,11
　　　1940　35:8—10,12

1941　36:1—4,6,8—9
1945　40:3
1947　42:2,5—12
1948　43:1—12
1949　44:2—7,10

44355

实报半月刊

实报半月刊社　北平

1935.10—1937.7　1—3:18

总藏　（684）　1—2:;3:7—18

馆藏　1935　1:1—5

　　　1936　1:6—24;2:1—5

　　　1937　2:6—19

47186

实践（旬刊）

救国实践社　北平

1932.9—1933.3　1—17

总藏　（684）　1—17

馆藏　1932　1

47396

实行（半月刊）

陆军第七十师实行社　绥远

［19?］—1932.1　1—19

馆藏　1932　19

46894

实验教育（双月刊）

国立中央大学实验学校　南京

1933.2—1937.6　1—3:

总藏　（685）　1:1—4;2—3:

馆藏　1933　1:1—3

　　　1934　1:4

　　　1935　2:1—5

　　　1936　2:6

45744

实业部公报（周刊）

实业部　南京

1931.1—1937.6　1—337

本刊原名为"实业公报",1932 年后改用本名。

馆藏　1931　1—11,13,25—37

1932　64—88

1936　282,299

1937　312—313,322,324—326,330,337

44248

实业部商标局商标公报

　　　见"商标公报"

44801

实业部天津商品检验局月刊

　　　见"检验月刊"

44354

实业部月刊

该部统计处　南京

1936.4—1937.8　1—2:8

本刊第 1 卷出 9 期。

总藏　（682）　1—2:8

馆藏　1936　1:1—9

　　　1937　2:1—7

45744

实业公报

　　　见"实业部公报"

44352

实业公报（半月刊）

实业部总务司　南京

1941.9—1942.12　1—31

馆藏　1941　1—8

　　　1942　9—31

44351

实业金融（双月刊）

交通银行总管理处　上海

1948.5—1949.3　1—2:2

本刊第 1 卷出 4 期。

总藏　（682）　1—2:2

馆藏　1948　1:1—3

46659

实业镜（半月刊）

中国实业促进事务所　天津

1927.3—4　1:1—4

总藏　（683）　1:1—4

馆藏　1927　1:2

46200

实业来复报(周刊)

直隶实业厅编辑处　天津

1922.1—12　1—48

总藏　(682)　1—48

馆藏　1922　1—3,5—12,14—19,29,36—37

44353

实业月报

直隶实业厅　天津

1919:1—1921:12

总藏　(736)　1921:

馆藏　1919:1—12

1920:1—12

1921:1—12

47057

实业杂志

见"直隶实业杂志"

44261

实业杂志(月刊)

湖南实业杂志社　长沙

1912—[1939]　1—240

1947.2—1948.2　复1—6

本刊又名"湖南实业杂志"。原为季刊,后改为月刊。240期后因长沙会战曾停刊,1947年2月复刊,复1至6期即总期号241至246期。

总藏　(681)　1—11,13,15—16,24—30,32,
35,39—40,43,45,48,50,54—
55,57,59—60,62—65,67—70,
72—76,78—99,101—105,108—
109,116,121,123—126,130—
155,157—221;复1—6

馆藏　1918　7—8

1919　9—10,23—26

1920　27,29—30,33

1921　42—43,46

1930　147—149,151—156

1932　169—176

1933　177—188

1935　201—212

46814

实业之友(月刊)

实业之友社　天津

1947.3—1948.1　1—3

总藏　(681)　1—3

馆藏　1947　1

44356

实用无线电杂志(月刊)

中雍无线电机厂　上海

1935.10—1946.6　1—7:5

总藏　(683)　1—2:;3:3,12;4:2—12;5:1—
5,7—8,10—12;6—7:5

馆藏　1935　1:1—3

1936　1:4—12;2:1—3

1937　2:4—11

1938　3:4—6

1939　3:8—10;4:4

1940　4:7—8,11—12;5:1,3—6

1941　5:7—10;6:1—2

1946　7:1

45397

食货(半月刊)

食货半月刊社　北平

1934.12—1937.7　1—6:1

本刊在上海创刊,由新生命书局发行,自5卷1937年起迁至北平出版,改由食货半月刊社出版。1至5卷每卷出12期。1982年由上海书店影印。

总藏　(899)　1—6:1

馆藏　1936　4:7

影1934　1:1—2

1935　1:3—12;2:1—12;3:1—2

1936　3:3—12;4:1—12

1937　5:1—12;6:1

(线装)**P1640**

史料旬刊

故宫博物院文献馆　北平

1930.6—1931.7　1—40

总藏 （384） 1—40
馆藏 1930 1—21
1931 22—40

45095
史学
国立北京大学史学社　北平
1935.1　1
总藏 （383） 1
馆藏 1935 1

45024
史学集刊（半年刊）
北平研究院史学研究所　北平
1936.4—1951.12　1—7
本刊自 6 期 1950 年起改由中国科学院考古研
究所编。
总藏 （384） 1—7
馆藏 1936 1—2

45023
史学季刊
史学季刊社　成都
1940.3—1941.3　1:1—2
总藏 （383） 1:1—2
馆藏 1940 1:1
1941 1:2

46296
史学年报
燕京大学历史学会　北京
1929.7—1940.12　1—3:2
总藏 （383） 1—3:2
馆藏 1934 2:1
1936 2:3
1937 2:4
1938 2:5
1939 3:1
1940 3:2

45025
史学与地学（季刊）
中国史地学会　上海
1926.12—1928.10　1—4

总藏 （383） 1—4
馆藏 1927 2,4

45022
史学杂志（双月刊）
中国史学会　南京
1929.3—1931.4　1—2：
总藏 （383） 1—2：
馆藏 1929 1:1—6
1930 2:2
1931 2:5—6

46538
史政季刊
国防部史政局史政季刊社　南京
1948.1—2　1—2
总藏 （384） 1—2
馆藏 1948 1

44450
士兵周刊
国防部新闻局士兵周刊社　南京
1946.［？］—1948.5　1—88
馆藏 1946 12
1947 17,49—50,53—54,60—68
1948 69—84,86,88

44506
世纪评论（周刊）
世界出版社　南京
1947.1—1948.11　1—4:20
本刊 1 至 3 卷每卷出 24 期。
总藏 （306） 1—4:20
馆藏 1947 1:1—24;2:1—24
1948 3:1—24;4:1—20

47027
世间解（月刊）
广化寺世间解月刊社　北平
1947.7—1948.10　1—11
总藏 （307） 1—11
馆藏 1947 1—3,5

47530

世界

世界书局　上海

1921.7　1

总藏　（299）　1

馆藏　1921　1

47627H

世界（季刊）

世界社　［不详］

1907—［1908］　1—2

馆藏　1907　1

　　　［1908］　2

44504

世界半月刊

见"世界月刊"

45608

世界兵学（月刊）

世界兵学社　南京

1941.8—1948.10　1—7:1

本刊1941年在广东韶关创刊，后迁重庆。
1944年夏休刊，1946年5月在南京复刊，卷期
续前。1至6卷每卷出6期。

总藏　（301）　1—7:1

馆藏　1946　3:1,3

　　　1947　4:1—3

　　　1948　6:1—2

47775

世界昌明报（月刊）

世界昌明报社　香港

1923.8—11　1—4

总藏　（302）　1—3

馆藏　1923　1—4

44505

世界电影（半月刊）

义利出版社　上海

1948.8—1949.［?］　1—10

总藏　（300）　1—6,10

馆藏　1948　1—4

45784

世界观杂志（月刊）

世界观杂志社　成都

1915.8—12　1:1—5

总藏　（305）　1:1—5

馆藏　1915　1:1—3

47853H

世界画报（周刊）

世界画报社　北平

1925.［8］—1937.7　1—606

总藏　（302）　1—500,505—571,573—576

馆藏　1932　338—367

　　　1933　368—400,402—419

　　　1934　420—471

　　　1935　472—523

　　　1936　524—571,573—576

　　　1937　580—606

47090H

世界画报（月刊）

生生美术公司　上海

1918.8—1927.10　1—55

总藏　（302）　1—51,53—55

馆藏　1918　1—5

　　　1919　11—16

　　　1920　17—24

　　　1921　25—31

　　　1922　32—35

　　　1924　44

46518H

世界画报（月刊）

良友图书印刷公司　上海

1935　1—5

总藏　（302）　1—5

馆藏　1935　2

46461H

世界画报（月刊）

世界画报社　上海

1939.［1］—1941.9　1—3:4

1948.10　复1

本刊3卷4期1941年9月后曾停刊,1948年10月复刊,期数另起。

总藏 （302） 1:2—6;2:1—4,6;3:1—4

馆藏 1940 2:3
　　 1948 复1

46244
世界交通月刊
见"交通月刊"

47461H
世界军情画报(月刊)
世界军情画报社　上海
1935.11—1937.［8］　1—12
总藏 （304） 1—12
馆藏 1937 7

45515
世界农村月刊
见"农村月刊"

44501
世界情报
见"世界政治经济情报"

45929
世界文化(半月刊)
世界文化社　上海
1936.11—1937.6　1—2:2
总藏 （300） 1—2:2
馆藏 1937 1:5,8—9

47711
世界文化(月刊)
世界文化月刊社　上海
1930.9　1
本刊收入《中国现代文学史资料丛书(乙种)》,1959年11月由上海文艺出版社影印。
总藏 （300） 1
馆藏 影 1930 1

44502
世界文库月报
生活书店　上海
1936.［8］—1937.3　1—5

总藏 （300） 2—5
馆藏 1936 2—3
　　 1937 4—5

45326
世界文学(双月刊)
黎明书局　上海
1934.10—1935.9　1:1—6
总藏 （300） 1:1—6
馆藏 1934 1:1—2
　　 1935 1:3—6

45317
世界文艺季刊
世界文艺季刊社　南京
1945.8—1946.11　1:
本刊前身为"世界学生"月刊。
总藏 （300） 1:
馆藏 1945 1:1—2
　　 1946 1:3—4

46766
世界学典通讯
世界学院通讯组　上海
1946.9　1
总藏 （301） 1
馆藏 1946 1

44503
世界与中国(月刊)
世界与中国杂志社　北平
1946.1—1947.7　1—3:2
1948.6—11　再生版 1—5
1949.2　4:1—2
本刊1948年出再生版,期数另起。1949年续出第4卷。
馆藏 1946 1:1—5;2:1—2
　　 1947 2:4—6;3:1—2
　　 1948 再生版 1—5
　　 1949 4:1—2

46017
世界月刊
世界学会世界月刊社　上海

1929.7—1930.8 1—5:2

本刊前身为"知难周刊"。1 至 4 卷每卷出
3 期。

总藏 （298） 1—5:2

馆藏 1929 2:1

44504

世界月刊

世界书局　上海

1946.11—1949.4 1—3:

本刊原名为"世界半月刊",自 1 卷 6 期起改
用本名。

总藏 （298） 1:1—11;2—3:

馆藏 1946 1:1—4

　　 1947 1:7;2:6

　　 1948 2:7—12;3:1—5

44499

世界杂志(月刊)

世界杂志社　上海

1931.1—11 1—2:;增刊

本刊 1 至 2 卷每卷出 5 期。

总藏 （301） 1—2:;增刊

馆藏 1931 1:1—5;2:1—5;增刊

47513

世界杂志精华(月刊)

世界文化出版社　上海

1940.8—12 1—5

总藏 （301） 1—3

馆藏 1940 4—5

45880

世界政治(半月刊)

中国国际联盟同志会　重庆

1937.1—1945.1 1—9:1

1948.4—8 复1:1—2

本刊前身为"中国国际联盟同志会月刊"。在
南京创刊,原为月刊,由中国国际联盟同志会
编。自 3 卷 1 期 1938 年 6 月起改为半月刊,
并迁汉口出版,3 卷 9 期迁重庆出版。9 卷 1
期 1945 年 1 月后曾停刊,1948 年 4 月在南京
复刊,改由联合国中国同志会编,卷期另起。

总藏 （304） 1:1—5;2:1—3;3—5:23;6:
　　　　　　 1—15;7:1—20;8:1—4;9:1;
　　　　　　 复1:1—2

馆藏 1937 1:3—5

　　 1940 5:15

　　 1941 6:3

　　 1942 7:10

44501

世界政治经济情报(周刊)

世界情报社　北平

1936.6—1937.5 1—2:8

本刊自 2 卷 1 期 1937 年 2 月起改名为"世界
情报",并改为半月刊。

总藏 （305） 1:;2:1—6,8

馆藏 1936 1:2

44500

世界知识(周刊)

世界知识编辑社　上海

1934.9—1951.12 1—24:

本刊原为半月刊,自 14 卷 7 期 1946 年 10 月
起改为周刊。在上海创刊,抗战期间曾迁汉
口、重庆出版。13 卷 3 期 1941 年 12 月后曾停
刊,1945 年 12 月在上海复刊,出版 12 卷 11
期。12 和 13 两卷期号有重复。

总藏 （302） 1—20:16

馆藏 1934 1:1—7

　　 1935 1:8—12;2:1—12;3:1—12

　　 1936 4:1—12;5:1—7

　　 1937 5:8—12;6:1—12;7:1—2

　　 1938 7:3—4,7,10,12;8:2—4,6,9

　　 1940 11:4

　　 1945 重13:1

　　 1946 13:2—9;14:1—18

　　 1947 15:2—24;16:1—24

　　 1948 17:1—24;18:1—24

　　 1949 19:1—10

47301

世说(周刊)

英国驻华大使馆新闻处　重庆

1942—1943 1—38

馆藏　1942　5—7
　　　　1943　38

46787
世说（月刊）
世说月刊社　南京
1947.10—1948.[8]　1—2:4
总藏　（307）　1—2:4
馆藏　1948　1:4—5

44059
市民（半月刊）
河北省立实验城市民众教育馆　通县
1935.4—12　1:1—18
馆藏　1935　1:1—18

44082
市民（周刊）
河南省立民众教育馆　开封
1934.1—1935.2　1—3:17
本刊原为三日刊,自2卷1期1934年4月起
改为周刊。
总藏　（280）　1:1—30;2:1—26;3:1—17
馆藏　1934　1:1—10,14—30;2:1—20,22—
　　　　　　26;3:1—6,9—11
　　　　1935　3:12—17

45791
市商校刊
市立商科职业学校学生自治会　天津
1948.10　1:1
馆藏　1948　1:1

44085
市师
市立师范学校　天津
1936.5—1937.4　1:1—2
本刊前身为"市师校刊"。
馆藏　1936　1:1
　　　　1937　1:2

46021
市师校刊
市立师范学校自治会　天津

1931.1—1935.1　1—3:2
本刊1936年5月改名为"市师",卷期另起。
1卷出10期,2卷出3期,3卷出2期。
馆藏　1932　1:8
　　　　1933　1:10
　　　　1934　3:1
　　　　1935　3:2

44086
市师周刊
市立师范学校　天津
1935.11—1937.6　1—60
馆藏　1935　1—7
　　　　1936　8—40
　　　　1937　41—51,53—60

44081
市十校刊
市立第十小学校　天津
1931.6—1934.12　1—15
馆藏　1931　1
　　　　1933　8
　　　　1934　9,15

44079
市一校刊
市一小学校刊编辑部　天津
1930.[?]—1936.4　1—36
馆藏　1930　4—6
　　　　1931　8—10
　　　　1932　11
　　　　1933　21—22
　　　　1934　27
　　　　1935　28—34
　　　　1936　35—36

47073
市政工程年刊
市政工程学会　南京
1943—1946　1—2
本刊在重庆创刊,自2期1946年起迁南京
出版。
总藏　（281）　1—2

馆藏　1943　1
　　　　1946　2

44980

市政公报（旬刊）

特别市公署宣传处　北京

［19?］—1943.11　1—213

馆藏　1942　164—168,171—179
　　　　1943　182,184—185,187,189—195,
　　　　　　　　197—198,200—202,204—206,209,
　　　　　　　　211—213

46786

市政公报（月刊）

特别市政府秘书处　上海

［1938.10］—1940.5　1—20

1941.1—1942.12　新1—24

本刊自1941年1月起期数另起。

馆藏　1939　6
　　　　1940　16—20
　　　　1941　新1—6
　　　　1942　19—24

44084

市政建设（月刊）

中国市政研究会青岛分会市政建设社　青岛

1948.10—12　1:1—2

总藏　（281）　1:1—2

馆藏　1948　1:1

44083

市政评论（月刊）

中国市政协会上海分会　上海

1934.5—1949.4　1—11:4

本刊原名为"市政问题周刊",系"华北日报"副刊,由北平市政问题研究会编。自1934年6月起改用本名,单独发行。原为半月刊,自4卷1期起改为月刊,迁上海出版,改由中国市政协会上海分会编。自4卷4期起迁杭州出版。5卷1937年后曾休刊,1941年在重庆复刊,卷期续前。自9卷1期1947年起迁至上海出版。

总藏　（281）　1—5:9;6—11:4

馆藏　1935　3:3,11,13

1946　8:8

1947　9:1—4,7,11

1948　10:2—5,7—10

44169

市政期刊（不定期刊）

复旦大学市政学会　上海

1930.12—1934.8　1—2

总藏　（282）　1—2

馆藏　1930　1

44083

市政问题周刊

见"市政评论"

45602

市政月刊

市政府　济南

1947.1—7　1:1—6

总藏　（814）　1:1—6

馆藏　1947　1:6

47799

事工报告

基督教青年会　天津

［19?］—1935　1—100

馆藏　1935　100

45068

是非公论（旬刊）

是非公论旬刊社　南京

1936.4—1937.8　1—47

总藏　（872）　1—47

馆藏　1936　3—27
　　　　1937　28—38,40—42,44

shou

45227

手工艺（月刊）

中国手工艺协进会　上海

1944.7—1948.9　1—24

本刊原由重庆中国国际救济委员会手工艺组编,后改由上海中国手工艺协进会编。

总藏　（264）　1—24

馆藏　1944　1—2

　　　1945　3—7

　　　1946　8—12

　　　1947　13—19

　　　1948　20—24

44207

首都教育（半月刊）

首都教育出版社　南京

1946.12—1948.10　1—3：1

本刊1至2卷每卷出12期。

总藏　（831）　1—3：1

馆藏　1947　2：6

　　　1948　2：11—12

44209

首都警察厅复员二周年纪念专刊

首都警察厅编译室　南京

1947.9　1

馆藏　1947　1

44208

首都市政公报（半月刊）

该市政府秘书处　南京

1927.9—1937.6　1—178

1946.5—1948.11　复1—5：10

本刊原名"南京特别市市政公报"月刊,自21
期1928年起改用本名,并改为半月刊。自91
期1931年起改名为"南京市政府公报"月刊。
178期1937年7月后曾停刊,1946年5月复
刊,又改为半月刊,卷期另起。

总藏　（854）　1—178；复1—5：10

馆藏　1930　62

　　　1931　86

44816

寿险季刊

见"寿险界"

44816

寿险界（双月刊）

中华人寿保险协进社　上海

1933.4—1935.6　1—3：2

本刊原名为"寿险季刊",自2卷1期起改用
本名。第2卷出4期。

总藏　（595）　1—3：2

馆藏　1930　1：3

　　　1934　1：4；2：1—4

46301

兽医月刊

陆军兽医学校兽医月刊社　南京

1936.10—1941.8　1—5：9

本刊1938年迁湖南益阳,后又迁贵州安顺出版。

总藏　（990）　1—2：6；3：2—6；4—5：9

馆藏　1936　1：1—2

　　　1937　1：3—9

shu

44732

书报精华（月刊）

书报精华社　西安

1945.1—1949.5　1—51

总藏　（168）　1—51

馆藏　1945　4—6,8,12

　　　1946　13—20,22—24

　　　1947　25—30,32—33,36

　　　1948　47

　　　1949　49

44730

书报评论（月刊）

书报评论社　上海

1931.1—7　1：1—6

总藏　（168）　1：1—6

馆藏　1931　1：2—4,6

45189

蜀碧（月刊）

四川旅沪各界联合会宣传部　上海

1928.11—1929.2　1—2

总藏　（1206）　1—2

馆藏　1929　2

47380

蜀铎

国立北平师范大学四川同学会　北平

1935.12　1：1

馆藏　1935　1：1

45192

曙光（月刊）

曙光杂志社　北京

1919.11—1921.7　1—2：3

本刊第1卷出6期。

总藏　（1255）　1—2：3

馆藏　1919　1：2

1920　1：3，5—6；2：1

1921　2：2—3

47567

曙光半月刊

曙光半月刊社编辑部　南京

1947.［？］—9　1：1—7

馆藏　1947　1：7

46981

数理杂志（季刊）

高等师范学校　北京

1918.1—1925.12　1—4：3

总藏　（1195）　1—4：3

馆藏　1920　2：1

1922　3：2

1925　4：3

shuang

45587

双星（半月刊）

小说日报社　天津

1924.8—10　1—5

馆藏　1924　1—5

shui

47481

水产季刊

直隶水产学校　［天津］

1923　1

馆藏　1923　1

44859

水产学报（年刊）

河北省立水产专科学校　天津

1931.7—1935.11　1—5

本刊原为季刊，后改为年刊。

总藏　（255）　1—5

馆藏　1931　1

1932　2

1933　3

1934　4

1935　5

44858

水产月刊

上海鱼市场　上海

1934.6—1937.5　1—4：5

1946.6—1948.12　复1—3：10

本刊4卷5期1937年后曾停刊，1946年6月复刊，卷期另起。

总藏　（255）　1—4：5；复1—3：10

馆藏　1946　复1：1—6

1947　2：1—5

1948　3：1—8

47203

水电季刊

商办汉镇既济水电股份有限公司　汉口

1929.10—1936.1　1—14

总藏　（255）　1—12，14

馆藏　1931　6

1932　8

44860

水利（月刊）

中国水利工程学会　南京

1931.1—1948.3　1—15：2

本刊原在南京出版，自4卷1期1933年起迁杭州，6卷3期1934年迁回南京。13卷3期1937年后曾停刊，1945年8月在重庆复刊，卷期续前。自14卷2期1946年起迁回南京出版。

总藏　（256）　1—13：3；14—15：2

馆藏　1931　1：1—6

1932   2:1—6;3:1—6
1933   4:1—6;5:1—6
1934   6:1—6;7:1—6
1935   8:1—6;9:1—6
1936   10:1—6;11:1—6
1937   12:1,4—6;13:1
1945   14:1
1946   14:2—4
1947   14:5—6;15:1
1948   15:2

46504

水利特刊(月刊)
中国水利工程学会　重庆
1939.2—1945.4　1—6:2
总藏　(257)　1:2,7—12;2—6:2
馆藏　1941　2:7—8,12
　　　1942　4:5—6
　　　1943　4:7—12;5:1—5
　　　1944　5:6—7

44861

水利通讯(月刊)
水利委员会　南京
1947.1—1948.8　1—20
总藏　(257)　1—20
馆藏　1947　1—12
　　　1948　13—19

44793

水利委员会汇刊
该会　南京
[19?]—1942.7　1—9
馆藏　1941　6
　　　1942　7,9

44862

水利委员会季刊
该会　南京
1942.4—1943.12　1—2:
1944.1—1945.12　新1—2:
1946.3—12　3:
本刊原为季刊,自1944年起改为月刊,卷起另

起。1946年3月又改回季刊,续出3卷1期。
原在重庆出版,1946年迁至南京出版。
总藏　(256)　1—2:;新1—2:;3:
馆藏　1945　新2:5—12
　　　1946　3:1—4

45055

水星(月刊)
文华书局　北平
1934.10—1935.9　1—2:6
总藏　(257)　1—2:6
馆藏　1934　1:1—3
　　　1935　1:4—6;2:1—3

45324

水准(周刊)
五洲书报社　上海
1947.3　1—3
总藏　(257)　1—3
馆藏　1947　1—3

47360

税工研究(半月刊)
华北税务总局　北平
1949.1—9　1—18
本刊在石家庄创刊,自16期起迁至北平出版。
总藏　(1112)　1—15
馆藏　1949　16,18

47560

税联通讯(月刊)
财政部特种考试财务税务人员考试及格人员
联谊会广东分会　[广州]
1948.6—9　1—2
总藏　(1113)　1—2
馆藏　1948　1

47216

税务半月刊
财政部税务署　南京
1947.4—1948.7　1—3:8
总藏　(1113)　1—3:8
馆藏　1947　1:1—6,9—12;2:1—6
　　　1948　2:7—12;3:1—4

45487

税务公报（月刊）

财政部税务署　南京

1932.7—1937.4　1—5:10

总藏　（1113）　1—5:10

馆藏　1936　4:8—9;5:1,4—6

46768

税务通讯（月刊）

财政部湖北区货物税局　汉口

1947.[3]—1948.1　1:1—10

馆藏　1947　1:2—9

　　　1948　1:10

(旧参)**G686/SWX**

税务学校季报

该校　北京

1919.12—1920.9　1:1—4

馆藏　1919　1:1

　　　1920　1:4

shuo

47496

说丛（月刊）

宣南编译社　北京

1917.3—4　1—2

总藏　（1218）　1—2

馆藏　1917　1

45339

说文月刊

说文社　重庆

1939.2—1947.1　1—5:6

本刊在上海创刊,3卷6期1941年12月后曾停刊,1942年7月在重庆复刊,卷期续前。

总藏　（1217）　1—5:6

馆藏　1939　1:1—12

　　　1940　2:1—9

　　　1941　2:10—12;3:1—4

　　　1942　3:7—8

　　　1943　3:9—11

　　　1944　3:12;4:1—12

1945　5:3—4

47221

朔风（半月刊）

朔风社　北京

1938.11—1940.4　1—25

本刊原为月刊,自11期起改为半月刊。

总藏　（936）　1—25

馆藏　1938　1—2

　　　1939　3—4,13,17

si

44508

司法公报（五日刊）

司法院秘书处　南京

1927.12—1928.11　1—19

1929—1932　新1—156

1934.11—1948.3　新1—821

本刊原为周刊,自1934年11月起改为五日刊。在南京创刊,抗战期间迁至重庆出版,抗战胜利后,仍迁回南京。原由南京司法部公报处编,1934年11月"司法院公报"与"司法行政公报"合并出版,由司法院秘书处与司法部合编。1929年期数另起,1934年11月期数又另起。

总藏　（351）　1—19;新1—156;新1—821

馆藏　1928　2—4,12—19

　　　1929　新1—37,39—51

　　　1930　52—103

　　　1931　104—154

　　　1932　155—156

　　　1934　新1—12

　　　1935　13—85

　　　1936　86—158

　　　1937　159—200

44507

司法公报（月刊）

司法部参事厅　北京

1913.10—1928.5　1—250

本刊原为月刊,自35期起改为半月刊,自86期起改为月刊,130期起改为半月刊,158期起又改回月刊。原以卷计期数,3 卷 3 期后,改为总期号 28 期计算。

总藏 （351） 1—231,233—250

馆藏 1914 2:4—12;3:1

1915 29—33,35—39,41—42,44—46,48—49

1916 51—60,62—69

1917 70,73—77,79—81,83—85

1918 86—95,97,99

1919 100—102,104—107,109,111—114

1920 116—119,121—127

1921 130—133,135—142,144—146,148—151,153—157

1922 158—160,162,165—172

1923 173—180,182—186

1924 187—200

1925 201—212,216

1926 221—223,225—229

1927 230—231,233—241

1928 245

48005

司法公报(月刊)

司法委员会秘书厅 ［北京］

1938.1 1

馆藏 1938 1

44511

司法行政公报(半月刊)

司法行政公报处 南京

1932.1—1934.7 1—62

1943.1—1944.9 复1—2:9

本刊 62 期后与"司法院公报"周刊合并,改名为"司法公报",期数另起。1943 年 1 月在重庆复刊,改为月刊,卷期另起。

总藏 （352） 1—62;复1—2:9

馆藏 1932 1—15,17—22

1933 25—28,30—41,46—48

1934 49—51,53—60,62

44510

司法院公报(周刊)

该院秘书处 南京

1932.1—1934.10 1—146

本刊原为半月刊,自 25 期起改为周刊。1934 年 11 月与"司法行政公报"合并,改名为"司法公报",期数另起。

总藏 （352） 1—146

馆藏 1932 1—51

1933 52—103

1934 104—146

45047

思想与时代(月刊)

思想与时代社 杭州

1941.8—1948.11 1—53

本刊在贵州遵义创刊,自 41 期 1947 年起迁杭州出版。

总藏 （875） 1—53

馆藏 1941 1—4

1942 8—10,12—13,15—17

1943 18—25

1944 31—34

1945 39—40

1947 41—50

1948 51—52

47718

思想月刊

思想社 上海

1928.8—12 1—5

本刊收入《中国现代文学史资料丛书(乙种)》,1961 年 1 月由上海文艺出版社影印。

总藏 （875） 1—5

馆藏 影1928 1—5

46167H

斯民(半月刊)

满洲国通信社 长春

［1933.？］—1938.12 1—5:25

馆藏 1938 5:14—25

47147

四川保安(月刊)

四川省政府保安处 成都

［1936］—1940 1—5:10

本刊原为季刊,后改为月刊。

馆藏　1936　2

　　　　1937　3

　　　　1940　5:9—10

46791

四川大学理科研究所所刊

该院　成都

1947.2　1

总藏　(386)　1

馆藏　1947　1

46173

四川大学校刊

见"四川大学周刊"

46173

四川大学周刊

四川大学秘书处　成都

1932.9—1939.4　1—7:29

1939:6—12

1940.1—1948.11　8—20:14

本刊7卷29期1939年4月后改名为"四川大学校刊",并改为旬刊。1939年6月至12月以年计期,1940年1月起改为8卷1期计算。

总藏　(385)　1:1—25;2:1—39;3:1—40;4:

　　　　　　　1—38;5:1—34;6:1—36;7:

　　　　　　　1—29;1939:6—12;8:1—19;

　　　　　　　9:1—12,21;10:1—12,21;11:

　　　　　　　1—13,21;12:1—10,21;13:1;

　　　　　　　15:1—13;16:1—4;17:1—10;

　　　　　　　18:1—7,10;19:1—6;20:1—

　　　　　　　3,6—8,12—14

馆藏　1937　5:18,27

44370

四川督府政报

见"四川政报"

48002

四川国学杂志(月刊)

存古书局　成都

1912.9—1913.[?]　1—12

总藏　(389)　1—12

馆藏　1912　1—2

44974

四川教育(月刊)

四川省教育厅编审室　成都

1937.1—1938.3　1—13

总藏　(392)　1—13

馆藏　1937　1—5

44240

四川经济汇报(双月刊)

四川省银行经济研究处　重庆

1948.2—1949.1　1:

本刊前身为"四川经济季刊"。

总藏　(394)　1:

馆藏　1948　1:1—2

44975

四川经济季刊

四川省银行经济研究处　重庆

1934.1—1939.8　1—12:2

1943.12—1947.10　新1—4:

本刊原为月刊,由重庆地方银行经济调查部编,自4卷5期1935年11月起改由重庆四川省银行经济调查室编。1至11卷每卷出6期。1943年12月改为季刊,由四川省银行经济研究处编,卷期另起。1948年改出"四川经济汇报",卷期另起。

总藏　(393)　1—12:2;新1—4:

馆藏　1944　新1:2—4

　　　　1945　2:1—4

　　　　1946　3:1—4

　　　　1947　4:1—4

45398

四川省立重庆大学校刊(半月刊)

该校出版课　重庆

1936.10—1938.8　1—29

本刊又名"重大校刊"。

总藏　(390)　1—29

馆藏　1936　2—5

　　　　1937　6—14

44976

四川省政府公报（五日刊）

该省政府秘书处　成都

1931.6—1932.10　1—30

1935.3—1949.9　新1—838

本刊原为半月刊,自1935年3月起改为旬刊,期数另起,1941年又改为五日刊,期数续前。

总藏　（391）　1—30;新1—838

馆藏　1931　3—4,6—7,11,13

　　　1932　25

　　　1935　新1—14,16—17,19—30

　　　1936　31,33,40,43—48,52,54—55,61

　　　1937　67,69—77,81,86,92,103

　　　1939　140,142,148,150,158—160,164—166

　　　1940　190,194,200

　　　1941　212—213,215—216,219—224,228,231—233,236,238—239,241—242,245,247—254,259—260,262—263,269

　　　1942　284—305,308,344

　　　1943　362,364—367,369—374,378,380,382—383,415,419—420,423,425—427

　　　1944　428,433,435,449,451—452,461,465—466,468—470

　　　1945　559,562—563,566—571

　　　1946　572—616,620,622,625—642

　　　1947　645—646,649—656,658,661—662,666,668,677—679,692—695,708

　　　1948　782—787

　　　1949　788—798

46345

四川县训（旬刊）

四川省政府县政人员训练所　成都

[19?]—1936.5　1—3:9

馆藏　1936　3:1—9

44973

四川月报

中国银行　重庆

1932.7—1938.8　1—13:2

本刊每卷出6期。

总藏　（385）　1—13:2

馆藏　1932　1:1—6

　　　1933　2:1—6;3:1—3,5—6

　　　1934　4:1,3—6;5:1—6

　　　1935　6:1—6;7:1—6

　　　1936　8:1—6;9:1,3—6

　　　1937　10:1—6;11:1

44370

四川政报（月刊）

四川省长公署秘书处　成都

1912:3—9

1912.11—12　新1—53

1913.1—10　新1—258

1913.11—1915.2　新1—3:4

1924.5—6　新1—2

1924.8—11　新1—4

本刊原名为"四川都督府政报",刊期为日刊,由四川督府编。自1912年11月起改用本名,期数另起。1913年1月期数另起,1913年11月改为旬刊,改由四川省巡按使公署编,卷期另起。1924年5月改为月刊,由四川省长公署秘书处编,期数另起,同年8月期数又另起。

总藏　（389）　1912:3.12,22;4.2,12,22;5.2,12,22;6.2—10;7.6—10,12—20,22—25,27—31;8.2—6,24—31;9.2—10,12—14;新1—10,14,27,29—30,32—34,37—38,40,44,50—53;新2—3,6—26,28—40,46—47,49,52—59,65—74,76—79,83,86,96—99,101,106—107,109—117,119—124,128,136—155,157,159,170,173—179,181,189,191—194,206—207,210,217,241,244,252—258;新1:1—5;2:1—25,

27—35;3:1—4;新 1—2;新 1—
4

馆藏　1912　新 8
　　　　1913　新 117,151
　　　　1914　新 2:4,7,10—11,13,32
　　　　1924　新 2

(线装)**P12**
四存月刊
四存学会　北京
1921.4—1923.3　1—20
总藏　(395)　1—20
馆藏　1921　1—9
　　　　1922　10—13

44977
四海半月刊
海事编译局　天津
1930.4—1933.8　1—4:9
本刊原为月刊,2 卷 3 期 1931 年 6 月后改为半
月刊。原由辽宁东北海事编译局编,自 2 卷 7
期 1931 年 8 月起改由天津海事编译局编。第
1 卷出 12 期。
总藏　(395)　1—4:9
馆藏　1931　2:1—24
　　　　1932　3:1—18
　　　　1933　3:19—24;4:1—9

46298
四路军月刊
第四路军政训处　广州
1936.9—1937.7　1—10
馆藏　1936　1—2
　　　　1937　9—10

47017
四十年代(月刊)
四十年代杂志社　北平
1933.4—1936.1　1—7:1
总藏　(384)　1—6:4;7:1
馆藏　1934　3:5—6
　　　　1935　5:5;6:2

45579
苏北公报(月刊)
苏北行政专员公署　〔徐州〕
1939—1940　1—12
馆藏　1939　3—6
　　　　1940　7—12

45578
苏北周刊
苏北周刊社　扬州
1949.6—1950.6　1—2:16
总藏　(602)　1—2:16
馆藏　1949　1:1—11

47032
苏财通讯(月刊)
江苏省财政厅编委会　镇江
1946.5—1948.4　1—19
总藏　(604)　1—19
馆藏　1946　2,5,7—8

46050
苏俄评论(月刊)
苏俄评论社　南京
1931.10—1937.7　1—11:7
本刊第 1 卷出 3 期,2 至 9 卷每卷出 6 期,10
卷出 12 期。
总藏　(603)　1—7:;8:1—3,5—6;9—11:7
馆藏　1933　4:5
　　　　1934　7:3

47117
苏光
见"交通经济汇刊"

45580
苏衡(半月刊)
江苏苏衡社　镇江
1935.6—1937.3　1—26
本刊原为月刊,自 8 期 1936 年起改为半月刊。

总藏　（604）　1—26

馆藏　1936　17—20

　　　　1937　21—26

45582

苏淮特别区行政公署公报(半月刊)

该公署秘书处　苏淮

［1942］—1943　1—34

馆藏　1942　5—16

　　　　1943　17—24,27—29,31—34

45581

苏联文艺(月刊)

苏商时代出版社　上海

1942.11—1949.7　1—37

总藏　（604）　1—37

馆藏　1942　1

　　　　1943　2—9

　　　　1944　10—11

　　　　1945　12—17

　　　　1946　18—25

　　　　1947　26—28,30

　　　　1948　33—34

　　　　1949　35—37

47214

苏农通讯(季刊)

江苏省农民银行总行　镇江

1946.9—1948.9　1—7

总藏　（602）　1—7

馆藏　1946　1—2

　　　　1947　3—5

　　　　1948　6

47860

苏区工人(半月刊)

中华全国总工会苏区中央执行局　［不详］

［1932］—1933　1—15

1933—1934　新1—17

本刊1933年期数另起。1959年9月由北京
工人出版社影印。

总藏　（602）　1—17

馆藏　影1932　7—14

　　　　1933　15;新2—3

　　　　1934　16—17

45738

苏声月刊

国民党江苏省执行委员会宣传科　镇江

［1933.？］—1934.3　1:1—6

馆藏　1934　1:6

47833

苏州邮刊(双月刊)

邮人联谊会　苏州

1946.5　1

馆藏　1946　1

sui

(旧参)**F812.87/SSC**

绥远财政年刊

绥远省财政厅　［归绥］

1946—1947　1—2

馆藏　1946　1

　　　　1947　2

46959

绥远建设季刊

绥远省建设厅　归绥

1929.3—1936.7　1—25

总藏　（1214）　1—25

馆藏　1929　1—4

　　　　1930　5—7

　　　　1931　9—11

　　　　1933　13—14

　　　　1934　15—16,19

　　　　1935　20—23

　　　　1936　24—25

45499

绥远讲演月刊

通俗教育讲演所　绥远

1927.1　1

馆藏　1927　1

T

tai

45256

台糖通讯(旬刊)

台湾糖业公司经济研究室　台北

1947.5—1949.6　1—4：

本刊第 1 卷出 24 期,2 至 4 卷各出 18 期。

总藏　(421)　1—4：

馆藏　1947　1:8—24

　　　　1948　2:1—18;3:1—15

45249

台湾茶业(季刊)

台湾省茶叶商业同业公会　台北

1948.6—1949.1　1—3

总藏　(417)　1—3

馆藏　1948　1—2

47397

(国立)**台湾大学农学院研究报告**(季刊)

该院　台北

1946.12—1948.1　1—2:1

总藏　(415)　1:1—5;2:1

馆藏　1948　2:1

46230

台湾工程界(月刊)

中国工程师学会台湾分会　台北

1947.9—1948.10　1—2:10

总藏　(415)　1:1—4;2:1—10

馆藏　1947　1:3—4

　　　　1948　2:2—6,8

45246

台湾建设(双月刊)

台湾建设出版社　台北

1948.1—1949.2　1:1—7

总藏　(417)　1:1—7

馆藏　1948　1:3,5

46160

台湾警察(月刊)

中华警察学术研究社台湾分社台湾警察协会
　台北

1946.[？]—1948.9　1—4:6

本刊原为半月刊,后改为月刊。

馆藏　1946　1:7

　　　　1947　2:10—12;3:1—2,4—5

　　　　1948　4:1—2,6

45248

台湾农林月刊

台湾农林月刊编辑委员会　台北

1947.9—1949.1　1—3:4

总藏　(416)　1—3:4

馆藏　1947　1:1—4

45255

台湾农业推广通讯(月刊)

台湾省农林处农业推广委员会　台北

1947.8—11　1:1—4

总藏　(416)　1:1—4

馆藏　1947　1:1—4

47094

台湾省立工学院院刊(双月刊)

该院出版委员会　台南

1946.12—1947.6　1:1—3

总藏　(417)　1:1—3

馆藏　1947　1:2

46935

台湾省立农学院院刊(双月刊)

该院　台中

1947.12—1948.8　1—5

总藏　(417)　1—5

馆藏　1947　1

45251

台湾省林业试验所通讯(半月刊)

该所　台北

1947.1—1948.8　1—40

总藏　(418)　1—40

馆藏　1947　8—24

1948　25—37

45250

台湾省林业试验所专报

该所　台北

1947.1　1

总藏　(418)　1

馆藏　1947　1

(旧参)**S—54/TNS/(36)**

台湾省农业试验所年报

该所　台北

1947

总藏　(417)　1947

馆藏　1947

45710

台湾省统计要览(不定期刊)

台湾省行政长官公署统计室　台北

1946.10—1947.9　1—5

总藏　(419)　1—5

馆藏　1946　2

45237

台湾省行政长官公署公报

　见"台湾省政府公报"

45237

台湾省政府公报(日刊)

　该省政府　台北

1945.12—1946.2　1—2：

1946.2—1949.1　1946：春1—1949：春17

本刊原名为"台湾省行政长官公署公报"，由
台湾省行政长官公署编印。自1947年5月起
改名为"台湾省政府公报"，由台湾省政府编。
1至2卷各出10期，自1946年2月13日起每
年分为四季，按季计算期数。1947年改名前
出夏季号40期，改名后期数另起，又出夏季号
40期。

总藏　(418)　1—2：；1946：春1—52，夏1—
　　　　　　78，秋1—78，冬1—77；1947：
　　　　　　春1—59，夏1—40，秋1—80，
　　　　　　冬1—77；1948：春1—75，夏
　　　　　　1—77，秋1—75，冬1—78；1949：

春1—17

馆藏　1946　2：1—10；春1—20；夏1—52；秋
　　　　　　1—3，5—8，10—24，28—31，36—
　　　　　　39，42—46，48，54—61，63，65，67—
　　　　　　78；冬1—5，10—22，24—32，35—
　　　　　　74，77

　　　1947　春1—23，25，27—59；夏8—26，
　　　　　　30—39；新夏3—11，13—18，23，
　　　　　　25—40；秋1—46，48—77，79—
　　　　　　80；冬1—61，63—77

　　　1948　春1—75；夏1—52，58—77；秋
　　　　　　1—75；冬1—47

45252

台湾糖业季刊

台湾糖业季刊编委会　台北

1947.10—1949.4　1—2：2

总藏　(420)　1—2：2

馆藏　1947　1：1

46250

台湾统计通讯(月刊)

台湾省政府统计处等　台北

1947.3—1948.12　1—2：

本刊原由台湾省行政长官公署统计室编印，
自1卷3期起改由台湾省政府统计处编印，自
2卷7期起改由台湾省政府统计处与中国统
计学社台湾分社合编。每卷出10期。

总藏　(420)　1—2：

馆藏　1947　1：1—3，5—6，9—10

　　　1948　2：1，3，7—9

46236

台湾物价统计月报

台湾省政府统计处　台北

1946.2—1949.[?]　1—44

总藏　(417)　1—44

馆藏　1946　11—12

　　　1947　13—22，24

　　　1948　25—34

45247

台湾新社会(月刊)

台湾新社会月刊社　台北

1948.2—9　1:1—8

本刊自1948年2月起,"台湾合作月刊"并入出版。

总藏　(420)　1:1—8

馆藏　1948　1:1—3,5—8

45137

台湾银行季刊

该行金融研究室　台北

1947.6—1948.12　1—2:2

总藏　(420)　1—2:2

馆藏　1947　1:1—3

　　　　1948　1:4

45245

台湾月刊

台湾月刊社　台北

1946.10—1947.5　1—7

总藏　(415)　1—7

馆藏　1946　1—2

　　　　1947　3—6

45254

台樟通讯(月刊)

台湾省樟脑局　台北

1948.5—10　1:1—4

总藏　(421)　1:1—4

馆藏　1948　1:1

45253

台纸通讯(月刊)

台湾省纸业有限公司　台北

1947.8—1949.4　1—2:

总藏　(415)　1:;2:1—10,12

馆藏　1947　1:1—2,4—5

　　　　1948　1:6—7,9—12;2:1,3

45393

太安丰保险界

见"保险界"

44487

太白(半月刊)

生活书店　上海

1934.9—1935.9　1—2:12

本刊1卷出12期。

总藏　(166)　1—2:12

馆藏　1934　1:1—7

　　　　1935　1:8—12;2:1—12

47367

太行教育(月刊)

行政公署太行教育社　太行

1949.1—8　1—2:2

本刊1卷出6期。

总藏　(167)　1—2:2

馆藏　1949　1:3—6;2:1

48007

太湖流域水利季刊

太湖流域水利委员会　苏州

1927.9—1931.10　1—4:

总藏　(167)　1—4:

馆藏　1928　1:2—4;2:1

　　　　1929　2:2—4;3:1

　　　　1930　3:3—4;4:1

　　　　1931　4:4

46285

太平(月刊)

太平书局　上海

[19?]—1943.11　1—2:11

馆藏　1943　2:7—9,11

46632

太平导报(周刊)

太平导报社　上海

1926.1—1927.7　1—2:9

本刊自2卷1期1927年1月起改为半月刊。

总藏　(165)　1—2:9

馆藏　1926　1:4—5

44488

太平洋(半月刊)

太平洋半月刊社　北平

1946.6—12　试刊1—5

1947.7—1948.3　1—2:6

本刊在创刊前曾发行试刊1至5期。原为月刊,自2卷1期1948年起改为半月刊。

总藏　（166）　试刊1—5；1—2：6
馆藏　1946　试刊1—5
　　　1947　1：1—12
　　　1948　2：1—6

46347H

太平洋画报(月刊)

太平洋美术公司　上海

1926.6—12　1：1—4

总藏　（166）　1：1—3

馆藏　1926　1：1—4

46419

太平洋周报

太平洋周报社　上海

[19?]—1944.2　1—96

馆藏　1943　90

　　　1944　96

46721

太平杂志(双月刊)

太平杂志社　上海

1929.10—12　1：1—3

总藏　（165）　1：1—3

馆藏　1929　1：1—3

47712

太阳月刊

春野书店　上海

1928.1—7　1—7

本刊收入《中国现代文学史资料丛书(乙种)》,1961年4月由上海文艺出版社影印。

总藏　（166）　1—7

馆藏　影1928　1—7

(新善)**D67—55/TX**

太岳政报

太岳行署　[不详]

[19?]—1946.6　1—9

馆藏　1946　9

44381

谈风(半月刊)

谈风社　上海

1936.10—1937.8　1—20

总藏　（1233）　1—20

馆藏　1936　1—5

　　　1937　6—20

(旧参)**F812.84/TCS**

谈盐丛报(月刊)

谈盐丛报社　上海

1913.4—1931.5　1—27

本刊自18期1914年9月后曾停刊,1930年1月复刊,期数续前。自25期起改为季刊。

总藏　（1233）　1—27

馆藏　1913　1

44644

坦途(周刊)

坦途周刊社　天津

1930.1—4　1—8

总藏　（729）　1—8

馆藏　1930　6,8

44644

坦途(半月刊)

坦途社　北京

1927.10—1928.[?]　1—12

总藏　（729）　1—12

馆藏　1927　1,4

44787

探讨与批判(月刊)

探讨与批评社　北平

1932.4—11　1：1—5

本刊为半月刊,自2期起改为月刊。

总藏　（1042）　1：1—5

馆藏　1932　1：1—5

47164

唐大学生(半月刊)

交通大学唐山工程学院学生自治会　唐山

1937.5—6　1：1—3

总藏　（935）　1：1—3

馆藏　1937　1：3

47527
唐山
各地唐山校友会联合办事处　上海
1933.7—1934.6　1—6
馆藏　1933　1
　　　　1934　3—6

46470
唐山市政汇报
市政府秘书室　唐山
1946.10—1947.3　1—2：2
馆藏　1946　1：1—2
　　　　1947　2：1—2

47163
唐院季刊
国立工程学院　唐山
1946.9—1947.7　1—9
1948.1—5　新1—2
本刊原名为"唐院月刊"，自1948年1月起改
用本名，期数另起。
总藏　（935）　1—9；新1—2
馆藏　1946　4
　　　　1948　新2

47163
唐院月刊
见"唐院季刊"

tao

47728
涛声月刊
涛声文艺社［耀华中学］　天津
1933.12—1934.4　1：1—4
馆藏　1933　1：1
　　　　1934　1：2—4

te

47342
特写（月刊）
特写出版社　上海

1936.3—1937.6　1—2：4
1949.［3］—4　新1—5
本刊抗战期间曾停刊，1949年复刊，改为周
刊，期数另起。
总藏　（962）　1—2：4；新2—5
馆藏　1937　2：3

ti

46078
啼笑半月刊
大同书局　天津
1933.［？］—12　1—2
馆藏　1933　2

46307
体育季刊
体育改进社　北平
1933.1—10　1：
总藏　（656）　1：
馆藏　1933　1：1—4

45361
体育季刊
中华全国体育协进会　上海
1935.1—1937.6　1—3：2
总藏　（656）　1—3：2
馆藏　1935　1：1—4
　　　　1936　2：1—4
　　　　1937　3：1—2

47082
体育季刊
见"体育与卫生"

45360
体育研究与通讯（季刊）
江苏省立镇江公共体育场　镇江
1932.12—1937.［？］　1—4：2
总藏　（657）　1—4：2
馆藏　1932　1：1
　　　　1933　1：2—3
　　　　1934　1：4；2：1—3
　　　　1935　2：4；3：1—2

1936   3：3—4；4：1

47082

体育与卫生(季刊)

中华全国体育研究会   上海

1923.[？]—1924.12   1—3：

本刊原名为"体育季刊"，自3卷起改用本名。

总藏   (656)   1：3—4；2—3：

馆藏   1924   3：3

45729

体育月刊

天津特别市体育协会   天津

1938.4   1：1

馆藏   1938   1：1

45362

体育周报

体育周报社   天津

1932.2—1933.9   1—2：50；特刊

总藏   (656)   1：；2：1—30,47—50

馆藏   1932   1：1—13,15—23,25—48

         1933   1：49—50；特刊；2：1,3—8,11—

               16,21—23,25—30

45908

体育周刊

体育出版社   上海

1931.10—11   1—6

总藏   (656)   1—2,4—6

馆藏   1931   1—2

tian

45909

天德医疗新报(月刊)

天德医疗新报社   上海

1927.1—1937.11   1—11：11

总藏   (151)   1—4：6；5—6：7；7—10：9；11：

               1—11

馆藏   1931   5：4,8

44457

天地(月刊)

天地出版社   上海

1943.10—1945.6   1—21

馆藏   1943   1—3

         1944   4—14

         1945   15—21

47339

天地间(月刊)

文华出版社   上海

1940.7—1941.3   1—9

总藏   (147)   1—9

馆藏   1940   3

44459

天地人(半月刊)

独立出版社   上海

1936.3—7   1—10

总藏   (147)   1—10

馆藏   1936   1—10

47770

天地人(月刊)

天地人月刊社   西安

1946.4   1

馆藏   1946   1

46222

天风(周刊)

基督教联合出版社   上海

1945.2—1952.11   1—341

本刊在成都创刊，自33期起迁上海出版。

总藏   (147)   1—197,199

馆藏   1946   33

         1947   61—63,65—66,68—69,97—98

46686H

天风画报定期增刊(周刊)

天风画报社   天津

1938.9   1：1—2

馆藏   1938   1：1—2

44469

天津白话报(日刊)

白话报社   天津

1910.1—10   1—254

馆藏　1910　80—254

44462
天津半月刊
　见"天津杂志"

(旧参)**D926.43/HBT**
天津地方法院院务年刊
　该院书记室　天津
　1929.12　1
　总藏　（149）　1
　馆藏　1929　1

47843
天津东亚毛呢纺织有限公司(年刊)
　该公司　天津
　[1933]—1941　1—2;特刊
　馆藏　[1934]　2
　　　　1941　特刊

44463
天津儿童(周刊)
　儿童社　天津
　1936.2—6　1—19
　馆藏　1936　1—3,5,7—19

46107
天津佛教居士林林刊
　天津佛经流通处　天津
　1926.12—1928.3　1—7
　馆藏　1926　1
　　　　1927　2
　　　　1928　7

46190
天津高级职业函授学校校刊(月刊)
　该校　天津
　1942.7—9　1—3
　馆藏　1942　1,3

47633
天津工商学院校友会年刊
　该会出版委员会　天津
　[1939]　1
　本刊已残,刊名自拟。

馆藏　[1939]　1

46626
天津广北小学校校刊
　该校校刊编辑部　天津
　1923.6—1925.9　1—9
　馆藏　1923　1
　　　　1924　3
　　　　1925　9

44131
天津广智馆星期报
　见"广智星期报"

47279
天津国货调查月刊
　国货调查会　天津
　1919.8—10　1—3
　馆藏　1919　1,3

45702
天津合作(周刊)
　市合作社联合社　天津
　1948.4—9　1:1—12
　总藏　（150）　1:1—12
　馆藏　1948　1:2—12

46308H
天津华北画报(周刊)
　华北电影公司　天津
　[192?]—1929.10　1—96;副刊1—14
　馆藏　1928　21—29;副刊1—14
　　　　1929　79—96

45789H
天津华艺半月刊
　华艺图书杂志公司　天津
　1936.5　1
　馆藏　1936　1

46938H
天津画报(日刊)
　天津画报社　天津
　[19?]—1925.5　1—1370
　馆藏　1925　1276—1277,1300—1301,1303—

1310,1313—1319,1321—1328,
1330—1340,1346—1347,1350,
1354—1366,1370

47366
天津基督教女青年会会务季刊
该会　天津
[19?]—1931.6　1—12
馆藏　1930　11
　　　1931　12

47620
天津基督教青年会图画特刊
该会　天津
1938.9　1
馆藏　1938　1

44460
天津教育(月刊)
教育月刊社　天津
1948.11—12　1:1—2
总藏　(150)　1:1
馆藏　1948　1:1—2

44467
天津经济统计月报
市政府统计室　天津
1946.2—1948.11　1—33
本刊原名为"天津市经济指数及金融物价行
市汇报",自6期起改用本名。
总藏　(149)　1—33
馆藏　1946　6—11
　　　1947　12—22
　　　1948　23—33

47495
天津晶报元旦特刊
晶报社　天津
1937　特刊
馆藏　1937　特刊

47302
天津警察杂志(月刊)
警察厅　天津

1915.[？]—11　1—6
馆藏　1915　6

45684
天津律师公会旬刊
该会　天津
1933.3—[8]　1:1—5
总藏　(150)　1:1—5
馆藏　1933　1:1

46460
天津漫画(月刊)
漫画社　天津
1934.5　1:1
总藏　(150)　1:1
馆藏　1934　1:1

44468
天津棉鉴(月刊)
实业部天津商品检验局　天津
1930.6—1934.8　1—4:
1936.5—1937.4　复1—2:1
本刊4卷12期1934年8月后曾停刊,1936年
5月复刊,卷期另起。
总藏　(150)　1—2:8;3—4:;复1—2:1
馆藏　1930　1:2—7
　　　1931　1:8—12;2:1—6
　　　1932　2:7—8;3:1—4
　　　1933　3:5—12;4:1—4
　　　1934　4:5—12
　　　1936　复1:1—8
　　　1937　1:9—12;2:1

47753
天津民国日报副刊汇编
民国日报社　天津
1931.1　1
馆藏　1931　1

46083H
天津民国日报画刊(周刊)
民国日报社　天津
1945.12—1947.11　1—102
总藏　(149)　1—102

馆藏　1945　1—4

　　　　1946　5—56

　　　　1947　66—89,91—102

44464

天津民意(半月刊)

民意社　天津

1948.10　1:1—2

总藏　(149)　1:1—2

馆藏　1948　1:1—2

45685

天津青年

学生联合会　天津

1929.3　1

总藏　(150)　1

馆藏　1929　1

45862

天津青年

青年日报社　天津

1945.11—1946.1　1—4

总藏　(150)　1—3

馆藏　1945　1—2

　　　　1946　4

45686

天津青年(半月刊)

基督教青年会　天津

1912.[?]—1937.5　1—127

本刊原为月刊,自63期1934年2月起改为半月刊。

馆藏　1932　47,50—51

　　　　1933　53—57

　　　　1934　63—79

　　　　1935　80—81,88,90—92,95—98

　　　　1936　99,103—104,106—110,113—115

　　　　1937　121,123,127

47313

天津青年会会务杂志(周刊)

天津青年会　天津

[19?]—1915.8　1—24

馆藏　1915　24

47507

天津区粮食储运旬刊

河北田赋粮食管理处天津区储运处旬刊社

天津

1946.3　1—3

馆藏　1946　1—3

44937H

天津商报画刊(隔日刊)

天津商报社　天津

1930.7—1937.7　1—24:39

本刊初名"天津商报图画周刊",后改名为"天津商报图画半周刊""天津商报画刊""天津商报每日画刊",最后沿用本名。原为周刊,后改为半周刊、一周三刊、一周四刊、隔日刊等。1至23卷每卷出50期。

馆藏　1930　1:1—38

　　　　1931　1:39—50;2:1—50;3:1—50;4:1—5,7

　　　　1932　4:8—27,30,33—34,36—43,45—50;5:1—50;6:1—50;7:1—11

　　　　1933　7:12—50;8:1—50;9:1—50;10:1,6—14

　　　　1934　10:15—50;11:1—50;12:1—9,11—25,27—50;13:1—15

　　　　1935　13:16—50;14:1—50;15:1—2,4—50;16:1—17

　　　　1936　16:18—50;17:1—50;18:1—50;19:1—50;20:1—50;21:1—50;22:1—9

　　　　1937　22:10—50;23:1—50;24:1—7,9,14—19,23—28,32—39

44937H

天津商报每日画刊

见"天津商报画刊"

44937H

天津商报图画半周刊

见"天津商报画刊"

44937H

天津商报图画周刊

见"天津商报画刊"

48009

天津商检月刊

实业部天津商品检验局　天津

1935.7—8　1—2

本刊前身为"检验月刊"。

总藏　（150）　1—2

馆藏　1935　1—2

46069

天津圣经神学志(季刊)

圣经神学院　天津

1939.[7]—1941.1　1—2:3

馆藏　1939　1:2

　　　1940　1:3

　　　1941　2:3

44080

天津市第二十二小学校刊(半年刊)

该校　天津

[19?]—1934.12　1—11

馆藏　1930　3

　　　1932　7

　　　1933　8—9

　　　1934　11

44475

天津市第九区区民代表会

该会秘书处　天津

1948.6　1

馆藏　1948　1

44473

天津市工务月刊

工务局　天津

1931.1—1935.[?]　1—52

总藏　（148）　1—52

馆藏　1931　1,3—6,11

　　　1932　13—24

　　　1933　27—33

　　　1935　50

44467

天津市经济指数及金融物价行市汇报

见"天津经济统计月报"

46163

天津市救济院院刊

该院　天津

1947.9　1

馆藏　1947　1

44472

天津市立通俗图书馆月刊

该馆　天津

1934.5—1937.4　1—2:9

总藏　（149）　1—2:9

馆藏　1934　1:1—6

　　　1935　1:7—12;2:1—2

　　　1936　2:3—5

　　　1937　2:6—9

47557

天津市临时参议会第一届第二次大会会刊

该会　天津

1947.2　1

馆藏　1947　1

44474

天津市社会局行政周刊

该局　天津

1936.8—1937.7　1—45

总藏　（149）　1—32,35—45

馆藏　1936　1—18

　　　1937　19—44

44478

天津市训练团团刊(旬刊)

市训练团　天津

1947.12—1948.6　1—12

馆藏　1947　1—2

　　　1948　3—12

44470

天津市政府公报(月刊)

该市政府　天津

1928.8—1937.3   1—98

本刊原名为"天津特别市市政府公报",自24期起改用本名。

总藏 （149）   1—98

馆藏   1928   2—4

1929   6,12,14—17

1930   18—25

1931   26—37

1932   38—47,49

1933   50—59

1934   60—71

1935   72—83

1936   84—95

1937   96—98

44471

天津市政统计月报

市政府统计室   天津

1946.7—1948.6   1—3;6

总藏 （149）   1:1—5;2:1—4;3:1—6

馆藏   1946   1:1—5

1947   2:1—3

1948   2:4;3:1—6

44704

天津市周刊

市政府秘书处   天津

1946.12—1949.1   1—9:；分类索引

本刊每卷出12期。1948年12月出版1至8卷分类索引一册。

总藏 （148）   1—9:9

馆藏   1946   1:1—3

1947   1:4—12;2:1—12;3:1—12;4:1—12;5:1—7

1948   5:8—12;6:1—12;7:1—12;8:1—12;9:1—9;分类索引

1949   9:11—12

(旧参)**F812.87/TCJ**

天津特别市财政局财政年刊

该局   天津

1928—1930

总藏 （150）   1928—1930

馆藏   1928

45764

天津特别市公安局周年纪念特刊

公安局秘书处   天津

［1929］   1

馆藏   ［1929］   1

44479

天津特别市公署公报

见"天津特别市政府公报"

44481

天津特别市公署教育局小学体育研究会年刊

该会   天津

1940.12   1

馆藏   1940   1

44483

天津特别市警察局半年刊

该局秘书室   天津

1938.11—1939.6   1—2

馆藏   1938   1

1939   2

47556

天津特别市警察局警察年刊

该局   天津

［193?］—1939   1—3

馆藏   1939   3

46586

天津特别市识字运动宣传委员会会刊

特别市识字运动宣传委员会   天津

1930.7   1

总藏 （150）   1

馆藏   1930   1

44470

天津特别市市政府公报

见"天津市政府公报"

44482

天津特别市土地局土地行政汇刊(年刊)

该局　天津

1929.6—1930.6　1—2

馆藏　1929　1

　　　　1930　2

45885

天津特别市卫生局月刊

该局　天津

1929.3—1931.1　1—3:1

总藏　(150)　1:2—3,5;2—3:1

馆藏　1929　1:1,4

　　　　1930　2:1—12

　　　　1931　3:1

44479

天津特别市政府公报(周刊)

特别市政府宣传处　天津

1939.4—1945.5　1—318

本刊原名为"天津特别市公署公报",自239期1943年11月起改用本名,期数续前。

馆藏　1939　1—40

　　　　1940　41—91

　　　　1941　92—142

　　　　1942　143—193

　　　　1943　194—244

　　　　1944　245—254,258—297

　　　　1945　298—318

44466

天津团讯

三民主义青年团天津支团部　天津

1947.1—5　1—3

馆藏　1947　1—3

47408

天津卫(三日刊)

天津卫报社　天津

1946.7　复1

本刊1946年7月复刊,此前情况不详。

馆藏　1946　复1

46588

天津文化

天津文化社　天津

[19?]—1932.8　1—2:5

馆藏　1932　2:4—5

44461

天津文化(半月刊)

文化会堂　天津

1948.9—10　1—3

馆藏　1948　1—3

45720

天津县政府公报(周刊)

县政府秘书室　天津

1946.12—1947.9　1—42

馆藏　1946　1—5

　　　　1947　6,9—18,20—24,27—28,41—42

46744

天津学生(月刊)

学生联合会　天津

1929　1

总藏　(150)　1

馆藏　1929　1

45626

天津益世主日报

见"益世主日报"

44465

天津邮刊(双月刊)

邮票会　天津

1940.3—1941.10　1—2:4

总藏　(150)　1—2:4

馆藏　1940　1:1—5

　　　　1941　1:6;2:1—4

44462

天津杂志(半月刊)

半月刊社　天津

1933.9—1934.4　1933—1934:7

本刊原名为"天津半月刊",自1934年2月起改用本名。

总藏　(149)　1933—1934:7

馆藏　1933:1—8

　　　　1934:1—2,4—5,7

44706

天津杂志（月刊）

杂志社　天津

1940.2—1943.7　1—4:2

总藏　（149）　1:1,3

馆藏　1940　1:8

　　　1941　2:2

　　　1943　4:2

44484

天籁（季刊）

沪江大学　上海

1912.［?］—1937.6　1—26:1

1946.8　复1:1

本刊26卷1期1937年6月后曾停刊,1946年8月复刊,卷期另起。

总藏　（151）　1:1—4;2:1—4;4:1—4;7:1,
　　　　4,6;8:1;9:1—2;13:1—10;
　　　　14:1—16;15:1—15;16:1—
　　　　2,4—15;17:3—5,13—15;
　　　　18:3,16;19:1—2,4;20—21:
　　　　4;22:1—2,11;23—24:1;25:
　　　　1—2;26:1;复1:1

馆藏　1918　7:6

　　　1936　25:2

47120

天明（月刊）

天明出版社　辽阳

1947.10—12　1:1—3

本刊原由北平第一线出版社编印,后迁辽阳,改由天明出版社编印。

总藏　（148）　1:1—3

馆藏　1947　1:2

45860H

天鹏

见"天鹏画报"

45860H

天鹏画报（月刊）

天鹏艺术会　上海

1927.7—1928.12　1—3:6

本刊亦名"天鹏",原为旬刊,后改为月刊。

总藏　（151）　3:4—6

馆藏　1927　1:1—5,8—13,15

　　　1928　3:6

44485

天琴（半月刊）

天琴出版社　天津

1947.11—1948.2　试刊1—3

1948.4—11　1—10

本刊先出试刊号,然后正式发行。

总藏　（151）　试刊1;1—8

馆藏　1947　试刊1

　　　1948　试刊3;1—10

47323

天山（月刊）

天山月刊社　南京

1934.10—1935.4　1:1—7

总藏　（146）　1:1—7

馆藏　1934　1:2

46362H

天山画报（季刊）

西北文化建设协会　南京

1947.6—1949.1　1—2:1

总藏　（146）　1:1—6;2:1

馆藏　1948　1:5

45822

天声半月刊

天声印刷局　北京

1944.3—1945.2　1—23

馆藏　1944　1—19

　　　1945　20—23

44458

天文台（月刊）

天文台出版社　上海

1936.11—1941.10　1—511

1945.9—1946.3　新1—48

1947.9—1949.2　复1—3:1

本刊原为周刊,在香港创刊,1945年5月迁重庆出版,期数另起。1947 年 7 月迁至上海出版,改为月刊,卷期另起。

总藏　（146）　114—120,123,126,192,196,
　　　　　　　　201,207,209—222,224,226,
　　　　　　　　228,230—400,459,503—511;新
　　　　　　　　1—48;复1—2:3;3:1

馆藏　1947　复 1:1—4

44453

天下(半月刊)

天下出版社　上海

1943.11—1944.1　1—6

总藏　（145）　1—6

馆藏　1943　1—4

　　　1944　5—6

44454

天下篇(半月刊)

[不详]　天津

1934.2—3　1:1—3

总藏　（146）　1:1—3

馆藏　1934　1:1—3

44456

天下事(月刊)

亢德书房　上海

1939.11—1942.12　1—3:2

本刊原为半月刊,后改为月刊。第 1 卷出
18 期。

总藏　（146）　1—3:2

馆藏　1939　1:1—2

　　　1940　1:3—18;2:1—2

　　　1941　2:3—12;3:2

44455

天下一家(周刊)

天下一家周刊社　南京

1948.9—11　1:1—4

总藏　（145）　1:1—4

馆藏　1948　1:1—4

47119

天下周刊

天下周刊社　天津

1946.5　1:1—3

总藏　（145）　1:1—3

馆藏　1946　1:1

45645

田家

见"田家半月刊"

45645

田家半月报

见"田家半月刊"

45645

田家半月刊

田家半月刊社　北平

1934.8—1951.[?]　1—17:2

本刊原名为"田家半月报",自 13 卷 20 期
1947 年起改名为"田家",自 14 卷 21 期 1948
年起改用本名。在济南创刊,由华北基督教
农村事业促进会文学部编辑出版。曾迁至长
沙、成都、重庆等地出版,1947 年迁至北平,由
田家半月刊社编辑出版。

总藏　（381）　1:1—10;2—4:;5:1—2,4,14,
　　　　　　　　16,19,23;6—10:;11:1—12,
　　　　　　　　15—16;12:1—22;13—16:4

馆藏　1935　2:11—21,23—24

　　　1936　3:2,4—5,7,11—12,16—17,
　　　　　　　19,21—24

　　　1937　4:1—6,11—18

　　　1939　6:9

　　　1940　7:3,7—8,17,22—23

　　　1941　8:1,4—6,14—24

　　　1942　9:1—12,15—18

　　　1943　10:6,20—21

　　　1944　11:3—4

　　　1945　11:11—14

　　　1946　13:1—10

　　　1947　13:11—21,23—24;14:3—4,
　　　　　　　7,10

　　　1948　14:11,14—18,21—22;15:1—
　　　　　　　2,4

　　　1949　15:16—19,21;16:1—4,6—10

45646H

田家画报(月刊)

田家半月刊社　成都

1943.3—1944.4　1—2:4

总藏　(381)　1—2:4

馆藏　1943　1:12

　　　　1944　2:1—2,4

46949

田粮通讯(月刊)

江西省田赋粮食管理处督导室　南昌

1948.10　1:1

总藏　(382)　1:1

馆藏　1948　1:1

tie

45481

铁道半月刊

见"铁道月刊"

45482

铁道公报(日刊)

铁道部　南京

1928.12—1937.9　1—1870

本刊原为月刊,自13期起改为半周刊,自262期起改为日刊。

总藏　(1208)　1—1870

馆藏　1928　1

　　　　1929　2—3,6—28;特刊

　　　　1930　29—88

　　　　1931　132—235

　　　　1932　262—443

　　　　1933　451,473—474,477,479,495—496,501,523,582—583,678—679,683—684,686—688,690—691,693,726—729,731,733—735,738,740—741,746,748—749

　　　　1934　781,847,908,922,948,1010,1017,1021,1024,1036,1045,1048

　　　　1935　1055—1058,1060—1077,1084—1085,1088—1090,1093,1098—

　　　　　　　1104,1106,1112—1113,1116,1121,1130,1133—1134,1136—1137,1139,1141,1143—1145,1148,1155—1156,1164,1171,1174—1176,1191,1195,1198—1199,1209—1211,1215,1222,1224,1228,1230,1238,1242—1243,1245,1249,1253—1255,1260—1261,1263,1267—1272,1274,1276—1277

　　　　1936　1364,1368—1369,1371,1373,1375,1385,1542—1558,1560—1589,1592—1594

45482

铁道公报——分类总目录(月刊)

铁道部　南京

1933—1936:

总藏　(1208)　1933—1936:

馆藏　1934:6

　　　　1935:3

　　　　1936:8

45481

铁道月刊

铁道部秘书厅　南京

1936.5—1937.8　1—2:

本刊原名为"铁道半月刊",自2卷9期1937年5月起改用本名。自2卷11期起与"铁路杂志"合并,仍用本名。

总藏　(1207)　1—2:

馆藏　1936　1:1—10

　　　　1937　2:1—6,8,11

45478

铁路公报——北宁线(旬刊)

北宁铁路管理局　天津

[192?]—1930.12　1—89

总藏　(1209)　34

馆藏　1929　54

　　　　1930　61,64—89

45477

铁路协会会报
见"铁路协会月刊"

45477

铁路协会月刊
该会　南京
1912.10—1928.［?］　1—187
1929.6—1934.12　新1—6:
本刊原名为"铁路协会杂志",自第10期起改名为"铁路协会会报",187期起改用本名,自1929年6月起卷期另起。
总藏　（1210）　1—111,113—164,166—177,
　　　　　　　　186—187;新1—6:
馆藏　1912　1—3
　　　1913　4—15
　　　1914　16—27
　　　1915　29—34,36—39
　　　1916　40—42,44—51
　　　1917　52—63
　　　1918　64—75
　　　1919　76—87
　　　1920　98—100
　　　1921　101—111
　　　1932　新4:8—12
　　　1934　6:2—4

45477

铁路协会杂志
见"铁路协会月刊"

46754

铁路学院月刊
该院　北平
1933.8—1936.7　1—36
总藏　（1210）　1—36
馆藏　1934　11,14

45476

铁路月刊——北宁线
北宁铁路管理局　天津
1931.1—1939.2　1—9:2
本刊在北平创刊,自8卷6期1938年6月起

迁至天津出版,卷期续前。
总藏　（1208）　1:1,3—12;2—7:6
馆藏　1931　1:5—9,11
　　　1932　2:1—2,4—5
　　　1933　3:2—4
　　　1934　4:1—2,7
　　　1936　6:2—7,11—12
　　　1937　7:1—2,6,10,12
　　　1938　8:2—6
　　　1939　9:2

45480

铁路月刊——津浦线
津浦铁路管理局　浦口
1930.10—1935.12　1—5:
总藏　（1209）　1—5:
馆藏　1932　2:1,4—12
　　　1933　3:2,4—12
　　　1934　4:1—12
　　　1935　5:1—2,5—12

45479

铁路月刊——平汉线
铁道部直辖平汉铁路管理委员会　汉口
1930.5—1937.7　1—87
本刊原名为"平汉铁路公报",自7期起改用本名。又名"平汉铁路月刊"。
总藏　（1208）　1—87
馆藏　1934　56
　　　1935　57—58

46790

铁路杂志(月刊)
中华全国铁路协会铁路杂志编委会　南京
1935.6—1937.5　1—2:
本刊自1937年7月起与"铁道月刊"合并,改名为"铁道月刊"。
总藏　（1210）　1—2:
馆藏　1935　1:2,5,7
　　　1936　1:9,11;2:3
　　　1937　2:8,11

47307

铁血

清华大学铁血社　北平

1933.6　1

总藏　（1207）　1

馆藏　1933　1

46041

铁血周刊

中国铁血社　北平

1931.11—1933.7　1—2:7

总藏　（1207）　1:1,3—12,15—26;2:1—7

馆藏　1932　1:25

　　　1933　1:26;2:5—7

46530H

铁展

铁道部全国铁路沿线出产货品展览会　北平

1934.5　1—2

总藏　（1207）　1—2

馆藏　1934　1—2

tong

44696

通俗讲艺(月刊)

湖北省立通俗教育讲演所　湖北

[1917.？]—1923.12　1—83

馆藏　1919　25,27,31

　　　1920　46

　　　1923　83

（线装）P13460

通俗教育丛刊(月刊)

通俗教育研究会　北京

1919.5—1925.5　1—21

本刊后改为双月刊,又改为季刊。

总藏　（954）　1—21

馆藏　1919　1—3

　　　1920　4

44695

通俗文化(半月刊)

通俗文化社　上海

1935.1—1937.2　1—5:3

本刊1至4卷每卷出12期。

总藏　（953）　1—4:;5:2—3

馆藏　1935　1:5,7

　　　1936　3:6

44697

通俗医事月刊

通俗医事月刊社　北京

1919.10—1921.1　1—3:1

本刊1至2卷每卷出6期。

总藏　（953）　1—3:1

馆藏　1919　1:2—3

　　　1920　1:4—5

47431

通县女师半月刊

河北省立通县女子师范学校　通县

[1931.？]—1934.5　复1

本刊曾停刊,1934年5月复刊,此前情况不详。

馆藏　1934　复1

47050

通信半月刊

见“现代电信”

46355

通讯(半月刊)

中央各军事学校毕业生调查处　南京

[19？]—1948.9　复1—6

本刊曾停刊,1948年复刊,此前情况不详。

馆藏　1948　复2,4—6

46052

通讯往来(半月刊)

新华社冀中分社　[河北]

[194？]—1949.8　1—43

总藏　（954）　32—33,35,40,42—43

馆藏　1946　4—5,7,9—10,12—13

　　　1947　15—16

　　　1948　28—29

　　　1949　34,39,41,43

47694

同仇汇刊(不定期刊)

陆军大学校将官班乙三期研究组　南京

1947.7　特辑 1

馆藏　1947　特辑 1

47100

同代人文艺丛刊

同代人社　上海

1948.4—8　1:1—3

总藏　(522)　1:1—3

馆藏　1948　1:1—2

46982

同德医学(月刊)

同德医学专门学校　上海

1920.4—1924.9　1—8:3

本刊自 5 卷 5 期 1923 年 6 月起改名为"同德医药学"。1 至 7 卷每卷出 6 期。

总藏　(525)　1—8:3

馆藏　1920　1:1—4

　　　1921　1:5—6;2:1—2

46982

同德医药学

见"同德医学"

46807

同工(月刊)

中华基督教青年会全国协会同工通讯社
上海

[19?]—1941　1—204

1946.12—1949.3　复 1—3:3

本刊曾停刊,1946 年 12 月复刊,卷期另起。

总藏　(522)　45—204;复 1:1—4;2:7;3:

　　　　　　　1,3

馆藏　1931　100

47492

同济(双月刊)

同济医工专门学校　上海

1918.9—11　1—2

总藏　(523)　1—2

馆藏　1918　1

46551

(国立)同济大学旬刊

见"同济旬刊"

46551

同济校刊

见"同济旬刊"

46551

同济旬刊

国立同济大学旬刊社　上海

1933.10—1945.[?]　1—146

1948.11—1949.5　新 1—21

本刊原名为"国立同济大学旬刊",自 94 期
1936 年起改用本名。抗战期间曾停刊,抗战
胜利后复刊,后又停刊,1948 年 11 月复刊,改
名"同济校刊",期数另起。

总藏　(524)　1—136,140—146;新 1—17,21

馆藏　1937　131

45038

同济医学季刊

国立同济大学医学院　上海

1931.3—1951.12　1—10:

总藏　(524)　1—8:3

馆藏　1931　1:1—2

　　　1932　2:1—4

　　　1933　3:1,3—4

　　　1934　4:1,3—4

　　　1935　5:1—4

　　　1936　6:1,3—4

　　　1937　7:1

47187

同仁会医学杂志(月刊)

该会　[日本]东京

1928.[6]—1944.[?]　1—18:11

本刊曾改名为"同仁医学"。

总藏　(522)　1:3—4;2:1—11;3—12:5;13:

　　　　　　　6—12;14:1—2,4—8,10—12;

　　　　　　　15:;16:1—7,9—12;17—18:

　　　　　　　11

馆藏　1929　2:7

1932　5:1
1936　9:5

47187

同仁医学

见"同仁会医学杂志"

45036

同声月刊

同声月刊社　南京

1940.12—1943.1　1—2:

馆藏　1940　1:1
　　　1941　1:2—12
　　　1942　2:1—11
　　　1943　2:12

47480

同义(周刊)

省同义救济会　河北

1933.[?]—7　1—10

馆藏　1933　7—10

46367

同愿月刊

佛教同愿会编委会　北京

1940.1—1944.1　1—5:1

本刊原为半月刊,自1卷6期起改为月刊。

总藏　(524)　1:1—7;2—5:1
馆藏　1941　2:1

47526

同泽半月刊

见"同泽周刊"

47526

同泽周刊

同泽学校　沈阳

[1928.?]—1931.7　1—7:5

本刊原名为"同泽半月刊",后改用本名。

馆藏　1930　3:12;4:2,4,7—9
　　　1931　4:10—12;5:3;7:5

47849

同中同学会会刊

该会　[天津]

1935.5　1
馆藏　1935　1

46412

童育月报

童育月报社　上海

1934.8—[?]　1—4

总藏　(1085)　1—4
馆藏　1934　1—2

45446

统计季报

见"统计月报"

46399

统计年报

统税公署总务科考核股　华北

1939—1941　1938—1940

馆藏　1939　1938
　　　1940　1939
　　　1941　1940

47267

统计年报

察哈尔省建设厅　[张家口]

1931—1936

总藏　(1121)　1936
馆藏　1931

46550

统计年刊

特别市公署财政局　天津

1943.3　1942

馆藏　1943　1942

45448

统计期讯——资料(月刊)

国民政府主计处　南京

1934.8—1937.6　1—16

总藏　(1122)　1—16
馆藏　1934　1—5
　　　1935　6—12

45447

统计月报

立法院统计处　南京

1929.3—1931.3　1—3:3

本刊第 1 卷出 10 期。

总藏　（1120）　1—3:3

馆藏　1929　1:1—6,8—10

　　　1930　2:1—12

　　　1931　3:3

45446

统计月报

国民政府统计局　南京

1931.10—1934.12　1—26

1935.3—1936.12　新 1—8

1937.1—1948.12　27—136

本刊自 1935 年 3 月起改名为"统计季报",期数另起。自 1937 年 1 月起改回本名,续出 27 期。在南京创刊,自 48 期 1940 年起迁至重庆出版,抗战胜利后迁回南京出版。

总藏　（1120）　1—26;新 1—8;27—136

馆藏　1932　[2—7]

　　　1933　10

　　　1934　15—18,26

　　　1937　28—32

　　　1947　113—122

　　　1948　125—128

46524

统计月报

广西省政府统计局　南宁

1934.5—1936.4　1—2:3

总藏　（1121）　1—2:3

馆藏　1935　1:7—8

　　　1936　2:2

46778

统计月刊

广东省调查统计局　广州

1934.11—1937.2　1—3:2

总藏　（1119）　1—3:2

馆藏　1935　1:3

46152

统计月刊

铁道部总务司统计科　南京

1932:10—1936:6

总藏　（1120）　1932:10—12;1933:1—3,5—

　　　　　　　　　12;1934—1936:6

馆藏　1933:1—3,6—8,10—11

　　　1935:1,3

　　　1936:1,3—5

46153

统计月刊

陕西省政府统计联合会　西安

1934.1—10　1—7

总藏　（1120）　1—7

馆藏　1934　1,4—7

47554

统计专刊

实业部天津商品检验局秘书室　天津

1939.1　1

馆藏　1939　1

45939

统一评论(周刊)

统一评论社　成都

1935.11—1939.11　1—7:17

本刊原为旬刊,自 2 卷 5 期 1936 年起改为周刊。第 1 卷出 18 期,2 至 6 卷每卷出 25 期。

总藏　（1119）　1—7:17

馆藏　1935　1:2

　　　1936　1:12,14;2:3,8

　　　1937　4:9

tou

45981

透视(半月刊)

透视丛刊社　上海

1949.1—2　1—3

总藏　（962）　1—3

馆藏　1949　1,3

tu

47335

突击周刊

天津图书馆馆藏新中国成立前中文期刊目录(1884—1949)

国民革命军第一军政治部　汕头

1926.5—10　1—16;特刊

总藏　（818）　1—16

馆藏　1926　特刊

47871H

图画晨报(周刊)

晨报馆　上海

1932.6—1936.1　1—185

总藏　（795）　1—184

馆藏　1933　71—72,74—80

　　　1934　81—87,89—116,118—119,122—

　　　　　　132

　　　1935　133—135,137—181

　　　1936　182—185

47758

图画日报

环球社　上海

1909.8—1910.8　1—404

本刊1999年6月由上海古籍出版社影印。

馆藏　1909　105,113,123—124,127—131,

　　　　　　134—138

　　　1910　140—141,143—144,149—151,

　　　　　　155—158,169,172,175,179—

　　　　　　180,187,189,191—192,194,

　　　　　　200—201,208,227—228

　　影　1909　1—138

　　　1910　139—404

46131H

图画时报(三日刊)

时报社　上海

1920—1934　1—1032

本刊为"时报"副刊,789至828期曾改名为"图画时报上海战刊"。原为周刊,自358期起改为三日刊。

总藏　（794）　274,344,347—351,353—354,

　　　　　　357,360—361,363,365—366,

　　　　　　368—370,375,381,383—384,

　　　　　　390—392,438—439,441—444,

　　　　　　447,449—452,454,459,461,

　　　　　　465—466,468—472,474—476,

482,484,486—492,494—499,

501—502,504—509,511,514—

516,518,523—525,527—528,

537—538,553,574,579,586—

588,590—591,596—599,600—

602,604,616,626—630,632—

636,638,657,707,709,714—715,

721—722,725—727,731,733—

741,743—745,777,789—839,

895—896,958,960—975,977,

979,981—991,993,995—1000,

1032

馆藏　1925　235—260,262—282

　　　1926　283—333

　　　1927　334—340

　　　1930　650,675,678,682—683,686,

　　　　　　705,709,721

　　　1932　823—890

　　　1933　891—922,926—980

　　　1934　981—1020

46131H

图画时报上海战刊

　见"图画时报"

46092

图画世界(旬刊)

图画世界出版社　上海

1946.8—1949.4　1—57

总藏　（794）　1—57

馆藏　1946　7—8,10

　　　1947　18,20,22,24—26

　　　1948　28,30—32,38—40

44294

图画新报

　见"新民报"

46715H

图画新闻

英国政府情报部　香港

[19?]—1941.9　1—34

馆藏　1940　18,20—21,24
　　　　1941　27,34

46174

图画周刊

图画世界社　北京

[192?]—1925.1　1—5

本刊为"京报"附设的第5种周刊。

馆藏　1925　5

46383

图书馆学报

中国图书馆学社　四川璧山

1945.6　1

馆藏　1945　1

45171

图书馆学季刊

中华图书馆协会　北平

1926.3—1937.6　1—11:2

总藏　(793)　1—11:2

馆藏　1927　2:1
　　　　1929　3:1—4
　　　　1930　4:1—4
　　　　1931　5:1—4
　　　　1932　6:1—4
　　　　1933　7:1—4
　　　　1934　8:1—4
　　　　1935　9:1—4
　　　　1936　10:1—4

45796

图书汇报

商务印书馆　上海

1910.7—1928.12　1—120

1933.1—1936.11　新1—7

总藏　(792)　1,19,27,30,35,52,58,80,100—
　　　　　　　101,107—108,111

馆藏　1916　58
　　　　1919　100
　　　　1920　101
　　　　1921　105
　　　　1922　108

　　　　1924　113
　　　　1926　117
　　　　1928　119—120
　　　　1933　新1—3
　　　　1934　4
　　　　1935　5
　　　　1936　6—7

45172

图书季刊

国立北平图书馆　北平

1934.3—1937.12　1—4:2

1939.3—1948.12　新1—9:

本刊在北平创刊,七七事变以后曾迁昆明、香港、重庆、上海等地出版。自1939年3月起卷期另起。

总藏　(791)　1—4:;新1—9:

馆藏　1934　1:1—4
　　　　1935　2:1—4
　　　　1936　3:1—4
　　　　1939　新1:1—4
　　　　1940　2:1—4
　　　　1941　3:1—4
　　　　1944　5:2—4
　　　　1945　6:1—4
　　　　1946　7:1—4
　　　　1947　8:1—4
　　　　1948　9:1—2

45170

图书评论(月刊)

图书评论社　南京

1932.9—1934.8　1—2:

总藏　(793)　1—2:

馆藏　1932　1:1—4
　　　　1933　1:5—12;2:1—4
　　　　1934　2:5—12

46246

图书月报

上海书业商会　上海

1906　1—2

总藏　(84)　1—2

馆藏　1906　1

45174
图书月刊
台湾省图书馆　台北
1946.8—1947.12　1—2：
本刊第 1 卷出 5 期。
总藏　（791）　1—2：
馆藏　1946　1：1—5
　　　1947　2：1—7,9—10

45173
图书展望（季刊）
浙江省立图书馆　杭州
1935.10—1937.8　1—2：10
1946.10—1949.1　复 1—10
本刊原为月刊,2 卷 10 期 1937 年 8 月后曾停
刊,1946 年 10 月复刊,改为季刊,期数另起。
总藏　（792）　1—2：10；复 1—10
馆藏　1936　1：9—12；2：1—2
　　　1937　2：3—8
　　　1946　复 1
　　　1947　2—5
　　　1948　6—9

45971
土地改革（半月刊）
土地改革编委会　南京
1948.4—12　1：1—17
总藏　（55）　1：1—17
馆藏　1948　1：2

48022
土木（月刊）
中央大学土木工程研究会　南京
1933.11—1935.4　1—2：4
总藏　（54）　1—2：4
馆藏　1935　2：2

44452
土木工程（半年刊）
浙江大学土木工程学会　杭州
1930.3—1935.3　1—3：1
本刊自 1935 年 12 月起改名为"浙江大学工程

季刊"。
总藏　（55）　1—3：1
馆藏　1932　1：2
　　　1933　2：1
　　　1935　3：1

46491
土壤（季刊）
经济部中央地质调查所　南京
1940.7—1948.[？]　1—7：1
本刊在重庆创刊,抗战胜利后迁南京出版。
总藏　（55）　1—2：2；3—7：1
馆藏　1947　6：2—3

（旧参）S151.9/LQK 等
土壤特刊（乙种）（不定期刊）
实业部地质调查所等　北平
1935.4—1938.4　1—4
本刊第 2 期馆藏号为"（旧参）S15—61/HGJ/
（2）。"
总藏　（56）　1—4
馆藏　1935　2
　　　1937　3

44451
土壤专报（不定期刊）
中国科学院　北平
1931—1955　1—30
本刊原由北平实业部地质调查所与国立北平
研究院地质研究所合编,自 25 期起改由中国
科学院编,解放后继续出版。
总藏　（55）　1—30
馆藏　1931　1—3
　　　1932　4
　　　1934　7—8
　　　1935　10—13
　　　1936　14—16
　　　1937　18

46010
吐露月刊
市三中文艺研究社　天津
1945.11—1946.1　1：1—2

馆藏　1945　1:1
　　　　1946　1:2

tuan

45166
团结(月刊)
省训练团毕业学员辅导委员会　浙江
[19?]—1948.5　1—2:3
馆藏　1948　2:2—3

(新善)**D67/TJF**
团结奋斗
中共冀察热辽中央分局　[不详]
[194?]—1947.7　1—5
馆藏　1947　4—5

45167
团刊(月刊)
省地方行政干部训练团　河北
1946.5—1947.4　1—12
馆藏　1946　1—8
　　　　1947　9—12

tuo

44647
拓荒者(月刊)
现代书局　上海
1930.1—5　1:1—5
本刊前身为"新流月报"。
总藏　(730)　1:1—5
馆藏　1930　1:1—3
　　　影 1930　1:1—5

W

wai

(线装)**P29591** 等
外交报(旬刊)
商务印书馆　上海
1901.11—1910.12　1901—1910:33

本刊部分复本的馆藏号为"45695"。
总藏　(410)　1901:1—2;1902:1—34;1903:
　　　　　　　1—35;1904:1—32;1905:1—
　　　　　　　32;1906:1—35;1907:1—32;
　　　　　　　1908：1—32;1909：1—35;
　　　　　　　1910:1—33
馆藏　1901：　1—2
　　　1902：　1—32
　　　1903：　1—35
　　　1904：　1—32
　　　1905：　1—32
　　　1906：　1—35
　　　1907：　1—32
　　　1908：　1—32
　　　1909：　1—35
　　　1910：　1—15,18—20,25—26

45241
外交部公报(月刊)
该部情报司　南京
1928.5—1949.6　1—19:6
总藏　(411)　1—9:;10:1—4,7—12;11—19:6
馆藏　1930　3:5,8
　　　1931　3:9—11;4:1—8
　　　1932　5:1—4
　　　1933　6:1—4
　　　1934　7:1—12
　　　1935　8:1—12
　　　1936　9:1—12
　　　1937　10:1—3

45240
外交公报(旬刊)
国民政府外交部　南京
[1940]—1941　1—36
馆藏　1941　22,36

46976
外交公报(月刊)
外交部图书处　北京
1921.7—1928.[?]　1—82
总藏　(409)　1—82
馆藏　1921　1—6

1922   7—18
1923   19—30
1924   31—42
1925   49—54

45242

外交评论（月刊）

外文评论社　南京

1932.6—1937.7　1—9：1

本刊前身为"中外评论"半月刊。第1卷出7
期,2至3卷各出12期,4至8卷各出5期。

总藏　（411）　1—9：1
馆藏　1932　1：1—7
　　　1933　2：1—12
　　　1934　3：1—12
　　　1935　4：1—5；5：1—5
　　　1936　6：1—5；7：1—5
　　　1937　8：1—5

45243

外交月报

外交月报社　北平

1932.7—1937.7　1—11：1

本刊1至10卷每卷出6期。

总藏　（409）　1—11：1
馆藏　1932　1：1—6
　　　1933　2：1—6；3：1—6
　　　1934　4：2—6；5：1—6
　　　1935　6：1—6；7：1—6
　　　1936　8：1—6；9：1—6
　　　1937　10：1—6；11：1

45239

外论

国际出版社　上海

1949.3　1

总藏　（412）　1
馆藏　1949　1

wan

48006

万国公报（月刊）

万国公报社　上海

1889.2—1907.12　1—227

本刊前身为"教会新闻",1868年创刊。

总藏　（39）　1,3,6—8,11,25,30,33—39,
　　　　　　　41—57,67—69,73—203,205—
　　　　　　　227
馆藏　1900　138—142
　　　1901　144—145
　　　1904　181—182,185—188

46830

万国商业月报

万国商业月报馆　上海

1908.4—1909.8　1—17

总藏　（40）　1,3,6—12,14,16—17
馆藏　1908　2,4
　　　1909　15—16

45543

万人文库（旬刊）

武德报社　北京

[1942]—1943　1—40

馆藏　1942　11—26,28—35
　　　1943　36—40

45542

万象（周刊）

万象周刊社　上海

1948.10—11　1：1—8

总藏　（40）　1：1—8
馆藏　1948　1：2—6

46365

万象（月刊）

万象书屋　上海

1941.7—1945.7　1—4：8

总藏　（40）　1—4：8
馆藏　1941　1：1,3,6
　　　1942　1：9,12；2：1,6
　　　1943　2：7—8；3：5
　　　1944　3：11—12；4：1—6

46420

万象（月刊）

新生杂志出版社　上海

1946.4—6　1—2

馆藏　1946　1—2

47376

万影(月刊)

青青出版社　上海

1936.[8]—1937.8　1—12

总藏　(40)　2—12

馆藏　1936　4

　　　1937　7

47833

万邮简报(月刊)

万邮馆　天津

[1943.1]—1944.6　1—18

馆藏　1944　13,16—18

47382

卍字月刊

卍字月刊社　北京

1938.10—1939.6　1:1—9

馆藏　1938　1:1—3

　　　1939　1:4,9

wei

47328

威音(月刊)

威音佛刊社　上海

1930.1—1937.9　1—78

本刊原为半月刊,自25期起改为月刊。原由
威音杂志社编,自3期起改由威音佛刊社编。

总藏　(847)　1—78

馆藏　1935　64

47033

微波(月刊)

微波编译社　天津

1922.3　1

总藏　(1212)　1

馆藏　1922　1

46229

微妙声(月刊)

微妙声月刊社　北平

1936.11—1940.1　1—2:1

总藏　(1212)　1:1—8;2:1

馆藏　1936　1:1

　　　1937　1:3—5

45494

微音(月刊)

微音月刊社　上海

1931.4—1933.6　1—3:4

本刊1至2卷每卷出10期。

总藏　(1213)　1—3:4

馆藏　1931　1:1—7

　　　1932　1:8—10;2:1—8

　　　1933　2:9—10;3:1—4

46281

唯民周刊

唯民周刊社　重庆

1946.4—1947.[?]　1—4:10

本刊1至3卷每卷出12期。

总藏　(1045)　1—3:;4:3—10

馆藏　1946　1:1—12;2:1—12;3:1—12;4:
　　　　　1—2

　　　1947　4:6—7

45456

维纳丝(月刊)

维纳丝杂志社　天津

1935.8—1936.11　1—8

馆藏　1935　1:1—2

　　　1936　1:5,7—8

47833

伟光邮刊(月刊)

伟光集邮社　南京

1948.7—9　1—3

馆藏　1948　1—3

46408

卫生(月刊)

绥署陆军卫生人员训练所学友会　太原

1947.[8]—11　1—3

馆藏　1947　3

45584

卫生半月刊

内政部卫生署等 南京

1934.7—1935.6 1—2：

本刊前身为"卫生事业消息"，自1935年7月

起改名为"公共卫生月刊"，卷期另起。

总藏 （73） 1—2：

馆藏 1934 1：12

1935 2：1，12

47240

卫生报（周刊）

卫生报馆 上海

1929—1930 1—2：40

1931.4—11 新1—8

本刊1931年4月改为月刊，期数另起。

总藏 （74） 1：61，76—99；2：1—40；新1—8

馆藏 1930 2：26—28，33

45585

卫生工程

中国卫生工程学会平津分会 天津

1947.8—1948.8 1—3

馆藏 1947 1—2

1948 3

47373

卫生建设

晋察冀军区卫生部医政处 ［不详］

1942.8—1947.8 1—4：1

馆藏 1947 4：1

45541

卫生月刊

市卫生局 上海

1928.1—1937.6 1—7：6

总藏 （73） 1—7：6

馆藏 1928 1：4

1934 4：2

1936 6：1—8，10，12

1937 7：2，5

45586

卫生月刊

市政府 天津

1935.8—10 1：1—3

馆藏 1935 1：1，3

45562

卫生月刊

市卫生局 天津

1936 1：1—2

总藏 （73） 1：1—2

馆藏 1936 1：2

47087

未名半月刊

未名社 北平

1928.1—1930.4 1—2：

总藏 （288） 1—2：

馆藏 ［1929］ 1：

［1930］ 2：

46915

味道（周刊）

味道社 北平

1934.［2］—3 1：1—3

馆藏 1934 1：3

wen

47559

温州中学校刊

浙江省立温州中学 温州

［19？］—1935.3 1—19

馆藏 1935 19

44050

文昌

见"文昌宫"

44050

文昌宫（半年刊）

河北省立师范附小第一部 天津

1931.4—1936.12 1—12

本刊原名为"文昌"，自9期1935年6月起改

用本名，期数续前。

馆藏 1933 4

1934　8
1935　9—10
1936　11—12

47316

文潮(月刊)

文潮社　上海

1944.1—1945.3　1—2:1

总藏　(139)　1—2:1

馆藏　1944　1:3—4

44027

文潮月刊

文潮出版社　上海

1946.5—1949.1　1—6:3

本刊1至5卷每卷出6期。

总藏　(138)　1—6:3

馆藏　1946　1:1—6;2:1—2

1947　2:3—6;3:1—6;4:1—2

1948　4:3—6;5:1—6

45313

文丛(月刊)

文化生活出版社　上海

1937.3—1939.4　1—2:

本刊自2卷1期1938年起改为半月刊。

总藏　(125)　1—2:

馆藏　1937　1:1—5

47449

文丛(月刊)

冀南书店编辑部　[威县]

1947.[3]—9　1—2:1

总藏　(125)　2:1

馆藏　1947　1:1—6

44052

文萃(周刊)

文萃社　上海

1945.10—1947.6　1—2:31

本刊自2卷23期1947年3月起曾改名为"文萃丛刊",共出9辑。"文萃丛刊"1至9辑1947年3月至6月,即本刊2卷23期至31期。"文萃丛刊"自3辑起改名为"文艺出版

社丛书",8辑起又改名为"华萃丛书"。

总藏　(135)　1—2:31

馆藏　1945　1:1—12

1946　1:13—50;2:1—11

1947　2:12—24

44052

文萃丛刊

见"文萃"

44062

文饭小品(月刊)

脉望社　上海

1935.2—7　1—6

总藏　(135)　1—6

馆藏　1935　1—6

44060

文风学报

广东国民大学文学院　广州

1947.3—1949.[?]　1—5

总藏　(118)　1—5

馆藏　1947　1

1948　2—3

46361H

文华(月刊)

好友艺术社　上海

1929.8—1935.5　1—54

总藏　(125)　1—54

馆藏　1929　1—5

1930　6—16

1931　17—26

1932　27—33

1933　34—43

1934　44—45,47,49—52

1935　53—54

44061

文华图书馆学专科学校季刊

该校　武昌

1929—1937　1—9:

本刊原名为"文华图书科季刊",自4卷1932年起改用本名。

307

总藏 （125） 1—9：
馆藏 1929 1:2
1934 6:1—4
1936 8:4
1937 9:1

44061

文华图书科季刊
见"文华图书馆学专科学校季刊"

44063

文化丛谈（月刊）
文化丛谈社　安庆
1935.［9］—1936.12　1—16
总藏 （119） 3—5,7—16
馆藏 1936 9—11,13—16

45957

文化动员（半月刊）
北平民国学院出版委员会　湖南溆浦
1939.4　1
馆藏 1939 1

45927

文化汇刊（月刊）
国立编译馆　南京
［19?］—1944.5　1—3:2
馆藏 1943 3:1
1944 3:2

44056

文化建设（月刊）
文化建设月刊社　上海
1934.10—1937.7　1—3:10
总藏 （120） 1—3:10
馆藏 1934 1:1—3
1935 1:4—8,10—12;2:1—3
1936 2:4—12;3:1—3
1937 3:4—10

44057

文化界（半月刊）
文化界杂志社　上海
1933.9—10　1:1—3

总藏 （121） 1:1—3
馆藏 1933 1:1

（旧参）**F128—55/WPS**
文化批判（月刊）
文化批判社　北平
1934.5—1941.1　1—6：
本刊自 3 卷 1 期 1935 年起迁南京出版,并改
为季刊。抗战期间迁重庆出版。每卷出 6 期。
总藏 （120） 1—6：
馆藏 1935 2:2—3

47710

文化批判（月刊）
创造社　上海
1928.1—［?］　1—5
本刊收入《中国现代文学史资料丛书（乙
种)》,由上海文艺出版社影印。
总藏 （120） 1—5
馆藏 影 1928 1—5

44058

文化先锋（半月刊）
中央文化运动委员会　南京
1942.［9］—1948.9　1—9:6
本刊在重庆创刊,原为周刊,第 2 卷起改为旬
刊,第 6 卷起迁南京出版,并改为半月刊。
馆藏 1943 2:1—25;3:1—3
1944 3:4—25
1946 5:16;6:7—8
1947 6:15,22—23,25;7:8,14
1948 8:5—12;9:2—3,5—6

44054

文化与教育（旬刊）
文化与教育旬刊社　北平
1933.11—1937.7　1—132
总藏 （119） 1—132
馆藏 1933 1—5
1934 6—40
1935 41—47,49—57,59—76
1936 77—112
1937 113—132

47714

文化月报

文化月报社　上海

1932.11　1:1

本刊收入《中国现代文学史资料丛书（乙种）》，由上海文艺出版社影印。

总藏　（118）　1:1

馆藏　影1932　1:1

44055

文化月刊

大众出版社　上海

1934.2—1935.6　1:1—16

总藏　（118）　1:1—16

馆藏　1934　1:2—11

　　　1935　1:12—16

46018

文化杂志(月刊)

中国文化科学社　上海

1932.9　1:1

馆藏　1932　1:1

45118

文化战线(旬刊)

编辑人协会　上海

1937.9—11　1—8

总藏　（121）　1—8

馆藏　1937　1—7

46569

文汇丛刊

文汇报馆　上海

1947.9　1—6

总藏　（123）　1—6

馆藏　1947　1—6

44017

文汇年刊

文汇年刊编委会　上海

1939

总藏　（122）　1939

馆藏　1939

44016

文汇周报

中外出版社　上海

1943.5—1946.6　1—6:23

本刊在重庆创刊，自6卷12期1946年起迁上海出版，卷期续前。

总藏　（122）　1—5:22;6:1—23

馆藏　1945　6:3

　　　1946　6:5—7,18—23

45345

文季月刊

文季月刊社　上海

1936.6—12　1—2:1

本刊第1卷出6期。

总藏　（132）　1—2:1

馆藏　1936　1:1—6;2:1

47368

文疆(月刊)

文疆社　[天津]

1945.11　1

馆藏　1945　1

47390

文津(月刊)

文津阁藏书处　天津

1932.[9]—10　1—2

馆藏　1932　2

44028

文澜学报(季刊)

浙江省立图书馆　杭州

1935.1—1937.6　1—3:2

本刊原为年刊，自2卷1期1936年起改为季刊。

总藏　（139）　1—3:2

馆藏　1935　1:1

　　　1936　2:1—2

　　　1937　3:1—2

　　　影1935　1:1

　　　1936　2:1—4

　　　1937　3:1—2

44032

文理(年刊)

浙江大学文理学院　杭州

1930.7—1933.3　1—4

总藏　（134）　1—4

馆藏　1932　3

44035

文联(半月刊)

文联半月刊社　天津

1945.10—1946.6　1—2：7

本刊原为周刊,自2卷4期1946年3月起改

为半月刊。

总藏　（135）　1：2—3,6—10；2：1—7

馆藏　1945　1：1—3,6—11

　　　　1946　2：1—7

45344

文联(不定期刊)

永祥印书馆　重庆

1946.1—6　1：1—7

总藏　（135）　1：1—7

馆藏　1946　1：1—7

45926

文史(月刊)

文史出版社　上海

1944.11—1945.7　1—3

本刊原为半月刊,曾停刊,1945年复刊后改为

月刊。

馆藏　1944　1

　　　　1945　2—3

44731

文史(双月刊)

中国学院国学系　北平

1934.4—12　1：1—4

总藏　（123）　1：1—4

馆藏　1934　1：1—3

47024

文史丛刊(半年刊)

国立暨南大学　上海

1933.6　1

总藏　（124）　1

馆藏　1933　1

44038

文史集刊

国立中山大学中国语言文学研究所历史学研

究所　广州

1948.1　1

总藏　（125）　1

馆藏　1948　1

44037

文史杂志(半月刊)

文史杂志社　苏州

1941.1—1948.10　1—6：3

本刊在重庆创刊,1946年7月迁至上海,1948

年3月迁苏州,由文通书局发行。

总藏　（124）　1—6：3

馆藏　1941　1：1—3,5,7—12

　　　　1942　2：1—8

　　　　1943　2：9—12

　　　　1944　3：1—12；4：1—12

　　　　1945　5：1—12

　　　　1948　6：1—3

45156

文物月刊

东省特别区文物月刊社　哈尔滨

1929.［12］—1930.2　1：1—3

馆藏　1930　1：2—3

47701

文献(月刊)

文献丛刊社　上海

1938.10—1939.5　1—8

总藏　（136）　1—8

馆藏　1938　2

(线装)**P1642**

文献丛编(月刊)

故宫博物院　北平

1930.3—1936.12　1—36

1937：1—7

本刊前身为"掌故丛编"。自1937年起改以

年计期。

总藏　(136)　1—36；1937：1—7

馆藏　1930　1—9

　　　　1931　10—13

　　　　1932　14

　　　　1933　15—17

　　　　1934　18—22

　　　　1935　23—32

　　　　1936　33—36

（线装）P23386

文献丛编增刊

故宫博物院　北平

1931.10—1932.9　1—6

总藏　(136)　1—2，4—5

馆藏　1931　1—2

　　　　1932　3—6

44036

文献论丛

故宫博物院文献馆　北平

1936.10　1

本刊为北平故宫博物院十一周年纪念刊。

馆藏　1936　1

44036

文献特刊

故宫博物院文献馆　北平

1935.10　1

本刊为北平故宫博物院十周年纪念刊。

馆藏　1935　1

44015

文心（月刊）

文心出版社　上海

1938.11—1941.9　1—3：9

总藏　(109)　1—3：9

馆藏　1938　1：1—2

　　　　1941　3：6—7

47805

文学（半月刊）

文学社　上海

1932.4　1：1

本刊收入《中国现代文学史资料丛书（乙种）》，由上海文艺出版社影印。

馆藏　影1932　1：1

44018

文学（月刊）

上海文学社　上海

1933.7—1937.11　1—9：4

总藏　(127)　1—9：4

馆藏　1933　1：1—6

　　　　1934　2：1—6；3：1—6

　　　　1935　4：1—6；5：1—6

　　　　1936　6：1—6；7：1—6

　　　　1937　8：1—6；9：1

44361

文学创作（月刊）

文学创作社　桂林

1942.9—1944.6　1—3：2

总藏　(129)　1—3：2

馆藏　1942　1：1—3

　　　　1943　1：4—6；2：1—5

　　　　1944　3：1—2

47824

文学导报（半月刊）

文学导报社　上海

1931.4—11　1：1—8

本刊原名为"前哨"，自2期1931年8月起改用本名。收入《中国现代文学史资料丛书（乙种）》，1958年由上海文艺出版社影印。

总藏　(129)　1：2，8

馆藏　影1931　1：1—8

47503

文学导报（月刊）

清华园文学导报社　北平

1936.3—1937.2　1：1—6

总藏　(129)　1：1—6

馆藏　1937　1：6

44025

文学集刊（季刊）

艺文社　北京

1943.9—1944.4　1—2

总藏　（131）　1—2

馆藏　1943　1

　　　1944　2

44024

文学季刊

生活书店　上海

1934.1—1935.12　1—2：

本刊原由北平立达书局发行,后改由上海生活书店发行。

总藏　（128）　1—2：

馆藏　1934　1：1—4

　　　1935　2：1—4

47716

文学界(月刊)

文学界月刊社　上海

1936.6—9　1：1—4

本刊收入《中国现代文学史资料丛书（乙种)》,1962 年 11 月由上海文艺出版社影印。

总藏　（131）　1：1—4

馆藏　影 1936　1：1—4

44019

文学评论(双月刊)

文学评论社　北平

1934.8—10　1：1—2

总藏　（131）　1：1—2

馆藏　1934　1：1—2

44023

文学生活

文学生活社　上海

1931.3　1

总藏　（129）　1

馆藏　1931　1

44020

文学时代(月刊)

时代图书公司　上海

1935.11—1936.4　1：1—6

总藏　（130）　1：1—6

馆藏　1935　1：1—2

1936　1：3—6

46773

文学新地

文学新地社　上海

1934.9　1

本刊收入《中国现代文学史资料丛书（乙种)》,1959 年 11 月由上海文艺出版社影印。

馆藏　影 1934　1

44666

文学旬刊

见“文学周报”

45838

文学译报(月刊)

文学译报社　桂林

1942.5—1943.9　1—2：6

总藏　（131）　1：;2：1—2,4—6

馆藏　1942　1：4

1943　1：5—6;2：1

44021

文学月报

文学月报社　上海

1932.6—12　1：1—6

总藏　（128）　1：1—6

馆藏　1932　1：1—6

影 1932　1：1—6

47664

文学月刊

清华大学中国文学会　北平

1931—1932　1—3：1

本刊原名为“清华中国文学会月刊”,自 2 卷 1期起改用本名。

总藏　（127）　1—3：1

馆藏　1931　1：1—4;2：1

1932　2：2—4;3：1

47705

文学杂志(月刊)

文学杂志社　北平

1933.4—7　1：1—4

本刊收入《中国现代文学史资料丛书（乙种）》,1959 年 11 月由上海文艺出版社影印。

总藏　（130）　1:1—4

馆藏　影 1933　1:1—4

44022

文学杂志(月刊)

文学杂志社　北平

1937.5—1948.11　1—3:6

本刊在上海创刊,1 卷 4 期 1937 年 8 月后曾停刊,1947 年 6 月在北平复刊,卷期续前。

总藏　（130）　1—3:6

馆藏　1937　1:1—4

　　　1947　2:1—7

　　　1948　2:8—12;3:1—6

46128

文学战线(月刊)

文学战线社　哈尔滨

1948.7—1949.7　1—2:5

总藏　（130）　1—2:5

馆藏　1948　1:1—6

　　　1949　2:1—4

44666

文学周报

文学周报社　上海

[1922.?]—1926.11　1—250

1927—1930　4—9:22

本刊原名为"文学旬刊",1 至 171 期为上海"时事新报"副刊,自 172 期起改用本名,开始单行。原以期计算,250 期后改为 4 卷 1 期计算。

总藏　（128）　51,69,71,78—81,86—98,120—
　　　　　　　　123,127—133,157—250;4—8:;
　　　　　　　　9:1—5,9,19,21—22

馆藏　1925　198—205

　　　1926　206—223

　　　1928　5:1—25

　　　1929　8:12

44026

文讯(月刊)

文讯月刊社　上海

1940.10—1948.12　1—9:5

本刊在贵阳创刊,自 6 卷 1 期 1946 年起迁至重庆,7 卷 1 期 1947 年起迁至苏州,后又迁至上海出版。

总藏　（132）　1—5:1;6:1—10;7—9:5

馆藏　1946　6:1—4,6,9—10

　　　1947　7:1—6

　　　1948　8:1—6;9:1—2,4—5

46821

文叶(周刊)

文叶社　天津

1947.9—10　1:1—3

馆藏　1947　1:1—3

47031

文艺(月刊)

文艺社　南京

1943.5—9　1—9

1943.10—1944.1　新 1:1—4

本刊原名为"文艺两周报",自 1943 年 10 月起改用本名,并改为月刊,卷期另起。

总藏　（110）　1—9;新 1:1—4

馆藏　1943　9;新 1:1

44039

文艺(月刊)

文艺社　青岛

1946.12—1948.9　1—5

总藏　（110）　1—5

馆藏　1948　5

44052

文艺出版社丛书

见"文萃"

44042

文艺春秋(月刊)

文艺春秋月刊社　上海

1944.10—1949.4　1—8:4;副刊 1:1—3

本刊 2 至 7 卷每卷出 6 期。

总藏　（114）　1:1—5;2—8:4;副刊 1:1—3

馆藏　1946　2:5;3:1,3—5

313

1947　4:1—6;5:1—6;副刊1:3
1948　6:1—6;7:1—4,6
1949　8:1—2

45159

文艺丛刊(半年刊)

国立中央大学文学院　南京

1933.11—1937.6　1—3:1

总藏　(112)　1—3:1

馆藏　1933　1:1

　　　1934　1:2

44046

文艺风(月刊)

文艺风月刊社　天津

1948.11—12　1—2

馆藏　1948　1—2

45314

文艺风景(月刊)

文艺风景社　上海

1934.6—7　1:1—2

总藏　(111)　1:1—2

馆藏　1934　1:1—2

44049

文艺复兴(月刊)

文艺复兴社　上海

1946.1—1947.11　1—4:2

本刊1至3卷每卷出6期。

总藏　(116)　1—4:2

馆藏　1946　1:1—6;2:1—5

　　　1947　2:6;3:1—6;4:1—2

44049

文艺复兴——中国文学研究专号

文艺复兴社　上海

1948.9—1949.8　1—3

总藏　(116)　1—3

馆藏　1948　1—2

　　　1949　3

44041

文艺工作(月刊)

文艺工作社　上海

1948.5　1

总藏　(111)　1

馆藏　1948　1

47816H

文艺画报(月刊)

文艺画报社　上海

1934.10—1935.4　1:1—4

总藏　(114)　1:1—4

馆藏　1935　1:3

45681

文艺捃华(季刊)

文艺捃华社　苏州

1934.2—1936.12　1—3:

本刊原为双月刊,自2卷1期起改为季刊。

总藏　(117)　1—3:

馆藏　1935　2:3—4

　　　1936　3:3

47031

文艺两周报

见"文艺"

47673

文艺青年(半月刊)

文艺青年社　上海

1946.1—1948.1　1—19

总藏　(114)　1—19

馆藏　1946　9

45340

文艺生活(月刊)

文献出版社　香港

1941.9—1943.7　1—3:6

1946.1—1948.1　复1—18

1948.2—1949.12　新1—20

本刊在桂林创刊,3卷6期1943年后曾停刊,1946年复刊,期数另起,后迁广州出版。1948年2月迁香港出版,期数又另起。

总藏　(112)　1—3:6;复1—17;新1—14,

　　　　　　　　　　　　　　17—19

馆藏　1941　1:1—4

1942　1:5—6;2:1—6;3:1—3
1943　3:4—6
1946　复1—5,7—10
1947　11—17
1948　18;新1—9
1949　10—20

45923

文艺时代(月刊)
文艺时代社　北平
1946.6—12　1:1—6
总藏　(113)　1:1—6
馆藏　1946　1:1—6

44044

文艺舞台(月刊)
艺术通讯社　太原
1935.10—1936.6　1—2:6
本刊原为半月刊,自2卷1期起改为月刊。
总藏　(117)　1—2:6
馆藏　1935　1:2—3
　　　1936　2:2,6

44047

文艺先锋(月刊)
文艺先锋社　南京
1942.[10]—1948.9　1—13:3
本刊在重庆创刊,自9卷起迁至南京出版。
馆藏　1943　2:1;3:1—6
　　　1944　4:1,5—6;5:3
　　　1946　9:2—6
　　　1947　10:1—3,6;11:5
　　　1948　12:3—5;13:1—3

45308

文艺新潮(月刊)
文艺新潮社　上海
1938.10—1940.7　1—2:9
总藏　(117)　1—2:9
馆藏　1938　1:1—3
　　　1939　1:4—10,12;2:1—2
　　　1940　2:4—7,9

47702

文艺新闻(周刊)
文艺新闻社　上海
1931.3—1932.6　1—60
本刊收入《中国现代文学史资料丛书(乙种)》,1960年3月由上海文艺出版社影印。
总藏　(117)　1—36,38—44,46—49,51
馆藏　影1931　1—42
　　　　1932　43—60

47340

文艺研究(季刊)
文艺研究社　上海
1930.2　1:1
本刊1959年由上海文艺出版社影印。
总藏　(115)　1:1
馆藏　影1930　1:1

46780

文艺与生活(月刊)
世界科学社　北平
1946.4—1947.5　1—4:4
本刊1至3卷每卷出3期。
总藏　(111)　1—4:4
馆藏　1946　1:1—2;2:3;3:1—2
　　　1947　3:3;4:1—3

47706

文艺月报
文艺月报社　北平
1933　1:1—3
本刊收入《中国现代文学史资料丛书(乙种)》,1959年12月由上海文艺出版社影印。
总藏　(110)　1:1—3
馆藏　影1933　1:1—3

46718

文艺月刊
中国文艺社　重庆
[19?]—1938.9　1—2:3
馆藏　1938　2:3

44045

文艺月刊

315

中国文艺社　南京

1930.[8]—1937.7　1—11:1

馆藏　1930　1:2,4

1931　2:1—2,7—9

1932　3:1—4

1933　3:8—9;4:3—4

1934　5:3—6;6:1—6

1935　7:1—6

1936　8:1—6;9:1—6

1937　10:1—6;11:1

44048

文艺杂志(月刊)

文艺杂志社　桂林

1942.1—1944.3　1—3:3

1945.5—9　复1:1—3

本刊3卷3期1944年3月后曾停刊,1945年
5月复刊,卷期另起。1至2卷每卷出6期。

总藏　(113)　1—3:3;复1:1—3

馆藏　1942　1:1—6;2:1

1943　2:2,4,6;3:1

1944　3:2

47801

文艺杂志(月刊)

太行文联　[邯郸]

1946.3—1947.11　1—4:3

本刊1至3卷每卷出6期。

总藏　(113)　1—4:3

馆藏　1946　1:4

44043

文艺阵地(半月刊)

生活书店出版社　重庆

1938.4—1942.11　1—7:4

本刊在汉口创刊,后迁香港、重庆出版。

总藏　(115)　1—5:2;6—7:4

馆藏　1938　1:1—3,5,7—12;2:1—5

1939　2:6—12;3:1—12;4:1—4

1940　4:5—12

1941　6:3

1942　6:5;7:3

44040

文艺之花(月刊)

青年文艺研究学会　天津

1926.9　1

馆藏　1926　1

47831

文艺之家(月刊)

文艺之家社　北平

1935.9　1:1

总藏　(111)　1:1

馆藏　1935　1:1

47387

文艺知识连丛(月刊)

文艺知识编委会　上海

1947.4—8　1:1—4

总藏　(114)　1:1—4

馆藏　1947　1:1,4

47365

文艺周刊

海邻社　北平

1928.[7]—9　1—9

本刊为"朝报"副刊。

馆藏　1928　4—9

46934

文艺周刊

浅草社　上海

1924　1—51

本刊为上海"民国日报"副刊。

总藏　(110)　21—51

馆藏　1924　21—44,46—50

45940

文友(半月刊)

每日新闻分馆文友社　上海

1943.[?]—1944.11　1—3:12

馆藏　1943　1:11

1944　2:6;3:7,10,12

47180

文苑

见"辅仁文苑"

47518

文运（月刊）

文运出版社　上海

1944.2—9　1:1—2

总藏　（126）　1:1—2

馆藏　1944　1:1

44053

文藻月刊

文藻月刊社　南京

1937.1—7　1:1—8

1948.1—1949.〔?〕　复1—2:6

本刊1卷8期1937年7月后曾停刊,1948年1月复刊,卷期另起。

总藏　（139）　1:1—8;复1—2:6

馆藏　1937　1:4—5

44033

文摘（半月刊）

复旦大学文摘社　上海

1937.1—1948.11　1—14:4

本刊创刊于上海,原为月刊,自1937年9月起发行"文摘战时旬刊",期数另起。自16期起迁汉口出版,34期起迁重庆出版,共出版136期。1945年12月出"复员纪念号"后,移回上海出版,仍用原名"文摘",从10卷1期起计算,10卷1期即总号137期。1947年又改回半月刊。

总藏　（136）　1—14:4

馆藏　1937　1:1—6;2:1—2;旬1—7
　　　1938　8—25,28—31,36,39
　　　1939　43,48,56—60
　　　1940　61,67,70—71
　　　1941　74—75,78—83,86,88,90
　　　1943　101
　　　1946　10:1—6
　　　1947　10:7—9;11:2—7,9—10;12:1—7
　　　1948　12:8—10;13:1—12;14:1—4

46849

文摘（不定期刊）

华北文摘社　〔不详〕

1948.2—10　1—5

本刊原由晋察冀文摘社编,自4期起改由华北文摘社编。

总藏　（136）　1—5

馆藏　1948　1—5

44033

文摘战时旬刊

见"文摘"

45309

文哲（半月刊）

光华大学文哲研究组　上海

1939.1—1941.6　1—2:4

总藏　（133）　1:1—10

馆藏　1939　1:1—4,6—10
　　　1940　2:1,3
　　　1941　2:4

45336

文哲季刊

文哲季刊社　上海

1927.10　1:1

总藏　（133）　1:1

馆藏　1927　1:1

44031

文哲季刊

武汉大学文哲季刊委员会　武昌

1930.4—1943.〔?〕　1—7:3

本刊自7卷1期1941年起迁乐山出版,改名"文哲学报",卷期续前。

总藏　（133）　1—7:3

馆藏　1930　1:1—3
　　　1931　1:4;2:1
　　　1932　2:2
　　　1933　2:3—4;3:1
　　　1934　3:2—4;4:1
　　　1935　4:2—4;5:1
　　　1936　5:3—4;6:1
　　　1937　6:2,4

天津图书馆馆藏新中国成立前中文期刊目录 (1884—1949)

44031

文哲学报

见"文哲季刊"

44029

文哲学报（半年刊）

高等师范文学研究会　南京

1922.3—1923.10　1—4

总藏　（133）　1—4

馆藏　1922　1—2

　　　1923　3—4

44030

文哲月刊

文哲月刊社　北平

1935.10—1937.1　1:1—10

总藏　（133）　1:1—10

馆藏　1935　1:2

　　　1936　1:4

45510

问世（旬刊）

问世旬刊社　南京

1947.7—11　1—13

总藏　（1043）　1—13

馆藏　1947　1—2

wo

47717

我们月刊

我们社　上海

1928.5—8　1—3

本刊收入《中国现代文学史资料丛书（乙种）》,1963 年 12 月由上海文艺出版社影印。

总藏　（653）　1—3

馆藏　影 1928　1—3

47794

握手（月刊）

握手月刊社　杭州

[19?]—1935.6　1—34

馆藏　1934　29—30

　　　1935　31—34

wu

46536

无面人

图画世界出版社　南京

1947.7　1

馆藏　1947　1

46884

无锡杂志

无锡杂志社　无锡

1923.1—1934.12　1—21

1946.1　复 1

本刊原名"还我河山",曾停刊,1946 年 1 月复刊,期数另起。

总藏　（144）　1—10,13,21;复 1

馆藏　1946　复 1

45547

无线电（双月刊）

中央广播事业管理处　南京

1934.2—1937.6　1—4:3

本刊原为双月刊,自 2 卷 1 期 1935 年起改为月刊,4 卷 1 期 1937 年起又改为双月刊。原由中央广播电台管理处编,后改由中央广播事业管理处编。

总藏　（143）　1—4:3

馆藏　1934　1:1,4—5

　　　1935　2:1—12

　　　1936　3:1—10

　　　1937　4:1—3

46304

无线电波（月刊）

环球无线电研究社　上海

1935.7—1936.10　1—2:4

总藏　（144）　1:;2:1—2,4

馆藏　1935　1:2,4—5

　　　1936　1:7—10,12

45546

无线电世界（月刊）

中国业余无线电协会　南京

1946.2—1949.8　1—3:2
总藏　（144）　1—2:3;3:1—2
馆藏　1946　1:3,6—7
　　　1947　1:8—12
　　　1948　2:2—3

45548
无线电杂志(月刊)
中国无线电工程学校　上海
1932.10—1937.4　1—12:4
本刊1至9卷每卷出3期。
总藏　（144）　1—12:4
馆藏　1933　2:1—3;3:1—3;4:1—3;5:1—3
　　　1934　6:1—3;7:1—3;8:1—3;9:1—3
　　　1935　10:1—12
　　　1936　11:2,8,10

46473
无线电杂志(月刊)
飞利浦洋行　上海
1934.8—1936.8　1—3:1
本刊又名"飞利浦无线电杂志"。
总藏　（76）　1—3:1
馆藏　1935　2:2—3
　　　1936　2:8,11

45986
吴兴基督徒布道团团刊
该团　浙江吴兴
1935.[？]—1936.6　1—2
馆藏　1936　2

44578
吾友(月刊)
吾友报社　北京
1940.12—1945.6　1—5:11
本刊原为三日刊,自1943年7月起改为周刊,
自1945年3月起改为月刊。
总藏　（622）　1:1—111;2:1—104;3:1—53;
　　　　　　　　4:1—50;5:1—11
馆藏　1941　1:10,13—15,36,42—43,59—111
　　　1942　2:1—83,85—101,103—104
　　　1943　3:1—53

1944　4:1—50
1945　5:1—7,9—11

44293
芜湖区第一届民教辅导会议报告
见"新民"

44492
五工程学术团体联合年会纪念刊
该年会筹备委员会　杭州
1936.5　1
本刊为中国工程师学会第六届年会、中国电
机工程师学会第二届年会、中华化学工业会
第十一届年会、中国自动机工程学会第二届
年会、中国化学工程学会第四届年会的纪
念刊。
馆藏　1936　1

47811
五一特刊
［神州国光社等］　上海
1930.5　1
本刊收入《中国现代文学史资料丛书（乙
种）》,1960年3月由上海文艺出版社影印。
馆藏　影1930　1

44491
五月的随想
文丛出版社　香港
［194？］　1—27
本刊为文丛出版社丛刊第五集。
馆藏　［194？]　27

44490
五月革命纪念刊
中国国民党北宁铁路工会整理委员会　［不详］
1929.5　1
馆藏　1929　1

48010
武备杂志(月刊)
武备学堂北洋武备研究所　保定
1904.3—1906.3　1—25

总藏　（728）　1—4,7—10,12—13,16,19—
　　　　　　　23,25
馆藏　1904　5—6

46211

（国立）武汉大学理科季刊

该校出版部　武昌

1930.9—1948.3　1—9:1

总藏　（727）　1—8:2;9:1

馆藏　1930　1:1
　　　1931　1:4;2:1—2
　　　1932　2:3;3:1—2
　　　1933　3:3—4

44111

（国立）武汉大学社会科学季刊

见"社会科学季刊"

47319

（国立）武汉大学四川同学会会刊

该会编委会　武汉

[193?]—1934.12　1:1—2

馆藏　1934　1:2

46212

（国立）武汉大学土木工程学会会刊（不定期刊）

该会　武昌

1934.12—1937.5　1—2

总藏　（727）　1—2

馆藏　1934　1
　　　1937　2

45805

武汉评论（周刊）

武汉评论社　武昌

1924.10—1927.3　1—74

本刊10期1925年1月后曾停刊,5月复刊,期
数续前。

总藏　（728）　28—29,74

馆藏　1925　12—13,22—23

45709

武汉特别市市政月刊

特别市政府秘书处　武汉

1929.5—6　1:1—2

总藏　（728）　1:1—2

馆藏　1929　1:1

47129

武学（月刊）

武学编译社　[日本]东京

1908.5—1909.9　1—10

总藏　（728）　1—6,9—10

馆藏　1909　9

44517

戊申全年画报

时事报馆　上海

1907—1908　1—36

本刊为"时事报"画刊。

总藏　（308）　1—36

馆藏　1907—1908　1—36

47512

物价统计（月刊）

实业部统计处　南京

1929.1—1937.5　1—9:5

本刊原由南京工商部编,自3卷1期1931年1
月起改由实业部统计处编,后又改由主计处
统计局编。

总藏　（800）　1—9:5

馆藏　1936　8:10

45373

物调旬刊

东北物资调节委员会　沈阳

1947.2—1948.6　1—50

1948.7　新1

本刊自1948年7月起改名为"物调月刊",期
数另起。

总藏　（801）　1—50;新1

馆藏　1947　1—7,9—10,12—13,15—19
　　　1948　35—50

45373

物调月刊

见"物调旬刊"

X

xi

46555

西安临大校刊（周刊）

临时大学出版组　西安

1937.12—1938.3　1—12

总藏　（502）　1—12

馆藏　1937　2

44556

西北晨钟

见"中国晨钟"

44557

西北刍议（月刊）

西北刍议社　南京

1935.1—1937.3　1—3:1

总藏　（497）　1:1,3,7,11—12;2:1—10;3:1

馆藏　1936　2:8—10

　　　1937　3:1

45993

西北导报（半月刊）

西北导报社　南京

1936.1—1937.7　1—3:

本刊每卷出 12 期。

总藏　（498）　1—3:

馆藏　1936　2:2,8—10

　　　1937　2:12;3:11

44554

西北风（半月刊）

西北风社　汉口

1936.5—1937.3　1—16

总藏　（496）　1—16

馆藏　1936　1—3

47790

（国立）**西北工学院月刊**

该院编译委员会　咸阳

1948.2—1949.1　1—5

总藏　（495）　1—5

馆藏　1948　1

46279

西北论衡（月刊）

西北论衡社　西安

1933.11—1945.3　1—12:3

本刊原为半月刊,自 9 卷起改为月刊。原在北平出版,后迁西安出版。原以期计算,自 1936 年起改为 4 卷 1 期计算。

总藏　（501）　1—23;4:2—3,6—9;5:1—
　　　　　　　 12;6—8:;9:1—4,6—12;
　　　　　　　 10—11:4;12:1—3

馆藏　1938　6:10

　　　1939　7:21

　　　1940　8:1—4,10—21

　　　1941　9:4

44555

西北论坛（月刊）

西北论坛社　兰州

1947.7—1948.3　1:1—7

本刊自 5 期起改由兰州"新光""西北论坛"联合出版社编行。

总藏　（501）　1:1—7

馆藏　1947　1:2

47086

西北民族文化研究丛刊

西北民族文化研究室　上海

1949.5　1

总藏　（497）　1

馆藏　1949　1

44559

西北农林（不定期刊）

国立西北农林专科学校　陕西武功

1936.7—1947.4　1—2:1

本刊 1938 年后曾停刊,1947 年 4 月复刊,卷期续前。

总藏　（498）　1:1—4,7;2:1

馆藏　1936　1:1

　　　1938　1:2—4

44558

西北实业月刊

西北实业建设公司　太原

1946.8—1949.9　1—6:1

本刊 1 至 5 卷每卷出 6 期。

总藏　（499）　1—6:1

馆藏　1946　1:1—5

　　　1947　1:6;2:1—6;3:1—5

　　　1948　3:6;4:1—6;5:1—4

　　　1949　6:1

46825

西北史地（季刊）

西北史地学会　西安

1938.2　1:1

总藏　（497）　1:1

馆藏　1938　1:1

45724

西北世纪

见"西北通讯"

46755

西北水声（月刊）

国立西北农学院农林水利学会　陕西武功

1943.2—1945.11　1—6:6

总藏　（496）　3:1—2,7;4:1—3;5:1—4;6:

　　　　　　　　1—6

馆藏　1945　6:1

45724

西北通讯（半月刊）

西北通讯半月刊社　南京

1947.3—1949.7　1—4:8

本刊原为月刊,自 2 卷起改为半月刊。4 卷起改名为"西北世纪",并迁兰州出版。第 1 卷出 10 期,2 至 3 卷每卷出 12 期。

总藏　（496）　1—3:;4:1—4,6,8

馆藏　1948　2:10

46731

西北杂志（月刊）

西北杂志社　南京

1935.8—1936.1　1:1—4

总藏　（498）　1:1—4

馆藏　1936　1:4

44552

西点（月刊）

西点月刊社　上海

1945.11—1949.6　1—38

总藏　（505）　1—38

馆藏　1946　11

　　　1947　14,17

　　　1948　21—32

44551

西风（月刊）

西风社　上海

1936.9—1949.5　1—118

本刊在上海创刊,65 期 1941 年 12 月后曾停刊,1944 年 7 月在重庆复刊,期数续前,自 81 期 1945 年 12 月起迁至上海出版。

总藏　（493）　1—118

馆藏　1936　1—4

　　　1937　5—6,9,13—16

　　　1938　17—28

　　　1939　29—30

　　　1940　41—46,48,50—51

　　　1941　53—55,57—62

　　　1944　66—67,69

　　　1945　75

　　　1946　87,90

　　　1947　91—97,99—101

　　　1948　102—113

　　　1949　117

45347

西风副刊（月刊）

西风社　桂林

1938.9—1942.1　1—41

本刊在上海创刊,1941 年迁桂林出版。

总藏　（494）　1—41

馆藏　1938　1—4

　　　1939　5—16

　　　1940　17—24,26—27

　　　1941　29—40

46764

西风精华(年刊)

西风月刊社　上海

1938.9—1940.4　1—3

总藏　(494)　1—3

馆藏　1938　1

　　　1939　2

44561

西湖博物馆馆刊(不定期刊)

该馆　杭州

1933.6—1935.6　1—4

总藏　(911)　1—4

馆藏　1933　1

(旧参)**J292.2/XJS**

西京金石书画集(月刊)

西京金石书画学会　西安

1934.4—1936.11　1—5

本刊自3期起改为不定期刊。

总藏　(502)　1—5

馆藏　1934　1—2

47130

西康青年(半月刊)

西康青年社　西康西昌

1939.10—1947.3　1—6:5

总藏　(506)　1:;2:1—8,10—12;3:1,4—

　　　11;4:2—3,5,9—12;5:1—2,

　　　6—12;6:1—2,4—5

馆藏　1940　1:3—12;2:1—2

　　　1941　2:5

47235

西康省建设丛刊

西康省建设厅　康定

1939　1:1—6

总藏　(506)　1:1—6

馆藏　1939　1:2

47617

西南党务月刊

中国国民党中央执行委员会西南执行部秘书
处　[不详]

[19?]—1935.9　1—45

馆藏　1935　45

44562

西南医学杂志(月刊)

西南医学杂志社　上海

1941.1—1949.5　1—6:7

本刊原在湖南新化出版,自5卷起迁上海
出版。

总藏　(503)　1—3:;4:1—6,8—9,11—12;

　　　　　　　5—6:7

馆藏　1947　5:3—4,6

　　　1948　5:10—12;6:1—3

45029

西南邮风

见"甲戌邮刊、西南邮风联合版"

47104

西书精华(季刊)

西风社　上海

1940.3—1941.6　1—6

总藏　(494)　1—6

馆藏　1940　1—3

　　　1941　5

44553

西线(半月刊)

第二战区文化抗敌协会西线社　山西宜川

1939.3—1940.1　1—3:1

本刊1至2卷每卷出10期。

总藏　(507)　1—3:1

馆藏　1939　1:1,4

47029

西洋文学(月刊)

西洋文学月刊社　上海

1940.9—1941.6　1—10

总藏　(502)　1—10

馆藏　1940　4

　　　1941　5

44560

西洋杂志文观止(月刊)

亢德书局　上海

1941.7—8　1—2

总藏　（502）　1—2

馆藏　1941　1

47827

希望（周刊）

希望周刊社　上海

1931.7—12　1—2：6

本刊第 1 卷出 18 期。

总藏　（653）　1：；2：1，4—6

馆藏　1931　1：3

45334

希望（半月刊）

希望出版社　上海

1937.3　1：1—2

总藏　（653）　1：1—2

馆藏　1937　1：1—2

45346

希望（月刊）

希望社　上海

1945.12—1946.10　1—2：4

本刊每卷出 4 期。

馆藏　1945　1：1

　　　　1946　1：2—4；2：1—4

46176

希望月刊

中华基督教会四川协会希望月刊社　成都

[1924.1]—1950.2　1—22：2

总藏　（652）　4：2—12；5—7：；8：2，4—5，

　　　　　　　8—12；9：1—10；10—11：；13：

　　　　　　　1—5，7—10；14：；15：1—4，6—

　　　　　　　12；16：1—2，4—12；17—21：

馆藏　1946　18：5

　　　　1948　20：9

46823

戏海（月刊）

戏海出版社　上海

1937.3　1

总藏　（513）　1

馆藏　1937　1

45318

戏剧（双月刊）

戏剧研究所　广州

1929.5—1931.6　1—2：

总藏　（513）　1—2：

馆藏　1929　1：1—5

　　　　1930　1：6；2：2

　　　　1931　2：3—6

47424

戏剧半月刊

戏剧半月刊社　济南

1936.4—1937.5　1—2：16

馆藏　1936　1：1，10

　　　　1937　2：16

（线装）**P11774**

戏剧丛刊（不定期刊）

国剧学会　北平

1932.1—1935.10　1—4

总藏　（515）　1—4

馆藏　1932　1

47245

戏剧电影（半月刊）

戏剧电影社　上海

1926.1　1：1

馆藏　1926　1：1

44909H

戏剧画报（周刊）

天下图书杂志公司　上海

1946.4—8　1—5

馆藏　1946　1—5

45325

戏剧时代（月刊）

中央青年剧社　重庆

1943.11—1944.10　1：1—6

总藏　（515）　1：1—6

馆藏　1943　1：1

1944 1:2—5

44998

戏剧时代(月刊)

戏剧时代出版社 上海

1937.5—8 1:1—3

总藏 (515) 1:1—3

馆藏 1937 1:1—2

45333

戏剧旬刊

国剧保存社 上海

1935.12—1937.1 1—36

本刊自1937年2月起改名为"十日戏剧",卷期另起。

总藏 (514) 1—36

馆藏 1935 1—2

   1936 3—33

   1937 34—36

45673

戏剧与文学(月刊)

戏剧与文学社 上海

1940.1—6 1:1—4

总藏 (514) 1:1—4

馆藏 1940 1:1—3

45342

戏剧月刊

戏剧月刊社 上海

1928.6—1932.[5] 1—3:

总藏 (513) 1—3:

馆藏 1928 1:1—6

   1929 1:7—12;2:1—4

   1930 2:5—12;3:1—3

   1931 3:4—10

   1932 3:11—12

46273

戏剧周报

戏剧周报社 上海

1936.10—1940.3 1—3:5

总藏 (514) 1:1—13;3:1—2,5

馆藏 1936 1:1—5,7,9,12

1937 1:13

45305

戏曲(月刊)

曲学丛刊社 上海

1942.1—5 1—5

总藏 (513) 1—5

馆藏 1942 1—4

44567

戏世界(三日刊)

戏世界报社 北平

1946.7—11 复126—241

1946.12—1948.7 新1—161

1948.10—1949.4 革新1—27

本刊原出版情况不详,1946年7月出复刊号,期数续前为126期。1946年12月出新1号,即242期;1948年7月出至新161期,即402期后停刊。1948年10月出革新号第1期,即第403期。

总藏 (513) 新1—15,17,20—29,31—43,
      45—52,57,59—70,72—87,89—
      115,118,122—123,130,133—
      136,140,145,148,156—157

馆藏 1946 复126—173,175—216;新1,
      6—8

   1947 10,12—49,52,56,60—61,63,
      66,70—89,91—114

   1948 115—132,134,135,138—144,
      148—150,152—161;革新1—
      4,6—10

   1949 25,27

46822

戏世界月刊

戏世界月刊社 上海

1935.11—1936.6 1:1—3

总藏 (513) 1:1—3

馆藏 1935 1:1

46197

戏杂志(月刊)

天津图书馆馆藏新中国成立前中文期刊目录(1884—1949)

戏社营业部　上海

1922.5—1923.[?]　1—9

总藏　(513)　1—9

馆藏　1922　1,5

　　　　1923　6,8

xia

46747

侠魂(月刊)

健康实验学社　济南

1934.10—1935.1　1:1—2

1935.2—1937.10　新1—4:1

本刊原名为"求是季刊",自1935年2月起改名为"求是月刊",卷期另起。自新3卷1936年起改用本名,卷期续前。自新4卷1期1937年10月起改名为"技击改进",卷期续前。

总藏　(614)　1:1—2;新1—3:8;4:1

馆藏　1935　新1:4;2:2—3

　　　　1936　2:5

　　　　1937　3:7—8

46269

厦大校刊(半月刊)

国立厦门大学出版组　厦门

1936.9—1937.6　1:1—17

1946.1—1949.[?]　复1—4:4

本刊曾停刊,1946年1月复刊,卷期另起。

总藏　(1101)　1:1—17;复1:1—13;2:1—4;3:1—7;4:1—4

馆藏　1937　1:10,13—16

　　　　1946　复1:7—8

　　　　1947　2:1—4;3:1—2

　　　　1948　3:3—5,7;4:1

46381

厦大学报

见"厦门大学学报"

47009

厦大周刊

厦门大学编译处　厦门

1922.4—1930.1　1—226

1930.3—1936.6　9—15:

本刊原以期计算,自1930年3月起改为9卷1期计算。9卷出10期,10至13卷每卷出27期,14至15卷每卷出30期。

总藏　(1100)　2—9,11,14—24,101—106,108—109,120,125,127—226;9—15:

馆藏　1928　191

　　　　1933　12:24;13:7,10

　　　　1934　13:15;14:2,5—8

　　　　1935　14:14,23;15:10—11

46381

厦门大学学报(年刊)

该校　厦门

1931.12—1935.11　1—3:1

1936.2—7　6—7

1943.7—1944.6　新1—3

本刊自3卷1期1935年11月后改名为"厦大学报"半年刊,并改为第6期计算。自1943年7月起期数另起。

总藏　(1100)　1—3:1;6—7;新1—3

馆藏　1935　3:1

47007

厦门大学自然科学丛刊

该校　厦门

1934.[?]—1935.11　1:1—2

总藏　(1102)　1:1—2

馆藏　1934　1:1

46999

厦门图书馆声(月刊)

市立图书馆　厦门

1932.1—1937.3　1—4:6

总藏　(1102)　1—4:6

馆藏　1936　3:7—9

xian

47362

仙乐画报(月刊)

英商仙乐有限公司　上海

1938.12　1

馆藏　1938　1

46608
先导(月刊)
先导出版社　上海
1942.7—9　1:1—5
总藏　(529)　1:1—5
馆藏　1942　1:1—3

45439
纤维工业(月刊)
纤维工业出版社　上海
1945.11—12　创刊纪念卷:1—2
1946.1—1952.11　1—8:
本刊在正式发行前先出创刊纪念卷。第1卷
出8期,2卷出12期,3至5卷每卷出6期。
总藏　(902)　创刊纪念卷:1—2;1—5:
馆藏　1947　2:11
　　　1948　3:6;4:2

46023
县村自治
见"县乡自治"

46023
县乡自治(月刊)
民社　北平
1931.3—1940.5　1—6:6
本刊原名为"县村自治",自3卷1期1933年
起改用本名。
总藏　(649)　1—2:10;3:1—4,6—12;4—
　　　　　　　6:6
馆藏　1932　2:6—9
　　　1934　4:2

46252
现代(半月刊)
现代出版社　广州
1946.5—6　1—2
总藏　(992)　1—2
馆藏　1946　1—2

44733
现代(月刊)

现代书局　上海
1932.5—1935.7　1—6:
本刊每卷出6期。
总藏　(992)　1—6:
馆藏　1932　1:1—6;2:1—2
　　　1933　2:3—6;3:1—6;4:1—2
　　　1934　4:3—6;5:1—6;6:1
　　　1935　6:2—3

46601
现代春秋(月刊)
现代春秋社　天津
1947.1　1
馆藏　1947　1

47050
现代电信(半月刊)
通信学校出版社　南京
1946—1948　1—48
本刊原名为"通信半月刊",自41期起改用
本名。
总藏　(996)　1—6,8,10—15,17—48
馆藏　1948　43—45,47

46384
现代电影(月刊)
现代电影社　上海
1933.3—1934.4　1:1—8
总藏　(996)　1:1—8
馆藏　1933　1:6
　　　1934　1:7

47508
现代读物(半月刊)
现代读物社　重庆
1936.1—1946.2　1—11:2
本刊原为旬刊,自7期起改为半月刊,后又改
为月刊。1至2卷卷后期数为连续期号。
总藏　(1006)　1—6:;7:1—6,12;8—10:7;
　　　　　　　11:1—2
馆藏　1937　2:28

44735
现代法学(月刊)

现代法学社　上海

1931.3—1932.3　1：

总藏　（1001）　1：

馆藏　1931　1：1—9

　　　1932　1：10—12

44748

现代佛教(月刊)

现代佛教社　厦门

1928.3—1933.8　1—6：8

本刊原名为"现代僧伽"半月刊,自4卷1931年起改为季刊,自5卷1932年起改用本名,并改为月刊。又自6卷1933年起改为周刊,并迁汕头出版。原以期计算,自1930年改为3卷1期。

总藏　（1000）　1—3：3；4—6：8

馆藏　1932　5：4

44745

现代父母(月刊)

中华慈幼协会　上海

1933.2—1937.［?］　1—5：

本刊1至4卷每卷出10期。

总藏　（995）　1—5：6

馆藏　1934　2：6,9

　　　1935　3：7

44749

现代妇女(月刊)

现代妇女社　上海

1943.1—1949.4　1—13：4

本刊在重庆创刊,后迁上海出版。

总藏　（999）　1—12：；13：1—4

馆藏　1945　5：2—3

　　　1946　8：1—3

　　　1947　8：4—6；9：1—6；10：1—3

　　　1948　11：1—6；12：1—3,5—6

　　　1949　13：1

44744

现代公路(月刊)

现代公路出版社　上海

1948.3—1949.4　1—3：2

本刊1至2卷每卷出6期。

总藏　（995）　1—3：2

馆藏　1948　1：1—6；2：1

46401

现代济公

公民报社　北平

1935.5—10　1—2

馆藏　1935　1—2

44739

现代家庭(月刊)

幸福书局　上海

1937.1—1941.8　1—5：2

总藏　（1003）　1：1—6；2：2,5,9；3：7—10,
　　　　　　　　　12；4：1；5：2

馆藏　1941　4：12；5：1

45996

现代经济文摘(半月刊)

联合编译社　上海

1947.2—5　1：1—7

总藏　（1004）　1：1—7

馆藏　1947　1：1—7

44750

现代会计(月刊)

中国会计学社　上海

1947.10—1949.3　1—17

总藏　（998）　1—17

馆藏　1947　2—3

　　　1948　5—14

44737

现代论坛(月刊)

中国力余学社　杭州

1948.1—9　1—6

总藏　（1006）　1—6

馆藏　1948　1

44738

现代民众(月刊)

湖北省立实验民众教育馆　武昌

1934.8—1936.7　1—2：

本刊 1936 年 7 月后与"民教月刊"合并,改名为"湖北民教"。

总藏　(995)　1—2:

馆藏　1935　2:1

44736

现代评论(周刊)

现代评论社　上海

1924.12—1928.12　1—9:209;增刊 1—3

本刊在北京创刊,自 6 卷 138 期 1927 年起迁至上海出版。卷后期数为总期号。

总藏　(1004)　1—9:209;增刊 1—3

馆藏　1924　1:2

　　　1925　1:4,10—11,25;2:27—52

　　　1926　3:59—62,79;4:80—104;增刊 1

　　　1927　增刊 2

　　　1928　增刊 3

45899

现代评坛(半月刊)

现代评坛社　兰州

1935.9—1941.8　1—6:

本刊在北平创刊,后迁兰州出版。

总藏　(1004)　1—2:20;3:1—14,16—24;

　　　　　　　4:;5:1,3—24;6:

馆藏　1936　1:23

44741

现代青年(半月刊)

现代青年社　北平

1935.10—1937.7　1—8:1

本刊 1 至 7 卷每卷出 6 期。

总藏　(1002)　1—8:1

馆藏　1935　1:1—5

　　　1936　2:1—2

　　　1937　6:4—6;7:1—6;8:1

44748

现代僧伽

见"现代佛教"

47177

现代社会(旬刊)

现代社会杂志社　天津

1932.7—1935.4　1—4:12

本刊原为月刊,自 3 卷起改为旬刊。

总藏　(999)　1—4:12

馆藏　1934　3:1

44746

现代生产杂志(月刊)

现代生产杂志社　广州

1935.1—1936.12　1—2:

总藏　(997)　1—2:

馆藏　1936　2:9

44751

现代铁路(月刊)

现代铁路杂志社　上海

1947.1—1949.3　1—5:3

本刊 1 至 4 卷每卷出 6 期。

总藏　(1005)　1—5:3

馆藏　1947　1:3,5—6;2:1—6

　　　1948　3:3—6;4:1—4

46736

现代文录

新文化出版社　北平

1946.12　1

总藏　(994)　1

馆藏　1946　1

47105

现代文献(月刊)

现代文献社　天津

1946.4—7　1:1—3

总藏　(994)　1:1—3

馆藏　1946　1:1—2

44734

现代文学(月刊)

北新书局　上海

1930.7—12　1:1—6

总藏　(994)　1:1—6

馆藏　1930　1:1—6

46290

现代文学评论(月刊)

现代书局　上海

1931.4—10　1—3:1

本刊第 1 卷出 4 期,2 卷出 3 期。

总藏　(994)　1—3:1

馆藏　1931　1:1;2:1—2

45306

现代文艺(月刊)

现代文艺社　上海

1931.4—5　1:1—2

总藏　(993)　1:1—2

馆藏　1931　1:1—2

44740

现代文摘(周刊)

联合编译社　上海

1947.6—10　1:1—13

总藏　(994)　1:1—13

馆藏　1947　1:4—11

44742

现代小说(月刊)

现代书局　上海

1928.1—1930.3　1—3:

本刊每卷出 6 期。

总藏　(993)　1—3:

馆藏　1928　1:1—6

　　　1929　2:1—6;3:1—3

　　　1930　3:4

46415

现代新闻(周刊)

联合编译社　上海

1947.5—6　1—7

总藏　(1005)　1—7

馆藏　1947　7

44754

现代学报(月刊)

现代学报社　南京

1947.1—1948.9　1—2:1

总藏　(1001)　1—2:1

馆藏　1947　1:1—3

44753

现代学生(月刊)

大东书局　上海

1930.10—1934.8　1—3:5

本刊 1 至 2 卷每卷出 10 期。

总藏　(1001)　1—3:5

馆藏　1930　1:1—3

　　　1931　1:4—10;2:1

　　　1932　2:2—5

　　　1933　2:6—10;3:1—3

　　　1934　3:4—5

44755

现代学术(月刊)

现代学术月刊社　上海

1931.8—1932.1　1:1—5

总藏　(1001)　1:1—5

馆藏　1931　1:1—4

　　　1932　1:5

47202

现代医药(月刊)

现代医药社　杭州

1931.4—6　1—3

总藏　(1000)　1—3

馆藏　1931　1

44743

现代英语(周刊)

现代外国语文出版社　上海

[19?]—1948.10　1—9:3

馆藏　1945　4:1—3

　　　1946　4:4—6;5:1—5

　　　1947　5:6;6:6

　　　1948　8:2;9:2—3

44752

现代邮政(月刊)

邮政总局现代邮政月刊社　南京

1947.8—1949.5　1—4:5

本刊 2 至 3 卷每卷出 6 期。

总藏　(1000)　1—4:5

馆藏　1947　1:1—4

1948　2:1—6;3:1—5

44747

现代知识(半月刊)

现代知识半月刊社　北平

1947.[?]—1948.1　1—3:6

总藏　(1003)　1—3:6

馆藏　1947　1:4,6—7,9—12;2:1—4

　　　1948　2:7—9,12;3:1

45991

现代中国(月刊)

现代中国杂志社　上海

1928.5—1929.1　1—3:1

本刊原为半月刊,自2卷1期1928年7月起
改为月刊,卷期续前。1至2卷每卷出4期。

总藏　(995)　1—3:1

馆藏　1928　1:2;2:1—2

47332

现代周报

现代出版社　上海

1944.8—1945.7　1—4:12

馆藏　1944　1:1—12;2:1—8

　　　1945　4:9—12

46165

现实(周刊)

现实新闻周刊社　上海

1947.7—1948.1　1—15

本刊自6期起改为双周刊。

总藏　(1007)　1—15

馆藏　1947　1,5

46038

现实文摘(周刊)

现实文摘社　成都

1947.5—1948.10　1—3:10

本刊1至2卷每卷出12期。

总藏　(1007)　1—3:10

馆藏　1948　2:1—2,4,7—8,10—12;3:10

44756

现实与理想(月刊)

现实与理想月刊社　南京

1947.10—1948.9　1—2:1

本刊第1卷出7期。

总藏　(1007)　1—2:1

馆藏　1947　1:2

　　　1948　1:5—7

45790

现世界(半月刊)

现世界社　上海

1936.8—1937.3　1—2:3

总藏　(991)　1—2:3

馆藏　1936　1:2,4—5

47473

现象(月刊)

现象图书刊行社　上海

1934.12—1937.7　1—22

1946.1—4　复1—3

本刊曾停刊,1946年1月复刊,期数另起。

总藏　(1008)　1—22;复1—3

馆藏　1937　[19—20]

47521

现象漫画(月刊)

现象图书刊行社　上海

1935.4—5　1—2

总藏　(1008)　1—2

馆藏　1935　2

47818

宪法会议公报

参议院、众议院　北京

1916.9—1923.4　1—60

总藏　(816)　1—60

馆藏　[1922]　52

47074

宪法论丛

宪法学会　北京

1924.3　1:

总藏　(817)　1:

馆藏　1924　1:

45765

宪法起草委员会开会纪录

该会 ［北京］

1922.11—12　1—4

馆藏　1922　1—4

44390

宪法新闻(周刊)

宪法新闻社　北京

1913.4—12　1—24

总藏　(817)　1—24

馆藏　1913　9,18

45974

宪政(月刊)

国讯书店　重庆

1944.1—1945.6　1—17

总藏　(817)　1—17

馆藏　1944　9

44391

宪政月刊

宪政月刊社　上海

1940.9　创刊号

馆藏　1940　创刊号

xiang

45441

乡村工作(旬刊)

绥远省政府乡村建设委员会　归绥

1936.2—1937.5　1—2

1937.6—8　复1—7

本刊原为季刊,1937年5月后曾停刊,1937年6月复刊,改为旬刊,期数另起。又自复刊5期起改为半月刊。

总藏　(106)　1—2;复1—7

馆藏　1937　复1—3

44350

乡村建设(半月刊)

乡村建设研究院　山东邹平

1931.10—1937.［?］　1—7:6

本刊原为旬刊,自5卷起改为半月刊。1至4

卷每卷出30期,5至6卷每卷出20期。

总藏　(106)　1—7:6

馆藏　1934　3:16—30;4:1—14

　　　　1935　4:15—30;5:1—10

　　　　1936　5:13—20;6:1—9

　　　　1937　6:10—20

45444

乡村教育(半月刊)

山东省教育厅乡村教育辅导委员会　济南

1934.5—1935.10　1—35

总藏　(107)　1—35

馆藏　1934　1—15

　　　　1935　16—35

46699

乡村运动周刊

乡村运动周刊社　济南

1937.4—9　1—24

本刊在邹平创刊,自13期起迁至济南出版。

总藏　(106)　1—24

馆藏　1937　1—16,18—21

46996

乡工(旬刊)

善后事业委员会乡村工业示范处　上海

1949.［2］—4　1:1—7

总藏　(105)　1:1,5—7

馆藏　1949　1:5—6

45442

乡民(半月刊)

河北省立实验乡村民众教育馆　杨村

1933.1—1936.7　1—3:14

本刊原名为"乡民旬刊",自2卷31期1935年起改用本名,并改为半月刊。

总藏　(106)　1—3:14

馆藏　1936　3:1—13

45442

乡民旬刊

见"乡民"

45928

乡土杂志(半月刊)

乡土杂志社　北平

1945.10—11　1:1—3

总藏　(106)　1:1—3

馆藏　1945　1:1—3

46356

香港海员

香港海员工会　香港

[19?]—1948.10　1—7

馆藏　1948　7

47143

香港华商总会月刊

见"华商月刊"

45855

香海(周刊)

香海周刊社　上海

1931.3　1:1—2

馆藏　1931　1:2

46792

湘报(日刊)

湘报馆　长沙

1898.3—10　1—177

本刊1965年由中华书局影印。

馆藏　影1898　1—177

47733

湘桂工合(月刊)

中国工业合作协会湘桂区办事处　桂林

1941.4—1943.6　1—3:6

总藏　(1082)　1:1—9;2—3:6

馆藏　1941　1:2

46427

向导

南开大学出版社　天津

1930.5　1

馆藏　1930　1

47865

向导(周刊)

向导周报社　广州

1922.9—1927.7　1—5:201

本刊在上海创刊,后迁汉口、广州出版。1954
年由人民出版社影印。卷后期数为总期号。

总藏　(551)　1—5:201

馆藏　影1922　1:1—15

　　　　1923　1:16—50

　　　　1924　2:51—97

　　　　1925　2:98—100;3:101—140

　　　　1926　3:141—150;4:151—175;5:176—
　　　　　　　180

　　　　1927　5:181—201

47448

向前进

中国国民党上海特别党部　上海

[19?]　1—7

馆藏　[19?]　6—7

xiao

45869

消息(半周刊)

消息半周刊社　上海

1946.4—5　1—14

总藏　(920)　1—14

馆藏　1946　1—14

47069

鸮(周刊)

河北民国日报社　北平

[19?]—1929.5　1—23

总藏　(1252)　8—23

馆藏　1929　6—11

47343

小姐(月刊)

声美出版社　上海

[19?]—1937.3　1—6

馆藏　1937　6

47591

小朋友(周刊)

中华书局　上海

1922.[?]—1936.7　1—717
馆藏　1935　666
　　　　1936　717

46597H
小朋友画报(半月刊)
小朋友画报社　上海
1934.7　1
馆藏　1934　1

44849
小世界(半月刊)
小世界社　上海
1932.5—1934.8　1—50
总藏　(77)　1—50
馆藏　1932　1—12
　　　　1933　13—36
　　　　1934　37—38

44846
小说(月刊)
前进书局　香港
1948.7—1952.1　1—6：
本刊新中国成立后改由上海商务印书馆出
版。1至6卷每卷出6期。
总藏　(78)　1—3：1
馆藏　1948　1：2,4
　　　　1949　2：4

44853
小说半月刊
大众出版社　上海
1934.5—1935.3　1—19
本刊原为月刊，自3期起改为半月刊。
总藏　(80)　1—19
馆藏　1934　1—14
　　　　1935　15—19

44848
小说丛报(月刊)
中国图书公司　上海
1914.5—1916.7　1—22；增刊
1916.8—1919.5　3—4：9
本刊原以期计算，自1916年8月起改为3卷1

期计算。
总藏　(82)　1—22；3—4：9；增刊
馆藏　1914　1—6
　　　　1915　7—17；增刊
　　　　1916　18—22

46909
小说大观(季刊)
文明书局　上海
1915.8—1921.6　1—15
总藏　(81)　1—15
馆藏　1915　1—4
　　　　1916　5—8
　　　　1917　9—12
　　　　1918　13
　　　　1919　14
　　　　1921　15

44845
小说海(月刊)
中国图书公司　上海
1915.1—1917.12　1—3：
总藏　(82)　1—3：
馆藏　1915　1：1—12
　　　　1916　2：1—11
　　　　1917　3：1—4,6—12

(旧参)I246.7/XZY
小说季报
清华书局　上海
1918.8—1919.[?]　1—4
总藏　(81)　1—4
馆藏　1918　1

44851
小说家(月刊)
小说家月刊社　上海
1936.10—12　1：1—2
总藏　(83)　1：1—2
馆藏　1936　1：1—2

47822
小说林(月刊)
小说林总编辑所　上海

1907.2—1908.10　1—12

本刊1980年由上海书店影印。

总藏　（82）　1—12

馆藏　影1907　1—7

　　　　1908　8—12

44847

小说时报（四月刊）

小说时报社　上海

1909.10—1917.11　1—33

［19？］—1922　复1—5

本刊原为月刊,自17期1912年起改为四月刊。33期1917年11月停刊,后复刊,期数另起。

总藏　（82）　1—33

馆藏　1909　1—4

　　　　1910　5—8

　　　　1911　9—14

　　　　1912　15—17

　　　　1913　18—20

　　　　1914　21—24

　　　　1916　25—28

　　　　1917　29—33

　　　　1922　复3,5

44844

小说世界（季刊）

商务印书馆　上海

1923.1—1929.9　1—18：

本刊原为周刊,自17卷1期1928年起改为季刊。

总藏　（81）　1—18：

馆藏　1923　1:1—13;2:1—13;3:1—13;4:1—13

　　　　1924　5:1—13;6:1—13;7:1—13;8:1—13

　　　　1925　9:1—13;10:1—13;11:1—13;12:1—13

　　　　1926　13:1—25;14:1—25

　　　　1927　15:1—25;16:1—25

　　　　1928　17:1—4

　　　　1929　18:1—4

44843

小说月报

商务印书馆　上海

1910.7—1931.12　1—22：;号外

本刊收入《中国现代文学史资料丛书（乙种）》,1981年4月由书目文献出版社据商务印书馆1921至1931年版影印。

总藏　（79）　1—22：

馆藏　1910　1:2—3,5—6

　　　　1911　2:1—9,11—12

　　　　1912　3:1,4—5,7—8

　　　　1913　3:11;4:2—3,4—8

　　　　1914　4:12;5:1—12

　　　　1915　6:1—12

　　　　1916　7:1—12

　　　　1917　8:3—4,7—12

　　　　1918　9:5

　　　　1919　10:1—12

　　　　1920　11:1—12

　　　　1921　12:1,3—12;号外1

　　　　1922　13:1—12

　　　　1923　14:1—12

　　　　1924　15:1—12

　　　　1925　16:1—12

　　　　1926　17:1—12;号外1—2

　　　　1927　18:1—12

　　　　1928　19:1—12

　　　　1929　20:1—12

　　　　1930　21:1—12

　　　　1931　22:1—12

　　　影1921　12:1—12;号外1

　　　　1922　13:1—12

　　　　1923　14:1—12

　　　　1924　15:1—12;号外1

　　　　1925　16:1—12

　　　　1926　17:1—12;号外1—2

　　　　1927　18:1—12

　　　　1928　19:1—12

　　　　1929　20:1—12

　　　　1931　22:1—12

44852

小说月报

联华广告公司　上海

1940.10—1944.11　1—45

总藏　（80）　1—45

馆藏　1940　2

　　　1941　8—10

　　　1942　25

　　　1944　41,44—45

45914

小说新报（月刊）

小说新报社　上海

1915.3—1923.9　1—8：9

总藏　（83）　1—8：9

馆藏　1915　1：2,11

　　　1916　2：7,11

　　　1919　5：10

46394

小天地（月刊）

天地出版社　上海

1944.8—1945.10　1—5

馆藏　1944　1—3

　　　1945　4—5

44850

小文章（月刊）

春光书店　上海

1935.4　1

总藏　（77）　1

馆藏　1935　1

45903

小学教师（半月刊）

江苏省教育厅　镇江

1933.9—1937.9　1—4：

总藏　（77）　1—4：

馆藏　1933　1：1—7

　　　1934　1：8—24；2：1—7

　　　1935　2：8—24；3：1—7

　　　1936　3：8—24；4：1—7

　　　1937　4：8—24

46060

小学教育（周刊）

山西教育厅　太原

1925.2—1937.[？]　1—303

总藏　（77）　2—10,12—24,91—135,238—303

馆藏　1930　230

　　　1933　261

　　　1935　275,280

46130

小学生

北新书局小学生杂志社　上海

[19？]—1931.3　1—5

馆藏　1931　5

46258

小学生杂志（半月刊）

小学生杂志社　天津

1946.3　1

馆藏　1946　1

46434H

小扬州画报（三日刊）

小扬州画报社　天津

1946.[？]—11　1—12

馆藏　1946　9—10,12

45184

晓光（周刊）

晓光周刊社　北京

1927.10—1928.3　1：1—17

总藏　（1252）　1：1—17

馆藏　1927　1：2

46458

校声

见"东南医讯"

46317

校闻（月刊）

江苏省立教育学院　无锡

1933.2—1935.3　1—3：1

1946.4—1948.4　新1—5

本刊在抗战期间曾停刊,1946年4月复刊,期数另起。

总藏 (946) 1:1—10;2:1—4;3:1;新1—5
馆藏 1934 2:2
　　　1948 新4—5

45726

校友通讯(月刊)

中央警官学校毕业生指导组　南京

1946.5—1948.1 1—3:3
馆藏 1946 1:1—7
　　　1947 2:11;3:1—2
　　　1948 3:3

46864

校友杂志(年刊)

直隶第五师范学校校友会杂志社　[天津]

1922.9 1
馆藏 1922 1

(旧参)**I216.1—55/PJY**

笑(月刊)

笑社　上海

[19?] 1—6
总藏 (961) 1—6
馆藏 [19?] 1—6

46599

笑画笑话

[不详]　[不详]

[19?] 1
馆藏 [19?] 1

44237

效实学生季刊

鄞县效实中学学生自治会　宁波

1936.1—1937.1 1—5
馆藏 1936 1—2
　　　1937 4—5

xie

44652

协大半月刊

见"协大消息"

44652

协大消息(周刊)

协和大学校刊编辑部　福建

1930—1932 1—2:8
1932.10—1937.5 新1—5:3
本刊原名为"协大半月刊",自新3卷1期1934年11月起改用本名,期数续前。

总藏 (489) 1:1—19;2:1—8;新1:1—15;
　　　　　　 2:1—15;3:1—6;4:1—4;5:
　　　　　　 1—3
馆藏 1935 新4:1

46554

协大学生(不定期刊)

协和大学学生自治会　福州

1931.3—1936.5 1—12
总藏 (489) 1—4,7,9—12
馆藏 1932 7

47605

协大艺文(年刊)

协和大学中国文学系　福州

1935.1—1948.2 1—21
总藏 (488) 1—5,7—21
馆藏 1947 20

47053

协进(月刊)

中华全国基督教协进会　上海

1943.3—1950.[?] 1—9:7
本刊在重庆创刊,抗战胜利后迁至上海出版。

总藏 (490) 1:1—4;2:1—3;3:2—7,9—
　　　　　　 12;4:4,10—12;5—6:;7:1—
　　　　　　 7,9—10
馆藏 1947 6:8

xin

44070

心理(季刊)

中华心理学会　上海

1922.1—1927.1 1—4:2
总藏 (140) 1—4:2

馆藏　1922　1:1—4

　　　　1923　2:1—4

　　　　1924　3:1—3

　　　　1926　4:1

　　　　1927　4:2

46228

心理半年刊

国立中央大学心理学系　南京

1934.1—1937.1　1—4:1

总藏　(140)　1—4:1

馆藏　1934　1:2

　　　　1936　3:2

　　　　1937　4:1

44071

心声(半月刊)

心声半月刊社　上海

1922.12—1924.8　1—3:8

总藏　(140)　1—3:8

馆藏　1922　1:1

　　　　1923　1:2,4—7,9—10;2:1—5,8—

　　　　　　　10;3:1

　　　　1924　3:2—8

44281

新北辰(月刊)

新北辰杂志社　北平

1935.1—1937.12　1—3:

总藏　(1139)　1—3:

馆藏　1935　1:1—12

　　　　1936　2:1—12

　　　　1937　3:1—5,11—12

44280

新北方(月刊)

新北方月刊社　天津

1931.1—10　1—2:4

本刊第1卷出6期。

总藏　(1139)　1—2:4

馆藏　1931　1:1—6;2:1—4

46819

新长城

新长城出版社　秦皇岛

1946.11　1

馆藏　1946　1

44289

新潮(月刊)

国立北京大学出版部　北京

1919.1—1922.3　1—3:2

本刊1至2卷每卷出5期。

总藏　(1179)　1—3:2

馆藏　1919　1:1—5;2:1—2

　　　　1920　2:3—5

　　　　1921　3:1

　　　　1922　3:2

46166

新潮(月刊)

满洲经济社　［长春］

［19?］—1945.2　1—3:2

馆藏　1945　3:1—2

44305

新畜生颂(周刊)

文丛出版社　香港

1946.［?］—1947.5　1—2:26

总藏　(1165)　2:4,26

馆藏　1947　2:26

46775

新创造(半月刊)

新创造半月刊社　上海

1932.4—8　1—2:2

总藏　(1147)　1—2:2

馆藏　1932　1:1—3,5—6;2:1—2

46136

新大陆(月刊)

新大陆月刊社　北平

1948.1—3　试刊1—3

总藏　(1126)　试刊1—2

馆藏　1948　试刊2—3

(旧参)**Z62/XSB**

新大众(半月刊)

新华书店编辑部　［不详］

1945.9—1947.11　1—45

总藏　（1126）　1—45

馆藏　1947　40,43

44338

新的小说(月刊)

新潮社　上海

1920.3—1921.6　1—3:1

本刊自3卷起改名为"新晓",卷期续前。

总藏　（1180）　1—2:4;3:1

馆藏　1920　1:1—2,4;2:1—3

　　　1921　2:4—5

47176

新地月刊

新地月刊社　上海

1930.[1]—6　1:1—6

本刊收入《中国现代文学史资料丛书（乙种）》,1959年由上海文艺出版社影印。

总藏　（1145）　1:6

馆藏　影1930　1:6

44311

新电界(半月刊)

新电界杂志社　上海

1931.5—1934.[?]　1—4:1

本刊在济南创刊,自2卷12期1932年11月起迁至上海出版。

总藏　（1140）　1—4:1

馆藏　1932　1:16—24;2:1—15

　　　1933　2:16—24;3:1—4,6—15

45663

新东北(半月刊)

新东北半月刊社　北平

1945.11　1:1—2

总藏　（1136）　1:1—2

馆藏　1945　1:1—2

44278

新东方(月刊)

新亚洲书局东方问题研究会　北平

1930.1—1932.11　1—3:

总藏　（1136）　1—3:

馆藏　1930　1:1—12

　　　1931　2:12

　　　1932　3:7—8,11

44279

新东方(月刊)

新东方社　南京

1940.3—1944.3　1—9:3

馆藏　1940　2:4

　　　1941　3:1;4:3

　　　1942　5:5;6:1,6

　　　1943　7:1—3,5—6;8:6

　　　1944　9:1,3

44136

新东方(月刊)

新东方杂志社　上海

1940.2—1942.1　1—3:1

馆藏　1940　1:1,3,6—8,11

　　　1941　2:4—5,7—8

　　　1942　3:1

44286

新动力(半月刊)

新动力杂志社　天津

1946.5—10　1:1—6

1946.11—1947.3　新1:1—8

本刊原为月刊,自1946年11月起改为半月刊,期数另起。

总藏　（1144）　1:1—6;新1:1—7

馆藏　1946　1:1—3,5;新1:2—3

　　　1947　1:4—8

47432

新动向(月刊)

新动向月刊社　南京

[194?]—1943.11　1—91

本刊原为旬刊,自90期起改为月刊。

馆藏　1942　38

　　　1943　91

47327

新二代(月刊)

天津图书馆馆藏新中国成立前中文期刊目录（1884—1949）

儿童福利社　天津
[19?]—1946.6　1—2:8
馆藏　1945　1:2
　　　　1946　1:3;2:1,7—8

47581

新发明(周刊)
新发明周刊社　北平
1947.[5]—1948.5　1—2:3
馆藏　1947　1:2,11—13
　　　　1948　2:3

44301

新法学(月刊)
新法学社　上海
1948.7—1949.1　1—2:1
本刊第1卷出5期。
总藏　(1154)　1—2:1
馆藏　1948　1:2—4

44336

新风月刊
新风社　南京
1948.4—8　1—4
总藏　(1133)　1—4
馆藏　1948　1

46618

新风周报
新风周报社　北平
1945.10—11　1:1—5
总藏　(1133)　1:1—5
馆藏　1945　1:2

44309

新福建(月刊)
福建省政府秘书处　福州
1942.1—1946.9　1—10:2
总藏　(1173)　1—10:2
馆藏　1946　9:4—5

44326

新妇女(周刊)
新妇女周刊社　天津

1935.3—4　1—2:6
总藏　(1149)　1:2—4;2:5—6
馆藏　1935　1:1—4;2:5

46972

新妇女(月刊)
新妇女月刊社　北平
1945.10—1946.5　1—2:2
总藏　(1149)　1:1—3;2:1—2
馆藏　1945　1:1—2
　　　　1946　2:1

44322

新妇女(月刊)
中国妇女建国学会　南京
1947.3—1948.12　1—21
总藏　(1149)　1—21
馆藏　1948　13—15,17—18,20

47851

新港公报(周刊)
交通部塘沽新港工程局　塘沽
[19?]—1948.8　1—2:33
总藏　(1168)　2:12—15,21—33
馆藏　1948　2:5

46199

新工程(月刊)
新工程出版社　台湾
1947.11—1948.12　1:
总藏　(1126)　1:
馆藏　1947　1:1
　　　　1948　1:4—6

45882

新贡献(周刊)
新贡献周刊社　广州
1927.[11]—12　1—8
1932.1—6　复1:1—23
本刊曾停刊,1932年1月复刊,卷期另起。
总藏　(1165)　2—8;复1:1—23
馆藏　1932　复1:1—4,7—13,20—21,23

46542

新光明周刊

新光明杂志社　北平

1945.9—10　1:1—4

总藏　（1147）　1:1—4

馆藏　1945　1:1—4

44321

新光邮票钱币杂志

见"新光邮票杂志"

44321

新光邮票杂志(半月刊)

新光邮票会　上海

1926.1—1948.8　1—15:24

本刊原名为"新光邮票钱币杂志",后改用本名,卷期续前。在杭州创刊,后迁上海出版。

总藏　（1147）　4—6:7;7:1—8;8:1—8;9:
　　　　　　　　1—6;14:1—2;15:1—4,24

馆藏　1934　4:1—2

　　　1935　4:3—12

　　　1936　5:1—12

　　　1937　6:2—3,6

　　　1939　7:1—8

　　　1940　8:1—8

　　　1941　9:1—2

44320

新光杂志(旬刊)

新光杂志社　北京

[1940.4]—1944.9　1—6:

本刊原为月刊,自5卷1期1944年1月起改为旬刊。

馆藏　1941　2:1,4—9

　　　1942　2:10;3:6—9

　　　1943　4:1—7,9—11

　　　1944　5:2—12;6:1—12

46170

新广西(旬刊)

广西省政府新广西旬报社　南宁

1927.9—1929.6　1—3:

本刊又名"新广西旬报"。每卷出20期。

总藏　（1125）　1—3:

馆藏　1928　1:14,19;2:1—10

　　　1929　3:6,10—15

46170

新广西旬报

见"新广西"

44273

新海军(月刊)

新海军月刊社　上海

1946.[7]—11　1—4

馆藏　1946　2—4

45658

新汉口(月刊)

市政府秘书处　汉口

1929.7—1931.6　1—2:

本刊自1卷4期1929年起改名为"汉口市政公报",自2卷3期1930年9月起改回本名。

总藏　（1134）　1—2:

馆藏　1929　1:3,6

　　　1930　2:1—3

　　　1931　2:9—11

44303

新河北(旬刊)

河北省政府秘书处编译室　保定

1948.6—10　1—13

总藏　（1154）　1—11

馆藏　1948　1—13

44302

新河北(月刊)

新河北社　保定

1941.[4]—1943.12　1—6:3

馆藏　1941　1:3—4

　　　1942　2:4;3:6

　　　1943　5:2—6;6:1—3

46576

新河北(月刊)

新河北月刊社　陕西郿县

[194?]—1945.5　1:1—3

馆藏　1945　1：3

48013

新湖州(月刊)

湖社　上海

1937.6　1—2

总藏　(1169)　1—2

馆藏　1937　1

44331H

新华画报

新华画报社　上海

1936.6—1940.10　1—5：12

总藏　(1148)　1：1,3—7;2:1—8;4:10—12;

　　　　　　　　5:1—8,10,12

馆藏　1936　1:1—4,6—7

　　　1937　2:1—7

　　　1938　3:3

　　　1939　4:4,6

　　　1940　5:3

46035

新家庭(月刊)

大东书局　上海

1931.1—1933.4　1：

总藏　(1164)　1：

馆藏　1931　1:2—4

　　　1933　1:11

47078

新建设(半月刊)

广东建设厅　广州

1929.9—1930.5　1—15

总藏　(1158)　1—15

馆藏　1930　15

48012

新建设(双周刊)

新建设杂志社　北平

1949.9　1：1

馆藏　1949　1：1

44290

新教育(月刊)

初等教育季刊社等　上海

1919.2—1925.10　1—11：

本刊原由上海新教育共进社编,自4卷3期

1922年起改由上海中华教育改进社编。自10

卷1期1925年起改由初等教育季刊社与新教

育编辑部合编。1至10卷每卷出5期。

总藏　(1165)　1—11：

馆藏　1919　1:1—5;2:1—4

　　　1920　2:5;3:1—2,4—5;4:1

　　　1922　4:3—5;5:1—4

　　　1923　6:1—5;7:2—5

　　　1924　8:1—5;9:1—4

　　　1925　10:2—3;11:1—2

44291

新教育评论(周刊)

中华教育改进社新教育评论社　北京

1925.12—1927.12　1—4：

本刊每卷出26期。

总藏　(1166)　1—4：

馆藏　1925　1:1—4

　　　1926　1:5—26

　　　1927　3:15—16

45919

新教育旬刊

四川省政府教育厅研究设计委员会　成都

1938.11—1939.4　1:1—15

总藏　(1166)　1:1—15

馆藏　1938　1:1—4

　　　1939　1:5—8

44292

新教育杂志(月刊)

新教育杂志社　镇江

1947.5—1948.9　1:1—8

总藏　(1166)　1:1—8

馆藏　1947　1:2

　　　1948　1:7

45713

新进(月刊)

新进月刊社　北京

1941.11—1943.2　1—3:4

馆藏　1941　1:1

　　　　1942　1:4—6;2:1—3;3:1—2

　　　　1943　3:4

46882

新进步月刊

新进步月刊社　北平

1947.4—1948.6　1—6

总藏　(1150)　1—6

馆藏　1947　1—2

　　　　1948　3—6

47777

新经济(半月刊)

新经济半月刊社　重庆

1938.11—1945.10　1—12:6

总藏　(1167)　1—12:6

馆藏　1943　10:1—4

　　　　1944　10:5—12

44313

新开月刊

法商学院商职部文书学会　天津

[1936.?]—1937.6　1—7

馆藏　1937　5—7

47470

新科学(月刊)

中国新科学月刊社　上海

1939.5—1942.6　1—7:2

本刊1至6卷每卷出6期。

总藏　(1164)　1—7:2

馆藏　1939　1:1—2,4—6;2:1—2

　　　　1940　2:3—6;3:4

　　　　1941　5:3

47425

新垒(月刊)

新垒文学月刊社　上海

1933.1—2　1:1—2

馆藏　1933　1:1—2

46311

新力(周刊)

新力周刊社　浙江方岩

1938.3—1941.[?]　1—6:

本刊每卷出26期。

总藏　(1123)　1:1—3,6,8—10,14—18,

　　　　　　　21—26;2—6:

馆藏　1939　2:19,21;3:2—4,6,8—10,14—

　　　　　　15,19—21,23—26;4:1—9,11—

　　　　　　14,16—17

　　　　1940　4:21—24;5:3—4,7,9—10,16,

　　　　　　23;6:2—3,6—9,12—13

　　　　1941　6:14,16—17,19,23

47541

新流双周

五中新流社　北平

1936.3　1

馆藏　1936　1

47719

新流月报

现代书局　上海

1929.3—12　1—4

本刊自1930年1月起改名为"拓荒者",卷期

另起。收入《中国现代文学史资料丛书(乙

种)》,1959年10月由上海文艺出版社影印。

总藏　(1164)　1—4

馆藏　1929　1—4

　　　　影 1929　1—4

44299

新路(半月刊)

新路周刊社　北平

1946.3—11　1:1—11

本刊原为周刊,自8期起改为半月刊。

总藏　(1171)　1:1—11

馆藏　1946　1:8

46664

新路(半月刊)

新路杂志社　上海

1928.2—12　1:1—10

总藏　（1170）　1：1—10
馆藏　1928　1：3，5，8

44325

新路周刊

中国社会经济研究会　北平

1948.5—12　1—2：6

总藏　（1171）　1—2：6

馆藏　1948　1：1—24；2：1—5

45795

新轮(月刊)

华北交通股份有限公司　北京

1939.[6]—1944.12　1—6：

馆藏　1939　1：3—5

　　　1940　2：3，6—8，11

　　　1941　3：1—8，10—11

　　　1942　4：1—8，10，12

　　　1943　5：2—7，9—12

　　　1944　6：1—3，5，12

47834

新苗(月刊)

北平大学女子文理学院　北平

1936.5—1937.6　1—18

本刊原为半月刊，自5期起改为月刊。

总藏　（1157）　1—18

馆藏　1936　5

45674

新民(月刊)

明德社　广州

1935.5—1936.[？]　1—2：5

本刊第1卷出8期。

总藏　（1136）　1—2：5

馆藏　1935　1：1—5，7—8

　　　1936　2：1—2，4

44293

新民(月刊)

安徽省立第二民众教育馆　芜湖

1935.10—1937.8　1—3：1

本刊1卷9至10期刊名为"芜湖区第一届民

教辅导会议报告"。

总藏　（1137）　1：1—10；2：1—3，7—8；3：1

馆藏　1935　1：1—3

　　　1936　1：4—6；2：1—3

　　　1937　2：7—8

45698

新民半月刊

新民读书会　北平

1929.7—1930.3　1—16

1930.6—7　新1—2

本刊自1930年6月起改名为"新民月刊"，期

数另起。

总藏　（1137）　1—16；新1—2

馆藏　1930　14—16

44297

新民半月刊

市立民众教育馆　上海

1932.10—1936.9　1—55

总藏　（1137）　2，16—23，25—26，28—55

馆藏　1935　44—45

44294

新民报(月刊)

中国圣教书会　上海

1914.1—1919.7　1—6：7

本刊原名为"图画新报"，后改用本名。

总藏　（1138）　1：6，12；2：2，7—8，10；3：2，

　　　　　　　　4—5，7—8，10—11；4：1，3，

　　　　　　　　8—10，12；5：1—2，4—6，8—

　　　　　　　　10，12；6：1—2，5—7

馆藏　1914　1：8—12

　　　1915　2：1—5，7，9—10

　　　1916　3：2，4，7—12

　　　1917　4：2

44295

新民报半月刊

新民报半月刊编辑部　北京

1939.6—1943.12　1—5：

馆藏　1939　1：1—6，11—14

　　　1940　2：1—24

　　　1941　3：1—24

1942　4：1—24
1943　5：1—24

44296 等

新民丛报（半月刊）
新民丛报社　［日本］横滨
1902.1—1907.10　1—96；汇编
本刊汇编本部分馆藏号为"（线装）P7101"。
总藏　（1138）　1—96；汇编 1902—1906：
馆藏　1902　1,3—6,8—24；汇编
　　　1903　25—26,33—48；汇编
　　　1904　49—61
　　　1905　62—67,69—72
　　　1906　73—96

46866H

新民画报（周刊）
新民晚报社　沈阳
1929.［?］—10　1—31
本刊为"新民晚报"附刊。
馆藏　1929　15—31

44285

新民教育（月刊）
新民会天津都市指挥部教育分会　天津
1939.6—1940.4　1—10
馆藏　1939　1—2,4—6
　　　1940　7—10

46219

新民青年（月刊）
中华民国新民会中央总会弘报室　北京
［1940.?］—1941.8　1—2:8
馆藏　1941　2:6,8

46009

新民声半月刊
新民声社　北京
1944.1—7　1:1—14
馆藏　1944　1:1—14

46862

新民小说报（旬刊）
新民小说报社　天津

［1918.1］—1919.1　1—18
馆藏　1918　3,5—7,9—11
　　　1919　18

44328

新民意报副刊
新民意报社　天津
1923.1—1924.6
"新民意报"曾出版有 10 多个副刊。
总藏　（1139）　1—10
　　　新民意报副刊——觉邮（不定期刊）
　　　1923.4—6　1—4
馆藏　1923　1—2,4
　　　新民意报副刊——明日
　　　1923.1　1—3
馆藏　1923　1—3
　　　新民意报副刊——女权运动同盟会直
　　　隶支部特刊
　　　该会
　　　1923.［?］—5　1—3
馆藏　1923　2—3
　　　新民意报副刊——女星（旬刊）
　　　女星社
　　　1923.4—6　1—7
馆藏　1923　1—7
　　　新民意报副刊——青声（五日刊）
　　　天津青年问题讨论会
　　　1923.［6］—1924.6　1—45
　　　本刊原为不定期刊,自 31 期 1924 年 4
　　　月起改为五日刊。
馆藏　1923　1—24
　　　1924　25—30,37—45
　　　新民意报副刊——诗坛
　　　绿波社
　　　1923.5—6　1—5
馆藏　1923　1—5
　　　新民意报副刊——向明（半月刊）
　　　天津向明学会
　　　1923.1　1—2
馆藏　1923　1—2
　　　新民意报副刊——星火
　　　1923:1—6

天津图书馆馆藏新中国成立前中文期刊目录（1884—1949）

本刊卷期按出版年月计算。

馆藏　1923：1—6

新民意报副刊——朝霞

1923：1—6

本刊卷期按出版年月计算。

馆藏　1923：1—6

45701

新民月刊

新民会中央总会　北京

[19?]—1943.4　1—4：4

馆藏　1942　3：6

1943　4：4

44298

新民周刊

新民会中央指导部　北京

1938.[？]—1939.10　1—39

馆藏　1938　2,7—9,11—12

1939　28—30,36—39

46221

新民主妇女（月刊）

新民主妇女编辑委员会　上海

1949.6—8　1—3

总藏　（1137）　1—3

馆藏　1949　2—3

44307

新南社社刊（季刊）

该社　上海

1924.1　1

总藏　（1163）　1

馆藏　1924　1

47230

新宁远（月刊）

新宁远月刊社　西昌

1940.9—1945.10　1—2：

总藏　（1134）　1—2：

馆藏　1940　1：1

1941　1：6—7

47060

新农村（月刊）

农村教育改进社　太原

1933.5—1936.6　1—29

总藏　（1144）　1—29

馆藏　1934　8,12—14,16—19

1935　20—24,26

1936　27—29

44332

新农民（周刊）

中华民国新民会　北京

[1938]—1939　1—22

馆藏　1938　10

1939　13,19—22

47324

新农业（月刊）

新生农艺社　北京

1945.3—9　1—2：1

本刊第1卷出6期。

总藏　（1143）　1—2：1

馆藏　1945　1：1

45736

新平（半月刊）

国民党北平特别市党务整理委员会　北平

1931　1—3

馆藏　1931　3

45810

新评论（半月刊）

新评论社　重庆

1940.1—1945.3　1—11：2

本刊第1卷出10期,2至10卷每卷出6期。

总藏　（1169）　1—11：2

馆藏　1940　2：2—6；3：1

1941　3：2—6；5：5—6；6：1—2

44300

新评论（半月刊）

新评论社　上海

1927.12—1929.2　1—2：2

本刊自2卷1期1929年起改为月刊。

总藏 （1169） 1—2：2

馆藏 1927 1：1

46483

新旗(月刊)

新旗社 香港

1946.6—1948.[?] 1—21

本刊原为半月刊,自 13 期 1947 年 1 月起改为月刊。

总藏 （1174） 1—18,20—21

馆藏 1947 16

44284

新青海(月刊)

新青海社 南京

1932.10—1937.6 1—5：6

总藏 （1157） 1—5：6

馆藏 1933 1：1—12

　　 1934 2：1—12

　　 1935 3：1—4,6—12

　　 1936 4：1—12

　　 1937 5：1—5

45182

新青年(月刊)

新青年月刊社 天津

1938.11—1939.3 1—5

总藏 （1156） 1—5

馆藏 1938 1

　　 1939 3

45760

新青年(不定期刊)

新青年社 广州

1915.9—1922.7 1—9：

1923.6—1924.12 新 1—4

1925.4—1926.7 新 1—5

本刊原名为"青年杂志",自 2 卷 1 期 1916 年 9 月起改用本名。原为月刊,自 1923 年 6 月起改为季刊,期数另起。自 1925 年 4 月起改为不定期刊,期数又另起。在北京创刊,自 8 卷 1920 年起迁上海出版,自 9 卷 1921 年起迁至广州出版。1 至 9 卷每卷出 6 期。1954 年

由人民出版社影印。

总藏 （1156） 1—9：；新 1—4；新 1—5

馆藏 1915 1：1—4

　　 1916 1：5—6；2：1—4

　　 1917 2：5—6；3：1—6

　　 1918 4：1—6；5：1—6

　　 1919 6：1—6；7：1

　　 1920 7：2—6；8：1—2,4

　　 1921 8：5；9：4

　　 影 1915 1：1—4

　　 1916 1：5—6；2：1—4

　　 1917 2：5—6；3：1—6

　　 1918 4：1—6；5：1—6

　　 1919 6：1—6；7：1

　　 1920 7：2—6；8：1—4

　　 1921 8：5—6；9：1—5

　　 1922 9：6

　　 1923 新 1—2

　　 1924 3—4

　　 1925 新 1—2

　　 1926 3—5

47699

新群(月刊)

中国公学 上海

1919.11—1920.2 1：1—4

总藏 （1173） 1：1—4

馆藏 1920 1：3

44327

新人(周刊)

新人周刊社 上海

1934.9—1937.6 1—3：

总藏 （1124） 1—3：

馆藏 1934 1：1—15

　　 1935 1：16—48,50；2：1—6,8—18

　　 1936 2：19—50

44334

新人旬刊

新人旬刊社 上海

1948.7—11 1—2：

本刊每卷出 6 期。

天津图书馆馆藏新中国成立前中文期刊目录（1884—1949）

总藏　（1124）　1—2：

馆藏　1948　1:1,3—6;2:1—6

47641

新人月刊

新天津报社　天津

1934—1937　1—2：5

总藏　（1124）　1:1—2;2:2,4

馆藏　1937　2:5

45932

新认识(半月刊)

新认识社　上海

1936.9—11　1:1—6

1940.3—1945.1　新1—9：

本刊自1940年3月起改为月刊,并迁重庆出版,卷期另起。新1至9卷每卷出6期。

总藏　（1161）　1:1—6;新1—9：

馆藏　1936　1:1—3,5—6

47803

新日本经济贸易月报

新日本经济贸易月报社　[日本]东京

[1949.1]—1950.12　1—2：

馆藏　1950　2:11—12

45215

新陕西月刊

陕西省政府秘书处新陕西月刊编委会　西安

1931.4—1932.3　1—2：3

本刊第1卷出9期。

总藏　（1159）　1—2：3

馆藏　1931　1:1

44323

新上海(月刊)

沪滨出版社　上海

1933.9—1934.6　1:1—9

总藏　（1126）　1:1—9

馆藏　1933　1:1—4

　　　　1934　1:5—6

44330

新少年(半月刊)

开明书店　上海

1936.1—1937.7　1—4：2

本刊停刊后改名为"开明少年",期数另起。1至3卷每卷出12期。

总藏　（1129）　1—4：2

馆藏　1936　1:1—12;2:1—12

　　　　1937　3:1—12;4:1—2

46192

新少年(月刊)

中华周报社　北京

[19?]—1945.7　1—5：7

馆藏　1945　5:1—7

46207

新少年(月刊)

新少年杂志社　北京

[1941.1]—1942.8　1—2：8

馆藏　1942　2:8

45037

新社会(半月刊)

新社会半月刊社　上海

1931.7—1935.6　1—8：

本刊每卷出12期。

总藏　（1150）　1—8：

馆藏　1931　1:1—12

　　　　1932　2:1—12;3:1—12

　　　　1933　4:1—12;5:1—12

　　　　1934　6:1—12;7:1—12

　　　　1935　8:2—5

47713

新社会(旬刊)

社会实进会　北京

1919.11—1920.5　1—19

本刊1981年由人民出版社影印。

馆藏　影1919　1—6

　　　　1920　7—19

46729

新社会(月刊)

新社会月刊社　南昌

1947.5—7　1—2

总藏 （1150） 1—2
馆藏 1947 1

47185
新社会科学(季刊)
中华社会科学社 南京
1934.2—1935.3 1：
总藏 （1150） 1：
馆藏 1934 1：1—3
1935 1：4

47306
新社会杂志(半月刊)
新社会杂志社 北平
1931.4—6 1：1—5
总藏 （1150） 1：1—5
馆藏 1931 1：2

44287
新生(周刊)
新生周刊社 上海
1934.2—1935.6 1—2：22
总藏 （1141） 1—2：22
馆藏 1934 1：1—50
1935 2：1—22

44335
新生(周刊)
新生周刊社 上海
1948.3—4 1—3
总藏 （1141） 1—3
馆藏 1948 1—3

46445H
新生、银都联合画报(周刊)
新生银都联合画报社 天津
1947.［?］—11 1—3
馆藏 1947 3

46430H
新生画报(旬刊)
新生画报社 天津
1946.［5］—1947.1 1—2：9
总藏 （1141） 1：6

馆藏 1946 1：2；2：3,5
1947 2：9

46796
新生活(周刊)
新生活社 北京
［19?］—1920.9 1—39
馆藏 1920 39

46638
新生活(周刊)
新生活社 北平
1946.［?］—6 1：1—4
馆藏 1946 1：3—4

45912
新生活(周刊)
新生活周刊社 上海
1931.［4］—1932.1 1—20
馆藏 1931 3—17
1932 18—20

45912
新生活周刊
新生活周刊社 天津
1934.［?］—9 1：1—20
馆藏 1934 1：17—20

44282
新生命(月刊)
新生命月刊社 上海
1928.1—1930.12 1—3：
总藏 （1141） 1—3：
馆藏 1928 1：1—12
1929 2：1,3,5—12
1930 3：1—12

44147
新生命半月刊
新生命半月刊社 天津
1948.［5］—9 1—9
总藏 （1142） 9
馆藏 1948 9

46852

新生杂志(旬刊)

新生杂志社　天津

1948.[11]—12　1—4

馆藏　1948　3—4

45803

新生周刊

北京大学第一院新生社　北京

1926.12—1927.3　1—20

总藏　(1141)　1—10,12—20

馆藏　1927　12,14

46520

新声(半月刊)

中国国民党广东省党部宣传部　广州

1930.[1]—11　1—19

馆藏　1930　3—4,6,13—14,19

45827

新声(月刊)

新声杂志社　上海

1921.1—1922.6　1—10

总藏　(1151)　1—10

馆藏　1921　1—2,6

　　　1922　8

45665

新声(月刊)

新声编委会　上海

1946.3—1948.12　1—3:7

本刊原名为"青年与妇女",自2卷7期1947

年10月起改用本名。

总藏　(1151)　1—3:7

馆藏　1946　1:7,9

　　　1947　2:8

　　　1948　2:9—11;3:1,4—6

47144

新声无线电(半月刊)

新声无线电研究所　上海

1934.8—1935.11　1:1—12

本刊在南京创刊,自1卷10期1934年12月

起迁至上海出版。

总藏　(1151)　1:1—5,7—8,10—12

馆藏　1934　1:1—2,7

　　　1935　1:12

44304

新诗(月刊)

新诗社　上海

1936.10—1937.7　1—2:4

本刊第1卷出6期。

总藏　(1172)　1—2:4

馆藏　1936　1:1—3

　　　1937　1:4—6;2:1—4

47158

新诗歌(月刊)

新诗歌社　上海

1947.2—1948.11　1—10

总藏　(1172)　1—6,10

馆藏　1947　5

45835

新时代(周刊)

新时代周刊社　长沙

1948.6—11　1—23

总藏　(1154)　1—23

馆藏　1948　23

45836

新时代(旬刊)

新时代社　成都

1937.3—1938.1　1—2:10

本刊第1卷出18期。

总藏　(1154)　1—2:10

馆藏　1937　2:5—6

46091

新时代(月刊)

文化书社　长沙

1923.4—7　1:1—4

本刊1980年由人民出版社影印。

总藏　(1153)　1:1—4

馆藏　影1923　1:1—4

47677

新时代半月刊

武汉大学新时代社　武昌

1931.5—1933.10　1—5：4

本刊1至4卷每卷出6期。

总藏　（1154）　1—5：4

馆藏　1931　1：5—6

47365

新时代周刊

新时代周刊社　北平

1928.9　1—2

本刊为"朝报"副刊。

馆藏　1928　1—2

45316

新世纪（周刊）

新世纪书报局　［法国］巴黎

1907.6—1910.5　1—121

本刊又名"巴黎新世纪"，1947年5月由上海
世界出版协社重印。

总藏　（1136）　1—121

馆藏　重1907　1—27

　　　　1908　28—79

　　　　1909　80—116

　　　　1910　117—121

47685

新世纪（周刊）

新世纪出版社　上海

1946.6—7　1—3

总藏　（1136）　1—3

馆藏　1946　2

45900

新世纪（月刊）

新世纪月刊社　上海

1945.4—7　1—4

总藏　（1135）　1—4

馆藏　1945　3

44306

新世界（月刊）

新世界月刊社　上海

1932.7—1939.12　1—14：
1944：1—1947：8

本刊原为半月刊，在重庆创刊，由民生实业股
份有限公司编印。自14卷1期1939年2月
起改为旬刊，14卷7期起又改为月刊，并改由
新世界月刊社编印。14卷1939年后曾停刊，
1944年复刊，后迁上海出版。原以期计算，
108期1937年后改为10卷1期计算。

总藏　（1134）　1—108；10—11：8；12：1—6；
　　　　　　　　13：1—5；14：1—9，12；1944：
　　　　　　　　1—1947：8

馆藏　1933　31—36

　　　　1934　37—41

　　　　1936　100，105，107—108

　　　　1937　10：1—2，7，10

　　　　1945：复10

　　　　1946：10—11

　　　　1947：3—8

44310

新书月刊

中国文化服务社　上海

1948　1：1—5

总藏　（1129）　1：1—5

馆藏　1948　1：1—3

44312

新思潮（月刊）

红蓝出版社　北平

1946.8—1947.6　1—6

总藏　（1163）　1—6

馆藏　1946　1—5

　　　　1947　6

47703

新思潮月刊

见"新思想月刊"

47703

新思想月刊

新思想月刊社　上海

1929.11—1930.7　1—7

本刊原名为"新思潮月刊"，由上海新思潮社

天津图书馆馆藏新中国成立前中文期刊目录（1884—1949）

编,自 7 期起改用本名,并改由新思想月刊社编。收入《中国现代文学史资料丛书(乙种)》,1961 年 3 月由上海文艺出版社影印。

总藏　(1163)　1—7
馆藏　影 1929　1—3
　　　　　　1930　4—7

45661

新四川月刊

四川省政府秘书处　成都

1939.5—1940.10　1—2:6

总藏　(1140)　1—2:6
馆藏　1939　1:1—2,5
　　　　1940　2:2—3

45666H

新台湾画报(月刊)

台湾省行政长官公署宣传部　台北

1946.1—10　1—10

总藏　(1143)　1—10
馆藏　1946　1—3

47215

新唐风(月刊)

新唐风社　太原

1942.6—1944.10　1—3:2

总藏　(1164)　1:1—7;2:1—4;3:2
馆藏　1944　[3:1]

45792

新天津副刊

新天津报馆　天津

1924—1927　1—24

总藏　(1128)　1—11
馆藏　1924—1927　1—8,10—24

46086H

新天津画报(周刊)

新天津画报社　天津

1933.8—1937.7　1—200

馆藏　1933　1—16,18—19
　　　1934　20—70
　　　1935　71—121
　　　1936　122—172

1937　173—200

46088H

新天津画报定期增刊(一周两刊)

新天津画报社　天津

[193?]—1939.8　1—2:40

馆藏　1939　2:16—18,21—23,25—28,30—31,34—35,37—40

45697

新文化(半月刊)

新文化社　上海

1945.10—1947.[6]　1—3:

本刊原由新文化半月刊社编,自 2 卷 8 期 1946 年起改由新文化社编。每卷出 12 期。

总藏　(1127)　1—2:;3:1—6,10—12
馆藏　1946　2:11—12
　　　1947　3:4

45699

新文化(月刊)

新文化月刊社　南京

1934.1—1936.5　1—3:5

总藏　(1127)　1—2:3;3:1—5
馆藏　1934　1:12

45044

新文化(月刊)

新文化社　上海

1926.12—1927.11　1:1—6

总藏　(1127)　1:1—6
馆藏　1926　1:1
　　　1927　1:3—5

45320

新文学(半月刊)

权威出版社　上海

1946.1—5　1—5

总藏　(1128)　1—5
馆藏　1946　1—5

45319

新文艺(月刊)

新文艺月刊社　上海

1929.9—1930.4　1—2：2
1940.10—1941.1　复1：1—3
本刊曾停刊,1940 年 10 月复刊,卷期另起。
总藏　(1127)　1—2：2；复1：1—3
馆藏　1929　1：1,3—4
　　　1930　1：5—6

45992
新闻导报(半月刊)
国防部新闻局　[不详]
[194?]—1947.3　1—14
馆藏　1947　13—14

46886
新闻纪事(周刊)
新闻纪事周刊社　上海
1949.3—4　1：1—2
总藏　(1178)　1：1—2
馆藏　1949　1：2

44314
新闻类编(周刊)
苏联大使馆新闻处　南京
1941.7—1949.[?]　1—1699
本刊原为三日刊,在重庆创刊,后改为周刊。
抗战胜利后迁南京出版。
总藏　(1177)　35,37—45,47—49,74—77,
82—87,90—92,94—95,98—
112,114—128,130,132—133,
148—160,162—164,182—183,
192—193,204,219,232,235,
243,245—249,253—280,284,
286—297,300—302,308—310,
316—322,325—328,330—332,
334,338—343,345—399,401—
411,414,418—434,481,513,
520,523—526,535—536,584—
585,704—726,730—731,739—
749,806,865—870,872,876,
1034,1039—1041,1115,1119,
1179—1180,1189,1200,1218—
1221,1309,1325—1326,1328,
1330—1333,1335—1345,1348,

1350—1359,1363,1367,1369,
1376,1383,1386,1388,1422—
1423,1425—1427,1429,1431,
1434,1440—1441,1443,1445,
1447—1450,1454—1458,1460,
1462—1464,1513—1699
馆藏　1947　1622
　　　1948　1633—1635

47569
新闻内幕
麦克风杂志社　北平
1948.12　1
馆藏　1948　1

44315
新闻评论(周刊)
新闻评论社　北平
1945.[?]—1946.6　1—13
总藏　(1178)　1—4,6—8,10—13
馆藏　1946　13

44318
新闻天地(周刊)
新闻天地社　上海
1945.1—1950.6　1—123
本刊原为月刊,自 31 期 1948 年 1 月起改为半
月刊,自 59 期 1949 年 2 月起又改为周刊。在
重庆创刊,自 8 期 1945 年 10 月起迁上海出
版,自 73 期起迁香港出版。
总藏　(1175)　1—69,71—90,95
馆藏　1945　1—3,6,8
　　　1946　17
　　　1947　20,22,24—30
　　　1948　31—54
　　　1949　59,61,64

45659
新闻月报
新闻月报社　西安
1949.4　1
馆藏　1949　1

44316

新闻杂志（半月刊）

新闻杂志社　重庆

1945.12—1946.1　1—5

1948.3—1949.4　复1—3:2

本刊在南京创刊,曾停刊,1948年2月在重庆复刊,卷期另起。新1至2卷每卷出12期。

总藏　（1176）　5;复1—3:2

馆藏　1948　复1:6—12;2:1—4

　　　 1949　2:5—9,12

46590

新闻周报

大同出版公司　上海

1946.[？]—6　1—5

馆藏　1946　5

47502

新闻周报

新闻周报社　天津

1947.12　1—3

馆藏　1947　1—3

44319

新闻资料（周刊）

美国新闻处　上海

[19?]—1948　1—193

馆藏　1945　65—72

　　　 1946　73—105,131

　　　 1947　144,146,153,167—170

　　　 1948　171,173—193

45935

新小说（月刊）

良友图书印刷有限公司　上海

1935.2—7　1—2:1

本刊第1卷出6期。

总藏　（1126）　1—2:1

馆藏　1935　1:1—5

44338

新晓

见"新的小说"

46543H

新新画报（季刊）

新新有限公司　上海

1939.7　1

馆藏　1939　1

47821

新新小说（月刊）

新新小说社　上海

1904.9—1907.5　1—10

本刊1980年由上海书店影印。

总藏　（1172）　1—10

馆藏　影1904　1—3

　　　 　 1905　4—8

　　　 　 1906　9

　　　 　 1907　10

47441

新新新闻（旬刊）

新新新闻报馆　成都

1938.7—1943.11　1—6:2

本刊第1卷出35期,2至3卷每卷出36期,4至5卷每卷出34期。

总藏　（1172）　1—6:2

馆藏　1938　1:3—4,6—17

　　　 1939　1:18—27,29—35;2:1—2,4—

　　　 　 10,12—18

　　　 1940　2:19—36

47516

新新医刊（月刊）

新新医刊社　青岛

1935.[12]—1936.5　1:1—5

总藏　（1172）　1:2

馆藏　1936　1:2,5

47708

新兴文化（月刊）

新兴文化社　上海

1929.8—1932.1　1—7

本刊收入《中国现代文学史资料丛书(乙种)》,1961年1月由上海文艺出版社影印。

总藏 （1143） 1,7

馆藏 影1929 1

46457

新星（月刊）

新星画报社 北平

1945.2—1946.7 1—6

总藏 （1163） 1—6

馆藏 1945 1—2

1946 3—6

45660

新学年刊

新学中学 天津

1937.6 1

本刊前身为"新学校刊"。

馆藏 1937 1

46033

新学生（月刊）

中华正气出版社 江西赣县

1943.12—1944.12 1—12

总藏 （1155） 1—12

馆藏 1943 1

1944 2—5

44329

新学生（月刊）

光华书局 上海

1931.1—11 1:1—6

总藏 （1155） 1:1—6

馆藏 1931 1:1—4

44288

新学生（月刊）

新学生月刊社 上海

1946.5—1949.1 1—6:3

本刊1至5卷每卷出6期。

总藏 （1155） 1—6:3

馆藏 1946 1:1—6

1947 2:1,3,5;3:1—6;4:1—2

1948 4:3—4,6;5:1—3

46865

新学校刊（不定期刊）

新学中学校刊委员会编辑部 天津

1936—1937 1—6

本刊自1937年6月改名为"新学年刊"，期数
另起。

馆藏 1936 2—3

1937 5—6

44277

新亚细亚月刊

新亚细亚月刊社 上海

1930.10—1944.8 1—14:2

本刊在南京创刊,后迁上海出版。13卷1937
年后曾停刊,1944年7月复刊,卷期续前。1
至13卷每卷出6期。

总藏 （1146） 1—14:2

馆藏 1930 1:1—3

1931 1:4—6;2:1—2,4—5;3:1,3

1932 3:4;4:1,4—6

1933 5:1—4

1934 7:1—6;8:3

1935 9:6;10:1—6

1936 11:1—3;12:1—6

1937 13:1

44308

新亚洲

新亚洲书局 北平

1930.2—3 1—2

总藏 （1146） 1—2

馆藏 1930 1

47519

新野（月刊）

新野月刊社 北平

1945.10 1

总藏 （1167） 1

馆藏 1945 1

47175

新医药观（月刊）

新医药观社　[日本]大阪

1929—1943　1—14:5

总藏　(1153)　1:1—8;2—3:8;4:1—8;5:
　　　　　　1—7,9;6:1—8;7:1—10;8:
　　　　　　1—6;10:9;13:1,5;14:5

馆藏　1943　14:3,5

46309

新医药刊(月刊)

新医药刊社　上海

1932.8—1946.3　1—139

总藏　(1152)　1—64,67—118,121—130,
　　　　　　133—139

馆藏　1933　9

　　　1934　16,20—21

　　　1935　32

　　　1940　97

　　　1941　100—101,103,107

　　　1942　109—112

47469

新艺苑(半月刊)

新艺苑杂志社　北平

1948.5—6　1—3

本刊1948年6月后改名为"海内外"。

总藏　(1128)　1—3

馆藏　1948　1,3

44241H

新银星

见"新银星与体育"

44241H

新银星与体育(月刊)

良友图书印刷公司　上海

1926.9—1931.5　1—32

本刊原名为"银星",后改名为"新银星",自
20期起与"体育世界"合并,改用本名。

总藏　(1178)　1—23,32

馆藏　1929　16

　　　1930　22—23,25—27

46841

新影坛(月刊)

新影坛社　上海

1942.11—1945.[?]　1—3:6

本刊原由中华电影公司编辑发行,后改由新
影坛社编辑发行。

总藏　(1179)　1—3:6

馆藏　1943　1:5—6,

　　　1944　2:4—6;3:2

44678H

新游艺画报(周刊)

新游艺画报社　天津

1948.[8]—12　1—2:7

总藏　(1168)　1:4—5

馆藏　1948　1:11—12;2:1—7

47275

新宇宙(半月刊)

新宇宙半月刊社　上海

1928.10—11　1:1—2

总藏　(1143)　1:1—2

馆藏　1928　1:1

46598

新语(半月刊)

新华信托储蓄银行　上海

[1933.?]—1951.6　1—16:11

总藏　(1174)　2—3:;4:1—4,6—24;5:1—
　　　　　　17;6:;11:;12:1—11,13—
　　　　　　24;13:1,6;14:

馆藏　1947　12:16

　　　1948　13:7—8

46739

新语林(半月刊)

新语林社　上海

1934.7—10　1—6

总藏　(1174)　1—6

馆藏　1934　4

46226

新月(半月刊)

新月杂志社　上海

1925.10—1926.5　1—2:3

本刊原为月刊,自2卷1926年4月起改为半

月刊。第 1 卷出 6 期。

总藏　（1133）　1：；2：1，3

馆藏　1925　1：4

　　　　1926　1：6；2：3

44276

新月（月刊）

新月书店　上海

1928.3—1933.6　1—4：7

总藏　（1133）　1—4：7

馆藏　1928　1：1—10

　　　　1929　1：11—12；2：1—10

　　　　1930　2：11—12；3：1—10

　　　　1931　3：11—12

　　　　1932　4：1—2，4—5

　　　　1933　4：6—7

47159

新乐潮（月刊）

爱美乐社　北京

1927.6—1929.7　1—3：2

总藏　（1142）　1：1—5；2：1—3；3：1—2

馆藏　1927　1：3

45667

新粤周刊

新粤周刊社　广州

1937.7—1938.10　1—3：2

本刊自 2 卷起改为半月刊,3 卷起又改为

月刊。

总藏　（1171）　1—2：11；3：1—2

馆藏　1937　1：1

44283

新运导报（月刊）

新生活运动促进总会　南京

[1934.？]—1947.12　1—14：6

馆藏　1937　[4]：1—8

　　　　1947　14：2—3，5—6

46475

新运妇女指导委员会九周年纪念特刊

该会　南京

1947.7　1

馆藏　1947　1

44339

新运月刊

新生活运动促进总会　南京

[19？]—1936.12　1—40

馆藏　1936　34—40

46444

新政（半月刊）

新政半月刊社　北平

1946.6—10　1：1—8

总藏　（1162）　1：1—3，5—6，8

馆藏　1946　1：1，3—6，8

45664

新政旬刊

新政编译社　成都

1936.12—1937.6　1—2：1

1937.7—12　新 1：1—16

本刊原名为"新政月刊",自 1937 年 7 月起改

用本名,卷期另起。

总藏　（1162）　1—2：1；新 1：1—16

馆藏　1936　1：1

　　　　1937　新 1：2

45664

新政月刊

见"新政旬刊"

47688

新政治家（月刊）

新政治家社　南京

1948.7—1949.4　1—2：2

本刊自 2 卷起改为半月刊。

总藏　（1162）　1—2：2

馆藏　1948　1：4

44337

新知识（月刊）

国民出版社　上海

1948.7—1949.3　1：1—6

总藏　（1159）　1：1—6

馆藏　1948　1：1—3

47277

新知识半月刊

新知识杂志社　北平

1945.10—11　1:1—2

总藏　（1159）　1:1—2

馆藏　1945　1:1

44333

新秩序(月刊)

新秩序月刊编辑部　北京

[19?]—1940.10　1—22

馆藏　1939　10

　　　　1940　22

45883

新中国(月刊)

新中国杂志社　北京

1919.5—1920.8　1—2:

本刊每卷出 8 期。

总藏　（1132）　1—2:

馆藏　1919　1:1—8

　　　　1920　2:2—3

46337

新中国(月刊)

新中国社　北京

1938.[4]—1940.5　1—3:5

馆藏　1938　1:2

　　　　1939　2:11

　　　　1940　3:5

46352

新中国(月刊)

新中国出版社　重庆

1945.5—1946.2　1—10

总藏　（1132）　1—10

馆藏　1945　3,7

47700H

新中国(月刊)

国防艺术供应社　上海

[19?]—1948　1—12

馆藏　1948　11—12

45662

新中国半月刊

新中国出版社　天津

1946.6　1

馆藏　1946　1

47524H

新中国画报(月刊)

新中国画报社　南京

1947.3—1949.2　1—16

总藏　（1133）　1—16

馆藏　1947　1,3,5

44275

新中华(半月刊)

新中华杂志社　上海

1933.1—1951.12　1—14:

本刊原为半月刊,在上海创刊,5 卷 15 期 1937 年后曾停刊,1943 年在重庆复刊,并改为半月刊,卷期续前。1946 年迁回上海出版,并改回半月刊,卷期续前。复刊 1 至 6 卷即 6 至 11 卷。1957 年三联书店出版"总目"一册。

总藏　（1129）　1—12:

馆藏　1933　1:1—24

　　　　1934　2:1—24

　　　　1935　3:1—24

　　　　1936　4:1—24

　　　　1937　5:1—15

　　　　1943　复1:3,5—6,8—12

　　　　1944　2:1—10

　　　　1945　3:3,5—7,12

　　　　1946　4:1—11,13—24

　　　　1947　5:1—24

　　　　1948　6:1—23

　　　　1949　12:1—8,11,13—16,18—24

46828

新中华报

陕甘宁边区政府机关　[延安]

1931.12—1938.12　1—474;特刊 1—7

本刊原名"红色中华",为中华苏维埃共和国临时中央政府机关报。自 325 期 1937 年 1 月起改用本名。自 390 期 1937 年 9 月改为陕甘宁边区政府机关报。1964 年 1 月由中央档案馆影印。

馆藏　影1931　1—3

1932　4—45

1933　46—138

1934　139—240;特刊1—7

1935　241—246

1936　247—257,259—316,319

1937　320,322—332,334—366,368—370,372—374,376—388,390—401,405—409

1938　411—417,419—449,451—474

47612H

新中华画报(月刊)

新中华画报社　上海

1939.6—1944.4　1—6:4

总藏　(1131)　1:4,7;2:8—10;3:7—8,12;4:3—4,7,12;5:5,7,9—10,12;6:1—4

馆藏　1941　3:4—5

1942　4:11—12

1943　5:9

44324

新中华周报

新中华周报社　北平

1945.9—11　1:1—9

总藏　(1131)　1:1—9

馆藏　1945　1:1—9

46930

新自由(月刊)

新自由社　北平

1946.10—1948.10　1—2:

本刊每卷出 6 期。

总藏　(1149)　1—2:

馆藏　1947　2:1

1948　2:4—5

45840

信胜(月刊)

华北神召会信胜月刊社　北平

[19？]—1948.3　1—18:3

总藏　(897)　8:5—6;9:5—6;11—14:;16:4—12

馆藏　1948　18:1—3

46743

兴建(月刊)

兴建月刊社　上海

1939.10—1940.12　1—3:3

总藏　(450)　1—3:3

馆藏　1940　2:6

47291

兴满文化月报

兴满文化月报社　奉天

[19？]—1938.6　1—4:6

馆藏　1937　3:9

1938　4:6

47292

兴亚(月刊)

兴亚社　[长春]

1942.9　1

馆藏　1942　1

46742

兴业邮乘(月刊)

浙江兴业银行　上海

1932.9—1949.7　1—172

总藏　(449)　1—109,119—172

馆藏　1948　164

47002

星光(月刊)

星期文会事务所　上海

1923.6—9　1—4

总藏　(873)　1—4

馆藏　1923　1—3

45056

星火文艺月刊

星火文艺社　上海

1935.5—1936.1　1—2:

本刊每卷出 4 期。

总藏　（873）　1—2：

馆藏　1935　1：2—3；2：2

46217

星期(周刊)

大东书局　上海

1922.3—1923.1　1—50

总藏　（874）　1—50

馆藏　1922　3,16—17,20—22,24—25,28,
32—33,40,43

　　　　1923　46,49

45989H

星期二午报画刊(周刊)

午报社　天津

1932.1—1936.7　1—232

1946.9—1947.1　复1—22

总藏　（874）　复1—22

馆藏　1932　2,7,10,17—21,23—24,26—
28,30—33,35—37,39—49

　　　　1933　52—65,67—83,85—90,92—94

　　　　1934　114,133

　　　　1935　154—158,162—164,166—167,
169—170,173—202

　　　　1936　203—232

　　　　1946　复5,8,11—18

　　　　1947　19—22

47532H

星期画报

晨报社　北京

1925.9—1928.6　1—136

总藏　（874）　1—136

馆藏　1925　1—17

　　　　1926　18—66

　　　　1927　67—114

　　　　1928　115—136

47028H

星期画报(周刊)

星期画报社　北平

1946.[10]—1947.1　1：1—12

馆藏　1946　1：3—4,6—7

　　　　1947　1：12

46468H

星期画报(周刊)

辽宁新报社　沈阳

1929.[?]—12　1—25

馆藏　1929　9,12—15,17,20—25

45043H

星期画刊

新新美术印刷公司　天津

1932.1—3　1：1—3

馆藏　1932　1：1—3

45045H

星期六画报(周刊)

星期六画报社　天津

1946.7—1949.1　1—139

总藏　（874）　1,3—5,7,11—60,62,68—70,
72—73，80—100，111—134，
137—139

馆藏　1946　1—33

　　　　1947　34,36—85

　　　　1948　86—95,97—137

　　　　1949　138

45045H

星期六画报增刊(半月刊)

星期六画报社　天津

1946.7—1947.9　1—23

馆藏　1946　1—6

　　　　1947　7—13,15—23

45045H

星期六画报增刊——内幕新闻(半月刊)

星期六画报社　天津

1948.10—12　1—4

馆藏　1948　1—4

46016

星期评论(周刊)

星期评论社　重庆

1940.11—1942.2　1—42

总藏 （875） 1—42

馆藏 1940 1—7

　　　1941 8—10,21—30,37—40

　　　1942 42

47804

星期评论（周刊）

星期评论社　上海

1919.6—1920.6 1—53

本刊1981年由人民出版社影印。

总藏 （875） 1—53

馆藏 影1919 1—30

　　　1920 31—53

45821H

星期日画报（周刊）

星期日画报社　天津

1947.［12］—1948.8 1—33

总藏 （874） 11—24,26,28,30,32

馆藏 1947 3

　　　1948 4,11,18—21,30,33

45888

星期三（周刊）

星期三周刊社　上海

1933.1—7 1:1—27

总藏 （874） 1:1—27

馆藏 1933 1:1—27

44892H

星期五画报

星期五画报社　天津

1947.8—1948.10 1—65

总藏 （874） 1—5,9—12,15—17,21,26,

　　　　　　29,31,52,54—55,64—65

馆藏 1947 1—21

　　　1948 22—63

46123

星期小说（周刊）

天津晚报社　天津

1921.［9］—1922.1 1—20

馆藏 1921 3—8

　　　1922 19—20

46482

行健旬刊

东北行健学会　北平

1931.10—1934.8 1—57

总藏 （555） 11—57

馆藏 1934 35—38,40,44,46—47,49—

　　　　　　51,54

45650

行健月刊

东北行健学会　北平

1932.9—1935.6 1—6:

本刊每卷出6期。

总藏 （554） 1—6:

馆藏 1932 1:3

　　　1934 4:4—6;5:2—6

　　　1935 6:1—2

47618

行素校友通讯

湖南行素中学校友会平津分会　［天津］

1948.3 1

馆藏 1948 1

45281

行政研究（月刊）

行政院行政效率研究会　南京

1936.10—1937.8 1—2:8

本刊第1卷出3期。

总藏 （553） 1—2:8

馆藏 1936 1:1—3

　　　1937 2:1—8

45282

行政院公报（月刊）

行政院秘书处　重庆

1928.11—1931.12 1—318

1936.8—1937.10 新1—2:37

1938.10—1945.7 复1—8:7

本刊原为三日刊,在南京创刊,自1936年8月起改为周刊,卷期另起。新2卷37期1937年10月后曾停刊,1938年10月在重庆复刊,卷期另起。自1939年起改为半月刊,自4卷19

期起改为月刊,卷期续前。

总藏 (553) 1—318;新1—2:37;复1:1—
12,14,16—19,22;2—8:7

馆藏 1930 140,146—147,179—180,185—
186, 190, 192—194, 197, 200,
202,209

1945 复8:6

47835

醒狮(周刊)

醒狮周报社 上海

[19?]—1930.9 1—221

本刊在上海创刊,后迁日本长崎出版。

总藏 (1248) 115,118—120,127,161—
162, 166—174, 179—181,
220—221

馆藏 1926 111,118

1927 159

44641

幸福世界(月刊)

环球出版社 上海

1946.4—1949.1 1—2:

本刊卷后期数为总期号。

总藏 (729) 1—2:

馆藏 1947 1:10;2:13

1948 2:14,16—17,20—21

46540

性科学(月刊)

中国健康学会 天津

1935.11—1937.8 1—4:2

总藏 (687) 1:1,6;3:4;4:1—2

馆藏 1936 1:6

xiong

46013

兄弟国货月报

兄弟国货产销合作社 北平

1934.11—12 1:1—2

总藏 (373) 1:1—2

馆藏 1934 1:2

47458

雄风(月刊)

雄风月刊社 上海

1946.6—1947.10 1—2:9

本刊自2卷7期起改由雄风科学杂志社编印。

第1卷出7期。

总藏 (1102) 1—2:9

馆藏 1947 2:1—2

xiu

46655

修业杂志

清华学校修业团 北京

1919.4 1:1

馆藏 1919 1:1

47820

绣像小说(半月刊)

商务印书馆 上海

1903.5—1906.4 1—72

本刊1980年12月由上海书店影印。

总藏 (1215) 1—72

馆藏 影1903 1—15

1904 16—40

1905 41—65

1906 66—72

xuan

46861

宣师季刊

察哈尔省立宣化师范学校 宣化

1937.5 1

总藏 (1216) 1

馆藏 1937 1

44132

玄黄朔望刊

玄黄朔望刊社 上海

1938.12 1—2

总藏 (282) 1—2

馆藏 1938 1

46202

选报(旬刊)

选报社　上海

1901.10—1903.[?]　1—65

总藏　(876)　1—15,19—65

馆藏　1902　28,30—31,35—36,39

　　　　1903　49

xue

48011

学部官报(旬刊)

学部图书局　北京

1906.7—1911.7　1—183

本刊原为月刊,自3期起改为旬刊。

总藏　(700)　1—183

馆藏　1907　20

45616

学风(月刊)

安徽省立图书馆　安庆

1930.10—1937.[?]　1—7:

本刊2至6卷每卷出10期。

总藏　(691)　1—7:

馆藏　1930　1:1—3

　　　　1931　1:4—12

　　　　1932　2:1—10

　　　　1933　3:1—10

　　　　1934　4:1—4,6—10

　　　　1936　6:1

　　　　1937　7:3

46171

学风(月刊)

学风月刊社　上海

1941.2—11　1—2:4

本刊第1卷出6期。

总藏　(691)　1—2:4

馆藏　1941　2:3

45617

学衡(双月刊)

学衡杂志社　上海

1922.1—1933.7　1—79

本刊原为月刊,自61期1928年1月起改为双月刊。

总藏　(702)　1—79

馆藏　1922　1—4,9—12

　　　　1923　13—24

　　　　1924　25—33

　　　　1929　69

　　　　1932　76—77

45335

学林(月刊)

学林社　上海

1940.11—1941.8　1—10

总藏　(700)　1—10

馆藏　1940　1—2

　　　　1941　3—10

45613

学林杂志(月刊)

学林杂志社　北京

1921.9—1927.3　1—3:3

本刊1卷6期1922年6月后曾停刊,1925年1月复刊,卷期续前。

总藏　(700)　1—2:6;3:1—3

馆藏　1921　1:1—2

46155

学生报道(半月刊)

中国学生救国联合会　上海

1937.1—2　1—3

本刊由红旗出版社影印。同时影印合订一册的刊物是"救亡情报"、"国难教育"、"上海文化界救国会会刊"和"上海职业界救国会会刊"。

馆藏　影1937　1—3

45619

学生文艺丛刊(月刊)

大东书局　上海

[1924.1]—1937.12　1—8:

本刊每卷出10期。

总藏　(694)　1—8:

馆藏　1924　1:上,下(汇编)
　　　　1925　2:下(汇编)
　　　　1928　5:1—4
　　　　1929　5:5—10
　　　　1930　6:1—4
　　　　1932　6:5;7:3

45618

学生月刊

见"学生杂志"

45618

学生杂志(月刊)

学生杂志社　上海

1914.7—1947.8　1—24:8

本刊原名为"学生月刊",在上海出版,自1920
年起改用本名。18卷11期1931年11月后曾
停刊,1938年12月在香港复刊,卷期续前。
21卷11期1941年11月后又停刊,1944年12
月在重庆复刊,卷期续前。1946年迁回上海
出版。第1卷出6期。

总藏　(695)　1—21:11;22—24:8

馆藏　1914　1:1—2,4—6
　　　　1915　2:2—12
　　　　1916　3:3—12
　　　　1917　4:1—12
　　　　1919　6:1—12
　　　　1920　7:1—12
　　　　1921　8:1—9,11—12
　　　　1922　9:1—2,5,7,12
　　　　1923　10:1—12
　　　　1924　11:1—12
　　　　1925　12:4—9,11—12
　　　　1926　13:1—3,12
　　　　1927　14:7—8,11
　　　　1928　15:3,12
　　　　1929　16:1—12
　　　　1930　17:1—8,10—12
　　　　1931　18:1—12
　　　　1940　20:3
　　　　1945　22:11
　　　　1946　23:2—3,5—10

　　　　1947　24:1—2

45615

学识(半月刊)

学识出版社　南京

1947.5—1948.10　1—3:6

总藏　(702)　1—3:6

馆藏　1947　1:1—12;2:1—3
　　　　1948　2:4—11

46874

学术丛刊

中华文化学院出版委员会　广州

1947.6　1:1

总藏　(692)　1:1

馆藏　1947　1:1

46889

学术汇刊(不定期刊)

国立中央研究院学术汇刊编委会　重庆

1942.11—1944.12　1:1—2

总藏　(692)　1:1—2

馆藏　1944　1:2

46240

学术季刊

国立北平大学女子师范学院图书出版委员会
　　北平

1930.3—1931.[?]　1—2:

总藏　(692)　1—2:

馆藏　1930　1:1,3

45331

学术界(月刊)

学术界社　上海

1943.8—1944.6　1—2:5

本刊第1卷出6期。

总藏　(692)　1—2:5

馆藏　1943　1:1—5
　　　　1944　1:6;2:1—5

45330

学术界(季刊)

中华留日明治大学校友会　日本东京

1930.11—1933.1　1：

1935.〔？〕—1937.4　复1—2：3

本刊曾停刊,1935年复刊,卷期另起。

总藏　(693)　1：；复1：1—2；2：1—3

馆藏　1930　1：1

　　　　1931　1：2

　　　　1935　复1：1—2

　　　　1936　2：1

　　　　1937　2：2—3

45332

学术世界(月刊)

学术世界编译社　上海

1935.6—1937.6　1—2：5

总藏　(692)　1—2：5

馆藏　1936　2：2

　　　　1937　2：3,5

46303

学文月刊

清华园学文月刊编辑部　北平

1934.5—8　1：1—4

总藏　(688)　1：1—4

馆藏　1934　1：1—4

(旧参)**Z62/XX**

学习(月刊)

中国人民解放军东北军区政治部　东北

1948.1—1949.1　1—17

总藏　(687)　3—5,10—17

馆藏　1948　12

46667

学习丛刊

北京大学学习文丛社　北平

1947.9　1

总藏　(688)　1

馆藏　1947　1

(旧参)**D671/XXC**

学习丛刊

内蒙自治报社　内蒙古

1947.6　1—2

馆藏　1947　1—2

45621

学习生活(月刊)

学习生活社　重庆

1940.4—1943.5　1—4：5

本刊原为半月刊,自1卷4期起改为月刊。1至3卷每卷出6期。

总藏　(688)　1—4：5

馆藏　1940　1：1—6；2：1—2

　　　　1941　2：3—6

46471

学校评论(月刊)

学校评论社　上海

1931.3—5　1：1—3

总藏　(701)　1：1—3

馆藏　1931　1：2

46030

学校生活(周刊)

亚细亚美术书报编印所　上海

1929.12—1930.8　1—10

总藏　(701)　1

馆藏　1929　1

　　　　1930　2—8,10

45612

学艺(月刊)

中华学艺社　上海

1917.4—1956.7　1—26：1

本刊原为季刊,自2卷4期1920年起改为月刊,卷期续前。原由北京丙辰学社编,自2卷1期1920年起改由上海商务印书馆出版,5卷2期1923年起又改由上海学艺杂志社出版,17卷1947年起改由中华学艺社出版。抗战时期曾停刊,1947年1月在上海复刊,卷期续前。2至16卷每卷出10期。

总藏　(688)　1—19：4

馆藏　1926　7：7,10；8：1—3

　　　　1927　8：9

　　　　1928　9：4—5

　　　　1930　10：4

　　　　1931　11：4—6,8

　　　　1932　11：9—10

1934　13:9
1935　14:10
1936　15:6
1947　17:3,9—10
1948　18:2—3,5—8

47783
学艺通讯
见"中华学艺社报"

45614
学友(月刊)
学友杂志社　南京
1937.4—7　1:1—4
总藏　(690)　1:1—4
馆藏　1937　1:3

45611
学原(月刊)
学原社　南京
1947.5—1949.[?]　1—3:2
总藏　(701)　1—2:9;3:1—2
馆藏　1947　1:1—8
　　　1948　1:9—12;2:1—5,7—8
　　　影 1947　1:1—8
　　　1948　1:9—12;2:1—8
　　　1949　2:9

46452
雪风(半月刊)
雪风出版社　北平
1947.4—6　1—5
总藏　(991)　1—5
馆藏　1947　1—4

45787
血花
军委会政治部直属第五政治大队部　赤坎
1939　1—4
馆藏　1939　3—4

45799
血魂(周刊)
血魂周刊社　宁波

1937.[11]—12　1—7
馆藏　1937　2—7

xun

46771
循环(周刊)
循环周刊社　上海
1931.6—1934.12　1—5:1
总藏　(1119)　1—2:12;3—4:7;5:1
馆藏　1931　1:13—15,18—29

46039
训练
国民革命军第二十九军军司令部训练处宣传
处　[四川]
[19?]—1932.8　1—19
馆藏　1932　5,19

45735
训练半月刊
国民党天津特别市党务整理委员会训练部
天津
1929.10　1
馆藏　1929　1

46316
训练月刊
中央训练团　重庆
1940.[7]—1941.4　1—2:4
馆藏　1940　1:3,6
　　　1941　2:4

Y

ya

48021
鸭绿江(月刊)
文化协会鸭绿江社　辽宁通化
1946.9—1948.12　1—3:
本刊第1卷出4期,2至3卷每卷出6期。
总藏　(1252)　1—3:

馆藏　1948　3：1

46897

雅言(半月刊)

雅言杂志社　上海

1913.12—1915.2　1：1—12

总藏　(1099)　1：1—12

馆藏　1914　1：9—10

(线装)**P29521**

雅言(月刊)

雅言社　北京

1940：1—1944：2

本刊自1944年1期起改为季刊。

总藏　(1099)　1940—1942：6；1943—1944：2

馆藏　1940：8—12

　　　1941：11—12

　　　1942：1—2

　　　1943：1—2

47381

亚波罗(双月刊)

国立艺术专科学校　杭州

1928.10—1936.10　1—17

本刊原为半月刊,自6期起改为月刊,自10期起又改为双月刊。

总藏　(508)　1—17

馆藏　[1929]　6

　　　1933　12

44646

亚洲世纪(月刊)

亚洲世纪社　上海

1947.5—1948.12　1—3：

本刊1卷出8期,2至3卷每卷出6期。

总藏　(508)　1—3：

馆藏　1947　1：2

　　　1948　2：2—6；3：1—5

44645

亚洲文化(月刊)

亚洲文化协会　南京

[1932.12]—1933.2　1—5

1935.1—6　复1—18

1935.10—1937.6　复1—2：8

本刊原为半月刊,5期1933年2月后曾停刊,1935年1月复刊,改为旬刊,期数另起。18期1935年6月后又停刊,1935年10月复刊,改为月刊,卷期又另起。

总藏　(508)　2—5；复1—18；复1—2：8

馆藏　1936　复1：7—10；2：1—2

　　　1937　2：3—8

yan

(旧参)**G684/YD**

燕大年刊

燕京大学　北京

1930—1939

馆藏　1930

　　　1936

　　　1939

45566

燕大双周刊

燕京大学　北平

1945.11—1948.12　1—68

总藏　(1248)　1—68

馆藏　1946　15,20—21

　　　1947　47

　　　1948　60—66

45569

燕大友声(不定期刊)

燕京大学教务处校友课　北平

1934.11—1937.6　1—3：8

本刊第1卷出7期,2卷出9期。

总藏　(1249)　1—3：8

馆藏　1935　1：3,7

　　　1936　2：9；3：1—2

　　　1937　3：4—8

45565

燕大月刊

燕京大学月刊社　北平

1927.10—1934.2　1—10：

本刊第8卷曾改名为"燕京月刊"。1至5卷每卷出4期,6卷出3期,7卷出2期,8至10

367

卷每卷出 3 期。

总藏　（1248）　1—10：

馆藏　1929　5：1—2

1930　7：1—2

1931　8：2—3

1932　9：1

45568

燕大周刊

燕京大学学生自治会　北平

1923—1927　1—121

1930—1931　新 1—27

1933.［?］—1936.9　5—7：10

本刊自 1930 年起期数另起。原以期计算，自 1933 年起改为 5 卷 1 期计算。

总藏　（1248）　1—60，82—121；新 1—27；5：
　　　　　　1—20；6：1—13；7：1—4，6—
　　　　　　8，10

馆藏　1936　7：1

45570

燕冀评论（月刊）

燕冀评论社　北平

1948.4—10　1：1—6

总藏　（1250）　1：1—6

馆藏　1948　1：2—6

45564

燕京（月刊）

燕京月刊社　北京

1944　1—4

总藏　（1249）　1—4

馆藏　1944　1

46950

燕京大学季刊

燕京大学季刊社　北京

1920.12—1921.6　1—2：2

总藏　（1249）　1—2：2

馆藏　1920　1：2

1921　2：1—2

47102

燕京大学图书馆报（不定期刊）

该馆　北平

1931.1—1939.8　1—134；特刊

总藏　（1249）　1—134

馆藏　1935　特刊

1937　特刊

45690

燕京学报（半年刊）

燕京大学　北京

1927.6—1951.6　1—40

总藏　（1250）　1—40

馆藏　1929　5—6

1930　7—8

1931　9—10

1932　11—12

1933　13—14

1934　15—16

1935　17—18

1936　19—20

1937　21—22

1938　23—24

1939　25—26

1940　27—28

1941　29

1947　32—33

1948　34—35

1949　36—37

1950　38—39

1951　40

45565

燕京月刊

见"燕大月刊"

47601H

燕语

见"京津画报"

45593

烟草月刊

烟草月刊社　汉口

1947.3—1950.10　1—3：6

总藏　（938）　1：1，8—12；2—3：6

馆藏　1948　1:11—12

44961

研究与进步

见"中德学志"

47364

盐阜大众(周刊)

盐阜大众社　盐阜

[1943.?]—1945.4　1—94

馆藏　1944　55—66,68—74

　　　1945　75—94

44829

盐迷

盐政杂志社　北平

1935.12　1

总藏　(941)　1

馆藏　1935　1

47133

盐务公报(月刊)

财政部盐务署　南京

1929.1—1931.9　1—33

1937.4—8　新1—5

本刊自1937年起期数另起。

总藏　(940)　1—33;新1—5

馆藏　1931　33

　　　1937　新1—3

46811

盐务汇刊(半月刊)

财政部盐务署　南京

1932.8—1937.1　1—106

总藏　(940)　1—106

馆藏　1932　8

　　　1933　10,12—19

　　　1936　89,92—93,96—97,100—105

　　　1937　106

48028

盐务研究(双月刊)

长芦盐务管理局研究室　天津

1949.[5]—11　1—4

馆藏　1949　2—4

45560

盐务月报

财政部盐务总局　重庆

1942.1—1948.10　1—7:10

总藏　(940)　1—7:10

馆藏　1945　4:9—12

　　　1946　5:1—12

　　　1947　6:1—12

　　　1948　7:1—9

45561

盐政杂志(月刊)

盐政杂志社　北平

1912.12—1937.4　1—66

总藏　(941)　1—66

馆藏　1931　51—52

　　　1936　64—65

　　　1937　66

45863

眼界(月刊)

国际出版社　上海

1947.11—1949.1　1—2:1

总藏　(1047)　1:1—6;2:1

馆藏　1947　1:1—2

　　　1948　1:3—5

47544

雁门旬刊

国民革命军第三集团军左路总指挥部特别党部　山西雁门

1928.3—4　1—5

馆藏　1928　1—5

46705

扬善半月刊

扬善半月刊社　上海

1933.7—1937.7　1—5:2

总藏　(1098)　1—5:2

馆藏　1935　3:6

扬中校刊（半月刊）

江苏省立扬州中学　扬州

1927.11—1937.5　1—102

本刊原名为"扬州中学校刊"，后改用本名。

原为旬刊，后改为半月刊。

总藏　（1098）　2,9,39,42—43,47—51,57,

59—60,73—74,77,98,102

馆藏　1931　58—59

1932　60

扬州中学校刊

见"扬中校刊"

扬子江技术委员会年终报告（年刊）

该会　南京

1922—1932　1—11

总藏　（1098）　1—11

馆藏　1922　1

1923　2

1924　3

1925　4

1926　5

46062

扬子江季刊

见"扬子江水道季刊"

46062

扬子江水道季刊

扬子江水道整理委员会　南京

1929.1—1930.12　1—2：

1931.3—1933.6　新1—2：2

本刊原名为"扬子江水道月刊"，又名"扬子江水道整理委员会月刊"，每卷出6期。1931年3月改名为"扬子江水道整理委员会季刊"，卷期另起。自新2卷1期1933年起改名为"扬子江季刊"，自新2卷2期起改用本名。

总藏　（1097）　1—2：；新1—2：2

馆藏　1931　新1：1—2,4

1933　2：1—2

46062

扬子江水道月刊

见"扬子江水道季刊"

46062

扬子江水道整理委员会季刊

见"扬子江水道季刊"

46062

扬子江水道整理委员会月刊

见"扬子江水道季刊"

46072

扬子江水利季刊

扬子江水利委员会　南京

1936.5—1947.4　1—5：2

本刊原名为"扬子江水利委员会季刊"，后改用本名。4卷1940年后曾停刊，1947年1月复刊，卷期续前。

总藏　（1097）　1—4：2；5：1—2

馆藏　1936　1：1,3—4

1937　2：1—2

1947　5：1—2

46072

扬子江水利委员会季刊

见"扬子江水利季刊"

扬子江水利委员会年报

该会　南京

1935　1

总藏　（1097）　1

馆藏　1935　1

47583

阳明学

［不详］　［不详］

［19？］　1：1—2

馆藏　［19？］　1：2

yao

45601

药报（不定期刊）

浙江省立医药专科学校　杭州

[19?]—1937.5　1—47

总藏　(1092)　35—47

馆藏　1936　46

　　　　1937　47

45600

药和化学(月刊)

药和化学月刊社　上海

1939.3—1941.3　1—2:9

总藏　(1093)　1—2:9

馆藏　1939　1:10

45193

耀华校刊

耀华中学　天津

1935.4—1938.5　1—3:2;纪念刊

馆藏　1935　1:1

　　　　1937　2:3;纪念刊

　　　　1938　3:1—2

ye

45322

野草(月刊)

野草社　香港

1940.8—1943.6　1—5:5

1946.10—1948.8　复1—11;新集

本刊在桂林创刊,曾停刊。1946年10月在香港复刊,期数另起。1至4卷每卷出6期。1948年11月、1949年3月各出"野草新集"一册,不计卷期。

总藏　(1048)　1—5:5;复1—4,7,11

馆藏　1940　1:2—4

　　　　1941　1:5—6;2:1—6;3:1—4

　　　　1942　3:5—6;4:1—6;5:1

　　　　1943　5:2—5

　　　　1946　复1—2

　　　　1947　3—6

　　　　1948　7—10;新集

　　　　1949　新集

45322

野草新集

见"野草"

47445

野烟三周报

博古书局　天津

1934.10—1935.1　1—2:1

总藏　(1048)　1:2;2:1

馆藏　1934　1:1

　　　　1935　2:1

46678

业余无线电(半月刊)

业余无线电研究社　上海

[1934.5—10]　1—99

[1934.?]—1946.6　5—7:2

本刊原为三日刊,以期计算,自99期1934年10月后改为旬刊,并改为5卷1期计算,自6卷1936年起改为半月刊。抗战期间曾停刊,1946年5月复刊,改为月刊,卷期续前。

总藏　(396)　49,51—52,56—69,72,74—

　　　　　　　92,96,98—99;5:1—10,

　　　　　　　12—25;6:1—17;7:2

馆藏　1935　5:17,19—20,22—25

　　　　1936　6:1—10

　　　　1937　6:11,17

47880

夜莺(月刊)

夜莺社　上海

1936.3—6　1:1—4

本刊1983年3月由上海书店影印。

总藏　(705)　1:1—4

馆藏　影1936　1:1—4

yi

44395

一般(月刊)

立达学会　上海

1926.9—1929.12　1—9:

本刊每卷出4期。

总藏　(1)　1—9:

馆藏　1926　1:1—4

　　　　1927　2:1—4;3:1—4

1928　4:1—4;5:1—4;6:1—4
1929　7:1—4;8:1—4;9:1—4

45404
一二一月刊
省女中自治会报刊社　天津
1946.2—[4]　1—3
馆藏　1946　1—3

46583
一贯月刊
一贯佛堂　山西孝义
1941　1
馆藏　1941　1

44400
一炉(半月刊)
一炉出版社　天津
1930.4—6　1:1—6
总藏　(1)　1:1—6
馆藏　1930　1:1—6

44394H
一四七画报(三日刊)
一四七画报社　北平
1946.1—1948.12　1—23:8;周年号
馆藏　1946　1:1—12;2:1—12;3:1—12;4:
　　　　　　1—12;5:1—12;6:1—12;7:
　　　　　　1—12;8:1—12
　　　1947　9:1—12;10:1—12;11:1—12;
　　　　　　12:1—12;13:1—12;14:1—12;
　　　　　　15:1—12;16:1—12;17:1—12;
　　　　　　周年号
　　　1948　18:1—12;19:1—12;20:1—12;
　　　　　　21:1—12;22:1—11;23:1—3,
　　　　　　7—8

45962
一心(半月刊)
中国国民党国民革命军第一集团军总司令部
特别党部　[广州]
1931.10—1932.3　1—9
馆藏　1931　1,3
　　　1932　9

47588
一中双周(半月刊)
省立第一中学校　河北
[19?]—1929.12　1—7
馆藏　1929　7

44424
一周
青年日报社　天津
1946.4　1:1—3
总藏　(1)　1:1—3
馆藏　1946　1:1—3

44396
一周间
现代书局　上海
1934.5—6　1:1—6
总藏　(1)　1:1—6
馆藏　1934　1:1—6

47365
一周间大事述评
朝报社　北平
1928.8—9　1—5
本刊为"朝报"副刊。
馆藏　1928　1—5

46439
一周时事述评
第十一战区政治部　[不详]
1946.[?]—1947.1　1—35
馆藏　1946　27
　　　1947　34—35

47791
伊光(月刊)
伊光报社　天津
1927—1937　1—92
1946.10　复1
本刊自1937年后曾停刊,1946年10月复刊,
期数另起。
馆藏　1936　81—82,85—87
　　　1937　88—89,91—92
　　　1946　复1

45280

伊理月刊

伊理社　汉口

1946.8—1948.8　1—20

总藏　(532)　1—20

馆藏　1946　1—5

　　　1947　6—14

　　　1948　15—18

44806

医潮(月刊)

丙寅医学社　南京

1947.5—1948.11　1—2:10

本刊第1卷出8期。

总藏　(622)　1—2:10

馆藏　1947　1:3—5,7—8

　　　1948　2:3—8

46214

医界春秋(月刊)

中国医药书局　上海

1926.6—1937.3　1—123

总藏　(619)　9—123

馆藏　1931　66

　　　1932　67—74

　　　1933　75—85

　　　1934　86—87

　　　1936　109

44808

医声(半月刊)

中医专科学校学生自治会　浙江

1934.11—1935.1　1—5

总藏　(617)　1—2,4—5

馆藏　1935　5

44809

医史杂志(季刊)

中华医史学会　上海

1947.3—1952.12　1—4:

本刊自1953年3月起改名为"中华医史杂志"。

总藏　(616)　1—2:

馆藏　1948　1:3—4

46706

医学月刊

河南大学医学研究会　开封

[1935.4]—1937.3　1—2:12

总藏　(617)　2:

馆藏　1937　2:11

46201

医学杂志(双月刊)

山西太原中医改进研究会　太原

1921.6—1937.6　1—90

总藏　(618)　1—90

馆藏　1921　2

　　　1922　9—10

　　　1923　11—12,14—16

　　　1924　17,21—22

　　　1925　23—25,28

　　　1927　37

　　　1932　63

46619

医学知识(半月刊)

内科小儿科沈其震诊疗所　天津

1934.[5]—11　1—9

总藏　(618)　3—9

馆藏　1934　4

44804

医学周刊集

丙寅医学社　北平

1928.1—1934.[？]　1—6:4

总藏　(618)　1—6:4

馆藏　1928　1:

　　　1929　2:;3:

　　　1931　4:

　　　1932　5:;6:1—3

　　　1934　6:4

47819

医学周刊集

河南大学医学研究会编辑部　开封

[19？]—1936.3　1—4

373

馆藏　1936　4

44803

医药导报（双月刊）

医药导报社　上海

1933.10—1944.7　1—5:2

本刊原为月刊,自2卷1935年起改为双月刊。

总藏　(620)　1—4:7;5:1—2

馆藏　1934　1:3—9

　　　　1937　2:12

　　　　1938　3:2

44802

医药评论（月刊）

医药评论社　上海

1929.1—1937.7　1—9:7

本刊原为半月刊,以期计算。96期后,1933年
1月起改为月刊,并改为5卷1期计算。

总藏　(622)　1—96;5—9:7

馆藏　1929　2,5—6,10—24

　　　　1930　25—40,44—48

　　　　1931　49—65,67,69—72

　　　　1932　73—96

　　　　1933　5:2—3,5—8,11—12

　　　　1934　6:1—12

44807

医药世界（月刊）

医药世界出版社　上海

1948.9—1952.2　1—7:

本刊每卷出6期。

总藏　(620)　1—3:4

馆藏　1948　1:1—3

44811

医药学（月刊）

医药学杂志社　上海

1924.10—1937.5　1—14:5

1947.11—1952.10　复1—5:9

本刊14卷5期1937年5月后曾停刊,1947年
11月复刊,卷期另起。

总藏　(620)　1—14:5;复1—2:

馆藏　1936　13:2—3,5—6,8,12

1937　14:1

1947　复1:1,6

1948　1:11—12;2:1—5

44812

医药学报（月刊）

中国医药学社　广州

1930.1—11　1:1—11

总藏　(621)　1:2,4—7,9—11

馆藏　1930　1:6,11

46220

医药学报（月刊）

中国医药学社　[日本]千叶

[1907.4]—1911.5　1—3:8

总藏　(621)　1:1—8,10;2:3;3:7—8

馆藏　1907　1:3—6

　　　　1908　1:7—9

　　　　1909　3:2—3

　　　　1911　3:8

45440

仪文（年刊）

仪器文具商业同业公会　上海

1947.10—1948.6　1—2

总藏　(412)　1—2

馆藏　1947　1

　　　　1948　2

45179

遗族校刊（半月刊）

遗族学校　南京

1932.11—1937.5　1—4:3

总藏　(1244)　1:1—4;2:1—6;3:1—4;4:
　　　　　　　　1—3

馆藏　1936　3:2—4;4:1

　　　　1937　4:2—3

44397

乙丑级刊

南开大学　天津

1925　1

本刊为南开大学乙丑级毕业纪念册。

馆藏　1925　1

45505

义勇军旬报

［不详］　［不详］

［1932］　1

馆藏　［1932］　1

46022

艺潮(月刊)

艺潮社　南京

1944.1—12　1—5

总藏　（161）　1—5

馆藏　1944　5

46294

艺风(月刊)

艺风杂志社　杭州

1933.1—1936.12　1—4:9

本刊自4卷7期起改由上海嘤嘤书屋出版。

总藏　（159）　1—3:；4:1,4—9

馆藏　1934　2:2,6

　　　1935　3:1,4—5

46142

艺观(月刊)

中国艺术学会　上海

1926.6—1929.8　1—6

总藏　（161）　1—6

馆藏　1929　2

46733

艺林(月刊)

艺林月刊社　南京

1910.7—10　1—4

总藏　（161）　1—2

馆藏　1910　1—4

47570

艺林初步

［中西女中］　［天津］

［19?］　1

馆藏　［19?］　1

46314H

艺林旬刊

见"艺林月刊"

46314H

艺林月刊

中国画学研究会　北平

1928.1—1929.12　1—72

1930.1—1942.6　新1—118

本刊原名为"艺林旬刊",自1930年起改用本名,并改为月刊,期数另起。

总藏　（161）　1—72；新1—118

馆藏　1928　1—36

　　　1929　37—72

　　　1930　新1—12

　　　1931　13—24

　　　1932　25—36

　　　1933　37—48

　　　1934　49—60

　　　1935　61—72

　　　1936　73—84

　　　1937　85—96

　　　1938　97—105,107—108

　　　1939　111

　　　1940　112—113

　　　1941　114—115

　　　1942　117

45943

艺群(半月刊)

艺群出版社　天津

1935.8　1

馆藏　1935　1

47709

艺术(月刊)

北新书局　上海

1930.3　1:1

本刊收入《中国现代文学史资料丛书（乙种）》,由上海文艺出版社影印。

总藏　（159）　1:1

馆藏　影1930　1:1

45574

艺术家(月刊)

北碚艺术家月刊社　重庆

1946.3—1947.5　1—3

总藏　(160)　1—3

馆藏　1946　1—3

47487

艺术界周刊

艺术界社　上海

1926.1—1927.11　1—26

本刊原由上海光华书局出版,自 2 期起改由上海良友图书印刷公司出版。

总藏　(160)　1—26

馆藏　1926　1

　　　　1927　2—24

47582

艺术评论(周刊)

艺术师范学校　上海

1923.[?]—1924.9　1—72

本刊为"民国日报"乙种附刊之一。

总藏　(160)　42—72

馆藏　1924　42—72

45575

艺术与生活(月刊)

艺术与生活画报社　北京

1939.10—1944.6　1—40

本刊原为半月刊,自 12 期起改为月刊。

总藏　(159)　1—25,32—40

馆藏　1939　1—5

　　　　1940　6—13

　　　　1941　17—24

　　　　1942　29—31

　　　　1943　32—37

46334H

艺威画报(周刊)

艺威画报社　天津

1946.10—1948.5　1—3:6

总藏　(161)　1:1—4,6—8,10—11;2:1—

　　　　　　　4,9—10;3:6

馆藏　1946　1:3,9

45572

艺文(月刊)

艺文社　上海

1936.4—1937.4　1:1—6

本刊原为双月刊,自第 2 期起改为月刊。

总藏　(158)　1:1—6

馆藏　1936　1:1—4

47726H

艺文(月刊)

艺文书局　上海

1946.7—1948.7　1—2:9

总藏　(158)　1—2:9

馆藏　1946　1:1—6

　　　　1947　1:7—12;2:2—3,5

　　　　1948　2:7—8

45964

艺文线(月刊)

艺文出版社　上海

1937.5—7　1—3

总藏　(159)　1—3

馆藏　1937　1—3

45571

艺文印刷月刊

艺文印刷月刊社　上海

1937.1—1940.7　1—3:1

总藏　(158)　1—3:1

馆藏　1937　1:1,7

45573

艺文杂志(月刊)

艺文杂志编辑部　北京

1943.[?]—1945.1　1—3:2

馆藏　1943　1:3—4

　　　　1944　2:1—3,5—6,12

　　　　1945　3:1—2

45576

艺文志(月刊)

文化供应社　重庆

1945.1—3　1—2

总藏　(158)　1—2

馆藏 1945 1—2

45850

艺友（半月刊）

文华美术图书印刷公司艺友社出版部 上海

1930.4—1931.1 1—10

总藏 （159） 1

馆藏 1930 1,3—7,9
　　　 1931 10

47786

艺园（周刊）

艺园周刊社 上海

1931.[？]—9 1:1—28

馆藏 1931 1:28

45832

译报周刊

译报周刊社 上海

1938.10—1939.6 1—2:12

本刊第1卷出26期。

总藏 （1258） 1—2:12

馆藏 1938 1:1—10
　　　 1939 1:14—26;2:1—11

47079

译书汇编

见"政法学报"

44383

译文（月刊）

译文社 上海

1934.9—1935.9 1—2:终刊号

1936.3—1937.6 新1—3:4

本刊出至2卷终刊号后停刊。1936年3月复刊,卷期另起。1至2卷、新1至2卷每卷出6期。

总藏 （1258） 1—2:终刊号;新1—3:4

馆藏 1934 1:1—4
　　　 1935 1:5—6;2:1—6
　　　 1936 新1:1—6;2:1—4
　　　 1937 2:5—6;3:1—4

46238

益世报副刊（不定期刊）

益世报馆 天津

1929.11—1930.5 1—120

总藏 （937） 4—120

馆藏 1929 1—38
　　　 1930 40—50

45626

益世周刊

见"益世主日报"

45626

益世主日报（周刊）

益世报馆 天津

1912—1949 1—32:9

本刊又名"天津益世主日报",自27卷19期起改名"益世周刊"。在天津创刊,后迁南京出版。

总藏 （936） 1:1—12;2:1—18;15;32;16:
　　　　　　　1—13,47,50;17:2,5,39—
　　　　　　　42;18:5,11—12,25,36—38;
　　　　　　　19:3,26,32,35—36,39,41—
　　　　　　　43,47;20:1—10,12—23,25—
　　　　　　　38,40—41,43—51;21—26:29;
　　　　　　　27:1—24;28:1—25;29:1—24;
　　　　　　　30:1—25;31—32:9

馆藏 1936 25:21,28—29,36,38,41,49
　　　 1937 26:29

45490

逸经（半月刊）

人间书屋 上海

1936.3—1937.8 1—36

总藏 （1050） 1—36

馆藏 1936 1—20
　　　 1937 21—36

45352

逸经、宇宙风、西风非常时期联合旬刊

逸经社等 上海

1937.8—10 1—7

总藏　（1050）　2—7
馆藏　1937　1—7

yin

46953

音乐教育(月刊)

江西省推行音乐教育委员会　南昌

1933.4—1937.12　1—5：

本刊第1卷出9期。

总藏　（819）　1—5：

馆藏　1934　2:9

45625

音乐评论(双周刊)

音乐教育协进会　上海

1948.[？]—1949.8　1—44

本刊原为周刊,后改为双周刊。

总藏　（820）　1—42,44

馆藏　1949　36—37,40—41,43

44210

音乐杂志(月刊)

国乐改进社　北平

1928.1—1932.2　1:1—10

总藏　（819）　1:1—10

馆藏　1928　1:1—4

　　　　1929　1:5—7

　　　　1930　1:8—9

　　　　1932　1:10

44193

音乐杂志(季刊)

国立音乐院音乐艺文社　上海

1934.1—11　1：

总藏　（819）　1：

馆藏　1934　1:1—4

46172

(国立)音乐专科学校校刊

该校　上海

1929.11—1937.7　1—63

总藏　（819）　1—5,7—18,20—45,58—63

馆藏　1934　45

45773H

银都画报(旬刊)

银都画报社　天津

1946.10—1947.10　1—6:2；纪念刊

总藏　（1230）　3:3,5

馆藏　1946　1:1,3,5—6;2:1—2

　　　　1947　2:3—5;3:6;4:3—4;5:1;6:2；

　　　　纪念刊

47672

银光(月刊)

银光杂志社　上海

1931.9—10　1:1—2

总藏　（1225）　1:1—2

馆藏　1931　1:2

46255

银国月刊

银国出版社　上海

1935.[4]—6　1—3

馆藏　1935　3

46526

银行季刊

福建省银行总行　福州

1947.4—7　1:1—2

馆藏　1947　1:1—2

45470

银行生活(旬刊)

银行生活社　上海

1937.2—4　1:1—9

总藏　（1229）　1:1—9

馆藏　1937　1:1—4,6,9

45467

银行实务(旬刊)

银行学会　上海

1937.7—10　1:1—4

1938.3—1940.12　新1—100

本刊原名为"银行实务月报",自1938年3月

起改用本名,期数另起。

总藏　（1229）　1:1—4；新1—100

馆藏　1937　1:1—3

1938 新 12—13
1939 56
1940 65,69—70,75—76,98

45467

银行实务月报
见"银行实务"

46641

银行通讯(旬刊)
东北银行总行 沈阳
1948.3—1950.12 1—65
总藏 (1230) 10—16,20—21,24—28,49—65
馆藏 1949 18

45469

银行通讯(月刊)
银行通讯社 上海
1943.6—1945.9 1—25
1945.12—1948.10 新 1—35
本刊原由重庆市银行界同人进修服务社编,
1945 年 12 月迁至上海,改由银行通讯社编,
期数另起。
总藏 (1229) 1—25;新 1—35
馆藏 1946 新 3,10—11,13
      1947 14—20,23—24
      1948 25—26,29—35

45472

银行学会会刊(月刊)
该会 上海
1939.2—1941.5 1—3:5
总藏 (1229) 1—2:;3:1,3—5
馆藏 1940 2:1—2,5—10,12

45465

银行月刊
银行月刊社 北京
1921.1—1928.12 1—8:
总藏 (1225) 1—8:
馆藏 1921 1:1,4—12
      1922 2:1—12
      1923 3:1—12
      1924 4:1—12

1925 5:1—12
1926 6:1—12
1927 7:1—12
1928 8:1—12

47109

银行杂志(半月刊)
银行杂志社 汉口
1923.11—1927.9 1—4:22
总藏 (1229) 1—4:22
馆藏 [1925] 2:1—24

45471

银行知识(旬刊)
经济出版社 上海
1937.5—6 1:1—3
总藏 (1229) 1:1,3
馆藏 1937 1:1—3

45466

银行周报
银行周报社 上海
1917.5—1950.3 1—34:10
总藏 (1226) 1—33:
馆藏 1925 9:1—50
      1926 10:1—50
      1927 11:1—50
      1928 12:1—50
      1929 13:1—41
      1930 14:1—30,40—50
      1931 15:1—50
      1932 16:1—25,27—49
      1933 17:1—9,11—50
      1934 18:1—32,34—40,42—50
      1935 19:1—50
      1936 20:1—50
      1937 21:1—34,36—42,44—46,48—50
      1938 22:1—10,12—13,15—18,20,22,
            24,28—29,34,38,45,48
      1939 23:2,8,12—13,18,37,40,46,50
      1940 24:1,5,9,11,13—14,18,22—
            25,27—29,31,34,36,42—43,
            45—46,48—49

379

1941　25:1—4,6—7,9—11,13,15,17,
　　　19,23,25,27,30,41,43,46
　　1942　26:7—38,41—48
　　1943　27:1—46
　　1946　30:46—47
　　1947　31:28—35,37—39,41,47—49
　　1948　32:1—48

44362

银河(五日刊)

银河编辑部　唐山
1946.7—8　1—3
馆藏　1946　1—3

46276

银画(周刊)

电影编译出版社　上海
1932.9—10　1—4
总藏　(1230)　2,4
馆藏　1932　1—2,4

47774H

银幕舞台画报(周刊)

银幕舞台画报社　天津
1929.2—6　1—16
馆藏　1929　1—16

46254

银色(旬刊)

中国图书编译馆　上海
1940　1—7
总藏　(1225)　5—7
馆藏　1940　2

46446H

银线

见"银线画报"

46446H

银线画报(日刊)

银线画报社　天津
1936.4—1937.6　1—3:11
1938.4—6　新1:1—12
1938.[?]—8　复[?]—252

本刊原名"银线"周刊,1938年4月改名为"银线画报周刊",卷期另起。后又改为"银线画报"日刊,以期计算,期数续前。
馆藏　1937　3:1—11
　　　1938　新1:2—5,12;复238—252

46284

银线画报丛书

银线画报社　天津
1944　1—10
馆藏　1944　2—3,6,8,10

46446H

银线画报周刊

见"银线画报"

44241H

银星

见"新银星与体育"

47683

鄞县教育年刊

县教育局　浙江鄞县
1930—1932
馆藏　1930
　　　1932

47707

引擎(月刊)

引擎社　上海
1929.5　1
本刊收入《中国现代文学史资料丛书(乙种)》,1961年1月由上海文艺出版社影印。
总藏　(167)　1
馆藏　影1929　1

47070

印刷会刊

印刷业商会　香港
[19?]—1953　1—6:2
总藏　(544)　3:2—5;4:1—2
馆藏　1949　3:5

ying

48031

英大土木

国立英士大学土木工程学会　金华

1948.1　1

总藏　（730）　1

馆藏　1948　1

47375

英文月刊

英文月刊社　上海

[19?]—1948.8　1—38

馆藏　1948　38

45049

英语周刊

商务印书馆　上海

[19?]—1937　1—241

馆藏　1936　170,192

　　　1937　214—241

46462

迎新特刊

工商学院　天津

1941.9　1

馆藏　1941　1

46370

影剧新地周刊

影剧新地社　上海

1949.8—10　1—6

总藏　（1243）　1—5

馆藏　1949　6

46124H

影坛(半月刊)

图文出版社　上海

1935.9—11　1—6

总藏　（1243）　1—6

馆藏　1935　1—4,6

47386

影闻

见"影闻画刊"

47386

影闻画刊(周刊)

美商福克斯影片公司编译部　天津

1938.5—1939.1　1—30

本刊原名为"20th CENTURY FOX NEWS"，后
改名为"影闻周报""影闻"，最后改用本名。

馆藏　1938　1—6,8—29

　　　1939　30

47386

影闻周报

见"影闻画刊"

45844

影戏杂志(月刊)

联业编译广告公司　上海

1929.7—1931.[?]　1—2:3

总藏　（1243）　1:1,4,7—9;2:2—3

馆藏　1930　1:9—10

　　　1931　1:11—12

44820

影星

影星照片社　上海

[19?]　1—2

馆藏　[19?]　2

46441

影讯报导(周刊)

影讯报导社　天津

1940.[?]—12　1:1—5

馆藏　1940　1:4—5

45014

影音

见"电影与播音"

yong

44238

庸言(月刊)

庸言报馆　天津

1912.12—1914.6　1—2:6

本刊原为半月刊,自 2 卷 1914 年起改为月刊。

总藏　（988）　1—2:6

馆藏　1912　1:1—2

1913　1:3—24

1914　2:4—5

46573

雍言（月刊）

中国银行　西安

1941.［?］—1946.12　1—6:

总藏　（1183）　1:7—8,10—12;2—6:

馆藏　1945　5:9—10

1946　6:1—4,6—7

44078

永安月刊

永安公司永安月刊社　上海

1939.5—1949.3　1—118

总藏　（282）　1—118

馆藏　1939　1—7

1940　9—10,13—14,16,19

1941　21,23—25

1944　61—62,65,67

1945　68

1947　93—94,96—97,101—102

1948　106,108—109,111—112,114

44077

永生（周刊）

永生周刊社　上海

1936.3—6　1:1—17

本刊前身为"大众生活"周刊。

总藏　（282）　1:1—17

馆藏　1936　1:1—17

you

47172

邮典（月刊）

中华邮票会　上海

1936.4　1

1940.1—5　复 1:1—5

本刊曾停刊,1940 年 1 月复刊,卷期另起。

总藏　（651）　1;复 1:1—5

馆藏　1936　1

1940　复 1:1—2

46643

邮电周报

山东省邮电管理局邮电周报社　济南

［1948.8］—1949.5　1—40

总藏　（651）　21—40

馆藏　1949　21—40

47833

邮话（月刊）

邮话月刊社　上海

1942.1—10　1—10

1946.5—1947.6　复 1—15

本刊曾停刊,1946 年 5 月复刊,改为半月刊,卷期另起。

总藏　（652）　1—6,8—10;复 1—15

馆藏　1942　2

47833

邮目（月刊）

芳记邮票社　宁波

1946.3—1948.9　1—6

本刊第 4 期后曾停刊,1948 年 8 月复刊,期数续前。

馆藏　1946　2

1948　5—6

47489

邮泉

辽东集邮会　沈阳

1946.6　1:1

馆藏　1946　1:1

47169

邮乘（季刊）

中华邮票会　上海

1925.9—1929.7　1—3:3

总藏　（652）　1:1;2—3:3

馆藏　1925　1:1

1926　2:1,3

47610

邮椿机(月刊)

邮椿机月刊社　福州

［1948］　1:1—4

馆藏　［1948］　1:1—4

47170

邮星(月刊)

河北邮务职工会邮星社　天津

［1928.12］—1931.4　1—29

总藏　(651)　28—29

馆藏　1929　10—11

47168

邮讯(月刊)

中华邮票会　上海

1936.3—1937.7　1—2:7

本刊第1卷出10期。

总藏　(651)　1:3—10;2:1—4,6—7

馆藏　1936　1:1—10

47171

邮苑(月刊)

集邮会　成都

1942.10—1949.1　1—6:1

总藏　(651)　1:1—4,9;2:1—4;3:1—6;4:
　　　　　1—6;5:1—5,7—8;6:1

馆藏　1945　2:3—4

47813

邮政公报(不定期刊)

邮政总局　［北京］

1938.9—1940.7　1—5

馆藏　1938　1

　　　1940　2—5

47614

游山专号(年刊)

艺林月刊社　北平

1929.9—1937.8　1—9

总藏　(161)　1—9

馆藏　1929　1

　　　1931　2—3

　　　1933　4

　　　1936　8

　　　1937　9

47444

游戏世界(月刊)

大东书局　上海

1921.6—1923.6　1—24

总藏　(1067)　1—24

馆藏　1921　6—7

　　　1922　8,11

45817

游戏杂志(月刊)

中华图书馆　上海

1913.12—1915.6　1—19

总藏　(1067)　1—19

馆藏　1914　7,12

44810

游艺报(周刊)

游艺报社　北平

1947.6—1949.2　1—7:6;增刊1—2;专辑
　　　　　1—6

总藏　(1067)　1:9—10

馆藏　1947　1:1—12;2:1—12;3:1—5

　　　1948　3:6—12;4:1—12;5:2—3;6:3,
　　　　　6;7:2,6;增刊1—2;专辑6

44357H

游艺画刊(半月刊)

游艺画刊社　天津

1940.4—1945.9　1—11:5

馆藏　1940　1:1—17

　　　1941　2:1—13;3:1—10

　　　1942　4:1—12;5:1—12

　　　1943　6:1—12;7:1—12

　　　1944　8:1—12;9:1—12

　　　1945　10:1—12;11:1—5

44899

游艺旬刊

游艺旬刊社　上海

1946.6　1

馆藏　1946　1

天津图书馆馆藏新中国成立前中文期刊目录 (1884—1949)

47695

友声杂志(半年刊)

华侨银行职友会　新加坡

1935.1—7　1—2

总藏　(164)　1—2

馆藏　1935　1

46795

牖民丛刊(季刊)

牖民丛刊学社　太原

1924.11　1:1

馆藏　1924　1:1

yu

46685

余兴(月刊)

时报馆余兴部　上海

1914.8—1917.7　1—30

总藏　(661)　1—30

馆藏　1914　1—4

　　　1915　5—10

　　　1916　13,15

44837

娱乐(半月刊)

现象图书刊行社　上海

1935.7　1—2

馆藏　1935　1—2

44837

娱乐周报

娱乐周报社　上海

1935.[7]—1936.11　1—2:37

总藏　(973)　1:2—6,10—11,17,22,24;2:
　　　1,5—6,9—11,15,18,31,
　　　35—37

馆藏　1935　1:3—4,15

　　　1936　2:13

45839

虞美人(月刊)

环球书报社　上海

1929.9　1

馆藏　1929　1

45606

舆论半月刊

舆论半月刊社　上海

1948.9—1949.3　1—2:6

本刊第1卷出8期。

总藏　(1254)　1—2:6

馆藏　1948　1:1—7

　　　1949　2:1,3—5

46622

舆论周刊

舆论周刊社　北平

1937.4—7　1:1—15

总藏　(1254)　1:1—15

馆藏　1937　1:6—9

44099

宇宙(月刊)

宇宙杂志社　上海

1945.11—1946.6　1:1—5

1948.6—12　复1—5

本刊曾停刊,1948年复刊,期数另起。

总藏　(438)　1:1—5;复1—5

馆藏　1948　复1,3

44101

宇宙风(半月刊)

宇宙风社　广州

1935.9—1947.8　1—152

本刊原在上海创刊,自67期起迁广州,78期起迁桂林,140期起又迁回广州出版。50至66期曾改为旬刊。

总藏　(439)　1—152

馆藏　1935　1—7

　　　1936　8—31

　　　1937　32—55

　　　1938　56—59,61—67

　　　1947　146,150

45328

宇宙风乙刊(半月刊)

西风社　上海

1939.3—1941.11　1—56
总藏　（439）　1—56
馆藏　1939　1—19
　　　　1940　20—35
　　　　1941　36—56

45329H
宇宙画报(周刊)
宇宙画报社　天津
1947.4—10　1—3:1
总藏　（440）　1:1—12;2:1—6,8—9,11—
　　　　　　　　　12;3:1
馆藏　1947　1:8,10—11

44100
宇宙文摘(月刊)
宇宙出版社　重庆
1946.12—1948.12　1—2:
本刊每卷出 10 期。
总藏　（439）　1—2:
馆藏　1947　1:10
　　　　1948　2:1—5

45374
禹贡(半月刊)
禹贡学会　北平
1934.3—1937.7　1—7:10
本刊 1 至 6 卷每卷出 12 期。
总藏　（805）　1—7:10
馆藏　1934　1:4—11;2:3—8
　　　　1935　2:9—12;3:1—12;4:1—8
　　　　1936　4:9—12;5:1—12;6:1—7
　　　　1937　6:8—12;7:1—10

44368
语林(月刊)
语林社　上海
1944.12—1945.6　1:1—5
总藏　（1218）　1:1—5
馆藏　1944　1:1
　　　　1945　1:2—5

45904H
语美画刊(周刊)

联艺社　天津
1936.9—1937.7　1—2:20
本刊第 1 卷出 25 期。
馆藏　1936　1:1—16
　　　　1937　1:17—25;2:1—20

44367
语丝(周刊)
语丝社　上海
1924.11—1930.3　1—5:
本刊在北京创刊,自 4 卷 1 期 1927 年 12 月起
迁上海出版。原由北京大学新潮社编,自 141
期改由语丝社编。原以期计算,156 期 1927
年 11 月后改为 4 卷 1 期计算。1982 年由上海
文艺出版社影印。
总藏　（1218）　1—156;4—5:
馆藏　1924　1—7
　　　　1925　8—59
　　　　1926　60—111
　　　　1927　112—156;4:1—3
　　　　1928　4:4—28,30,32,35—44,46,
　　　　　　　　48—51
　　　　1929　4:52;5:1—42
　　　　1930　5:43—44,51—52
　　　　影 1924　1—7
　　　　1925　8—59
　　　　1926　60—111
　　　　1927　112—156;4:1—3
　　　　1928　4:4—51
　　　　1929　4:52;5:1—42
　　　　1930　5:43—52

46288
郁大周报
见"郁文周报"

46288
郁文周报
郁文学院学生会出版部　北平
1930.12—1931.11　1—22
本刊原名为"郁大周报",自 11 期起改用
本名。
总藏　（738）　1—22

馆藏 1931 11,17—18

47361

育才校友

私立育才高级商科职业学校校友会 天津

1947.5 1

馆藏 1947 1

47290

育大校刊

育大校刊编辑室 天津

1941.6 1

馆藏 1941 1

47796

育英半月刊

育英中学学生自治会 北平

[19？]—1934.11 1—3：1

馆藏 1934 3：1

44212

育幼

广东省社会处育幼院 广州

1947.[？]—6 1—2

总藏 （705） 2

馆藏 1947 2

yuan

45875

原子(周刊)

中国文化书报社 上海

[194？] 1：1—2

馆藏 [194？] 1：2

44791

远东(月刊)

远东月报社 日本东京

1938.5—1940.12 1—3：

馆藏 1938 1：1,12

1939 2：5,7

1940 3：1—12

47725H

远东画报

见"欧亚画报"

44414

远东经济月报

见"大东亚公论"

44719

远东贸易月报

远东贸易月报社 ［日本]东京

1938.1—1941.12 1—4：

馆藏 1938 1：1—10

1940 3：8—11

1941 4：1,3—12

45783

远东杂志

远东杂志社 北平

1947.11—12 1：1—2

总藏 （598） 1：1—2

馆藏 1947 1：2

44716

远风(半月刊)

远风社 上海

1947.4—1948.12 1—3：2

本刊1至2卷每卷出6期。

总藏 （598） 1—3：2

馆藏 1948 2：5—6

yue

46896

约翰年刊

圣约翰大学年刊编辑部 上海

1922 1

馆藏 1922 1

46448

约翰声(季刊)

圣约翰大学约翰声社 上海

[19？]—1937 1—48：

本刊原为月刊,后改为季刊。

总藏 （902） 22：3—5,8—9；23：1—7；24：3；

25：1—9；26：1—9；27：1—9；28：

1—9;29:1—9;30:1—9;31:1—
9;32:1—5;33:1—2;34:1—4;
35:1—4;36:1—4;37:1—4;38:
1;40:2;42:;44—48:

馆藏　1913　24:6
　　　1923　34:3

45230
月报
开明书店　上海
1937.1—7　1:1—7
总藏　（266）　1:1—7
馆藏　1937　1:1—7

44729
月华
天津出版社　天津
1928.5　1:1
馆藏　1928　1:1

45852
月华(月刊)
月华报社　北平
1929—1946　1—16:21
1947—1948:6
本刊原为旬刊,在北平创刊,抗日战争期间曾
迁至桂林、重庆等地出版。14 卷 12 期 1942
年后曾停刊,1946 年复刊,卷期续前。1947 年
迁回北平出版,并改为月刊。原以卷期计算,
自 1947 年起改以年计期。
总藏　（265）　1:1—6;2:1—5,7—18,20—
　　　　　　24,26—36;3—9:19,21—36;
　　　　　　10:1,4—10,14—21,25—27;
　　　　　　11—14:12;16:1—21;1947:
　　　　　　6—12;1948:1—6
馆藏　1931　3:9—12,14,27—30,35
　　　1932　4:1—6,8—32,36
　　　1933　5:1—4,9—13,36
　　　1934　6:1—6,14,19—24,28—30
　　　1935　7:12
　　　1936　8:27
　　　1937　9:12—13
　　　1946　16:1—12

1948：　4—6

46702
月亮(月刊)
月亮杂志社　上海
1924.5—7　1—3
总藏　（266）　3
馆藏　1924　1

45229
月月小说(月刊)
乐群书局　上海
1906.6—1908.12　1—2:
总藏　（265）　1—2:
馆藏　[1908]　[2:8]

46218
乐学(双月刊)
台湾省行政长官公署交响乐团　台北
1947.4—11　1—4
总藏　（414）　1—4
馆藏　1947　1,3

(旧参)**J60/QZ**
乐艺(季刊)
国立音乐专科学校　上海
1930.4—1931.7　1:1—6
总藏　（413）　1:1—6
馆藏　1930　1:3
　　　1931　1:4—6

44792
越风(半月刊)
越风社　杭州
1935.10—1937.4　1—2:4
本刊自 2 卷 1 期 1937 年起改为月刊。
总藏　（1091）　1—2:4
馆藏　1935　1:1,3,5
　　　1936　1:6—24

46784
粤风(月刊)
粤风月刊社　上海
1935.7—1936.11　1—3:4
本刊 1 至 2 卷每卷出 5 期。

总藏　（1116）　1—3:4
馆藏　1936　2:1

45457

粤汉半月刊
见"粤汉月刊"

47155

粤汉铁路株韶段工程年刊
该段工程局总务课　衡阳
1933—1934
总藏　（1117）　1933—1934
馆藏　1934

45457

粤汉月刊
粤汉铁路管理局秘书室　武昌
1937.2—5　1:1—5
[19?]—1943.6　新1—641
[19?]—1948.12　新1—3:
本刊后改名为"粤汉周刊"，期数另起。后又
改名为"粤汉半月刊"，卷期又另起。
总藏　（1116）　1:1—5;新431—641;新2:
　　　　　　1—12,14—24;3:
馆藏　1937　1:1—5

45457

粤汉周刊
见"粤汉月刊"

yun

44797

云南建设月刊
云南省政府建设厅　昆明
1929.7—1930.3　1—38
1935—1936　新1—51
1937.1—11　新1:1—11
1945　新1—2
本刊原名为"云南建设周刊"，1935年期数另
起，1937年改用本名，卷期另起。1945年1月
由该厅建设计划委员会编，期数又另起。
总藏　（154）　1—38;新1—51;新1:1—11;
　　　　　　　　新1—2

馆藏　1937　新1:1—2

44797

云南建设周刊
见"云南建设月刊"

47014

云南教育
见"云南教育公报"

47014

云南教育公报（半月刊）
云南省政府教育厅　昆明
1921—1928　1—4:4
1933—1938　新1—8:12
本刊原名为"云南教育"月刊，1933年起改名
为"云南教育"半月刊，卷期另起。新3卷12
期1935年4月后曾停刊，1935年10月复刊，
改用本名，卷期续前。
总藏　（156）　1:;2:1,3—4,6—12;3:1—2,
　　　　　　　4—6,8—9;4:3—4;新1:1,
　　　　　　　4—12;2—8:
馆藏　1933　新1:1,7
　　　1935　4:1
　　　1936　5:11—12

48003

云南教育官报（月刊）
云南省教育厅　昆明
1907.[5]—1911.[9]　1—55
总藏　（157）　10,17,20,22—23,41,43,50,
　　　　　　　53,55
馆藏　1908　12—13

46730

云南教育行政周刊
云南省教育厅　昆明
1931.4—1933.4　1—2:
本刊原名为"云南教育周刊"，自2卷3期起
改用本名。
总藏　（157）　1:1—37,41—52;2:
馆藏　1933　2:43—45

46730

云南教育周刊

见"云南教育行政周刊"

46912

运工专刊

江北运河工程局　扬州

1934.10　1

馆藏　1934　1

46424

运输季刊

运输季刊社　南京

1948.10　1

总藏（598）　1

馆藏　1948　1

44051

运务周报

京沪区铁路管理局运务处　上海

1946.5—1947.12　1—85

总藏（598）　1—50

馆藏　1946　1—35

　　　　1947　36—85

Z

za

46769

杂文

见"质文"

45778

杂志（月刊）

杂志社　上海

1938.5—1945.8　1—15:5

本刊原为半月刊，自9卷5期1942年8月起改为月刊。1至14卷每卷出6期。

总藏（531）　1—15:5

馆藏　1943　12:2

　　　　1944　12:4—5;13:1,3—6;14:1—3

　　　　1945　14:5;15:2

zai

45370

再建旬刊

再建旬刊社　北京

1940.2—7　1:1—17

总藏（492）　1:1—17

馆藏　1940　1:1—7

44568

再生（周刊）

再生社　上海

1932.5—1937.7　1—4:9

1938.10—1949.4　新1—251

本刊原为月刊，自4卷1期1937年3月起改为半月刊。原在北平出版，抗战期间迁汉口、重庆继续刊行。1940年改为旬刊。1945年8月出革新2期，即新103号。自1938年10月起期数另起。1946年3月迁上海出版，并改为周刊。

总藏（491）　1—4:9;新1—94,100—251

馆藏　1935　3:4—5

　　　　1937　4:1,3—4,6—7,9

　　　　1946　新104,131—136,139—145

　　　　1947　152—153,159—160,168—170,
　　　　　　　184—196

　　　　1948　197—233,235—237,239—240

44569

再造（旬刊）

再造旬刊社　上海

1928.4—1929.4　1—36

1948.7—11　复1—2:5

1949.2—4　复1—5

本刊1929年停刊，1948年7月复刊，1948年11月又停刊，1949年2月在香港复刊，改为半月刊。

总藏（492）　1—36;复1—2:5;复1—5

馆藏　1928　11—13,15—29

　　　　1929　30—36

　　　　1948　复1:1—9;2:1—5

44715

展望(周刊)

展望周刊社　上海

1947.8—1949.[？]　1—4：

本刊1至4卷每卷出24期。

总藏　（951）　1—4：

馆藏　1948　2:1—8,13—19,21—24;3:1—3

45953

战斗(周刊)

县动员委员会抗建出版社　浙江余姚

[193？]—1940.8　1—117

馆藏　1940　109—114,117

45952

战斗(旬刊)

战斗旬刊社　武汉

1937.9—1938.5　1—2:11

本刊第1卷出12期。

总藏　（864）　1:2—12;2:1—11

馆藏　1938　2:2

45854

战干(半月刊)

军委会战干第四团政治部编辑室　西安

[19？]—1943　1—200

馆藏　1940　123

　　　　1941　143—145,148—149

　　　　1942　170

　　　　1943　199—200

46003

战鼓周刊

县战时教育文化事业委员会战时周刊社　浙江上虞

[19？]—1940.3　1—66

总藏　（871）　30,32—36,38—45,48—49,
　　　　　　　52—55,57—58,60,64—66

馆藏　1939　22—24,28—30,33,37

　　　　1940　64—66

46952

战教周刊

战教周刊出版委员会编辑部　成都

1938.9—1939.11　1—40

总藏　（871）　1,3—31,33—40

馆藏　1938　1—3,5—15

　　　　1939　16—21,23—32

47161

战旗(周刊)

战旗社　浙江绍兴

1938.12—1941.1　1—100

本刊原为五日刊,自41期起改为周刊。

总藏　（872）　1—100

馆藏　1938　43—44

　　　　1939　49—52

46716

战时后方画刊

四川省政府战时服务团战时后方画刊社　成都

1940.7—1941.5　1—20

总藏　（868）　1—20

馆藏　1941　12—13

47509

战时民众(周刊)

教育部第二社会教育工作团　重庆

1938.6—1939.3　1—34

1940　新1:1—10

本刊自1940年起卷期另起。

总藏　（867）　1—34;新1:3—10

馆藏　1938　1,3,5

45188

战时中学生(月刊)

正中书局　浙江丽水

1939.2—1941.2　1—3:2

总藏　（867）　1—3:2

馆藏　1939　1:2,4,7—9,12

　　　　1940　2:1,6,9

47881

战士(周刊)

湖南战士社　长沙

1925.12—1927.4　1—42

本刊原为旬刊，自 14 期起改为周刊。1982 年
由人民出版社影印。

馆藏　影 1925　2

1926　6—7,11—29

1927　30—33,35—42

（新善）I2—55/JLX

战士文艺

辽东军区政治部宣传部　［不详］

［19？］—［1948.5］　1—4

总藏　（863）　4

馆藏　［1948］　4

zhang

47395

张楚季刊

私立张楚中学　武昌

1935.6　1

馆藏　1935　1

44711

张垣市半月刊

该市政府　张家口

1948.1—5　1:1—9

总藏　（1044）　1:2—9

馆藏　1948　1:1—9

46363

张垣市政府公报（半月刊）

市政府秘书室　张家口

1948.7—9　1:1—4

总藏　（1044）　1:1—4

馆藏　1948　1:3

45375

章氏国学讲习会学报

见"制言月刊"

（线装）P1643

掌故丛编（月刊）

故宫博物院　北平

1928.1—1929.11　1—10

本刊自 1930 年起改名为"文献丛编"，期数
另起。

总藏　（1103）　1—10

馆藏　1928　1—6

1929　7—10

zhao

47365

朝报副刊（两日刊）

朝报社　北平

1928.［？］—10　1—35

馆藏　1928　14—32,34—35

44788

朝花旬刊

朝花社　上海

1928.12—1929.5　1—20

1929.6—9　新 1—12

本刊原名为"朝花周刊"，自 1929 年 6 月起改
用本名，卷期另起。1982 年由上海书店影印。

总藏　（1096）　1—20;新 1—12

馆藏　1929　新 1—12

影 1929　新 1—12

44788

朝花周刊

见"朝花旬刊"

46979

朝华（季刊）

河北省立女子师范学院　天津

1929.12—1932.6　1—3:1

本刊原为月刊，自 3 卷 1 期 1932 年起改为季刊。

总藏　（1096）　1—3:1

馆藏　1929　1:1

1931　2:4,7—8

1932　3:1

46871

朝气（月刊）

申新第四纺织厂　汉口

1935.8—1937.5　1—22

总藏　（1096）　1,3—5,7—13,15—16,20,22

天津图书馆馆藏新中国成立前中文期刊目录（1884—1949）

馆藏　1936　9,11,17
　　　　1937　21

zhe

44721

哲学(不定期刊)

哲学社　北京

1921.5—1926.5　1—9

总藏　(945)　1—9

馆藏　1921　1—4
　　　　1922　5—7

44720

哲学评论(季刊)

中国哲学会　上海

1927.4—1947.[12]　1—11:2

本刊原为双月刊,在上海创刊。自2卷1928
年起改为季刊,自8卷1943年起又改回双月
刊。抗战期间迁重庆出版,自10卷1946年起
又迁回上海出版。

总藏　(945)　1—9:5;10—11:2

馆藏　1928　2:2—3
　　　　1929　2:4
　　　　1933　5:1

45948

哲学月刊

中国大学哲学读书会　北平

1926.3—1930.11　1—3:2

本刊第1卷出8期,2卷出6期。

总藏　(945)　1—3:2

馆藏　1926　1:1—6
　　　　1927　1:7
　　　　1930　2:6

47210

浙赣路讯(日刊)

浙赣铁路局出版委员会　杭州

1947.1—1949.4　1—562

总藏　(919)　1—192,194—198,200—395,
　　　　　　　406,411—463,498—499,501,
　　　　　　　512—562

馆藏　1947　105—127

47276

浙江潮(月刊)

浙江同乡会杂志部　日本东京

1903.1—12　1—10

总藏　(917)　1—10

馆藏　1903　1—2,4—10
　　　　影1903　1—10

45153

(国立)**浙江大学工程季刊**

见"工程季刊"

47126

(国立)**浙江大学日刊**

该校　杭州

1936.[9]—1937.4　1—154

1948.[?]—1951.2　复1—314

本刊曾停刊,1948年复刊,期数另起。

总藏　(905)　151—154;复36—46,48—59,
　　　　　　　61—73,75,77—240

馆藏　1936　2—103
　　　　1937　104—114

46411

浙江党务(周刊)

中国国民党浙江省党务指导委员会宣传部
杭州

1928.6—1929.1　1;副刊

馆藏　1928　1
　　　　1929　副刊

47645

浙江反省院月刊

浙江反省院　杭州

1931.[1]—10　1—10

馆藏　1931　10

44233

浙江公立图书馆年报

该馆　杭州

1915—1926　1—11

总藏　(906)　1—11

馆藏　1919　4
　　　　1923　8

46154

浙江建设

见"浙江省建设月刊"

46154

浙江建设厅月刊

见"浙江省建设月刊"

47146

浙江经济(月刊)

浙江省银行经济研究室　杭州

1946.7—1949.3　1—6:3

本刊前身为"浙光"。1至5卷每卷出6期。

总藏　（917）　1—6:3

馆藏　1947　2:3—6;3:1—6

　　　1948　4:1—6;5:1—4

44229

浙江民众教育(季刊)

浙江省立民众教育馆　杭州

1932.9—1937.4　1—5:3

1947.9—1948.7　复1:

本刊原为月刊,抗战期间曾停刊。1947年9月复刊,改为季刊,卷期另起。1至4卷每卷出10期。

总藏　（907）　1:1—4,8—10;2—3:10;4—

　　　　　　　5:3;复1:

馆藏　1947　复1:1

　　　1948　1:2—4

(旧参)**D686.4/ZQC**

浙江青年团月刊

该团筹备会　杭州

1919.5—7　1—3

总藏　（910）　1—3

馆藏　1919　1

44230

浙江省第一学区图书馆协会会刊(半年刊)

浙江省立图书馆　杭州

1934.4—11　1—2

总藏　（914）　1—2

馆藏　1934　1

46154

浙江省建设月刊

浙江省建设厅　杭州

1927.6—1937.5　1—10:11

1939.10—1943.4　复1—4

本刊原名为"浙江建设厅月刊",自4卷1930年起改用本名。曾停刊,1939年10月在金华复刊,改名为"浙江建设",期数另起。原以期计算,36期后改为4卷1期计算。

总藏　（910）　1—10:11;复1—4

馆藏　1928　7—16

　　　1929　24—31

　　　1930　32—36;4:1—5

　　　1931　4:6—12;5:1—6

　　　1932　5:7—12;6:1—6

　　　1933　6:7,11;7:3

44234

浙江省昆虫局丛刊

该局　杭州

1930.8—9　1—7

总藏　（913）　1—7

馆藏　1930　2—7

44235

浙江省昆虫局年刊

该局　杭州

1932—1935　1—5

本刊原名为"浙江省立植物病虫害防治所年刊",自2期起改用本名。

总藏　（913）　1—5

馆藏　1933　3

　　　1934　4

44232

浙江省立图书馆馆刊(双月刊)

该馆　杭州

1932.3—1935.12　1—4:

本刊原名"浙江省立图书馆月刊",自2卷1933年起改用本名,并改为双月刊。第1卷出10期。

总藏　（912）　1—4:

馆藏　1932　1:1

1933　2∶3

1935　4∶5

44232

浙江省立图书馆月刊

　　见"浙江省立图书馆馆刊"

44235

浙江省立植物病虫害防治所年刊

　　见"浙江省昆虫局年刊"

47259

浙江省图书馆协会会刊(年刊)

该会　杭州

1936.5—1937.4　1—2

总藏　(913)　1—2

馆藏　1936　1

47064

浙江省政府公报(半月刊)

该省政府秘书处　杭州

1927.5—1948.11　1—3462

1949.1—4　1949∶春1—夏5

本刊原为月刊,后改为五日刊,自3412期起又改为半月刊。自1949年起改回五日刊,期数另起,期数前冠春、夏字样。

总藏　(913)　195—616,641—3064,3072,3086,
3088—3096,3098,3100—3105,
3109—3110,3112—3129,3131—
3140,3143,3147—3148,3151,
3153,3155—3157,3159—3164,
3166—3176,3178—3183,3186,
3189,3191,3193—3194,3196—
3349,3351—3462;春1—74;夏
1—5

馆藏　1931　1252,1256,1259

1948　3455,3457—3458

44231

浙江体育半月刊

　　见"浙江体育月刊"

44231

浙江体育月刊

浙江省立体育场　杭州

1932.1—1933.8　1—38

1933.9—1937.8　新1—4∶8

本刊原名为"浙江体育半月刊",自1933年9月起改用本名,卷期另起。

总藏　(909)　1—38;新1—3∶;4∶7—8

馆藏　1933　1∶2—4

1934　1∶5—6,8—12;2∶1—4

zhen

45712

针灸杂志(月刊)

中国针灸研究社　无锡

1933.10—1937.8　1—4∶11

本刊原为双月刊,自3卷1期1935年10月起改为月刊。

总藏　(960)　1∶;2∶1,3—6;3∶1,4—12;4∶
1—11

馆藏　1936　4∶2—3

1937　4∶4—9,11

45445

侦探世界(半月刊)

世界书局　上海

1923.[5]—1924.4　1—24

馆藏　1923　1—12,14—16

1924　18—24

47300

真光校刊

私立真光女子中学校　广州

[19?]—1935.6　1—2∶6

馆藏　1935　2∶6

44726

真理评论(半月刊)

真理评论社　北平

1936.1—11　1—18

总藏　(950)　1—18

馆藏　1936　1—18

44725

真理与自由(周刊)

真理与自由周刊社　上海

1946.1—10　1—16

总藏　（950）　1—6,13,15—16

馆藏　1946　1—6

45891

真理杂志(双月刊)

真理杂志社　重庆

1944.1—10　1:1—4

总藏　（950）　1:1—4

馆藏　1944　1:1—2

44724

真美善(季刊)

真美善杂志编辑所　上海

1927.10—1931.1　1—7:3

1931.4—7　新 1:1—2

本刊原为半月刊,自 3 卷 1928 年起改为月刊,卷期续前。1931 年 4 月改为季刊,卷期另起。

总藏　（949）　1—7:3;新 1:1—2

馆藏　1927　1:1—4

　　　　1928　1:5—12;2:1—6;3:1—2

　　　　1929　3:3—6;4:1—6;5:1—2

　　　　1930　5:3—6;6:1—4,6,7:2

　　　　1931　7:3;新 1:1—2

46429

真相画报

见"国运"

46986

箴言季刊

中国各大学基督徒学生联合会　上海

1949.1—12　1—4

总藏　（1244）　1—4

馆藏　1949　2

46805

阵中文汇(半月刊)

第七战区编纂委员会　曲江

1941.1—2　1—3

馆藏　1941　1:1—3

47154

振济月刊

江西省振务会等　南昌

1937.2—5　1—4

总藏　（943）　1—4

馆藏　1937　4

46960

震旦法律经济杂志(月刊)

震旦大学法学院　上海

1944.10—1949.4　1—5:4

总藏　（1240）　1:1—9;2—5:4

馆藏　1947　3:3—7,9,11

　　　　1948　4:3

44813

震宗报(月刊)

震宗报社　北平

［1931.1］—1932.10　1—2:5

总藏　（1241）　2:3—5

馆藏　1931　1:7

zheng

47506

正大土木(季刊)

国立中正大学土木工程学会　南昌

1944.［?］—1948.5　1:1—3

总藏　（289）　1:1—3

馆藏　1948　1:3

46595

正大校刊

见"（国立)中正大学校刊"

46977

正道(月刊)

追求学会　北平

1931.5—1934.10　1—4:19

1946.11—12　复 1—2

本刊自 4 卷 1 期 1934 年 1 月起改为半月刊,并改由北平清真报社正道杂志社编。4 卷 19 期后曾停刊,1946 年 11 月复刊,期数另起。

总藏　（292）　1:1—8;2:1—7;3:1—7;4:

1—19;复1—2

馆藏　1931　1:1

44509

正风

见"正风经济"

44515

正风(半月刊)

正风社　天津

1935.1—1936.1　1—2:1

馆藏　1935　1:1—24

　　　　1936　2:1

44509

正风经济(月刊)

正风杂志社　北京

[1935.?]—1942.10　1—13:3

本刊原名为"正风"半月刊,自5卷1937年起刊名加副标题为"商业经济评论"。第11卷1940年起改名为"正风商业经济评论",后又改用本名,并改为月刊,卷期续前。

馆藏　1937　3:10—12;4:1—11;5:2—5,
　　　　　　7—8

　　　　1938　6:4—7

　　　　1940　11:1—2,4,6

　　　　1942　13:3

44509

正风商业经济评论

见"正风经济"

47715

正路(月刊)

湖风书局　上海

1933.6—7　1:1—2

本刊收入《中国现代文学史资料丛书(乙种)》,由上海文艺出版社影印。

总藏　(293)　1:1—2

馆藏　影1933　1:1—2

44513

正论(周刊)

正论社　南京

1934.11—1935.11　1—50

1947　复1—10

1947.12—1948.3　新1:1—5

本刊在抗战期间曾停刊,1947年复刊,期数另起。1947年12月卷期又另起。

总藏　(294)　1—50;复4,6—10;新1:1—5

馆藏　1935　11,13,17—18,20—22

44512

正论(月刊)

正论社　北平

1946.11—1947.12　1—10

1948.1—11　新1—11

本刊原为周刊,自4期1947年6月起改为月刊。自1948年1月起期数另起。

总藏　(293)　1—10;新1—11

馆藏　1947　4,6,8

　　　　1948　新5—10

46973

正信(周刊)

佛教正信会　汉口

1932.3—1949.3　1—15:3

本刊原为半月刊,自3卷1期1934年1月起改为周刊。第1卷出19期,2卷出18期,3卷出25期,4卷出18期,5卷出25期,6至7卷各出24期,8卷出14期,9卷出50期,10卷出18期,11卷出8期。11卷1938年后曾停刊,1946年复刊,卷期续前。12至13卷各出12期,14卷出10期。

总藏　(291)　1—9:;10:1—11,13,15,18;
　　　　　　11:1,3—8;12—15:3

馆藏　1934　4:15—18

　　　　1946　12:1

　　　　1947　12:11

47595

正言教育月刊

美商联邦出版公司　上海

1941.3—10　1—2:1

馆藏　1941　1:1—6;2:1

44514

正义(周刊)

正义周刊社 上海

1947.11—1949.4 1—12

总藏 (290) 1—6,10—12

馆藏 1948 5—6

45847

正义(旬刊)

正义旬刊社 宁波

1938.4—1939.11 1—2:22

本刊卷后为总期数。

总藏 (290) 1:4—6,16

馆藏 1939 1:2,16;2:22

45983

正谊杂志(月刊)

正谊杂志社 上海

1914.1—1915.6 1:1—9

总藏 (293) 1:1—9

馆藏 1914 1:2—3

47326

正中儿童(月刊)

正中书局 上海

[19?]—1948.2 1—16

馆藏 1948 15—16

47466

正中校刊

河北省立正定中学校 正定

[19?]—1936.4 1—35

馆藏 1936 34—35

46268

证交(半月刊)

华商证券交易所 上海

1944.9—1945.1 1—8

馆藏 1944 1—4,6

　　　 1945 7—8

44363

证券市场(半月刊)

证券交易所调查研究处 上海

1946.11—1947.12 1—3:4

本刊自1948年1月起改名为"资本市场",卷期另起。1至2卷每卷出12期。

总藏 (1086) 1—3:4

馆藏 1946 1:1—4

　　　 1947 1:5—9,11—12;2:1—11;3:4

47079

政法学报(月刊)

译书汇编社 [日]东京

1900.10—1905.[?] 1—4:6

本刊原名为"译书汇编",自3卷5期1903年起改用本名。

总藏 (835) 1—3:8;4:3—6

馆藏 1903 3:4

46776

政风(半月刊)

福建省政府新闻处 福州

1948.2—8 1:1—12

总藏 (834) 1:1—12

馆藏 1948 1:7,10—12

44683

政府公报(日刊)

印铸局 北京

1912.4—1915.12 1—1310

1916.1—1928.6 新1—4353

本刊自1916年1月起期数另起。

总藏 (840) 1—1310;新1—4353

馆藏 1912 1—123,147,184—213,219—220

　　　 1913 329,569—585

　　　 1914 835—852,854,856—955

　　　 1915 956—971,973—1009,1020,1033—
　　　　　　 1073,1107,1114—1115,1157,
　　　　　　 1161—1166,1178,1187,1190,
　　　　　　 1256—1257,1262,1264,1268,1276

　　　 1916 新27—30,32—52,54,57,80—
　　　　　　 82,85,104,110,238—296,327

　　　 1917 566—567,580—583,598—614

　　　 1918 712,717—719,744,750,755—
　　　　　　 785,797,805,808,812,823—
　　　　　　 824,845,847,904,960,963—

964，974，976，978—979，983，
985—986，993，1000，1003，1005—
1006，1010—1011，1014，1017，
1019—1020，1022—1050

1919　1053—1054，1073，1086，1108，
1125，1129，1144—1145，1179，
1181—1183

1920　1400—1750

1921　1751—2100

1922　2101—2450

1923　2451—2456，2459—2461，2463—
2562，2564—2574，2576—2584，
2587—2608，2611，2613—2618，
2620—2621，2624—2626，2628—
2629，2631—2637，2639，2641—
2653，2657，2661—2662，2674，
2677，2680—2703，2707，2710—
2712，2715—2717，2720，2722—
2736，2739—2751，2780—2783，
2785—2799

1924　2800—2804，2808—2809，2811—
2813，2816—2822，2825，2832，
2836，2838—2846，2849—2851，
2853—2854，2856—2858，2862，
2867—2870，2872—2873，2877—
2881，2883—2912，2916—2920，
2923—2925，2927—2929，2933—
2935，2940—2941，2943—2946，
2950—2952，2954—2959，2961—
2967，2969—2980，2982—2997，
2999—3006，3008—3010，3012，
3021—3024，3027—3033，3036，
3039—3040，3042—3043，3045—
3059，3061，3063—3065，3067—
3070，3072—3073，3077—3084，
3086—3087，3089—3091，3093—
3094，3098—3099，3106—3115，
3117—3131，3133，3137，3140—
3141，3143—3149

1925　3150—3163，3166—3182，3184，
3191—3193，3197—3203

1926　3701—3704，3706—3707，3709—
3714，3716—3717，3719—3727，
3729—3750，3752—3755，3757—
3760，3790—3831，3833—3841，
3843—3846

44684

政府公报（五日刊）

临时政府行政委员会公报处　［不详］

1938—1940　1—140

馆藏　1938　5，11—41，44—49

　　　　1939　52—53，63—109

　　　　1940　122—140

46329

政工导报

国防部政工局　［不详］

［19？］—1948.8　1—48

馆藏　1948　48

45955

政衡月刊

政衡月刊社　南京

1934.1—1935.6　1—2：6

1946.11—1948.8　新1—4：2

本刊抗战期间曾停刊，1946年11月复刊，卷期另起。

总藏　（841）　1—2：6；新1—4：2

馆藏　1947　新1：3—5

44693

政建（月刊）

政建月刊社　北京

［19？］—1944.12　1—5：2

馆藏　1943　3：2

　　　　1944　4：2—4；5：2

45887

政论（旬刊）

政论社　重庆

1938.1—12　1：1—33

本刊原为半月刊，自第7期起改为旬刊，卷期续前。原在汉口出版，自19期起迁至重庆出版。

总藏　（841）　1：1—33

馆藏　1938　1：4，8—13，15—17，19—22

47785

政情专报（周刊）

[不详]　南京

1947.2—1948.3　1—52

馆藏　1947　1，3，5—13，15—16，18—44

　　　　1948　45—52

44692

政问周刊

政问周刊社　南京

1936.1—1937.7　1—83

总藏　（840）　1—83

馆藏　1936　13—17，20—21

　　　　1937　58

46328

政训半月刊

国民政府军事委员会委员长行营参谋团政训处　成都

1935　1—3

馆藏　1935　3

47621

政治丛报

[不详]　[不详]

[19？]　1

馆藏　[19？]　1

46360

（国立）政治大学校刊（周刊）

该校刊社　南京

[19？]—1948.10　1—292

馆藏　1948　268，270，272，274，277—292

46559

政治官报（日刊）

政治官报局　北京

1907.10—1911.8　1—1370

总藏　（837）　1—1370

馆藏　1907　12—97

　　　　1908　98—356

1911　1270—1278，1298—1305，1319—1326

45985

政治季刊

中央政治学校编译部　南京

1933.10　1：1

馆藏　1933　1：1

47295

政治经济学报

中国大学政治经济学报编辑委员会　[北京]

1943.6　1

馆藏　1943　1

45423

政治经济学报（季刊）

南开大学经济研究所　天津

1932.3—1937.4　1—5：3

本刊原名为"经济统计季刊"，自3卷1期1934年10月起改用本名，卷期续前。

总藏　（839）　1—5：3

馆藏　1932　1：1—4

　　　　1933　2：1—4

　　　　1935　4：1

　　　　1936　4：2—4；5：1

　　　　1937　5：2—3

44690

政治评论（周刊）

政治评论社　南京

1932.6—1935.11　1—180

总藏　（839）　1—180

馆藏　1932　5，14

　　　　1933　41—42，72—73

　　　　1934　108，118，120—121，126，130

　　　　1935　151，166，176

44686

政治通讯（周刊）

政治通讯社　南京

1947.[3]—1948.4　1—61

馆藏　1947　2—5，7—10，12—14，33

1948   49—54,56—61

45956

政治路线（月刊）

政治路线月刊社   成都

1946.11—1947.4   1:1—3

总藏   （839）   1:1—3

馆藏   1946   1:1

44685

政治向导（半月刊）

政治向导社   南京

1946.1—1948.1   1—2:9

本刊原为旬刊,在北平创刊,自2卷1947年起改为半月刊,迁至南京出版。

总藏   （836）   1:1—6,9,11—12,14—39,43;
　　　　　　　　2:1—9

馆藏   1947   2:2,6

46527

政治学报（半年刊）

国立清华大学政治学会   北平

1931.1—1932.6   1:1—2

总藏   （837）   1:1—2

馆藏   1931   1:1

44687

政治学报（年刊）

光华大学政治学会   上海

1929.10—1937.3   1—7

本刊原名为"政治学刊",自4期1934年起改用本名。

总藏   （837）   1—7

馆藏   1936   6
　　　　1937   7

44687

政治学刊

见"政治学报"

45954

政治旬刊

政治旬刊社   西安

1935.[10]—12   1:1—8

馆藏   1935   1:3,5,8

45749

政治月刊

中国大学出版部   北平

1928.11—1931.5   1—3:2

总藏   （835）   1—3:2

馆藏   1930   1:8
　　　　1931   2:6

44688

政治月刊

政治通讯月刊社   南京

1934.4—1935.12   1—4:2

本刊1至3卷每卷出6期。

总藏   （835）   1—4:2

馆藏   1934   1:1—3,5—6;2:1
　　　　1935   2:4—6;3:2—5

45748

政治月刊

政治月刊社   上海

1941.[1]—1944.11   1—8:5

馆藏   1941   1:3,5—6;2:1—6
　　　　1942   3:1—6;4:1—3,6
　　　　1943   5:1—6;6:1—4
　　　　1944   8:3—5

47869

政治周报

政治周报社   广州

1925.12—1926.6   1—14

本刊1954年由北京人民出版社影印。

总藏   （836）   1—14

馆藏   影1925   1—3
　　　　1926   4—14

47787

政治周报

国民革命军第五路军第三十一军政治部
南昌

1928.[?]—3   1—3

馆藏   1928   3

400

44691

政治周刊

政治周刊社　北平

[1934.?]—1935.6　1—2:22

馆藏　1935　2:2—22

zhi

47076

之江期刊

之江文理学院学生自治会　杭州

1933.6—1936.8　1—10

1937　新1:1—7

总藏　(36)　1—6,10;新1:1—7

馆藏　1935　3—4

　　　1936　5

46712

之江土木工程学会会刊(不定期刊)

之江文理学院该会　杭州

1934.5—1935.12　1—2

总藏　(36)　1—2

馆藏　1934　1

　　　1935　2

44067

之江校刊(月刊)

之江大学秘书处　杭州

1929.10—1937.[?]　1—94

1946.6—1948.10　复1—14

本刊原为不定期刊,94期1937年后曾停刊,1946年6月复刊,改为月刊,期数另起。

总藏　(36)　1—22,24,27,32—94;复1—14

馆藏　1947　复8—9

　　　1948　10—14

46109

之江学报(年刊)

之江文理学院之江学报编辑委员会　杭州

1932.6—1936.9　1—5

总藏　(36)　1—5

馆藏　1933　2

　　　1934　3

1935　4

1936　5

46098H

芝兰画报(周刊)

大同出版公司　上海

1946.[5]—6　1—6

本刊原为旬刊,后改为周刊。

总藏　(507)　3

馆藏　1946　6

47555

知己草

知己草社　归绥

[19?]—1947.10　1—8

馆藏　1947　8

45682

知识(半月刊)

东北杂志社　沈阳

1946.6—1949.8　1—12:2

本刊原在沈阳出版,自1卷5期1946年12月起曾迁哈尔滨、佳木斯等地出版。自9卷6期1949年起又迁回沈阳出版。1949年8月与"生活报""东北青年"合并,改名为"生活知识",卷期另起。1至11卷每卷出6期。

总藏　(798)　1—12:2

馆藏　1946　1:3;2:3

　　　1947　3:5—6;4:5;5:2,5

　　　1948　6:3;7:2—4;8:2,4,6;9:1—5

　　　1949　9:6;10:1—6;11:1—6;12:1—2

47016H

知识画报(月刊)

良友图书公司　上海

1936.8—1937.7　1—7

总藏　(799)　1—7

馆藏　1936　1—2

　　　1937　3—7

45369

知识往来(半月刊)

新民学会编辑部　天津

1935.9—12　1:1—6

总藏 （799） 1：1—6
馆藏 1935 1：1—2,4—6

45683
知识与生活(半月刊)
知识与生活社 北平
1947.4—1949.1 1—37
总藏 （799） 1—37
馆藏 1947 1—2,9,11,14,16
1948 22,24—36

45371
知行月刊
知行报社 重庆
[1946.10]—1948.3 1—18
总藏 （798） 17—18
馆藏 1948 17—18

46248
直接税通讯(半月刊)
财政部直接税署 南京
1947.2—1948.6 1—32
总藏 （738） 1—32
馆藏 1947 2—4,7,16—20
1948 21—22,27

46466
直接税月刊
直接税局经济研究室 天津
1946.8—9 1：1—2
总藏 （737） 1：1—2
馆藏 1946 1：1—2

46820
直接税杂志(月刊)
冀察热区直接税局 北平
1946.10—1948.6 1—2：
本刊第1卷出3期。
总藏 （738） 1—2：
馆藏 1946 2：1
1947 2：4—6
1948 2：7—12

47107
直隶第一女师范校友会会报
该会图书部 [天津]
[19?]—1916.12 1—2
馆藏 1916 2

47660
直隶公报(日刊)
直隶省长公署 天津
1913.1—1928.5 1—8807
本刊原由天津行政公署编印,后改由天津直隶省长公署编印,期数续前。
总藏 （736） 1—9,3153—3325,3492—3501,
3504—3507,3662—3663,3774,
3793,3837—3852,6946,7254—
7284,7287—7605,7958—7987,
7989—8051,8056—8063,8066—
8807
馆藏 1914 3777—3778
1916 4433
1921 6224

44762
直隶教育官报
见"直隶教育杂志"

46358
直隶教育界(月刊)
直隶省教育会 天津
[1913.?]—1921.3 1—26
总藏 （737） 3,17—21,23—24,26
馆藏 1913 3
1920 25

46498
直隶教育厅旬报
直隶教育厅 [天津]
1918.[?]—1927.12 1—10：24
本刊原名为"直隶教育旬报",后改用本名。1至4卷卷后为总期数。
馆藏 1919 2：44,46—47,49,53—54,57,
59,67—69,71,73—74,76—77
1920 3：83—85

1921   4:138—140,144
1925   8:23
1927   10:5,17—18,24

46498

直隶教育旬报
见"直隶教育厅旬报"

44762

直隶教育杂志(半月刊)
直隶学务公所图书馆   天津
1904.11—1911.9   1—7:13
本刊原名为"教育杂志",自3卷1907年起改用本名,自5卷1909年起又改名为"直隶教育官报"。
总藏   (737)   1:1—22;2:1—5,7—22;3—7:
馆藏   1904   1:1—2
        1905   1:3—22
        1906   2:1—22
        1907   3:1—20
        1908   4:12

47284

直隶农会报(月刊)
直隶省农会   天津
1912.[7]—1913.1   1—2:3
馆藏   1912   1:1—6
        1913   2:1,3

47798

直隶实业公报(月刊)
直隶实业厅编辑处   天津
1918.[4]—7   1:1—4
馆藏   1918   1:4

47057

直隶实业杂志(月刊)
直隶省商品陈列所   天津
1912.8—1915.12   1—4:
本刊原名为"实业杂志"半月刊,由天津直隶劝业公所实业杂志编辑处编印。自11期1913年起改用本名,并改由直隶省商品陈列所编印。原以期计算,20期后改为3卷1期计算。

总藏   (737)   1—20;3:1—2,5—10,12;4:
馆藏   1913   15
        1914   3:1
        1915   4:4

46763

职业介绍
社会部上海职业介绍所   上海
1947.1   1
总藏   (1038)   1
馆藏   1947   1

44699

殖边(月刊)
中国殖边社   上海
1932.7—1935.4   1—3:3
总藏   (1100)   1—3:3
馆藏   1932   1:1—6
        1933   1:7—12;2:1—6
        1934   2:7—12;3:1—2
        1935   3:3

46396

志存兴华月刊
志存兴华月刊社   保定
1933.1—5   1—4
总藏   (599)   1—4
馆藏   1933   1

47092

制革通讯
中国制革工程学会   重庆
1947.1   1:1
总藏   (797)   1:1
馆藏   1947   1:1

45375

制言半月刊
见"制言月刊"

45375

制言月刊
制言月刊社   上海
1935.9—1940.3   1—62

本刊原名为"制言半月刊",由苏州章氏国学讲习会编。自48期1939年起改用本名,并改由上海制言月刊社编,期数续前。37至38期又名"章氏国学讲习会学报"。

总藏　(797)　1—62
馆藏　1935　1—7
　　　1936　8—25,28,30—31
　　　1937　32—47
　　　1939　48—53,55—59
　　　1940　60,62

46769

质文(月刊)

质文社　上海

1935.5—1936.11　1—2:2

本刊原名为"杂文",自1卷4期起改用本名。原由日本东京质文杂志社出版,自2卷1期起改由上海质文社编印。第1卷出6期。收入《中国现代文学史资料丛书(乙种)》,1963年由上海文艺出版社影印。

总藏　(1050)　1—2:2
馆藏　1936　2:2
　　　影1935　1:1—4
　　　1936　1:5—6;2:1—2

46322

治安部纪事(月刊)

治安部　[北京]

1938.[1]—8　1—8

馆藏　1938　2—6,8

47597

治强通讯

新民会天津特别市总会　天津

1942　1—4

馆藏　1942　1,4

(线装)**P1029**

治史杂志

国立北京大学史学会　昆明

1937.3—1939.6　1:1—2

本刊在北平创刊,1卷2期迁昆明出版。

总藏　(680)　1:1—2

馆藏　1939　1:2

45656

智慧(半月刊)

智慧编委会　上海

1946.5—1948.12　1—61

本刊原为周刊,自1947年起改为半月刊。

总藏　(1112)　1—61
馆藏　1947　15,20—23,25—30,32—37
　　　1948　38—49,52—55,57—59

zhong

46698

中报周刊

中报社出版部　南京

1940.5　1—2

馆藏　1940　1—2

47833

中币会刊(月刊)

中国纸币集藏会　上海

1947.1—2　1—2

馆藏　1947　1—2

44958

中蚕通讯(不定期刊)

中国蚕丝公司　上海

1946.10—1948.5　1—2:4

总藏　(251)　1—2:4
馆藏　1946　1:1
　　　1947　1:2—6

46465

中大季刊

中国大学出版部　北京

1926.3—1927.11　1:

总藏　(223)　1:
馆藏　1926　1:1

46962

中大周刊

见"中国大学周刊"

44960

中道三日刊

中道三日刊编辑部 天津

1938.7—1939.2 1—74

本刊为油印本。

馆藏 1938 4,8—12,30—33,39—40,54

　　　 1939 66—67,69—74

44961

中德学志(季刊)

中德学志编委会 北京

1939.4—1944.6 1—6:2

本刊原名为"研究与进步",自第2卷1940年
4月起改用本名,卷期续前。

馆藏 1939 1:1—3

　　　 1940 1:4;2:1—4

　　　 1941 3:1—4

　　　 1942 4:1—4

　　　 1943 5:1—4

　　　 1944 6:1—2

45920

中等教育(季刊)

国立东南大学南京高师附属中学校 上海

1921.12—1922.12 1—4

馆藏 1921 1

　　　 1922 2—4

46923

中等教育(不定期刊)

中国中等教育协进社 上海

1921.12—1925.3 1—3:4

总藏 (252) 1:1—4;2:1—5;3:1—4

馆藏 1923 2:1—4

　　　 1924 3:1—2

47665

中等教育研究(月刊)

台湾省教育处等 台北

1947.4 1

总藏 (252) 1

馆藏 1947 1

47189

中等算学月刊

中等算学月刊社 南京

1933.1—1937.12 1—5:5

本刊在武昌创刊,后迁南京出版。

总藏 (252) 1—5:5

馆藏 1935 3:9—10

　　　 1937 5:4

44922

中东经济月刊

中东经济月刊编辑部 哈尔滨

1925.3—1930.8 1—6:8;特刊

馆藏 1930 6:3—8;特刊

44920

中法大学月刊

该校 北平

1931.11—1937.8 1—11:

本刊每卷出5期。

总藏 (217) 1—11:

馆藏 1931 1:1—2

　　　 1932 1:3—5

　　　 1933 3:1—5;4:1—2

　　　 1934 4:3—5;5:1—5;6:1—2

　　　 1935 6:3—5;7:1—5;8:1—2

　　　 1936 8:3—5;9:1—5;10:1—2

　　　 1937 10:3—5;11:1—2

46132

中法教育界(月刊)

中法大学 北平

1926.10—1931.9 1—45

总藏 (218) 1—45

馆藏 1926 1—3

　　　 1927 4—11

　　　 1928 12—21

　　　 1929 22—27,30—31

　　　 1930 32—38

　　　 1931 39—45

45732

中国边疆(月刊)

中国边疆学会　南京

1942.1—1948.6　1—3：

本刊在重庆创刊。3卷8期1944年后曾停刊,1948年在南京复刊,复刊1至4期即3卷9至12期。

总藏　（226）　1—3：

馆藏　1942　1：1—12

　　　　1947　3：10

44890

中国博物馆协会会报（双月刊）

该会　北平

1935.9—1937.5　1—2：5

1941.1　复1：1

本刊在北平创刊,曾停刊,1941年1月在重庆复刊,卷期另起。

总藏　（245）　1：1—5；2：1—5；复1：1

馆藏　1935　1：1—2

　　　　1936　1：3—5；2：1—2

　　　　1937　2：3—4

44556

中国晨钟（月刊）

中国晨钟社　北平

1939.12—1948.10　1—10：10

本刊原名为"西北晨钟",在西安创刊,1946年4月起改用本名。原为半月刊,自2卷1期起改为月刊。1944年9月迁重庆出版,1946年1月迁北平出版。

总藏　（244）　1—2：；3：3—12；4：1—6；6：9—12；7：1—2,5；8：1—4,10—12；9：；10：8—10

馆藏　1946　8：2,10

44904

中国萃报（日刊）

中国萃报馆　天津

1909.8—10　1—48

馆藏　1909　1—48

46962

中国大学周刊

该校出版部　北平

1929.10—1930.1　1—16

1932.11—1937.5　新1—139

本刊自1932年起期数另起。新1至139期又名"中大周刊"。

总藏　（223）　1：1—4,6—16；新1—73,75—84,87—88,91—96,108,118—126,128—139

馆藏　1935　新82

45622

中国的空军（月刊）

中国的空军出版社　南京

[19?]—1948.12　1—120

馆藏　1946　92—97

　　　　1947　101—109

　　　　1948　110—120

47111

中国地质学会志（季刊）

该会　北京

1922—1951　1—31：

本刊1922年至1935年在北平出版,1936年迁南京出版,1938年迁长沙出版,1939年至1945年迁重庆北碚出版,抗战胜利后迁回北平出版。1952年改名为"地质学报",卷期另起。

总藏　（229）　1—29：

馆藏　1922　1：1—4

　　　　1923　2：1—4

　　　　1924　3：1—4

　　　　1925　4：1—4

　　　　1926　5：1

　　　　1927　5：3—4；6：1—4

　　　　1928　7：1—4

　　　　1929　8：1—4

　　　　1930　9：1—4

　　　　1931　10：；11：1—3

　　　　1932　11：4

　　　　1933　12：

　　　　1934　13：

　　　　1935　14：1—4

　　　　1936　15：1—4；16：1—[3]

1937　16：[4]；17：1—4
1938　18：1—4
1939　19：1—3
1940　19：4；20：1—4
1941　21：2—4
1942　22：1—2
1943　23：1—4
1944　24：1—4
1945　25：
1946　26：
1947　27：
1948　28：1—4
1949　29：1—4
1950　30：1—4
1951　31：

46159

中国电力(月刊)
建设委员会全国电气事业指导委员会　南京
1937.1—7　1：1—7
总藏　（226）　1：1—7
馆藏　1937　1：1—5

46829

中国电影杂志(月刊)
中国电影杂志社　上海
1927.1—1929.6　1：1—15
总藏　（227）　1：1—15
馆藏　1928　1：14

46826

中国纺织学会(年刊)
该会青岛分会　青岛
1947.5　1
总藏　（243）　1
馆藏　1947　1

46521

中国纺织学会天津分会第一届年会会刊
该分会　天津
1947.11　1
总藏　（243）　1
馆藏　1947　1

44905

中国佛教季刊
中国佛教季刊社　上海
1943　1：1
馆藏　1943　1：1

47878

中国妇女(月刊)
中国妇女社　延安
1939.6—1941.3　1—2：10
本刊1983年由人民出版社影印。
总藏　（231）　1—2：8
馆藏　影1939　1：1—7
　　　　1940　1：8—12；2：1—7
　　　　1941　2：8—10

45641

中国工程师学会会刊
见"工程"

47066

中国工程学会月刊
中国工程学会　［不详］
1924.1　1
馆藏　1924　1

44896

中国工程周报
中国工程周报社　南京
1947.12—1948.10　1—58
总藏　（222）　2—3，23—58
馆藏　1948　41，50

44434

中国工业(月刊)
中国牛顿社　南京
1932.11—1937.7　1—6：7
本刊原名为"牛顿"，自3卷1期1934年起改
名为"工业"，自4卷10期1935年起改用本
名。原在日本东京出版，1936年迁至南京
出版。
总藏　（221）　1—6：7
馆藏　1934　3：7，11

1935　4：1—4,6—11
1936　5：1—2

46908

中国工业（月刊）

中国工业合作研究所　上海

1942.1—1946.7　1—35

本刊在桂林创刊,后迁往重庆,自32期1946
年2月迁至上海出版。

总藏　（221）　1—35

馆藏　1945　28—30
　　　 1946　31—35

44864

中国公论（月刊）

中国公论社　北京

1939.4—1945.1　1—12：4

本刊每卷出6期。

馆藏　1939　1：1—6；2：1—3
　　　 1940　2：4—6；3：1—6；4：1—3
　　　 1941　4：4—5；5：1—2,4—6；6：1—3
　　　 1942　6：4—6；7：1—6；8：1—3
　　　 1943　8：4—6；9：1—6；10：1—3
　　　 1944　10：4—5；11：1—6；12：1—2
　　　 1945　12：4

45769

中国国际联盟同志会月刊

该会　南京

1936.5—11　1：1—7

本刊自1937年1月起改名为"世界政治",卷
期另起。

总藏　（241）　1：1—7

馆藏　1936　1：1

44915

中国海军（月刊）

中国海军月刊社　上海

1947.3—1948.8　1—13

馆藏　1947　1—5
　　　 1948　8—13

46486

中国滑翔（双月刊）

滑翔出版社　重庆

1941.12—1944.3　1—2：6

本刊原为季刊,自2卷1期1943年起改为双
月刊。

总藏　（247）　1—2：6

馆藏　1944　2：6

（旧参）O6—2／ZZL

中国化学会会志（双月刊）

该会　北平

1933.4—1949.5　1—16：2

本刊原为季刊,4卷1936年改为双月刊。

总藏　（226）　4：；5：5；6：1—2；7—10：；11：
　　　　　　　　 1—2；12：1；13：1；14：1；15：1；
　　　　　　　　 16：1—2

馆藏　1933　1：1—4
　　　 1934　2：1—4
　　　 1935　3：1—4
　　　 1936　4：1—6

46121H

中国画报（三日刊）

中国画报馆　上海

1925.8—12　1—40

总藏　（238）　2—40

馆藏　1925　1—40

44900

中国回教青年学会会报（月刊）

该会　南京

1936.9—1937.4　1—3

总藏　（230）　1—3

馆藏　1936　1—2

45872

中国建设（月刊）

中国建设协会　南京

1930.1—1937.8　1—16：2

本刊在上海创刊,自3卷3期1931年3月起
迁至南京出版。

总藏　（239）　1—16：2

馆藏 1930 1:1—6;2:1—6
1931 3:1—2;4:5
1932 6:3,5
1933 8:6
1934 10:3,5—6
1935 11:1—6
1937 15:5;16:2

44887

中国建设(月刊)

中国建设出版社 上海

1945.10—1949.4 1—8:1

总藏 (239) 1—8:1

馆藏 1947 3:4—6;4:1—3,5—6;5:1—3
1948 5:4—6;6:2—6;7:1—3

47204

中国建设新报周刊

中国建设新报社 北平

1928.[11]—1931.2 1—33

总藏 (240) 7,21—22,25—32

馆藏 1929 10—14,19—22
1930 30
1931 32—33

46325

中国建筑(月刊)

中国建筑师学会 上海

1932.11—1935.[?] 创刊号;1—3:5

1936.3—1937.4 24—29

本刊愿以卷期计算,自1936年3月起改以期计算,三月号即第24期。

总藏 (240) 1—3:5;24—29

馆藏 1932 创刊号
1933 1:1—6
1934 2:1—12

47644

中国教育电影协会第四届季会专刊

该会 [杭州]

1935 1

馆藏 1935 1

(旧参)G68—54/ZJX

中国教育学会年报

该会 上海

[19?]—1947

本刊在抗战期间曾迁重庆出版。

总藏 (244) 1947

馆藏 1944
1947

46264

中国近代经济史研究集刊(半年刊)

国立中央研究院社会科学研究所 南京

1932.11—1949.1 1—8:1

本刊自5卷1期1937年起改名为"中国社会经济史研究集刊"。原在北平出版,自4卷1期1936年起迁南京出版,7卷1期1944年迁四川,抗战胜利后迁回南京。

总藏 (232) 1—4:2;5—8:1

馆藏 1933 2:1
1934 2:2
1936 4:1

45916

中国经济(月刊)

中国经济研究会 上海

1943.[7]—1944.12 1—2:

本刊原为双月刊,自2卷1期1944年1月起改为月刊。第1卷出3期。

馆藏 1943 1:2—3
1944 2:1—12

44889

中国经济评论

中华经济学会 南京

1939.11—1943.4 1—6:5

馆藏 1939 1:1—2
1940 1:3—6;2:1—6
1941 3:1—6;4:1—6
1942 5:1—6;6:1—2
1943 6:5

44888

中国经济月刊

中国经济研究会　南京

1933.4—1937.8　1—5:8

总藏（245）　1—5:8

馆藏　1934　2:1—12

　　　1935　3:1—12

　　　1936　4:3,7—12

　　　1937　5:1—7

47882

中国军人（不定期刊）

中国青年军人联合会　广州

1925.2—1926.3　1—9

本刊原为半月刊,自6期起改为不定期刊。

1983年由人民出版社影印。

总藏（241）　2—3,5—8

馆藏　影1925　1—8

　　　1926　9

45688

中国科学化运动协会会报（不定期刊）

该会　南京

1934.[?]—1937.4　1—7

总藏（242）　2—7

馆藏　1937　7

45553

中国矿冶工程学会会刊

见"矿冶"

44903

中国论坛（月刊）

中国社会经济研究社　南京

1948.4—10　1:1—6

总藏（249）　1:1—6

馆藏　1948　1:1—2

47247

中国漫画（月刊）

中国漫画社　上海

1935.8—1937.6　1—14

总藏（249）　1—6,8—11,13—14

馆藏　1936　7,10—11

44906

中国每日物价指数（月刊）

国民政府统计局　南京

1935.5—1937.[?]　1—32

总藏（234）　1—25,32

馆藏　1935　1—8

　　　1936　9—20

　　　1937　21—25

44886

中国美术会季刊

该会　南京

1936.1—1937.1　1:

总藏（242）　1:1—4

馆藏　1936　1:1—3

　　　1937　1:4

44914

中国民众自治丛刊（月刊）

中国民众自治丛刊社　天津

1930.9—1931.3　1—4

总藏（226）　1—2,4

馆藏　1931　4

44891

中国内幕（双周刊）

中国内幕双周刊社　天津

1947.11—1948.9　1—17

总藏（225）　3—5,10—17

馆藏　1947　1—2

　　　1948　3—6

45947

中国农村（月刊）

中国农村经济研究会　上海

1934.10—1943.5　1—8:11

本刊3卷8期1937年8月后曾迁南昌、汉口、桂林等地出版。原为月刊,自4卷起改为半月刊,5卷1期起又改回月刊。

总藏（228）　1—3:8;4—7:;8:1—9,11

馆藏　1936　2:3—12

　　　1937　3:1—8

46390

中国农民(月刊)

中国国民党中央执行委员会农民部　广州

1926.1—1927.6　1—2:1

本刊1966年9月由人民出版社影印。

总藏　(227)　1:1—10;2:1

馆藏　影1926　1:1—10

　　　　　1927　2:1

44916

中国评论(月刊)

中国评论社　南京

1947.7—1948.9　1—10

总藏　(245)　1—10

馆藏　1947　2—6

　　　1948　7—10

45391

中国气象学会会刊

见"气象杂志"

47322

中国青岛报特刊

中国青岛报社　青岛

1923.12　1

馆藏　1923　1

47653

中国青年(半月刊)

中国青年社　北京

1923.10—1927.10　1—8:3

1939.4—1941.3　复1—3:5

1948.12—　复1—

本刊1923年10月在上海创刊,1927年停刊。先以期计算,167期后按8卷计期。1939年4月在延安复刊,卷期另起,3卷5期后停刊。1948年12月在陕北复刊,期数又另起。自复刊4期起迁至北京出版。1966年由人民出版社影印。

总藏　(238)　1—150,152,155,163—167;复
　　　　　　　1—3:5;复1—23

馆藏　1948　复1

　　　1949　2—4

　　　影1923　1—11

1924　12—59

1925　60—106

1926　107—146

1927　147—155,158—167;8:3

44913

中国青年(月刊)

中国青年月刊社　南京

1939.7—1947.3　1—15:4

1947.4—1948.4　复1—2:4

本刊在重庆创刊,自15卷1期1946年8月起迁南京出版。15卷4期1947年3月后曾停刊,同年4月复刊,卷期另起。

总藏　(236)　1—14:4;15:1—4;复1—2:4

馆藏　1944　2:11

　　　1947　复1:3,7

　　　1948　2:1,3—4

(新善)**K266.6/DRS**

中国人民爱国自卫战争华东战场第一年画刊

大众日报社华东新华社　华东

1947.10　1

总藏　(220)　1

馆藏　1947　1

45767

中国人物(旬刊)

中国人物出版社　上海

1948.8—1949.5　1—12

本刊原为半月刊,后改为旬刊。

总藏　(221)　2—12

馆藏　1949　5

44912

中国社会(季刊)

中国社会问题研究会　南京

1934.7—1941.1　1—6:1

本刊自4卷3期1938年起迁至重庆出版。

总藏　(232)　1—6:1

馆藏　1935　2:1

46264

中国社会经济史研究集刊

见"中国近代经济史研究集刊"

44910

中国摄影(月刊)

中国摄影出版社　上海

1946.10—1949.3　1—23

总藏　(248)　1—23

馆藏　1946　1

　　　　1947　4,8—10

　　　　1948　15—16,18—19

　　　　1949　21

45341H

中国生活(月刊)

中国生活画报社　上海

1946.[10]—1948.6　1—13

本刊原名为"上海画报",自6期起改用本名。

总藏　(227)　3—13

馆藏　1947　7,10—12

　　　　1948　13

44883

中国实业(月刊)

中国实业杂志社　南京

1935.1—1936.3　1—2:3

总藏　(235)　1—2:3

馆藏　1935　1:1—12

　　　　1936　2:1—3

47244

中国实业新报(月刊)

实业新报社　上海

1919.[7]—1921.8　1—14

总藏　(235)　4—8,11—14

馆藏　1920　11

44884

中国实业杂志(月刊)

中国实业杂志社　天津

1910.9—1919.3　1—9:7

本刊在日本东京创刊,自8卷8期1917年起迁至天津出版。

总藏　(235)　3:;4:1—10,12;5—8:8;9:1,7

馆藏　1912　3:3—5,8—9

　　　　1913　3:12;4:1—2

　　　　1914　5:1,3,5—11

　　　　1915　6:3,5—10

　　　　1916　7:1—11

　　　　1917　8:2—4,7—8

　　　　1919　9:6

47355

中国体育

[不详]　[不详]

[19?]—1944.7　1—2

馆藏　1944　2

46354

中国童子军(月刊)

中国国民党中央执行委员会训练部　南京

[19?]—1931.7　1—21

馆藏　1931　16—17,21

46354

中国童子军(月刊)

中国童子军总会　南京

1935.[2]—1936.3　1—2:1

馆藏　1935　1:3—5,7—9

　　　　1936　2:1

46354

中国童子军半月刊

中国童子军半月刊编辑社　南京

1932.8—1933.1　1:1—10

馆藏　1932　1:1—8

　　　　1933　1:9—10

46354

中国童子军月刊

中国童子军月刊社　南京

1934.[3]—11　1—9

馆藏　1934　3—9

45708

中国童子军总会筹备处汇报(半月刊)

该处　南京

[1933.3]—9　1—13

馆藏　1933　4,7—13

45853

中国童子军总会公报

该会　南京

1935.1—1948.6　1—2:12

馆藏　1935　1:1—15

　　　　1936　2:1—2

　　　　1948　2:12

45708

中国童子军总会月刊

该会　南京

1936.5—[9]　1:1—6

馆藏　1936　1:1—6

46980

中国土木工程师学会会务月刊

该会　南京

1937.5—6　1:1—2

总藏　(222)　1:1

馆藏　1937　1:1—2

47745

中国卫生丛刊(月刊)

中国卫生丛刊社　天津

1930.[?]—1931.1　1—4

馆藏　1931　4

46305

中国卫生杂志(月刊)

中国卫生杂志社　天津

1929.10—1932.5　1—34;摘要汇订本(1—24)

总藏　(223)　1—34;摘要汇订本(1—24)

馆藏　1929　2,4—5,7—8,10—12

　　　　1930　14—16,18—23

　　　　1931　26;摘要汇订本(1—24)

47125

中国文化(月刊)

中国文化社　延安

1940.2—1941.8　1—3:3

本刊1966年由人民出版社影印。

总藏　(224)　1—2:5

馆藏　影1940　1:1—6;2:1—4

1941　2:5—6;3:1—3

44894

中国文化建设协会会报(月刊)

该会　上海

1934.8—1935.12　1—2:5

总藏　(224)　1—2:5

馆藏　1934　1:1

　　　　1935　1:8,10—12;2:1—2

44877

中国文化研究汇刊(年刊)

中国文化研究汇刊编委会　成都

1941—1951　1—10

总藏　(224)　1—8

馆藏　1946　6

　　　　1947　7

　　　　1948　8

　　　　1950　9

　　　　1951　10

44895

中国文学(月刊)

华北作家协会　北京

1944.1—11　1:1—11

馆藏　1944　1:1—5,7—11

47776

中国文学(月刊)

中国文学社　北平

1946.6—8　1:1—3

总藏　(224)　1:1—3

馆藏　1946　1:1

44897

中国文艺(月刊)

中国文艺社　北京

1939.9—1943.11　1—9:3

馆藏　1939　1:2—4

　　　　1940　1:5—6;2:1—5;3:2,4

　　　　1941　4:4—6;5:1—4

　　　　1942　5:5—6;6:1—2,4—6;7:1—4

　　　　1943　7:5—6;8:1—6;9:2—3

413

44898

中国文艺(月刊)

中国文艺月刊编辑委员会　上海

1937.5—7　1:1—3

总藏　(223)　1:1—3

馆藏　1937　1:1—3

47505

中国文艺月刊

中国文艺社　天津

1930.5—6　1—2

馆藏　1930　1—2

47252

中国文摘(半月刊)

中国文摘社　南京

1948.7—10　1—8

总藏　(224)　1—8

馆藏　1948　5—6

44911

中国无线电(月刊)

亚美公司　上海

1933.1—1942.3　1—10:3

本刊原为半月刊,自6卷起改为月刊。

总藏　(225)　1—10:3

馆藏　1934　2:17,19,22

　　　1935　3:1—24

　　　1936　4:2—4,6—8,10,17

　　　1937　5:3,5—14,19—20,23—24

　　　1938　6:9,12

　　　1939　7:4,7,9,11

　　　1940　8:2—4,7—12

　　　1941　9:3—12

　　　1942　10:1—2

44893

中国新论(月刊)

中国新论社　南京

1935.4—1944.4　1—4:1

本刊3卷7期1937年11月后曾停刊,1944年4月在重庆复刊,卷期续前。

总藏　(248)　1:1—8;2:1—10;3:1—7;4:1

馆藏　1936　2:4

44918

中国新书月报

华通书局中国新书月报社　上海

1930.12—1933.3　1—3:3

总藏　(247)　1—3:3

馆藏　1930　1:1

　　　1931　1:2—12

　　　1932　2:1—10

　　　1933　3:1—3

44865

中国新闻(半月刊)

中国新闻半月刊社　南京

1947.7—1949.10　1—6:5

本刊自4卷1期起改为周刊。

总藏　(247)　1—3:;4:1—5,8;5:1—6:5

馆藏　1947　1:6—9

　　　1948　1:10—12;2:1—10,12;3:1—3

44907

中国学报(月刊)

中国学报社　北京

1912.11—1913.7　1—9

1916.1—5　复1—5

本刊9期1913年7月后曾停刊,1916年1月复刊,期数另起。

总藏　(236)　1—9;复1—5

馆藏　1913　4,6—8

　　　1916　复1—5

46020

中国学报(月刊)

中国学报社　北京

1944.3—1945.4　1—3:4

馆藏　1944　1:1—6;2:1—4

　　　1945　3:4

47523

中国学生(月刊)

国立中央大学研究部　南京

1942.11—1943.3　1:1—6

馆藏　1942　1:1,3

1943   1:5—6

44879

中国学生(月刊)

良友图书印刷公司   上海

1929.1—1931.8   1—3:8

总藏 （235）   1:1—2,4—12;2:;3:1,3—8

馆藏 1929   1:11—12

1930   2:1—12

44917

中国养蜂杂志(月刊)

中国养蜂杂志社   北平

1934.1—   1:1—

本刊4卷9期1937年后曾停刊,1946年复刊,
卷期续前,新中国成立后继续出版。

总藏 （241）   1—4:9;5—7:

馆藏 1946   5:1—6

1947   6:6

1948   7:2—9,11—12

46813

中国医药月刊

中国医药月刊社   北京

1940.6—1943.6   1—3:

总藏 （234）   1:1—6,8—12;2:1—11;3:

馆藏 1940   1:1

1941   2:6

1942   3:2,5

1943   3:8—9,11—12

44908

中国银行通信录(月刊)

该行总管理处   上海

1915.1—1922.1   1—78

本刊又名"中国银行业务会计通信录"。

总藏 （249）   1—68,71—75,78

馆藏 1916   24

1917   31

1918   41

1919   42,53

1920   57—62,64—65

1921   66—74

44919

中国银行星期报告

该行总管理处   上海

1921.3—12   1—40

总藏 （249）   2—7,9—12,16—40

馆藏 1921   16,22,26,29,31—32

44908

中国银行业务会计通信录

见"中国银行通信录"

44880

中国营造学社汇刊(季刊)

该社   四川南溪

1930.7—1945.10   1—7:2

本刊在北平创刊,后迁四川南溪出版。第1卷
为半年刊,2卷为不定期刊,自3卷起改为
季刊。

总藏 （244）   1—7:2

馆藏 1930   1:1—2

1931   2:1—3

1932   3:1—4

1933   4:1—4

1934   5:1—2

1935   5:3—4;6:1—2

1936   6:3

1937   6:4

1945   7:2

45443

中国舆论(月刊)

中国舆论社   南京

1948.4—11   1:1—6

总藏 （249）   1:1—6

馆藏 1948   1:1—2,4—5

45793

中国与世界(月刊)

中国与世界社   上海

1940.[?]—12   1—5

馆藏 1940   3—5

45961

中国与苏俄(季刊)

中国与苏俄杂志社　南京

1933.[1]—2　1:1—2

1934.[?]—1935.4　新1:1—3

本刊原为月刊,后改为季刊,卷期另起。

馆藏　1933　1:2

　　　1935　新1:3

44878

中国作家(月刊)

中华全国文艺协会中国作家编委会　上海

1947.10—1948.5　1:1—3

总藏　(235)　1:1—3

馆藏　1947　1:1

　　　1948　1:2—3

44694

中行生活(月刊)

中国银行总管理处　上海

1932.5—1935.3　1—36

总藏　(213)　1—36

馆藏　1932　1—8

　　　1933　9—21

　　　1934　22—33

　　　1935　34—36

44872

中行月刊

中国银行经济研究室　上海

1930.7—1938.12　1—17:

总藏　(213)　1—17:

馆藏　1930　1:1—6

　　　1931　2:7—12;3:1—6

　　　1932　4:1—6;5:1—6

　　　1933　6:1—6;7:1—6

　　　1934　8:1—6;9:1—6

　　　1935　10:1—6;11:1—6

　　　1936　12:1—6;13:1—6

　　　1937　14:1—6;15:1,4—6

　　　1938　16:1—6

44962

中和月刊

中和月刊社　北京

1940.1—1944.10　1—5:10

馆藏　1940　1:1—12

　　　1941　2:1—12

　　　1942　3:1—12

　　　1943　4:1—8

　　　1944　5:10

44935

中华(半月刊)

中华杂志社　北京

1913.[?]—1914.9　1:1—10

总藏　(197)　1:1,8,10

馆藏　1914　1:9

44939

中华法令旬刊

中华法令编印馆　北京

[19?]—1941.9　1—2:9

馆藏　1941　2:6—9

44926

中华法学杂志(月刊)

大东书局　上海

1930—1935　1—6:

1936—1937　新1:

1938.[?]—1948.10　复1—7:8

本刊原由南京世界学院中华法学杂志社编辑,北平研究院发行。自1936年起改由中华民国法学会编委会编,卷期另起。曾停刊,1938年在重庆复刊,卷期又另起,1946年又迁上海,由大东书局出版,卷期续前。

总藏　(204)　1—6:;新1:;复1—5:;6:1—
　　　　　　　　6,10;7:1—8

馆藏　1937　新1:1,5—7

　　　1946　复5:4

　　　1947　6:1,4,6

　　　1948　7:1—3

47167

中华妇女界(月刊)

中华书局　上海

1915.1—1916.6　1—2:6

总藏　(202)　1—2:6

馆藏　1915　1:10

　　　　1916　2:1,6

44930

中华工程师会会报

见"中华工程师学会会报"

44930

中华工程师学会会报（月刊）

该会　北平

1913.［11］—1929.12　1—16:

本刊原名为"中华工程师会会报",在汉口创刊,自2卷6期起改用本名。3卷8期起迁至北京出版。

总藏　（198）　1:6—12;2—16:

馆藏　1918　5:9,12

　　　　1919　6:1—7,9—12

　　　　1920　7:1—12

　　　　1921　8:1—6,8—12

　　　　1922　9:1—12

　　　　1923　10:1—12

　　　　1924　11:11—12

　　　　1925　12:1—12

　　　　1926　13:1—12

　　　　1927　14:1—12

　　　　1928　15:1—12

　　　　1929　16:1—12

47013

中华公论（月刊）

中华公论社　上海

1937.7—8　1—2

总藏　（200）　1—2

馆藏　1937　1

46568

中华国货产销协会每周汇报

该会　上海

1935.［?］—1949.5　1—6:17

本刊3卷27期1937年7月后曾停刊,1946年8月复刊,卷期续前。

总藏　（206）　2—3:27;4:1—37,39—57,5:

　　　　　　　　1—51;6:1—17

馆藏　1946　4:3—5

　　　　1947　4:6—7,12—15,17—18,20—

　　　　　　　　39,41—57

　　　　1948　5:1,7—8,11—27,30,32—38,

　　　　　　　　40—44

44943

中华国货月刊

中华国货报社编辑部　辽宁

1930.5—1931.4　1—7

总藏　（206）　3—7

馆藏　1931　6

46746

中华海员（月刊）

中华海员公会　天津

1942.1—8　1—8

馆藏　1942　1,8

46746

中华海员季刊

中华海员工会特派员办事处　重庆

1941—1943　1—2:2

本刊原名为"海员通讯",在香港创刊,因太平洋战争爆发停刊,1943年1月在重庆复刊,改用本名,卷期续前。

总藏　（208）　1:5—6;2:1—2

馆藏　1943　2:2

47099

中华护士报（季刊）

中华护士学校　南京

［1920.?］—1941.10　1—22:4

本刊1947年1月改名为"中国护士季刊",卷期另起。

总藏　（202）　6:2;8:4;13:4;16:4;18:1—2;

　　　　　　　　20:3;22:4

馆藏　1939　20:1—3

46464

中华化学工业会会志

见"化学工业"

46054H

中华画报(隔日刊)

中华画报社 天津

1931.3—1933.9 1—4:346

本刊卷后为总期数。

总藏 (206) 1—100,201—300

馆藏 1931 1:1—92

1932 1:93—100;2:101—200;3:201—
241

1933 3:242—300;4:301—346

46145H

中华画报(月刊)

新中华图书公司 上海

1931.[?]—1935.7 1—35

总藏 (206) 6

馆藏 1934 26—30

1935 31—33,35

45969H

中华画刊(周刊)

中华画刊社 天津

1948.6—8 1—8

总藏 (206) 1—8

馆藏 1948 1—2

46627

中华基督教会半年刊

该会 天津

[1938.?]—1939.1 1—2

馆藏 1939 2

45436

中华基督教女青年会全国协会会务鸟瞰(月刊)

该会 上海

1930—1937:3

总藏 (211) 1930:1—4,11—12;1931:1—
12;1932:2—7,9—10,12;
1933:5,7,9—10,12;1937:
2—3

馆藏 1930:4

1931:1

1932:6—7,10,12

1933:1,6—7

44934

中华健康杂志(双月刊)

中华健康协会 上海

1939.8—1951.12 1—13:

本刊1至2卷3期在昆明出版,由中华医学会
编,自2卷4期起迁上海,改由上海中华健康
协会编。自13卷起改为月刊。

总藏 (208) 1—11:

馆藏 1940 2:4

1941 3:3—5

1942 4:2,5—6

1946 8:5

1947 9:1—2,4—6

1948 10:1—3

1949 11:1,6

44931

中华教育界(月刊)

中华教育界杂志社 上海

1912.1—1937.8 1—25:2

1947.1—1950.12 复1—4:

本刊25卷2期1937年8月后曾停刊,1947年
1月复刊,卷期另起。

总藏 (208) 1—6:6;7—8:7;9—25:;复
1—4:

馆藏 1913 2:1—12

1914 3:1,3—5

1915 4:4—6,10—11

1916 5:2—6,9

1921 10:7—8;11:2

1922 11:6—8

1924 14:1

1928 17:8

1929 17:9—12

1930 18:1—12

1931 19:2—6

1932 19:7—12;20:1—6

1933 20:7—12;21:1—6

1934 21:7—12;22:2—5

1935　22：8—12；23：1—6
1936　23：7—12；24：1—6
1937　24：7—12；25：1
1947　复1：1—12
1948　2：1—12
1949　3：5,9—10

44929

中华警察协会杂志(月刊)

中华警察协会事务所　北京

1913　1—2

馆藏　1913　1—2

46429

中华开国四年来大摄影

见"国运"

46833

中华漫画(月刊)

华北漫画协会　北京

1944.2—5　1：1—4

馆藏　1944　1：1—4

47138

中华民国

中华民国社　〔日本〕东京

1929.3—9　1—5

总藏　（200）　1,3,5

馆藏　1929　4

44944

中华农林会报

见"中华农学会报"

44944

中华农学会报(月刊)

农业学校该会　南京

1919.1—1948.11　1—190

本刊原名为"中华农学会丛刊"，自1卷5期
起改名为"中华农林会报"，自2卷1期起改
用本名。原以卷计算，3卷12期后改为以期
计算。48期、54至66期又名为"中华农学会
丛刊"。原在北京出版，自43期起迁上海，自
119期起迁南京，自164期起迁重庆，自189

期起又迁回南京出版。

总藏　（200）　1：1—10；2：1—10；3：1—12；
　　　　　　　35—171,174—190

馆藏　1919　1：5
　　　1920　1：6—8,10；2：1—3
　　　1921　2：4—10；3：1；专刊
　　　1935　139—143
　　　1936　144—155
　　　1937　156
　　　1948　186—189

44944

中华农学会丛刊

见"中华农学会报"

44945

中华农学会通讯(月刊)

该会　南京

1940.5—1948.1　1—82

本刊为"中华农学会报"副刊,在重庆创刊,后
迁南京出版。

总藏　（201）　1—82

馆藏　1948　81—82

44942

中华少年(半月刊)

中华少年杂志社　上海

1944.1—1949.12　1—6：

本刊原为月刊,自4卷1期1947年起改为半
月刊。原在重庆创刊,1946年迁至上海出版。

总藏　（199）　1—6：

馆藏　1948　5：4,6—7,10,12,14—15,21

47243

中华摄影杂志(不定期刊)

中华艺学社　上海

1931.10—1936.6　1—11

总藏　（212）　1—11

馆藏　1931　1
　　　1932　2—5
　　　1933　6—8
　　　1934　9
　　　1935　10

44927

中华实业界(月刊)

中华书局　上海

1914.1—1916.6　1—3:6

总藏　(205)　1—3:6

馆藏　1914　1:1

　　　1915　2:4,7,9

　　　1916　3:3—4

47020

中华实业商报(月刊)

中华实业商报社　[天津]

1934.6—8　1—3

总藏　(205)　1—3

馆藏　1934　2—3

44928

中华实业月刊

中华实业协会　太原

1934.1—1937.7　1—4:7

本刊原为季刊,自2卷3期起改为月刊。

总藏　(205)　1—2:8;3—4:7

馆藏　1934　1:1,4

　　　1935　2:5

　　　1936　3:1—12

　　　1937　4:1—6

46421

中华特刊

中华报社　[北平]

1930.7　1

馆藏　1930　1

47655

中华体育(双月刊)

中华体育学会　重庆

1945.1—7　1:1—4

总藏　(204)　1:1—4

馆藏　1945　1:4

44925

中华图书馆协会会报(双月刊)

该会　北平

1925.6—1948.5　1—21:4

本刊12卷6期后因七七事变曾停刊。1938年在昆明复刊,卷期续前。1940年至1941年迁成都,1942年至1945年迁重庆,抗战胜利后迁南京出版。

总藏　(206)　1—21:4

馆藏　1925　1:3

　　　1928　3:4

　　　1929　4:5;5:1—3

　　　1930　5:5—6;6:1—3

　　　1931　6:4—5;7:1—3

　　　1932　7:4—6;8:1—3

　　　1933　8:4—6;9:1—3

　　　1934　9:4—6;10:1—3

　　　1935　10:4—6;11:1—3

　　　1936　11:4—6;12:1—3

　　　1937　12:4—6

45603

中华图书馆协会年会报告(年刊)

该会　北平

1929—1933　1—2

总藏　(206)　1—2

馆藏　1929　1

　　　1933　2

44932

中华无线电(月刊)

中国振华电器厂　上海

1935.11—1937.6　1—2:6

本刊第1卷出14期。

总藏　(199)　1—2:6

馆藏　1935　1:1

　　　1936　1:3—5,8

　　　1937　2:4

46846

中华戏剧(月刊)

中华戏剧月刊社　天津

1947.5　1:1

总藏　(201)　1:1

馆藏　1947　1:1

45745

中华小说界(月刊)

中华书局　上海

1914.1—1916.6　1—3:6

总藏　(199)　1—3:6

馆藏　1914　1:1—12

　　　1915　2:1—5,7—12

　　　1916　3:1—4,6

44940

中华新声半月刊

中华新声半月刊社　南京

[1938.?]—1941.1　1—5:9

馆藏　1940　4:12;5:1,4—7

　　　1941　5:9

47440

中华新实业丛报(月刊)

中华新实业丛报社　济南

1920.1—11　1—9

总藏　(212)　6

馆藏　1920　3—6,9

47482

中华新闻副刊(双日刊)

中华新闻报社　天津

[19?]—1936.12　1—6:164

本刊原为三日刊,自1936年3月改为双日刊,并由以期计算改为6卷1期计算。

馆藏　1935　20—24,27—29,31—37

　　　1936　6:1—35,37—51,73,75,81,
　　　　　　85—86,88—96,98—103,105—
　　　　　　113,115—116,121—133,135—
　　　　　　140,142—145,155—164

44938

中华学生界(月刊)

中华学生界社　上海

1915.1—1916.6　1—2:6

总藏　(206)　1—2:6

馆藏　1916　2:5

47783

中华学艺社报(月刊)

该社　上海

1930—1951　1—18:1

本刊自15卷2期1948年6月起改名为"学艺通讯",卷期续前。原为月刊,自1948年起改为季刊。

总藏　(690)　1—7:10;8:1—8;9:1—4;10:
　　　　　　1—2;11:1;13:1—2;14:1—3;
　　　　　　15—16:1

馆藏　1932　5:3

44941

中华医学杂志(月刊)

中华医学会　上海

1915.11—1949.[?]　1—35:

本刊原为中英文合刊,后中英文分刊,中文刊由上海中华医学会出版,英文刊由北京协和医学院出版。1932年仍出版中英文合刊,后又单行出版。原为季刊,自10卷1期1924年起改为双月刊,自20卷1934年起改为月刊。20至24卷与"齐鲁医刊"13至17卷合刊。

总藏　(202)　1:1—2;2—3:3;4—35:

馆藏　1921　7:1

　　　1923　9:4

　　　1924　10:1

　　　1941　27:12

　　　1945　31:3—4

　　　1947　33:1—2,11—12

　　　1948　34:2—4,7,9

44924

中华邮工(月刊)

全国邮务总工会　上海

1935.3—1946.[?]　1—8:3

1947.5—12　新1:1—4

1948.3—1949.3　新1—9

本刊自4卷1期1939年2月起迁重庆,改出战时半月刊。1947年5月迁回上海,改为月刊,卷期另起。自1948年3月起,期数又另起。

总藏　(204)　1:1—8;2:1—10;3:1—4;4:
　　　　　　1—8;5:1—9;6:1,3—12;7:
　　　　　　1—4,7—8;8:1;新1:1—4;新

1—9

馆藏　1935　1:1—4,8

　　　　1936　2:1—3

46115

中华月报

中华月报社　上海

1933.3—1945.3　1—8:4

本刊 5 卷 8 期 1937 年 8 月后曾停刊,1943 年 7 月复刊,卷期续前。

总藏　（197）　1—8:4

馆藏　1935　3:1—12

　　　　1936　4:1—12

　　　　1937　5:1—3

　　　　1944　7:4

46188

中华杂志(半月刊)

进步党本部中华杂志社　北京

1914.4—1915.1　1—2:1

本刊自 1 卷 8 期起改为月刊。

总藏　（201）　1—2:1

馆藏　1914　1:1,3,6

44933

中华周报

中华周报社　北京

1944.9—1945.8　1—2:34

馆藏　1944　1:1—7,10,12—14

　　　　1945　2:1—4,6—13,15—34

44933

中华周报

中华日报社　上海

1942.7—1943.6　1—50

总藏　（198）　1—9,11—37,39—50

馆藏　1942　1,3—5,8—9,11—12

47248

中坚(半月刊)

中坚半月刊社　上海

1946.1—1948.7　1—5:3

本刊原为月刊,自 3 卷 1 期 1947 年起改为半月刊。

总藏　（217）　1—5:3

馆藏　1947　3:4—5

44957

中建(半月刊)

中国建设服务社　上海

1946.6—1949.2　1—3:16

1948.7—12　北平版 1:1—10

1949.2—3　综合版 1:1—3

总藏　（220）　1—3:16;北平版 1:1—10;综合版 1:1—3

馆藏　1947　1:19,21,24;2:2

　　　　1948　3:4—8;北平版 1:6—10

46854

中建月刊

中建月刊社　北平

1945.10　1:1

馆藏　1945　1:1

44921

中联银行月刊

中国联合准备银行　北京

1941.1—1945.6　1—9:

本刊每卷出 6 期。

馆藏　1941　1:1—6;2:1—6

　　　　1942　3:1—6;4:1—6

　　　　1943　5:1—6;6:1—6

　　　　1944　7:1—6;8:3—5

　　　　1945　9:1—6

44963

中流(半月刊)

上海杂志公司　上海

1936.9—1937.8　1—2:10

本刊 1981 年 8 月由上海书店影印。

总藏　（250）　1—2:10

馆藏　1936　1:1—8

　　　　1937　1:9—12;2:1—9

　　影 1936　1:1—8

　　　　1937　1:9—12;2:1—10

47676

中流月刊

中流月刊社　北平

1945.10　1∶1

1947.3—6　新1—3

本刊自1947年3月起期数另起。

总藏　（250）　1∶1；新1—3

馆藏　1945　1∶1

44923

中南情报(半月刊)

国立暨南大学海外文化事业部　上海

1934.4—1935.6　1—2∶5

本刊2卷5期1935年6月后与"南洋研究"合并。

总藏　（250）　1—2∶5

馆藏　1934　1∶1—10

　　　1935　2∶1—5

47166

中农月刊

中国农民银行总管理处　重庆

1940.1—1948.10　1—9∶10

本刊自7卷2期1946年起迁南京出版。

总藏　（195）　1—9∶10

馆藏　1944　5∶12

　　　1945　6∶6

46175

（国立）**中山大学广西同学会年报**

该会出版股　广州

1930.12　创刊号

馆藏　1930　创刊号

47566

（国立）**中山大学日报合册**

该校出版部日报编辑处　广州

［19?］—1934　1—31

馆藏　1934　31

45158

（国立）**中山大学图书馆半月刊**

　　见"（国立）中山大学图书馆周刊"

45158

（国立）**中山大学图书馆报**

见"（国立）中山大学图书馆周刊"

45158

（国立）**中山大学图书馆周刊**

该馆　广州

1928.3—1929.7　1—7∶

本刊自6卷1期起改名为"（国立）中山大学图书馆半月刊"，自7卷1期起改名为"（国立）中山大学图书馆报"，卷期续前。1933年又改为"（国立）中山大学图书馆季刊"，卷期另起。

总藏　（177）　1—7∶

馆藏　1928　4∶4；5∶3

46116

（国立）**中山大学文史学研究所月刊**

该所　广州

1933.1—1935.1　1—3∶5

总藏　（176）　1—3∶5

馆藏　1934　2∶5

46417

（国立）**中山大学校报**

该校　广州

1926.10—1928.3　1—32

本刊又名为"第一中山大学校报"，自1947年7月起改名为"中山大学校刊"，期数另起。

总藏　（177）　1—32

馆藏　1928　32

47393

（国立）**中山大学校刊**(月刊)

该校　广州

1947.7—1949.［?］　1—30

本刊前身为"中学大学校报"。

总藏　（177）　1—18,20,30

馆藏　1948　8

46118

（国立）**中山大学语言历史学研究所周刊**

该所　广州

1927.11—1930.5　1—11∶

本刊1至11卷共计总号132期。1卷1期至15期名为"（国立）第一中山大学语言历史学

423

研究所周刊",自1卷16期起改用本名。卷后期数为总期号。

总藏　（177）　1—11:

馆藏　1928　1:11—12;2:13—14,18—21;3: 28—31;4:37—39,46—48;5: 52,57—60;6:61

　　　1929　6:62—64,66,71;7:73—78,82— 84;8:85—88;9:97—100,103— 104;10:110—111

45279

（国立)**中山大学自然科学季刊**
见"自然科学"

44869

中山文化教育馆季刊
该馆　南京
1934.8—1937.7　1—4:3
本刊在上海创刊,自4卷1期1937年起迁至南京出版。

总藏　（178）　1—4:3

馆藏　1934　1:1—2
　　　1935　2:1—4
　　　1936　3:1—2,4
　　　1937　4:1—2

44959

中山文献（不定期刊)
县文献委员会　广东中山
1947.6—1948.5　1—2

总藏　（179）　1—2

馆藏　1948　2

47320

中社（半年刊)
私立岭南大学中社　广州
1929—1930　1—3

总藏　（213）　3

馆藏　1930　3

44956

中苏文化（月刊)
中苏文化协会　南京
1936—1937　1—2:11

1937.11—1939.6　特1—3:;专号
1939.［?]—1949.9　4—20:9

本刊在南京创刊,1937年11月迁重庆,改出抗战特刊半月刊,卷期另起。自4卷1期1939年起改为月刊,6卷1期1940年起改为半月刊,15卷1期1944年起又改为月刊。自17卷7期1946年起迁回南京出版。

总藏　（214）　1—2:11;特1—3:;专号;4— 5:3;6—8:6;9:1—5;10:1— 6;11:1—6;12:1—10;13— 16:;17:1—9;18—20:9

馆藏　1936　1:1
　　　1937　2:1,3—6
　　　1939　专号
　　　1947　18:6

46965

中苏知识（月刊)
中苏友好协会　大连
1946.4—1947.6　1—13

总藏　（216）　1—13

馆藏　1946　1

44954

中外（月刊)
中央政校新闻研究会　南京
1935.12—1937.11　1—2:10

总藏　（191）　1—2:10

馆藏　1936　1:4—7
　　　1937　2:2,4—6

44964

中外导报（月刊)
新中国文化出版社　西安
1941.5—6　1:1—2

总藏　（191）　1:1—2

馆藏　1941　1:1

44952

中外金融周报
金城银行总行　上海
1938.3—1941.12　1—4:47

总藏　（191）　1:1—44;2:1—49;3:1—50;4:

1—47

馆藏　1941　4:3—4

44951

中外经济拔萃(月刊)

中国国民经济研究所　上海

1937.1—1941.5　1—5:5

总藏　(193)　1—5:5

馆藏　1937　1:1—7

1940　4:9

46545

中外经济年报

中国国民经济研究所　上海

1939—1941

总藏　(193)　1939—1941

馆藏　1939

1940

44950

中外经济统计汇报(月刊)

中国联合准备银行总行　北京

1940.1—1944.12　1—10:

本刊每卷出6期。

馆藏　1940　1:1—6;2:1—6

1941　3:1—6;4:1—6

1942　5:1—6;6:1—6

1943　7:1—6;8:1—6

1944　9:1—6;10:1—4,6

46048

中外经济周刊

经济讨论处　北京

1923.3—1927.10　1—230

本刊1927年10月后改名为"经济半月刊"，卷期另起。

总藏　(193)　1—230

馆藏　1926　145,162,181,184,186,188—

189,191—194

1927　195,197—200,202,205—207,

210,212—215,219—221,223—

224,226—228,230

44425

中外经济周刊

见"工商半月刊"

44948

中外论坛(月刊)

中外语文学会　太原

1935.4—1936.3　1:

总藏　(194)　1:

馆藏　1935　1:1,3—5

1936　1:12

44949

中外评论(旬刊)

中外评论社　南京

1929.[1]—8　1—24

1929.8—1930.7　新1—39

1930.10—1931.1　复1—7

本刊原为南京中央日报副刊,自1929年8月起独立出版,期数另起。新39期1930年7月后曾停刊,同年10月复刊,改为半月刊,期数另起。1932年6月起改名为"外交评论",卷期另起。

总藏　(194)　1—21,23—24;新1—39;复1—7

馆藏　1929　新7

1930　18

44947

中外商业金融汇报(月刊)

中国银行经济研究室　上海

1934.2—1939.1　1—6:1

总藏　(191)　1—6:1

馆藏　1934　1:11

1935　2:1—12

1936　3:1—12

1937　4:1—12

1938　5:1—3,6,8

44064

中外问题(半月刊)

新光书局　上海

1932.10—1937.10　1—20:6

本刊原名为"社会新闻"三日刊,自8卷起改为旬刊,自13卷起又改为半月刊。自14卷起改用本名,卷期续前。13至20卷每卷出6期。

总藏 （192） 1—20：

馆藏 1932 1：1—30

1933 2：1—30；3：1—22,25—30；4：1—30；5：1—30

1934 6：1—30；7：1—30；8：2—3,5—9；9：1—7,9

1935 10：1—3,5—9；11：1—2,4—9；12：1—5,7—9；13：1—4

1936 16：3—5

44953

中外邮刊

见"中外邮学杂志"

44953

中外邮学杂志（月刊）

中外邮学杂志社 福州

1947.4—1948.7 1—2：5

本刊原名为"中外邮刊",由中外邮刊社编印。自2卷起改用本名,由中外邮学杂志社编印。第1卷出6期。

总藏 （191） 1—2：5

馆藏 1947 1：4

1948 2：4—5

45310

中文杂志索引

岭南大学图书馆 广州

1935.10 1：1—2

馆藏 1935 1：1—2

44955H

中西画报（半月刊）

中西画报社 上海

1938.8—1941.2 1—3：21

本刊原名为"东西画报",后改用本名。

总藏 （197） 1：9—10；2：10—11,13—15,17—24；3：1,3—5,9—13,15—19,21

馆藏 1940 3：17

44965

中西新闻（月刊）

中西新闻社 南京

1948.7—11 1：1—5

总藏 （197） 1：1—5

馆藏 1948 1：4—5

47336

中西医学报（月刊）

医学书局 上海

1910.4—1912.5 1—24

1912.8—1930.6 3—10：

本刊原以期计算,24期后改为3卷1期计算。

总藏 （196） 1—24；3—10：

馆藏 1930 10：12

44966

中西医药（月刊）

中西医药研究社 上海

1935.8—1937.6 1—3：6

1946.10—1947.11 复1—11

本刊3卷6期1937年6月后曾停刊,1946年10月复刊,期数另起。

总藏 （197） 1—3：6；复1—11

馆藏 1935 1：1—4

1936 2：1—12

1937 3：1—5

46651

中小工业

中国中小工厂联合会 重庆

1946.10 1

总藏 （175） 1

馆藏 1946 1

44868

中心评论（旬刊）

中心评论社 南京

1936.1—12 1—34

总藏 （179） 1—34

馆藏 1936 8,10

47297

中学生

工商中学生出版社　天津

1942.3—1943.9　1—2：2

馆藏　1942　1：1—2

　　　1943　1：3—4；2：2

44967

中学生（月刊）

中国青年出版社　北京

1930.1—1937.7　1—76

1939.5—1951.12　复1—242

本刊原由上海开明书店出版，曾迁桂林、重庆等地，后迁至北京。76期1937年7月后曾停刊，1939年5月复刊，期数另起，共出242期。自复刊216期起曾改名为"进步青年"，1952年1月与"开明少年"合并，复用原名，并改以年计期。

总藏　（218）　1—76；复1—94，130，171—242

馆藏　1930　1—10

　　　1931　11—20

　　　1932　21—30

　　　1933　31—40

　　　1934　41—50

　　　1935　51—60

　　　1936　61—70

　　　1937　71—76

　　　1939　复1—8，10—12

　　　1940　15—34

　　　1946　171，173—174，177—182

　　　1947　183—189，191—193

　　　1948　195—206

　　　1949　213

46617

中学生文艺（半月刊）

中学生文艺半月刊社　天津

1945.11—12　1：1—4

馆藏　1945　1：1—4

47697

中学生文艺季刊

开明书店　上海

1935.3—1937.6　1—3：2

总藏　（219）　1—3：2

馆藏　1935　1：3—4

46496

中学月刊

中学月刊社　杭州

1947.4—1948.3　1—10

总藏　（218）　1—10

馆藏　1947　6，8

45829

中央半月刊

中国国民党中央执行委员会宣传部　南京

1927.[6]—1930.2　1—2：18

馆藏　1927　1：3—6

　　　1928　1：17，21—24；2：1，6

　　　1929　2：8—13，15—17

　　　1930　2：18

46144

（国立）**中央大学半月刊**

该校　南京

1929.10—1931.1　1—2：8

总藏　（183）　1—2：8

馆藏　1930　2：2

　　　1931　2：8

（旧参）**G259.28—54/GTG** 等

中央大学国学图书馆年刊

见"江苏省立国学图书馆年刊"

46926

中央大学区立上海中学校半月刊

见"江苏省立上海中学校半月刊"

46595

（国立）**中央大学校刊**（周刊）

该校　南京

[19？]—1938　1—1792

1944—1945　新1—2：3

1947.4—1948.12　复1—63

本刊原为周刊，在南京创刊。自1938年起迁重庆出版。1944年改为半月刊，卷期另起。

1947 年 4 月迁回南京出版,恢复周刊,期数
另起。

总藏　（184）　1053,1154—1157,1217—1218,
　　　　　　　1404—1407,1698—1715,1724—
　　　　　　　1759,1762—1763,1766—1779,
　　　　　　　1781—1785,1787—1792;新 1—
　　　　　　　2:3;复 1—63

馆藏　1947　复 5

46028

中央党务公报(月刊)

中国国民党中央执行委员会秘书处　南京

[19?]—1946.8　1—8:8

本刊原为半月刊,自 7 卷 1 期 1945 年 7 月改
为月刊。

馆藏　1944　6;16,21
　　　1945　7:7,9—10,12
　　　1946　8:2,8

44876

中央党务月刊

中国国民党中央执行委员会秘书处　[南京]

1928.[7]—1936.1　1—90

馆藏　1928　2
　　　1929　17
　　　1930　29
　　　1931　33,37,41
　　　1932　53
　　　1933　57—58,64—65
　　　1934　66
　　　1936　90

45640

中央导报(周刊)

中国国民党中央执监委员非常会议　广州

1931.7—1932.1　1—23

馆藏　1931　1—2,7—8,11—12,18,20
　　　1932　23

44874

中央导报(周刊)

中央导报社　南京

[1940.8]—1943.9　1—4:7

馆藏　1941　1:23,33—36,38—42,44—46;
　　　　　2:3—5
　　　1942　2:23,25,27,31,34,38—42,
　　　　　44—48;3:17—20,22
　　　1943　3:25—33,35—36;4:7

44875

中央公论(旬刊)

中央公论报社　天津

1934.2—4　1:1—7

总藏　（185）　1:7

馆藏　1934　1:1

46576H

中央画报半月刊

中央宣传部出版科　南京

1928.[8]—9　1—3

馆藏　1928　3

47817

中央汇刊(双周刊)

中国国民党二届中央执监委员会　[不详]

1929.10—1930.1　1—4

馆藏　1929　1
　　　1930　4

47784

中央经济月刊

中央储备银行调查处　南京

1941.6　1:1

馆藏　1941　1:1

45672

中央警官学校季刊

该校研究部　南京

1947.3—1948.9　1—2:3

馆藏　1947　1:1—2,4
　　　1948　2:1—3

45676

中央军校图书馆报

见"中央军校图书馆月报"

45676

中央军校图书馆月报

该馆 南京

1933.3—1937.7 1—33

本刊原名为"中央军校图书馆报",自6期起改用本名。

总藏 （187） 1—33

馆藏 1935 21,24—25

　　　 1936 26—27

　　　 1937 33

46541

中央日报胜利周年日纪念特刊

［中央日报社］ ［南京］

1946.9 1

馆藏 1946 1

44873

中央日报周刊

见"南京中央日报周刊"

44863

中央时事周报

中央日报社 南京

1932.11—1938.5 1—7:3

本刊第1卷出9期,2至6卷每卷出50期。

总藏 （186） 1—5:;6:1—43,46;7:1—3

馆藏 1932 1:1—2

　　　 1933 2:15,26,43,46—50

　　　 1934 3:1—12,14—15,26—34,36—50

　　　 1935 4:1—44,46—50

　　　 1936 5:1—10,12—50

　　　 1937 6:1—31,35—38,40—41

47514

中央特刊

中国国民党中央特别委员会 南京

1927.［?］—12 1—2

馆藏 1927 2

（旧参）**C832/ZYT**

中央统计联合会特刊

该会 南京

1931.1 1

总藏 （189） 1

馆藏 1931 1

45692

中央团讯(月刊)

三民主义青年团中央团部 ［不详］

［194?］—1947.7 1—5

馆藏 1947 4—5

47321

中央新周报

中央新报社 天津

1935.1 1:1

馆藏 1935 1:1

45689

中央训练团东北分团团刊

该团教育处编纂组 ［沈阳］

［194?］—1947.8 1—3

馆藏 1947 3

44882

中央训练团团刊(半月刊)

中央训练团 ［不详］

1939.12—1943.12 1—208

1946.12—1948.6 复1—36

本刊原为周刊,后曾停刊,自1946年12月复刊,改为半月刊,期数另起。

馆藏 1941 105

　　　 1942 106—159

　　　 1943 160—208

　　　 1946 复1—2

　　　 1947 3—6,8—11,14—23

　　　 1948 24—36

47304

中央亚细亚(季刊)

中央亚细亚协会 北京

1942.7—1944.4 1—3:2

总藏 （185） 1—3:2

馆藏 1942 1:1—2

　　　 1943 2:1—4

46247

（国立）中央研究院工程研究所专刊

该所　南京

1930　1

总藏　（187）　1

馆藏　1930　1

46848

（国立）中央研究院化研所集刊

该所　［南京］

1930.4—1932.10　1—9

馆藏　1930　1—2

　　　1931　7

　　　1932　8—9

45093

（国立）中央研究院历史语言研究所集刊
（不定期刊）

该所　上海

1928.10—1948.6　1—20：1

本刊8卷1939年后曾停刊，1947年复刊，卷
期续前。

总藏　（188）　1—20：1

馆藏　1928　1：1

　　　1930　1：2—4；2：1—3

　　　1931　3：2

　　　1932　4：1

　　　1933　4：2

　　　1934　4：4

　　　1935　5：1—4

　　　1936　6：1—4；7：1—2

　　　1937　7：3

　　　1939　7：4；8：3—4

　　　1947　9：；11—12：；16：

　　　1948　10：；13：，15：；17—20：

（旧参）**P213/GPZ**

（国立）中央研究院天文研究所集刊

该所　南京

1929.6　1

总藏　（187）　1

馆藏　1929　1

45094

（国立）中央研究院院务月报

该院文书处　南京

1929.7—1931.1　1—2：9

总藏　（189）　1—2：9

馆藏　1929　1：1—6

　　　1930　1：7—12；2：1—6

　　　1931　2：7—9

（旧参）**G322.9/GZY**

（国立）中央研究院总报告（年刊）

该院文书处　南京

1928—1939

总藏　（188）　1928—1935，1937—1939

馆藏　1928

　　　1929

　　　1930

　　　1931

　　　1932

　　　1933

　　　1935

44871

中央银行旬报

该行秘书处　上海

1929.7—1932.4　1—4：

总藏　（190）　1—4：

馆藏　1929　1：14—19

　　　1930　2：1—38

　　　1931　3：3—36

　　　1932　4：1—11

44870

中央银行月报

该行经济研究处　上海

1932—1941　1—10：11

1946.1—1949.4　新1—4：11

本刊1941年后曾停刊，1946年1月复刊，卷
期另起。

总藏　（189）　1—10：11；新1—3：；4：1—5，11

馆藏　1934　3：5—6

　　　1935　4：2—8

　　　1937　6：1—11

　　　1946　新1：1—6，8—11

1947   2:1—12
1948   3:3—9

47735

中央月报

中央月报社   上海

1941.[?]—9   1:1—5

馆藏   1941   1:5

44881

中央月刊

中国国民党中央执行委员会宣传部   [南京]

[19?]—1931.3   1—3:5

馆藏   1930   3:1—2

1931   3:5

44866

中央政治会议武汉分会月报

该会秘书处   武汉

1928.7—11   1—2:1

馆藏   1928   1:1—2,4;2:1

45830

中央周报

中国国民党中央执行委员会宣传部   南京

[19?]—1933.3   1—248

馆藏   1930   92—95,97—100,109—134

1933   248

44867

中央周刊

中央周刊社   南京

1938.7—1948.11   1—10:46

本刊在长沙创刊,后迁至重庆出版。自8卷1946年起迁南京出版。同时有桂林版、金华版、昆明版、兰州版、台湾版等。

总藏   (180)   1—10:46

馆藏   1939   2:1—2

1942   4:28;5:3—4,7—8,10,14,16,21

1943   5:22—27,29—30,32

1945   7:13—14

1946   8:1,9,11—12,26—28,31,33,35,37—46,49—52

1947   9:1—4,7—36,38—52

1948   10:1—46

46076

中医杂志(不定期刊)

中医学会   上海

1922.12—1930.9   1—30

总藏   (217)   1—30

馆藏   1924   12

45348

中原(月刊)

群益出版社   重庆

1943.6—1945.10   1—2:2

总藏   (251)   1—2:2

馆藏   1943   1:1—2

1944   1:3—4

1945   2:1—2

46639

中原、希望、文艺杂志、文哨联合特刊(月刊)

中原社等   重庆

1946.1—6   1:1—6

本刊"北平版"由中外出版社出版,1卷1期1946年5月出版,同年7月出至1卷4期。

总藏   (251)   1:1—6

馆藏   1946   1:2;1:1—4(北平版)

46595

(国立)**中正大学校刊**(半月刊)

该校出版组   南昌

1940—1949   1—8:12

本刊自7卷1948年10月起改名为"正大校刊"。4卷后曾停刊,1946年复刊,卷期续前。

总藏   (289)   1—5:;6:1—7,10,12;7:1—8;8:10—12

馆藏   1947   5:6—7

1948   6:4—7

45042

忠言报(日刊)

忠言报馆   天津

1909.[7]—8   1—36

馆藏   1909   7—36

45041

忠勇月刊

省政府新闻处　吉林

1946.[9]—1947.[12]　1—2：

本刊第 1 卷出 4 期。

总藏　（757）　1：；2：1—6，11—12

馆藏　1946　1：3—4

　　　1947　2：1—6

47246

众议院公报

该院公报处　北京

1913—1923

总藏　（565）　第一期会议 1—72；第二期常
会 1—121，123—127；第二期
临时会 1—6；第一期 1—6；第
二期 1—6；第三期常会 1—27；
附录 18，25，27—30，42—59

馆藏　1919　第二期 3—6；第二期临时会 1，
3—4

　　　1920　第三期 1—2

　　　1923　第三期常会 11

45871

众志月刊

众志学社　北平

1934.4—1935.5　1—3：2

本刊每卷出 6 期。

总藏　（565）　1—3：2

馆藏　1934　1：1；2：1—2

　　　1935　2：4；3：2

46331

种植与畜牧（月刊）

种植与畜牧社　宁波

1947.7—9　1—3

总藏　（895）　1—3

馆藏　1947　3

45921

重心半月刊

重心半月刊社　北平

1933.10—1934.4　1—2：

1934.5—1935.3　新 1—21

本刊原名为"重心旬刊"，自 1934 年 5 月起改
用本名，期数另起。1 至 2 卷每卷出 10 期。

总藏　（877）　1—2：；新 1—21

馆藏　1934　2：9；新 1，3，5—6，8，11，14—15

45921

重心旬刊

见"重心半月刊"

zhou

45298

周报

周报社　上海

1937.5　1—4

1945.9—1946.8　新 1—50

本刊 4 期 1937 年 5 月后曾停刊，1945 年 9 月
复刊，期数另起。

总藏　（803）　1—4；新 1—50

馆藏　1945　新 1—17

　　　1946　18—50

45297

周论

周论杂志社　北平

1948.1—12　1—2：

本刊每卷出 24 期。

总藏　（803）　1—2：

馆藏　1948　1：1—24；2：1—19

45454

周末观察

周末观察社　南京

1947.7—1948.11　1—6：7

本刊 1 至 5 卷每卷出 12 期。

总藏　（802）　1—6：7

馆藏　1948　4：1—12

zhu

46270

珠海学报（月刊）

珠海大学编辑委员会　广州

1948.5　1

总藏　(939)　1

馆藏　1948　1

46827

珠江水利(季刊)

水利部珠江水利局　广州

1947.5—1948.2　1—2

总藏　(939)　1—2

馆藏　1947　1

　　　1948　2

46234

主计通讯(月刊)

主计部　南京

1940.1—1948.5　1—99

1948.6—8　新1—3

本刊在重庆创刊,抗战胜利后迁至南京出版。原由主计处编,自1948年6月起改由主计部编,期数另起。

总藏　(280)　1—99;新1—3

馆藏　1946　72,78—83

　　　1947　85

　　　1948　新1

45609

主流(月刊)

主流社　南京

1947.1—1948.12　1—24

1949.5—9　新1—4

本刊在南京创刊,自1949年5月起迁重庆出版,卷期另起。

总藏　(280)　1—24;新1—4

馆藏　1947　4,7—11

　　　1948　13—23

46644

助产学报(季刊)

第一助产学校　北平

1948.4—12　1:

总藏　(649)　1:

馆藏　1948　1:2—3

46101

杼声(月刊)

南通学院纺织科　上海

[1933.5]—1948.3　1—10:3

本刊原为半年刊,自10卷1947年9月起改为月刊,卷期续前。

总藏　(733)　2—5:1;6—7:1;9—10:3

馆藏　1934　2:2

　　　1937　4:2

　　　1947　10:2

　　　1948　10:3

48026 等

著作林(月刊)

著作林月刊社　上海

1906—1908　1—19

本刊第2期馆藏号为"(线装)P6283"。

总藏　(1035)　1—12,17—19

馆藏　[190?]　2,12—14,18

zi

44343

资本市场(月刊)

证券交易所调查研究处　上海

1948.1—12　1:

本刊前身为"证券市场"半月刊。

总藏　(1183)　1:

馆藏　1948　1:1—2,4—9

45823

资源电信

资源委员会电信事务所　南京

[19?]—1948　1—2

总藏　(1183)　2

馆藏　1948　2

45740

资源委员会公报(月刊)

该会秘书处　南京

1941.7—1948.12　1—15:

本刊在重庆创刊,自9卷1945年起迁南京出版。1至15卷每卷出6期。

天津图书馆馆藏新中国成立前中文期刊目录(1884—1949)

总藏　（1184）　1—15:6
馆藏　1941　1:1—2
　　　1942　2:2—6;3:1—6
　　　1943　4:4—6;5:1—6
　　　1944　6:1—6;7:1—6
　　　1945　8:1—6;9:1—6
　　　1946　10:1—6;11:1—6
　　　1947　12:1—6;13:1—6
　　　1948　14:1—6;15:1—3

44271

资源委员会季刊

该会　南京

1939.4—1941.6　1—3:6

1941.9—1948.3　新1—8:3

本刊原名为"资源委员会月刊",自1941年9月起改用本名,卷期另起。在重庆创刊,抗战胜利后迁南京出版。第1卷出9期,2卷出12期,新1卷出2期。

总藏　（1183）　1—3:6;新1—8:3

馆藏　1945　新5:3

　　　1946　6:3—4

44271

资源委员会月刊

见"资源委员会季刊"

44486

子曰丛刊(不定期刊)

子曰社　上海

1948.5—1949.4　1—6

总藏　（75）　1—6

馆藏　1948　1—5

　　　1949　6

47575

紫光月刊

军需学校　巴县

[1946.?]—1947.4　1—9

馆藏　1947　9

46633

紫罗兰(半月刊)

大东书局　上海

1925.12—1930.6　1—4:

总藏　（1103）　1—4:

馆藏　1926　1:11—17

　　　1927　2:6

46027H

紫罗兰画报(三日刊)

紫罗兰画报社　北平

1946.8—9　1:1—5

1946.10—1947.4　新1—26

本刊自1946年10月期数另起,出至新25期后停刊,1947年4月复刊,期数续前。

总藏　（1103）　1:1—3

馆藏　1946　1:1—3,5;新1—23

　　　1947　26

47257

自觉(月刊)

自觉社　镇江

1932.12—1936.3　1—41

本刊原为半月刊,在南京创刊,自24期起改为月刊,后迁至安庆出版,自38期起又迁镇江出版。

总藏　（549）　1—41

馆藏　1936　39

46624

自强月刊

自强出版社　北平

1945.10—1946.5　1—2:1

本刊原为半月刊,自1卷3期1946年1月起改为月刊。

总藏　（549）　1:1—6;2:1

馆藏　1946　1:3,5

47675

自强月刊

陆军四校同学会自强月刊社　太原

[19?]—1932.7　1—6

馆藏　1932　6

47337

自强周报

国立清华大学抗日救国委员会　北平

1931.10　1:1
总藏　（550）　1:1
馆藏　1931　1:1

47039
自然(周刊)
世界日报自然周刊社　北平
1932.12—1936.12　1—208
总藏　（550）　1—208
馆藏　1934　79—104

45278
自然界(月刊)
自然界杂志社　上海
1926.1—1932.1　1—7:1
总藏　（550）　1—7:1
馆藏　1926　1:1—2
　　　　1929　4:1—10
　　　　1930　5:3—7
　　　　1931　6:1—8,10

45279
自然科学(季刊)
中山大学　广州
1928.3—1937.6　1—7:
1948.3　复1:1
本刊又名为"(国立)中山大学自然科学季刊"。
7卷4期后曾停刊,1948年3月复刊,卷期另起。
总藏　（550）　1—7:;复1:1
馆藏　1928　1:1—3
　　　　1929　1:4
　　　　1930　2:2—4
　　　　1931　3:1—3
　　　　1932　3:4;4:1—2
　　　　1933　4:3;5:1—2
　　　　1934　5:3—4;6:1—2
　　　　1935　6:3—4
　　　　1936　7:1—2
　　　　1937　7:3

47419
自新(月刊)
山西自新院出版部　太原

[19?]—1931.7　1—[24]
馆藏　1930　9—10
　　　　1931　21—22,[24]

45693
自修大学两周刊
上海杂志公司　上海
1937.1—7　1:1—15
1938　新1:1—10
本刊1938年起卷期另起。
总藏　（549）　1:1—15;新1:1—10
馆藏　1937　1:1—9

46338
自学(月刊)
自学杂志社　桂林
1943.4—1944.6　1—2:3
总藏　（548）　1—2:3
馆藏　1943　1:1—2,5—6

46777
自由(月刊)
自由社　香港
1947.9—1948.8　1—9
总藏　（544）　1—3,5,9
馆藏　1948　6

46015
自由论坛(月刊)
自由论坛社　昆明
1943.2—1945.3　1—3:5
总藏　（547）　1:1—6;2:1—5;3:1—5
馆藏　1943　1:3—4
　　　　1944　2:1,3,5

45273
自由批判(旬刊)
自由批判社　北平
1948.7—12　1:1—12
总藏　（546）　1:1—12
馆藏　1948　1:1—12

45277
自由评论(周刊)

435

自由评论社　北平

1935.11—1936.10　　1—47

总藏　（546）　1—47

馆藏　1935　1—2,4

　　　　1936　9,22—46

47646

自由世界（半月刊）

自由世界出版社　香港

［194?］—1947　　1—3:1

馆藏　1947　2:12;3:1

45275

自由天地（半月刊）

自由天地出版社　南京

1947.1—1948.12　　1—4:8

总藏　（545）　1—4:8

馆藏　1947　1:1—12;2:2—12

　　　　1948　3:1—11;4:2—6

45276

自由与进步（半月刊）

自由与进步半月刊社　南京

1948.6—11　　1:1—12

总藏　（545）　1:1—12

馆藏　1948　1:1—9

47184

自由杂志（月刊）

申报馆　上海

1913.9—10　　1—2

总藏　（546）　1—2

馆藏　1913　1

47438

自由中国（半月刊）

自由中国编委会　台北

［19?］—1950.12　　1—3:12

馆藏　1950　3:11—12

45274

自治月刊

自治月刊社　天津

1946.10—1947.［?］　　1—2:5

总藏　（547）　1:1—5,8—10;2:4—5

馆藏　1946　1:1—3

　　　　1947　1:4—5

46927

字学杂志（半年刊）

楷学励进社　天津

1930.5—10　　1—2

总藏　（440）　1—2

馆藏　1930　1—2

zong

46987

宗教教育季刊

中华基督教教育促进会　上海

1937.3—1949.12　　1—8:8

本刊5卷1941年后曾停刊,1947年3月复刊,
卷期续前。

总藏　（685）　1:1—2,4;2:3;3:3;4:1,3—4;

　　　　　　　5:1,3;6:1—4;7:1—2;8:1—

　　　　　　　2,8

馆藏　1948　7:4

46635

综合（周刊）

综合周刊社　上海

1945.12—1946.4　　1—9

总藏　（1232）　1—9

馆藏　1946　8

46636

综合（月刊）

综合学会编辑部　福州

1931.4—11　　1:1—8

总藏　（1232）　1:1—8

馆藏　1931　1:2

45450

综艺（半月刊）

综合艺术杂志社　天津

1948.1—11　　1—2:8

本刊第1卷出12期。

总藏　（1231）　1—2:8

馆藏　1948　1：1—12；2：1—8

45099

总统府公报

总统府第五局办公室　南京

1948.5—1949.4　1—221

本刊前身为"国民政府公报"。

总藏　（831）　1—208，216—221

馆藏　1948　1—125，128—162，166—167

46797

纵横（三日刊）

纵横杂志社　天津

1946.1　1

馆藏　1946　1

zu

45039

足球世界（年刊）

大方书店　上海

1935—1937　1—3

总藏　（628）　1—3

馆藏　1935　2

46340

祖国呼声（半月刊）

祖国呼声社　［不详］

1944.3—1945.6　1—29

总藏　（824）　1—6，8，13—15，17—18，21—29

馆藏　1945　18

zuo

47765

作家（月刊）

中国作家联谊会　南京

［19？］—1942.9　1—3：2

馆藏　1942　3：1—2

45301

作家（月刊）

作家社　上海

1936.4—11　1—2：2

本刊第1卷出6期。

总藏　（659）　1—2：2

馆藏　1936　1：1—6；2：1—2

2

47386

20ᵗʰ CENTURY FOX NEWS

见"影闻画刊"

天津图书馆馆藏新中国成立前中文期刊目录（1884—1949）

刊名首字拼音索引

A

ai
爱 9

an
安 9

B

ba
八 10
巴 11

bai
白 11
百 11
拜 11

ban
半 11

bao
保 12
报 12

bei
北 12
贝 21

ben
奔 21
本 22

bi
笔 22

bian
边 22
鞭 22

biao
标 23

bing
兵 23
丙 23
并 23

bo
播 23
泊 23
博 24
渤 24

bu
不 24

C

cai
财 24
采 25

can
参 25
残 25

蚕 25

cao
草 25

ce
测 25

cha
茶 25
察 26

chan
产 26

chang
昌 26
长 27
常 28
厂 28

chao
潮 28

chen
辰 28
晨 28
沉 29

cheng
成 29
城 29

chi
齿 29

chong
崇 30
重 30

chou
绸 30

chu
出 30
初 31
锄 31
储 31

chuan
川 31

chuang
创 31

chun
春 32

ci
词 33
慈 33
磁 33

cun
村 34
存 34

D

da
大 34

dang

当 39
党 39
说 40

dao

导 40
道 40

di

抵 40
地 41
第 43

dian

点 43
电 43

dong

东 47
动 52

dou

斗 52

du

都 52
督 52
读 52
独 54

duan

锻 54

dui

对 54
兑 54

duo

铎 54

E

e

鄂 54

en

恩 55

er

儿 55
二 55

F

fa

法 56

fan

翻 59
反 59

fang

方 59
防 59
纺 60

fei

飞 61
菲 61

fen

奋 61

feng

风 62
烽 62
冯 62
奉 63

fo

佛 63

fu

扶 63
拂 64
福 64
抚 65
俯 65
辅 65
妇 66
复 68
副 68

G

gai

改 68

gan

甘 69
感 70
干 70

gang

港 70

gao

高 70

ge

歌 70
革 71
格 72

geng

耕 72

gong

工 72
公 79
共 80
贡 81

gu

孤 81
古 81
骨 81
故 81

guan

观 82
管 82
贯 82

guang

光 82
广 82

gui

归 88
贵 88

guo

国 88

H

hai

海 101

han

寒 103
汉 103
汗 103

hang

杭 104
航 104

hao

好 105
号 106

he

合 106
和 106
河 106

hei

黑 114

hong

弘 114
红 114
虹 116
洪 116
鸿 116

hu

呼 116
湖 116
互 118
户 119
护 119
沪 119

hua

花 119
华 119
滑 123
化 124
画 125
话 125

huai

淮 125

huan

还 125
寰 125
幻 125

huang

皇 125

黄 126

hui

回 127
汇 127
会 127

hun

婚 127

huo

活 127
火 127

J

ji

机 128
鸡 128
基 128
吉 129
集 129
计 129
纪 129
技 130
济 130
暨 130
冀 131

jia

家 131
笳 132
嘉 132
甲 132

jian

监 133
检 133
见 133
建 133
健 135

jiang

江 136
将 140
讲 140

jiao

交 140
胶 143
教 143

jie

解 149

jin

今 150
金 150
津 152
进 153
近 154
晋 154
禁 154

jing

京 155
经 155
井 159
警 159
竞 161

jiu

九 161
旧 162
救 162

ju

橘 162
巨 162
拒 162
炬 163
俱 163

剧 163
聚 163

jue

觉 163
爵 164

jun

军 164

K

kai

开 166
凯 166

kang

康 167
伉 167
抗 167

kao

考 170

ke

柯 170
科 171
客 173

ken

垦 174

kong

空 174

kuai

会 174
快 174

kuang

狂 174

矿	175	联	180	论	187	**mian**
kun		**liang**		**luo**		棉 191
昆	175	良	181	罗	187	勉 191
kuo		粮	181	骆	187	**min**
廊	176	两	182			民 191
		量	182	**M**		闽 198
L		**liao**		**ma**		**ming**
lai		辽	182	蚂	187	名 199
来	176	**lin**		**mai**		明 199
lan		林	182	麦	187	**mo**
蓝	176	临	183	**man**		摩 199
揽	176	**ling**		满	187	**mu**
lang		灵	183	漫	188	木 200
琅	176	玲	183	**mang**		穆 200
lao		铃	183	芒	188	**N**
劳	176	岭	184	莽	188	**nan**
牢	177	**liu**		**mao**		南 200
老	177	留	184	毛	188	**nei**
le		流	184	矛	188	内 205
乐	178	六	184	贸	188	**ni**
li		**long**		**mei**		泥 206
梨	178	龙	185	玫	188	霓 206
黎	178	**lu**		每	189	**niang**
礼	178	芦	185	美	189	酿 206
理	179	鲁	185	**meng**		**ning**
力	179	陆	185	萌	190	宁 206
历	179	路	186	蒙	190	**niu**
立	179	潞	186	梦	190	牛 206
励	180	**lü**		**mi**		
利	180	旅	186	秘	191	
lian		绿	186	蜜	191	
连	180	**lun**				
		轮	186			

442

nong

农　206

nu

怒　210

nü

女　211

nuan

暖　212

O

ou

欧　212
瓯　213

P

pei

培　213

peng

朋　213

ping

乒　213
平　213
评　214

po

鄱　214

Q

qi

七　215
期　215
齐　215

麒　215
企　215
启　215
气　216

qian

前　217
钱　217
浅　218

qiao

侨　218

qin

秦　218
勤　218

qing

青　218
清　223
晴　226
庆　226

qiu

求　226

qu

渠　226
趣　226

quan

全　226
泉　227
铨　227

qun

群　227

R

ran

燃　228

染　228

rang

勷　229

ren

人　229
仁　232
壬　232
认　232

ri

日　232

ru

儒　233

rui

睿　233

S

san

三　233

sen

森　234

sha

沙　235

shan

山　235
陕　238
汕　239
善　239

shang

商　239
上　242
尚　245

shao

少　246

she

社　247
射　252
摄　252

shen

申　252
神　253
沈　253
审　253

sheng

生　254
圣　256
胜　256

shi

师　256
诗　256
狮　257
十　257
时　258
实　263
食　264
史　264
士　265
世　265
市　269
事　270
是　270

shou

手　270
首　271
寿　271
兽　271

shu

书	271
蜀	271
曙	272
数	272

shuang

双	272

shui

水	272
税	273

shuo

说	274
朔	274

si

司	274
思	275
斯	275
四	275

su

苏	278

sui

绥	279

T

tai

台	280
太	282

tan

谈	283
坦	283
探	283

tang

唐	283

tao

涛	284

te

特	284

ti

啼	284
体	284

tian

天	285
田	293

tie

铁	294

tong

通	296
同	297
童	298
统	298

tou

透	299

tu

突	299
图	300
土	302
吐	302

tuan

团	303

tuo

拓	303

W

wai

外	303

wan

万	304
卍	305

wei

威	305
微	305
唯	305
维	305
伟	305
卫	305
未	306
味	306

wen

温	306
文	306
问	318

wo

我	318
握	318

wu

无	318
吴	319
吾	319
芜	319
五	319
武	319
戊	320
物	320

X

xi

西	321
希	324
戏	324

xia

侠	326
厦	326

xian

仙	326
先	327
纤	327
县	327
现	327
宪	331

xiang

乡	332
香	333
湘	333
向	333

xiao

消	333
鸮	333
小	333
晓	336
校	336
笑	337
效	337

xie

协	337

xin

心	337
新	337
信	359

xing

兴	359
星	359
行	361
醒	362
幸	362
性	362

xiong

| 兄 | 362 |
| 雄 | 362 |

xiu

| 修 | 362 |
| 绣 | 362 |

xuan

宣	362
玄	362
选	363

xue

学	363
雪	366
血	366

xun

| 循 | 366 |
| 训 | 366 |

Y

ya

鸭	366
雅	367
亚	367

yan

| 燕 | 367 |
| 烟 | 368 |

研	369
盐	369
眼	369
雁	369

yang

| 扬 | 369 |
| 阳 | 370 |

yao

| 药 | 370 |
| 耀 | 371 |

ye

野	371
业	371
夜	371

yi

一	371
伊	372
医	373
仪	374
遗	374
乙	374
义	375
艺	375
译	377
益	377
逸	377

yin

音	378
银	378
鄞	380
引	380
印	380

ying

| 英 | 381 |
| 迎 | 381 |

| 影 | 381 |

yong

庸	381
雍	381
永	381

you

邮	382
游	383
友	384
牖	384

yu

余	384
娱	384
虞	384
與	384
宇	384
禹	385
语	385
郁	385
育	386

yuan

| 原 | 386 |
| 远 | 386 |

yue

约	386
月	387
乐	387
越	387
粤	387

yun

| 云 | 388 |
| 运 | 389 |

Z

za

| 杂 | 389 |

zai

| 再 | 389 |

zhan

| 展 | 390 |
| 战 | 390 |

zhang

张	391
章	391
掌	391

zhao

| 朝 | 391 |

zhe

| 哲 | 392 |
| 浙 | 392 |

zhen

针	394
侦	394
真	394
箴	395
阵	395
振	395
震	395

zheng

正	395
证	397
政	397

zhi

之	401
芝	401
知	401

直	402	众	432	著	433	综	436
职	403	种	432			总	437
殖	403	重	432	**zi**		纵	437
志	403						
制	403	**zhou**		资	433	**zu**	
质	404			子	434		
治	404	周	432	紫	434	足	437
智	404			自	434	祖	437
		zhu		字	436		
zhong						**zuo**	
		珠	432	**zong**			
中	404	主	433			作	437
忠	431	助	433	宗	436		
		杼	433				

刊名首字笔画索引

一画

一 371
乙 374

二画

七 215
九 161
二 55
人 229
儿 55
八 10
力 179
十 257
厂 28

三画

万 304
三 233
上 242
义 375
乡 332
卫 305
土 302
士 265
大 34
女 211
子 434
小 333
山 235
川 31
工 72
干 70
广 83

之 401
飞 61

四画

不 24
中 404
书 271
云 388
互 118
五 319
井 159
仁 231
今 150
公 79
六 184
内 205
化 124
卍 305
历 179
友 384
双 272
反 59
壬 232
天 285
太 282
少 246
巴 11
幻 125
开 166
引 380
心 337
户 119
手 270
文 306

斗 52
方 59
无 318
日 232
月 387
木 200
毛 188
气 216
水 272
火 127
牛 206
艺 375
见 133
计 129
认 232
贝 21
长 27
风 62

五画

世 265
丙 23
业 371
东 47
主 433
乐 178

仙 387
仪 326
兄 374
冯 362
出 62
北 30
半 12
  11

古 81
台 280
史 264
号 106
司 274
四 275
圣 256
外 303
宁 206
对 54
巨 162
市 269
平 213
弘 114
归 88
戊 320
旧 162
未 306
本 22
正 395
民 191
永 382
汇 127
汉 103
玄 362
甘 69
生 254
田 293
甲 132
申 252
电 43
白 11
矛 188
礼 178

立	179
训	366
边	22
辽	182
龙	185

六画

乒	213
亚	367
交	140
产	26
企	215
伉	167
伊	372
众	432
会	127
	174
伟	305
先	327
光	82
全	226
共	80
兴	359
再	389
军	164
农	206
创	31
动	52
华	119
协	337
印	380
合	106
吉	129
同	297
名	199
吐	302
向	333
回	127
团	303
地	41
好	105

妇	66
字	436
存	34
宇	384
安	9
导	40
师	256
并	23
庆	226
当	39
戏	324
成	29
扬	369
机	128
杂	389
汕	239
汗	103
江	136
百	11
红	114
纤	327
约	386
纪	129
老	177
考	170
自	434
芒	188
芝	401
血	366
行	361
西	321
观	82
讲	140
论	187
问	318
防	59
阳	370
阵	395
齐	215

七画

两	182

体	284
余	384
佛	63
作	437
兑	54
兵	23
初	31
利	180
助	433
励	180
劳	176
医	373
县	327
启	215
吴	319
吾	319
寿	271
希	324
张	391
志	403
快	174
我	318
扶	63
技	130
抗	167
抚	65
护	119
报	12
拒	162
改	68
时	258
村	34
来	176
每	189
求	226
沈	253
沉	29
沙	235
沪	119
灵	183
牢	177

狂	175
社	247
纵	437
纺	60
良	181
芜	319
芦	185
花	119
苏	278
证	397
评	214
词	33
译	377
贡	81
财	24
足	437
辰	28
迎	381
运	389
近	154
还	125
进	153
远	386
连	180
邮	382
针	394
陆	185
鸡	128
麦	187

八画

事	270
京	154
侠	326
侦	394
侨	218
凯	166
制	403
参	25
周	432
味	306

呼	116	现	327	总	437	贵	88
和	106	瓯	213	战	390	贸	188
国	88	画	125	拜	11	选	363
图	300	直	402	政	397	重	30
坦	283	知	401	故	81		432
夜	371	矿	175	星	359	闽	198
奉	63	空	174	春	32	革	71
奋	61	经	155	是	270	音	378
奔	22	罗	187	染	228	食	264
孤	81	育	386	柯	170	首	271
学	363	英	381	标	23	香	333
宗	436	诗	256	残	25	骆	187
实	263	话	125	泉	227	骨	81
审	253	质	404	津	152		
尚	245	贯	82	洪	116	**十画**	
岭	184	轮	186	活	127		
幸	362	郁	385	测	25	俯	65
建	133	采	25	济	130	俱	163
忠	431	金	238	点	43	健	135
性	362	陕	218	独	54	党	39
抵	40	青	218	狮	257	剧	163
拂	64	齿	29	玲	183	原	386
拓	303			皇	125	哲	392
昆	175	**九画**		研	369	唐	283
昌	26			祖	437	娱	384
明	199	临	183	神	253	家	131
朋	213	保	12	禹	385	射	252
杭	104	信	359	种	432	展	390
杼	433	修	362	科	171	恩	55
林	182	前	217	突	299	振	395
欧	212	勉	191	统	298	效	337
武	319	南	200	美	189	旅	186
河	106	垦	174	胜	256	晋	154
治	404	城	29	茶	25	晓	336
泊	23	复	68	草	25	朔	274
法	56	威	305	药	370	校	336
泥	206	客	173	虹	116	格	72
浅	218	宣	362	蚂	187	梨	178
炬	163	宪	331	觉	163	流	184
物	320	将	140	语	385	浙	392
玫	188	怒	210	说	274	海	101
		思	275			消	333

涛 284
烟 368
爱 9
特 284
珠 432
留 184
益 377
盐 369
监 133
真 394
秘 191
秦 218
竞 161
笑 337
笔 22
绣 362
绥 279
耕 72
胶 143
航 104
蚕 188
读 25
谈 52
资 283
透 433
通 299
都 296
钱 52
铁 217
铃 294
铎 183
高 54
鸭 70
鹄 366
　 333

十一画

兽 271
副 68
唯 305
商 239

培 213
基 128
婚 127
崇 30
常 28
庸 167
探 381
救 283
教 162
晨 143
梦 28
检 190
淮 133
清 125
渠 223
烽 226
琅 62
理 176
眼 179
章 369
第 391
筇 43
维 132
绸 305
综 30
绿 436
职 186
菲 403
萌 61
著 190
辅 433
逸 65
鄂 377
野 54
铨 371
银 227
雪 378
鸿 366
黄 116
　 126

十二画

储 31
博 24
厦 326
啼 284
善 239
寒 103
循 366
掌 391
握 318
揽 176
斯 275
晴 226
智 404
朝 391
期 215
棉 191
森 234
殖 403
渤 24
温 306
港 70
游 383
湖 116
湘 333
滑 123
税 273
童 298
粤 387
紫 434
联 180
谠 40
越 387
道 40
遗 374
量 182
锄 31
雁 369
雄 362
雅 367

集 129
鲁 185
黑 114

十三画

勤 218
廓 176
微 305
感 70
慈 33
摄 252
数 272
新 338
暖 212
歌 70
满 187
督 52
禁 154
福 64
粮 181
群 227
蒙 190
蓝 176
虞 384
解 149
路 186
鄞 380
雍 382

十四画

嘉 132
察 26
暨 130
漫 188
睿 233
磁 34
管 82
聚 163
舆 384
蜀 271
蜜 191

鄱	214	趣	226	燕	367	鞭	22		
酿	206	震	395	穆	200				
锻	54	黎	178	醒	362	**十九画**			
				霓	206	勷	229		
十五画		**十六画**				警	159		
				十七画		麒	215		
影	381	儒	233						
摩	199	冀	131	曙	272	**二十画**			
播	23	寰	125	爵	164				
潮	28	橘	162			耀	371		
牖	384	潞	186	**十八画**					
箴	395	燃	228	翻	59				

新中国成立前津版中文期刊全国存藏目录（1903—1949）

天津图书馆新编历史文献目录五种

王永华　江山　编

国家图书馆出版社

凡　例

一、本目录收录新中国成立前天津出版的中文期刊 735 种,其中天津图书馆藏 524 种。天津图书馆所藏的 259 种津版中文期刊,未见于《1833—1949 全国中文期刊联合目录》(以下简称《联合目录》)著录。

二、本目录采用标准简体字著录,按刊名汉语拼音音序排列,并附《刊名首字拼音索引》和《刊名首字笔画索引》,以便读者检索。

三、本目录的著录方法参照《联合目录》,著录项目一般包括馆藏号,刊名,刊期,编辑出版者,创刊停刊年月、卷期,注释,总藏,馆藏和藏家等内容。

(一)馆藏号

1. 此项为天津图书馆所藏期刊的馆藏号。天津图书馆不藏的期刊,此项空缺。

2. 馆藏号一般由 5 位阿拉伯数字组成,如《白河》馆藏号为“45950”。画刊的馆藏号增加一个英文大写字母“H”,如《北洋画报》馆藏号为“44388H”。

3. 有的期刊分散在普通书中,其馆藏号为“中图法”分类号加著者号,如《国货年刊》馆藏号为“(旧参)F127.22/HGC”。

4. 一种期刊分散收藏有多个馆藏号的,著录其主体部分的馆藏号,并加“等”字,其余部分的馆藏号在注释项中予以说明。

5. 凡某种天津图书馆所藏的刊期,可补充《联合目录》的总藏量的,在其馆藏号后加注“☆”。如《北戴河》的馆藏号为“44946H☆”。

(二)刊名

1. 一般按照原刊名著录,依次以封面、版权页及其他信息源所题为依据。

2. 凡刊名改变但卷期连续的,以现存最晚出版的刊名著录,另为其他刊名作互见条目。

3. 凡刊名改变且卷期另起的,按不同品种分别著录,但在各刊的注释项中说明它们之间的关系。

4. 刊名前冠有“国立”字样的,“国立”二字外加括号,刊名排序时不计算在内。

5. 凡天津图书馆所藏某种期刊,未见《联合目录》著录的,在刊名前加注“★”。如“★北宁日刊”。

(三)刊期

1. 刊期著录于刊名之后,并外加括号。原刊名包括刊期或能反映刊期的,不再著录。

2. 在原刊中没有注明刊期的,根据该刊出版的时间间隔,予以推定;难以推定的暂缺。

(四)编辑出版者

1. 旧中文期刊的编辑者和出版者,一般为同一责任者。如二者不同时,以编辑者著录为主,但个人编辑者不予著录。

2. 凡刊名中包含编辑出版者名称的,采取简化著录方式。如北洋大学季刊社编辑的《北洋大学季刊》,即著录为"该校季刊社"。

3. 凡编辑出版者不明确的,根据该刊其他信息源予以推定,著录时外加"[ ]";难以查明的著录"[不详]"。

（五）创刊停刊年月、卷期

1. 只著录首尾的出版年月和卷期。《联合目录》未收的品种,凡停刊年月不能确定的,以天津图书馆藏该刊最后年月和卷期为准。

2. 凡中途有停刊、复刊、新刊、改版等变化的,如复刊、新刊、改版后卷期不另起,仍采用首尾出版年月和卷期总著录的办法;如卷期另起,则采用另起一行分段著录的办法。

3. 在著录创刊停刊年月时,年与月之间用"."隔开。在著录创刊停刊卷期时,卷期之间用":"标识;以年代卷的,年后加":"。

4. 无明确创刊停刊年月、卷期的,推定的年月、卷期,著录时外加"[ ]";难以推定的年月和卷期,在不能推定的部分加"?"。如:年月为"[19?]""[193?]""[1935.?]",卷期为"[?]"。

（六）注释

1. 凡原刊没有明确描述为天津出版的,根据内容推定者,本项加注"[天津出版]"。

2. 说明刊名、刊期、编者及出版等情况的变化。

3. 新中国成立后影印的期刊,说明其影印的时间及出版单位等情况。

（七）总藏

1. 凡收入《联合目录》的品种,依据《联合目录》著录全国各家单位存藏该刊总藏量。

2. 在"总藏"二字后著录该刊在《联合目录》中的页码,并用"（ ）"标识。见于《联合目录》补遗中的期刊,页码前带有"H"标记。如"北洋官刊"的页码为"（H5）"。

（八）馆藏

1. 著录天津图书馆藏每种期刊的现存情况,按出版年和卷期分两栏著录。

2. 复刊、新刊、改版后分段著录的,只在其起始卷期前加注相应的标识文字。

3. 影印期刊与原件分开著录,原件在前,影印件在后,影印件在起始出版年前加"影"字。

（九）藏家

1. 凡除天津图书馆以外的其他收藏单位,据《联合目录》著录《藏家名称和代码》,并附于书后。

2. 见于《联合目录》补遗中的期刊,凡来源于《四川省各图书馆馆藏中文旧期刊联合目录(1884—1949)》的,本目录仍照其旧,著录藏家为"川联"。

目　录

凡例 …………………………………………………………………………………………… 453

新中国成立前津版中文期刊全国存藏目录（1903—1949） ……………………………… 457

藏家名称和代码 …………………………………………………………………………… 529

刊名首字拼音索引 ………………………………………………………………………… 531

刊名首字笔画索引 ………………………………………………………………………… 533

B

45950

白河(周刊)

白河周刊社

1931.1—1933.5　1—2:26

总藏　(413)　2—2:26

馆藏　1931　1:3—5

　　　　1932　2:1—2

藏家　1,7,541,851,852,915,936

44430

北辰

见"工商学志"

44430

北辰杂志

见"工商学志"

44946H☆

北戴河(周刊)

北戴河社

1947.1—1948.12　1—92

总藏　(373)　1—16,18—33,37—38,70,77,

　　　　　　　79

馆藏　1947　22,34,38,45

　　　　1948　87—89,91—92

藏家　1,461,651

北方(旬刊)

北方旬刊社

1936.5　1:1—2

总藏　(360)　1:1—2

藏家　7,63,915

(旧参)**P416.22/1931—1933**

北方大港港址气象潮位年报

交通部铁道部北方大港筹备委员会

1931—1933　1—3

总藏　(360)　1—3

馆藏　1931　1

　　　　1932　2

　　　　1933　3

藏家　7,8,541,791

北方大港华北水利月刊

建设委员会华北水利委员会

[1928.?]—1929.9　1—2:9

总藏　(360)　2:9

藏家　2,252

44987

北方青年(半月刊)

北方青年半月刊社

1947.6—1948.10　1—3:

本刊原为月刊,自2卷1948年起改为半月刊。

总藏　(360)　1—3:

馆藏　1947　1:2—6

　　　　1948　2:1—6;3:1—3

藏家　1,7,8,63,143,252,541,651,781,

　　　　851,911

45002

北风(旬刊)

北风旬刊社

1933.11—1934.1　1—7

总藏　(361)　1—7

馆藏　1933　2

藏家　1

44372

★北宁日刊

北宁铁路管理局总务处文书课

[19?]—1938　1—2136

馆藏　1931　150

　　　　1933　872—873,887,896,905,911

　　　　1934　923—925,929—930,947,949,

　　　　　　　951—952,961,966,968,980—

　　　　　　　984,987,991—997,1000,1003,

　　　　　　　1012,1020,1022—1025,1030—

　　　　　　　1031,1033,1038,1050,1071—

　　　　　　　1073,1110,1020

　　　　1935　1304,1315,1319—1320,1323,

　　　　　　　1325

　　　　1937　2011—2061

　　　　1938　2136

新中国成立前津版中文期刊全国存藏目录(1903—1949)

44992

北宁铁路车务公报
见"北宁铁路运输公报"

北宁铁路管理局改进专刊（月刊）
该局改进委员会
1934.10—1937.3　1—22
总藏　（361）　1—22
藏家　7,541

47398

★北宁铁路管理局局报
该局
1938.3—1938.4　3—4月号外:2
馆藏　1938　3月号外:1—3;4月
　　　　　　号外:2

北宁铁路机务处技术员学会会刊
该会
1929　1—3
总藏　（361）　2—3
藏家　541

44992

北宁铁路运输公报（周刊）
北宁铁路管理局运输处
1930.3—1931.3　1—2:8
本刊原名为"北宁铁路车务公报"，自1卷17期起改用本名。
总藏　（361）　1—2:8
馆藏　1930　1:1—37,39—40
　　　　1931　2:1—8
藏家　6,7,671

45597

北调（月刊）
北调月刊社
1935.1—1936.8　1—4:2
总藏　（373）　1—2:;3:2—3,5—6;4:2
馆藏　1935　1:2;2:2
藏家　1,7,8,511,515,545,671,782

44494

北洋半月刊

见"北洋月刊"

44480

★北洋大学季刊
该校季刊社
1927.11　1:1
馆藏　1927　1:1

45468 ☆

北洋大学校季刊
该校季刊社
1915.12—1916.3　1—2
总藏　（370）　1
馆藏　1915　1
　　　　1916　2
藏家　7,8,63,541,852

45006

北洋大学周刊
见"北洋周刊"

北洋电工
国立北洋大学电机工程学会
1947.1—5　1:1—3
总藏　（370）　1:1,3
藏家　1,461

北洋法政学报（旬刊）
北洋官报总局
1906.9—1910.11　1—156
本刊原名为"法政杂志"，自7期起改用本名。
总藏　（370）　1—103,106—108,110—114,
　　　　　　116—118,120—133,135,137—
　　　　　　139,148—150,152—153,155—
　　　　　　156
藏家　1,6,7,8,143,461,511,541,931

46431

（国立）北洋工学院工科研究所研究丛刊
该院
1935.11—1937.[?]　1—13
总藏　（370）　1—13
馆藏　1935　1
　　　　1936　2—11

1937　12
藏家　2,7,8,541,905

44814

★(国立)北洋工学院四十周年纪念画刊
该校
1935.10　1
馆藏　1935　1

47596

★北洋官报
北洋官报局
〔1903〕—1911　1—2732
馆藏　1903　36
　　　1908　1851—1853
　　　1911　2732

北洋官刊
直隶总督署
总藏　(H5)
藏家　川联

44388H

北洋画报(隔日刊)
北洋画报社
1926.7—1937.7　1—1587
本刊原为周刊,继改为三日刊,最后改为隔日刊。1985年8月由书目文献出版社(现国家图书馆出版社)影印。
总藏　(371)　1—1587
馆藏　1926　1—50
　　　1927　51—150
　　　1928　151—263
　　　1929　264—416
　　　1930　417—570
　　　1931　571—722
　　　1932　723—877
　　　1933　878—1031
　　　1934　1032—1179
　　　1935　1180—1341
　　　1936　1342—1350,1407—1498
　　　1937　1499—1584
　　　影 1926　1—50

1927　51—150
1928　151—263
1929　264—416
1930　417—570
1931　571—722
1932　723—877
1933　878—1031
1934　1032—1179
1935　1180—1341
1936　1342—1498
1937　1499—1587
藏家　1,8,252,461,511,541,831,851,852

北洋抗日救国周刊
北洋大学
1931.〔10〕—1931.11　1—6
总藏　(370)　6
藏家　63

45005

北洋理工季刊
国立北洋工学院
1933.3—1937.6　1—5:2
总藏　(371)　1—5:2
馆藏　1933　1:1—4
　　　1934　2:1—4
　　　1935　3:1—4
　　　1936　4:1—4
　　　1937　5:1—2
藏家　1,2,6,7,8,9,252,421,431,511,541,544,545,593,671,851,852,861,905,915,936

45671

北洋校刊(月刊)
国立北洋大学
1948.4—10　1—6
总藏　(371)　1—6
馆藏　1948　1—6
藏家　1,8,63,305,541,651,671,851,852,936

45004

北洋学报(周刊)

新中国成立前津版中文期刊全国存藏目录(1903—1949)

北洋官报总局
1906.1—12　1—46
本刊馆藏为汇编本。
总藏　(371)　1—33,36,38—46
馆藏　1906　汇1—6,19—24
藏家　1,2,7

46157

★**北洋医学学友会会报**(年刊)
该会
[1920]—1925　1—6
馆藏　1924　5
　　　1925　6

44494

北洋月刊
北洋大学学生会
1929.7—1929.9　1—4
1929.11—1929.12　新1:1—2
本刊原名为"北洋半月刊",自1929年11月
起改为月刊,卷期另起。
总藏　(370)　1—4;新1:1—2
馆藏　1929　1—3;新1:1—2
藏家　1,2,7,8,252,541,671,861

北洋政学旬报
北洋官报局
1910.11—1911.1　1—4
总藏　(371)　1—2,4
藏家　541

北洋周报
国立北洋工学院
1946.1—1946.7　1—25
总藏　(370)　1—25
藏家　731

45006

北洋周刊
国立北洋大学学生自治会
1927.6—1933.5　1—66
1933—1937　新1—165
1947.5—10　复1—4
本刊原名为"北洋大学周刊",由北洋大学学

生会编,后改用本名。1933年改由北洋工学
院学生会编,期数另起。抗战期间曾停刊,
1947年5月复刊,由北洋大学学生自治会编,
期数另起。
总藏　(370)　1,37—66;新1—165;复1—4
馆藏　1932　37—47
　　　1933　新1,4—5
　　　1934　6—24,26—27,29—50
　　　1935　51—91
　　　1936　92—108,110—119,121—137
　　　1937　138—139,141—159,161—164
　　　1947　复1—4
藏家　1,7,8,63,252,511,541,651,671,731,
　　　831,851,852,861,915,931,936

45590

边疆人文(双月刊)
南开大学文科研究所
1943.9—1947.12　1—4:
本刊在昆明创刊,自4卷1947年起迁至天津
出版。
总藏　(355)　1—4:
馆藏　1947　4:1—6
藏家　1,2,7,63,252,511,545,651,671,791,
　　　861,905

兵事杂志
北洋陆军兵事杂志社
[19?]—1910.9　1—2
总藏　(660)　2
藏家　541

渤海风(半月刊)
渤海风编辑部
1927.7—9　1:1—3
总藏　(1067)　1:1—3
藏家　7

渤海农垦
农业部渤海区农垦管理局
1949.7
总藏　(H13)
藏家　2

45725

★渤海月刊

渤海月刊社

1947.6　1

馆藏　1947　1

C

财政月刊

市财政局秘书处编辑组

1931.5　1—4

总藏　(955)　1—4

藏家　1,6,7,651

采冶年刊

国立北洋大学采冶学会

1932　1

总藏　(796)　1

藏家　2(H10),7,8

46034

★长江(半月刊)

长江半月刊社

1947.8　1:1—2

馆藏　1947　1:2

46691H

★常识画报(半周刊)

常识画报社

1928.11—1929.1　1—14

本刊原为周刊,自3期起改为半周刊。

馆藏　1928　1—11

　　　　1929　12—14

45163

常谈(月刊)

常谈月刊社

1936.6—12　1:1—7

总藏　(1044)　1:1—2,4—7

馆藏　1936　1:1—7

藏家　1

晨风(半月刊)

南开学校晨风社

1925.[11]—1925.12　1—3

总藏　(1045)　2—3

藏家　7

46040

晨曦(月刊)

晨曦社

1946.6—1947.3　1—2:1

总藏　(1047)　1—2:1

馆藏　1946　1:1—6

　　　　1947　2:1

藏家　651

成本会计季刊

中国成本会计学校

1948.1—1948.8　1—2

总藏　(511)　1—2

藏家　1,6,671

鸥鹭

鸥鹭社

1927.11—1928.1　1—6

总藏　(1253)　1—2,5—6

藏家　7

47623

★齿科月刊

齿科月刊社

1935.7—9　1:1—2

馆藏　1935　1:1—2

冲锋(半月刊)

冲锋社

1932.9—11　1—4

总藏　(476)　1,4

藏家　541,545

47160

春柳(月刊)

春柳杂志社

1918.12—1919.10　1—8

总藏　(832)　1—8

馆藏　1919　5

藏家　1,7,8,9,21,511,651,936

461

东风月刊

东风月刊社

1932.1　1

总藏　（316）　1

藏家　1

47788

★**东亚快览**(月刊)

东亚快览社

1939.[1]—1939.2　1—2

馆藏　1939　2

46531

★**东亚声**(双周刊)

东亚企业股份有限公司

1947.6—1948.7　1—27

馆藏　1947　1—14

　　　1948　15—24,27

46557

★**都会**(半月刊)

新时代出版公司

[1939.？]—1940.7　1—33

馆藏　1939　7

　　　1940　24—26,29,32—33

46181

★**督察汇刊**

市教育局

1931　1

馆藏　1931　1

46812

★**读书生活**

读书生活社

1946.1　1

总藏　（1236）　1

馆藏　1946　1

藏家　7

短小教育

短小教育社

1935.3　1

总藏　（1112）　1

藏家　1

E

46931

★**儿童生活**(半月刊)

儿童生活社

[1946.？]—1947.2　1—7

馆藏　1947　6—7

44403

★**二六校刊**

市立第二十六小学校

[1930.？]—1937.1　1—24

馆藏　1931　2

　　　1932　5—7

　　　1933　8—10

　　　1934　12

　　　1935　17—19

　　　1936　20—23

　　　1937　24

F

44176☆

法函半月刊

法律专科函授学校同学会

[1932.2]—1934.9　1—61

总藏　（665）　44—58

馆藏　1934　44—61

藏家　1,721

44176☆

法函校刊

法律专科函授学校

1935.1—1936.12　1—24

总藏　（665）　8,22—24

馆藏　1935　1—12

　　　1936　13—18,20—24

藏家　1

法汉公教季刊

见"法汉季刊"

法汉季刊

法汉学校

1936.12—1938.10　1—8

本刊原名为"法汉公教季刊"，后改用本名。

总藏　（662）　1,3,5,8

藏家　541

45508 ☆

法令旬刊

律师公会法令旬刊社

[1933]—1935　1—3:6

总藏　（662）　2:1—3,7,11—13,21—24,28；

　　　　　　　3:2,4,6

馆藏　1934　2:13—15,17—28

　　　1935　2:29—36；3:1—4

藏家　1,252

44171

法律汇刊（半月刊）

河北法政学社

1932.4—1933.1　1—20

总藏　（666）　1—20

馆藏　1932　1—18

　　　1933　19—20

藏家　1,7,931,936

46600

法商半月刊

河北省立法商学校学生自治会

1934.1　1:1—2

总藏　（668）　1:1—2

馆藏　1934　1:1—2

藏家　1,6,7,8,63

46476

法商季刊

河北省立法商学院

1931.4　1:1

总藏　（668）　1:1

馆藏　1931　1:1

藏家　1,2,7,252,541,651,671,731,781,936

47463

★**法商学院年刊**

法商年刊编辑委员会

1931.8　1

馆藏　1931　1

44177 ☆

法商周刊

河北省立法商学院

1930.12—1931.5　1:1—15

1934.10—1937.1　新1—3:17

本刊自1934年10月起卷期另起。

总藏　（668）　1:1—15；新1:1—30；2:20；3:

　　　　　　　1—9,11—12,14—17

馆藏　1930　1:3

　　　1931　1:8

　　　1934　新1:1—10

　　　1935　1:11—30；2:1—15

　　　1936　2:16—34；3:9—16

　　　1937　3:17

藏家　1,7,8,63,252,541

44162

法政

法学政治编审会

[1947.？]—12　1:1—3

总藏　（665）　1:3

馆藏　1947　1:2—3

藏家　1

法政杂志

见"北洋法政学报"

47052

★**法政专刊**

国民法政专刊总社

[1946]　1

[天津出版]

馆藏　[1946]　1

反日半月刊

反日会宣传部

1929　1—2

总藏　（270）　1—2

藏家　936

反日特刊

见"抗日旬刊"

反日周刊
特别市反日会宣传科
1928.9—1929.5　1928—1929:5
总藏　（270）　1928:1—4;1929:2—3,5
藏家　7

44068
★方舟月刊
方舟月刊社
1934.6—1937.7　1—39
馆藏　1934　1—7
　　　1935　8—15,17,19
　　　1936　21,23,25—31
　　　1937　32—39

44580
★防空月刊
防空月刊社
1936.3—1936.4　1:1—2
馆藏　1936　1:1—2

防卫知识
益世报社
1937　1—26
总藏　（516）　6—9,25—26
藏家　936

47239
★飞沫(半月刊)
南开大学校飞沫社
1930.5　1:1
馆藏　1930　1:1

丰台(旬刊)
丰台旬刊社
1932.[5]—8　1:1—15
总藏　（264）　1:1—15
藏家　1,7,851

46728H
★风月画报(半周刊)
风月画报社
1933.1—1937.7　1—11:10

本刊曾一周出版3期。1至9卷每卷出50期。
馆藏　1933　1:1—29,31—50
　　　1934　3:1—26,29—32,38—39,42,44—
　　　　　　45,48—50;4:1—46,48—50
　　　1935　5:1—50;6:1—30
　　　1936　6:31—33,35—50;7:1—17,19—
　　　　　　25,35;8:15,18,21,27,33;9:6,8—
　　　　　　12,15—16,18—20,22,24—27
　　　1937　9:28—29,32,34—35,37—38,
　　　　　　43,45,47—50;10:1—5,10,15—
　　　　　　17,19,21,23—24,26—33,35—37,
　　　　　　39,41—43,45—46,48—49;11:2,
　　　　　　8,10

45475
佛教月报
佛教月报社
1936.4—6　1:1—3
总藏　（H9）
馆藏　1936　1:1—3
藏家　7

45074H
★扶风画报(周刊)
扶风画报社
1947.11　1:1—3
馆藏　1947　1:1—3

扶轮月报
天津逸斋
1921
总藏　（H8）
藏家　川联

44588
★扶中学生(半月刊)
扶中学生编辑委员会
1936.[4]—5　1:1—4
馆藏　1936　1:2—4

44826
★辅导通讯
市训练团

[194?]—1948.11　1—11
馆藏　1948　10—11

45794

★妇女（月刊）
妇女月刊社
1927.[8]—12　1:1—4
馆藏　1927　1:2,4

46291H

妇女新都会（三日刊）
妇女新都会画报社
1939.6—1941.12　1—248
总藏　（H8）
馆藏　1939　1—49
　　　1940　50—52,78,107,110—150
　　　1941　151—189,192—224,226—232,
　　　　　　234—242,244—248
藏家　7

妇女旬刊
市妇女文化促进会
1931.[2]—1931.9　1:1—19
总藏　（567）　1:5—6,10,13,18—19
藏家　7,541

妇女园地（月刊）
河北女子师范学院
1936.[11]—1936.12　1—2
总藏　（573）　2
藏家　541

G

46093

改进专刊（月刊）
北宁铁路管理局改进委员会
1934.10—1937.3　1—22
总藏　（625）　1—22
馆藏　1934　1—3
　　　1935　4—11
　　　1936　12—19
　　　1937　20—22

藏家　1,2,7,63,252,511,541,545,651,671,
　　　781,851,852,911,915,936

46661

改良碱地月刊
财政部长芦盐区改良碱地委员会
1936.8—1937.3　1:1—8
总藏　（624）　1:1—8
馆藏　1936　1:1—5
　　　1937　1:6—8
藏家　1,2,6,7,252,541,671,891

46676

★歌舞升平
游艺画刊社
1942.2　1
馆藏　1942　1

45604

★耕余
津中耕余社
[19?]—1945.12　1—2
馆藏　1945　2

44445

工人周刊
工人周刊社
1946.10—1948.10　1—27
总藏　（40）　1—15,17—23,25—27
馆藏　1946　1—7
　　　1947　8—15
　　　1948　17—25
藏家　1,7,63,651,671,851

工商半月刊
中国文化服务社天津分社
1945　1—2
总藏　（48）　1—2
藏家　7

44801

工商部天津商品检验局月刊
见"检验月刊"

工商大学季刊

该校季刊编辑部

1927

总藏　（H1）

藏家　7

46614

★工商附中（年刊）

工商中学生出版社

1941—1947　特刊;纪念刊

馆藏　1941　十周年庆祝特刊

　　　1946　十五周年庆祝特刊

　　　1947　卅六年毕业纪念刊

工商建筑

工商建筑工程学会

1941　1

总藏　（50）　1

藏家　7,541

46282

工商生活（月刊）

工商学院工商出版社

1941.6—1944.8　1—20

总藏　（49）　1,3—4,20

馆藏　1941　1—5

　　　1942　6—9

　　　1943　17—18

　　　1944　19

藏家　1,7,541

46499

★工商向导

工商学院出版委员会

1940.5　1

馆藏　1940　1

47018

工商新闻（周刊）

工商新闻社

1934.4—1935.11　1—2:5

总藏　（51）　1:1—32,34—36;2:1—5

馆藏　1934　1:3,5,7—13,15—16

藏家　1,7,63,541,651,781

47121

工商学报（年刊）

工商大学

1927—1930　1—4

总藏　（50）　3—4

馆藏　1930　4

藏家　7,8,541

45898

★工商学生（月刊）

工商学院校刊委员会

1937.［4］—1937.5　1:1—2

馆藏　1937　1:2

44430

工商学志（半年刊）

工商学院北辰社

1929.1—1948.4　1—11:

本刊原名为"北辰"月刊,5 至 6 卷改名为"北辰杂志"半月刊,自 7 卷 1 期起改用本名,并改为半年刊。

总藏　（49）　1:1,13;2:1—9,13,16—17,

　　　　　　19—22;3:1—10;4:1—5,7—

　　　　　　10;5—9:1;10:1—5;11:

馆藏　1933　5:1—20

　　　1934　6:1—19

　　　1935　7:1—2

　　　1936　8:1—2

　　　1937　9:1

　　　1947　11:1

藏家　1,2,7,8,21,63,252,401,541,544,

　　　545,593,651,671,781,791,831,851,

　　　852,905,911,915

44430

工商学志北辰特号

工商学院北辰社

1934　1

总藏　（50）　1

馆藏　1934　1

藏家　541,781

44427

工商杂志(月刊)

工商杂志社

1936.8—1937.5　1:1—10

总藏　(49)　1:3,6,9—10

馆藏　1936　1:1—5

　　　　1937　1:6—10

藏家　301,651

46547 ☆

工商周刊

工商周刊社

1946.3—1946.10　1:1—4

总藏　(48)　1:1

馆藏　1946　1:1—2,4

藏家　1

工业(月刊)

工业月刊社

1944.4—1948.12　1—5:

本刊创刊于西安,自 3 卷 8 期 1946 年 8 月起

迁天津出版。

总藏　(41)　1—5:

藏家　1,2,6,7,8,63,252,301,305,401,421,

　　　431,461,511,515,541,545,651,671,

　　　721,736,781,782,791,831,851,852,

　　　905,915,921,931,936

47592

★工业参考资料

市财政经济委员会

[1949.?]—1949.8　1—18

馆藏　1949　18

47011

工业年刊

河北省立工业学院

1931—1932　1—2

本刊自 1934 年起改名为"河北省立工业学院

学报",卷期另起。

总藏　(42)　1—2

馆藏　1931　1

　　　　1932　2

藏家　1,7,8,63,541

44433

工业月刊

工业月刊社

1944.4—1948.12　1—5:

本刊在西安创刊,自 3 卷 8 期 1946 年 8 月起

迁至天津出版。

总藏　(41)　1—5:

馆藏　1946　3:8—10,12

　　　　1947　4:1—12

　　　　1948　5:1—12

藏家　1,2,6,7,8,63,252,301,305,401,421,

　　　431,461,511,515,541,545,651,671,

　　　721,736,781,782,791,831,851,852,

　　　905,915,921,931,936

46916

工业周刊

河北省立工业学院周刊社

[1930.?]—1937.6　1—306;目录索引

总藏　(42)　31—32,37—40,64—65,77,

　　　　　　82—268,271—306;目录索引

馆藏　1935　221—225,236,238,244

藏家　1,2,6,7,8,63,252,401,541,651,671,

　　　731,905,915,936

45886

★工友(周刊)

工友周刊社

1946.9　1

馆藏　1946　1

46151H

★公安画报(周刊)

市公安局秘书处

1930.4—9　1—24

1930.[11]—1932.10　新 1—4:8

本刊原由天津特别市公安局刊行,出至 24 期

后停刊。1930 年内复刊,改由天津市公安局

秘书处刊行,卷期另起。

馆藏　1930　1—24;新 1:4—6

　　　　1931　1:12—20;2:1—2,4—8,10—

12,14

1932　2:15—18,20;3:1—6,8—19;4:
1—8

46344

★公安月刊

特别市公安局秘书处

[192?]—1929.12　1—40

1930.1—7　新1—7

本刊原为旬刊,自1930年1月起改为月刊,期
数另起。

馆藏　1929　37

　　　　1930　新1,3—5,7

46339

★公安月刊

市公安局秘书处

1930.12—1932.10　创刊号

1931—1932:9

1936.4　创刊号

1936.7—10　复1—4

本刊前身由天津特别市公安局秘书处出版,
1930年12月重新创刊,改由天津市公安局秘
书处出版,以年份计期。1932年10月后曾停
刊,1936年4月又出创刊号后停刊。1936年
7月复刊,期数另起。

馆藏　1930　创刊号

　　　　1931　1931:1—9

　　　　1932　1931:10—12;1932:4—9

　　　　1936　创刊号;复1—4

46507

★公教学生(季刊)

工商学院公教出版社

[1940.12]—1943.1　1—3:1

馆藏　1941　1:4;2:1

　　　　1942　2:4

　　　　1943　3:1

47846H

★公懋画刊

美商公懋洋行

[19?]—1941.8　1:1—5

馆藏　1941　1:5

光华

[不详]

1947.12　1

总藏　（518）　1

藏家　651

广播半月刊

广播半月刊社

1946.7—1946.9　1—5

总藏　（35）　1—5

藏家　1,7

47845H

★广播三日画报

广播日报社

1936.[3]—1936.5　1—21

馆藏　1936　4—9,17,19,21

44131

广智馆星期报

见"广智星期报"

44131

广智星期报☆

广智馆编辑部

1929.1—1937.7　1—435

本刊前身为"社会教育星期报"。原名为"广智
馆星期报",后改名为"天津广智馆星期报",自
52期1930年1月改用本名,期数续前。

总藏　（34）　405—435

馆藏　1929　1—51

　　　　1930　52—102

　　　　1931　103—150

　　　　1932　151—201

　　　　1933　202—253

　　　　1934　254—304

　　　　1935　305—355

　　　　1936　356—406

藏家　1,7

46563

★国大与制宪史地丛刊

南开中学史地研究会

1947.2 1

馆藏 1947 1

45139H☆

国风画报(三日刊)

国风画报社

1946.7—1947.4 1—5:3

总藏 (760) 1:9,14;2:7,9;3:6—7

馆藏 1946 1:1—18;2:1—18;3:1—10

1947 4:1—6,9—11,15,17—21;5:
1,3

藏家 651,831,931

45138

★**国光**(月刊)

国光专刊总社

1946.[6]—1947.8 1—2:4

馆藏 1946 1:2

1947 2:2—4

47789

★**国货调查录**

市商会

1932.12 1

馆藏 1932 1

(旧参)F127.22/HGC

国货年刊

河北省国货陈列馆

1934.6 1

总藏 (785) 1

馆藏 1934 1

藏家 63

45106

国货研究月刊

国货研究所

1932.6—1933.1 1—2:1

本刊第 1 卷出 7 期。

总藏 (786) 1—2:1

馆藏 1932 1:1—5,7

1933 2:1

藏家 1,7,8,63,252,421,541,545,651,671,

891,915

国货月刊

国货月刊社

1932.4—1933.9 1—12

总藏 (785) 1—10,12

藏家 7,651

45307

国际知识(月刊)

知识书店

1937.5—1937.7 1:1—3

总藏 (776) 1:1—3

馆藏 1937 1:1—3

藏家 1,7,63,401,541,721,781,851,852

45129

★**国民防疫专刊**(月刊)

国民防疫专刊社

1937.4—1937.6 1—3

馆藏 1937 1—3

45109

国民新闻(月刊)

国民新闻社

1947.7—1947.8 1—2

总藏 (769) 1—2

馆藏 1947 1—2

藏家 651

47741

★**国庆特刊**

特别市各界庆祝国庆纪念大会

1929.10 1

馆藏 1929 1

45147

国术月刊

市国术馆编审科

1934.4—1935.4 1—13

总藏 (761) 1—13

馆藏 1934 1—9

1935 10—13

藏家 1,7

45143

国术周刊

国术周刊社

1935.1　1

总藏　(761)　1

馆藏　1935　1

藏家　1,7

45152

(国立)**国体师专校刊**(季刊)

国立国术体育师范专科学校

[19?]—1948.7　1:1—15

总藏　(780)　1:5,8—15

馆藏　1948　1:12—15

藏家　7,8,301,651

45162

国闻周报

国闻周报社

1924.8—1937.12　1—14:

本刊在上海创刊,自4卷1927年迁至天津出版,自13卷1936年起迁回上海出版。第1卷出22期,2至14卷每卷出50期。

总藏　(788)　1—14:

馆藏　1924　1:1—22

　　　1925　2:1—50

　　　1926　3:1—48

　　　1927　4:1—50

　　　1928　5:1—50

　　　1929　6:1—25,27—50

　　　1930　7:1—50

　　　1931　8:1—50

　　　1932　9:1—50

　　　1933　10:1—50

　　　1934　11:1—50

　　　1935　12:1—50

　　　1936　13:1—50

　　　1937　14:1—30,33—35,43

藏家　1,2,6,7,9,21,62,63,143,252,301,

　　　305,401,421,431,461,462,511,515,

　　　541,544,593,651,671,721,731,736,

　　　741,781,782,791,831,851,852,861,

865,891,901,905,911,915,921,931

国闻周报战时特刊

国闻周报社

1937.8—1937.9　1—12

总藏　(790)　1—12

藏家　1,63,541,651,721,741,831

45145

国学(月刊)

国学研究社

1937.4—1937.8　1:1—5

总藏　(780)　1:1—5

馆藏　1937　1:1—4

藏家　1,6,7,9,63,541,545,671,791,861,

　　　915

45150

国医正言(月刊)

国医研究会

1934.5—1937.[?]　1—38

总藏　(772)　1—38

馆藏　1934　1

　　　1935　13—19

　　　1936　20—27,29—31

　　　1937　32—38

藏家　1,2,7,544

H

47742

★海风(双旬刊)

私立渤海中学学生自治会

1947.4—1947.10　1—3

馆藏　1947　1—3

44221

海风(月刊)

海风社

1936.[10]—1937.3　1—6

总藏　(923)　4—6

馆藏　1937　5—6

藏家　1,7

44225

海事(月刊)

海事编译局

1927.7—1937.7　1—11:

本刊原名"海事杂志",后改用本名。在武昌创刊,后曾迁至辽宁、青岛、天津等地出版。

总藏　(924)　1—10:;11:1,7—10,12

馆藏　1931　5:1—6

　　　1932　5:7—12;6:1—6

　　　1933　6:7—12;7:1—6

　　　1934　7:7—12;8:1—6

　　　1935　8:7—12;9:1—6

　　　1936　9:7—12;10:1—6

　　　1937　10:7—12;11:1

藏家　1,2,6,7,63,252,301,421,431,461,
541,651,671,781,791,831,851,852,
905,911,915,931

44225

海事杂志

见"海事"

46357

海涛旬刊

海涛旬刊社

1947.6—1947.7　1—3

总藏　(925)　1—3

馆藏　1947　1—2

藏家　1,7,8

44222

海王(旬刊)

海王社

1928.9—1949.3　1—21:19

本刊在天津塘沽创刊,1937年迁长沙,1940年迁四川乐山,1945年迁重庆,1947年迁南京出版。

总藏　(920)　2:1—12;3:1—12,32—36;4:
1—12;5:1—11;6—8:;9:1—
32,34,36;11—21:19

馆藏　1934　7:2—4,6,8—9

　　　1935　7:12,17—24,26—36;8:2,6—
10

1936　8:12—14,16—21,23—26,28—
35;9:2—6,8—11

1937　9:12—32

1947　19:14,32,34,36;20:1—10

1948　20:11—13,15—36;21:1,3—7

1949　21:17,19

藏家　1,2,6,7,8,21,63,252,305,401,421,
431,461,515,541,544,545,593,651,
671,721,731,736,741,781,782,791,
831,851,852,861,891,905,911,915,
921,931

44223

海运月刊

中华海运服务社

1947.5—1947.7　1:1—3

总藏　(924)　1:1—3

馆藏　1947　1:1—3

藏家　1,252,651

47012H 河北博物院画刊(半月刊)

该院

1931.9—1937.7　1—141

本刊原名为"河北第一博物院半月刊",自49期起改名为"河北第一博物院画报",自80期起改用本名。

总藏　(673)　1—140

馆藏　1931　1—7

　　　1932　8—31

　　　1933　32—55

　　　1934　56—79

　　　1935　80—103

　　　1936　104—127

　　　1937　128—141

藏家　1,2,6,7,8,9,62,252,511,541,671,
831,861

47012H

河北第一博物院半月刊

见"河北博物院画刊"

47012H

河北第一博物院画报

新中国成立前津版中文期刊全国存藏目录(1903—1949)

见"河北博物院画刊"

44139 ☆

河北高等法院公报(月刊)
该院书记室
1928.7—1935.[?]　1—15
1937.3—1937.6　新1—4
1947.6　复1
本刊原在天津出版,由河北高等法院编纂室编。1937年3月迁至北平,改由河北高等法院书记室编,期数另起。抗战期间曾停刊,1947年6月复刊,期数又另起。
总藏　(672)　1—14;新1—4;复1
馆藏　1928　1
　　　1929　2—3
　　　1930　4—6
　　　1931　7
　　　1932　8—9
　　　1933　10—11
　　　1934　12—13
　　　1935　14—15
　　　1937　新1—4
　　　1947　复1
藏家　7,63,511,541,651,851

44157

★**河北合作通讯**
中国银行
[19?]—1937.8　1—6
馆藏　1937　6

(旧参)**TV882.822—53/HJT** 等
河北河务会议汇刊
　　见"河务会议汇刊"

46785

河北建设公报(月刊)
河北省政府建设厅
1928.10—1934.9　1—6:
总藏　(669)　1—6:
馆藏　1929　2:1—3
　　　1930　2:4—12;3:1—3
　　　1931　3:4—12;4:1—3

1932　4:4—12;5:1—3
1933　5:4—12
1934　6:4,6
藏家　6,7,8,21,461,541,545,651,671,831

河北零售物价指数月报
河北省政府工商厅
1919.9—1930.12　1—2:
本刊自1931年1月起改名为"河北物价指数季刊",期数另起。第1卷共出4期。
总藏　(673)　1—2:
藏家　1,7,8,252,461,541

河北民政汇刊(年刊)
河北省政府民政厅
[1927]—1929　1—3
总藏　(669)　2,3
藏家　7,461

44153

河北民政刊要(月刊)
河北省民政厅编辑室
1931.10—1935.7　1—43
总藏　(669)　1—43
馆藏　1931　2
　　　1932　6,8
　　　1933　14,20,24
　　　1934　26,31—34
　　　1935　38,40
藏家　1,7,63,252,541,651

河北省财政整理委员会季刊
该会
1929.7—1931.7　1—4
总藏　(671)　1—4
藏家　1,6,7

44154 ☆

河北省工程师协会月刊
该会编辑部
1932.11—1936.10　创刊号;1—[4:?];专号
总藏　(670)　1—2:;3:5,7—12;专号
馆藏　1932　创刊号
　　　1933　1:1—12

1934　2：1—12

1935　3：[6]，7—10

1936　3：11—12；[4：?]

藏家　1，2，7，8，252，541，931

河北省工商统计

河北省实业厅视察处

1929

总藏　（670）　1929

藏家　7

河北省国货陈列馆特刊

该馆

1929　1

总藏　（671）　1

藏家　1，7，541，851

河北省国货陈列馆月刊

该馆

1929.3—1929.10　1：1—4

总藏　（671）　1：1—4

藏家　1，252，541

（旧参）**TV882.822—53/HJT** 等

河北省河务会议汇刊

见"河务会议汇刊"

44137

★河北省会公安局月刊

该局秘书处

1934.7—1935.4　1—10

馆藏　1934　1—6

　　　1935　7—10

（旧参）**TV882.822—53/HJT** 等

河北省建设厅河务会议汇刊

见"河务会议汇刊"

河北省教育厅议案汇编

该厅

1929.7—1929.12　1—2

总藏　（671）　1—2

藏家　7

47755

★河北省立第一女子中学校丛刊

该校

1930.1　1

[天津出版]

馆藏　1930　1

44138

河北省立工学院半月刊

　　见"河北省立工学院月刊"

44138

河北省立工学院月刊

该院出版委员会

1947.2—1948.9　1—27

本刊原名为"河北省立工学院半月刊"，自1948 年起改用本名。

总藏　（670）　1—27

馆藏　1947　1—20

　　　1948　21—27

藏家　1，2，7，8，9，515，545，651，741，831，

　　　861，905，936

47123

河北省立工业学院学报（年刊）

该院

1934.9—1937.6　1—3

本刊前身为"工业年刊"。

总藏　（670）　1—3

馆藏　1935　2

　　　1937　3

藏家　1，2，7，541，544，651，671，852，891，

　　　915，936

44150

河北省立民众教育实验学校周刊

该校

1932.10—1935.5　1—3：22

总藏　（671）　1：1—40；2：1—19，21—40；3：

　　　　　　　　　　1—22

馆藏　1934　2：10—19，21—30

　　　1935　3：8—18

藏家　1

47223

河北省立女子师范学院国文学会特刊(半年刊)

河北省立女子师范学院国文学会

1934.1—1935.5　1—3

总藏　(670)　1—3

馆藏　1934　2

藏家　1,7,63,252,541

46348

河北省立女子师范学院季刊

该院师中部学生自治会

[19?]—1930.6　1—3

1932.12—1936.[?]　新1—4:2

本刊又名"女师季刊""女师学院季刊",自1932年12月起卷期另起。

总藏　(670)　3;新1—3:;4:2

馆藏　1930　3

　　　　1932　新1:1—2

　　　　1933　1:3—4;2:1—2

　　　　1934　2:3—4;3:1—2

　　　　1935　3:3—4

藏家　1,6,7,8,9,63,541

河北省立女子师范学院教育学会特刊

该会

1934.6　1

总藏　(670)　1

藏家　1,7,63,541

45213

河北省立女子师范学院期刊(半年刊)

该院

1933.1—1936.6　1—4:

本刊又名"女师学院期刊"。

总藏　(670)　1—4:

馆藏　1933　1:1—2;2:1

　　　　1934　2:2

　　　　1935　3:1—2

　　　　1936　4:1—2

藏家　1,6,7,8,9,63,252,305,431,462,511,

　　　　515,541,544,545,593,651,671,791,

　　　　861,905,931,936

河北省立女子师范学院师中部季刊

该校

1932　1:1—2

总藏　(670)　1:1—2

藏家　1

46656

河北省立女子师范学院四十二周年校庆特刊

该院

1948.4　1

总藏　(670)　1

馆藏　1948　1

藏家　7

河北省立女子师范学院体育特刊

该院

1932　1

总藏　(670)　1

藏家　1,7

44158

河北省立女子师范学院图书馆月报

该馆

1934.10—1935.1　1:1—4

总藏　(670)　1:1—4

馆藏　1934　1:1—3

　　　　1935　1:4

藏家　7,9,541,671

河北省立女子师范学院周刊

该院

1930.[?]—1937.6　1—249

总藏　(670)　1—249

藏家　1,7

河北省民政厅重要工作报告表(月刊)

该厅

1929:10—1930:12

总藏　(671)　1929:10—1930:12

藏家　421

47459

★**河北省新生活运动促进会会刊**

该会
1935.1—1935.5　1—5
馆藏　1935　1,3—5

44155

河北省银行经济半月刊
该行经济研究室
1946.1—1947.10　1—4:8
本刊自 1948 年 2 月起改名为"河北省银行月刊",卷期另起。
总藏　(672)　1—4:8
馆藏　1946　1:1—12;2:1—12
　　　1947　3:1—12;4:1—8
藏家　1,2,6,7,9,21,63,143,252,461,511,
　　　541,545,651,671,851,915,931,936,
　　　981

44155

河北省银行月刊
该行经济研究室
1948.2—1948.5　1:1—11
本刊前身为"河北省银行经济半月刊"。
总藏　(672)　1:1—11
馆藏　1948　1:1—8
藏家　1,7,63,252,511,541,545,651,831,
　　　851,852,936

44149

河北实业公报(月刊)
河北省实业厅秘书处
1931.5—1934.9　1—41
总藏　(669)　1—41
馆藏　1931　1—3,7
　　　1932　12—20
　　　1933　21,23—24,26,28—31
　　　1934　33—35,37—40
藏家　6,7,8,21,63,461,541,651,671

45873

河北物价指数季刊
河北省实业厅
1931.3—1934.6　1931:1—1934:2
本刊前身为"河北零售物价指数月报"。

总藏　(670)　1931—1934:2
馆藏　1931　2
藏家　1,6,7,8,9,252,401,511,541,651,
　　　671,891,936

44141

河北月刊
河北省政府河北月刊社
1933.1—1937.5　1—5:5
总藏　(669)　1—5:5
馆藏　1933　1:1—12
　　　1934　2:1—12
　　　1935　3:1—12
　　　1936　4:1—12
　　　1937　5:1—5
藏家　1,2,6,7,9,21,63,252,301,401,421,
　　　541,545,651,671,721,861,915,936

46070

★**河北月刊**
私立河北中学校学生出版委员会
[19?]—1935.3　1—26
馆藏　1935　26

44151

★**河北中学季刊**
该校
[19?]—1932.12　1—7
馆藏　1930　2—3
　　　1931　4
　　　1932　5—7

44143

★**河北周刊**
中国国民党河北省党务指导委员会
[1928.?]—1928.12　1—22
馆藏　1928　3—9,16,18—22

(旧参)**TV882.822—53/HJT 等**☆

河务会议汇刊(年刊)
河北省建设厅
1929—1936
[天津出版]　本刊原名"河北省建设厅河务会议汇刊",后改为"河北省河务会议汇刊"

新中国成立前津版中文期刊全国存藏目录(1903—1949)

"河北河务会议汇刊"及本名。1936 年刊的馆藏号为"(旧参)TV882—53/HWH"。

总藏　（669）　1933

　　　　（673）　1936

馆藏　1929

　　　1930

　　　1931

　　　1932

　　　1933

　　　1934

　　　1936

藏家　7,545

黑白体育周刊

黑白体育周刊社

1932.12—1933.1　1:1—5

总藏　（1104）　1:1—5

藏家　7,851

47752

★红绿（半月刊）

红绿出版社

1935.[9]—1935.10　1—2

馆藏　1935　2

47679H

红叶画报（周刊）

红叶画报社

1947.4—1947.6　1:1—7

总藏　（901）　1:1—5,7

馆藏　1947　1:5

藏家　1

45051

★虹纹（季刊）

直一中学出版部

1923.1　1

馆藏　1923　1

吼声（月刊）

吼声社

1946.1—1946.2　1—2

总藏　（627）　1—2

藏家　252

华北对外贸易统计月报

华北对外贸易管理局研究室

1949　8—11

总藏　（536）　8—11

藏家　8,63,252

45264

华北工矿（月刊）

华北工矿月刊社

1946.5—1946.8　1:1—4

总藏　（535）　1:1—4

馆藏　1946　1:1—4

藏家　1,2,6,7,21,252,541,651,931

45263

华北工商（月刊）

华北工商月刊社

1948.5　1

总藏　（535）　1

馆藏　1948　1

藏家　1,7,8,252,541,545,651

华北工业季刊

河北省工业试验所

1930.6—1931.6　1—3

总藏　（535）　1—3

藏家　1,7,252

45259

★华北海关进出口贸易统计月报

天津海关

1939:6—1942:2

馆藏　1939:6—12

　　　1940:1—11

　　　1942:2

(旧参)P416.22/WSD

华北降水量（不定期刊）

测候所

1940　1—4:131

本刊卷后期数为总期号。

总藏　（536）　1—4:131

馆藏　1940　1:1—17;2:18—48;3:49—78;

　　　　　　4:79—131

藏家　1,7

45262
华北劳动(月刊)
华北劳动月刊社
1946.1—1947.5　1:1—11
总藏　(536)　1:1—11
馆藏　1946　1:1—2,4—5
　　　　1947　1:7—9
藏家　1,7,8,252,651,915,931

华北民众言论(半月刊)
华北民众言论社
1933.[5]—1933.6　1—4
总藏　(536)　3—4
藏家　63

46710
★**华北水利委员会计划汇刊**
该会
1932.11　1
[天津出版]
馆藏　1932　1

45258
华北水利月刊
华北水利委员会
1928.10—1937.4　1—10:4
总藏　(535)　1—10:4
馆藏　1928　1:1—3
　　　　1929　2:1—12
　　　　1930　3:1—12
　　　　1931　4:1—12
　　　　1932　5:1—6
　　　　1933　6:1—12
　　　　1934　7:1—12
　　　　1935　8:1—12
　　　　1936　9:1—12
　　　　1937　10:1—4
藏家　1,2,7,8,21,63,252,401,421,511,
　　　541,544,545,651,671,782,791,852,
　　　931

47636H
★**华北银线画报**(三日刊)
华北银线画报社
[19?]—1942.11　1—331
馆藏　1942　260—267,269—285,287—294,
　　　　　　　302—322,324,331

华北影声(周刊)
华北电影公司
1929.11—1930.6　1—40
总藏　(536)　1—40
藏家　511

46026
★**华夏**(半月刊)
华夏出版社
1947.11　1
馆藏　1947　1

化工年刊
北洋大学化学工程学会
1948　1
总藏　(267)　1
藏家　671,791,915

化学工程(季刊)
中国化学工程学会
1934—1949　1—16:
本刊在天津创刊,抗战期间迁至重庆出版,
1948年迁回天津。自1950年起与"化学工
业"合并,改名为"化学工业与工程"。
总藏　(268)　1—12:;15—16:
藏家　2,7,8,252,421,541,651,736,852,
　　　865,911,915,931,936

化学工业与工程
见"化学工程"

45557☆
黄河(周刊)
黄河画报社
1948.3—1948.6　试刊1—3;1—7
总藏　(1036)　2,7
馆藏　1948　试刊1,3;3—7

新中国成立前津版中文期刊全国存藏目录(1903—1949)

藏家　63,651

45040

★回民公报（月刊）

清真大寺教义研究室

1937.6　1

馆藏　1937　1

46007

★汇文月刊

汇文中学汇文月刊社

1948.1　试1

馆藏　1948　试1

47022

火把月刊

火把月刊社

1946.2　1

总藏　（141）　1

馆藏　1946　1

藏家　7

火线（周刊）

火线周刊社

1931.12—1932.1　1—8

总藏　（141）　1—8

藏家　1,7,63,511,541,851

J

急进抗日

抗日急进会

1932　1—4

总藏　（896）　1,3—4

藏家　6,851

45777

★济案特刊

中国国民党河北省党务指导委员会宣传部

1928.7　1

馆藏　1928　1

45642

★冀北役政（月刊）

冀北师管区司令部兵役月刊社

［1947.9］—1948.7　1—2:5

馆藏　1947　1:2

　　　　1948　2:2—5

44217☆

家庭周刊

家庭周刊社

1931.5—1932.1　甲种:1—13

1932.［?］—1948.12　乙种:1—192

总藏　（929）　甲种:1—6,8—13;乙种:4—

　　　　　　　　167,172,175,177—179,185,

　　　　　　　　189

馆藏　1932　乙种:11—12

　　　　1933　27,33,38,46—49,53

　　　　1934　54,59—73,79

　　　　1935　88,99

　　　　1936　119

　　　　1946　146—155

　　　　1947　156,159—161,163—166,168—

　　　　　　　170,172—177,179

　　　　1948　180—182,184—192

藏家　1,7,301,541,651,831,851,852,911

家庭周刊特号

家庭周刊社

1933　1,3

总藏　（930）　1,3

藏家　911

45030

甲寅杂志

见"甲寅周刊"

45030

甲寅周刊

甲寅周刊社

1925.7—1927.2　1:1—45

本刊前身为"甲寅杂志"。在北京创刊,自37

期起迁至天津出版。

总藏　（373）　1:1—45

馆藏　1925　1:1—24

　　　　1926　1:25—37

1927　1:38—45

藏家　1,2,6,7,8,9,21,62,63,143,252,301,
305,431,462,511,515,541,544,545,
593,671,721,731,782,831,851,852,
861,901,921,931,936

检验年刊

经济部天津商品检验局

1947

总藏　(1043)　1947

藏家　1

44801 ☆

检验月刊

实业部商品检验局

1929.10—1930.9　1—7

1931.5—1932.2　新1—2:1

1932:9—1943:6

本刊原名为"工商部天津商品检验局月刊",
1931年5月改名为"实业部天津商品检验局
月刊",卷期另起。自1932年9月起改用本
名,以年计期。

总藏　(1043)　1—7;新1:1—4;2:1—2;1932:
9—12;1933—1935:3

馆藏　1932:11—12

1933:1—5,9—12

1934:1—12

1935:1—3

1938:4—10,12

1939:12

1940:1—3

1941:11—12

1942:1—12

1943:1—6

藏家　1,2,6,7,252,305,541,545,651,671

检验月刊检验统计特刊

实业部商品检验局

1930　1

总藏　(1043)　1

藏家　7

46125

健康生活(月刊)

健康生活社

1934.8—1941.7　1—25:2

本刊原为半月刊,自8卷2期起改为月刊。在
天津创刊,1937年后迁汉口、上海等地出版。
1至24卷每卷出6期。

总藏　(966)　1—6:;7:1—2,5—6;8:1—2,
4—6;9:1—5;12—16:3;17:1;
18:1,3—6;19:;20:1—3,6;
21:1—2,4—6;22:1—3,5—
6;23—25:2

馆藏　1934　1:3,5;2:1—3

1935　2:4—6;3:1—6;4:1—6;5:1,
4—6;6:2—3

1936　8:2—3

1938　12:1

1939　16:3

藏家　1,2,7,8,21,511,541,545,651,721,
831,851,852,861,915,931,936

45610

将来(月刊)

将来社

1929.9—1930.2　1:1—5

总藏　(863)　1:1—5

馆藏　1929　1:3

藏家　2,511

44095 ☆

交通部直辖津浦铁路管理局公报(旬刊)

该局

[19?]—1918.5　1—1362

1919.1—1919.12　新1—35

本刊原为日刊,从1919年1月起改为旬刊,期
数另起。

总藏　(455)　1302—1303,1306—1307,1316—
1318,1323—1327,1329—1331,
1333,1337,1347,1362,1365

馆藏　1919　新29—31,34—35

藏家　8

教育

教育学术编译社

1919.4—1920.4　1—6

总藏 （1012） 1,4,6
藏家 7

44761

★**教育公报**(半月刊)

市教育局

1929.[4]—1936.1 1—164

1936.9—1937.7 复1—21

本刊1936年1月后曾停刊,同年9月复刊,卷
期另起。

馆藏 1929 1—17

1930 18—41

1931 42—65

1932 66—89

1933 90—113

1934 114—137

1935 138—160

1936 161—164;复1—8

1937 9—21

47525

★**教育公报**(月刊)

市治安维持会教育局秘书室

1937.12—1938.1 1—2

馆藏 1937 1

1938 2

47895

教育界(月刊)

直隶省教育会

[19？]—1917.4 1—11

总藏 （1027） 7—11

馆藏 1917 11

藏家 7,8

44779

教育与青年(半月刊)

市教育促进会

1947.11—1948.11 1—2:1

总藏 （1018） 1:1—4;2:1

馆藏 1947 1:1

1948 1:2—3;2:1

藏家 1,7,8,9,252,651,831

44762

教育杂志

见"直隶教育杂志"

45851

★**教育杂志**

天津县教育会

1919.5—1919.7 1—2

馆藏 1919 1—2

(旧参) **J642.1/JGS**

解放歌声(半月刊)

解放歌声社

1949.2—1949.4 1—6

[天津出版]

总藏 （1212） 1—6

馆藏 1949 1,3—4,6

藏家 1,8,671

46057

今日儿童(半月刊)

今日儿童社

1946.11—1947.5 1—5

总藏 （273） 1—5

馆藏 1946 1—3

1947 4

藏家 1,651,931

46609 ☆

今日妇女

人民世纪杂志社

1946.12—1947.1 1;新年号

总藏 （273） 1

馆藏 1947 新年号

藏家 1,7,651,671

45224

今日科学(月刊)

今日科学社

1947.8—1948.4 1:1—9

总藏 （274） 1:1—9

馆藏 1947 1:1—2,4—5

1948 1:6—9

藏家 1,2,7,9,651,851,931

47088

津逮季刊

河北省立天津师范学校津逮季刊社

1931—1934　1：1—3

总藏　（815）　1：1—3

馆藏　1932　1：2

藏家　1，7，8，671

44194

津电月刊

电信局秘书室

［1946.？］—1947.2　1—2：2

总藏　（815）　2：2

馆藏　1946　1：2—4

　　　1947　2：1—2

藏家　1

45742

★**津纺简讯**（周刊）

中国纺织建设公司天津分公司秘书室

1947.1—1948.12　1—100

馆藏　1947　1—50

　　　1948　51—100

44190 ☆

津纺统计年报

中国纺织建设公司天津分公司秘书室统计股

1947—1948

总藏　（815）　1948

馆藏　1947

藏家　252

津纺统计月报

中国纺织建设公司天津分公司秘书处统计股

1948：1—11

总藏　（815）　1948：1—7，9，11

藏家　1

津沽农垦（双月刊）

华北人民政府农业部津沽区农垦管理局

1949.7—1949.9　1—2

总藏　（815）　1—2

藏家　1，2，461，831

44196

★**津海关进出口贸易统计月报**

天津海关

1938：9—1939：5

馆藏　1938　9—12

　　　1939　1—5

44192

津汇半月刊

见"津汇月刊"

44192

★**津汇月刊**

汇文中学学生自治会

1931.［1］—1931.2　1—2

1934.11—1937.5　新1—17

本刊自1934年11月重新创刊，1936年2月起改名为"津汇半月刊"，期数另起。半月刊仅出3期计作9至11期。自12期1936年5月起又改为月刊，卷期续前。

馆藏　1931　2

　　　1934　新1—2

　　　1935　3—8

　　　1936　9—14

　　　1937　15—17

44191

★**津津月刊**

天津特别市公署宣传处

1942.2—1943.12　1—2：

本刊自1944年1月起改名为"大天津"月刊，卷期另起。

馆藏　1942　1：1—10

　　　1943　2：1—10

46857

★**津声周刊**

中国国民党天津特别市党务整理委员会宣传部

［1929.？］—1930.1　1—2：2

馆藏　1929　1：5，8—9

　　　1930　2：2

47757

★津市警察三日刊

特别市公署警察局

[1938.?]—1941.10　1—423

馆藏　1938　21—40,42—80,101—102

　　　　1939　103—200

　　　　1940　281—338

　　　　1941　395—423

44189

★津中周刊

河北省立天津中学校

[19?]—1937.5　1—188

馆藏　1935　118—148

　　　　1936　149—153,157,159—161,166—177

　　　　1937　182—188

45551

★进德杂志

进德学社

[192?]—1923.1　1—2

馆藏　1923　2

京奉铁路公报(旬刊)

京奉铁路局

总藏　（H9）

藏家　1

44184

★京津工商月报

京津工商月报社

[19?]—1924.12　1—12

馆藏　1924　12

47601H

★京津画报(不定期刊)

京津画报馆

1927.8—1927.10　1—15

本刊为"京津快报"附刊,原名"燕语"。

馆藏　1927　1—12,15

45422

经济汇刊(季刊)

河北省立法商学院经济学会

1936.1—1936.12　1：

总藏　（1056）　1：

馆藏　1936　1:2—4

藏家　1,6,7,8,9,63,252,915

经济通讯

中国经济通讯社分会

[19?]—1948.4　1—2

总藏　（1061）　2

藏家　851

45423

经济统计季刊

见"政治经济学报"

45421

经济研究季报

达仁学院经济研究所

1941.3—1941.6　1：

总藏　（1060）　1：

馆藏　1941　1:1—4

藏家　1,6,7,9,63,252,461,511,515,541,

　　　545,671,791

经济研究周刊

南开大学社会经济研究委员会

1930—1931　1—52

总藏　（1060）　1—2,4—52

藏家　8

45420

★经济资料汇编(月刊)

中中交农四行联合办事处天津分处

1946.4—12　1:1—9

本刊为油印刊物。

馆藏　1946　1:1—9

45195

★警务半月刊

市警察局秘书处

1937.1—1937.3　1—5

本刊1937年4月改名为"警务月刊",期数
另起。

馆藏　1937　1—5

45596

★警务月刊

市警务局秘书处

1937　4—6

本刊前身为"警务半月刊"。

馆藏　1937　4—6

竞生（半月刊）

竞生学社

1936.10—1936.11　1—2

总藏　（931）　1—2

藏家　7

敬业

南开学校敬业乐群会

［19?］—1916.4　1—4

总藏　（1092）　4

藏家　545

46137

★旧剧集成

华新书局

1939—［1943］　1—16

馆藏　1939—［1943］　1—16

47389

★救国（旬刊）

华北救国旬刊社

1934.［1］—1934.6　1—5

馆藏　1934　2,5

救国（半月刊）

救国半月刊社

1936.5—1937.5　1—26

总藏　（1041）　1—4,14—15,22—24,26

藏家　1,63

46958

★觉悟

觉悟社

1920.1　1

本刊1980年由人民出版社影印。

馆藏　影1920　1

K

抗日旬刊

河北省立法商学院反日救国会

1931.10—1932.5　1—4

本刊原名为"反日特刊"，自4期起改用本名。

总藏　（606）　1—4

藏家　8,541,545

45607

垦荒与洗碱

农林部垦业农场

1948.11　1

总藏　（862）　1

馆藏　1948　1

藏家　1,252,905

45424

会计知识

中国会计学社天津分社出版委员会

1948.7　1

总藏　（559）　1

馆藏　1948　1

藏家　1,651

44272☆

快乐家庭（半月刊）

光华印刷公司出版部

1923.1—1923.12　1:1—23

总藏　（578）　1:1—23

馆藏　1923　1:1—23

藏家　7,8,9,21

矿井炼焦特刊

河北省农矿厅

1929　1

总藏　（735）　1

藏家　8

47522

矿学汇报（年刊）

南开矿学会

1925.6—1926.5　1—2

新中国成立前津版中文期刊全国存藏目录（1903—1949）

总藏 （736） 1—2

馆藏 1925 1

藏家 1,7,8,541,671,915

L

47574

★琅嬛（月刊）

琅嬛杂志社

1946.1—1946.3 1:1—3

馆藏 1946 1:1—3

46008

劳动月报

联合勤务总司令部平津被服厂

1946.4—1946.9 1:1—6

本刊原在北平由军政部华北被服呢革总厂北平劳动月刊社编印,自 6 期起迁至天津,改由联合勤务总司令部平津被服厂编印。

总藏 （601） 1:1—6

馆藏 1946 1:6

藏家 1,7,651

44135

牢骚月刊

牢骚月刊社

1936.12—1937.6 1:1—6

总藏 （578） 1:1—6

馆藏 1937 1:3—6

藏家 1,7,541

老乡（旬刊）

老乡杂志社

1947.4—1947.6 1:1—6

总藏 （479） 1:1—6

藏家 2,7,305

45437

★乐园（月刊）

私立秀山第一小学校

[19?]—1937.3 1—85

馆藏 1935 69—73

1936 74—82

1937 83—85

45495

★黎明周报

黎明周报社

1948.4 试刊 1

馆藏 1948 试刊 1

46701

理科学报（半年刊）

南开大学理科学会

1930.2—1935.3 1—7

本刊前身为"理科学会会刊"。

总藏 （1009） 1,5,7

馆藏 1933 6

藏家 2,7,8,861

理科学会会刊

南开大学该会

[1928.?]—1929.5 1—5

本刊自 1930 年 2 月起改名为"理科学报",卷期另起。

总藏 （1009） 3—5

藏家 7

励学

南开学校自治励学会

1916.2 1—2

总藏 （624） 1—2

藏家 7,252,541

46074

★玲珑画报（周刊）

玲珑画报馆

1929.6—1930.4 1—41

本刊前身为"银幕舞台画报"。

馆藏 1929 1—27

1930 28—41

45488

★铃铛

河北省立天津中学

[1932]—1937 1—6

1945.11 复 1

本刊在抗战期间曾停刊,1945 年 11 月复刊,
期数另起。

馆藏　1933　　2
　　　　1934　　3
　　　　1935　　4
　　　　1936　　5(上、下)
　　　　1937　　6(上)
　　　　1945　　复1

47124

★芦盐周报

长芦盐运使署周报编辑处

1933.2—1934.6　1—60

馆藏　1933　　1—39
　　　　1934　　40—58,60

46875

鲁迅文艺月刊

鲁迅文艺社

1946.2—1946.6　1:1—3

总藏　(1245)　1:1—3

馆藏　1946　　1:1

藏家　1,7,9,252,421,461,511,541,545,851

45815

★陆军整编六十二师周年纪念特刊

陆军第二军司令部

1947.7　1

馆藏　1947　　1

46493

★旅津广东学校廿六周年校庆专刊

广东学校四九校庆筹委会

1948.4　专刊

馆藏　1948　　专刊

旅行周报

旅行周报社

1934.7—1934.9　1—10

总藏　(932)　1—10

藏家　1,7,541,831,851,852

45485☆

绿蕖(月刊)

绿蕖美术会

1937.1—1937.6　1—6

总藏　(1233)　2—6

馆藏　1937　　1—5

藏家　1

绿竹旬刊

南开中学晨风社

总藏　(H15)

藏家　7

M

47751H

玫瑰画报

玫瑰画报社

1936.2—1937.7　1—144

总藏　(706)　1—25,27—72,74—85,87—115,
　　　　　　117—122,124—140,142—144

馆藏　1936　　1—88
　　　　1937　　89—100,103,106—107,109—
　　　　　　112,114—115,118—123,125,
　　　　　　130—134,138

藏家　1

45366H

每月科学

见"每月科学画报"

45366H

每月科学画报

每月科学画报社

1941.5—1945.11　1—4:8

1945.1—1945.7　新 1:1—7

本刊原名为"每月科学",自 3 卷 1943 年 1 月
起改用本名。自 1945 年 1 月起卷期另起。第
1 卷共出 8 期。

总藏　(654)　1—3;,4:1,8;新 1:1—7

馆藏　1941　　1:1—8
　　　　1942　　2:1—12
　　　　1943　　3:1—12
　　　　1944　　4:1
　　　　1945　　4:8;新 1:1—6

新中国成立前津版中文期刊全国存藏目录 (1903—1949)

藏家　　1,2,7,9,21,252,301,541,544,545,
651,671,731,781,782,791,931

45856H☆

美丽画报(周刊)

美丽画报社

1946.10—1948.11　1—110

总藏　（826）　10—49,54—56,63—64,68—
69,73,75

馆藏　1946　1,6

1947　43—44

1948　74,76,79,85—87,89—92,97,
99—101,103—107,110

藏家　1,651

46675

美术

市立美术馆

1937.7　1

总藏　（825）　1

馆藏　1937　1

藏家　651

44205

美术丛刊(不定期刊)

美术馆

1931.10—1934.1　1—3

总藏　（826）　1—3

馆藏　1931　1

1932　2

1934　3

藏家　1,8,21,63,541,545,651,671,936

45594

★梦碧月刊

梦碧吟社

[1947.?]—1947.8　1—4

馆藏　1947　4

梦旦(不定期刊)

山东学友会

1931.4—1931.6　1—4

总藏　（1042）　1,3—4

藏家　7

47782

★蜜丝(半月刊)

蜜丝杂志社

[19?]—1930.8　1:1—6

馆藏　1930　1:6

棉业汇刊

棉业公会

[19?]　1:1—2

总藏　（1099）　1:2

藏家　6

46858

★民德女中(季刊)

民德女中出版委员会

1936—1937　创刊号;1

馆藏　1937　创刊号;1

46150

★民德体育

私立民德中学校学生出版委员会

1936.6　专刊

馆藏　1936　专刊

44545

★民德月刊

私立民德中学校学生出版委员会

[193?]—1937.5　1—9

本刊原为季刊,自8期起改为月刊,期数续前。

馆藏　1937　3,8—9

民风(周刊)

民风社

1932.8—1933.10　1—2:13

总藏　（326）　1:16—18,20—21,24—26;2:
1,6,8,12—13

藏家　7

44528

★民教(月刊)

社教编审会

1938.11—1942.12　1—5:3

馆藏　1938　1:1—2

1939　1:3—11

1940　　1:12;2:1—10
1941　　2:11—12;3:1—5;4:1—6
1942　　5:1—3

44541

民鸣月刊

民鸣月刊社

1936.10—1939.5　　1—28

本刊自 13 期 1937 年 10 月起改名为"民治月刊",期数续前。

总藏　（338）　1—28

馆藏　1937　7,10

藏家　1,6,7,8,9,21,63,252,301,511,541,
545,671

47112 ☆

民生(旬刊)

民生旬刊社

1928.10—1928.11　　1:1—3

总藏　（330）　1:1

馆藏　1928　1:3

藏家　541

44539

民言(半月刊)

民言出版社

1946.1—1946.4　　1:1—6

总藏　（337）　1:1—6

馆藏　1946　1:1—6

藏家　1,7,21

44541

民治月刊

见"民鸣月刊"

44526 ☆

民治周刊

民治周刊社

1947.2—1948.11　　1—4:9

总藏　（338）　1—4:8

馆藏　1947　1:3
　　　　1948　4:1—9

藏家　1,651

46286

★民众半月刊

中国国民党天津特别市党务整理委员会民众训练委员会

[19?]—1930.2　　1—4:12

本刊原名为"民众旬刊",1930 年改为半月刊,卷期续前。

馆藏　1929　2:5;3:7—8
　　　　1930　4:10,12

44536 ☆

民众丛书(月刊)

市立民众教育馆

1933.7—1935.7　　1—27

总藏　（334）　1—14,16—27

馆藏　1933　1—6
　　　　1934　7—18
　　　　1935　19—27

藏家　1,7

民众呼声(周刊)

民众呼声社

1928.9—1929.2　　1—19

总藏　（335）　1—19

藏家　7,9,541,831

民众画报

市立民众教育馆

1933—1935　　1—23

总藏　（335）　5,23

藏家　1

民众教育(月刊)

市教育局民众补习学校

1930.6—1932.5　　1—2:

总藏　（335）　1:1—5,10—12;2:2,4—7,
　　　　　　　　9—12

藏家　1,7

民众教育学报(季刊)

河北省立民众教育实验学校民众教育学报社

1933.11—1934.4　　1:1—3

总藏　（337）　1:1—3

藏家　1,7,421,545

民众生活（月刊）

市立民众教育馆

1932.7—1935.8　1—38

总藏　（334）　1—17,19—22,24—38

藏家　1,7

民众特刊

市立民众教育馆

1933　1—9

总藏　（335）　1—9

藏家　1

46280

民众新报

国立北洋大学民众新报社

1937　1—3

总藏　（337）　2—3

馆藏　1937　2—3

藏家　1,401

民众新闻

民众新闻社

［1933.？］—1933.8　1—15

总藏　（337）　7,14—15

藏家　1

46286

民众旬刊

见"民众半月刊"

45048

★**明德报**

回教联合会

1924.11—1925.3　1—2

馆藏　1924　1

　　　1925　2

45046☆

明德月刊

回教联合会

1924.5—1927.［？］　1—11

总藏　（757）　9—11

馆藏　1924　1—3

　　　1925　4—8

1926　9—10

藏家　301

46397H

★**明星画报**（周刊）

明星画报社

［1947.？］—1947.8　1—16

馆藏　1947　9,16

摸灯

摸灯社

1931.12　1

总藏　（1199）　1

藏家　1

46904

木铎（半月刊）

河北省立法商学院木铎杂志社

1936.9—1937.7　1:1—19

总藏　（162）　1:1—19

馆藏　1937　1:11,13—14

藏家　1,2,7,252,541,545,721,851,861

N

44667

南大半月刊

南开大学出版社

1933.4—1936.4　1—28

本刊前身为"南开大学周刊"。

总藏　（849）　1—24,26—28

馆藏　1933　1—9

　　　1934　10—15,17—18

　　　1935　21—24

　　　1936　28

藏家　1,6,7,8,63,252,511,515,541,545,
　　　671,781,782,861,905,911,915

45884

南大副刊（周刊）

南开大学学生会

1932.3—1936.［4］　1—69

本刊原名为"南大周刊副刊",后改用本名。

总藏　（848）　1—23，27—28，30，32—44，
　　　　　　　46—61，65—69
馆藏　1932　1—5，7—10，16—17
　　　1933　21，34—35
　　　1934　41，43
藏家　1，7，8，511，541，671，781，861

南大三日刊
　　见"南开大学三日刊"

44667
南大周刊
　　见"南开大学周刊"

45884
南大周刊副刊
　　见"南大副刊"

44681
南金(月刊)
南金杂志社
1927.8—1928.8　1—10
总藏　（857）　1—10
馆藏　1927　1—5
　　　1928　6—9
藏家　1，7，8，9，63，143，252，511，515，544，651

45637
★南开初中
南开中学初中部
[19?]—1934　1—3:2
1935.10—1937.4　1—8
本刊自1935年10月起期数另起。
馆藏　1933　2:1
　　　1934　3:2
　　　1935　1
　　　1937　8

46758
南开大学电工会刊(年刊)
该会
1934—1937　1—5
总藏　（850）　1,3—4
馆藏　1934　2

　　　1935　3
　　　1936　4
　　　1937　5
藏家　1，8，541，831

南开大学季刊
该校出版部
1924.6　1:1
总藏　（850）　1:1
藏家　7

南开大学三日刊
该校学生自治会出版委员会
1936　1
本刊原名为"南大三日刊"。
总藏　（849）　1
藏家　671

(旧参)O6—53/NKD
南开大学应用化学研究所报告书(年刊)
该所
1933—1937　1—5
总藏　（850）　1—5
馆藏　1936　4
藏家　8，541

44667
南开大学周刊
该校出版部
1924.4—1933.3　1—139
本刊原名为"南大周刊"。1933年4月改名为
"南大半月刊"，期数另起。
总藏　（850）　1—139
馆藏　1929　72—77
　　　1930　78—100
　　　1931　101—122
　　　1932　123—138
　　　1933　139
藏家　1，6，7，8，63，143，252，301，431，511，
　　　541，651，671，781，782，861，911，915，
　　　936

新中国成立前津版中文期刊全国存藏目录（1903—1949）

南开高中半月刊

该校

1933.6　1:1

总藏　（850）　1:1

藏家　8

南开高中三十周年特刊

该校

1934　1

总藏　（850）　1

藏家　8

44674☆

南开高中学生(月刊)

该校出版干事会

1933.10—1934.1　1:1—6

1934.4—1936.12　新1—13

本刊自1934年4月起期数另起。

总藏　（850）　1:2—6;新1—3

馆藏　1935　新5

　　　1936　11—13

藏家　1,7,671

46993

南开季刊

南开学校

1922.1　1

总藏　（849）　1

馆藏　1922　1

藏家　7,541

南开教学(季刊)

南开中学校

1929.[10]—1933.3　1—2:1

总藏　（851）　1—2:1

藏家　1,7,8,671

44672☆

南开女中校刊

该校出版委员会

1932.6—1937.4　1—7:4

总藏　（850）　1:1;2:2—3;3:2;4:1—2

馆藏　1932　1:1

　　　1933　2:5—6

1934　3:1—2

1935　4:1—3;5:1—2

1936　6:1—3;7:1—2

1937　7:4

藏家　1,7,8,541

南开女中月刊

重庆该校编委会

1931.5　1:1

1945.2—1945.3　新1—2

本刊原在天津出版,1945年迁重庆出版,期数另起。

总藏　（850）　1:1;新1—2

藏家　7,8,852

南开世界语(双周刊)

南开大学南大青年世界语学会

1930.11　1

总藏　（850）　1

藏家　7

44668☆

南开双周

南开中学出版委员会

1928.3—1931.11　1—8:4

总藏　（849）　1:1—5;2:1—7;3:1—6;4:　　　　　　　　1—7;5:1—7;6:1—6;7:1—　　　　　　　　5;8:1—2,4

馆藏　1928　1:1;2:1—5

　　　1929　2:6—7;3:1—6;4:7

　　　1930　5:1—7;6:1—6

　　　1931　7:1—5;8:1—4

藏家　1,6,7,8,63,143,301,401,511,541,　　　　851,905,936

47015

南开思潮(半年刊)

南开学校

1917.12—1920.2　1—5

总藏　（850）　1—5

馆藏　1918　2

藏家　1,6,7,8,63,143,541,936

45636

★南开童子军
中国童子军第七七七团团部出版股
[19？] 1
馆藏 [19？] 1

南开统计周报
南开大学经济研究所
[1929.？]—1933.12 1—6；
1946.5—1946.8 新1:1—27
本刊曾停刊,1946年复刊,期数另起。
总藏 (851) 2:1—38；3—4:50；5:1—45,
47—52；6：；新1:1—27
藏家 1,7,8,541,651,936

44669

南开校风(周刊)
南开学校校风报社
[19？]—1919.12 1—134
总藏 (851) 11,14—32,108—115,119,121,
123—128,130—131,133—134
馆藏 1917 75,78
1918 85
藏家 1,6

44675☆

南开校友
南开校友会天津分会
[19？]—1948.10 特刊；1—2:3
总藏 (850) 1:5
馆藏 1945 特刊
1947 1:4
1948 2:1—3
藏家 782,851

44670☆

南开校友(月刊)
南开校友总会
1935.10—1941.5 1—6:7
本刊在天津创刊,自3卷1937年起迁重庆
出版。
总藏 (850) 1:1—9；2:1—2,5—7；3:2—

3,7—10；4:1—6；5:7—10；6:
2—7
馆藏 1935 1:2—3
1936 1:4—7
1937 2:5—8
1938 4:5
藏家 1,6,7,8,401,541,545,651,831,
851,936

南开指数年刊
南开大学经济研究所
1934—1937
总藏 (850) 1934—1937
藏家 6,7,8,252,511,541

47471

南开中学半月刊
该校
1923.11—12 1:1—4
总藏 (850) 1:1—4
馆藏 1923 1:1—4
藏家 541

南开中学南开学校廿二周年纪念号
该校学生会
1927 1
总藏 (850) 1
藏家 7

44673

南开中学周刊
该校学生会
1926.3—1927.12 1—37
总藏 (850) 1—24,27—29,31—37
馆藏 1926 1,5
1927 17
藏家 1,7,8,63,143,252,671

44665

南开周刊
南开大学
1921.4—1925.6 1—126
1925.9—1926.1 新1:1—17
1947 复1—5

本刊自 1925 年 9 月起卷期另起。曾停刊，1947 年复刊，期数又另起。

总藏　（849）　1—10,13—126；新 1：1—17；
　　　　　　　　复 5

馆藏　1921　16

　　　1922　43—45

　　　1924　84,92,100—101,103—105,108—109

　　　1925　111—126

　　　1947　复 5

藏家　1,7,8,9,63,252,541,936

南开周刊增刊号

南开大学

1921　1

总藏　（849）　1

藏家　7

南针（旬刊）

河北法商学院南针社

1932.6—1932.8　1—8

总藏　（861）　1—3,5—8

藏家　7,143,851

44671

南中学生（月刊）

南开中学学生自治会

1932.1—1932.12　1：1—10

总藏　（851）　1：1—10

馆藏　1932　1：3—10

藏家　1,7,8,671

44679

★南钟

南开中学校南钟社

1945—1947　1—5

馆藏　1946　4

　　　1947　5

45677H

霓裳画报（周刊）

霓裳画报社

1947.8—1947.10　1—8

总藏　（1247）　1—8

馆藏　1947　7

藏家　651

廿世纪

廿世纪科学社

[1947. ?]—1947.2　1—2

总藏　（56）　2

藏家　651

47113

农业经济（月刊）

法商学院农业经济研究会

1934.6　1：1

总藏　（463）　1：1

馆藏　1934　1：1

藏家　1,7,545

45394☆

怒吼（月刊）

奇峰出版社

1946.2—1946.9　1—5

总藏　（900）　4

馆藏　1946　1—5

藏家　7

46348

女师季刊

见"河北省立女子师范学院季刊"

46348

女师学院季刊

见"河北省立女子师范学院季刊"

45213

女师学院期刊

见"河北省立女子师范学院期刊"

46924

暖流（半月刊）

暖流社

1928.1—1928.12　1—24

总藏　（1205）　1—10,12—24

馆藏　1928　19

藏家　7,831,915

O

欧克科学
欧克家庭工业社
1941.9　1
总藏　（734）　1
藏家　7

P

平民杂志(半月刊)
女界爱国同志会
1919.11　1—2
总藏　（287）　2
藏家　7

44268
评论周报
评论周报社
1932.5—1932.9　1:1—18
总藏　（1085）　1:1—4,6—7,9—18
馆藏　1932　1:10—12,14—18
藏家　1,7,541

Q

47781
★**企新月刊**
企新学社
1922.11　1:1
馆藏　1922　1:1

46089
★**气象月报**
华北水利委员会天津测候所
[1934.1]—1937.1　1—4:1
馆藏　1934　1:2,5,7—12
　　　1935　2:1—12
　　　1936　3:1—12
　　　1937　4:1

47571
★**前哨**(月刊)
前哨文艺社
1945.11　1
馆藏　1945　1

46556H
★**青春画报**(周刊)
青春画报社
[1931.?]—1932.5　1—28
本刊原为旬刊,自23期起改为周刊。
馆藏　1932　21—28

47443
★**青年**
南开学校基督教青年会
1916.10　1
馆藏　1916　1

44631
青年半月刊
青年半月刊社
1946.5—1948.5　1—3:11
总藏　（709）　1:1—4,7—12;2—3:11
馆藏　1946　1:1—12
　　　1947　2:1—10;3:1—10
藏家　1,7,8,21,63,68,252,305,401,461,
　　　651,671,791,851,861,905,915

45841
青年魂(半月刊)
青年出版社
1946.1　1:1—2
总藏　（722）　1:2
馆藏　1946　1:2
藏家　7

46888
★**青年先锋**
河北省立天津师范学校青年先锋社
1947.2—1948.11　特刊
馆藏　1947　校庆特刊
　　　1948　复校特刊

新中国成立前津版中文期刊全国存藏目录（1903—1949）

47809

★渠梁(月刊)

女子师范

1936.7　1

馆藏　1936　1

群声(周刊)

群声报社

1936.12—1937.3　1—9

总藏　(1204)　3—9

藏家　1,7,671

R

人镜画报(周刊)

人镜画报社

1907.6—1907.11　1—24

总藏　(14)　1—24

藏家　252

45200

人民世纪(半月刊)

人民世纪杂志社

1946.2—1947.4　1:1—11

总藏　(9)　1:1—11

馆藏　1946　1:1—4

　　　1947　1:5—11

藏家　1,2,7,8,63,252,301,461,541,545,

　　　651,671,781,915,931,936

人权(半月刊)

妇女文化促进会

1931—1932　1—2:1

本刊原为旬刊,后改为半月刊

总藏　(11)　2:1

藏家　7,936

45204

人生与文学(季刊)

南开大学人生与文学社

1935.6—1937.4　1—2:

本刊原为月刊,自2卷1936年起改为季刊。

总藏　(10)　1:1—6;2:

馆藏　1935　1:4

藏家　1,2,6,7,8,252,401,511,541,651,

　　　851,936

46233

壬申(半月刊)

壬申社

1932.6—1932.9　1:1—7

总藏　(265)　1:1—3,7

馆藏　1932　1:1—3

藏家　1,63,143,511

S

44447

★三二校刊

三十二小学校学生自治会

[1932.?]—1932.5　1—2

馆藏　1932　2

47308

★三津报特刊

三津报社

1947.4　1

"三津报"1935年创刊,抗战时期停刊。本刊
为该报1947年4月准备复刊时所出的特刊。

馆藏　1947　1

44477

★三六校刊

市立第三十六小学校

1935.5　1

馆藏　1935　1

46525H

★三三画报(月刊)

三三画报社

[1935.?]—1936.8　1—12

馆藏　1936　5—12

44448

★三三校刊

市立三十三小学校出版委员会

1936.6　1

馆藏 1936 1

44249

商联周报

商联周报社

1947.3—9 1—30

总藏 (988) 12,15—16,18—30

馆藏 1947 1—9,11—23,25—30

藏家 1

47604

★**商民评论**(周刊)

中国商民评论周刊社

1934—1936 1—76

馆藏 1936 76

商品季刊

商品检验局

1931.[5]—1932.8 1—2:2

总藏 (987) 1:2—4;2:2

藏家 651

46392

商学汇报

见"商学汇刊"

46392 ☆

商学汇刊(不定期刊)

南开大学商学会

1927.10—1937.6 1—5

本刊原名为"商学汇报",自4期1935年7月起改用本名。

总藏 (986) 1—2,4—5

馆藏 1934 3

1935 4

1937 5

藏家 1,6,7,63,252,421,541,671,915

46205

商学季刊

商学会出版部

[19?]—1929.1 1—8:

总藏 (986) 6:3—4;7:1,3—4;8:1—4

馆藏 1925 7:4

1927 8:2—3

藏家 1,7,21,63,252,541,671,731

46942

商学杂志(月刊)

河北商学会

1916.[?]—1921.1 1—6:10

总藏 (986) 1:1,3;2:1—10;3:1—8;4:1—
5;5:1—8;6:1—5,9—10

馆藏 1916 1:9

1917 2:8—10

1920 5:4—5

藏家 7,143,252

44244

★**商业经济周刊**

合众兴业公司图书部

1939.1—1939.8 1—30

馆藏 1939 1—30

44245

商职月刊

公立商科职业学校

1935.9—1937.6 1—3:

本刊原名为"一八月刊",后改用本名。每卷出6期。

总藏 (987) 1—3:

馆藏 1935 1:1—4

1936 1:5—6;2:1—6;3:1—4

1937 3:5—6

藏家 1,6,7,9,21,63,252,401,541,545,
651,671,781,831,851,905,911,915

44243 ☆

商钟(半月刊)

商钟杂志社

1941.11—1945.7 1—4:6

总藏 (988) 1:1;3:12,15—17,19

馆藏 1941 1:1—2

1942 1:3—5

1943 2:8,11,13—17

1944 2:18—20,22;3:1—2,5,7

1945 4:5—6

藏家　7,511

少年十日

少年十日社

1936.[3]—1936.4　1—3

总藏　（169）　3

藏家　1

45737

★**少年友**（半年刊）

市新民少年团本部

1939.7　1

馆藏　1939　1

44126

社会半月刊

见"社会月刊"

45781

★**社会法规汇编**

市政府社会局

[19?]—1946.1　1—3

馆藏　1946　3

44131 ☆

社会教育星期报

社会教育办事处

1915.8—1928.12　1—688

本刊自第 689 号 1929 年 1 月起改名为"广智馆星期报"，期数另起。

总藏　（592）　421—540，586—601

馆藏　1915　1—22

　　　1916　23—74

　　　1917　75—125

　　　1918　126—176

　　　1919　177—227

　　　1920　228—278

　　　1921　279—329

　　　1922　330—381

　　　1923　382—432

　　　1924　433—483

　　　1925　484—534

　　　1926　535—585

　　　1927　586—636

　　　1928　637—688

藏家　63,143

44115

社会局公报（半月刊）

该局公报处

1936.3—1936.8　1—11

总藏　（586）　1—11

馆藏　1936　1—11

藏家　2,545,593,651,671

46847

★**社会生活**（旬刊）

社会生活社

1940.5　1—2

馆藏　1940　1—2

44120

★**社会统计月刊**

特别市公署社会局第三科

1939.12—1940.12　创刊号;1:1—12

本刊 1941 年改名为"社会月刊"，卷期另起。

馆藏　1939　创刊号

　　　1940　1:1—12

44126

社会月刊

市社会局

1929.7—1929.12　1:

1931.3　复1

1931.9　2:1

本刊原名为"社会半月刊"，后改用本名。1 卷 6 期 1929 年 12 月后曾停刊，1931 年 3 月复刊，同年 9 月续出 2 卷 1 期。第 1 卷出 6 期。

总藏　（581）　1:;复1;2:1

馆藏　1929　1:1,5—6

　　　1931　复1;2:1

藏家　1,6,7,63,252,541,851,915,931

44120

★**社会月刊**

特别市公署社会局第三科

1941.1—1941.12　创刊号;1:1—12

本刊前身为"社会统计月刊"。

498

馆藏 1941 创刊号;1:1—12

生活文艺(月刊)
生活文艺社
1949.4—1949.7 1—3
总藏 （406） 1—3
藏家 6,8,63,401,515,931

生活学习(月刊)
生活学习月刊社
1946.5—1946.6 1:1—2
总藏 （406） 1:1—2
藏家 7

46818 ☆
生活杂志(周刊)
生活杂志社
1947.10—1949.12 1—9
总藏 （406） 1—7
馆藏 1947 3—6,8—9
藏家 7,921

47551
★圣功校刊
该校
1947.4 1
馆藏 1947 1

44366
诗歌小品(月刊)
海风诗歌小品社
1936.10—1936.12 1—3
总藏 （1182） 1—3
馆藏 1936 1—2
藏家 1,7,541,791,851

诗歌月报
草原诗歌会
1935.6—1936.3 1—2:5
本刊第 1 卷出 6 期。
总藏 （1182） 1—2:5
藏家 1,7,851

诗生活丛刊
南开大学新诗社

[19?]—1947.6 1—3
总藏 （1181） 3
藏家 7

时代评论(半月刊)
时代评论社
[1935.?]—1935.4 1—25
总藏 （640） 25
藏家 7

44728 ☆
时代生活(月刊)
中国健康学会
1935.2—1937.4 1—5:6
本刊在天津创刊，原为半月刊，由天津时代公司编印。自 4 卷 1 期起迁上海出版，改为月刊，并改由中国健康学会编印。
总藏 （637） 1:1—4;2:1—2,4—6;3:1—5;4:1—3,5—6;5:1—6
馆藏 1935 2:1—6;3:2—5;4:1
藏家 1,7,541,544,782,831,851,931

46179
时事杂志(半月刊)
时事杂志社
1946.5—6 1:1—2
总藏 （646） 1:1—2
馆藏 1946 1:2
藏家 1,7,252,461

44801
实业部天津商品检验局月刊
见"检验月刊"

46659
实业镜(半月刊)
中国实业促进事务所
1927.3—1927.4 1:1—4
总藏 （683） 1:1—4
馆藏 1927 1:2
藏家 1,6,7,252

46200
实业来复报(周刊)

新中国成立前津版中文期刊全国存藏目录 (1903—1949)

直隶实业厅编辑处

1922.1—1922.12　1—48

总藏　（682）　1—48

馆藏　1922　1—3,5—12,14—19,29,36—37

藏家　1,6,8,252,545,651,671,731

47057

实业杂志

见"直隶实业杂志"

46814

实业之友（月刊）

实业之友社

1947.3—1948.1　1—3

总藏　（681）　1—3

馆藏　1947　1

藏家　1,7,8,252,461,651,915

世界新闻

世界新闻广播社

1948　1—2

总藏　（306）　2

藏家　1

世界旬刊

世界旬刊社

1925.[1]—1925.4　1—9

总藏　（299）　8—9

藏家　1

世界月报

世界月报社

1934.5　1:1

总藏　（299）　1:1

藏家　1

45791

★市商校刊

市立商科职业学校学生自治会

1948.10　1:1

馆藏　1948　1:1

44085

★市师

市立师范学校

1936.5—1937.4　1:1—2

本刊前身为"市师校刊"。

馆藏　1936　1:1

　　　　1937　1:2

46021

★市师校刊

市立师范学校自治会

1931.1—1935.1　1—3:2

本刊1936年5月改名为"市师",卷期另起。

1卷出10期,2卷出3期,3卷出2期。

馆藏　1932　1:8

　　　　1933　1:10

　　　　1934　3:1

　　　　1935　3:2

44086

★市师周刊

市立师范学校

1935.11—1937.6　1—60

馆藏　1935　1—7

　　　　1936　8—40

　　　　1937　41—51,53—60

44081

★市十校刊

市立第十小学校

1931.6—1934.12　1—15

馆藏　1931　1

　　　　1933　8

　　　　1934　9,15

44079

★市一校刊

市一小学校刊编辑部

[1930.?]—1936.4　1—36

馆藏　1930　4—6

　　　　1931　8—10

　　　　1932　11

　　　　1933　21—22

　　　　1934　27

　　　　1935　28—34

　　　　1936　35—36

47799

★**事工报告**

基督教青年会

[19?]—1935　1—100

馆藏　1935　100

双十半月刊

北洋大学双十半月刊社

1936—1937　1—15

总藏　(169)　1—15

藏家　1,7,671,721,861

45587

★**双星**(半月刊)

小说日报社

1924.8—10　1—5

馆藏　1924　1—5

水产(半年刊)

河北省立水产专科学校学生自治会

1931.7—1932.7　1—3

总藏　(255)　1—3

藏家　1,671,781,851

47481

★**水产季刊**

直隶水产学校

1923　1

[天津出版]

馆藏　1923　1

44859

水产学报(年刊)

河北省立水产专科学校

1931.7—1935.11　1—5

本刊原为季刊,后改为年刊。

总藏　(255)　1—5

馆藏　1931　1

　　　　1932　2

　　　　1933　3

　　　　1934　4

　　　　1935　5

藏家　1,6,7,8,9,21,252,421,541,544,545,

　　　593,651,671,731,781,831,851,852,

861,901,905,911,915,931

44977

四海半月刊

海事编译局

1930.4—1933.8　1—4:9

本刊原为月刊,2卷3期1931年6月后改为半月刊。原由辽宁东北海事编译局编,自2卷7期1931年8月起改由天津海事编译局编。第1卷出12期。

总藏　(395)　1—4:9

馆藏　1931　2:1—24

　　　　1932　3:1—18

　　　　1933　3:19—24;4:1—9

藏家　1,2,7,8,63,252,301,305,421,431,

　　　511,541,545,651,671,731,781,791,

　　　831,851,852,861,905,911,915,931,

　　　936

四月(半月刊)

南开中学四月社

1932.5　1:1—2

总藏　(395)　1:1—2

藏家　7

T

44644

坦途(周刊)

坦途周刊社

1930.1—4　1—8

总藏　(729)　1—8

馆藏　1930　6,8

藏家　1,7,8,21,63

47728

★**涛声月刊**

涛声文艺社[耀华中学]

1933.12—1934.4　1:1—4

馆藏　1933　1:1

　　　　1934　1:2—4

新中国成立前津版中文期刊全国存藏目录 (1903—1949)

46078

★啼笑半月刊

大同书局

[1933.?]—1933.12　1—2

馆藏　1933　2

体育特刊

河北省立第一女子师范学院

1932　1

总藏　(657)　1

藏家　7

45729

★体育月刊

天津特别市体育协会

1938.4　1:1

馆藏　1938　1:1

45362 ☆

体育周报

体育周报社

1932.2—1933.9　1—2:50;特刊

总藏　(656)　1:;2:1—30,47—50

馆藏　1932　1:1—13,15—23,25—48

　　　1933　1:49—50;特刊;2:1,3—8,11—

　　　　　　16,21—23,25—30

藏家　1,7,8,9,252,541,593,651,851,852,

　　　911,915

46686H

★天风画报定期增刊(周刊)

天风画报社

1938.9　1:1—2

馆藏　1938　1:1—2

44469

★天津白话报(日刊)

白话报社

1910.1—10　1—254

馆藏　1910　80—254

44462

天津半月刊

见"天津杂志"

(旧参)**D926.43/HBT**

天津地方法院院务年刊

该院书记室

1929.12　1

总藏　(149)　1

馆藏　1929　1

藏家　1,421,511

天津地毯工业

[不详]

1930—1931　1—3

总藏　(149)　1—3

藏家　791

47843

★天津东亚毛呢纺织有限公司(年刊)

该公司

[1933]—1941　1—2;特刊

馆藏　[1934]　2

　　　1941　特刊

44463

★天津儿童(周刊)

儿童社

1936.2—6　1—19

馆藏　1936　1—3,5,7—19

46107

★天津佛教居士林林刊

天津佛经流通处

1926.12—1928.3　1—7

馆藏　1926　1

　　　1927　2

　　　1928　7

天津妇协旬刊

妇女协会宣传科

[1929.?]—1929.2　1:1—2

1929.4—1929.7　1—11

本刊原名为"天津妇协月刊",自1929年4月

起改用本名期数另起。

总藏　(150)　1:2;1—11

藏家　7

天津妇协月刊

见"天津妇协旬刊"

46190

★**天津高级职业函授学校校刊**(月刊)

该校

1942.7—1942.9　1—3

馆藏　1942　1,3

47633

★**天津工商学院校友会年刊**

该会出版委员会

[1939]　1

本刊已残,刊名自拟。

馆藏　[1939]　1

46626

★**天津广北小学校校刊**

该校校刊编辑部

1923.6—1925.9　1—9

馆藏　1923　1

　　　　1924　3

　　　　1925　9

44131

天津广智馆星期报

见"广智星期报"

47279

★**天津国货调查月刊**

国货调查会

1919.8—10　1—3

馆藏　1919　1,3

45702

天津合作(周刊)

市合作社联合社

1948.4—9　1:1—12

总藏　(150)　1:1—12

馆藏　1948　1:2—12

藏家　1,6,7,8,252,541,545,651,671,721

46308H

★**天津华北画报**(周刊)

华北电影公司

[192?]—1929.10　1—96;副刊 1—14

馆藏　1928　21—29;副刊 1—14

　　　　1929　79—96

45789H

★**天津华艺半月刊**

华艺图书杂志公司

1936.5　1

馆藏　1936　1

46938H

★**天津画报**(日刊)

天津画报社

[19?]—1925.5　1—1370

馆藏　1925　1276—1277

　　　　1300—1301

　　　　1303—1310

　　　　1313—1319

　　　　1321—1328

　　　　1330—1340

　　　　1346—1347,1350

　　　　1354—1366,1370

47366

★**天津基督教女青年会会务季刊**

该会

[19?]—1931.6　1—12

馆藏　1930　11

　　　　1931　12

47620

★**天津基督教青年会图画特刊**

该会

1938.9　1

馆藏　1938　1

44460☆

天津教育(月刊)

教育月刊社

1948.11—1948.12　1:1—2

总藏　(150)　1:1

馆藏　1948　1:1—2

藏家　1,21,651,731

新中国成立前津版中文期刊全国存藏目录(1903—1949)

天津金融通报

中国人民银行天津分行

[1949.？]—1949.12 1—183

总藏 (150) 182—183；增8

藏家 1

47495

★**天津晶报元旦特刊**

晶报社

1937 特刊

馆藏 1937 特刊

47302

★**天津警察杂志**（月刊）

警察厅

[1915.？]—1915.11 1—6

馆藏 1915 6

45684

天津律师公会旬刊

该会

1933.3—1933.[8] 1：1—16

总藏 (150) 1：1—5

馆藏 1933 1：1

藏家 7，931，936

46460

天津漫画（月刊）

漫画社

1934.5 1：1

总藏 (150) 1：1

馆藏 1934 1：1

藏家 7

44468

天津棉鉴（月刊）

实业部天津商品检验局

1930.6—1934.8 1—4：

1936.5—1937.4 复1—2：1

本刊4卷12期1934年8月后曾停刊，1936年
5月复刊，卷期另起。

总藏 (150) 1—2：8；3—4：；复1—2：1

馆藏 1930 1：2—7

1931 1：8—12；2：1—6

1932 2：7—8；3：1—4

1933 3：5—12；4：1—4

1934 4：5—12

1936 复1：1—8

1937 1：9—12；2：1

藏家 1，6，7，9，63，252，541，544，545，651，
731，852，891，911，915

47753

★**天津民国日报副刊汇编**

民国日报社

1931.1 1

馆藏 1931 1

46083H

天津民国日报画刊（周刊）

民国日报社

1945.12—1947.11 1—102

总藏 (149) 1—102

馆藏 1945 1—4

1946 5—56

1947 66—89，91—102

藏家 8，63

44464

天津民意（半月刊）

民意社

1948.10 1：1—2

总藏 (149) 1：1—2

馆藏 1948 1：1—2

藏家 1，541，651

天津南开大学经济研究所事务月报

该所

1934—1935 1—6

总藏 (150) 1—6

藏家 1，252，671

45686

★**天津青年**（半月刊）

基督教青年会

[1912.？]—1937.5 1—127

本刊原为月刊，自63期1934年2月起改为半
月刊。

馆藏　1932　47,50—51

　　　　1933　53—57

　　　　1934　63—79

　　　　1935　80—81,88,90—92,95—98

　　　　1936　99,103—104,106—110,113—115

　　　　1937　121,123,127

45685

天津青年

学生联合会

1929.3　1

总藏　（150）　1

馆藏　1929　1

藏家　7,936

45862☆

天津青年

青年日报社

1945.11—1946.1　1—4

总藏　（150）　1—3

馆藏　1945　1—2

　　　　1946　4

藏家　1,7,252

47313

★天津青年会会务杂志（周刊）

该会

[19？]—1915.8　1—24

馆藏　1915　24

47507

★天津区粮食储运旬刊

河北田赋粮食管理处天津区储运处旬刊社

1946.3　1—3

馆藏　1946　1—3

44937H

★天津商报画刊（隔日刊）

天津商报社

1930.7—1937.7　1—24;39

本刊初名"天津商报图画周刊"，后改名为"天津商报图画半周刊""天津商报画刊""天津商报每日画刊"，最后沿用本名。原为周刊，后改为半周刊、一周三刊、一周四刊、隔日刊等。

1至23卷每卷出50期。

馆藏　1930　1:1—38

　　　　1931　1:39—50;2:1—50;3:1—50;4:
　　　　　　　　1—5,7

　　　　1932　4:8—27,30,33—34,36—43,
　　　　　　　　45—50;5:1—50;6:1—50;7:
　　　　　　　　1—11

　　　　1933　7:12—50;8:1—50;9:1—50;
　　　　　　　　10:1,6—14

　　　　1934　10:15—50;11:1—50;12:1—9,
　　　　　　　　11—25,27—50;13:1—15

　　　　1935　13:16—50;14:1—50;15:1—2,
　　　　　　　　4—50;16:1—17

　　　　1936　16:18—50;17:1—50;18:1—
　　　　　　　　50;19:1—50;20:1—50;21:1—
　　　　　　　　50;22:1—9

　　　　1937　22:10—50;23:1—50;24:1—7,
　　　　　　　　9,14—19,23—28,32—39

44937H

天津商报每日画刊

见"天津商报画刊"

44937H

天津商报图画半周刊

见"天津商报画刊"

44937H

天津商报图画周刊

见"天津商报画刊"

48009

天津商检月刊

实业部天津商品检验局

1935.7—1935.8　1—2

本刊前身为"检验月刊"。

总藏　（150）　1—2

馆藏　1935　1—2

藏家　1,6,7,252,541,671

天津社会局公报（半月刊）

该局

1936　1—10

总藏　（150）　1—10

藏家　6

46096

★天津圣经神学志(季刊)

圣经神学院

1939.[7]—1941.1　1—2:3

馆藏　1939　1:2

　　　1940　1:3

　　　1941　2:3

天津市财政汇刊

财政局

1935　1

本刊前身为"财政月刊"。

总藏　(149)　1

藏家　6,831

44080

★天津市第二十二小学校刊(半年刊)

该校

[19?]—1934.12　1—11

馆藏　1930　3

　　　1932　7

　　　1933　8—9

　　　1934　11

44475

★天津市第九区区民代表会

该会秘书处

1948.6　1

馆藏　1948　1

44473

天津市工务月刊

工务局

1931.1—1935.[?]　1—52

总藏　(148)　1—52

馆藏　1931　1,3—6,11

　　　1932　13—24

　　　1933　27—33

　　　1935　50

藏家　1,7,8,461,651

天津市教育局教育公报(半月刊)

该局

1929.4—1935.10　1—157

1936.9—1937.7　复1—21

本刊157期,1935年10月后曾停刊,1936年9月复刊,期数另起。

总藏　(149)　1—157;复1—18,20—21

藏家　6,7,8,63,541,545,593,651,671,915

44467

天津市经济统计月报

市政府统计室

1946.2—1948.11　1—33

本刊原名为"天津市经济指数及金融物价行市汇报",自6期起改用本名。

总藏　(149)　1—33

馆藏　1946　6—11

　　　1947　12—22

　　　1948　23—33

藏家　1,2,6,7,8,63,252,461,541,651,671,931,936

44467

天津市经济指数及金融物价行市汇报

　　见"天津市经济统计月报"

46163

天津市救济院院刊

该院

1947.9　1

总藏　(149)　1

馆藏　1947　1

藏家　545

44472

天津市立通俗图书馆月刊

该馆

1934.5—1937.4　1—2:9

总藏　(149)　1—2:9

馆藏　1934　1:1—6

　　　1935　1:7—12;2:1—2

　　　1936　2:3—5

　　　1937　2:6—9

藏家　1,6,7,21,41,305,651,671,781,891,

901,911,915,936

47557

★天津市临时参议会第一届第二次大会会刊

该会

1947.2　1

馆藏　1947　1

天津市商情变动(月刊)

河北平津区敌伪产业管理局

1946.2—11　1—9

总藏　（149）　1,3—9

藏家　1,7,8

天津市社会局公报(半月刊)

该局公报处

1936.3—8　1—11

总藏　（149）　1—11

藏家　651

天津市社会局统计汇刊

该局

1931　1

总藏　（149）　1

藏家　8

44474

天津市社会局行政周刊

该局

1936.8—1937.7　1—45

总藏　（149）　1—32,35—45

馆藏　1936　1—18

　　　1937　19—44

藏家　1,545

44478

★天津市训练团团刊(旬刊)

该团

1947.12—1948.6　1—12

馆藏　1947　1—2

　　　1948　3—12

天津市政府工作报告(月刊)

该市政府

1936.7—8　1—8

总藏　（149）　7—8

藏家　421

44470

天津市政府公报(月刊)

该市政府

1928.8—1937.3　1—98

本刊原名为"天津特别市市政府公报",自24期起改用本名。

总藏　（149）　1—98

馆藏　1928　2—4

　　　1929　6,12,14—17

　　　1930　18—25

　　　1931　26—37

　　　1932　38—47,49

　　　1933　50—59

　　　1934　60—71

　　　1935　72—83

　　　1936　84—95

　　　1937　96—98

藏家　7,21,401,461,541,545,651,671,831

44471

天津市政统计月报

市政府统计室

1946.7—1948.6　1—3:6

总藏　（149）　1:1—5;2:1—4;3:1—6

馆藏　1946　1:1—5

　　　1947　2:1—3

　　　1948　2:4;3:1—6

藏家　1,252,461,541,651,782,915,921

天津市政一页(不定期刊)

市人民政府秘书处

1949.6—7　1—6

总藏　（149）　2—6

藏家　1

44704

天津市周刊

市政府秘书处

1946.12—1949.1　1—9:;分类索引

本刊每卷出12期。1948年12月出版1至8

507

卷分类索引一册。

总藏　（148）　1—9:9

馆藏　1946　1:1—3

　　　1947　1:4—12;2:1—12;3:1—12;4:
　　　　　　1—12;5:1—7

　　　1948　5:8—12;6:1—12;7:1—12;8:
　　　　　　1—12;9:1—9;分类索引

　　　1949　9:11—12

藏家　1,2,7,63,143,252,301,401,421,461,
　　　541,651,671,721,731,741,781,782,
　　　831,851,852,891,911,921,931

天津市主要统计资料手册(月刊)

市政府统计处

1947.6—1948.3　1—2

总藏　（149）　1—2

藏家　7,8

(旧参) **F812.87/TCJ**

天津特别市财政局财政年刊

该局

1928—1930

总藏　（150）　1928—1930

馆藏　1928

藏家　7,421

45764

★**天津特别市公安局周年纪念特刊**

该局秘书处

[1929]　1

馆藏　[1929]　1

44479

天津特别市公署公报

　见"天津特别市政府公报"

44481

★**天津特别市公署教育局小学体育研究会年刊**

该会

1940.12　1

馆藏　1940　1

44483

★**天津特别市警察局半年刊**

该局秘书室

1938.11—1939.6　1—2

馆藏　1938　1

　　　1939　2

47556

★**天津特别市警察局警察年刊**

该局

[193?]—1939　1—3

馆藏　1939　3

天津特别市社会局政务汇刊

该局

1929.2—1929.4　1—2

总藏　（150）　1—2

藏家　1,7,8,541

46586

天津特别市识字运动宣传委员会会刊

该会

1930.7　1

总藏　（150）　1

馆藏　1930　1

藏家　7

44470

天津特别市市政府公报

　见"天津市政府公报"

44482

★**天津特别市土地局土地行政汇刊**(年刊)

该局

1929.6—1930.6　1—2

馆藏　1929　1

　　　1930　2

45885 ☆

天津特别市卫生局月刊

该局

1929.3—1931.1　1—3:1

总藏　（150）　1:2—3,5;2—3:1

馆藏　1929　1:1,4

　　　1930　2:1—12

　　　1931　3:1

藏家　7,541

44479

★**天津特别市政府公报**(周刊)

该市政府宣传处

1939.4—1945.5　1—318

本刊原名为"天津特别市公署公报",自239
期1943年11月起改用本名,期数续前。

馆藏　1939　1—40

　　　　1940　41—91

　　　　1941　92—142

　　　　1942　143—193

　　　　1943　194—244

　　　　1944　245—254,258—297

　　　　1945　298—318

天津体育协进会年刊

该会

[1933]—1935　1—3

总藏　(150)　3

藏家　851

44466

★**天津团讯**

三民主义青年团天津支团部

1947.1—1947.5　1—3

馆藏　1947　1—3

47408

★**天津卫**(三日刊)

天津卫报社

1946.7　复1

本刊1946年7月复刊,此前情况不详。

馆藏　1946　复1

46588

★**天津文化**

天津文化社

[19?]—1932.8　1—2:5

馆藏　1932　2:4—5

44461

★**天津文化**(半月刊)

文化会堂

1948.9—10　1—3

馆藏　1948　1—3

45720

★**天津县政府公报**(周刊)

县政府秘书室

1946.12—1947.9　1—42

馆藏　1946　1—5

　　　　1947　6,9—18,20—24,27—28,41—42

天津学联(周刊)

学生联合会

1946.1　1

总藏　(150)　1

藏家　7

46744

天津学生(月刊)

学生联合会

1929.7　1

总藏　(150)　1

馆藏　1929　1

藏家　7

天津益世报副刊

益世报社

1929.12—1930.2　1—3

总藏　(150)　1—3

藏家　8

45626

天津益世主日报

见"益世主日报"

天津邮工(月刊)

邮务工会

1929.7　1:1

总藏　(150)　1:1

藏家　7

天津邮工月刊

邮务工会月刊社干事会

1933.11—1934.9　1—11

总藏　(150)　1—8,11

藏家　1,851

新中国成立前津版中文期刊全国存藏目录(1903—1949)

44465

天津邮刊（双月刊）

邮票会

1940.3—1941.10　1—2:4

总藏　（150）　1—2:4

馆藏　1940　1:1—5

　　　1941　1:6;2:1—4

藏家　1,6,461,651

天津月刊

天津月刊社

1935.1　1

总藏　（148）　1

藏家　1,7

44462

天津杂志（半月刊）

天津半月刊社

1933.9—1934.4　1933—1934:7

本刊原名为"天津半月刊"，自1934年2月起改用本名。

总藏　（149）　1933—1934:7

馆藏　1933　1—8

　　　1934　1—2,4—5,7

藏家　1,7,8,63,511,651,671,851,936

44706☆

天津杂志（月刊）

天津杂志社

1940.2—1943.7　1—4:2

总藏　（149）　1:1,3

馆藏　1940　1:8

　　　1941　2:2

　　　1943　4:2

　　　藏家　7,721

44485☆

天琴（半月刊）

天琴出版社

1947.11—1948.2　试刊1—3

1948.4—11　1—10

本刊先出试刊号,然后正式发行。

总藏　（151）　试刊1;1—8

馆藏　1947　试刊1

　　　1948　试刊3;1—10

藏家　1,7,8,63,651,671,936

44454

天下篇（半月刊）

[不详]

1934.2—1934.3　1:1—3

总藏　（146）　1:1—3

馆藏　1934　1:1—3

藏家　7

47119

天下周刊

天下周刊社

1946.5　1:1—3

总藏　（145）　1:1—3

馆藏　1946　1:1

藏家　1,7

铁路公报（旬刊）

津浦铁路管理局

[19?]—1927.6　1—306

总藏　（1210）　61—88,91—143,298—300,306

藏家　8,541

45478☆

铁路公报——北宁线（旬刊）

北宁铁路管理局

[192?]—1930.12　1—89

总藏　（1209）　34

馆藏　1929　54

　　　1930　61,64—89

藏家　1

铁路公报——津浦线（月刊）

津浦铁路管理局

1928.9—1930.9　1—41

总藏　（1210）　9—41

藏家　545

45476☆

铁路月刊——北宁线

北宁铁路管理局

1931.1—1939.2　1—9:2

本刊在北平创刊,自8卷6期1938年6月起迁至天津出版,卷期续前。

总藏　(1208)　1:1,3—12;2—7:6

馆藏　1931　1:5—9,11

　　　1932　2:1—2,4—5

　　　1933　3:2—4

　　　1934　4:1—2,7

　　　1936　6:2—7,11—12

　　　1937　7:1—2,6,10,12

　　　1938　8:2—6

　　　1939　9:2

藏家　1,6,252,541,651,671,791

同光(半月刊)

中国基督教会

[192?]—1926　1—2:2

总藏　(523)　2:2

藏家　7

47849

★同中同学会会刊

该会

1935.5　1

[天津出版]

馆藏　1935　1

童山(月刊)

童山月刊社

1946.4　1

总藏　(1085)　1

藏家　7

46550

★统计年刊

特别市公署财政局

1943.3　1942

馆藏　1943　1942

47554

★统计专刊

实业部天津商品检验局秘书室

1939.1　1

馆藏　1939　1

图书馆双周

南开大学图书馆

[1930.10]—1931.5　1—13

总藏　(793)　8,12—13

藏家　7

46010

★吐露月刊

市三中文艺研究社

1945.11—1946.1　1:1—2

馆藏　1945　1:1

　　　1946　1:2

吐露月刊

吐露月刊社

1946.[5]—1946.7　1:1—3

总藏　(521)　1:3

藏家　7

W

外汇工作汇报(月刊)

中国银行

1949.3—4　1:1—2

总藏　(408)　1:1—2

藏家　1

47833

★万邮简报(月刊)

万邮馆

[1943.1]—1944.6　1—18

馆藏　1944　13,16—18

47033

微波(月刊)

微波编译社

1922.3　1

总藏　(1212)　1

馆藏　1922　1

藏家　7,541

45456

★维纳丝(月刊)

维纳丝杂志社

1935.8—1936.11　1—8
馆藏　1935　1:1—2
　　　　1936　1:5,7—8

45585

★**卫生工程**

中国卫生工程学会平津分会

1947.8—1948.8　1—3

馆藏　1947　1—2
　　　　1948　3

45586

★**卫生月刊**

市政府

1935.8—10　1:1—3

馆藏　1935　1:1,3

45562

卫生月刊

市卫生局

1936　1:1—2

总藏　(73)　1:1—2

馆藏　1936　1:2

藏家　401

44050

文昌

见"文昌宫"

44050

★**文昌宫**(半年刊)

河北省立师范附小第一部

1931.4—1936.12　1—12

本刊原名为"文昌",自 9 期 1935 年 6 月起改
用本名,期数续前。

馆藏　1933　4
　　　　1934　8
　　　　1935　9—10
　　　　1936　11—12

47368

★**文疆**(月刊)

文疆社

1945.11　1

馆藏　1945　1

47390

★**文津**(月刊)

文津阁藏书处

1932.[9]—1932.10　1—2

馆藏　1932　2

44035

文联(半月刊)

文联半月刊社

1945.10—1946.6　1—2:7

本刊原为周刊,自 2 卷 4 期 1946 年 3 月起改
为半月刊。

总藏　(135)　1:2—3,6—10;2:1—7

馆藏　1945　1:1—3,6—11
　　　　1946　2:1—7

藏家　7,21

文学半月刊

南开学校文学会

1925　1—3

总藏　(128)　1—2

藏家　7

46821

★**文叶**(周刊)

文叶社

1947.9—1947.10　1:1—3

馆藏　1947　1:1—3

44046

★**文艺风**(月刊)

文艺风月刊社

1948.11—1948.12　1—2

馆藏　1948　1—2

文艺十日

[不详]

1933

总藏　(H3)

藏家　7

44040

★文艺之花（月刊）

青年文艺研究学会

1926.9　1

馆藏　1926　1

X

弦（旬刊）

河北省立女子师范学院国文学会

1932.5—6　1:1—6

总藏　（746）　1:1—6

藏家　7

现代伴侣（半月刊）

生流出版社

1934.5　1:1

总藏　（1000）　1:1

藏家　7

46601

★现代春秋（月刊）

现代春秋社

1947.1　1

馆藏　1947　1

47177

现代社会（旬刊）

现代社会杂志社

1932.7—1935.4　1—4:12

本刊原为月刊,自3卷起改为旬刊。

总藏　（999）　1—4:12

馆藏　1934　3:1

藏家　1,6,7,63,401,541,731,781,851,852

现代诗（月刊）

工商学院附中

1944.3—1947.5　1—13

总藏　（1005）　1—2,5—6,8—13

藏家　1

47105

现代文献（月刊）

现代文献社

1946.4—1946.7　1:1—3

总藏　（994）　1:1—3

馆藏　1946　1:1—2

藏家　1,6,7,8,252,461,511,541,921

46427

★向导

南开大学出版社

1930.5　1

馆藏　1930　1

小科学（半月刊）

小科学半月刊编辑部

1936.4　1:1

总藏　（78）　1:1

藏家　1,782

46258

★小学生杂志（半月刊）

小学生杂志社

1946.3　1

馆藏　1946　1

46434H

★小扬州画报（三日刊）

小扬州画报社

[1946.?]—1946.11　1—12

馆藏　1946　9—10,12

46864

★校友杂志（年刊）

直隶第五师范学校校友会杂志社

1922.9　1

［天津出版］

馆藏　1922　1

44280

新北方（月刊）

新北方月刊社

1931.1—1931.10　1—2:4

本刊第1卷出6期。

总藏　（1139）　1—2:4

馆藏　1931　1:1—6;2:1—4

新中国成立前津版中文期刊全国存藏目录（1903—1949）

藏家 1，6，7，8，63，252，301，511，541，651，861

新东杂志
新东学会
1923.6 1:1
总藏 (1136) 1:1
藏家 7

44286☆
新动力(半月刊)
新动力杂志社
1946.5—1946.10 1:1—6
1946.11—1947.3 新1:1—8
本刊原为月刊，自1946年11月起改为半月刊，期数另起。
总藏 (1144) 1:1—6;新1:1—7
馆藏 1946 1:1—3,5;新1:2—3
1947 1:4—8
藏家 1，6，7，21，63，252，301，401，461，545，671，861

47327
★新二代(月刊)
儿童福利社
[19?]—1946.6 1—2:8
馆藏 1945 1:2
1946 1:3;2:1,7—8

44326☆
新妇女(周刊)
新妇女周刊社
1935.2—1935.4 1—2:6
总藏 (1149) 1:2—4;2:5—6
馆藏 1935 1:1—4;2:5
藏家 7

47851☆
新港公报(周刊)
交通部塘沽新港工程局
[19?]—1948.8 1—2:33
总藏 (1168) 2:12—15,21—33
馆藏 1948 2:5
藏家 651

新津画报(周刊)
新津画报社
1949.7—1949.8 1—5
总藏 (1160) 1—5
藏家 8，515，851

44313
★新开月刊
法商学院商职部文书学会
[1936.?]—1937.6 1—7
馆藏 1937 5—7

44285
★新民教育(月刊)
新民会天津都市指挥部教育分会
1939.6—1940.4 1—10
馆藏 1939 1—2,4—6
1940 7—10

46862
★新民小说报(旬刊)
新民小说报社
[1918.1]—1919.1 1—18
馆藏 1918 3,5—7,9—11
1919 18

44328☆
新民意报副刊(月刊)
新民意报社
1923.1—1924.6
"新民意报"曾出版有10多个副刊。
总藏 (1139) 1—10
藏家 21，63，143，252

44328
★新民意报副刊——觉邮(不定期刊)
1923.4—1923.6 1—4
馆藏 1923 1—2,4

44328
★新民意报副刊——明日
1923.1 1—3
馆藏 1923 1—3

44328

★新民意报副刊——女权运动同盟会直隶
支部特刊

该会

[1923.?]—1923.5　1—3

馆藏　1923　2—3

44328 ☆

新民意报副刊——女星(旬刊)

女星社

1923　1—13

总藏　(104)　11—13

馆藏　1923　1—7

藏家　143

44328 ☆

新民意报副刊——青声(五日刊)

天津青年问题讨论会

1923.[6]—1924.6　1—45

本刊原为不定期刊,自31期1924年4月起改
为五日刊。

总藏　(722)　25

馆藏　1923　1—24

　　　　1924　25—30,37—45

藏家　541

44328 ☆

新民意报副刊——诗坛

绿波社

1923　1—11

总藏　(1181)　9—11

馆藏　1923　1—5

藏家　143

44328

★新民意报副刊——向明(半月刊)

天津向明学会

1923.1　1—2

馆藏　1923　1—2

44328

新民意报副刊——小说

天津绿波社

1923　1—3

总藏　(78)　1—3

藏家　143

44328

★新民意报副刊——星火

1923　1—6

本刊卷期按出版年月著录。

馆藏　1923　1—6

44328

★新民意报副刊——朝霞

1923　1—6

本刊卷期按出版年月计算。

馆藏　1923　1—6

45182

新青年(月刊)

新青年月刊社

1938.11—1939.3　1—5

总藏　(1156)　1—5

馆藏　1938　1

　　　　1939　3

藏家　1,7,21,63

47641 ☆

新人(月刊)

新天津报社

1934—1937　1—2:5

总藏　(1124)　1:1—2;2:2,4

馆藏　1937　2:5

藏家　7

46430H ☆

新生画报(旬刊)

新生画报社

1946.[5]—1947.1　1—2:9

总藏　(1141)　1:6

馆藏　1946　1:2;2:3,5

　　　　1947　2:9

藏家　651

45912

★新生活周刊

新生活周刊社

新中国成立前津版中文期刊全国存藏目录(1903—1949)

[1934.?]—1934.9　1:1—20

馆藏　1934　1:17—20

新生命(半月刊)

新生命半月刊社

1928.1—1930.12　1—3:12

总藏　(1142)　1:1—12;2:1—11;3:1—12

藏家　143

新生命(半月刊)

真学会

1930.12　1—4

总藏　(1142)　4

藏家　7

44147

新生命半月刊

新生命半月刊社

1948.[5]—1948.9　1—9

总藏　(1142)　9

馆藏　1948　9

藏家　1,7,63,252,651,671,915,931

46445H

★新生、银都联合画报(周刊)

新生银都联合画报社

[1947.?]—1947.11　1—3

馆藏　1947　3

46852

★新生杂志(旬刊)

新生杂志社

1948.[11]—1948.12　1—4

馆藏　1948　3—4

45792☆

新天津副刊

新天津报馆

1924—1927　1—24

总藏　(1128)　1—11

馆藏　1924—1927　1—8,10—24

藏家　6,63,511

46086H

★新天津画报(周刊)

新天津画报社

1933.8—1937.7　1—200

馆藏　1933　1—16,18—19

　　　1934　20—70

　　　1935　71—121

　　　1936　122—172

　　　1937　173—200

46088H

★新天津画报定期增刊(一周两刊)

新天津画报社

[193?]—1939.8　1—2:40

馆藏　1939　2:16—18,21—23,25—28,30—

　　　　31,34—35,37—40

47502

★新闻周报

新闻周报社

1947.12　1—3

馆藏　1947　1—3

新学镜(半月刊)

新学大书院

1915　1—2

总藏　(1156)　2

藏家　7

45660

★新学年刊

新学中学

1937.6　1

本刊前身为"新学校刊"。

馆藏　1937　1

新学书院季报

该院

1916:12—1918:3

总藏　(1155)　1916:12;1917—1918:3

藏家　8

46865

★新学校刊(不定期刊)

新学中学校刊委员会编辑部

1936—1937　1—6

本刊自 1937 年 6 月改名为"新学年刊",期数另起。

馆藏　1936　2—3
　　　 1937　5—6

44678H☆
新游艺画报(周刊)
新游艺画报社
1948. [8]—1948.12　1—2:7
总藏　(1168)　1:4—5
馆藏　1948　1:11—12;2:1—7
藏家　461

45662
★**新中国半月刊**
新中国出版社
1946.6　1
馆藏　1946　1

薪胆周刊
薪胆周刊社
1933.1　1:1—2
总藏　(1248)　1:1—2
藏家　1

星期报
广智馆
1929.4—1937.3　1—40
总藏　(874)　1—40
藏家　143

45989H☆
星期二午报画刊(周刊)
午报社
1932.1—1936.7　1—232
1946.9—1947.1　复 1—22
总藏　(874)　复 1—22
馆藏　1932　2,7,10,17—21,23—24,26—
　　　　　28,30—33,35—37,39—49
　　　 1933　52—65,67—83,85—90,92—94
　　　 1934　114,133
　　　 1935　154—158,162—164,166—167,
　　　　　169—170,173—202
　　　 1936　203—232

　　　 1946　复 5,8,11—18
　　　 1947　19—22
藏家　1

45043H
★**星期画刊**
新新美术印刷公司
1932.1—1932.3　1:1—3
馆藏　1932　1:1—3

45045H☆
星期六画报(周刊)
星期六画报社
1946.7—1949.1　1—139
总藏　(874)　1,3—5,7,11—60,62,68—70,
　　　　　72—73,80—100,111—134,137—
　　　　　139
馆藏　1946　1—33
　　　 1947　34,36—85
　　　 1948　86—95,97—137
　　　 1949　138
藏家　1,301,461,651,931

45045H
星期六画报内幕新闻
星期六画报社丛书部
1948.9—1948.12　1—4
总藏　(874)　1—4
馆藏　1948　1—3
藏家　1,8,63,252,831

45045H
★**星期六画报增刊**(半月刊)
星期六画报社
1946.7—1947.9　1—23
馆藏　1946　1—6
　　　 1947　7—13,15—23

45045H
★**星期六画报增刊——内幕新闻**(半月刊)
星期六画报社
1948.10—1948.12　1—4
馆藏　1948　1—4

新中国成立前津版中文期刊全国存藏目录(1903—1949)

星期评论(周刊)

星期评论社

1919.[5]—1919.12　1—30

总藏　(875)　29—30

藏家　1

45821H☆

星期日画报(周刊)

星期日画报社

1947.[12]—1948.8　1—33

总藏　(874)　11—24,26,28,30,32

馆藏　1947　3

　　　1948　4,11,18—21,30,33

藏家　1,511,651

44892H

星期五画报

星期五画报社

1947.8—1948.10　1—65

总藏　(874)　1—5,9—12,15—17,21,26,
　　　　29,31,52,54—55,64—65

馆藏　1947　1—21

　　　1948　22—63

藏家　1,63,461,511,851,852

46123

★**星期小说**(周刊)

天津晚报社

1921.[9]—1922.1　1—20

馆藏　1921　3—8

　　　1922　19—20

星期周报

星期周报社

1936.10—1937.5　1—30

总藏　(874)　1,26—30

藏家　1,8

星星半月刊

星星社

1929.4　1

总藏　(873)　1

藏家　1

47618

★**行素校友通讯**

湖南行素中学校友会平津分会

1948.3　1

[天津出版]

馆藏　1948　1

醒华(五日刊)

醒华画报馆

1908.4—1912.5　1—526

本刊为画刊。

总藏　(1247)　1—200,251—526

藏家　461

46540

性科学(月刊)

中国健康学会

1935.11—1937.8　1—4:2

总藏　(687)　1:1,6;3:4;4:1—2

馆藏　1936　1:6

藏家　851

学风(旬刊)

学风旬刊社

1948.6—1948.10　1—8

总藏　(691)　1—3,5—8

藏家　7

学林周报

学林周报社

1937.4　1—9

总藏　(700)　1—5,8—9

藏家　7

学生周刊

学生周刊社

1945.9　1—2

总藏　(693)　1—2

藏家　651,721

学术与教育(月刊)

直隶教育促进会学术委员会

1924.8—1924.11　1:1—2

总藏　(692)　1:1—2

藏家　1,7,9,63,252,852

学艺杂志
泰兴学艺研究会
1918.10　1
总藏　(690)　1
藏家　7

45735
★**训练半月刊**
国民党天津特别市党务整理委员会训练部
1929.10　1
馆藏　1929　1

Y

言治(月刊)
北洋法政学会
1913.4—1913.11　1:1—6
总藏　(578)　1:1—6
藏家　7, 8, 63, 143, 252, 541, 545, 721,
　　　782,851

48028
★**盐务研究**(双月刊)
长芦盐务管理局研究室
1949.[5]—1949.11　1—4
馆藏　1949　2—4

47601H
燕语
见"京津画报"

45193
★**耀华校刊**
耀华中学
1935.4—1938.5　1—3:2;纪念刊
馆藏　1935　1:1
　　　1937　2:3;纪念刊
　　　1938　3:1—2

47445
野烟三周报
博古书局

1934.10—1935.1　1—2:1
总藏　(1048)　1:2;2:1
馆藏　1934　1:1
　　　1935　2:1
藏家　7

夜鹰(半月刊)
夜鹰文艺社
1929.12　1
总藏　(705)　1
藏家　7

44245
一八月刊
见"商职月刊"

45404
★**一二一月刊**
省女中自治会报刊社
1946.2—1946.[4]　1—3
馆藏　1946　1—3

44400
一炉(半月刊)
一炉出版社
1930.4—1930.6　1:1—6
总藏　(1)　1:1—6
馆藏　1930　1:1—6
藏家　1,6,7,511,515,851

一旬统计
市人民政府工商局研究室
1949.8—1949.9　1—10
总藏　(1)　8—10
藏家　1

44424
一周
青年日报社
1946.4　1:1—3
总藏　(1)　1:1—3
馆藏　1946　1:1—3
藏家　1,7,671

47791

★**伊光**(月刊)

伊光报社

1927—1937　1—92

1946.10　复1

本刊自1937年后曾停刊,1946年10月复刊,期数另起。

馆藏　1936　81—82,85—87

　　　 1937　88—89,91—92

　　　 1946　复1

医光

河北省立医学院

1947.10—1948.11　1—10

总藏　(617)　1—4,9—10

藏家　1

医学汇刊

中华新医学校医学汇刊社

[19?]—1932.12　1:1—5

总藏　(617)　1:5

藏家　7

46619

医学知识(半月刊)

内科小儿科沈其震诊疗所

1934.[5]—1934.11　1—9

总藏　(618)　3—9

馆藏　1934　4

藏家　1,7,421,781,831,851

医学知识特刊

沈其震诊疗所

1934　1

总藏　(618)　1

藏家　1,851

44397

★**乙丑级刊**

南开大学

1925　1

本刊为南开大学乙丑级毕业纪念册。

馆藏　1925　1

47570

★**艺林初步**

[中西女中]

[19?]　1

[天津出版]

馆藏　[19?]　1

45943

★**艺群**(半月刊)

艺群出版社

1935.8　1

馆藏　1935　1

46334H☆

艺威画报(周刊)

艺威画报社

1946.10—1948.5　1—3:6

总藏　(161)　1:1—4,6—8,10—11;2:1—

　　　　　　　 4,9—10;3:6

馆藏　1946　1:3,9

藏家　651

46238☆

益世报副刊(不定期刊)

益世报馆

1929.11—1930.5　1—120

总藏　(937)　4—120

馆藏　1929　1—38

　　　 1930　40—50

藏家　252

45626

益世周刊

见"益世主日报"

45626

益世主日报(周刊)

益世报馆

1912—1949　1—32:9

本刊又名"天津益世主日报",自27卷19期起改名"益世周刊"。在天津创刊,后迁南京出版。

总藏　(936)　1:1—12;2:1—18;15:32;16:

　　　　　　　 1—13,47,50;17:2,5,39—42;

18:5,11—12,25,36—38;19:
3,26,32,35—36,39,41—43,
47;20:1—10,12—23,25—38,
40—41,43—51;21—26:29;
27:1—24;28:1—25;29:1—
24;30:1—25;31—32:9
馆藏　1936　25:21,28—29,36,38,41,49
　　　1937　26:29
藏家　1,7,8,301,401,421,541,545,651,
671,721,731,781,782,791,851,852,
861,905,915,921,931

45773H☆
银都画报(旬刊)
银都画报社
1946.10—1947.10　1—6:2;纪念刊
总藏　(1230)　3:3,5
馆藏　1946　1:1,3,5—6;2:1—2
　　　1947　2:3—5;3:6;4:3—4;5:1;6:2;
纪念刊
藏家　831,851

银行通讯(月刊)
[不详]
[19?]—1947.5　1—43
总藏　(1230)　30,43
藏家　831

47774H
★**银幕舞台画报**(周刊)
银幕舞台画报社
1929.2—1929.6　1—16
馆藏　1929　1—16

46446H
银线
见"银线画报"

46446H
★**银线画报**(日刊)
银线画报社
1936.4—1937.6　1—3:11
1938.4—1938.6　新1:1—12
1938.[?]—1938.8　复[?]—252

本刊原名"银线",1938年4月改名为"银线画报周刊",卷期另起。后又改为"银线画报"日刊,以期计算,期数续前。
馆藏　1937　3:1—11
　　　1938　新1:2—5,12;复238—252

46284
★**银线画报丛书**
银线画报社
1944　1—10
馆藏　1944　2—3,6,8,10

46446H
银线画报周刊
见"银线画报"

嘤鸣月刊
南开女中嘤鸣社
1931　1—5
总藏　(1259)　5
藏家　7

46462
★**迎新特刊**
工商学院
1941.9　1
馆藏　1941　1

47386
影闻
见"影闻画刊"

47386
★**影闻画刊**(周刊)
美商福克斯影片公司编译部
1938.5—1939.1　1—30
本刊原名为"20th CENTURY FOX NEWS",后改名为"影闻周报""影闻",最后改用本名。
馆藏　1938　1—6,8—29
　　　1939　30

47386
影闻周报
见"影闻画刊"

521

46441

★影讯报导(周刊)

影讯报导社

[1940. ？]—1940.12 1：1—5

馆藏 1940 1：4—5

44238

庸言(月刊)

庸言报馆

1912.12—1914.6 1—2：6

本刊原为半月刊，自2卷1914年起改为月刊。

总藏 (988) 1—2：6

馆藏 1912 1：1—2

　　　1913 1：3—24

　　　1914 2：4—5

藏家 1，2，6，7，8，9，21，63，143，207，252，
301，305，421，431，461，511，515，541，
545，593，651，671，721，731，781，791，
831，851，852，861，891，901，905，915，
931

47170☆

邮星(月刊)

河北邮务职工会邮星社

[1928.12]—1931.4 1—29

总藏 (651) 28—29

馆藏 1929 10—11

藏家 831

游艺画报(周刊)

游艺画报社

1934.1—7 1—17

总藏 (1067) 1—17

藏家 1

44357H

★游艺画刊(半月刊)

游艺画刊社

1940.4—1945.9 1—11：5

馆藏 1940 1：1—17

　　　1941 2：1—13；3：1—10

　　　1942 4：1—12；5：1—12

　　　1943 6：1—12；7：1—12

1944 8：1—12；9：1—12

1945 10：1—12；11：1—5

45329H

宇宙画报(周刊)

宇宙画报社

1947.4—1947.10 1—3：1

总藏 (440) 1：1—12；2：1—6，8—9，11—
　　　　　　　12；3：1

馆藏 1947 1：8，10—11

藏家 651，851

45904H

★语美画刊(周刊)

联艺社

1936.9—1937.7 1—2：20

本刊第1卷出25期。

馆藏 1936 1：1—16

　　　1937 1：17—25；2：1—20

47361

★育才校友

私立育才高级商科职业学校校友会

1947.5 1

馆藏 1947 1

47290

★育大校刊

育大校刊编辑室

1941.6 1

馆藏 1941 1

远东(旬刊)

远东探讯社

1933.11—1933.12 1—4

总藏 (598) 1—4

藏家 1，7

44729

★月华

天津出版社

1928.5 1：1

馆藏 1928 1：1

Z

杂说(月刊)
天津杂志社
1915.5　1
总藏　(532)　1
藏家　511

46979
朝华(季刊)
河北省立女子师范学院
1929.12—1932.6　1—3:1
本刊原为月刊,自3卷1期1932年起改为季刊。
总藏　(1096)　1—3:1
馆藏　1929　1:1
　　　1931　2:4,7—8
　　　1932　3:1
藏家　1,6,7,8,9,541,671,851,861,905,915

44515
★**正风**(半月刊)
正风社
1935.1—1936.1　1—2:1
馆藏　1935　1:1—24
　　　1936　2:1

正谊周报
正谊周报社
1932.1—1932.〔?〕　1—2:3
本刊原在南京出版,自1卷4期起迁天津出版。
总藏　(293)　1:1—10;2:3
藏家　1,7,63,143,541,651,831,915,931

政学旬报
北洋印刷所
〔19?〕—1915.10　1—67
总藏　(840)　65,67
藏家　7,63

45423
政治经济学报(季刊)

南开大学经济研究所
1932.3—1937.4　1—5:3
本刊原名为"经济统计季刊",自3卷1期1934年10月起改用本名,卷期续前。
总藏　(839)　1—5:3
馆藏　1932　1:1—4
　　　1933　2:1—4
　　　1935　4:1
　　　1936　4:2—4;5:1
　　　1937　5:2—3
藏家　1,2,6,7,8,9,63,143,252,301,305,461,462,511,541,544,545,593,651,671,721,736,781,791,831,851,852,905,915,921,931,936

知识通讯
知识书店
1947.9　1
总藏　(799)　1
藏家　461

45369
知识往来(半月刊)
新民学会编辑部
1935.9—1935.12　1:1—6
总藏　(799)　1:1—6
馆藏　1935　1:1—2,4—6
藏家　1,7,9,252,541,911

46466
直接税月刊
直接税局经济研究室
1946.8—1946.9　1:1—2
总藏　(737)　1:1—2
馆藏　1946　1:1—2
藏家　1,7,651

47107
★**直隶第一女师范校友会会报**
该会图书部
〔19?〕—1916.12　1—2
〔天津出版〕
馆藏　1916　2

47660 ☆

直隶公报（日刊）

直隶省长公署

1913.1—1928.5　1—8807

本刊原由天津行政公署编印,后改由天津直隶省长公署编印,期数续前。

总藏　（736）　1— 9,3153—3325,3492—3501,
　　　　　　　3504—3507,3662—3663,3774,
　　　　　　　3793,3837—3852,6946,7254—
　　　　　　　7284,7287—7605,7958—7987,
　　　　　　　7989—8051,8056—8063,8066—
　　　　　　　8807

馆藏　1914　3777—3778

　　　1916　4433

　　　1921　6224

藏家　1,7,8,21,63,461,541

44762

直隶教育官报

见"直隶教育杂志"

46358

直隶教育界（月刊）

直隶省教育会

[1913.?]—1921.3　1—26

总藏　（737）　3,17—21,23—24,26

馆藏　1913　3

　　　1920　25

藏家　1,2,7,461,891

46498

★**直隶教育厅旬报**

直隶教育厅

[1918.?]—1927.12　1—10:24

[天津出版]　本刊原名为"直隶教育旬报",后改用本名。1 至 4 卷卷后为总期数。

馆藏　1919　2:44,46—47,49,53—54,57,
　　　　　　　59,67—69,71,73—74,76—77

　　　1920　3:83—85

　　　1921　4:138—140,144

　　　1925　8:23

　　　1927　10:5,17—18,24

直隶教育旬刊

直隶省教育会

1917.11—1927.10　1—10:22

总藏　（737）　1—9:; 10:2—8,11—12,14,
　　　　　　　17—22

藏家　8,21,252,461,541,921

直隶教育月刊

直隶省教育会

1924.8　1:1

总藏　（737）　1:1

藏家　1

44762 ☆

直隶教育杂志（半月刊）

直隶学务公所图书馆

1904.11—1911.9　1—7:13

本刊原名为"教育杂志",自 3 卷 1907 年起改用本名,自 5 卷 1909 年起又改名为"直隶教育官报"。

总藏　（737）　1:1—22;2:1—5,7—22;3—7:

馆藏　1904　1:1—2

　　　1905　1:3—22

　　　1906　2:1—22

　　　1907　3:1—20

　　　1908　4:12

藏家　1,7,8,541,545,905,911,936

47284

★**直隶农会报**（月刊）

直隶省农会

1912.[7]—1913.1　1—2:3

馆藏　1912　1:1—6

　　　1913　2:1,3

直隶商品陈列所月报

见"直隶省商品陈列所年报"

直隶省商品陈列所报告（半年刊）

该所

1918.3—1920.10　1918:1—1920:4

总藏　（737）　1918:1—1920:4

藏家　252

直隶省商品陈列所年报
直隶劝业公所
1916.1—1917.10　1—2:10
1921—1923
本刊原名为"直隶商品陈列所月报",自1921年起改用本名。
总藏　(737)　1—2:6,10;1921—1923
藏家　1,252,421,651

直隶实业丛刊(月刊)
直隶实业厅第一科
1923.1—1927.6　1—5:6
总藏　(737)　1—3:;4:1,3—6,8—12;5:
　　　　　　　　1—6
藏家　6,7,8,252

47798
★**直隶实业公报**(月刊)
直隶实业厅编辑处
1918.[4]—1918.7　1:1—4
馆藏　1918　1:4

44353 ☆
直隶实业月报
直隶实业厅
1919:1—1921:12
总藏　(736)　1921:
馆藏　1919　1—12
　　　　1920　1—12
　　　　1921　1—12
藏家　8,651,671

47057
直隶实业杂志(月刊)
直隶省商品陈列所
1912.8—1915.12　1—4:
本刊原名为"实业杂志"半月刊,由天津直隶劝业公所实业杂志编辑处编印。自11期1913年起改用本名,并改由直隶省商品陈列所编印。原以期计算,20期后改为3卷1期计算。
总藏　(737)　1—20;3:1—2,5—10,12;4:
馆藏　1913　15
　　　　1914　3:1

1915　4:4
藏家　1,7,8,63,252,731

至博(旬刊)
至博旬刊社
1946.4—8　1—5
总藏　(512)　1—5
藏家　651

47597
★**治强通讯**
新民会天津特别市总会
1942　1—4
馆藏　1942　1,4

44960
★**中道三日刊**
中道三日刊编辑部
1938.7—1939.2　1—74
本刊为油印本。
馆藏　1938　4,8—12,30—33,39—40,54
　　　　1939　66—67,69—74

44904
★**中国萃报**(日刊)
中国萃报馆
1909.8—10　1—48
馆藏　1909　1—48

46521
中国纺织学会天津分会第一届年会会刊
该分会
1947.11　1
总藏　(243)　1
馆藏　1947　1
藏家　1

中国工商月报
中国工商月报社
[192?]—1926.8　1—20
总藏　(222)　20
藏家　541

44914
中国民众自治丛刊(月刊)

中国民众自治丛刊社

1930.9—1931.3　1—4

总藏　(226)　1—2,4

馆藏　1931　4

藏家　7,252,461

44891 ☆

中国内幕(双周刊)

中国内幕双周刊社

1947.11—1948.9　1—17

总藏　(225)　3—5,10—17

馆藏　1947　1—2

　　　　1948　3—6

藏家　1,8,63,252,301,461

44884

中国实业杂志(月刊)

中国实业杂志社

1910.9—1919.3　1—9:7

本刊在日本东京创刊,自8卷8期1917年起迁至天津出版。

总藏　(235)　3:;4:1—10,12;5—8:8;9:1,7

馆藏　1912　3:3—5,8—9

　　　　1913　3:12;4:1—2

　　　　1914　5:1,3,5—11

　　　　1915　6:3,5—10

　　　　1916　7:1—11

　　　　1917　8:2—4,7—8

　　　　1919　9:6

藏家　1,7,21,63,252,511,731,831,931,936

47745

★**中国卫生丛刊**(月刊)

中国卫生丛刊社

[1930.?]—1931.1　1—4

馆藏　1931　4

46305

中国卫生杂志(月刊)

中国卫生杂志社

1929.10—1932.5　1—34

总藏　(223)　1—34

馆藏　1929　2,4—5,7—8,10—12

　　　　1930　14—16,18—23

　　　　1931　26

藏家　1,2,7,461,541,651,671,721,781,831,852,911,931

中国卫生杂志1—24期摘要汇订本

中国卫生社

1931　1

总藏　(223)　1

馆藏　1931　1

藏家　7

47505

★**中国文艺月刊**

中国文艺社

1930.5—1930.6　1—2

馆藏　1930　1—2

中国医学白话报(周刊)

中国医学白话报馆

[1912.?]—1913.1　1—12

总藏　(234)　12

藏家　541

46746

★**中华海员**(月刊)

中华海员公会

1942.1—1942.8　1—8

馆藏　1942　1,8

46054H ☆

中华画报(隔日刊)

中华画报社

1931.3—1933.9　1—4:346

本刊卷后为总期数。

总藏　(206)　1—100,201—300

馆藏　1931　1:1—92

　　　　1932　1:93—100;2:101—200;3:201—241

　　　　1933　3:242—300;4:301—346

藏家　1,8

45969H

中华画刊(周刊)

中华画刊社

1948.6—1948.8　1—8

总藏　（206）　1—8

馆藏　1948　1—2

藏家　1,651

46627

★中华基督教会半年刊

该会

[1938.？]—1939.1　1—2

馆藏　1939　2

47020

中华实业商报（月刊）

中华实业商报社

1934.6—1934.8　1—3

[天津出版]

总藏　（205）　1—3

馆藏　1934　2—3

藏家　1,252

46846

中华戏剧（月刊）

中华戏剧月刊社

1947.5　1:1

总藏　（201）　1:1

馆藏　1947　1:1

藏家　7,8,852

47482

★中华新闻副刊（双日刊）

中华新闻报社

[19？]—1936.12　1—6:164

本刊原为三日刊，自1936年3月改为双日刊，并由以期计算改为6卷1期计算。

馆藏　1935　20—24,27—29,31—37

　　　1936　6:1—35,37—51,73,75,81,85—

　　　　　　86,88—96,98—103,105—113,

　　　　　　115—116,121—133,135—140,

　　　　　　142—145,155—164

47297

★中学生

工商中学生出版社

1942.3—1943.9　1—2:2

馆藏　1942　1:1—2

　　　1943　1:3—4;2:2

46617

★中学生文艺（半月刊）

中学生文艺半月刊社

1945.11—1945.12　1:1—4

馆藏　1945　1:1—4

44875

中央公论（半月刊）

中央公论报社

1934.2—1934.4　1:1—7

总藏　（185）　1:7

馆藏　1934　1:1

藏家　7

47321

★中央新周报

中央新报社

1935.1　1:1

馆藏　1935　1:1

45042

★忠言报（日刊）

忠言报馆

1909.[7]—1909.8　1—36

馆藏　1909　7—36

紫光（半月刊）

紫光文艺研究社

1933

总藏　（H14）

藏家　7

自由周报

自由周报社

总藏　（H7）

藏家　7

45274

自治月刊

自治月刊社

1946.10—1947.2　1—2:5

新中国成立前津版中文期刊全国存藏目录（1903—1949）

总藏 （547） 1：1—5，8—10；2：4—5

馆藏 1946 1：1—3

1947 1：4—5

藏家 1，651

46927

字学杂志(半年刊)

楷学励进社

1930.5—1930.10 1—2

总藏 （440） 1—2

馆藏 1930 1—2

藏家 7

宗教与文化

益世报馆

1936.1—1936.12 1—47

总藏 （685） 43—47

藏家 936

45450

综艺(半月刊)

综合艺术杂志社

1948.1—1948.11 1—2：8

本刊第 1 卷出 12 期。

总藏 （1231） 1—2：8

馆藏 1948 1：1—12；2：1—8

藏家 1，7，8，21，63，541，831，911，921

46797

★**纵横**(三日刊)

纵横杂志社

1946.1 1

馆藏 1946 1

2

47386

20ᵗʰ CENTURY FOX NEWS

见"影闻画刊"

藏家名称和代码

国家图书馆	1
中国科学院图书馆	2
中国人民大学图书馆	6
北京大学图书馆	7
清华大学图书馆	8
北京师范大学图书馆	9
首都图书馆	21
中国社会科学院近代史研究所资料室	62
中国社会科学院世界史研究所资料室	63
中共中央马克思恩格斯列宁斯大林著作编译局图书馆	143
中共中央党校图书馆	207
南开大学图书馆	252
山东省图书馆	301
山东大学图书馆	305
陕西省图书馆	401
甘肃省图书馆	421
兰州大学图书馆	431
辽宁省图书馆	461
旅大市图书馆	462
吉林大学图书馆	511
吉林师范大学图书馆	515
上海图书馆	541
上海科技图书馆	544
复旦大学图书馆	545
华东师范大学图书馆	593
南京图书馆	651
南京大学图书馆	671
安徽省图书馆	721
浙江图书馆	731

新中国成立前津版中文期刊全国存藏目录（1903—1949）

浙江大学图书馆	736
江西省图书馆	741
湖北省图书馆	781
武汉图书馆	782
武汉大学图书馆	791
湖南省中山图书馆	831
四川省图书馆	851
重庆市图书馆	852
四川大学图书馆	861
重庆大学图书馆	865
贵州省图书馆	891
云南省图书馆	901
云南大学图书馆	905
福建省图书馆	911
厦门大学图书馆	915
广西桂林图书馆	921
广东省中山图书馆	931
中山大学图书馆	936

刊名首字拼音索引

B

白 457
北 457
边 460
兵 460
渤 460

C

财 461
采 461
长 461
常 461
晨 461
成 461
鸥 461
齿 461
冲 461
春 461
慈 461
磁 462

D

大 462
当 463
导 463
德 463
第 463
电 463
东 464
都 464
督 464
读 464

短 464

E

儿 464
二 464

F

法 464
反 465
方 466
防 466
飞 466
丰 466
风 466
佛 466
扶 466
辅 467
妇 467

G

改 467
歌 467
耕 467
工 467
公 469
光 470
广 470
国 470

H

海 472
河 473
黑 478

红 478
虹 478
吼 478
华 478
化 479
黄 479
回 480
汇 480
火 480

J

急 480
济 480
冀 480
家 480
甲 480
检 481
健 481
将 481
交 481
教 481
解 482
今 482
津 483
进 484
京 484
经 484
警 484
竞 485
敬 485
旧 485
救 485
觉 485

K

抗 485
垦 485
会 485
快 485
矿 485

L

琅 486
劳 486
牢 486
老 486
乐 486
黎 486
理 486
励 486
玲 486
铃 486
芦 487
鲁 487
陆 487
旅 487
绿 487

M

玫 487
每 487
美 488
梦 488
蜜 488
棉 488
民 488

明	490	商	497	维	511	益	520
摸	490	少	498	卫	512	银	521
木	490	社	498	文	512	嘤	521
N		生	499			迎	521
		圣	499	**X**		影	521
南	490	诗	499			庸	522
霓	494	时	499	弦	513	邮	522
廿	494	实	499	现	513	游	522
农	494	世	500	向	513	宇	522
怒	494	市	500	小	513	语	522
女	494	事	501	校	513	育	522
暖	494	双	501	新	513	远	522
		水	501	薪	517	月	522
O		四	501	星	517		
				行	518	**Z**	
欧	495	**T**		醒	518		
				性	518	杂	523
P		坦	501	学	518	朝	523
		涛	501	训	519	正	523
平	495	啼	502			政	523
评	495	体	502	**Y**		知	523
		天	502			直	523
Q		铁	510	言	519	至	525
		同	511	盐	519	治	525
企	495	童	511	燕	519	中	525
气	495	统	511	耀	519	忠	527
前	495	图	511	野	519	紫	527
青	495	吐	511	夜	519	自	527
渠	496			一	520	字	528
群	496	**W**		伊	520	宗	528
				医	520	综	528
R		外	511	乙	520	纵	528
		万	511	艺	520		
人	496	微	511				
壬	496						
S							
三	496						

刊名首字笔画索引

一画

一 519
乙 520

二画

二 464
人 496
儿 464

三画

万 511
三 496
卫 512
大 462
女 494
小 513
工 467
广 470
飞 466

四画

廿 494
中 525
丰 466
今 482
公 469
化 479
双 501
反 465
壬 496
天 502
少 498
文 512
方 464
月 522
木 490
气 495
水 501
火 480
艺 520
长 461
风 466

五画

世 500
东 464
乐 486
北 457
四 501
圣 499
外 511
市 500
平 495
旧 485
正 523
民 488
汇 480
生 499
甲 480
电 463
白 457
训 519
边 460

六画

交 481
企 495
伊 520
会 485
光 470
农 494
冲 461
华 478
同 511
吐 511
向 513
回 480
妇 467
字 528
宇 522
导 463
当 463
成 461
杂 523
红 478
老 486
自 527
至 525
行 518
防 464

七画

体 502
佛 466
兵 460
励 486
劳 486
医 520
吼 478
快 485
扶 466
抗 485
改 467
时 499
每 487
牢 486
社 498
纵 528
芦 487
言 519
评 495
财 461
迎 521
进 484
远 522
邮 522
陆 487

八画

事 501
京 484
国 470
坦 511
夜 501
学 519
宗 518
实 528
弦 499
忠 513
性 527
明 518
490

新中国成立前津版中文期刊全国存藏目录(1903—1949)

欧	495	美	488	检	481	新	513
河	473	虹	478	渠	496	暖	494
治	525	觉	485	琅	486	歌	467
法	464	语	522	理	486	督	464
玫	487			第	463	群	496
现	513	**十画**		维	511	解	482
直	523			综	528		
知	523	健	481	绿	487	**十四画**	
矿	485	家	480	辅	466		
经	484	旅	487	野	519	嘤	521
育	522	校	513	银	521	磁	461
诗	499	海	472	黄	479	蜜	488
采	461	涛	501				
青	495	益	520	**十二画**		**十五画**	
齿	461	盐	519				
		竞	485	啼	502	影	521
九画		耕	467	敬	485	德	463
		读	464	朝	523	黎	486
前	495	都	464	棉	488		
南	490	铁	510	渤	460	**十六画**	
垦	485	铃	486	游	522		
将	481	鸥	461	短	464	冀	480
怒	494			童	511	燕	519
急	480	**十一画**		紫	527	薪	517
政	523			鲁	487	醒	518
星	517	商	497	黑	478	霓	494
春	461	常	461				
津	483	庸	522	**十三画**		**十九画**	
济	480	救	485				
玲	486	教	481	微	511	警	484
统	511	晨	461	慈	461		
		梦	488	摸	490	**二十画**	
						耀	519

天津图书馆馆藏

新中国成立前中外文报纸目录

（1872—1949）

天津图书馆新编历史文献目录五种

国家图书馆出版社

刘桂芳 编

凡　例

一、本目录收录天津图书馆藏 1872—1949 年出版的各种中外文报纸 213 种。

二、本目录按报名汉语拼音音序排列。

三、著录内容为馆藏号，报名，出版地，创刊、停刊、复刊年月，报名变更情况和馆藏情况。并附《报名首字拼音索引》和《报名首字笔画索引》。

四、馆藏号由五位数字组成。

五、出版地不详者，不标注；城市名称有变更者，一般按该刊出版时的名称著录。

六、个别报纸出版时间参照二手资料著录，不确定者以"[　　]"标识。

七、影印报纸和原件分开著录，原件在前，影印件在后，影印件在出版年前加"影"字。

目　录

凡例 ……………………………………………………………………………… 535

天津图书馆馆藏新中国成立前中外文报纸目录（1872—1949） …………… 539

刊名首字拼音索引 ……………………………………………………………… 557

刊名首字笔画索引 ……………………………………………………………… 558

A

50023
安东日报　安东
1949　2—4

B

51116
北平晨报　北平
1930.12.16 创刊
1934　3,6(残)

51004
北平日报　北平
1946.8.15 创刊
1946　9—12
1947—1948　1—12

50040
渤海日报　山东
1939.8.1 创刊
1949　3—9

C

50042
察哈尔日报　张家口
1949.2 创刊
1949　3

50054
长春新报　长春
1945.11.15 创刊,1948.10 复刊
1949　6—7

50029
长春新报　长春
1945.11.15 创刊,1948.10 复刊
1949　9

51009
晨报　北京

1916.8 创刊,原名《晨钟报》,1918.12 改为本名《晨报》
影 1916　8—12
影 1917　1—12
影 1918　1—9,12
影 1919—1927　1—12
影 1928　1—5

51063
诚报　上海
1916 年创刊
1916　10—12
1917—1918　1—12
1919　1—6

D

51075
大刚报　汉口
1937.11.9 创刊
1946　8—10(残)
1948　6—7,10—11

51035
大刚报　南京
1946　1—8,10—12
1947　1—5
1948　5,11—12(残)

51139
大公报　长沙
1915.9 创刊
影 1917　1—12
影 1918　5—12
影 1919—1926　1—12
影 1927　1—3

51069
大公报　重庆
1948　3—6,8—10(残)

51048

大公报　南京

1948　3

51061

大公报　上海

1936　4—12

1937　1—7

1945　12（残）

1946　5—9,11—12

1947　1—4,10—12

1948　1—12

1949　1—4,6—7,9—10,12

51028

大公报　天津

1902.6 创刊

1921　12（残）

1924　2—4（残）

1925　7—9（残）

1927　12（残）

1928　2—5,8—12（残）

1929　1—6,9,11—12（残）

1930　7—12（残）

1931　1—5（残）

1932　1—8,10—12（残）

1933　1—4,8,10—12（残）

1934　1,3—12（残）

1935　1—11（残）

1936　1—12（残）

1937　1,3—8（残）

1945　12

1946—1948　1—12

影 1902　6—12

影 1907—1948　1—12

影 1949　1

51088

大公报　香港

1948　11

50022

大连日报　大连

1945.11.1 创刊

1947　1—12

1949　3

51024

大中华商报　天津

1944　7

1946　4—8

50015

大众日报　山东

1939.1.1 创刊

1946　8—12

1947　1,3

影 1939　1—6,8—12

影 1940—1942　1—12

51137

东北朝鲜人民报（朝文版）

1949　7—8

51084

东北民报　沈阳

1948　3—9

50001

东北日报

影 1945　11—12

影 1946—1948　1—12

影 1949　1—9

51068

东南日报　杭州

1927.3.12 创刊

1946　5

51062

东南日报　上海

1927.3.12 创刊于杭州,1946.6 迁上海出版

1946　6—11

1948　5—8

51023

东亚晨报　天津

1937.9.1 创刊

1939　9—12
1940—1942　1—12
1943　1,4—6,8—9,11（残）

51105

东亚新报（日文版）　北京
1939　10—12
1940　5—12
1941　9—12
1942　1—4
1943　1—12

51105

东亚新报（日文版）　天津
1941　10—12
1942　1—3,5—7
1943　1—12

F

51122

飞报　上海
1947　8

51121

扶轮日报　南京
1935 年创刊
1936　6

G

51018

革命军日报　武汉
1926.7 创刊
1927　7（残）

51044

工商日报　天津
1947　10—12
1948　1—3

50021

关东日报　大连
1947.5 创刊

1947　7
1949　1—3

51079

观察报　昆明
1944.12.1 创刊
1948　5—6,10—11

51036

广播日报　天津
1935.9.1 创刊
1935　9—12
1936　1—12
1937　1—3

51072

国民公报　重庆
1911.12.17 创刊
1946　1—2,4—5,7—10

51120

国民新报　北京
1925.8.25 创刊
1946—1947　3—4（残）

51007

国民新报　北平
1925.8.25 创刊
1947　8—9

51102

国民新报（英文版）
本报后改名为《英文中央日报》
1926　3—12
1927　1—8

H

51130

汉文京津泰晤士报　天津
1917.10.10 创刊
1920　11—12（残）
1921　10（残）
1925　8—9（残）

1926　10(残)
1927　1(残)
1928　1,4(残)

51129

翰海　北京
1921.9 创刊
1925　5—6(残)

51076

和平日报　汉口
1931.5[1932.6.1]创刊
1946　1—4,6—10

51047

和平日报　南京
1932.6.23 创刊
1946　2—12
1947　1—12
1948　1—7

51142

红旗日报
1930.8 创刊
影 1930　8—12
影 1931　1—3

51141

红色中华
1931.12 创刊
影 1931　12
影 1932—1933　1—12
影 1934　1—10
影 1935　11—12
影 1936—1938　1—12

51006

华北汉英报　北平
1947　9—12
1948　1—10

51106

华北明星(英文版)　天津
1927　4—6,8—11
1928　1—6,10—12

1929　1—6,10—12
1930　1—3
1934　10—12
1935　1—3
1937　7—12
1938　4—12
1939　1—12
1940　1—3,5—12
1941　1—8

51014

华北日报　北平
1929 年元旦创刊
1934　11
1935　9,12
1944　7
1946—1948　1—12

51097

华北通报(英文版)
1906　1—3,10—12
1907　7—12
1908　7—9
1910　4—6
1926—1927　1—12
1936　1—6
1937　1—12

51033

华北新报　天津
1944.5.1 创刊
1944　5—12
1945　1—9,10

51146

华北新闻　天津
1921.8 创刊
1931　6—7(残)

51064

华侨日报　香港
1925.6.5 创刊
1948　2—11

51089

华商报 香港

1941.4.8 创刊

1946　9—11

1947　2—3,12

1948　7—8

1949　4—8

影 1941　4—12

影 1946—1948　1—12

影 1949　1—10

50047

华中工人报 武汉

1949.6.11 创刊

1949　6—7

J

50028

吉林工农报 吉林

1949.6.1 创刊

1949　6—9

50026

吉林日报 吉林

1945.10.10 创刊

1947　12

1948　1

1949　2—5

51085

吉林日报 吉林

1946.7.7 创刊

1946　7—8(残)

51003

纪事报 北平

1937.9.24 创刊,1948.1 改名《明报》

1946　1,3—12

1947　1—12

1948　1—6

50010

冀东日报 唐山

1940.1.1 创刊

1949　3—7

50016

冀鲁豫日报

1949　2—5

50018

冀南日报 邯郸

1945.9.1 创刊

1949　2—3

50014

冀热辽日报 承德

1946　2—3,5—8

1947　1—5

51133

建国日报 北京

1945.10 创刊

1945　11—12

1946　2—4(残)

51043

建国日报 天津

1945.11 创刊

1945　12

1946　1

51161

胶东日报 青岛

1949　7—8

50057

解放

1946.2.22 创刊

1946　2—5

51144

解放日报 西安

1936.12 创刊

影 1936　12

影 1937　1—2

50002

解放日报 延安

543

1941.5.16 创刊

1941　5—12

1942—1946　1—12

1947　1—3

51128

金融日报　上海

1944.9.6 创刊

1946　5

50005

晋察冀日报　阜平

1937.12.11 创刊

1946　1—3,6,11—12

1947　1—3,7—10

影 1938—1947　1—12

影 1948　1—6

50038

晋南日报　山西临汾

1949.1.1 创刊

1949　2—5

50039

晋绥大众报　山西兴县

1940.10.20 创刊

1949　2—3,6

50037

晋绥日报　山西兴县

1940.9.18 创刊

1949　1—4

50041

晋中日报　山西榆次

1949.1.1 创刊

1949　1—5

51159

京报　北京

1903　11

51104

京津日日新闻(日文版)　天津

1918 年创刊

1922　1—11

1923　1—6

1939　10—12

1941　1—7

51095

京津泰晤士报(英文版)　天津

1894.3 创刊

1895　3—12

1896—1900　1—12

1901　1—5

1902　10—12

1903　4—9

1904　1—12

1905　1—3

1906　7—9

1907　4—6,10—12

1908　7—12

1909　1—3

1911　1—3,7—9

1912　7—12

1913　4—12

1914　7—12

1915—1916　1—12

1917　1—9

1918　1—3,10—12

1919　1—3,7—12

1920　1—3

1921　1—9

1922　1—12

1923　1—9

1924—1926　1—12

1927　4—9

1928　4—6,10—12

1929　1—3,7—12

1930　1—12

1931　1—9

1932　1—6,10—12

1933—1939　1—12

51011

经世日报　北京

1946.7.29 创刊
1946　12
1947　1—12
1948　1—4

51110

晶报　上海
1919.3.3 创刊
1921　9—12
1922　1—5
1924　8—12
1925　1—10(残)
1926　1—3,4—8,10
1927　2—12
1928　1—5
1929　1—2,4—5,9—12
1930　1—2
1931　3,8,11—12
1932　6—10,12
1933　1—5,7—8,10
1934　3—5,7
1935　5,9—12
1936　1—2

51149

救国日报　巴黎
1935.12 创刊
影 1935　12
影 1936—1937　1—12
影 1938　1—2

51080

军民日报　青岛
1945.11.20 创刊
1946　6—8

K

50043

开封日报　开封
1948.11 创刊

1949　3

L

50031

辽北新报　四平
1946.1.1 创刊
1949　2—4

50030

辽东大群　安东
1949.6 创刊
1949　6—9

50027

辽东日报　通化
1945.11.22 创刊
1947　6—12
1948　1—3

50033

辽西日报　锦州
1949.5.18 创刊
1949　5—9

51065

力行日报　江西
1946　7—9

51123

联合晚报　上海
1945.9.21 创刊
1947　2,4(残)

51148

鲁东日报　山东
1938 年创刊
1944.10(残)

50035

鲁中南报　山东
1948.9.26 创刊
1949　5—9

M

51150

民国日报　汉口

1926.11 创刊

影 1927　1—9(影印)

51140

民国日报　上海

1916.1 创刊

影 1916—1932.1

影 1945　10—12

影 1946　1—12

影 1947　1

51025

民国日报　天津

1929.12 创刊,1945.9 复刊

1945　10—12

1946—1948　1—12

51038

民国晚报　天津

1948.3 创刊

1948　3—12(残)

1949　1(残)

51020

民立周报

1946 年创刊

1946　5—12

1947　1—12

1948　1—6

51030

民生导报　天津

1946.8.15 创刊

1946　8—12

1947　1,8—9

51158

民兴报　天津

1909.3.7 创刊

1909　7,9,11—12

1910　3—7

1911　11—12

1912　6,9(残)

51153

民众报　北京

1942　1—3,6—12

1943　1—3,5,7—12

1944　2—4

51073

民众时报　成都

1946.5.1 创刊

1946　5—6

50058

民主　重庆

1945.11 创刊

1945　11

1946　1—3

N

50052

南团通讯

1947.10.12 创刊

1947　10—12

1948.1 油印

50055

南阳日报　河南南阳

1949.3.22 创刊

1949　7

50050

嫩江农民　齐齐哈尔

1948.5.1 创刊

1949　2—5

50013

嫩江新报　齐齐哈尔

1947.10.10 创刊

1949　2—4

P

51008
平明日报
1946.11.17 创刊
1947　4—7,10—12
1948　1,5—11

Q

51087
前进报　长春
1946.5.28 创刊
1946　6—12

51082
前进报　沈阳
1946.5.5 创刊
1947　7—9,11

51056
前线日报　上海
1938.10 创刊
1945　12
1946　1—12
1947　1—11
1948　1—8

51031
青年日报　天津
1945.8.17 创刊
1945　11—12
1946　1—5,8—9

50024
群众日报　承德
1945.9.22 创刊
1949　4—9

50036
群众日报　冀北热辽
1945.9.22 创刊

1947　7—9,11—12
1948　1—5

R

51145
热血日报　上海
1925.6.4 创刊
影 1925　6

50051
人民报
1948　1—3(残)

51155
人民日报　福建
1933.11 创刊
影 1933　11—12
影 1934　1

50004
人民日报　邯郸
1946.5.15 创刊
1946　5
1948　6
影 1946　5—12
影 1947　1—12
影 1948　1—6

50006
人民日报　华北解放区
1948.6.15 创刊
1948　6.12
1949　2—3

50020
人民日报　旅大
1949.4.1 创刊
1949　4—8

S

51054
商报　上海

1931 年创刊
1948 10—11

51022

商报 天津

1928 6,8(残)

1929 3,7(残)

1930 4—6,10—12

1931 1—2

1932 3,5,8—10(残)

1933 1—12

1934 1—7,12(残)

1935 8—9,11(残)

1936 2

1937 3—7

51071

商务日报 重庆

1914.4.25 创刊

1945 11—12(残)

1946 3,6—10

51101

商业广告(英文版)

1935

1937

51053

申报 上海

1872.4 创刊

1933 4,7—12

1934 1—2,5—7

1935 8—12

1936 1—2

1939 7

1942 8,12

1943 2—3(残),5—10(残),12

1944 1—5,8,10—12

1945 1—4,7,9,11—12

1946 5—9,11

1947 1—12

1948 1,3—12

1949 1—5

影 1872 4—12

影 1873—1948 1—12

影 1949 1—5

50045

生活报 沈阳

1948.5.1 创刊

1949 1—4(合订)

51147

生活日报 香港

1936.6 创刊

影 1936 6—7

50049

生活知识 沈阳

1949.8.15 创刊

1949 10—12

51094

盛京时报 沈阳

1906.10 创刊

1940 1—4,6—7

1941 3,11

1942 2,5—6,9,12

1943 1—2,5—7,10

影 1906 10—12

影 1907—1943 1—12

影 1944 1—9

51151

时报 天津

1886.5.15 创刊

1886 7—12

1987 (残)

1988 6—7(残)

1891 12

1892 1—5

51132

时代日报 上海

1945.8.16 创刊,1945.9 改为本名

1947 12

1948 1—2

51040

时事日报　天津

1947　11—12（残）

1948　2—6,8—10（残）

51057

时事新报　上海

1923—1932　4—12（残）

1933　1（残）

1936　1（残）

1937　9（残）

51111

时言报　北京

1931 年创刊

1941　8,10—12（残）

1942—1943　1—12

51005

实报　北京

1933　6—12

1934　1—12

1935　1—8

1936　6—12（残）

1937　1—7（残）

1939　8—12

1940—1943　1—12

1944　1—4

51131

实话报　大连

1947　9

1949　1—3

51001

世界日报　北京

1925.2.1 创刊,1937 停刊,1945.11 复刊

1932　7,11

1933　12

1934　2

1945　12

1946—1948　1—12

51002

顺天时报　北京

1901.12 创刊

1924　1—5,8—12

1928　1—3,7—12

1929　1—12

1930　1—3

影 1901　12

影 1902—1929　1—12

影 1930　1—3

50025

松江日报　哈尔滨

1949.1.15 创刊

1949　1—9

T

50008

太岳日报

原《新华日报》太岳版,1949.4.1 改用本名

1949　4,6

51126

泰东日报　大连

1908.11.3 创刊

1944　10—12（残）

51096

泰晤士（英文版）

1900　1—12

1923—1924　1—12

1926—1927　1—12

50012

唐山劳动日报　唐山

1949.8.1 创刊

1949　8

51045

唐山日报　唐山

1946 年创刊

1946　2—8

51114

天风报 天津

1930.2 创刊

1931 2,5—6(残)

1932 3,11(残)—12

1933 1—8

1934 8(残),10(残)—12

1935 1—8

1936 4—6,9—12

1937 1—6

1938 1—4,6—7,12(残)

1939 1—2(残)

51091

天津捷报 天津

1936 5—7

51127

天津卫报 天津

1946.12.8 创刊

1947 5—6(残)

51092

天津午报 天津

1916 年创刊

1928 9 残)

1935 3—4(残)

51119

天津新时报 天津

1947 2—12(残)

1948 1—12(残)

51157

天津新闻 天津

1926 10—12

1927 1—3

51136

天津英文晚报(英文版) 天津

1947 2—6

51026

天声报 天津

1937 年创刊

1939 11—12(残)

1940 1(残)

1941 1,3—9(残)

1942 1—12

1943 3—6,8—12

51103

通讯(英文版)

1914 7—12

W

51055

文汇报 上海

1946 3－5,7—12

1947 1—4

50048

文艺报 大连

1949.3.5 创刊

1949 3—6

X

51074

西方日报 成都

1946.10.10 创刊

1948 10

50053

西满日报 齐齐哈尔

1946.11 创刊

1947 6—7(残)

51125

戏剧报 北京

1940 1—3,5—8

51046

新报

1941.10.10 改名《民国日报》

1939 7—12

1940—1942 1—12

1943 1—2,4—5

51015

新北京报　北京

1931.10.11 创刊

1941　11—12（残）

1942—1943　1—12

50032

新黑龙江报　北安

1946.4.16 创刊

1949　2—5,4—5（增刊）

50003

新华日报　汉口、重庆

1938.1.11 创刊

影 1938—1946　1—12

50009

新华日报　山西

太行版（原华北版）

1939 年元月创刊

1944　5,9—12

1945　2—5,10,12

1946　1—12

1947　1,4—6,8—12

1948　2,4,7

1949　6—7

50007

新华日报

本报为《新华日报》太岳版,1949.4.1 改名《太岳日报》

1948　1—12

1949　1—6

51081

新疆日报　乌鲁木齐

1935.12.3 创刊

1948　7—12（残）

50017

新洛阳报　洛阳

1948.4.9 创刊

1949　3—7

51013

新民报　北京

1938.1.1 创刊

1938　4—6,11（残）

1939　2,4—5,8—12

1940—1942　1—12

1943　1—11

1944　1—4

51016

新民报　北平

1946 年创刊

1947　7—8

1948　1—11

51050

新民报　南京

1929.9.9 创刊

1948　4—6

51154

新热辽报

1947　6（油印本）

51100

新社论（英文版）

1926　1—12

51012

新生报　北京

1946.3.29 创刊

1946　5—12

1947　1—12

1948　1—8

51112

新生报　台湾

1948　1—2

51039

新生晚报　天津

1946.7.31 创刊

1947　1,3,5—12

1948　1—12

50011

新唐山日报　唐山

1948.12.14 创刊

1949　3—4

51017

新天津报　天津

1924.9 创刊

1924　12(残)

1925　1,3,5,7(残)

1926　2—3,7,9(残)

1928　9(残)

1929　9

1931　10,12

1932　1—2

1939　9,11—12(残)

1940　1—4,6—7,9—11

1941　1—10(残)

1942　1,7,9

1943　2

1944　1—4

51037

新天津画报　天津

1933.8 创刊

1940　3—9

1941　11

1942　1—12

1943　4—5,7—11

51118

新天津晚报　天津

1928［1926］年创刊

1934　7,9—12

1935　1

1939　10—11

51052

新闻报　上海

［1893.2.17 创刊］

1931　2—8,10—11

1935　5

1936　3—7

1942　1—12(残)

1944　1—12

1945　1—9,11—12(残)

1946　1—6,8,12

1947—1948　1—12

1949　1—5

51029

新星报　天津

1947.6.1 创刊

1947—1948　1—12

1949　1

50056

新徐日报　徐州

1948.12.10 创刊

1949　4

51143

新中华报

1939.2 创刊

影 1939　2—12

影 1940　1—12

影 1941　1—5

51049

新中华日报　南京

1946.6.1 创刊

1946　6—10

51156

醒报　天津

1911　12

1912　1

51160

醒华日报　天津

1908［1907］年创刊

1911　8—11

50034

许昌人民报　许昌

1949.5.1 创刊

1949　5—7

50034

许昌新闻 许昌

1949　4

51093

学生论坛报 南京

1947.10.28 创刊

1948　1—5(残)

Y

51070

益世报 重庆

1946　2,4—12

1947　1—12

1948　1—2(残)

51010

益世报 北京

1915.10 在天津创刊,1916 年在北京创刊分社。

1945　11

1946　2

51051

益世报 南京

1946.11.12 创刊

1947　2—3,5—11

1948　1—3,5—8

51060

益世报 上海

1947　2,4,—5,8—12

1948　1—8

51021

益世报 天津

1915.10.1 创刊

1915　12

1916　4—5,8,10—12

1917—1922　1—12

1923　1—11

1924—1928　1—12

1929　2—12

1930　1—12

1931　1—4,7—9,12

1932—1934　1—12

1935　1,3—4,6,9—12

1936　1—2,4—12

1937　1—7

1945　12

1946—1948　1—12

1949　1

影 1915　10—12

影 1916—1948　1—12

影 1949　1

51135

英文北平时事日报(英文版)　北平

1947　6—12

1948　1—11

51027

庸报 天津

1926.6 创刊

1928　5—7,9,11(残)

1929　1—5,7—9,11(残)

1930　3—5,7,9—11(残)

1931　1—5,11(残)

1932　4—5,7,9—12(残)

1933　1—7,12(残)

1934　1—2,4,6—12(残)

1935　1—2,5—12(残)

1936　1—4,10,12(残)

1937　3—4,8—9,11(残)

1938　5—12

1939　1—12

1940—1943　1—12

1944　1—4(残)

50019

豫南人民报　河南信阳

1949.8 创刊

1949　8—10

Z

51134

朝日新闻(日文版) 东京

1941　9,11

1942　7—9

1943　1—5,11

1944　2,5,9—10

51067

浙江商报　杭州

1921.10 创刊

1946　4—9

51019

正义报　沈阳

1946.9 创刊

1946　9—10

51152

直报　天津

1895.1 创刊

影 1895　1—12

影 1896　2,4—8

影 1898　4—10

影 1899　1,3,10,12

影 1901　1—2

影 1904　2—3

50044

职工报　旅大

1949.1 创刊

1949　6—9

51098

中国画报评论(英文版)

1922　7—12

1923　7—12

1925—1926　1—12

1927　1—6

1928　1—6

51099

中国泰晤士(英文版)

1886　11—12

1887—1889　1—12

1891　1—3

51042

中国新闻日报　天津

[1946.4]创刊

1946　6

51098

中国星期画报(英文版)

1917　7—12

1918　7—12

1919　1—6

51059

中华日报　上海

1932.4 创刊

1940　9—12

51032

中华日报　天津

[1945.10—11]创刊

1946　1—10,12

51041

中南报　天津

1930.12 创刊

1934　3—4

1946　4—12

1947　1—9,11—12(残)

1948　1—10,12(残)

51086

中央日报　长春

1946.7.7 创刊

1946　7—10

51077

中央日报　广西

1938.11.10 创刊

1945　12

1946　1—5,7

51066

中央日报 湖南

1939.6[1938.1]创刊

1945 11—12

1946 1—3,6—10

51034

中央日报 南京

1928.2 创刊

1946 1—12

1947 1—10.12

1948 1—11

51058

中央日报 上海

1942.7.18 创刊

1946 11—12

1947 1,3—12

1948 1—9

51083

中央日报 沈阳

1946.8.15 创刊

1946 10

50046

庄稼人

1946.12.7 创刊

1949 4—5(残)

51113

自由晚报 天津

1946 12(残)

1947 11(残)

1948 1,3—6(残)

报名首字拼音索引

A

安 539

B

北 539
渤 539

C

察 539
长 539
晨 539
诚 539

D

大 539
东 540

F

飞 541
扶 541

G

革 541
工 541
关 541
观 541
广 541
国 541

H

汉 541

翰 542
和 542
红 542
华 542

J

吉 543
纪 543
冀 543
建 543
胶 543
解 543
金 544
晋 544
京 544
经 544
晶 545
救 545
军 545

K

开 545

L

辽 545
力 545
联 545
鲁 545

M

民 546

N

南 546
嫩 546

P

平 547

Q

前 547
青 547
群 547

R

热 547
人 547

S

商 547
申 548
生 548
盛 548
时 548
实 549
世 549
顺 549
松 549

T

太 549
泰 549

唐 549
天 550
通 550

文 550

W

X

西 550
戏 550
新 550
醒 552
许 552
学 553

Y

益 553
英 553
庸 553
豫 553

Z

朝 554
浙 554
正 554
直 554
职 554
中 554
庄 555
自 555

报名首字笔画索引

二画

人　547
力　545

三画

工　541
大　539
广　541
飞　541

四画

开　545
天　550
太　549
中　554
长　539
文　550

五画

正　554
世　549
平　547
东　540
北　539
申　548
生　548
汉　541

民　546
辽　545

六画

吉　543
西　550
华　542
自　555
庄　555
关　541
安　539
军　545
许　552
戏　550
观　541
红　542
纪　543

七画

扶　541
时　548

八画

青　547
英　553
直　554
松　549
国　541

和　542
金　544
京　544
学　553
实　549
诚　539
建　543
经　544

九画

革　541
南　546
顺　549
前　547

十画

泰　549
晋　544
热　547
胶　543
唐　549
益　553
浙　554
通　550

十一画

职　554
盛　548

救　545
晨　539
庸　553
商　547

十二画

联　545
朝　554
晶　545
鲁　545
渤　539

十三画

解　543
新　550
群　547

十四画

察　539
嫩　546

十五画

豫　553

十六画

翰　542
醒　552
冀　543

纪念天津图书馆成立112周年

天津图书馆新编历史文献目录五种

天津图书馆 编

上

国家图书馆出版社

图书在版编目（CIP）数据

天津图书馆新编历史文献目录五种:全二册/天津图书馆编.—北京:国家图书馆出版社,
2020.7

ISBN 978－7－5013－6768－9

Ⅰ.①天… Ⅱ.①天… Ⅲ.①公共图书馆—古籍—图书目录—天津 Ⅳ.①Z838

中国版本图书馆 CIP 数据核字（2019）第 099687 号

书　　名	天津图书馆新编历史文献目录五种（全二册）
著　　者	天津图书馆　编
责任编辑	潘　竹　潘云侠　徐晨光

出版发行　国家图书馆出版社（北京市西城区文津街 7 号　　100034）
　　　　　　（原书目文献出版社　北京图书馆出版社）
　　　　　　010－66114536　63802249　nlcpress@ nlc. cn（邮购）

网　　址	http://www.nlcpress.com
排　　版	京荷（北京）科技有限公司
印　　装	河北三河弘翰印务有限公司
版次印次	2020 年 7 月第 1 版　2020 年 7 月第 1 次印刷

开　　本	787×1092（毫米）　1/16
印　　张	63.5
书　　号	ISBN 978－7－5013－6768－9
定　　价	498.00元

编 委 会

主　编:李　培

副主编:李国庆

委　员:胡艳杰　王永华　江　山　王　进　刘桂芳

前　言

　　天津图书馆收藏不同时代的历史文献 74 万册。其中古籍 54 万册,民国时期中外文书报刊 20 万册。我馆收藏的历史文献及编制的历史文献目录,若以编印出版时间早晚作为依据,可以分为三个不同时期:新中国成立之前(1908—1949);新中国成立之后(1949—2006);中华古籍保护计划实施以后(2007—2018)。

　　天津图书馆在不同历史时期,先后入藏了数量不等、价值不一的历史文献,与此同时,根据读者需要,整理、编制及出版了一些历史文献目录。兹将我馆藏书与编目沿革简述如次,以就教于同人。

一、新中国成立之前(1908—1949)

　　这段时期,应该视为天津图书馆历史文献的藏书建设时期。

　　清光绪末年,受西学东渐影响,各省纷纷建立真正意义上的公共图书馆。始建于清光绪三十四年(1908)的直隶图书馆,就是现在天津图书馆的前身。建馆伊始,作为倡建者之一的严修先生,数次捐献自己蟫香馆所藏四部典籍,与此同时,一些津门乡贤、有志之士及满汉官吏也捐献了数量不等的历史文献。除私人捐献藏书外,通过采购、拨交及馆舍合并等形式,馆藏文献不断丰富,由此初步奠定了天津图书馆的藏书基础。

　　在这个时期,按照出版时间,主要有以下编目成果:

　　1.《天津直隶图书馆藏书目》　傅增湘　谭新嘉　韩梯云编　1912 年印本

　　2.《河北省立第一图书馆书目·语文部·别集类》　华凤卜编　1937 年印本

　　3.《河北省立天津图书馆书目》　华凤卜编　1948 年印本

二、新中国成立之后(1949—2006)

　　这段时期,应该视为天津图书馆历史文献的藏书发展时期。

　　新中国成立后,国家百废待兴。爱国藏书家周叔弢先生,率先将自己自庄严堪珍藏的宋椠元刊、敦煌遗书和明抄佳刻,无偿举献给国家图书馆、天津博物馆和天津图书馆,遂成各馆藏书中的镇馆之宝。周叔弢先生捐献天津图书馆的明抄佳刻,量大质精,其中包括活字本古籍和弢翁批校古籍。继周叔弢先生之后,任振采先生将毕生收藏的两千多部天春园明清方志无偿捐献天津图书馆。我国著名明清小说收藏家周绍良先生亦将其所珍藏的数百部稀见善本小说以及近两千件唐代墓志拓片全部捐献天津图书馆。这些重量级的珍品构成了天津图书馆历史文献的藏书特

馆的总体收藏和存世情况。

《天津图书馆馆藏新中国成立前中文期刊目录（1884—1949）》收录天津图书馆所藏新中国成立前国内外出版的中文期刊3905种。为了客观、全面反映馆藏文献的需要，不论旧刊政治立场、道德观念如何，尽可能悉数收录，对极个别明确具有反动宣传作用的期刊不予收录。有些馆藏文献的期刊特征并不明显，原应归入报纸或普通图书的，但考虑已将其归入期刊部分，同样予以收录。部分期刊在新中国成立后继续出版，为了体现馆藏的完整性，1949年以后出版的部分也予以著录。这部目录收录期刊全面，充分揭示了新中国成立前馆藏旧版中文期刊的情况。

第四种：《新中国成立前津版中文期刊全国存藏目录（1903—1949）》 王永华 江山编

本目录是以新中国成立前津版中文期刊为收录范围的专题期刊目录。共收录1949年前天津出版的中文期刊735种，其中天津图书馆藏524种。其中，天津图书馆所藏的259种期刊，未见于《联合目录》著录。全书按刊名汉语拼音音序排列，并附有《刊名首字拼音索引》和《刊名首字笔画索引》。本目录的著录参照《联合目录》，著录项目一般包括馆藏号，刊名，刊期，编辑出版者，创刊停刊年月、卷期，注释，总藏，馆藏，藏家等内容。本目录不仅揭示了馆藏，而且将在开发利用津版中文期刊方面发挥独特作用。

第五种：《天津图书馆馆藏新中国成立前中外文报纸目录》 刘桂芳编

本目录收录天津图书馆藏1872年至1949年出版的各种中外文报纸213种。全书按照报名汉语拼音音序排列，著录包括馆藏号、报名、出版地、创刊时间、馆藏情况等内容。本目录收录报纸虽然数量不多，但有些中外文报纸或独家收藏，或价值很高，如《京津泰晤士报》英文版，于清光绪二十年（1894）在天津创办，馆藏130函（包括复本23函），天津图书馆是国内唯一一家保存完整的收藏单位。

天津图书馆在建馆112周年之际推出这套新编历史文献目录，目的是揭示馆藏、宣传馆藏、利用馆藏，最大限度地发挥公共图书馆社会公益性职能，在弘扬祖国传统文化方面做出我们的贡献。承蒙国家图书馆出版社慨允，同意出版这套书目，值此即将出版之际，谨向国家图书馆出版社殷梦霞总编辑表示衷心感谢！

《天津图书馆新编历史文献目录五种》编委会
2020年6月

总 目 录

上 册

前言 …………………………………………………………………………………………… 1

天津图书馆馆藏历代方志目录 ……………………………………………………………… 1

天津图书馆馆藏历代小说目录 …………………………………………………………… 371

下 册

天津图书馆馆藏新中国成立前中文期刊目录(1884—1949) ……………………………… 1

新中国成立前津版中文期刊全国存藏目录(1903—1949) ……………………………… 453

天津图书馆馆藏新中国成立前中外文报纸目录(1872—1949) ………………………… 535

天津图书馆馆藏历代方志目录

天津图书馆新编历史文献目录五种

天津图书馆新编历史文献目录五种

胡艳杰 编

国家图书馆出版社

凡 例

1. **收录范围**:此次整理包括馆藏所有旧方志,即 1949 年之前纂修方志。方志作为天津图书馆特色馆藏之一,专藏以 F 号开头,另有散藏于珍本(Z)、善本(S)、普本(P)、残本(T6)、副本(FV)中的方志,此次整理将其全部收入。

2. **方志排序**:以馆藏为主,按照先专藏、后散藏的原则,以方志(F)、珍本(Z)、善本(S)、普本(P)、残本(T6)、副本(FV)的顺序排列。

3. **著录项目**:索书号、书名、卷数、著者、版本、行款、册数、存卷。其中行款,刻本著录行款,抄本、铅印本、石印本、丛书、影印本、油印本等不录;册数,丛书不著录。

4. **天春园藏方志**:天津图书馆藏方志源于任振采天春园藏志,此次整理对天图藏任振采所捐方志在索书号后加"＊"注明,进而揭示天图藏天春园方志情况。此次整理以书中钤有"任振采所收天春园方志之一""三残书屋""任氏/振采""宜春任氏天春/园原有图书""天津市人民图书/馆藏任氏天春园/捐赠图书之章"等藏书章为依据,确定为任振采捐赠。

5. **收录方志数量**:共著录方志 5315 条,其中天春园任振采藏志 2210 条。

目　录

凡例 …………………………………………………………………………… 1

正文 …………………………………………………………………………… 5

书名笔画索引 ……………………………………………………………… 295

F1　括地志八卷

(唐)李泰纂修　(清)孙星衍辑

清光绪十二年(1886)槐庐丛书本　十一行二十四字小字双行同白口左右双边　二册

F2　太平寰宇记二百卷附纪元表

(宋)乐史纂

清嘉庆八年(1803)万廷兰校刻本　十行二十二字小字双行同黑口四周双边　四十册

F3　元丰九域志十卷

(宋)王存等纂

清光绪八年(1882)金陵书局刻本　十一行二十一字小字双行同白口左右双边　四册

F4　舆地广记三十八卷　校勘舆地广记札记二卷

(宋)欧阳忞纂　(清)黄丕烈校

清光绪六年(1880)金陵书局刻本　十三行二十四字小字双行同白口四周单边　四册

F5　舆地纪胜二百卷

(宋)王象之纂

清咸丰五年(1855)南海伍氏粤雅堂刻本　十二行二十五字小字双行同白口左右双边　二十四册

F6　天下郡国利病书一百二十卷

(清)顾炎武辑

清道光十一年(1831)敷文阁刻本　十行二十一字小字双行同白口左右双边　四十册

F7　天下郡国利病书一百二十卷

(清)顾炎武辑

清光绪二十五年(1899)铅印本　二十八册

F8　一统志案说十六卷

(清)顾炎武原撰　徐乾学纂

清道光七年(1827)清芬阁木活字印本　九行二十字小字双行同白口左右双边　五册

F9　大清一统志四百二十四卷

(清)和珅等纂修

清光绪二十三年(1897)杭州竹简斋石印本　六十册

F10　大清一统志四百二十四卷

(清)和珅等纂修

清光绪二十八年(1902)上海宝善斋石印本　六十册

F11　大清一统志表不分卷

(清)万廷兰编

清刻本　十行二十二字黑口四周双边　八册

F12　[乾隆]热河志一百二十卷

(清)和珅　梁国治纂　吴廷燮校

民国二十三年(1934)铅印本　二十四册

F13*　[同治]畿辅通志三百卷首一卷

(清)李鸿章等修　黄彭年等纂

清同治十年(1871)修光绪十年(1884)刻本　十二行二十五字小字双行同白口四周双边　二百四十册

F14　[同治]畿辅通志三百卷首一卷

(清)李鸿章等修　黄彭年等纂

民国二十三年(1934)商务印书馆影印本　八册

F15　[同治]畿辅通志三百卷首一卷

(清)李鸿章等修　黄彭年等纂

民国二十三年(1934)商务印书馆影印本　八册

F16　[同治]畿辅通志三百卷首一卷

(清)李鸿章等修　黄彭年等纂

清宣统二年(1910)北洋官报兼印刷局石印本　二百四十册

F17　[民国]河北通志稿二十四卷附全图

高凌霨　卢启贤纂

铅印本　十六册

F18　[民国]察哈尔省通志二十八卷首一卷

宋哲元修　梁建章等纂

民国二十四年(1935)铅印本　十二册

F19　[民国]察哈尔省通志二十八卷首一卷

宋哲元修　梁建章等纂

民国二十四年(1935)铅印本　十二册

5

F20 [民国]河北通志　县沿革表不分卷

河北省通志馆编

民国二十一年(1932)铅印本　一册

F21 [民国]河北通志　县沿革表不分卷

河北省通志馆编

民国二十一年(1932)铅印本　一册

F22 [万历]顺天府志六卷

(明)沈应文 谭希思修　张元芳纂

1959年北京中国书店影印明万历二十一年
(1593)本　六册

F23 [光绪]顺天府志一百三十卷附录一卷

(清)万青藜 周家楣修　张之洞 缪荃孙纂

清光绪十二年(1886)刻本　十二行二十五字
小字双行同黑口四周单边　六十四册

F24* [光绪]顺天府志一百三十卷附录一卷

(清)万青藜 周家楣修　张之洞 缪荃孙纂

清光绪二十五年(1899)重校光绪二十八年
(1902)补刻本　十二行二十五字小字双行同
黑口四周单边　六十四册

F25 [光绪]顺天府志一百三十卷附录一卷

(清)万青藜 周家楣修　张之洞 缪荃孙纂

清光绪二十五年(1899)重校光绪二十八
(1902)年补刻本　十二行二十五字小字双行
同黑口四周单边　六十四册

F26* [光绪]保定府志七十九卷首一卷

(清)李培祜 朱靖旬修　张豫垲等纂

清光绪十二年(1886)刻本　十行二十四字小
字双行同白口四周双边　三十二册

F27 [光绪]保定府志七十九卷首一卷

(清)李培祜 朱靖旬修　张豫垲等纂

清光绪十二年(1886)刻本　十行二十四字小
字双行同白口四周双边　三十二册

F28* [道光]承德府志六十卷首二十六卷

(清)海忠纂修

清道光十一年(1831)刻本　九行二十一字小
字双行同白口四周双边　二十四册

F29 [道光]承德府志六十卷首二十六卷

(清)海忠纂修

清光绪十三年(1887)廷杰、李世寅重订本
九行二十一字小字双行同白口四周双边　二
十四册

F30* [乾隆]永平府志二十四卷首一卷末
一卷

(清)李奉翰 顾学潮修　王金英纂

清乾隆三十九年(1774)刻本　十行二十二字
小字双行二十一字白口四周双边　十六册

F31* [光绪]永平府志七十二卷首一卷末
一卷

(清)游智开修　史梦兰纂

清光绪五年(1879)敬胜书院刻本　十行二十
一字小字双行同白口四周双边　三十二册

F32 [光绪]永平府志七十二卷首一卷末
一卷

(清)游智开修　史梦兰纂

清光绪五年(1879)敬胜书院刻本　十行二十
一字小字双行同白口四周双边　三十二册

F33 [嘉靖]河间府志二十八卷

(明)龚深纂修

1964年上海古籍书店影印天一阁藏嘉靖本
十册

F34* [乾隆]河间府新志二十卷首一卷

(清)杜甲 周嘉露修　黄文莲 胡天游纂

清乾隆二十五年(1760)刻本　十行二十字白
口四周双边　十册

F35 [乾隆]河间府新志二十卷首一卷

(清)杜甲 周嘉露修　黄文莲 胡天游纂

清乾隆二十五年(1760)刻本　十行二十字白
口四周双边　二十四册

F36* [乾隆]天津府志四十卷

(清)李梅宾 程凤文修　吴廷华 汪沆纂

清乾隆四年(1739)刻本　十行二十一字小字
双行十九字白口四周双边　十六册

F37* [乾隆]天津府志四十卷

(清)李梅宾 程凤文修　吴廷华 汪沆纂

清乾隆四年(1739)刻本　十行二十一字小字

双行同白口四周双边　十六册

F38 * **[光绪]重修天津府志五十四卷首一卷末一卷**

(清)沈家本　荣铨修　徐宗亮　蔡启盛纂

清光绪二十五年(1899)刻本　十行二十一字小字双行同白口四周双边　二十八册

F39　**[光绪]重修天津府志五十四卷首一卷末一卷**

(清)沈家本　荣铨修　徐宗亮　蔡启盛纂

清光绪二十五年(1899)刻本　十行二十一字小字双行同白口四周双边　二十八册

F40　**[光绪]重修天津府志五十四卷首一卷末一卷**

(清)沈家本　荣铨修　徐宗亮　蔡启盛纂

清光绪二十五年(1899)刻本　十行二十一字小字双行同白口四周双边　二十八册

F41 * **[乾隆]正定府志五十卷首一卷**

(清)郑大进纂修

清乾隆二十七年(1762)刻本　十行二十二字小字双行二十字白口左右双边　三十二册

F42　**[乾隆]正定府志五十卷首一卷**

(清)郑大进纂修

清乾隆二十七年(1762)刻本　十行二十二字小字双行同白口左右双边　二十册

F43 * **[康熙]顺德府志四卷**

(明)王守诚修　张四箴纂　张延庭续纂

清康熙十九年(1680)殷作霖增刻本　九行二十一字小字双行二十字白口四周双边　八册

F44 * **[乾隆]顺德府志十六卷**

(清)徐景曾纂修

清乾隆十五年(1750)刻本　十行二十三字小字双行二十二字白口左右双边　十册

F45　**[嘉靖]广平府志十六卷**

(明)陈棐纂

1963年上海古籍书店影印天一阁嘉靖本四册

F46 * **[乾隆]广平府志二十四卷**

(清)吴谷纂修

清乾隆十年(1745)刻本　十行二十三字小字双行同白口左右双边　十册

F47 * **[光绪]广平府志六十三卷首一卷**

(清)吴中彦修　胡景桂纂

清光绪二十年(1894)刻本　十行二十三字小字双行同白口四周双边　二十四册

F48　**[咸丰]大名府志二十二卷首一卷续志六卷末一卷**

(清)朱煃等纂修　武蔚文续修　郭程先续纂　高继珩增补

清咸丰三年(1853)刻本　十行二十字小字双行同白口四周双边　二十一册

F49 * **[咸丰]大名府志二十二卷首一卷续志六卷末一卷**

(清)朱煃等纂修　武蔚文续修　郭程先续纂　高继珩增补

清咸丰三年(1853)刻本　十行二十字小字双行同白口四周双边　二十一册

F50　**[乾隆]口北三厅志十六卷首一卷**

(清)黄可润纂修　(日)服部畅编辑

民国八年(1919)东京满蒙丛书刊行会铅印本一册

F51　**河北省宛平县事情**

卞乾孙编

民国二十八年(1939)新民会铅印本　一册

F52 * **[光绪]良乡县志八卷**

(清)陈嵋　范履福修　黄儒荃纂

清光绪十五年(1889)刻本　八行二十字小字双行同白口四周双边　六册

F53　**[民国]良乡县志八卷**

周志中修　吕植　见之深等纂

民国十三年(1924)铅印本　四册

F54 * **[光绪]昌平州志十八卷**

(清)吴履福等修　缪荃孙等纂

清光绪十二年(1886)刻本　九行二十一字小字双行同白口左右双边　八册

7

F55* [光绪]昌平外志六卷

(清)麻兆庆纂

清光绪十八年(1892)刻本 九行二十字小字
双行同白口四周双边 四册

F56* [光绪]通州志十卷首一卷末一卷

(清)高建勋等修 王维珍等纂

清光绪五年(1879)刻本 十行二十二字小字
双行同白口四周双边 十二册

F57 [光绪]通州志十卷首一卷末一卷

(清)高建勋等修 王维珍等纂

民国三十年(1941)铅印本 十二册

F58 [民国]通县志要十卷

金士坚修 徐白等纂

民国三十年(1941)铅印本 四册

F59 河北省大兴县事情十一章附大兴县实
体农村调查统计表

陈佩编

民国二十八年(1939)新民会铅印本 一册

F60 [康熙]顺义县志四卷补遗一卷

(清)黄成章纂修

民国四年(1915)铅印本 五册

F61 [康熙]顺义县志四卷补遗一卷

(清)黄成章纂修

民国四年(1915)铅印本 五册

F62 [民国]房山县志八卷

冯庆兰等修 高书官等纂

民国十七年(1928)铅印本 八册

F63 [民国]房山县志八卷

冯庆兰等修 高书官等纂

民国十七年(1928)铅印本 八册

F64* [乾隆]平谷县志三卷

(清)任在陛原修 李柱明原纂 项景倩续
修 朱克阅再续修

清康熙六年(1667)刻雍正六年(1728)增刻
清乾隆四十二年(1777)再增刻本 九行二十
字白口四周单边 四册

F65 [民国]平谷县志四卷

王沛等修 王兆元纂

民国十五年(1926)北京中华印刷局铅印本
四册

F66* [民国]平谷县志六卷附图

李兴焯等修 王兆元纂

民国二十三年(1934)天津文竹斋铅印本
八册

F67 河北省怀柔县事情十二章

□□编

民国二十九年(1940)新民会铅印本 一册

F68* [光绪]密云县志六卷首一卷

(清)丁符九 赵文粹修 张鼎华 周林纂

清光绪七年(1881)刻本 九行二十二字小字
双行同白口四周双边 八册

F69* [民国]密云县志八卷首一卷

臧理臣等修 宗庆煦等纂

民国三年(1914)北平京华书局铅印本 八册

F70 [民国]密云县志十三章

王缙纂修

民国二十七年(1938)年铅印本 四册

F71 [乾隆]延庆县志十卷首一卷

(清)李钟俾修 穆元肇 方世熙纂

民国二十七年(1938)铅印本 四册

F72* [光绪]延庆州志十二卷首一卷末一卷

(清)何道增等修 张惇德纂

清光绪六年(1880)刻本 十行二十四字小字
双行同白口四周双边 十册

F73 [康熙]新校天津卫志

(清)薛柱斗修 冯允京纂

民国二十三年(1934)易社铅印本 二册

F74 [康熙]新校天津卫志

(清)薛柱斗修 冯允京纂

民国二十三年(1934)易社铅印本 二册

F75* [乾隆]天津县志二十四卷

(清)朱奎扬 张志奇修 吴廷华等纂

清乾隆四年(1739)刻本 十行二十一字小字
双行同白口四周双边 八册

8

F76 [乾隆]天津县志二十四卷

（清）朱奎扬 张志奇修 吴廷华等纂

清乾隆四年（1739）刻本 十行二十一字小字
双行同白口四周双边 八册

F77 [乾隆]天津县志二十四卷

（清）朱奎扬 张志奇修 吴廷华等纂

清乾隆四年（1739）刻本 十行二十一字小字
双行同白口四周双边 八册

F78 [乾隆]天津县志二十四卷

（清）朱奎扬 张志奇修 吴廷华等纂

清乾隆四年（1739）刻本 十行二十一字小字
双行同白口四周双边 八册

F79 [乾隆]天津县志二十四卷

（清）朱奎扬 张志奇修 吴廷华等纂

清乾隆四年（1739）刻本 十行二十一字小字
双行同白口四周双边 八册

F80 [道光]津门保甲图说

□□撰

清道光二十六年（1846）刻本 十行二十一字
白口四周单边 十二册

F81 [道光]津门保甲图说

□□撰

清道光二十六年（1846）刻本 十行二十一字
白口四周单边 十册

F82 [康熙]新校天津卫志四卷首一卷

（清）薛柱斗修 冯允京纂

民国二十三年（1934）易社铅印本 一册

F83 [同治]续天津县志二十卷首一卷

（清）吴惠元修 蒋玉虹 俞樾纂

清嘉庆末年修同治九年（1870）续修刻本 十
行二十一字白口四周双边 八册

F84 [同治]续天津县志二十卷首一卷

（清）吴惠元修 蒋玉虹 俞樾纂

清嘉庆末年修同治九年（1870）续修刻本 十
行二十一字白口四周双边 八册

F85 [同治]续天津县志二十卷首一卷

（清）吴惠元修 蒋玉虹 俞樾纂

清嘉庆末年修同治九年（1870）续修刻本 十
行二十一字白口四周双边 八册

F86 [同治]续天津县志二十卷首一卷

（清）吴惠元修 蒋玉虹 俞樾纂

清嘉庆末年修同治九年（1870）续修刻本 十
行二十一字白口四周双边 八册

F87 [同治]续天津县志二十卷首一卷

（清）吴惠元修 蒋玉虹 俞樾纂

清嘉庆末年修同治九年（1870）续修刻本 十
行二十一字白口四周双边 八册

F88 天津政俗沿革记十六卷首一卷

王守恂纂

民国二十七年（1938）刻本 十行二十一字黑
口左右双边 四册

F89 天津政俗沿革记十六卷首一卷

王守恂纂

民国二十七年（1938）刻本 十行二十一字黑
口左右双边 四册

F90 [民国]天津县新志十一卷首一卷

高凌雯纂

民国二十至二十七年（1931－1938）刻本 十
行二十一字黑口左右双边 十六册

F91 [民国]天津县新志十一卷首一卷

高凌雯纂

民国二十至二十七年（1931－1938）刻本 十
行二十一字黑口左右双边 十五册

F92 [民国]天津县新志十一卷首一卷

高凌雯纂

民国二十至二十七年（1931－1938）刻本 十
行二十一字黑口左右双边 十六册

F93 [民国]天津县新志十一卷首一卷

高凌雯纂

民国二十至二十七年（1931－1938）刻本 十
行二十一字黑口左右双边 十六册

F94 [民国]天津县新志十一卷首一卷

高凌雯纂

民国二十至二十七年（1931－1938）刻本 十

行二十一字黑口左右双边　十六册

F95　[民国]天津县新志十一卷首一卷
高凌雯纂
民国二十至二十七年(1931－1938)刻本　十
行二十一字黑口左右双边　十六册

F96　[民国]天津县新志人物艺文六卷
高凌雯纂
民国二十七年(1938)刻本　十行二十一字黑
口左右双边　四册

F97　[民国]天津县新志人物艺文六卷
高凌雯纂
民国二十七年(1938)刻本　十行二十一字黑
口左右双边　四册

F98　[民国]天津县新志人物艺文六卷
高凌雯纂
民国二十七年(1938)刻本　十行二十一字黑
口左右双边　四册

F99　[民国]志余随笔六卷
高凌雯纂
民国二十五年(1936)天津金氏刻本　九行二
十一字白口四周双边　二册

F100　[民国]志余随笔六卷
高凌雯纂
民国二十五年(1936)天津金氏刻本　九行二
十一字白口四周双边　二册

F101　天津卫考初稿
于鹤年撰
民国铅印本　一册

F102　天津志略二十篇
宋蕴璞辑
民国二十年(1931)北京蕴兴商行铅印本
一册

F103　[同治]静海县志八卷
(清)郑士蕙纂修
清同治十二年(1873)刻本　八行二十二字白
口四周双边　四册

F104　[同治]静海县志八卷

(清)郑士蕙纂修
清同治十二年(1873)刻本　八行二十二字白
口四周双边　四册

F105　[民国]静海县志十二集
白凤文等修　高毓澎等纂
民国二十三年(1934)铅印本　六册

F106　[民国]文安县志十二卷首一卷末一卷
陈桢修　李兰增等纂
民国十一年(1922)铅印本　十二册

F107　[民国]文安县志十二卷首一卷末一卷
陈桢修　李兰增等纂
民国十一年(1922)铅印本　十二册

F108 *　[光绪]大城县志十二卷首一卷
(清)赵炳文　徐国祯修　刘钟英　邓毓怡纂
清光绪二十三年(1897)刻本　十行二十二字
白口四周双边　十二册

F109　[嘉靖]霸州志九卷
(明)周复俊修　高凌等纂
1963年上海古籍书店影印明嘉靖三十六年
(1557)本　二册

F110　[民国]霸县志五卷首一卷
唐肯等修　章钰等纂
民国十二年(1923)铅印本　八册

F111　[民国]霸县志五卷首一卷
唐肯等修　章钰等纂
民国十二年(1923)铅印本　八册

F112　[民国]霸县新志八卷
张仁蠡等修　刘崇本等纂
民國二十三年(1934)天津文竹齋鉛印本　八册

F113　[咸丰]固安县志八卷
(清)陈崇砥修　陈福嘉　吴三峰等纂
清咸丰九年(1859)刻本　十行二十二字小字
双行白口四周单边　六册

F114　[咸丰]固安县志八卷
(清)陈崇砥修　陈福嘉　吴三峰等纂
清咸丰九年(1859)刻本　十行二十二字小字
双行同白口四周单边　十册

F115　[民国]固安文献志二十卷

贾廷琳纂

民国十六年（1927）赵庄贾氏无闷斋铅印本

八册

F116　[民国]固安文献志二十卷

贾廷琳纂

民国十六年（1927）赵庄贾氏无闷斋铅印本

八册

F117　[乾隆]永清县志二十五篇文征五卷

（清）周震荣修　章学诚纂

清嘉庆十八年（1813）补刻本　十行二十五字

小字双行三十八字白口四周单边　四册

F118　[乾隆]永清县志二十五篇文征五卷

（清）周震荣修　章学诚纂

清嘉庆十八年（1813）补刻本　十行二十五字

小字双行三十八字白口四周单边　四册

F119　[乾隆]永清县志二十五卷文征五卷

（清）周震荣修　章学诚纂

民国三十年（1941）铅印本　五册

F120　[光绪]续永清县志十四卷文征二卷

（清）李秉钧等修　魏邦翰等纂

民国三十年（1941）铅印本　三册

F121　[光绪]续永清县志十四卷

（清）李秉钧 吴钦修　魏邦翰纂

清光绪元年（1875）刻本　十二行二十五字小

字双行同白口四周单边　四册

F122　[天启]东安县志六卷

（明）郑之成修　冯泰运纂

民国二十五年（1936）安次县旧志四种合刊本

一册

F123　[康熙]东安县志二十二卷

（清）刘宗　扈运开 邵庆等纂修

民国二十五年（1936）安次县旧志四种合刊本

三册

F124　[乾隆]东安县志二十二卷

（清）李光昭修　周琰纂

民国二十五年（1936）安次县旧志四种合刊本

四册

F125　[民国]安次县志十二卷

刘钟英 马钟琇纂

民国二十五年（1936）旧志四种合刊本　四册

F126　[民国]安次县志十二卷附一山集一卷

刘钟英 马钟琇纂

民国三年（1914）铅印　六册

F127　[民国]安次县志十二卷附一山集一卷

刘钟英 马钟琇纂

民国三年（1914）铅印　六册

F128 *　[乾隆]武清县志十二卷首一卷末

一卷

（清）吴翀修　曹涵 赵晃纂

清乾隆七年（1742）刻本　九行二十字小字双

行十七字白口四周双边　八册

F129 *　[乾隆]武清县志十二卷首一卷末

一卷

（清）吴翀修　曹涵 赵晃纂

清乾隆七年（1742）刻本　九行二十字小字双

行同白口四周双边　八册

F130　河北省武清县事情

陈佩编

民国二十九年（1940）新民会铅印本　一册

F131 *　[乾隆]宝坻县志十八卷

（清）洪肇楙修　蔡寅斗纂

清乾隆十年（1745）刻本　九行二十字小字双

行十八字白口四周双边　八册

F132　[乾隆]宝坻县志十八卷

（清）洪肇楙修　蔡寅斗纂

民国六年（1917）石印本　八册

F133　[乾隆]宝坻县志十八卷

（清）洪肇楙修　蔡寅斗纂

民国六年（1917）石印本　八册

F134　[民国]香河县志十卷

王葆安 吴文卓修　马文焕 陈式谵等纂

民国二十五年（1936）铅印本　四册

F135 *　[道光]蓟州志十卷首一卷

（清）沈锐纂修

清道光十一年(1831)刻本　九行二十四字白口四周双边　六册

F136　[道光]蓟州志十卷首一卷
(清)沈锐纂修
清咸丰二年(1852)补刻本　九行二十四字小字双行同白口四周双边　八册

F137　[乾隆]三河县志十六卷首一卷
(清)陈昮修　王大信等纂
清乾隆二十五年(1760)刻本　九行二十字小字双行同白口四周双边　四册

F138　[乾隆]三河县志十六卷首一卷
(清)陈昮修　王大信等纂
清乾隆二十五年(1760)刻本　九行二十字小字双行同白口四周双边　四册

F139　[乾隆]三河县志十六卷
(清)陈昶修　王大信等纂
民国二十四年(1935)铅印本　二册

F140　[民国]三河县新志十六卷
章维燮修　韩琛等纂
民国二十四年(1935)铅印本　六册

F141[*]　[乾隆]沧州志十六卷
(清)徐时作修　胡淦等纂
清乾隆八年(1743)刻本　十行二十一字小字双行同白口四周双边　十二册

F142　[民国]沧县志十六卷首一卷
张凤瑞等修　张坪等纂
民国二十二年(1933)沧县志书局铅印本　十二册

F143　[民国]沧县志十六卷首一卷
张凤瑞等修　张坪等纂
民国二十二年(1933)沧县志书局铅印本　十二册

F144[*]　[嘉庆]青县志八卷
(清)沈联芳修　倪镤纂
清嘉庆八年(1803)刻本　九行二十字小字双行白口四周单边　四册

F145　[嘉庆]青县志八卷

(清)沈联芳修　倪镤纂
清嘉庆八年(1803)刻本　九行二十字白口四周单边　四册

F146[*]　[光绪]重修青县志十卷
(清)江贡琛修　茹岱林纂
清光绪八年(1882)刻本　九行二十字白口四周双边　四册

F147　[民国]青县志十六卷首一卷
万震霄修　高遵章 姚继锦等纂
民国二十年(1931)天津鸿兴印字馆铅印本　十册

F148　[民国]青县志十六卷首一卷
万震霄修　高遵章 姚继锦等纂
民国二十年(1931)天津鸿兴印字馆铅印本　十册

F149　[同治]盐山县志十六卷首一卷末一卷
(清)王福谦 江毓秀修　潘震乙纂
清同治七年(1868)京都文采斋刻本　十行二十一字小字双行同白口四周双边　八册

F150[*]　[同治]盐山县志十六卷首一卷末一卷
(清)王福谦 江毓秀修　潘震乙纂
清同治七年(1868)京都文采斋刻本　十行二十一字小字双行同白口四周双边　八册

F151　[民国]盐山新志三十卷
孙毓琇修　贾恩绂纂
民国五年(1916)刻本　十行二十二字小字双行同黑口四周单边　八册

F152　[民国]盐山新志三十卷
孙毓琇修　贾恩绂纂
民国五年(1916)刻本　十行二十二字小字双行同黑口四周单边　八册

F153　[咸丰]庆云县志三卷首一卷末一卷
(清)戴纲孙　崔光笏纂修
清咸丰四年(1854)刻本　九字二十一字白口四周双边　四册

F154 [咸丰]庆云县志三卷首一卷末一卷
(清)戴纲孙纂修
清咸丰四年(1854)刻民国二十一年(1932)崔联奎重印本　九行二十一字白口四周双边　三册

F155 [民国]庆云县志四卷
秦夏声 秦骏声修　刘鸿逵等纂
民国三年(1914)石印本　四册

F156 [民国]庆云县志四卷
秦夏声 秦骏声修　刘鸿逵等纂
民国三年(1914)石印本　四册

F157 [民国]庆云县志不分卷
郑希侨修　刘鸿逵纂
民国二十年(1931)七次重订石印本　一册

F158 [光绪]宁津县志十二卷首一卷
(清)祝嘉庸修　吴浔源纂
清光绪二十六年(1900)刻本　十行二十二字小字双行同白口四周双边　八册

F159 *　[光绪]宁津县志十二卷首一卷
(清)祝嘉庸修　吴浔源纂
清光绪二十六年(1900)刻本　十行二十二字小字双行同白口四周双边　八册

F160 [光绪]南皮县志十五卷首一卷末一卷
(清)殷树森修　汪宝树 傅金镞纂
清光绪十四年(1888)刻本　十字二十一小字双行同白口四周双边　八册

F161 [民国]南皮县志十四卷首一卷
王德乾等修　刘树鑫等纂
民国二十二年(1933)铅印本　八册

F162 *　[光绪]东光县志十二卷首一卷
(清)周植瀛修　吴浔源纂
清光绪十四年(1888)刻本　十行二十二字小字双行同白口四周双边　十册

F163 [光绪]东光县志十二卷首一卷
(清)周植瀛修　吴浔源纂
清光绪十四年(1888)刻本　十行二十二字小字双行同白口四周双边　十册

F164 [光绪]吴桥县志十二卷
(清)倪昌燮修　冯庆杨纂
清光绪元年(1875)澜阳书院刻本　十行二十四字小字双行同白口四周双边　八册

F165 [光绪]吴桥县志十二卷
(清)倪昌燮修　冯庆杨纂
清光绪元年(1875)澜阳书院刻本　十行二十四字小字双行同白口四周双边　八册

F166 [雍正]故城县志六卷
(清)蔡维义修　秦永清等纂
清雍正五年(1727)刻本　九字十九小字双行同白口四周双边　六册

F167 *　[光绪]续修故城县志十二卷首一卷
(清)丁灿修　王堉德纂　张煐续修　范翰文续纂
清同治十二年(1873)修光绪十一年(1885)续修刻本　九字十九小字双行同白口四周双边　八册

F168 [光绪]续修故城县志十二卷首一卷
(清)丁灿修　王堉德纂　张煐续修　范翰文续纂
清同治十二年(1873)修光绪十一年(1885)续修刻本　九字十九小字双行同白口四周双边　八册

F169 *　[乾隆]景州志六卷首一卷
(清)屈成霖纂修
清乾隆十年(1745)刻本　十一行二十一字小字双行同白口四周双边　六册

F170 [乾隆]景州志六卷首一卷
(清)屈成霖纂修
清乾隆十年(1745)刻本　十一行二十一字小字双行同白口四周双边　四册

F171 [民国]景县志十四卷
耿兆栋修　张汝漪等纂
民国二十一年(1932)铅印本　十四册

F172 [民国]交河县志十卷首一卷
高步青等修　苗毓芳 苏彩河等纂
民国五年(1916)泊镇善成堂刻本　十二行二十五字白口四周双边　十册

F173[*] [雍正]阜城县志二十二卷首一卷
（清）陆福宜修　多时珍纂
清光绪三十四年(1908)铅印本　四册

F174 [民国]献县志二十卷图一卷表一卷
薛凤鸣修　张鼎彝等纂
民国十四年(1925)刻本　十行二十二字黑口
左右双边　十一册

F175[*] [乾隆]献县志二十卷图一卷表一卷
（清）万廷兰修　戈涛纂
清乾隆二十六年(1761)刻本　十行二十字小
字双行同白口左右双边　十二册

F176[*] [咸丰]初续献县志四卷
（清）李昌祺纂修
清咸丰七年(1857)刻本　九行二十一字白口
四周双边　二册

F177[*] [道光]武强县志重修十二卷
（清）瞿慎行修　瞿慎典纂
清道光十一年(1831)刻本　九行二十字小字
双行同白口四周双边　四册

F178[*] [乾隆]饶阳县志二卷首一卷末一卷
（清）单作哲纂修
清乾隆十四年(1749)刻本　十行二十字小字
双行同白口四周双边　二册

F179 [乾隆]河间县志六卷
（清）吴山凤修　黄文莲 梁志恪纂
清乾隆二十五年(1760)刻本　十行二十字小
字双行同白口左右双边　六册

F180 [乾隆]河间县志六卷
（清）吴山凤修　黄文莲 梁志恪纂
清乾隆二十五年(1760)刻本　十行二十字小
字双行同白口左右双边　六册

F181[*] [乾隆]肃宁县志十卷
（清）尹侃 范森修　谈有典纂
清乾隆二十一年(1756)刻本　九行二十一字
小字双行同白口左右双边　四册

F182 [乾隆]肃宁县志十卷
（清）尹侃 范森修　谈有典纂

清乾隆二十一年(1756)刻本　九行二十一字
小字双行同白口左右双边　五册

F183[*] [乾隆]任丘县志十二卷首一卷
（清）刘统修　刘炳 王应鲸纂
清乾隆二十七年(1762)刻本　十行二十字白
口左右双边　十册

F184 [乾隆]任丘县志十二卷首一卷
（清）刘统修　刘炳 王应鲸纂
清道光十七年(1837)重印乾隆二十七年
(1762)刻本　十行二十字白口左右双边
八册

F185 [道光]任丘县志续编二卷
（清）鲍承焘修　瞿光缙 边士圻纂
清道光十七年(1837)刻本　九行十八字白口
四周单边　二册

F186[*] [道光]任丘县志续编二卷
（清）鲍承焘修　瞿光缙 边士圻纂
清道光十七年(1837)刻本　九行十八字白口
四周单边　二册

F187 [道光]任丘县志续编二卷
（清）鲍承焘修　瞿光缙 边士圻纂
清道光十七年(1837)刻本　九行十八字白口
四周单边　二册

F188[*] [康熙]永年县志十九卷首一卷
（清）朱世纬纂修　王玲等增修
清康熙十一年(1672)刻雍正十一年(1732)侯
可大增补乾隆十年(1745)王玲再增补本　八
行二十一字小字双行同白口四周双边　六册

F189[*] [乾隆]永年县志四十四卷首一卷
（清）孔广棣纂修
清乾隆二十二年(1757)刻本　十行二十二字
白口四周双边　六册

F190[*] [光绪]永年县志四十卷首一卷
（清）夏诒钰纂修
清光绪三年(1877)刻本　十行二十二字小字
双行同白口四周双边　八册

F191[*] [乾隆]邯郸县志十二卷首一卷

(清)王炌纂修

清乾隆二十一年(1756)刻本　九行二十字白口四周双边　六册

F192 [乾隆]邯郸县志十二卷首一卷

(清)王炌纂修

清乾隆二十一年(1756)刻本　九行二十字白口四周双边　六册

F193 [民国]邯郸县志十七卷首一卷末一卷

毕星垣等修　王琴堂等纂

民国二十二年(1933)秀文斋刻字印刷局刻本十行二十五字白口四周双边　八册

F194[*] [同治]曲周县志二十卷

(清)存禄修　刘自立纂

清同治八年(1869)刻本　九行二十二字小字双行同白口四周双边　六册

F195[*] [同治]曲周县志二十卷

(清)存禄修　刘自立纂

清同治八年(1869)刻本　九行二十二字小字双行同白口四周双边　六册

F196[*] [乾隆]鸡泽县志二十卷

(清)王光燮纂修　王锦林增订

清乾隆二十年(1755)修　三十一年(1766)增订刻本　九行二十二字小字双行同白口左右双边　四册

F197 [民国]广平县志十二卷

韩作舟纂修

民国二十八年(1939)铅印本　四册

F198[*] [乾隆]邱县志八卷

(清)黄景曾修　靳渊然等纂

清乾隆四十七年(1782)刻本　九行二十二字白口四周单边　四册

F199[*] [乾隆]邱县志八卷

(清)黄景曾修　靳渊然等纂

抄本　四册

F200 [乾隆]邱县志八卷

(清)黄景曾修　靳渊然等纂

民国二十二年(1933)济南平民日报社铅印本四册

F201[*] [同治]肥乡县志三十六卷补遗一卷

(清)李鹏展修　赵文濂纂

清同治六年(1867)刻本　十行二十三字白口四周双边　八册

F202 [乾隆]大名县志四十卷首一卷

(清)张维祺修　李棠纂

清乾隆五十四年(1789)刻本　九行二十一字同白口四周双边　十二册

F203[*] [乾隆]大名县志四十卷首一卷

(清)张维祺修　李棠纂

清乾隆五十四年(1789)刻本　九行二十一字同白口四周双边　十二册

F204 [民国]大名县志三十卷首一卷

程廷恒修　洪家禄等纂

民国二十三年(1934)铅印本　十六册

F205[*] [同治]续修元城县志六卷首一卷

(清)吴大镛修　王仲蛙纂

清同治十一年(1872)刻本　九行二十字白口四周双边　六册

F206[*] [嘉庆]成安县志十二卷

(清)孙培曾修　宋凤翼纂

清嘉庆七年(1802)刻本　八行二十一字白口四周双边　二册

F207 [民国]成安县志十六卷首一卷

张应麟修　张永和等纂

民国二十年(1931)天津文竹斋铅印本　十二册

F208[*] [光绪]临漳县志十八卷首一卷

(清)周秉彝修　周寿梓 李耀中纂

清光绪三十年(1904)刻本　九行二十一字小字双行同白口四周双边　十二册

F209 [康熙]磁州志十八卷

(清)蒋擢修　乐玉声纂

清同治十三年(1874)补刻本　九行二十字小字双行同白口左右双边　四册

F210 [同治]磁州续志六卷首一卷

(清)程光滢纂修

清同治十三年(1874)刻本　九行二十字小字
双行同白口左右双边　四册

F211 [民国]磁县县志二十章

黄希文纂修

民国二十九年(1940)铅印本　五册

F212* [乾隆]武安县志二十卷图一卷

(清)蒋光祖修　夏兆丰纂

清乾隆四年(1739)刻本　九行二十字白口四
周双边　八册

F213 [民国]武安县志十八卷

杜济美等修　李绳武等纂

民国二十九年(1940)铅印本　十二册

F214 [嘉庆]邢台县志十卷首一卷

(清)窦景燕纂修　沈莲生续修

清同治十一年(1872)重印本　十行二十一字
小字双行同白口四周双边　四册

F215* [光绪]邢台县志八卷首一卷

(清)戚朝卿修　周祜纂

清光绪三十一年(1905)刻本　十二行二十六
字小字双行同白口四周双边　六册

F216 [民国]邢台县志八卷

张栋修　薛椿龄纂

民国三十二年(1943)铅印本　四册

F217* [道光]内丘县志四卷

(清)汪匡鼎原本　施彦士续纂修

清道光十二年(1832)增刻重印本　九行二十
字小字双行同白口四周双边　四册

F218 [道光]内丘县志四卷

(清)汪匡鼎原本　施彦士续纂修

清道光十二年(1832)增刻重印本　九行二十
字小字双行同白口四周双边　六册

F219* [乾隆]柏乡县志十卷首一卷

(清)钟赓华纂修

清乾隆三十一年(1766)刻本　九行二十字小
字双行三十字白口四周双边　六册

F220 [民国]柏乡县志十卷首一卷

牛宝善修　魏永弼等纂

民国二十一年(1932)铅印本　四册

F221* [乾隆]隆平县志十卷

(清)袁文焕纂修

抄本　一册

F222 [乾隆]隆平县志十卷

(清)袁文焕等修　丘生夔等纂

民国二十五年(1936)石印本　二册

F223* [光绪]唐山县志十二卷首一卷末
一卷

(清)苏玉修　杜霭　李飞鸣纂

清光绪七年(1881)刻本　九行二十字小字双
行同白口四周单边　八册

F224 [光绪]唐山县志十二卷首一卷末一卷

(清)苏玉修　杜霭　李飞鸣纂

清光绪七年(1881)刻本　九行二十字小字双
行同白口四周单边　八册

F225 [民国]宁晋县志十一卷

苏毓琦等修　张震科等纂

民国十八年(1929)石印本　八册

F226 [光绪]新河县志十六卷

(清)赵鸿钧修　沈家焕纂

清光绪二年(1876)刻本　九行二十二字白口
四周双边　四册

F227* [光绪]新河县志十六卷

(清)赵鸿钧修　沈家焕纂

清宣统元年(1909)补刻本　九行二十二字白
口四周双边　四册

F228 [民国]新河县志二十四卷首一卷末
一卷

傅振伦纂

民国十八年(1929)铅印本　六册

F229 [宣统]任县志八卷

(清)谢禹麟原修　陈智原纂　王亿年续修
刘书旗续纂

民国四年(1915)铅印本　四册

16

F230 [宣统]任县志八卷

(清)谢愚麟原修　陈智原纂　王亿年续修
刘书旗续纂

民国四年(1915)铅印本　四册

F231＊[光绪]巨鹿县志十二卷首一卷

(清)凌燮修　夏应麟等总纂

清光绪十二年(1886)刻本　九行二十字小字
双行同白口四周单边　六册

F232＊[同治]平乡县志十二卷首一卷

(清)苏性纂修

清同治七年(1868)刻本　九行二十二字小字
双行同白口四周双边　四册

F233＊[同治]平乡县志十二卷首一卷

(清)苏性纂修

清光绪十二年(1886)吴沂增刻本　九行二十
二字小字双行同白口四周双边　四册

F234 [嘉靖]南宫县志五卷

(明)叶恒嵩修　刘濂纂

民国二十二年(1933)南宫邢氏求己斋影印嘉
靖三十八年(1559)本　一册

F235 [嘉靖]南宫县志五卷

(明)叶恒嵩修　刘濂纂

民国二十二年(1933)南宫邢氏求己斋影印嘉
靖三十八年(1559)本　一册

F236＊[道光]南宫县志十六卷

(清)周栻修　陈柱纂

清道光十一年(1831)刻本　十行二十二字小
字双行同白口左右双边　八册

F237＊[光绪]南宫县志十八卷

(清)戴世文修　乔国桢等纂

清光绪三十年(1904)刻本　十行二十字白口
四周双边　十四册

F238 [民国]南宫县志二十六卷

黄容惠修　贾恩绂纂

民国二十五年(1936)刻本　十一行二十三字
黑口左右双边　六册

F239＊[同治]清河县志十八卷

(清)王镛修　郭兆藩等纂

清同治十一年(1872)刻本　十行二十二字小
字双行同白口四周单边　六册

F240 [民国]清河县志十七卷首一卷

张福谦等修　赵鼎铭等纂

民国二十三年(1934)铅印本　八册

F241 [民国]威县志二十卷首一卷末一卷

崔正春等修　尚希宾等纂

民国十八年(1929)北平京津印书局铅印本
十六册

F242 [民国]威县志续修一卷

尚希宾纂

民国十八年(1929)北平京津印书局铅印本
一册

F243＊[同治]广宗县志十二卷

(清)罗观骏修　李汝绍纂

清同治十三年(1874)刻本　九行二十字小字
双行同白口四周双边　六册

F244 [民国]广宗县志十六卷首一卷末一卷

姜楹荣　祁卓如修　韩敏修纂

民国二十二年(1933)广宗文献委员会铅印本
五册

F245＊[乾隆]沙河县志十卷首一卷末一卷

(清)杜灏纂修

清乾隆二十二年(1757)刻本　十行二十四字
小字双行同白口左右双边　四册

F246＊[道光]续增沙河县志二卷

(清)鲁杰纂修

清道光二十五年(1845)刻本　十行二十四字
小字双行同白口左右双边　二册

F247＊[光绪]正定县志四十六卷首一卷末
一卷

(清)庆之金　贾孝彰修　赵文濂等纂

清光绪元年(1875)刻本　十行二十二字白口
四周双边　十四册

F248 河北省正定县事情

陈佩编

17

民国二十八年(1939)新民会铅印本 一册

F249* [同治]灵寿县志十卷末一卷
(清)陆陇其原本 刘赓年续纂修
清同治十三年(1874)刻本 十行二十二字小字双行同白口四周双边 六册

F250* [同治]灵寿县志十卷末一卷
(清)陆陇其原本 刘赓年续纂修
清同治十三年(1874)刻本 十行二十二字小字双行同白口四周双边 六册

F251* [乾隆]获鹿县志十二卷
(清)韩国瓒修 石光玺纂
清乾隆元年(1736)刻本 十行二十字小字双十八行白口四周双边 四册

F252* [光绪]获鹿县志十四卷首一卷末一卷附图
(清)俞锡纲修 曹铫纂
清光绪七年(1881)刻本 九行二十四字小字双行同白口四周双边 六册

F253 获鹿县乡土志二卷
严书勋编
抄本 八行二十五字 二册

F254 河北省获鹿县及石门市事情
陈佩编
民国二十九年(1940)新民会铅印本 一册

F255 获鹿县乡土志二卷
严书勋编
抄本 一册

F256* [光绪]重修新乐县志六卷首一卷
(清)雷鹤鸣修 赵文濂纂
清光绪十一年(1885)刻本 十行二十字小字双行同白口四周双边 六册

F257* [光绪]重修新乐县志六卷首一卷
(清)雷鹤鸣修 赵文濂纂
清光绪十一年(1885)刻本 十行二十字小字双行同白口四周双边 六册

F258 获鹿县志十四卷首一卷末一卷
梁仁政纂修

民国二十八年(1939)获鹿县志编纂委员会铅印本 二册

F259* [乾隆]行唐县新志十六卷
(清)吴高增纂修
清乾隆三十七年(1772)文有试增刻本 八行二十一字白口四周双边 四册

F260 [嘉靖]槁城县志十卷
(明)尹耕修 李正儒纂
民国二十二年(1933)铅印本 二册

F261 [康熙]槁城县志十二卷
(清)赖于宣修 张丙宿等纂 阎尧熙续纂修
民国二十二年(1933)铅印本 四册

F262 [光绪]槁城县志续补十一卷
(清)汪度 朱绍榖修 张毓温纂
民国二十二年(1933)铅印本 一册

F263 [民国]续修槁城县志十二卷
任传藻等修 于箴等纂
民国二十二年(1933)铅印本 三册

F264* [乾隆]无极县志十一卷末一卷
(清)黄可润纂修
清光绪十九年(1893)补刻本 十行二十二字白口左右双边 四册

F265* [光绪]无极县续志十卷首一卷末一卷
(清)曹凤来纂修
清光绪十九年(1893)刻本 十行二十二字白口左右双边 四册

F266 [民国]无极县志二十卷
联文光 王桂照修 王重民等纂
民国二十五年(1936)铅印本 六册

F267* [道光]栾城县志十卷首一卷末一卷
(清)桂超万 李钤修 高继珩纂
清道光二十六年(1846)刻本 十行二十二字小字双行同白口四周双边 二册

F268* [同治]栾城县志十四卷首一卷末
一卷

(清)陈咏修 张惇德纂

清同治十一年(1872)刻本 十行二十二字小
字双行同白口四周双边 六册

F269* [康熙]晋州志十卷

(清)郭建章原本 康如琏续修 刘士麟
续纂

清咸丰十年(1860)补刻本 十行二十字白口
四周双边 六册

F270* [道光]深州直隶州志十卷首一卷末
一卷

(清)张范东修 李广滋纂

清道光七年(1827)刻本 八行二十二字小字
双行同白口左右双边 四册

F271* [同治]深州风土记二十二卷附表
五卷

(清)吴汝纶纂

清同治十年(1871)纂光绪二十六年(1900)文
瑞书院刻本 十行二十二字小字双行三十三
字黑口四周双边 八册

F272 [康熙]保定府祁州束鹿县志十卷

(清)刘昆修 陈僖纂

民国二十六年(1937)束鹿五志合刊本 二册

F273 [乾隆]束鹿县志十二卷

(清)李文耀修 张钟秀纂

民国二十六年(1937)束鹿五志合刊本 二册

F274 [嘉庆]束鹿县志十卷

(清)李符清修 裴显相 沈乐善纂

民国二十六年(1937)束鹿五志合刊本 二册

F275 [同治]续修束鹿县志八卷

(清)宋陈寿纂修

民国二十六年(1937)束鹿五志合刊本 一册

F276 [光绪]束鹿乡土志十二卷

(清)张凤台修 李中桂纂

民国二十六年(1937)束鹿五志合刊本 一册

F277* [乾隆]束鹿县志十二卷

(清)李文耀修 张钟秀纂

清乾隆二十七年(1762)刻本 十行二十字小
字双行同白口左右双边 四册

F278* [嘉庆]束鹿县志十卷

(清)李符清修 斐显相 沈乐善纂

清嘉庆四年(1799)刻本 十一行二十一字黑
口左右双边 四册

F279 [同治]续修束鹿县志八卷

(清)宋陈寿纂修

清同治七年(1868)刻本 八行二十二字白口
四周双边 四册

F280 束鹿新志考征文料一卷

谢道安著

民国二十五年(1936)束鹿县志编辑局铅印本
一册

F281* [咸丰]深泽县志十卷

(清)张衍寿修 王肇晋纂

清咸丰十年(1860)修同治元年(1862)刻本
九行二十字白口左右双边 四册

F282* [乾隆]衡水县志十四卷

(清)陶淑纂修

清乾隆三十二年(1767)刻本 十行二十字小
字双行十八字白口四周单边 六册

F283* [同治]武邑县志十卷首一卷

(清)彭美修 龙文彬纂

清同治十一年(1872)刻本 九行二十四字小
字双行同白口四周双边 四册

F284 [嘉庆]枣强县志二十卷

(清)任衔蕙修 杨元锡纂

清光绪六年(1880)重印本 十一行二十四、
二十二、二十一字不等小字双行二十二、二十
一字不等同黑口左右双边 六册

F285 枣强县志补正五卷

(清)方宗诚纂修

清光绪六年(1880)刻本 十一行二十一字小
字双行同黑口左右双边 二册

19

F286　[嘉庆]枣强县志二十卷

（清）任衔蕙修　杨元锡纂

清光绪六年（1880）重印本　十一行二十四、二十二、二十一字不等小字双行二十二、二十一字不等黑口左右双边　六册

F287　枣强县志补正五卷

（清）方宗诚纂修

清光绪六年（1880）刻本　十一行二十一字小字双行同黑口左右双边　二册

F288*　枣强县志补正五卷

（清）方宗诚纂修

清同治十三年（1874）修光绪二年（1876）刻本十一行二十一字小字双行同黑口左右双边二册

F289　枣强县志料八卷

宋兆升修　张宗戴　齐文焕纂

民国二十年（1931）铅印本　四册

F290*　[乾隆]冀州志二十卷续编一卷

（清）范清旷纂修

清乾隆十二年（1747）刻本　十行二十二字小字双行二十一字白口左右双边　十二册

F291　[民国]冀县志二十卷

王树枏纂

民国十八年（1929）铅印本　八册

F292*　[隆庆]赵州志十卷

（明）蔡懋昭纂修

1962年上海古籍书店影印天一阁藏明隆庆元年（1567）本　三册

F293　[光绪]直隶赵州志十六卷首一卷末一卷

（清）孙传栻修　王景美纂

清光绪二十三年（1897）刻本　十二册

F294　[光绪]直隶赵州志十六卷首一卷末一卷

（清）孙传栻纂修

民国二十八年（1939）铅印本　二册

F295　[光绪]直隶赵州志十六卷首一卷末一卷

（清）孙传栻纂修

民国二十八年（1939）铅印本　二册

F296*　[光绪]赵州属邑志八卷

（清）孙传栻纂修

清光绪二十三年（1897）刻本　十行二十二字白口四周双边　六册

F297*　[乾隆]元氏县志八卷末一卷

（清）王人雄纂修

清乾隆二十三年（1758）刻本　十行二十字小字双行十八字白口左右双边　六册

F298*　[光绪]元氏县志十四卷首一卷末一卷

（清）胡岳修　赵文濂　王钧如纂

清光绪元年（1875）刻本　十行二十四字小字双行同白口四周双边　八册

F299　[乾隆]赞皇县志十卷首一卷末一卷

（清）黄岗竹纂修

清乾隆十六年（1751）刻本　八行二十一字小字双行十九字白口四周双边　八册

F300　[乾隆]赞皇县志十卷首一卷末一卷

（清）黄岗竹纂修

清光绪二年（1876）补刻本　八行二十一字小字双行同白口四周双边　四册

F301　[光绪]续修赞皇县志二十九卷首一卷

（清）史赓云　周晋坤修　赵万泰等纂

清光绪二年（1876）刻本　八行二十二字小字双行同白口四周双边　二册

F302*　[嘉庆]高邑县志十卷首一卷

（清）陈元芳修　沈云尊纂

清嘉庆五年（1800）刻本　九行二十字小字双行同白口四周双边　四册

F303　井陉县志料十六篇

王用舟修　傅汝凤等纂

民国二十三年（1934）铅印本　四册

F304*　[咸丰]平山县志八卷

（清）王涤心修　郭程先纂

清咸丰四年（1854）刻本　十行二十四字白口

四周双边 六册

F305 [*] ［光绪］续修平山县志六卷首一卷
（清）郭奇中 唐世禄修 鲁述文 毕晋纂
清光绪二年（1876）刻本 十行二十四字白口
四周双边 一册

F306 [*] ［咸丰］平山县志八卷
（清）王涤心修 郭程先纂
清咸丰四年（1854）刻本 十行二十四字白口
四周双边 六册

F307 [*] ［光绪］续修平山县志六卷首一卷
（清）郭奇中 唐世禄修 鲁述文 毕晋纂
清光绪二年（1876）刻本 十行二十四字白口
四周双边 一册

F308 ［光绪］平山县续志八卷末一卷
（清）熊寿钱修 周焕章纂
清光绪二十四年（1898）刻本 九行二十四字
小字双行同白口四周双边 一册

F309 [*] ［光绪］平山县续志八卷末一卷
（清）熊寿钱修 周焕章纂
清光绪二十四年（1898）刻本 九行二十四字
小字双行同白口四周双边 二册

F310 ［民国］平山县志料集十六卷
金润璧修 张林 焦遇祥纂
民国二十一年（1932）铅印本 一册

F311 [*] ［乾隆］安肃县志十六卷
（清）张钝修 史元善等纂
清嘉庆十三年（1808）石梁补刻本 十行二十
字小字双行同白口四周双边 八册

F312 ［民国］徐水县新志十二卷首一卷
刘延昌修 刘鸿书等纂
民国二十一年（1932）铅印本 八册

F313 [*] ［咸丰］容城县志八卷
（清）詹作周 裴福德修 王振刚纂
清咸丰七年（1857）刻本 十行二十字小字双
行同白口左右双边 六册

F314 [*] ［光绪］容城县志八卷
（清）俞廷献 曹鹏修 吴思忠纂

清光绪二十二年（1896）刻本 十行二十字小
字双行同白口左右双边 六册

F315 [*] ［乾隆］定兴县志十二卷
（清）王锡璁纂修
清乾隆四十四年（1779）刻本 十行二十二字
小字双行二十字白口四周双边 十册

F316 [*] ［光绪］定兴县志二十六卷首一卷
（清）张主敬等修 杨晨纂
清光绪十九年（1893）校定本 十行二十二字
小字双行同白口四周双边 十二册

F317 ［乾隆］涿州志二十二卷首一卷
（清）吴山凤纂修
清光绪元年（1875）重印本 十行二十字白口
左右双边 十二册

F317 ［同治］涿州续志十八卷
（清）石衡修 卢端衡纂
清同治十一年（1872）修光绪元年（1875）刻本
十行二十字白口左右双边 合册

F318 [*] ［乾隆］涿州志二十二卷首一卷
（清）吴山凤纂修
清光绪元年（1875）重印本 十行二十字白口
左右双边 八册

F319 [*] ［同治］涿州续志十八卷
（清）石衡修 卢端衡纂
清同治十一年（1872）修光绪元年（1875）刻本
十行二十字白口左右双边 二册

F320 ［民国］涿县志八编
宋大章等修 周存培 张星楼纂
民国二十五年（1936）北平京城印书局铅印本
四册

F321 [*] ［道光］新城县志十八卷首一卷
（清）李廷棨修 王振钟等纂
清光绪二十一年（1895）重刻本 十行二十字
小字双行同白口左右双边 十二册

F322 [*] ［光绪］续修新城县志十卷
（清）张丙嘉修 王锷纂
清光绪二十一年（1895）紫泉书院刻本 十行

21

二十字小字双行同白口左右双边　四册

F323　[道光]新城县志十八卷首一卷
(清)李廷棨修　王振钟等纂
光绪二十一年(1895)重刻本　十行二十字小字双行同白口左右双边　十二册

F324　[民国]新城县志二十四卷
张雨苍等修　王树枏等纂
民国二十四年(1935)北平文华斋铅印本
八册

F325＊　[光绪]涞水县志八卷首一卷末一卷
(清)陈杰等纂修
清光绪五年(1879)修　二十一年(1895)刻本
十行二十二字小字双行同白口四周双边
八册

F326　[光绪]涞水县志八卷首一卷末一卷
(清)陈杰等纂修
清光绪五年(1879)修　二十一年(1895)刻本
十行二十二字小字双行同白口四周双边
八册

F327　[嘉靖]雄乘二卷
(明)王齐纂
1962年上海古籍书店影印明嘉靖十二年
(1533)本　一册

F328　雄县乡土志十五卷
(清)刘崇本编
清光绪三十一年(1905)铅印本　十三行三十字白口四周双边　一册

F329　[民国]雄县新志七卷
秦廷秀等修　刘崇本等纂
民国十九年(1930)铅印本　十册

F330　[民国]高阳县志十卷
李大本修　李晓冷等纂
民国二十二年(1933)铅印本　十册

F331＊　[同治]清苑县志十八卷首一卷
(清)李逢源修　诸崇俭纂
清同治十二年(1873)刻本　十行二十三字白口四周双边　八册

F332　[同治]清苑县志十八卷首一卷
(清)李逢源修　诸崇俭纂
清同治十二年(1873)刻本　十行二十三字白口四周双边　八册

F333　[民国]清苑县志六卷
金良骥等修　姚寿昌等纂
民国二十三年(1934)铅印本　六册

F334　[民国]清苑县志六卷
金良骥等修　姚寿昌等纂
民国二十三年(1934)铅印本　六册

F335　河北省清苑县事情十二章
卞乾孙编
民国二十七年(1938)铅印本　一册

F336＊　[乾隆]祁州志八卷
(清)罗以桂　王楷修　张葛铨　刁锦纂
清乾隆二十一年(1756)刻本　九行二十一字小字双行同白口左右双边　四册

F337　[光绪]祁州续志四卷
(清)赵秉恒等修　刘学海等纂
清光绪八年(1882)刻本　九行二十一字白口四周双边　四册

F338＊　[乾隆]博野县志八卷首一卷末一卷
(清)吴鳌修　朱基　尹启铨纂
清乾隆三十一年(1766)刻本　九行二十字小字双行同白口左右双边　六册

F339　[乾隆]博野县志八卷首一卷末一卷
(清)吴鳌修　朱基　尹启铨纂
清乾隆三十一年(1766)刻本　九行二十字小字双行同白口左右双边　六册

F340＊　[道光]直隶定州志二十二卷首一卷
(清)宝琳　劳沅恩纂修
清道光三十年(1850)刻本　十行二十一字小字双行同白口四周双边　十二册

F341　[道光]直隶定州志二十二卷首一卷
(清)宝琳　劳沅恩纂修
清道光三十年(1850)刻本　十行二十一字小字双行同白口四周双边　十二册

22

F342　[咸丰]直隶定州续志四卷

（清）王榕吉修　张朴纂

清咸丰十年（1860）刻本　十行二十一字小字
双行同白口四周双边　二册

F343　[民国]定县志二十二卷首一卷

何其章等修　贾恩绂纂

民国二十三年（1934）刻本　十一行二十三字
黑口左右双边　八册

F344*　[光绪]唐县志十二卷首一卷

（清）陈咏修　张惇德纂

清光绪四年（1878）刻本　十行二十二字小字
双行同白口四周双边　八册

F345　[光绪]唐县志十二卷首一卷

（清）陈咏修　张惇德纂

清光绪四年（1878）刻本　十行二十二字小字
双行同白口四周双边　八册

F346*　[光绪]望都县新志十卷补遗一卷

（清）陈洪书原本　李兆珍重订

清光绪三十年（1904）重刻本　八行二十字小
字双行同白口左右双边　十一册

F347*　望都县图说

（清）陆保善　陆是奎编

清光绪三十一年（1904）铅印本　一册

F348　河北省望都县事情十一章

陈佩编

民国二十八年（1939）新民会铅印本　一册

F349*　[康熙]曲阳县新志十一卷

（清）刘师峻纂修

清康熙十一年（1672）刻本　八行二十一字白
口四周双边　四册

F350*　[光绪]重修曲阳县志二十卷

（清）周斯亿　温亮珠修　董涛纂

清光绪三十年（1904）刻本　十行二十一字小
字双行同白口四周双边　八册

F351　[同治]阜平县志四卷首一卷

（清）劳辅芝修　张锡三纂

清同治十三年（1874）刻本　十行二十三字白

口四周双边　六册

F352*　[同治]阜平县志四卷首一卷

（清）劳辅芝修　张锡三纂

清同治十三年（1874）刻本　十行二十三字白
口四周双边　六册

F353*　[乾隆]满城县志十二卷

（清）张焕纂修　贾永宗增修

清乾隆道光递增刻本　九行十九字小字双行
同白口四周单边　六册

F354　[民国]满城县志略十六卷首一卷

陈宝生修　杨式震等纂

民国二十年（1931）铅印本　七册

F355　[民国]完县新志七卷

彭作桢等修　刘玉田等纂

民国二十三年（1934）铅印本　六册

F356*　[乾隆]广昌县志八卷首一卷

（清）赵由仁纂修

清乾隆二十五年（1760）刻本　九行二十字白
口左右双边　四册

**F357*　[光绪]广昌县志十四卷首一卷末
一卷**

（清）刘荣纂修

清光绪元年（1875）刻本　十行二十一字白口
四周双边　六册

F358　[光绪]广昌县志十四卷首一卷末一卷

（清）刘荣纂修

清光绪元年（1875）刻本　十行二十一字白口
四周双边　六册

F359　[弘治]易州志二十卷

（明）戴铣修纂

1965年中华书局上海编辑所影印天一阁藏弘
治本　三册

F360*　[乾隆]直隶易州志十八卷首一卷

（清）杨芊纂修　张登高续纂修

清乾隆十二年（1747）刻本　九行二十字小字
双行同白口四周双边　八册

23

F361　[乾隆]直隶易州志十八卷首一卷

(清)杨芊纂修　张登高续纂修

清乾隆十二年(1747)刻本　九行二十字小字双行同白口四周双边　八册

F362　[嘉靖]隆庆志十卷

(明)谢庭桂纂　苏乾续纂

1962年上海古籍书店影印天一阁藏嘉靖本　三册

F363　[民国]张北县志八卷首一卷

陈继淹修　许闻诗等纂

民国二十三年(1934)铅印本　八册

F364[*]　[乾隆]赤城县志八卷首一卷

(清)孟思谊修　张曾炳纂

清乾隆二十四年(1759)黄绍七补订刻本　十行二十二字小字双行同白口左右双边　四册

F365[*]　[同治]赤城县续志十卷

(清)林牟贻等纂修

清光绪九年(1883)重订刻本　十行二十二字小字双行同白口左右双边　一册

F366　[民国]宣化县新志十八卷首一卷

陈继曾　陈时隽修　郭维城纂

民国十一年(1922)铅印本　十册

F367　[民国]宣化县新志十八卷首一卷

陈继曾　陈时隽修　郭维城纂

民国十一年(1922)铅印本　十册

F368[*]　[光绪]怀来县志十八卷首一卷

(清)朱乃恭修　席之瓒纂

清光绪八年(1882)刻本　十行二十四字小字双行同白口四周单边　四册

F369[*]　[道光]保安州志八卷首一卷

(清)杨桂森纂修

清道光十五年(1835)刻本　十行二十二字小字双行同白口左右双边　四册

F370[*]　[光绪]保安州续志四卷

(清)寻銮晋　张毓生纂修

清光绪三年(1877)刻本　十行二十二字小字双行同白口左右双边　二册

F371　[道光]保安州志八卷首一卷

(清)杨桂森纂修

清光绪三年(1877)重印本　十行二十二字小字双行同白口左右双边　四册

F372　[光绪]保安州续志四卷

(清)寻銮晋　张毓生纂修

清光绪三年(1877)刻本　十行二十二字小字双行同白口左右双边　一册

F373[*]　[乾隆]蔚县志三十一卷

(清)王育榑修　李舜臣纂

清乾隆四年(1739)刻本　十行二十二字小字双行二十一字白口左右双边　四册

F374[*]　[乾隆]蔚州志补十二卷首一卷

(清)杨世昌修　吴廷华　王大猷纂

清乾隆十年(1745)刻本　十行二十二字小字双行二十一字白口四周双边　五册

F375[*]　[光绪]蔚州志二十卷首一卷

(清)庆之金修　杨笃纂

清光绪三年(1877)刻本　十行二十三字小字双行同白口四周双边　八册

F376[*]　[同治]西宁新志十卷首一卷

(清)韩志超　寅康等修　杨笃纂

清同治十二年(1873)修光绪元年(1875)宏州书院刻本　十行二十四字小字双行同白口左右双边　四册

F377　[民国]阳原县志十八卷

刘志鸿等修　李泰棻纂

民国二十四年(1935)铅印本　四册

F378[*]　[乾隆]怀安县志二十四卷

(清)杨大昆修　钱戩曾纂

清乾隆六年(1741)刻本　十行二十二字小字双行二十字白口四周双边　四册

F379[*]　[光绪]怀安县志八卷首一卷末一卷

(清)荫禄修　程燮奎纂

清光绪二年(1876)刻本　十行二十二字小字双行同白口四周双边　四册

F380 ［民国］怀安县志十卷首一卷
景佐纲修　张镜渊等纂
民国二十三年(1934)铅印本　十册

F381[*]　［道光］万全县志十卷首一卷
(清)左承业原本　施彦士续纂修
清道光十四年(1834)增刻乾隆本　十行二十一字小字双行同白口四周双边　六册

F382　［民国］万全县志十二卷首一卷
路联逵　刘必达修　任守恭等纂
民国二十二年(1933)铅印本　十册

F383　［民国］隆化县志六卷
罗则逊修　施畸纂
民国八年(1919)铅印本　六册

F384[*]　［乾隆］临榆县志十四卷首一卷
(清)钟和梅纂修
清乾隆二十一年(1756)刻本　九行二十字小字双行同白口四周双边　六册

F385　［光绪］临榆县志二十四卷首一卷
(清)赵允祐修　高锡畴纂
清光绪四年(1878)刻本　九行二十字小字双行同白口四周双边　十册

F386[*]　［光绪］临榆县志二十四卷首一卷
(清)赵允祐修　高锡畴纂
清光绪四年(1878)刻本　九行二十字小字双行同白口四周双边　十册

F387　［民国］临榆县志二十四卷首一卷
佺墉　高凌霨等修　程敏侯等纂
民国十八年(1929)铅印本　十三册

F388　［乾隆］迁安县志三十卷
(清)燕臣仁修　张杰纂
清乾隆二十二年(1757)刻本　十行二十二字小字双行同白口四周双边　六册

F389　［同治］迁安县志十八卷首一卷末一卷
(清)韩耀光修　史梦兰纂
清同治十二年(1873)文峰书院刻本　十行二十一字小字双行同白口四周双边　八册

F390[*]　［嘉庆］滦州志八卷首一卷末一卷

(清)吴土鸿修　孙学恒纂
清嘉庆十五年(1810)刻本　十行二十二字小字双行同白口四周双边　八册

F391[*]　［光绪］滦州志十八卷首一卷
(清)杨文鼎修　王大本等纂
清光绪二十四年(1898)刻本　十行二十二字小字双行同白口四周双边　十四册

F392　［光绪］滦县志十八卷
(清)袁菜纂修　张凤翔纂
民国二十六年(1937)铅印本　十八册

F393　［光绪］滦县志十八卷
(清)袁菜纂修　张凤翔纂
民国二十六年(1937)铅印本　十八册

F394　河北省滦县事情及唐山市事情十一章
陈佩编
民国二十九年(1940)新民会铅印本　一册

F395　［民国］卢龙县志二十四卷首一卷
董天华修　胡应麟　李茂林纂
民国二十年(1931)铅印本　五册

F396[*]　［光绪］抚宁县志十六卷首一卷
(清)张上龢修　史梦兰纂
清光绪三年(1877)刻本　十行二十二字小字双行同白口四周双边　五册

F397[*]　［同治］昌黎县志十卷
(清)何崧泰等修　马恂　何尔泰纂
清同治五年(1866)刻本　九行二十字小字双行同白口四周双边　四册

F398　［民国］昌黎县志十二卷首一卷末一卷
陶宗奇等修　张鹏翔等纂
民国二十二年(1933)铅印本　八册

F399[*]　［乾隆］乐亭县志十四卷首一卷
(清)陈金骏纂修
清乾隆二十年(1755)刻本　九行二十字小字双行十九字白口四周双边　六册

F400[*]　［光绪］乐亭县志十五卷首一卷末一卷
(清)游智开　蔡志修等修　史梦兰纂

25

清光绪三年(1877)刻本　十行二十二字小字
双行同白口四周双边　六册

F401 * ［乾隆］宁河县志十六卷
(清)关廷牧修　徐以观纂
清乾隆四十四年(1779)刻本　九行二十二字
白口四周双边　六册

F402 * ［光绪］宁河县志十六卷
(清)丁符九修　谈松林纂
清光绪六年(1880)刻本　九行二十二字小字
双行同白口四周双边　十二册

F403　［光绪］宁河县志十六卷
(清)丁符九修　谈松林纂
清光绪六年(1880)刻本　九行二十二字小字
双行同白口四周双边　十二册

F404 * ［乾隆］丰润县志八卷
(清)吴慎纂修
清乾隆二十年(1755)刻本　十行二十字小字
双行同白口四周双边　四册

F405 * ［光绪］丰润县志十二卷
(清)郝增祐等纂修　周晋坤续纂修
清光绪十七年(1891)刻本　十行二十字白口
四周双边　十二册

F406　［光绪］丰润县志四卷
(清)牛昶煦　郝增祐修纂
民国十年(1921)铅印本　四册

F407　河北省丰润县事情十一章
陈佩编
民国二十九年(1940)新民会铅印本　一册

F408　［乾隆］玉田县志十卷
(清)谢客纂修
清乾隆二十一年(1756)刻本　九行二十字小
字双行同白口四周双边　五册

F409 * ［光绪］玉田县志三十卷首一卷
(清)夏子鎏修　李昌时纂　丁雄续纂
清光绪十年(1884)刻本　九行二十字小字双
行同白口四周双边　六册

F410 * ［乾隆］直隶遵化州志十二卷

(清)刘靖修　边中宝纂
清乾隆二十一年(1756)刻本　十行二十一字
白口四周双边　四册

F411 * ［乾隆］直隶遵化州志二十卷
(清)傅修等纂修
清乾隆五十九年(1794)刻本　十行二十字小
字双行同白口四周双边　八册

F412　［光绪］遵化通志六十卷首一卷
(清)何崧泰等修　史朴等纂
清光绪十二年(1886)刻本　十二行二十三字
小字双行同白口四周单边　三十二册

F413　［光绪］顺天府志一百三十卷附录一卷
(清)万青黎　周家楣修　张之洞　缪荃孙纂
清光绪十五年(1892)重校本　十二行二十五
字小字双行同白口四周单边　六十四册

F414 * ［雍正］山东通志三十六卷首一卷
(清)岳浚　法敏修　杜诏　顾瀛纂
清雍正七年(1729)修乾隆元年(1736)刻本
十行二十四字小字双行同白口四周双边　四
十二册

F415　［宣统］山东通志二百卷首一卷
(清)杨士骧等修　孙葆田等纂
清宣统三年(1911)修民国四年(1915)山东通
志刊印局铅印本　一百二十八册

F416　［宣统］山东通志二百卷首一卷
(清)杨士骧等修　孙葆田等纂
民国二十三年(1934)上海商务印书馆影印本
五册

F417 * ［道光］济南府志七十二卷首一卷
(清)王赠芳　王镇修　成瓘　冷烜纂
清道光二十年(1840)刻本　十一行二十五字
小字双行同白口四周双边　四十册

F418 * ［乾隆］泰安府志三十卷前一卷首
二卷
(清)颜希深修　成城等纂
清乾隆二十五年(1760)刻本　十行二十一字
小字双行同白口四周单边　二十册

F419 * ［乾隆］武定府志三十八卷首一卷

（清）赫达色修　庄肇奎　沈中行纂

清乾隆二十四年（1759）刻本　十行二十一字白口左右双边　二十册

F420 * ［咸丰］武定府志三十八卷首一卷

（清）李熙龄修　邹恒纂

清咸丰九年（1859）刻本　十一行二十一字小字双行同白口左右双边　二十四册

F421 * ［乾隆］衮州府志三十二卷首一卷图考一卷

（清）觉罗普尔泰修　陈顾瑮纂

清乾隆三十五年（1770）刻本　十行二十一字小字双行同白口四周双边　十二册

F422 * ［乾隆］沂州府志三十六卷首一卷

（清）李希贤修　潘遇莘　丁恺曾纂

清乾隆二十五年（1760）刻本　十行二十四字小字双行同白口左右双边　十二册

F423 * ［乾隆］曹州府志二十二卷

（清）周尚质修　李登明　谢冠纂

清乾隆二十一年（1756）刻本　十行二十四字小字双行同白口左右双边　十二册

F424 * ［乾隆］东昌府志五十首一卷

（清）嵩山修　谢香开　张熙先纂

清嘉庆十三年（1808）刻本　九行二十一字小字双行同白口左右双边　二十四册

F425　［嘉靖］青州府志十八卷

（明）杜思修　冯惟讷纂

1965年上海古籍书店影印天一阁嘉靖本　十二册

F426 * ［咸丰］青州府志六十四卷

（清）毛永柏修　李图　刘耀椿纂

清咸丰九年（1859）刻本　十行二十二字小字双行同黑口四周单边　十六册

F427 * ［乾隆］续登州府志十二卷

（清）韩永泰纂修

清乾隆七年（1742）刻本　九行二十字小字双行同白口四周双边　四册

F428 * ［光绪］增修登州府志六十九卷首一卷

（清）方汝翼　贾瑚修　周悦让　慕荣䋲纂

清光绪七年（1881）刻本　九行二十字小字双行同白口四周双边　十六册

F429　［万历］莱州府志八卷

（明）龙文明修　赵耀等纂

民国二十八年（1939）铅印本　八册

F430 * ［乾隆］莱州府志十六卷首一卷

（清）严有禧纂修

清乾隆五年（1740）刻本　十行二十四字小字双行同白口四周双边　八册

F431　［崇祯］历乘十九卷

（明）贵养性修　刘敕纂

1959年北京中国书店影印明崇祯本　六册

F432 * ［乾隆］历城县志五十卷首一卷

（清）胡德琳修　李文藻等纂

清乾隆三十八年（1773）刻本　十行二十一字白口四周单边　十六册

F433　［民国］续修历城县志五十四卷

毛承霖等纂

民国十三年（1924）济南大公印务公司铅印本　二十册

F434　［嘉靖］淄川县志六卷

（明）王琮纂修

1961年上海古籍书店影印明嘉靖二十五年（1546）本　二册

F435　［乾隆］淄川县志八卷首一卷

（清）张鸣铎修　张廷采等纂

清乾隆四十一年（1776）刻本　十行二十字小字双行同白口四周单边　八册

F436 * ［乾隆］博山县志十卷首一卷

（清）富申修　田士麟纂

清乾隆十八年（1753）刻本　十行二十字小字双行同白口四周单边　四册

F437　［民国］续修博山县志十五卷首一卷

王荫桂修　张新曾等纂

27

民国二十六年(1937)铅印本　八册

F438　[乾隆]峄县志十卷首一卷
(清)忠璉纂修
清乾隆二十六年(1761)刻本　十行二十二字
小字双行同白口四周单边　六册

F439　[乾隆]峄县志十卷首一卷
(清)忠璉纂修
清乾隆二十六年(1761)刻本　十行二十二字
小字双行同白口四周单边　六册

F440*　[光绪]峄县志二十五卷首一卷
(清)王振录　周凤鸣修　王宝田纂
清光绪三十年(1904)刻本　十行二十字小字
双行同白口四周双边　十二册

F441　[嘉靖]武定州志二卷
(明)刘佃纂修
1963年上海古籍书店影印天一阁明嘉靖本
二册

F442*　[乾隆]惠民县志十卷首一卷
(清)倭什布修　刘长灵纂
清乾隆四十七年(1782)刻本　九行二十一字
白口四周双边　六册

F443*　[光绪]惠民县志三十卷首一卷末
一卷
(清)沈世铨修　李勗纂
清光绪十二年(1886)刻本　十行二十一字小
字双行同白口四周双边　六册

F444　[光绪]惠民县志三十卷首一卷末一卷
(清)沈世铨修　李勗纂
清光绪二十五年(1899)柳堂校补刻　十行二
十字小字双行同白口四周双边　六册

F444　惠民县志补遗一卷
(清)柳堂修　李凤冈纂
清光绪二十七年(1901)刻本　十行二十字小
字双行同白口四周双边　一册

F445*　[乾隆]阳信县志八卷首一卷
(清)王允深修　沈佐清等纂
清乾隆二十四年(1759)刻本　十行二十字小

字双行同白口左右双边　五册

F446　[民国]阳信县志八卷
朱兰等修　劳乃宣　缪润绂等纂
民国十五年(1926)铅印本　八册

F447　[民国]无棣县志二十四卷首一卷末
一卷
侯荫昌等修　张方墀等纂
民国十三年(1924)铅印本　六册

F448*　[光绪]沾化县志十六卷首一卷
(清)联印修　张会一　耿翔仪纂
清光绪十七年(1891)刻本　十行二十二字白
口四周双边　四册

F449*　[咸丰]滨州志十二卷首一卷
(清)李熙龄纂修
清咸丰十年(1860)刻本　九行二十一字白口
左右双边　四册

F450*　[光绪]利津县志十卷
(清)盛赞熙修　余朝菜等纂
清光绪九年(1883)刻本　十二行二十五字白
口左右双边　四册

F451　[民国]利津县志九卷
王廷彦修　盖尔佶等纂
民国二十四年(1935)铅印本　四册

F452*　[雍正]乐安县志二十卷
(清)李方膺纂修
清雍正十一年(1733)刻本　九行二十二字小
字双行同白口四周双边　四册

F453　[民国]乐安县志十三卷首一卷
李傅煦修　王永贞纂
民国七年(1918)石印本　四册

F454　[民国]续修广饶县志二十八卷首一卷
潘莱峰等修　王寅山纂
民国二十四年(1935)铅印本　八册

F455*　[道光]重修博兴县志十二卷
(清)周壬福修　李同纂
清道光二十年(1840)刻本　十行二十五字小
字双行同白口四周双边　四册

F456 [民国]重修博兴县志十七卷首一卷

张其丙修　张元钧等纂

民国二十五年(1936)铅印本　六册

F457[*][乾隆]蒲台县志四卷首一卷

(清)严文典修　任相纂

清乾隆二十八年(1763)刻本　九行二十字小字双行同白口左右双边　四册

F458 [民国]重修新城县志二十六卷首一卷

袁励杰修　王寀廷纂

民国二十二年(1933)济南平民日报社铅印本十册

F459 [民国]桓台志略三卷

袁励杰修　王寀廷纂

民国二十二年(1933)济南平民日报社铅印本二册

F460[*][道光]邹平县志十八卷

(清)罗宗瀛修　成瓘纂

清道光十六年(1836)刻本　十行二十字小字双行同白口四周双边　八册

F461 [民国]邹平县志十八卷

栾钟垚等修　赵仁山等纂

民国三年(1914)刻民国二十年(1931)重印本十行二十字白口四周双边　十册

F462 [嘉庆]长山县志十六卷首一卷

(清)倪企望修　钟廷瑛　徐果行纂

清嘉庆六年(1801)刻本　十行二十二字小字双行同白口左右双边　十册

F463 [康熙]新修齐东县志八卷

(清)余为霖修　郭国琦等纂

清康熙二十四年(1685)刻本　八行二十字小字双行同白口四周双边　六册

F464[*][乾隆]高苑县志十卷

(清)张耀璧纂修

清乾隆二十三年(1758)刻本　九行二十一字小字双行同白口左右双边　二册

F465[*][乾隆]青城县志十二卷

(清)方凤修　戴文炽　周城纂

清道光二十六年(1846)增刻本　九行二十字白口四周双边　四册

F466 [民国]青城续修县志四卷

杨启东等修　赵梓湘等纂

民国二十四年(1935)济南五三美术印刷社铅印本　六册

F467 [乾隆]潍县志六卷首一卷末一卷

(清)张耀璧修　王诵芬纂

清乾隆二十五年(1760)刻本　九行二十一字小字双行同白口左右双边　六册

F468 潍县乡土志不分卷

(清)宋朝桢修　陈传弼纂

清光绪三十三年(1907)石印本　十二行二十八字白口四周双边　一册

F469 [民国]潍县志稿四十二卷附潍县志稿历代疆域沿革图

常之英修　刘祖干纂

民国三十年(1941)铅印本　二十五册

F470[*][乾隆]昌邑县志八卷

(清)周来邰纂修

清乾隆七年(1742)刻本　九行二十字小字双行同白口四周双边　四册

F471 [光绪]昌邑县续志八卷

(清)陈嘉楷修　韩天衢纂

清光绪三十三年(1907)刻本　九行二十一字小字双行同白口左右双边　六册

F472[*][道光]重修平度州志二十七卷

(清)保忠　吴慈修　李图　王大钧纂

清道光二十九年(1849)刻本　十行二十五字小字双行同白口左右双边　八册

F473 [民国]平度县续志十二卷首一卷末一卷

丁世平修　尚庆翰等纂

民国二十五年(1936)铅印本　八册

F474[*][乾隆]高密县志十卷首一卷末一卷

(清)张乃史修　钱廷熊纂

清乾隆十九年(1754)刻本　九行二十一字白

29

口左右双边 四册

F475 * [光绪]高密县志十卷首一卷末一卷
(清)罗邦彦 傅赉予修 李勷运纂
清光绪二十二年(1896)刻本 九行二十一字
小字双行同白口左右双边 八册

F476 [民国]高密县志十六卷首一卷
余有林 曹梦九修 王照青等纂
民国二十四年(1935)青岛胶东书社铅印本
十二册

F477 * [乾隆]胶州志八卷首一卷
(清)周于智修 刘恬纂
清乾隆十七年(1752)刻本 九行二十一字小
字双行同白口左右双边 八册

F478 * [道光]重修胶州志四十卷
(清)张同声修 李图等纂
清道光二十五年(1845)刻本 十行二十五字
小字双行同白口左右双边 八册

F479 [民国]胶澳志十二卷附地图
赵琪修 袁荣叟纂
民国十七年(1928)青岛华昌印刷局铅印本
十册

F480 [民国]增修胶志五十五卷首一卷
叶钟英 袁励杰修 匡超纂
民国二十年(1931)胶县大同印刷社铅印本
十六册

F481 [万历]安丘县志二十八卷
(明)熊元修 马文炜纂
民国三年(1914)萃华石印局石印万历十七年
本 二册

F482 [康熙]续安丘县志二十五卷
(清)任周鼎修 王训纂
民国三年(1914)萃华石印局石印康熙十五年
本 二册

F483 * [乾隆]诸城县志四十六卷
(清)宫懋让修 李文藻等纂
清乾隆二十九年(1764)刻本 十行二十一字
小字双行同黑口四周单边 八册

F484 * [道光]诸城县续志二十三卷
(清)刘光斗修 朱学海纂
清道光十四年(1834)刻本 十行二十一字黑
口四周单边 四册

F485 * [光绪]增修诸城县续志二十二卷
(清)刘嘉树修 苑莱池 邱浚恪纂
清光绪十八年(1892)刻本 十行二十一字黑
口四周单边 六册

F486 [嘉靖]临朐县志四卷
(明)王家士修 祝文 冯惟敏纂
1962年《天一阁藏明代地方志选刊》本 二册

F487 * [光绪]临朐县志十六卷首一卷
(清)姚延福修 邓嘉缉 蒋师辙纂
清光绪十年(1884)刻本 十行二十二字小字
双行同黑口四周双边 六册

F488 * [嘉庆]昌乐县志三十二卷首一卷
(清)魏礼焯 时铭修 阎学夏 黄方远纂
清嘉庆十四年(1809)刻本 十行二十一字小
字双行同白口四周双边 六册

F489 [嘉庆]昌乐县志三十二卷首一卷
(清)魏礼焯 倪錬修 阎学夏等纂
民国二十三年(1934)铅印本 六册

F490 [民国]昌乐县续志三十八卷
王金岳修 赵文琴等纂
民国二十三年(1934)铅印本 六册

F491 * [光绪]益都县图志五十四卷首一卷
(清)张承燮修 法伟堂等纂
清光绪三十三年(1907)刻本 十一行二十三
字小字双行同黑口四周单边 十六册

F492 [民国]临淄县志三十五卷首一卷
舒孝先修 崔象谷等纂
民国九年(1920)石印本 八册

F493 * [嘉庆]寿光县志二十卷
(清)刘翰周纂修
清嘉庆五年(1800)刻本 十行二十字小字双
行同白口四周双边 七册

F494 [民国]寿光县志十六卷首一卷

宋宪章 李中山等修 邹允中 崔亦文等纂

民国二十五年(1936)青岛市潍县路宜今印务局铅印本 十二册

F495 [乾隆]威海卫志十卷首一卷

(清)毕懋第原纂 郭文大续纂 王兆鹏选

民国十八年(1929)威海九华小学铅印本 二册

F496＊ [同治]重修宁海州志二十六卷

(清)舒孔安修 王厚阶纂

清同治三年(1864)刻本 十行二十五字小字双行同白口左右双边 六册

F497 [民国]牟平县志十卷首一卷

王昭旭等修 于清泮纂

民国二十五年(1936)济南印刷局铅印本 十册

F498＊ [道光]文登县志十卷

(清)蔡培 欧文修 林汝谋纂

清道光十九年(1839)刻本 十三行二十五字小字双行同白口左右双边 四册

F499 [光绪]文登县志十四卷首一卷

(清)李祖年修 于霖逢纂

民国十一年(1922)烟台诚文信书坊铅印本 十册

F500 [道光]荣成县志十卷

(清)李天骘修 岳赓廷纂

清道光二十年(1840)刻本 九行二十二字小字双行同白口左右双边 四册

F501＊ [乾隆]海阳县志八卷

(清)包桂纂修

清乾隆七年(1742)刻本 九行二十一字小字双行同白口左右双边 四册

F502 [光绪]海阳县续志十卷首一卷

(清)王敬勋修 李尔梅 王兆腾纂

清光绪六年(1880)刻本 九行二十一字小字双行同白口左右双边 六册

F503＊ [乾隆]即墨县志十二卷首一卷

(清)尤淑孝修 李元正纂

清乾隆二十九年(1764)刻本 十行二十三字白口左右双边 六册

F504＊ [同治]即墨县志十二卷首一卷

(清)林溥修 周翕鏊纂

清同治十二年(1873)刻本 十行二十五字小字双行同白口左右双边 八册

F505 [民国]莱阳县志三卷首一卷末一卷

梁秉锟 杨酉桂修 王丕煦纂

民国二十四年(1935)铅印本 十二册

F506＊ [乾隆]栖霞县志十卷

(清)卫苌纂修

清乾隆十九年(1754)刻本 九行二十四字小字双行同白口左右双边 八册

F506＊ [光绪]栖霞县续志十卷首一卷

(清)黄丽中修 于如川纂

清光绪五年(1879)刻本 九行二十四字小字双行同白口左右双边 合册

F507＊ [顺治]招远县志十二卷

(清)张作砺修 张凤羽纂

清道光二十六年(1846)刻本 九行二十字小字双行同白口四周双边 四册

F508＊ [道光]招远县续志四卷

(清)陈国器 边象曾修 李荫 路藻纂

清道光二十六年(1846)刻本 九行二十字小字双行同白口四周双边 四册

F509＊ [乾隆]掖县志八卷首一卷

(清)张思勉修 于始瞻纂

清嘉庆十二年(1807)刻本 九行二十一字小字双行同白口四周单边

F509＊ [嘉庆]续掖县志四卷

(清)张彤修 张诩纂

清光绪十九年(1893)刻掖县全志本 九行二十一字小字双行同白口四周单边 合册

F509＊ [道光]再续掖县志二卷

(清)杨祖宪修 侯登岸纂

清光绪十九年(1893)刻掖县全志本 九行二

十一字小字双行同白口四周单边　合册

F509* ［光绪］三续掖县志四卷首一卷
(清)魏起鹏修　王续藩纂
清光绪十九年(1893)刻掖县全志本　九行二
十一字小字双行同白口四周单边　十六册

F510 ［乾隆］掖县志八卷首一卷
(清)张思勉修　于始瞻纂
清乾隆二十六年(1761)增刻本　九行二十一
字小字双行同白口左右双边　八册

F511 ［民国］四续掖县志六卷首一卷
刘国斌修　刘锦堂纂
民国二十四年(1935)铅印本　六册

F512* ［乾隆］黄县志十二卷
(清)袁中立修　毛赟纂
清乾隆二十一年(1756)刻本　九行二十一字
小字双行十九字白口左右双边　四册

F513* ［同治］黄县志十四卷首一卷末一卷
(清)尹继美纂修
清同治十年(1871)刻本　十行二十四字小字
双行同白口四周双边　四册

F514* ［道光］重修蓬莱县志十四卷
(清)王文焘修　张本　葛元昶纂
清道光十九年(1839)刻本　九行二十二字小
字双行同白口四周双边　八册

F515 ［光绪］蓬莱县续志十四卷
(清)郑锡鸿　江瑞采修　王尔植等纂
清光绪八年(1882)刻本　九行二十二字小字
双行同白口四周双边　四册

F516* ［乾隆］福山县志十二卷
(清)何乐善修　萧劼　王积熙纂
清乾隆二十八年(1763)刻本　九行二十字小
字双行同白口左右双边　八册

F517 ［民国］福山县志十卷
王陵基等修　于宗潼等纂
民国二十年(1931)烟台福裕东书局铅印本
十四册

F518 ［民国］临沂县志十四卷首一卷

陈景星　沈兆祎等修　王景祜等纂
民国五年(1916)刻本　十行二十一字白口四
周双边　八册

F519 ［民国］临沂县志十四卷首一卷
陈景星　沈兆祎等修　王景祜等纂
民国二十四年(1935)铅印本　十册

F519 ［民国］续修临沂县志十七卷首一卷
范筑先修　李宗仁等纂
民国二十四年(1935)铅印本　合册

F520 ［道光］沂水县志十卷
(清)张玺修　刘承谦等纂
清道光七年(1827)刻本　十行二十字小字双
行同白口左右双边　四册

F521* ［道光］沂水县志十卷
(清)张玺修　刘承谦等纂
清道光七年(1827)刻本　十行二十字小字双
行同白口左右双边　六册

F522* ［嘉庆］莒州志十六卷首一卷
(清)许绍锦纂修
清嘉庆元年(1796)刻本　九行二十二字小字
双行同白口四周双边　六册

F523 ［光绪］日照县志十二卷首一卷
(清)陈懋修　张庭诗　李堉纂
清光绪九年(1883)修　十二年(1886)刻本　十
行二十五字小字双行同白口四周双边　四册

F524 ［光绪］日照县志十二卷首一卷
(清)陈懋修　张庭诗　李堉纂
清光绪九年(1883)修　十二年(1886)刻本　十
行二十五字小字双行同白口四周双边　四册

F525* ［嘉庆］续修郯城县志十卷
(清)吴阶修　陆继辂纂
清嘉庆十五年(1810)刻本　十行二十字白口
左右双边　四册

F526* ［光绪］费县志十六卷首一卷
(清)李敬修纂修
清光绪二十五年(1899)谢燨增刻本　十行二
十一字小字双行同白口四周双边　十二册

F527[*] ［乾隆］泰安县志十二卷首一卷末一卷

（清）黄钤修　萧儒林　宋圻纂

清乾隆四十七年(1782)刻本　九行二十一字小字双行同白口左右双边　十册

F528　［道光］泰安县志十二卷首一卷末一卷

（清）徐宗干修　蒋大庆纂

清同治六年(1867)修刻本　九行二十一字小字双行同白口左右双边　十四册

F529[*]　［道光］泰安县志十二卷首一卷末一卷

（清）徐宗干修　蒋大庆纂

清同治六年(1867)修刻本　九行二十一字小字双行同白口左右双边　八册

F530　［民国］重修泰安县志十四卷

孟昭章等纂修

民国十八年(1929)铅印本　十四册

F531[*]　［道光］章丘县志十六卷首一卷末一卷

（清）吴璋修　曹楙坚纂

清道光十三年(1833)刻本　十行二十字小字双行同白口左右双边　八册

F532　章丘县乡土志二卷

（清）杨学渊修　李洪钰等纂

清光绪三十三年(1907)石印本　二册

F533　［嘉靖］莱芜县志八卷

（明）陈甘雨纂修

1963年上海古籍书店影印天一阁明嘉靖本二册

F534　［康熙］新修莱芜县志十卷

（清）钟国义等纂修

清康熙十二年(1673)刻本　九行二十二字小字双行同白口四周单边　四册

F535　莱芜县乡土志一卷

（清）何联甲编

清光绪三十三年(1907)石印本　一册

F536　［民国］莱芜县志二十二卷首一卷

张梅亭等纂修

民国十一年(1922)铅印本　六册

F537　［民国］续修莱芜县志三十八卷首一卷

李钟豫修　亓因培纂

民国二十四年(1935)铅印本　十三册

F538[*]　［乾隆］新泰县志二十卷首一卷

（清）江乾达修　牛士瞻等纂

清乾隆四十九年(1784)刻本　十行二十字白口四周单边　十册

F539　［康熙］阳谷县志八卷首一卷

（清）王时来修　杭云龙等纂

民国二十二年(1933)石印本　四册

F540[*]　［乾隆］新泰县志二十卷首一卷

（清）江乾达修　牛士瞻等纂

清光绪十七年(1891)徐致愉增刻本　十行二十字白口左右双边　六册

F541[*]　［光绪］宁阳县志二十四卷

（清）高升荣修　黄恩彤纂

清光绪十三年(1887)陈文显、黄师闓增刻本九行二十一字小字双行同白口左右双边　十二册

F542[*]　宁阳县乡土志一卷

（清）曹倜修　李椿龄　张云渠纂

清光绪三十三年(1907)石印本　一册

F543[*]　［乾隆］东平州志二十卷首一卷补遗一卷

（清）沈维基修　胡彦升纂

清乾隆三十六年(1771)刻本　十行二十一字小字双行同白口左右双边　十册

F544[*]　［道光］东平州志三十卷首二卷

（清）周云凤修　唐鉴　周兆棠纂

清道光五年(1825)刻本　十行二十一字小字双行同白口左右双边　十六册

F545[*]　［光绪］东平州志二十七卷图一卷首编四卷

（清）左宜似等修　卢鉴等纂

清光绪七年(1881)刻本　十行二十一字小字

双行同白口左右双边　二十册

F546　[民国]东平县志十七卷
张志熙等修　刘靖宇等纂
民国二十五年(1936)东平天成印刷局铅印本
六册

F547　[嘉庆]肥城县新志十九卷首一卷
(清)曾冠英修　李基熙纂
清嘉庆二十年(1815)修　刻本　九行二十字
小字双行同白口四周双边　六册

F548＊　[光绪]肥城县志十卷首一卷
(清)凌绂曾修　邵承照纂
清光绪十七年(1891)刻本　十行二十二字小
字双行同白口四周双边　六册

F549＊　[嘉庆]平阴县志四卷
(清)喻春林修　朱续孜纂
清嘉庆十三年(1808)刻本　九行二十字小字
双行同白口四周双边　二册

F550＊　[道光]平阴县志续刻二卷
(清)张朴修　熊衍学纂
清道光二十八年(1848)刻本　九行二十字小
字双行同白口四周双边　四册

F551＊　[光绪]平阴县志八卷首一卷
(清)李敬修纂修
清光绪二十一年(1895)刻本　十行二十五字
小字双行同白口四周双边　八册

F552＊　[道光]长清县志十六卷首四卷末
二卷
(清)舒化民等修　徐德城等纂
清道光十五年(1835)刻本　十行二十三字小
字双行同白口左右双边　八册

F553　[民国]长清县志十六卷首一卷末一卷
李起元修　王连儒等纂
民国二十四年(1935)铅印本　十一册

F554＊　[乾隆]济宁直隶州志三十四卷首
一卷
(清)胡德琳　蓝应桂修　周永年　盛百二纂
清乾隆四十三年(1778)刻本　十行十九字白

口左右双边　二十册

F555＊　[道光]济宁直隶州志十卷首一卷末
一卷图一卷
(清)徐宗干修　许瀚纂
清咸丰九年(1859)卢朝安刻本　十行二十一
字小字双行同白口左右双边　二十册

F556＊　[道光]济宁直隶州志十卷首一卷末
一卷图一卷
(清)徐宗干修　许瀚纂
清咸丰九年(1859)卢朝安刻本　十行二十一
字小字双行同白口左右双边　二十册

F557＊　[咸丰]济宁直隶州续志四卷
(清)卢朝安纂修
清咸丰九年(1859)刻本　十行二十一字小字
双行同白口左右双边　四册

F558　[民国]济宁直隶州续志二十四卷首一
卷末一卷补遗一卷
潘守廉修　唐烜纂
民国十五年(1926)铅印本　十三册

F559　[民国]济宁县志四卷首一卷补遗一卷
潘守廉修　袁绍昂等纂
民国十六年(1927)铅印本　四册

F560＊　[乾隆]曲阜县志一百卷
(清)潘相等纂修
清乾隆三十九年(1774)刻本　十一行二十三
字小字双行同白口左右双边　十六册

F561　[民国]续修曲阜县志八卷
孙永汉修　李经野等纂
民国二十三年(1934)济南同志印刷所铅印本
八册

F562＊　[光绪]滋阳县志十四卷
(清)莫炘修　黄恩彤纂　李兆霖等续修
黄师阊等续纂
清咸丰九年(1859)修光绪十四年(1888)续修
刻本　九行二十字小字双行同白口左右双边
十册

F563 [顺治]泗水县志十二卷

（清）刘桓修　杜灿然纂

清康熙元年（1662）刻康熙三十八年（1699）补刻本　十行二十字小字双行同白口四周双边　四册

F564* [光绪]泗水县志十五卷首一卷

（清）赵英祚修　黄承爔纂

清光绪十八年（1892）刻本　十行二十一字小字双行同白口四周单边　八册

F565* [光绪]邹县续志十二卷首一卷

（清）吴若灏修　钱台纂

清光绪十八年（1892）刻本　九行二十一字白口四周双边　四册

F566 邹县乡土志一卷

（清）胡炜编

清光绪三十三年（1907）山东国文报馆石印本一册

F567 [民国]续修邹县志稿

唐柯三等纂

民国二十四年（1935）抄本　四册

F568* [道光]滕县志十四卷首一卷

（清）王政修　王庸立　黄来麟纂

清道光二十六年（1846）刻本　十行二十二字小字双行同白口四周双边　八册

F569 [民国]续滕县志五卷

崔公甫　刘汝桐等修　高熙喆等纂

民国三十年（1941）北平法源寺刻本　十行二十四字黑口四周双边　五册

F570* [乾隆]金乡县志二十卷

（清）王天秀修　孙巽纂

清乾隆三十三年（1768）刻本　十行二十一字白口左右双边　四册

F571* [咸丰]金乡县志略十二卷首一卷

（清）李垒纂修

清咸丰十年（1860）修同治元年（1862）刻本十行二十五字小字双行同白口四周双边五册

F572* [乾隆]鱼台县志十三卷首一卷末一卷

（清）冯振鸿纂修

清乾隆二十九年（1764）刻本　十行二十一字白口四周双边　四册

F573* [光绪]鱼台县志四卷首一卷末一卷

（清）赵英祚纂修

清光绪十五年（1889）刻本　十行二十一字小字双行同白口四周双边　四册

F574* [光绪]嘉祥县志四卷首一卷

（清）章文华　官擢午纂修

清光绪三十四年（1908）刻本　十行二十二字小字双行二十一、二十二字不等白口四周单边　四册

F575* [光绪]荷泽县志二十卷

（清）凌寿柏修　宋明在纂

清光绪六年（1880）刻本　十行二十字白口四周单边　十二册

F576 [光绪]新修荷泽县志十八卷首一卷

（清）凌寿柏修　叶道源纂

清光绪十一年（1885）刻本　十行二十一字小字双行同白口四周双边　六册

F577* [光绪]郓城县志十六卷首一卷

（清）毕炳炎　胡建枢修　赵翰銮　李承光纂

清光绪十九年（1893）刻本　九行二十字小字双行同白口四周双边　八册

F578 [道光]巨野县志二十四卷首一卷

（清）黄维翰纂修　袁传裘续纂修

清道光二十年（1840）修二十六年（1846）续修刻本　十行二十一字小字双行同白口左右双边　十六册

F579 [道光]巨野县志二十四卷首一卷

（清）黄维翰纂修　袁传裘续纂修

清道光二十年（1840）修二十六年（1846）续修刻本　十行二十一字小字双行同白口左右双边　十六册

F580* [乾隆]定陶县志十卷首一卷

（清）雷宏宇修　刘珠等纂

清光绪二年（1876）周忠修补刻本　九行二十

35

二字小字双行同白口左右双边　四册

F581　[民国]定陶县志十二卷首一卷
(清)冯麟溎修　曹垣纂
民国五年(1916)刻本　九行二十二字小字双行同白口左右双边　八册

F582* 　[道光]城武县志十四卷首一卷
(清)袁章华修　刘士瀛纂
清道光十年(1830)刻本　九行二十字白口左右双边　八册

F583* 　[乾隆]单县志十三卷图一卷
(清)觉罗普尔泰修　傅尔德纂
清乾隆二十四年(1759)刻本　九行二十二字白口四周双边　四册

F584　[民国]单县志二十四卷首一卷
项葆桢等修　李经野等纂
民国十八年(1929)铅印本　十二册

F585* 　[光绪]曹县志十八卷首一卷
(清)陈嗣良修　孟广来 贾乃延纂
清光绪十年(1884)刻本　十行二十二字小字双行同白口四周双边　十二册

F586* 　[宣统]聊城县志十二卷首一卷
陈庆蕃修　叶锡麟 靳维熙纂
清宣统二年(1910)刻本　十行二十一字白口四周双边　八册

F587* 　[康熙]堂邑县志二十卷
(清)卢承琰修　刘淇纂
清光绪十八年(1892)刻本　十行二十字白口四周单边　三册

F588　[民国]临清县志十六卷
徐子尚 张自清修　张树梅 王贵笙纂
民国二十三年(1934)铅印本　十四册

F589* 　[嘉庆]清平县志十七卷
(清)万承绍修　周以勋纂
清嘉庆三年(1798)刻本　十行二十字白口四周双边　五册

F590　[宣统]增辑清平县志十六卷首一卷
(清)陈钜前 傅秉鉴修　张敬承纂

清宣统三年(1911)刻本　十行二十字白口四周双边　八册

F591　[民国]清平县志不分卷
路大遵修　张树梅纂
民国二十五年(1936)铅印本　十册

F592　[民国]茌平县志二十八卷首一卷
(清)盛津颐等修　张建桢等纂
民国元年(1912)刻民国十五年(1926)增补重印本　十行二十一字白口四周双边　六册

F593　[民国]茌平县志十二卷
牛占诚等修　周之桢等纂
民国二十四年(1935)济南五三美术印刷社铅印本　八册

F594　[道光]博平县志六卷
(清)杨祖宪修　乌竹芳纂
清道光十一年(1831)刻本　九行二十一字小字双行同白口四周双边　六册

F595* 　[道光]博平县志六卷
(清)杨祖宪修　乌竹芳纂
清道光十一年(1831)刻本　九行二十一字小字双行同白口四周双边　六册

F596　[道光]高唐州志八卷首一卷末一卷
(清)徐宗干修　陈仇 杜阡纂
清道光十五年(1835)刻本　九行二十字小字双行同白口四周双边　六册

F597* 　[光绪]高唐州志八卷首一卷末一卷
(清)周家齐修　鞠建章纂
清光绪三十三年(1907)刻本　九行二十字小字双行同白口四周双边　十册

F598* 　[道光]东阿县志二十四卷首一卷
(清)李贤书修　吴怡等纂
清道光九年(1829)刻本　十行二十一字小字双行同白口四周单边　十二册

F599　[道光]东阿县志二十四卷首一卷
(清)李贤书修　吴怡纂
民国二十三年(1934)济南午夜书店铅印本　八册

F600　[民国]续修东阿县志十六卷首一卷
周竹生修　靳维熙纂
民国二十三年(1934)济南午夜书店铅印本
四册

F601　[民国]东阿县志十八卷首一卷
周竹生修　靳维熙纂
民国二十三年(1934)铅印本　四册

F602　[正德]莘县志十卷
(明)吴宗器纂修
1965年上海古籍书店影印天一阁明正德本
三册

F603*　[光绪]莘县志十卷
(清)张朝玮修　孔广海纂
清光绪十三年(1887)刻本　九行二十字白口
四周双边　六册

F604　[民国]莘县志十二卷首一卷
王嘉猷修　严绥之纂
民国二十六年(1937)铅印本　八册

F605　[道光]冠县志十卷
(清)梁永康修　赵锡书纂
民国二十二年(1933)铅印本　四册

F606*　[雍正]馆陶县志十二卷
(清)赵知希纂修　张兴宗增修
清光绪十九年(1893)刻本　九行二十字小字
双行同白口四周双边　四册

F607　[民国]馆陶县志十一卷
王华安　丁世恭修　刘清如纂
民国二十五年(1936)铅印本　十一册

F608*　[嘉庆]范县志四卷
(清)唐晟纂修
清嘉庆十四年(1809)刻本　十行二十二字小
字双行同白口左右双边　四册

F609　[嘉庆]范县志四卷
(清)唐晟纂修
清光绪三十三年(1907)石印本　四册

F610　[光绪]范县志续编不分卷
(清)杨沂修　杜均平纂

清光绪三十四年(1908)石印本　一册

F611　范县乡土志一卷
(清)杨沂修　吕维钊纂
清光绪三十四年(1908)石印本　一册

F612　[民国]范县志六卷
张振声修　余文凤纂
民国二十四年(1935)铅印本　六册

F613　[乾隆]濮州志六卷
(清)邵世昌修　柴搽纂
清乾隆二十年(1755)刻本　九行二十字小字
双行十九字白口四周双边　六册

F614*　[宣统]濮州志八卷
(清)高士英修　荣相鼎纂
清宣统元年(1909)刻本　九行二十字小字双
行同白口四周双边　八册

F615　[康熙]朝城县志十卷
(清)祖植桐修　赵昶纂
民国九年(1920)刻本　九行二十字小字双行
同白口四周双边　四册

F616　[光绪]朝城县乡土志一卷
(清)袁大启修　吴玉书　吴式基等纂
民国九年(1920)刻本　九行二十字小字双行
同白口四周双边　一册

F617　[民国]朝城县续志二卷
杜子枞修　贾铭恩纂
民国九年(1920)刻本　九行二十字小字双行
同白口四周双边　二册

F618　[道光]观城县志十卷首一卷
(清)孙观纂修
民国二十二年(1933)铅印本　四册

F619*　[乾隆]德州志十二卷首一卷
(清)王道亨修　张庆源纂
清乾隆五十三年(1788)刻本　九行二十字小
字双行同白口左右双边　八册

F620*　[乾隆]德州新志考误十二卷首一卷
(清)李有基撰
清乾隆五十九年(1794)刻本　八行二十二字

小字双行二十一字白口四周双边　二册

F621　[民国]德县志十六卷
李树德修　董瑶林等纂
民国二十四年(1935)铅印本　十六册

F622＊　[光绪]陵县志二十二卷首一卷续志
十三卷
(清)沈淮修　李图纂　戴杰续纂
清光绪元年(1875)增刻本　九行二十一字小
字双行白口四周双边　八册

F623　[光绪]陵县志二十二卷首一卷续志十
三卷
(清)沈淮修　李图纂　戴杰续纂
民国二十五年(1936)铅印本　六册

F624　[光绪]陵县志二十二卷首一卷续志十
三卷
(清)沈淮修　李图纂　戴杰续纂
民国二十五年(1936)铅印本　六册

F625　[民国]陵县续志四卷首一卷
苗恩波修　刘荫岐纂
民国二十四年(1935)铅印本　四册

F626＊　[嘉庆]德平县志十卷首一卷
(清)钟大受纂修
清嘉庆元年(1796)刻本　十行二十四字小字
双行同白口四周双边　四册

F627＊　[光绪]德平县志十二卷首一卷
(清)凌锡祺修　李敬熙纂
清光绪十九年(1893)刻本　十行二十四字小
字双行同白口四周双边　六册

F628　[光绪]德平县志十二卷首一卷
(清)凌锡祺修　李敬熙纂
民国二十四年(1935)铅印本　六册

F629　[民国]德平续志十二卷首一卷
吕学元修　严绥之等纂
民国二十五年(1936)铅印本　四册

F630　[乾隆]乐陵县志八卷首一卷末一卷
(清)王谦益修　郑成中纂
清乾隆二十七年(1762)刻本　九行十九字白

口左右双边　八册

F631＊　[乾隆]乐陵县志八卷首一卷末一卷
(清)王谦益修　郑成中纂
清乾隆二十七年(1762)刻本　九行十九字白
口左右双边　八册

F632＊　[道光]商河县志八卷首一卷
(清)龚廷煌等纂修
清道光十六年(1836)刻本　九行二十字小字
双行白口四周单边　八册

F633　[民国]重修商河县志十五卷首一卷
石毓嵩修　马忠藩 路程诲纂
民国二十五年(1936)铅印本　十六册

F634＊　[道光]临邑县志十六卷首一卷末
一卷
(清)沈淮纂修
清道光十七年(1837)刻本　九行二十一字白
口四周双边　八册

F635＊　[同治]临邑县志十六卷首一卷
(清)沈淮原本　陈鸿翔续修　翟振庆续纂
清同治十三年(1874)续补刻本　九行二十一
字小字双行同白口四周双边　八册

F636　[民国]续修临邑县志四卷首一卷
崔公甫修　王树枬 王孟戍纂
民国二十五年(1936)铅印本　五册

F637＊　[乾隆]济阳县志十四卷首一卷
(清)胡德琳修　何明礼 章承茂纂
清乾隆三十年(1765)刻本　九行二十一字白
口左右双边　八册

F638　[民国]济阳县志二十卷首一卷
卢永祥等修　王嗣鎣纂
民国二十三年(1934)铅印本　十二册

F639＊　[嘉庆]禹城县志十二卷
(清)董鹏翱修　牟应震纂
清嘉庆十三年(1808)刻本　十行二十字小字
双行同白口四周双边　四册

F640　[雍正]齐河县志十卷首一卷
(清)上官有仪修　许琰纂

38

清同治五年(1866)补刻本　九行二十字白口
四周双边　四册

F641　[民国]齐河县志三十四卷首一卷
杨豫修等修　郝金章　孙秀坤纂
民国二十二年(1933)铅印本　十六册

F642　[乾隆]平原县志十卷首一卷
(清)黄怀祖修　黄兆熊纂
清乾隆十四年(1749)刻本　十行二十四字小
字双行同白口四周双边　四册

F643　[乾隆]平原县志十卷首一卷
(清)黄怀祖修　黄兆熊纂
民国二十四年(1935)平原大同印刷局铅印本
四册

F644　[民国]续修平原县志十二卷首一卷
曹梦九修　赵祥俊　张元钧纂
民国二十四年(1935)平原大同印刷局铅印本
四册

F645　[宣统]重修恩县志十卷首一卷
(清)汪鸿孙修　刘儒臣　王金阶纂
清宣统元年(1909)刻本　九行二十字白口四
周双边　四册

F646　[嘉靖]夏津县志二卷
(明)易时中修　王琳纂
1962年上海古籍书店《天一阁藏明代地方志
选刊》本　二册

F647　[乾隆]夏津县志十卷首一卷
(清)方学成修　梁大鲲纂
清乾隆六年(1741)刻本　十行二十二字小字
双行同白口左右双边　六册

F648　[乾隆]夏津县志十卷首一卷
(清)方学成修　梁大鲲纂
民国二十三年(1934)铅印本　六册

F649　[民国]夏津县志续编十卷首一卷
谢锡文修　许宗海纂
民国二十三年(1934)铅印本　八册

F650　[嘉靖]武城县志十卷
(明)尤麒修　陈露纂

1963年上海古籍书店《天一阁藏明代地方志
选刊》本　二册

F651　[道光]武城县志续编十四卷首一卷
(清)厉秀芳纂修
清道光二十一年(1841)刻本　十行二十字小
字双行同白口四周双边　四册

F652　[民国]增订武城县志续编十五卷
王延纶修　王黼铭纂
民国元年(1912)刻本　十行二十字小字双行
同白口四周双边　四册

F653　[雍正]河南通志八十卷
(清)田文镜等修　孙灏等纂
清光绪二十八年(1902)补刻本　十一行二十
二字小字双行同白口四周双边　四十册

F654　[雍正]河南通志八十卷
(清)田文镜等修　孙灏等纂
民国三年(1914)河南教育司补刻本　四十册

F655　[乾隆]续河南通志八十卷首四卷
(清)阿思哈　嵩贵纂修
清乾隆三十二年(1767)刻本　十一行二十二
字小字双行同白口四周双边　三十二册

F656　[乾隆]续河南通志八十卷首四卷
(清)阿思哈　嵩贵纂修
清光绪二十八年(1902)补刻本　十一行二十
二字小字双行同白口四周双边　十九册

F657　[乾隆]续河南通志八十卷首四卷
(清)阿思哈　嵩贵纂修
民国三年(1914)河南教育司补刻本　十一行
二十二字小字双行同白口四周双边　二十
四册

F658　[民国]河南通志稿不分卷
□□撰
民国三十二年(1943)铅印本　十三册

F659　河南省区县沿革简表
不著撰人
石印本　一册

F660 * [康熙]开封府志四十卷

(清)管竭忠修　张沐纂

清同治二年(1863)修刻本　十行二十字小字双行同白口四周单边　十册

F661 * [乾隆]归德府志三十六卷首一卷

(清)陈锡辂 永泰修　查岐昌纂

清光绪十九年(1893)刻本　九行二十字小字双行同白口左右双边　十册

F662 * [乾隆]卫辉府志五十三卷首一卷末一卷

(清)德昌修　徐朗斋纂

清乾隆五十三年(1788)刻本　十行二十二字小字双行同白口左右双边　二十四册

F663 * [乾隆]新修怀庆府志三十二卷首一卷图经一卷

(清)唐侍陛 杜琮修　洪亮吉纂

清乾隆五十四年(1789)刻本　十一行二十二字小字双行同白口四周单边　十六册

F664 * [乾隆]河南府志一百十六卷首四卷

(清)施诚修　童钰 裴希纯纂

清同治六年(1867)陈肇镛补刻乾隆四十四年(1779)本　十行二十三字小字双行同白口四周双边　三十二册

F665 * [嘉庆]南阳府志六卷图一卷

(清)孔传金纂修

清嘉庆十二年(1807)刻本　九行二十一字小字双行同白口左右双边　十二册

F666 * [嘉庆]汝宁府志三十卷首一卷

(清)德昌修　王增纂

清嘉庆元年(1796)刻本　十一行二十三字小字双行同黑口四周双边　十二册

F667 [嘉靖]彰德府志八卷

(明)陈万言修　崔铣纂

1964年上海古籍书店《天一阁藏明代地方志选刊》本　四册

F668 * [乾隆]彰德府志二十四卷首一卷

(清)黄邦宁修　景鸿宾 童钰纂

清乾隆三十五年(1770)刻本　九行二十一字

小字双行十九字白口四周双边　十册

F669 * [乾隆]彰德府志三十二卷首一卷

(清)卢崧修　江大键 程焕纂

清乾隆五十二年(1787)刻本　十一行二十二字小字双行同白口左右双边　二十册

F670 * [乾隆]陈州府志三十卷首一卷

(清)崔应阶修　姚之琅纂

清乾隆十一年(1746)刻本　十行二十二字小字双行同白口四周单边　二十册

F671 [乾隆]陈州府志三十卷首一卷

(清)崔应阶修　姚之琅纂

清乾隆十一年(1746)刻本　十行二十二字小字双行同白口四周双边　二十册

F672 * [乾隆]郑州志十二卷首一卷

(清)张钺修　毛如诜纂

清乾隆十三年(1748)刻本　九行二十一字小字双行十八字白口四周双边　六册

F673 * [宣统]陈留县志四十二卷首一卷

(清)钟定纂修　武从超续修　赵文琳续纂

清宣统二年(1910)石印本　四册

F674 * [乾隆]祥符县志二十二卷

(清)张淑载修　鲁会煜纂

清乾隆四年(1739)刻本　九行二十字小字双行同白口四周双边　十二册

F675 * [光绪]祥符县志二十四卷首一卷

(清)沈传义 俞纪瑞修　黄舒昺纂

清光绪二十四年(1898)刻本　十行二十一字小字双行同白口左右双边　二十册

F676 [乾隆]东明县志八卷

(清)储元升纂修

民国十三年(1924)铅印本　六册

F677 [民国]东明县续志四卷

(清)周保琛修　李曾裕纂

民国十三年(1924)铅印本　二册

F678 [民国]东明县新志二十二卷首一卷

任传藻修　穆祥仲纂

民国二十二年(1933)铅印本　八册

F679 [嘉靖]兰阳县志十卷

(明)褚宦修 李希程纂

1965年上海古籍书店《天一阁藏明代地方志选刊》本 三册

F680 [康熙]兰阳县志十卷

(清)高世琦修 王旦 傅上襄纂

民国二十四年(1935)河南建华印刷所铅印本 四册

F681 [乾隆]兰阳县续志八卷

(清)涂光范修 王壬纂

民国二十四年(1935)河南建华印刷所铅印本 二册

F682 [乾隆]仪封县志十二卷首一卷末一卷

(清)纪黄中 王续修 宋宣纂

民国二十四年(1935)河南建华印刷所铅印本 六册

F683＊ [乾隆]杞县志二十四卷

(清)周玑修 朱璇纂

清乾隆五十三年(1788)刻本 十行二十一字 白口左右双边 十二册

F684 [嘉靖]尉氏县志五卷

(明)曾嘉诰修 汪心纂

1963年上海古籍书店《天一阁藏明代地方志选刊》本 五册

F685＊ [道光]尉氏县志二十卷首一卷

(清)刘厚滋 沈淮修 王观潮等纂

清道光十一年(1831)刻本 十一行二十四字 白口四周双边 八册

F686＊ [乾隆]通许县志十卷

(清)阮龙光修 邵自祐纂

清乾隆三十五年(1770)刻本 十行二十二字 小字双行同白口四周双边 六册

F687 [同治]中牟县志十二卷首一卷末一卷

(清)吴若烺修 焦子蕃纂

清同治九年(1870)刻本 十行二十五字小字双行同白口四周双边 六册

F688＊ [同治]中牟县志十二卷首一卷末一卷

(清)吴若烺修 焦子蕃纂

清同治九年(1870)刻本 十行二十五字小字双行同白口四周双边 六册

F689 [乾隆]新郑县志三十一卷首一卷

(清)黄本诚纂修

清乾隆四十一年(1776)刻本 十行二十六字小字双行同黑口四周单边 十二册

F690＊ [乾隆]新郑县志三十一卷首一卷

(清)黄本诚纂修

清乾隆四十一年(1776)刻本 十行二十六字小字双行同黑口四周单边 十二册

F691＊ [嘉庆]密县志十六卷首一卷

(清)景纶修 谢增纂

清嘉庆二十二年(1817)刻本 十一行二十三字小字双行同黑口左右双边 四册

F692 [民国]密县志二十卷

汪忠修 吕林钟 阎凤舞纂

民国十二年(1923)铅印本 六册

F693＊ [乾隆]登封县志三十二卷

(清)陆继萼修 洪亮吉纂

清乾隆五十二年(1787)刻本 十一行二十一字黑口左右双边 八册

F694 [嘉靖]巩县志八卷

(明)周泗修 康绍第纂

民国二十四年(1935)泾川图书馆刻本 十行二十二字白口四周单边 一册

F695＊ [乾隆]巩县志二十卷首一卷

(清)李述武修 张紫岘纂

清乾隆五十四年(1789)刻本 十行二十二字小字双行同白口左右双边 六册

F696 [乾隆]荥阳县志十二卷

(清)李煦修 李清纂

清乾隆十二年(1747)刻本 九行二十一字小字双行二十字白口四周双边 四册

41

F697 * ［乾隆］荥阳县志十二卷

(清)李煦修　李清纂

清乾隆十二年(1747)刻本　九行二十一字小字双行同白口四周双边　四册

F698 * ［乾隆］荥泽县志十四卷图一卷

(清)崔淇修　王博　李维峤纂

清乾隆十三年(1748)刻本　九行二十字白口四周双边　四册

F699 ［民国］河阴县志十七卷金氏考二卷文征三卷

高廷璋　胡荃修　蒋薄纂

民国七年(1918)刻本　十行二十二字小字双行同黑口左右双边　十二册

F700 ［民国］汜水县志十二卷

田金祺修　赵东阶　张登云纂

民国十七年（1928）上海世界书局铅印本　八册

F701 ［正德］新乡县志六卷

(明)储珊修　李锦纂

1963年上海古籍书店《天一阁藏明代地方志选刊》本　二册

F702 ［乾隆］新乡县志三十四卷首一卷

(清)赵开元修　畅俊纂

民国十年(1921)补刻本　十二行二十五字白口四周单边　六册

F703 ［民国］新乡县续志六卷

韩邦孚　蒋浚川修　田芸生纂

民国十二年(1923)铅印本　六册

F704 ［道光］辉县志二十卷首一卷末一卷

(清)周际华修　戴铭纂

清光绪十四年(1888)郭藻重修光绪二十一年(1895)易钊两次补刻本　十一行二十三字白口左右双边　八册

F705 * ［道光］辉县志二十卷首一卷末一卷

(清)周际华修　戴铭纂

清道光十五年(1835)百泉书院刻本　十一行二十三字白口左右双边　八册

F706 * ［乾隆］汲县志十四卷首一卷末一卷

(清)徐汝瓒修　杜崐纂

清乾隆二十年(1755)刻本　十行二十二字小字双行同黑口四周双边　六册

F707 ［民国］汲县今志二十章

魏青铔纂

民国二十四年(1935)南京铅印本　一册

F708 ［顺治］封丘县志九卷首一卷

(清)余缙修　李嵩阳纂

民国二十六年(1937)开封新豫印刷所铅印本　四册

F709 ［康熙］封丘县续志不分卷

(清)王赐魁修　李会生　宋作宾纂

民国二十六年(1937)开封新豫印刷所铅印本　一册

F710 ［康熙］封丘县续志五卷

(清)孟镠　耿纮祚修　李承绶纂

民国二十六年(1937)开封新豫印刷所铅印本　一册

F711 ［民国］封丘县续志二十八卷首一卷末一卷

姚家望修　黄荫楠纂

民国二十六年(1937)开封新豫印刷所铅印本　十册

F712 * ［乾隆］原武县志十卷

(清)吴文炘修　何远纂

清乾隆十二年(1747)刻本　九行二十一字小字双行同白口四周双边　五册

F713 * ［乾隆］阳武县志十二卷

(清)谈提曾修　杨仲震纂

清乾隆十年(1745)刻本　九行二十一字白口四周双边　六册

F714 * ［道光］武陟县志三十六卷

(清)王荣陛修　方履篯纂

清道光九年(1829)刻本　十行二十二字小字双行同白口左右双边　八册

F715[*] ［乾隆］温县志十二卷首一卷附怀庆府温县宪纲清册 怀庆府温县境内河舆寨图

(清)王其华修 苗于京纂

清乾隆二十四年(1759)刻光绪二年(1876)重印本 十二行二十五字小字双行同白口左右双边 四册

F716[*] ［乾隆］孟县志十卷

(清)仇汝瑚修 冯敏昌纂

清乾隆五十五年(1790)刻本 十一行二十一字黑口左右双边 十册

F717[*] ［乾隆］济源县志十六卷首一卷末一卷

(清)萧应植修 沈樗庄纂

清乾隆二十六年(1767)刻本 十行二十二字小字双行同白口左右双边 六册

F718[*] ［嘉庆］续济源县志十二卷

(清)何荇芳修 刘大观纂

清嘉庆十八年(1813)刻本 十行二十二字小字双行同白口左右双边 四册

F719[*] ［道光］河内县志三十六卷

(清)袁通修 方履籛 吴育纂

清道光五年(1825)刻本 十一行二十三字小字双行同白口左右双边 十册

F720[*] ［道光］修武县志十二卷首一卷

(清)冯继照修 金皋 袁俊纂

清道光十九年(1839)刻本 十一行二十一字小字双行同白口左右双边 十册

F721[*] ［乾隆］获嘉县志十六卷首一卷

(清)吴乔龄修 李栋纂

清乾隆二十一年(1756)刻本 十行二十二字小字双行同黑口四周双边 六册

F722 ［嘉庆］安阳县志二十八卷首一卷

(清)贵泰修 武穆淳纂

民国二十二年(1933)北平文岚簃古宋印书局铅印本 八册

F723 ［民国］续安阳县志十六卷首一卷末一卷

方策 王幼侨修 裴希度 董作宾纂

附金石录、甲骨文

王子玉撰

民国二十二年(1933)北平文岚簃古宋印书局铅印本 六册

F724 ［嘉靖］内黄县志九卷

(明)董弦等纂修

1963年上海古籍书店《天一阁藏明代地方志选刊》本 二册

F725[*] ［乾隆］内黄县志十八卷首一卷

(清)李涒修 黄之征纂

清乾隆四年(1739)刻本 九行二十字白口左右双边 六册

F726[*] ［光绪］内黄县志十九卷首一卷

(清)董庆恩 裘献功修 陈熙春纂

清光绪十八年(1892)刻本 十行二十二字白口四周双边 八册

F727[*] ［光绪］南乐县志十卷首一卷补遗一卷

(清)施有方 陆雄炘修 武勋朝 李云峰纂

清光绪二十九年(1903)刻本 十行二十字小字双行同白口四周双边 四册

F728[*] ［同治］清丰县志十卷

(清)杨燝 高俊续修

清同治十年(1871)增补康熙本 九行二十字小字双行同白口四周双边 四册

F729 ［民国］清丰县志十卷首一卷

刘朝升修 胡魁凤纂

民国三年(1914)铅印本 六册

F730 ［嘉靖］开州志十卷

(明)孙巨鲸修 王崇庆纂

1963年上海古籍书店《天一阁藏明代地方志选刊》本 二册

F731[*] ［嘉庆］开州志八卷首一卷

(清)李符清修 沈乐善纂

清嘉庆十一年(1806)刻本 十一行二十二字白口左右双边 六册

F732 ＊　[光绪]开州志八卷首一卷

(清)陈兆麟修　祁德昌纂

清光绪八年(1882)刻本　十行二十二字白口
四周双边　八册

F733　[光绪]开州志八卷首一卷

(清)陈兆麟修　祁德昌纂

清光绪八年(1882)刻本　十行二十二字白口
四周双边　八册

F734　[嘉靖]长垣县志九卷

(明)杜纬修　刘芳纂

1964年上海古籍书店《天一阁藏明代地方志
选刊》本　二册

F735 ＊　[嘉庆]长垣县志十六卷

(清)李于垣修　杨元锡纂

清嘉庆十五年(1810)刻本　十一行二十二字
小字双行同白口左右双边　八册

F736 ＊　[道光]续修长垣县志二卷附分募经
费姓氏

(清)葛之镛　陈寿昌修　蒋庸　郭余裕纂
附劝诚歌

(清)王宗敬撰

清道光二十九年(1849)刻本　十一行二十一
字白口左右双边　二册

F737 ＊　[同治]滑县志十二卷

(清)姚锟修　徐光第纂

清同治六年(1867)刻本　九行二十二字白口
四周双边　八册

F738 ＊　[嘉庆]浚县志二十二卷首一卷末
一卷

(清)熊象阶修　武穆淳纂

清嘉庆七年(1802)刻本　十一行二十三字白
口左右双边　六册

F739　[光绪]续浚县志八卷

(清)黄璟修　李作霖　乔景濂纂

清光绪十二年(1886)刻本　十一行二十三字
白口左右双边　四册

F740 ＊　[乾隆]林县志十卷首一卷末一卷

(清)杨潮观纂修

清乾隆十七年(1752)黄华书院刻本　九行二
十二字小字双行同白口左右双边　四册

F741　[乾隆]林县志十卷首一卷末一卷

(清)杨潮观纂修

清乾隆十七年(1752)黄华书院刻本　九行二
十二字小字双行同白口左右双边　四册

F742　[咸丰]续林县志四卷首一卷

(清)康仲方修　卫济世纂

清咸丰元年(1851)刻本　九行二十二字白口
左右双边　二册

F743 ＊　[康熙]商丘县志二十卷首一卷

(清)刘德昌修　叶沄纂

清光绪十一年(1885)刻本　九行二十字白口
四周单边　六册

F744 ＊　[光绪]虞城县志十卷

(清)张元鉴原本　李淇增修　席庆云增纂

清光绪二十一年(1895)刻本　九行二十字小
字双行同白口四周双边　六册

F745　[嘉靖]夏邑县志八卷

(明)郑相修　黄虎臣纂

1963年上海古籍书店《天一阁藏明代地方志
选刊》本　二册

F746　[民国]夏邑县志九卷首一卷

韩世勋修　黎德芬纂

民国九年(1920)石印本　八册

F747 ＊　[光绪]永城县志三十八卷首一卷

(清)岳廷楷修　胡赞采　吕永辉纂

清光绪二十九年(1903)刻本　十行二十二字
黑口左右双边　八册

F748 ＊　[乾隆]柘城县志十八卷首一卷

(清)李志鲁纂修

清乾隆三十八年(1773)刻本　九行二十一字
小字双行同白口四周双边　八册

F749 ＊　[光绪]柘城县志十卷首一卷

(清)元淮　傅钟浚纂修

清光绪二十二年(1896)刻本　九行二十一字
小字双行同白口四周双边　十册

F750* [乾隆]鹿邑县志十二卷首一卷
(清)许葵纂修
清乾隆十八年(1753)真源书院刻本 十行二十一字黑口四周单边 四册

F751 [光绪]鹿邑县志十六卷首一卷
(清)于沧澜 马家彦修 蒋师辙纂
清光绪二十二年(1896)刻本 十一行二十二字小字双行同黑口左右双边 八册

F752* [光绪]鹿邑县志十六卷首一卷
(清)于沧澜 马家彦修 蒋师辙纂
清光绪二十二年(1896)刻本 十一行二十二字小字双行同黑口左右双边 七册

F753 [乾隆]沈丘县志十二卷
(清)何源洙修 鲁之璇纂
清乾隆十一年(1746)刻本 十行二十一字白口左右双边 四册

F754* [乾隆]项城县志十卷首一卷
(清)韩仪修 张延福纂
清乾隆十一年(1746)刻本 九行二十一字白口左右双边 六册

F755* [道光]淮宁县志二十七卷
(清)永铭修 赵任之 吴纯夫纂
清道光六年(1826)刻本 十行二十字黑口四周双边 十二册

F756 [民国]淮阳县志二十卷首一卷附陈州府职官备考
严绪钧修 朱撰卿纂
民国五年(1916)刻本 十二行二十五字小字双行同白口四周双边 十三册

F757 [民国]淮阳县志八卷首一卷附文征内集二卷外集二卷
郑康侯修 朱撰卿纂
民国二十三年(1934)铅印本 八册

F758* [道光]太康县志八卷
(清)戴凤翔修 高崧 江练纂
清道光八年(1828)刻本 九行二十五字小字双行同白口四周双边 八册

F759 [民国]太康县志十二卷首一卷
郭成章修 谢延祉纂
民国三十一年(1942)铅印本 四册

F760* [光绪]续修睢州志十二卷首一卷
(清)王枚修 徐绍廉纂
清光绪十八年(1892)刻本 九行二十字白口四周单边 八册

F761* [康熙]宁陵县志十二卷首一卷
(清)王图宁修 王肇栋纂
清光绪十九年(1893)汪钧泽刻本 九行二十二字白口四周单边 四册

F762 [嘉靖]许州志八卷
(明)张良知纂修
1961年上海古籍书店《天一阁藏明代地方志选刊》本 三册

F763* [乾隆]许州志十六卷
(清)甄汝舟修 谈起行纂
清乾隆十年(1745)刻本 九行二十字小字双行十九字白口四周双边 十二册

F764* [道光]许州志十六卷首一卷
(清)萧元吉修 李尧观纂
清道光十八年(1838)刻本 九行二十字小字双行同白口四周双边 十册

F765* [乾隆]长葛县志十卷
(清)阮景咸修 李秀生等纂
清乾隆十二年(1747)刻本 九行二十字小字双行同白口四周双边 四册

F766* [嘉庆]洧川县志八卷首一卷
(清)何文明修 李绅纂
清嘉庆二十三年(1818)刻本 十一行二十三字黑口四周单边 四册

F767 [光绪]洧川县乡土志二卷
(清)恩麟编
清光绪二十六年(1900)石印本 二册

F768 [嘉靖]鄢陵县志八卷
(明)刘讱纂修
1963年上海古籍书店《天一阁藏明代地方志选刊》本 二册

F769* [道光]鄢陵县志十八卷

(清)何鄂联修　洪符孙纂

清道光十三年(1833)刻本　十一行二十三字
黑口四周单边　八册

F770 [道光]扶沟县志十三卷

(清)王德瑛纂修

清道光十三年(1833)刻本　九行二十五字白
口四周双边　四册

F771* [光绪]扶沟县志十六卷首一卷

(清)熊灿修　张文楷纂

清光绪十九年(1893)大程书院刻本　九行二
十四字小字双行同白口左右双边　六册

F772* [乾隆]西华县志十四卷首一卷

(清)宋恂修　于大猷纂

清乾隆十九年(1754)刻本　十行二十二字小
字双行同白口四周双边　六册

F773* [乾隆]商水县志十卷首一卷

(清)张崇朴修　郭熙纂

清乾隆四十八年(1783)牛问仁增校刻本　十
行二十一字白口四周双边　八册

F774 [民国]商水县志二十五卷

徐家璘　宋景平修　杨凌阁纂

民国七年(1918)刻本　十二行二十五字小字
双行同白口四周双边　十册

F775* [乾隆]鄢城县志十八卷

(清)傅豫纂修

清乾隆十九年(1754)刻本　十行二十一字白
口四周单边　六册

F776* [民国]重修临颍县志十六卷首一卷

陈垣修　管大同纂

民国五年(1916)铅印本　十六册

F777* [乾隆]舞阳县志十二卷图一卷

(清)丁永琪修　李辙纂

清乾隆十年(1745)刻本　九行二十字白口四
周双边　四册

F778 [道光]舞阳县志十二卷

(清)王德瑛纂修

清道光十五年(1835)刻本　九行二十五字白

口四周双边　四册

F779* [道光]舞阳县志十二卷

(清)王德瑛纂修

清道光十五年(1835)刻本　九行二十五字白
口四周双边　四册

F780* [同治]叶县志十卷首一卷

(清)欧阳霖　张佩训修　仓景恬　胡廷桢纂

清同治十一年(1872)刻本　十行二十二字白
口四周双边　八册

F781 [同治]叶县志十卷首一卷

(清)欧阳霖　张佩训修　仓景恬　胡廷桢纂

清光绪二十二年(1896)重印本　十行二十二
字小字双行同白口四周双边　八册

F782 [嘉靖]鲁山县志十卷

(明)姚卿修　孙铎纂

1963年上海古籍书店《天一阁藏明代地方志
选刊》本　三册

F783* [道光]宝丰县志十六卷首一卷

(清)李仿梧修　耿兴宗　鲍桂征纂

清道光十七年(1837)刻本　十行二十四字小
字双行同白口四周双边　六册

F784* [咸丰]郏县志十二卷

(清)姜麓修　郭景泰纂

清咸丰九年(1859)刻本　九行二十二字小字
双行同白口四周双边　六册

F785* [同治]郏县志十二卷

(清)姜麓原本　张熙瑞续修　郭景泰续纂

清同治四年(1865)增刻本　九行二十二字小
字双行同白口四周双边　六册

F786 [嘉靖]襄城县志八卷

(明)林鸾纂修

1963年上海古籍书店《天一阁藏明代地方志
选刊》本　二册

F787* [乾隆]襄城县志十卷首一卷

(清)汪运正纂修

清乾隆十一年(1746)刻本　九行二十一字白
口左右双边　十册

F788 * [同治]禹州志二十六卷增续二卷

(清)朱炜修　姚椿等纂　宫国勋增修　杨景纯　赵甲祥增纂

清道光十五年(1835)刻同治九年(1870)增刻本　十行二十四字小字双行同白口四周双边　十三册

F789 * [乾隆]信阳州志十二卷首一卷

(清)张钺修　万侯纂

清乾隆十四年(1749)刻本　九行二十一字小字双行同白口四周双边　八册

F790 [乾隆]信阳州志十二卷首一卷

(清)张钺修　万侯纂

民国十四年(1925)汉口大新印刷公司铅印本　四册

F791 [民国]重修信阳县志三十一卷首一卷

方廷汉　谢随安修　陈善同纂

民国二十五年(1936)汉口洪兴印书馆铅印本　八册

F792 * [乾隆]确山县志四卷

(清)周之瑚修　严克㟶纂

清乾隆十一年(1746)刻本　九行二十一字白口四周双边　四册

F793 * [乾隆]遂平县志十六卷首一卷

(清)金忠济修　祝旸　魏弘谟纂

清乾隆二十四年(1759)刻本　九行二十一字小字双行同白口左右双边　四册

F794 * [嘉庆]正阳县志十卷

(清)彭良弼修　吕元灏等纂　杨德容补修　贺祥补纂

清嘉庆元年(1796)刻本　十一行二十一字黑口四周双边　四册

F795 [嘉庆]正阳县志十卷

(清)彭良弼修　吕元灏等纂　杨德容补修　贺祥补纂

清嘉庆元年(1796)刻本　十一行二十一字黑口四周双边　四册

F796 [民国]重修正阳县志八卷首一卷末一卷

刘月泉　刘炎光修　陈全三　魏松声纂

民国二十五年(1936)铅印本　八册

F797 [乾隆]新蔡县志十卷

(清)莫玺章修　王增纂

民国二十二年(1933)文明石印社石印本　四册

F798 * [嘉庆]息县志八卷首一卷

(清)刘光辉修　任镇及纂

清嘉庆四年(1799)刻本　十一行二十三字小字双行同黑口四周双边　八册

F799 [嘉靖]固始县志十卷

(明)张梯修　葛臣纂

1963年上海古籍书店《天一阁藏明代地方志选刊》本　三册

F800 * [乾隆]重修固始县志二十六卷首一卷

(清)谢聘修　洪亮吉纂

清乾隆五十一年(1786)刻本　九行二十三字白口左右双边　十六册

F801 [乾隆]重修固始县志二十六卷首一卷

(清)谢聘修　洪亮吉纂

清乾隆五十一年(1786)刻本　九行二十三字白口左右双边　十六册

F802 * [嘉庆]商城县志十四卷首一卷末一卷

(清)武开吉修　周之骙纂

清嘉庆八年(1803)刻本　九行二十二字小字双行同白口左右双边　十二册

F803 [嘉庆]商城县志十四卷首一卷末一卷

(清)武开吉修　周之骙纂

清嘉庆八年(1803)刻本　九行二十二字小字双行同白口左右双边　十二册

F804 [嘉靖]光山县志九卷

(明)沈绍庆修　王家士纂

1962年上海古籍书店《天一阁藏明代地方志选刊》本　二册

47

F805* [乾隆]光山县志三十二卷首一卷

(清)杨殿梓修　钱时雍纂

清乾隆五十一年(1786)刻本　九行二十三字
白口左右双边　十二册

F806 [乾隆]光山县志三十二卷首一卷

(清)杨殿梓修　钱时雍纂

清乾隆五十一年(1786)刻光绪十五年(1889)
补刻本　九行二十三字白口左右双边　十
二册

F807* [乾隆]光州志六十八卷

(清)高兆煌纂修

清乾隆三十五年(1770)刻本　九行二十字小
字双行同白口左右双边　三十二册

F808 [乾隆]光州志六十八卷

(清)高兆煌纂修

清乾隆三十五年(1770)刻本　九行二十字小
字双行同白口左右双边　二十三册

F809* [光绪]光州志十二卷首一卷

(清)杨修田修　马佩玖纂

清光绪十二年(1886)刻本　十行二十二字白
口四周单边　十六册

F810 光州乡土志不分卷

(清)胡赞采编

清光绪三十三年(1907)刻本　十一行二十一
字白口左右双边　一册

F811* [乾隆]罗山县志八卷

(清)葛荃修　李之杜　谢宝树纂

清乾隆十一年(1746)刻本　八行二十字白口
四周单边　六册

F812* [光绪]南阳县志十二卷首一卷

(清)潘守廉修　张嘉谋　张凤冈纂

清光绪三十年(1904)刻本　十行二十一字小
字双行同黑口左右双边　八册

F813* [乾隆]南召县志四卷

(清)陈之烦修　张睿　曹鹏翊纂

清乾隆十一年(1746)刻本　八行二十二字白
口四周双边　四册

F814* [道光]泌阳县志十二卷首一卷

(清)倪明进修　栗郓纂

清道光八年(1828)刻本　九行二十一字小字
双行同白口左右双边　六册

F815* [乾隆]桐柏县志八卷首一卷

(清)巩敬绪修　李南晖纂

清乾隆十八年(1753)刻本　九行二十一字小
字双行同白口四周双边　四册

F816* [乾隆]唐县志十卷

(清)黄文莲修　吴泰来纂

清乾隆五十二年(1787)刻本　十一行二十一
字黑口左右双边　四册

F817* [乾隆]新野县志九卷首一卷

(清)徐金位纂修

清乾隆十九年(1754)刻本　九行二十一字白
口四周双边　四册

F818 [嘉靖]邓州志十六卷

(明)潘庭楠纂修

1963年上海古籍书店《天一阁藏明代地方志
选刊》本　四册

F819* [乾隆]邓州志二十四卷首一卷末
一卷

(清)蒋光祖修　姚之琅纂

清乾隆二十年(1755)刻本　十行二十二字小
字双行同白口四周双边　六册

F820* [咸丰]淅川厅志四卷

(清)徐光第纂修

清咸丰十一年(1861)刻本　八行二十字小字
双行同白口四周双边　四册

F821* [光绪]镇平县志六卷

(清)吴联元修　王翊运纂

清光绪二年(1876)刻本　八行十九字白口四
周单边　四册

F822 [乾隆]重修洛阳县志二十四卷图考
一卷

(清)龚崧林修　汪坚纂

民国十三年(1924)于廷鉴石印本　二十册

F823 [乾隆]重修洛阳县志二十四卷图考一卷

(清)龚崧林修　汪坚纂

民国十三年(1924)于廷鉴石印本　二十册

F824 * [嘉庆]洛阳县志六十卷

(清)魏襄修　陆继辂纂

清嘉庆十八年(1813)刻本　十一行二十一字小字双行同白口左右双边　二十册

F825 [嘉庆]洛阳县志六十卷

(清)魏襄修　陆继辂纂

民国五年(1916)石印本　十六册

F826 [弘治]偃师县志四卷

(明)魏津纂修

1962年上海古籍书店《天一阁藏明代地方志选刊》本　二册

F827 * [乾隆]偃师县志三十卷首一卷

(清)汤毓倬修　孙星衍　武亿纂

清乾隆五十四年(1789)刻本　十行二十一字白口左右双边　二十四册

F828 [正德]汝州志八卷

(明)王雄修　承天贵纂

1963年上海古籍书店《天一阁藏明代地方志选刊》本　三册

F829 * [道光]汝州全志十卷首一卷

(清)白明义修　赵林成纂

清道光二十年(1840)刻本　九行二十五字小字双行同白口四周单边　十册

F830 * [道光]重修伊阳县志六卷首一卷末一卷

(清)张道超修　马九功纂

清道光十八年(1838)刻本　九行二十五字小字双行同白口四周单边　六册

F831 * [光绪]宜阳县志十六卷

(清)谢应起修　刘占卿　龚文明纂

清光绪七年(1881)刻本　十一行二十四字小字双行同白口四周双边　八册

F832 [民国]宜阳县志十卷

张浩源　林裕焘修　王凤翔纂

民国七年(1918)河南商务印刷所铅印本十册

F833 [光绪]嵩县志三十卷首一卷

(清)康基渊原本　龚文明增修　陈焕如增纂

清光绪三十二年(1906)增刻本　九行二十二字小字双行同白口左右双边　八册

F834 * [乾隆]嵩县志三十卷首一卷

(清)康基渊纂修

清乾隆三十二年(1767)刻本　九行二十二字小字双行同白口左右双边　四册

F835 [乾隆]重修卢氏县志十七卷首一卷

(清)李炘修　侯眉复纂

清乾隆十二年(1747)刻本　九行二十二字小字双行同白口四周双边　十册

F836 * [光绪]重修卢氏县志十八卷首一卷

(清)郭光澍修　李旭春纂

清光绪十八年(1892)刻本　九行二十二字小字双行同白口四周双边　十册

F837 * [乾隆]重修灵宝县志六卷

(清)周庆增修　敖启潜　许宰纂

清乾隆十二年(1747)刻本　九行二十二字小字双行二十一字白口四周双边　六册

F838 * [光绪]重修灵宝县志八卷

(清)周淦　方昕勋修　高锦荣　李镜江纂

清光绪二年(1876)刻本　九行二十二字白口四周双边　八册

F839 * [光绪]阌乡县志十二卷首一卷末一卷

(清)刘思恕　汪鼎臣修　王维国　王守恭纂

清光绪二十年(1894)刻本　九行二十二字小字双行同白口四周双边　八册

F840 [民国]新修阌乡县志二十四卷首一卷

黄觉修　韩嘉会纂

民国二十一年(1932)铅印本　八册

49

F841* [乾隆]重修直隶陕州志二十卷首一卷

(清)龚崧林修　杨建章纂

清同治六年(1867)重印本　九行十九字白口四周双边　十二册

F842* [同治]直隶陕州志二卷

(清)周仁寿纂修

清同治六年(1867)刻本　九行十九字白口四周双边　二册

F843* [光绪]陕州直隶州志十五卷首一卷

(清)赵希曾等纂修

清光绪十七年(1891)刻本　十行二十六字白口左右双边　十二册

F844* [光绪]陕州直隶州续志十卷首一卷

(清)黄璟修　庆增　李本和纂

清光绪十八年(1892)刻本　十行二十六字白口四周双边　三册

F845 [民国]洛宁县志八卷首一卷

贾毓鹑修　王凤翔纂

民国六年(1917)河南官印局铅印本　八册

F846* [嘉庆]渑池县志十六卷

(清)甘扬声修　刘文运纂

清嘉庆十五年(1810)刻本　九行二十二字白口左右双边　八册

F847 [乾隆]新安县志十四卷首二卷末一卷

(清)邱峨修　吕宣曾纂

民国三年(1914)曾炳章石印本　八册

F848 [道光]修武县志十二卷首一卷

(清)冯继照修　金皋　袁俊纂

清同治七年(1868)孔继中增刻本　十一行二十一字小字双行同白口左右双边　十二册

F849 [乾隆]获嘉县志十六卷首一卷

(清)吴乔龄修　李栋纂

清道光二十五年(1845)补刻本　十行二十二字小字双行同黑口左右双边　六册

F850 [乾隆]临颍县续志八卷

(清)刘沆修　魏运嘉纂

清乾隆十二年(1747)刻本　九行二十一字小字双行同白口四周双边　二册

F851 [雍正]山西通志二百三十卷

(清)觉罗石麟修　储大文纂

清嘉庆十六年(1811)衡龄校刻本　十行二十三字白口四周双边　一百册

F852 [乾隆]山西志辑要十卷首一卷

(清)雅德修　汪本直纂

清乾隆四十五年(1780)刻本　九行二十字小字双行同白口四周双边　十二册

F853* [光绪]山西通志一百八十四卷首一卷

(清)曾国荃　张煦等修　王轩　杨笃等纂

清光绪十八年(1892)刻本　十二行二十三字黑口左右双边　九十六册

F854* [乾隆]太原府志六十卷

(清)费淳　沈树声纂修

清乾隆四十八年(1783)刻本　十二行二十二字小字双行同白口四周双边　二十四册

F855* [雍正]平阳府志三十六卷

(清)章廷珪修　范安治等纂

清雍正十三年(1735)修乾隆元年(1736)刻本　九行二十二字小字双行同白口四周双边　十九册

F856 [雍正]平阳府志三十六卷

(清)章廷珪修　范安治等纂

清雍正十三年(1735)修乾隆元年(1736)刻本　九行二十二字小字双行同白口四周双边　十八册

F857* [乾隆]潞安府志四十卷首一卷

(清)张淑渠　姚学瑛等修　姚学甲等纂

清乾隆三十五年(1770)刻本　十行二十一字小字双行同白口四周双边　二十四册

F858* [乾隆]汾州府志三十四卷首一卷

(清)孙和相修　戴震纂

清乾隆三十六年(1771)刻本　十行二十一字小字双行同白口左右双边　十六册

F859 * [乾隆]宁武府志十二卷首一卷

(清)魏元枢 周景柱纂修

清乾隆十五年(1750)刻本 九行二十字小字双行同白口左右双边 六册

F860 * [咸丰]续宁武府志不分卷

(清)常文遹 阿克达春纂修

清咸丰七年(1857)刻本 九行二十字小字双行同白口左右双边 一册

F861 [嘉靖]三关志七卷

(明)廖希颜修 孙继鲁纂

抄本 二册

F862 * [雍正]泽州府志五十二卷

(清)朱樟修 田嘉谷纂

清雍正十三年(1735)刻本 十二行二十三字小字双行同白口四周双边 十六册

F863 * [乾隆]蒲州府志二十四卷图一卷

(清)周景柱等纂修

清乾隆十九年(1754)刻本 九行二十字白口左右双边 十册

F864 [乾隆]蒲州府志二十四卷图一卷

(清)周景柱等纂修

清光绪二十九年(1903)补版重印本 九行二十字白口左右双边 十册

F865 [嘉靖]太原县志六卷

(明)高汝行纂修

1963年上海古籍书店《天一阁藏明代地方志选刊》本 三册

F866 * [道光]太原县志十八卷图一卷

(清)员佩兰修 杨国泰纂

清道光六年(1826)刻本 十行二十二字白口四周双边 六册

F867 * [光绪]续太原县志二卷

(清)薛元钊修 王效尊纂

清光绪八年(1882)刻本 十行二十二字白口四周双边 二册

F868 * [道光]阳曲县志十六卷

(清)李培谦 华典修 阎士骧 郑起昌纂修

清道光二十三年(1843)葛英繁刻本 九行二十三字小字双行同白口四周双边 十册

F869 * [光绪]清源乡志十八卷首一卷

(清)王勋祥修 王效尊纂

清光绪八年(1882)梗阳书院刻本 九行二十字白口四周双边 六册

F870 * [光绪]补修徐沟县志六卷

(清)王勋祥修 秦宪纂

清光绪七年(1881)朱印本 九行二十二字白口四周双边 六册

F871 * [道光]大同县志二十卷首一卷末一卷

(清)黎中辅纂修

清道光十年(1830)刻本 十行二十五字小字双行同白口四周双边 八册

F872 * [光绪]怀仁县新志十二卷首一卷续刻一卷

(清)李长华修 姜利仁纂 汪大浣续修 马蕃续纂

清光绪九年(1883)刻 三十一年(1905)增补续刻本 九行二十二字白口四周双边 四册

F873 [雍正]阳高县志六卷

(清)房裔兰修 苏之芬纂

民国铅印本 二册

F874 * [光绪]天镇县志四卷首一卷

(清)洪汝霖 鲁彦光修 杨笃纂

清光绪十六年(1890)刻本 十行二十三字小字双行同白口左右双边 四册

F875 * [乾隆]广灵县志十卷首一卷末一卷

(清)郭磊等纂修

清乾隆十九年(1754)刻本 十行二十四字白口四周双边 四册

F876 * [光绪]广灵县补志十卷首一卷末一卷

(清)杨亦铭等纂修

清光绪七年(1881)刻本 十行二十二字白口四周双边 二册

F877 * 　[光绪]灵丘县补志十卷

(清)雷棣荣 严润林修 陆泰元纂

清光绪七年(1881)京都吉润斋刻本 九行二十字白口四周双边 四册

F878 　[乾隆]浑源州志十卷

(清)桂敬顺纂修

清同治九年(1870)孔广培增刻本 九行二十字白口左右双边 五册

F879 * 　[乾隆]浑源州志十卷

(清)桂敬顺纂修

清乾隆二十八年(1763)刻本 九行二十字白口左右双边 五册

F880 * 　[光绪]浑源州续志十卷

(清)贺澍恩修 程绩等纂

清光绪七年(1881)刻本 九行二十二字白口左右双边 六册

F881 * 　[康熙]马邑县志五卷

(清)秦扩修 霍燡纂

清嘉庆二十四年(1819)刻本 十行二十二字小字双行二十一字白口四周单边 五册

F882 　[民国]马邑县志四卷

陈廷章修 霍殿鳌纂

民国七年(1918)铅印本 八册

F883 　[光绪]左云县志四卷

(清)李翼圣原本 余卜颐增修 蔺炳章增纂

民国间石印本 四册

F884 * 　[乾隆]忻州志六卷

(清)周人龙原本 窦容邃增订

清乾隆十二年(1747)刻本 十行二十二字小字双行同白口四周双边 六册

F885 * 　[光绪]忻州志四十二卷

(清)方戊昌修 方渊如纂

清光绪六年(1880)刻本 十行二十二字小字双行同白口四周双边 八册

F886 * 　[光绪]续修崞县志八卷

(清)赵冠卿 龙朝言修 潘肯堂等纂

清光绪八年(1882)刻本 九行二十二字小字双行同白口四周单边 八册

F887 * 　[乾隆]直隶代州志六卷

(清)吴重光纂修

清乾隆四十九年(1784)刻本 九行二十字小字双行同白口四周双边 八册

F888 * 　[光绪]代州志十二卷首一卷

(清)俞廉三修 杨笃纂

清光绪八年(1882)代山书院刻本 十行二十三字小字双行同白口四周双边 六册

F889 * 　[道光]繁峙县志六卷

(清)吴其均纂修

清道光十六年(1836)刻本 九行二十字白口四周双边 六册

F890 * 　[光绪]繁峙县志四卷首一卷

(清)何才价修 杨笃纂

清光绪七年(1881)刻本 九行二十字白口四周双边 四册

F891 * 　[乾隆]五台县志八卷

(清)王秉韬纂修

清乾隆四十五年(1780)刻本 九行二十一字白口四周双边 四册

F892 * 　[光绪]五台新志四卷首一卷

(清)徐继畬纂修 孙汝明 王步墀续修 杨笃续纂

清同治四年(1865)修光绪九年(1883)续修刻本 九行二十字小字双行同黑口四周双边 四册

F893 　[康熙]定襄县志八卷

(清)王时炯原本 王会隆续纂修

清康熙刻雍正五年(1727)增补本 八行二十字小字双行同白口四周双边 四册

F894 * 　[光绪]定襄县补志十三卷图一卷

(清)郑继修等修 邢澍田纂

清光绪六年(1880)刻本 九行二十一字小字双行同白口四周双边 八册

F895[*] [同治]静乐县续志二卷

(清)张朝玮纂修

清同治五年(1866)刻本　九行二十二字白口
四周双边　二册

F896 [乾隆]兴县志十八卷

(清)程云原本　蓝山增修

清乾隆二十八年(1763)增刻本　十行二十字
白口四周单边　四册

F897[*] [乾隆]兴县志十八卷

(清)程云原本　蓝山增修

清光绪六年(1880)张启蕴永兴斋重刻本　十
行二十字白口四周单边　四册

F898[*] [光绪]兴县续志二卷

(清)张启蕴修　孙福昌　温亮珠纂

清光绪六年(1880)刻本　十行二十字白口四
周单边　二册

F899[*] [光绪]岢岚州志十二卷

(清)吴光熊修　史文炳纂

清光绪十年(1884)刻本　九行二十字白口四
周双边　四册

F900[*] [乾隆]保德州志十二卷首一卷

(清)王克昌原本　王秉韬续纂修

清康熙刻乾隆五十年(1785)增刻本　十行二
十二字白口四周双边　二十册

F901[*] [同治]河曲县志八卷

(清)全福增修　张兆魁　金钟彦纂

清同治十一年(1872)刻本　九行二十五字小
字双行同白口四周双边　八册

F902 [道光]偏关志二卷

(明)卢承业原本　(清)马振文增修

民国四年(1915)王有宗重订铅印本　二册

F903[*] [同治]榆次县志十六卷首一卷末
一卷

(清)俞世铨　陶良骏修　王平格　王序宾纂

清同治二年(1863)凤鸣书院刻本　十行二十
一字小字双行同白口四周双边　八册

F904[*] [光绪]榆次县续志四卷

(清)吴师祁　张承熊修　黄汝梅　王儆纂

清光绪十一年(1885)刻本　十行二十一字白
口四周双边　二册

F905 [民国]榆次县志二十卷首一卷末一卷

张敬颢修　常麟书纂

民国二十九年(1940)铅印本　九册

F906[*] [乾隆]寿阳县志十卷首一卷

(清)龚道江纂修

清乾隆三十六年(1771)刻本　十行二十一字
白口四周双边　四册

F907[*] [光绪]寿阳县志十三卷首一卷

(清)马家鼎　台昶修　张嘉言　祁世长纂

清光绪八年(1882)刻本　十行二十一字白口
四周双边　六册

F908[*] [乾隆]盂县志十卷首一卷末一卷

(清)胡予翼　马廷俊修　吴森纂

清乾隆四十九年(1784)刻本　十行二十三字
白口四周双边　八册

F909[*] [光绪]盂县志二十二卷首一卷末
一卷

(清)张岚奇　刘鸿逵等修　武缵绪　刘懋功
等纂

清光绪七年(1881)刻本　十行二十三字白口
左右双边　十册

F910[*] [乾隆]平定州志十卷图一卷

(清)金明源修　窦忻　张佩芳纂

清乾隆五十五年(1790)涌云楼刻本　九行二
十一字小字双行同白口四周双边　十册

F911[*] [光绪]平定州志十六卷首一卷

(清)赖昌期　张彬等纂修

清光绪八年(1882)刻本　九行二十一字小字
双行同白口四周双边　十六册

F912 [民国]昔阳县志六卷首一卷

皇甫振清修　李光宇纂

民国四年(1915)石印本　四册

F913[*] [乾隆]重修和顺县志八卷首一卷

(清)黄玉衡修　贾诩纂

53

清乾隆三十三年(1768)学斯楼刻本　九行二十二字小字双行同白口四周双边　四册

F914　[民国]重修和顺县志十卷

张夑典修　王玉汝纂

民国三年(1914)刻本　九行二十五字白口四周双边　六册

F915*　[乾隆]榆社县志十二卷

(清)费映奎修　孟涛纂

清乾隆八年(1743)刻本　九行二十字白口四周双边　十二册

F916　[光绪]榆社县志十卷首一卷末一卷

(清)王家坊修　葛士达纂

清光绪七年(1881)刻本　九行二十二字小字双行同白口四周双边　四册

F917*　[乾隆]太谷县志八卷

(清)郭晋修　管粤秀纂

清乾隆六十年(1795)刻本　九行二十字小字双行同白口四周双边　八册

F918*　[咸丰]太谷县志八卷首一卷末一卷

(清)章青选　汪和修　章嗣衡纂

清咸丰五年(1855)刻本　九行二十字小字双行同白口四周双边　八册

F919*　[光绪]太谷县志八卷首一卷末一卷

(清)恩浚　赵冠卿修　王效尊等纂

清光绪十二年(1886)刻本　九行二十字小字双行同白口四周双边　八册

F920　[民国]太谷县志八卷

安恭己等修　胡万凝纂

民国二十年(1931)太原德和信铅印本　八册

F921*　[乾隆]祁县志十六卷

(清)陈时纂修

清乾隆四十五年(1780)刻本　九行二十一字小字双行二十字同白口四周双边　八册

F922*　[光绪]祁县志十六卷

(清)刘发岭修　李芬纂

清光绪八年(1882)刻本　九行二十一字小字双行同白口四周双边　十册

F923*　[康熙]重修平遥县志八卷

(清)王绶修　康乃心纂

清康熙四十五年(1706)刻本　九行二十字白口四周双边　四册

F924*　[光绪]平遥县志十二卷

(清)恩端修　武达材　王舒萼纂

清光绪八年(1882)刻本　九行二十二字小字双行同白口四周双边　八册

F925*　[康熙]介休县志八卷

(清)王埴修　王之舟纂

清康熙三十五年(1696)刻本　九行二十一字小字双行二十字白口四周单边　四册

F926*　[乾隆]介休县志十四卷

(清)王谋文纂修

清乾隆三十五年(1770)刻本　十行二十一字白口四周双边　八册

F927*　[嘉庆]介休县志十四卷

(清)徐品山　陆元镰修　熊兆占等纂

清嘉庆二十四年(1819)刻本　十行二十一字白口四周双边　八册

F928　[民国]介休县志二十卷首一卷

张赓麟　黄廷槐修　董重纂

民国十三年(1924)修　十九年(1930)铅印本　四册

F929　[嘉庆]灵石县志十二卷

(清)王志瀜修　黄宪臣纂

清光绪重印本　九行二十二字白口四周双边　六册

F930　[光绪]续修灵石县志二卷

(清)谢均修　白星烺纂

清光绪元年(1875)刻本　九行二十二字白口四周双边　二册

F931　[嘉庆]灵石县志十二卷

(清)王志瀜修　黄宪臣纂

清光绪重印本　九行二十二字白口四周双边　六册

F932 [光绪]续修灵石县志二卷

(清)谢均修　白星烽纂

清光绪元年(1875)刻本　九行二十二字白口
四周双边　二册

F933 [民国]灵石县志十二卷图考一卷

李凯朋修　耿步蟾纂

民国二十三年(1934)铅印本　六册

F934* [雍正]孝义县志十八卷首一卷

(清)方士谟纂修

清雍正四年(1726)刻本　九行二十字小字双
行十八字白口四周双边　六册

F935* [乾隆]孝义县志二十卷

(清)邓必安修　邓常纂

清光绪六年(1880)重印本　十行二十字白口
左右双边　四册

F936* [光绪]孝义县续志二卷首一卷末一卷

(清)孔广熙修　何之煌纂

清光绪六年(1880)刻本　九行二十字白口左
右双边　二册

F937* 孝义县地理不分卷

私立尊德学校编印

油印本　一册

F938* [乾隆]汾阳县志十四卷首一卷

(清)李文起修　戴震纂

清乾隆三十七年(1772)刻本　十行二十一字
白口左右双边　八册

F939* [道光]汾阳县志十四卷首一卷

(清)周贻缨修　曹树谷纂

清道光三十年(1850)修咸丰元年(1851)刻本
十行二十一字白口四周双边　八册

F940 [光绪]汾阳县志十四卷首一卷

(清)方家驹　庆文修　王文员纂

清光绪十年(1884)刻本　十行二十一字白口
左右双边　十册

F941* [光绪]文水县志十二卷首一卷末一卷

(清)范启坤　王炜修　阴步霞纂

清光绪九年(1883)刻本　十行二十二字白口
四周双边　六册

F942* [光绪]交城县志十卷首一卷

(清)夏肇庸修　许惺南纂

清光绪八年(1882)刻本　十行二十二字白口
四周双边　八册

F943 [民国]临县志二十卷首一卷

胡宗虞修　吴命新等纂

民国六年(1917)铅印本　四册

F944* [乾隆]长治县志二十八卷首一卷末
一卷

(清)吴九龄修　蔡履豫纂

清乾隆二十八年(1763)荣晖堂刻本　九行二
十二字小字双行同白口四周双边　十册

F945* [光绪]长治县志八卷首一卷

(清)李桢　马鉴修　杨笃纂

清光绪二十年(1894)刻本　十行二十一字小
字双行同白口四周双边　十册

F946* [光绪]潞城县志四卷首一卷

(清)崔晓然　曾云章修　杨笃纂

清光绪十年(1884)刻本　十行二十一字白口
四周双边　八册

F947* [乾隆]重修襄垣县志八卷

(清)李廷芳修　徐珏　陈于廷纂

清乾隆四十七年(1782)刻本　十行二十一字
白口四周双边　八册

F948 [乾隆]重修襄垣县志八卷

(清)李廷芳修　徐珏　陈于廷纂

清光绪六年(1880)增补重印本　十行二十一
字白口四周双边　八册

F949 [光绪]襄垣县续志二卷

(清)李汝霖纂修

清光绪六年(1880)刻本　十行二十一字白口
四周双边　二册

F950* [乾隆]武乡县志六卷首一卷

(清)白鹤修　史传远纂

55

清乾隆五十五年(1790)刻本　九行二十二字小字双行同白口四周双边　六册

F951[*]　[光绪]武乡县续志四卷
(清)吴匡修　钮增垚纂
清光绪五年(1879)刻本　九行二十二字小字双行同白口四周双边　四册

F952[*]　[光绪]黎城县续志四卷
(清)郑灏等修　杨恩树纂
清光绪九年(1883)刻本　九行二十字小字双行同白口四周双边　四册

F953[*]　[乾隆]壶关县志十八卷
(清)杨宸等修　冯文止等纂
清乾隆三十五年(1770)刻本　十行二十一字小字双行二十字白口四周双边　四册

F954[*]　[道光]壶关县志十卷首一卷
(清)茹金　申瑶等纂修
清道光十四年(1834)刻本　十行二十一字小字双行同白口四周双边　六册

F955　[道光]壶关县志十卷首一卷
(清)茹金　申瑶等纂修
清光绪七年(1881)重印本　十行二十一字小字双行同白口四周双边　六册

F956　[光绪]壶关县续志二卷
(清)胡燕昌修　杨笃纂
清光绪七年(1881)刻本　十行二十一字小字双行同白口四周双边　二册

F957[*]　[乾隆]陵川县志三十卷首一卷
(清)程德炯纂修
清乾隆四十四年(1779)刻本　九行二十字白口四周双边　十册

F958[*]　[光绪]陵川县志三十卷首一卷
(清)徐烬修　梁寅纂
清光绪八年(1882)刻本　九行二十字白口四周双边　十二册

F959　[民国]陵川县志十卷
库增银修　杨谦纂
民国二十二年(1933)铅印本　四册

F960[*]　[乾隆]高平县志二十二卷末一卷
(清)傅德宜修　戴纯纂
清乾隆三十九年(1774)刻本　十行二十二字小字双行同白口四周双边　八册

F961　[同治]榆次县志十六卷首一卷末一卷
(清)俞世铨　陶良骏修　王平恪　王序宾纂
清光绪十一年(1885)重印本　十行二十一字白口四周双边　八册

F962　[光绪]榆次县续志四卷
(清)吴师祁　张承熊修　黄汝梅　王傲纂
清光绪十一年(1885)刻本　十行二十一字白口四周双边　二册

F963　[乾隆]浑源州志十卷
(清)桂敬顺纂修
清光绪七年(1881)重印本　九行二十字白口左右双边　五册

F964　[光绪]浑源州续志十卷
(清)贺澍恩修　程绩等纂
清光绪七年(1881)刻本　九行二十字白口左右双边　六册

F965　[乾隆]凤台县志二十卷首一卷
(清)林荔修　姚学甲纂
清乾隆四十九年(1784)刻本　九行二十二字白口四周双边　十二册

F966　[乾隆]凤台县志二十卷首一卷
(清)林荔修　姚学甲纂
清乾隆四十九年(1784)刻本　九行二十二字白口四周双边　十册

F967[*]　[乾隆]凤台县志二十卷首一卷
(清)林荔修　姚学甲纂
清光绪十八年(1892)补刻重印本　九行二十二字白口四周双边　十二册

F968[*]　[光绪]凤台县续志四卷首一卷
(清)张贻珰修　郭维恒等纂
清光绪八年(1882)刻本　九行二十二字白口四周双边　四册

F969[*](*) [乾隆]阳城县志十六卷

(清)杨善庆修 田懋纂

清乾隆二十年(1755)刻本 九行二十二字白口四周双边 八册

F970[*](*) [同治]阳城县志十八卷首一卷

(清)赖昌期修 谭沄 卢廷菜纂

清同治十三年(1874)刻本 九行二十五字白口四周双边 十二册

F971[*](*) [光绪]沁水县志十二卷首一卷

(清)秦丙煃修 李畴纂

清光绪七年(1881)刻本 十行二十三字白口四周双边 八册

F972[*](*) [光绪]长子县志二十卷首一卷

(清)豫谦修 杨笃纂

清光绪八年(1882)刻本 十行二十一字小字双行同白口四周双边 八册

F973[*](*) [光绪]屯留县志八卷首一卷

(清)刘钟麟 何金声修 杨笃 任来朴纂

清光绪十一年(1885)刻本 十行二十一字白口四周双边 八册

F974 屯留县志补记一卷

李安唐纂

民国二十三年(1934)油印本 一册

F975[*](*) [光绪]沁州复续志四卷末一卷

(清)吴承恩纂修

清光绪六年(1880)刻本 九行二十一字小字双行同白口四周双边 四册

F976[*](*) [乾隆]新修曲沃县志四十卷

(清)张坊修 胡元琢 徐储纂

清乾隆二十三年(1758)敦好堂全书本 十四行二十五字小字双行二十四字白口四周单边 八册

F977[*](*) [乾隆]续修曲沃县志六卷

(清)侯长煃修 王安恭纂

清嘉庆二年(1797)刻本 九行二十五字小字双行同白口四周双边 八册

F978[*](*) [道光]新修曲沃县志十二卷

(清)张兆衡纂修

清道光二十二年(1842)刻本 九行二十四字小字双行同白口四周双边 六册

F979[*](*) [光绪]续修曲沃县志三十二卷

(清)张鸿逵 茅丕熙修 韩子泰纂

清光绪六年(1880)刻本 九行二十五字小字双行同白口四周双边 六册

F980[*](*) [乾隆]临汾县志十卷首一卷末一卷

(清)高塘 吴士淳修 吕淙 吴克元纂

清乾隆四十四年(1779)刻本 九行二十二字小字双行同白口四周单边 七册

F981 [民国]临汾县志续编八卷首一卷末一卷

(清)潘如海 李荣和修 窦文藻 张榜花纂 (民国)郑裕孚增修

清光绪六年(1880)修民国十年(1921)增修刻本 九行二十二字小字双行同白口四周单边 六册

F982 [民国]临汾县志六卷首一卷

刘玉玑 关世熙修 张其昌等纂

民国二十二年(1933)铅印本 六册

F983[*](*) [雍正]洪洞县志九卷

(清)余世堂修 蔡行仁纂

清同治十一年(1872)艾绍濂补刻本 九行二十二字小字双行同白口四周单边 八册

F984 [民国]洪洞县志十八卷首一卷末一卷

孙奂仑 贺椿寿修 韩垌纂

民国五年(1916)铅印本 十册

F985[*](*) [乾隆]赵城县志二十四卷首一卷

(清)李升阶纂修

清乾隆二十五年(1760)刻本 九行二十二字小字双行二十字白口四周双边 八册

F986[*](*) [道光]赵城县志三十七卷首一卷

(清)杨延亮纂修

清道光七年(1827)刻本 九行二十二字小字双行同白口四周双边 八册

F987[*] [光绪]汾西县志八卷首一卷

(清)曹宪等修 周桐轩纂

清光绪七年(1881)刻本 九行二十一字小字双行同白口四周双边 四册

F988[*] [道光]直隶霍州志二十五卷首一卷

(清)崔允昭修 李培谦纂

清道光六年(1826)刻本 九行二十一字小字双行同白口左右双边 十册

F989[*] [雍正]岳阳县志十卷

(清)赵温修 常逊纂

清雍正十二年(1734)刻本 九行二十二字小字双行二十字白口四周单边 四册

F990 [民国]新修岳阳县志十六卷

李钟珩修 王之哲纂

民国四年(1915)石印本 九册

F991[*] [同治]浮山县志三十七卷

(清)庆钟纂修

清同治十三年(1874)刻本 八行二十二字小字双行同白口四周双边 八册

F992[*] [光绪]浮山县志三十四卷

(清)鹿学典等修 武克明等纂

清光绪六年(1880)刻本 八行二十二字小字双行同白口四周双边 八册

F993[*] [乾隆]翼城县志二十八卷

(清)许崇楷纂修

清乾隆三十六年(1771)刻本 九行二十二字小字双行同白口四周双边 八册

F994[*] [光绪]翼城县志二十八卷

(清)王耀章 龚履坦纂修

清光绪七年(1881)刻本 九行二十二字小字双行同白口四周双边 十六册

F995 [民国]翼城县志三十八卷首一卷

马继桢 邢翔桐修 吉廷彦 马毓琛纂

民国十八年(1929)铅印本 八册

F996[*] [乾隆]垣曲县志十四卷

(清)汤登泗纂修

清乾隆三十年(1765)刻本 九行二十字白口

左右双边 六册

F997[*] [光绪]垣曲县志十四卷

(清)薛元钊修 张于铸纂

清光绪五年(1879)刻本 九行二十字白口左右双边 八册

F998[*] [乾隆]直隶绛州志二十卷图考一卷

(清)张成德修 李友洙 张我观纂

清乾隆三十年(1765)刻本 十行二十一字白口左右双边 八册

F999[*] [光绪]直隶绛州志二十卷首一卷

(清)李焕扬修 张于铸纂

清光绪五年(1879)刻本 十行二十一字白口左右双边 十册

F1000 [光绪]绛县志十四卷

(清)刘斌修 张于铸纂

清光绪六年(l880)刻本 九行二十字白口左右双边 六册

F1001[*] [光绪]绛县志二十一卷

(清)胡延纂修

清光绪二十五年(1899)刻本 十行二十四字小字双行同黑口四周双边 四册

F1002 [民国]新绛县志十卷首一卷

徐昭俭修 杨兆泰等纂

民国十八年(1929)铅印本 十册

F1003[*] [雍正]襄陵县志二十四卷

(清)赵懋本修 卢秉纯纂

清雍正十年(1732)刻本 九行二十二字小字双行二十字白口四周双边 四册

F1004[*] [光绪]襄陵县志二十四卷

(清)钱墉修 郝登云纂

清光绪七年(1881)刻本 八行二十二字小字双行同白口四周双边 八册

F1005 [民国]襄陵县新志二十四卷

李世祐修 刘师亮纂

民国十二年(1923)刻本 八行二十二字小字双行同白口四周双边 八册

F1006 [*] [乾隆]太平县志十卷

(清)张钟秀纂修

清乾隆四十年(1775)刻本　十行二十三字小字双行二十一字白口四周单边　四册

F1007 [*] [道光]太平县志十六卷首一卷

(清)李炳彦修　梁栖鸾纂

清道光五年(1825)刻本　九行二十五字小字双行同白口四周双边　八册

F1008 [*] [光绪]太平县志十四卷首一卷

(清)劳文庆　朱光绶修　娄道南纂

清光绪八年(1882)刻本　九行二十五字小字双行同白口四周双边　十册

F1009 [*] [乾隆]闻喜县志十二卷首一卷

(清)李遵唐纂修

清乾隆三十一年(1766)刻本　十行二十二字白口左右双边　六册

F1010 [*] [乾隆]闻喜县志十二卷首一卷

(清)李遵唐纂修

清光绪六年(1880)重印本　十行二十二字白口左右双边　六册

F1011 [*] [光绪]闻喜县志补四卷

(清)陈作哲修　杨深秀纂

清光绪六年(1880)刻本　十行二十二字白口左右双边　一册

F1011 [*] [光绪]闻喜县志斠三卷首一卷

(清)陈作哲修　杨深秀纂

清光绪六年(1880)刻本　十行二十二字小字双行同白口左右双边　一册

F1011 [*] [光绪]闻喜县志续四卷

(清)陈作哲修　杨深秀纂

清光绪六年(1880)刻本　十行二十二字白口左右双边　二册

F1012 [光绪]闻喜县志续四卷

(清)陈作哲修　杨深秀纂

清光绪六年(1880)刻本　十行二十二字白口左右双边　二册

F1013 [民国]闻喜县志续二十五卷

余宝滋修　杨𫐓田等纂

民国七年(1918)铅印本　六册

F1014 [*] [乾隆]解州夏县志十六卷首一卷

(清)言如泗修　李遵唐纂

清乾隆二十九年(1764)刻解州全志本　十行二十一字白口左右双边　四册

F1015 [*] [光绪]夏县志十卷首一卷

(清)黄绪荣　万启钧修　张承熊纂

清光绪六年(1880)刻本　十行二十一字黑口四周双边　四册

F1016 [*] [乾隆]解州平陆县志十六卷首一卷

(清)言如泗　韩夔典修　杜若拙　荆如棠纂

清乾隆二十九年(1764)刻解州全志本　十行二十一字白口左右双边　四册

F1017 [光绪]平陆县续志二卷首一卷末一卷

(清)刘鸿逵修　沈承恩纂

清光绪六年(1880)刻本　十行二十二字白口四周单边　二册

F1018 [*] [乾隆]解州安邑县运城志十六卷首一卷

(清)言如泗修　熊名相　吕溢等纂

清乾隆二十九年(1764)刻解州全志本　十行二十一字白口左右双边　四册

F1019 [*] [乾隆]解州安邑县志十六卷首一卷

(清)言如泗修　吕溢　郑必阳纂

清乾隆二十九年(1764)刻解州全志本　十行二十一字白口左右双边　四册

F1020 [*] [光绪]安邑县续志六卷首一卷

(清)赵辅堂修　张承熊纂

清光绪六年(1880)刻本　十行二十一字白口左右双边　二册

F1021 [*] [乾隆]解州全志十八卷图一卷

(清)言如泗修　吕溢等纂

清乾隆二十九年(1764)刻解州全志本　十行二十一字白口左右双边　四册

F1022 ［民国］解县志十四卷首一卷
徐嘉清修　曲乃锐纂
民国九年(1920)国光石印馆石印本　八册

F1023 * ［乾隆］虞乡县志十二卷
(清)周大儒修　尚云章等纂
清乾隆五十四年(1789)刻本　九行二十二字
白口左右双边　四册

F1024 * ［光绪］虞乡县志十二卷首一卷
(清)崔铸善修　陈鼎隆　全谋愷纂
清光绪十二年(1886)刻本　九行二十二字白
口左右双边　四册

F1025 ［民国］虞乡县新志十卷
徐贯之　周振声修　李无逸等纂
民国九年(1920)石印本　六册

F1026 * ［光绪］永济县志二十四卷
(清)李荣和　刘钟麟修　张元懋纂
清光绪十二年(1886)刻本　九行二十二字白
口四周双边　十四册

F1027 * ［乾隆］临晋县志八卷
(清)王正茂纂修
清乾隆三十八年(1773)刻本　九行二十字小
字双行同白口四周双边　四册

F1028 ［乾隆］临晋县志八卷
(清)王正茂纂修
清光绪六年(1880)重印本　九行二十字白口
四周双边　四册

F1029 ［光绪］续修临晋县志二卷
(清)艾绍濂　吴曾荣修　姚东济纂
清光绪六年(1880)刻本　九行二十二字小字
双行同白口四周双边　二册

F1030 * ［光绪］续修临晋县志二卷
(清)艾绍濂　吴曾荣修　姚东济纂
清光绪六年(1880)刻本　九行二十二字小字
双行同白口四周双边　二册

F1031 ［民国］临晋县志十六卷
俞家骥　许鉴观修　赵意空　于廷梁纂
民国十二年(1923)铅印本　四册

F1032 * ［雍正］猗氏县志八卷
(清)潘鏾修　吴启元　高绍烈纂　宋之树
续修　何世勋　陈偰仪续纂
清雍正七年(1729)刻光绪六年(1880)重印本
十行二十二字小字双行同白口四周双边
四册

F1033 * ［同治］续猗氏县志四卷
(清)周之桢修　崔曾颐纂
清同治六年(1867)刻本　十行二十二字小字
双行同白口四周双边　二册

F1034 * ［光绪］续猗氏县志二卷
(清)徐浩修　潘梦龙纂
清光绪六年(1880)刻本　十行二十二字小字
双行同白口四周双边　二册

F1035 * ［乾隆］万泉县志八卷
(清)毕宿焘修　张史笔纂
清乾隆二十三年(1758)刻本　九行二十二字
白口四周双边　四册

F1036 ［民国］万泉县志八卷首一卷末一卷
何桑　程瑶阶修　坞文瑞　王景命纂
民国七年(1918)石印本　八册

F1037 * ［光绪］荣河县志十四卷首一卷
(清)马鉴　王希濂修　寻銮炜纂
清光绪七年(1881)刻本　十行二十一字白口
左右双边　六册

F1038 * ［同治］稷山县志十卷
(清)沈凤翔修　邓嘉绅等纂
清同治四年(1865)刻本　九行二十字白口左
右双边　八册

F1039 * ［光绪］续修稷山县志二卷
(清)马家鼎纂修
清光绪十一年(1885)刻本　九行二十字白口
左右双边　二册

F1040 ［同治］河津县志十四卷
(清)汪和修　王麟祥　石青元纂
清同治五年(1866)刻本　十行二十一字白口
左右双边　十册

F1041 * [光绪]河津县志十四卷首一卷

(清)茅丕熙 杨汉章修 程象濂 韩秉钧纂

清光绪六年(1880)刻本 十行二十一字白口
左右双边 十册

F1042 [乾隆]乡宁县志十五卷

(清)葛清等纂修

清光绪七年(1881)重印本 十行二十一字白
口左右双边 四册

F1043 [光绪]续修乡宁县志十五卷

(清)冯安澜修 崔钟淦纂

清光绪七年(1881)刻本 十行二十一字白口
左右双边 二册

F1044 * [乾隆]乡宁县志十五卷

(清)葛清等纂修

清乾隆四十九年(1784)刻本 十行二十一字
白口左右双边 四册

F1045 [民国]乡宁县志十六卷首一卷

赵祖扶修 赵意空 吴庚纂

民国六年(1917)刻本 六册

F1046 * [光绪]吉州全志八卷

(清)吴蘩之修 裴国苞纂

抄本 八册

F1047 [光绪]吉州全志八卷

(清)吴蘩之修 裴国苞纂

民国大国民印刷厂铅印本 四册

F1048 * [乾隆]蒲县志十卷首一卷

(清)巫慧修 王居正纂

清乾隆十八年(1753)刻光绪六年(1880)重印
本 九行二十二字小字双行同白口四周双边
五册

F1048 * [光绪]蒲县续志十卷

(清)托克托欢修 曹和钧 罗良桂纂

清光绪六年(1880)刻本 九行二十二字小字
双行同白口四周双边 续志附正志各卷后,
合册

F1049 * [光绪]大宁县志八卷

(清)崔同绶修 李华棠纂

清光绪九年(1883)刻本 九行二十字白口四
周双边 八册

F1050 [民国]永和县志十六卷首一卷附录
一卷

阎佩礼修 段金成纂

民国十九年(1930)铅印本 四册

F1051 [乾隆]蒲县志十卷首一卷

(清)巫慧修 王居正纂

清乾隆十八年(1753)刻民国十八年(1929)重
印本 九行二十二字白口四周双边 五册

F1051 [光绪]蒲县续志十卷

(清)托克托欢修 曹和钧 罗良桂纂

清光绪六年(1880)刻民國十八年(1929)重印
本 九行二十二字白口四周双边 合册

F1052 [道光]陕西志辑要六卷首一卷

(清)王志沂纂

清道光七年(1827)朝坂谢氏赐书堂刻本 十
行二十字小字双行同白口左右双边 六册

F1053 [民国]续修陕西通志稿二百二十四
卷首一卷

杨虎城 邵力子修 宋伯鲁 吴廷锡纂

民国二十三年(1934)铅印本 一百二十二册

F1054 乡土志丛编十七卷

燕京大学图书馆编

民国二十六年(1937)铅印本 十册

F1055 * [乾隆]西安府志八十卷首一卷

(清)舒其绅修 严长明纂

清乾隆四十四年(1779)刻本 十一行二十二
字小字双行同黑口左右双边 四十册

F1056 [咸丰]同州府志三十四卷首二卷

(清)李恩继 文廉修 蒋湘南纂

清咸丰二年(1852)刻本 九行二十二字小字
双行同黑口左右单边 二十四册

F1057 [光绪]同州府续志十六卷首一卷

(清)饶应祺修 马先登 王守恭纂

清光绪七年(1881)刻本 九行二十二字小字
双行同黑口左右单边 六册

61

F1058 [乾隆]凤翔府志十二卷首一卷

(清)达灵阿修 周方炯 高登科纂

清道光元年(1821)补刻本 九行二十二字小字双行同白口四周双边 十二册

F1059* [嘉庆]汉南续修郡志三十二卷首一卷

(清)严如熤修 郑炳然等纂

清道光九年(1829)增刻本 十二行二十六字白口四周双边 十六册

F1060* [乾隆]兴安府志三十卷

(清)李国麒纂修

清道光二十八年(1848)刻本 十一行二十二字黑口左右双边 六册

F1061 [嘉庆]续兴安府志八卷

(清)叶世倬纂修

清道光二十八年(1848)刻本 十一行二十二字黑口左右双边 二册

F1062 [弘治]延安府志八卷

(明)李宗仁修 杨慎纂

1962年陕西图书馆西安古旧书店影印明弘治本 四册

F1063* [嘉庆]重修延安府志八十卷

(清)洪蕙纂修

清嘉庆七年(1802)刻本 十行二十二字小字双行同白口左右双边 二十八册

F1064* [道光]榆林府志五十卷首一卷

(清)李熙龄纂修

清道光二十一年(1841)刻本 九行二十五字小字双行同白口四周双边 十二册

F1065 [熙宁]长安志二十卷图三卷

(宋)宋敏求纂 (元)李好文绘 (清)毕沅校

清乾隆四十九年(1784)镇洋毕氏灵岩山馆刻经训堂丛书本 十一行二十二字小字双行同黑口四周单边 六册

F1066* [熙宁]长安志二十卷图三卷

(宋)宋敏求纂 (元)李好文绘 (清)毕沅校

清光绪十七年(1891)思贤讲舍重刻灵岩山馆本 十一行二十四字小字双行字黑白口左右双边 五册

F1067* [嘉庆]长安县志三十六卷

(清)张聪贤修 董曾臣纂

清同治十二年(1873)补刻本 十一行二十四字白口四周单边 六册

F1068 [嘉庆]长安县志三十六卷

(清)张聪贤修 董曾臣纂

民国二十五年(1936)铅印本 六册

F1069 [民国]咸宁长安两县续志二十二卷

翁柽修 宋联奎纂

民国二十五年(1936)铅印本 六册

F1070 [嘉庆]咸宁县志二十六卷首一卷

(清)高廷法 沈琮修 陆耀遹 董祐诚纂

民国二十五年(1936)铅印本 八册

F1071 [光绪]续辑咸宁县志八卷首一卷

(清)陈树楠 诸可权修 钱光奎 余益杞纂

清光绪八年(1882)刻本 十行二十三字小字双行同白口四周双边 八册

F1072* [乾隆]咸阳县志二十二卷首一卷

(清)臧应桐纂修

清道光十六年(1836)刻本 十行二十二字白口四周双边 四册

F1072* [道光]续修咸阳县志一卷

(清)陈尧书纂修

清道光十六年(1836)刻本 十行二十二字白口四周双边 合册

F1073* [乾隆]鄠县新志六卷

(清)汪以诚修 孙景烈纂

清乾隆四十二年(1777)刻本 十行二十二字小字双行同白口四周双边 四册

F1074 [民国]重修鄠县志十卷首一卷

强云程 赵葆真修 吴继祖纂

民国二十二年(1933)西安酉山书局铅印本 八册

F1075 [民国]盩厔县志八卷

庞文中修 任肇新等纂

民国十四年(1925)西安艺林印书舍铅印本

四册

F1076 [乾隆]兴平县志二十五卷

(清)顾声雷修 张埙纂

清乾隆四十四年(1779)刻本 十二行二十四

字黑口四周单边 六册

F1077 * [乾隆]兴平县志二十五卷

(清)顾声雷修 张埙纂

清光绪二年(1876)刻本 十二行二十四字小

字双行三十六字黑口四周单边 六册

F1078 * [光绪]兴平县续志三卷

(清)王权纂修

清光绪二年(1876)刻本 十行二十四字黑口

四周单边 一册

F1079 [民国]重纂兴平县志八卷

王廷珪修 张元际 冯光裕纂

民国十二年(1923)西安艺林印书局铅印本

四册

F1080 * [乾隆]醴泉县志十四卷图一卷

(清)蒋骐昌修 孙星衍纂

清乾隆四十九年(1784)刻本 十行二十四字

小字双行同黑口四周单边 四册

F1081 [民国]续修醴泉县志稿十四卷

张道芷 胡铭荃修 曹骥观纂

民国二十四年(1935)西安酉山书局铅印本

六册

F1082 * [光绪]乾州志稿十四卷首一卷

(清)周铭旗纂修

清光绪十年(1884)乾阳书院刻本 十行二十

四字黑口四周单边 六册

F1083 乾州志稿补正一卷

(清)周铭旗纂

清光绪十七年(1891)刻本 十行二十四字黑

口四周单边 一册

F1084 [民国]乾县新志十四卷首一卷

续俭 田屏轩修 范凝绩纂

附还山遗稿二卷

山陵杂记一卷年谱一卷

(元)杨奂撰 (明)宋廷佐辑

民国三十年(1941)西京克兴印刷馆铅印本

六册

F1085 * [乾隆]永寿县新志十卷首一卷

(清)蒋基修 王开沃纂

清乾隆五十六年(1791)刻本 十一行二十二

字小字双行同黑口四周单边 四册

F1086 [光绪]永寿县重修新志十卷首一卷

(清)郑德枢修 赵奇龄纂

清光绪十四年(1888)刻本 十一行二十五字

白口左右双边 六册

F1087 * [乾隆]直隶邠州志二十五卷

(清)王朝爵 王灼修 孙星衍纂

清乾隆四十九年(1784)刻本 十二行二十四

字黑口四周单边 四册

F1088 [民国]邠县新志稿二十卷

刘必达修 史秉贞等纂

民国十八年(1929)铅印本 二册

F1089 * [乾隆]长武志十二卷

(清)樊士锋修 洪亮吉 李泰交纂

清嘉庆二十四年(1819)增刻本 十行二十二

字小字双行同白口四周单边 四册

F1090 * [宣统]长武县志十二卷

(清)沈锡荣修 王锡璋 鱼献珍纂

清宣统二年(1910)铅印本 四册

F1091 [同治]三水县志十二卷首一卷

(清)姜桐冈修 郭四维纂

清同治十一年(1872)刻本 十二行二十五字

小字双行同白口四周双边 四册

F1092 * [同治]三水县志十二卷首一卷

(清)姜桐冈修 郭四维纂

清同治十一年(1872)刻本 十二行二十五字

小字双行同白口四周双边 四册

63

F1093 * [乾隆]淳化县志三十卷

(清)万廷树修 洪亮吉纂

清乾隆四十九(1784)年刻本 十一行二十一字白口左右双边 六册

F1094 * [道光]泾阳县志三十卷

(清)胡元焕修 蒋湘南纂

清道光二十二年(1842)刻本 十二行二十五字小字双行同白口四周双边 十册

F1095 * [宣统]重修泾阳县志十六卷首一卷末一卷

刘懋官修 宋伯鲁 周斯亿纂

清宣统三年(1911)天津华新印刷局铅印本 四册

F1096 * [光绪]三原县新志八卷

(清)焦云龙修 贺瑞麟纂

清光绪六年(1880)刻本 十二行二十四字小字双行同黑口四周单边 四册

F1097 * [嘉靖]吕泾野先生高陵县志七卷

(明)吕柟纂修

附吕泾野先生续传一卷

(明)杨九式撰

清光绪十年(1884)刻本 十二行二十六字小字双行同黑口四周单边 二册

F1098 * [光绪]高陵县续志八卷

(清)程维雍修 白遇道纂

清光绪十年(1884)刻本 十二行二十六字小字双行同黑口四周单边 二册

F1099 [民国]同官县志三十卷首一卷末一卷

余正东修 黎锦熙纂

民国三十三年(1944)西京泰华印书厂铅印本 四册

F1100 * [道光]重辑渭南县志十八卷

(清)何耿绳修 姚景衡纂

清道光九年(1829)刻本 十行二十二字小字双行同白口四周单边 六册

F1101 * [光绪]新续渭南县志十二卷

(清)严书麟修 焦联甲纂

清光绪十八年(1892)刻本 十行二十二字白口四周双边 十册

F1102 * [乾隆]临潼县志九卷图一卷

(清)史传远纂修

清乾隆四十一年(1776)刻本 十行二十四字白口四周双边 六册

F1103 * [乾隆]富平县志八卷

(清)吴六鳌修 胡文铨纂

清乾隆四十三年(1778)刻本 十行二十字白口左右双边 六册

F1104 * [光绪]富平县志稿十卷首一卷

(清)樊增祥 刘锟修 谭麟纂

清光绪十七年(1891)刻本 十行二十三字小字双行同黑口四周双边 十册

F1105 * [嘉庆]耀州志十卷

(清)陈仕林纂修

清嘉庆七年(1802)刻本 九行二十字小字双行同白口左右双边 十册

F1106 [嘉靖]耀州志十一卷

(明)李廷宝修 乔世宁纂

清乾隆二十七年(1762)汪灏刻本 十行二十字白口四周双边 二册

F1107 [乾隆]续耀州志十一卷

(清)汪灏修 钟麟书纂

清光绪十六年(1890)增刻本 十行二十二字小字双行同白口四周双边 二册

F1108 * [乾隆]蒲城县志十五卷

(清)张心镜修 吴泰来纂

清乾隆四十七年(1782)刻本 十行二十二字黑口左右双边 六册

F1109 * [光绪]蒲城县新志十三卷首一卷

(清)李体仁修 王学礼纂

清光绪三十一年(1905)刻本 十二行二十四字小字双行同黑口四周单边 四册

F1110 * [嘉靖]澄城县志二卷

(明)徐效贤 敄佐修 石道立纂

明嘉靖二十八年(1549)修清咸丰元年(1851)

刻本　十一行二十三字白口四周双边　一册

F1111*　[顺治]澄城县志二卷首一卷

(明)石道立原纂　(清)姚钦明增修　路世美增纂

清咸丰元年(1851)刻本　十一行二十三字白口四周双边　一册

F1112　[咸丰]澄城县志三十卷

(清)金玉麟修　韩亚熊纂

清咸丰元年(1851)刻本　十一行二十三字白口四周双边　八册

F1113*　[乾隆]澄城县志二十卷

(清)戴治修　洪亮吉　孙星衍纂

清乾隆四十九年(1784)刻本　十二行二十四字黑口四周单边　四册

F1114　澄城附志十二卷首一卷

王怀斌修　赵邦楹纂

民国十五年(1926)铅印本　二册

F1114　[民国]澄城县续志十五卷首一卷

王怀斌修　姬新命纂

民国十五年(1926)铅印本　一册　缺六卷(一至五,八原缺)

F1115*　[乾隆]韩城县志十六卷首一卷

(清)傅应奎修　钱坫等纂

清乾隆四十九年(1784)刻本　十行二十四字黑口四周单边　六册

F1116　[乾隆]韩城县志十六卷首一卷

(清)傅应奎修　钱坫等纂

清嘉庆二十三年(1818)重印本　十行二十四字黑口四周单边　六册

F1117　[嘉庆]韩城县续志五卷

(清)冀兰泰修　陆耀遹纂

清嘉庆二十三年(1818)刻本　十行二十四字黑口四周单边　一册

F1118　[民国]韩城县续志四卷

赵本荫修　程仲昭纂

民国十四年(1925)韩城县德兴石印馆石印本　四册

F1119*　[乾隆]郃阳县全志四卷

(清)席奉乾修　孙景烈纂

清乾隆三十四年(1769)刻本　十行二十二字小字双行同白口四周单边　四册

F1120　[光绪]郃阳县乡土志一卷

萧钟秀编

民国四年(1915)铅印本　一册

F1121*　[乾隆]大荔县志二十六卷首一卷

(清)贺云鸿纂修

清乾隆五十一年(1786)刻本　十行二十字小字双行同白口左右双边　八册

F1122*　[道光]大荔县志十六卷首一卷

(清)熊兆麟纂修

清道光三十年(1850)刻本　十行二十二字小字双行同黑口四周单边　六册

F1123*　[光绪]大荔县续志十二卷首一卷

(清)周铭旗修　李志复纂

清光绪十一年(1885)冯翊书院刻本　十行二十二字小字双行同黑口四周单边　六册

F1124　[民国]大荔县新志存稿十一卷首一卷足征录四卷

聂雨润修　李泰纂

民国二十六年(1937)陕西省印刷局铅印本　三册

F1125　[民国]大荔县新志存稿十一卷首一卷足征录四卷

聂雨润修　李泰纂

民国二十六年(1937)陕西省印刷局铅印本　三册

F1126*　[乾隆]朝邑县志十一卷首一卷

(清)金嘉琰　朱廷模修　钱坫纂

清乾隆四十五年(1780)刻道光十一年(1831)增刻本　十二行二十四字小字双行同黑口四周单边　四册

F1127*　咸丰初朝邑县志三卷

(清)李元春纂

清咸丰元年(1851)华原书院刻本　九行二十二字小字双行同白口左右双边　二册

F1128 [隆庆]华州志二十四卷

（明）李可久修　张光孝纂

清光绪八年（1882）合刻华州志本　十行二十字小字双行同白口四周单边　四册

F1129 [康熙]续华州志四卷

（清）冯昌奕修　刘遇奇纂

清光绪八年（1882）合刻华州志本　十行二十字小字双行同白口四周单边　四册

F1130 [乾隆]再续华州志十二卷

（清）汪以诚修　史萼纂

清光绪八年（1882）合刻华州志本　十行二十字小字双行同白口四周单边　二册

F1131 [光绪]三续华州志十二卷

（清）吴炳南修　刘域纂

清光绪八年（1882）合刻华州志本　十行二十字小字双行同白口四周单边　六册

F1132 [隆庆]华州志二十四卷

（明）李可久修　张光孝纂

清光绪八年（1882）刻民国四年（1915）王淮浦修补重印本　四册

F1133 [康熙]续华州志四卷

（清）冯昌奕修　刘遇奇纂

清光绪八年（1882）刻民国四年（1915）王淮浦修补重印本　四册

F1134 [乾隆]再续华州志十二卷

（清）汪以诚修　史萼纂

清光绪八年（1882）刻民国四年（1915）王淮浦修补重印本　二册

F1135 [光绪]三续华州志十二卷

（清）吴炳南修　刘域纂

清光绪八年（1882）刻民国四年（1915）王淮浦修补重印清光绪本　六册

F1136 [乾隆]华阴县志二十二卷首一卷

（清）陆维垣　许光基修　李天秀等纂

民国十七年（1928）西安艺林印书社铅印本　十八册

F1137 [民国]华阴县续志八卷

（清）米登岳修　张崇善　王之彦纂

民国二十一年（1932）铅印本　六册

F1138 [民国]潼开县新志二卷

罗传甲修　赵鹏超纂

民国二十年（1931）铅印本　二册

F1139 [道光]蓝田县志十六卷

（清）胡元煐修　蒋湘南纂

清道光二十二年（1842）刻本　九行二十二字白口左右双边　六册

F1140 [光绪]蓝田县志十六卷

（清）吕懋勋修　袁廷俊纂

清光绪元年（1875）刻本　九行二十二字白口左右双边　六册

F1141 [民国]安塞县志十二卷首一卷

安庆丰修　郭永清纂

民国三年（1914）铅印本　四册

F1142 [道光]安定县志八卷首一卷

（清）姚国龄修　米毓璋纂

清道光二十六年（1846）刻本　九行二十三字白口四周双边　四册

F1143 [乾隆]延长县志十卷

（清）王崇礼纂修

清乾隆二十七年（1762）刻本　九行二十二字白口四周双边　四册

F1144 [民国]宜川县志二十七卷首一卷末一卷

余正东修　黎锦熙纂

民国三十三年（1944）新中国印书馆铅印本　四册

F1145 [嘉庆]洛川县志二十卷首一卷

（清）刘毓秀修　贾构纂

清嘉庆十一年（1806）刻本　九行二十二字小字双行同白口四周双边　四册

F1146 [民国]洛川县志二十六卷首一卷末一卷

余正东修　黎锦熙　吴致勋纂

民国三十三年（1944）泰华印刷厂铅印本　四册

F1147 * [嘉庆]续修中部县志四卷首一卷

(清)丁瀚修　张永清等纂

清嘉庆十二年(1807)刻本　九行二十二字小字双行同白口左右双边　四册

F1148 [嘉庆]续修中部县志四卷首一卷

(清)丁瀚修　张永清等纂

民国二十四年(1935)铅印本　四册

F1149 [民国]中部县志二十一卷首一卷

余正东修　吴致勋纂

民国三十三年(1944)铅印本　四册

F1150 * [道光]鄜州志六卷首一卷

(清)吴鸣捷修　谭瑀等纂

清道光十三年(1833)刻本　十行二十一字白口左右双边　六册

F1151 * [咸丰]保安县志八卷

(清)彭瑞麟修　武东旭纂

清咸丰六年(1856)刻本　九行二十三字小字双行二十二字白口四周双边　二册

F1152 [道光]神木县志八卷

(清)王致云修　朱埥纂

附补编一卷

(清)张琛纂

清道光二十一年(1841)刻本　十行二十五字白口四周双边　四册

F1153 * [乾隆]府谷县志四卷

(清)郑居中　麟书纂修

清乾隆四十八年(1783)刻本　九行二十二字小字双行二十一字白口四周双边　四册

F1154 [嘉庆]葭州志二卷

(清)高珣修　龚玉麟纂

清嘉庆十五年(1810)刻本　九行二十字白口四周双边　四册

F1155 [道光]吴堡县志四卷首一卷

(清)谭瑀纂修

清道光二十七年(1847)刻本　九行二十二字小字双行同白口四周双边　四册

F1156 * [道光]吴堡县志四卷首一卷

(清)谭瑀纂修

清道光二十七年(1847)刻本　九行二十二字小字双行同白口四周双边　三册

F1157 * [光绪]米脂县志十二卷

高照煦纂　高增融校订

清光绪三十三年(1907)铅印本　四册

F1158 * [光绪]绥德直隶州志八卷首一卷

(清)孔繁朴修　高维岳纂

清光绪三十一年(1905)朱印本　九行二十二字小字双行同白口左右双边　六册

F1159 * [道光]清涧县志八卷首五卷

(清)钟章元修　陈第颂等纂

清道光八年(1828)刻本　十行二十四字小字双行同白口四周双边　四册

F1160 [民国]横山县志四卷

刘济南　张斗山修　曹子正纂　曹思聪续纂

民国十八年(1929)榆林东顺斋石印本　四册

F1161 * [光绪]靖边志稿四卷

(清)丁锡奎修　白翰章　辛居乾纂

清光绪二十五年(1899)刻本　十行二十四字小字双行同白口四周双边　四册

F1162 * [嘉庆]定边县志十四卷首一卷

(清)徐观海　戴元夔原纂　黄沛增修　宋谦　江廷球增纂

清嘉庆二十五年(1820)刻本　十行二十五字小字双行同白口四周双边　四册

F1163 * [乾隆]直隶商州志十四卷首一卷

(清)王如玖纂修

清乾隆九年(1744)刻本　十行二十字小字双行同白口四周双边　八册

F1164 * [乾隆]续商州志十卷

(清)罗文思纂修

清乾隆二十三年(1758)刻本　十行二十字白口四周双边　二册

F1165 * [乾隆]雒南县志十二卷

(清)范启源纂修　薛韫订正

67

清乾隆五十二年(1787)重印本　九行二十字
白口四周双边　四册

F1166　[乾隆]雒南县志十二卷
(清)范启源纂修　薛韫订正
清同治七年(1867)增刻本　九行二十字白口
四周双边　四册

F1167　[乾隆]商南县志十二卷
(清)罗文思纂修
清乾隆十三年(1748)刻本　九行二十二字白
口四周双边　四册

F1168[*]　[乾隆]商南县志十二卷
(清)罗文思纂修
清乾隆十三年(1748)刻本　九行二十二字白
口四周双边　四册

F1169[*]　[光绪]孝义厅志十二卷首一卷
(清)常毓坤修　李开甲等纂
清光绪九年(1883)刻本　十行二十二字白口
四周双边　四册

F1170[*]　[嘉庆]安康县志二十卷
(清)郑谦修　王森文纂
清咸丰三年(1853)来鹿堂刻本　十一行二十
二字白口四周单边　四册

F1171[*]　[乾隆]洵阳县志十四卷
(清)邓梦琴纂修
清光绪十二年(1886)增补本　九行二十二字
白口左右双边　四册

F1172[*]　[光绪]白河县志十四卷
(清)顾骙修　王贤辅 李宗麟纂
清光绪十九年(1893)刻本　十行二十二字小
字双行同白口四周双边　四册

F1173[*]　[乾隆]平利县志四卷
(清)黄宽纂修
清乾隆二十一年(1756)刻本　八行二十字小
字双行十八字白口四周双边　二册

F1174[*]　[光绪]续修平利县志十卷
(清)杨孝宽修　李联芳等纂
清光绪二十三年(1897)刻本　十一行二十三

字白口四周双边　四册

F1175[*]　[道光]紫阳县志八卷首一卷
(清)陈仅 吴纯修　杨家坤 曹学易纂
清光绪八年(1882)吴世泽补刻本　十行二十
三字白口四周单边　四册

F1176[*]　[嘉庆]汉阴厅志十卷首一卷
(清)钱鹤年修　董诏纂
清嘉庆二十三年(1818)刻本　九行二十字白
口四周双边　六册

F1177[*]　[道光]石泉县志四卷
(清)舒钧纂修
清道光二十九年(1849)运甓下惟圃刻本　十
行二十二字白口四周双边　二册

F1178[*]　[道光]宁陕厅志四卷
(清)林一铭修　焦世官 胡官清纂
清道光九年(1829)刻本　十行二十四字白口
四周双边　四册

F1179[*]　[乾隆]南郑县志十六卷
(清)王行俭纂修
清乾隆五十九年(1794)刻本　九行二十一字
白口四周双边　四册

F1180　[民国]续修南郑县志七卷首一卷
郭凤洲 柴守愚修　刘定铎等纂
民国十年(1921)刻本　十行二十四字小字双
行同白口四周双边　七册

F1181　[民国]南郑重修县志材料集
蔡洁丞纂
民国三十七年(1948)铅印本　一册

F1182[*]　[道光]留坝厅志十卷
(清)贺仲瑊修　蒋湘南纂
清道光二十二年(1842)汉中友义斋刻本　九
行二十三字黑口四周双边　四册

F1183[*]　[道光]续修宁羌州志四卷
(清)张廷槐纂修
清道光十二年(1832)刻本　九行二十字小字
双行同白口四周双边　四册

F1184[*] [光绪]宁羌州志五卷

(清)马毓华修 郑书香 曹良模纂

清光绪十四年(1888)刻本 九行二十一字小字双行同白口四周双边 五册

F1185 [嘉靖]略阳县志六卷

(明)李遇春纂修 李东甲 贾言校补

1963年上海古籍书店《天一阁藏明代地方志选刊》本 二册

F1186[*] [道光]重修略阳县志四卷

(清)谭瑀修 黎成德等纂

清光绪三十年(1904)刻本 九行二十二字白口四周双边 四册

F1187[*] [光绪]新续略阳县志一卷

(清)桂超修 侯龙光纂

清光绪三十年(1904)刻本 九行二十二字白口四周双边 一册

F1188[*] [乾隆]宝鸡县志十六卷

(清)邓梦琴修 董诏纂

清乾隆五十年(1785)刻本 十二行二十四字白口四周单边 四册

F1189 [乾隆]宝鸡县志十六卷

(清)邓梦琴修 董诏纂

民国间陕西印刷局铅印本 四册

F1190[*] [雍正]凤翔县志十卷

(清)韩镛纂修

清雍正十一年(1733)刻本 九行二十三字小字双行二十字白口四周双边 十册

F1191[*] [乾隆]凤翔县志八卷首一卷

(清)罗鳌修 周方炯 刘震纂

清乾隆三十二年(1767)刻本 九行二十二字白口四周双边 八册

F1192[*] [道光]重修汧阳县志十二卷首一卷

(清)罗曰璧纂修

清道光二十一年(1841)刻本 九行二十四字白口四周双边 四册

F1193 [道光]重修汧阳县志十二卷首一卷

(清)罗曰璧纂修

清道光二十一年(1841)刻本 九行二十四字白口四周双边 四册

F1194 [光绪]增续汧阳县志二卷

(清)焦思善修 张元璧 王润纂

清光绪十三年(1887)刻本 九行二十四字白口四周双边 二册

F1195[*] [康熙]城固县志十卷

(清)王穆纂修

清光绪四年(1878)徐德怀刻本 九行二十二字白口四周双边 四册

F1196[*] [光绪]佛坪厅志二卷首一卷

(清)刘煐纂修

清光绪九年(1883)刻本 九行二十二字白口四周双边 一册

F1197[*] [道光]西乡县志六卷

(清)张廷槐纂修

清道光八年(1828)刻本 九行二十字白口四周双边 四册

F1198[*] [光绪]定远厅志二十六卷首一卷末一卷

(清)余修凤纂修

清光绪五年(1879)刻本 十行二十四字白口四周双边 六册

F1199[*] [光绪]沔县新志四卷

(清)孙铭钟 罗桂铭修 彭龄纂

清光绪九年(1883)刻本 九行二十一字白口四周双边 四册

F1200[*] [道光]褒城县志十一卷

(清)光朝魁纂修

清道光十一年(1831)刻本 九行二十一字小字双行同白口四周双边 四册

F1201[*] [乾隆]陇州续志八卷首一卷末一卷

(清)吴炳纂修

清乾隆三十一年(1766)刻本 九行二十一字白口四周单边 四册

F1202[*] [乾隆]岐山县志八卷

(清)平世增 郭履恒修 蒋兆甲纂

69

清乾隆四十四年(1779)刻道光二十二年(1842)重印本　九行二十四字小字双行同白口四周双边　四册

F1203[光绪]岐山县志八卷

(清)胡升猷修　张殿元纂

清光绪十年(1884)刻本　十行二十四字小字双行同白口四周双边　四册

F1204[民国]岐山县志十卷

田惟均修　白岫云纂

民国二十四年(1935)西安西山书局铅印本四册

F1205[光绪]麟游县新志草十卷首一卷

(清)彭洵纂修

清光绪九年(1883)刻本　九行二十二字小字双行同白口四周双边　四册

F1206[嘉庆]扶风县志十八卷首一卷

(清)宋世荦修　吴鹏翔　王树棠纂

清嘉庆二十四年(1819)刻本　十一行二十三字小字双行同白口左右双边　四册

F1207[正德]武功县志三卷首一卷

(明)康海纂　(清)孙景烈评注

清光绪十三年(1887)张世英补刻嘉庆本　十一行二十五字小字双行同白口四周双边二册

F1208[正德]武功县志三卷首一卷

(明)康海纂　(清)孙景烈评注

清同治十二年(1873)湖北崇文书局刻本　九行二十一字小字双行同白口四周双边　一册

F1209[嘉庆]续武功县志五卷

(清)张树勋修　王森文纂

清嘉庆二十一年(1816)绿野书院刻本　十二行二十五字小字双行同白口四周双边　四册

F1210[光绪]武功县续志二卷

(清)张世英修　巨国桂纂

清光绪十四年(1888)刻本　十二行二十五字小字双行同白口四周双边　二册

F1211[乾隆]郿县志十八卷首一卷

(清)李带双修　张若纂

清乾隆四十三年(1778)刻本　十二行二十四字小字双行三十六字同黑口四周单边　四册

F1212[宣统]郿县志十八卷首一卷

(清)李带双原本　沈锡荣增补

清宣统二年(1910)陕西图书馆铅印本　四册

F1213[光绪]凤县志十卷首一卷

(清)朱子春修　段澍霖纂

清光绪十八年(1892)刻本　九行二十四字小字双行同白口四周双边　四册

F1214[乾隆]甘肃通志五十卷首一卷

(清)许容修　李迪等纂

清乾隆元年(1736)刻本　九行二十一字小字双行十七字白口四周双边　三十六册

F1215[光绪]甘肃通志一百卷首五卷

(清)升允　长庚修　安维峻纂

清光绪三十四年(1908)修宣统元年(1909)刻本　十二行二十六字白口四周双边　八十一册

F1216[民国]甘肃通志总分图不分卷

张维纂

民国二十三年(1934)北京大北印书局铅印本二册

F1217[民国]甘肃通志稿十三种

刘郁芬修　杨思　张维等纂

1964年甘肃省图书馆油印本　三十四册

F1218[道光]兰州府志十二卷首一卷

(清)陈士桢修　涂鸿仪纂

清道光十三年(1833)刻本　九行二十字小字双行同白口四周双边　六册

F1219[乾隆]新修庆阳府志四十二卷末一卷

(清)赵本植纂修

清乾隆二十六年(1761)刻本　九行二十一字小字双行二十字白口四周双边　八册

F1220[乾隆]镇番县志一卷

(清)张玿美修　曾钧　魏奎光纂

乾隆十四年(1749)刻五凉考治六德集全志本
十二行三十字小字双行同白口四周单边　一册

F1220* 　[乾隆]古浪县志一卷

(清)张玿美修　赵璘　郭建文纂

清乾隆十四年(1749)刻五凉考治六德集全志本
十二行三十字小字双行同白口四周单边　一册

F1220* 　[乾隆]平番县志一卷

(清)张玿美修　曾钧纂

清乾隆十四年(1749)刻五凉考治六德集全志
本　十二行三十字小字双行同白口四周单边
一册

F1220* 　[乾隆]武威县志一卷

(清)张玿美修　曾钧　苏暻纂

清乾隆十四年(1749)刻五凉考治六德集全志
本　十二行三十字小字双行同白口四周单边
二册

F1220* 　[乾隆]永昌县志一卷

(清)张玿美修　沈绍祖　谢谨纂

清乾隆十四年(1749)刻五凉考治六德集全志
本　十二行三十字小字双行同白口四周单边
一册

F1221* 　[乾隆]甘州府志十六卷首一卷

(清)钟赓起纂修

清乾隆四十四年(1779)刻本　九行二十二字
白口四周双边　二十册

F1222* 　[道光]靖远县志八卷首一卷

(清)陈之骥修　尹世阿纂

清道光十三年(1833)刻本　九行二十三字白
口四周双边　八册

F1223* 　[乾隆]皋兰县志二十卷

(清)吴鼎新修　黄建中纂

清乾隆四十三年(1778)刻本　九行二十三字
小字双行同白口四周双边　四册

F1224* 　[道光]皋兰县续志十二卷

(清)秦维岳原纂　陆芝田　张廷选续纂

清道光二十二年(1842)修二十七年(1847)刻
本　九行二十三字白口四周双边　四册

F1225 　[光绪]重修皋兰县志三十卷首一卷
末一卷

(清)张国常纂修

民国六年(1917)陇右乐善书局甘肃政报局石
印本　十四册

F1226* 　[道光]金县志十三卷首一卷

(清)恩福修　冒槩纂

清道光二十四年(1844)刻本　九行二十字白
口四周双边　二册

F1227* 　[光绪]重修通渭县新志十二卷首
一卷

(清)高蔚霞修　苟廷诚纂

清光绪十九年(1893)刻本　九行二十一字黑
口四周双边　八册

F1228 　[民国]华亭县志四卷

张次房修　幸邦隆纂

民国二十二年(1933)石印本　四册

F1229* 　[乾隆]庄浪志略二十卷

(清)邵陆原本　耿光文增补

清乾隆五十五年(1790)增刻本　九行二十二
字小字双行二十字白口四周单边　四册

F1230* 　[乾隆]合水县志二卷

(清)陶奕曾纂修

清道光二十二年(1842)增刻本　九行二十一
字小字双行二十字白口四周双边　二册

F1231* 　[道光]镇原县志二十二卷首一卷

(清)李从图纂修

清道光二十七年(1847)刻本　九行二十二字
小字双行同白口四周双边　十二册

F1232 　[民国]重修镇原县志十九卷首一卷

钱史彤　邹介民修　焦国理　慕寿祺纂

民国二十四年(1935)兰州俊华印书馆铅印本
二十册

F1233* 　[乾隆]直隶秦州新志十二卷首一卷
末一卷

(清)费廷珍修　胡钺等纂

清乾隆二十九年(1764)刻本　九行二十字小
字双行同白口四周双边　十六册

71

F1234[*]　[光绪]重纂秦州直隶州新志二十四卷首一卷

(清)余泽春修　王权　任其昌纂

清光绪十五年(1889)陇南书院刻本　九行二十一字白口四周双边　二十册

F1235　[民国]秦州直隶州新志续编八卷

姚展等修　任承允纂

民国二十八年(1939)兰州国民印刷局铅印本　四册

F1236　[民国]天水县志十四卷首一卷

庄以绥修　贾缵绪纂

民国二十八年(1939)兰州国民印刷局铅印本　四册

F1237[*]　[乾隆]伏羌县志十四卷

(清)周铣修　叶芝纂

清乾隆三十五年(1770)刻本　九行二十二字小字双行同白口四周双边　四册

F1238[*]　[同治]续伏羌县志六卷

(清)侯新严修　方承宣纂

清同治十一年(1872)刻本　九行二十二字小字双行同白口四周双边　二册

F1239[*]　[乾隆]西和县志四卷

(清)邱大英纂修

清乾隆三十六年(1771)修三十九年(1774)刻本　九行二十二字白口四周双边　四册

F1240[*]　[光绪]重纂礼县新志四卷首一卷

(清)雷文渊修　王思温纂

清光绪十六年(1890)刻本　九行二十一字白口四周双边　四册

F1241[*]　[道光]秦安县志十四卷

(清)严长宦修　刘德熙纂

清道光十八年(1838)刻本　九行二十二字小字双行同白口四周双边　四册

F1242[*]　[嘉庆]徽县志八卷

(清)张伯魁纂修

清嘉庆十四年(1809)刻本　八行二十字白口四周双边　八册

F1243[*]　[乾隆]清水县志十六卷

(清)朱超纂修

清乾隆六十年(1795)刻本　九行二十字白口四周双边　四册

F1244[*]　[嘉庆]武阶备志二十二卷

(清)吴鹏翱纂

清嘉庆十三年(1808)修同治十二年(1873)洪惟善刻本　九行二十四字小字双行同白口四周单边　八册

F1245[*]　[光绪]阶州直隶州续志三十三卷

(清)叶恩沛修　吕震南纂

清光绪十二年(1886)刻本　九行二十二字白口四周双边　十册

F1246[*]　[光绪]文县志八卷首一卷末一卷

(清)长赟修　刘健纂

清光绪二年(1876)刻本　九行二十三字黑口四周双边　六册

F1247[*]　[乾隆]成县新志四卷

(清)黄泳修　汪于雍等纂

清乾隆十七年(1752)刻本　九行二十二字白口四周双边　四册

F1248[*]　[乾隆]狄道州志十六卷

(清)呼延华国修　吴镇纂

清光绪间官报书局铅印本　八册

F1249　[乾隆]狄道州志十六卷

(清)呼延华国修　吴镇纂

清宣统元年(1909)刻本　十行二十四字白口四周双边　八册

F1250　[宣统]狄道州续志十二卷首一卷

(清)联瑛修　李镜清纂

清宣统元年(1909)刻本　十行二十四字白口四周双边　八册

F1251　[民国]洮沙县志五卷

张慎征纂修

民国三十二年(1943)洮沙县志编纂委员会油印本　一册

F1252 [民国]创修渭源县志十卷首一卷

张兆钾修 陈鸿宝纂

民国十五年（1926）平凉新陇书社石印本
四册

F1253 [民国]漳县志八卷首一卷

张鸮 石作柱修 杨国桢等纂

民国十七年（1928）石印本 四册

F1254 [民国]漳县志八卷首一卷

张鸮原本 韩世英增辑

民国二十三年（1934）铅印本 二册

F1255＊ [道光]重修镇番县志十卷首一卷

（清）许协修 谢集成纂

清道光五年（1825）刻本 九行二十二字白口
四周双边 五册

F1256 [民国]新修张掖县志

白册侯原纂 余炳元续纂

1959年北京中国书店油印本 八册

F1257 [民国]新纂高台县志八卷首一卷

徐家瑞纂修

民国十四年（1925）铅印本 四册

F1258 [乾隆]重修肃州新志三十卷

（清）黄文炜 沈青崖纂修

清乾隆二十七年（1762）补刻本 十行二十四
字白口左右双边 二十四册

F1259＊ [光绪]洮州厅志十八卷首一卷

（清）张彦笃修 包永昌纂

清光绪三十三年（1907）刻本 八行二十二字
白口四周双边 八册

F1260 [嘉靖]宁夏新志八卷

（明）杨守礼修 管律纂

1961年上海古籍书店《天一阁藏明代地方志
选刊》本 五册

F1261 [民国]朔方道志三十一卷首一卷

马福祥 陈必淮修 王之臣纂

民国十六年（1927）天津华泰书局铅印本
八册

F1262＊ [道光]中卫县志十卷

（清）郑元吉修 余懋官纂

清道光二十一年（1841）刻本 九行二十二字
小字双行同白口四周双边 四册

F1263＊ [光绪]平远县志十卷

（清）陈日新纂修

清光绪五年（1879）刻本 八行二十二字小字
双行同白口四周双边 一册

F1264＊ [宣统]新修固原直隶州志十二卷

（清）王学伊修 锡麟纂

清宣统元年（1909）官报书局铅印 十二册

F1265＊ [光绪]海城县志十卷

（清）杨金庚修 陈廷珍纂

清光绪三十四年（1908）铅印本 二册

F1266＊ [嘉庆]新刊江宁府志五十六卷

（清）吕燕昭修 姚鼐纂

清光绪六年（1880）刻本 十二行二十五字小
字双行同白口四周双边 十二册

F1267＊ [同治]续纂江宁府志十五卷首一卷

（清）蒋启勋 赵佑宸修 汪士铎等纂

清同治十三年（1874）修光绪六年（1880）刻本
十二行二十五字小字双行同白口四周双边
十二册

F1268 [光绪]江宁府七县地形考略一卷

不著撰人

清光绪间江楚书局刻本 十行二十二字小字
双行同黑口左右双边 一册

F1269 吴郡志五十卷附校勘记一卷

（宋）范成大纂

民国三年（1914）乌程张氏影宋刻蓝印本 十
二册

F1270＊ [乾隆]苏州府志八十卷首一卷

（清）雅尔哈善 傅椿修 习寯 王峻纂

清乾隆十三年（1748）刻本 十行二十四字小
字双行同白口左右双边 三十四册

F1271＊ [道光]苏州府志一百五十卷首十卷

（清）宋如林 罗琦修 石韫玉纂

清道光四年（1824）刻本 十行二十四字小字

双行同白口左右双边　　六十四册

F1272* 　[同治]苏州府志一百五十卷首三卷
(清)李铭皖　谭钧培修　冯桂芬纂
清光绪八年(1882)江苏书局刻本　十行二十
四字小字双行同白口左右双边　　八十册

F1273* 　[嘉庆]松江府志八十四卷首二卷图
一卷
(清)宋如林修　孙星衍　莫晋纂
清嘉庆松江府学明伦堂刻本　十行二十二字
小字双行同白口左右双边　　三十二册

F1274* 　[光绪]松江府续志四十卷首一卷图
一卷
(清)傅润修　姚光发等纂
清光绪十年(1884)刻本　十行二十二字小字
双行同白口左右双边　　二十四册

F1275* 　[康熙]常州府志三十八卷首一卷附
校勘记一卷
(清)于琨修　陈玉璂纂
清光绪十二年(1886)活字本　十行二十一字
白口左右双边　　二十二册

F1276 　[咸丰]淮壖小记四卷
(清)范以煦著
清咸丰五年(1855)刻本　十一行二十四字白
口左右双边　　四册

F1277 　[光绪]淮安府志四十卷首一卷
(清)孙云锦修　吴昆田　高延第纂
清光绪十年(1884)刻本　十行二十二字小字
双行同白口左右双边　　十六册

F1278* 　[光绪]淮安府志四十卷首一卷
(清)孙云锦修　吴昆田　高延第纂
清光绪十年(1884)刻本　十行二十二字小字
双行同白口左右双边　　十六册

F1279 　[嘉靖]惟扬志三十八卷
(明)朱怀干修　盛仪纂
1963年上海古籍书店《天一阁藏明代地方志
选刊》本　　七册

F1280 　[嘉庆]重修扬州府志七十二卷首
一卷
(清)阿克当阿修　姚文田　江藩等纂
清嘉庆十五年(1810)刻本　十行二十三字小
字双行同白口四周单边　　四十八册

F1281* 　[嘉庆]重修扬州府志七十二卷首
一卷
(清)阿克当阿修　姚文田　江藩等纂
清嘉庆十五年(1810)刻本　十行二十三字小
字双行同白口四周单边　　三十二册

F1282* 　[同治]续纂扬州府志二十四卷
(清)英杰修　晏端书　钱振伦等纂
清同治十三年(1874)刻本　十行二十一字小
字双行同白口四周单边　　八册

F1283* 　[同治]徐州府志二十五卷
(清)吴世熊　朱忻修　刘庠　方骏谟纂
清同治十三年(1874)刻本　十一行二十四字
小字双行同白口四周双边　　十六册

F1284 　[民国]上海市自治志三编
穆相遥修　杨逸等纂
民国四年(1915)铅印本　　八册

F1285 　[弘治]上海志八卷
(明)郭经修　唐锦纂
民国二十九年(1940)昆明中华书局影印明弘
治十七年(1504)本　　二册

F1286 　[嘉靖]上海县志八卷
(明)郑洛书修　高企纂
民国二十九年(1940)昆明中华书局影印明嘉
靖三年(1524)本　　三册

F1287 　[正德]金山卫志六卷
(明)张奎修　夏有文等纂
民国二十九年(1940)昆明中华书局影印明正
德十二年(1517)本　　四册

F1288* 　[乾隆]上海县志十二卷首一卷
(清)范廷杰修　皇甫枢纂
清乾隆四十九年(1784)刻本　九行二十字小
字双行同白口四周单边　　十六册

F1289 * ［嘉庆］上海县志二十卷首一卷

（清）王大同修　李林松纂

清嘉庆十九年（1814）刻本　九行二十二字小字双行同白口左右双边　十四册

F1290 * ［同治］上海县志三十二卷首一卷末一卷附补遗叙录

（清）应宝时等修　俞樾　方宗诚纂

清同治十一年（1872）上海文庙南园志局王承基等校正本　十二行二十三字小字双行同白口四周双边　十六册

F1291　上海县志札记六卷

（清）秦荣光撰

清光绪二十八年（1902）松江振华德记印书局铅印本　六册

F1292　［民国］上海县续志三十卷首一卷末一卷

吴馨　洪锡范修　姚文枏等纂

民国七年（1918）上海文庙南园志局刻本　十二册

F1293　［民国］上海县志二十卷

吴馨　江家嵋修　姚文枏纂

民国二十五年（1936）铅印本　六册

F1294　法华乡志八卷首一卷末一卷

（清）王钟纂　胡人凤续纂

民国十一年（1922）铅印本　四册

F1295 * ［光绪］重修华亭县志二十四卷首一卷末一卷

（清）杨开第修　姚光发等纂

清光绪五年（1879）刻本　十一行二十二字小字双行同白口左右双边　十册

F1296 * 重辑枫泾小志十卷

（清）曹相骏纂　许光墉增纂

清光绪十七年（1891）铅印本　四册

F1297　续修枫泾小志十卷首一卷

（清）程兼善纂

清宣统三年（1911）铅印本　五册

F1298 * ［光绪］娄县续志二十卷

（清）汪坤厚　程其珏修　张云望纂

清光绪五年（1879）刻本　十一行二十一字小字双行同黑口四周双边　六册

F1299 * ［光绪］南汇县志二十二卷首一卷末一卷

（清）金福曾　顾思贤修　张文虎等纂

清光绪五年（1879）刻本　十一行二十二字小字双行同白口左右双边　十一册

F1300 * ［光绪］南汇县志二十二卷首一卷末一卷

（清）金福曾　顾思贤修　张文虎等纂

清光绪五年（1879）刻本　十一行二十二字小字双行同白口左右双边　十二册

F1301　［光绪］南汇县志二十二卷首一卷末一卷

（清）金福曾　顾思贤修　张文虎等纂

清光绪五年（1879）刻民国十六年（1927）重印本　十二册

F1302　［民国］南汇县续志二十二卷首一卷

严伟　刘芷芬修　秦锡田纂

民国十八年（1929）刻本　十一行二十二字小字双行同白口四周双边　八册

F1303　［民国］南汇县续志二十二卷首一卷

严伟　刘芷芬修　秦锡田纂

民国十八年（1929）刻本　十一行二十二字小字双行同白口四周双边　八册

F1304 * ［道光］川沙抚民厅志十二卷首一卷

（清）何士祁修　姚椿　周墉纂

清道光十六年（1836）刻本　十行二十一字小字双行同黑口四周双边　四册

F1305 * ［光绪］川沙厅志十四卷首一卷末一卷

（清）陈方瀛修　俞樾等纂

清光绪五年（1879）刻本　十二行二十三字小字双行同白口左右双边　六册

F1306　［民国］川沙县志二十四卷首一卷

方鸿铠　陆炳麟修　黄炎培纂

民国二十六年（1937）上海国光书局铅印本

75

十二册

F1307 　[乾隆]金山县志二十卷首一卷
(清)常琬修　焦以敬等纂
民国十八年(1929)影印本　四册

F1308[*]　干巷志六卷首一卷
(清)朱栋纂
民国二十二年(1933)重印嘉庆本　二册

F1309[*]　[嘉庆]朱泾志十卷
(清)朱栋纂
民国五年(1916)铅印本　四册

F1310[*]　[光绪]金山县志三十卷首一卷
(清)龚宝琦　崔廷镛修　黄厚本等纂
清光绪四年(1878)刻本　十行二十二字小字
双行同黑口左右双边　八册

F1311[*]　[光绪]重修奉贤县志二十卷首一卷
末一卷
(清)韩佩金修　张文虎等纂
清光绪四年(1878)刻本　十行二十二字小字
双行同黑口左右双边　六册

F1312[*]　[乾隆]嘉定县志十二卷首一卷
(清)程国栋等纂修
清乾隆二年(1737)修七年(1742)刻本　十一
行二十一字小字双行同白口左右双边　八册

F1313　[嘉庆]南翔镇志十二卷首一卷
(清)张承先纂　程攸熙订正
民国十三年(1924)南翔凤翯楼铅印本　四册

F1314[*]　[光绪]嘉定县志三十二卷首一卷补
遗一卷
(清)程其珏修　杨震福等纂
清光绪八年(1882)刻本　十一行二十四字小
字双行同白口左右双边　十六册

F1315　[民国]嘉定县续志十五卷首一卷末
一卷附地图
范钟湘　陈传德修　金念祖　黄世祚纂
民国十九年(1930)铅印本　八册

F1316　娄塘镇志九卷
(清)陈曦纂

民国二十五年(1936)娄塘梅祖德铅印本
二册

F1317　钱门塘乡志十二卷首一卷
童世高纂
民国十年(1921)油印本　二册

F1318[*]　[乾隆]青浦县志四十卷
(清)孙凤鸣修　王昶纂
清乾隆五十三年(1788)尊经阁刻本　十行二
十二字小字双行同白四周单口边　十四册

F1319[*]　[光绪]青浦县志三十卷首二卷末
一卷
(清)汪祖绶等修　熊其英　邱式金纂
清光绪五年(1879)尊经阁刻本　十一行二十
四字小字双行同白口左右双边　十二册

F1320　蒸里志略十二卷
(清)叶世熊纂
清宣统二年(1910)青浦叶桐叔铅印本　二册

F1321　[民国]青浦县续志二十四卷首二卷
末一卷
于定等修　金咏榴等纂
民国二十三年(1934)刻本　十二行二十三字
小字双行同白口四周双边　六册

F1322　章练小志八卷
(清)高如圭原纂　(民国)万以增续纂
民国七年(1918)铅印本　二册

F1323[*]　[光绪]崇明县志十八卷
(清)林达泉　谭泰来修　李联琇　黄清宪
等纂
清光绪七年(1881)刻本　十二行二十三字小
字双行同白口四周双边　十二册

F1324　[民国]崇明县志十八卷
曹炳麟纂修
民国十九年(1930)刻本　十二行二十三字小
字双行同白口四周双边　十二册

F1325[*]　[乾隆]宝山县志十卷首一卷
(清)赵酉修　章钥纂
清乾隆十一年(1746)刻本　十一行二十一字

76

小字双行同白口四周双边　五册

F1326[*]　[光绪]宝山县志十四卷首一卷
(清)梁蒲贵　吴康寿修　朱延射　潘履祥纂
清光绪八年(1882)学海书院刻本　十一行二
十三字小字双行同白口左右双边　八册

F1327　罗店镇志八卷
(清)王树菜修　潘履祥纂
清光绪十五年(1889)铅印本　四册

F1328　江湾里志十五卷附刊一卷
钱淦纂
民国十三年(1924)铅印本　二册

F1329　[民国]宝山县续志十七卷首一卷末
一卷
张允高等修　钱淦　袁希涛纂
民国十年(1921)铅印本　五册

F1330　月浦里志十五卷首一卷附录一卷
陈应康纂
民国二十三年(1934)铅印本　二册

F1331　[民国]宝山县再续志十七卷首一卷
末一卷
吴葭修　王钟琦纂
民国二十年(1931)铅印本　二册

F1332[*]　[景定]建康志五十卷
(宋)马光祖修　周应合纂
清嘉庆六年(1801)金陵孙忠愍祠刻本　九行
二十字小字双行同白口左右双边　二十册

F1333[*]　[同治]上江两县志二十九卷首一卷
(清)莫祥芝　甘绍盘修　汪士铎等纂
清同治十三年(1874)刻本　十行二十五字小
字双行同黑口四周双边　十二册

F1334　[万历]上元县志十二卷
(明)程三省修　李登等纂
抄本　八册

F1335[*]　[光绪]六合县志八卷图说一卷附录
一卷
(清)谢延庚　吕宪秋修　贺廷寿　唐毓和纂
清光绪六年(1880)修十年(1884)刻本　十二

行二十五字小字双行同白口四周双边　十册

F1336[*]　[光绪]江浦埤乘四十卷首一卷
(清)侯宗海　夏锡宝纂
清光绪十七年(1891)刻本　十行二十一字小
字双行同白口四周双边　十四册

F1337　[弘治]重修无锡县志三十六卷
(明)吴凤翔修　李舜明纂
1950年无锡泰伯文献馆筹备处油印本　四册

F1338[*]　[嘉庆]无锡金匮县志四十卷首一卷
(清)秦瀛纂
清嘉庆十八年(1813)刻本　九行二十二字小
字双行同白口左右双边　十六册

F1339[*]　[道光]无锡金匮续志十卷首一卷
(清)李彭龄修　杨熙之纂
清道光二十年(1840)刻本　九行二十二字小
字双行同白口左右双边　四册

F1340　[道光]锡金考乘十四卷首一卷
(清)周有壬纂
清同治九年(1870)世瑞堂活字本　十行二十
字白口四周单边　四册

F1341[*]　锡金志外五卷
(清)华湛恩纂
清道光二十三年(1843)刻本　九行二十字白
口左右双边　四册

F1342　[光绪]无锡金匮县志四十卷首一卷
(清)裴大中　倪咸生修　秦缃业等纂
清光绪七年(1881)刻本　十行二十二字小字
双行同白口左右双边　十八册

F1343[*]　[光绪]无锡金匮县志四十卷首一卷
(清)裴大中　倪咸生修　秦缃业等纂
清光绪二十九年(1903)重刻本　十行二十二
字小字双行同白口左右双边　二十册

F1344　锡金乡土地理二卷
(清)侯鸿鉴编
清光绪三十二年(1906)无锡艺文斋活字本
九行二十一字小字双行同白口四周单边
一册

F1345　泰伯梅里志八卷

(清)吴熙纂修

清光绪二十三年(1897)泰伯庙东院刻本　九行二十四字小字双行同黑口左右双边　四册

F1346　锡金识小录十二卷

(清)黄印纂

清光绪二十二年(1896)王念祖活字本　十一行二十四字白口左右双边　六册

F1347　[民国]锡金续识小录

宝镇纂修

民国十四年(1925)活字印本　二册

F1348　[道光]金匮县舆地全图

(清)华湛恩原编　华步照重校

清光绪三十四年(1908)鹅湖华存裕堂义庄石印本　六册

F1349 ˚ [嘉定]镇江志二十二卷首一卷

(宋)卢宪纂

清宣统二年(1910)重刻横山草堂丛书本　十行二十一字小字双行同黑口左右双边　八册

F1350　[至顺]镇江志二十一卷首一卷

(元)脱因修　俞希鲁纂

民国十二年(1923)如皋冒广生刻本　十行二十一字小字双行同白口左右双边　八册

F1351 ˚ [嘉庆]丹徒县志四十七卷首四卷

(清)贵中孚　万承纪修　蒋宗海　张釜纂

清嘉庆十年(1805)刻本　十一行二十一字小字双行同白口左右双边　十六册

F1352 ˚ [光绪]丹徒县志六十卷首四卷

(清)何绍章　冯寿镜修　吕耀斗等纂

清光绪五年(1879)刻本　十一行二十一字小字双行同白口左右双边　三十四册

F1353　[光绪]丹徒县志摭余二十一卷

(清)李恩绶原纂　李丙荣续纂

清光绪间修民国七年(1918)刻本　十二册

F1354　[民国]续丹徒县志二十卷首一卷

张玉藻　翁有成修　高觐昌等纂

民国十九年(1930)刻本　十一行二十一字小

字双行同白口左右双边　十二册

F1355 ˚ [道光]武进阳湖县合志三十六卷首一卷

(清)孙琬　王德茂修　李兆洛　周仪暐纂

清光绪十二年(1886)活字本　十行二十五字白口左右双边　三十册

F1356 ˚ [光绪]武进阳湖县志三十卷首一卷

(清)王其淦　吴康寿修　汤成烈等纂

清光绪五年(1879)刻本　十行二十五字小字双行同白口左右双边　二十册

F1357 ˚ [光绪]武阳志余十二卷首一卷

(清)庄毓鋐　陆鼎翰纂修

清光绪十四年(1888)活字本　十行二十三字小字双行同白口左右双边　二十册

F1358　[嘉庆]重刊宜兴县旧志十卷首一卷末一卷

(清)李先荣原本　阮升基增修　宁楷等增纂

清嘉庆二年(1797)刻本　十行二十二字白口左右双边　十册

F1359　[嘉庆]新修宜兴县志四卷首一卷

(清)阮升基修　宁楷纂

清嘉庆二年(1797)刻本　十行二十二字白口左右双边　二册

F1360 ˚ [嘉庆]增修宜兴县旧志十卷首一卷末一卷

(清)李先荣原本　阮升基增修　宁楷等增纂

清同治八年(1869)活字本　十行二十二字小字双行同白口四周单边　十册

F1361 ˚ [光绪]宜兴荆溪县新志十卷首一卷末一卷

(清)施惠　钱志澄修　吴景墙等纂

清光绪八年(1882)刻宜兴荆溪旧志五种本十行二十四字小字双行同白口左右双边八册

F1362　光宣宜荆续志十二卷首一卷

陈善谟　祖福广修　周志靖纂

民国十年(1921)刻本　六册

F1363[嘉庆]新修荆溪县志四卷首一卷
(清)唐仲冕修　宁楷纂
清光绪八年(1882)刻宜兴荆溪县志本　十行
二十二字白口左右双边　二册

F1364[道光]重刊续纂宜荆县志十卷首一卷
(清)顾名　龚润森修　吴德旋纂
清光绪八年(1882)刻宜兴荆溪县志本　十行
二十二字小字双行同白口左右双边　四册

F1365[嘉靖]高淳县志四卷
(明)刘效束　贾宗鲁等纂修
1963年上海古籍书店《天一阁藏明代地方志
选刊》本　二册

F1366[光绪]高淳县志二十八卷首一卷
(清)杨福鼎修　陈嘉谋纂
清光绪七年(1881)学山书院刻本　十二行二
十五字白口左右双边　十册

F1367[民国]高淳县志二十八卷首一卷
刘春堂修　吴寿宽纂
民国七年(1918)刻本　十二行二十五字小字
双行同白口左右双边　十册

F1368[光绪]丹阳县志三十六卷首一卷
(清)刘诰　凌焯等修　徐锡麟　姜璘纂
清光绪十一年(1885)鸣凤书院刻本　十行二
十一字小字双行同白口左右双边　十六册

F1369[民国]丹阳县续志二十四卷首一卷
胡为和修　孙国钧纂
民国十五年(1926)刻本　十行二十一字小字
双行同白口左右双边　六册

F1370[乾隆]溧水县志十六卷
(清)凌世御修　方性存等纂
清乾隆四十二年(1777)刻本　九行二十一字
白口左右双边　九册

F1371[光绪]溧水县志二十二卷首一卷
(清)傅观光等修　丁维诚纂
清光绪九年(1883)刻本　十行二十五字小字

双行同白口左右双边　十二册

F1372[光绪]金坛县志十六卷首一卷
(清)夏宗彝修　汪国凤等纂
清光绪十一年(1885)活字本　九行二十一字
小字双行十九字白口四周单边　十二册

F1373[乾隆]句容县志十卷首一卷末一卷
(清)曹袭先纂修
清光绪二十六年(1900)杨世沅刻本　十二行
二十四字小字双行同白口左右双边　十册

F1374[光绪]续纂句容县志二十卷首一卷
末一卷
(清)张绍棠修　萧穆等纂
清光绪三十年(1904)刻民国七年(1918)补刻
本　十二行二十四字小字双行同白口左右双
边　二十册

F1375[嘉庆]溧阳县志十六卷
(清)李景峄　陈鸿寿修　史炳　史津纂
清光绪二十二年(1896)刻本　十一行二十三
字小字双行同白口左右双边　十册

F1376[光绪]溧阳县续志十六卷续补一卷
(清)朱畯等修　冯煦等纂
清光绪二十五年(1899)活字本　十一行二十
三字小字双行同白口左右双边　八册

F1377[乾隆]江都县志三十二卷首一卷
(清)五格　黄湘纂修
清乾隆八年(1743)刻本　十行二十一字小字
双行同白口左右双边　十二册

F1378[嘉庆]江都县续志十二卷首一卷
(清)王逢源修　李保泰纂
清光绪七年(1881)刻本　十行二十一字小字
双行同白口左右双边　四册

F1379　瓜洲志八卷首一卷
(清)吴耆德　王养度等纂修　冯锦编辑
民国抄本　八册

F1380[道光]扬州营志十六卷
(清)陈述祖纂修
江苏扬州古旧书店重印清道光十一年(1831)

刻本 八册

F1381 [道光]扬州营志十六卷
(清)陈述祖纂修
江苏扬州古旧书店重印清道光十一年(1831)
刻本 八册

F1382* [光绪]江都县续志三十卷首一卷
(清)谢延庚修 刘寿曾纂
清光绪十年(1884)刻本 十行二十一字小字
双行同黑口左右双边 八册

F1383 [民国]瓜洲续志二十八卷
于树滋纂
民国十六年(1927)凝晖堂铅印本 十二册

F1384* [乾隆]甘泉县志二十卷首一卷
(清)吴鹗峙修 厉鹗等纂
清乾隆八年(1743)刻本 十行二十一字小字
双行同白口左右双边 十册

F1385 [咸丰]甘棠小志四卷首一卷末一卷
(清)董醇纂
清咸丰五年(1855)甘棠董氏刻本 九行二十
五字白口四周双边 四册

F1386 [咸丰]甘棠小志四卷首一卷末一卷
(清)董醇纂
清咸丰五年(1855)甘棠董氏刻本 九行二十
五字白口四周双边 四册

F1387* [光绪]增修甘泉县志二十四卷首一
卷图一卷
(清)徐成敩等修 陈浩恩等纂
清光绪七年(1881)活字本 十行二十一字白
口左右双边 二十册

F1388 [民国]甘泉县续志二十九卷首一卷
钱祥保修 桂邦杰纂
民国十年(1921)刻本 十行二十一字白口左
右双边 八册

F1389* [崇祯]泰州志十卷图一卷
(明)李自滋修 刘万春纂
传抄康熙五十八年(1719)本 十二册

F1390 [道光]泰州志三十六卷首一卷

(清)王有庆等修 陈世镕等纂
清道光七年(1827)刻本 十行二十一字小字
双行同白口左右双边 十二册

F1391 泰州新志刊谬二卷首一卷
(清)任钰 宫锡祚等纂辑
清道光十年(1830)刻本 十行二十一字白口
四周双边 二册

F1392 泰州乡土志二卷
(清)马锡纯编
清光绪三十四年(1908)上海锦章书局石印本
一册

F1393 [民国]泰县志稿三十卷首一卷
单毓元等纂修
1962年油印本 三十册

F1394* [嘉庆]高邮州志十二卷首一卷
(清)杨宜仑修 夏之蓉 沈之本纂 冯馨
增修
清道光二十五年(1845)刻本 十行二十字小
字双行同白口左右双边 十六册

F1395* [道光]续增高邮州志不分卷
(清)左辉春等纂修
清道光二十三年(1843)刻本 十行二十字白
口左右双边 六册

F1396* [光绪]再续高邮州志八卷首一卷
(清)金元烺 龚定瀛修 夏子镐纂
清光绪九年(1883)刻本 十行二十字小字双
行同白口左右双边 八册

F1397* [咸丰]靖江县志稿十六卷首一卷
(清)于作新修 潘泉纂
清咸丰七年(1857)活字本 九行二十字小字
双行十九字同白口四周单边 八册

F1398* [光绪]靖江县志十六卷首一卷
(清)叶滋森修 褚翔等纂
清光绪五年(1879)刻本 九行二十字小字双
行同白口左右双边 八册

F1399 [嘉靖]宝应县志略四卷
(明)宋佐 闻人诠纂修

1962 年上海古籍书店《天一阁藏明代地方志选刊》本　一册

F1400　[康熙]宝应县志二十四卷
(清)徐翙修　乔莱纂
1962 年油印本　八册

F1401＊　[道光]宝应图经六卷首二卷
(清)刘宝楠纂
清光绪九年(1883)淮南书局刻本　十二行二十五字小字双行同白口左右双边　四册

F1402＊　[道光]重修宝应县志二十八卷首一卷
(清)孟毓兰修　乔载繇等纂
清道光二十年(1840)汤氏沐华堂刻本　十行二十一字小字双行同白口左右双边　十册

F1403　重修宝应县志办一卷
(清)刘赞勋撰
清咸丰元年(1851)醉经阁刻本　九行二十一字小字双行同白口左右双边　一册

F1404　重修宝应县志办一卷
(清)刘赞勋撰
清咸丰元年(1851)醉经阁活字本　八行二十字白口四周单边　二册

F1405　[民国]宝应县志三十二卷首一卷
戴邦桢 赵世柴修　冯煦 朱葆生纂
民国二十三年(1934)镇江江南印书馆铅印本　一册

F1406＊　[嘉庆]续修泰兴县志八卷
(清)凌垲 张先甲修　张福谦纂
清嘉庆十八年(1813)刻本　九行二十字小字双行同白口左右双边　十六册

F1407＊　[光绪]泰兴县志二十六卷首一卷末一卷
(清)杨激云修　顾曾烜纂
清光绪十二年(1886)刻本　十行二十二小字双行同白口左右双边　十册

F1408　[光绪]泰兴县志二十六卷首一卷末一卷

(清)杨激云修　顾曾烜纂
清光绪十二年(1886)刻本　十行二十二小字双行同白口左右双边　十册

F1409　[宣统]泰兴县志续十二卷首一卷志补八卷志校六卷
王元章修　金铽纂
民国十九年(1930)稿本　六册

F1410＊　[咸丰]重修兴化县志十卷
(清)梁园棣修　郑之侨 赵彦俞纂
清咸丰二年(1852)刻本　十行二十一字小字双行同白口左右双边　八册

F1411　[民国]续修兴化县志十五卷
李恭简修　魏俟 任乃赓纂
民国三十二年(1943)铅印本　八册

F1412　丁草刘白疆域属东驳义
兴化续修县志局编
民国八年(1919)铅印本　一册

F1413　[隆庆]仪真县志十四卷
(明)申嘉瑞修　李文 陈国光等纂
1963 年《天一阁藏明代地方志选刊》本　四册

F1414＊　[道光]重修仪征县志五十卷首一卷
(清)王检心修　刘文淇 张安保纂
清光绪十六年(1890)刻本　十行二十三字小字双行同白口左右双边　十六册

F1415＊　[咸丰]清河县志二十四卷首一卷
(清)吴棠修　鲁一同纂
清同治元年(1862)补刻本　十行二十一字小字双行同白口四周双边　五册

F1415＊　[同治]清河县志附编二卷
(清)吴棠修　鲁一同纂
清同治四年(1865)刻本　十行二十一字小字双行同白口四周双边　一册

F1416　[咸丰]清河县志二十四卷首一卷
(清)吴棠修　鲁一同纂
清咸丰四年(1854)刻同治元年(1862)补刻民国八年(1919)补刻本　十行二十一字小字双行同白口四周双边　七册

81

F1416 [同治]清河县志附编二卷

(清)吴棠修 鲁一同纂

清咸丰四年(1854)刻同治元年(1862)补刻民国八年(1919)补刻本 十行二十一字小字双行同白口四周双边 一册

F1417 * 光绪丙子清河县志二十六卷

(清)胡裕燕修 吴昆田 鲁薲纂

清光绪二年(1876)刻本 十行二十一字小字双行同白口四周双边 六册

F1418 [民国]续纂清河县志

刘坛寿等修 范冕等纂

民国十七年(1928)刻本 十行二十一字小字双行同白口四周双边 四册

F1419 [民国]王家营志六卷

张震南纂

民国二十二年(1933)铅印本 一册

F1420 * [同治]盱眙县志六卷

(清)崔秀春 方家藩修 傅绍曾纂

清同治十二年(1873)刻本 九行二十二字小字双行同白口左右双边 四册

F1421 * [光绪]盱眙县志稿十七卷首一卷

(清)王锡元修 高延第等纂

清光绪二十九年(1903)盱眙县志局增刻本 十行二十一字小字双行同白口左右双边 八册

F1422 * [光绪]安东县志十五卷首一卷

(清)金元烺修 吴昆田 鲁薲纂

清光绪元年(1875)刻本 十行二十一字小字双行同白口四周双边 四册

F1423 [同治]宿迁县志十九卷

(清)李德溥修 方骏谟纂

清同治十三年(1874)钟吾书院刻本 十一行二十三字小字双行同白口左右双边 六册

F1424 [民国]宿迁县志二十卷

严型修 冯煦纂

民国十三年(1924)修民国二十四年(1935)铅印本 八册

F1425 * [同治]重修山阳县志二十一卷图一卷

(清)张兆栋 孙云修 何绍基 丁晏等纂

清同治十二年(1873)刻本 十行二十二字小字双行同白口左右双边 八册

F1426 [宣统]续纂山阳县志十六卷

邱沅 王元章修 段朝端等纂

清宣统三年(1911)修民国十年(1921)刻本 四册

F1427 * 山阳志遗四卷

(清)吴玉搢纂

民国十一年(1922)淮安志局刻本 十二行二十三字白口左右双边 四册

F1428 * [乾隆]重修桃源县志十卷首一卷

(清)眭文焕纂修

民国六年(1917)汪保诚金陵印刷社铅印本 四册

F1429 * [乾隆]铜山县志十二卷首一卷

(清)张宏运纂修

清乾隆十年(1745)刻本 十行二十字小字双行十九字白口左右双边 八册

F1430 * [道光]铜山县志二十四首一卷

(清)崔志元修 金左泉等纂

清道光十年(1830)刻本 十行二十一字小字双行同白口四周双边 十二册

F1431 [民国]铜山县志七十六卷附编一卷

余家谟 章世嘉 王嘉铣 王开孚纂

民国十五年(1926)刻本 十一行二十二字小字双行同黑口四周双边 十册

F1432 [隆庆]海州志十卷

(明)陈复亨纂修

1962年上海古籍书店《天一阁藏明代地方志选刊》本 三册

F1433 * [嘉庆]海州直隶州志三十二卷首一卷

(清)唐仲冕修 汪梅鼎等纂

清嘉庆十六年(1811)刻本 十一行二十三字小字双行同白口左右双边 十册

F1434 * ［咸丰］邳州志二十卷首一卷

(清)董用威 马轶群修 鲁一同纂

清光绪十八年(1892)善化杨激云重印本 十行二十一字小字双行同白口四周双边 四册

F1435 ［民国］邳志补二十六卷

窦鸿年纂

民国十二年(1923)刻本 十一行二十三字小字双行同黑口左右双边 八册

F1436 ［康熙］睢宁县旧志十卷

(清)葛之莫修 陈哲等纂

民国十八年(1929)睢宁王玉树北平铅印本 四册

F1437 * ［光绪］睢宁县志稿十八卷

(清)侯绍瀛修 丁显纂

清光绪十二年(1886)刻本 十行二十四字小字双行同白口四周双边 六册

F1438 * ［乾隆］丰县志十六卷首一卷

(清)卢世昌纂修

清乾隆二十四年(1759)刻本 十一行二十二字小字双行二十一字白口左右双边 六册

F1439 * ［光绪］丰县志十六卷首一卷

(清)姚鸿杰等纂修

清光绪二十年(1894)刻本 十一行二十二字小字双行同白口左右双边 八册

F1440 * ［光绪］赣榆县志十八卷

(清)王豫熙修 张謇纂

清光绪十四年(1888)刻本 十行二十五字小字双行同白口四周单边 四册

F1441 * ［乾隆］沛县志十卷首一卷

(清)李棠修 田实发纂

清乾隆五年(1740)刻本 九行二十字小字双行十九字白口左右双边 四册

F1442 ［民国］沛县志十六卷

于书云修 赵锡蕃纂

民国九年(1920)上海商务印书馆铅印本 七册

F1443 * ［乾隆］盐城县志十卷首一卷

(清)程国栋修 沈偘等纂

清乾隆七年(1742)刻本 十行二十一字小字双行二十字白口左右双边 四册

F1444 ［乾隆］盐城县志十六卷

(清)程国栋原本 黄垣续修 沈偘续纂

1960年油印本 十册

F1445 * ［光绪］盐城县志十七卷首一卷

(清)刘崇照修 陈玉树 龙继栋纂

清光绪二十一年(1895)刻本 十行二十一字小字双行同白口左右双边 八册

F1446 ［民国］续修盐城县志稿十四卷首一卷

林懿均 李直夫修 胡应庚 陈钟凡纂

民国二十五年(1936)铅印本 四册

F1447 ［民国］续修盐城县志十四卷首一卷

林懿均修 胡应庚 陈钟凡纂

民国二十二年(1933)铅印本 一册

F1448 * ［光绪］阜宁县志二十四卷首一卷

(清)阮本焱等修 陈肇初 殷自芳纂

清光绪十二年(1886)刻本 十行二十二字小字双行同白口左右双边 十册

F1449 * ［嘉庆］东台县志四十卷

(清)周右修 蔡复午等纂

清嘉庆二十一年(1816)刻本 十行二十一字小字双行同白口左右双边 十册

F1450 ［光绪］东台县志稿四卷

(清)王璋纂

抄本 八册

F1451 东台县栟茶市乡土志

张正藩 缪文功编

民国间修抄本 二册

F1452 ［万历］通州志八卷

(明)林云程修 沈明臣等纂

1963年上海古籍书店《天一阁藏明代地方志选刊》本 四册

F1453 州乘资四卷附州乘资续

(明)邵潜纂修

1961年南通市图书馆油印本　一册

F1454* 　[乾隆]直隶通州志二十二卷
(清)王继祖修　夏之蓉等纂
清乾隆二十年(1755)刻本　十一行二十二字
白口左右双边　十六册

F1455 　州乘一览八卷
(清)汪巢纂
民国二十九年(1940)南通文献征集会铅印本
一册

F1456 　[道光]崇川咫闻录十二卷
(清)徐缙　杨廷撰纂
清道光十年(1830)徐氏芸晖阁刻本　十行二
十一字小字双行同黑口左右双边　十二册

F1457* 　[光绪]通州直隶州志十六卷首一卷
末一卷
(清)梁悦馨　莫祥芝修　季念诒　沈锽纂
清光绪元年(1875)刻本　十一行二十三字小
字双行同黑口左右双边　十六册

F1458 　南通县乡土志一卷
□□编
抄本　一册

F1459 　[嘉靖]海门县志集六卷
(明)吴宗元修　崔桐纂
抄本　四册

F1460 　[嘉靖]海门县志集六卷
(明)吴宗元修　崔桐纂
1964年上海古籍书店《天一阁藏明代地方志
选刊》本　二册

F1461 　[光绪]海门厅图志二十卷首一卷
(清)刘文潮等修　周家禄等纂
清光绪二十六年(1900)刻本　十一行二十二
字小字双行同白口四周双边　四册

F1462* 　[嘉庆]如皋县志二十四卷
(清)杨受廷　左元镇修　马汝舟　江大键纂
清道光十七年(1837)重印本　十一行二十二
字白口左右双边　十册

F1463* 　[道光]如皋县续志十二卷

(清)范仕义修　吴铠纂
清道光十七年(1837)刻本　十一行二十二字
白口左右双边　二册

F1464* 　[嘉庆]如皋县志二十四卷
(清)杨受廷　左元镇修　马汝舟　江大键纂
清道光十七年(1837)重印本　十一行二十二
字白口左右双边　十册

F1465* 　[道光]如皋县续志十二卷
(清)范仕义修　吴铠纂
清道光十七年(1837)刻本　十一行二十二字
白口左右双边　二册

F1466* 　[同治]如皋县续志十六卷
(清)周际霖　胡维蕃修　周颋　吴开阳纂
清同治十二年(1873)刻本　十一行二十二字
小字双行同白口左右双边　六册

F1467* 　[乾隆]吴县志一百十二卷首一卷
(清)姜顺蛟　叶长扬修　施谦纂
清乾隆十年(1745)刻本　十行二十二字小字
双行同白口左右双边　二十四册

F1468* 　周庄镇志六卷首一卷
(清)陶煦纂
清光绪八年(1882)元和陶氏仪一堂刻本　十
行二十四字小字双行同黑口四周双边　四册

F1469 　[民国]吴县志八十卷
曹允源等纂修
民国二十二年(1933)苏州文新公司铅印本
四十册

F1470 　[民国]木渎小志六卷
张郁文辑
民国十年(1921)苏州观前街利苏印书社铅印
本　二册

F1471 　光福志十二卷首一卷
(清)徐傅编　王镛等补辑
民国十八年(1929)苏城毛上珍铅印本　二册

F1472 　相城小志六卷
陶惟坻修　施兆麟纂
民国十九年(1930)上艺斋活字本　二册

F1473　齐溪小志

李楚石纂

民国十五年(1926)齐溪朱氏士食旧德之庐铅印本　一册

F1474*　[乾隆]元和县志三十二卷首一卷

(清)沈德潜纂修

清乾隆五年(1740)刻本　九行二十字白口左右双边　十册

F1475　元和唯亭志二十卷首一卷末一卷

(清)沈藻采纂

民国二十二年(1933)元和沈三益堂铅印本　四册

F1476*　[乾隆]吴江县志五十八卷首一卷

(清)陈荩缵　丁元正修　倪师孟　沈彤纂

清乾隆十二年(1747)刻本　十一行二十一字小字双行同白口左右双边　十六册

F1477*　黎里志十六卷首一卷

(清)徐达源纂

清嘉庆十年(1805)禊湖书院刻本　九行二十字小字双行同白口左右双边　四册

F1478　黎里志十六卷首一卷

(清)徐达源纂

清嘉庆十年(1805)禊湖书院刻本　九行二十字小字双行同白口左右双边　四册

F1479　同里志二十四卷首一卷

(清)阎登云修　周之桢纂

民国六年(1917)叶嘉棣铅印本　二册

F1480*　[道光]平望志十八卷首一卷

(清)翁广平纂

清光绪十三年(1887)吴江黄兆柽重刻本　十行二十三字小字双行同白口左右双边　五册

F1481*　[光绪]平望续志十二卷首一卷

(清)黄兆柽纂

清光绪十三年(1887)吴江黄兆柽刻本　十行二十三字小字双行同白口左右双边　三册

F1482　[道光]松陵见闻录十卷首一卷

(清)王鲲撰

清道光七年(1827)刻本　九行二十一字小字双行同白口左右双边　四册

F1483　分湖小识六卷

(清)柳树芳纂

清道光二十七年(1847)胜溪草堂柳氏刻本　十行二十一字小字双行同白口左右双边　六册

F1484*　[光绪]吴江县续志四十卷首一卷

(清)金福曾等修　熊其英等纂

清光绪五年(1879)刻本　十二行二十三字小字双行同白口四周双边　八册

F1485　盛湖志十四卷首一卷末一卷志补四卷

(清)仲廷机纂　仲虎腾续纂

民国十四年(1925)周庆云覆刻吴江仲氏本　六册

F1486　[光绪]盛湖志补四卷

(清)仲虎腾纂

民国十三年(1924)刻本　二册

F1487*　黎里续志十六卷首一卷

(清)蔡丙圻纂

清光绪二十五年(1899)禊湖书院刻本　十行二十一字小字双行同白口左右双边　六册

F1488　黎里续志十六卷首一卷

(清)蔡丙圻纂

清光绪二十五年(1899)禊湖书院刻本　十行二十一字小字双行同白口左右双边　六册

F1489　震泽镇志十四卷首一卷末一卷

(清)纪磊　沈眉寿纂

抄本　十行二十一字小字双行同白口四周单边　四册

F1490*　[宝祐]重修琴川志十五卷图一卷

(宋)孙应时原纂　鲍廉增补　(元)卢镇续修

明末汲古阁刻本　九行二十一字小字双行同白口四周双边　四册

F1491 * [乾隆]常昭合志十二卷首一卷

（清）王锦 杨继熊修 言如泗等纂

清乾隆六十年(1795)博文斋刻本 十行二十四字小字双行二十二字白口左右双边 十二册

F1492 * [乾隆]常昭合志十二卷首一卷

（清）王锦 杨继熊修 言如泗等纂

清光绪二十四年(1898)丁祖荫活字本 十行二十四字小字双行同白口四周单边 十四册

F1493 * [光绪]常昭合志稿四十八卷首一卷末一卷

（清）郑钟祥 张瀛修 庞鸿文等纂

清光绪三十年(1904)活字本 十行二十四字白口四周单边 十六册

F1494 [民国]重修常昭合志二十二卷首一卷末一卷

张镜寰修 丁祖荫 徐兆玮纂 潘一尘 张礼纲续修 庞树森续纂

民国三十八年(1949)铅印本 二十二册

F1495 [嘉靖]昆山县志十六卷

（明）杨逢春修 方鹏纂

1963年上海古籍书店《天一阁藏明代地方志选刊》本 六册

F1496 * [道光]昆新两县志四十卷首一卷末一卷

（清）张鸿 来汝缘修 王学浩等纂

清道光六年(1826)刻本 十一行二十二字小字双行同白口左右双边 十二册

F1497 * [光绪]昆新两县续修合志五十二卷首一卷末一卷

（清）金吴澜 李福沂修 汪坤 朱成熙纂

清光绪六年(1880)敦善堂刻本 十一行二十二字小字双行同白口左右双边 二十四册

F1498 [民国]昆新两县续补合志二十四卷首一卷

连德英修 李传元纂

民国十二年(1923)刻本 十一行二十二字小字双行同白口左右双边 十册

F1499 * 中吴纪闻六卷附校勘记一卷

（宋）龚明之纂

清宣统元年(1909)汇刻太仓旧志五种本 十行二十一字黑口四周单边 二册

F1499 * [淳祐]玉峰志三卷

（宋）凌万顷 边实纂

清宣统元年(1909)汇刻太仓旧志五种本 十行二十一字黑口四周单边 一册

F1499 * [淳祐]玉峰续志一卷

（宋）边实纂

清宣统元年(1909)汇刻太仓旧志五种本 十行二十一字黑口四周单边 合册

F1499 * [至正]昆山郡志六卷

（元）杨譓纂

清宣统元年(1909)汇刻太仓旧志五种本 十行二十一字黑口四周单边 八册

F1499 * [弘治]太仓州志十卷

（明）李端修 桑悦纂

清宣统元年(1909)汇刻太仓旧志五种本 十行二十一字黑口四周单边

F1500 * [嘉庆]直隶太仓州志六十五卷

（清）王昶纂修

清嘉庆七年(1802)刻本 十一行二十一字小字双行同白口左右双边 二十四册

F1501 璜泾志稿八卷

（清）施若霖纂

民国二十九年(1940)铅印本 二册

F1502 * [咸丰]壬癸志稿二十八卷

（清）钱宝琛纂

清咸丰三年(1853)修光绪六年(1880)刻钱颐寿中丞全集续编本 十行二十一字白口左右双边 四册

F1503 [宣统]太仓州志二十八卷首一卷末一卷

王祖畬纂修

民国八年(1919)刻本 十行二十一字小字双行同黑口左右双边 十五册

F1504　[民国]镇洋县志十一卷末卷附录一卷

王祖畲纂修

民国八年(1919)刻本　十行二十一字小字双行同黑口左右双边　五册

F1505*　[乾隆]镇洋县志十四卷首一卷末一卷

(清)金鸿修　李鳞纂

清乾隆十年(1745)刻本　十一行二十三字小字双行二十二字白口左右双边　八册

F1506　[嘉靖]江阴县志二十一卷

(明)赵锦修　张衮纂

1963年上海古籍书店《天一阁藏明代地方志选刊》本　六册

F1507*　[道光]江阴县志二十八卷首一卷

(清)陈延恩修　李兆洛　周仲简纂

清道光二十年(1840)刻本　十行二十二字小字双行同白口左右双边　十六册

F1508*　[光绪]江阴县志三十卷首一卷

(清)卢思诚　冯寿镜修　季念诒　夏炜如纂

清光绪四年(1878)刻本　十行二十二字小字双行同白口左右双边　二十册

F1509　[民国]江阴县续志二十八卷

陈恩修　缪荃孙纂

民国十年(1921)刻本　十行二十二字小字双行同黑口左右双边　十二册

F1510*　[道光]安徽通志二百六十卷首六卷

(清)陶澍　邓廷桢修　李振庸　韩玫纂

清道光十年(1830)刻本　十行二十一字白口左右双边　一〇〇册

F1511*　[光绪]重修安徽通志三百五十卷补遗十卷

(清)吴坤修等修　何绍基　杨沂孙纂

清光绪七年(1881)冯焯校补刻本　十行二十六字小字双行白口四周双边　一二〇册

F1512*　皖志列传稿八卷坿编一卷

金天翮撰

民国二十五年(1936)苏州利苏印书社铅印本　八册

F1513　[民国]安徽通志金石古物考稿十七卷例目一卷

徐乃昌纂

安徽通志馆石印本　十八册

F1514　[民国]安徽通志馆列传稿

安徽通志馆编

民国铅印本存六卷(一至六)　六册

F1515*　[道光]徽州府志十六卷首一卷

(清)马步蟾纂修

清道光七年(1827)刻本　十行二十四字小字双行同白口左右双边　三十册

F1516*　[淳熙]新安志十卷

(宋)罗愿纂

清光绪十四年(1888)刻本　九行十九字小字双行同白口左右双边　四册

F1517　[嘉靖]宁国府志十卷

(明)黎晨修　李默等纂

1962年上海古籍书店影印天一阁明嘉靖本　三册

F1518　[嘉庆]宁国府志三十六卷首一卷末一卷

(清)鲁铨　钟英修　洪亮吉　施晋纂

民国八年(1919)泾县翟氏宁郡清华斋影印本　三十二册

F1519　[嘉靖]池州府志九卷

(明)王崇纂修

1962年上海古籍书店《天一阁藏明代地方志选刊》本　四册

F1520*　[康熙]太平府志四十卷

(清)黄桂修　宋骧　郝煌纂

清光绪二十九年(1903)活字本　十一行二十二字下黑口四周单边　二十册

F1521*　[光绪]续修庐州府志一百卷首一卷末一卷

(清)黄云修　林之望　汪宗沂纂

清光绪十一年(1885)刻本　十一行二十三字小字双行同白口四周双边　四十八册

F1522 [光绪]凤阳府志二十一卷

(清)冯煦修　魏家骅等纂　张德霈续纂

清光绪三十四年(1908)活字本　十行二十四字小字双行同白口左右双边　二十四册

F1523 [正德]颍州志六卷

(明)刘节纂修

1963年上海古籍书店影印天一阁明代地方志选刊本　二册

F1524* [乾隆]颍州府志十卷

(清)王敛福纂修

清乾隆十七年(1752)刻本　十行二十字小字双行同白口左右双边　二十册

F1525 [嘉庆]合肥县志三十六卷首一卷

(清)左辅纂修

民国九年(1920)王氏今传是楼据集虚草堂藏本影印本　十二册

F1526 [嘉靖]铜陵县志八卷

(明)李士元修　沈梅纂

1962年上海古籍书店《天一阁藏明代地方志选刊》本　二册

F1527* [同治]六安州志六十卷首一卷

(清)李蔚　王峻修　吴康霖等纂

清光绪三十年(1904)重印本　九行二十一字小字双行同白口四周双边　二十八册

F1528* [同治]霍邱县志十六卷首一卷

(清)陆鼎敦　王寅清纂修

清同治九年(1870)活字本　九行二十二字白口左右双边　十六册

F1529 [嘉靖]寿州志八卷

(明)栗永禄纂修

1963年天一阁藏明代地方志选刊本　三册

F1530* [光绪]寿州志三十六卷首一卷末一卷

(清)曾道唯等修　葛荫南等纂

清光绪十五年(1889)活字本　十二行二十六字白口四周双边　十六册

F1531* [光绪]续修舒城县志五十卷首一卷末一卷

(清)吕林钟等修　赵凤诏等纂

清光绪三十三年(1907)活字本　十一行二十五字白口四周双边　二十四册

F1532* [嘉庆]庐江县志十五卷首一卷

(清)魏绍源　张煐修　储嘉珩　黄金台纂

清同治七年(1868)活字本　九行十八字小字双行二十八字白口四周双边　八册

F1533 [光绪]庐江县志十六卷首一卷

(清)钱铫修　卢钰　俞燮奎纂

清光绪十一年(1885)活字本　十行二十六字白口四周双边　十六册

F1534 [光绪]霍山县志十五卷首一卷

(清)秦达章修　何国祐　程秉祺纂

清光绪三十一年(1905)活字本　九行二十二字小字双行同白口四周双边　六册

F1535* [道光]阜阳县志二十四卷首一卷

(清)刘虎文　周天爵修　李复庆等纂

清道光九年(1829)尊经阁刻本　十行二十一字小字双行同白口四周单边　十二册

F1536* [乾隆]太和县志八卷

(清)成兆豫修　吴中最　洪朝元纂

清乾隆十六年(1751)刻本　九行二十二字小字双行同白口四周双边　四册

F1537 [民国]太和县志十二卷首一卷

丁炳烺修　吴承志纂

民国十四年（1925）上海中华书局铅印本　八册

F1538* [光绪]亳州志二十卷首一卷

(清)钟泰　宗能征纂修

清光绪二十年(1894)活字本　十行二十一字小字双行同白口四周单边　十四册

F1539 涡阳风土记十七卷首一卷

黄佩兰修　王佩箴等纂

民国十三年(1924)活字本　八册

F1540 [民国]重修蒙城县志十二卷

汪箎修 于振江 黄与绥纂

民国四年(1915)铅印本 八册

F1541 [嘉庆]凤台志十二卷

(清)李兆洛纂修

民国二十五年(1936)颍上静胜斋铅印本
四册

F1542* [光绪]凤台县志二十五卷首一卷

(清)李师沆 石成之修 葛荫南 周尔仪纂

清光绪十八年(1892)活字本 十一行二十五
字白口四周双边 十册

F1543 [顺治]颍上县志十四卷

(清)翟乃慎修 马履云 徐必达纂

1960年合肥古旧书店油印本 四册

F1544* [道光]颍上县志十三卷首一卷

(清)刘耀椿修 李同等纂

清道光六年(1826)刻本 九行二十三字小字
双行同黑口四周单边 七册

F1545* [同治]颍上县志十二卷首一卷

(清)都宠锡等修 李道章 郑以庄纂

清同治九年(1870)刻光绪四年(1878)补刻本
九行二十五字小字双行同白口四周双边
八册

F1546 [嘉靖]宿州志八卷

(明)余钧纂

1963年上海古籍书店《天一阁藏明代方志选
刊》本 二册

F1547* [光绪]宿州志三十六卷

(清)何庆钊修 丁逊之 吴振声纂

清光绪十五年(1889)刻本 九行二十字白口
左右双边 十六册

F1548* [同治]续萧县志十八卷首一卷

(清)顾景濂 段广瀛纂修

清同治十三年(1874)修清光绪元年(1875)刻
本 十行二十二字小字双行同白口左右双边
六册

F1549* [嘉庆]萧县志十八卷首一卷

(清)潘镕修 沈学渊 顾翰纂

清嘉庆二十年(1815)刻本 十行二十二字小
字双行同白口左右双边 十册

F1550* [乾隆]砀山县志十四卷

(清)刘王瑗纂修

清乾隆三十二年(1767)刻本 九行二十一字
白口四周双边 八册

F1551* [光绪]泗虹合志十九卷

(清)方瑞兰修 江殿扬 许湘甲纂

清光绪十四年(1888)刻本 十行二十五字小
字双行同白口四周双边 八册

F1552* [光绪]重修五河县志二十卷首一卷
末一卷

(清)赖同晏 孙玉铭修 俞宗诚等纂

清光绪二十年(1894)刻本 十行二十四字小
字双行同白口左右双边 八册

F1553* [嘉庆]怀远县志二十八卷

(清)孙让修 李兆洛纂

清嘉庆二十四年(1819)活字本 十一行二十
五字小字双行同白口四周双边 十二册

F1554* [嘉庆]怀远县志二十八卷

(清)孙让修 李兆洛纂

清嘉庆二十四年(1819)活字本 十一行二十
五字小字双行同白口四周双边 十二册

F1555 [嘉庆]怀远县志二十八卷

(清)孙让修 李兆洛纂

民国二十六年(1937)铅印本 十二册

F1556* [光绪]滁州志十卷首一卷末一卷

(清)熊祖诒纂修

清光绪二十二年(1896)活字本 十行二十二
字小字双行同白口左右双边 十册

F1557 滁县乡土志二卷

杭海编

抄本 一册

F1558 [嘉靖]皇明天长志七卷

(明)邵时敏修 王心纂

1963年上海古籍书店《天一阁藏明代地方志

选刊》本　四册

F1559　[嘉庆]备修天长县志稿十卷
(清)张宗泰纂
民国二十三年(1934)刘增龄补辑清嘉庆二十四年(1819)刻铅印本　六册

F1560　[民国]全椒县志十六卷首一卷
张其濬修　江克让　汪文鼎纂
民国九年(1930)活字本　八册

F1561* [光绪]凤阳县志十六卷首一卷
(清)于万培纂修　谢永泰续修　王汝琛续纂
清光绪十三年(1887)刻本　十行二十一字小字双行同白口四周双边　十二册

F1562　[民国]全椒县志十六卷首一卷
张其濬修
民国九年(1920)活字本　八册

F1563　[乾隆]历阳典录三十四卷首一卷历阳典录补六卷
(清)陈廷桂纂
清光绪十二年(1886)重印本　十行二十字小字双行同黑口四周双边　十二册

F1564* [光绪]直隶和州志四十卷首一卷补遗一卷
(清)朱大绅修　高照纂
清光绪二十七年(1901)活字本　十行二十一字小字双行同白口四周单边　十六册

F1565　[乾隆]当涂县志三十三卷
(清)张海等修　万橚等纂
民国石印本　八册

F1566* [光绪]宣城县志四十卷首一卷
(清)李应泰等修　章绶纂
清光绪十四年(1888)活字本　九行二十二字小字双行同白口四周双边　二十册

F1567　[嘉靖]建平县志九卷
(明)连矿修　姚文烨等纂
1963年上海古籍书店《天一阁藏明代地方志选刊》本　二册

F1568* [光绪]广德州志六十卷首一卷末一卷
(清)胡有诚修　丁宝书等纂
清光绪七年(1881)刻本　九行二十二字小字双行同白口四周双边　二十册

F1569　[民国]广德县志稿五十九卷首一卷末一卷
钱文选纂
民国三十七年(1948)铅印本　一册

F1570* [嘉庆]泾县志三十二卷首一卷
(清)李德淦　周鹤立修　洪亮吉纂
清嘉庆十一年(1806)刻本　十一行二十五字白口左右双边　十四册

F1571　[嘉庆]泾县志三十二卷首一卷
(清)李德淦　周鹤立修　洪亮吉纂
民国三年(1914)泾县翟氏石印本　十四册

F1572　[道光]泾县续志九卷
(清)阮文藻修　赵懋曜等纂
民国三年(1914)泾县翟氏石印本　二册

F1573* 南陵小志四卷首一卷
(清)宗能征纂
清光绪二十五年(1899)活字本　九行二十三字白口四周双边　六册

F1574　[民国]南陵县志四十八卷首一卷末一卷
余谊密修　徐乃昌纂
民国十三年(1924)铅印本　二十四册

F1575　[乾隆]无为州志二十五卷首一卷
(清)常廷璧修　吴元桂纂
1960年合肥古旧书店石印本　十册

F1576* [嘉庆]无为州志三十六卷首一卷
(清)顾浩修　吴元庆等纂
清嘉庆八年(1803)尊经阁刻本　九行二十一字小字双行同白口左右双边　十册

F1577　[民国]安徽无为县小志十卷
佚名纂修
1960年合肥古旧书店石印本　一册

F1578 [民国]歙县志十六卷

石国桂 楼文钊修 许承尧纂

民国二十六年(1937)铅印本 十六册

F1579 [嘉庆]旌德县志十卷

(清)陈炳德修 赵良澍等纂

民国十四年(1925)旌德吕氏石印本 十一册

F1580 [道光]旌德县续志十卷

(清)王椿林修 胡承珙纂

民国十四年(1925)旌德吕氏石印本 四册

F1581 [光绪]宁国县通志十卷

(清)张达五修 郑思贤增修 周赟纂

1960年合肥古旧书店石印本 四册

F1582 [民国]宁国县志十四卷首一卷

王式典修 李丙麟纂

民国二十五年(1936)铅印本 十二册

F1583 * [道光]休宁县志二十四卷图一卷

(清)何应松修 方崇鼎纂

清道光三年(1823)刻本 十行二十一字小字

双行同白口左右双边 十二册

F1584 [万历]祁门县志四卷

(明)余士奇修 谢存仁纂

1961年合肥古旧书店石印本 四册

F1585 * [同治]祁门县志三十六卷首一卷

(清)周溶修 汪韵珊纂

清同治十二年(1873)刻本 十行二十二字小

字双行同白口左右双边 十二册

F1586 [民国]祁门县志艺文考不分卷

胡光钊著

民国三十三年(1944)铅印本 一册

F1587 祁门县乡土地理誌稿本九章八十

八节

(清)李家骧编

民国三十三年(1944)铅印本 一册

F1588 * [嘉庆]黟县志十六卷首一卷

(清)吴甸华修 程汝翼 俞正燮纂

清同治十年(1871)刻本 十行二十二字小字

双行同黑口左右双边 十六册

F1588 * [道光]黟县续志

(清)吕子珏修 詹锡龄纂

清同治十年(1871)刻本 十行二十二字小字

双行同黑口左右双边 合册

F1589 [嘉庆]黟县志十六卷首一卷

(清)吴甸华修 程汝翼 俞正燮纂

清同治十年(1871)刻本 十行二十二字小字

双行同黑口左右双边 十六册

F1589 [道光]黟县续志

(清)吕子珏修 詹锡龄纂

清同治十年(1871)刻本 十行二十二字小字

双行同黑口左右双边 合册

F1590 * [同治]黟县三志十六卷首一卷末

一卷

(清)谢永泰修 程鸿诏等纂

清同治十年(1871)刻本 十行二十二字小字

双行同黑口左右双边 十六册

F1591 [民国]黟县四志十六卷首一卷末

一卷

吴克俊 许复修 程寿保 舒斯笏纂

民国十二年(1923)黟县黎照堂刻本 十行二

十二字小字双行同黑口左右双边 十二册

F1592 [康熙]石埭县志八卷

(清)姚子庄修 周体元纂

民国二十四年(1935)铅印本 四册

F1593 [乾隆]续石埭县志四卷

(清)石瑶灿纂修

民国二十四年(1935)铅印本 一册

F1594 石埭县志采访录一卷

(清)董汝成编

民国二十四年(1935)铅印本 一册

F1595 [康熙]石埭县志四卷

(清)姚子庄修 周体元纂

民国二十七年(1938)铅印本 四册

F1595 [乾隆]续石埭县志四卷

(清)石瑶灿纂修

民国二十七年(1938)铅印本 一册

91

F1595　[民国]石埭备志汇编五卷

陈惟壬纂

民国二十七年(1938)铅印本　三册

F1595　[道光]石埭县志采访录不分卷

(清)董汝成编

民国二十七年(1938)铅印本　一册

F1596　[民国]石埭备志汇编五卷

陈惟壬纂

民国二十七年(1938)铅印本　三册

F1597＊　[道光]怀宁县志二十八卷首一卷末一卷

(清)王毓芳 赵梅修　江尔维等纂

清道光五年(1825)刻本　十行二十一字小字双行同白口左右双边　十册

F1598　[民国]怀宁县志三十四卷首一卷

朱之英修　舒景蘅等纂

民国四年(1915)铅印本　二十二册

F1599　[民国]桐城志略不分卷

徐国治纂修

民国二十五年(1936)铅印本　一册

F1600　[乾隆]铜陵县志十四卷图一卷

(清)朱成阿等修　史应贵等纂

民国十九年(1930)铅印本　四册

F1601＊　[光绪]青阳县志十二卷图一卷

(清)华椿等修　周赟纂

清光绪十七年(1891)活字本　十行二十四字小字双行同白口左右双边　十二册

F1602＊　[光绪]贵池县志四十四卷首一卷

(清)陆延龄修　桂迓衡等纂

清光绪九年(1883)活字本　九行二十四字小字双行同白口左右双边　二十册

F1603　[光绪]贵池县沿革表

(清)刘世珩纂

清光绪二十八年(1902)刻本　九行二十四字小字双行同白口左右双边　一册

F1604＊　[嘉庆]东流县志三十卷

(清)吴簏修　李兆洛等纂

清嘉庆二十三年(1818)刻本　十行二十一字小白口左右双边　八册

F1605＊　[宣统]建德县志二十卷首一卷

(清)张赞巽 张翊六修　周学铭等纂

清宣统二年(1910)湖北官印刷局铅印本十册

F1606　[民国]建德县志十五卷首一卷附录二卷

夏日璈 张良楷等修　王朝等纂

民国八年(1919)金华集成堂铅印本　十二册

F1607＊　[乾隆]望江县志八卷

(清)郑交泰等修　曹京等纂

清乾隆三十三年(1768)刻本　十行二十一字小字双行十九字白口左右双边　十册

F1608　[民国]宿松县志五十六卷首一卷末一卷

俞庆澜 刘昂修　张灿奎等纂

民国十年(1921)活字本　二十六册

F1609＊　[同治]太湖县志四十六卷首一卷末一卷

(清)符兆鹏修　赵继元纂

清同治十一年(1872)熙湖书院刻本　十行二十三字小字双行同白口左右双边　十二册

F1610　[民国]太湖县志四十卷首一卷末一卷

高寿恒修　李英纂

民国十一年(1922)活字本　八册

F1611　[民国]潜山县志三十卷首一卷

吴兰生 王用霖修　刘廷凤纂

民国九年(1920)铅印本　十册

F1612＊　[雍正]浙江通志二百八十卷首三卷

(清)李卫 嵇曾筠等修　沈翼机 傅王露等纂

清光绪二十五年(1899)浙江书局刻本　十行二十二字小字双行同白口左右双边　一百二十册

F1613 [乾隆]敕修浙江通志二百八十卷首三卷附索引

(清)李卫等修　傅王露等纂

民国二十三年(1934)商务印书馆影印乾隆本　四册

F1614 [光绪]浙志便览七卷

(清)李应珏纂

清光绪十七年(1891)杭城吏隐斋刻本　九行二十二字白口左右双边　四册

F1615 续修浙江通志采访稿不分卷

□□辑

民国五年(1916)铅印本　一册

F1616 [民国]浙江新志二卷

姜卿云纂

民国二十五年(1936)杭州正中书局铅印本　二册

F1617 乾道临安志三卷

(宋)周淙纂

清光绪四年(1878)会稽章氏式训堂丛书本　十行二十一字小字双行同黑口四周单边　一册

F1618 * 乾道临安志三卷

(宋)周淙纂

清光绪二十年(1894)孙氏寿松堂刻本　十行二十字小字双行同白口左右双边　一册

F1619 * 咸淳临安志一百卷

(宋)潜说友纂

清道光十年(1830)钱塘汪氏振绮堂刻本　十行二十字小字双行同黑口左右双边　二十四册

F1620 [光绪]杭州府志

(清)吴庆坻等纂修

民国五年(1916)续修　民国二十五年(1936)铅印本　八十册

F1620 [民国]杭州府志校勘记

吴宪奎编

民国二十五年(1936)铅印本　一册

F1621 * 至元嘉禾志三十二卷

(元)单庆修　徐硕纂

清道光十九年(1839)刻本　十行二十字白口左右双边　八册

F1622 * [嘉庆]嘉兴府志八十卷首三卷

(清)伊汤安修　冯应榴 沈启震纂

清嘉庆六年(1801)刻本　十行二十三字白口左右双边　四十册

F1623 * [光绪]嘉兴府志八十八卷首二卷

(清)许瑶光修　吴仰贤等纂

清光绪四年(1878)鸳湖书院刻本　十行二十三字小字双行同白口左右双边　四十八册

F1624 * [同治]湖州府志九十六卷首一卷

(清)宗源瀚 郭式昌修　周学濬 陆心源纂

清同治九年(1870)修十三年(1874)爱山书院刻本　十一行二十六字小字双行同白口左右双边　三十六册

F1625 * [乾隆]湖州府志四十八卷首一卷

(清)李堂纂修

清乾隆二十三年(1758)刻本　十一行二十五字小字双行三十七字同白口左右双边　二十四册

F1626 [嘉泰]吴兴志二十卷

宋谈钥纂

民国三年(1914)刘氏嘉业堂刻本　十一行二十一字小字双行同黑口左右双边　四册

F1627 [万历]湖州府志十四卷

(明)栗祁修　唐枢 张应雷纂

1963年上海古籍书店影印本　八册

F1628 [天启]吴兴备志三十二卷

(明)董斯张纂

民国三年(1914)刻《吴兴丛书》本　十二册

F1629 * [乾道]四明图经十二卷

(宋)张津等纂

清咸丰四年(1854)刻宋元四明六志本　十行二十一字小字双行同黑口四周双边　四册

93

F1629* ［宝庆］四明志二十一卷

（宋）胡矩修　方万里　罗浚纂

清咸丰四年（1854）刻宋元四明六志本　十行二十一字小字双行同黑口四周双边　四十册

F1629* 开庆四明续志十二卷

（宋）吴潜修　梅应发　刘锡纂

清咸丰四年（1854）刻宋元四明六志本　十行二十一字小字双行同黑口四周双边

F1629* 大德昌国州图志七卷首一卷末一卷

（元）郭荐　冯福京纂修

清咸丰四年（1854）刻宋元四明六志本　十行二十一字小字双行同黑口四周双边

F1629* 宋元四明志八十四卷首一卷附录十一卷

（清）陈时栋编辑

清光绪五年（1879）校印咸丰四年（1854）烟屿楼本　十行二十一字小字双行同黑口四周双边　四十册

F1629* 至正四明续志十二卷

（元）王元恭修　王厚孙　徐亮纂

清咸丰四年（1854）刻宋元四明六志本　十行二十一字小字双行同黑口四周双边

F1629* 四明六志校勘记九卷

（清）徐时栋纂　陈子湘补纂

清咸丰四年（1854）刻宋元四明六志本　十行二十一字小字双行同黑口四周双边

F1630* ［雍正］宁波府志三十六卷首一卷

（清）曹秉仁等修　万经等纂

清道光二十六年（1846）慈溪沈氏介祉堂重刻本　九行二十二字小字双行同白口四周双边十六册

F1631 宁波府简要志五卷

（明）黄润玉纂

民国二十三年（1934）约园张氏《四明丛书》本二册

F1632 ［嘉泰］会稽志二十卷

（宋）沈作宾修　施宿纂

民国十五年（1926）影印清嘉庆十三年（1808）采鞠轩本　九册

F1633 ［宝庆］会稽续志八卷

（宋）张淏纂修　越问一卷　（宋）孙因撰

民国十五年（1926）影印清嘉庆十三年（1808）采鞠轩本　三册

F1634* ［乾隆］绍兴府志八十卷首一卷

（清）李亨特修　平恕　徐嵩纂

清乾隆五十七年（1792）刻本　十字二十三小字双行同白口四周双边　四十八册

F1635 ［光绪］台州府志一百卷

（清）王舟瑶等纂修

民国十五年（1926）台州旅杭同乡会铅印本六十册

F1636 ［光绪］台州府志一百四十卷首一卷

（清）赵亮熙　郭式昌修　王彦威　王舟瑶纂喻长霖续纂

民国二十五年（1936）上海游民习劝所铅印本三十六册

F1637* ［康熙］金华府志三十卷

（清）张荩修　沈麟趾等纂

清宣统元年（1909）嵩连石印本　十二册

F1638* ［康熙］衢州府志四十卷首一卷

（清）杨廷望纂修

清光绪八年（1882）刘国光刻本　九行二十二字小字双行同黑口四周双边　十二册

F1639* ［光绪］严州府志三十八卷首一卷

（清）吴士进原本　吴世荣续修　邹柏森马斯臧等续纂

清光绪九年（1883）增刻本　十行二十二字小字双行同白口四周双边　二十八册

F1640 ［嘉靖］温州府志八卷

（明）张孚敬纂修

1964年《天一阁藏明代地方志选刊》本二册

F1641 [乾隆]温州府志三十卷首一卷

(清)李琬修 齐召南 汪沆纂

清同治四年(1865)周开锡、陈思燏补版印本
十行二十二字小字双行同白口四周双边 十
六册

F1642 [光绪]处州府志三十卷首一卷末
一卷

(清)潘绍诒修 周荣椿等纂

清光绪三年(1877)刻本 十行二十一字小字
双行同白口四周双边 二十八册

F1643 [嘉靖]仁和县志十四卷

(明)沈朝宣纂修

清光绪十九年(1893)武林丁氏刻本 十行二
十字小字双行同白口四周双边 十册

F1644 唐栖志略稿二卷

(清)何琪纂

清嘉庆七年(1802)刻本 十行十九字白口左
右双边 一册

F1645 [万历]钱塘县志十纪

(明)聂心汤纂修

清光绪十九年(1893)武林丁氏刻本 十行二
十字小字双行同白口四周双边 六册

F1646 [嘉庆]余杭县志四十卷

(清)张吉安修 朱文藻纂 崔应榴 董作
栋续纂

民国八年(1919)吴兰孙铅印本 八册

F1647 光绪余杭县志稿不分卷

(清)褚成博纂

清光绪三十二年(1906)刻本 十一行二十四
字小字双行同黑口左右双边 一册

F1648 [乾隆]萧山县志四十卷

(清)黄钰纂修

清乾隆十六年(1751)刻本 十行二十二字小
字双行二十字白口四周双边 十册

F1649 [民国]萧山县志稿三十三卷首一卷
末一卷

彭延庆修 姚莹俊纂 张宗海续修 杨士

龙续纂

民国二十四年(1935)铅印本 十六册

F1650 [光绪]富阳县志二十四卷首一卷

(清)汪文炳修 蒋敬时 何镕纂

清光绪三十二年(1906)刻本 十行二十四字
白口左右双边 二十八册

F1651 [民国]续修分水县志十四卷首一卷

钟诗杰修 臧承宣纂

民国三十一年(1942)铅印本 二册

F1652 [道光]分水县志十卷首一卷末一卷

(清)王承楷修 王椿煜等纂

清道光二十五年(1845)刻本 十一行二十三
字小字双行同白口左右双边 四册

F1653 [光绪]分水县志十卷首一卷末一卷

(清)陈常铧 冯圻修 臧承宣等纂

清光绪三十二年(1906)刻本 十一行二十三
字小字双行同白口左右双边 六册

F1654 [民国]新登县志二十卷首一卷

徐士瀛修 张子荣 史锡永纂

民国十一年(1922)铅印本 八册

F1655 [乾隆]临安县志四卷

(清)赵民洽修 许琳纂

清光绪十一年(1885)活字本 十行二十二字
小字双行同白口四周双边 四册

F1656 [宣统]临安县志八卷首一卷末一卷

(清)彭循尧修 董运昌 周鼎纂

清宣统二年(1910)活字本 十行二十二字白
口四周双边 八册

F1657 [民国]昌化县志十八卷首一卷

陈培埏 曾国霖等修 许昌言等纂

民国十三年(1924)铅印本 八册

F1658 [嘉庆]於潜县志十六卷首一卷末
一卷

(清)蒋光弼修 张燮纂

清嘉庆十七年(1812)活字本 九行二十一字
小字双行同白口四周双边 六册

95

F1659* [咸丰]鄞县志三十二卷首一卷

(清)张铣修　周道遵纂

清咸丰六年(1856)刻本　十一行二十二字小字双行同白口左右双边　十六册

F1660* [同治]鄞县志七十五卷

(清)戴枚修　张恕 董沛等纂

清光绪三年(1877)刻本　十二行二十五字小字双行同白口左右双边　三十四册

F1661 [民国]鄞县通志五十一编附鄞县通志地图

张传保修　陈训正 马瀛纂

民国二十二年(1933)修 1951年铅印本　三十六册

F1662* [光绪]镇海县志四十卷

(清)于万川修　俞樾等纂

清光绪五年(1879)鲲池书院刻本　十一行二十二字小字双行同白口左右双边　十六册

F1663* [乾隆]镇海县志八卷首一卷

(清)王梦弼 邵向荣纂修

清乾隆十七年(1752)刻本　十行二十一字小字双行十九字白口四周双边　十四册

F1664 [民国]镇海县志四十五卷首一卷附地图

洪锡范 戚鸿焘修　王荣商 杨敏曾纂

民国二十年(1931)上海蔚文印刷局铅印本　二十五册

F1665* [光绪]定海厅志三十卷首一卷

(清)史致驯修　陈重威 黄以周纂

清光绪十一年(1885)御书楼刻本　十一行二十二字小字双行同白口左右双边　十册

F1666 [民国]定海县志不分卷

陈训正 马瀛纂修

民国十三年(1924)旅沪同乡会铅印本　六册

F1667* [光绪]玉环厅志十四卷首一卷

(清)杜冠英 胥寿荣修　吕鸿焘纂

清光绪六年(1880)刻本　十行二十一字小字双行同白口四周双边　八册

F1668* [光绪]嘉兴县志三十七卷首二卷末一卷

(清)赵惟崳修　石中玉 吴受福纂

清光绪三十四年(1908)刻本　十行二十四字小字双行同白口左右双边　二十四册

F1669* 梅里志十八卷

(清)杨谦纂　李富孙补辑　余懋续补

清光绪三年(1877)仁济堂刻本　十行二十三字小字双行同黑口左右双边　六册

F1670 [民国]嘉兴新志上编

阎幼甫修　陆志鸿等纂

民国十八年(1929)嘉兴建设委员会铅印本　一册

F1671 [万历]秀水县志十卷

(明)李培修　黄洪宪等纂

民国十四年(1925)金蓉镜校补铅印本　四册

F1672 新塍镇志二十六卷首一卷

朱士楷纂

民国九年(1920)平湖绮春阁铅印本　四册

F1673* [嘉庆]重修嘉善县志二十卷首一卷

(清)万相宾纂修

清嘉庆五年(1800)刻本　十行二十二字小字双行同白口左右双边　十二册

F1674* [光绪]重修嘉善县志三十六卷首一卷

(清)江峰青修　顾福仁纂

清光绪二十年(1894)刻本　十一行二十四字小字双行同白口左右双边　十六册

F1675 当湖外志八卷

(清)马承昭辑

清光绪元年(1875)重刻本　十行二十一字小字双行同黑口左右双边　二册

F1676* [光绪]平湖县志二十五卷首一卷末一卷

(清)彭润章等修　叶廉锷等纂

清光绪十二年(1886)刻本　十一行二十五字小字双行同白口四周双边　十三册

F1677 * [光绪]海盐县志二十二卷首一卷末一卷

(清)王彬修　徐用仪纂

清光绪三年(1877)蔚文书院刻本　十行二十二字小字双行同白口左右双边　十六册

F1678 * [嘉靖]海宁县志九卷首一卷

(明)蔡完修　董谷纂

清光绪二十四年(1898)许仁沐刻本　十行二十二字小字双行同黑口左右双边　六册

F1679 * [顺治]海宁县志略不分卷

(清)秦嘉系修　范骧纂

清光绪八年(1882)清风室丛刊本　十一行二十三字黑口四周双边　一册

F1680 * [乾隆]海宁州志十六卷首一卷

(清)战效曾修　高瀛洲纂

清乾隆四十一年(1776)刻本　十行二十二字小字双行二十一字白口左右双边　十二册

F1681　海昌备志五十二卷图一卷附录二卷

(清)钱泰吉等纂修

清道光二十七年(1847)刻本　十行二十二字小字双行同白口左右双边　十四册

F1682　[民国]海宁州志稿四十一卷首一卷末一卷

(清)李圭修　许传沛纂　刘蔚仁续修　朱锡恩续纂

清光绪二十二年(1896)修民国十一年(1922)续修铅印本　三十二册

F1683　[民国]海宁州志稿四十一卷首一卷末一卷

(清)李圭修　许传沛纂　刘蔚仁续修　朱锡恩续纂

清光绪二十二年(1896)修 民国十一年(1922)续修铅印本　二十六册

F1684 * [光绪]桐乡县志二十四卷首四卷

(清)严辰纂

清光绪十三年(1887)青镇立志书院刻本　十行二十三字小字双行同白口左右双边　二十四册

F1685 * [光绪]石门县志十一卷首一卷

(清)余丽元等修　谭逢仕等纂

清光绪五年(1879)刻本　十行二十三字小字双行同白口左右双边　十二册

F1686　[民国]德清县新志十四卷

吴篙皋　王任化修　程森纂

民国二十一年(1932)铅印本　四册

F1687　[嘉靖]武康县志八卷

(明)程嗣功修　骆文盛纂

1962年《天一阁藏明代地方志选刊》本　二册

F1688 * [同治]安吉县志十八卷首一卷

(清)汪荣　刘兰敏修　张行孚　丁宝书纂

清同治十三年(1874)刻本　九行二十字小字双行同白口四周双边　十六册

F1689 * [同治]孝丰县志十卷首一卷

(清)刘浚修　潘宅仁等纂

清同治十三年(1874)修光绪五年(1879)刻本十行二十四字小字双行同白口左右双边十册

F1690 * [同治]长兴县志三十二卷

(清)赵定邦修　周学浚　丁宝书纂

清光绪十八年(1892)邵同珩、孙德祖增补重校刻本　十行二十一字小字双行同白口左右双边　十六册

F1691 * 长兴志拾遗二卷首一卷

(清)朱镇纂

清光绪二十三年(1897)刻本　十行二十一字小字双行同白口左右双边　一册

F1692 * [乾隆]乌程县志十六卷

(清)罗愫修　杭世骏纂

清乾隆十一年(1746)刻本　十三行二十五字小字双行二十四字白口左右双边　十二册

F1693　乌青镇志十二卷

(清)董世宁纂

民国七年(1918)铅印本　二册

F1694 * 南浔镇志四十卷首一卷

(清)汪日桢纂

清咸丰九年(1859)修清同治二年(1863)刻本
十行二十二字小字双行同黑口左右双边
十册

F1695 ＊　［光绪］乌程县志三十六卷
(清)潘玉璇　冯健修　周学浚　汪曰桢纂
清光绪七年(1881)刻本　十一行二十六字小
字双行同白口左右双边　十二册

F1696　乌青镇志四十四卷首一卷
卢学溥修　朱辛彝　张惟骧等纂
民国二十五年(1936)刻本　十行二十三字小
字双行同黑口左右双边　十二册

F1697　南浔志六十卷首一卷
周庆云纂
民国十一年(1922)刻本　十一行二十四字小
字双行同白口四周单边　十六册

F1698　双林镇志三十二卷首一卷
(清)蔡蓉升原纂　(民国)蔡蒙续纂
民国六年(1917)上海商务印书馆铅印本
四册

F1699 ＊　［光绪］归安县志五十二卷首一卷
(清)李昱修　陆心源纂
清光绪八年(1882)刻本　十行二十一字小字
双行同白口四周双边　十六册

F1700　绍兴县志资料第一辑
绍兴县修志委员会编纂
民国二十六年(1937)铅印本　十六册

F1701 ＊　［嘉庆］山阴县志三十卷首一卷
(清)徐元梅修　朱文翰等纂
清嘉庆八年(1803)刻本　十二行二十四字小
字双行同黑口四周单边　八册

F1702　［嘉庆］山阴县志三十卷首一卷
(清)徐元梅修　朱丈翰等纂
民国二十五年(1936)绍兴县修志委员会铅印
本　七册

F1703　山阴县志校记一卷
(清)李慈铭纂
民国十九年(1930)铅印本　一册

F1704　［康熙］会稽县志二十八卷首一卷附
校误一卷
(清)王元臣修　董钦德　金炯纂
民国二十五年(1936)绍兴县修志委员会铅印
本　四册

F1705　［道光］会稽县志稿二十五卷首一卷
(清)王蓉坡　沈墨庄纂
民国二十五年(1936)绍兴县修志委员会铅印
本　三册

F1706 ＊　［乾隆］奉化县志十四卷首一卷
(清)曹膏　唐宇霖修　陈琦等纂
清乾隆三十八年(1773)刻本　十行二十二字
小字双行同白口四周双边　六册

F1707 ＊　［乾隆］奉化县志十四卷首一卷
(清)曹膏　唐宇霖修　陈琦等纂
清光绪间活字本　九行二十字白口四周双边
十册

F1708 ＊　［光绪］奉化县志四十卷首一卷
(清)李前泮修　张美翊等纂
清光绪三十四年(1908)刻本　十二行二十五
字小字双行同白口左右双边　十二册

F1709 ＊　忠义乡志二十卷首一卷
(清)吴文江纂
清光绪二十七年(1901)刻本　十一行二十三
字小字双行同白口左右双边　六册

F1710　剡源乡志二十四卷首一卷
(清)越霈涛纂
民国五年(1916)铅印本　十册

F1711　［道光］象山县志二十二卷首一卷
(清)童立成　吴锡畴修　冯登府等纂
民国四年(1915)张鹏霄活字本　八册

F1712　［民国］象山县志
郑迈等修　陈汉章纂
民国十五年(1926)宁波天胜印刷公司铅印本
二十册

F1713　［民国］南田县志三十五卷首一卷
吕耀钤　厉家祯修　吕芝延　施仁纬纂

民国十九年（1930）铅印本　　六册

F1714[*]　光绪宁海县志二十四卷首一卷

(清)王瑞成　程云骧修　　张浚等纂

清光绪二十八年（1902）刻本　　十行二十二字
小字双行同白口左右双边　　十二册

F1715　[万历]新昌县志十三卷首一卷

(明)田琯纂修

1964年上海古籍书店《天一阁藏明代地方志
选刊》本　　四册

F1716　[民国]新昌县志二十卷

金城修　　陈畲等纂

民国七年（1918）铅印本　　十二册

F1717[*]　[嘉定]剡录十卷

(宋)史安之修　　高似孙纂

清同治九年（1870）刻本　　九行二十二字小字
双行同白口左右双边　　二册

F1718[*]　[道光]嵊县志十四卷首一卷末一卷

(清)李式圃修　　朱涤等纂

清道光八年（1828）刻本　　十行二十一字小字
双行同白口左右双边　　八册

F1719[*]　[同治]嵊县志二十六卷首一卷末
一卷

(清)严思忠　陈仲麟修　　蔡以瑞等纂

清同治九年（1870）刻本　　十行二十一字小字
双行同白口左右双边　　十二册

F1720　[民国]嵊县志

牛荫麟等修　　丁谦等纂

民国二十三年（1934）铅印本　　二十册

F1721[*]　[乾隆]诸暨县志四十四卷首一卷末
一卷

(清)沈椿龄修　　楼卜瀍等纂

清乾隆三十八年（1773）刻本　　九行二十一字
小字双行十九字白口四周双边　　十四册

F1722[*]　[光绪]诸暨县志六十卷首一卷

(清)陈遹声修　　蒋鸿藻纂

清宣统二年（1910）刻本　　十二行二十五字小
字双行同白口左右双边　　十八册

F1723[*]　[光绪]上虞县志四十八卷首一卷末
一卷

(清)唐煦春修　　朱士黻纂

清光绪十七年（1891）刻本　　九行二十二字小
字双行同白口左右双边　　二十册

F1724[*]　[光绪]上虞县志校续五十卷首一卷
末一卷

(清)储家藻修　　徐致靖纂

清光绪二十五年（1899）刻本　　九行二十二字
小字双行同白口左右双边　　二十册

F1725[*]　[乾隆]余姚志四十卷

(清)唐若瀛修　　邵晋涵纂

清乾隆四十六年（1781）刻本　　十行二十一字
小字双行同白口左右双边　　八册

F1726[*]　[光绪]余姚县志二十七卷首一卷末
一卷

(清)周炳麟修　　邵友濂　孙德祖纂

清光绪二十五年（1899）刻本　　十一行二十二
字小字双行同白口四周双边　　十六册

F1727　余姚乡土地理历史合编

(清)谢葆濂　鲁珍编

清光绪三十二年（1906）石印本　　一册

F1728　余姚六仓志四十四卷首一卷末一卷

杨积芳纂

民国九年（1920）铅印本　　八册

F1729[*]　[雍正]慈溪县志十六卷

(清)杨正笋修　　冯鸿模等纂

清乾隆三年（1738）许炳增刻本　　十行二十二
字小字双行二十一字白口四周双边　　八册

F1730[*]　[光绪]慈溪县志五十六卷附编一卷

(清)杨泰亨　冯可镛纂

清光绪二十五年（1899）刘一柱校补德润书院
刻本　　十二行二十五字小字双行同白口左右
双边　　二十四册

F1731[*]　[光绪]永嘉县志三十八卷首一卷

(清)张宝琳修　　王棻　孙诒让纂

清光绪八年（1882）温州维新书局刻本　　十行二
十二字小字双行同白口四周双边　　二十四册

99

F1732 [万历]仙居县志十二卷

(明)顾震宇等纂修

民国二十四年(1935)铅印本　六册

F1733 * 光绪仙居志二十四卷首一卷仙居集
二十四卷

(清)王寿颐　潘纪恩修　王棻　李仲昭纂

清光绪二十年(1894)活字本　十行二十四字
白口四周双边　十八册

F1734 * 光绪仙居志二十四卷首一卷

(清)王寿颐　潘纪恩修　王棻　李仲昭纂

清光绪二十年(1894)活字本　十行二十四字
小字双行同白口四周双边　十册

F1735 临海要览

项元勋纂

民国五年(1916)杭州武林印书馆铅印本
一册

F1736 [民国]临海县志稿四十二卷首一卷

孙熙鼎　张寅修　何奏簧纂

民国二十四年(1935)铅印本　二十二册

F1737 [万历]黄岩县志七卷

(明)袁应祺修　车汝忠等纂

1963年上海古籍书店《天一阁藏明代地方志
选刊》本　四册

F1738 * [光绪]黄岩县志四十卷首一卷黄岩
集三十二卷首一卷

(清)陈宝善　孙憙修　王棻纂　陈钟英　郑
锡滓续修　王咏霓续纂

清同治七年(1868)修光绪元年(1875)续修光
绪三年(1877)刻本　十一行二十二字小字双
行同白口左右双边　三十册

F1739 [光绪]黄岩县志四十卷首一卷黄岩
集三十二卷首一卷

(清)陈宝善　孙憙修　王棻纂　陈钟英　郑
锡滓续修　王咏霓续纂

清同治七年(1868)修光绪元年(1875)续修光
绪三年(1877)刻本　十一行二十二字小字双
行同白口左右双边　十六册

F1740 [民国]路桥志略

(清)杨晨编　杨绍翰增订

民国二十四年(1935)铅印本　二册

F1741 [嘉靖]太平县志八卷

(明)曾才汉修　叶良佩纂

1963年上海古籍书店《天一阁藏明代地方志
选刊》本　三册

F1742 * 嘉庆太平县志十八卷

(清)庆霖修　戚学标等纂

清光绪二十二年(1896)刻本　九行二十一字
小字双行同白口左右双边　十册

F1743 * 光绪太平续志十八卷首一卷

(清)陈汝霖修　王棻等纂

清光绪二十二年(1896)刻本　九行二十一字
小字双行同白口左右双边　八册

F1744 [永乐]温州府乐清县志八卷

(明)□□纂

1964年影印上海古籍书店《天一阁藏明代地
方志选刊》本　四册

F1745 * [道光]乐清县志十六卷首一卷

(清)刘荣玠修　鲍作雨　张振夔纂

清道光十四年(1834)刻本　十行二十二字小
字双行同白口四周双边　十四册

F1746 [光绪]乐清县志十六卷首一卷

(清)李登云　钱宝镕修　陈珅等纂

民国元年(1912)高谊校印本　十五册

F1747 [嘉靖]瑞安县志十卷

(明)刘畿修　朱绰等纂

抄本　十行二十二字白口左右双边　四册

F1748 * [嘉庆]瑞安县志十卷首一卷

(清)张德标修　王殿金　黄征义纂

清嘉庆十三年(1808)刻本　十行二十二字小
字双行同白口四周双边　八册

F1749 [民国]瑞安县志二十八卷

瑞安县修志委员会纂

民国三十五年(1946)铅印本　五册

F1750 [民国]瑞安县志稿不分卷

瑞安县修志委员会纂

民国油印本　三册

F1751　[民国]里安县志稿不分卷

里安县修志委员会纂

民国二十四年（1935）修　民国二十七年
（1938）铅印本　十册

F1752　[乾隆]平阳县志二十卷首一卷

（清）徐恕修　张南英　孙谦纂

民国七年（1918）补刻本　十行二十二字小字
双行同白口四周双边　八册

F1753　[民国]平阳县志九十八卷首一卷

王理孚修　刘绍宽纂

民国十四年（1925）刻本　十二行二十五字小
字双行同白口左右双边小字双行同　三十册

F1754＊　[同治]泰顺分疆录十二卷首一卷

（清）林鹗纂　林用霖续纂

清同治四年（1865）修　光绪五年（1879）林氏
望山堂刻本　十行二十二字小字双行同白口
左右双边　六册

F1755＊　[乾隆]龙泉县志十二卷首一卷

（清）苏遇龙修　沈光厚纂

清同治二年（1863）刻本　十行二十二字小字
双行同白口四周双边　六册

F1756＊　[光绪]龙泉县志十二卷首一卷

（清）顾国诏修　张世堉纂

清光绪四年（1878）刻本　十行二十二字小字
双行同白口四周双边　六册

F1757＊　[光绪]庆元县志十二卷首一卷

（清）林步瀛　史恩纬修　史恩绪等纂

清光绪三年（1877）刻本　九行二十一字小字
双行同白口左右双边　八册

F1758＊　[同治]丽水县志十五卷

（清）彭润章等纂修

清同治十三年（1874）刻本　十行二十一字小
字双行同白口四周双边　八册

F1759　[民国]丽水县志十四卷

李钟岳　李郁芬修　孙寿芝纂

民国十五年（1926）启明印刷所铅印本　十册

F1760＊　[同治]云和县志十六卷首一卷

（清）伍承吉修　涂冠续修　王士鈖纂

清咸丰七年（1857）修同治三年（1864）续修刻
本　十行二十一字小字双行同白口四周双边
六册

F1761＊　[同治]景宁县志十四卷首一卷末
一卷

（清）周杰修　严用光　叶笃贞纂

清同治十二年（1873）刻本　十行二十一字小
字双行同白口四周双边　八册

F1762＊　[光绪]宣平县志二十卷首一卷

（清）皮树棠纂修

清光绪四年（1878）刻本　十行二十一字小字
双行同白口左右双边　八册

F1763　[民国]宣平县志十四卷首一卷

何横　张高修　邹家箴等纂

民国二十三年（1934）铅印本　十册

F1764＊　[光绪]青田县志十八卷首一卷

（清）雷铣修　王棻纂

清光绪二年（1876）刻本　十行二十一字小字
双行同白口四周双边　十四册

F1765＊　[道光]道光金华县志十二卷首一卷

（清）黄金声修　李林松纂

清道光三年（1823）刻本　十行二十二字小字
双行十九字白口四周单边　八册

F1766　[光绪]金华县志十六卷首一卷

（清）邓钟玉等纂

民国四年（1915）钱人龙铅印本　十册

F1767＊　[乾隆]汤溪县志十卷首一卷

（清）陈钟灵修　冯宗城等纂

清乾隆四十八年（1783）刻本　十行二十二字
小字双行十九字白口四周双边　六册

F1768　[民国]汤溪县志二十卷首一卷

丁燮　薛达修　戴鸿熙纂

民国二十年（1931）金震东石印局铅印本　十
二册

101

F1769 [淳熙]严州图经三卷图一卷

(宋)董弅修　喻彦先检订　陈公亮重修
刘文富订正

清光绪二十二年(1896)渐西村舍汇刊本　十
行二十一字小字双行同白口左右双边　二
册

F1770 [景定]严州续志十卷

(宋)钱可则修　郑瑶　方仁荣纂

清光绪二十二年(1896)渐西村舍汇刊本　八
行二十一字小字双行同白口左右双边　二册

F1771 [景定]严州续志十卷

(宋)钱可则修　郑瑶　方仁荣纂

民国二十三年(1934)诵芬堂刻本　四册

F1772 [光绪]建德县志二十一卷首一卷

(清)谢仁澍　吴俊修　俞观旭　孙诒谋纂

清光绪十八年(1892)刻本　九行二十五字小
字双行同白口左右双边　十册

F1773 [民国]建德县志十五卷首一卷附徵
录二卷

夏日瑑　张良楷等修　王朝等纂

民国八年(1919)金华集成堂铅印本　十四册

F1774 [民国]寿昌县志十卷首一卷

陈焕　潘绍隽修　李钰　陈举恺纂

民国十九年(1930)金华大同印务局铅印本
八册

F1775 光绪兰溪县志八卷首一卷附补遗
一卷

(清)秦簧　邵秉经修　唐壬森纂

清光绪七年(1881)修　十五年(1889)刻本
九行二十二字小字双行同黑口四周双边
十册

F1776 [嘉庆]义乌县志二十二卷首一卷

(清)诸自谷修　程瑜　李锡龄纂

清嘉庆七年(1802)刻本　十行二十二字小字
双行同白口四周双边　十册

F1777 [嘉庆]义乌县志二十二卷首一卷

(清)诸自谷修　程瑜　李锡龄纂

清嘉庆七年(1802)刻本　十二册

F1778 [嘉靖]浦江志略八卷

(明)毛凤韶纂修　王庭兰校正

1963年上海古籍书店《天一阁藏明代地方志
选刊》本　二册

F1779 [光绪]浦江县志十五卷首一卷

(清)善广修　张景青纂

清光绪三十一年(1905)金国锡木活字增补本
十行二十二字小字双行同白口四周双边　十
四册

F1780 [道光]东阳县志二十八卷首一卷

(清)党金衡等纂修

清道光八年(1828)刻本　十行二十二字小字
双行同白口左右双边　二十册

F1781 [道光]婺志粹十四卷

(清)卢标纂

清道光十九年(1839)映台楼刻本　十行二十
字小字双行同白口左右双边　十二册

F1782 [光绪]永康县志十六卷首一卷

(清)李汝为　郭文翘修　潘树棠等纂

清光绪十八年(1892)刻本　十行二十二字小
字双行同黑口四周双边　十二册

F1783 [道光]缙云县志十八卷首一卷

(清)汤成烈修　尹希伊　余伟纂

清道光二十九年(1849)刻本　十行二十二字
小字双行同白口四周双边　十册

F1784 [光绪]缙云县志十六卷首一卷末
一卷

(清)何乃容　葛华修　潘树棠纂

清光绪七年(1881)刻本　十行二十二字小字
双行同白口四周双边　十册

F1785 [嘉庆]武义县志十二卷首一卷

(清)张营堠修　周家驹等纂

清宣统二年(1910)石印本　六册

F1786 [光绪]遂昌县志十二卷首一卷外编
四卷

(清)胡寿海　史恩纬修　褚成允纂

清光绪二十二年(1896)尊经阁刻本　十行二
十一字小字双行同黑口四周双边　十二册

F1787 * [光绪]松阳县志十二卷首一卷

(清)支恒椿修　丁凤章等纂

清光绪元年(1875)刻本　十行二十二字小字双行同白口四周双边　六册

F1788 * [嘉庆]西安县志四十八卷首一卷

(清)姚宝煃修　范崇楷等纂

清嘉庆十六年(1811)刻本　九行二十二字小字双行同白口左右双边　十册

F1789　西安县新志正误三卷

(清)陈埙纂

清光绪九年(1883)刻本　九行二十二字小字双行同白口四周双边　三册

F1790 * [康熙]龙游县志十二卷首一卷

(清)卢灿修　余恂等纂

清光绪八年(1882)刻本　九行二十字小字双行同白口四周双边　十册

F1791　[民国]龙游县志四十卷首一卷末一卷

余绍宋纂

民国十四年(1925)铅印本　十六册

F1792 * [同治]江山县志十二卷首一卷末一卷

(清)王彬　孙晋梓修　朱宝慈等纂

清同治十二年(1873)文溪书院刻本　十行二十二字小字双行同白口左右双边　八册

F1793 * [光绪]常山县志六十八卷首一卷末一卷

(清)李瑞钟修　朱昌泰等纂

清光绪十二年(1886)刻本　十行二十二字小字双行同白口四周双边　十二册

F1794 * [光绪]开化县志十四卷首一卷

(清)徐名立　潘绍诠修　潘树棠纂

清光绪二十四年(1896)天香书院刻本　十行二十三字小字双行同黑口左右双边　十册

F1795　[嘉靖]淳安县志十七卷

(明)姚鸣鸾修　余坤等纂

1965年上海古籍书店《天一阁藏明代地方志选刊》本　四册

F1796 * [光绪]淳安县志十六卷首一卷

(清)刘世宁原本　李诗续修　陈中元　竺士彦续纂

清光绪十年(1884)刻本　十行二十二字小字双行同白口四周双边　八册

F1797 * [乾隆]遂安县志十卷首一卷

(清)邹锡畴修　方引彦等纂

清乾隆三十二年(1767)刻本　十行二十字小字双行十八字白口四周双边　十六册

F1798　[民国]遂安县志十卷首一卷末一卷

罗柏麓　周树美修　姚桓　洪梦云等纂

民国十九年(1930)铅印本　八册

F1799　[嘉庆]江西省大志

(明)王宗沐纂修

1957年传抄万历二十五年(1597)本　四册

F1800 * [光绪]江西通志一百八十卷首五卷

(清)刘坤一等修　刘绎　赵之谦等纂

清光绪七年(1881)刻本　十二行二十三字小字双行同黑口四周双边　一百二十册

F1801 * [同治]南昌府志六十六卷首一卷末一卷

(清)许应鑅　王之藩修　曾作舟　杜防纂

清同治十二年(1873)南昌县学文昌祠刻本　十二行二十四字小字双行同白口左右双边　四十册

F1802 * [同治]瑞州府志二十四卷首一卷

(清)黄廷金修　萧浚兰　熊松之等纂

清同治十二年(1873)刻本　十行二十三字小字双行同黑口四周双边　十四册

F1803　[正德]袁州府志十四卷

(明)严嵩纂修

1963年上海古籍书店《天一阁藏明代地方志选刊》本　四册

F1804 * [同治]袁州府志十卷首一卷

(清)骆敏修　黄恩浩修　萧玉铨等纂

清同治十三年(1874)刻本　十行二十二字小字双行同白口四周双边　二十册

103

F1805 [隆庆]临江府志十四卷

(明)管大勋修　刘松纂

1962年上海古籍书店《天一阁藏明代地方志选刊》本　五册

F1806* [同治]临江府志三十二卷首一卷

(清)德馨　鲍孝光修　朱孙诒　陈锡麟纂

清同治十年(1871)刻本　十行二十一字小字双行同白口四周双边　六册

F1807* [光绪]吉安府志五十三卷首一卷

(清)定祥　特克绅布修　刘绎　周立瀛纂

清光绪二年(1876)刻本　十一行二十二字小字双行同白口四周双边　四十册

F1808* [光绪]抚州府志八十六卷首一卷

(清)许应鑅　朱澄澜修　谢煌等纂

清光绪三十二年(1906)刻本　十一行二十二字小字双行同白口四周双边　四十册

F1809* [同治]建昌府志十卷首一卷

(清)邵子彝修　鲁琪光纂

清同治十一年(1872)刻本　十一行二十三字小字双行同白口四周单边　二十八册

F1810* [同治]广信府志十二卷首一卷

(清)蒋继洙纂修

清同治十二年(1873)刻本　九行二十四字小字双行同白口四周双边　三十册

F1811* [同治]饶州府志三十二卷首一卷

(清)锡德修　石景芬等纂

清同治十一年(1872)刻本　十行二十四字小字双行同白口左右双边　十六册

F1812 [正德]南康府志十卷

(明)陈霖纂修

1964年上海古籍书店《天一阁藏明代地方志选刊》本　四册

F1813* [同治]南康府志二十四卷首一卷

(清)盛元等纂修

清同治十一年(1872)二贤祠刻本　十行二十四字小字双行同白口四周双边　十六册

F1814 [嘉靖]九江府志十六卷

(明)冯曾修　李汛纂

1962年上海古籍书店《天一阁藏明代地方志选刊》本　六册

F1815* [同治]九江府志五十四卷首一卷末一卷

(清)达春布修　黄凤楼　欧阳焘纂

清同治十三年(1874)文昌宫刻本　九行二十四字小字双行同白口四周双边　二十四册

F1816* [同治]南安府志三十二卷首一卷

(清)黄鸣珂修　石景芬　徐福炘纂

清同治七年(1868)刻本　十行二十二字小字双行同黑口左右双边　二十册

F1817 [嘉靖]赣州府志十二卷

(明)康河修　董天锡纂

1962年上海古籍书店《天一阁藏明代地方志选刊》本　五册

F1818 [道光]赣州府志七十八卷首一卷

(清)李本仁修　陈观酉纂

清道光二十八年(1848)刻本　十行二十二字小字双行同白口四周双边　四十册

F1819* [同治]赣州府志七十八卷首一卷

(清)魏瀛修　鲁琪光　钟音鸿纂

清同治十二年(1873)刻本　十行二十二字小字双行同白口四周双边　二十六册

F1820 [乾隆]重修浮梁县志

(清)程廷济修　凌汝绵纂

1960年江西图书馆油印本　七册

F1821* [同治]新喻县志十六卷首一卷

(清)文聚奎　祥安修　吴增逵纂

清同治十二年(1873)瀛洲书院刻本　十行二十二字小字双行同白口左右双边　十二册

F1822* [同治]萍乡县志十卷首一卷

(清)锡荣　王明璠纂修

清同治十一年(1872)尊经堂刻本　十行二十五字白口四周双边　八册

F1823 [民国]昭萍志略十二卷首一卷末一卷

刘洪辟纂修

民国二十四年(1935)活字本　十二册

F1824[*]　[同治]宜春县志十卷首一卷

(清)路青云修　李佩琳　陈瑜纂

清同治十年(1871)刻本　十行二十二字小字双行同白口四周双边　十二册

F1825[*]　[同治]安义县志十六卷首一卷末一卷

(清)杜林修　彭斗山　熊宝善纂

清同治十年(1871)活字本　十行二十三字小字双行同白口四周双边　八册

F1826[*]　[道光]万载县志三十卷首一卷

(清)卫鹓鸣修　郭大经纂

清道光十二年(1832)刻本　十行二十五字小字双行二十三字白口左右双边　十册

F1827[*]　[同治]高安县志二十八卷首一卷

(清)孙家铎修　熊松之纂

清同治十年(1871)刻本　十一行二十三字白口左右双边　二十册

F1828[*]　[同治]丰城县志二十八卷首一卷

(清)王家杰修　周文凤　李庚纂

清同治十二年(1873)刻本　十行二十三字小字双行同白口四周双边　十六册

F1829[*]　[同治]新昌县志三十二卷首一卷末一卷

(清)朱庆萼等纂修

清同治十一年(1872)活字本　九行二十二字白口四周单边　二十册

F1830[*]　[道光]重修上高县志十二卷首一卷末一卷

(清)林元英纂修

清道光三年(1823)活字本　九行二十二字白口四周双边　十二册

F1831[*]　[同治]重修上高县志十四卷首一卷末一卷

(清)冯兰森修　陈卿云等纂

清同治九年(1870)刻本　九行二十三字白口四周双边　十四册

F1832[*]　[同治]靖安县志十六卷首一卷

(清)徐家瀛修　舒孔恂纂

清同治九年(1870)活字本　十行二十三字白口左右双边　十二册

F1833[*]　[同治]清江县志十卷首一卷

(清)潘懿　胡湛修　朱孙诒等纂

清同治九年(1870)刻本　十行二十三字小字双行同白口左右双边　十册

F1834[*]　[同治]奉新县志十六卷首一卷末一卷

(清)吕懋先修　师方蔚纂

清同治十年(1871)刻本　十行二十四字小字双行同白口左右双边　十二册

F1835　[道光]南昌县志三十九卷首一卷末一卷

(清)庆云　张赋林修　吴启楠　姜曾纂

清道光二十九年(1849)刻本　十行二十一字小字双行同白口左右双边　四十二册

F1836[*]　[同治]南昌县志三十六卷首一卷末一卷

(清)陈纪麟　汪世泽修　刘于浔　曾作舟纂

清同治九年(1870)刻本　十行二十三字白口左右双边　三十四册

F1837　[光绪]南昌县志六十卷首一卷

(清)江召棠修　魏元旷等纂

民国二十四年(1935)铅印本　二十七册

F1838[*]　[同治]新建县志九十九卷首一卷末一卷

(清)承霈修　杜友棠　杨兆崧纂

清同治十年(1871)县学文昌祠刻本　九行二十二字白口左右双边　四十册

F1839[*]　[同治]德化县志五十四卷首一卷

(清)陈鼐修　吴彬等纂

清同治十一年(1872)刻本　九行二十二字小字双行同白口四周单边　十六册

F1840　[同治]湖口县志十卷首一卷

(清)殷礼　张兴言修　周谟等纂

清同治十三年(1874)成德书院刻本　十一行

105

二十二字小字双行同白口四周双边 十二册

F1841[*] [同治]彭泽县志十八卷首一卷

(清)赵宗耀 陈文庆修 欧阳焘等纂

清同治十二年(1873)刻本 十一行二十二字
小字双行同白口左右双边 十六册

F1842[*] [同治]建昌县志十二卷首一卷

(清)陈惟清修 闵芳言 王士彬纂

清同治十年(1871)刻本 十一行二十三字小
字双行同白口左右双边 十册

F1843[*] [同治]都昌县志十六卷首一卷

(清)狄学耕修 刘庭辉 黄昌蕃纂

清同治十一年(1872)二西堂刻本 十行二十
四字小字双行同白口左右双边 十册

F1844[*] [道光]武宁县志四十四卷首一卷

(清)陈云章原本 李珣续修 陈世馨续纂

清道光二十八年(1848)增刻本 十二行二十
三字小字双行二十一字白口左右双边 十
六册

F1845[*] [同治]星子县志十四卷首一卷

(清)蓝煦 徐鸣皋修 曹征甲等纂

清同治十年(1871)刻本 八行二十五字小字
双行同白口左右双边 十二册

F1846 [隆庆]瑞昌县志八卷

(明)刘储修 谢顾纂

1963年上海古籍书店《天一阁藏明代地方志
选刊》本 二册

F1847 [同治]瑞昌县志十卷首一卷

(清)姚暹修 冯士杰等纂

民国四年(1915)增刻本 十一行二十二字小
字双行同白口左右双边 十二册

F1848[*] [同治]上饶县志二十六卷首一卷

(清)王恩溥 邢德裕修 李树藩等纂

清同治十一年(1872)刻本 九行二十四字小
字双行同黑口四周双边 二十册

F1849 [同治]广丰县志十卷首一卷

(清)双全 王麟书修 顾兰生 林廷杰等纂

清同治十一年(1872)刻本 九行二十四字小

字双行同黑口四周双边 十册

F1850[*] [同治]玉山县志十卷首一卷附补遗
一卷

(清)黄寿祺修 吴华辰 任廷槐纂

清同治十二年(1873)尊经阁刻本 九行二十
四字小字双行同白口左右双边 十册

F1851[*] [同治]铅山县志三十卷首一卷

(清)张廷珩修 华祝三纂

清同治十二年(1873)刻本 十行二十二字小
字双行同白口四周双边 十六册

F1852[*] [同治]万年县志十二卷首一卷

(清)项珂修 刘馥桂等纂

清同治十年(1871)文昌宫刻本 十行二十二
字小字双行同白口四周双边 十二册

F1853 [同治]兴安县志十六卷首一卷

(清)李宾旸修 赵桂林纂

民国六年(1917)重印本 六册

F1854[*] [同治]余干县志二十卷首一卷末
一卷

(清)区作霖 冯兰森修 曾福善等纂

清同治十一年(1872)东山书院刻本 十二行
二十三字小字双行同白口左右双边 八册

F1855[*] [同治]弋阳县志十四卷首一卷

(清)俞致中修 汪炳熊等纂

清同治十年(1871)刻本 十二行二十二字小
字双行同白口四周双边 十册

F1856[*] [道光]鄱阳县志三十二卷首一卷末
一卷

(清)陈骧修 张琼英等纂

清道光四年(1824)刻本 十行二十二字小字
双行同白口四周双边 十六册

F1857[*] [同治]鄱阳县志二十四卷首一卷末
一卷

(清)陈志培修 王廷鉴等纂

清同治十年(1871)刻本 十行二十三字小字
双行同白口左右双边 十二册

F1858 *　　[同治]贵溪县志十卷首一卷
(清)杨长杰修　黄联珏等纂
清同治十年(1871)刻本　十行二十二字小字
双行同白口四周双边　十四册

F1859 *　　[同治]乐平县志十卷首一卷
(清)董萼荣　梅毓翰修　汪元祥　陈谟纂
清同治九年(1870)翥山书院刻本　十行二十
三字小字双行同白口左右双边　十二册

F1860　　[嘉靖]东乡县志二卷
(明)秦镒修　饶文璧纂
1963年上海古籍书店《天一阁藏明代地方志
选刊》本　二册

F1861 *　　[同治]东乡县志十六卷首一卷末
一卷
(清)李士菜　王维新修　胡业恒纂
清同治八年(1869)刻本　九行二十三字小字
双行同白口左右双边　十册

F1862 *　　[道光]婺源县志三十九卷首一卷
(清)黄应昀　朱元理纂修
清道光六年(1826)刻本　十行二十二字小字
双行同白口左右双边　十六册

F1863 *　　[光绪]婺源县志六十四卷首一卷
(清)吴鹗修　汪正元纂
清光绪九年(1883)刻本　十行二十二字小字
双行同白口左右双边　二十四册

F1864　　[民国]婺源县志七十卷末一卷
修思永等修　江峰青纂
民国十四年(1925)刻本　十行二十二字小字
双行同白口左右双边　二十八册

F1865 *　　[同治]安仁县志三十六卷首一卷末
一卷
(清)朱潼修　徐彦楠　刘兆杰纂
清同治十一年(1872)刻本　十行二十二字小
字双行同白口四周双边　十册

F1866 *　　[同治]德兴县志十卷首一卷末一卷
(清)孟庆云修　杨重雅等纂
清同治十一年(1872)兴贤书院刻本　十一行
二十二字小字双行同白口四周双边　十二册

F1867 *　　[同治]临川县志五十四卷首一卷末
一卷
(清)童范俨修　陈庆龄等纂
清同治九年(1870)刻本　十一行二十一字小
字双行同白口左右双边　二十四册

F1868 *　　[同治]南丰县志四十六卷首一卷末
一卷
(清)柏春修　鲁琪光等纂
清同治十年(1871)刻本　十一行二十四字小
字双行同白口左右双边　二十四册

F1869　　[民国]南丰县志三十六卷首一卷末
一卷
包发鸾修　赵惟仁等纂
民国十三年(1924)铅印本　十六册

F1870 *　　[道光]金溪县志六十卷首一卷末
一卷
(清)李云修　杨䕶等纂
清道光三年(1823)刻本　十一行二十四字小
字双行同白口左右双边　十二册

F1871 *　　[同治]金溪县志三十六卷首一卷末
一卷
(清)程芳修　郑浴修等纂
清同治九年(1870)刻本　十一行二十五字小
字双行同白口四周双边　十六册

F1872 *　　[道光]宜黄县志三十二卷首一卷
(清)札隆阿等修　程卓梁等纂
清道光五年(1825)刻本　九行二十一字小字
双行同白口左右双边　十六册

F1873 *　　[同治]宜黄县志五十卷首一卷
(清)张兴言等修　谢煌等纂
清同治十年(1871)刻本　九行二十一字小字
双行同白口左右双边　二十四册

F1874 *　　[同治]泸溪县志十四卷首一卷
(清)杨松兆　孙毓秀修　彭钟华等纂
清同治九年(1870)刻本　十一行二十四字白
口左右双边　三册

F1875 *　　[同治]乐安县志十一卷首一卷
(清)朱奎章修　胡芳杏纂

清同治十年(1871)刻本　十行二十四字小字双行同白口左右双边　八册

F1876 * [同治]南城县志十卷首一卷
(清)李人镜修　梅体萱纂
清同治十二年(1873)刻本　九行二十四字小字双行同白口四周双边　三十册

F1877 * [同治]江西新城县志十二卷首一卷末一卷
(清)刘昌岳修　邓家祺纂
清同治十年(1871)刻本　十二行二十二字小字双行同白口左右双边　十六册

F1878 * [同治]庐陵县志五十六卷首一卷附补编一卷
(清)陈汝桢等修　匡汝谐等纂
清同治十二年(1873)刻本　十二行二十五字小字双行同白口左右双边　三十二册

F1879 [民国]庐陵县志二十八卷首一卷末一卷
刘廷梅等修　王补　曾灿材纂
民国九年(1920)刻本　十二行二十五字白口左右双边　二十册

F1880 * [同治]万安县志二十卷首一卷末一卷
(清)欧阳骏修　周之镛纂
清同治十二年(1873)刻本　十一行二十二字小字双行同白口四周双边　十二册

F1881 [同治]万安县志二十卷首一卷末一卷
(清)欧阳骏修　周之镛纂
1960年江西省图书馆铅印本　二册

F1882 * [同治]峡江县志十卷首一卷
(清)暴大儒修　廖其观纂
清同治十年(1871)刻本　十行二十三字小字双行同白口左右双边　八册

F1883 * [同治]龙泉县志十八卷首一卷末一卷
(清)王肇渭修　郭崇辉等纂
清同治十二年(1873)刻本　十二行二十四字

小字双行同白口四周双边　八册

F1884 * [同治]新淦县志十卷首一卷
(清)王肇赐修　陈锡麟纂
清同治十二年(1873)活字本　九行二十二字小字双行同白口四周单边　十六册

F1885 * [同治]永新县志二十六卷首一卷
(清)萧玉春　陈恩浩修　李炜　段梦龙纂
清同治十三年(1874)刻本　十行二十五字白口左右双边　十二册

F1886 [嘉靖]永丰县志四卷
(明)管景纂修
1964年上海古籍书店《天一阁藏明代地方志选刊》本　二册

F1887 * [同治]永丰县志四十卷
(清)双贵　王建中修　刘绎等纂
清同治十三年(1874)刻本　十一行二十二字小字双行同白口四周双边　二十册

F1888 * [光绪]吉水县志六十六卷首一卷
(清)彭际盛等修　胡宗元等纂
清光绪元年(1875)刻本　十行二十二字小字双行同白口左右双边　二十册

F1889 * [同治]安福县志十八卷首一卷末一卷
(清)姚浚昌修　周立瀛　赵廷恺等纂
清同治十一年(1872)刻本　十二行二十五字白口左右双边　十册

F1890 * [同治]泰和县志三十卷首一卷
(清)宋瑛等修　彭启瑞等纂
清光绪四年(1878)周之镛修刻本　十一行二十二字小字双行同黑口左右双边　十六册

F1891 * [同治]赣县志五十四卷首一卷
(清)黄德溥　崔国榜修　褚景昕纂
清同治十一年(1872)刻本　十一行二十二字小字双行同白口左右双边　十八册

F1892 * [道光]兴国县志四十六卷首一卷
(清)蒋叙伦修　萧朗峰纂
清道光四年(1824)刻本　十行二十一字小字

108

双行同白口左右双边　十二册

F1893 * ［同治］兴国县志四十六卷首一卷

（清）崔国榜修　金益谦　蓝拔奇纂

清同治十一年(1872)刻本　十行二十一字小字双行同白口左右双边　十二册

F1894 * ［同治］广昌县志十卷首一卷

（清）曾毓璋纂修

清同治六年(1867)刻本　九行二十一字小字双行同白口四周双边　十册

F1895 * ［同治］雩都县志十六卷首一卷

（清）颜寿芝　王颖修　何戴仁　洪霖纂

清同治十三年(1874)刻本　十行二十二字小字双行同白口左右双边　十二册

F1896 * ［同治］会昌县志三十二卷首一卷

（清）刘长景修　陈良栋　王骧纂

清同治十一年(1872)刻本　九行二十二字白口左右双边　十二册

F1897 ［嘉靖］瑞金县志八卷

（明）赵勋修　林有年纂

1961年上海古籍书店《天一阁藏明代地方志选刊》本　二册

F1898 * ［咸丰］长宁县志四卷首一卷末一卷

（清）苏霈芬等修　曾撰等纂

清咸丰十一年(1861)增刻本　十行二十二字小字双行二十字白口左右双边　八册

F1899 * ［同治］安远县志十卷首一卷

（清）黄瑞图修　欧阳铎纂

清同治十一年(1872)刻本　十一行二十二字白口左右双边　十册

F1900 * ［同治］南康县志十四卷首一卷

（清）沈恩华修　卢鼎峋纂

清同治十一年(1872)刻本　十二行二十三字小字双行同黑口四周单边　十二册

F1901 * ［同治］定南厅志八卷

（清）王大枚　杨邦栋修　黄正琅等纂

清同治十一年(1872)刻本　九行二十二字小字双行同白口左右双边　十册

F1902 * ［同治］大庾县志二十六卷首一卷

（清）陈荫昌修　石景芬纂

清同治十三年(1874)刻本　十行二十二字白口左右双边　十六册

F1903 * ［光绪］龙南县志八卷首一卷

（清）孙瑞征　胡鸿泽修　钟益驭纂

清光绪二年(1876)古香斋刻本　十一行二十二字白口左右双边　八册

F1904 * ［光绪］崇义县志八卷续增一卷

（清）廖鼎璋纂修

清光绪二十一年(1895)刻本　十行二十四字白口左右双边　九册

F1905 * ［光绪］上犹县志十八卷首一卷

（清）叶滋澜修　李临驯纂

清光绪七年(1881)修光绪十九年(1893)校补刻本　十行二十一字小字双行同白口左右双边　八册

F1906 * ［嘉庆］湖北通志一百卷首五卷

（清）吴熊光　吴烜修　陈诗　张承宪纂

清嘉庆九年(1804)刻本　十一行二十三字黑口左右双边　六十四册

F1907 ［民国］湖北通志一百七十二卷首一卷末一卷

吕调元　刘承恩修　张仲炘　杨承禧纂

清宣统三年(1911)修民国十年(1921)刻本　一百八册

F1908 ［民国］湖北通志一百七十二卷首一卷末一卷

吕调元　刘承恩修　张仲炘　杨承禧纂

民国二十三年(1934)上海商务印书馆影印本　三册

F1909 * ［乾隆］湖北下荆南道志二十八卷

（清）鲁之裕修　靖道谟纂

清嘉庆二十一年(1816)补刻本　十一行二十三字白口四周单边　十六册

F1910 ［嘉靖］汉阳府志十卷

（明）刘汝松　贾应春修　朱衣纂

1963年上海古籍书店《天一阁藏明代地方志

109

选刊》本　三册

F1911　[弘治]黄州府志十卷
(明)卢希哲纂修
1965年上海古籍书店《天一阁藏明代地方志
选刊》本　四册

F1912＊　[光绪]黄州府志四十卷首一卷
(清)英启修　邓琛纂
清光绪十年(1884)刻本　十一行二十五字小
字双行同黑口左右双边　三十二册

F1913　黄州府志拾遗六卷
(清)沈致坚纂
清宣统二年(1910)铅印本　二册

F1914＊　[光绪]德安府志二十卷首一卷补遗
一卷
(清)赓因布修　刘国光　沈春泽纂
清光绪十四年(1888)刻本　十行二十一字小
字双行同黑口四周双边　二十册

F1915　[天顺]重刊襄阳郡志四卷
(明)张恒纂修
1964年上海古籍书店影印本　四册

F1916　[乾隆]襄阳府志四十卷图一卷
(清)陈锷纂修
清乾隆二十五年(1760)刻本　九行二十二字
小字双行二十一字白口四周双边　十六册

F1917＊　[光绪]襄阳府志二十六卷志余一卷
(清)恩联等修　王万芳等纂
清光绪十一年(1885)刻本　十一行二十四字
小字双行同白口四周双边　十六册

F1918　[嘉庆]郧阳志十卷首一卷
(清)王正常修　谢攀云纂
清嘉庆二年(1797)刻本　十行二十三字小字
双行同白口四周双边　六册

F1919＊　[同治]郧阳志八卷首一卷
(清)吴葆仪修　王严恭纂
清同治九年(1870)郧山书院刻本　十行二十
三字小字双行同白口四周双边　十二册

F1920＊　[光绪]荆州府志八十卷首一卷

(清)倪文蔚　蒋铭勋修　顾嘉蘅　李廷锐纂
清光绪六年(1880)刻本　十一行二十五字小
字双行同黑口四周双边　三十二册

F1921＊　[同治]宜昌府志十六卷首一卷
(清)聂光銮修　王柏心　雷春沼纂
清同治五年(1866)刻本　十行二十一字小字
双行同白口四周双边　十六册

F1922＊　[同治]增修施南府志三十卷首一卷
(清)松林　周庆榕修　何远鉴　廖彭龄纂
清同治十年(1871)南郡书院刻本　九行二十
一字小字双行同白口四周单边　八册

F1923＊　[光绪]施南府志续编十卷
(清)王庭桢　李谦修　雷春沼　尹寿衡纂
清光绪十年(1884)施南府新旧志合编本　九
行二十一字白口四周双边　四册

F1924　[民国]夏口县志二十二卷首一卷附
补遗一卷
侯祖畬修　吕寅东纂
民国九年(1920)刻本　十二行二十五字小字
双行同黑口左右双边　十册

F1925＊　[同治]大冶县志十八卷首一卷
(清)胡复初修　黄昺杰纂
清光绪十年(1884)重印本　十行二十三字小
字双行同白口四周双边　十五册

F1926＊　[光绪]大冶县志续编七卷首一卷末
一卷
(清)林佐修　陈鳌纂
清光绪十年(1884)刻本　十行二十三字小字
双行同白口四周双边　三册

F1927＊　[光绪]孝感县志二十四卷续补志
一卷
(清)朱希白修　沈用增纂
清光绪八年(1882)刻本　九行二十二字小字
双行同白口四周双边　十二册

F1928＊　[同治]通城县志二十四卷首一卷补
遗一卷
(清)郑荄修　杜煦明　胡洪鼎纂
清同治六年(1867)活字本　九行二十字白口

四周双边　十册

F1929　[嘉靖]应山县志二卷
(明)颜木纂
1964年上海古籍书店《天一阁藏明代地方志选刊》本　二册

F1930＊　[同治]应山县志三十六卷首一卷末一卷
(清)刘宗元等修　吴天锡纂
清同治十年(1871)文明宫刻本　九行二十一字小字双行同白口四周双边　十六册

F1931＊　[同治]蒲圻县志八卷
(清)顾际熙修　文元音　张承龄纂
清同治五年(1866)朝阳书院刻本　十一行二十三字小字双行同白口四周双边　八册

F1932＊　[同治]重修嘉鱼县志十二卷
(清)钟传益修　俞焜纂
清同治五年(1866)刻本　九行二十字白口四周双边　十二册

F1933＊　[同治]黄陂县志十六卷附图一张
(清)刘昌绪修　徐瀛纂
清同治十年(1871)刻本　九行二十一字小字双行同白口四周双边　十二册

F1934＊　[同治]续辑汉阳县志二十八卷
(清)黄式度修　王柏心纂
清同治七年(1868)刻本　九行二十一字白口四周双边　二十册

F1935＊　[光绪]汉阳县识十卷首一卷
(清)濮文昶修　张行简纂
清光绪十五年(1889)景贤书塾刻本　九行二十一字小字双行同白口四周双边　四册

F1936＊　[光绪]汉阳县识十卷首一卷
(清)濮文昶修　张行简纂
清光绪十五年(1889)景贤书塾刻本　九行二十一字小字双行同白口四周双边　五册

F1937＊　[光绪]武昌县志二十六卷首一卷末一卷
(清)钟桐山修　柯逢时纂
清光绪十一年(1885)刻本　十二行二十五字小字双行同黑口四周双边　十册

F1938＊　[同治]江夏县志八卷首一卷
(清)王庭桢修　彭崧毓纂
清同治八年(1869)刻本　十行二十五字小字双行同白口四周双边　八册

F1939＊　[同治]汉川县志二十二卷首一卷
(清)德廉　袁鸣珂修　林祥瑗纂
清同治十二年(1873)刻本　十行二十三字白口四周双边　十二册

F1940＊　[同治]咸宁县志十五卷首一卷
(清)陈怡等修　雷以诚纂
清同治五年(1866)刻本　十行二十四字白口四周双边　七册

F1941＊　[光绪]应城志十四卷首一卷
(清)罗绪　陈豪修　王承禧纂
清光绪八年(1882)蒲阳书院刻本　九行二十三字小字双行同白口左右双边　八册

F1942＊　[同治]通山县志八卷首一卷
(清)罗登瀛　胡昌铭修　朱美燮　乐纯青纂
清同治七年(1868)心田局活字本　十行十八字小字双行字数不等白口四周双边　八册

F1943＊　[道光]云梦县志略十二卷首一卷末一卷
(清)吕锡麟修　程怀璟纂
道光二十年(1840)刻清光绪九年(1883)重印本　十行二十三字白口左右双边　六册

F1944＊　[光绪]续云梦县志略十卷首一卷末一卷
(清)吴念椿修　程寿昌　曾广浚纂
清光绪九年(1883)刻本　十行二十三字白口左右双边　四册

F1945＊　[同治]崇阳县志十二卷首一卷
(清)高佐廷修　傅燮鼎纂
清同治五年(1866)活字本　十行二十一字下黑口四周单边　十二册

F1946[*]　[道光]安陆县志四十卷首一卷

(清)蒋炯等纂修　李廷锡增纂

清道光二十三年(1843)霁照堂刻本　十行二十二字小字双行同白口左右双边　十二册

F1947[*]　安陆县志补正二卷

(清)陈廷钧纂

清同治十一年(1872)刻本　十行二十二字白口四周双边　二册

F1948[*]　[光绪]黄冈县志二十四卷首一卷

(清)戴昌言修　刘恭冕纂

清光绪八年(1882)刻本　十二行二十五字小字双行同白口四周双边　二十四册

F1949　[嘉靖]蕲水县志四卷

(明)盛凤修　萧璞等纂

1963年上海古籍书店影印本　二册

F1950[*]　[光绪]蕲水县志二十卷首一卷末一卷

(清)多祺修　王鸿举纂

清光绪六年(1880)刻本　九行二十二字小字双行同白口四周双边　二十册

F1951　[光绪]蕲水县志二十卷首一卷末一卷

(清)多祺修　王鸿举纂

清光绪六年(1880)刻本　九行二十二字小字双行同白口四周双边　二十册

F1952　[嘉靖]蕲州志九卷

(明)甘泽纂修

1962年上海古籍书店《天一阁藏明代地方志选刊》本　三册

F1953[*]　[光绪]蕲州志三十卷

(清)封蔚礽修　陈廷扬纂

清光绪十年(1884)重校本　九行二十二字小字双行同白口四周双边　二十册

F1954　黄安乡土志二卷图一卷

(清)陈沛编

清宣统元年(1909)铅印本　二册

F1955[*]　[光绪]黄梅县志四十卷首一卷

(清)覃瀚元　袁瓒修　宛名昌　余邦士纂

清光绪二年(1876)刻本　十行二十五字白口四周双边　十二册

F1956　黄梅县简志

湖北省方志纂修委员会编

1958年铅印本　一册

F1957[*]　[光绪]麻城县志四十卷首一卷末一卷

(清)陆祐勤　朱荣椿修　余士珩纂

清光绪八年(1882)刻本　九行二十二字小字双行同白口四周双边　二十三册

F1958　[民国]麻城县志前编十五卷首一卷

郑重修　余晋芳纂

民国二十四年(1935)铅印本　十六册

F1959[*]　[同治]广济县志十六卷首一卷

(清)刘宗元　朱荣实修　刘燡纂

清同治十一年(1872)志书局活字本　十行二十一字小字双行二十字白口四周双边　十二册

F1960[*]　[光绪]罗田县志八卷首一卷

(清)管贻葵修　陈锦纂

清光绪二年(1876)刻本　九行二十二字小字双行同黑口左右双边　十六册

F1961[*]　[光绪]兴国州志三十六卷首一卷

(清)吴大训等修　陈光亨纂　刘凤纶　王凤池续纂

清光绪十五年(1889)富川书院刻本　九行二十五字小字双行同白口四周双边　十六册

F1962[*]　[同治]重修英山县志十卷首一卷

(清)徐玉珂修　王熙勋纂

清同治九年(1870)慎诒堂活字本　十行二十一字小字双行十九字白口四周双边　十册

F1963　[民国]英山县志十四卷首一卷

徐锦修　胡鉴莹纂

民国九年(1920)活字本　十册

F1964 *   [光绪]续修江陵县志六十五卷首一卷

(清)蒯正昌 吴耀斗修　胡九皋 刘长谦纂

清光绪三年(1877)宾兴馆刻本　九行二十二字白口四周双边　二十四册

F1965 *   [道光]天门县志三十六卷首一卷

(清)王希琮修　张锡谷纂

清道光元年(1821)尊经阁刻本　九行二十一字小字双行同白口四周双边　十二册

F1966 *   [同治]荆门直隶州志十二卷首一卷

(清)恩荣修　张圻纂

清同治七年(1868)明伦堂刻本　十行二十字白口左右双边　十六册

F1967 *   [康熙]潜江县志二十卷首一卷

(清)刘焕修　朱载震纂

清光绪五年(1879)传经书院刻本　九行二十一字白口左右双边　八册

F1968 *   [光绪]潜江县志续二十卷首一卷

(清)史致谟修　刘恭冕 郭士元纂

清光绪五年(1879)传经书院刻本　九行二十一字白口左右双边　八册

F1969 *   [同治]钟祥县志二十卷补编二卷

(清)孙福海等纂修

清同治六年(1867)刻本　九行二十二字小字双行同白口四周双边　十四册

F1970   [嘉靖]沔阳志十八卷

(明)曾储修　童承叙纂

1962年上海古籍书店《天一阁藏明代地方志选刊》本　四册

F1971   [光绪]沔阳州志十二卷首一卷

(清)葛振元修　杨钜纂

清光绪二十年(1894)刻本　四册

F1972 *   [光绪]沔阳州志十二卷首一卷

(清)葛振元修　杨钜纂

清光绪二十年(1894)刻本　十行二十三字小字双行同白口四周双边　十六册

F1973 *   [光绪]京山县志二十三卷首一卷

(清)沈星标修　曾宪德 秦有瑝纂

清光绪八年(1882)刻本　九行二十二字小字双行同白口四周双边　十六册

F1974 *   [同治]监利县志十二卷首一卷

(清)徐兆英 林瑞枝修　王柏心纂

清光绪三十四年(1908)重印本　十行二十一字小字双行同白口四周双边　十册

F1975 *   [同治]公安县志八卷首一卷

(清)周承弼修　王慰纂

清同治十三年(1874)南平书院刻本　九行二十二字小字双行同白口四周双边　十册

F1976 *   [同治]石首县志八卷

(清)朱荣实修　傅如筠纂

清同治五年(1866)鄂垣冷文秀刻本　十行二十二字小字双行同白口左右双边　八册

F1977 *   [同治]松滋县志十二卷首一卷

(清)吕缙云 李晶修　罗有文 朱美燮纂

清同治八年(1869)刻本　九行二十一字白口四周双边　十册

F1978 *   [同治]恩施县志十二卷首一卷

(清)多寿修　罗凌汉纂

清同治七年(1868)朱三恪校订麟溪书院刻本　九行二十一字小字双行同白口四周单边　六册

F1979   [同治]恩施县志十二卷首一卷

(清)多寿修　罗凌汉纂

民国六年(1917)补刻本　六册

F1980 *   [同治]宣恩县志二十卷首一卷

(清)张金澜修　蔡景星 张金圻纂

清同治二年(1863)龙洞书院刻本　九行十六字白口四周双边　六册

F1981 *   [同治]建始县志八卷首一卷

(清)熊启咏纂修

清同治五年(1866)刻本　九行二十字白口四周双边　四册

F1982   [同治]来凤县志三十二卷首一卷末一卷

(清)李晶修　何远鉴 张钧纂

清同治五年(1866)刻本　九行二十一字白口

113

四周双边　八册

F1983 * ［同治］巴东县志十六卷首一卷
（清）廖恩树修　萧佩声纂
清光绪六年(1880)刻本　九行二十一字小字
双行同白口四周双边　六册

F1984 * ［同治］咸丰县志二十卷首一卷附图
一卷
（清）张梓修　张光杰纂
清同治四年(1865)蔚文书院刻本　九行十六
字白口四周双边　六册

F1985　［民国］咸丰县志十二卷末一卷
徐大煜纂修
民国三年(1914)陈侃刻本　十行二十五字白
口四周双边　四册

F1986 * ［道光］鹤峰州志十四卷首一卷
（清）吉钟颖修　洪先焘纂
清道光二年(1822)刻本　十行二十一字白口
左右双边　四册

F1987 * ［光绪］利川县志十四卷首一卷
（清）黄世崇纂修
清光绪二十年(1894)钟灵书院刻本　九行二
十三字小字双行同黑口四周单边　四册

F1988 * ［同治］襄阳县志七卷首一卷
（清）杨宗时修　崔淦纂　吴耀斗续修　李
士彬续纂
清同治十三年(1874)刻本　十行二十四字小
字双行同白口四周双边　八册

F1989 * ［同治］竹山县志二十九卷
（清）周士桢修　黄子遂纂
清同治四年(1865)刻本　九行二十五字小字
双行同白口四周双边　六册

F1990 * ［咸丰］重修枣阳县志十五卷首一卷
（清）陈子饬修　王树滋纂
清咸丰四年(1854)刻本　九行二十三字小字
双行同白口四周双边　八册

F1991 * ［同治］枣阳县志三十卷首一卷末
一卷

（清）张声正修　史策先纂
清同治四年(1865)刻本　九行二十三字小字
双行同白口四周双边　八册

F1992　［民国］枣阳县志三十四卷首一卷
梁汝泽等修　王荣先　谢鸿举纂
民国十二年(1923)铅印本　八册

F1993 * ［同治］竹溪县志十六卷首一卷
（清）陶寿嵩修　杨兆熊纂
清同治六年(1867)刻本　九行二十五字白口
四周双边　八册

F1994 * ［同治］随州志三十二卷首一卷
（清）文龄　孙文俊修　史策先纂
清同治八年(1869)刻本　九行二十二字小字
双行同白口四周双边　十六册

F1995 * ［同治］郧西县志二十卷首一卷
（清）程光第修　叶年菜　李登鳌纂
清同治五年(1866)刻本　十一行二十五字白
口四周双边　十二册

F1996 * ［同治］宜城县志十卷
（清）程启安修　张炳钟　鲁斋曾纂
清同治五年(1866)刻本　十行二十一字白口
四周双边　八册

F1997 * ［同治］郧县志十卷首一卷
（清）周瑞　定熙修　余滏廷　崔诰纂
清同治五年(1866)刻本　九行二十一字白口
四周双边　八册

F1998 * ［嘉庆］南漳县志集钞三十五卷首
一卷
（清）陶绍侃修　胡正楷纂
清嘉庆二十年(1815)刻本　九行二十字小字
双行十八字白口左右双边　八册

F1999　［正德］光化县志六卷末一卷
（明）曹璘纂修
1964年上海古籍书店《天一阁藏明代地方志
选刊》本　二册

F2000 * ［光绪］光化县志八卷首一卷
（清）钟桐山修　段映斗纂

清光绪十年(1884)刻本　九行二十四字小字双行同白口四周双边　八册

F2001* 　[光绪]续辑均州志十六卷首一卷

(清)马云龙修　贾洪诏纂

清光绪十年(1884)均州志局刻本　九行二十一字小字双行同白口四周双边　八册

F2002* 　[同治]保康县志七卷首一卷

(清)林让昆　宋熙曾修　杨世霖纂

清同治五年(1866)东山书院刻本　九行二十三字小字双行同白口四周双边　四册

F2003* 　[同治]谷城县志八卷

(清)承印修　蒋海澄　黄定镛纂

清同治六年(1867)刻本　十行二十一字白口四周双边　八册

F2004* 　[同治]房县志十二卷首一卷

(清)杨延烈修　郁方董　刘元栋纂

清同治四年(1865)刻本　九行二十三字白口四周双边　六册

F2005* 　[同治]续修东湖县志三十卷首一卷续补艺文一卷

(清)金大镛修　王柏心纂

清同治三年(1864)刻本　十行二十一字白口四周双边　十册

F2006* 　[光绪]长乐县志十六卷首一卷末一卷

(清)李焕春原本　龙兆霖续　郭敦祐再续

清光绪元年(1875)增补同治九年(1870)本十行二十二字小字双行同白口四周双边八册

F2007* 　[同治]远安县志八卷首一卷

(清)郑烨林修　周葆恩纂

清同治五年(1866)刻本　十行二十字白口四周双边　八册

F2008* 　[同治]长阳县志七卷首一卷

(清)陈惟模修　谭大勋纂

清同治五年(1866)刻本　九行二十字小字双行同白口四周双边　六册

F2009* 　[同治]当阳县志十八卷首一卷末一卷

(清)阮恩光修　王柏心等纂

清同治五年(1866)刻本　九行二十字小字双行同白口四周双边　十册

F2010* 　[光绪]当阳县补续志四卷首一卷

(清)李元才等修　李葆贞纂

清光绪十五年(1889)刻本　九行二十字小字双行同白口四周双边　四册

F2011* 　[嘉庆]归州志十卷

(清)李炘修　陆仲连纂

清同治五年(1866)余思训增刻本　十行二十一字小字双行白口四周双边　四册

F2012* 　[光绪]归州志十卷首一卷

(清)沈云骏修　刘玉森纂

清光绪八年(1882)刻本　十行二十一字白口四周双边　六册

F2013 　[康熙]宜都县志十二卷首一卷末一卷

(清)刘显功纂修

清咸丰九年(1859)刻本　八行二十二字小字双行白口四周双边　四册

F2014* 　[同治]宜都县志四卷首一卷末一卷

(清)崔培元　朱甘霖修　龚绍仁纂

清同治五年(1866)刻本　十行二十一字小字双行白口四周双边　四册

F2015* 　[同治]枝江县志二十卷首一卷

(清)查子庚修　熊文澜等纂

清同治五年(1866)刻本　九行二十字小字双行同白口四周双边　八册

F2016* 　[光绪]兴山县志二十二卷

(清)黄世崇纂修

清光绪十一年(1885)经心书院刻本　十二行二十五字小字双行同白口四周双边　四册

F2017* 　[嘉庆]湖南通志二百十九卷首三卷末六卷

(清)巴哈布　翁元圻等修　王煦　黄本骥纂

清嘉庆二十五年(1820)刻本　十一行二十二

字小字双行同白口左右双边　八十册

F2018* ［光绪］湖南通志二百八十八卷首八卷末十九卷
（清）卞宝第　李瀚章等修　曾国荃　郭嵩焘等纂
清光绪十一年（1885）府学宫尊经阁刻本　十行二十四字小字双行同白口左右双边　一百六十八册

F2019 ［光绪］湖南通志二百八十八卷首八卷末十九卷
（清）卞宝第　李瀚章等修　曾国荃　郭嵩焘等纂
民国二十三年（1934）上海商务印书馆影印本　五册

F2020 湖南各县调查笔记五类
曾继梧编
民国二十年（1931）铅印本　二册

F2021* ［乾隆］长沙府志五十卷首一卷
（清）吕肃高修　张雄图　王文清纂
清乾隆十二年（1747）刻本（卷首抄配）　十行二十字小字双行十九字白口四周双边　二十八册

F2022 ［嘉靖］衡州府志九卷
（明）杨佩纂修
1963年上海古籍书店《天一阁藏明代地方志选刊》本　三册

F2023 ［乾隆］衡州府志三十三卷首一卷
（清）饶佺修　旷敏本纂
清光绪元年（1875）补刻本　十行二十字小字双行同白口四周双边　二十册

F2024* ［道光］永州府志十八卷首一卷
（清）吕恩湛修　宗绩辰纂
清同治六年（1867）重校刻本　十三行二十四字小字双行同白口四周双边　三十二册

F2025* ［道光］宝庆府志一百四十三卷首二卷末三卷
（清）黄宅中等修　邓显鹤等纂
清道光二十九年（1849）濂溪书院刻本　十二

行二十五字小字双行同白口左右双边　五十八册

F2026 ［隆庆］岳州府志十八卷
（明）钟崇文纂修
1963年上海古籍书店《天一阁藏明代地方志选刊》本　六册

F2027 ［嘉靖］常德府志二十卷
（明）陈洪谟纂修
1964年上海古籍书店《天一阁藏明代地方志选刊》本　六册

F2028* ［嘉庆］常德府志四十八卷首一卷
（清）应先烈修　陈楷礼纂
清嘉庆十八年（1813）刻本　十行二十三字小字双行同白口四周双边　二十一册

F2029 ［乾隆］辰州府志五十卷首一卷
（清）席绍葆等修　谢鸣谦　谢鸣盛纂
清乾隆三十年（1765）刻本　十一行二十一字小字双行二十字白口四周双边　二十四册

F2030 ［乾隆］永顺府志十二卷首一卷
（清）张天如等纂修
清乾隆二十八年（1763）刻本　九行二十字小字双行十九字白口四周双边　四册

F2031* ［同治］永顺府志十二卷首一卷
（清）张天如原本　魏式曾增修　郭鉴襄增纂
清同治十二年（1873）增刻乾隆二十八年（1763）本　九行二十字小字双行同白口四周双边　十一册

F2032* ［同治］沅州府志四十卷首一卷
（清）张官五等纂修　吴嗣仲续修
清同治十二年（1873）增刻乾隆五十五年（1790）本　九行二十二字小字双行同白口四周双边　二十册

F2033* ［嘉庆］长沙县志二十八卷首一卷
（清）赵文在原本　陈光诏续修　艾以清　熊绥南续纂
清嘉庆二十二年（1817）增刻嘉庆十五年（1810）

116

本 十行二十二字小字双行同白口四周双边
十册

F2034 * ［同治］长沙县志三十六卷首一卷
（清）刘采邦等修 张延珂 袁继翰纂
清同治十年(1871)刻本 十一行二十五字小
字双行同白口四周双边 二十册

F2035 ［同治］长沙县志三十六卷首一卷
（清）刘采邦等修 张延珂 袁继翰纂
清同治十年(1871)刻本 十一行二十五字小
字双行同白口四周双边 二十册

F2036 ［光绪］善化县志三十四卷首一卷
（清）吴兆熙 冒沅修 张先抡 韩炳章纂
清光绪三年(1877)刻本 十一行二十五字小
字双行同白口四周双边 二十册

F2037 * ［嘉庆］湘潭县志四十卷
（清）张云璈等修 周系英纂
清嘉庆二十三年(1818)刻本 九行二十二字
小字双行同白口左右双边 十八册

F2038 * ［光绪］湘潭县志十二卷
（清）陈嘉榆等修 王闿运等纂
清光绪十五年(1889)刻本 十行二十一字小
字双行同白口四周双边 十四册

F2039 * ［同治］续修宁乡县志四十四卷首
一卷
（清）郭庆扬修 童秀春纂
清同治六年(1867)刻本 十一行二十二字小
字双行同白口四周双边 十八册

F2040 ［民国］宁乡县志
宁乡县修志局纂修
民国三十年(1941)活字印本 二十八册

F2041 * ［嘉庆］湘阴县志三十九卷首一卷补
遗一卷
（清）阎肇熀修 黄朝绶纂 徐铉校补
清嘉庆二十五年(1820)修道光四年(1824)校
补刻本 十行二十二字小字双行二十字白口
左右双边 十六册

F2042 * ［光绪］湘阴县图志三十四卷首一卷
末一卷
（清）郭嵩焘等纂修
清光绪六年(1880)湘阴县志局刻本 十二
行二十六字小字双行同白口左右双边 十
四册

F2043 * ［同治］巴陵县志三十卷首一卷
（清）严鸣琦 潘兆奎修 吴敏树 方功澥纂
清同治十一年(1872)文星楼刻本 十行二十
四字小字双行同白口四周双边 十册

F2044 ［光绪］巴陵县志六十三卷首一卷
（清）姚诗德 郑桂星修 杜贵墀等纂
清光绪二十六年(1900)刻民国三年(1914)曹
作弼补版重印本 十六册

F2045 ［光绪］巴陵县志六十三卷首一卷
（清）姚诗德 郑桂星修 杜贵墀等纂
清光绪二十六年(1900)刻民国三年(1914)曹
作弼补版重印本 十六册

F2046 * ［同治］临湘县志十三卷首一卷末
一卷
（清）盛庆黻 恩荣修 熊兴杰 欧阳恩霖纂
清光绪十八年(1892)重刻同治十一年(1872)
本 十一行二十二字白口四周双边 六册

F2047 * ［同治］平江县志五十五卷首二卷末
一卷
（清）张培仁 麻维绪修 李元度等纂
清同治十三年(1874)刻本 十行二十四字小
字双行同白口四周双边 十六册

F2048 * ［嘉庆］浏阳县志四十卷首一卷
（清）谢希闵修 王显文纂
清嘉庆二十四年(1819)刻本 九行二十一字
小字双行同白口四周双边 十册

F2049 * ［同治］浏阳县志二十四卷
（清）王汝惺等修 邹焌杰等纂
清同治十二年(1873)刻本 十行二十三字小
字双行同白口四周双边 十二册

117

F2050[*] [嘉庆]醴陵县志二十六卷首一卷

(清)黄应培修 丁世琭纂

清嘉庆二十四年(1819)刻本 九行二十一字
小字双行十九字白口四周双边 十二册

F2051[*] [同治]醴陵县志十四卷首一卷末
一卷

(清)徐淦等修 江普光等纂

清同治九年(1870)刻本 九行二十五字小字
双行同白口左右双边 六册

F2052 [民国]醴陵县志十卷

陈馄修 刘谦纂

民国三十七年(1948)醴陵县文献委员会铅印
本 十册

F2053[*] [同治]攸县志五十五卷首一卷

(清)赵勋 万在衡修 陈之骥纂 王元凯
续修 严鸣琦续纂

清同治十年(1871)刻本 十行二十三字小字
双行同白口四周双边 十二册

F2054[*] [同治]茶陵州志二十四卷

(清)福昌修 谭钟麟纂

清同治十年(1871)刻本 十行二十四字小字
双行同白口四周双边 八册

F2055[*] [同治]酃县志二十卷首一卷

(清)唐荣邦等修 周作翰等纂

清同治十二年(1873)文昌宫刻本 十行二十
四字小字双行同白口左右双边 八册

F2056 [同治]衡阳县志十二卷

(清)罗庆芗修 彭玉麟等纂

清同治十三年(1874)刻本 十行二十一字小
字双行同白口四周双边 七册

F2057[*] [同治]衡阳县志十二卷

(清)罗庆芗修 彭玉麟等纂

清同治十三年(1874)刻本 十行二十一字小
字双行同白口四周双边 六册

F2058 [乾隆]清泉县志三十六卷首一卷

(清)江恂修 江昱纂

清乾隆二十八年(1763)刻本 十一行二十二
字小字双行二十一字白口四周双边 十册

F2059[*] [同治]清泉县志十卷首一卷末一卷

(清)王开运修 张修府纂

清同治八年(1869)刻本 十一行二十二字小
字双行同白口四周单边 二册

F2060[*] [道光]衡山县志五十五卷首一卷

(清)侯钤 张富业修 张孝龄 萧凤翥纂

清道光三年(1823)活字本 九行二十一字小
字双行同白口四周双边 二十八册

F2061[*] [光绪]衡山县志四十五卷首一卷

(清)李惟丙 劳铭勋修 文岳英 胡伯第纂

清光绪元年(1875)开云楼刻本 九行二十一
字小字双行同白口四周双边 二十册

F2062[*] [同治]常宁县志十六卷首一卷

(清)玉山修 李孝经 毛诗纂

清同治九年(1870)右文书局刻本 十行二十
三字小字双行同白口左右双边 四册

F2063[*] [光绪]宁远县志八卷

(清)张大煦修 欧阳泽闿纂

清光绪二年(1876)崇正书院刻本 十二行二
十五字小字双行同白口四周双边 四册

F2064[*] [道光]永明县志十三卷首一卷

(清)王春藻纂修

清道光二十六年(1846)刻本 十一行二十二
字小字双行同白口四周双边 十册

F2065[*] [嘉庆]道州志十二卷

(清)张元惠修 黄如谷纂

清嘉庆二十五年(1820)刻本 九字二十一小
字双行同白口四周双边 四册

F2066[*] [光绪]道州志十二卷首一卷

(清)李镜蓉 盛赓修 许清源 洪廷揆纂

清光绪四年(1878)刻本 九行二十四字小字
双行同白口左右双边 八册

F2067[*] [嘉庆]零陵县志十六卷

(清)武占熊修 刘方璇纂

清嘉庆十五年(1810)刻本 九行二十二字小
字双行二十字白口四周双边 十册

F2068 * [光绪]零陵县志十五卷附补遗一卷

(清)嵇有庆 徐保龄修 刘沛纂

清光绪二年(1876)刻本 十二行二十二字小字双行同白口四周双边 八册

F2069 * [光绪]东安县志八卷

(清)黄心菊修 席宝田 谢兰阶纂

清光绪元年(1875)刻本 十行二十一字小字双行同白口四周双边 四册

F2070 * [嘉庆]祁阳县志二十四卷首一卷

(清)万在衡修 甘庆增纂

清嘉庆十九年(1812)濂溪祠刻本 十行二十二字白口四周双边 十二册

F2071 * [同治]祁阳县志二十四卷首一卷

(清)陈玉祥修 刘希关等纂

清同治九年(1870)刻本 九行二十四字白口四周双边 十六册

F2072 * [同治]江华县志十二卷首一卷

(清)刘华邦修 唐为煌等纂

清同治九年(1870)刻本 九行二十一字小字双行同白口四周双边 六册

F2073 [万历]郴州志二十卷

(明)胡汉纂修

1962年上海古籍书店《天一阁藏明代地方志选刊》本 五册

F2074 * [嘉庆]郴州总志四十三卷首一卷末一卷

(清)朱偓修 陈昭谋纂

清嘉庆二十五年(1820)刻本 十行二十字小字双行同白口四周双边 二十四册

F2075 [光绪]郴州直隶州乡土志二卷

(清)查庆绥修 谢馨槐纂

清光绪三十三年(1907)刻本 十行二十字白口四周双边 二册

F2076 * [光绪]永兴县志五十五卷首一卷

(清)吕凤藻修 李献君纂

清光绪九年(1883)安陵书院刻本 十行二十字小字双行同白口四周双边 十册

F2077 * [光绪]兴宁县志十八卷首一卷末一卷

(清)郭树馨 刘锡九修 黄榜元 许万松纂

清光绪元年(1875)刻本 十行二十字小字双行同白口四周双边 十二册

F2078 * [道光]耒阳县志二十二卷首一卷

(清)常庆 陈翰修 郑优 伍声儒纂

清道光六年(1826)胞与堂刻本 九行二十一字小字双行同白口四周双边 八册

F2079 * [光绪]耒阳县志八卷首一卷

(清)李师濂 于学琴修 宋世煦纂

清光绪十一年(1885)耒阳县志局刻本 十行二十二字小字双行同白口左右双边 十册

F2080 耒阳县乡土志二卷

(清)刘奎编

清光绪三十二年(1906)学务办公所活字本 十行二十四字白口四周双边 二册

F2081 * [同治]安仁县志十六卷首一卷末一卷

(清)张景垣修 张鹏 侯材骥纂

清同治八年(1869)刻本 十行二十二字白口四周双边 十册

F2082 * [同治]桂东县志二十卷首一卷

(清)刘华邦修 郭岐勋纂

清同治五年(1866)尊经阁刻本 九行二十一字小字双行同白口四周双边 八册

F2083 * [同治]桂阳县志二十二卷首一卷

(清)钱绍文 孙光燮修 朱炳元 何俊纂

清同治六年(1867)活字本 九行二十字小字双行字不等白口四周双边 十二册

F2084 [光绪]桂阳县乡土志一卷

(清)胡祖复编

清光绪三十四年(1908)活字本 九行二十五字白口四周双边 一册

F2085 * [嘉庆]宜章县志二十四卷首一卷

(清)陈永图修 黄本骐纂

清嘉庆二十年(1815)刻本 十行二十一字小字双行二十字白口四周双边 十册

F2086 * [同治]蓝山县志十六卷末一卷

(清)胡鹗荐　洪锡绶修　钟范纂

清同治六年(1867)刻本　九行二十一字白口四周双边　十册

F2087 * [同治]桂阳直隶州志二十七卷首一卷

(清)汪敩灏修　王阖运纂

清同治七年(1868)刻本　十行二十一字小字双行同白口四周双边　十三册

F2088 * [嘉庆]新田县志十卷

(清)张厚郿等修　乐明绍等纂

清嘉庆十七年(1812)尊经阁刻本　九行二十一字小字双行同白口四周双边　四册

F2089 * [光绪]邵阳县志十卷

(清)诸垣修　黄文琛等纂

清光绪二年(1876)刻本　十一行二十二字小字双行同白口四周双边　六册

F2090　邵阳县乡土志四卷首一卷

(清)陈吴苹　上官廉修　姚炳奎纂

清光绪三十三年(1907)刻本　九行二十一字小字双行同白口四周双边　四册

F2091 * [同治]新化县志三十五卷首二卷末一卷

(清)甘启运　关培钧修　刘洪泽等纂

清同治十一年(1872)刻本　十一行二十五字小字双行同白口左右双边　十八册

F2092 * [嘉庆]湘乡县志十卷首一卷

(清)翟声焕修　朱祖恪纂

清嘉庆二十二年(1817)刻本　十一行二十二字小字双行同白口左右双边　十册

F2093 * [同治]湘乡县志二十三卷首一卷末一卷

(清)齐德五　王述恩修　黄楷盛纂

清同治十三年(1874)刻本　十二行二十八字小字双行同白口四周双边　二十四册

F2094　[光绪]邵阳县志十卷

(清)诸垣修　黄文琛等纂

民国十八年(1929)铅印本　六册

F2095 * [同治]武冈州志五十四卷首一卷

(清)黄维瓒　潘清修　邓绎纂

清同治十二年(1873)刻本　十一行二十四字小字双行同白口四周双边　二十册

F2096 * [同治]绥宁县志四十卷首一卷

(清)方传质修　龙凤蓍纂

清同治六年(1867)刻本　九行二十二字小字双行同白口四周双边　八册

F2097 * [光绪]新宁县志二十六卷首一卷

(清)张葆连修　刘长佑　刘坤一纂

清光绪十九年(1893)刻本　十行二十五字小字双行同白口四周双边　十册

F2098 * [同治]城步县志十卷

(清)盛镒源修　戴联璧　陈志升纂

清同治六年(1867)文友堂刻本　八行二十二字小字双行同白口四周双边　十册

F2099 * [同治]黔阳县志六十卷首一卷

(清)陈鸿作等修　杨大诵　易燮尧纂

清同治十三年(1874)刻本　十二行二十五字小字双行同白口四周双边　十二册

F2100 * [同治]新修麻阳县志十四卷首一卷

(清)姜钟琇等修　刘士先　王振玉纂

清同治十三年(1874)刻本　九行二十二字小字双行同白口四周双边　十册

F2101 * [道光]辰溪县志四十卷首一卷末一卷

(清)徐会云等修　刘家传等纂

清道光元年(1821)刻本　九行二十一字小字双行同白口左右双边　十册

F2102 * [同治]沅陵县志五十卷首一卷

(清)守忠等修　许光曙等纂

清同治十二年(1873)刻本　十行二十二字小字双行同白口四周双边　十册

F2103 * [同治]溆浦县志二十四卷首一卷

(清)齐德五修　舒其锦纂

清同治八年(1869)修　十二年(1873)刻本　十一行二十五字小字双行同白口四周双边　八册

F2104 [*]　[光绪]靖州直隶州志十二卷首一卷末一卷

(清)吴起凤 劳铭勋修　唐际虞 李廷森纂

清光绪五年(1879)刻本　十一行二十二字小字双行同白口四周双边　六册

F2105　靖州乡土志四卷

(清)金蓉镜编

清光绪三十四年(1908)刻本　十一行二十一字小字双行同黑口左右双边　二册

F2106 [*]　[光绪]会同县志十四卷首一卷

(清)孙炳煜等修　黄世昌等纂

清光绪二年(1876)刻本　十一行二十二字小字双行同白口四周双边　六册

F2107 [*]　[同治]芷江县志六十四卷首一卷

(清)盛庆绂 吴秉慈修　盛一林纂

清同治九年(1870)刻本　九行二十二字小字双行同白口左右双边　十二册

F2108 [*]　[道光]晃州厅志四十四卷首一卷末一卷

(清)俞克振修　梅峄纂

清道光五年(1825)刻本　九行二十二字小字双行同白口左右双边　八册

F2109 [*]　[同治]武陵县志四十八卷

(清)恽世临 孙翘泽修　陈启迈纂

清同治二年(1863)刻本　十行二十三字小字双行同白口四周双边　十六册

F2110 [*]　[道光]安福县志三十二卷首一卷末一卷

(清)何寅斗修　潘永盛 黄彝纂

清道光三年(1823)刻本　九行二十二字小字双行同白口四周双边　六册

F2111　[康熙]九溪卫志三卷

(清)袁阌修　董儒修纂

清抄本　十行二十字小字双行同无格　一册

F2112 [*]　[嘉庆]澧志举要三卷首附补编

(清)潘相修

清嘉庆二年(1797)经腴堂刻本　十二行二十六字小字双行同白口左右双边　二册

F2113 [*]　[同治]直隶澧州志二十六卷首三卷

(清)何玉棻修　魏式曾纂

清同治八年(1869)文昌阁刻本　十行二十二字小字双行同白口四周双边　二十四册

F2114 [*]　[乾隆]安乡县志八卷

(清)张绰修　曾之亨纂

清光绪六年(1880)盛赓补刻本　十行二十字小字双行同白口四周单边　六册

F2115 [*]　[光绪]华容县志十五卷首一卷

(清)孙炳煜 龙起涛修　熊绍庚 刘乙燃纂

清光绪八年(1882)刻本　九行二十二字小字双行同白口四周双边　八册

F2116 [*]　[嘉庆]沅江县志三十卷

(清)唐古特修　骆孔僎 陶澍纂

清嘉庆十五年(1810)刻本　十行二十一字小字双行同白口左右双边　六册

F2117 [*]　[同治]益阳县志二十五卷首一卷

(清)姚念杨等修　赵裴哲纂

清同治十三年(1874)刻本　十一行二十四字小字双行同白口四周双边　十六册

F2118 [*]　[光绪]重修龙阳县志三十二卷首一卷

(清)黄教镕 黄文桐修　陈保真 彭日晓纂

清光绪元年(1875)刻本　十行二十三字小字双行同白口四周双边　十六册

F2119 [*]　[同治]桃源县志二十卷首一卷

(清)罗行楷修　沙明焯 郭世嵚纂

清同治八年(1869)刻本　十一行二十三字小字双行同白口左右双边　十六册

F2120　[万历]慈利县志十八卷

(明)陈光前纂修

1964年上海古籍书店《天一阁藏明代地方志选刊》本　三册

F2121 [*]　[同治]慈利县志十四卷首一卷

(清)嵇有庆 蒋恩澍修　魏湘纂

清同治八年(1869)尊经阁刻本　十行二十二字小字双行同白口左右双边　十四册

F2122　［民国］慈利县志二十卷首一卷

田兴奎等修　吴恭亨纂

民国十二年(1923)铅印本　四册

F2123＊　［嘉庆］石门县志五十五卷首一卷

(清)苏益馨修　梅峄纂

清嘉庆二十三年(1818)刻本　十行二十二字
小字双行二十字白口四周双边　六册

F2124＊　［同治］石门县志十四卷首一卷

(清)林葆元　陈煊修　申正扬纂

清同治七年(1868)刻本　十行二十二字小字
双行同白口四周双边　十二册

F2125　［光绪］乾州厅志十六卷首一卷

(清)蒋琦溥原本　林书勋续编　张先达
续纂

清同治十一年(1872)修光绪三年(1877)续修
刻本　九行二十二字白口左右双边　十册

F2126＊　［同治］保靖县志十二卷首一卷

(清)林继钦　龚南金修　袁祖绥纂

清同治十年(1871)刻本　十行二十二字小字
双行同白口四周双边　八册

F2127＊　［同治］永顺县志八卷首一卷末一卷

(清)魏式曾　康赓修　李龙章纂

清同治十三年(1874)刻本　十一行二十二字
小字双行同白口四周双边　八册

F2128　［民国］永顺县志三十六卷

胡履新等修　鲁隆盎　张孔修纂

民国十九年(1930)铅印本　八册

F2129＊　［同治］桑植县志八卷首一卷

(清)周来贺修　卢元勋纂

清同治十一年(1872)刻本　九行二十字小字
双行同白口四周双边　四册

F2130＊　［嘉庆］永定县志八卷

(清)赵亨钤修　熊国夏　王师麟纂

清嘉庆二十一年(1816)修　道光三年(1823)
刻本　十行二十一字小字双行同白口左右双
边　八册

F2131＊　［同治］续修永定县志十二卷

(清)万修廉修　张序枝纂

清同治八年(1869)刻本　十行二十二字小字
双行同白口左右双边　十二册

F2132＊　［光绪］古文坪厅志十六卷

(清)董鸿勋纂修

清光绪三十三年(1907)铅印本　十册

F2133＊　［道光］凤凰厅志二十卷首一卷

(清)黄应培修　孙均铨　黄元复纂

清道光四年(1824)刻本　九行二十二字小字
双行同白口四周双边　十册

F2134＊　［同治］永绥直隶厅志六卷

(清)周玉衡等修　杨瑞珍纂

清同治七年(1868)绥阳书院刻本　九行二十
四字小字双行同白口四周双边　六册

F2135＊　［宣统］永绥厅志三十卷首一卷

(清)董鸿勋纂修

清宣统元年(1909)铅印本　十二册

F2136＊　［光绪］龙山县志十六卷首一卷补刻
一卷

(清)符为霖修　吕懋恒纂　谢宝文续修
刘沛续纂

清同治七年(1808)修光绪四年(1878)续修刻
本　九行二十一字白口左右双边　六册

F2137＊　［嘉庆］四川通志二百零四卷首二十
二卷

(清)常明等修　杨芳灿　谭光祜等纂

清嘉庆二十一年(1816)刻本　九行二十一字
小字双行同白口四周双边　一百二十册

F2138　蜀故二十七卷

(清)彭遵泗纂

清光绪二十四年(1898)玉元堂刻本　九行二
十二字黑口四周双边　六册

F2139　［民国］四川郡县志十二卷

龚煦春纂

民国二十四年(1935)刻本　十行二十四字小
字双行三十六字黑口左右双边　五册

F2140 [民国]四川郡县志十二卷
龚煦春纂
民国三十五年(1946)刻本　十行二十四字小字双行三十六字黑口左右双边　五册

F2141　四川地理学
黄尚毅著
民国元年(1912)成都编译局铅印本　一册

F2142 [民国]四川通志目录
不著撰人
民国铅印本　一册

F2143　重修四川通志例言
宋育仁撰
民国十五年(1926)成都昌福公司铅印本　一册

F2144* [道光]重庆府志九卷
(清)王梦庚修　寇宗纂
清道光二十三年(1843)刻本　九行二十五字小字双行同白口四周双边　十二册

F2145 [光绪]叙州府志四十三卷首一卷末一卷
(清)王麟祥修　邱晋成等纂
清光绪二十二年(1896)刻本　十行二十二字白口左右双边　二十八册

F2146 [正德]夔州府志十二卷首一卷
(明)吴潜修　傅汝舟纂
1961年上海古籍书店《天一阁藏明代地方志选刊》本　五册

F2147* [道光]龙安府志十卷
(清)邓存咏等纂修
清咸丰八年(1858)补刻本　九行二十一字小字双行同白口四周双边　八册

F2148* [道光]夔州府志三十六卷首一卷
(清)恩成修　刘德铨纂
清道光七年(1827)刻本　九行二十三字小字双行同白口四周双边　二十四册

F2149* [乾隆]雅州府志十六卷
(清)曹抡彬等修　曹抡翰等纂

清嘉庆十六年(1811)补刻本　九行二十一字小字双行同白口四周双边　十六册

F2150* [同治]嘉定府志四十八卷首一卷
(清)文良、朱庆镛等修　陈尧采等纂
清同治三年(1864)刻本　十行二十二字小字双行同白口四周双边　十六册

F2151* [乾隆]潼川府志十二卷首一卷
(清)张松孙等纂修
清乾隆五十一年(1786)刻本　九行二十三字小字双行同白口四周双边　六册

F2152 [光绪]新修潼川府志三十卷
(清)阿麟修　王龙勋等纂
清光绪二十三年(1897)刻本　十行二十二字小字双行同黑口四周双边　十六册

F* [嘉庆]成都县志六卷首一卷
(清)王泰云等修　袁以壏等纂　杨芳灿续纂
清嘉庆二十一年(1816)刻本　九行二十一字小字双行同白口四周双边　六册

F2154* [同治]重修成都县志十六卷首一卷
(清)李玉宣等修　袁兴鉴等纂
清同治十二年(1873)刻本　十行二十二字小字双行同白口四周双边　十六册

F2155 [民国]巴县志二十三卷
朱之洪等修　向楚等纂
民国二十八年(1939)刻本　十一行二十一字小字双行同黑口四周双边　二十四册

F2156* [道光]綦江县志十二卷首一卷
(清)宋灏修　罗星纂
清同治二年(1863)杨铭、伍浚祥增刻本　九行二十一字小字双行同白口四周双边　十二册

F2157* [光绪]重修长寿县志十卷
(清)张永熙修　周泽溥等纂
清光绪元年(1875)凤城刻本　九行二十二字小字双行同白口四周双边　四册

123

F2158 * [嘉庆]温江县志三十六卷首一卷

(清)李绍祖等修 徐文贲 车酉纂

清嘉庆二十年(1815)刻本 九行二十一字小字双行同白口四周双边 四册

F2159 [民国]温江县志十二卷首一卷

张骥等修 曾学传等纂

民国十年(1921)刻本 九行二十一字小字双行同黑口四周双边 八册

F2160 [嘉庆]双流县志四卷首一卷

(清)汪士侃纂修

清嘉庆十九年(1814)刻本 九行二十一字小字双行同白口四周双边 四册

F2161 * [光绪]双流县志四卷首一卷

(清)彭琬等纂修

清光绪三年(1877)刻本 九行二十一字小字双行同白口四周双边 八册

F2162 [光绪]双流县志二卷

(清)彭琬等修 吴特仁增订

清光绪二十年(1894)刻本 十行二十五字小字双行字数不等白口四周双边 二册

F2163 [民国]双流县志四卷首一卷

刘佶等修 刘咸荥等纂

民国十年(1921)铅印本 八册

F2164 * [嘉庆]华阳县志四十四卷首一卷

(清)吴巩 董淳修 潘时彤等纂

清嘉庆二十一年(1816)刻本 九行二十一字小字双行同黑口四周双边 十六册

F2165 [民国]华阳县志三十六卷首一卷

陈法驾 叶大锵等修 曾鉴 林思进等纂

民国二十三年(1934)刻本 十一行二十一字小字双行同黑口左右双边 十七册

F2166 * [同治]郫县志四十四卷

(清)陈庆熙修 高升之等纂

清同治九年(1870)刻本 九行二十一字小字双行同白口四周双边 八册

F2167 郫县乡土志不分卷

(清)黄德润等修 姜士谔纂

清光绪三十四年(1908)铅印本 一册

F2168 [民国]郫县志六卷

李之青等纂 戴朝纪等纂

民国三十七年(1948)铅印本 六册

F2169 [民国]崇宁县志八卷首一卷

陈邦倬修 易象乾 田树勋等纂

民国十四年(1925)刻本 六册

F2170 [民国]邛崃县志四卷首一卷

刘夐等修 宁缃等纂

民国十一年(1922)铅印本 四册

F2171 [嘉庆]邛州直隶州志四十六卷首一卷

(清)吴巩修 王来遴纂

清嘉庆十七年(1812)修 二十三年(1818)刻本 九行二十一字小字双行同白口四周双边 十二册

F2172 [乾隆]蒲江县志四卷

(清)纪曾荫修 黎攀桂 马道亨纂

清同治五年(1866)刻本 九行二十一字黑口四周双边 四册

F2173 * [光绪]重修彭县志十三卷首一卷末一卷附补遗一卷

(清)张龙甲修 吕调阳等纂

清光绪六年(1880)刻本 九行二十四字小字双行同白口四周双边 十册

F2174 * [同治]大邑县志二十卷

(清)赵霦等纂修

清同治六年(1867)刻本 九行二十一字小字双行同白口四周双边 八册

F2175 [民国]大邑县志十四卷

王铭新 解汝襄等修 钟毓灵 龚维锜等纂

民国十九年(1930)铅印本 六册

F2176 [道光]新津县志四十卷首一卷

(清)王梦庚原稿 陈霁学修 叶方模 童宗沛纂

民国十一年(1922)铅印本 六册

F2177 * [嘉庆]汉州志四十卷首一卷末一卷

(清)刘长庚修　侯肇元　张怀泗纂

清嘉庆十七年(1812)修　二十二年(1817)刻本　九行二十一字小字双行同白口四周双边十二册

F2178 * [同治]续汉州志二十四卷首一卷补志一卷

(清)张超等修　曾履中　张敏行纂

清同治八年(1869)刻本　九行二十一字小字双行同白口四周双边　八册

F2179 * [嘉庆]什邡县志五十四卷

(清)纪大奎修　林时春等纂

清嘉庆十八年(1813)刻同治四年(1865)重印本　九行二十一字小字双行同黑口四周双边十册

F2180 * [同治]续增什邡县志五十四卷

(清)傅华桂修　王玺尊等纂

清同治四年(1865)刻本　九行二十一字小字双行同黑口四周双边　四册

F2181 [民国]重修什邡县志十卷

王文照修　曾庆奎　吴江纂

民国十八年(1929)铅印本　八册

F2182 * [光绪]增修崇庆州志十二卷首一卷

(清)沈恩培修　胡麟等纂

清光绪三年(1877)成都会文堂刻本　十一行二十一字小字双行同白口四周双边　八册

F2183 [民国]崇庆县志十二卷

谢汝霖等修　罗元黼等纂

民国十五年(1926)铅印本　十册

F2184 * [嘉庆]金堂县志九卷首一卷末一卷

(清)谢惟杰修　陈一津　黄烈纂

清道光二十四年(1844)杨得质补刻本　九行二十二字小字双行同白口四周双边　八册

F2185 [民国]金堂县续志十卷首一卷

王暨英等修　曾茂林等纂

民国十年(1921)刻本　九行二十二字白口四周双边　八册

F2186 * [光绪]增修灌县志十四卷首一卷

(清)庄思恒修　郑珶山纂

清光绪十二年(1886)刻本　十行二十二字小字双行同白口四周双边　十册

F2187 * 灌县乡土志二卷

(清)钟文虎修　徐昱等纂

清光绪三十三年(1907)刻本　十行二十七字白口四周双边　二册

F2188 [民国]灌县志十八卷首一卷

叶大锵等修　罗骏声纂

民国二十二年(1933)铅印本　十四册

F2189 * [同治]新繁县志十六卷首一卷

(清)张文珍　李应观修　杨益豫等纂

清同治十二年(1873)刻本　九行二十一字小字双行同白口四周双边　八册

F2190 * 新繁县乡土志十卷

(清)余慎　陈彦升编

清光绪三十三年(1907)铅印本　二册

F2191 [民国]新繁县志三十四卷首一卷

侯俊德等修　刘复等纂

民国三十六年(1947)铅印本　十册

F2192 * [道光]新都县志十八卷首一卷

(清)张奉书等修　张怀泗等纂

清道光二十四年(1844)尊经阁刻本　九行二十一字小字双行同白口四周双边　十二册

F2193 [民国]新都县志六编

陈习删等修　闵昌术等纂

民国十八年(1929)铅印本　八册

F2194 [乾隆]直隶绵州志十九卷

(清)屠用谦修　何雄齐等纂

清乾隆元年(1736)刻本　九行二十一字白口四周双边　一册

F2195 * [同治]直隶绵州志五十五卷

(清)文棨　董贻清修　伍肇龄　何天祥纂

清同治十二年(1873)刻本　九行二十一字小字双行同白口四周双边　二十四册

F2196 [民国]绵阳县志十卷首一卷

蒲殿钦 袁钧等修 崔映棠等纂

民国二十一年(1932)刻本 十一行二十二字
小字双行同白口四周双边 十二册

F2197* [咸丰]重修梓潼县志六卷

(清)张香海修 杨曦等纂

清咸丰八年(1858)刻本 九行二十二字小字
双行同白口四周双边 六册

F2198 [雍正]江油县志二卷

(清)彭址纂修

1959年油印本 二册

F2199* [道光]江油县志四卷首一卷

(清)桂星纂修

清道光二十年(1840)刻本 九行二十一字小
字双行同白口四周双边 四册

F2200* [光绪]江油县志二十四卷

(清)武玉文修 欧培槐等纂

清光绪二十九年(1903)官立小学堂刻本 十
行二十二字黑口四周单边 六册

F2201* [同治]彰明县志五十七卷首二卷

(清)牛树梅原本 何庆恩 韩树屏增修
李朝栋等增纂

清道光二十七年(1847)修同治十年(1871)增
修同治十三年(1874)刻本 九行二十一字小
字双行同白口四周双边 八册

F2202 [嘉庆]德阳县志五十四卷

(清)吴经世修 廖家骃等纂

清嘉庆二十年(1815)刻本 九行二十一字小
字双行同白口四周双边 四册

F2203* [道光]德阳县新志十二卷首一卷末
一卷

(清)裴显忠修 刘硕辅纂

清道光十七年(1837)刻本 十行二十二字白
口四周双边 六册

F2204 [同治]德阳县志四十四卷首一卷

(清)何庆恩等修 刘宸枫 田正训纂

清同治十三年(1874)刻本 九行二十三字小
字双行同白口四周双边 六册

F2205 [民国]德阳县志五卷

熊卿云 汪仲夔修 洪烈森等纂

民国二十八年(1939)铅印兼石印本 五册

F2206* [嘉庆]罗江县志十卷

(清)李调元纂修

清嘉庆七年(1802)刻本 十行二十一字黑口
四周双边 二册

F2207* [嘉庆]罗江县志三十六卷

(清)李桂林等纂修

清嘉庆十二年(1815)刻同治四年(1865)重印
本 九行二十一字小字双行同白口四周双边
四册

F2208* [同治]续修罗江县志二十四卷

(清)马传业修 刘正慧等纂

清嘉庆十二年(1815)刻同治四年(1865)重印
本 九行二十一字白口四周双边 四册

F2209 [道光]绵竹县志四十六卷

(清)刘庆远修 沈心如等纂

清道光二十九年(1849)刻本 九行二十二字
小字双行同白口四周双边 十册

F2210* 绵竹县乡土志不分卷

(清)田明理 黄尚毅纂修

清光绪三十四年(1908)刻本 九行二十三字
白口四周双边 一册

F2211 [光绪]绵竹县乡土志不分卷

(清)田明理纂修

清光绪三十四年(1908)刻民国八年(1919)重
印本 一册

F2212 [民国]绵竹县志十八卷

王佐 文显谟修 黄尚毅等纂

民国八年(1919)刻本 九行二十二字小字双
行同白口四周双边 十册

F2213* [乾隆]四川保宁府广元县志十三卷
首一卷

(清)张赓谟等纂修

清乾隆二十二年(1757)刻本 九行二十一字
小字双行十九字白口四周双边 四册

F2214 [民国]重修广元县志稿二十八卷首一卷

谢开来等修　王克礼　罗映湘纂

民国二十九年(1940)铅印本　六册

F2215* [道光]重修昭化县志四十八卷

(清)张绍龄等纂修

清同治三年(1864)曾寅光修补本　九行二十一字小字双行同白口四周双边　六册

F2216* [同治]安县志三十二卷首一卷

(清)杨英灿纂修　余天鹏续修　陈嘉绣续纂

清同治二年(1863)增补嘉庆本　九行二十一字小字双行同白口四周双边　六册

F2217 [民国]安县志六十卷

夏时行等修　刘公旭等纂

民国二十七年(1938)石印本　十二册

F2218 [民国]安县续志六卷

成云章修　陈绍钦纂

民国二十七年(1938)石印本　一册

F2219* [道光]石泉县志十卷

(清)赵德林等修　张沆等纂

清道光十四年(1834)刻本　九行二十字白口四周双边　六册

F2220 [同治]剑州志十卷

(清)李溶　余文焕修　李榕等纂

民国十六年(1927)铅印本　四册

F2221* [同治]剑州志十卷

(清)李溶　余文焕修　李榕等纂

清同治十二年(1873)刻本　十行二十字白口四周单边　四册

F2222 [民国]剑阁县续志十卷

张政等纂修

民国十六年(1927)铅印本　八册

F2223* [光绪]遂宁县志六卷首一卷

(清)孙海等修　李星根等纂

清光绪五年(1879)刻本　九行二十二字小字双行同白口四周双边　六册

F2224 [民国]遂宁县志八卷

甘焘等修　王懋昭等纂

民国十八年(1929)刻本　九行二十五字白口四周双边　八册

F2225* [嘉庆]三台县志八卷

(清)沈昭兴纂修

清嘉庆二十年(1815)刻本　九行二十一字白口四周双边　八册

F2226 [民国]三台县志二十六卷

林志茂　谢勤等纂修

民国二十年(1931)铅印本　十二册

F2227* [道光]蓬溪县志十六卷首一卷

(清)吴章祁等修　顾士英等纂

清咸丰十一年(1861)补刻本　九行二十二字小字双行同黑口四周双边　八册

F2228 [光绪]蓬溪县志十四卷首一卷

(清)周学铭修　熊祥谦等纂

清光绪二十五年(1899)刻本　十行二十二字白口四周双边　四册

F2229 [民国]蓬溪县近志十四卷首一卷

(清)伍彝章等修　曾世礼　庄喜泉等纂

民国二十四年(1935)刻本　九行二十二字小字双行同黑口四周双边　八册

F2230* [光绪]盐亭县志续编四卷首一卷

(清)邢锡晋修　赵宗藩等纂

清光绪八年(1882)刻本　九行二十二字小字双行同白口四周双边　四册

F2231 汉濮亭考不分卷

蒙文通著

民国三十八年(1949)成都兴华印刷所西御西街第四〇号铅印本　一册

F2232* [光绪]射洪县志十八卷首一卷

(清)黄允钦等修　罗锦城等纂

清光绪十年(1884)刻本　九行二十一字白口四周双边　十册

F2233* [道光]中江县新志八卷首一卷

(清)杨霈修　李福源　范泰衡纂

127

清同治五年(1866)尊经阁重印本　十行二十二字小字双行同白口四周双边　五册

F2234　[同治]中江县新志补遗一卷续编一卷

(清)李星根纂

清同治五年(1866)尊经阁刻本　十行二十二字小字双行同白口四周双边　一册

F2235＊　[嘉庆]南充县志八卷首一卷

(清)袁凤孙修　陈榕等纂

清嘉庆十八年(1813)刻本　十行二十二字白口四周双边　六册

F2236　[民国]中江县志二十四卷首一卷

谭毅武修　陈品全等纂

民国十九年(1930)铅印本　八册

F2237　[民国]南充县志十六卷附图一卷

李良俊修　王荃善等纂

民国十八年(1929)刻本　十六册

F2238＊　[咸丰]阆中县志八卷

(清)徐继镛修　李惺等纂

清咸丰元年(1851)刻本　十行二十二字小字双行同黑口四周双边　四册

F2239　[民国]阆中县志三十卷

岳永武修　郑钟灵等纂

民国十五年(1926)石印本　八册

F2240　[民国]苍溪县志十五卷

熊道琛　钟俊等修　李灵椿等纂

民国十七年(1928)铅印本　六册

F2241＊　[同治]仪陇县志六卷

(清)曹绍樾　胡晋熙修　胡辑瑞等纂

清光绪三十三年(1907)补刻本　九行二十二字小字双行同白口四周双边　六册

F2242＊　[同治]营山县志三十卷

(清)翁道均修　熊毓藩等纂

清同治九年(1870)刻本　九行二十一字小字双行同白口四周双边　八册

F2243＊　[光绪]蓬州志十五卷

(清)方旭修　张礼杰等纂

清光绪二十三年(1897)刻本　十二行二十四字小字双行同白口四周单边　三册

F2244＊　[光绪]岳池县志二十卷首一卷

(清)何其泰等修　吴新德纂

清光绪元年(1875)凤山书院刻本　九行二十一字小字双行同白口四周双边　十册

F2245＊　[光绪]广安州志十三卷首一卷

(清)顾怀壬等修　周克坤等纂

清光绪十三年(1887)安汉公所刻本　九行二十三字小字双行同白口四周双边　十二册

F2246　[光绪]广安州新志四十三卷首一卷

(清)周克坤等纂

民国十六年(1927)重印本　十册

F2247＊　[光绪]定远县志六卷

(清)姜由范等修　王镛等纂

清光绪元年(1875)刻本　九行二十一字黑口四周双边　六册

F2248　[民国]达县志二十卷首一卷末一卷补遗二卷

蓝炳奎等修　吴德准　王文熙　朱炳灵纂

民国二十二年(1933)刻本　十八册

F2249＊　[光绪]西充县志十四卷图一卷

(清)高培谷修　刘藻纂

清光绪二年(1876)刻本　十行二十二字小字双行同白口四周双边　六册

F2250＊　[嘉庆]达县志五十二卷

(清)鲁凤辉等修　王廷伟等纂

清嘉庆二十年(1815)刻本　九行二十二字白口四周双边　六册

F2251　[民国]达县志二十卷首一卷末一卷补遗二卷

蓝炳奎等修　吴德准　王文熙　朱炳灵纂

民国二十七年(1938)袁济安增补铅印本　五册

F2252＊　[嘉庆]东乡县志三十三卷

(清)徐陈谟纂修

清同治十二年(1873)补刻本　九行二十二字

小字双行同白口四周双边　四册

F2253 * ［光绪］太平县志十卷首一卷
(清)杨汝偕等纂修
清光绪十九年(1893)刻本　九行二十二字小
字双行同白口四周双边　四册

F2254 ［民国］万源县志十卷首一卷末一卷
刘子敬修　贺维翰纂
民国二十一年(1932)铅印本　六册

F2255 * ［同治］新宁县志八卷
(清)复成修　周绍銮　胡元翔纂
清同治八年(1869)刻本　九行二十一字小字
双行同白口四周双边　八册

F2256 * ［道光］大竹县志四十卷
(清)瞿瑺修　王怀孟等纂　蔡以修续修
刘汉昭等续纂
清道光二年(1822)刻本　九行二十二字小字
双行同白口四周双边　六册

F2257 ［民国］大竹县志十六卷
郑国翰　曾瀛藻修　陈步武　江三乘纂
民国十七年(1928)铅印本　八册

F2258 * ［道光］邻水县志六卷首一卷
(清)曾灿奎　刘光第修　甘家斌等纂
清道光十五年(1835)刻本　九行二十三字白
口四周双边　六册

F2259 * ［同治］渠县志五十二卷首一卷
(清)何庆恩修　贾振麟　金传培纂
清同治三年(1864)刻本　九行二十一字小字
双行同白口四周双边　十二册

F2260 ［民国］巴中县志四编
马文灿修　余震等纂
民国三十一年(1942)胥兰恬校勘达县复兴印
书局石印本　四册

F2261 ［民国］南江县志四编
董珩修　岳永武等纂
民国十一年(1922)铅印本　四册

F2262 * ［同治］增修万县志三十六卷首一卷
(清)王玉鲸　张琴等修　范泰衡等纂

清同治五年(1866)万川书院刻本　九行二十
二字白口四周双边　十册

F2263 ［民国］渠县地理志概要
李旭纂修
民国二十九年(1940)铅印本　一册

F2264 * ［道光］巴州志十卷首一卷
(清)朱锡谷修　陈一津等纂
清道光十三年(1833)刻本　十行二十二字白
口四周双边　四册

F2265 * ［咸丰］开县志二十七卷首一卷
(清)朱肇奎等修　陈昆等纂
清咸丰三年(1853)刻本　九行二十一字白口
四周双边　六册

F2266 * ［光绪］大宁县志八卷首一卷
(清)高雄岳修　魏远猷等纂
清光绪十一年(1885)刻本　九行十九字小字
双行同黑口四周双边　八册

F2267 * ［光绪］巫山县志三十二卷首一卷
(清)连山等修　李友梁等纂
清光绪十九年(1893)刻本　九行二十三字小
字双行同黑口四周双边　八册

F2268 * ［光绪］奉节县志三十六卷首一卷
(清)曾秀翘修　杨德坤等纂
清光绪十九年(1893)刻本　九行十九字黑口
四周双边　八册

F2269 ［嘉靖］云阳县志二卷
(明)杨鸾修　秦觉纂
1963 年上海古籍书店《天一阁藏明代地方志
选刊》本　二册

F2270 * ［咸丰］云阳县志十二卷
(清)江锡麒修　陈昆纂
清咸丰四年(1854)刻本　九行二十一字小字
双行同白口四周双边　十二册

F2271 ［民国］云阳县志四十四卷首一卷
朱世镛　黄葆初修　刘贞安等纂
民国二十四年(1935)铅印本　十册

129

F2272[*] [同治]忠州直隶州志十二卷首一卷

(清)侯若源 庆征修 柳福培纂

清同治十二年(1873)刻本 九行二十二字白口四周双边 十册

F2273[*] [嘉庆]梁山县志十八卷首一卷

(清)符永培纂修

清同治六年(1867)艾钺增刻本 九行二十一字小字双行同白口四周双边 十四册

F2274[*] [光绪]梁山县志十卷首一卷

(清)朱言诗等纂修

清光绪二十年(1894)刻本 九行二十三字小字双行同白口四周双边 十二册

F2275[*] [同治]重修涪州志十六卷首一卷

(清)吕绍衣等修 王应元 傅炳墀等纂

清同治九年(1870)刻本 十行二十一字小字双行同白口四周双边 八册

F2276 [民国]涪陵县续修涪州志二十七卷首一卷

王鉴清等修 施纪云等纂

民国十七年(1928)铅印本 五册

F2277[*] [同治]增修酉阳直隶州总志二十二卷首一卷末一卷

(清)王鳞飞等修 冯世瀛 冉崇文纂

清同治二年(1863)刻本 九行二十一字小字双行同白口四周双边 十二册

F2278[*] [光绪]垫江县志十卷

(清)谢必铿修 李炳灵纂

清光绪二十六年(1900)刻本 八行二十一字小字双行同白口四周双边 八册

F2279[*] [光绪]秀山县志十四卷首一卷

(清)王寿松修 李稽勋等纂

清光绪十八年(1892)刻本 十一行二十四字小字双行同白口四周单边 四册

F2280[*] [光绪]酆都县志四卷首一卷

(清)田秀粟 徐浚镛修 徐昌绪纂 蒋履泰增纂

清光绪十九年(1893)增续重刻同治本 九行二十五字小字双行同白口四周双边 八册

F2281 [民国]重修酆都县志十四卷

黄光辉等修 郎承诜 余树堂等纂

民国十六年(1927)铅印本 六册

F2282[*] [光绪]彭水县志四卷首一卷

(清)庄定域修 支承祜等纂

清光绪元年(1875)摩云书院刻本 九行二十四字小字双行同白口四周双边 四册

F2283[*] [道光]补辑石砫厅新志十二卷

(清)王槐龄纂修

清道光二十三年(1843)刻本 九行二十一字小字双行同白口四周双边 四册

F2284[*] [光绪]黔江县志五卷首一卷

(清)张九章修 陈藩垣 陶祖谦等纂

清光绪二十年(1894)墨香书院刻本 九行二十四字小字双行同黑口四周双边 五册

F2285[*] [光绪]南川县志十二卷首一卷

(清)黄际飞等修 周厚光等纂

清光绪二年(1876)宾化楚馆刻本 九行二十一字小字双行同白口四周双边 十二册

F2286 [民国]重修南川县志十四卷首一卷

柳琅声等修 章麟书等纂

民国二十年(1931)铅印本 十三册

F2287[*] [光绪]永川县志十卷首一卷

(清)许曾荫等修 马慎修等纂

清光绪二十年(1894)宾兴公局刻本 九行二十二字小字双行同白口四周双边 十册

F2288[*] [光绪]大足县志八卷

(清)王德嘉等修 高云从等纂

清光绪三年(1877)刻本 九行二十一字小字双行同白口四周双边 四册

F2289 民国重修大足县志九卷首一卷

郭鸿厚修 陈习删等纂

民国三十五年(1946)铅印本 五册

F2290[*] [光绪]铜梁县志十六卷首一卷

(清)韩清桂等修 陈昌等纂

清光绪元年(1875)刻本 九行二十五字小字双行同白口四周双边 八册

F2291 铜梁县地理志八编

张佐周编

民国三十三年(1944)铅印本 一册

F2292 [同治]璧山县志十卷首一卷末一卷

(清)寇用平修 陈锦堂 卢有徽纂

清同治四年(1865)明伦堂刻本 九行二十二字小字双行同白口四周双边 六册

F2293 [光绪]江津县志十二卷志存一卷图考一卷

(清)王煌修 袁方城等纂

清光绪元年(1875)刻本 十行二十一字小字双行同白口四周双边 八册

F2294 [民国]江津县志十六卷首一卷

聂述文等修 刘泽嘉等纂

民国十三年(1924)刻本 十行二十八字白口四周双边 十册

F2295 [道光]江北厅志八卷首一卷

(清)福珠朗阿修 宋煊 黄云衢纂

清道光二十四年(1844)刻本 九行二十一字小字双行同白口左右双边 八册

F2296 [光绪]合州志十六卷首一卷

(清)费兆钺修 程业修纂

清光绪四年(1878)刻本 十行二十字小字双行同白口四周双边 八册

F2297 民国新修合川县志八十三卷

郑贤书等修 张森楷纂

民国十年(1921)刻本 十五行二十七字小字双行同黑口四周单边 三十册

F2298 [光绪]荣昌县志二十二卷

(清)文康原本 施学煌续修 教册贤续纂

清光绪十年(1884)增刻本 九行二十二字小字双行同白口四周双边 八册

F2299 [道光]内江县志要四卷

(清)王果纂

清光绪十三年(1887)补刻本 十行二十二字小字双行同白口四周双边 四册

F2300 [光绪]内江县志十五卷首一卷

(清)陆为菜等修 熊玉华等纂

清光绪九年(1883)刻本 九行二十二字小字双行同黑口四周双边 十二册

F2301 [宣统]内江县志八卷

(清)彭泰士修 曾庆昌 朱襄虞等纂

清宣统三年(1911)修 民国三十四年(1945)石印本 八册

F2302 [民国]内江县志十二卷

曾庆昌纂修

民国十四年(1925)刻本 九行二十二字小字双行同白口四周双边 十二册

F2303 [乾隆]威远县志八卷首一卷

(清)李南晖修 张翼儒纂

清乾隆四十年(1775)刻本 九行十九字小字双行十七字白口左右双边 四册

F2304 [光绪]威远县志三编四卷

(清)吴曾辉修 吴容纂

清光绪三年(1877)刻本 八行二十五字小字双行同白口左右双边 十二册

F2305 [道光]荣县志三十八卷首一卷

(清)王培荀等纂修

清道光二十五年(1845)刻本 十行二十三字小字双行同白口左右双边 六册

F2306 [民国]荣县志十七篇

廖世英等修 赵熙等纂

民国十八年(1929)刻本 十行二十一字白口四周单边 八册

F2307 [咸丰]简州志十四卷

(清)濮瑗修 黄朴等纂

清咸丰三年(1853)刻本 九行二十二字小字双行同白口四周双边 十册

F2308 [光绪]简州续志二卷

(清)易家霖修 傅为霖等纂

清光绪二十三年(1897)刻本 九行二十二字小字双行同白口四周双边 二册

F2309 [民国]简阳县志二十四卷首一卷末一卷

林志茂等修 汪金相 胡忠阖等纂

131

民国十六年(1927)铅印本　十八册

F2310　[民国]平泉县逸志五卷
胡忠阀辑
抄本　一册

F2311* 　[咸丰]资阳县志四十八卷首二卷
(清)范涞清等修　何华元等纂
清咸丰十年(1860)刻本　九行二十一字小字
双行同白口四周双边　十二册

F2312* 　[光绪]资州直隶州志三十卷首四卷
(清)刘炳原本　罗廷权续修　何袭等续纂
清光绪二年(1876)增刻本　九行二十一字白
口四周双边　二十四册

F2313　[道光]安岳县志十六卷首一卷
(清)濮瑗修　周国颐纂
清道光二十一年(1841)刻本　九行二十二字
小字双行同白口四周双边　八册

F2314* 　[光绪]续修安岳县志四卷
(清)陈其宽修　邹宗垣等纂
清光绪二十三年(1897)刻本　九行二十二字
小字双行同白口左右双边　四册

F2315* 　[道光]乐至县志十六卷首一卷
(清)裴显忠修　刘硕辅纂
清道光二十年(1840)刻本　九行二十二字白
口四周双边　六册

F2316* 　[光绪]续增乐至县志四卷首一卷
(清)胡书云修　李星根等纂
清光绪九年(1883)刻本　九行二十二字白口
四周双边　四册

F2317　[民国]乐至县志又续四卷首一卷
杨祖唐等修　蒋德勋等纂
民国十八年(1929)刻本　四册

F2318* 　[嘉庆]宜宾县志五十四卷首一卷
(清)刘元熙修　李世芳等纂
清嘉庆十七年(1812)刻本　九行二十一字小
字双行同白口四周双边　六册

F2319　[民国]南溪县志六卷
李凌霄等修　钟朝煦纂

民国二十一年(1932)修　二十六年(1937)铅
印本　八册

F2320* 　[同治]南溪县志八卷
(清)福伦修　胡元翔　唐毓彤纂
清同治十三年(1874)刻本　九行二十三字小
字双行同白口四周双边　八册

F2321* 　[嘉庆]江安县志六卷
(清)赵模修　郑存仁等纂
清嘉庆十七年(1812)刻本　八行二十二字小
字双行同白口四周双边　六册

F2322* 　[道光]江安县志二卷首一卷
(清)高学濂纂修
清道光九年(1829)刻本　十行二十二字小字
双行同白口四周双边　二册

F2323　[民国]江安县志四卷
严希慎修　陈天锡纂
民国十一年(1922)铅印本　五册

F2324* 　[光绪]兴文县志六卷首一卷
(清)江亦显　郭天章修　黄相尧纂
清光绪十三年(1887)刻本　九行二十字小字
双行同白口四周双边　四册

F2325* 　[同治]珙县志十五卷首一卷
(清)姚廷章修　邓香树纂
清光绪九年(1883)冉瑞桐、郭肇林增刻本
九行二十一字小字双行同白口四周双边
八册

F2326* 　[同治]高县志五十四卷首一卷
(清)敖立榜等修　曾毓佐等纂
清同治五年(1866)刻本　九行二十五字小字
双行同白口四周双边　八册

F2327* 　[同治]筠连县志十六卷
(清)程熙春修　文尔炘等纂
清同治十二年(1873)刻本　九行二十字小字
双行同白口四周双边　六册

F2328　[嘉靖]马湖府志七卷
(明)余承勋纂修
1963年上海古籍书店《天一阁藏明代地方志

132

选刊》本　二册

F2329[ ][乾隆]屏山县志八卷首一卷
(清)张曾敏修　陈琦纂
清嘉庆五年(1800)增刻本　九行二十二字小字双行同白口四周双边　四册

F2330[ ][光绪]屏山县续志二卷首一卷
(清)张九章修　陈蕃垣等纂
清光绪二十四年(1898)刻本　九行二十六字小字双行同黑口四周双边　四册

F2331[乾隆]屏山县志八卷首一卷
(清)张曾敏修　陈琦纂
民国二十年(1931)铅印本　二册

F2332[光绪]屏山县续志二卷首一卷
(清)张九章修　陈蕃垣等纂
民国二十年(1931)铅印本　一册

F2333[ ][嘉庆]纳溪县志十卷
(清)赵炳然　陈廷钰纂修
清嘉庆十八年(1813)刻本　九行二十一字小字双行同白口四周双边　四册

F2334[ ][光绪]直隶泸州志十二卷
(清)田秀栗等修　华国清　施泽久纂
清光绪八年(1882)刻本　九行二十一字小字双行同白口四周双边　十二册

F2335[民国]泸县志八卷
王禄昌　裴纲修　高觐光纂　欧阳廷夔续补
民国二十七年(1938)铅印本　八册

F2336[ ][同治]合江县志五十四卷首一卷
(清)秦湘修　杨致道　郑国樁纂　瞿树荫等增修　罗增垣等增纂
清同治十年(1871)增刻本　九行二十一字小字双行同白口四周双边　十二册

F2337[民国]合江县志六卷
王玉璋修　刘天锡　张开文等纂
民国十八年(1929)铅印本　八册

F2338[ ][光绪]续修叙永永宁厅合志五十四卷首一卷
(清)邓元镠等修　万慎等纂

清光绪三十四年(1908)铅印本　十二册

F2339[民国]叙永县志八卷
赖佐唐等修　宋曙等纂
民国二十四年(1935)铅印本　六册

F2340[ ][乾隆]富顺县志五卷首一卷
(清)段玉裁　李芝纂修
清乾隆四十二年(1777)刻光绪八年(1882)釜江书社重刻本　九行二十二字小字双行同白口左右双边　十册

F2341[ ][道光]富顺县志三十八卷
(清)张利贞修　黄靖图纂
清道光七年(1827)刻本　九行二十五字小字双行二十四字白口四周双边　六册

F2342[民国]富顺县志十七卷首一卷
彭文治　李永成修　卢庆家　高光照纂
民国二十年(1931)刻本　九行二十二字小字双行同白口左右双边　十二册

F2343[ ][嘉庆]乐山县志十六卷首一卷
(清)龚传黻纂修
清嘉庆十七年(1812)刻本　九行二十一字小字双行同白口四周双边　六册

F2344[民国]乐山县志十二卷
唐受潘修　黄镕　谢世瑄等纂　王畏严补正
民国十三年(1924)修　二十三年(1934)铅印本　八册

F2345[ ][民国]犍为县志十四卷首一卷
陈谦　陈世虞修　罗绶香　印焕门等纂
民国二十六年(1937)铅印本　八册

F2346[ ][嘉庆]眉州属志十九卷
(清)涂长发修　王昌年纂
清嘉庆五年(1800)刻嘉庆十七年(1812)景苏堂重印本　九行二十一字白口四周双边　十一册

F2347[嘉庆]续眉州志略不分卷
(清)戴三锡修　王之俊等纂
清嘉庆十七年(1812)刻本　九行二十一字白口四周双边　一册

F2348 ［民国］眉山县志十五卷

王铭新等修　杨卫星　郭庆琳纂

民国十二年(1923)汉文石印社石印本　八册

F2349 ＊ ［嘉庆］彭山县志六卷

(清)史钦义等纂修

清嘉庆十九年(1814)刻本　九行二十一字小字双行同白口四周双边　六册

F2350 ＊ ［光绪］青神县志五十四卷首一卷

(清)郭世菜修　文笔超等纂

清光绪三年(1877)刻本　九行二十四字小字双行同白口四周双边　六册

F2351　青神县备征录三辑

周子云主编

民国三十六年(1947)青神县修志委员会石印本　一册

F2352　青神备征录第二辑

陈希古参订　周子云撰述

民国三十四年(1945)青神县修志馆石印本　一册

F2353　［嘉靖］洪雅县志五卷

(明)束载修　张可述纂

1963年上海古籍书店《天一阁藏明代地方志选刊》本　二册

F2354 ＊ ［光绪］洪雅县志十二卷首一卷

(清)郭世菜修　邓敏修等纂

清光绪十年(1884)刻本　八行二十字白口四周双边　五册

F2355 ＊ ［光绪］丹棱县志十卷首一卷

(清)顾汝萼修　朱文瀚等纂

清光绪十八年(1892)刻本　九行二十一字小字双行同白口四周双边　四册

F2356　［民国］丹棱县志八卷首一卷

刘良模等修　罗春霖等纂

民国十二年(1923)石印本　八册

F2357 ＊ ［嘉庆］峨眉县志十卷首一卷

(清)王燮修　张希绪　张希翊纂

清宣统三年(1911)李锦成补刻本　九行二十

一字小字双行同白口四周双边　四册

F2358　［宣统］峨眉县续志十卷图一卷

(清)李锦成修　朱荣邦等纂

清宣统三年(1911)刻本　九行二十一字小字双行同白口四周双边　五册

F2359 ＊ ［光绪］井研志四十二卷首一卷

(清)叶桂年等修　吴嘉谟　龚煦春纂

清光绪二十六年(1900)刻本　十行二十一字小字双行同白口四周单边　十二册

F2360 ＊ ［道光］仁寿县新志八卷

(清)马百龄修　魏崧　郑宗垣纂

清道光十八年(1838)刻本　十行二十四字小字双行同白口四周双边　八册

F2361 ＊ ［嘉庆］夹江县志十二卷首一卷

(清)王佐纂修

清嘉庆十八年(1813)刻本　九行二十一字白口四周双边　四册

F2362　［民国］夹江县志十二卷首一卷

罗国钧修　薛志清纂

民国二十四年(1935)成都维新印刷局铅印本　八册

F2363　［民国］峨边县志四卷首一卷

李宗锽等修　李仙根等纂

民国四年(1915)大昌公司铅印本　四册

F2364　［民国］雅安县志六卷

胡荣湛修　余良选等纂

民国十七年(1928)石印本　六册

F2365　雅安历史四卷

(清)贾鸿基纂

民国十四年(1925)日新工业社石印本　二册

F2366 ＊ ［光绪］名山县志十五卷

(清)赵懿纂修

清光绪二十二年(1896)校刻本　十一行二十二字小字双行同黑口左右双边　四册

F2367　［民国］名山县新志十六卷首一卷末一卷

胡存琮等修　赵正和纂

134

民国十九年(1930)刻本　十一行二十二字小字双行同白口左右双边　四册

F2368　[民国]荥经县志二十卷首一卷
贺泽等修　张赵才等纂
民国十八年(1929)王琢增刻本　九行二十四字小字双行同白口四周单边　十册

F2369[*]　[嘉庆]清溪县志四卷
(清)刘传经修　陈一洢纂
清嘉庆五年(1800)刻本　八行二十字小字双行同白口四周双边　四册

F2370　[民国]汉源县志四卷
刘裕常修　王琢等纂
民国三十年(1941)铅印本　四册

F2371[*]　[咸丰]冕宁县志十二卷首一卷末一卷
(清)李英粲修　李昭纂
清咸丰七年(1857)刻本　八行二十字小字双行同白口四周双边　四册

F2372　[民国]西昌县志十二卷首一卷
郑少成等修　杨肇基等纂
民国三十一年(1942)铅印本　四册

F2373[*]　[同治]会理州志十二卷
(清)邓仁垣等修　吴钟仑等纂
清同治十三年(1874)金江书院刻本　九行二十二字小字双行同白口四周双边　八册

F2374　[民国]松潘县志八卷首一卷
张典等修　徐湘等纂
民国十三年(1924)刻本　十行二十五字小字双行同白口四周双边　八册

F2375[*]　[同治]直隶理番厅志六卷首一卷
(清)吴羹梅修　周祚峄纂
清同治五年(1866)刻本　十行二十一字小字双行同白口四周双边　六册

F2376[*]　[道光]茂州志四卷首一卷
(清)杨迦怿等修　刘辅廷纂
清道光十一年(1831)刻本　十行二十二字小字双行同白口四周双边　四册

F2377　[民国]汶川县志七卷
祝世德纂修
民国三十三年(1944)铅印本　一册

F2378　[宣统]昭觉县志稿四卷
(清)徐怀璋纂修
民国九年(1920)铅印本　一册

F2379[*]　[光绪]雷波厅志三十六卷首一卷
(清)秦云龙修　万科进纂
清光绪十九年(1893)锦屏书院刻本　九行二十二字小字双行同白口四周双边　六册

F2380[*]　[光绪]越嶲厅全志十二卷
(清)马忠良修　马湘等纂　孙镛等续修
清光绪三十二年(1906)铅印本　六册

F2381　打箭炉志略
不著撰人
民国十九年(1930)北平图书馆重抄本　一册

F2382[*]　[道光]重纂福建通志二百七十八卷首七卷
(清)孙尔准等修　陈寿祺纂　程祖洛等续修　魏敬中续纂
清道光九年(1829)修道光十五年(1835)续修同治十年(1871)正谊书院刻本　十一行二十五字小字双行同白口四周双边　一百二十册

F2383　[民国]福建通志三百十五卷
福建通志局纂修
民国十一年(1922)刻本　十三行二十八字小字双行同白口四周单边　八十六册

F2384[*]　[万历]闽都记三十三卷
(明)王应山纂
清道光十一年(1831)求放心斋刻本　十行二十四字黑口左右双边　十二册

F2385[*]　[乾隆]福州府志七十六卷首一卷
(清)徐景熹修　鲁曾煜 施廷枢等纂
清乾隆十九年(1754)刻乾隆二十一年(1756)补刻本　九行二十二字小字双行二十一字白口四周双边　四十册

F2386 [弘治]大明兴化府志五十四卷

(明)陈效修 周瑛 黄仲昭纂

清同治十年(1871)林贻庆刻本 十一行二十四字白口四周双边 二十四册

F2387 * [乾隆]泉州府志七十六卷首一卷

(清)怀荫布修 黄任 郭赓武纂

清同治九年(1870)章倬标刻本 九行二十二字小字双行同白口四周双边 四十九册

F2388 * [光绪]漳州府志五十卷首一卷

(清)李维钰原本 沈定均续修 吴联薰增纂

清光绪三年(1877)芝山书院刻本 十行二十二字小字双行同白口四周双边 三十二册

F2389 [嘉靖]延平府志二十三卷

(明)陈能修 郑庆云 辛绍佐纂

1961年上海古籍书店《天一阁藏明代地方志选刊》本 八册

F2390 * [乾隆]延平府志四十六卷首一卷

(清)傅尔泰修 陶元藻纂

清同治十二年(1873)徐震耀补刻本 九行二十字小字双行同白口四周双边 二十四册

F2391 [嘉靖]建宁府志二十一卷

(明)夏玉麟 郝维岳等修 汪佃等纂

1964年上海古籍书店《天一阁藏明代地方志选刊》本 十二册

F2392 [嘉靖]邵武府志十五卷

(明)邢址修 陈让纂

1964年上海古籍书店《天一阁藏明代地方志选刊》本 六册

F2393 * [光绪]重纂邵武府志三十卷首一卷

(清)王琛 徐兆丰修 张景祁 张元奇等纂

清光绪二十四年(1898)樵山书院刻本 十行二十四字小字双行同白口四周双边 二十册

F2394 * [乾隆]汀州府志四十五卷首一卷

(清)曾日瑛等修 李绂等纂

清同治六年(1867)延楷刻本 九行二十字小字双行同白口左右双边 二十册

F2395 * [乾隆]福宁府志四十四卷首一卷

(清)李拔等纂修

清光绪六年(1880)张其曜刻本 九行二十二字小字双行同白口四周双边 二十册

F2396 * [道光]厦门志十六卷

(清)周凯等纂修

清道光十九年(1839)玉屏书院刻本 十行二十二字小字双行同白口四周双边 十二册

F2397 [民国]同安县志四十二卷首一卷

林学增修 吴锡璜纂

民国十八年(1929)铅印本 十二册

F2398 * [乾隆]马巷厅志十八卷首一卷

(清)万友正纂修

清光绪十九年(1893)黄家鼎校补刻本 九行二十字小字双行同白口四周双边 十册

F2399 [民国]闽侯县志一百零六卷

欧阳英修 陈衍纂

民国二十二年(1933)刻本 十三行二十八字黑口四周单边 十六册

F2400 [民国]连江县志三十四卷首一卷附纪一卷

曹刚等修 邱景雍等纂

民国二十二年(1933)铅印本 十册

F2401 * [同治]长乐县志二十卷首一卷

(清)彭光藻 王家驹修 杨希闵 黄见三等纂

清同治八年(1869)刻本 九行二十四字小字双行同白口四周双边 十册

F2402 [民国]长乐县志三十卷首一卷

孟昭涵修 李驹等纂

民国六年(1917)福建印刷所铅印本 十二册

F2403 * [乾隆]福清县志二十卷图一卷

(清)饶安鼎修 林昂 李修卿纂

清同治六年(1867)潘文凤补版本 九行二十字小字双行同白口四周双边 十二册

F2404 [民国]永泰县志十二卷

金章 董秉清修 王绍沂等纂

136

民国十一年(1922)铅印本　八册

F2405　[民国]闽清县志八卷首一卷
杨宗彩修　刘训瑞纂
民国十年(1921)铅印本　八册

F2406 *　[光绪]福安县志三十八卷首一卷末一卷
(清)张景祁修　黄锦灿等纂
清光绪十年(1884)刻本　九行二十三字小字双行同白口四周双边　十二册

F2407　[民国]霞浦县志四十卷首一卷
刘以臧修　徐友梧等纂
民国十八年(1929)铅印本　八册

F2408 *　[乾隆]宁德县志十卷首一卷图一卷
(清)卢建其修　张君宾　胡家琪纂
清乾隆四十六年(1781)刻本　九行二十二字小字双行二十字白口四周双边　十册

F2409 *　[道光]新修罗源县志三十卷首一卷
(清)卢凤芩修　林春溥纂
清道光十一年(1831)刻本　十行二十二字小字双行同白口左右双边　十册

F2410　[康熙]松溪县志十卷首一卷末一卷
(清)潘拱辰纂修　黄鉴补遗
民国十七年(1928)施树模活字本　六册

F2411　[民国]政和县志三十五卷首一卷末一卷
钱鸿文　黄体震修　李熙等纂
民国八年(1919)铅印本　十二册

F2412　晋江乡土志一卷
侯鸿鉴编
民国十一年(1922)铅印本　一册

F2413　[嘉靖]安溪县志八卷
(明)汪瑀修　林有年纂
1963年上海古籍书店《天一阁藏明代地方志选刊》本　三册

F2414　[嘉靖]惠安县志十三卷
(明)莫尚简修　张岳纂
1963年上海古籍书店《天一阁藏明代地方志选刊》本　二册

F2415 *　[乾隆]永春州志十六卷首一卷
(清)郑一崧修　颜璹　林为楫纂
清乾隆五十二年(1787)刻本　十行二十字小字双行十九字白口四周单边　十二册

F2416　[崇祯]兴化县志
(明)周华纂　张国枢校
民国二十五年(1936)莆阳印书局铅印本　二册

F2417　[乾隆]兴化府莆田县志三十六卷首一卷
(清)汪大经　王恒等修　廖必琦　林黉纂
民国十五年(1926)吴辅再补刻本　九行二十字白口四周双边　二十册

F2418 *　[乾隆]兴化府莆田县志三十六卷首一卷
(清)汪大经　王恒等修　廖必琦　林黉纂
清光绪五年(1879)潘文凤补刻本　九行二十字小字双行同白口四周双边　二十册

F2419　[嘉靖]德化县志十卷
(明)许仁修　蒋孔炀纂
抄本　二册

F2420　[乾隆]德化县志十八卷首一卷
(清)鲁鼎梅修　王必昌等纂
清乾隆十一年(1746)刻本　八行二十二字小字双行二十一字白口四周双边　十册

F2421　[乾隆]德化县续志稿一卷
(清)杨奇胄修　江云霈纂
清光绪八年(1882)补刻本　八行二十二字白口四周双边　一册

F2422　[民国]金门县志二十四卷首一卷
左树夔修　刘敬纂
1959年福建师范学院图书馆油印　八册

F2423　[乾隆]仙游县志五十三卷首一卷
(清)胡启植　王椿修　叶和侃等纂
清乾隆三十五年(1770)刻本　九行二十字小字双行十九字白口四周双边　十八册

F2424 ［乾隆］仙游县志五十三卷首一卷

（清）胡启植 王椿修 叶和侃等纂

清同治十二年（1873）吴森刻本 九行二十字
小字双行同白口四周双边 二十册

F2425 ［嘉靖］龙溪县志八卷

（明）刘天授修 林魁 李恺等纂

1965年上海古籍书店《天一阁藏明代地方志
选刊》本 三册

F2426* ［乾隆］龙溪县志二十四卷首一卷

（清）吴宜燮修 黄惠 李畴纂

清光绪五年（1879）吴联薰增补重刻本 十行
二十一字小字双行同白口四周双边 十四册

F2427* ［乾隆］海澄县志二十四卷首一卷

（清）陈锳 王作霖修 叶廷推 邓来祚纂

清乾隆二十七年（1762）刻本 十行二十字小
字双行同白口四周双边 八册

F2428* ［康熙］诏安县志十二卷志余一卷

（清）秦炯纂修

清同治十三年（1874）刻本 十行二十字白口
四周双边 六册

F2429 ［民国］诏安县志上篇十六卷首一卷

陈荫祖修 吴名世纂

民国三十一年（1942）诏安青年印务公司铅印
本 十一册

F2430* ［乾隆］长泰县志十二卷首一卷

（清）张懋建等修 赖翰颙等纂

清乾隆十五年（1750）刻本 十行十九字小字
双行二十字白口四周双边 六册

F2431 ［乾隆］长泰县志十二卷首一卷

（清）张懋建等修 赖翰颙等纂

民国二十一年（1932）谢梅年校订铅印本
六册

F2432 ［嘉庆］云霄厅志二十卷

（清）薛凝度修 吴文林纂

民国二十四年（1935）雷寿彭铅印本 四册

F2433 ［民国］云霄县志二十二卷首一卷末
一卷

徐炳文修 郑丰稔纂

民国三十六年（1947）铅印本 四册

F2434* ［道光］龙岩州志二十卷首一卷

（清）彭衍堂 袁曦业修 陈文衡等纂

清光绪十六年（1890）张文治补刻本 十行二
十五字小字双行同白口左右双边 十二册

F2435* ［光绪］长汀县志三十三卷首一卷末
一卷

（清）王坴原本 谢昌霖再续修 刘国光再
续纂

清光绪五年（1879）刻本 十行二十字小字双
行同白口四周双边 十四册

F2436 ［道光］漳平县志十卷首一卷

（清）蔡世钹修 林得震等纂

民国二十四年（1935）翁赞平铅印本 四册

F2437* ［道光］永定县志三十二卷

（清）方履篯修 巫宜福纂

清道光十年（1830）刻本 十行二十二字小字
双行二十一字白口四周双边 十六册

F2438* ［同治］宁洋县志十二卷首一卷

（清）董钟骧修 陈天枢 吴正南等纂

清同治十三年（1874）修光绪元年（1875）刻本
十行二十五字小字双行同白口四周单边
四册

F2439 ［民国］连城县志三十二卷首一卷

王集吾修 邓光瀛等纂

民国二十八年（1939）维新书局石印本
八册

F2440 ［民国］上杭县志三十六卷首一卷末
一卷

张漠等修 丘复等纂

民国二十八年（1939）上杭启文书局铅印本
十册

F2441* ［雍正］永安县志十卷首一卷

（清）裘树荣等纂修

清道光十三年（1833）孙义增刻本 九行二十
一字小字双行同白口左右双边 四册

F2442 [道光]永安县续志十卷

(清)孙义修　陈树兰　刘承美纂

清道光十三年(1833)刻本　九行二十一字小字双行同白口左右双边　四册

F2443 [康熙]宁化县志七卷

(清)祝文郁修　李世熊纂

清同治八年(1869)蒋泽沄刻本　九行二十二字小字双行同白口四周双边　八册

F2444 [嘉庆]南平县志三十八卷首三卷末一卷

(清)杨桂森修　应丹诏纂

清同治十一年(1872)潘文凤、徐叙模重校补刻本　九行二十字小字双行同白口四周双边　二十四册

F2445 [民国]建瓯县志三十七卷首一卷

詹宣猷修　蔡振坚等纂

民国十八年(1929)芝新印刷所铅印本　十二册

F2446 [光绪]续修浦城县志四十二卷首一卷

(清)翁天祜　吕渭英修　翁昭泰纂

清光绪二十六年(1900)南浦书院刻本　十行二十字小字双行同白口四周双边　二十册

F2447 [民国]建宁县志二十八卷首一卷末一卷

钱江修　范毓桂纂　吴海清续修　张书简续纂

民国五年(1916)修八年(1919)续修铅印本　十二册

F2448 [民国]泰宁县志三十八卷首一卷

陈石　万心权修　郑丰稔等纂

民国三十一年(1942)永安现代印书局铅印本　四册

F2449 [民国]古田县志三十八卷首一卷

黄澄渊修　余钟英等纂

民国三十一年(1942)古田县修志委员会铅印本　十三册

F2450 [嘉庆]顺昌县志十卷

(清)许庭梧修　谢钟瑾纂　陆嗣渊　贾懋功增修　谢钟玥增纂

清嘉庆八年(1803)修道光十二年(1832)增修光绪七年(1881)重刻本　十行二十字小字双行同白口左右双边　四册

F2451 [嘉靖]尤溪县志七卷

(明)李文衮修　田顼纂

1962年上海古籍书店《天一阁藏明代地方志选刊》本　二册

F2452 [道光]沙县志二十卷首一卷末一卷

(清)孙大焜　王庚修　徐逢盛　陈名世等纂

清道光十四年(1834)刻本　九行二十二字小字双行同白口四周双边　十四册

F2453 [道光]重纂光泽县志三十卷首一卷

(清)盛朝辅等修　高澎然等纂

清同治九年(1870)补版重印本　十行二十四字小字双行同白口四周双边　八册

F2454 [嘉靖]建阳县志十六卷

(明)冯继科等纂修

1962年上海古籍书店《天一阁藏明代地方志选刊》本　五册

F2455 台海使槎录

(清)黄叔璥纂

《畿辅丛书》本　二册

F2456 [康熙]重修台湾府志十卷

(清)周元文修　陈瑸等纂

1959年油印本　十二册

F2457 [嘉庆]续修台湾县志八卷首一卷

(清)薛志亮修　谢金銮　郑兼才纂

清嘉庆十二年(1807)刻本　九行二十一字小字双行十九字白口左右双边　八册

F2458 [同治]淡水厅志十六卷

(清)陈培桂等纂修

清同治十年(1871)刻本　十行二十二字白口四周双边　八册

F2459 [咸丰]台湾府噶玛兰厅志八卷

(清)萨廉修　陈淑均纂　董正官续修　李祺生续纂

清道光二十年(1840)修咸丰二年(1852)续修
仰山书院刻本　十行二十二字小字双行同黑
口四周双边　八册

F2460　[光绪]澎湖厅志十五卷首一卷
(清)蔡麟祥修　林豪纂
1958年油印本　十二册

F2461　[光绪]甲午新修台湾澎湖志十四卷
首一卷
(清)蔡麟祥　陈步梯修　林豪纂
1959年油印本　十六册

F2462 *　[道光]广东通志三百三十四卷首
一卷
(清)阮元修　陈昌齐等纂
清道光二年(1822)刻本　十一行二十一字小
字双行同黑口四周双边　一百册

F2463　[道光]广东通志三百三十四卷首
一卷
(清)阮元修　陈昌齐等纂
清同治三年(1864)重刻本　十一行二十一字
小字双行同黑口四周双边　一百二十册

F2464　[道光]广东通志三百三十四卷首
一卷
(清)阮元修　陈昌齐等纂
民国二十三年(1934)上海商务印书馆影印本
五册

F2465　广东考古辑要四十六卷
(清)周广等辑
清光绪十九年(1893)还读书屋刻　十二行
二十四字小字双行同白口四周双边　十册

F2466　广东图志九十二卷
(清)毛鸿宾修　陈文灿等纂
清同治间刻本　十行二十五字小字双行同黑
口左右双边　十八册

F2467 *　[光绪]广州府志一百六十三卷
(清)戴肇辰　苏佩训修　史澄　李光廷纂
清光绪五年(1879)粤秀书院刻本　十二行二
十三字小字双行同白口四周双边　六十册

F2468 *　[同治]韶州府志四十卷
(清)额哲克等修　单兴诗纂
清同治十三年(1874)刻本　十一行二十一字
小字双行同黑口四周双边　二十四册

F2469　[嘉靖]惠州府志十六卷
(明)姚良弼修　杨宗甫纂
1961年上海古籍书店《天一阁藏明代地方志
选刊》本　八册

F2470　[嘉靖]惠志略不分卷
(明)杨载鸣纂
1961年上海古籍书店《天一阁藏明代地方志
选刊》本　一册

F2471　[嘉靖]惠志略不分卷
(明)杨载鸣纂
1959年油印本　一册

F2472 *　[光绪]惠州府志四十五卷首一卷
(清)刘溎年　张联桂修　邓抡斌　陈新铨纂
清光绪七年(1881)刻本　十一行二十二字小
字双行同黑口四周双边　二十册

F2473 *　[乾隆]潮州府志四十二卷首一卷
(清)周硕勋纂修
清乾隆四十年(1775)刻光绪十九年(1893)珠
兰书屋重刻本　十行二十字小字双行同白口
四周双边　二十五册

F2474 *　[道光]肇庆府志二十二卷首一卷
(清)屠英等修　江藩等纂
清道光十三年(1833)刻光绪二年(1876)羊城
富文斋重刻本　十二行二十三字小字双行同
白口四周双边　二十二册

F2475 *　[道光]高州府志十六卷首一卷
(清)黄安涛　海寿等修　潘眉纂
清道光七年(1827)刻本　十一行二十一字小
字双行同黑口四周双边　十六册

F2476 *　[光绪]高州府志五十四卷首一卷末
一卷
(清)杨霁修　陈兰彬等纂
清光绪十六年(1890)高城学院前联经号刻本
十二行二十三字小字双行同白口四周双边

二十四册

F2477 * [道光]廉州府志二十六卷首一卷
(清)张堉春修　陈治昌等纂
清道光十三年(1833)刻本　十一行二十一字
小字双行同白口四周双边　二十册

F2478 * [嘉庆]雷州府志二十卷首一卷
(清)雷学海修　陈昌齐等纂
清嘉庆十六年(1811)刻本　九行二十一字白
口四周双边　十册

F2479 * [康熙]花县志四卷
(清)王永名修　黄士龙　黄虞纂
清光绪十六年(1890)刻本　九行十八字白口
左右双边　四册

F2480 * [道光]佛冈直隶军民厅志四卷
(清)龚耿光纂修
清道光二十二年(1842)修咸丰元年(1851)刻本
九行二十一字小字双行同白口四周双边　四册

F2481 　佛山忠义乡志十四卷图一卷
(清)吴荣光纂
清道光十年(1830)刻本　十一行二十一字小
字双行同白口四周双边　七册

F2482 　佛山忠义乡志十九卷首一卷
汪宗准　冼宝干等纂
民国十五年(1926)刻本　十二行二十五字小
字双行同白口四周单边　十二册

F2483 * [道光]南海县志四十四卷首一卷末
一卷
(清)潘尚楫修　邓士宪等纂
清同治八年(1869)刻本　十二行二十三字小
字双行同白口四周双边　二十二册

F2484 * [宣统]南海县志二十六卷末一卷
(清)张凤喈等修　桂坫等纂
清宣统三年(1911)刻本　十二行二十三字小
字双行同白口四周双边　十五册

F2485 　[嘉庆]三水县志十六卷首一卷
(清)李友榕　汪云任等修　邓云龙　董思
诚纂

民国十二年(1923)影印本　八册

F2486 * [咸丰]顺德县志三十二卷
(清)郭汝诚修　冯奉初纂
清咸丰六年(1859)刻本　十三行二十六字小
字双行同白口四周单边　十六册

F2487 　[民国]顺德县志二十四卷附郭志刊
误二卷
周之贞　冯葆熙修　周朝槐纂
民国十八年(1929)刻本　十二行二十三字小
字双行同白口四周双边　十册

F2488 　羊城古钞八卷首一卷
(清)仇池石纂
清嘉庆十一年(1806)八赉堂刻本　十行十九
字白口四周双边　五册

F2489 * [同治]番禺县志五十四卷首一卷附
录一卷
(清)李福泰修　史澄　何若瑶纂
清同治十年(1871)光霁堂刻本　十二行二十
三字小字双行同白口四周单边　十六册

F2490 　[宣统]番禺县续志四十四卷首一卷
(清)梁鼎芬修　丁仁长　吴道镕等纂
民国二十年(1931)重印本　十六册

F2491 * [嘉庆]东莞县志四十六卷
(清)彭人杰　范文安修　黄时沛等纂
清嘉庆三年(1798)刻本　十一行二十一字小
字双行同白口四周双边　八册

F2492 　[民国]东莞县志一百零二卷首一卷
陈伯陶等纂修
民国十六年(1927)铅印本　五十册

F2493 * [嘉庆]增城县志二十卷首一卷末
一卷
(清)赵俊等修　李宝中　黄应桂纂
清同治十年(1871)增刻本　十行二十一字小
字双行同白口四周双边　八册

F2494 　[民国]增城县志三十一卷首一卷
王思章修　赖际熙纂
民国十年(1921)刻本　十行二十一字小字双

行同白口四周双边　十三册

F2495[*]　[道光]龙门县志十六卷首一卷末一卷

(清)毓雯　张经赞修　张维屏等纂

清道光二十九年(1849)修咸丰元年(1851)刻本　十一行二十一字小字双行同白口左右双边　五册

F2496　[民国]龙门县志二十卷首一卷

招念慈修　邬庆时纂

民国二十五年(1936)广州汉元楼铅印本　一册

F2497[*]　[乾隆]博罗县志十四卷

(清)陈裔虞纂修

清乾隆二十八年(1763)刻本　九行二十一字白口四周双边　五册

F2498　[康熙]香山县志十卷

(清)申良翰修　欧阳羽文纂

1958年广东省中山图书馆油印本　四册

F2499[*]　[乾隆]澳门纪略二卷首一卷末一卷

(清)印光任　张汝霖纂

清嘉庆五年(1800)刻本　九行二十字小字双行同白口左右双边　二册

F2500[*]　[道光]香山县志八卷首一卷附录一卷

(清)祝淮修　黄培芳纂

清道光八年(1828)刻本　十二行二十三字小字双行同白口四周单边　九册

F2501[*]　[光绪]香山县志二十二卷

(清)田明曜修　陈澧纂

清光绪五年(1879)刻本　十二行二十三字小字双行同白口四周双边　十二册

F2502　[民国]香山县志续编十六卷首一卷

厉式金修　汪文炳　张丕基纂

民国十二年(1923)刻本　十二行二十三字小字双行同白口左右双边　六册

F2503[*]　[光绪]曲江县志十六卷

(清)张希京修　欧樾华　冯翼之纂

清光绪元年(1875)刻本　十一行二十一字小

字双行同黑口四周单边　八册

F2504[*]　[同治]乐昌县志十二卷首一卷

(清)徐宝符　段绖传修　李秋　陈其藻纂

清同治十年(1871)刻本　九行二十二字小字双行同白口四周双边　六册

F2505　[康熙]乳源县志十二卷

(清)裘秉钫修　庞玮纂

1957年广东省中山图书馆油印本　二册

F2506　[嘉靖]仁化县志五卷

(明)胡居安纂修

1958年广东省中山图书馆油印本　一册

F2507　[嘉靖]仁化县志五卷

(明)胡居安纂修

1963年《天一阁藏明代地方志选刊》本　一册

F2508[*]　[同治]仁化县志八卷首一卷

(清)陈鸿修　刘凤辉纂

清同治十二年(1873)修光绪九年(1883)刻本十一行二十一字小字双行不等黑口四周双边八册

F2509[*]　[道光]直隶南雄州志三十四卷首一卷

(清)余保纯等修　黄其勤纂　戴锡伦续纂

清嘉庆二十四年(1819)修道光四年(1824)续修心简斋刻本　十一行二十一字小字双行同白口四周双边　十六册

F2510　[嘉靖]始兴县志二卷

(明)汪庆舟修　袁宗与等纂

1958年油印本　一册

F2511　[民国]始兴县志十六卷首一卷

陈赓虞等修　陈及时纂

民国十五年(1926)石印本　十册

F2512　[嘉靖]广东韶州府翁源县志不分卷

(明)李孔明纂

1958年油印本　一册

F2513　[嘉靖]广东韶州府翁源县志不分卷

(明)李孔明纂

1963年上海古籍书店《天一阁藏明代地方

选刊》本　一册

F2514* 　[嘉庆]翁源县新志十二卷首一卷末一卷
(清)谢崇俊等修　颜尔枢纂
清嘉庆二十五年(1820)刻本　十一行二十五字白口左右双边　五册

F2515 　[嘉庆]和平县志八卷首一卷
(清)罗天桂修　徐延翰纂
民国二十三年(1934)油印本　五册

F2516* 　[嘉庆]龙川县志四十卷末一卷
(清)胡璿修　勒殷山纂
清嘉庆二十三年(1818)心简斋刻本　九行二十四字小字双行同白口四周双边　十六册

F2517 　[民国]英德县续志十七卷首一卷末一卷
邓士芬修　黄佛颐　凌鹤书等纂
民国二十年(1931)铅印本　八册

F2518* 　[光绪]清远县志十六卷首一卷
(清)李文烜　罗炜修　朱润芳　麦瑞芳纂
清光绪六年(1880)广东省翰元楼刻本　十二行二十三字小字双行同白口四周单边　八册

F2519 　[民国]清远县志二十一卷图一卷
吴凤声　余棨谋修　朱汝珍纂
民国二十六年(1937)铅印本　十二册

F2520* 　[道光]阳山县志十五卷首一卷
(清)陆向荣修　刘彬华纂
清道光三年(1823)刻本　十一行二十一字小字双行同白口四周双边　六册

F2521 　[同治]连州志十二卷
(清)袁泳锡　觉罗祥瑞修　单兴诗纂
清同治九年(1870)刻本　十行二十字小字双行同白口四周双边　六册

F2522 　[乾隆]澄海县志二十九卷首一卷
(清)金廷烈纂修
1959年油印本　九册

F2523* 　[嘉庆]澄海县志二十六卷首一卷
(清)李书吉等纂修

清嘉庆二十年(1815)刻道光九年(1829)增补本　十行二十字小字双行同白口左右双边　八册

F2524* 　[雍正]海阳县志十二卷
(清)张士琏修　叶适　陈珏等纂
清雍正十二年(1734)刻本　九行二十字小字双行同白口四周双边　十册

F2525 　[民国]潮州志不分卷
饶宗颐纂修
民国三十八年(1949)铅印本　十九册

F2526 　[民国]潮州志不分卷
饶宗颐纂修
1960年油印本　二册

F2527 　民国新修大埔县志三十九卷首一卷
刘织超修　温廷敬等纂
民国三十二年(1943)铅印本　十五册

F2528* 　[光绪]饶平县志二十五卷
(清)刘抃原本　惠登甲增修　黄德容　翁荃增纂
清光绪九年(1883)增刻本　九行二十字小字双行同白口四周双边　十二册

F2529* 　[乾隆]南澳志十二卷图一卷
(清)齐翀纂修
清乾隆四十八年(1783)刻道光二十一年(1841)补刻本　九行二十三字小字双行同白口左右双边　四册

F2530 　[隆庆]潮阳县志十五卷
(明)黄一龙修　林大春纂
1963年上海古籍书店《天一阁藏明代地方志选刊》本　四册

F2531* 　[光绪]潮阳县志二十二卷首一卷
(清)周恒重修　张其翱纂
清光绪十年(1884)刻本　十行二十二字小字双行同白口四周双边　十册

F2532 　[隆庆]潮阳县志十五卷
(明)黄一龙修　林大春纂
1958年油印本　四册

F2533 ［隆庆］潮阳县志十五卷
（明）黄一龙修　林大春纂
1958 年油印本　四册

F2534＊ ［乾隆］陆丰县志十二卷
（清）王之正等修　沈展才等纂
清乾隆十年（1745）刻本　九行二十二字小字
双行十九字白口四周双边　四册

F2535＊ ［乾隆］海丰县志十卷末一卷
（清）于卜熊修　史本纂
清同治十二年（1873）补刻本　九行二十二字
小字双行同白口四周双边　八册

F2536＊ ［同治］海丰县志续编二卷
（清）蔡逢恩修　林光斐纂
清同治十二年（1873）刻本　九行二十二字小
字双行同白口四周双边　二册

F2537 ［道光］长乐县志十卷
（清）侯坤元修　温训等纂
民国铅印本　四册

F2538＊ ［乾隆］揭阳县志八卷首一卷附录
一卷
（清）刘业勤修　凌鱼纂
清乾隆四十四年（1779）刻本　十行二十一字
小字双行同白口四周双边　八册

F2539＊ ［乾隆］丰顺县志八卷首一卷
（清）葛曙纂修
清同治四年（1865）补刻本　九行二十二字白
口四周双边　四册

F2540 正德兴宁志四卷
（明）祝允明纂修
1962 年上海中华书局影印明正德稿本　一册

F2541＊ ［咸丰］兴宁县志十二卷首一卷
（清）仲振履原本　张鹤龄增修　曾士梅
增纂
清咸丰六年（1856）陈氏慎修书院增补本　九
行二十二字小字双行同白口四周双边　八册

F2542＊ ［光绪］嘉应州志三十二卷首一卷
（清）吴宗焯 李庆荣修　温仲和纂

清光绪二十七年（1901）刻本　十二行二十四
字小字双行同黑口四周双边　十四册

F2543 嘉应乡土志不分卷
（清）张芝田编
清宣统元年（1909）奇珍阁石印本　一册

F2544＊ ［道光］高要县志二十二卷首一卷
（清）韩际飞修　何元等纂
清道光六年（1826）刻本　十行二十一字小字
双行同白口四周双边　十册

F2545 ［宣统］高要县志二十六卷附志二卷
马呈图等纂修
民国二十七年（1938）铅印本　十一册

F2546＊ ［光绪］四会县志十编首一编末一编
（清）陈志哲 刘德恒修　吴大猷纂
清光绪二十二年（1896）刻本　十一行二十三
小字双行同白口四周双边　十二册

F2547＊ ［光绪］高明县志十六卷首一卷
（清）邹兆麟 蔡逢恩修　梁廷栋 区为梁纂
清光绪二十年（1894）刻本　十行二十四字小
字双行同白口四周双边　六册

F2548 ［道光］鹤山县志十二卷末一卷
（清）徐香祖修　吴应逵纂
油印本　四册

F2549＊ ［道光］新会县志十四卷首一卷
（清）林星章修　黄培芳 曾钊纂
清道光二十一年（1841）刻本　十二行二十三
字小字双行同白口四周单边　十四册

F2550＊ ［道光］新宁县志十卷
（清）张深修　曾钊 温训纂
清道光十九年（1839）刻本　十一行二十一字
小字双行同黑口四周双边　五册

F2551＊ ［光绪］新宁县志二十六卷首一卷
（清）何福海 郑守昌修　林国赓 黄荣熙纂
清光绪十九年（1893）刻本　十一行二十一字
小字双行同黑口四周双边　八册

F2552 ［民国］赤溪县志八卷首一卷
王大鲁修　赖际熙等纂

144

民国十五年(1926)刻本　十一行二十一字小字双行同白口四周双边　五册

F2553　[民国]开平县志四十五卷首一卷
余棨谋修　张启煌纂
民国二十二年(1933)香港民声印书局铅印本　九册

F2554[*]　[道光]恩平县志十八卷首一卷末一卷
(清)杨学颜　石台修　杨秀拔纂
清道光五年(1825)富文斋刻本　十行二十三字小字双行同白口四周双边　六册

F2555[*]　[雍正]罗定直隶州志六卷首一卷
(清)王植纂修
清雍正九年(1731)刻本　九行二十字小字双行十八字白口左右双边　十册

F2556　[民国]罗定志十卷
周学仕修　马呈图纂　陈树勋续修
民国二十四年(1935)铅印本　六册

F2557[*]　[光绪]德庆州志十五卷首一卷末一卷
(清)杨文骏修　朱一新　黎佩兰纂
清光绪二十五年(1899)刻本　十三行二十三字小字双行同黑口四周单边　十册

F2558　[民国]怀集县志十卷
周赞元等纂修
民国五年(1916)铅印本　四册

F2559[*]　[道光]广宁县志十七卷
(清)黄思藻等纂修
清道光四年(1824)刻本　十一行二十一字小字双行同白口四周双边　六册

F2560[*]　[光绪]茂名县志八卷首一卷
(清)郑业崇修　许汝韶纂
清光绪十四年(1888)刻本　十二行二十二字小字双行同白口四周单边　七册

F2561[*]　[光绪]化州志十二卷
(清)彭贻荪　章毓桂修　彭兴瀛等纂
清光绪十六年(1890)高城联经号刻本　十行

二十字小字双行同白口四周单边　八册

F2562[*]　[道光]吴川县志十卷
(清)李高魁　叶载文修　林泰雯纂
清道光五年(1825)刻本　九行二十字小字双行同白口四周双边　五册

F2563[*]　[光绪]吴川县志十卷首一卷
(清)毛昌善修　陈兰彬纂
清光绪十八年(1892)启寿刻本　十一行二十一字小字双行同黑口四周双边　十册

F2564[*]　[道光]重修电白县志二十卷末一卷
(清)章鸿　叶廷芳修　邵咏　崔翼周纂
清道光六年(1826)刻本　十一行二十一字小字双行同黑口四周双边　六册

F2565[*]　[光绪]重修电白县志三十卷首一卷
(清)孙铸修　邵祥龄纂
清光绪十八年(1892)刻本　十一行二十一字小字双行同黑口四周双边　八册

F2566[*]　[道光]阳春县志十四卷首一卷
(清)陆向荣等修　刘彬华纂
清道光元年(1821)广州六书齐刻本　十行二十一字小字双行同白口四周双边　四册

F2567[*]　[道光]阳江县志八卷
(清)李沄等修　区启科等纂　李应均增补　胡璇续纂
清嘉庆十七年(1812)修二十三年(1818)增补道光二年(1822)续修刻本　十行二十一字小字双行同白口四周双边　五册

F2568[*]　[嘉庆]海康县志八卷
(清)刘邦柄修　陈昌齐纂
清嘉庆十七年(1812)刻本　十行二十一字小字双行同白口四周双边　五册

F2569[*]　[嘉庆]石城县志六卷首一卷
(清)张大凯纂修
清嘉庆二十五年(1820)刻本　十行二十一字白口四周双边　六册

F2570[*]　[光绪]石城县志九卷首一卷末一卷
(清)蒋廷桂修　陈兰彬等纂

清光绪十八年(1892)刻本　十二行二十三字
小字双行同白口四周单边　八册

F2571　[嘉靖]钦州志九卷
(明)林希元纂修
1961年上海古籍书店《天一阁藏明代地方志
选刊》本　四册

F2572[道光]钦州志十二卷首一卷
(清)朱椿年等修　杜以宽　叶轮纂
清道光十四年(1834)高州登云楼刻本　十一
行二十一字小字双行同白口四周双边　八册

F2573　[正德]琼台志四十四卷
(明)唐胄纂
1964年上海古籍书店《天一阁藏明代地方志
选刊》本　十二册

F2574　[正德]琼台志四十四卷
(明)唐胄纂
抄本　十册

F2575[道光]琼州府志四十四卷首一卷
(清)明谊修　张岳崧纂
清道光二十一年(1841)刻本　十一行二十一
字小字双行同白口四周双边　十八册

F2576[咸丰]琼山县志三十卷首一卷
(清)李文烜修　郑文彩　蔡藩纂
清咸丰七年(1857)雁峰书院刻本　十一行二
十一字小字双行同白口四周双边　十六册

F2577[光绪]定安县志十卷首一卷
(清)吴应廉修　王映斗纂
清光绪四年(1878)刻本　十行二十二字小字
双行同白口四周双边　十册

F2578[嘉庆]会同县志十卷
(清)陈述芹纂修
清光绪二十七年(1901)宋恒坊补刻本　九行
二十二字小字双行同白口四周双边　四册

F2579[道光]万州志十卷
(清)胡端书修　杨士锦　吴鸣清纂
清道光八年(1828)崇圣祠刻本　十行二十一
字白口四周双边　四册

F2580[光绪]澄迈县志十二卷首一卷
(清)龙朝翊修　陈所能纂
清光绪三十四年(1908)刻本　十行二十二字
小字双行同白口四周双边　八册

F2581[光绪]临高县志二十四卷
(清)聂缉庆　张廷修　桂文炽　汪瑔纂
清光绪十八年(1892)临江书院刻本　十行二
十一字小字双行同白口四周双边　八册

F2582　[康熙]陵水县志不分卷
(清)高首标纂修　潘廷侯订补
1957年广东省中山图书馆油印本　一册

F2583　[民国]感恩县志二十卷首一卷
周文海修　卢宗棠等纂
民国二十年(1931)海南书局铅印本　四册

F2584[嘉庆]广西通志二百七十九卷首
一卷
(清)谢启昆修　胡虔纂
清同治四年(1865)补刻本　十一行二十一字
小字双行同黑口四周双边　八十册

F2585[嘉庆]广西通志二百七十九卷首
一卷
(清)谢启昆修　胡虔纂
清光绪十七年(1891)桂垣书局再补刻本　十
一行二十一字小字双行同黑口四周双边　八
十册

F2586　[光绪]广西通志辑要十七卷首一卷
(清)苏宗经辑　羊复礼　夏敬颐增辑
清道光二十五年(1845)辑光绪十六年(1890)
增辑刻本　十行二十字小字双行同白口左右
双边　二十一册

F2587[嘉庆]平乐府志四十卷首一卷
(清)清桂等纂修
清光绪三年(1877)刻本　十一行二十二字白
口四周双边　十八册

F2588[乾隆]梧州府志二十四卷首一卷
(清)吴九龄修　史鸣皋等纂
清同治十二年(1873)凤台书院刻本　十行二
十一字小字双行同白口四周双边　十六册

F2589 * [同治]浔州府志三十八卷首一卷

(清)魏笃修　王俊臣纂

清同治十三年(1874)刻本　九行二十一字小字双行同白口四周双边　二十册

F2590 * [道光]南宁府志五十六卷

(清)苏士俊纂修　何鲲增修

清宣统元年(1909)羊城澄天阁石印本　十行二十字小字双行同白口四周双边　十六册

F2591 * [光绪]镇安府志二十五卷首一卷

(清)羊复礼纂修

清光绪十八年(1892)刻本　十行二十一字小字双行同白口左右双边　十二册

F2592 [光绪]武缘县图经八卷

(清)黄君钜等纂修

清宣统三年(1911)铅印本　八册

F2593 [民国]龙津县志十三编

李文雄修　陈必明纂　民国三十五年修

1960年广西僮族自治区档案馆铅印本　二册

F2594 * [光绪]上林县志十卷首一卷末一卷

(清)徐衡绅修　周世德纂

清光绪二年(1876)刻本　九行二十五字白口四周双边　六册

F2595 [民国]上林县志十六卷首一卷

杨盟　李毓杰修　黄诚沅纂

民国二十三年(1934)广西上林县图书馆铅印本　十六册

F2596 [民国]宾阳县志八编

宾阳县文献委员会纂修

1961年广西僮族自治区档案馆铅印本　三册

F2597 [民国]崇善县志十编

吴龙辉　张景星等纂修

1962年广西僮族自治区档案馆铅印本　一册

F2598 [民国]同正县志十卷

曾瓶山　杨北岑等纂修

民国二十二年(1933)铅印本　四册

F2599 * [光绪]百色厅志八卷首一卷

(清)陈如金等修　华本松等纂

清光绪八年(1882)刻光绪十七年(1891)增刻本　十行二十一字白口左右双边　四册

F2600 * [光绪]归顺直隶州志六卷

(清)颜嗣徽纂修

清光绪二十五年(1899)刻本　十行二十三字白口四周双边　六册

F2601 * [乾隆]柳州府马平县志十卷首一卷

(清)舒启修　吴光升纂

清光绪二十一年(1895)刻本　九行二十一字白口四周双边　十二册

F2602 * [同治]象州志不分卷

(清)李世椿修　郑献甫纂

清同治九年(1870)桂林鸿文堂刻本　十行二十三字小字双行同白口四周双边　二册

F2603 * [光绪]迁江县志四卷

(清)颜嗣徽纂修

清光绪十七年(1891)桂林书局刻本　十行二十三字小字双行同白口四周双边　四册

F2604 * [嘉庆]临桂县志三十二卷

(清)蔡呈韶　金毓奇修　胡虔　朱依真纂

清光绪六年(1880)保甲总局补刻本　十一行二十一字白口四周双边　十六册

F2605 * [光绪]恭城县志四卷

(清)陶塿修　陆履中　常静仁纂

清光绪十五年(1889)凤岩书院刻本　十行二十二字小字双行同白口左右双边　四册

F2606 * [嘉庆]全州志十二卷首一卷末一卷

(清)温之诚修　曹文深等纂

清嘉庆四年(1799)刻本　十一行二十二字小字双行同白口四周双边　十册

F2607 [民国]永福县志四卷

(清)林光棣原本　(民国)刘兴增修　李骥年增纂

民国六年(1917)刻本　四册

F2608 * [光绪]永宁州志十六卷

(清)高日华　联丰修　刘汉镇纂

清光绪九年(1883)刻本　九行二十一字白口

四周双边　八册

F2609* 　[光绪]永宁州志十六卷
(清)高日华 联丰修　刘汉镇纂
清光绪十一年(1885)刻本　九行二十一字白口四周双边　六册

F2610* 　[光绪]平乐县志十卷
(清)全文炳修　伍嘉猷 罗正宗纂
清光绪十年(1884)刻本　十行二十三字白口四周双边　八册

F2611 　[民国]荔浦县志四卷
顾英明修　曹骏纂
民国三年(1914)刻本　四册

F2612 　[道光]龙胜厅志一卷
(清)周诚之纂
民国二十五年(1936)餐秀簃影印本　一册

F2613* 　[同治]苍梧县志十八卷首一卷
(清)蒯光焕 李百龄原修　罗勋 严寅恭原纂　黄玉柱续修　王栋续纂
清咸丰元年(1851)修同治十三年(1874)续修刻本　十行二十二字小字双行同白口四周双边　十二册

F2614* 　[光绪]贺县志八卷
(清)全文炳修　苏煜坡 李熙骏纂
清光绪十六年(1890)宾兴局刻本　十行二十三字小字双行同黑口四周双边　六册

F2615* 　[同治]藤县志二十二卷
(清)边其晋修　胡毓璠纂
清同治六年(1867)刻本　十行二十字小字双行同白口四周双边　十册

F2616* 　[光绪]永安州志四卷首一卷
(清)李常霖 邓文渊修　吴缵周等纂
清光绪二十年(1894)刻光绪二十四年(1898)增刻本　十行二十三字白口四周双边　四册

F2617 　[光绪]富川县志十二卷
(清)顾国诰 柴照修　刘树贤等纂
清光绪十六年(1890)富江书院刻本　十一行二十四字小字双行同白口四周双边　六册

F2618 　[民国]钟山县志十六卷
潘宝疆 卢世标等纂修
民国二十二年(1933)铅印本　一册

F2619 　[民国]昭平县志八卷
李树楠修　吴寿崧 梁材鸿纂
民国十七年(1928)修二十三年(1934)铅印本　八册

F2620 　[乾隆]岑溪县志四卷
(清)何梦瑶纂修　刘廷栋续纂
民国二十三年(1934)铅印本　二册

F2621 　[乾隆]郁林州志十卷
(清)邱桂山修　刘玉麟 秦兆鲸纂
清乾隆五十七年(1792)刻本　十行二十二字小字双行同白口左右双边　四册

F2622* 　[光绪]郁林州志二十卷首一卷
(清)冯德材 全文炳修　文德馨 牟懋圻纂
清光绪二十年(1894)刻本　十行二十二字小字双行同白口左右双边　十册

F2623 　[光绪]容县志二十八卷首一卷
(清)易绍德 王永贞修　封祝唐 黄玉年纂
清光绪三十四年(1908)铅印本　六册

F2624* 　[光绪]北流县志二十四卷
(清)徐作梅等修　李士琨等纂
清光绪六年(1880)宾兴馆刻本　十行二十二字小字双行同白口四周单边　十二册

F2625 　[民国]陆川县志二十四卷首一卷末一卷
古济勋修　吕浚坤 范晋藩纂
民国十三年(1924)刻本　十行二十四字白口四周双边　十册

F2626 　[民国]贵县志十八卷
欧仰羲等修　梁崇鼎等纂
民国二十四年(1935)铅印本　八册

F2627* 　[道光]平南县志二十二卷首一卷
(清)张显相修　黎士华纂
清道光十五年(1835年)武城书院刻本　十一行二十三字小字双行同黑口四周双边　六册

F2628 [光绪]平南县志二十四卷首一卷

(清)裴彬 江有灿修 周寿祺纂

清光绪十年(1884)刻本 十一行二十三字小字双行同白口四周单边 十册

F2629 滇略十卷

(明)谢肇淛纂

传抄明刻本 四册

F2630 [乾隆]云南通志三十卷首一卷

(清)鄂尔泰 尹继善修 靖道谟纂

清乾隆元年(1736)刻本 十行二十二字小字双行二十一字白口四周双边 三十二册

F2631 [嘉庆]滇系四十卷

(清)师范纂

清光绪十三年(1887)云南通志局刻本 九行二十四字小字双行同白口四周双边 四十册

F2632 [道光]云南通志稿二百十六卷首三卷

(清)阮元 伊里布等修 王崧 李诚纂

清道光十五年(1835)刻本 九行二十二字小字双行同白口四周双边 一百一十册

F2633 云南备征志二十一卷

(清)王崧纂

清宣统二年(1910)云南官报局铅印本 十六册

F2634 [光绪]云南通志二百四十二卷首四卷附录四十一卷

(清)岑毓英修 陈灿纂

清光绪二十年(1894)刻本 十行二十二字小字双行同白口四周双边 二百一十九册

F2635 [光绪]续云南通志稿一百九十四卷首六卷

(清)王文韶 魏光焘修 唐炯等纂

清光绪二十七年(1901)四川岳池刻本 十三行二十五字黑口四周单边 一百册

F2636 云南地志三卷

(清)刘盛堂纂

清光绪三十四年(1908)爱国小学堂石印本 三册

F2637 [光绪]全滇纪要不分卷

(清)云南课吏馆纂修

清光绪三十二年(1906)铅印本 十册

F2638 [民国]新纂云南通志二百六十六卷首一卷

龙云 卢汉修 周钟岳纂

民国三十三年(1944)修 1949年铅印本 一百四十册

F2639 滇绎四卷

袁嘉毂著

民国二十二年(1933)铅印本 二册

F2640 云南省地志六卷

云南学会编

民国十一年(1922)铅印本 七册

F2641 [康熙]大理府志三十卷首一卷

(清)李斯佺等修 黄元治 张交泰纂

民国二十九年(1940)大理严镇圭铅印本 四册

F2642 [嘉庆]临安府志二十卷

(清)江浚源修 罗惠恩等纂

清光绪八年(1882)补刻本 十行二十二字小字双行同白口四周双边 十六册

F2643 [道光]广南府志四卷

(清)李熙龄纂修

清道光二十八年(1848)刻本 八行二十字小字双行同白口四周双边 四册

F2644 [光绪]续顺宁府志稿三十八卷

(清)党蒙等修 周宗洛等纂

清光绪三十一年(1905)务本堂刻本 十行二十二字小字双行同黑口左右双边 十二册

F2645 [光绪]永昌府志六十六卷首一卷

(清)刘毓珂等纂修

清光绪十一年(1885)刻本 九行二十一字小字双行同白口四周双边 十二册

F2646 [光绪]东川府续志四卷

(清)余泽春修 茅紫芳纂 冯誉骢续修

清光绪十年(1871)修光绪二十三年(1897)续

修刻本　九行二十字小字双行同白口四周双
边　四册

F2647　[民国]昆明市志
张维翰修　童振藻纂
民国十三年(1924)昆明市政公所总务科铅印
本　一册

F2648*　[道光]昆明县志十卷
(清)戴炯孙纂修
清道光二十一年(1841)修光绪二十七年
(1901)刻本　十行二十一字小字双行同黑口
四周双边　六册

F2649　[民国]昆明县志八卷
倪维钦　董广布修　陈荣昌　顾视高纂
民国二十八年(1939)修民国三十二年(1943)
铅印本　十六册

F2650　高峣志二卷附二卷
由龙云纂
民国二十八年(1939)铅印本　一册

F2651　[光绪]呈贡县志八卷
(清)朱若功原本　李明鋆续修　李蔚文等
续纂
清光绪十一年(1885)增刻雍正本　九行十九
字小字双行同白口四周双边　八册

F2652*　[康熙]富民县志不分卷
(清)彭兆遴修　杨撝秀纂
抄本　二册

F2653*　[宣统]宁州志不分卷
□□纂
民国五年(1916)刘启藩铅印本　四册

**F2654　[民国]元江志稿三十卷首一卷末
一卷**
黄元直修　刘达武纂
民国十一年(1922)铅印本　十二册

F2655　元江乡土韵言一卷
彭松森著
民国九年(1920)退思补斋刻本　一册

F2656　[民国]新平县志八卷首一卷

吴永立　王志高修　马太元纂
民国二十三年(1934)石印本　八册

F2657　[民国]增补续辑嵋峨县志七卷
(清)陆绍闳原修　彭学曾原纂　徐振声
续辑
民国十三年(1924)传抄康熙五十六年(1717)
本　七册

F2658　[民国]昭通志稿十二卷
符廷铨修　杨履乾纂
民国十三年(1924)铅印本　十册

F2659　[民国]昭通县志稿二十四卷
卢金锡纂修
民国二十五年(1936)昭通新民书局铅印本
九册

F2660*　[光绪]镇雄州志六卷
(清)吴光汉修　宋成基纂
清光绪十三年(1887)刻本　十行二十字小字
双行同白口四周双边　十六册

F2661　[民国]巧家县志稿十卷首一卷
陆崇仁修　汤祚纂
民国三十一年(1942)云南印刷局铅印本
六册

F2662*　[咸丰]南宁县志十卷首一卷
(清)毛玉成修　张翊辰　喻怀信纂
清咸丰二年(1852)文昌宫刻本　十行二十二
字小字双行同白口四周双边　四册

F2663*　[光绪]沾益州志六卷
(清)陈燕　韩宝琛修　李景贤纂
清光绪十一年(1885)刻本　十行二十二字小
字双行同白口四周双边　十二册

F2664　[民国]宣威县志稿十二卷首一卷
王钧图　陈其栋修　缪果章纂
民国二十三年(1934)云南开智印刷公司铅印
本　六册

F2665　[民国]宜良县志十卷首一卷
王槐荣修　许实纂
民国十年(1921)铅印本　十二册

F2666　[嘉靖]寻甸府志二卷
(明)王尚用修　陈梓　张腾纂
1963年上海古籍书店《天一阁藏明代地方志选刊》本　二册

F2667　[民国]嵩明县志三十八卷
陈诰孙等修　杨恩诚纂
民国三十四年(1945)铅印本　五册

F2668＊　[光绪]续修永北直隶属志十卷首一卷
(清)叶如桐　秦定基修　刘必苏等纂
清光绪三十年(1904)凤鸣书院刻本　九行二十三字小字双行同白口四周双边　十六册

F2669　[民国]马关县志十卷
张自明修　王富臣等纂
民国二十一年(1932)石印本　十册

F2670　[民国]续修建水县志稿十八卷
丁国梁修　梁家荣纂
民国二十二年(1933)汉口道新印书馆铅印本　十二册

F2671　[民国]石屏县志四十卷首一卷
袁嘉谷纂修
民国二十七年(1938)铅印本　十四册

F2672　[宣统]续蒙自县志十二卷首一卷
□□纂
1961年上海古籍书店影印本　十二册

F2673　云南省地志
宁洱县　朱锦文纂
民国二十年(1921)云南学会铅印本　一册

F2674＊　[乾隆]云南腾越州志十三卷
(清)屠述濂纂修
清光绪二十三年(1897)刻本　十行二十二字白口四周双边　六册

F2675　[光绪]腾越厅志稿二十卷首一卷
(清)陈宗海修　赵端礼纂
清光绪十三年(1887)刻本　九行二十四字小字双行同白口四周双边　十二册

F2676　[民国]普思沿边志略
柯树勋纂

民国五年(1916)铅印本　一册

F2677　[民国]龙陵县志十六卷首一卷
张鉴安　修名传修　寸开泰纂
民国六年(1917)刻本　九行二十四字白口四周双边　六册

F2678　[民国]大理县志稿三十二卷首一卷
张培爵等修　周宗麟等纂　周宗洛校订
民国六年(1917)铅印本　十六册

F2679＊　[光绪]鹤庆州志三十二卷首一卷
(清)王宝仪修　杨金和　杨金铠纂
清光绪二十年(1894)刻本　十行二十一字小字双行同白口四周双边　十册

F2680＊　[光绪]浪穹县志略十三卷
(清)周沆纂修
清光绪二十九年(1903)刻本　十行二十二字小字双行同白口四周双边　六册

F2681＊　[咸丰]邓川州志十六卷首一卷末一卷
(清)钮方图修　侯允钦纂
清咸丰三年(1853)杨炳锃刻本　九行二十二字小字双行同白口四周双边　六册

F2682＊　[光绪]云南县志十二卷
(清)项联晋修　黄炳坤纂
清光绪十六年(1890)九峰书院刻本　九行二十二字小字双行同白口四周双边　五册

F2683　[康熙]蒙化府志六卷首一卷
(清)蒋旭修　陈金钰纂
清光绪七年(1881)尊经阁重刻本　九行二十字小字双行同白口四周双边　四册

F2684　[乾隆]续修蒙化直隶厅志六卷首一卷
(清)刘埥　席庆年修　吴蒲等纂
清光绪七年(1881)刻本　九行二十字小字双行同白口四周双边　四册

F2685　[民国]蒙化志稿二十六卷
李春曦修　梁友檍纂
民国九年(1920)云南崇文书馆铅印本　四册

F2686* [光绪]镇南州志略十一卷

(清)李毓兰修　甘孟贤纂

清光绪十八年(1892)镇南龙川书院刻本　九行二十四字小字双行同白口四周双边　十册

F2687 [道光]定远县志八卷

(清)李德生等修　李庆元等纂

清道光十五年(1835)刻本　九行二十二字小字双行同白口四周双边　七册

F2688 [光绪]武定直隶州志六卷

(清)郭怀礼修　孙泽春纂　孟丕荣笺注

抄本　六册

F2689* [道光]大姚县志十六卷图一卷

(清)黎恂修　刘荣黼纂

清道光二十五年(1845)刻本　九行二十二字小字双行同白口四周双边　八册

F2690* [光绪]续修白盐井志十一卷首一卷

(清)李训铉等修　罗其泽等纂

清光绪二十七年(1901)修清光绪三十三年(1907)刻本　十行二十二字小字双行同黑口左右双边　八册

F2691 [民国]盐丰县志十二卷首一卷

郭燮熙纂修

民国十三年(1924)铅印本　十一册

F2692 [民国]姚安县志六十六卷首一卷末一卷

霍土廉等修　由云龙等纂

民国三十七年(1948)铅印本　八册

F2693* [乾隆]贵州通志四十六卷首一卷

(清)鄂尔泰　张广泗修　靖道谟　杜诠纂

清乾隆六年(1741)刻本　十一行十九字小字双行同白口四周双边　十八册

F2694 [道光]黔南职方纪略九卷

(清)罗绕典纂

清道光二十七年(1847)刻本　十行二十字黑口四周单边　二册

F2694 [乾隆]黔南识略三十二卷

(清)爱必达纂修

清乾隆十四年(1749)修清道光二十七年(1847)刻本　十行二十字黑口四周单边　四册

F2695 [民国]贵州通志十九编首一卷

刘显世　吴鼎昌修　任可澄　杨恩元纂

民国三十七年(1948)铅印本　一百五册

F2696 整理贵州省县行政区草案

整理各县行政区域委员会编

民国二十八年(1939)油印本　三册

F2697* [道光]贵阳府志八十八卷首二卷余编二十卷

(清)周作楫修　萧琯　邹汉勋纂

清咸丰二年(1852)补刻本　十行二十字小字双行同白口四周双边　四十册

F2698* [咸丰]安顺府志五十四卷首一卷

(清)常恩修　邹汉勋　吴寅邦纂

清光绪十七年(1891)补刻本　十行二十二字小字双行同白口四周双边　十六册

F2699 [嘉靖]思南府志八卷

(明)钟添纂修

1962年上海古籍书店《天一阁藏明代地方志选刊》本　二册

F2700* [道光]思南府续志十二卷

(清)夏修恕修　萧琯　何廷熙纂

清道光二十一年(1841)刻本　九行二十五字白口四周双边　十二册

F2701* [同治]石阡府志八卷

(清)方齐寿修　杨大镛纂

清同治十年(1871)修光绪二年(1876)刻本九行二十字白口四周双边　八册

F2702* [光绪]黎平府志八卷首一卷

(清)俞渭修　陈瑜纂

清光绪十八年(1892)刻本　十行二十四字小字双行同白口四周双边　十五册

F2703* [道光]遵义府志四十八卷首一卷

(清)平翰等修　郑珍　莫友芝纂

清道光二十一年(1841)刻本　十行二十二字

小字双行同白口左右双边　　三十六册

F2704 * ［咸丰］兴义府志七十四卷首一卷
（清）张锳修　邹汉勋等纂
清宣统元年（1909）铅印本　　二十三册

F2705 ［光绪］兴义府志续编二卷
（清）佘厚墉纂修
清宣统元年（1909）铅印本　　一册

F2706 * ［乾隆］开州志四卷
（清）王炳文修　杨炎等纂
民国二十三年（1934）晒印本　　二册

F2706 * ［民国］开州志补辑不分卷
朱启钤辑
民国二十三年（1934）晒印本　　二册

F2707 ［康熙］定番州志二十一卷
（清）年法尧原本　陈惠夫增修　尹石公增纂
民国三十四年（1945）罗庶民铅印本　　一册

F2708 ［民国］桐梓县志四十九卷
李世祚修　犹海龙纂
民国十八年（1929）铅印本　　二十册

F2709 ［民国］绥阳县志九卷
胡仁修　李培枝等纂
民国十七年（1928）铅印本　　八册

F2710 * ［道光］永宁州志十二卷首一卷
（清）黄培杰纂修
清光绪二十年（1894）沈毓兰重刻本　　九行二十二字小字双行同白口四周双边　　六册

F2711 ［光绪］永宁州志十二卷
（清）沈毓兰修　杨域林等纂
清光绪二十年（1894）刻本　　九行二十二字小字双行同白口四周双边　　六册

F2712 * ［光绪］续修正安州志十卷
（清）陶有容　彭焯修　杨德明　严宗六纂
清光绪三年（1877）刻本　　九行二十字小字双行同白口四周双边　　十册

F2713 * ［光绪］湄潭县志八卷

（清）吴宗周修　欧阳曙纂
清光绪二十五年（1899）刻本　　九行二十一字小字双行同白口四周双边　　六册

F2714 ［嘉靖］普安州志十卷
（明）高廷愉纂修
1961年上海古籍书店《天一阁藏明代地方志选刊》本　　二册

F2715 * ［光绪］普安直隶厅志二十二卷
（清）曹昌祺等修　覃梦榕等纂
清光绪十五年（1889）刻本　　九行二十二字小字双行同白口四周双边　　十二册

F2716 * ［光绪］毕节县志十卷首一卷
（清）陈昌言修　徐廷燮纂
清光绪五年（1879）刻本　　九行二十五字小字双行同白口四周双边　　十册

F2717 * ［道光］黔西州志八卷
（清）鲁寿崧修　熊声元等纂
清光绪十年（1884）重印本　　十行二十一字小字双行同白口四周双边　　六册

F2718 * ［光绪］黔西州续志六卷
（清）白建鍪修　谌焕模等纂
清光绪十年（1884）重印本　　十行二十一字小字双行同白口四周双边　　四册

F2719 * ［道光］平远州志二十卷图一卷
（清）徐丰玉　周溶修　谌厚光纂
清光绪十六年（1890）刻本　　九行二十一字小字双行同白口四周双边　　四册

F2720 * ［光绪］平远州续志八卷首一卷
（清）黄绍先修　申云根　谌显模纂
清光绪十六年（1890）刻本　　九行二十一字小字双行同白口四周双边　　六册

F2721 * ［道光］清平县志六卷
（清）段荣勋修　孙茂檀纂
清光绪六年（1880）增刻本　　十行二十二字白口四周双边　　十册

F2722 ［康熙］天柱县志二卷
（清）王复宗纂修

153

民国影印本　二册

F2723[光绪]天柱县志八卷首一卷附兵燹
记一卷

(清)林佩纶等修　杨树琪等纂

清光绪二十九年(1903)天柱县志书局活字本
十一行二十二字小字双行二十字白口四周双
边　八册

F2724[光绪]古州厅志十卷首一卷

(清)余泽春修　余嵩庆　陆渐鸿纂

清光绪十四年(1888)刻本　十行二十四字小
字双行同白口四周双边　六册

F2725[民国]都匀县志稿二十二卷首一卷

窦全曾修　陈矩等纂

民国十四年(1925)铅印本　六册

F2726[道光]广顺州志十二卷首一卷末
一卷

(清)金台修　但明伦纂

清道光二十六年(1846)广阳书院刻本　八行
二十三字小字双行同白口左右双边　六册

F2727[道光]广顺州志十二卷首一卷末
一卷

(清)金台修　但明伦纂

清道光二十六年(1846)广阳书院刻本　八行
二十三字小字双行同白口左右双边　四册

F2728钦定满洲源流考二十卷首一卷

(清)阿桂等修　平恕　戴衢亨纂

清光绪三十年(1904)中西书局石印本　四册

F2729钦定满洲源流考二十卷首一卷

(清)阿桂等修　平恕　戴衢亨纂

清光绪十九年(1893)杭州便益书局石印本
四册

F2730钦定满洲源流考二十卷首一卷

(清)阿桂等修　平恕　戴衢亨纂

民国二十三年(1934)奉天大同书院铅印乾隆
四十三年(1778)本　四册

F2731满洲地志

日本参谋本部原纂　商务印书馆译订

清光绪三十年(1904)铅印本　一册

F2732[嘉靖]辽东志九卷

(明)毕恭等修　任洛等重修

辽东志校勘记一卷勘误表一卷

高凤楼　许麟英撰

民国二十三年(1934)铅印《辽海丛书》本
四册

F2733[嘉靖]辽东志九卷图一卷地名索引
一卷

(明)毕恭等修　任洛等重修

日本大正元年(1912)东京高木亥三郎铅印本
一册

F2734[嘉靖]全辽志六卷

(明)李辅等修　陈绛等纂

辽东志校勘记一卷勘误表一卷

高凤楼　许麟英撰

民国二十三年(1934)铅印《辽海丛书》本
六册

F2735[嘉靖]辽东志九卷

(明)任洛等纂修

1963年影印日本嘉靖十六年(1537)本　六册

F2736[嘉靖]全辽志六卷

(明)李辅等修　陈绛等纂

民国二十三年(1934)铅印《辽海丛书》本　十
二册

F2737[乾隆]盛京通志四十八卷首一卷

(清)吕耀曾　王河　宋筠修　魏枢等纂

清咸丰二年(1852)雷以諴校补重印本　十行
二十一字小字双行同白口四周双边　二十册

F2738[乾隆]盛京通志一百三十卷首一卷

(清)阿桂　董诰修　刘谨之　程雄岳纂

民国六年(1917)铅印本　六十四册

F2739[宣统]新民府志不分卷

(清)管凤和纂修

清宣统元年(1909)铅印本　一册

F2740[宣统]昌图府志六章

(清)洪汝冲纂修

清宣统二年（1910）奉天图书印刷所铅印本
二册

F2741 ［道光］宁远府志五十四卷
不著撰人
1960 年西安古旧书店油印（1827）本　三册

F2742 ［宣统］承德县志书不分卷
（清）都林布修　李巨源　徐守常纂　金正
元增修　张子瀛　闻鹏龄增纂
清光绪三十四年（1908）修宣统二年（1910）增
修石印本　二册

F2743 ［民国］沈阳县志十五卷首一卷
赵恭寅修　曾有翼等纂
民国六年（1917）铅印本　六册

F2744 康平县乡土志
（清）李绍纲等编
清宣统二年（1910）修 1962 年辽宁省图书馆
油印本　一册

F2745 ［民国］铁岭县志八卷
陈艺修　蒋龄益　郑沛纶纂
民国六年（1917）铅印本　六册

F2746 ［民国］铁岭县志二十卷
黄世芳　俞荣庆修　陈德懿等纂
民国二十二年（1933）铅印本　十册

F2747 ［民国］铁岭县续志十二卷
杨宇齐修　张嗣良纂
民国二十二年（1933）铅印本　二册

F2748 ［民国］辽中县志二十九卷首一卷
徐维淮修　李植嘉等纂
民国十九年（1930）铅印本　六册

F2749 ［民国］昌图县志四卷
程道元修　续文金纂
民国五年（1916）铅印本　四册

F2750 ［民国］新民县志十八卷首一卷
王宝善修　张博惠纂
民国十五年（1926）石印本　四册

F2751 ［康熙］开原县志二卷

（清）刘起凡修　周志焕纂
民国二十三年（1934）铅印《辽海丛书》本
一册

F2752 ［康熙］盖平县志二卷
（清）骆云纂修
民国二十三年（1934）铅印《辽海丛书》本
合册

F2753* ［咸丰］开原县志八卷首一卷
（清）全禄修　张式金纂
清咸丰七年（1857）刻本　九行二十一字小字
双行同白口四周双边　八册

F2754 ［民国］开原县志六卷
章趾槐修　赵家干等纂
民国六年（1917）铅印本　六册

F2755 ［民国］开原县志十二卷首一卷
李毅　赵家语修　王毓琪纂
民国十八年（1929）铅印本　十二册

F2756 ［民国］复县志略不分卷
程廷恒修　张素纂
民国九年（1920）石印本　六册

F2757 ［民国］庄河县志十二卷首一卷
廖彭　李绍阳修　宋抡元等纂
民国十年（1921）铅印本　四册

F2758* 辽阳乡土志一卷
（清）洪汝冲修　白永贞编
清光绪三十四年（1908）铅印本　一册

F2759 ［民国］辽阳县志四十卷首一卷
裴焕星　王煜斌修　白永贞等纂
民国十七年（1928）铅印本　十二册

F2760 ［民国］海城县志八卷
廷瑞　孙绍宗修　张辅相纂
民国十三年（1924）铅印本　八册

F2761 ［宣统］抚顺县志略二十二卷
（清）赵宇航　程廷恒修　黎镜蓉等纂
清宣统三年（1911）石印本　二册

155

F2762 [民国]兴京县志十五卷
沈国冕 苏显扬修 苏民等纂
民国十四年(1925)铅印本 四册

F2763 [民国]岫岩县志四卷首一卷
刘景文 高乃济修 郝玉璞纂
民国十七年(1928)铅印本 四册

F2764 安东县志八卷首一卷
关定保等修 于云峰纂
民国二十年(1931)安东业号铅印部铅印本
六册

F2765 [民国]宽甸县志略不分卷
程廷恒修 陶牧纂
民国四年(1915)石印本 二册

F2766 [民国]凤城县志十六卷首一卷
马龙潭 沈国冕等修 蒋龄益纂
民国十年(1921)石印本 四册

F2767 [康熙]锦县志八卷
(清)王奕会修 范勋等纂
民国二十三年(1934)铅印《辽海丛书》本
一册

F2768 锦县乡土志一卷
(清)田征葵编
1962年辽宁省图书馆油印本 一册

F2769 [民国]锦县志略二十四卷首一卷
王文藻修 陆善格 朱显廷纂
民国九年(1920)铅印本 八册

F2770 [民国]锦西县志六卷
张鉴唐 刘焕文修 郭逵等纂
民国十八年(1929)铅印本 六册

F2771 [民国]义县志三卷前一卷后一卷
赵兴德修 王鹤龄纂
民国二十年(1931)铅印本 二十册

F2772 [康熙]宁远州志八卷
(清)冯昌奕等修 范勋纂
民国二十三年(1934)铅印《辽海丛书》本
一册

F2773* [民国]兴城县志十五卷首一卷音义
一卷
恩麟 王恩士修 杨荫芳等纂
民国十六年(1927)铅印本 四册

F2774 [民国]绥中县志十八卷首一卷
文镒修 范炳勋等纂
民国十八年(1929)铅印本 八册

F2775 [康熙]广宁县志八卷
(清)项蕙修 范勋纂
民国二十三年(1934)铅印《辽海丛书》本
一册

F2776 [民国]北镇县志六卷
王文璞等修 吕中清纂 杨焕文续修 刘
振翻续纂
民国二十二年(1933)石印本 六册

F2777 [民国]阜新县志六卷
张遇春修 贾如谊纂
民国二十四年(1935,伪满康德二年)铅印本
六册

F2778 [民国]营口县志十篇
杨晋源修 王庆云纂
民国二十二年(1933)石印本 二册

F2779 盘山厅乡土志不分卷
(清)柴朴编
1962年辽宁省图书馆油印本 一册

F2780 [民国]盖平县志十六卷首一卷末
一卷
石秀峰 辛广瑞修 王郁云纂
民国十九年(1930)铅印本 六册

F2781 盖平县乡土志二卷
章运熔修 崔正峰 郭春藻纂
民国九年(1920)石印本 二册

F2782 [民国]朝阳县志三十六卷
周铁铮修 沈鸣诗等纂
民国十九年(1930)铅印本 八册

F2783* [光绪]吉林通志一百二十二卷图一卷
(清)长顺 讷钦修 李桂林 顾云纂

清光绪十七年(1891)刻本　十行二十二字小字双行同黑口四周单边　四十九册

F2784　[光绪]吉林通志一百二十二卷图一卷

(清)长顺　讷钦修　李桂林　顾云纂

民国十九年(1930)重印本　四十八册

F2785　[道光]吉林外记十卷

(清)萨英额纂

清光绪二十一年(1895)刻渐西村舍汇刻本十行二十一字小字双行同白口左右双边二册

F2786　[光绪]吉林舆地略二卷

(清)杨伯馨　秦世铨等纂

油印本　一册

F2787　[民国]吉林地志

魏声龢纂

民国二年(1913)铅印本　一册

F2788　[民国]吉林地志

魏声龢纂

1960年吉林省图书馆油印本　一册

F2789　[民国]增订吉林地理纪要二卷

魏声龢著

1960年旅大图书馆油印本　一册

F2790　[民国]吉林汇征二卷附录一卷

郭熙楞纂

1960年旅大图书馆油印本　一册

F2791　[民国]吉林新志二编

刘爽编

1960年吉林省图书馆油印本　二册

F2792　[民国]长春县志六卷首一卷

张书翰　马仲援修　赵述云　金毓黻纂

1960年吉林省图书馆油印本　一册

F2793　[民国]农安县志八卷

郑士纯修　朱衣点纂

民国十六年(1927)铅印本　八册

F2794　德惠县乡土志不分卷

石绍廉编

1960年吉林省图书馆油印本　一册

F2795　双阳县乡土志不分卷

吉人修　吴荣桂　陈永奉纂

1960年旅大图书馆油印本　一册

F2796　永吉县乡土志不分卷

(清)打牲乌拉总管衙门编

1960年旅大图书馆油印本　一册

F2797　磐石县乡土志不分卷

姚祖训修　毛祝民纂

1960年吉林省图书馆油印本　一册

F2798　[民国]额穆县志十五卷

谢雨琴修　石文衡纂

1960年旅大图书馆油印本　一册

F2799　怀德县乡土志一卷

(清)孙云章编

1960年吉林省图书馆油印本　一册

F2800　[民国]怀德县志十六卷

(清)赵亨萃　李宴春等修　赵晋臣　孙云章等纂

民国十八年(1929)辽宁中和印书馆铅印本四册

F2801　[民国]怀德县志十六卷

(清)赵亨萃　李宴春等修　赵晋臣　孙云章等纂

民国十八年(1929)新京福文盛印书局铅印本四册

F2802　[民国]续修怀德县志十二卷

(清)孙润苍修　孙云章纂

民国二十三年(1934)铅印本　二册

F2803　西安县乡土志

(清)孟宪彝　金正元编

1960年旅大图书馆油印本　一册

F2804[*]　[宣统]西安县志略十三卷

(清)雷飞鹏等修　段盛梓等纂

清宣统三年(1911)石印本　二册

157

F2805 * [光绪]奉化县志十四卷末一卷

(清)钱开震修　陈文焯纂

清光绪十一年(1885)刻本　九行二十三字小字双行同白口四周双边　四册

F2806 [民国]双山县志不分卷

李筠生修　李安仁纂

油印本　一册

F2807 [民国]双山县志不分卷

李筠生修　李安仁纂

油印本　一册

F2808 双山县乡土志一卷

牛尔裕编

民国四年(1915)铅印本　一册

F2809 双山县乡土志略

赵仲达编

民国十九年(1930)油印本　一册

F2810 双山乡土志一卷

牛尔裕编

1960年吉林省图书馆油印本　一册

F2811 [宣统]辽源州志书不分卷

(清)□□纂

1960年吉林省图书馆油印本　一册

F2812 辽源县乡土志书

不著撰人

1960年旅大图书馆油印本　一册

F2813 通化县乡土志不分卷

□□编

油印本　一册

F2814 [光绪]柳河志一卷

(清)□□纂

油印本　一册

F2815 [民国]通化县志四卷

李春雨　李镇华修　邵芳龄等纂

1960年吉林省图书馆油印本　一册

F2816 [民国]临江县志八卷首一卷

刘维清　张之言修　罗宝书　邱在官纂

1960年吉林省图书馆油印本　一册

F2817 柳河县乡土志

(清)邹铭勋　奎斌编

1960年吉林省图书馆油印本　一册

F2818 [民国]抚松县志五卷首一卷

张元俊修　车焕文纂

民国十九年(1930)太古山房铅印本　四册

F2819 海龙府乡土志一卷

(清)海龙府劝学所编

1960年吉林省图书馆油印本　一册

F2820 [民国]海龙县志二十五类

台永贞纂修

1960年吉林省图书馆油印本　一册

F2821 [光绪]辑安县乡土志一卷附外交公牍一卷

(清)吴光国修　于会清纂

1960年吉林省图书馆油印本　一册

F2822 [民国]辑安县志四卷

刘天成　苏显扬修　张拱垣　于云峰纂

1960年吉林省图书馆油印本　一册

F2823 辉南风土调查录十四章

王瑞之编

1960年旅大图书馆油印本　一册

F2824 [宣统]长白汇征录八卷首一卷

(清)张凤台等修　刘龙光　王大经纂

清宣统二年(1910)铅印本　四册

F2825 [宣统]奉天省靖安县志不分卷

(清)朱佩兰纂修

1960年吉林省图书馆油印本　一册

F2826 [民国]奉天省洮安县志书一卷

蒋国铨纂修

1960年旅大图书馆油印本　一册

F2827 开通县乡土志不分卷

(清)忠林编

1960年旅大图书馆油印本　一册

F2828　[民国]镇东县志五卷

陈占甲修　周渭贤纂

民国十六年(1927)铅印本　四册

F2829　伯都讷乡土志

(清)伯英纂修

1960 年吉林省图书馆油印本　一册

F2830　[民国]扶余县志二十章

张其军纂修

民国十三年(1924)铅印本　一册

F2831　安广县乡土志不分卷

(清)□□编

1960 年旅大图书馆油印本　一册

F2832　[民国]延吉县志十二卷

吴禄贞修　周雄桢纂

1960 年吉林省图书馆油印本　一册

F2833　[民国]安图县志六卷

陈鸿谟 陈国钧等修　孔广泉 臧文源纂

1960 年吉林省图书馆油印本　一册

F2834　珲春县乡土志二十二卷

徐宗幸等编

1960 年旅大图书馆油印本　二册

F2835　[嘉庆]黑龙江外记八卷

(清)西清纂

清光绪二十年(1894)刻渐西村舍汇刻本　十
行二十一字白口左右双边　二册

F2836　[光绪]黑龙江述略六卷

(清)徐宗亮纂

1960 年旅大图书馆油印本　一册

F2837　[民国]黑龙江通志纲要二卷

金梁纂

民国十四年(1925)铅印本　二册

**F2838　[民国]黑龙江志稿六十二卷首一卷
附大事纪四卷**

万福麟修　张伯英等纂

民国二十二年(1933)铅印本　三十二册

F2839　龙城旧闻节刊三卷

魏毓兰编辑

1960 年旅大市图书馆油印民国二十八年(1939)
本　一册

F2840　黑龙江乡土志不分卷

(清)林传甲等编

1960 年黑龙江省图书馆油印本　一册

F2841　黑龙江乡土录十九章

郭克兴编

1960 年黑龙江省图书馆油印本　一册

F2842　[宣统]呼兰府志十二卷

(清)黄维翰纂修

民国四年(1915)铅印本　五册

F2843　[民国]宾县县志四卷

赵汝梅 德寿修　朱衣点纂

民国十八年(1929)铅印本　四册

F2844　阿勒楚喀乡土志不分卷

(清)廖飞鹏编

清光绪十七年(1891)修 1960 年黑龙江省图
书馆油印本　一册

F2845　[民国]呼兰县志八卷首一卷

廖飞鹏修　柯寅纂

民国十九年(1930)铅印本　八册

F2846　[民国]双城县志十五卷首一卷

高文垣等修　张燕铭等纂

民国十五年(1926)铅印本　四册

F2847＊　吉林双城县乡土志不分卷

魏绍周修　温广泰纂

民国五年(1916)铅印本　二册

F2848　[民国]依安县志十一篇

梁岩修　何士举纂

1960 年黑龙江省图书馆油印本　一册

F2849　[民国]拜泉县志四卷

张霖如修　胡乃新等纂

民国八年(1919)石印本　四册

F2850　[民国]景星县状况一卷

不著撰人

1960 年油印本　一册

F2851　[民国]讷河县志十二卷

崔福坤修　丛绍卿纂

民国二十年(1931)铅印本　六册

F2852　[民国]安达县志十二卷

高芝秀修　潘鸿咸纂

1960 年黑龙江省图书馆油印本　一册

F2853　[民国]绥化县志十二卷

常荫廷修　胡镜海等纂

民国九年(1920)铅印本　六册

F2854　[民国]望奎县志四卷

严兆霖修　张玉书等纂

1960 年黑龙江省图书馆油印本　一册

F2855　[民国]宝清县志二十三卷首一卷附
录一卷

齐耀斌修　韩大光纂

油印本　一册

F2856　[民国]桦川县志六卷

朱衣点等纂修

民国十七年(1928)铅印本　六册

F2857　依兰县地方志二十八卷

(清)□□编

1960 年黑龙江省图书馆油印本　一册

F2858　[民国]吉林依兰县志不分卷

杨步墀纂修

油印本　一册

F2859　[民国]宁安县志四卷

王世选修　梅文昭纂

民国十三年(1924)铅印本　六册

F2860　[民国]珠河县志二十卷首一卷

孙荃芳修　宋景文纂

民国十八年(1929)铅印本　六册

F2861　[民国]吉林方正县志不分卷

杨步墀纂修

民国八年(1919)铅印本　一册

F2862　[民国]瑷珲县志十四卷

孙蓉图修　徐希廉纂

民国九年(1920)铅印本　四册

F2863　[光绪]蒙古志三卷

(清)姚明辉纂

清光绪三十三年(1907)上海中国图书公司铅
印本　一册

F2864*　[光绪]绥远志十卷首一卷

(清)贻谷修　高赓恩纂

清光绪三十四年(1908)活字本　十行二十二
字小字双行同白口四周双边　六册

F2865　蒙古地志

(日)下存修介编　(清)王宗炎译

清光绪二十九年(1903)南京启新书局铅印本
一册

F2866　蒙古鉴七卷

卓宏谋编

民国八年(1919)铅印本　一册

F2867　绥乘十一卷

张鼎彝纂

民国十年（1921）上海泰东图书局铅印本
二册

F2868　蒙古鉴七卷

卓宏谋编

民国十二年(1923)铅印本　一册

F2869　绥蒙辑要不分卷

陈玉甲编

民国二十五年(1936)铅印本　一册

F2870　蒙藏状况八章附青海概要补述

马福祥编

民国二十年(1931)铅印本　一册

F2871*　[光绪]土默特旗志十卷

(清)贻谷修　高赓恩纂

清光绪三十四年(1908)刻本　十行二十二字
小字双行同白口四周双边　二册

F2872　[民国]归绥县志不分卷

郑植昌修　郑裕孚纂

民国二十三年(1934)铅印本　三册

F2873 [光绪]丰镇厅志八卷首一卷末一卷

(清)德溥修 麻丽五纂

民国五年(1916)铅印本 二册

F2874* [咸丰]和林格尔厅志四卷

(清)德龄纂修

清咸丰二年(1852)活字本 八行十九字白口
四周单边 三册

F2875 [同治]和林格尔厅志略一卷

(清)陈宝晋纂

油印本 一册

F2876 [民国]呼伦贝尔志略不分卷

程廷恒 张家墦编

民国十二年(1923)铅印本 一册

F2877 [民国]临河县志三卷

吕咸 白保庄修 王丈墀纂

民国二十年(1931)铅印本 三册

F2878 昌吉县呼图壁乡土志不分卷

(清)□□编

1955年列印新疆乡土志稿二十九种本 四册

F2879 [乾隆]钦定皇舆西域图志四十八卷
首四卷

(清)傅恒等修 褚廷璋等纂 英廉等增纂

清光绪十九年(1893)杭州便益书局石印本
十二册

F2880 [乾隆]西陲总统事略十二卷

(清)汪廷楷原辑 松筠纂 祁韵士编

清嘉庆十四年(1809)程振甲刻本 十行二十
二字小字双行同白口四周双边 十二册

F2881* [乾隆]钦定新疆识略十二卷首一卷

(清)徐松原著 松筠纂

清道光元年(1821)武英殿刻本 十行二十一
字小字双行同白口四周双边 十册

F2882 西招图略一卷

(清)松筠撰

清道光二十七年(1847)刻本 六行二十二字
小字双行同白口四周双边 二册

F2883 新疆大记六卷首一卷

(清)阙凤楼纂

清光绪三十三年(1907)武昌存古学堂铅印本
一册

F2884* [宣统]新疆图志一百十六卷首一卷

袁大化修 王树枏 王学曾纂

清宣统三年(1911)活字本 九行二十一字小
字双行同白口四周单边 六十四册

F2885 [宣统]新疆图志一百十六卷首一卷

袁大化修 王树枏 王学曾纂

民国十二年(1923)东方学会校订铅印本 三
十二册

F2886 新疆志稿三卷

钟镛撰

民国十九年(1930)哈尔滨中国印刷局铅印本
四册

F2887 新疆建置志四卷

宗伯鲁纂

民国二年(1913)海棠仙馆铅印本 四册

F2888 新疆吐鲁番厅乡土志不分卷

(清)曾炳熿编

民国据吴丰培藏抄本油印本 一册

F2889 [道光]哈密志五十一卷

(清)钟方纂

民国二十六年(1937)铅印《边疆丛书甲集》本
二册

F2890 [乾隆]卫藏图识四卷附蛮语一卷

(清)马揭修 盛绳祖纂

清乾隆五十七年(1792)巾箱本 八行二十字
小字双行同黑口左右双边 四册

F2891 [乾隆]西藏志不分卷

(清)□□纂

抄本 三册

F2892 [光绪]西藏图考八卷首一卷

(清)黄沛翘纂

清光绪十二年(1886)滇南李培荣刻本 十行
二十四字小字双行同黑口左右双边 四册

F2893 [光绪]西藏图考八卷首一卷

(清)黄沛翘纂

清光绪十二年(1886)滇南李培荣刻本　十行
二十二字小字双行同白口左右双边　四册

F2894 ＊ [嘉庆]卫藏通志十六卷首一卷

(清)和琳纂

清光绪二十二年(1896)刻渐西村舍汇刻本
十行二十一字小字双行同白口左右双边
八册

F2895 [嘉庆]卫藏通志十六卷首一卷

(清)和琳纂

清光绪二十二年(1896)刻渐西村舍汇刻本
十行二十一字小字双行同白口左右双边
八册

F2896 西藏通览二编

(日)山县初男原编　吴季昌译

清光绪三十四年(1908)铅印本　四册

F2897 拉卜楞设治记不分卷

张丁阳纂

民国十七年(1928)石印本　一册

F2898 [道光]拉萨厅志二卷

(清)李梦皋纂

1959年中国书店据吴丰培藏抄本油印本
一册

F2899 元和郡县志四十卷

(唐)李吉甫撰

清《武英殿聚珍版丛书》本　九行二十一字小
字双行同白口四周双边　十四册

F2900 元和郡县图志四十卷

(唐)李吉甫撰

清嘉庆一年(1796)孙星衍校刻《岱海南阁丛
书》本　十二行二十四字小字双行同白口左
右双边　十二册

F2901 太平寰宇记二百卷

(宋)乐史纂　(清)乐之篦　乐蕿宾校刊

清乾隆五十八年(1793)刻本　十行二十字白
口左右双边　五十册

F2902 太平寰宇记二百卷补阙一卷纪元表
一卷

(宋)乐史纂　(清)万廷兰校

清嘉庆八年(1803)万廷兰校刻本　十行二十
二字小字双行同黑口四周双边　四十册

F2903 元丰九域志十卷

(宋)王存等纂

清《武英殿聚珍版丛书》本　九行十九字白口
四周双边　八册

F2904 大明一统志九十卷

(明)李贤等修　万安等纂

明万寿堂刻本　十行二十二字小字双行同白
口四周单边　三十二册

F2905 一统志案说十六卷

(清)顾炎武原撰　徐乾学纂

清道光七年(1827)清芬阁活字印本　九行二
十字小字双行同白口左右双边　六册

F2906 一统志案说十六卷

(清)顾炎武撰

清泰州宫氏抄本　九行二十二字白口四周单
边　六册

F2907 广舆记二十四卷图一卷提要一卷

(清)陆应阳原纂　蔡方炳增辑

清康熙二十五年(1686)刻本后印本　十行十
九字小字双行同白口四周单边　十六册

F2908 广舆记二十四卷图一卷提要一卷

(清)陆应旸原纂　蔡方炳辑

清康熙二十五年(1686)刻本　十行十九字小
字双行十八字白口左右双边　十二册

F2909 ＊ 大清一统志残本

(清)蒋廷锡　王安国等纂修

清康熙内府抄本　九行二十一字小字双行同
红格白口四周双边　十三册

F2910 ＊ 大清一统志

(清)蒋廷锡　王安国等纂修

清乾隆内府抄《四库全书》本　十行二十一字
小字双行十九红格白口左右双边　一册

F2911　元和郡县图志四十卷

（唐）李吉甫撰

清光绪六年(1880)金陵书局刻本　十二行二十四字小字双行同黑口左右双边　八册

F2912　元和郡县补志九卷

（唐）李吉甫撰

清光绪八年(1882)金陵书局刻本　十二行二十一字小字双行同黑口四周双边　二册

F2913* ［乾隆］宣化府志四十二卷首一卷

（清）王者辅原本　张志奇续修　黄可润续纂

清乾隆二十二年(1757)张志奇增刻本　十行二十二字小字双行同白口四周双边　十六册

F2914　大清一统志五百六十卷

（清）穆彰阿等纂修

民国二十二年(1933)宜兴任氏天春园晒印道光二十二年(1842)内府写本　三百册

F2915* ［康熙］畿辅通志四十六卷

（清）于成龙修　郭棻纂

清康熙十年(1671)修清康熙二十二年(1683)刻本　十行二十字小字双行十九字白口四周双边　十六册

F2916* ［雍正］畿辅通志一百二十卷

（清）唐执玉　李卫修　陈仪　田易纂

清雍正十三年(1735)刻本　十行二十字白口四周双边　七十二册

F2917　［雍正］畿辅通志一百二十卷

（清）唐执玉　李卫修　陈仪　田易纂

清雍正十三年(1735)刻本　十行二十字白口四周双边　四十八册

F2918　［雍正］畿辅通志一百二十卷

（清）唐执玉　李卫修　陈仪　田易纂

清雍正十三年(1735)刻本　十行二十字白口四周双边　六十四册

F2919* ［乾隆］钦定热河志一百二十卷

（清）和坤　梁国治纂修

清乾隆四十六年(1781)武英殿刻本　九行二十字小字双行同白口四周双边　四十八册

F2920* ［康熙］保定府志二十九卷

（清）纪弘谟等修　郭棻纂

清康熙十九年(1680)刻本　十行十九字小字双行十八字白口四周双边　十四册

F2921　［万历］永平府志十卷

（明）徐准修　涂国柱纂

明万历二十七年(1599)刻本　九行十九字白口四周双边　一册

F2922* ［康熙］河间府志二十二卷

（清）徐可先纂修

清康熙十七年(1678)刻本　九行二十一字小字双行十九字白口四周双边　十二册

F2923　［乾隆］宣化府志四十二卷首一卷

（清）王者辅　王畹修　吴廷华纂

清乾隆八年(1743)刻本　十行二十二字小字双行同白口左右双边　十六册

F2924　［乾隆］口北三厅志十六卷首一卷

（清）黄可润纂修

清乾隆二十三年(1758)刻本　十行二十二字小字双行同白口左右双边　十六册

F2925　［乾隆］口北三厅志十六卷首一卷

（清）黄可润纂修

清乾隆二十三年(1758)刻本　十行二十二字小字双行同白口左右双边　六册

F2926　［康熙］宛平县志六卷

（清）王养濂修　李开泰　张采纂

抄本　四册

F2927　［康熙］宛平县志六卷

（清）王养濂修　李开泰　张采纂

抄本　十六册

F2928　［康熙］昌平州志二十六卷首一卷

（清）吴都梁修　潘问奇等纂

清康熙十二年(1673)淡然堂刻本　九行二十字小字双行十八字白口四周单边　十册

F2929* ［乾隆］通州志十卷首一卷末一卷

（清）高天凤修　金梅纂

清乾隆四十八年(1783)刻本　十行二十二字

163

小字双行十八字白口四周双边　八册

F2930　漷阴志略一卷

(清)管庭芬纂

抄本　一册

F2931＊　[万历]顺天府志六卷

(明)沈应文　谭希思等修　张元芳纂

明万历二十一年(1593)刻本　九行十九字小
字双行十八字白口四周单边　十册

F2932　[康熙]大兴县志六卷

(清)张茂节修　李开泰等纂

抄本　六册

F2933＊　[康熙]大兴县志六卷

(清)张茂节修　李开泰等纂

抄本　四册

F2934＊　[康熙]房山县志十卷附杂诗一卷

(清)佟有年修　齐推纂　罗在公续修

清康熙三十七年(1698)刻康熙四十六年(1707)
增修本　八行二十字小字双行同白口左右双
边　四册

F2935＊　[康熙]怀柔县新志八卷

(清)吴景果纂修

清康熙六十年(1721)刻本　九行二十字白口
左右双边　四册

F2936＊　[雍正]密云县志六卷

(清)薛天培修　陈弘谟纂

清雍正元年(1723)箕山堂刻本　九行二十二
字小字双行二十字白口四周单边　四册

F2937　[乾隆]延庆州志十卷首一卷

(清)李钟偉修　穆元肇　方世熙纂

清乾隆七年(1742)刻本　十行二十字白口左
右双边　六册

F2938＊　[康熙]天津卫志四卷首一卷

(清)薛柱斗修　高必大纂

抄本　四册

F2939　[康熙]天津卫志四卷首一卷

(清)薛柱斗修　高必大纂

抄本　四册

F2940　[康熙]天津卫志四卷图一卷

(清)薛柱斗修　高必大纂

清康熙十七年(1678)补刻本　九行十九字小
字双行十八字白口左右双边　八册

F2941　天津政俗沿革记十六卷

王守恂纂

稿本　十六册

F2942＊　[康熙]静海县志四卷

(清)阎甲胤修　马方伸纂

清康熙十二年(1673)刻本　十行二十字白口
四周双边　四册

F2943＊　[康熙]保定县志四卷首一卷

(清)成其范修　柴经国纂

清康熙十二年(1673)刻本　九行二十字白口
四周双边　六册

F2944　[康熙]保定县志四卷首一卷

(清)成其范修　柴经国纂

清康熙十二年(1673)刻本　九行二十字白口
四周双边　四册

F2945　[康熙]保定县志四卷首一卷

(清)成其范修　柴经国纂

清康熙十二年(1673)刻本　九行二十字白口
四周双边　四册

F2946　[康熙]文安县志八卷

(清)杨朝麟修　胡泞纂

清康熙四十二年(1703)刻本　九行二十字小
字双行同白口四周双边　八册

F2947＊　[康熙]文安县志八卷

(清)杨朝麟修　胡泞纂

清康熙四十二年(1703)刻本　九行二十字小
字双行十九字白口四周双边　八册

F2948＊　[康熙]大城县志八卷

(清)张象灿修　马恂纂

清康熙十二年(1673)刻本　九行二十字小字
双行十八字白口四周单边　二册

F2949＊　[康熙]霸州志十卷

(清)朱廷梅修　孙振宗纂

清康熙十三年(1674)刻本　九行二十字小字
双行十九字白口四周单边　四册

F2950　[光绪]固安志不分卷
(清)刘峤纂修
民国抄本　三册

F2951　[乾隆]东安县志二十二卷
(清)李光昭修　周琰纂
抄本　六册

F2952 *　[康熙]宝坻县志八卷
(清)牛一象修　范育蕃纂
清康熙十二年(1673)刻本　九行二十字小字
双行同白口四周双边　八册

F2953 *　[康熙]香河县志十一卷
(清)刘深纂修
清康熙十七年(1678)刻本　九行二十字白口
四周双边　四册

F2954 *　[康熙]香河县志十一卷
(清)刘深纂修
清康熙十七年(1678)刻本　九行二十字白口
四周双边　四册

F2955 *　[康熙]香河县志十一卷
(清)刘深纂修
抄本　四册

F2956 *　[康熙]蓟州志八卷
(清)张朝琮修　邬棠等纂
清康熙四十三年(1704)刻本　九行二十四字
白口四周双边　十册

F2957 *　[康熙]沧州新志十五卷
(清)祖泽潜修　王耀祖纂　闵三元续修
清康熙十九年(1680)增刻本　九行二十一字
小字双行十八字白口四周双边　六册

F2958　宁津县乡土志
(清)□□编
清光绪三十四年(1908)修　抄本　七行二十
一字　一册

F2959 *　[康熙]南皮县志八卷首一卷
(清)马士琼修　吴维喆　黄得焴纂

清康熙十九年(1680)刘址增刻本　九行二十
字小字双行十八字白口四周单边　三册

F2960 *　[康熙]交河县志七卷图
(清)墙鼎修　黄伉纂
清康熙十二年(1673)刻道光二十九年(1849)
增刻本　十行二十二字小字双行同白口四周
单边　二册

F2961　献县乡土志书
(清)□□编
抄本　一册

F2962 *　[顺治]饶阳县后志六卷
(清)刘世祚修　田敬宗等纂
清顺治三年(1646)刻本　八行十八字小字双
行十六字同白口四周单边　四册

F2963 *　[乾隆]河间县志六卷
(清)吴山凤修　黄文莲　梁志恪纂
清乾隆二十五年(1760)刻本　十行二十字白
口左右双边　六册

F2964　永年县乡土志三卷
(清)□□编
抄本　三册

F2965　永年县乡土志三卷
(清)□□编
抄本　三册

F2966　[康熙]广平县志五卷
(清)夏显煜修　王俞巽纂
清康熙十五年(1676)刻本　八行二十一字小
字双行同白口四周双边　五册

F2967　广平县乡土志五卷
(清)曾恺章　杨荫溎编
清光绪三十二年(1906)抄本　二册

F2968 *　[雍正]肥乡县志六卷
(清)王建中修　宋锦纂
清雍正十年(1732)刻本　九行二十字小字双
行十八字白口四周双边　六册

F2969　[康熙]大名县志二十卷
(清)顾咸泰修　王逢五纂

清康熙十五年(1676)刻本　九行二十字白口
四周双边　八册

F2970　[康熙]成安县志十二卷
(清)王公楷修　张橚纂
清康熙十二年(1673)刻本　八行二十一白口
四周双边　六册

F2971＊**[雍正]临漳县志六卷首一卷**
(清)陶颖发纂修　陈大玠增修
清康熙三十年(1691)刻雍正九年(1731)增刻
本　九行二十字小字双行二十一字白口左右
双边　六册

F2972　[康熙]磁州志十八卷图一卷
(清)蒋擢修　乐玉声纂
清康熙四十二年(1703)刻本　九行二十字小
字双行同白口左右双边　六册

F2973　[康熙]磁州志十八卷图一卷
(清)蒋擢修　乐玉声纂
清康熙四十二年(1703)刻本　九行二十字小
字双行同白口左右双边　四册

F2974＊**[康熙]磁州志十八卷**
(清)蒋擢修　乐玉声纂
清同治十三年(1874)补刻本　九行二十字小
字双行同白口左右双边　四册

F2975　[同治]磁州续志六卷首一卷
(清)程光滢纂修
清同治十三年(1874)刻本　九行二十字小字
双行同白口左右双边　四册

F2976　磁州乡土志
(清)□□编
清光绪间编　抄本　一册

F2977＊**[嘉庆]涉县志八卷**
(清)戚学标纂修
清嘉庆四年(1799)刻本　九行二十一字小字
双行同白口四周双边　四册

F2978　内邱县乡土志二卷
(清)卢聘卿修　田尔砚　郝慎冈纂
抄本　二册

F2979＊**[康熙]临城县志八卷**
(清)杨宽修　乔巴百纂
清康熙三十年(1691)刻本　九行二十字小字
双行同白口四周双边　六册

F2980　[康熙]临城县志八卷
(清)杨宽修　乔巴百纂
清康熙三十年(1691)刻本　九行二十字小字
双行同白口四周双边　八册

F2981　[乾隆]隆平县志十卷
(清)袁文焕纂修
抄本　四册

F2982　[乾隆]隆平县志十卷
(清)袁文焕纂修
抄本　八册

F2983　[康熙]宁晋县志十卷
(清)万任修　张坦纂
清康熙十八年(1679)刻本　十行二十二字小
字双行同白口四周双边　六册

F2984＊**[康熙]宁晋县志十卷**
(清)万任修　张坦纂
清康熙十八年(1679)刻本　十行二十二字小
字双行同白口四周双边　六册

F2985　宁晋县乡土志
(清)□□编
抄本　四册

F2986＊**[乾隆]南和县志十二卷首一卷**
(清)周章焕纂修
抄本　六册

F2987　[光绪]南和县志十二卷首一卷
(清)王立勋修　李清芝等纂
清光绪十九修(1893)崇文斋抄本　九行二十
三字小字双行同白口四周单边　六册

F2988　[光绪]南和县志十二卷首一卷
(清)王立勋修　李清芝等纂
清光绪十九年(1893)修崇文斋抄本　六册

F2989　南和县乡土志二卷
(清)□□编

166

抄本 二册

F2990 [康熙]南宫县志十二卷

(清)胡胤铨纂修

清康熙十二年(1673)刻雍正五年(1727)增刻本 十行二十字小字双行十八字白口四周双边 六册

F2991 南宫县乡土志

(清)□□编

抄本 一册

F2992 * [康熙]威县志十六卷

(清)李之栋纂修

清康熙十二年(1673)刻本 八行十八字小字双行同白口四周双边 四册

F2993 [康熙]威县志十六卷

(清)李之栋纂修

清康熙十二年(1673)刻本 八行十八字小字双行十四字白口四周双边 四册

F2994 * [顺治]真定县志十四卷

(清)陈谦纂修

清顺治三年(1646)刻本 九行十九字白口左右双边 四册

F2995 [康熙]灵寿县志十卷末一卷

(清)陆陇其修 傅维枟纂

清康熙二十五年(1686)刻本 十行二十三字小字双行同白口四周双边 四册

F2996 * [康熙]灵寿县志十卷末一卷

(清)陆陇其修 傅维枟纂

清康熙二十五年(1686)刻本 十行二十三字小字双行同白口四周双边 四册

F2997 [康熙]灵寿县志十卷末一卷

(清)陆陇其修 傅维枟纂

清康熙二十五年(1686)刻本 十行二十三字小字双行同白口四周双边 四册

F2998 * [康熙]槁城县志十二卷

(清)赖于宣修 张丙宿纂

清康熙五十九年(1720)阎尧熙增刻光绪七年(1881)重印本 十行二十字小字双行同白口

四周双边 四册

F2999 * [光绪]槁城县志续补十一卷

(清)朱绍谷修 张毓温纂

清光绪二年(1876)修清光绪七年(1881)刻本 十行二十字小字双行同白口四周双边 一册

F3000 [康熙]重修无极志二卷

(清)高必大修 穆贞元等纂修 张天绥续修

清康熙十九年(1680)张天绥增刻本 九行十九字白口四周双边 四册

F3001 [万历]重修安平县志六卷

(明)王诉修 王三余纂

明万历二十四年(1596)何鋆增刻本 九行十八字白口四周双边 一册

F3002 * [康熙]安平县志十卷

(清)陈宗石纂修

清康熙三十一年(1692)增刻本 九行二十四字小字双行同白口左右双边 五册

F3003 * [康熙]深州志八卷

(清)李天培修 段文华纂

清康熙三十六年(1697)刻本 八行二十二字小字双行二十字白口左右双边 六册

F3004 [同治]深州风土记二十二卷附表五卷

(清)吴汝纶纂

清同治十年(1871)纂光绪二十六年(1900)文瑞书院刻本 十行二十二字小字双行同黑口四周双边 八册

F3005 束鹿乡土志十二卷

(清)张凤台修 李中桂纂

抄本 四册

F3006 * [雍正]深泽县志十二卷首一卷

(清)赵宪修 王植纂

清雍正十三年(1735)刻乾隆二十七年(1762)增修本 九行二十字小字双行十八字白口左右双边 四册

167

F3007 * [康熙]武邑县志六卷

（清）许维梃修　束图南纂

清康熙三十三年（1694）刻本　九行二十字白口四周双边　六册

F3008 * [乾隆]枣强县志八卷首一卷末一卷

（清）单作哲纂修

清乾隆十七年（1752）刻本　十行二十二字小字双行二十一字白口四周双双边　六册

F3009 * [康熙]赵州志十卷

（清）祝万祉修　阎永龄　王懿纂

清康熙十二年（1673）刻本　九行二十一字白口四周单边　四册

F3010 * [康熙]赵州志八卷附补逸一卷

（清）祝万祉修　阎永龄　王懿纂

抄本　九行二十二字小字双行同白口四周双边　四册

F3011　赵州乡土志

（清）□□编

清光绪末年修抄本　一册

F3012　赞皇县乡土志

（清）秦兆阶编

抄本　一册

F3013　[康熙]高邑县志三卷

（清）刘瑜修　赵端纂

抄本　三册

F3014 * [雍正]井陉县志八卷

（清）钟文英纂修

清雍正八年（1730）刻光绪元年（1875）重印本　九行二十三字小字双行同白口四周双边　四册

F3015 * [光绪]续修井陉县志三十六卷

（清）常善修　赵文濂纂

清光绪元年（1875）刻本　九行二十四字小字双行同白口四周双边　三册

F3016 * [康熙]平山县志五卷

（清）汤聘修　秦有容纂

清康熙十二年（1673）刻本　九行二十字小字

双行同白口左右双边　五册

F3017　[民国]涿县志稿二十卷

宋大章　冯舜生修　周存培　张星楼纂

民国二十一年（1932）稿本　十一册

F3018 * [康熙]新城县志八卷首一卷

（清）高基重修　马之骕纂

清康熙十四年（1675）刻孔昭熹朱墨笔批校评点本　十行二十字小字双行同白口左右双边　六册

F3019 * [乾隆]涞水县志八卷首一卷末一卷

（清）方立经纂修

清乾隆二十七年（1762）刻本　十行二十二字白口四周双边　四册

F3020 * [康熙]雄乘三卷

（清）姚文燮纂修

清康熙十年（1671）刻本　十行二十字小字双行同白口四周双边　三册

F3021　[道光]安州志十九卷

（清）彭定泽修　俞湘纂

1958年抄本　十二册

F3022　[乾隆]新安县志八卷

（清）高景原本　孙孝芬增修　张鳞甲增纂

抄本　七册

F3023 * [雍正]高阳县志六卷

（清）严宗嘉修　李其旋纂

清雍正八年（1730）刻本　九行二十字小字双行十九字白口四周双边　六册

F3024　高阳县乡土志

王逢吉编

抄本　一册

F3025 * [顺治]蠡县志十卷续志四卷

（明）钱天锡纂修　（清）祖建明续修

明崇祯十四年（1641）刻清顺治八年（1651）增刻本　九行十八字小字双行十七字白口四周单边　四册

F3026 * [康熙]蠡县续志一卷

（清）耿文岱纂修

清康熙十九年(1680)刻本　九行十八字白口
四周双边　一册

F3027[*]　[光绪]蠡县志十卷
(清)韩志超　何云诰修　张玲　王其衡等纂
清光绪二年(1876)刻本　十行二十字小字双
行同白口四周双边　十册

F3028[*]　[雍正]直隶定州志十卷
(清)王大年修　魏权纂
清雍正十一年(1733)刻本　十行二十字小字
双行同白口四周双边　六册

F3029[*]　[康熙]清苑县志十二卷首一卷
(清)时来敏修　郭菜等纂
清康熙十六年(1677)刻康熙二十七年(1688)
增刻本　九行二十二字小字双行同白口四周
双边　四册

F3030　祁州乡土志
(清)□□编
抄本　二册

F3031[*]　[康熙]唐县新志十八卷
(清)王政修　张珽纂
清康熙十一年(1672)刻本　九行二十二字小
字双行二十字白口四周双边　四册

F3032　[康熙]庆都县志六卷
(清)李天玑修　秦毓琦等纂
清康熙十七年(1678)刻本　八行二十字小字
双行十九字白口四周双边　六册

F3033　[康熙]庆都县志六卷
(清)李天玑修　秦毓琦等纂
清康熙十七年(1678)刻本　八行二十字小字
双行十九字白口四周双边　六册

F3034　[康熙]庆都县志六卷
(清)李天玑修　秦毓琦等纂
清康熙十七年(1678)刻本　八行二十字小字
双行同白口四周双边　六册

F3035　曲阳县乡土志
(清)陈嘉荫编
抄本　四册

F3036　曲阳县乡土志
(清)陈嘉荫编
抄本　四册

F3037[*]　[雍正]完县志十卷
(清)朱懋德修　田瑗纂
清雍正十年(1732)刻本　九行二十字小字双
行十九字白口双边　六册

F3038　完县乡土志
(清)朱运昌编
清光绪三十二年(1906)抄本　一册

F3039　[康熙]龙门县志十六卷
(清)章焞纂修
清康熙五十一年(1712)刻本　九行二十字小
字双行同白口四周单边　六册

F3040[*]　[康熙]龙门县志十六卷
(清)章焞纂修
清康熙五十一年(1712)刻本　九行二十字小
字双行同白口四周单边　五册

F3041　[康熙]宣化县志三十卷
(清)陈坦纂修
清康熙五十年(1711)刻本　九行二十一字小
字双行十九字白口四周双边　八册

F3042[*]　[康熙]宣化县志三十卷
(清)陈坦纂修
清康熙五十年(1711)刻本　九行二十一字小
字双行同白口四周双边　六册

F3043　宣化县乡土志
(清)谢恺编
清光绪三十三年(1907)抄本　一册

F3044[*]　[康熙]怀来县志十八卷首一卷
(清)许隆远纂修
清康熙五十一年(1712)刻雍正间增刻本　九
行二十字小字双行十九字黑口四周单边
六册

F3045[*]　[康熙]怀来县志十八卷首一卷
(清)许隆远纂修
清康熙五十一年(1712)刻雍正间增刻本　九

行二十字小字双行十九字黑口四周单边
六册

F3046   保安州乡土志不分卷
□□编
抄本   一册

F3047 *   [康熙]西宁县志八卷首一卷
(清)张充国纂修
清康熙五十一年(1712)刻本   八行十八字小
字双行十七字白口左右双边   五册

F3048   [乾隆]万全县志十卷首一卷
(清)左承业纂修
清乾隆十年(1745)刻本   十行二十一字小字
双行十九字白口四周双边   四册

F3049   [康熙]山海关志十卷
(清)陈天植等修   余一元纂
清康熙九年(1670)刻本   十行二十字小字双
行同白口四周双边   四册

F3050   [光绪]滦州志十八卷首一卷
(清)杨文鼎修   王大本等纂
稿本   十三册

F3051 *   [顺治]卢龙县志六卷首一卷
(清)李士模修   马备纂
清顺治十七年(1660)刻本   九行二十二字小
字双行二十一字白口四周单边   四册

F3052 *   [康熙]昌黎县志八卷
(清)王日翼修   高培纂
清康熙十四年(1675)刻乾隆二十八年(1763)
增刻本   十一行十九字小字双行同白口四周
单边   二册

F3053   昌黎县乡土志
(清)童光照编
抄本   一册

F3054   昌黎县乡土志
(清)童光照编
抄本   一册

F3055   宁河县乡土志不分卷
(清)周登皞编

抄本   三册

F3056   [康熙]丰润县志八卷
(清)罗景泐修   曹鼎望纂
清康熙三十一年(1692)刻本   九行十九字小
字双行二十字白口四周双边   四册

F3057   [康熙]山东通志六十四卷
(清)赵祥星修   钱江等纂
清康熙十七年(1678)刻本   十行二十字小字
双行同白口四周双边   五十册

F3058 *   [康熙]衮州府志四十卷首一卷
(清)张鹏翮修   叶鸣銮纂
清康熙二十四年(1685)刻本   十行十九字小
字双行同白口左右双边   十四册

F3059 *   [康熙]青州府志二十卷
(清)张连登修   张贞 安致远纂
清康熙四十八年(1709)刻本   九行二十字小
字双行十九字白口四周单边   十六册

F3060 *   [康熙]青州府志二十二卷
(清)陶锦修   王昌学 王柽纂
清康熙六十年(1721)刻本   十行二十二字小
字双行二十一字白口四周双边   八册

F3061 *   [顺治]登州府志二十二卷
(清)施闰章修   杨奇烈纂
清康熙三十三年(1694)任璇增刻本   九行二
十字小字双行同白口四周双边   八册

F3062 *   [乾隆]续登州府志十二卷
(清)韩永泰纂修
清乾隆七年(1742)刻本   九行二十字小字双
行同白口四周双边   四册

F3063 *   [崇祯]历城县志十六卷
(明)宋祖法修   叶承宗纂
明崇祯十三年(1640)友声堂刻本   九行二十
字小字双行十八字白口左右双边   八册

F3064   安邱县志四章
安丘县编志委员会编
1960 年油印本   一册

F3065[*]　[乾隆]淄川县志八卷首一卷

（清）王康修　臧岳纂

清乾隆八年（1743）刻本　十行二十字小字双行同白口左右双边　八册

F3066[*]　[康熙]海丰县志十二卷首一卷

（清）胡公著修　张克家纂

清康熙九年（1670）刻本　九行二十字白口四周单边　四册

F3067　[康熙]滨州志八卷首一卷

（清）杨容盛修　杜�等纂

清康熙四十年（1701）刻本　九行二十一字小字双行同白口四周双边　六册

F3068[*]　[康熙]利津县新志十卷

（清）韩文焜纂修

清乾隆二十三年（1758）李嘉言校刻本　九行二十字白口四周双边　二册

F3069[*]　[乾隆]利津县志续编十卷

（清）刘文确修　刘永祚　李俨纂

清乾隆二十三年（1758）李嘉言校刻本　九行二十字小字双行同白口四周双边　一册

F3070[*]　[乾隆]利津县志补六卷

（清）程士范纂修

清乾隆三十五年（1770）刻本　九行二十字白口左右双边　一册

F3071[*]　[乾隆]利津县志续编十卷

（清）刘文确修　刘永祚　李俨纂

清乾隆二十三年（1758）李嘉言校刻本　九行二十字小字双行同白口四周双边

F3072[*]　[康熙]重修蒲台县志十卷

（清）严曾业修　李枬纂

清康熙三十二年（1693）刻本　十行二十字白口四周单边　二册

F3073[*]　[康熙]新城县志十四卷首一卷

（清）崔懋修　严濂曾纂

清康熙三十二年（1693）刻本　十行二十一字小字双行同白口四周双边　五册

F3074　[康熙]新城县续志二卷

（清）孙元衡纂修

清康熙三十二年（1693）刻本　十行二十一字小字双行同白口四周双边　一册

F3075　[康熙]邹平县志八卷

（清）程素期修　程之芳等纂

清康熙三十四年（1695）刻嘉庆八年（1803）增刻本　十行二十字小字双行十八字白口四周单边　四册

F3076　[康熙]邹平县志八卷

（清）程素期修　程之芳等纂

清康熙三十四年（1695）刻嘉庆八年（1803）增刻本　十行二十字小字双行十八字白口四周单边　四册

F3077[*]　[康熙]长山县志十卷首一卷

（清）孙衍纂修

清康熙五十五年（1716）刻本　十行二十二字白口左右双边　四册

F3078　[嘉庆]长山县志十六卷首一卷

（清）倪企望修　钟廷瑛　徐果行纂

清嘉庆六年（1801）刻本　十行二十二字小字双行同白口左右双边　十册

F3079[*]　[康熙]新修齐东县志八卷

（清）余为霖修　郭国琦等纂

清康熙二十四年（1685）刻本　八行二十字小字双行同白口四周双边　六册

F3080　[康熙]高苑县志八卷

（清）宋弼纂修

清康熙十一年（1672）刻雍正八年（1730）重印本　九行二十字小字双行同白口左右双边　三册

F3081　[康熙]高苑县续志十卷

（清）古今誉修　刘大量纂

清康熙五十五年（1716）刻雍正八年（1730）补刻本　九行二十字小字双行同白口左右双边　三册

F3082[*]　[康熙]平度州志十二卷

（清）李世昌纂修

清康熙五年（1666）刻康熙九年（1670）补刻本

九行十九字白口四周单边　四册

F3083　[乾隆]胶州志八卷首一卷
(清)周于智修　刘恬纂
清乾隆十七年(1752)刻本　九行二十一字小字双行十七字白口左右双边　八册

F3084＊　[万历]安丘县志二十八卷
(明)熊元修　马文炜纂
明万历十七年(1589)刻本　九行十八字小字双行同白口左右双边　六册

F3085＊　[万历]安丘县志二十八卷
(明)熊元修　马文炜纂
明万历十七年(1589)刻本　九行十八字小字双行同白口左右双边　四册

F3086　[康熙]续安丘县志二十八卷
(清)任周鼎修　王训纂
清康熙十五年(1676)刻康熙二十一年(1682)增补本　九行十八字小字双行同白口左右双边　二册

F3087＊　[康熙]诸城县志十二卷
(清)卞颖修　王劝纂
清康熙十二年(1673)刻本　九行二十字小字双行十八字白口左右双边　六册

F3088＊　[康熙]益都县志十四卷首一卷补遗一卷
(清)陈食花修　钟谔等纂
清康熙十一年(1672)刻本　九行二十一字小字双行同白口四周单边　十册

F3089　[康熙]益都县志十四卷首一卷
(清)陈食花修　钟谔等纂
清康熙十一年(1672)刻本　九行二十一字小字双行同白口四周单边　六册

F3090　[康熙]临淄县志十六卷
(清)邓性修　李焕章纂
清康熙十一年(1672)刻本　九行十九字白口四周单边　四册

F3091　[康熙]宁海州志十卷
(清)杨引祚等纂修

清康熙十一年(1672)刻本　九行十九字小字双行十九字白口四周双边　二册

F3092＊　[康熙]莱阳县志十卷
(清)万邦维修　卫元爵　张重润纂
清康熙十七年(1678)刻雍正元年(1723)补刻本　九行十九字小字双行同白口四周单边　四册

F3093＊　[康熙]沂州志八卷图一卷
(清)邵士修　王埙　尚天成纂
清康熙十三年(1674)刻本　十行二十字小字双行同白口四周双边　八册

F3094　[康熙]莒州志二卷
(清)张文范修　段章纂
清康熙十一年(1672)刻本　九行十八字小字双行同白口四周双边　六册

F3095＊　[康熙]日照县志十二卷
(清)杨士雄修　丁时纂
清康熙五十四年(1715)成永健增刻本　八行十九字小字双行十七字白口四周双边　五册

F3096＊　[乾隆]郯城县志十二卷首一卷
(清)王植纂修　张金城续修　王恒续纂
清乾隆十四年(1749)修乾隆二十八年(1763)续修刻本　九行十九字小字双行十六字白口四周双边　六册

F3097＊　[康熙]费县志十卷
(清)黄学勤纂修
清康熙二十八年(1689)刻本　九行二十字小字双行同白口四周双边　四册

F3098　[康熙]蒙阴县志不分卷
(清)刘德芳纂修
抄本　一册

F3099＊　[康熙]蒙阴县志八卷
(清)刘德芳纂修
清康熙二十四年(1685)刻本　九行二十字小字双行同白口四周双边　四册

F3100　[宣统]蒙阴县志八卷首一卷
(清)沈骏清修　陈尚仁纂

172

清宣统二年(1910)抄本 十二行二十五、二十六字不等 一册

F3101 * [乾隆]章丘县志十三卷首一卷
(清)张万青纂修
清乾隆二十一年(1756)刻本 十行二十字白口左右双边 六册

F3102 * [康熙]新修莱芜县志十卷
(清)钟国义等纂修
清康熙十二年(1673)刻本 九行二十字小字双行二十字白口四周单边 二册

F3103 * [康熙]东平州志六卷
(清)张聪 张承赐修 单民功纂
清康熙十九年(1680)刻本 十行二十字白口四周单边 六册

F3104 * [康熙]东平州续志八卷
(清)李继唐修 陈鸣岗 郑斐然纂
清康熙五十九年(1720)刻本 十行二十字白口四周单边 一册

F3105 * [万历]汶上县志八卷
(明)栗可仕修 王命新纂
清康熙五十六年(1717)补刻本 十行二十字白口四周单边 二册

F3106 * [康熙]续修汶上县志六卷
(清)闻元炅纂修
清康熙五十六年(1717)刻本 十行二十字白口四周单边 二册

F3107 * [康熙]滋阳县志四卷
(清)李潆修 仲弘道等纂
清康熙十一年(1672)刻本 十行二十字白口四周双边 二册

F3108 * [顺治]泗水县志十二卷
(清)刘桓修 杜灿然纂
清康熙元年(1662)刻康熙三十八年(1699)补刻本 十行二十字小字双行同白口四周双边 二册

F3109 * [顺治]泗水县志十二卷
(清)刘桓修 杜灿然纂

清康熙元年(1662)刻康熙三十八年(1699)补刻本 十行二十字小字双行同白口四周双边 四册

F3110 * [康熙]邹县志三卷
(清)娄一均修 周翼纂
清康熙五十五年(1716)刻光绪二年(1876)重印本 十行二十字小字双行同白口四周双边 五册

F3111 * [康熙]滕县志十卷
(清)黄浚修 王特选纂
清康熙五十六年(1717)刻本 十行二十一字小字双行同白口四周双边 六册

F3112 * [康熙]巨野县志十五卷首一卷
(清)章弘修 陈克广 张应平纂
清康熙四十七年(1708)刻本 十行二十一字小字双行二十字白口左右双边 五册

F3113 * [康熙]城武县志十卷图一卷
(清)赵嗣晋纂修
清康熙四十一年(1702)刻本 九行十九字小字双行同白口四周双边 六册

F3114 * [康熙]曹州志二十卷
(清)佟企圣修 苏毓眉等纂
清康熙十三年(1674)刻本 十行二十字小字双行十八字白口四周单边 十册

F3115 [康熙]聊城县志四卷
(清)何一杰纂修
清康熙二年(1663)刻本 九行二十字小字双行同白口四周双边 四册

F3116 [康熙]聊城县志四卷
(清)何一杰纂修
清康熙二年(1663)刻本 九行二十字小字双行同白口四周双边 四册

F3117 [乾隆]临清直隶州志十一卷首一卷
(清)张度 邓希曾修 朱钟纂
清乾隆五十年(1785)刻本 九行二十一字白口四周双边 十一册

173

F3118 * [乾隆]临清直隶州志十一卷首一卷
(清)张度 邓希曾修 朱钟纂
清乾隆五十年(1785)刻本 九行二十一字白口四周双边 十一册

F3119 * [康熙]茌平县志五卷
(清)王世臣修 孙克绪纂
清康熙四十九年(1710)刻本 九行二十二字白口四周双边 五册

F3120 * [康熙]茌平县志五卷
(清)王世臣修 孙克绪纂
清康熙四十九年(1710)刻本 九行二十二字白口四周双边 五册

F3121 * [康熙]寿张县志八卷
(清)滕永祯修 马珩纂
清康熙五十六年(1717)刻本 九行二十字白口四周单边 四册

F3122 * [康熙]阳谷县志八卷首一卷
(清)王时来修 杭云龙纂
清康熙五十五年(1716)刻乾隆十二年(1747)增刻本 九行二十字白口四周双边 四册

F3123 * [康熙]莘县志八卷
(清)刘萧纂修
清康熙五十六年(1717)刻本 九行二十字小字双行十八字白口四周双边 四册

F3124 [万历]冠县志六卷
(明)谈自省修 杜华先纂
抄本 四册

F3125 [雍正]馆陶县志十二卷
(清)赵知希纂修 张兴宗增修
抄本 四册

F3126 * [康熙]濮州六卷
(清)张实斗修 南沭源纂
清康熙十二年(1673)刻康熙五十年(1711)重印本 九行二十字小字双行十九字白口四周双边 六册

F3127 * [康熙]濮州续志二卷
(清)郅介修 任焕纂

清康熙五十年(1711)刻本 九行二十字小字双行十九字白口四周双边 一册

F3128 * [康熙]朝城县志十卷
(清)祖植桐修 赵昶纂
清康熙十二年(1673)刻康熙二十年(1681)补刻本 九行二十字小字双行十八字白口四周双边 四册

F3129 * [康熙]观城县志五卷首一卷
(清)沈玑修 张洞宸纂
清康熙十一年(1672)刻本 九行二十字小字双行同白口四周双边 四册

F3130 * [道光]观城县志十卷首一卷
(清)孙观纂修
抄本 四册

F3131 [康熙]长河志籍考十卷
(清)田雯撰
清康熙三十七年(1698)古欢堂刻本 十二行二十四字小字双行二十三字黑口左右双边 二册

F3132 * [雍正]齐河县志十卷首一卷
(清)上官有仪修 许琰纂
清同治五年(1866)补刻本 九行二十字白口四周双边 四册

F3133 * [万历]恩县志六卷
(明)孙居相修 雷金声纂
清明万历二十六年(1598)刻雍正元年(1723)重印本 十行二十二字小字双行同白口四周双边 三册

F3134 * [雍正]恩县续志五卷
(清)陈学海修 韩天笃纂
清雍正元年(1723)刻本 十行二十二字小白口四周双边 一册

F3135 * [乾隆]武城县志十四卷首一卷
(清)骆大俊纂修
清乾隆十五年(1750)刻本 十行二十字小字双行十八字白口四周双边 四册

F3136 * [顺治]怀庆府志十四卷

(清)彭清典修　萧家芝纂

清顺治十七年(1660)刻本　十行二十二字小字双行二十一字白口四周单边　六册

F3137 * [康熙]南阳府志六卷

(清)朱璘纂修

清康熙三十三年(1694)刻本　九行二十一字小字双行十九字白口左右双边　十册

F3138 * [康熙]汝宁府志十六卷首一卷

(清)金镇修　孔暹纂

清康熙元年(1662)刻本　九行二十字小字双行十八字白口四周单边　十六册

F3139 * [康熙]郑州志十二卷首一卷

(清)何锡爵修　黄志清纂

清康熙三十二年(1693)刻本　九行二十一字小字双行十八字白口四周双边　六册

F3140 * [康熙]陈留县志四十二卷首一卷

(清)钟定纂修

清康熙三十年(1691)刻本　九行二十字白口左右双边　四册

F3141 * [顺治]河南通志五十卷

(清)贾汉复修　沈荃纂

清顺治十七年(1660)刻本　十行二十字小字双行字十九白口四周双边　二十八册

F3142 * [乾隆]东明县志八卷

(清)储元升纂修

清道光十四年(1834)续增刻本　九行二十一字小字双行同白口四周双边　八册

F3143 * [康熙]仪封县志四十卷首一卷

(清)钟定等纂修

清康熙三十年(1691)刻本　九行二十字小字双行十八字白口左右双边　十册

F3144 * [乾隆]兰阳县续志八卷图一卷

(清)涂光范修　王壬纂

清乾隆九年(1744)刻本　九行二十字小字双行十八字白口四周双边　六册

F3145 * [康熙]考城县志四卷

(清)陈德敏修　王贯三纂

清康熙三十七年(1698)刻本　九行二十字白口四周单边　四册

F3146 * [乾隆]中牟县志十一卷首一卷

(清)孙和相修　王廷宣纂

清乾隆十九年(1754)刻本　十行二十二字小字双行二十字白口左右双边　六册

F3147 * [康熙]新郑县志四卷

(清)朱廷献　刘日炷纂修

清康熙三十年(1691)修清康熙三十三年(1694)刻本　九行二十一字小字双行二十字白口四周双边　四册

F3148 [康熙]河阴县志四卷

(清)申奇彩修　毛泰征纂

清康熙三十年(1691)刻本　八行二十字白口四周单边　四册

F3149 [康熙]河阴县志四卷

(清)申奇彩修　毛泰征纂

清康熙三十年(1691)刻本　八行二十字白口四周双边　四册

F3150 * [乾隆]汜水县志二十二卷图一卷

(清)许勉燉修　禹殿鳌纂

清乾隆九年(1744)刻本　九行二十字白口四周双边　十六册

F3151 * [乾隆]辉县志十二卷首一卷末一卷

(清)文兆奭修　杨喜荣　王楷纂

清乾隆二十二年(1757)刻本　十行二十二字小字双行二十字白口四周双边　八册

F3152 [顺治]胙城县志四卷

(清)刘纯德修　郭金鼎纂

清顺治十六年(1659)刻康熙四十一年(1702)重印本　九行二十字小字双行同白口四周单边　二册

F3153 * [康熙]延津县志十卷

(清)余心孺纂修

清康熙四十一年(1702)刻本　十行二十二字小字双行同白口四周单边　四册

175

F3154 [顺治]封丘县志九卷首一卷

(清)余缙修 李嵩阳纂

清顺治十六年(1659)刻康熙三十六年(1697)重印本 十行二十一字小字双行二十字白口四周单边 五册

F3155 * [康熙]封丘县续志不分卷

(清)王赐魁修 李会生 宋作宾纂

清顺治十六年(1659)刻康熙三十六年(1697)重印本 十行二十一字小字双行十九字白口四周单边 一册

F3156 * [康熙]封丘县续志五卷

(清)孟镠 耿纮祚修 李承绶纂

清康熙三十六年(1697)刻本 十行二十一字小字双行二十字同白口四周单边 二册

F3157 [康熙]封丘县续志五卷

(清)孟镠 耿纮祚修 李承绶纂

清康熙三十六年(1697)刻本 十行二十一字白口四周单边 二册

F3158 * [乾隆]修武县志二十卷首一卷

(清)吴映白修 李模纂 戈云锦续修

清乾隆三十一年(1766)增补本 九行二十字小字双行同白口四周双边 八册

F3159 * [康熙]安阳县志十卷

(清)马国桢修 唐凤翔纂

清康熙三十二年(1693)刻本 八行二十字小字双行十九字白口四周双边 六册

F3160 [嘉庆]安阳县志二十八卷首一卷

(清)贵泰修 武穆淳纂

清嘉庆二十四年(1819)刻本 十一行二十三字白口左右双边 十四册

F3161 * [嘉庆]安阳县志二十八卷首一卷

(清)贵泰修 武穆淳纂

清嘉庆二十四年(1819)刻本 十一行二十三字白口左右双边 十册

F3162 内黄县志十六卷首一卷

韩兆麟修 周余惠纂

稿本 八册

F3163 * [康熙]南乐县志十五卷首一卷

(清)王培宗修 丘性善纂

清康熙五十年(1711)增补明嘉靖末年本 九行二十字小字双行十九字白口左右双边 四册

F3164 南乐县乡土志不分卷

(清)□□编

清光绪间抄本 八行二十二字 一册

F3165 清丰县乡土志二卷

(清)吴鸿基修 刘元俊纂

清光绪三十一年(1905)抄本 八行二十二字 二册

F3166 开州新编辑乡土志不分卷

□□编

清光绪三十四年(1908)抄本 六行十六字 一册

F3167 * 开州新编辑乡土志不分卷

□□编

清光绪三十四年(1908)抄本 六行十六字 一册

F3168 * [乾隆]滑县志十四卷首一卷

(清)吴乔龄纂修 吕文光增修

清乾隆二十五年(1760)刻本 十行二十二字小字双行二十一字白口左右双边 十六册

F3169 * [乾隆]汤阴县志十卷

(清)杨世达纂修

清乾隆三年(1738)刻本 八行十九字小字双行同白口左右双边 八册

F3170 * [顺治]淇县志十卷图考一卷

(清)王谦吉 王南国修 白龙跃 葛汉忠纂

清顺治十七年(1660)刻本 八行二十字白口四周单边 二册

F3171 * [乾隆]虞城县志十卷

(清)张元鉴 蒋光祖修 沈伾纂

清乾隆八年(1743)刻本 九行二十字小字双行同白口四周双边 四册

F3172* [康熙]夏邑县志十卷首一卷

(清)尚崇霮修 关麟如纂

清康熙三十六年(1697)刻本 九行十九字小字双行十七字白口四周单边 五册

F3173* [顺治]郾城县志十卷

(清)荆其惇 傅鸿邻修 阎举纂

清顺治十六年(1659)刻本 八行二十字小字双行十八字白口四周单边 三册

F3174* [顺治]临颍县志八卷

(清)李馥先修 吴中奇纂

清顺治十七年(1660)刻本 九行二十一字小字双行同白口四周双边 四册

F3175* [顺治]临颍县志八卷

(清)李馥先修 吴中奇纂

清顺治十七年(1660)刻乾隆十二年(1747)重印本 九行二十一字小字双行同白口四周双边 四册

F3176* [乾隆]临颍县续志八卷

(清)刘沆修 魏运嘉纂

清乾隆十二年(1747)刻本 九行二十一字小字双行同白口四周双边 二册

F3177* [乾隆]鲁山县全志九卷

(清)徐若阶 马慧姿修 傅尔英 宋足发纂

清乾隆八年(1743)刻本 九行二十一字小字双行十九字白口左右双边 四册

F3178* [嘉庆]鲁山县志二十六卷

(清)董作栋修 武亿纂

清嘉庆元年(1796)刻本 十一行二十三字黑口左右双边 六册

F3179 [嘉庆]宝丰县志二十四卷

(清)陆蓉修 武亿纂

清嘉庆二年(1797)刻本 十一行二十三字小字双行二十二字黑口左右双边 八册

F3180* 襄城文献录十二卷

(清)刘宗泗纂

清乾隆四年(1739)刻本 十一行二十一字小字双行十八字黑口左右双边 五册

F3181* [乾隆]古汜城志十卷

(清)刘青芝 刘青莲纂

清乾隆五年(1740)刻本 九行十九字小字双行同黑口左右双边 六册

F3182 [乾隆]禹州志十四卷

(清)邵大业修 孙广生纂

清乾隆十二年(1747)刻本 九行二十二字小字双行十八字白口四周单边 十二册

F3183 [顺治]遂平县志十五卷

(清)张鼎新修 赵之珩纂

清顺治十六年(1659)刻本 九行二十字小字双行十八字白口四周单边 一册

F3184* [康熙]西平县志十卷

(清)沈荣纂修 李植增修

清康熙九年(1670)刻康熙三十一年(1692)续刻本 九行二十二字小字双行十八字白口四周单边 四册

F3185* [康熙]上蔡县志十五卷

(清)杨廷望修 张沐纂

清康熙二十九年(1690)刻本 九行二十字小字双行十八字白口四周双边 八册

F3186 [康熙]汝阳县志十卷

(清)邱天英修 李根茂纂

清康熙二十九年(1690)刻本 八行二十字白口四周单边 八册

F3187* [乾隆]新蔡县志十卷

(清)莫玺章修 王增纂

清乾隆六十年(1795)刻本 十一行二十一字小字双行二十字黑口四周双边 四册

F3188* [康熙]固始县志十二卷首一卷

(清)杨汝楫纂修

清康熙三十二年(1693)刻本 九行二十字小字双行十八字白口四周双边 六册

F3189* [康熙]商城县志八卷

(清)许全学纂修

清康熙二十九年(1690)刻乾隆二十五年(1760)增刻本 八行二十字小字双行同白口四周单边 四册

177

F3190 * [康熙]南阳县志六卷首一卷

(清)张光祖修　宋景愈　徐永芝纂

清康熙三十二年(1693)刻本　九行二十字小字双行同白口左右双边　六册

F3191 [乾隆]裕州志六卷

(清)董学礼纂修　宋名立续修

清康熙五十五年(1716)刻乾隆五年(1740)增刻本　八行二十字小字双行十八字白口左右双边　四册

F3192 * [康熙]内乡县志十二卷

(清)宝鼎望原本　张福永增修

清康熙五十一年(1712)增刻本　九行二十字小字双行十九字白口四周双边　四册

F3193 [乾隆]重修洛阳县志二十四卷图考一卷

(清)龚崧林修　汪坚纂

清乾隆十年(1745)刻本　九行二十二字小字双行二十字白口四周双边　二十册

F3194 * [康熙]孟津县志四卷

(清)孟常裕纂修　徐元灿增补

清顺治十六年(1659)刻康熙四十七年(1708)增刻本　九行二十字小字双行同白口四周单边　四册

F3195 * [康熙]宜阳县志四卷

(清)申明伦纂修

清康熙三十年(1691)刻本　十行二十一字小字双行同白口四周单边　四册

F3196 * [乾隆]永宁县志八卷首一卷

(清)张楷纂修

清乾隆五十五年(1790)刻本　十行二十一字小字双行十九字白口左右双边　八册

F3197 * [康熙]山西通志三十二卷

(清)穆尔赛等修　刘梅　温敞纂

清康熙二十一年(1682)刻本　九行二十二字小字双行二十一字白口四周单边　六十册

F3198 * [雍正]山西通志二百三十卷

(清)觉罗石麟修　储大文纂

清雍正十二年(1734)刻本　十二行二十三字

小字双行二十二字白口四周双边　一百册

F3199 * [万历]太原府志二十六卷

(明)关廷访修　张慎言纂

明万历四十年(1612)刻清顺治十一年(1654)补刻本　九行十八字小字双行十七字白口四周双边　八册

F3200 * [顺治]太原府志四卷

(清)□□纂

清顺治十一年(1654)刻本　九行十八字小字双行十七字白口四周双边　二册

F3201 * [顺治]潞安府志二十卷

(清)杨暄修　李中白　周再勋纂

清顺治十六年(1659)刻本　九行二十字小字双行十九字白口四周单边　十册

F3202 * [万历]汾州府志十六卷

(明)王道一等纂修

明万历三十七年(1609)刻本　九行十八字小字双行十七字白口四周双边　十六册

F3203 * [顺治]云中郡志十四卷

(清)胡文烨等纂修

清顺治九年(1652)刻本　十行二十一字小字双行十七字白口左右双边　十六册

F3204 * [乾隆]大同府志三十二卷首一卷

(清)吴辅宏修　王飞藻纂　文光校订

清乾隆四十一年(1776)修四十七年(1782)重校刻本　十行二十二字小字双行同白口四周双边　十六册

F3205 * [雍正]朔平府志十二卷

(清)刘士铭修　王霨纂

清雍正十一年(1733)刻本　九行二十一字小字双行二十二字白口四周双边　十册

F3206 [雍正]朔平府志十二卷

(清)刘士铭修　王霨纂

清雍正十一年(1733)刻本　九行二十一字小字双行二十二字白口四周双边　十册

F3207 * [雍正]重修太原县志十六卷

(清)龚新　沈继贤修　高若岐等纂

清雍正九年(1731)刻本　九行二十字小字双行十九字白口四周双边　四册

F3208* [康熙]阳曲县志十四卷首一卷
(清)戴梦熊修　李方蓁　李方苾纂
清康熙二十一年(1682)刻本　九行二十字小字双行十九字白口四周双边　八册

F3209* [顺治]清源县志二卷
(清)和羹修　王灏儒纂
清顺治十八年(1661)刻康熙五年(1666)增刻本　九行二十一字小字双行十九字白口四周双边　二册

F3210* [康熙]徐沟县志四卷
(清)王嘉谟纂修
清康熙五十一年(1712)刻本　九行二十二字小字双行十八字白口四周双边　四册

F3211* [万历]怀仁县志二卷
(明)杨守介纂修
明万历二十九年(1601)刻清康熙二十年(1681)补刻本　十行二十一字小字双行同黑口四周双边　二册

F3212* [万历]怀仁县志二卷
(明)杨守介纂修
明万历二十九年(1601)刻清康熙二十年(1681)补刻本　十行二十一字小字双行二十字同黑口四周双边　二册

F3213* [雍正]阳高县志六卷
(清)房裔兰修　苏之芬纂
清雍正七年(1729)刻本　九行二十一字小字双行二十字白口四周单边　四册

F3214 [乾隆]天镇县志八卷
(清)张坊纂修
清乾隆十八年(1753)刻本　九行二十二字小字双行同白口四周双边　四册

F3215* [康熙]灵丘县志志四卷
(清)宋起凤原本　岳宏誉增订
清康熙二十三年(1684)刻本　九行二十字小字双行同白口左右双边　四册

F3216* [顺治]浑源州志二卷图一卷附恒岳志二卷
(清)张崇德纂修
清顺治十八年(1661)刻本　十行二十四字小字双行同白口四周单边　四册

F3217 [万历]应州志六卷
(明)王有容修　田蕙纂
明万历二十七年(1599)刻本　九行二十字白口四周单边　二册

F3218 [乾隆]应州续志十卷首一卷
(清)吴炳纂修
清乾隆三十四年(1769)刻本　九行二十一字白口四周双边　三册

F3219* [乾隆]应州续志十卷首一卷
(清)吴炳纂修
清乾隆三十四年(1769)刻本　九行二十一字小字双行二十字白口四周双边　四册

F3220* [崇祯]山阴县志六卷
(明)刘以守纂修
明崇祯二年(1629)刻本　九行二十字小字双行十九字白口四周双边　四册

F3221 [崇祯]山阴县志六卷
(明)刘以守纂修
抄本　四册

F3222* [雍正]朔州志十二卷
(清)汪嗣圣修　王霨纂
清雍正十三年(1735)刻本　九行二十一字小字双行二十字白口四周双边　十册

F3223 [雍正]朔州志十二卷
(清)汪嗣圣修　王霨纂
民国二十五年(1936)补版重印本　八册

F3224* [乾隆]崞县志八卷
(清)邵丰镟　顾弼修　贾瀜纂
清乾隆二十二年(1757)刻本　九行十九字白口四周双边　四册

F3225 [康熙]五台县志八卷首一卷
(清)周三进纂修

179

清康熙二十六年(1687)刻本　九行二十字白口四周双边　三册

F3226 [康熙]静乐县志十卷

(清)黄图昌纂修

清康熙三十九年(1700)刻雍正十二年(1734)重印本　九行二十二字小字双行二十字白口四周双边　四册

F3226 [雍正]续静乐县志十卷

(清)梅廷谟修　俎夏鼎纂

清雍正十二年(1734)刻本　九行二十二字小字双行二十字白口四周双边　合册

F3227 [雍正]重修岚县志十六卷

(清)沈继贤修　常大升纂

清雍正八年(1730)刻本　九行十八字白口四周双边　二册

F3228 [康熙]保德州志十二卷首一卷

(清)王克昌原本　殷梦高纂

清康熙四十九年(1710)刻本　十行二十二字白口四周双边　十册

F3229 五寨县志二卷

(清)秦雄褒纂修

清嘉庆十四年(1809)朱青选增刻乾隆本　九行二十字小字双行同白口四周双边　二册

F3230 [万历]榆次县志十卷

(明)张鹤腾修　褚铁纂

明万历三十七年(1609)刻本　九行十九字小字双行同白口四周双边　三册

F3231 [康熙]榆次县续志十四卷首一卷

(清)刘星修　王介石纂

清康熙二十三年(1684)刻本　九行十九字小字双行十七字白口四周双边　二册

F3232 [乾隆]榆次县志十四卷首一卷续编二卷

(清)钱之青修　张天泽纂

清乾隆十三年(1748)思风堂刻本　九行十九字白口四周双边　十册

F3233 [康熙]和顺县志四卷

(清)邓宪璋纂修

清康熙十四年(1675)刻本　十行二十字白口四周双边　一册

F3234 [雍正]辽州志八卷

(清)徐三俊修　刘沄纂

清雍正十一年(1733)刻本　九行二十二字白口四周双边　四册

F3235 [康熙]榆社县志十卷

(清)佟国弘修　王凤翔纂

清康熙十三年(1674)刻本　十行二十字小字双行十七字白口四周双边　一册

F3236 [万历]太谷县志十卷

(明)乔允升修　寇嘉会纂

明万历二十四年(1596)刻顺治九年(1652)修刻本　九行二十字白口四周双边　四册

F3236 [顺治]太谷县续志二卷

(清)郝应第纂修

清顺治十二年(1655)刻本　九行二十字白口四周双边　合册

F3237 [康熙]灵石县志四卷

(清)侯荣圭纂修

清康熙十一年(1672)刻本　十行二十字白口四周双边　二册

F3238 [康熙]汾阳县志八卷首一卷

(清)周超修　邢秉诚纂

清康熙六十年(1721)刻本　九行二十二字小字双行二十字白口四周单边　十册

F3239 [康熙]文水县志十卷首一卷

(清)傅星修　郑立功纂

清康熙十二年(1673)刻本　九行二十字小字双行十八字白口四周双边　四册

F3240 [康熙]交城县志十八卷首一卷

(清)洪璟纂修

清康熙四十八年(1709)刻本　九行二十字小字双行十八字白口四周双边　六册

F3241 [康熙]宁乡县志十卷首一卷

(清)吕履恒纂修

180

清康熙四十一年(1702)刻本　九行二十一字
小字双行同白口四周单边　二册

F3242* [康熙]永宁州志八卷
(清)谢汝霖纂修
清康熙四十一年(1702)刻本　九行二十字小
字双行十九字白口四周双边　四册

F3243* [康熙]临县志八卷首一卷
(清)杨飞熊修　崔鹤龄 李思豫纂
清道光二十年(1840)增刻本　九行二十字小
字双行同白口四周双边　四册

F3244* [康熙]潞城县志八卷
(清)张士浩修　申伯纂
清康熙四十五年(1706)刻本　十行二十二字
小字双行二十一字白口左右双边　四册

F3245* [康熙]武乡县志六卷
(清)高镔修　宋苍霖等纂
清康熙三十一年(1692)刻本　九行二十字小
字双行同白口四周双边　六册

F3246* [康熙]黎城县志四卷
(清)程大夏修　李御 李吉纂
清康熙二十一年(1682)刻本　九行二十字小
字双行同白口四周双边　四册

F3247 [康熙]壶关县志四卷
(清)章经纂修
清康熙二十年(1681)刻本　九行二十字小字
双行十九字白口四周单边　二册

F3248 [顺治]高平县志十卷
(清)范绳祖修　庞太朴纂
清康熙五年(1666)补刻本　八行二十字小字
双行十九字白口四周双边　一册

F3249* [康熙]泽州志三十卷
(清)陶自悦纂修
清康熙四十五年(1706)刻本　九行二十二字
小字双行二十字白口四周双边　十六册

F3250 [康熙]阳城县志八卷
(清)项龙章修　田六善纂
清康熙二十六年(1687)刻本　九行二十二字

小字双行二十字白口四周双边　五册

F3251 [康熙]沁水县志十卷
(清)赵凤诏纂修
清康熙三十六年(1697)刻本　十行二十一字
小字双行二十字白口左右双边　六册

F3252 [康熙]长子县志六卷
(清)郭守邦修　霍燦纂　徐扬廷增修　徐
介增纂
清康熙二十七年(1688)修四十四年(1705)增
修刻本　八行二十字小字双行同白口四周单
边　二册

F3253* [雍正]屯留县志四卷
(清)甄尔节修　孙肯获 罗焕章纂
清雍正八年(1730)刻本　九行二十一字小字
双行十九字白口四周双边　四册

F3254* [雍正]沁源县志十卷首一卷
(清)韩瑛纂修　王廷抢续纂修
清康熙五十二年(1713)修雍正八年(1730)续
修刻本　九行二十字小字双行同白口左右双
边　四册

F3255* [光绪]沁源县续志四卷
(清)董余三纂修
清光绪七年(1881)刻本　九行二十二字小字
双行同白口四周双边　四册

F3256 [康熙]山西直隶沁州志八卷首一卷
(清)汪宗鲁纂修
清康熙十三年(1674)刻本　九行二十字小字
双行十八字白口四周双边　六册

F3257* [乾隆]沁州志十卷首一卷
(清)叶士宽原本　姚学瑛续修　姚学甲
续纂
清乾隆三十六年(1771)增刻本　九行二十一
字小字双行同白口四周双边　八册

F3258 [万历]沃史二十六卷
(明)赵彦复纂修
明万历四十年(1612)刻本　十行二十一字白
口左右双边　四册

181

F3259 * [康熙]曲沃县志三十卷

(清)潘锦修 仇翊道纂

清康熙四十四年(1705)刻本 九行二十一字
小字双行十九字白口四周单边 四册

F3260 [康熙]临汾县志九卷

(明)邢云路原本 (清)林弘化续纂修

清康熙十二年(1673)康熙三十四年增刻明万
历本 九行二十字白口四周双边间四周单边
一册

F3261 [万历]洪洞县志八卷

(明)乔因羽修 晋朝臣纂

明万历十九年(1591)刻本 九行二十字小字
双行同白口四周双边 三册

F3262 [顺治]洪洞县续志不分卷

(清)赵三长修 晋承柱纂

清十六年(1659)刻本 九行二十字小字双行
十九字白口四周双边 一册

F3263 [顺治]赵城县志八卷

(清)安锡祚修 刘复鼎纂

清顺治十六年(1659)增刻明崇祯十五年(1642)
本 九行十八字至二十三字不等小字双行十
四字白口四周双边 一册

F3264 [康熙]汾西县志八卷首一卷

(清)蒋鸣龙修 傅南宫纂

清康熙十三年(1674)刻本 九行二十一字小
字双行十九字白口四周单边 一册

F3265 * [康熙]鼎修霍州志十卷

(清)黄复生修 黄翊圣纂

清康熙十二年(1673)刻本 九行二十一字小
字双行十九字白口四周单边 八册

F3266 [乾隆]翼城县志二十八卷

(清)李居颐纂修

清乾隆二年(1737)刻乾隆十三年(1748)补刻
本 九行二十二字小字双行二十字白口四周
双边 十二册

F3267 * [乾隆]绛县志十四卷

(清)拉昌阿修 王本智纂

清乾隆三十年(1765)刻本 九行二十字小字

双行十六字白口左右双边 四册

F3268 * [康熙]襄陵县志八卷

(清)谢国杰修 崔瀛纂

清康熙十二年(1673)刻本 九行二十二字小
字双行二十字白口四周双边 四册

F3269 [康熙]太平县志八卷

(清)何炜然修 李敏等纂

清康熙二十年(1681)刻本 九行二十字小字
双行十九字白口四周双边 一册

F3270 [雍正]太平县志八卷

(清)刘崇元修 张枚等纂

清雍正三年(1725)刻本 九行二十二字小字
双行十九字白口四周双边 八册

F3271 [康熙]安邑县志十一卷

(清)赵增纂修

清康熙十年(1671)刻本 九行十九字小字双
行同白口四周双边 四册

F3272 * [康熙]解州志二十二卷首一卷

(清)陈时修 介孝璇纂

清康熙五十六年(1717)刻本 九行二十字小
字双行同白口四周双边 十二册

F3273 * [康熙]芮城县志四卷首一卷

(清)毕盛赞修 王舜民纂

清康熙十一年(1672)刻本 九行二十四字小
字双行二十二字白口四周双边 八册

F3274 * [乾隆]解州芮城县志十六卷图一卷
首一卷

(清)言如泗修 莫溥等纂

清乾隆二十九年(1764)刻解州全志本 十行
二十一字小字双行十九字白口左右双边
四册

F3275 [乾隆]解州芮城县志十六卷图一卷
首一卷

(清)言如泗修 莫溥等纂

清乾隆二十九年(1764)刻解州全志本 十行
二十一字小字双行十九字白口左右双边
八册

F3276 * [乾隆]稷山县志十卷

(清)韦之瑷纂修

清乾隆三十年(1765)刻本　九行二十字小字双行十八字白口左右双边　八册

F3277 * [乾隆]吉州全志志八卷

(清)甘士瑛纂修

清乾隆元年(1736)刻本　九行二十字白口四周双边　八册

F3278 * [康熙]蒲州志十二卷

(清)侯康民修　贾漷纂

清康熙九年(1670)刻本　九行二十字小字双行十九字白口四周单边　八册

F3279 [康熙]蒲县新志八卷

(清)胡必蕃修　贺友范纂

清康熙十二年(1673)刻本　九行二十字白口四周双边　一册

F3280 [康熙]隰州志二十四卷

(清)钱以垲纂修

清康熙四十九年(1710)刻本　九行二十一字小字双行十九字白口四周双边　六册

F3281 * [康熙]永和县志二十四卷

(清)王士仪纂修

清康熙四十九年(1710)刻本　九行二十字小字双行十八字白口四周双边　四册

F3282 * [雍正]石楼县志八卷首一卷

(清)袁学谟修　秦燮等纂

清雍正十年(1732)刻本　九行二十字小字双行同白口四周双边　八册

F3283 [雍正]陕西通志一百卷首一卷

(清)刘于义修　沈青崖纂

清雍正十三年(1735)刻本　十二行二十五字小字双行同白口四周双边　一百册

F3284 * [雍正]陕西通志一百卷首一卷

(清)刘于义修　沈青崖纂

清雍正十三年(1735)刻本　十二行二十五字小字双行同白口四周双边　一百册

F3285 * [乾隆]同州府志二十卷首一卷

(清)张奎祥修　李之兰　张德泰纂

清乾隆六年(1741)刻本　十二行二十六字小字双行二十四字同白口四周双边　二十册

F3286 * [康熙]长安县志八卷

(清)梁禹甸纂修

清康熙七年(1668)刻本　九行二十字小字双行字十九白口四周单边　四册

F3287 * [康熙]咸宁县志八卷

(清)黄家鼎修　陈大经　杨生芝纂

清康熙七年(1668)刻本　九行二十三字小字双行同白口四周双边　四册

F3288 * [嘉庆]咸宁县志二十六卷首一卷

(清)高廷法　沈琮修　陆耀遹　董祐诚纂

清嘉庆二十四年(1819)刻本　十二行二十五字小字双行同白口四周双边　八册

F3289 [乾隆]鄠县新志六卷

(清)汪以诚修　孙景烈纂

清乾隆四十二年(1777)刻本　十行二十二字小字双行同白口四周双边　六册

F3290 * [乾隆]重修盩厔县志十四卷

(清)杨仪修　王开沃纂

清乾隆五十八年(1793)补刻本　十一行二十二字小字双行同黑口左右双边　六册

F3291 * [雍正]重修陕西乾州志六卷

(清)拜斯呼朗纂修

清雍正四年(1726)刻本　十行二十一字白口左右双边　三册

F3292 * [乾隆]泾阳县志十卷

(清)葛晨纂修

清乾隆四十三年(1778)刻本　十二行二十四字小字双行同白口四周单边　八册

F3293 [嘉靖]高陵县志七卷

(明)吕楠纂修

明嘉靖二十年(1541)刻本　九行二十二字小字双行同白口左右双边　四册

F3294 [乾隆]同官县志十卷

(清)袁文观纂修

183

清乾隆三十年(1765)刻本　九行二十字白口
四周双边　六册

F3295　[万历]富平县志十卷
(明)刘兑修　孙丕扬纂
明万历十二年(1584)刻本　十行二十一字白
口左右双边　二册

F3296＊　[嘉靖]耀州志十一卷
(明)李廷宝修　乔世宁纂
清乾隆二十七年(1762)汪灏刻本　十行二十
字小字双行同白口四周双边　二册

F3297＊　[乾隆]续耀州志十一卷
(清)汪灏修　钟麟书纂
清光绪十六年(1890)增刻本　十行二十字小
字双行同白口四周双边　二册

F3298＊　[康熙]蒲城志四卷
(清)邓永芳修　李馥蒸纂
清康熙五年(1666)刻本　九行二十二字白口
四周单边　四册

F3299＊　[康熙]蒲城县续志四卷
(清)汪元仕修　何芬纂
清康熙五十三年(1714)刻本　九行二十二字
白口四周单边　二册

F3300＊　[乾隆]白水县志四卷首一卷
(清)梁善长纂修
清乾隆十九年(1754)刻同治八年(1869)重印
本　九行二十二字小字双行同白口四周双边
四册

F3301　[乾隆]白水县志四卷首一卷
(清)梁善长纂修
清乾隆十九年(1754)刻本　九行二十二字小
字双行同白口上下双边左右单边　四册

F3302　[康熙]韩城县续志八卷
(清)康行僴修　康乃心纂
清康熙四十二年(1703)刻本　九行二十三字
小字双行二十字白口四周单边　六册

F3303＊　[正德]朝邑县志二卷
(明)王道修　韩邦靖纂

清康熙五十一年(1712)王兆鳌刻本　九行二
十二字白口左右双边　一册

F3304　[万历]续朝邑县志八卷
(明)郭实修　王学谟纂
清康熙五十一年(1712)王兆鳌刻本　九行二
十二字小字双行二十一字白口左右双边
二册

F3305　[康熙]朝邑县后志八卷
(清)王兆鳌修　王鹏翼纂
清康熙五十一年(1712)刻本　九行二十二字
小字双行二十一字白口左右双边　三册

F3306＊　[万历]华阴县志九卷
(明)王九畴修　张毓翰纂
清明万历四十九年(1621)刻康熙四十二年
(1703)增刻本　九行二十字小字双行十九字
白口四周单边　四册

F3307　[万历]华阴县志九卷
(明)王九畴修　张毓翰纂
清明万历四十九年(1621)刻康熙四十二年
(1703)增刻本　九行二十字小字双行十九字
白口四周单边　二册

F3308　[康熙]潼关卫志三卷
(清)唐谘伯修　杨端本纂
清康熙二十四年(1685)刻嘉庆二十二年(1817)
重印本　九行二十字小字双行同白口四周双
边　二册

F3309＊　[康熙]潼关卫志三卷
(清)唐谘伯修　杨端本纂
清康熙二十四年(1685)刻嘉庆二十二年(1817)
重印本　九行二十字小字双行同白口四周双
边　二册

F3310＊　[嘉庆]续修潼关厅志三卷
(清)向淮修　王森文纂
清嘉庆二十二年(1817)刻本　十行二十四字
小字双行同白口四周双边　二册

F3311＊　[道光]重修延川县志五卷首一卷
(清)谢长清纂修
清道光十一年(1831)刻本　九行二十四字小

字双行同白口四周双边　二册

F3312[*]　[乾隆]宜川县志八卷首一卷末一卷
(清)吴炳纂修
清乾隆十八年(1753)刻本　十行二十三字小字双行二十一字白口四周双边　六册

F3313　[乾隆]宜川县志八卷首一卷末一卷
(清)吴炳纂修
抄本　六册

F3314[*]　[雍正]宜君县志不分卷
(清)查遴纂修　沈华订正
清雍正十年(1732)刻本　十行二十二字白口四周双边　一册

F3315[*]　[康熙]鄜州志八卷
(清)顾耿臣修　任于峤纂
清康熙二十四年(1685)增刻本　九行十八字小字双行同白口四周双边　五册

F3316[*]　[康熙]延绥镇志六卷
(清)谭吉璁纂修
清乾隆二十一年(1756)增补康熙本　十一行二十字小字双行三十字白口四周双边　六册

F3317　[康熙]延绥镇志八卷
(清)谭吉璁纂修
抄本　三册

F3318[*]　[康熙]米脂县志八卷
(清)宁养气纂修
清康熙二十年(1681)刻本　九行二十字小字双行同白口四周双边　二册

F3319[*]　[康熙]米脂县志八卷
(清)宁养气纂修
抄本　一册

F3320[*]　[乾隆]镇安县志十卷首一卷末一卷
(清)聂焘纂修
清乾隆二十年(1755)郡学斋刻本　十行二十二字小字双行同白口左右双边　三册

F3321　[宣统]砖坪县志不分卷
(清)林一铭修　焦世官 胡官清纂
抄本　一册

F3322[*]　[康熙]石泉县志不分卷
(清)潘瑞奇修　张峻诞纂
抄本　一册

F3323[*]　[康熙]洋县志八卷首一卷
(清)邹溶修　周忠纂
清康熙三十三年(1694)刻本　十行二十字小字双行同白口四周双边　四册

F3324[*]　[光绪]洋县志八卷
(清)张鹏翼纂修
清光绪二十四年(1898)青门寓庐刻本　十行二十二字黑口四周双边　八册

F3325[*]　[康熙]陇州志八卷首一卷
(清)罗彰彝纂修
清康熙五十二年(1713)刻本　九行二十一字小字双行二十字白口四周单边　四册

F3326　[康熙]陇州志八卷首一卷
(清)罗彰彝纂修
清康熙五十二年(1713)刻本　九行二十一字小字双行二十字白口四周单边　四册

F3327[*]　[康熙]麟游县志五卷
(清)吴汝为原本　范光曦续修　罗魁续纂
清顺治十四年(1657)刻康熙四十七年(1708)增刻本　九行二十二字小字双行同白口四周双边　二册

F3328[*]　[乾隆]扶风县志十八卷
(清)熊家振修　张埙纂
清乾隆四十四年(1779)刻本　十二行二十四字小字双行二十三字白口四周单边　四册

F3329[*]　[康熙]沔县志四卷
(清)钱兆沆纂修
清康熙四十九年(1710)刻本　九行二十字白口四周双边　一册

F3330[*]　[康熙]临洮府志二十二卷
(清)高锡爵修　郭巍纂
清康熙二十六年(1687)刻本　九行十八字小字双行十七字白口四周双边　八册

185

F3331 　[嘉靖]平凉府志十三卷
(明)赵时春纂修
抄本　十册

F3332*　[康熙]巩昌府志二十八卷
(明)杨恩原本　(清)纪元续修
清康熙二十七年(1688)刻本　九行二十字白
口四周双边　十二册

F3333*　[康熙]重纂靖远卫志六卷首一卷
(清)马文麟等修　李一鹏等纂
清康熙四十八年(1709)刻本　九行二十字白
口四周双边　六册

F3334*　[乾隆]续增靖远县志不分卷
(清)那礼善修　李林等纂
清乾隆四十年(1775)刻本　九行二十一字小
字双行字不等白口四周双边　一册

F3335 　[康熙]兰州志四卷
(清)刘斗修　陈如稷纂
清康熙二十五年(1686)刻康熙五十四年(1715)
补刻本　九行十九字白口四周双边　一册

F3336*　[康熙]安定县志八卷
(清)张尔介纂修
清康熙十九年(1680)刻本　九行二十字白口
四周单边　二册

F3337*　[乾隆]陇西县志十二卷
(清)鲁廷琰修　田吕叶纂
清乾隆元年(1736)刻乾隆三十七年(1772)补
刻本　十行二十字小字双行同白口四周双边
六册

F3338 　[道光]会宁县志十二卷首一卷
(清)毕光尧纂修
清道光十一年(1831)尊经阁刻本　九行二十
三字小字双行二十一字白口四周双边　四册

F3339 　[乾隆]通渭县志十卷首一卷
(清)何大璋修　张志达纂
抄本　十册

F3340*　[乾隆]静宁州志八卷首一卷
(清)王炟纂修

清乾隆十一年(1746)刻本　九行二十一字小
字双行同白口四周双边　四册

F3341*　[乾隆]泾州志二卷
(清)张延福修　李瑾纂
清乾隆十九年(1754)刻本　九行二十二字小
字双行二十一字白口四周双边　二册

F3342*　[康熙]宁远县志六卷
(清)冯同宪修　李樟纂
清康熙四十八年(1709)刻道光十五年(1835)
重印本　十行二十一字小字双行同白口四周
单边　二册

F3343*　[乾隆]宁远县志续略八卷
(清)胡奠域修　于缵周纂
清道光十五年(1835)增刻本　十行二十一字
小字双行同白口四周单边　一册

F3344*　[乾隆]宁远县志续略八卷　宁远县
志补阙不分卷
(清)胡奠域修　于缵周纂
清道光十五年(1835)增刻本　十行二十二字
白口四周单边　一册

F3345*　[乾隆]礼县志十九卷首一卷
(清)方嘉发纂修　唐正邦补辑
清乾隆二十一年(1756)刻乾隆二十五年(1760)
补刻本　九行二十三字小字双行十九字白口
四周双边　二册

F3346 　[嘉靖]秦安志九卷
(明)胡缵宗纂
清顺治间增刻本　九行十八字小字双行同白
口四周单边　三册

F3347*　[乾隆]两当县志四卷补一卷
(清)秦武域纂修
清乾隆三十二年(1767)刻本　十行二十三字
小字双行同白口四周单边　二册

F3348 　[康熙]岷州志二十卷
(清)汪元绚修　田而榖纂
清康熙四十一年(1702)刻本　九行二十字小
字双行十八字白口四周单边　十二册

F3349 [嘉庆]玉门县志一卷

(清)□□纂

清乾隆间修 嘉庆间增补抄本 一册

F3350 * [嘉庆]玉门县志

(清)□□纂

清乾隆间修 嘉庆间增补抄本 一册

F3351 * [道光]敦煌县志七卷首一卷

(清)苏履吉修 曾诚纂

清道光十一年(1831)刻本 九行二十字白口
四周双边 四册

F3352 * [道光]敦煌县志七卷首一卷

(清)苏履吉修 曾诚纂

抄本 五册

F3353 * [康熙]河州志六卷

(清)王全臣纂修

清康熙四十六年(1707)刻本 九行十八字小
字双行十七字同白口四周单边 五册

F3354 * [乾隆]西宁府新志四十卷

(清)杨应琚纂修

清乾隆十二年(1747)刻乾隆二十七年(1762)
增刻本 九行二十一字小字双行十九字白口
四周双边 十二册

F3355 [乾隆]宁夏府志二十二卷首一卷

(清)张金城修 杨浣雨纂

清乾隆四十五年(1780)刻本 九行二十一字
白口四周双边 一册

F3356 * [乾隆]宁夏府志二十二卷首一卷

(清)张金城修 杨浣雨纂

清乾隆四十五年(1780)刻本 九行二十一字
小字双行十九字同白口四周双边 十六册

F3357 * [嘉庆]灵州志迹四卷

(清)杨芳灿修 郭楷纂

清嘉庆三年(1798)丰延泰刻本 九行二十一
字白口四周双边 四册

F3358 * [万历]固原州志二卷

(明)刘敏宽 董国光纂修

明万历四十四年(1616)刘汝桂刻本 十行二

十字白口四周双边 四册

F3359 * [嘉靖]南畿志六十四卷

(明)闻人诠修 陈沂纂

明嘉靖十三年(1534)刻本 九行十九字小字
双行十八字白口左右双边 二十册

F3360 * [乾隆]江南通志二百卷首四卷序目
一卷

(清)尹继善 赵国麟修 黄之隽 章士凤纂

清乾隆元年(1736)刻本 十行二十三字小字
双行二十一字白口左右双边 八十册

F3361 * [康熙]江宁府志三十四卷

(清)陈开虞纂修

清康熙七年(1668)刻本 十行二十一字小字
双行二十字细黑口左右双边 三十二册

F3362 * [康熙]苏州府志八十二卷首一卷

(清)宁云鹏 卢腾龙等修 沈世奕 缪彤纂

清康熙三十年(1691)刻本 十行二十一字小
字双行二十字黑口左右双边 三十一册

F3363 * [正德]姑苏志六十卷

(明)王鏊等纂

明正德元年(1506)刻本 十行二十字小字双
行十九字白口左右双边 二十册

F3364 * [康熙]松江府志五十四卷图经一卷

(清)郭廷弼修 周建鼎 包尔庚纂

清康熙二年(1663)刻本 十行二十二字小字
双行二十一字白口四周单边 二十册

F3365 * [咸淳]重修毗陵志三十卷

(宋)史能之纂

清嘉庆二十五年(1820)赵怀玉刻李兆洛校本
九行二十字小字双行同白口四周双边 八册

F3366 * [乾隆]镇江府志五十五卷首一卷

(清)高龙光修 朱霖纂

清康熙二十四年(1685)刻乾隆十五年(1750)
增刻本 十行二十一字小字双行二十字白口
左右双边 四十五册

F3367 * [康熙]淮安府志十三卷首一卷

(清)高成美修 胡从中等纂

187

清康熙二十四年(1685)刻本　九行十九字小字双行同白口左右双边　十六册

F3368*　[乾隆]淮安府志三十二卷
(清)卫哲治等修　叶长扬　顾栋高等纂
清乾隆十三年(1748)刻本　十行二十一字小字双行同白口左右双边　二十册

F3369　[万历]扬州府志二十七卷首一卷
(明)杨洵修　徐銮　陆君弼等纂
明三十三年(1605)刻本　十行二十字小字双行十九字白口四周双边　十二册

F3370*　[康熙]扬州府志四十卷
(清)金镇纂修
清康熙十四年(1675)刻本　十行二十一字小字双行十九字白口左右双边　十二册

F3371　[雍正]扬州府志四十卷
(清)尹会一修　程梦星等纂
清雍正十一年(1733)刻本　十行二十一字小字双行同白口左右双边　十二册

F3372*　[顺治]徐州志八卷
(清)余志明修　李向阳纂
清顺治十一年(1654)刻本　九行二十字小字双行十九字白口四周单边　八册

F3373*　[康熙]徐州志三十六卷
(清)姜焯纂修
清康熙六十一年(1722)刻本　十行二十一字小字双行十九字白口四周双边　十六册

F3374*　[乾隆]徐州府志三十卷首一卷
(清)石杰修　王峻纂
清乾隆七年(1742)刻本　十行二十字小字双行十九字白口左右双边　二十四

F3375*　[绍熙]云间志三卷续志一卷
(宋)杨潜纂
清嘉庆十九年(1814)刻本道光十一年(1831)重印本　十行二十三字黑口四周双边　四册

F3376*　[乾隆]娄县志三十卷首一卷
(清)谢庭薰修　陆锡熊纂
抄本　十一行二十一字小字双行同白口左右

双边　六册

F3377*　[乾隆]奉贤县志十卷首一卷
(清)李治灝　吴高埈修　王应奎　宋禹扬纂
清乾隆二十三年(1758)刻本　十一行二十一字白口四周单边　四册

F3378　[康熙]嘉定县志二十四卷
(清)赵昕修　苏渊纂
清康熙十二年(1673)刻本　九行二十字小字双行同白口左右双边　二册

F3379*　[康熙]青浦县志十卷
(清)魏球修　诸嗣郢等纂
清康熙八年(1669)刻本　九行二十字小字双行同白口左右双边　十册

F3380*　[乾隆]崇明县志十六卷首一卷
(清)赵廷健修　韩彦曾等纂
清乾隆二十五年(1760)刻本　十行二十一字小字双行同黑口左右双边　八册

F3381*　[顺治]六合县志十二卷
(清)刘庆运修　孙宗岱纂
清顺治三年(1646)刻本　十行二十一字小字双行同白口四周单边　五册

F3382*　[康熙]无锡县志四十二卷
(清)徐永言修　严绳孙　秦松龄纂
清康熙二十九年(1690)尺木堂刻本　九行二十字小字双行十八字细黑口左右双边　二十册

F3383*　[乾隆]无锡县志四十二卷首一卷
(清)王镐修　华希闵纂
清乾隆十六年(1751)尺木堂刻本　九行二十二字小字双行二十一字白口左右双边　十六册

F3384*　[乾隆]金匮县志二十卷
(清)王允谦修　华希闵纂
清乾隆七年(1742)刻本　十行二十三字小字双行二十二字白口左右双边　八册

F3385*　[乾隆]阳湖县志十二卷首一卷
(清)陈廷柱　汪邦宪修　虞鸣球　董朝纂
清乾隆三十年(1765)刻本　十行二十三字小

字双行同白口左右双边　八册

F3386[*]　[康熙]重修宜兴县志十卷图一卷
(清)李先荣修　徐喈凤纂
清康熙二十五年(1686)刻乾隆二年(1737)增
刻本　十行二十二字小字双行同白口左右双
边　十六册

F3387[*]　[嘉庆]新修宜兴县志四卷首一卷
(清)阮升基修　宁楷纂
清同治八年(1869)活字本　十行二十二字小
字双行同白口四周单边　二册

F3388[*]　[嘉庆]新修荆溪县志四卷首一卷
(清)唐仲冕修　宁楷纂
清同治八年(1869)活字本　十行二十二字小
字双行同白口四周单边　二册

F3389[*]　[雍正]江都县志二十卷图一卷
(清)陆朝玑修　程梦星　蒋继轼纂
清雍正七年(1729)刻本　十行二十一字小字
双行十九字白口左右双边　十册

F3390　[宣统]续纂泰州志三十五卷
(清)胡维藩修　卢福保纂
1961年扬州古旧书店抄本　二十四册

F3391　[康熙]淮南中十场志十卷
(清)汪兆璋修　杨大经纂
清康熙十二(1673)年刻本(间有抄配)　四册

F3392　[雍正]高邮州志十二卷
(清)张德盛修　王曾禄纂
清雍正二年(1724)刻本　十行二十字小字双
行同白口左右双边　六册

F3393　[康熙]泰兴县志四卷
(清)钱见龙　吴朴纂修
1959年扬州古旧书店抄本　十行十九字小字
双行同白口四周双边　八册

F3395[*]　[康熙]仪真县志二十二卷
(清)陆师纂修
清康熙五十七年(1718)采碧山堂刻本　十二
行二十五字白口四周单边　六册

F3396　信今录十卷

(清)曹镶纂
1961年抄本　十行二十字白口四周单边　八册

F3397　[民国]淮阴县志征访稿八卷
徐钟龄纂
1949年扬州古旧书店抄本　十六册

F3398[*]　[康熙]沭阳县志四卷
(清)张奇抱修　胡简敬纂
清康熙十三年(1674)刻本　九行二十字白口
四周双边　八册

F3399[*]　[乾隆]盱眙县志二十四卷首一卷
(清)郭起元修　秦懋绅　徐方高纂
清乾隆十二(1747)刻本　九行二十字白口左
右双边　六册

F3400[*]　[乾隆]山阳县志二十二卷首一卷
(清)金秉祚修　丁一焘等纂
清乾隆十四年(1749)刻本　十行二十二字小
字双行二十一字白口左右双边　十二册

F3401[*]　[万历]盐城县志十卷
(明)杨瑞云修　夏应星纂
传抄明万历十一年(1583)本　四册

F3402　海曲拾遗六卷
(清)金榜纂　冯锦参订
1961年抄本　八册

F3402　海曲拾遗续补六卷
(清)金榜纂　徐缙续补
1961年抄本　一册

F3403　小海场新志十卷
(清)林正青纂
清乾隆四年(1739)刻本　十一行二十一字白
口左右双边　一册

F3404[*]　[乾隆]如皋县志三十二卷附录一卷
(清)郑见龙修　周植纂
清乾隆十五年(1750)刻本　十一行二十二字
黑口左右双边　八册

F3405　[道光]白蒲镇志十卷
(清)姚鹏春纂
抄本　二册

189

F3406 [崇祯]吴县志五十四卷首一卷

(明)牛若麟修 王焕如纂

明崇祯十五年(1642)刻本 九行二十三字白口左右双边 十四册

F3407[*] [康熙]通州志十五卷

(清)王宜亨修 王效通 王兆升纂

清康熙十三年(1674)刻本 九行二十二字白口左右双边 二十册

F3408 吴门补乘十卷首一卷续编一卷

(清)钱思元纂 钱士锜补辑

清道光十年(1830)刻本 十行二十二字小字双行同白口左右双边 六册

F3409[*] [康熙]长洲县志摘要不分卷

(清)吴汝辂修

清康熙二十九年(1690)吴汝辂抄本 五册

F3410[*] [乾隆]长洲县志三十四卷首一卷

(清)李光祚修 顾诒禄等纂

清乾隆十八年(1753)刻本 十行二十四字白口左右双边 十册

F3411[*] [康熙]吴江县志四十六卷首一卷

(清)郭琇修 叶燮等纂

清康熙二十三年(1684)刻本 九行十九字小字双行同白口四周双边 六册

F3412[*] [弘治]震泽编八卷

(明)王鏊修 蔡升纂

明万历四十五年(1617)刻本 八行二十字小字双行同白口四周单边 四册

F3413[*] [乾隆]震泽县志三十八卷首一卷

(清)陈和志修 沈彤 倪师孟纂

清乾隆十一年(1746)刻本 十一行二十一字小字双行同白口左右双边 八册

F3414[*] [康熙]具区志十六卷

(清)翁澍纂修

清康熙二十八年(1689)刻本 九行十八字小字双行同黑口左右双边 八册

F3415[*] [乾隆]太湖备考十六卷首一卷

(清)金友理纂修

清乾隆十五年(1750)艺兰圃刻本 十行二十一字小字双行三十一字白口左右双边 八册

F3416[*] [弘治]常熟县志四卷

(明)杨子器修 桑瑜纂

抄本 四册

F3417[*] [康熙]常熟县志二十六卷末一卷

(清)高士鹏 杨振藻修 钱陆灿等纂

清康熙二十二年(1683)修 二十六年(1687)刻本 十行二十一字小字双行同白口左右双边 二十六册

F3418 [康熙]常熟县志八卷

(清)章曾印 曾倬纂修

清康熙五十一年(1712)刻本 十一行二十三字小字双行同白口左右双边 八册

F3419 琴川三志补记十卷

(清)黄廷鉴纂

清道光十一年(1831)张大镛刻本 十行二十一字黑口左右双边 一册

F3420 琴川三志补记续八卷

(清)黄廷鉴纂

清光绪二十四年(1898)活字本 十行二十一字黑口四周单边 三册

F3421[*] [雍正]昭文县志十卷首一卷

(清)劳必达修 陈祖范等纂

清雍正九年(1731)刻本 十行二十三字小字双行同白口左右双边 四册

F3422[*] [万历]昆山县志八卷

(明)周世昌纂修

明万历四年(1576)申恩科刻本 九行二十二字小字双行同白口左右双边 八册

F3423[*] [乾隆]昆山新阳合志三十八卷首一卷末一卷人物补编一卷

(清)张予介等修 顾登等纂

清乾隆十六年(1751)刻本 十一行二十二字小字双行二十一字白口左右双边 十二册

F3424[*] [崇祯]太仓州志十五卷

(明)钱肃乐修 张采纂

清康熙十七年(1678)补刻本　九行十九字小字双行十八字白口左右双边　六册

F3425 * [道光]皖省志略四卷

(清)朱云锦辑

清道光元年(1821)金阊传书斋毛上珍刻本九行二十一字黑口左右双边　四册

F3426 * [康熙]安庆府志三十二卷

(清)张楷纂修

清康熙六十年(1721)刻本　十行二十一字小字双行十九字白口四周双边　十六册

F3427 [康熙]徽州府志十八卷图一卷

(清)丁廷楗　卢询修　赵起士等纂

清康熙三十八年(1699)万青阁刻本　九行二十三字小字双行同红格白口四周单边　二十册

F3428 * [康熙]宁国府志三十二卷首一卷

(清)庄泰弘等修　刘尧枝等纂

清康熙十三年(1674)刻本　九行二十字小字双行十九字白口四周双边　十四册

F3429 * [乾隆]池州府志五十八卷首一卷

(清)张士范纂修

清乾隆四十四年(1779)刻本　九行二十四字小字双行同白口左右双边　十六册

F3430 * [乾隆]庐州卫志六卷首一卷

(清)尹焕纂

清乾隆十二年(1747)刻本　九行二十字小字双行十八字白口四周双边　四册

F3431 * [嘉庆]庐州府志五十四卷图一卷

(清)张祥云修　孙星衍等纂

清嘉庆八年(1803)刻本　十一行二十三字小字双行同白口左右双边　十六册

F3432 * [康熙]合肥县志二十卷

(清)贾晖修　王方岐纂

清康熙三十六年(1697)刻本　九行二十字小字双行同白口四周双边　十册

F3433 * [嘉庆]合肥县志三十六卷首一卷

(清)左辅纂修

清嘉庆九年(1804)广益局刻本　十行二十字小字双行同黑口左右双边　十二册

F3434 * [乾隆]六安州志二十四卷

(清)金弘勋纂修

清乾隆十六年(1751)刻本　九行二十一字小字双行二十字白口四周双边　十二册

F3435 * [乾隆]霍邱县志十二卷

(清)张海　戴廷抡修　薛观光纂

清乾隆十九年(1754)刻本　十行二十字小字双行同白口左右双边　八册

F3436 * [乾隆]寿州志十二卷首一卷末一卷

(清)席艺纂修

清乾隆三十二年(1767)刻本　九行二十二字小字双行同白口左右双边　六册

F3437 * [道光]寿州志三十六卷首一卷末一卷

(清)朱士达修　乔载繇　汤若苟纂

清道光九年(1829)刻本　十行二十二字小字双行同白口左右双边　十六册

F3438 * [嘉庆]舒城县志三十六卷

(清)熊载升　杜茂才修　孔继序纂

清嘉庆十一年(1806)刻本　十行二十二字小字双行同白口左右双边　十六册

F3439 [同治]涡阳县志六卷

(清)石成之修　王冠甲　杨雨霖纂

清同治十一年(1872)抄本　八册

F3440 * [乾隆]灵璧县志略四卷首一卷附河渠原委三卷河防录一卷

(清)贡震纂修

清乾隆二十五年(1760)此君草堂刻本　九行二十一字小字双行同白口左右双边　四册

F3441 * [康熙]虹县志二卷

(清)龚起翚纂修　彭翼宸增补

抄本　四册

F3442 * [嘉庆]五河县志十二卷首一卷

(清)王启聪等修　言尚炜　陈瑜纂

清嘉庆八年(1803)刻本　九行二十字小字双

行同白口左右双边　六册

F3443　[康熙]滁州志三十卷
(清)余国楫修　潘运皥纂
清康熙十二年(1673)刻本　十行二十一字小字双行十八字白口左右双边　十一册

F3444　[嘉庆]天长县志四卷
(清)江映鲲修　张振先等纂
抄本　四册

F3445＊　[康熙]全椒县志十八卷
(清)蓝学鉴　吴国对纂修
清康熙二十三年(1684)王作舟补刻本　十行二十一字小字双行十九字白口四周单边　八册

F3446　[乾隆]芜湖县志二十四卷首一卷末一卷
(清)刘瓒修　陆纶纂
清乾隆十九年(1754)刻本　十行二十一字小字双行十九字白口四周双边　八册

F3447＊　[嘉庆]芜湖县志二十四卷首一卷
(清)梁启让修　陈春华纂
清嘉庆十二年(1807)刻本　十行二十一字小字双行同白口四周双边　十六册

F3448　[雍正]建平县志二十二卷首一卷
(清)卫廷璞纂修
清雍正九年(1731)刻本　九行二十字小字双行十九字白口左右双边　五册

F3449＊　[乾隆]广德直隶州志五十卷
(清)胡文铨修　周广业纂
清乾隆五十七年(1792)周耕厓所著书本　九行二十二字小字双行二十一字白口四周双边　十六册

F3450＊　[乾隆]泾县志十卷首一卷志余二卷
(清)王廷栋修　钱人麟纂
清乾隆二十年(1755)刻本　十一行二十四字小字双行二十三字白口左右双边　十六册

F3451＊　[道光]巢县志二十卷首一卷
(清)舒梦龄纂修

抄本　十二册

F3452＊　[康熙]歙县志十二卷
(清)靳治荆修　吴苑　程浚纂
清康熙二十九年(1690)刻本　十行二十一字小字双行二十字白口四周单边　二十册

F3453＊　[乾隆]歙县志二十卷首一卷
(清)张佩芳修　刘大櫆等纂
清乾隆三十六年(1771)刻本　九行二十四字小字双行二十三字白口左右双边　八册

F3454＊　[乾隆]绩溪县志十卷首一卷
(清)较陈锡修　赵继序　章瑞钟纂
清乾隆二十一年(1756)刻本　九行二十三字小字双行二十二字白口左右双边　十二册

F3455　[嘉庆]绩溪县志十二卷首一卷
(清)清恺修　席存泰纂
清嘉庆十五年(1810)刻本　十行二十三字小字双行同白口左右双边　十六册

F3456＊　[康熙]繁昌县志十八卷
(清)梁延年修　闵鋆纂
清康熙十七年(1678)刻本　九行二十字小字双行同白口四周单边　六册

F3457＊　[康熙]休宁县志八卷首一卷
(清)廖腾煃修　汪晋征纂
清康熙三十二年(1693)刻本　十行二十一字小字双行二十二字白口四周单边　八册

F3458　休宁碎事十二卷
(清)徐卓纂
抄本　四册

F3459＊　[道光]祁门县志三十六卷首一卷
(清)王让修　桂超万纂
清道光七年(1827)刻本　十行二十二字小字双行同白口左右双边　八册

F3460＊　[康熙]石埭县志八卷
(清)姚子庄修　周体元纂
清康熙十四年(1675)刻本　九行二十字小字双行十七字白口左右双边　十册

F3461 * [道光]续修桐城县志二十四卷首一卷

(清)廖大闻等修　金鼎寿纂

清道光七年(1827)刻本　十行二十五字小字双行同白口四周双边　十二册

F3462 * [道光]续修桐城县志二十四卷首一卷

(清)廖大闻等修　金鼎寿纂

清道光七年(1827)修　十四年(1834)刻本十行二十五字小字双行同白口四周双边　十二册

F3463 建德风土记十八卷

周云编

民国间油印本　八册

F3464 * [康熙]安庆府宿松县志三十六卷

(清)朱维高　胡永昌修　黄钺　石颂功纂

清康熙四十二年(1703)增刻本　十行二十一字小字双行十九字白口左右双边　八册

F3465 * [道光]宿松县志二十八卷首一卷

(清)邬正阶　郑敦亮修　石葆元　汪景祥纂

清道光八年(1828)刻本　十一行二十五字小字双行同白口左右双边　十册

F3466 * [康熙]浙江通志五十卷首一卷

(清)王国安等修　黄宗羲等纂

清康熙二十三年(1683)刻本　九行二十字小字双行十九字白口四周双边　三十六册

F3467 * [乾隆]杭州府志一百十卷首五卷

(清)郑澐修　邵齐然等纂

清乾隆四十四年(1779)修　四十九年(1784)刻本　十行二十四字小字双行同白口左右双边　四十八册

F3468 至元嘉禾志三十二卷

(元)单庆修　徐硕纂

清不暇嫩斋抄本　十行二十字小字双行十六字白口左右双边　八册

F3469 * [康熙]嘉兴府志十六卷

(清)吴永芳修　钱以垲等纂

清康熙六十年(1721)刻本　十行二十二字小字双行同白口左右双边　二十册

F3470 嘉泰会稽志二十卷

(宋)沈作宾修　施宿等纂

清嘉庆十三年(1808)采鞠轩刻本　十行二十字小字双行同白口左右双边　八册

F3471 宝庆会稽续志七卷

(宋)张淏纂修

清嘉庆十三年(1808)采鞠轩刻本　十行二十字小字双行同白口左右双边　二册

F3472 * [康熙]绍兴府志六十卷

(清)张三异修　王嗣皋纂　王之宾续修董钦德续纂

清康熙十一年(1672)刻康熙三十年(1691)增修本　九行二十字小字双行同白口四周双边　四十八册

F3473 [康熙]绍兴府志六十卷

(清)俞卿修　周徐彩纂

清康熙五十八年(1719)刻本　九行二十字小字双行同白口四周双边　二十四册

F3474 * [康熙]台州府志十八卷首一卷

(清)张联元修　方景濂等纂

清康熙六十一年(1722)刻本　九行二十字小字双行同白口四周单边　十八册

F3475 * [康熙]仁和县志二十八卷

(清)赵世安修　顾豹文　邵远平纂

清康熙二十六年(1687)刻本　九行二十字小字双行十九字白口四周双边　十册

F3476 * 唐栖志二十卷

(清)王同纂

清光绪十六年(1890)刻本　十行二十二字小字双行同白口四周双边　八册

F3477 * [康熙]钱塘县志三十六卷首一卷

(清)魏嵚修　裘琏等纂

清康熙五十七年(1718)刻本　九行二十二字小字双行二十字白口四周单边　十二册

F3478 * [康熙]富阳县志十卷

(清)钱晋锡纂修

清康熙二十二年(1683)刻本　九行二十字小
字双行十九字白口左右双边　八册

F3479[＊]　[康熙]桐庐县志四卷
(清)童炜修　吴文炜　王金吉纂
清康熙二十二年(1683)刻本　九行二十二字
小字双行十九字白口四周双边　十册

F3480[＊]　[万历]新城县志四卷
(明)温朝祚修　方廉纂
抄本　四册

F3481[＊]　[康熙]新城县志八卷首一卷
(清)张瓒修　张戣　袁汗纂
清康熙十二年(1673)深清堂刻本　十一行二
十字小字双行十七字白口四周双边　二册

F3482[＊]　[道光]昌化县志二十卷
(清)于尚龄修　王兆杏纂
抄本　十六册

F3483[＊]　[乾隆]鄞县志三十卷首一卷
(清)钱维乔修　钱大昕等纂
清乾隆五十三年(1788)刻本　十一行二十二
字小字双行同白口左右双边　十六册

F3484[＊]　[嘉靖]定海县志十三卷
(明)何愈修　张时彻等纂修
明嘉靖四十二年(1563)刻本　九行十九字小
字双行十八字白口左右双边　六册

F3485[＊]　[康熙]定海县志八卷
(清)缪燧修　陈琯等纂
清康熙五十四年(1715)刻本　九行二十字小
字双行十九字白口左右双边　四册

F3486　[雍正]玉环志四卷
(清)张坦熊纂修
清雍正十年(1732)刻本　九行二十一字小字
双行二十八字白口四周单边　四册

F3487[＊]　梅里志十六卷
(清)杨谦　李富孙纂
清道光五年(1825)补刻本　十行二十三字小
字双行同黑口左右双边　四册

F3488[＊]　[康熙]嘉兴县志九卷

(清)何铦修　王庭　徐发纂
清康熙二十四年(1685)刻本　十行二十二字
小字双行字白口左右双边　十册

F3489[＊]　[康熙]秀水县志十卷
(清)任之鼎修　范正辂纂
清康熙二十四年(1685)刻本　十行二十二字
小字双行二十字白口左右双边　八册

F3490[＊]　[乾隆]平湖县志十卷
(清)高国楹修　倪藻垣等纂
清乾隆十年(1745)刻本　九行二十字小字双
行同白口左右双边　八册

F3491[＊]　乍浦志六卷首一卷末一卷续纂二卷
(清)宋景关纂
清乾隆五十七年(1792)增刻本　十行二十字
小字双行同白口左右双边　二册

F3492[＊]　乍浦备志三十六卷首一卷
(清)邹璟纂
清道光二十三年(1843)补刻本　十行二十二
字小字双行同白口左右双边　八册

F3493　续澉水志九卷
(明)董谷纂修
抄本　一册

F3494[＊]　[天启]海盐县图经十六卷
(明)樊维城修　胡震亨　姚士磷纂
明天启四年(1624)刻本　十行二十字小字双
行字白口左右双边　六册

F3495[＊]　[乾隆]海盐县续图经七卷
(清)王如珪修　陈世倕　钱元昌纂
清乾隆十三年(1748)刻本　十行二十字小字
双行同白口左右双边　七册

F3496　海昌外志八卷
(明)谈迁纂
旧抄本　九行二十二字小字双行同白口四周
双边　四册

F3497[＊]　[康熙]海宁县志十三卷图一卷
(清)许三礼纂修　黄承琏续纂修
清康熙十四年(1675)修二十二年(1683)续修

刻本　十行二十字小字双行同白口左右双边
二十册

F3498[*] **[嘉庆]桐乡县志十二卷**
(清)李廷辉修　徐志鼎等纂
清嘉庆四年(1799)刻本　十行二十三字小字
双行同白口左右双边　十四册

F3499[*] **[康熙]石门县志十二卷**
(清)杜森修　祝文彦等纂　邝世培续修
清康熙四十七年(1708)增刻本　九行十九字
小字双行同白口四周双边　五册

F3500[*] **[嘉庆]石门县志二十六卷首一卷**
(清)耿维祐修　潘文辂　潘蓉镜纂
清嘉庆二十三年(1818)修道光元年(1821)刻
本　十行二十二字小字双行同白口左右双边
八册

F3501[*] **[康熙]德清县志十卷**
(清)侯元棐修　王振孙等纂
清康熙十二年(1673)刻康熙十九年(1680)增
刻本　九行二十字小字双行十九字白口四周
双边　四册

F3502[*] **[道光]武康县志二十四卷首一卷**
(清)疏筤修　陈殿阶　吴敬羲纂
清道光九年(1829)刻本　九行二十二字小字
双行二十一字白口左右双边　十册

F3503[*] **[乾隆]长兴县志十二卷首一卷**
(清)谭肇基修　吴菜等纂
清乾隆十四年(1749)梦鼎堂刻本　十行二十
一字小字双行十九字白口四周单边　十二册

F3504[*] **[康熙]山阴县志三十八卷**
(清)高登先修　沈麟趾　单国骥等纂
清康熙十年(1671)刻本　九行二十字小字双
行十九字白口左右双边　十六册

F3505[*] **乾隆绍兴府志校记不分卷**
(清)李慈铭撰
抄本　四册

F3506[*] **山阴县志校记一卷**
(清)李慈铭纂
抄本　二册

F3507[*] **[康熙]会稽县志二十八卷首一卷**
(清)吕化龙修　董钦德纂
清康熙十三年(1674)刻本　九行二十字小字
双行十九字白口四周单边　二十册

F3508 **[乾隆]象山县志十二卷**
(清)史鸣皋修　姜炳璋　冒春荣纂
清乾隆二十四年(1759)刻本　十行二十三字
小字双行同白口左右双边　十册

F3509[*] **[康熙]天台县志十五卷首一卷**
(清)李德耀　黄执中纂修
清康熙二十三年(1684)刻本　九行十九字小
字双行同白口四周双边　十二册

F3510 **[康熙]天台县志十五卷首一卷**
(清)李德耀　黄执中纂修
清康熙二十三年(1684)刻本　九行十九字小
字双行十八字白口四周双边　六册

F3511[*] **[康熙]新昌县志十八卷**
(清)刘作梁修　吕曾楠纂
清康熙十年(1671)刻本　九行二十字小字双
行同白口四周双边　六册

F3512 **[康熙]上虞县志二十卷首一卷**
(清)郑侨修　唐征麟等纂
清康熙十年(1671)刻本　九行二十字小字双
行十九字白口左右双边　八册

F3513[*] **[嘉庆]上虞县志十四卷首一卷**
(清)崔鸣玉修　李方湛　朱文绍纂
清嘉庆十六年(1811)刻本　十行二十三字小
字双行同白口四周双边　二十四册

F3514[*] **[康熙]仙居县志三十卷**
(清)郑录勋修　张明炜　张徽谟纂
清康熙十九年(1680)刻本　十行二十字小字
双行十八字白口四周双边　五册

F3515[*] **[天启]慈溪县志十六卷**
(明)李逢申修　姚宗文等纂
明天启四年(1624)刻本　九行十九字小字双
行十七字白口四周双边　八册

F3516 [康熙]临海县志十五卷首一卷

（清）洪若皋纂

清康熙二十二年（1683）刻本　九行二十字小字双行同白口四周双边　八册

F3517 [康熙]太平县志八卷

（清）曹文埴修　林槐等纂

清康熙二十二年（1683）刻本　九字二十小字双行同白口四周双边　三册

F3518 [雍正]泰顺县志十卷首一卷

（清）朱国源修　朱廷琦等纂

清雍正七年（1729）刻本　九行二十字小字双行十八字白口四周双边　四册

F3519 [道光]庆元县志十二卷图一卷

（清）吴纶彰修　周大成等纂

清道光十二年（1832）刻本　九行二十一字小字双行二十字白口左右双边　五册

F3520 [雍正]青田县志十二卷

（清）张皇辅原本　万里续修　钱喜选纂

清康熙二十五年（1686）刻雍正六年（1728）增刻本　九行二十一字小字双行二十字白口四周双边　四册

F3521 [康熙]金华县志十卷图一卷

（清）赵泰甡修　张翀纂

清康熙三十四年（1695）刻本　十行二十二字小字双行十九字白口四周双边　十四册

F3522 [道光]建德县志二十一卷首一卷

（清）周兴峄修　许锦春　严可均纂

清道光八年（1828）刻本　九行二十五字小字双行二十二字白口左右双边　十册

F3523 [康熙]兰溪县志七卷

（清）刘方哲修　郭若绎　章允奇纂

清康熙十一年（1672）刻本　九行二十字小字双行同白口四周单边　四册

F3524 [康熙]义乌县志二十卷

（清）王廷曾纂修

清康熙三十一年（1692）刻本　九行二十一字小字双行十九字白口四周双边　五册

F3525 [乾隆]遂昌县志十二卷

（清）王憕纂修

清乾隆三十年（1765）刻本　十行二十二字小字双行二十字白口四周双边　四册

F3526 [乾隆]松阳县志十二卷

（清）曹立身修　潘茂才纂

清乾隆三十四年（1769）刻本　十行二十二字小字双行二十字白口四周双边　八册

F3527 [康熙]龙游县志十二卷首一卷

（清）卢灿修　余恂等纂

清乾隆六年（1741）徐起岩增刻本　九行二十字小字双行十九字白口四周双边　四册

F3528 [嘉庆]常山县志十二卷首一卷

（清）陈珏修　徐始搏纂

清嘉庆十八年（1813）刻本　九行二十二字小字双行二十字白口左右双边　八册

F3529 [雍正]江西通志一百六十二卷首三卷

（清）谢旻等修　陶成　恽鹤生纂

清雍正十年（1732）刻本　十行二十三字小字双行二十二字白口左右双边　八十册

F3530 [乾隆]袁州府志三十八卷首一卷

（清）陈廷枚修　熊日华　鲁鸿纂

清嘉庆八年（1803）补刻本　十行二十二字小字双行同白口左右双边　十六册

F3531 [乾隆]吉安府志七十四卷首一卷

（清）卢崧修　朱承煦　林有席纂

清乾隆四十一年（1776）刻本　十一行二十二字白口左右双边　四十册

F3532 [乾隆]浮梁县志十二卷首一卷

（清）程廷济修　凌汝绵纂

清乾隆四十八年（1783）刻本　十一行二十四字小字双行二十三字白口左右双边　十四册

F3533 [道光]新喻县志十四卷首一卷

（清）陆尧春纂修

清道光五年（1825）刻本　十行二十二字小字双行同白口左右双边　十册

F3534 * [道光]萍乡县志十六卷

(清)黄浚纂修

清道光三年(1823)兴贤堂刻本　九行二十五字小字双行同白口左右双边　十册

F3535 * [道光]高安县志二十二卷首一卷

(清)高以本纂修

清道光四年(1824)刻本　十一行二十三字小字双行二十一字白口左右双边　十六册

F3536 * [道光]丰城县志二十四卷首一卷

(清)徐清选 李培绪修　毛辉凤等纂

清道光五年(1825)刻本　十行二十三字小字双行同白口四周双边　十二册

F3537 * [道光]奉新县志十二卷首一卷末一卷

(清)邹山立修　赵敬襄纂

清道光六年(1826)刻本　十行二十四字小字双行同白口左右双边　十册

F3538 * [道光]分宜县志三十二卷首一卷

(清)龚笙修　王钦纂

清道光二年(1822)刻本　十行二十二字小字双行二十字白口四周双边　十二册

F3539 * [道光]清江县志二十八卷首一卷末一卷

(清)张湄修　杨学光 黄郁章纂

清道光四年(1824)刻本　十一行二十三字小字双行同白口左右双边　十册

F3540 * [道光]进贤县志二十五卷首一卷

(清)朱楣修　贺熙龄等纂

清道光三年(1823)尊经阁刻本　十行二十四字小字双行二十三字白口左右双边　十册

F3541 * [乾隆]南昌县志三十二卷首一卷末一卷

(清)徐午修　万廷兰纂

清乾隆五十九年(1794)刻本　十行二十二字小字双行二十字白口四周双边　十二册

F3542 * [道光]新建县志七十四卷首一卷末一卷

(清)雷学淦修　曹师曾纂

清道光四年(1824)刻本　九行二十二字小字双行同白口左右双边　二十四册

F3543 * [乾隆]德安县志十五卷首一卷

(清)曹师圣纂修

清乾隆二十一年(1756)刻本　十行二十二字小字双行同白口左右双边　六册

F3544 * [乾隆]彭泽县志十六卷

(清)吴会川修　何炳奎纂

清乾隆二十一年(1756)刻本　十一行二十二字小字双行二十一字白口左右双边　六册

F3545 * [乾隆]宁州志十卷

(清)张耀曾修　陈昌言纂

清乾隆二年(1737)百尺楼刻本　八行二十二字小字双行二十一字白口四周双边　十册

F3546 * [道光]义宁州志三十二卷首三卷

(清)曾晖春修　冷玉光 查望洋纂

清道光四年(1824)鉴悬堂刻本　十二行二十三字小字双行二十二字白口左右双边　十六册

F3547 * [道光]广丰县志三十二卷首一卷

(清)文炳修　徐奕溥纂

清道光三年(1823)刻本　九行二十四字黑口四周双边　八册

F3548 * [道光]兴安县志三十二卷首一卷

(清)余成彪修　饶元英纂

清道光四年(1824)刻本　九行二十二字小字双行二十字白口四周双边　四册

F3549 * [乾隆]贵溪县志十四卷首一卷

(清)郑高华纂修

清乾隆四十九年(1784)刻本　九行二十二字小字双行二十字白口左右双边　八册

F3550 * [乾隆]婺源县志三十九卷首一卷

(清)俞云耕修　潘继善纂

清乾隆二十二年(1757)刻本　十行二十二字小字双行二十一字白口左右双边　十二册

F3551 * [道光]安仁县志三十二卷首一卷

(清)陈天爵 沈廷枚修　郑大琮 郑善征纂

197

清道光六年(1826)刻本　十行二十二字小字
双行同白口四周双边　八册

F3552* 　[道光]泸溪县志十二卷首一卷
(清)张澍纂修
清道光九年(1829)刻本　十一行二十四字白
口左右双边　六册

F3553* 　[乾隆]新城县志十四卷首一卷
(清)方懋禄修　夏之翰等纂
清乾隆十六年(1751)刻道光六年(1826)重印
本　十行二十二字小字双行同白口左右双边
十四册

F3554* 　[道光]庐陵县志四十八卷首一卷
(清)梅大鹤等修　王锦芳等纂
清道光五年(1825)刻本　十一行二十三字白
口左右双边　十六册

F3555* 　[康熙]万安县志十二卷首一卷
(清)黄图昌修　刘应举等纂
清康熙二十八年(1689)刻本　九行二十二字
小字双行十八字白口四周双边　四册

F3556* 　[道光]峡江县志十四卷
(清)兆元修　郭廷赓纂
清道光三年(1823)刻本　十行二十一字白口
左右双边　十二册

F3557* 　[道光]龙泉县志十八卷首一卷末
一卷
(清)文海修　高世书纂
清道光四年(1824)刻本　十二行二十四字小
字双行同白口左右双边　八册

F3558 　[道光]莲花厅志八卷首一卷末一卷
(清)李其昌原本　李荫枢续修　李素珠
续纂
清道光六年(1826)增刻本　十行二十二字白
口左右双边　十册

F3559* 　[乾隆]安福县志二十二卷首一卷
(清)高崇基等修　王基 刘映璧纂
清乾隆四十七年(1782)刻本　十一行二十三
字小字双行二十二字白口左右双边　七册

F3560* 　[道光]永宁县志八卷首一卷
(清)孙承祖修　黄节纂
清道光二年(1822)刻本　九行二十字小字双
行十八字白口四周双边　四册

F3561 　[康熙]瀔水志林二十六卷
(清)张尚瑗纂修
清同治间活字本　十行二十一字小字双行字
不等白口四周单边　八册

F3562* 　[道光]石城县志八卷图一卷
(清)朱一慊修　许琼等纂
清道光四年(1824)刻本　十行二十二字小字
双行同白口四周双边　八册

F3563* 　[道光]瑞金县志十六卷首一卷
(清)蒋方增纂修
清道光二年(1822)刻本　十行二十三字小字
双行同白口左右双边　十六册

F3564* 　[乾隆]信丰县志十六卷
(清)游法珠修　杨廷为等纂
清乾隆十六年(1751)刻清同治六年(1867)重
印本　十行二十三字小字双行同白口左右双
边　六册

F3564* 　[道光]信丰县志续编十六卷
(清)许夒修　谢肇涟 张俨纂
清同治六年（1867）周之镛补刻道光四年
(1878)本　与《信丰县志》合册　十行二十三
字小字双行同白口左右双边

F3565* 　[道光]南康县志二十四卷首一卷
(清)刘绳武修　赖相栋纂
清道光三年(1823)刻本　十行二十字小字双
行十九字白口四周双边　十二册

F3566* 　[乾隆]定南厅志七卷
(清)朱昕修　刘霖 黄吉芬纂
清乾隆四十四年(1779)刻本　九行二十二字
小字双行十九字白口左右双边　七册

F3567* 　[康熙]湖广通志八十卷图考一卷
(清)徐国相 丁思孔修　宫梦仁 姚淳焘纂
清康熙二十三年(1684)刻本　十行二十字小
字双行十九字白口四周双边　二十四册

F3568 * [康熙]湖广武昌府志十二卷
(清)裴天锡修　罗人龙纂
清康熙二十六年(1687)刻本　十行二十字小字双行十九字白口左右双边　十二册

F3569 * [乾隆]汉阳府志五十卷首一卷
(清)陶士僙修　刘湘煃纂
清乾隆十二年(1747)刻本　九行二十字小字双行十九字白口左右双边　二十册

F3570 * [乾隆]黄州府志二十卷
(清)王勍修　靖道谟纂
清乾隆十四年(1749)刻本　九行二十二字小字双行同白口四周双边　十四册

F3571　[康熙]德安安陆郡县志二十卷
(清)高翔　高联捷修　沈会霖纂
清康熙五年(1666)刻本　九行二十字小字双行十九字白口四周单边　二册

F3572 * [康熙]荆州府志四十卷首一卷
(清)郭茂泰修　胡在恪纂
清康熙二十四年(1685)刻本　八行二十字小字双行十九字白口四周双边　十六册

F3573 * [乾隆]荆州府志五十八卷首一卷
(清)叶仰高修　施廷枢纂
清乾隆二十二年(1757)刻本　九行二十字小字双行二十一字白口四周双边　二十册

F3574 * [康熙]大冶县志十二卷首一卷
(清)陈邦寄修　胡绳祖纂
清康熙二十二年(1683)刻本　十行二十一字小字双行十九字白口左右双边　八册

F3575 * [嘉庆]汉阳县志三十六卷首一卷
(清)裘行恕修　邵翔纂
清嘉庆二十三年(1818)刻本　九行二十一字小字双行同白口四周双边　十二册

F3576 * [康熙]麻城县志十卷
(清)屈振奇修　王汝霖纂
清康熙九年(1670)刻本　八行二十字白口四周单边　四册

F3577 * [顺治]江陵志余十卷

(清)孔自来纂
清道光四年(1824)刻本　九行二十一字小字双行同白口四周单边　三册

F3578 * [乾隆]江陵县志五十八卷首一卷
(清)崔龙见修　魏耀　黄义尊纂
清乾隆五十九年(1794)刻本　九行二十二字小字双行二十字白口左右双边　三十册

F3579　[康熙]景陵县志十二卷
(清)李馨修　吴泰纂
清康熙七年(1668)刻本　九行二十字小字双行十九字白口四周单边　十四册

F3580 * [乾隆]荆门州志三十六卷
(清)舒成龙修　李法孟　陈荣杰纂
清乾隆十九年(1754)宗陆堂刻本　十行二十字小字双行十九字白口四周双边　八册

F3581　[嘉庆]荆门直隶州志三十六卷
(清)王树勋修　廖士琳纂
清嘉庆十四年(1809)刻本　十行二十字黑口四周双边　十二册

F3582 * [康熙]松滋县志二十四卷首一卷
(清)陈麟修　丁楚琮纂
清康熙三十五年(1696)刻本　八行二十字小字双行十九字白口四周双边　二册

F3583 * [康熙]京山县志十卷
(清)吴游龙修　王演　卢前骥纂
清康熙十二年(1673)刻本　八行十九字小字双行同白口四周双边　四册

F3584 * [乾隆]石首县志八卷首一卷末一卷
(清)王维屏修　徐祐彦纂
清乾隆六十年(1795)刻本　九行二十二字小字双行同白口四周双边　六册

F3585 * [康熙]巴东县志四卷
(清)齐祖望纂修
清康熙二十二年(1683)刻本　九行二十一字小字双行同白口四周双边　一册

F3586 * [乾隆]随州志十八卷首一卷
(清)张璇纂修

199

清乾隆五十五年(1790)刻本　九行二十二字
小字双行二十字白口四周双边　八册

F3587* ［乾隆］郧西县志二十卷首一卷
(清)张道南纂修
清乾隆四十二年(1777)无倦堂刻本　十行二
十二字白口四周双边　四册

F3588* ［乾隆］岳州府志三十卷首一卷
(清)黄凝道修　谢仲坃纂
清乾隆十一年(1746)刻本　十行二十字小字
双行十九字白口四周双边　三十二册

F3589* ［乾隆］善化县志十二卷
(清)魏成汉修　张汝润　刘大正纂
清乾隆十二年(1747)刻本　十行二十字小字
双行十九字白口四周双边　六册

F3590* ［乾隆］攸县志六卷
(清)冯运栋修　李天旭纂
清乾隆十二年(1747)刻本　九行二十字小字
双行十九字白口四周双边　六册

F3591* ［嘉庆］攸县志五十五卷
(清)赵勤　万在衡修　陈之骥纂
清道光十九年(1839)潘砺襄增刻嘉庆二十三
年(1818)本　十行二十二字小字双行同白口
四周双边　十册

F3592* ［康熙］道州新志十五卷
(清)张大成修　魏希范纂
清康熙三十三年(1694)李泓增补刻本　九行
二十三字小字双行二十一字白口四周双边
四册

F3593* ［嘉庆］茶陵州志二十七卷首一卷末
一卷
(清)瑞征修　谭良治　邓奉时纂
清道光十二年(1832)增刻本　十行二十四字
小字双行二十二字白口四周双边　十册

F3594* ［康熙］临武县志十六卷首一卷
(清)张声远修　邹章周纂
清乾隆十九年(1754)增刻本　十行二十字小
字双行十九字白口四周单边　六册

F3595* ［康熙］桂阳州志十四卷
(清)董之辅修　吴为相纂
清康熙三十五年(1696)王秉中增补刻本　十
行二十字小字双行同白口四周双边　六册

F3596* ［乾隆］武冈州志十卷首一卷
(清)席芬修　周思仁纂
清乾隆二十一年(1756)刻本　九行二十字小
字双行十九字同白口四周双边　四册

F3597 ［乾隆］黔阳县志四十二卷首一卷
(清)姚文起修　危元福纂
清乾隆五十四年(1789)刻本　九行二十二字
小字双行二十一字白口四周双边　八册

F3598* ［乾隆］靖州志十四卷首一卷末一卷
(清)吕宣曾修　张开东纂
清乾隆二十六年(1761)刻本　九行二十一字
小字双行同白口四周双边　十二册

F3599* ［康熙］华容县志八卷
(明)李云阶修　孙羽侯纂　(清)徐元禹
增补
清雍正七年(1729)王展六增刻本　九行二十
字小字双行同白口四周单边间有左右双边
六册

F3600* ［康熙］石门县志三卷
(清)张霖纂修　许湄续修
清康熙四十八年(1709)增补刻本　九行二十
字小字双行同白口左右双边　二册

F3601* ［雍正］四川通志四十七卷首一卷
(清)黄廷桂等修　张晋生等纂
清雍正十三年(1735)刻本　九行二十一字小
字双行十九字白口四周双边　五十册

F3602* ［道光］保宁府志六十二卷
(清)黎学锦　徐双桂等修　史观等纂
清道光元年(1821)刻本　九行二十一字小字
双行同白口四周双边　十六册

F3603* ［康熙］顺庆府志十卷
(清)李成林修　罗承顺等纂
清康熙四十六年(1707)袁定远增补刻本　九
行十八字小字双行十六字白口四周单边　十册

F3604* [康熙]顺庆府志增续一卷

(清)袁定远纂修

清康熙四十六年(1707)刻本 九行十八字小字双行十六字白口四周单边 一册

F3605* [乾隆]巴县志十七卷首一卷

(清)王尔鉴修 王世沿等纂

清乾隆十六年(1751)修 二十六年(1761)刻本 九行二十一字小字双行十九字白口四周双边 十二册

F3606 [光绪]四川綦江续志四卷

(清)戴纶哲纂修

民国二十七年(1938)刻本 九行二十一字白口四周双边 四册

F3607* [嘉庆]崇宁县志四卷

(清)刘坛等纂修

清嘉庆二十一年(1816)刻本 九行二十一字白口四周双边 四册

F3608* [乾隆]灌县志十二卷首一卷

(清)孙天宁纂修

清乾隆五十一年(1786)刻本 九行二十一字小字双行十九字白口四周双边 六册

F3609* [康熙]绵竹县志七卷首一卷

(清)王谦言纂修 陆箕永增补

清康熙四十四年(1705)刻乾隆四十二年(1777)增刻本 九行二十一字小字双行二十字白口四周单边 十二册

F3610* [嘉庆]绵竹县志四十四卷

(清)沈璲等纂修

清嘉庆十八年(1813)刻本 九行二十一字小字双行同白口四周双边 六册

F3611* [道光]南部县志三十卷首一卷

(清)王瑞庆等修 徐畅达等纂

清道光二十九年(1849)刻本 九行二十一字小字双行同白口四周双边 十册

F3612* [咸丰]广安州志八卷

(清)王兆僖修 廖朝翼纂

清咸丰十年(1860)刻本 九行二十一字小字双行十九字白口四周双边 八册

F3613* [康熙]西充县志十二卷

(清)李棠等修 李昭治纂

清康熙六十一年(1722)刻本 十行二十字小字双行同白口四周单边 五册

F3614* [道光]南江县志三卷

(清)胡炳修 彭映纂

清道光七年(1827)刻本 九行二十二字白口四周双边 三册

F3615* [道光]通江县志十五卷

(清)锡檀修 陈瑞生 邓范之纂

清同治二年(1863)增刻本 九行二十一字白口四周双边 六册

F3615* [同治]续通江县志四卷

(清)姜凤仪纂修

清同治二年(1863)刻本 九行二十一字白口四周双边 合册

F3616* [道光]城口厅志二十卷首一卷

(清)刘绍文修 洪锡畴纂

清道光二十四年(1844)刻本 九行二十一字小字双行同白口四周双边 六册

F3617* [道光]忠州直隶州志八卷首一卷

(清)吴友篪修 熊履青纂

清道光六年(1826)刻本 九行二十一字小字双行同白口四周双边 八册

F3618* [乾隆]垫江县志八卷首一卷

(清)丁涟修 杨锡麟等纂

清乾隆二十二年(1757)增补本 九行二十一字小字双行十九字白口四周双边 八册

F3619* [乾隆]石砫厅志不分卷

(清)王萦绪纂修

清乾隆四十年(1775)刻本 十行二十一字白口四周双边 二册

F3620* [嘉庆]资州直隶州志三十卷首四卷

(清)刘炳修 张怀渭等纂

清咸丰八年(1858)重印嘉庆二十年(1815)刻本 九行二十一字小字双行十九字白口四周双边 二十册

F3621 *　[嘉庆]长宁县志十二卷

（清）曹秉让修　杨庚等纂

清嘉庆十三年（1808）刻本　八行二十字小字双行同白口四周双边　六册

F3622 *　[嘉庆]庆符县志五十四卷

（清）何应驹　色卜星额修　李合和　冯协桐纂

清嘉庆十九年（1814）刻本　九行二十一字小字双行同白口四周双边　六册

F3623 *　[乾隆]隆昌县志二卷

（清）朱云骏纂修

清乾隆四十年（1775）千峰榭刻本　九行二十字小字双行同白口四周双边　一册

F3624 *　[嘉庆]合江县志五十四卷

（清）秦湘修　杨致道　郑国楹纂

清嘉庆十七年（1812）刻本　九行二十一字小字双行十九字白口四周双边　八册

F3625 *　[嘉庆]直隶叙永厅志四十八卷

（清）周伟业修　褚彦昭等纂

清嘉庆十七年（1812）刻本　九行二十一字小字双行同白口四周双边　六册

F3626 *　[嘉庆]犍为县志十卷首一卷

（清）王梦庚纂修

清嘉庆二十一年（1816）刻本　九行二十一字小字双行同白口四周双边　四册

F3627 *　[嘉庆]洪雅县志二十五卷首一卷

（清）王好音修　张柱等纂

清嘉庆十八年（1813）刻本　八行二十字白口四周双边　十册

F3628 *　[嘉庆]马边厅志略六卷首一卷

（清）周斯才纂修

清嘉庆十二年（1807）刻本　九行二十二字小字双行同白口四周双边　五册

F3629 *　[咸丰]天全州志八卷首一卷

（清）陈松龄纂修

清咸丰八年（1858）刻本　八行二十字小字双行同白口四周双边　八册

F3630 *　[康熙]芦山县志二卷

（清）杨廷琚　刘时远修　竹全仁等纂

传抄清康熙本　十行二十四字小字双行同二册

F3631　[同治]松潘记略不分卷

（清）何远庆纂修

清同治十二年（1873）刻本　十行二十二字小字双行同白口左右双边　一册

F3632 *　[乾隆]保县志八卷

（清）陈克绳纂修

清乾隆十一年（1746）修　抄本　十行二十二字小字双行字数不等白口四周双边　六册

F3633 *　绥靖屯志十卷首一卷

（清）李涵元修　潘时彤纂

清道光五年（1825）面城书屋刻本　九行二十一字小字双行同白口四周双边　八册

F3634 *　[嘉庆]汶志纪略四卷

（清）李锡书纂修

清嘉庆十年（1805）刻光绪二十二年（1896）增刻本　九行二十字白口左右双边　四册

F3635　[乾隆]打箭炉志略二卷

（清）□□编

传抄乾隆本　八行二十字　二册

F3636 *　[乾隆]福建通志七十八卷首一卷

（清）郝玉麟　卢焯等修　谢道承　刘敬与纂

清乾隆二年（1737）刻本　十行二十字小字双行十九字白口四周双边　三十四册

F3637 *　[康熙]建宁府志四十八卷

（清）张琦修　邹山　蔡登龙纂

清康熙三十二年（1693）刻本　九行二十字小字双行十九字白口四周双边　二十册

F3638 *　[乾隆]邵武府志二十四卷

（清）张凤孙等修　郑念荣等纂

清乾隆三十五年（1770）刻本　九行二十一字小字双行二十字白口四周双边　十二册

F3639 *　[乾隆]同安县志三十卷首一卷

（清）吴镛修　陶元藻纂

清乾隆三十二年(1767)刻本　九行二十字小字双行十九字白口四周双边　二十册

F3640[*] [乾隆]永福县志十卷

(清)陈焱 王纲修　俞荔 陈云客纂

清乾隆十四年(1749)刻本　十行十字小字双行十九字白口四周双边　四册

F3641[*] [康熙]寿宁县志八卷

(清)赵廷玑修　王锡卣等纂

清康熙二十五年(1686)刻本　九行二十二字小字双行同白口四周双边　四册

F3642[*] [乾隆]安溪县志十二卷首一卷

(清)庄成修　沈钟 李畴纂

清乾隆二十二年(1757)刻本　九行二十一字小字双行二十字白口四周双边　十二册

F3643[*] [嘉庆]惠安县志三十六卷首一卷

(清)吴裕仁纂修

清嘉庆八年(1803)刻本　九行二十二字小字双行同白口四周双边　十册

F3644[*] [康熙]南安县志二十卷附福建赋役简明总册二卷

(清)刘佑修　叶献论 洪孟缵等纂

清康熙十一年(1672)刻本　九行二十字小字双行十九字白口四周双边　十六册

F3645[*] [嘉庆]云霄厅志二十卷

(清)薛凝度修　吴文林纂

清嘉庆二十一年(1816)刻本　十行二十二字小字双行同白口四周双边　六册

F3646[*] [康熙]漳浦县志二十卷

(清)陈汝咸修　林登虎等纂　陈梦林续纂

清康熙三十九年(1700)刻四十七年(1708)增刻本　九行二十字小字双行同白口四周单边　八册

F3647[*] [康熙]漳平县志九卷首一卷

(清)查继纯修　蒋振芳 杨新日纂

清乾隆四十六年(1781)陈汇义刻本　九行二十字小字双行十九字白口四周双边　四册

F3648[*] [康熙]瓯宁县志十三卷

(清)邓其文纂修

清康熙三十二年(1693)刻本　九行二十字小字双行十九字白口四周双边　六册

F3649[*] [乾隆]将乐县志十六卷首一卷

(清)李永锡 程廷栻修　徐观海等纂

清乾隆三十年(1765)刻本　九行二十一字小字双行同白口四周双边　十册

F3650[*] [乾隆]建宁县志二十八卷首一卷

(清)韩琮修　朱霞 徐时作等纂

清乾隆二十四年(1759)刻本　十行二十一字小字双行十九字白口四周双边　十册

F3651[*] [乾隆]屏南县志八卷首一卷

(清)沈钟纂修

清乾隆十七年(1752)沈宗良增补刻本　九行二十一字小字双行二十字白口四周双边　四册

F3652[*] [乾隆]古田县志八卷

(清)辛竟可修　林咸吉 蓝孙璇等纂

清乾隆十六年(1751)刻本　九行二十字小字双行十八字白口四周双边　八册

F3653[*] [雍正]崇安县志八卷

(清)刘埥修　张彬纂

清雍正十一年(1733)刻本　九行二十字小字双行十八字白口左右双边　八册

F3654[*] [乾隆]重修台湾府志二十五卷首一卷

(清)六十七 范咸纂修

清乾隆十二年(1747)刻本　十一行二十二字小字双行同白口四周双边　十二册

F3655[*] [乾隆]续修台湾府志二十六卷首一卷

(清)余文仪修　黄佾纂

清乾隆三十九年(1774)刻本　十一行二十二字小字双行同白口四周双边　十四册

F3656 [乾隆]台湾县志六卷

(□)□□纂修

清抄本　九行二十五字小字双行字数不等无

203

格　三册

F3657[*]　[光绪]澎湖厅志十五卷首一卷
(清)蔡麟祥修　林豪纂
清光绪八年(1882)修　稿本　九行二十一字
小字双行二十字无格　十册

F3658[*]　[康熙]广东通志三十卷
(清)金光祖纂修
清康熙十四年(1675)修　三十六年(1697)刻
本　九行二十字小字双行十九字白口四周双
边　二十六册

F3659[*]　[康熙]韶州府志十八卷
(清)唐宗尧修　秦嗣美纂
清康熙二十六年(1687)刻本　九行二十字小
字双行同白口四周双边　十八册

F3660[*]　[乾隆]南雄府志十九卷
(清)梁弘勋等修　胡定纂
清乾隆十八年(1753)刻本　九行二十字小字
双行十九字白口左右双边　十六册

F3661[*]　[康熙]惠州府志二十卷首一卷
(清)吕应奎等修　黄挺华等纂
清康熙二十七年(1688)刻本　九行二十二字
小字双行同白口四周双边　十二册

F3662[*]　[康熙]雷州府志十卷
(清)吴盛藻修　洪泮洙纂
清康熙十一年(1672)刻本　九行二十字小字
双行十九字白口四周双边　十册

F3663[*]　[乾隆]归善县志十八卷首一卷
(清)章寿彭修　陆飞纂
清乾隆五十三年(1788)增刻乾隆四十八年
(1783)刻本　十行二十一字小字双行同黑口
四周双边　八册

F3664[*]　[嘉庆]新安县志二十四卷首一卷
(清)舒懋官修　王崇熙纂
清嘉庆二十四年(1819)凤冈书院刻本　九行
二十字同白口四周双边　八册

F3665　[康熙]重修曲江县志四卷
(清)秦熙祚纂修

清康熙二十六年(1687)刻本　九行二十字小
字双行同白口四周双边　四册

F3666[*]　[雍正]连平州志十卷
(清)卢廷俊修　颜希圣　何深纂
清雍正八年(1730)刻本　九行二十二字小字
双行二十字白口左右双边　十册

F3667　连阳八排风土记十卷
(清)李来章纂
清康熙四十七年(1708)连山书院刻本　九行
二十字小字双行十八字黑口左右双边　四册

F3668[*]　[道光]连山乡土志
(清)姚柬之纂
抄本　一册

F3669[*]　[康熙]饶平县志二十四卷
(清)刘抃等纂修
清康熙二十六年(1687)刻本　九行二十字小
字双行十八字白口四周双边　六册

F3670[*]　[乾隆]普宁县志十卷首一卷
(清)萧麟趾修　梅奕绍等纂
清乾隆十年(1745)刻本　九行二十字小字双
行十八字白口四周双边　十册

F3671[*]　[康熙]长乐县志八卷
(清)孙蕙修　孔元体等纂
清康熙二十六年(1687)刻本　九行二十二字
小字双行同白口四周双边　十册

F3672[*]　[嘉庆]平远县志五卷首一卷
(清)卢兆鳌修　余鹏举等纂
清嘉庆二十五年(1820)刻本　十行二十字小
字双行十九字白口左右双边　五册

F3673[*]　[乾隆]重修镇平县志六卷
(清)潘承焯　吴作哲修　王应亨纂
清乾隆四十八年(1783)刻本　八行二十一字
小字双行同白口四周双边　四册

F3674[*]　[康熙]四会县志二十卷
(清)陈欲达等纂修
清康熙二十七年(1688)刻本　九行十八字小
字双行十七字白口四单双边　六册

F3675 *　[康熙]高明县志十八卷首一卷

（清）于学修　黄之璧等纂

清康熙二十九年(1690)刻本　九行二十字小字双行同白口四周双边　六册

F3676 *　[道光]高明县志十八卷首一卷

（清）祝淮修　夏值亨纂

清道光五年(1825)刻本　九行二十字小字双行同白口四周双边　十册

F3677 *　[道光]开平县志十卷

（清）王文骧修　李科等纂

清道光三年(1823)刻本　九行二十字小字双行同白口四周双边　六册

F3678 *　[康熙]恩平县志十一卷

（明）宋应升原本　（清）佟世男续修　郑轼等续纂

清康熙二十七年(1688)增订明崇祯本　九行十八字小字双行十七字白口四周双边　四册

F3679 *　[康熙]新兴县志二十卷

（清）徐煌　康善述纂修

清康熙四十九年(1710)补刻本　九行十九字小字双行十八字白口四周单边　十六册

F3680 *　[康熙]西宁县志十二卷首一卷

（清）张溶修　区孟贤纂

清康熙二十六年(1687)刻本　九行十八字小字双行同白口四周双边　四册

F3681 *　[乾隆]怀集县志十卷

（清）顾旭明修　唐廷梁纂

清乾隆二十年(1755)刻本　八行十八字小字双行十六字白口四周单边　十二册

F3682 *　[嘉庆]灵山县志十三卷

（清）张孝诗修　梁炅纂

清道光元年(1821)增刻嘉庆二十五年(1820)刻本　十一行二十五字小字双行同白口四周双边　四册

F3683 *　[康熙]乐会县志四卷

（清）程秉慥纂修

清崇文斋抄本　四册

F3684 *　[乾隆]陵水县志十卷附补遗

（清）瞿云魁纂修

清乾隆五十七年(1792)刻本　九行二十一字小字双行十九字白口左右双边　四册

F3685 *　[乾隆]崖州志十卷

（清）李如柏修　黄德厚纂

清乾隆二十年(1755)刻本　九行二十字小字双行十八字白口左右双边　八册

F3686 *　[雍正]广西通志一百二十八卷

（清）金鉷修　钱元昌　陆纶纂

清雍正十一年(1733)刻本　十一行二十一字小字双行十九字白口四周单边　八十册

F3687　[雍正]广西通志一百二十八卷

（清）金鉷修　钱元昌　陆纶纂

清雍正十一年(1733)刻本　十一行二十一字小字双行同白口四周双边　三十六册

F3688 *　[乾隆]柳州府志四十卷首一卷

（清）王锦修　吴光升纂

清乾隆二十九年(1764)刻本　九行二十一字小字双行十九字白口四周双边　二十册

F3689 *　[乾隆]浔州府志五十卷首一卷

（清）胡南藩修　欧阳达纂

清乾隆二十一年(1756)刻本　九行二十一字小字双行同白口四周双边　十六册

F3690　[嘉庆]龙州纪略二卷

（清）黄誉纂修

清嘉庆八年(1803)暨南书院刻本　八行二十字白口四周双边　二册

F3691 *　[道光]上思州志二十卷首一卷

（清）陈兰滋纂修

清道光十四年(1834)刻本　九行二十字小字双行十七字白口四周双边　四册

F3692 *　[康熙]西隆州志不分卷

（清）王誉命纂修

传抄清嘉庆间增补康熙本　十行二十一字小字双行二十字无格　二册

F3693 * ［嘉庆]武宣县志十六卷首一卷

(清)高攀桂修　梁士彦纂

清嘉庆十三年(1808)刻本　九行二十一字小字双行十九字白口四周双边　四册

F3694 * ［道光]灌阳县志二十卷首一卷

(清)萧煊修　范光祺纂

清道光二十四年(1844)刻本　十行二十字小字双行十八字白口左右双边　八册

F3695 ［康熙]全州志八卷

(清)黄志璋纂修

清康熙二十八年(1689)刻本　九行二十字小字双行同白口四周双边　一册

F3696 * ［道光]阳朔县志五卷首一卷

(清)吴德征修　唐作砺等纂

清道光十八年(1838)刻本　九行十九字小字双行十七字白口四周双边　六册

F3697 ［康熙]荔浦县志四卷

(清)许之豫纂修

抄本　六册

F3698 * ［乾隆]郁林州志十卷

(清)邱桂山修　刘玉麟　秦兆鲸纂

清乾隆五十七年(1792)刻本　十行二十二字小字双行二十字白口左右双边　四册

F3699 * ［乾隆]兴业县志四卷

(清)王巡泰纂修

清乾隆四十六年(1781)刻本　九行二十字小字双行十八字白口四周双边　四册

F3700 * ［道光]桂平县志十六卷

(清)袁湛业修　黄体正　王维新纂

清道光二十三年(1843)刻本　九行二十二字小字双行二十字白口四周双边　六册

F3701 ［隆庆]云南通志十七卷

(明)邹应龙修　李元阳纂

晒印本　十六册

F3702 * ［康熙]云南通志三十卷首一卷

(清)范承勋　王继文修　吴自肃　丁炜纂

清康熙三十年(1691)刻本　九行十九字小字

双行同白口四周双边　二十六册

F3703 * ［康熙]云南府志二十六卷

(清)张毓碧修　谢俨等纂

清康熙三十五年(1696)刻本　九行十九字小字双行十七字白口四周双边　三十册

F3704 * ［康熙]楚雄府志十卷首一卷

(清)张嘉颖修　刘联声等纂

清康熙五十五年(1716)刻本　九行二十字小字双行十九字白口四周双边　十册

F3705 * ［康熙]澄江府志十六卷

(清)柳正芳修　李应绶纂

清康熙五十八年(1719)刻本　九行二十三字小字双行二十一字白口四周双边　六册

F3706 * ［乾隆]顺宁府志十卷

(清)刘埥纂修

清乾隆二十六年(1761)刻本　九行十九字小字双行十七字白口四周双边　八册

F3707 * ［道光]普洱府志二十卷

(清)郑绍谦原本　李熙龄续修

清道光二十年(1840)修道光三十年(1850)续修咸丰元年(1851)刻本　十行二十二字小字双行同白口四周双边　八册

F3708 * ［道光]昆阳州志十六卷

(清)朱庆椿纂修

清道光十九年(1839)刻本　九行二十二字小字双行同白口四周双边　七册

F3709 * ［光绪]呈贡县志八卷

(清)朱若功原本　李明螯续修　李蔚文等续纂

抄本　十二册

F3710 * ［乾隆]新兴州志十卷

(清)任中宜原本　徐正恩续纂

清乾隆十五年(1750)增刻本　九行十九字小字双行十八字白口四周双边　十册

F3711 ［宣统]宁州志不分卷

□□纂

抄本　十册

F3712[*] [道光]元江州志四卷

(清)广裕修　王埁等纂

清道光六年(1826)刻本　十行二十字小字双行同白口四周双边　四册

F3713[*] [康熙]通海县志八卷

(清)魏荩臣修　阚祯兆纂

清康熙三十年(1691)刻本　十行二十二字小字双行字数不等白口四周双边　四册

F3714[*] [康熙]平彝县志十卷

(清)任中宜纂修

抄本　四册

F3715[*] [乾隆]陆凉州志六卷

(清)沈生遴纂修

清乾隆十七年(1752)刻本　九行十九字小字双行十八字白口四周双边　四册

F3716[*] [康熙]新修宜良县志十卷

(清)黄潝纂修

抄本　二册

F3717[*] [乾隆]永北府志二十八卷

(清)陈奇典修　刘慥纂

清乾隆三十年(1765)刻本　九行二十字小字双行十八字白口四周双边　八册

F3718[*] [乾隆]弥勒州志二十七卷首一卷

(清)泰仁　王纬修　伍士琩纂　傅腾蛟等增订

抄本　八册

F3719[*] [乾隆]广西府志二十六卷

(清)周采修　李绶等纂

清乾隆四年(1739)刻本　九行二十字小字双行十八字白口四周双边　六册

F3720 [雍正]建水州志十六卷

(清)祝宏修　赵节等纂

清雍正九年(1731)刻本　九行十九字小字双行十六字白口四周双边　十一册

F3721[*] [乾隆]石屏州志八卷

(清)管学宣纂修

清乾隆二十四年(1759)刻乾隆四十五年(1780)

重印本　十行二十四字小字双行二十二字白口四周双边　九册

F3722[*] [乾隆]石屏州续志二卷

(清)吕缵先修　罗元琦纂

清乾隆四十五年(1780)刻本　十行二十四字小字双行二十二字白口四周双边　一册

F3723 [嘉庆]阿迷州志十三卷

(清)张大鼎纂修

抄本　六册

F3724[*] [雍正]云龙州志十二卷首一卷

(清)陈希芳修　胡禹谟纂

清雍正六年(1728)刻本　九行二十字小字双行十九字白口左右双边　四册

F3725[*] [道光]定远县志八卷

(清)李德生等修　李庆元等纂

抄本　十册

F3726[*] [康熙]广通县志九卷首一卷

(清)李铨修　张雄房纂

清康熙二十九年(1690)刻本　九行二十二字小字双行二十字白口四周单边　六册

F3727[*] [乾隆]琅盐井志四卷首一卷

(清)孙元相修　赵淳纂

清乾隆二十一年(1756)刻本　十行二十二字小字双行二十字白口四周双边　四册

F3728[*] [康熙]南安州志六卷

(清)张伦至纂修

抄本　四册

F3729 [弘治]贵州图经新志十七卷

(明)沈庠修　赵瓒纂

晒印本　六册

F3730 [康熙]贵州通志三十三卷

(清)曹申吉修　潘驯等纂

晒印本　十二册

F3731[*] [道光]铜仁府志十一卷补遗一卷

(清)敬文修　徐如澍纂

清道光四年(1824)刻本　九行二十一字小字双行同白口四周双边　八册

207

F3732 ［道光］印江县志二卷

（清）郑士范纂修

抄本　二册

F3733＊ ［嘉庆］黄平州志十二卷首一卷附录
一卷

（清）李台修　王孚镛纂

清道光二十九年（1849）增刻嘉庆六年（1801）
刻本　十行二十字白口四周双边　十六册

F3734＊ ［康熙］清浪卫志略不分卷

（清）朱黼纂修

抄本　九行二十二字　一册

F3735＊ ［乾隆］盛京通志四十八卷首一卷

（清）吕耀曾　王河　宋筠修　魏枢等纂

清乾隆元年（1736）刻本　十行二十一字小字
双行二十字白口四周双边　二十册

F3736＊ ［乾隆］盛京通志四十八卷首一卷

（清）吕耀曾　王河　宋筠修　魏枢等纂

清乾隆元年（1736）刻本　十行二十一字小字
双行二十字白口四周双边　二十册

F3737＊ ［康熙］铁岭县志二卷

（清）贾弘文修　董国祥等纂

清康熙十六年（1677）刻本　九行二十字小字
双行同白口左右双边　二册

F3738 ［咸丰］岫岩志略十卷首一卷

（清）台隆阿修　李翰颖纂

抄本　二册

F3739＊ ［宣统］盘山厅志

（清）杨绍宗纂修

抄本　二册

F3740＊ ［宣统］辉南厅志二卷

（清）薛德履修　张见田　于龙辰纂

天春园抄本　一册

F3741＊ ［乾隆］河套志六卷

（清）陈履中纂

清乾隆七年（1742）刻本　九行二十字白口四
周双边　二册

F3742 ［乾隆］河套志六卷

（清）陈履中纂

清乾隆七年（1742）刻本　九行二十字小字双
行十九字白口四周双边　四册

F3743＊ ［乾隆］河套志六卷

（清）陈履中纂

抄本　四册

F3744 ［民国］集宁县志四卷

杨葆初纂修

民国十三年（1924）修抄本　四册

F3745 ［民国］集宁县志四卷

杨葆初纂修

民国十三年（1924）修抄本　四册

F3746 ［光绪］新修清水河厅志二十卷首
一卷

（清）文秀修　卢梦兰纂

抄本　八册

F3747 ［乾隆］钦定皇舆西域图志四十八卷
首四卷

（清）傅恒等修　褚廷璋等纂　英廉等增纂

清光绪间铅印大字本　十四册

F3748 ［乾隆］钦定皇舆西域图志四十八卷
首四卷

（清）傅恒等修　褚廷璋等纂　英廉等增纂

清光绪间铅印大字本　二十四册

F3749 ［乾隆］钦定皇舆西域图志四十八卷
首四卷

（清）傅恒等修　褚廷璋等纂　英廉等增纂

清光绪间铅印大字本　二十四册

F3750＊ ［嘉庆］回疆通志十二卷

（清）和宁纂

清嘉庆九年（1804）修　抄本　八行二十字小
字双行同无格　四册

F3751 ［嘉庆］三州辑略九卷

（清）和宁纂

清嘉庆十年（1805）和氏刻本　八行二十一字
小字双行十九字白口四周双边　九册

F3752 * [光绪]寿张县志十卷首一卷

(清)刘文焌修　王守谦纂

清光绪二十六年(1900)刻本　十行二十三字
小字双行同白口四周双边　六册

F3753 [乾隆]涿州志二十二卷首一卷

(清)吴山凤纂修

清光绪元年(1875)重印本　十行二十字白口
左右双边　六册

F3753 [同治]涿州续志十八卷

(清)石衡修　卢端衡纂

清同治十一年(1872)修清光绪元年(1875)刻
本　十行二十字白口左右双边　合册

F3754 [道光]永宁州志十二卷首一卷

(清)黄培杰纂修

清光绪二十年(1894)沈毓兰重刻本　九行二
十二字小字双行同白口四周双边　六册

F3755 * [康熙]江南通志七十六卷

(清)于成龙等修　张九征　陈焯纂

清康熙二十三年(1684)江南通志局刻本　十
行二十字小字双行十九字白口四周双边　三
十六册

F3756 陕西四镇图说　甘肃镇图说

佚名纂修

1957年传抄上海图书馆藏本　一册

F3757 [宣统]东三省沿革表六卷

徐世昌撰

清宣统元年(1909)退耕堂刻本　十行二十四
字黑口左右双边　六册

F3758 [民国]平谷县志四卷

王兆元纂

抄本　三册

F3759 [民国]河北省春秋战国时代疆域考
不分卷

张承谟编

民国二十二年(1933)铅印本　一册

F3760 [同治]兴国县志四十六卷首一卷

(清)崔国榜修　金益谦　蓝拔奇纂

1960年江西省图书馆油印本　六册

F3761 [民国]河北省事变后各县移治有关
事项辑要不分卷

陈铁卿编

民国二十八年(1939)油印本　一册

F3762 [民国]河北省城址考证辑存不分卷

张承谟　于鹤年等纂修

民国二十八年(1939)油印本　一册

F3763 [民国]河北省民国以来政区变迁述
略不分卷

陈铁卿编

民国二十八年(1939)铅印本　一册

F3764 [民国]旅大文献征存八卷　旅大文
献征存续编一卷　旅大文献征存补遗一卷

孙宝田编纂

1970年抄本　九册

F3765 咸淳临安志一百卷

(宋)潜说友纂

清道光十年(1830)钱塘汪氏振绮堂刻本　十
行二十字小字双行同黑口左右双边　二十
四册

F3766 [万历]续处州府志八卷

(明)许国忠修　叶志淑等纂

晒印本　四册

F3767 [道光]宁远府志五十四卷

不著撰人

1960年西安古旧书店油印本　三册

F3768 山阳志遗四卷

(清)王玉播纂

传抄民国十一年(1922)淮安书局刻本　六册

F3769 [民国]瑷珲县志十四卷

孙蓉图修　徐希廉纂

1960年黑龙江省图书馆油印本　一册

F3770 [嘉庆]黑龙江外纪八卷

(清)西清纂

1960年黑龙江图书馆油印本　一册

209

F3771 ［民国］崖州志二十二卷

钟元棣修　张隽　刑定纶纂

1962 年郭沫若标点铅印本　五册

F3772 ［道光］万州志十卷

(清)胡端书修　杨士锦　吴鸣清纂

1958 年广东省中山图书馆油印本　四册

F3773 ［康熙］乐会县志四卷

(清)程秉慥纂修

油印本　二册

F3774 ［熙宁］长安志二十卷附图三卷

(宋)宋敏求纂　(元)李好文绘　(清)毕沅校

民国二十年(1931)长安县志局铅印本　四册

F3775 ［道光］陆凉州志八卷

(清)缪阆修　施映衷等纂

泰州新华书店抄本　三册

F3776 ［康熙］罗平州志四卷

(清)黄德巽修　胡承灏　周启先等纂

泰州新华书店抄本　四册

F3777 ［雍正］崇明县志二十卷首一卷

(清)张文英修　沈龙翔纂

抄本　三十册

F3778 西溪镇志

(清)钱见龙　吴朴纂修

1964 泰州新华书店抄本　一册

F3779 支溪小志六卷艺文志二卷

(清)顾镇纂　周昂增订

泰州新华书店抄本　四册

F3780 ［乾隆］唐市志三卷

(清)倪赐纂

泰州新华书店古旧部传抄本　四册

F3780 ［光绪］唐市补志不分卷

(清)龚文洵纂

泰州新华书店古旧部传抄本　合册

F3781 ［康熙］师宗州志二卷

(清)夏治源纂修

泰州新华书店古旧部传抄清雍正七年(1729)增补康熙五十六年(1717)本　二册

F3782 淮郡文献志二十六卷补遗一卷

(明)潘埙撰

1961 年扬州古旧书店传抄明嘉靖三十四年(1555)本　二十四册

F3783 ［嘉庆］定远县志三十五卷

(清)沈远标　吴人杰修　何苏　何烋纂

抄本　四册

F3784 ［道光］续修定远县志二卷

(清)张嗣鸿纂修

抄本　一册

F3785 ［同治］续修定远县志二卷

(清)李玉宣纂修

抄本　一册

F3786 海州文献录十六卷

(清)许乔林纂

抄本　八册

F3787 ［同治］洛阳龙门志不分卷

(清)路朝霖纂修

1962 年油印本　二册

F3788 安亭志二十卷

(清)陈树德　孙岱纂

民国二十六年(1937)安定吴廷铨铅印本　二册

F3789 ［民国］淮阴县志征访稿八卷

徐钟龄纂

1974 年扬州古旧书店抄本　十六册

F3790 ［万历］闽都记三十三卷

(明)王应山纂

清道光十一年(1831)求放心斋刻本　十行二十四字黑口左右双边　六册

F3791 ［乾隆］南笼府志八卷首一卷末一卷

(清)李其昌纂修

1965 年贵州省图书馆油印本　二册

F3792　[乾隆]玉屏县志十卷首一卷

（清）赵沁修　田榕纂

1965 年贵州省图书馆油印本　八册

F3793　[乾隆]独山州志十卷

（清）刘岱修　艾茂　谢庭薰纂

1965 年贵州省图书馆油印本　八册

F3794　[光绪]宸垣识略十六卷

（清）吴长元辑

清光绪二年(1876)刻本　九行二十一字小字
双行同白口左右双边　八册

F3795　[民国]剑河县志十二卷首一卷

阮略纂修

1965 年贵州省图书馆油印本　二册

F3796　[乾隆]镇远府志二十八卷

（清）蔡宗建修　龚传绅纂

1965 年贵州省图书馆油印本　八册

F3797　婺川县备志十一卷

婺川县修志局编

民国十一年(1922)编 1965 年贵州省图书馆
油印本　一册

F3798　[道光]安平县志十卷首一卷

（清）刘祖宪等纂修

1964 年贵州省图书馆油印本　八册

F3799　[正德]建昌府志十九卷

（明）夏良胜纂修

1964 年上海古籍书店《天一阁藏明代地方志
选刊》本　六册

F3800　[弘治]重修保定志二十五卷

（明）章律修　张才纂　徐珪重编

1966 年上海古籍书店《天一阁藏明代地方志
选刊》本　六册

F3801　[弘治]句容县志十二卷

（明）王僖征修　程文纂

1964 年上海古籍书店《天一阁藏明代地方志
选刊》本　五册

F3802　[嘉靖]河间府志二十八卷

（明）部相修　樊深纂

1964 年上海古籍书店《天一阁藏明代地方志
选刊》本　十册

F3803　[正德]大名府志十卷

（明）石禄修　唐锦纂

1966 年上海古籍书店《天一阁藏明代地方志
选刊》本　六册

F3804　[弘治]徽州府志十二卷

（明）彭泽修　汪舜民纂

1964 年上海古籍书店《天一阁藏明代地方志
选刊》本　十二册

F3805　[正德]建昌府志十九卷

（明）夏良胜纂修

1964 年上海古籍书店《天一阁藏明代地方志
选刊》本　六册

F3806*　[嘉庆]灵石县志十二卷

（清）王志瀜修　黄宪臣纂

清嘉庆二十二年(1817)刻本　九行二十二字
小字双行同白口四周双边　六册

**F3807　太平寰宇记二百卷补阙一卷纪元表
一卷**

（宋）乐史纂　（清）万廷兰校

清嘉庆八年(1803)万廷兰校刻本　十行二十
二字小字双行同黑口四周双边　三十八册

F3808　大清一统志表不分卷

（清）万廷兰编

清刻本　十行二十二字黑口四周双边　十册

F3809　大清一统志四百二十四卷

（清）和珅等纂修

清光绪二十八年(1902)上海宝善斋石印本
六十册

F3810　天下郡国利病书一百二十卷

（清）顾炎武辑

清道光十一年(1831)敷文阁刻本　十行二十
一字小字双行同白口左右双边　五十册

F3811　[光绪]绥远志十卷首一卷

（清）贻谷修　高赓恩纂

清光绪三十四年(1908)活字本　十行二十二

字小字双行同白口四周双边　六册

F3812　[民国]归绥县志不分卷

郑植昌修　郑裕孚纂

民国二十三年(1934)铅印本　三册

F3813　[民国]临河县志三卷

吕咸　白保庄修　王文墀纂

民国二十年(1931)铅印本　三册

F3814　[宣统]新疆图志一百十六卷首一卷

袁大化修　王树枬　王学曾纂

民国十二年(1923)东方学会校订铅印本　三十二册

F3815　[乾隆]钦定皇舆西域图志四十八卷首四卷

(清)傅恒等修　褚廷璋等纂　英廉等增纂

清光绪间铅印大字本　二十三册

F3816　[光绪]吉林通志一百二十二卷图一卷

(清)长顺　讷钦修　李桂林　顾云纂

清光绪十七年(1891)刻本　十行二十二字小字双行同黑口四周单边　四十九册

F3817　[光绪]吉林通志一百二十二卷图一卷

(清)长顺　讷钦修　李桂林　顾云纂

民国十九年(1930)重印本　四十八册

F3818　[民国]农安县志八卷

郑士纯修　朱衣点纂

民国十六年(1927)铅印本　八册

F3819　[宣统]西安县志略十三卷

(清)雷飞鹏等修　段盛梓等纂

清宣统三年(1911)石印本　二册

F3820　[民国]黑龙江志稿六十二卷首一卷附大事纪四卷

万福麟修　张伯英等纂

民国二十二年(1933)铅印本　二十四册

F3821　[民国]黑龙江通志纲要二卷

金梁纂

民国十四年(1925)铅印本　二册

F3822　[民国]望奎县志四卷

严兆霖修　张玉书等纂

1960年黑龙江省图书馆油印本　一册

F3823　[道光]兰州府志十二卷首一卷

(清)陈士桢修　涂鸿仪纂

清道光十三年(1833)刻本　九行二十字小字双行同白口四周双边　八册

F3824　[乾隆]甘州府志十六卷首一卷

(清)钟赓起纂修

清乾隆四十四年(1779)刻本　九行二十二字白口四周双边　十册

F3825　[乾隆]皋兰县志二十卷

(清)吴鼎新修　黄建中纂

清乾隆四十三年(1778)刻本　九行二十三字小字双行同白口四周双边　四册

F3826　[乾隆]直隶秦州新志十二卷首一卷末一卷

(清)费廷珍修　胡钺等纂

清乾隆二十九年(1764)刻本　九行二十字小字双行同白口四周双边　十六册

F3827　[光绪]重纂秦州直隶州新志二十四卷首一卷

(清)余泽春修　王权　任其昌纂

清光绪十五年(1889)陇南书院刻本　九行二十一字白口四周双边　二十册

F3828　[民国]秦州直隶州新志续编八卷

姚展等修　任承允纂

民国二十八年(1939)兰州国民印刷局铅印本　四册

F3829　[乾隆]狄道州志十六卷

(清)呼延华国修　吴镇纂

清宣统元年(1909)刻本　十行二十四字白口四周双边　八册

F3830　[宣统]狄道州续志十二卷首一卷

(清)联瑛修　李镜清纂

清宣统元年(1909)刻本　十行二十四字白口四周双边　八册

F3831　[道光]敦煌县志七卷首一卷

(清)苏履吉修　曾诚纂

清道光十一年(1831)刻本　九行二十字白口
四周双边　四册

F3832　[宣统]新修固原直隶州志十二卷

(清)王学伊修　锡麟纂

清宣统元年(1909)官报书局铅印本　十二册

F3833　[民国]甘肃地理沿革图表

张维著

民国二十三年(1934)北平大北印书局铅印本
一册

F3834　[民国]甘肃省县总分图

张维著

民国二十三年(1934)北平大北印书局铅印本
一册

F3835　[雍正]河南通志八十卷

(清)田文镜等修　孙灏等纂

民国三年(1914)河南教育司印补刻本　十一
行二十二字小字双行同白口四周双边　四
十册

F3836　[乾隆]河南府志一百十六卷首四卷

(清)施诚修　童钰 裴希纯纂

清同治六年(1867)陈肇镛补刻本　十行二十
三字小字双行同白口四周双边　二十四册

F3837　[乾隆]原武县志十卷

(清)吴文炘修　何远纂

清乾隆十二年(1747)刻本　九行二十一字小
字双行同白口四周双边　五册

F3838　[乾隆]归德府志三十六卷首一卷

(清)陈锡辂 永泰修　查岐昌纂

清光绪十九年(1893)刻本　九行二十字小字
双行同白口左右双边　十册

F3839　[嘉庆]汝宁府志三十卷首一卷

(清)德昌修　王增纂

清嘉庆元年(1796)刻本　十一行二十三字小
字双行同黑口四周双边　十二册

F3840　[康熙]开封府志四十卷

(清)管竭忠修　张沐纂

清同治二年(1863)修刻本　十行二十字小字
双行同白口四周单边　十二册

F3841　[乾隆]巩县志二十卷首一卷

(清)李述武修　张紫岘纂

民国十二年(1923)铅印本　六册

F3842　[乾隆]汲县志十四卷首一卷末一卷

(清)徐汝瓒修　杜崐纂

清乾隆二十年(1755)刻本　十行二十二字小
字双行同黑口四周双边　六册

F3843　[乾隆]阳武县志十二卷

(清)谈提曾修　杨仲震纂

清乾隆十年(1745)刻本　九行二十一字白口
四周双边　六册

F3844　[民国]东明县新志二十二卷首一卷

任传藻修　穆祥仲纂

民国二十二年(1933)铅印本　八册

F3845　[乾隆]荥泽县志十四卷图一卷

(清)崔淇修　王博 李维峤纂

清乾隆十三年(1748)刻本　九行二十字白口
四周双边　四册

F3846　[道光]尉氏县志二十卷首一卷

(清)刘厚滋 沈淮修　王观潮等纂

清道光十一年(1831)刻本　十一行二十四字
白口四周双边　八册

**F3847　[乾隆]仪封县志十二卷首一卷末
一卷**

(清)纪黄中 王缵修　宋宣纂

民国二十四年(1935)河南建华印刷所铅印本
六册

F3848　[康熙]兰阳县志十卷

(清)高世琦修　王旦 傅上襄纂

民国二十四年(1935)河南建华印刷所铅印本
四册

F3849　[乾隆]兰阳县续志八卷

(清)涂光范修　王壬纂

民国二十四年(1935)河南建华印刷所铅印本
二册

213

F3850 [光绪]祥符县志二十四卷首一卷
(清)沈传义 俞纪瑞修 黄舒昺纂
清光绪二十四年(1898)刻本 十行二十一字
小字双行同白口左右双边 二十册

F3851 [乾隆]杞县志二十四卷
(清)周玑修 朱璇纂
清乾隆五十三年(1788)刻本 十行二十一字
白口左右双边 十二册

F3852 [乾隆]通许县志十卷
(清)阮龙光修 邵自祜纂
清乾隆三十五年(1770)刻本 十行二十二字
小字双行同白口四周双边 六册

F3853 [乾隆]登封县志三十二卷
(清)陆继萼修 洪亮吉纂
清乾隆五十二年(1787)刻本 十一行二十一
字黑口左右双边 八册

F3854 [乾隆]卫辉府志五十三卷首一卷末
一卷
(清)德昌修 徐朗斋纂
清乾隆五十三年(1788)刻本 十行二十二字
小字双行同白口左右双边 二十三册

F3855 [嘉庆]密县志十六卷首一卷
(清)景纶修 谢增纂
清嘉庆二十二年(1817)刻本 十一行二十三
字小字双行同黑口左右双边 四册

F3856 [光绪]南乐县志十卷首一卷补遗
一卷
(清)施有方 陆雄炘修 武勋朝 李云峰纂
清光绪二十九年(1903)刻本 十行二十字小
字双行同白口四周双边 四册

F3857 [乾隆]内黄县志十八卷首一卷
(清)李滇修 黄之征纂
清乾隆四年(1739)刻本 九行二十字白口左
右双边 六册

F3858 [乾隆]孟县志十卷
(清)仇汝瑚修 冯敏昌纂
清乾隆五十五年(1790)刻本 十一行二十一
字黑口左右双边 十册

F3859 [康熙]商丘县志二十卷首一卷
(清)刘德昌修 叶沄纂
清光绪十一年(1885)刻本 九行二十字白口
四周单边 六册

F3860 [乾隆]沈丘县志十二卷
(清)何源洙修 鲁之璵纂
清乾隆十一年(1746)刻本 十行二十一字白
口左右双边 四册

F3861 [道光]河内县志三十六卷
(清)袁通修 方履籛 吴育纂
清道光五年(1825)刻本 十一行二十三字小
字双行同白口左右双边 十册

F3862 [道光]辉县志二十卷首一卷末一卷
(清)周际华修 戴铭纂
清光绪十四年(1888)郭藻、二十一年(1895)
易钊补刻本 十一行二十三字白口左右双边
八册

F3863 [康熙]宁陵县志十二卷首一卷
(清)王图宁修 王肇栋纂
清光绪十九年(1893)汪钧泽刻本 九行二十
二字白口四周单边 四册

F3864 [嘉庆]浚县志二十二卷首一卷末
一卷
(清)熊象阶修 武穆淳纂
清嘉庆七年(1802)刻本 十一行二十三字白
口左右双边 六册

F3865 [光绪]柘城县志十卷首一卷
(清)元淮 傅钟浚纂修
清光绪二十二年(1896)刻本 九行二十一字
小字双行同白口四周双边 十册

F3866 [道光]淮宁县志二十七卷
(清)永铭修 赵任之 吴纯夫纂
清道光六年(1826)刻本 十行二十字黑口四
周双边 十二册

F3867 [嘉庆]洧川县志八卷首一卷
(清)何文明修 李绅纂
清嘉庆二十三年(1818)刻本 十一行二十三
字黑口四周单边 四册

F3868　[同治]滑县志十二卷

(清)姚锟修　徐光第纂

清同治六年(1867)刻本　九行二十二字白口

四周双边　八册

F3869　[乾隆]郾城县志十八卷

(清)荆其惇 傅鸿邻修　阎举纂

清顺治十六年(1659)刻本　十行二十一字白

口四周单边　六册

F3870　[民国]夏邑县志九卷首一卷

韩世勋修　黎德芬纂

民国九年(1920)石印本　八册

F3871　[乾隆]襄城县志十卷首一卷

(清)汪运正纂修

清乾隆十一年(1746)刻本　九行二十一字白

口左右双边　十册

F3872　[光绪]镇平县志六卷

(清)吴联元修　王翊运纂

清光绪二年(1876)刻本　八行十九字白口四

周单边　四册

F3873　[乾隆]西华县志十四卷首一卷

(清)宋恂修　于大猷纂

清乾隆十九年(1754)刻本　十行二十二字小

字双行同白口四周双边　六册

F3874　[咸丰]郏县志十二卷

(清)姜麓修　郭景泰纂

清咸丰九年(1859)刻本　九行二十二字小字

双行同白口四周双边　六册

F3875　[乾隆]信阳州志十二卷首一卷

(清)张钺修　万侯纂

清乾隆十四年(1749)刻本　九行二十一字小

字双行同白口四周双边　八册

F3876　[光绪]扶沟县志十六卷首一卷

(清)熊灿修　张文楷纂

清光绪十九年(1893)大程书院刻本　九行二

十四字小字双行同白口左右双边　六册

F3877　[嘉庆]安阳县志二十八卷首一卷

(清)贵泰修　武穆淳纂

民国二十二年(1933)北平文岚簃古宋印书局

铅印本　八册

F3878　[同治]禹州志二十六卷增续二卷

(清)朱炜修　姚椿等纂　宫国勋增修　杨

景纯 赵甲祥增纂

清同治九年(1870)增刻道光本　十行二十四

字小字双行同白口四周双边　十二册

F3879　[乾隆]罗山县志八卷

(清)葛荃修　李之杜 谢宝树纂

清乾隆十一年(1746)刻本　八行二十字白口

四周单边　六册

F3880　[嘉庆]息县志八卷首一卷

(清)刘光辉修　任镇及纂

清嘉庆四年(1799)刻本　十一行二十三字小

字双行同黑口四周双边　八册

F3881　[光绪]光州志十二卷首一卷

(清)杨修田修　马佩玖纂

清光绪十二年(1886)刻本　十行二十二字白

口四周单边　十四册

F3882　[乾隆]邓州志二十四卷首一卷末

一卷

(清)蒋光祖修　姚之琅纂

清乾隆二十年(1755)刻本　十行二十二字小

字双行同白口四周双边　六册

F3883　[光绪]南阳县志十二卷首一卷

(清)潘守廉修　张嘉谋 张凤冈纂

清光绪三十年(1904)刻本　十行二十一字小

字双行同黑口左右双边　八册

F3884　[咸丰]淅川厅志四卷

(清)徐光第纂修

清咸丰十一年(1861)刻本　八行二十字小字

双行同白口四周双边　四册

F3885　[乾隆]新野县志九卷首一卷

(清)徐金位纂修

清乾隆十九年(1754)刻本　九行二十一字白

口四周双边　四册

F3886 [乾隆]桐柏县志八卷首一卷

(清)巩敬绪修　李南晖纂

清乾隆十八年(1753)刻本　九行二十一字小字双行同白口四周双边　八册

F3887 [道光]汝州全志十卷首一卷

(清)白明义修　赵林成纂

清道光二十年(1840)刻本　九行二十五字小字双行同白口四周单边　十册

F3888 [乾隆]偃师县志三十卷首一卷

(清)汤毓倬修　孙星衍　武亿纂

清乾隆五十四年(1789)刻本　十行二十一字白口左右双边　十六册

F3889 [嘉庆]洛阳县志六十卷

(清)魏襄修　陆继辂纂

民国五年(1916)石印本

F3889 [嘉庆]洛阳县志六十卷

(清)魏襄修　陆继辂纂

民国五年(1916)石印本　十六册

F3890 [乾隆]新安县志十四卷首二卷末一卷

(清)邱峨修　吕宣曾纂

民国三年(1914)曾炳章石印本　八册

F3891 [乾隆]确山县志四卷

(清)周之瑚修　严克嶂纂

清乾隆十一年(1746)刻本　九行二十一字白口四周双边　四册

F3892 [道光]修武县志十二卷首一卷

(清)冯继照修　金皋　袁俊纂

清同治七年(1868)孔继中增刻本　十一行二十一字小字双行同白口左右双边　十二册

F3893 [嘉庆]新刊江宁府志五十六卷

(清)吕燕昭修　姚鼐纂

清光绪六年(1880)刻本　十二行二十五字小字双行同白口四周双边　十二册

F3894 [同治]续纂江宁府志十五卷首一卷

(清)蒋启勋　赵佑宸修　汪士铎等纂

清同治十三年(1874)修　光绪六年(1880)刻本　十二行二十五字小字双行同白口四周双边　十二册

F3895 [绍定]吴郡志五十卷

(宋)范成大著

民国二年(1913)张均衡影刻宋绍定蓝印本　八册

F3896 [同治]苏州府志一百五十卷首三卷

(清)李铭皖　谭钧培修　冯桂芬纂

清光绪八年(1882)江苏书局刻本　十行二十四字小字双行同白口左右双边　八十册

F3897 [嘉庆]重修扬州府志七十二卷首一卷

(清)阿克当阿修　姚文田　江藩等纂

清嘉庆十五年(1810)刻本　十行二十三字小字双行同白口四周单边　四十八册

F3898 [同治]续纂扬州府志二十四卷

(清)晏端书　钱振伦等纂　(清)英杰修

清同治十三年(1874)刻本　十行二十一字小字双行同白口四周单边　八册

F3899 [同治]上海县志三十二卷首一卷末一卷附补遗叙录

(清)应宝时等修　俞樾　方宗诚纂

清同治十一年(1872)上海文庙南园志局王承基等校正本　十二行二十三字小字双行同白口四周双边　十六册

F3900 法华乡志八卷首一卷末一卷

(清)王钟纂　胡人凤续纂

民国十一年(1922)铅印本　四册

F3901 [民国]嘉定县续志十五卷首一卷末一卷

范钟湘　陈传德修　金念祖　黄世祚纂

民国十九年(1930)铅印本　八册

F3902 [光绪]青浦县志三十卷首二卷末一卷

(清)汪祖绶等修　熊其英　邱式金纂

清光绪五年(1879)尊经阁刻本　十一行二十四字小字双行同白口左右双边　十二册

F3903 [嘉定]镇江志二十二卷首一卷

（宋）卢宪纂

清宣统二年（1910）丹徒朱氏金陵覆刻包氏本

十行二十一字小字双行同黑口左右双边

八册

F3904 [光绪]丹徒县志六十卷首四卷

（清）何绍章 冯寿镜修 吕耀斗等纂

清光绪五年（1879）刻本 十一行二十一字小

字双行同白口左右双边 三十二册

F3905 [光绪]金坛县志十六卷首一卷

（清）夏宗彝修 汪国凤等纂

清光绪十一年（1885）活字本 九行二十一字

小字双行十九字白口四周单边 十二册

F3906 [嘉庆]新修宜兴县志四卷首一卷

（清）阮升基修 宁楷纂

清嘉庆二年（1797）刻本 十行二十二字白口

左右双边 二册

F3907 [光绪]武进阳湖县志三十卷首一卷

（清）王其淦 吴康寿修 汤成烈等纂

清光绪五年（1879）刻本 十行二十五字小字

双行同白口左右双边 二十册

F3908 [民国]泰县志稿三十卷首一卷

单毓元等纂修

1962年油印本 三十册

F3909 [隆庆]仪真县志十四卷

（明）申嘉瑞修 李文 陈国光等纂

1963年上海古籍书店《天一阁藏明代地方志

选刊》本 四册

F3910 [咸丰]邳州志二十卷首一卷

（清）董用威 马轶群修 鲁一同纂

清光绪二十一年（1895）重印本 十行二十一

字小字双行同白口四周双边 四册

F3911 [光绪]睢宁县志稿十八卷

（清）侯绍瀛修 丁显纂

清光绪十二年（1886）刻本 十行二十四字小

字双行同白口四周双边 六册

F3912 福山县志稿十卷

王陵基修 于宗潼纂

民国二十年（1931）烟台福裕东书局铅印本

十四册

F3913 [民国]木渎小志六卷首一卷

张郁文纂

民国十年（1921）苏州华兴印书局铅印本

二册

F3914 分湖小识六卷

（清）柳树芳纂

清道光二十二年（1842）纂 二十七年（1847）

胜溪草堂柳氏刻本 十行二十一字小字双行

同白口左右双边 二册

F3915 [民国]吴县志

曹允源等纂修

民国二十二年（1933）苏州文新公司铅印本

四十册

F3916 [宣统]太仓州志二十八卷首一卷末

一卷

王祖畲纂修

民国八年（1919）刻本 十行二十一字小字双

行同黑口左右双边 十五册

F3917 [绍熙]云间志三卷

（宋）杨潜纂

清光绪二十年（1894）刻《观自得斋丛书》本

十行二十一字小字双行同黑口左右双边 二册

F3918 [嘉庆]滇系四十卷

（清）师范纂

清光绪十三年（1887）云南通志局刻本 九行

二十四字小字双行同白口四周双边 四十册

F3919 [康熙]蒙化府志六卷首一卷

（清）蒋旭修 陈金钰纂

清光绪七年（1881）尊经阁重刻本 九行二十

字小字双行同白口四周双边 四册

F3920 [光绪]永昌府志六十六卷首一卷

（清）刘毓珂等纂修

清光绪十一年（1885）刻本 九行二十一字小

字双行同白口四周双边 十四册

F3921　[民国]昆明县志八卷

倪维钦　董广布修　陈荣昌　顾视高纂

民国二十八年(1939)修　三十二年(1943)铅印本　十六册

F3922　[雍正]浙江通志二百八十卷首三卷

(清)李卫　嵇曾筠等修　沈翼机　傅王露等纂

清光绪二十五年(1899)浙江书局刻本　十行二十二字小字双行同白口左右双边　一百二十册

F3923　[乾隆]敕修浙江通志

(清)李卫等修　傅王露等纂

民国二十三年(1934)商务印书馆影印乾隆本　四册

F3924　[光绪]台州府志一百四十卷

(清)赵亮熙　郭式昌修　王舟瑶等纂

民国二十五年(1936)上海游民习勤所铅印本　三十六册

F3925　[光绪]台州府志一百卷

(清)赵亮熙　郭式昌修　王舟瑶等纂

民国十五年(1926)王佩瑶校定台州旅杭同乡会铅印本　六十册

F3926　[光绪]杭州府志

(清)吴庆坻等纂修

民国五年(1916)续修　民国二十五年(1936)铅印本　八十一册

F3927　[乾隆]乌青镇志十二卷

(清)董世宁纂

民国七年(1918)铅印本　二册

F3928　[同治]泰顺分疆录十二卷首一卷

(清)林鹗纂　林用霖续纂

清同治四年(1865)修光绪五年(1879)林氏望山堂刻本　十行二十二字小字双行同白口左右双边　四册

F3929　[光绪]分水县志十卷首一卷末一卷

(清)陈常铧　冯圻修　臧承宣等纂

清光绪三十二年(1906)刻本　十一行二十三字小字双行同白口左右双边　六册

F3930　[雍正]宁波府志三十六卷首一卷

(清)曹秉仁等修　万经等纂

清道光二十六年(1846)慈溪沈氏介祉堂重刻本　九行二十二字小字双行同白口四周双边　十六册

F3931　[民国]定海县志不分卷

陈训正　马瀛纂修

民国十三年(1924)旅沪同乡会铅印本　六册

F3932　[乾隆]温州府志三十卷首一卷

(清)李琬修　齐召南　汪沆纂

清同治四年(1865)周开锡、陈思燏补版印本　十行二十二字小字双行同白口四周双边　二十册

F3933　[光绪]遂昌县志十二卷首一卷

(清)胡寿海　史恩纬修　褚成允纂

清光绪二十二年(1896)尊经阁刻本　十行二十一字小字双行同黑口四周双边　十二册

F3934　[民国]龙游县志四十卷首一卷末一卷

余绍宋纂

民国十四年(1925)铅印本　十六册

F3935　[光绪]奉化县志十四卷末一卷

(清)钱开震修　陈文焯纂

清光绪十一年(1885)刻本　九行二十三字小字双行同白口四周双边　四册

F3936　[同治]丽水县志十五卷

(清)彭润章等纂修

清同治十三年(1874)刻本　十行二十一字小字双行同白口四周双边　八册

F3937　[嘉泰]会稽志二十卷

(宋)沈作宾修　施宿等纂

民国十五年(1926)影印清嘉庆本　九册

F3938　[宝庆]会稽续志八卷

(宋)张淏纂修

民国十五年(1926)影印清嘉庆本　三册

F3939　[光绪]慈溪县志五十六卷附编一卷

(清)杨泰亨　冯可镛纂

清光绪二十五年(1899)刘一柱校补德润书院刻本　十二行二十五字小字双行同白口左右双边　二十三册

F3940　[光绪]黄岩县志四十卷首一卷
(清)陈宝善　孙憙修　王棻纂　陈钟英　郑锡滜续修　王咏霓续纂
清同治七年(1868)修光绪元年(1875)续修光绪三年(1877)刻本　十一行二十二字小字双行同白口左右双边　十六册

F3941* [咸淳]临安志一百卷
(宋)潜说友纂　(清)汪远孙校
清道光十年(1830)钱塘汪氏振绮堂刻本　十行二十字小字双行同黑口左右双边　二十四册

F3942　[光绪]余姚县志二十七卷首一卷末一卷
(清)周炳麟修　邵友濂　孙德祖纂
清光绪二十五年(1899)刻本　十一行二十二字小字双行同白口四周双边　十六册

F3943　[光绪]嘉兴县志三十七卷首二卷末一卷
(清)赵惟崳修　石中玉　吴受福纂
清光绪三十四年(1908)刻本　十行二十四字小字双行同白口左右双边　二十四册

F3944　[民国]新昌县志二十卷
金城修　陈畲等纂
民国七年(1918)铅印本　十二册

F3945　剡源乡志二十四卷首一卷
(清)越霈涛纂
民国五年(1916)铅印本　十册

F3946　[乾道]临安志十五卷
(宋)周淙纂
清光绪二十年(1894)孙氏寿松堂刻本　十行二十字小字双行同白口左右双边　一册

F3947　[乾隆]太原府志六十卷
(清)费淳　沈树声纂修
清乾隆四十八年(1783)刻本　十二行二十二字小字双行同白口四周双边　二十四册

F3948　[乾隆]潞安府志四十卷首一卷
(清)张淑渠　姚学瑛等修　姚学甲等纂
清乾隆三十五年(1770)刻本　十行二十一字小字双行同白口四周双边　二十四册

F3949　[乾隆]汾州府志三十四卷首一卷
(清)孙和相修　戴震纂
清乾隆三十六年(1771)刻本　十行二十一字小字双行同白口左右双边　十六册

F3950　[乾隆]宁武府志十二卷首一卷
(清)魏元枢　周景柱纂修
清乾隆十五年(1750)刻本　九行二十字小字双行同白口左右双边　六册

F3951　[咸丰]续宁武府志不分卷
(清)常文遴　阿克达春纂修
清咸丰七年(1857)刻本　九行二十字小字双行同白口左右双边　一册

F3952　[雍正]泽州府志五十二卷
(清)朱樟修　田嘉谷纂
清雍正十三年(1735)刻本　十二行二十三字小字双行同白口四周双边　十六册

F3953　[道光]太原县志十八卷图一卷
(清)员佩兰修　杨国泰纂
清道光六年(1826)刻本　十行二十二字白口四周双边　六册

F3954　[道光]太原县志十八卷图一卷
(清)员佩兰修　杨国泰纂
清道光六年(1826)刻本　十行二十二字白口四周双边　八册

F3955　[道光]阳曲县志十六卷
(清)李培谦　华典修　阎士骧　郑起昌纂
清道光二十三年(1843)葛英繁刻本　九行二十三字小字双行同白口四周双边　十册

F3956* [光绪]清源乡志十八卷首一卷
(清)王勋祥修　王效尊纂
清光绪八年(1882)梗阳书院刻本　九行二十字白口四周双边　六册

219

F3957　[光绪]补修徐沟县志六卷

(清)王勋祥修　秦宪纂

清光绪七年(1881)刻本　九行二十二字白口四周双边　六册

F3958　[道光]大同县志二十卷首一卷末一卷

(清)黎中辅纂修

清道光十年(1830)刻本　十行二十五字小字双行同白口四周双边　八册

F3959　[光绪]天镇县志四卷首一卷

(清)洪汝霖　鲁彦光修　杨笃纂

清光绪十六年(1890)刻本　十行二十三字小字双行同白口左右双边　八册

F3960　[乾隆]广灵县志十卷首一卷末一卷

(清)郭磊等纂修

清乾隆十九年(1754)刻本　十行二十四字白口四周双边　四册

F3961　[光绪]广灵县补志十卷首一卷末一卷

(清)杨亦铭等纂修

清光绪七年(1881)刻本　十行二十二字白口四周双边　二册

F3962　[光绪]浑源州续志十卷

(清)贺澍恩修　程绩等纂

清光绪七年(1881)刻本　九行二十字白口左右双边　六册

F3963　[乾隆]忻州志六卷

(清)周人龙原本　窦容邃增订

清乾隆十二年(1747)刻本　十行二十二字小字双行同白口四周双边　六册

F3964　[光绪]忻州志四十二卷

(清)方戊昌修　方渊如纂

清光绪六年(1880)刻本　十行二十二字小字双行同白口四周双边　八册

F3965　[乾隆]直隶代州志六卷

(清)吴重光纂修

清乾隆四十九年(1784)刻本　九行二十字小字双行同白口四周双边　八册

F3966　[道光]繁峙县志六卷

(清)吴其均纂修

清道光十六年(1836)刻本　九行二十字白口四周双边　六册

F3967　[光绪]繁峙县志四卷首一卷

(清)何才价修　杨笃纂

清光绪七年(1881)刻本　九行二十字白口四周双边　四册

F3968　[光绪]五台新志四卷首一卷

(清)徐继畬纂修　孙汝明　王步墀续修　杨笃续纂

清同治四年(1865)修光绪九年(1883)续修刻本　九行二十字小字双行同黑口四周双边　四册

F3969　[光绪]定襄县补志十三卷图一卷

(清)郑继修等修　邢澍田纂

清光绪六年(1880)刻本　九行二十一字小字双行同白口四周双边　八册

F3970　[乾隆]兴县志十八卷

(清)程云原本　蓝山增修

清光绪六年(1880)张启蕴永兴斋重刻本　十行二十字白口四周单边　四册

F3971　[光绪]兴县续志二卷

(清)张启蕴修　孙福昌　温亮珠纂

清光绪六年(1880)刻本　十行二十字白口四周单边　二册

F3972　[同治]河曲县志八卷

(清)全福增修　张兆魁　金钟彦纂

清同治十一年(1872)刻本　九行二十五字小字双行同白口四周双边　八册

F3973　[道光]偏关志二卷

(明)卢承业原本　(清)马振文增修

民国四年(1915)王有宗重订铅印本　二册

F3974　[同治]榆次县志十六卷首一卷末一卷

(清)俞世铨　陶良骏修　王平格　王序宾纂

清同治二年(1863)凤鸣书院刻本　十行二十一字小字双行同白口四周双边　八册

F3975　[光绪]榆次县续志四卷

（清）吴师祁　张承熊修　黄汝梅　王效纂

清光绪十一年(1885)刻本　十行二十一字白口四周双边　二册

F3976　[民国]榆次县志二十卷首一卷末一卷

张敬颢修　常麟书纂

民国二十九年(1940)铅印本　九册

F3977　[光绪]寿阳县志十三卷首一卷

（清）马家鼎　台昶修　张嘉言　祁世长纂

清光绪十六年(1890)陈守中校补本　十行二十一字小字双行同白口四周双边　六册

F3978　[光绪]寿阳县志十三卷首一卷

（清）马家鼎　台昶修　张嘉言　祁世长纂

清光绪八年(1882)刻本　十行二十一字白口四周双边　六册

F3979　[光绪]盂县志二十二卷首一卷末一卷

（清）张岚奇　刘鸿逵等修　武缵绪　刘懋功等纂

清光绪七年(1881)刻本　十行二十三字白口左右双边　十册

F3980　[光绪]平定州志十六卷首一卷

（清）赖昌期　张彬等纂修

清光绪八年(1882)刻本　九行二十一字小字双行同白口四周双边　十六册

F3981　[民国]昔阳县志六卷首一卷

皇甫振清修　李光宇纂

民国四年(1915)石印本　十四册

F3982　[光绪]太谷县志八卷首一卷末一卷

（清）恩浚　赵冠卿修　王效尊等纂

清光绪十二年(1886)刻本　九行二十字小字双行同白口四周双边　八册

F3983　[光绪]祁县志十六卷

（清）刘发岏修　李芬纂

清光绪八年(1882)刻本　九行二十一字小字双行同白口四周双边　十册

F3984　[光绪]平遥县志十二卷

（清）恩端修　武达材　王舒萼纂

清光绪八年(1882)刻本　九行二十二字小字双行同白口四周双边　八册

F3985　[嘉庆]介休县志十四卷

（清）徐品山　陆元镳修　熊兆占等纂

清嘉庆二十四年(1819)刻本　十行二十一字白口四周双边　八册

F3986　[民国]灵石县志十二卷图考一卷

李凯朋修　耿步蟾纂

民国二十三年(1934)铅印本　六册

F3987　[乾隆]孝义县志二十卷

（清）邓必安修　邓常纂

清光绪六年(1880)重印本　十行二十字白口左右双边　四册

F3988　[光绪]孝义县续志二卷首一卷末一卷

（清）孔广熙修　何之煌纂

清光绪六年(1880)刻本　九行二十字白口左右双边　二册

F3989　[光绪]汾阳县志十四卷首一卷

（清）方家驹　庆文修　王文员纂

清光绪十年(1884)刻本　十行二十一字白口左右双边　十册

F3990　[光绪]文水县志十二卷首一卷末一卷

（清）范启坤　王炜修　阴步霞纂

清光绪九年(1883)刻本　十行二十二字白口四周双边　六册

F3991　[民国]临县志二十卷首一卷

胡宗虞修　吴命新等纂

民国六年(1917)铅印本　四册

F3992　[乾隆]长治县志二十八卷首一卷末一卷

（清）吴九龄修　蔡履豫纂

清乾隆二十八年(1763)荣晖堂刻本　九行二十二字小字双行同白口四周双边　十册

221

F3993　[光绪]潞城县志四卷首一卷

(清)崔晓然　曾云章修　杨笃纂

清光绪十年(1884)刻本　十行二十一字白口

四周双边　八册

F3994　[乾隆]武乡县志六卷首一卷

(清)白鹤修　史传远纂

清乾隆五十五年(1790)刻本　九行二十二字

小字双行同白口四周双边　六册

F3995　[光绪]黎城县续志四卷

(清)郑灏等修　杨恩树纂

清光绪九年(1883)刻本　九行二十字小字双

行同白口四周双边　四册

F3996　[道光]壶关县志十卷首一卷

(清)茹金　申瑶等纂修

清道光十四年(1834)刻本　十行二十一字小

字双行同白口四周双边　六册

F3997　[乾隆]高平县志二十二卷末一卷

(清)傅德宜修　戴纯纂

清乾隆三十九年(1774)刻本　十行二十二字

小字双行同白口四周双边　八册

F3998　[同治]榆次县志十六卷首一卷末

一卷

(清)俞世铨　陶良骏修　王平恪　王序宾纂

清光绪十一年(1885)重印本　十行二十一字

白口四周双边　八册

F3999　[光绪]榆次县续志四卷

(清)吴师祁　张承熊修　黄汝梅　王傲纂

清光绪十一年(1885)刻本　十行二十一字白

口四周双边　二册

F4000　[同治]阳城县志十八卷首一卷

(清)赖昌期修　谭沄　卢廷菜纂

清同治十三年(1874)刻本　九行二十五字白

口四周双边　八册

F4001　[光绪]长子县志二十卷首一卷

(清)豫谦修　杨笃纂

清光绪八年(1882)刻本　十行二十一字小字

双行同白口四周双边　八册

F4002　[乾隆]续修曲沃县志六卷

(清)侯长熺修　王安恭纂

清嘉庆二年(1797)刻本　九行二十五字小字

双行同白口四周双边　八册

F4003　[光绪]续修曲沃县志三十二卷

(清)张鸿逵　茅丕熙修　韩子泰纂

清光绪六年(1880)刻本　九行二十五字小字

双行同白口四周双边　六册

F4004　[民国]临汾县志六卷首一卷

刘玉玑　关世熙修　张其昌等纂

民国二十二年(1933)铅印本　六册

F4005　[雍正]洪洞县志九卷

(清)余世堂修　蔡行仁纂

清同治十一年(1872)艾绍濂补刻本　九行二

十二字小字双行同白口四周单边　八册

F4006　[民国]洪洞县志十八卷首一卷末一

卷

孙奂仑　贺椿寿修　韩垌纂

民国五年(1916)铅印本　十册

F4007　[道光]赵城县志三十七卷首一卷

(清)杨延亮纂修

清道光七年(1827)刻本　九行二十二字小字

双行同白口四周双边　八册

F4008　[光绪]汾西县志八卷首一卷

(清)曹宪等修　周桐轩纂

清光绪七年(1881)刻本　九行二十一字小字

双行同白口四周双边　四册

F4009　[道光]直隶霍州志二十五卷首一卷

(清)崔允昭修　李培谦纂

清道光六年(1826)刻本　九行二十一字小字

双行同白口左右双边　十册

F4010　[民国]新修岳阳县志十六卷

李钟珩修　王之哲纂

民国四年(1915)石印本　八册

F4011　[同治]浮山县志三十七卷

(清)庆钟纂修

清同治十三年(1874)刻本　八行二十二字小

字双行同白口四周双边　八册

F4012　[光绪]翼城县志二十八卷
(清)王耀章　龚履坦纂修
清光绪七年(1881)刻本　九行二十二字小字
双行同白口四周双边　八册

F4013　[光绪]垣曲县志十四卷
(清)薛元钊修　张于铸纂
清光绪五年(1879)刻本　九行二十字白口左
右双边　八册

F4014　[光绪]直隶绛州志二十卷首一卷
(清)李焕扬修　张于铸纂
清光绪五年(1879)刻本　十行二十一字白口
左右双边　十册

F4015 *　[光绪]襄陵县志二十四卷
(清)钱墉修　郝登云纂
清光绪七年(1881)刻本　八行二十二字小字
双行同白口四周双边　八册

F4016　[道光]太平县志十六卷首一卷
(清)李炳彦修　梁栖鸾纂
清道光五年(1825)刻本　九行二十五字小字
双行同白口四周双边　八册

F4017　[光绪]太平县志十四卷首一卷
(清)劳文庆　朱光绶修　娄道南纂
清光绪八年(1882)刻本　九行二十五字小字
双行同白口四周双边　十册

F4018　[乾隆]闻喜县志十二卷首一卷
(清)李遵唐纂修
清光绪六年(1880)重印本　十行二十二字白
口左右双边　六册

F4019　[光绪]闻喜县志补四卷
(清)陈作哲修　杨深秀纂
清光绪六年(1880)刻本　十行二十二字白口
左右双边　一册

F4019　[光绪]闻喜县志斠三卷首一卷
(清)陈作哲修　杨深秀纂
清光绪六年(1880)刻本　十行二十二字小字
双行同白口左右双边　一册

F4019　[光绪]闻喜县志续四卷
(清)陈作哲修　杨深秀纂
清光绪六年(1880)刻本　十行二十二字白口
左右双边　二册

F4020　[乾隆]解州夏县志十六卷首一卷
(清)言如泗修　李遵唐纂
清乾隆二十九年(1764)刻解州全志本　十行
二十一字白口左右双边　四册

F4021　[光绪]夏县志十卷首一卷
(清)黄绪荣　万启钧修　张承熊纂
清光绪六年(1880)刻本　十行二十一字黑口
四周双边　四册

F4022　[乾隆]解州平陆县志十六卷首一卷
(清)言如泗　韩甍典修　杜若拙　荆如棠纂
清乾隆二十九年(1764)刻解州全志本　十行
二十一字白口左右双边　四册

F4023　[乾隆]解州安邑县志十六卷首一卷
(清)言如泗修　吕瀓　郑必阳纂
清光绪六年(1880)重印本　十行二十一字白
口左右双边　四册

F4024　[乾隆]解州安邑县运城志十六卷首
一卷
(清)言如泗修　熊名相　吕瀓等纂
清光绪六年(1880)重印本　十行二十一字白
口左右双边　四册

F4025　[光绪]安邑县续志六卷首一卷
(清)赵辅堂修　张承熊纂
清光绪六年(1880)刻本　十行二十一字白口
左右双边　二册

F4026　[乾隆]解州全志十八卷图一卷
(清)言如泗修　吕瀓等纂
清乾隆二十九年(1764)刻解州全志本　十行
二十一字白口左右双边　四册

F4027　[民国]解县志十四卷首一卷
徐嘉清修　曲乃锐纂
民国九年(1920)国光石印馆石印本　八册

223

F4028 ［光绪］虞乡县志十二卷首一卷

（清）崔铸善修　陈鼎隆　全谋慥纂

清光绪十二年(1886)刻本　九行二十二字白口左右双边　四册

F4029 ［光绪］永济县志二十四卷

（清）李荣和　刘钟麟修　张元懋纂

清光绪十二年(1886)刻本　九行二十二字白口四周双边　十四册

F4030 ［雍正］猗氏县志八卷

（清）潘钺修　吴启元　高绍烈纂　宋之树续修　何世勋　陈倜仪续纂

清康熙五十六年(1717)修雍正七年(1729)续刻本　十行二十二字小字双行同白口四周双边　五册

F4031 ［同治］续猗氏县志四卷

（清）周之桢修　崔曾颐纂

清同治六年(1867)刻本　十行二十二字小字双行同白口四周双边　三册

F4032 ［民国］万泉县志八卷首一卷末一卷

何桑　程瑶阶修　坞文瑞　王景命纂

民国七年(1918)石印本　八册

F4033 ［光绪］荣河县志十四卷首一卷

（清）马鉴　王希濂修　寻銮炜纂

清光绪七年(1881)刻本　十行二十一字白口左右双边　八册

F4034 ［同治］稷山县志十卷

（清）沈凤翔修　邓嘉绅等纂

清同治四年(1865)刻本　九行二十字白口左右双边　八册

F4035 ［光绪］续修稷山县志二卷

（清）马家鼎纂修

清光绪十一年(1885)刻本　九行二十字白口左右双边　二册

F4036 ［光绪］河津县志十四卷首一卷

（清）茅丕熙　杨汉章修　程象濂　韩秉钧纂

清光绪六年(1880)刻本　十行二十一字白口左右双边　十册

F4037 ［乾隆］乡宁县志十五卷

（清）葛清等纂修

清光绪七年(1881)重印本　十行二十一字白口左右双边　四册

F4038 ［光绪］续修乡宁县志十五卷

（清）冯安澜修　崔钟淦纂

清光绪七年(1881)刻本　十行二十一字白口左右双边　二册

F4039 ［光绪］蒲县续志

（清）托克托欢修　曹和钧　罗良桂纂

清光绪六年(1880)刻本　九行二十二字小字双行同白口四周双边

F4039 ［乾隆］蒲县志十卷首一卷

（清）巫慧修　王居正纂

清乾隆十八年(1753)刻本　九行二十二字小字双行同白口四周双边　五册

F4040 ［康熙］徐沟县志四卷

（清）王嘉谟纂修

清康熙五十一年(1712)刻本　九行二十二字小字双行十八字白口四周双边　四册

F4041 ［康熙］灵丘县志四卷

（清）宋起凤原本　岳宏誉增订

清康熙二十三年(1684)刻本　九行二十字小字双行同白口左右双边　四册

F4042 ［乾隆］崞县志八卷

（清）邵丰锳　顾弼修　贾瀛纂

清乾隆二十二年(1757)刻本　九行十九字白口四周双边　四册

F4043 ［康熙］交城县志十八卷首一卷

（清）洪璟纂修

清康熙四十八年(1709)刻本　九行二十字小字双行十八字白口四周双边　六册

F4044 ［康熙］临县志八卷首一卷

（清）杨飞熊修　崔鹤龄　李思豫纂

清道光二十年(1840)增刻本　九行二十字小字双行同白口四周双边　四册

F4045　[乾隆]大同府志三十二卷首一卷
(清)吴辅宏修　王飞藻纂　文光校订
清乾隆四十一年(1776)修乾隆四十七年(1782)
重校刻本　十行二十二字小字双行同白口四
周双边　十六册

F4046　[雍正]辽州志八卷
(清)徐三俊修　刘沄纂
清雍正十一年(1733)刻本　九行二十二字白
口四周双边　四册

F4047　[雍正]沁源县志十卷首一卷
(清)韩瑛纂修　王廷抡续纂修
清康熙五十二年(1713)修　雍正八年(1730)
续修刻本　九行二十字小字双行同白口左右
双边　四册

F4048　[光绪]沁源县续志四卷
(清)董余三纂修
清光绪七年(1881)刻本　九行二十二字小字
双行同白口四周双边　四册

F4049　[乾隆]沁州志十卷首一卷
(清)叶士宽原本　姚学瑛续修　姚学甲
续纂
清乾隆三十六年(1771)增刻本　九行二十一
字小字双行同白口四周双边　十册

F4050　[康熙]隰州志二十四卷
(清)钱以垲纂修
清康熙四十九年(1710)刻本　九行二十一字
小字双行十九字白口四周双边　四册

F4051　[宣统]新疆图志一百十六卷首一卷
袁大化修　王树枏　王学曾纂
清宣统三年(1911)活字本　九行二十一字小
字双行同白口四周单边　一百十七册

F4052　[民国]吉林地志
魏声铄纂
民国二年(1913)铅印本　一册

F4053　龙城旧闻节刊三卷
魏毓兰编辑
1960年旅大市图书馆油印本　一册

F4054　[宣统]呼兰府志十二卷
(清)黄维翰纂修
清宣统二年(1910)修民国四年(1915)铅印本
五册

F4055　[民国]双城县志十五卷首一卷
高文垣等修　张燕铭等纂
民国十五年(1926)铅印本　四册

F4056　[民国]桦川县志六卷
朱衣点等纂修
民国十七年(1928)铅印本　六册

F4057　[光绪]土默特旗志十卷
(清)贻谷修　高赓恩纂
清光绪三十四年(1908)刻本　十行二十二字
小字双行同白口四周双边　二册

F4058　[光绪]丰镇厅志八卷首一卷末一卷
(清)德溥修　麻丽五纂
民国五年(1916)铅印本　二册

F4059　[乾隆]钦定新疆识略十二卷首一卷
(清)徐松原著　松筠纂
清道光元年(1821)武英殿修书处刻本　十行
二十一字小字双行同白口四周双边　十册

F4060　[弘治]延安府志八卷
(明)李宗仁修　杨慎纂
1962年陕西图书馆西安古旧书店影印明弘治
本　四册

F4061　[嘉庆]重修延安府志八十卷
(清)洪蕙纂修
清嘉庆七年(1802)刻本　十行二十二字小字
双行同白口左右双边　十六册

F4062* [乾隆]韩城县志十六卷首一卷
(清)傅应奎修　钱坫等纂
清嘉庆二十三年(1818)重印本　十行二十四
字黑口四周单边　六册

F4063　[嘉庆]韩城县续志五卷
(清)冀兰泰修　陆耀通纂
清嘉庆二十三年(1818)刻本　十行二十四字
黑口四周单边　一册

225

F4064 [光绪]富平县志稿十卷首一卷

(清)樊增祥 刘锟修 谭麟纂

清光绪十七年(1891)刻本 十行二十三字小字双行同黑口四周双边 九册

F4065 [光绪]岐山县志八卷

(清)胡升猷修 张殿元纂

清光绪十年(1884)刻本 十行二十四字小字双行同白口四周双边 四册

F4066 [乾隆]郃阳县全志四卷

(清)席奉乾修 孙景烈纂

清乾隆三十四年(1769)刻本 十行二十二字小字双行同白口四周单边 四册

F4067 [光绪]米脂县志十二卷

高照煦纂 高增融校订

清光绪三十三年(1907)铅印本 四册

F4068 * [正德]武功县志三卷首一卷

(明)康海纂 (清)孙景烈评注

清光绪十三年(1887)张世英补刻嘉庆本 十一行二十五字小字双行同白口四周双边 一册

F4069 [乾隆]长武县志十二卷

(清)樊士锋修 洪亮吉 李泰交纂

清嘉庆二十四年(1819)增刻本 十行二十二字小字双行同白口四周单边 四册

F4070 [光绪]乾州志稿十四卷首一卷

(清)周铭旗纂修

清光绪十年(1884)乾阳书院刻本 十行二十四字黑口四周单边 六册

F4071 [光绪]新续渭南县志十二卷

(清)严书麟修 焦联甲纂

清光绪十八年(1892)刻本 十行二十二字白口四周双边 十册

F4072 [光绪]高陵县续志八卷

(清)程维雍修 白遇道纂

清光绪七年(1881)修 十年(1884)刻本 十二行二十六字小字双行同黑口四周单边 四册

F4073 [乾隆]临潼县志九卷图一卷

(清)史传远纂修

清乾隆四十一年(1776)刻本 十行二十四字白口四周双边 六册

F4074 [康熙]城固县志十卷

(清)王穆纂修

清光绪四年(1878)徐德怀刻本 九行二十二字白口四周双边 四册

F4075 [光绪]沔县新志四卷

(清)孙铭钟 罗桂铭修 彭龄纂

清光绪九年(1883)刻本 九行二十一字白口四周双边 四册

F4076 [嘉庆]扶风县志十八卷首一卷

(清)宋世荦修 吴鹏翱 王树棠纂

清嘉庆二十四年(1819)刻本 十一行二十三字小字双行同白口左右双边 四册

F4077 [光绪]麟游县新志草十卷首一卷

(清)彭洵纂修

清光绪九年(1883)刻本 九行二十二字小字双行同白口四周双边 四册

F4078 [光绪]佛坪厅志二卷首一卷

(清)刘煐纂修

清光绪九年(1883)刻本 九行二十二字白口四周双边 一册

F4079 [道光]大荔县志十六卷首一卷

(清)熊兆麟纂修

清道光三十年(1850)刻本 十行二十二字小字双行同黑口四周单边 六册

F4080 [乾隆]凤翔县志八卷首一卷

(清)罗鳌修 周方炯 刘震纂

清乾隆三十二年(1767)刻本 九行二十二字白口四周双边 八册

F4081 [乾隆]鄜县志十八卷首一卷

(清)李带双修 张若纂

清乾隆四十三年(1778)刻本 十二行二十四字小字双行三十六字同黑口四周单边 四册

F4082 [乾隆]醴泉县志十四卷图一卷

(清)蒋骐昌修 孙星衍纂

清乾隆四十九年(1784)刻本　十行二十四字
小字双行同黑口四周单边　六册

F4083　[光绪]定远厅志二十六卷首一卷末一卷

(清)余修凤纂修

清光绪五年(1879)刻本　十行二十四字白口
四周双边　六册

F4084　[道光]宁陕厅志四卷

(清)林一铭修　焦世官　胡官清纂

清道光九年(1829)刻本　十行二十四字白口
四周双边　四册

F4085　[道光]石泉县志四卷

(清)舒钧纂修

清道光二十九年(1849)运甓下惟圃刻本　十
行二十二字白口四周双边　二册

F4086　[嘉庆]汉阴厅志十卷首一卷

(清)钱鹤年修　董诏纂

清嘉庆二十三年(1818)刻本　九行二十字白
口四周双边　六册

F4087*　[道光]紫阳县志八卷首一卷

(清)陈仅　吴纯修　杨家坤　曹学易纂

清光绪八年(1882)吴世泽补刻本　十行二十
三字白口四周单边　四册

F4088　[光绪]白河县志十三卷

(清)顾骏修　王贤辅　李宗麟纂

清光绪十九年(1893)刻本　十行二十二字小
字双行同白口四周双边　四册

F4089　[光绪]靖边志稿四卷

(清)丁锡奎修　白翰章　辛居乾纂

清光绪二十五年(1899)刻本　十行二十四字
小字双行同白口四周双边　四册

F4090　[光绪]三原县新志八卷

(清)焦云龙修　贺瑞麟纂

清光绪六年(1880)刻本　十二行二十四字小
字双行同黑口四周单边　六册

F4091　[道光]留坝厅志十卷

(清)贺仲瑊修　蒋湘南纂

清道光二十二年(1842)汉中友义斋刻本　九
行二十三字黑口四周双边　四册

F4092　[民国]安塞县志十二卷首一卷

安庆丰修　郭永清纂

民国三年(1914)铅印本　四册

F4093　[宣统]重修泾阳县志十六卷首一卷末一卷

刘懋官修　宋伯鲁　周斯亿纂

清宣统三年(1911)天津华新印刷局铅印本
四册

F4094　[道光]榆林府志五十卷首一卷

(清)李熙龄纂修

清道光二十一年(1841)刻本　九行二十五字
小字双行同白口四周双边　十二册

F4095　[隆庆]华州志二十四卷

(明)李可久修　张光孝纂

清光绪八年(1882)合刻华州志本　十行二十
字小字双行同白口四周单边　八册

F4096　[咸丰]同州府志三十四卷首二卷

(清)李恩继　文廉修　蒋湘南纂

清咸丰二年(1852)刻本　九行二十二字小字
双行同黑口左右单边　二十四册

F4097　[康熙]续华州志四卷

(清)冯昌奕修　刘遇奇纂

清光绪八年(1882)合刻华州志本　十行二十
字小字双行同白口四周单边　四册

F4098　[乾隆]再续华州志十二卷

(清)汪以诚修　史葶纂

清光绪八年(1882)合刻华州志本　十行二十
字小字双行同白口四周单边　二册

F4099　[光绪]三续华州志十二卷

(清)吴炳南修　刘域纂

清光绪八年(1882)合刻华州志本　十行二十
字小字双行同白口四周单边　六册

F4100　[乾隆]盛京通志四十八卷首一卷

(清)吕耀曾　王河　宋筠修　魏枢等纂

清咸丰二年(1852)雷以诚校补重印本　十行

二十一字小字双行同白口四周双边　二十册

F4101　[宣统]新民府志不分卷
(清)管凤和纂修
清宣统元年(1909)铅印本　一册

F4102　[嘉靖]崇义县志二卷
(明)王廷耀纂修
1987年江西省崇义县志办公室据明嘉靖本校注铅印本　二册

F4103　[民国]沈阳县志十五卷首一卷
赵恭寅修　曾有翼等纂
民国六年(1917)铅印本　六册

F4104　[嘉靖]全辽志六卷
(明)李辅等修　陈绛等纂
民国二十三年(1934)铅印《辽海丛书》本六册

F4105　枣强县志
贾恩绂纂
民国二十一年(1932)刻1987年北京中国书店重印本　六册

F4106　[宣统]抚顺县志略二十二卷
(清)赵宇航 程廷恒修　黎镜蓉等纂
清宣统三年(1911)石印本　二册

F4107*　[道光]广东通志三百三十四卷首一卷
(清)阮元修　陈昌齐等纂
清同治三年(1864)重刻本　十一行二十一字小字双行同黑口四周双边　一百二十册

F4108　[同治]番禺县志五十四卷首一卷附录一卷
(清)李福泰修　史澄 何若瑶纂
清同治十年(1871)光霁堂刻本　十二行二十三字小字双行同白口四周单边　十六册

F4109　[宣统]番禺县续志四十四卷首一卷
(清)梁鼎芬修　丁仁长 吴道镕等纂
民国二十年(1931)重印本　十六册

F4110　[光绪]嘉应州志三十二卷首一卷
(清)吴宗焯 李庆荣修　温仲和纂

清光绪二十四年(1898)修　二十七年(1901)刻本　十二行二十四字小字双行同黑口四周双边　十三册

F4111　[光绪]嘉应州志三十二卷首一卷
(清)吴宗焯 李庆荣修　温仲和纂
民国二十二年(1933)补刻本　十二行二十四字小字双行同黑口四周双边　十四册

F4112　[嘉靖]仁化县志五卷
(明)胡居安纂修
1958年广东省中山图书馆油印本　一册

F4113　[康熙]陵水县志不分卷
(清)高首标纂修　潘廷侯订补
1957年广东省中山图书馆油印本　一册

F4114　[民国]复县志略不分卷
程廷恒修　张素纂
民国九年(1920)石印本　六册

F4115　[光绪]绛县志二十一卷
(清)胡延纂修
清光绪二十五年(1899)刻本　十行二十四字小字双行同黑口四周双边　四册

F4116　[雍正]阳高县志六卷
(清)房裔兰修　苏之芬纂
清雍正七年(1729)刻本　九行二十一字小字双行二十字白口四周单边　四册

F4117　[宣统]山东通志二百卷首九卷附录一卷补遗一卷
(清)杨士骧等修　孙葆田等纂
清宣统三年(1911)修　民国四年(1915)山东通志刊印局铅印本　一百二十八册

F4118　[道光]济南府志七十二卷首一卷
(清)王赠芳 王镇修　成瓘 冷烜纂
清道光二十年(1840)刻本　十一行二十五字小字双行同白口四周双边　四十册

F4119　[乾隆]泰安府志三十卷前一卷首二卷
(清)颜希深修　成城等纂
清乾隆二十五年(1760)刻本　十行二十一字

小字双行同白口四周单边　二十册

F4120　[乾隆]武定府志三十八卷首一卷

(清)赫达色修　庄肇奎　沈中行纂

清乾隆二十四年(1759)刻本　十行二十一字
白口左右双边　二十册

**F4121　[乾隆]衮州府志三十二卷首一卷图
考一卷**

(清)觉罗普尔泰修　陈顾溦纂

清乾隆三十五年(1770)刻本　十行二十一字
小字双行同白口四周双边　十二册

F4122　[乾隆]曹州府志二十二卷

(清)周尚质修　李登明　谢冠纂

清乾隆二十一年(1756)刻本　十行二十四字
小字双行同白口左右双边　十二册

F4123　[乾隆]沂州府志三十六卷首一卷

(清)李希贤修　潘遇莘　丁恺曾纂

清乾隆二十五年(1760)刻本　十行二十四字
小字双行同白口左右双边　十二册

F4124　[乾隆]东昌府志五十首一卷

(清)嵩山修　谢香开　张熙先纂

清嘉庆十三年(1808)刻本　九行二十一字小
字双行同白口左右双边　十六册

F4125　[咸丰]青州府志六十四卷

(清)毛永柏修　李图　刘耀椿纂

清咸丰九年(1859)刻本　十行二十二字小字
双行同黑口四周单边　十六册

**F4126　[光绪]增修登州府志六十九卷首
一卷**

(清)方汝翼　贾瑚修　周悦让　慕荣翰纂

清光绪七年(1881)刻本　九行二十字小字双
行同白口四周双边　二十二册

F4127　[乾隆]莱州府志十六卷首一卷

(清)严有禧纂修

清乾隆五年(1740)刻本　十行二十四字小字
双行同白口四周双边　八册

F4128　[乾隆]历城县志五十卷首一卷

(清)胡德琳修　李文藻等纂

清乾隆三十八年(1773)刻本　十行二十一字
白口四周单边　十六册

F4129　[民国]续修历城县志五十四卷

毛承霖纂修

民国十五年(1926)历城县志局铅印本　二
十册

F4130　[乾隆]博山县志十卷首一卷

(清)富申修　田士麟纂

清乾隆十八年(1753)刻本　十行二十字小字
双行同白口四周单边　四册

F4131　[民国]续修博山县志十五卷首一卷

王荫桂修　张新会纂

民国二十六年(1937)铅印本　八册

F4132　[光绪]惠民县志三十卷首一卷末一卷

(清)沈世铨修　李勗纂

清光绪二十五年(1899)柳堂校补刻　十行二
十字小字双行同白口四周双边　六册

F4132　惠民县志补遗一卷

(清)柳堂修　李凤冈纂

清光绪二十七年(1901)刻本　十行二十字小
字双行同白口四周双边　一册

F4133　[乾隆]阳信县志八卷首一卷

(清)王允深修　沈佐清等纂

清乾隆二十四年(1759)刻本　十行二十字小
字双行同白口左右双边　五册

**F4134　[民国]无棣县志二十四卷首一卷末
一卷**

侯荫昌修　张方墀纂

民国十三年(1924)铅印本　六册

F4135　[光绪]沾化县志十六卷首一卷

(清)联印修　张会一　耿翔仪纂

清光绪十七年(1891)刻本　十行二十二字白
口四周双边　四册

F4136　[咸丰]滨州志十二卷首一卷

(清)李熙龄纂修

清咸丰十年(1860)刻本　九行二十一字白口
左右双边　四册

F4137 ［光绪］利津县志十卷

（清）盛赞熙修　余朝菜等纂

清光绪九年（1883）刻本　十二行二十五字白口左右双边　四册

F4138 ［乾隆］威海卫志十卷首一卷

（清）毕懋第修　郭丈大续修　王兆鹏增订

民国十八年（1929）铅印本　二册

F4139 ［雍正］乐安县志二十卷

（清）李方膺纂修

清雍正十一年（1733）刻本　九行二十二字小字双行同白口四周双边　四册

F4140 ［民国］续修广饶县志二十八卷首一卷

潘菜峰等修　王寅山纂

民国二十四年（1935）铅印本　八册

F4141 ［乾隆］蒲台县志四卷首一卷

（清）严文典修　任相纂

清乾隆二十八年（1763）刻本　九行二十字小字双行同白口左右双边　四册

F4142 ［嘉庆］长山县志十六卷首一卷

（清）倪企望修　钟廷瑛　徐果行纂

清嘉庆六年（1801）刻本　十行二十二字小字双行同白口左右双边　十册

F4143 ［乾隆］高苑县志十卷

（清）张耀璧纂修

清乾隆二十三年（1758）刻本　九行二十一字小字双行同白口左右双边　二册

F4144 ［民国］青城续修县志四卷

杨启柬修　赵梓湘纂

民国二十四年（1935）济南五三美术印刷社铅印本　六册

F4145 ［乾隆］昌邑县志八卷

（清）周来邰纂修

清乾隆七年（1742）刻本　九行二十字小字双行同白口四周双边　四册

F4146 ［乾隆］潍县志六卷首一卷末一卷

（清）张耀璧修　王诵芬纂

清乾隆二十五年（1760）刻本　九行二十一字小字双行同白口左右双边　六册

F4147 ［道光］重修平度州志二十七卷

（清）保忠　吴慈修　李图　王大钥纂

清道光二十九年（1849）刻本　十行二十五字小字双行同白口左右双边　八册

F4148 ［光绪］高密县志十卷首一卷末一卷

（清）罗邦彦　傅赉予修　李勤运纂

清光绪二十二年（1896）刻本　九行二十一字小字双行同白口左右双边　八册

F4149 ［民国］高密县志十六卷首一卷

余有林　曹梦九修　王照青纂

民国二十四年（1935）铅印本　十二册

F4150 ［道光］重修胶州志四十卷

（清）张同声修　李图等纂

清道光二十五年（1845）刻本　十行二十五字小字双行同白口左右双边　八册

F4151 ［民国］胶澳志十二卷

赵琪修　袁荣叟纂

民国十七年（1928）青岛华昌印刷局铅印本　十册

F4152 ［乾隆］诸城县志四十六卷

（清）宫懋让修　李文藻等纂

清乾隆二十九年（1764）刻本　十行二十一字小字双行同黑口四周单边　八册

F4153 ［道光］诸城县续志二十三卷

（清）刘光斗修　朱学海纂

清道光十四年（1834）刻本　十行二十一字黑口四周单边　四册

F4154 ［光绪］临朐县志十六卷首一卷

（清）姚延福修　邓嘉缉　蒋师辙纂

清光绪十年（1884）刻本　十行二十二字小字双行同黑口四周双边　六册

F4155 ［嘉庆］昌乐县志三十二卷首一卷

（清）魏礼焯　时铭修　阎学夏　黄方远纂

清嘉庆十四年（1809）刻本　十行二十一字小字双行同白口四周双边　六册

F4156 [光绪]益都县图志五十四卷首一卷

(清)张承燮修　法伟堂等纂

清光绪三十三年(1907)刻本　十一行二十三字小字双行同黑口四周单边　十六册

F4157 [民国]牟平县志十卷首一卷

王昭旭等修　于清泮纂

民国二十五年(1936)济南印刷局铅印本十册

F4158 [道光]文登县志十卷

(清)蔡培　欧文修　林汝谋纂

清道光十九年(1839)刻本　十三行二十五字小字双行同白口左右双边　四册

F4159 [道光]荣成县志十卷

(清)李天鹭修　岳赓廷纂

清道光二十年(1840)刻本　九行二十二字小字双行同白口左右双边　四册

F4160 [乾隆]海阳县志八卷

(清)包桂纂修

清乾隆七年(1742)刻本　九行二十一字小字双行同白口左右双边　四册

F4161 [光绪]海阳县续志十卷首一卷

(清)王敬勋修　李尔梅　王兆腾纂

清光绪六年(1880)刻本　九行二十一字小字双行同白口左右双边　六册

F4162 [同治]即墨县志十二卷首一卷

(清)林溥修　周翕镶纂

清同治十二年(1873)刻本　十行二十五字小字双行同白口四周双边　八册

F4163 [民国]莱阳县志三卷首一卷末一卷

梁秉锟修　王丕煦纂

民国二十四年(1935)铅印本　十二册

F4164 [乾隆]栖霞县志十卷

(清)卫苌纂修

清乾隆十九年(1754)刻本　九行二十四字小字双行同白口左右双边　八册

F4164 [光绪]栖霞县续志十卷首一卷

(清)黄丽中修　于如川纂

清光绪五年(1879)刻本　九行二十四字小字双行同白口左右双边　合册

F4165 [顺治]招远县志十二卷

(清)张作砺修　张凤羽纂

清道光二十六年(1846)刻本　九行二十字小字双行同白口四周双边　四册

F4166 [道光]招远县续志四卷

(清)陈国器　边象曾修　李荫　路藻纂

清道光二十六年(1846)刻本　九行二十字小字双行同白口四周双边　四册

F4167 [乾隆]掖县志八卷首一卷

(清)张思勉修　于始瞻纂

清嘉庆十二年(1807)刻本　九行二十一字小字双行同白口四周单边　十六册

F4167 [嘉庆]续掖县志四卷

(清)张彤修　张谒纂

清光绪十九年(1893)刻掖县全志本　九行二十一字小字双行同白口四周单边　合册

F4167 [道光]再续掖县志二卷

(清)杨祖宪修　侯登岸纂

清光绪十九年(1893)刻掖县全志本　九行二十一字小字双行同白口四周单边　合册

F4167 [光绪]三续掖县志四卷首一卷

(清)魏起鹏修　王续藩纂

清光绪十九年(1893)刻掖县全志本　九行二十一字小字双行同白口四周单边　合册

F4168 [嘉庆]寿光县志二十卷

(清)刘翰周纂修

清嘉庆五年(1800)刻本　十行二十字小字双行同白口四周双边　七册

F4169 [同治]黄县志十四卷首一卷末一卷

(清)尹继美纂修

清同治十年(1871)刻本　十行二十四字小字双行同白口四周双边　四册

F4170 [光绪]蓬莱县续志十四卷

(清)郑锡鸿　江瑞采修　王尔植等纂

清光绪八年(1882)刻本　九行二十二字小字

双行同白口四周双边　四册

F4171 ［民国］临沂县志十四卷首一卷

陈景星 沈兆祎修　王景祜纂

民国五年（1916）刻本　十行二十一字白口四
周双边　八册

F4172 ［嘉庆］莒州志十六卷首一卷

（清）许绍锦纂修

清嘉庆元年（1796）刻本　九行二十二字小字
双行同白口四周双边　六册

F4173 ［嘉庆］续修郯城县志十卷

（清）吴阶修　陆继辂纂

清嘉庆十五年（1810）刻本　十行二十字白口
左右双边　四册

F4174 ［光绪］费县志十六卷首一卷

（清）李敬修纂修

清光绪二十五年（1899）谢爔增刻本　十行二
十一字小字双行同白口四周双边　十二册

F4175 ［民国］重修泰安县志十四卷

葛延瑛 吴元禄修　孟昭章等纂

民国十五年（1926）修 十八年（1929）泰安县
志局铅印本　十四册

F4176 ［道光］章丘县志十六卷首一卷末一
卷

（清）吴璋修　曹楙坚纂

清道光十三年（1833）刻本　十行二十字小字
双行同白口左右双边　八册

F4177 ［乾隆］新泰县志二十卷首一卷

（清）江乾达修　牛士瞻等纂

清光绪十七年（1891）徐致愉增刻本　十行二
十字白口左右双边　六册

F4178 宁阳县乡土志一卷

（清）曹倜修　李椿龄 张云渠纂

清光绪三十三年（1907）石印本　一册

F4179 ［光绪］东平州志二十七卷图一卷首
编四卷

（清）左宜似等修　卢鉴等纂

清光绪七年（1881）刻本　十行二十一字小字

双行同白口左右双边　二十册

F4180 ［道光］平阴县志续刻二卷

（清）张朴修　熊衍学纂

清道光二十八年（1848）刻本　九行二十字小
字双行同白口四周双边　二册

F4181 ［咸丰］济宁直隶州续志四卷

（清）卢朝安纂修

清咸丰九年（1859）刻本　十行二十一字小字
双行同白口左右双边　四册

F4182 ［民国］济宁直隶州续志二十四卷首
一卷末一卷

潘守廉修　袁绍昂 唐垣纂

民国十六年（1927）铅印本　十二册

F4183 ［民国］济宁县志四卷首一卷

潘守廉修　袁绍昂纂

民国十六年（1927）铅印本　四册

F4184 ［道光］长清县志十六卷首四卷末
二卷

（清）舒化民等修　徐德城等纂

清道光十五年（1835）刻本　十行二十三字小
字双行同白口左右双边　八册

F4185 ［道光］滕县志十四卷首一卷

（清）王政修　王庸立 黄来麟纂

清道光二十六年（1846）刻本　十行二十二字
小字双行同白口四周双边　八册

F4186 ［咸丰］金乡县志略十二卷首一卷

（清）李垒纂修

清咸丰十年（1860）修同治元年（1862）刻本
十行二十五字小字双行同白口四周双边
四册

F4187 ［光绪］鱼台县志四卷首一卷末一卷

（清）赵英祚纂修

清光绪十五年（1889）刻本　十行二十一字小
字双行同白口四周双边　四册

F4188 ［光绪］嘉祥县志四卷首一卷

（清）章文华 官擢午纂修

清光绪三十四年（1908）刻本　十行二十二字

小字双行二十一、二十二字不等同白口四周
单边　四册

F4189　[光绪]郓城县志十六卷首一卷
(清)毕炳炎　胡建枢修　赵翰銮　李承光纂
清光绪十九年(1893)刻本　九行二十字小字
双行同白口四周双边　八册

F4190　[乾隆]定陶县志十卷首一卷
(清)雷宏宇修　刘珠等纂
清光绪二年(1876)周忠修补刻本　九行二十
二字小字双行同白口左右双边　四册

F4191　[道光]城武县志十四卷首一卷
(清)袁章华修　刘士瀛纂
清道光十年(1830)刻本　九行二十字白口左
右双边　八册

F4192　[光绪]曹县志十八卷首一卷
(清)陈嗣良修　孟广来　贾乃延纂
清光绪十年(1884)刻本　十行二十二字小字
双行同白口四周双边　十二册

F4193[宣统]聊城县志十二卷首一卷
陈庆蕃修　叶锡麟　靳维熙纂
清宣统二年(1910)刻本　十行二十一字白口
四周双边　八册

F4194　[康熙]堂邑县志二十卷
(清)卢承琰修　刘淇纂
清光绪十八年(1892)刻本　十行二十字白口
四周单边　三册

F4195　[嘉庆]清平县志十七卷
(清)陈钜前　傅秉鉴修　张敬承纂
清宣统三年(1911)刻本　十行二十字白口四
周双边　四册

F4196　[光绪]高唐州志八卷首一卷末一卷
(清)周家瘁修　鞠建章纂
清光绪三十三年(1907)刻本　九行二十字小
字双行同白口四周双边　六册

F4197　[道光]东阿县志二十四卷首一卷
(清)李贤书修　吴怡等纂
清道光九年(1829)刻本　十行二十一字小字

双行同白口四周单边　十二册

F4198　[光绪]莘县志十卷
(清)张朝玮修　孔广海纂
清光绪十三年(1887)刻本　九行二十字白口
四周双边　六册

F4199　[道光]冠县志十卷
(清)梁永康修　赵锡书纂
民国二十二年(1933)铅印本　四册

F4200　[雍正]馆陶县志十二卷
(清)赵知希纂修　张兴宗增修
清光绪十九年(1893)刻本　九行二十字小字
双行同白口四周双边　四册

F4201　[宣统]濮州志八卷
(清)高士英修　荣相鼎纂
清宣统元年(1909)刻本　九行二十字小字双
行同白口四周双边　八册

F4202　[道光]观城县志十卷首一卷
(清)孙观纂修
民国二十二年(1933)铅印本　四册

F4203　[乾隆]德州志十二卷首一卷
(清)王道亨修　张庆源纂
清乾隆五十三年(1788)刻本　九行二十字小
字双行同白口左右双边　八册

F4204　[民国]德县志十六卷
李树德修　董瑶林纂
民国二十四年(1935)铅印本　十六册

F4205　[民国]陵县续志四卷首一卷
苗恩波修　刘荫岐纂
民国二十四年(1935)铅印本　四册

F4206　[道光]商河县志八卷首一卷
(清)龚廷煌等纂修
清道光十六年(1836)刻本　九行二十字小字
双行同白口四周单边　八册

F4207　[同治]临邑县志十六卷首一卷
(清)沈淮原本　陈鸿翔续修　翟振庆续纂
清同治十三年(1874)续补刻本　九行二十一
字小字双行同白口四周双边　八册

233

F4208　[民国]续修临邑县志四卷首一卷

崔公甫修　王树枬　王孟戊纂

民国二十五年(1936)铅印本　五册

F4209　[乾隆]济阳县志十四卷首一卷

(清)胡德琳修　何明礼　章承茂纂

清乾隆三十年(1765)刻本　九行二十一字白口左右双边　八册

F4210　[嘉庆]禹城县志十二卷

(清)董鹏翔修　牟应震纂

清嘉庆十三年(1808)刻本　十行二十字小字双行同白口四周双边　四册

F4211　[雍正]齐河县志十卷首一卷

(清)上官有仪修　许琰纂

清同治五年(1866)补刻本　九行二十字白口四周双边　四册

F4212　[乾隆]平原县志十卷首一卷

(清)黄怀祖修　黄兆熊纂

民国二十四年(1935)平原大同印刷局铅印(1748)本　四册

F4213　[民国]续修平原县志十二卷首一卷

曹梦九修　赵祥俊　张元钧纂

民国二十四年(1935)平原大同印刷局铅印本四册

F4214　[宣统]重修恩县志十卷首一卷

(清)汪鸿孙修　刘儒臣　王金阶纂

清宣统元年(1909)刻本　九行二十字白口四周双边　四册

F4215　[乾隆]夏津县志十卷首一卷

(清)方学城修　梁大鲲纂

清乾隆六年(1741)刻本　十行二十二字小字双行同白口左右双边　六册

F4216　[道光]武城县志续编十四卷首一卷

(清)厉秀芳纂修

清道光二十一年(1841)刻本　十行二十字小字双行同白口四周双边　四册

F4217　[民国]增订武城县志续编十五卷

王延纶修　王疇铭纂

民国元年(1912)刻本　十行二十字小字双行同白口四周双边　四册

F4218　[民国]临清县志十六卷

徐子尚　张自清修　张树梅　王贵笙纂

民国二十三年(1934)铅印本　十四册

F4219　[康熙]新城县志十四卷首一卷

(清)崔懋修　严濂曾纂

清康熙三十二年(1693)刻本　十行二十一字小字双行同白口四周双边　五册

F4220　[康熙]新城县续志二卷

(清)孙元衡纂修

清康熙三十二(1693)年刻本　十行二十一字小字双行同白口四周双边　一册

F4221　[万历]汶上县志八卷

(明)栗可仕修　王命新纂

清康熙五十六年(1717)补刻本　十行二十字白口四周单边　二册

F4222　[康熙]续修汶上县志六卷

(清)闻元炅纂修

清康熙五十六年(1717)刻本　十行二十字白口四周单边　二册

F4223　[光绪]滋阳县志十四卷

(清)莫炽修　黄恩彤纂　李兆霖等续修黄师阄等续纂

清咸丰九年(1859)修光绪十四年(1888)续修刻本　九行二十字小字双行同白口左右双边十册

F4224　[康熙]阳谷县志八卷首一卷

(清)王时来修　杭云龙纂

抄本　一册

F4225　[光绪]寿张县志十卷首一卷

(清)刘文焴修　王守谦纂

清光绪二十六年(1900)刻本　十行二十三字小字双行同白口四周双边　六册

F4226　[乾隆]曲阜县志一百卷

(清)潘相等纂修

清乾隆三十九年(1774)刻本　十一行二十三

234

字小字双行同白口左右双边　十二册

F4227 ［乾隆］弥勒州志二十七卷首一卷
（清）泰仁　王纬修　伍士瑞纂　傅腾蛟等
增订
抄本　四册

F4228 ［康熙］怀柔县新志八卷
（清）吴景果纂修
清康熙六十年（1721）刻本　九行二十字白口
左右双边　四册

F4229 ［康熙］安平县志十卷
（清）陈宗石纂修
清康熙三十一年（1692）增刻本　九行二十四
字小字双行同白口左右双边　八册

F4230 ［康熙］槁城县志十二卷
（清）赖于宣修　张丙宿纂
清康熙五十九年（1720）阎尧熙增刻光绪七年
（1881）重印本　十行二十字小字双行同白口
四周双边　四册

F4231 ［光绪］槁城县志续补十一卷
（清）朱绍谷修　张毓温纂
清光绪七年（1881）刻本　十行二十字小字双
行同白口四周双边　一册

F4232 ［光绪］蠡县志十卷
（清）韩志超　何云诰修　张玲　王其衡等纂
清光绪二年（1876）刻本　十行二十字小字双
行同白口四周双边　十册

F4233 ［乾隆］宣化府志四十二卷首一卷
（清）王者辅　王畹修　吴廷华纂
清乾隆八年（1743）刻本　十行二十二字小字
双行同白口左右双边　十六册

F4234 ［雍正］井陉县志八卷
（清）钟文英纂修
清光绪元年（1875）重印雍正八年（1730）刻本
九行二十三字小字双行同白口四周双边
四册

F4235 ［光绪］续修井陉县志三十六卷
（清）常善修　赵文濂纂

清光绪元年（1875）刻本　九行二十四字小字
双行同白口四周双边　二册

F4236 ［雍正］深泽县志十二卷首一卷
（清）赵宪修　王植纂
清雍正十三年（1735）刻乾隆二十七年（1762）
增修本　九行二十字小字双行十八字白口左
右双边　四册

F4237 ［康熙］成安县志十二卷
（清）王公楷修　张橼纂
清康熙十二年（1673）刻本　八行二十一白口
四周双边　六册

F4238 ［康熙］广平县志五卷
（清）夏显煜修　王俞巽纂
清康熙十五年（1676）刻本　八行二十一字小
字双行同白口四周双边　五册

F4239 ［康熙］交河县志七卷图
（清）墙鼎修　黄伉纂
清康熙十二年（1673）刻道光二十九年（1849）
增刻本　十行二十二字小字双行同白口四周
单边　二册

F4240 ［同治］畿辅通志三百卷首一卷
（清）李鸿章等修　黄彭年等纂
清光绪十年（1884）刻本　十二行二十五字小
字双行同白口四周双边　二百四十册

F4241 雄县乡土志十五卷
（清）刘崇本编
清光绪三十一年（1905）铅印本　十三行三十
字白口四周双边　一册

F4242 ［光绪］元氏县志十四卷首一卷末
一卷
（清）胡岳修　赵文濂　王钧如纂
清光绪元年（1875）刻本　十行二十四字小字
双行同白口四周双边　八册

F4243 ＊ ［嘉庆］束鹿县志十卷
（清）李符清修　斐显相　沈乐善纂
清嘉庆四年（1799）刻本　十一行二十一字黑
口左右双边　四册

235

F4244 ［光绪］赵州属邑志八卷

（清）孙传栻纂修

清光绪二十三年（1897）刻本　十行二十二字
白口四周双边　四册

F4245 ［同治］深州风土记二十二卷附表
五卷

（清）吴汝纶纂

清同治十年（1871）纂光绪二十六年（1900）文
瑞书院刻本　十行二十二字小字双行同黑口
四周双边　八册

F4246 ［民国］雄县新志七卷

秦廷秀　褚保熙修　刘崇本等纂

民国十九年（1930）铅印本　十册

F4247 ［道光］深州直隶州志十卷首一卷末
一卷

（清）张范东修　李广滋纂

清道光七年（1827）刻本　八行二十二字小字
双行同白口左右双边　十二册

F4248 ［乾隆］直隶遵化州志二十卷

（清）傅修等纂修

清乾隆五十九年（1794）刻本　十行二十字小
字双行同白口四周双边　八册

F4249 ［光绪］丰润县志十二卷

（清）郝增祐等纂修　周晋坤续纂修

清光绪十七年（1891）刻本　十行二十字白口
四周双边　十二册

F4250 ［乾隆］丰润县志八卷

（清）吴慎纂修

清乾隆二十年（1755）刻本　十行二十字小字
双行同白口四周双边　四册

F4251 ［同治］迁安县志十八卷首一卷末
一卷

（清）韩耀光修　史梦兰纂

清光绪十一年（1885）牛昶煦补刻本　十行二
十字小字双行同白口四周双边　六册

F4252 ［同治］迁安县志十八卷首一卷末
一卷

（清）韩耀光修　史梦兰纂

清光绪十一年（1885）牛昶煦补刻本　十行二
十字小字双行同白口四周双边　六册

F4253 ［嘉庆］滦州志八卷首一卷末一卷

（清）吴士鸿修　孙学恒纂

清嘉庆十五年（1810）刻本　十行二十二字小
字双行同白口四周双边　八册

F4254 ［光绪］滦州志十八卷首一卷

（清）杨文鼎修　王大本等纂

清光绪二十四年（1898）刻本　十行二十二字
小字双行同白口四周双边　十四册

F4255 ［民国］昌黎县志十二卷首一卷末
一卷

金良骥　汪鸿孙修　张念祖　张锡恩纂　安
庆云续修　田秀璘续纂　陶宗奇再扩修
张鹏翔再续纂

民国二十二年（1933）铅印本　八册

F4256 ［光绪］容城县志八卷

（清）俞廷献　曹鹏修　吴思忠纂

清光绪二十二年（1896）刻本　十行二十字小
字双行同白口左右双边　六册

F4257 ［道光］万全县志十卷首一卷

（清）左承业原本　施彦士续纂修

清道光十四年（1834）增刻乾隆本　十行二十
一字小字双行同白口四周双边　四册

F4258 ［民国］阳原县志十八卷

刘志鸿等修　李泰棻纂

民国二十四年（1935）铅印本　四册

F4259 ［乾隆］祁州志八卷

（清）罗以桂　王楷修　张葛铨　刁锦纂

清乾隆二十一年（1756）刻本　九行二十一字
小字双行同白口左右双边　四册

F4260 ［光绪］祁州续志四卷

（清）赵秉恒等修　刘学海等纂

清光绪元年（1875）修八年（1882）刻本　九行
二十一字白口四周双边　二册

F4261 ［民国］高阳县志十卷

李大本修　李晓冷等纂

民国二十二年(1933)铅印本　十册

F4262　[光绪]怀来县志十八卷首一卷

(清)朱乃恭修　席之瓒纂

清光绪八年(1882)刻本　十行二十四字小字
双行同白口四周单边　六册

F4263　[光绪]抚宁县志十六卷首一卷

(清)张上龢修　史梦兰纂

清光绪三年(1877)刻本　十行二十二字小字
双行同白口四周双边　六册

F4264　[民国]卢龙县志二十四卷首一卷

董天华修　胡应麟纂

民国二十年(1931)铅印本　四册

F4265　[乾隆]临榆县志十四卷首一卷

(清)钟和梅纂修

清乾隆二十一年(1756)刻本　九行二十字小
字双行同白口四周双边　六册

F4266　[光绪]怀安县志八卷首一卷末一卷

(清)荫禄修　程燮奎纂

清光绪二年(1876)刻本　十行二十二字小字
双行同白口四周双边　四册

F4267　[光绪]乐亭县志十五卷首一卷末
一卷

(清)游智开　蔡志修等修　史梦兰纂

清光绪三年(1877)刻本　十行二十二字小字
双行同白口四周双边　六册

F4268[*]　[嘉庆]高邑县志十卷首一卷

(清)陈元芳修　沈云尊纂

清嘉庆五年(1800)刻本　九行二十字小字双
行同白口四周双边　四册

F4269　[民国]满城县志略十六卷首一卷

陈宝生修　杨式震　陈昌源纂

民国二十年(1931)满城县修志局铅印本
七册

F4270　[同治]西宁新志十卷首一卷

(清)韩志超　寅康等修　杨笃纂

清同治十二年(1873)修光绪元年(1875)宏州
书院刻本　十行二十四字小字双行同白口左

右双边　四册

F4271　[乾隆]蔚县志三十一卷

(清)王育源修　李舜臣纂

清乾隆四年(1739)刻本　十行二十二字小字
双行二十一字白口左右双边　四册

F4272　[光绪]蔚州志二十卷首一卷

(清)庆之金修　杨笃纂

清光绪三年(1877)刻本　十行二十三字小字
双行同白口四周双边　八册

F4273　[光绪]玉田县志三十卷首一卷

(清)夏子鎏修　李昌时纂　丁雄续纂

清光绪十年(1884)刻本　九行二十字小字双
行同白口四周双边　六册

F4274　[乾隆]赤城县志八卷首一卷

(清)孟思谊修　张曾炳纂

清乾隆二十四年(1759)黄绍七补订刻本　十
行二十二字小字双行同白口左右双边　四册

F4275　[同治]赤城县续志十卷

(清)林牟贻等纂修

清光绪九年(1883)重订刻本　十行二十二字
小字双行同白口左右双边　一册

F4276　[民国]完县新志九卷

彭作桢修　刘玉田等纂

民国二十三年(1934)铅印本　六册

F4277　[民国]定县志二十二卷首一卷

何其章　吕复修　贾恩绂纂

民国二十三年(1934)刻本　十一行二十三字
黑口左右双边　八册

F4278　[光绪]丰润县志四卷

(清)牛昶煦　郝增祐修纂

民国二十年(1921)铅印光绪十七年(1891)本
四册

F4279　[光绪]定兴县志二十六卷首一卷

(清)张主敬等修　杨晨纂

清光绪十九年(1873)校定本　十行二十二字
小字双行同白口四周双边　八册

237

F4280　井陉县志料十六篇
王用舟等修　傅汝凤等纂
民国二十三年(1934)铅印本　四册

F4281　[光绪]通州志十卷首一卷末一卷
(清)高建勋等修　王维珍等纂
清光绪五年(1879)刻本　十行二十二字小字
双行同白口四周双边　十二册

F4282　[民国]南皮县志十四卷首一卷
王德乾　尹铭续修　刘树鑫纂
民国二十二年(1933)铅印本　八册

F4283　[光绪]重修青县志十卷
(清)江贡琛修　茹岱林纂
清光绪八年(1882)刻本　九行二十字白口四
周单边　四册

F4284　[光绪]大城县志十二卷首一卷
(清)赵炳文　徐国祯修　刘钟英　邓毓怡纂
清光绪二十三年(1897)刻本　十行二十二字
白口四周双边　十二册

F4285　[光绪]密云县志六卷首一卷
(清)丁符九　赵文粹修　张鼎华　周林纂
清光绪七年(1881)刻本　九行二十二字小字
双行同白口四周双边　八册

F4286[*]　**[同治]昌黎县志十卷**
(清)何崧泰等修　马恂　何尔泰纂
清同治五年(1866)刻本　九行二十字小字双
行同白口四周双边　四册

F4287　[道光]承德府志六十卷首二十六卷
(清)海忠纂修
清光绪十三年(1887)廷杰、李世寅重订本
九行二十一字小字双行同白口四周双边　二
十四册

F4288　[民国]良乡县志八卷
周志中修　吕植　见之深等纂
民国十三年(1924)铅印本　四册

F4289　[乾隆]顺德府志十六卷
(清)徐景曾纂修
清乾隆十五年(1750)刻本　十行二十三字小

字双行二十二字白口左右双边　十册

F4290　[乾隆]沧州志十六卷
(清)徐时作修　胡淦等纂
清乾隆八年(1743)刻本　十行二十一字小字
双行同白口四周双边　六册

F4291　[道光]武强县志重修十二卷
(清)翟慎行修　翟慎典纂
清道光十一年(1831)刻本　九行二十字小字
双行同白口四周双边　六册

F4292　[光绪]永年县志四十卷首一卷
(清)夏诰钰纂修
清光绪三年(1877)刻本　十行二十二字小字
双行同白口四周双边　八册

F4293　[乾隆]永清县志二十五篇
(清)周震荣修　章学诚纂
民国三十年(1941)铅印本　五册

F4294　[民国]续永清县志十四卷
(清)李秉钧　吴钦修　魏邦翰纂
民国三十年(1941)铅印本　三册

F4295　[天启]东安县志六卷
(明)郑之城修　冯泰运　边仑等纂
民国二十五年(1936)旧志四种合刊本　一册

F4296　[康熙]东安县志十卷
(清)李大章修　刘宗弼纂
民国二十五年(1936)旧志四种合刊本　三册

F4297　[乾隆]东安县志
(清)李光昭修　周琰纂
民国二十五年(1936)旧志四种合刊本　四册

F4298　[民国]安次县志十二卷
熊济熙等修　刘钟英　马钟秀纂
民国二十五年(1936)旧志四种合刊本　四册

**F4299　[光绪]南皮县志十五卷首一卷末
一卷**
(清)殷树森修　汪宝树　傅金镳纂
清光绪十四年(1888)刻本　十字二十一小字
双行同白口四周双边　八册

F4300 [民国]交河县志十卷首一卷

高步青 王恩沛等修 苗毓芳 苏彩河等纂

民国六年(1917)刻本 十二行二十五字白口
四周双边 十册

F4301 [民国]霸县新志八卷

张仁蠡 刘延昌修 刘崇本 崔汝襄纂

民国二十三年（1934）天津文竹斋铅印本
八册

F4302 [光绪]昌平外志六卷

(清)麻兆庆纂

清光绪十八年(1892)刻本 九行二十字小字
双行同白口四周双边 四册

F4303 [民国]平谷县志四卷

王沛修 王兆元纂

民国十五年(1926)铅印本 四册

F4304 [民国]平谷县志六卷

李兴焯修 王兆元纂

民国二十三年(1934)铅印本 八册

F4305 [民国]密云县志八卷首一卷

臧理臣等修 宗庆煦纂

民国三年(1914)北平京华书局铅印本 八册

F4306 [光绪]延庆州志十二卷首一卷末
一卷

(清)何道增等修 张惇德纂

清光绪六年(1880)刻本 十行二十四字小字
双行同白口四周双边 十册

F4307 [光绪]广平府志六十三卷首一卷

(清)吴中彦修 胡景桂纂

清光绪二十年(1894)刻本 十行二十三字小
字双行同白口四周双边 二十四册

F4308 [光绪]昌平州志十八卷

(清)吴履福等修 缪荃孙等纂

清光绪十二年(1886)刻本 九行二十一字小
字双行同白口左右双边 八册

F4309 [光绪]重修曲阳县志二十卷

(清)周斯亿 温亮珠修 董涛纂

清光绪三十年(1904)刻本 十行二十一字小

字双行同白口四周双边 八册

F4310 [乾隆]无极县志十一卷末一卷

(清)黄可润纂修

清光绪十九年(1893)补刻本 十行二十二字
白口左右双边 四册

F4311 [光绪]无极县续志十卷首一卷末
一卷

(清)曹凤来纂修

清光绪十九年(1893)刻本 十行二十二字白
口左右双边 四册

F4312 [乾隆]行唐县新志十六卷

(清)吴高增纂修

清乾隆三十七年(1772)文有试增刻本 八行
二十一字白口四周双边 十六册

F4313 [民国]新河县志二十四卷首一卷末
一卷

傅振伦纂

民国十八年(1929)铅印本 六册

F4314 [民国]涿县志十八卷

宋大章 冯舜生修 周存培 张星楼纂

民国二十五年(1936)北平京城印书局铅印本
四册

F4315 [民国]广宗县志十六卷首一卷末
一卷

姜楹荣 祁卓如修 韩敏修纂

民国二十二年(1933)广宗文献委员会铅印本
五册

F4316 [乾隆]安肃县志十六卷

(清)张钝修 史元善等纂

清嘉庆十三年(1808)石梁补刻本 十行二十
字小字双行同白口四周双边 八册

F4317 [民国]冀县志二十卷

王树枬纂修

民国十八年(1929)铅印本 八册

F4318 [民国]宁晋县志十一卷

苏毓琦 伊承熙修 张震科纂

民国十八年(1929)石印本 八册

239

F4319 ［民国]邯郸县志十七卷首一卷末一卷

毕星垣 张奉先修 王琴堂纂
民国二十二年(1933)邯郸秀文斋刻本 十行二十五字白口四周双边 八册

F4320 ［乾隆]沙河县志十卷首一卷末一卷
(清)杜灏纂修
清乾隆二十二年(1757)刻本 十行二十四字小字双行同白口左右双边 四册

F4321 ［道光]续增沙河县志二卷
(清)鲁杰纂修
清道光二十五年(1845)刻本 十行二十四字小字双行同白口左右双边 二册

F4322 ［光绪]直隶赵州志十六卷首一卷末一卷
(清)孙传栻修 王景美纂
清光绪二十三年(1897)刻本 十行二十二字白口四周双边 六册

F4323 ［康熙]保定府祁州束鹿县志十卷
(清)刘昆修 陈僖纂
民国二十六年(1937)束鹿五志合刊本 二册

F4324 ［乾隆]束鹿县志十二卷
(清)李文耀修 张钟秀纂
民国二十六年(1937)束鹿五志合刊本 二册

F4325 ［嘉庆]束鹿县志十卷
(清)李符清修 斐显相 沈乐善纂
民国二十六年(1937)束鹿五志合刊本 二册

F4326 ［同治]续修束鹿县志八卷
(清)宋陈寿纂修
民国二十六年(1937)束鹿五志合刊本 一册

F4327 ［光绪]束鹿乡土志十二卷
(清)张凤台修 李中桂纂
民国二十六年(1937)束鹿五志合刊本 一册

F4328 ［同治]武邑县志十卷首一卷
(清)彭美修 龙文彬纂
清同治十一年(1872)刻本 九行二十四字小字双行同白口四周双边 五册

F4329 ［同治]续修元城县志六卷首一卷
(清)吴大镛修 王仲牲纂
清同治十一年(1872)刻本 九行二十字白口四周双边 六册

F4330 ［民国]成安县志十六卷首一卷
张应麟修 张永和纂
民国二十年(1931)铅印本 十三册

F4331 ［乾隆]献县志二十卷图一卷表一卷
(清)万廷兰修 戈涛纂
清咸丰七年(1857)重印本 十行二十字白口左右双边 十二册

F4332 ［咸丰]初续献县志四卷
(清)李昌祺纂修
清咸丰七年(1857)刻本 九行二十一字白口四周双边 二册

F4333 ［光绪]钜鹿县志十二卷首一卷
(清)凌燮修 赫慎修 夏应麟纂
清光绪十二年(1886)刻本 九行二十字小字双行同白口四周单边 六册

F4334 ［乾隆]饶阳县志二卷首一卷末一卷
(清)单作哲纂修
清乾隆十四年(1749)刻本 十行二十字小字双行同白口四周双边 二册

F4335 ［雍正]阜城县志二十二卷首一卷
(清)陆福宜修 多时珍纂
清光绪三十四年(1908)铅印本 十行二十四字小字双行同白口四周双边 四册

F4336 ［民国]大名县志三十卷首一卷
张昭芹 程廷恒等修 范鉴古 洪家禄等纂
民国二十三年(1934)铅印本 十六册

F4337 ［同治]平乡县志十二卷首一卷
(清)苏性纂修
清光绪十二年(1886)吴沂增刻本 九行二十二字小字双行同白口四周双边 四册

F4338 ［乾隆]柏乡县志十卷首一卷
(清)钟赓华纂修
清乾隆三十一年(1766)刻本 九行二十字小

字双行三十字白口四周双边　六册

F4339　[民国]柏乡县志十卷首一卷
牛宝善修　魏永弼纂
民国二十一年(1932)铅印本　四册

F4340　[光绪]邢台县志八卷首一卷
(清)戚朝卿修　周祐纂
清光绪三十一年(1905)刻本　十二行二十六
字小字双行同白口四周双边　六册

F4341　[乾隆]鸡泽县志二十卷
(清)王光燮纂修　王锦林增订
清乾隆二十年(1755)修三十一年(1766)增刻
本　九行二十二字小字双行同白口左右双边
四册

F4342　[光绪]正定县志四十六卷首一卷末
一卷
(清)庆之金　贾孝彰修　赵文濂等纂
清光绪元年(1875)刻本　十行二十二字白口
四周双边　十四册

F4343　[道光]南宫县志十六卷
(清)周栻修　陈柱纂
清道光十一年(1831)刻本　十行二十二字小
字双行同白口左右双边　八册

F4344　[民国]南宫县志二十六卷
黄容惠修　贾恩绂纂
民国二十五年(1936)刻本　十一行二十三字
黑口左右双边　六册

F4345　[同治]栾城县志十四卷首一卷末
一卷
(清)陈咏修　张惇德纂
清同治十一年(1872)刻本　十行二十二字小
字双行同白口四周双边　六册

F4346　[康熙]晋州志十卷
(清)郭建章原本　康如琏续修　刘士麟
续纂
清咸丰十年(1860)补刻本　十行二十字白口
四周双边　五册

F4347　[乾隆]衡水县志十四卷

(清)陶淑纂修
清乾隆三十二年(1767)刻本　十行二十字小
字双行十八字白口四周单边　五册

F4348　[光绪]获鹿县志十四卷首一卷末
一卷
(清)俞锡纲修　曹镕纂
清光绪七年(1881)刻本　九行二十四字小字
双行同白口四周双边　六册

F4349　[民国]河北省春秋战国时代疆域考
不分卷
张永谟编
民国二十二年(1933)铅印本　一册

F4350　[民国]静海县志十二卷
白凤文等修　高毓浵等纂
民国二十三年(1934)铅印本　六册

F4351　[民国]固安县志四卷首一卷末一卷
钱仲仁修　王宙义等纂
民国三十一年(1942)铅印本　六册

F4352　[乾隆]宁河县志十六卷
(清)关廷牧修　徐以观纂
清乾隆四十四年(1779)刻本　九行二十二字
白口四周双边　五册

F4353　[乾隆]隆平县志十卷
(清)袁文焕等修　丘生夔等纂
民国二十五年(1936)石印清乾隆二十九年
(1764)本　二册

F4354　[康熙]清苑县志十二卷首一卷
(清)时来敏修　郭棻等纂
清康熙十六年(1677)刻二十七年(1688)增刻
本　九行二十二字小字双行十八字白口四周
双边　四册

F4355　[乾隆]满城县志十二卷
(清)张焕纂修　贾永宗增修
清乾隆道光递增刻本　九行十九字小字双行
同白口四周单边　四册

F4356 *　[光绪]续修新城县志十卷
(清)张丙嘉修　王锷纂

241

清光绪二十一年(1895)紫泉书院刻本　十行二十字小字双行同白口左右双边　四册

F4357 ［嘉庆］湖南通志二百十九卷首三卷末六卷
(清)巴哈布　翁元圻等修　王煦　黄本骥纂
清嘉庆二十五年(1820)刻本　十一行二十二字小字双行同白口左右双边　八十册

F4358＊　［光绪］湖南通志二百八十八卷首八卷末十九卷
(清)卞宝第　李瀚章等修　曾国荃　郭嵩焘等纂
清光绪十一年(1885)府学宫尊经阁刻本　十行二十四字小字双行同白口左右双边　一百六十八册

F4359　［光绪］湖南通志二百八十八卷首八卷末十九卷
(清)卞宝第　李瀚章等修　曾国荃　郭嵩焘等纂
民国二十三年(1934)上海商务印书馆影印本　五册

F4360　［光绪］湘潭县志十二卷
(清)陈嘉榆等修　王闿运等纂
清光绪十五年(1889)刻本　十行二十一字小字双行同白口四周双边　十册

F4361　［光绪］湘阴县图志三十四卷首一卷补遗一卷
(清)郭嵩焘等纂修
清光绪六年(1880)湘阴县志局刻本　十二行二十六字小字双行同白口左右双边　十四册

F4362　［同治］临湘县志十三卷首一卷末一卷
(清)盛庆黻　恩荣修　熊兴杰　欧阳恩霖纂
清光绪十八年(1892)培元局刻本　十一行二十二字白口四周双边　五册

F4363　［同治］平江县志五十五卷首二卷末一卷
(清)张培仁　麻维绪修　李元度等纂
清同治十三年(1874)刻本　十行二十四字小

字双行同白口四周双边　十六册

F4364　［同治］茶陵州志二十四卷
(清)福昌修　谭钟麟纂
清同治十年(1871)刻本　十行二十四字小字双行同白口四周双边　八册

F4365　［光绪］衡山县志四十五卷首一卷
(清)李惟丙　劳铭勋修　文岳英　胡伯第纂
清光绪元年(1875)开云楼刻本　九行二十一字小字双行同白口四周双边　二十四册

F4366　［同治］常宁县志十六卷首一卷
(清)玉山修　李孝经　毛诗纂
清同治九年(1870)右文书局刻本　十行二十三字小字双行同白口左右双边　四册

F4367　［光绪］宁远县志八卷
(清)张大煦修　欧阳泽闿纂
清光绪二年(1876)崇正书院刻本　十二行二十五字小字双行同白口四周双边　四册

F4368　［光绪］道州志十二卷首一卷
(清)李镜蓉　盛赓修　许清源　洪廷揆纂
清光绪四年(1878)刻本　九行二十四字小字双行同白口左右双边　六册

F4369　［光绪］东安县志八卷
(清)黄心菊修　席宝田　谢兰阶纂
清光绪元年(1875)刻本　十行二十一字小字双行同白口四周双边　四册

F4370　［同治］江华县志十二卷首一卷
(清)刘华邦修　唐为煌等纂
清同治九年(1870)刻本　九行二十一字小字双行同白口四周双边　六册

F4371　［光绪］耒阳县志八卷首一卷
(清)李师濂　于学琴修　宋世煦纂
清光绪十一年(1885)耒阳县志局刻本　十行二十二字小字双行同白口左右双边　十册

F4372　［同治］桂东县志二十卷首一卷
(清)刘华邦修　郭岐勋纂
清同治五年(1866)尊经阁刻本　八册

F4373 [同治]桂阳直隶州志二十七卷首一卷

(清)汪学灏修 王闿运纂

清同治七年(1868)刻本 十行二十一字小字双行同白口四周双边 十二册

F4374 邵阳县乡土志四卷首一卷

(清)陈吴萃 上官廉修 姚炳奎纂

清光绪三十三年(1907)刻本 九行二十一字小字双行同白口四周双边 四册

F4375 [同治]新化县志三十五卷首二卷末一卷

(清)甘启运 关培钧修 刘洪泽等纂

清同治十一年(1872)刻本 十一行二十五字小字双行同白口左右双边 十六册

F4376 [同治]黔阳县志六十卷首一卷

(清)陈鸿作等修 杨大诵 易燮尧纂

清同治十三年(1874)刻本 十二行二十五字小字双行同白口四周双边 十二册

F4377 [同治]沅陵县志五十卷首一卷

(清)守忠等修 许光曙等纂

清同治十二年(1873)刻本 十行二十二字小字双行同白口四周双边 十二册

F4378 [同治]溆浦县志二十四卷首一卷

(清)齐德五修 舒其锦纂

清同治八年(1869)修 十二年(1873)刻本十一行二十五字小字双行同白口四周双边八册

F4379 [同治]益阳县志二十五卷首一卷

(清)姚念杨等修 赵裴哲纂

清同治十三年(1874)刻本 十一行二十四字小字双行同白口四周双边 十六册

F4380 [万历]慈利县志十八卷

(明)陈光前纂修

1964年上海古籍书店《天一阁藏明代地方志选刊》本 三册

F4381 [民国]慈利县志二十卷首一卷

田兴奎等修 吴恭亨纂

民国十二年(1923)铅印本 四册

F4382 [宣统]永绥厅志三十卷首一卷

(清)董鸿勋纂修

清宣统元年(1909)铅印本 十二册

F4383 [嘉庆]四川通志二百零四卷首二十二卷

(清)常明等修 杨芳灿 谭光祜等纂

清嘉庆二十一年(1816)刻本 九行二十一字小字双行同白口四周双边 一百六十册

F4384 [道光]新津县志四十卷首一卷

(清)王梦庚原稿 陈霁学修 叶方模 童宗沛纂

民国十一年(1922)铅印本 六册

F4385 [民国]剑阁县续志十卷

张政等纂修

民国十六年(1927)铅印本 八册

F4386 [光绪]简州续志二卷

(清)易家霖修 傅为霖等纂

清光绪二十三年(1897)刻本 九行二十二字小字双行同白口四周双边 二册

F4387 [民国]南溪县志六卷

李凌霄等修 钟朝煦纂

民国二十一年(1932)修 二十六年(1937)铅印本 八册

F4388 [民国]泸县志八卷

王禄昌 裴纲修 高觐光纂 欧阳廷夔续补

民国二十七年(1938)铅印本 八册

F4389 [光绪]迁江县志四卷

(清)颜嗣徽纂修

清光绪十七年(1891)桂林书局刻本 十行二十三字小字双行同白口四周双边 四册

F4390 [光绪]平南县志二十四卷首一卷

(清)裘彬 江有灿修 周寿祺纂

清光绪十年(1884)刻本 十一行二十三字小字双行同白口四周单边 十册

F4391 [乾隆]贵州通志四十六卷首一卷

(清)鄂尔泰 张广泗修 靖道谟 杜诠纂

清乾隆六年(1741)刻本 十一行十九字小字

双行同白口四周双边　二十册

F4392　[乾隆]黔南识略三十二卷
(清)爱必达纂修
清乾隆十四年(1749)修　道光二十七年
(1847)刻本　十行二十字黑口四周单边
四册

F4392　[道光]黔南职方纪略九卷
(清)罗绕典纂
清道光二十七年(1847)刻本　十行二十字黑
口四周单边　二册

F4393　[道光]遵义府志四十八卷首一卷
(清)平翰等修　郑珍　莫友芝纂
清道光二十一年(1841)刻本　十行二十二字
小字双行同白口左右双边　二十册

F4394　[嘉庆]开州志八卷首一卷
(清)李符清修　沈乐善纂
清嘉庆十一年(1806)刻本　十一行二十二字
白口左右双边　六册

F4395　[光绪]黎平府志八卷首一卷
(清)俞渭修　陈瑜纂
清光绪十八年(1892)刻本　十行二十四字小
字双行同白口四周双边　十四册

F4396　[乾隆]利津县志续编十卷
(清)刘文确修　刘永祚　李佴纂
清乾隆二十三年(1758)李嘉言校刻本　九行
二十字小字双行同白口四周双边　一册

F4397　[万历]莱州府志八卷
(明)龙文明修　赵耀　董基纂
民国二十八年(1939)铅印本　八册

F4398　[民国]续修曲阜县志八卷附补遗
一卷
孙永汉修　李经野　孔昭曾纂
民国二十三年(1934)济南同志印刷所铅印本
八册

F4399　[道光]徽州府志十六卷首一卷
(清)马步蟾纂修
清道光七年(1827)刻本　十行二十四字小字

双行同白口左右双边　三十一册

F4400　涡阳风土记十七卷首一卷
黄佩兰修　王佩箴等纂
民国十三年(1924)活字本　八册

F4401　[道光]皖省志略四卷
(清)朱云锦辑
清道光元年(1821)金闾传书斋毛上珍刻本
九行二十一字黑口左右双边　四册

F4402　皖志列传稿
金天翮
民国二十五年(1936)苏州利苏印书社铅印本
八册

F4403　[光绪]凤阳府志二十一卷
(清)冯煦修　魏家骅等纂　张德霈续纂
清光绪二十三年(1897)修　三十四年(1908)
活字本　十行二十四字小字双行同白口左右
双边　二十四册

F4404　[光绪]续修庐州府志一百卷首一卷
末一卷
(清)黄云修　林之望　汪宗沂纂
清光绪十一年(1885)刻本　十一行二十三字
小字双行同白口四周双边　四十八册

F4405　[嘉庆]宁国府志三十六卷首一卷末
一卷
(清)鲁铨　钟英修　洪亮吉　施晋纂
民国八年(1919)影印本　三十二册

F4406　[民国]芜湖县志六十卷
余谊密修　鲍实等纂
民国八年(1919)石印本　八册

F4407　[光绪]广德州志六十卷首一卷末
一卷
(清)胡有诚修　丁宝书等纂
清光绪七年(1881)刻本　九行二十二字小字
双行同白口四周双边　二十

F4408　[康熙]石埭县志八卷
(清)姚子庄修　周体元纂
民国二十四年(1935)铅印本　四册

F4409　[乾隆]续石埭县志四卷

（清）石瑶灿纂修

清乾隆十四年（1749）刻本　一册

F4410　石埭县采访录一卷

（清）董汝成编

清道光四年（1824）刻民国二十四年（1935）铅印本　一册

F4411　[光绪]婺源县志六十四卷首一卷

（清）吴鹗修　汪正元纂

清光绪九年（1883）刻本　十行二十二字小字双行同白口左右双边　二十四册

F4412　无为县小志不分卷

1960年石印本　一册

F4413　[光绪]盱眙县志稿十七卷首一卷

（清）王锡元修　高延第等纂

清光绪二十九年（1903）盱眙县志局增刻本　十行二十一字小字双行同白口左右双边　八册

F4414　[光绪]滁州志十卷首一卷末一卷

（清）熊祖诒纂修

清光绪二十二年（1896）活字本　十行二十二字小字双行同白口左右双边　十册

F4415　[同治]祁门县志三十六卷首一卷

（清）周溶修　汪韵珊纂

清同治十二年（1873）刻本　十行二十二字小字双行同白口左右双边　十二册

F4416　[淳熙]新安志十卷

（宋）罗愿纂

清光绪十四年（1888）刻本　九行十九字小字双行同白口左右双边　四册

F4417　[光绪]凤阳县志十六卷首一卷

（清）于万培纂修　谢永泰续修　王汝琛续纂

清光绪十三年（1887）刻本　十行二十一字小字双行同白口四周双边　十二册

F4418　[光绪]泗虹合志十九卷

（清）方瑞兰修　江殿扬　许湘甲纂

清光绪十四年（1888）刻本　十行二十五字小字双行同白口四周双边　八册

F4419　[民国]怀宁县志三十四卷首一卷

朱之英修　舒景蘅纂

民国四年（1915）铅印本　十三册

F4420　[民国]南陵县志四斗八卷首一卷末一卷

余谊密修　徐乃昌纂

民国十三年（1924）铅印本　二十四册

F4421　[光绪]重修五河县志二十卷首一卷末一卷

（清）赖同晏　孙玉铭修　俞宗诚等纂

清光绪二十年（1894）刻本　十行二十四字小字双行同白口左右双边　八册

F4422　[嘉庆]萧县志十八卷首一卷

（清）潘镕修　沈学渊　顾翰纂

清嘉庆二十年（1815）刻本　十行二十二字小字双行同白口左右双边　十册

F4423　[嘉庆]凤台志十二卷

（清）李兆洛纂修

民国二十五年（1936）静胜斋铅印本　四册

F4424　[嘉庆]合肥县志三十六卷首一卷

（清）左辅纂修

民国九年（1920）今传是楼王氏影印本　十二册

F4425　[民国]全椒县志十六卷首一卷

张其浚修

民国九年（1920）活字印刷本　八册

F4426　[嘉庆]泾县志三十二卷首一卷

（清）李德淦修　洪亮吉纂

民国三年（1914）影印本　十四册

F4427　[道光]泾县续志九卷

（清）阮文藻修　赵懋曤等纂

民国三年（1914）影印本　二册

F4428　[嘉庆]旌德县志十卷

（清）陈炳德修　赵良纂

民国十四年（1925）影印本　十一册

F4429 [道光]旌德县续志十卷

（清）王椿林修　胡承珙等纂

民国十四年(1925)影印本　四册

F4430 [民国]石埭备志汇编五卷

陈惟壬缉

民国二十七年(1938)铅印本　三册

F4431 [万历]祁门志四卷

（明）余士奇修　谢存仁纂

1961年合肥古旧书店石印安徽省图书馆刻本　四册

F4432 [宣统]建德县志二十卷首一卷

（清）张赞巽　张翊六修　周学铭等纂

清宣统二年（1910）湖北官印刷局铅印本　十册

F4433 [光绪]霍山县志十五卷首一卷

（清）秦达章修　何国祐　程秉祺纂

清光绪三十一年(1905)活字本　九行二十二字小字双行同白口四周双边　六册

F4434 [乾隆]历阳典录三十四卷首一卷历阳典录补六卷

（清）陈廷桂纂

清光绪十二年(1886)重印本　十行二十字小字双行同黑口四周双边　十二册

F4435 [道光]阜阳县志二十四卷首一卷

（清）刘虎文　周天爵修　李复庆等纂

清道光九年(1829)尊经阁刻本　十行二十一字小字双行同白口四周单边　十二册

F4436 [光绪]重修安徽通志三百五十卷补遗十卷

（清）吴坤修等修　何绍基　杨沂孙纂

清光绪七年(1881)冯焯校补刻本　十行二十六字小字双行同白口四周双边　一百二十册

F4437 [道光]重纂福建通志二百七十八卷首七卷

（清）孙尔准等修　陈寿祺纂　程祖洛等续修　魏敬中续纂

清道光九年(1829)修道光十五年(1835)续修同治十年(1871)正谊书院刻本　十一行二十

五字小字双行同白口四周双边　一百八十册

F4438 [民国]古田县志三十八卷首一卷

黄澄渊修　余钟英纂

民国二十九年(1940)震问江记印务局铅印本十三册

F4439 [民国]闽侯县志一百六卷

欧阳英修　陈衍纂

民国二十二年(1933)刻本　十三行二十八字小字双行同黑口四周单边　十六册

F4440 [民国]长乐县志三十卷首一卷

孟昭涵修　李驹等纂

民国六年(1917)福建印刷所铅印本　十二册

F4441 [民国]安吉县志四十八卷

李正谊修　邹鹄纂

民国三十年(1941)铅印本　二十册

F4442 [光绪]江西通志一百八十卷首五卷

（清）刘坤一等修　刘铎　赵之谦等纂

清光绪七年(1881)刻本　十二行二十三字小字双行同黑口四周单边　一百二十册

F4443 [同治]南昌府志六十六卷首一卷末一卷

（清）许应鑅　王之藩修　曾作舟　杜防纂

清同治十二年（1873）南昌县学文昌祠刻本十二行二十四字小字双行同白口左右双边四十册

F4444 [民国]庐陵县志二十八卷首一卷卷末一卷

王补等纂修

民国九年(1920)刻本　十二行二十五字白口左右双边　二十册

F4445 [同治]泰和县志三十卷首一卷

（清）宋瑛等修　彭启瑞等纂

清光绪四年(1878)周之镛修刻本　十一行二十二字小字双行同黑口左右双边　十六册

F4446 [民国]西康建省记不分卷

付松林著

民国元年(1912)秋成都公记印刷公司铅印本一册

F4447 ［民国］云霄县志二十二卷

徐炳文修　郑丰稔纂

民国三十六年(1947)铅印本　四册

F4448 ［道光］修武县志十二卷首一卷

(清)冯继照修　金皋　袁俊纂

清道光十九年(1839)刻本　十一行二十一字小字双行同白口左右双边　十册

F4449 ［光绪］永城县志三十八卷首一卷

(清)岳廷楷修　胡赞采　吕永辉纂

清光绪二十九年(1903)刻本　十行二十二字黑口左右双边　八册

F4450 ［乾隆］郑州志十二卷首一卷

(清)张钺修　毛如诜纂

清乾隆十三年(1748)刻本　九行二十一字小字双行十八字白口四周双边　六册

F4451 ［道光］武陟县志三十六卷

(清)王荣陛修　方履籛纂

清道光九年(1829)刻本　十行二十二字小字双行同白口左右双边　八册

F4452 ［乾隆］济源县志十六卷首一卷末一卷

(清)萧应植修　沈梼庄纂

清乾隆二十六年(1761)刻本　十行二十二字小字双行同白口左右双边　六册

F4453 ［嘉庆］南阳府志六卷图一卷

(清)孔传金纂修

清嘉庆十二年(1807)刻本　九行二十一字小字双行同白口左右双边　十二册

F4454 ［嘉庆］长垣县志十六卷

(清)李于垣修　杨元锡纂

清嘉庆十五年(1810)刻本　十一行二十二字小字双行同白口左右双边　八册

F4455 ［道光］续修长垣县志二卷

(清)蒉之镛　陈寿昌修　蒋庸　郭余裕纂

清道光二十九年(1849)刻本　十一行二十一字白口左右双边　二册

F4456 ［道光］重修伊阳县志六卷首一卷末一卷

(清)张道超修　马九功纂

清道光十八年(1838)刻本　九行二十五字小字双行同白口四周单边　六册

F4457 ［乾隆］南召县志四卷

(清)陈之焕修　张睿　曹鹏翊纂

清乾隆十一年(1746)刻本　八行二十二字白口四周双边　四册

F4458 ［乾隆］项城县志十卷首一卷

(清)韩仪修　张延福纂

清乾隆十一年(1746)刻本　九行二十一字白口四周双边　六册

F4459 ［嘉庆］渑池县志十六卷

(清)甘扬声修　刘文运纂

清嘉庆十五年(1810)刻本　九行二十二字白口左右双边　八册

F4460 ［宣统］陈留县志四十二卷首一卷

(清)钟定纂修　武从超续修　赵文琳续纂

清宣统二年(1910)石印本　四册

F4461 ［道光］许州志十六卷首一卷

(清)萧元吉修　李尧观纂

清道光十八年(1838)刻本　九行二十字小字双行同白口四周双边　十二册

F4462 ［光绪］重修卢氏县志十八卷首一卷

(清)郭光澍修　李旭春纂

清光绪十八年(1892)刻本　九行二十二字小字双行同白口四周双边　十册

F4463 ［嘉庆］续济源县志十二卷

(清)何荇芳修　刘大观纂

清嘉庆十八年(1813)刻本　十行二十二字小字双行同白口左右双边　四册

F4464 ［光绪］重修灵宝县志八卷

(清)周淦　方酢勋修　高锦荣　李镜江纂

清光绪二年(1876)刻本　九行二十二字白口四周双边　八册

F4465 ［乾隆］新修怀庆府志三十二卷首一
卷图经一卷

（清）唐侍陛 杜琮修 洪亮吉纂

清乾隆五十四年(1789)刻本 十一行二十二
字小字双行同白口四周单边 十六册

F4466 ［乾隆］长葛县志十卷

（清）阮景咸修 李秀生等纂

清乾隆十二年(1747)刻本 九行二十字小字
双行同白口四周双边 四册

F4467 ［光绪］续修睢州志十二卷首一卷

（清）王枚修 徐绍廉纂

清光绪十八年(1892)刻本 九行二十字白口
四周单边 八册

F4468 ［乾隆］彰德府志三十二卷首一卷

（清）卢崧修 江大键 程焕纂

清乾隆五十二年(1787)刻本 十一行二十二
字小字双行同白口左右双边 二十四册

F4469 ［道光］鄢陵县志十八卷

（清）何鄂联修 洪符孙纂

清道光十三年(1833)刻本 十一行二十三字
黑口四周单边 八册

F4470 ［乾隆］遂平县志十六卷首一卷

（清）金忠济修 祝旸 魏弘谟纂

清乾隆二十四年(1759)刻本 九行二十一字
小字双行同白口左右双边 四册

F4471 ［乾隆］温县志十二卷首一卷

（清）王其华修 苗于京纂

清乾隆二十四年(1759)刻本 十二行二十五
字小字双行同白口左右双边 四册

F4472 ［顺治］淇县志十卷图考一卷

（清）王谦吉 王南国修 白龙跃 葛汉忠纂

清顺治十七年(1660)刻本 八行二十字白口
四周单边 四册

F4473 ［康熙］孟津县志四卷

（清）孟常裕纂修 徐元灿增补

清顺治十六年(1659)刻康熙四十七年(1708)
增刻本 九行二十字小字双行同白口四周单
边 四册

F4474 ［康熙］西平县志十卷

（清）沈菜纂修 李植增修

清康熙九年(1670)刻康熙三十一年(1692)续
刻本 九行二十二字小字双行十八字白口四
周单边 四册

F4475 ［康熙］汝阳县志十卷

（清）邱天英修 李根茂纂

清康熙二十九年(1690)刻本 八行二十字白
口四周单边 八册

F4476 ［乾隆］东明县志八卷

（清）储元升纂修

清道光十四年(1834)续增刻本 九行二十一
字小字双行同白口四周双边 八册

F4477 ［顺治］胙城县志四卷

（清）刘纯德修 郭金鼎纂

清顺治十六年(1659)刻康熙四十一年(1702)
重印本 九行二十字小字双行同白口四周单
边 二册

F4478 ［康熙］延津县志十卷

（清）余心孺纂修

清康熙四十一年(1702)刻本 十行二十二字
小字双行同白口四周单边 四册

F4479 ［康熙］考城县志四卷

（清）陈德敏修 王贯三纂

清康熙三十七年(1698)刻本 九行二十字白
口四周单边 四册

F4480 ［乾隆］裕州志六卷

（清）董学礼纂修 宋名立续修

清康熙五十五年(1716)刻乾隆五年(1740)增
刻本 八行二十字小字双行十八字白口左右
双边 四册

F4481 ［康熙］内乡县志十二卷

（清）宝鼎望原本 张福永增修

清康熙五十一年(1712)增刻本 九行二十字
小字双行十九字白口四周双边 四册

F4482 ［乾隆］永宁县志八卷首一卷

（清）张楷纂修

清乾隆五十五年(1790)刻本 十行二十一字

小字双行十九字白口左右双边　八册

F4483　[嘉庆]鲁山县志二十六卷

(清)董作栋修　武亿纂

清嘉庆元年(1796)刻本　十一行二十三字黑口左右双边　六册

F4484　[乾隆]汤阴县志十卷

(清)杨世达纂修

清乾隆三年(1738)刻本　八行十九字小字双行同白口左右双边　四册

F4485　[康熙]上蔡县志十五卷

(清)杨廷望修　张沐纂

清康熙二十九年(1690)刻本　九行二十字小字双行十八字白口四周双边　八册

F4486　[顺治]封丘县志九卷首一卷

(清)余缙修　李嵩阳纂

清顺治十六年(1659)刻康熙三十六年(1697)重印本　十行二十一字小字双行二十字白口四周单边　五册

F4487　[康熙]封丘县续志不分卷

(清)王赐魁修　李会生　宋作宾纂

清顺治十六年(1659)刻康熙三十六年(1697)重印本　十行二十一字小字双行十九字白口四周单边　一册

F4488　[康熙]封丘县续志五卷

(清)孟镠　耿绂祚修　李承绶纂

清康熙三十六年(1697)刻本　十行二十一字白口四周单边　二册

F4489　[乾隆]重修直隶陕州志二十卷首一卷

(清)龚崧林修　杨建章纂

清同治六年(1867)重印本　九行十九字白口四周双边　十一册

F4490　[乾隆]唐县志十卷

(清)黄文莲修　吴泰来纂

清乾隆五十二年(1787)刻本　十一行二十一字黑口左右双边　四册

F4491　[道光]太康县志八卷

(清)戴凤翔修　高崧　江练纂

清道光八年(1828)刻本　九行二十五字小字双行同白口四周双边　八册

F4492　[乾隆]新乡县志三十四卷首一卷

(清)赵开元修　畅俊等纂

清乾隆十二年(1747)刻民国十年(1921)补刻本　十二行二十五字白口四周单边　六册

F4493　[康熙]清丰县志十卷首一卷

(清)杨燝纂修

清康熙十五年(1676)刻本　九行二十字小字双行十九字白口四周双边　四册

F4494　[光绪]内黄县志十九卷首一卷附内黄县志初稿

(清)董庆恩　裘献功修　陈熙春纂

清光绪十八年(1892)刻本　十行二十二字白口四周双边　八册

F4495　[乾隆]新乡县志三十四卷首一卷

(清)赵开元修　畅俊纂

清乾隆十二年(1747)刻本　十二行二十五字白口四周单边　六册

F4496　[同治]保康县志七卷首一卷

(清)林让昆　宋熙曾修　杨世霖纂

清同治五年(1866)东山书院刻本　九行二十三字小字双行同白口四周双边　四册

F4497　[同治]建始县志八卷首一卷

(清)熊启咏纂修

清同治五年(1866)刻本　九行二十字白口四周双边　四册

F4498　[光绪]利川县志十四卷首一卷

(清)黄世崇纂修

清光绪二十年(1894)钟灵书院刻本　九行二十三字小字双行同黑口四周单边　四册

F4499　[同治]竹山县志二十九卷

(清)周士桢修　黄子逊纂

清同治四年(1865)刻本　九行二十五字小字双行同白口四周双边　六册

F4500 [同治]随州志三十二卷首一卷

(清)文龄 孙文俊修 史策先纂

清同治八年(1869)刻本 九行二十二字小字
双行同白口四周双边 十六册

F4501 [同治]郧西县志二十卷首一卷

(清)程光第修 叶年菜 李登鳌纂

清同治五年(1866)刻本 十一行二十五字白
口四周双边 十二册

F4502 [同治]远安县志八卷首一卷

(清)郑焯林修 周葆恩纂

清同治五年(1866)刻本 十行二十字白口四
周双边 八册

F4503 [同治]枝江县志二十卷首一卷

(清)查子庚修 熊文澜等纂

清同治五年(1866)刻本 九行二十一字小字
双行同白口四周双边 八册

F4504 [光绪]续辑均州志十六卷首一卷

(清)马云龙修 贾洪诏纂

清光绪十年(1884)均州志局刻本 九行二十
一字小字双行同白口四周双边 八册

F4505 [同治]宣恩县志二十卷首一卷

(清)张金澜修 蔡景星 张金圻纂

清同治二年(1863)刻本 九行十六字白口四
周双边 六册

F4506 [光绪]京山县志二十三卷首一卷

(清)沈星标修 曾宪德 秦有锽纂

清光绪八年(1882)刻本 九行二十二字小字
双行同白口四周双边 十六册

F4507 [光绪]黄梅县志四十卷首一卷

(清)覃瀚元 袁瓒修 宛名昌 余邦士纂

清光绪二年(1876)刻本 十行二十五字白口
四周双边 十二册

F4508 [光绪]兴山县志二十二卷

(清)黄世崇纂修

清光绪十一年(1885)经心书院刻本 十二行
二十五字小字双行同白口四周双边 四册

F4509 [同治]房县志十二卷首一卷

(清)杨延烈修 郁方董 刘元栋纂

清同治四年(1865)刻本 九行二十三字白口
四周双边 六册

F4510 [同治]大冶县志十八卷首一卷

(清)胡复初修 黄嵒杰纂

清光绪十年(1884)重印本 十行二十三字小
字双行同白口四周双边 九册

F4511 [光绪]大冶县志续编七卷首一卷末
一卷

(清)林佐修 陈鳌纂

清光绪十年(1884)刻本 十行二十三字小字
双行同白口四周双边 二册

F4512 [光绪]大冶县志后编二卷

(清)陈鳌纂

清光绪二十三年(1897)刻本 十行二十二字
白口四周双边 一册

F4513 [同治]宜都县志四卷首一卷末一卷

(清)崔培元 朱甘霖修 龚绍仁纂

清同治五年(1866)刻本 十行二十一字小字
双行同白口四周双边 四册

F4514 [同治]巴东县志十六卷首一卷

(清)廖恩树修 萧佩声纂

清光绪六年(1880)刻本 九行二十一字小字
双行同白口四周双边 六册

F4515 [同治]谷城县志八卷

(清)承印修 蒋海澄 黄定镛纂

清同治六年(1867)刻本 十行二十一字白口
四周双边 八册

F4516 [光绪]光化县志八卷首一卷

(清)钟桐山修 段映斗纂

清光绪十年(1884)刻本 九行二十四字小字
双行同白口四周双边 八册

F4517 [康熙]潜江县志二十卷首一卷

(清)刘焕修 朱载震纂

清光绪五年(1879)传经书院刻本 九行二十
一字白口左右双边 八册

F4518 [光绪]潜江县志续二十卷首一卷

(清)史致谟修　刘恭冕　郭士元纂

清光绪五年(1879)传经书院刻本　九行二十一字白口左右双边　八册

F4519 [同治]襄阳县志七卷首一卷

(清)杨宗时修　崔淦纂　吴耀斗续修　李士彬续纂

清同治十三年(1874)刻本　十行二十四字小字双行同白口四周双边　八册

F4520 [光绪]续修江陵县志六十五卷首一卷

(清)蒯正昌　吴耀斗修　胡九皋　刘长谦纂

清光绪三年(1877)宾兴馆刻本　九行二十二字白口四周双边　二十四册

F4521 [光绪]沔阳州志十二卷首一卷

(清)葛振元修　杨钜纂

清光绪二十年(1894)刻本　十行二十三字小字双行同白口四周双边　十六册

F4522 [光绪]黄冈县志二十四卷首一卷

(清)戴昌言修　刘恭冕纂

清光绪八年(1882)刻本　十二行二十五字小字双行同白口四周双边　二十四册

F4523 [同治]长阳县志七卷首一卷

(清)陈惟模修　谭大勋纂

清同治五年(1866)刻本　九行二十字小字双行同白口四周双边　六册

F4524 [光绪]应城志十四卷首一卷

(清)罗绌　陈豪修　王承禧纂

清光绪八年(1882)蒲阳书院刻本　九行二十三字小字双行同白口左右双边　八册

F4525 [同治]汉川县志二十二卷首一卷

(清)德廉　袁鸣珂修　林祥瑷纂

清同治十二年(1873)刻本　十行二十三字白口四周双边　十二册

F4526 [同治]应山县志三十六卷首一卷末一卷

(清)刘宗元等修　吴天锡纂

清同治十年(1871)文明宫刻本　九行二十一字小字双行同白口四周双边　十六册

F4527 [民国]湖北通志一百七十二卷首一卷末一卷

杨丞禧修　张仲炘纂

民国十年(1921)刻本　十二行二十五字小字双行同白口左右双边　一百八册

F4528 [光绪]蕲水县志二十卷首一卷末一卷

(清)多祺纂修

清光绪六年(1880)刻本　九行二十二字小字双行同白口四周双边　二十册

F4529 [光绪]嘉定县志三十二卷首一卷补遗一卷

(清)程其珏修　杨震福等纂

清光绪八年(1882)刻本　十一行二十四字小字双行同白口左右双边　十五册

F4530 [乾隆]凤翔府志十二卷首一卷

(清)达灵阿修　周方炯　高登科纂

清道光元年(1821)补刻本　九行二十二字小字双行同白口四周双边　十二册

F4531 * [乾隆]宝鸡县志十六卷

(清)邓梦琴修　董诏纂

清乾隆五十年(1785)刻本　十二行二十四字白口四周单边　四册

F4532 [乾隆]淳化县志三十卷

(清)万廷树修　洪亮吉纂

清乾隆四十九(1784)年刻本　十一行二十一字白口左右双边　四册

F4533 [嘉庆]葭州志二卷

(清)高珣修　龚玉麟纂

清嘉庆十五年(1810)刻本　九行二十字白口四周双边　二册

F4534 [光绪]绥德直隶州志八卷首一卷

(清)孔繁朴修　高维岳纂

清光绪三十一年(1905)刻本　九行二十二字小字双行同白口左右双边　六册

251

F4535　[乾隆]直隶邠州志二十五卷

（清）王朝爵　王灼修　孙星衍纂

清乾隆四十九年（1784）刻本　十二行二十四字黑口四周单边　八册

F4536　[正德]朝邑县志二卷

（明）王道修　韩邦靖纂

清康熙五十一年（1712）王兆鳌刻本清同义文会刻本　九行二十二字白口左右双边　一册

F4537　[万历]续朝邑县志八卷

（明）郭实修　王学谟纂

清康熙五十一年（1712）王兆鳌刻本　九行二十二字小字双行二十一字白口左右双边　二册

F4538　[康熙]朝邑县后志八卷

（清）王兆鳌修　王鹏翼纂

清康熙五十一年（1712）刻本　九行二十二字小字双行二十一字白口左右双边　三册

F4539　[嘉庆]咸宁县志二十六卷首一卷

（清）高廷法　沈琮修　陆耀遹　董祐诚纂

清嘉庆二十四年（1819）刻本　十二行二十五字小字双行同白口四周双边　八册

F4540　[乾隆]咸阳县志二十二卷首一卷

（清）臧应桐纂修

清道光十六年（1836）刻本　十行二十二字白口四周双边　四册

F4540　[道光]续修咸阳县志一卷

（清）陈尧书纂修

清道光十六年（1836）刻本　十行二十二字白口四周双边　合册

F4541　[乾隆]蒲城县志十五卷

（清）张心镜修　吴泰来纂

清乾隆四十七年（1782）刻本　十行二十二字黑口左右双边　六册

F4542　[嘉庆]长安县志三十六卷

（清）张聪贤修　董曾臣纂

清嘉庆二十年（1815）修　刻本　九行二十四字白口四周单边　六册

F4543　[乾隆]洵阳县志十四卷

（清）邓梦琴纂修

清光绪十二年（1886）增补本　九行二十二字白口左右双边　四册

F4544　[乾隆]重修盩厔县志十四卷

（清）杨仪修　王开沃纂

清乾隆五十八年（1793）补刻本　十一行二十二字小字双行同黑口左右双边　六册

F4545　[乾隆]朝邑县志十一卷首一卷

（清）金嘉琰　朱廷模修　钱坫纂

清乾隆四十五年（1780）刻道光十一年（1831）增刻本　十二行二十四字小字双行同黑口四周单边　四册

F4546　[乾隆]澄城县志二十卷

（清）戴治修　洪亮吉　孙星衍纂

清乾隆四十九年（1784）刻本　十二行二十四字黑口四周单边　四册

F4547　[道光]重修略阳县志四卷

（清）谭瑀修　黎成德等纂

清光绪三十年（1904）刻本　九行二十二字白口四周双边　四册

F4548　[光绪]新续略阳县志一卷

（清）桂超修　侯龙光纂

清光绪三十年（1904）刻本　九行二十二字白口四周双边　一册

F4549　[民国]兴平县志八卷

王廷珪修　张元际纂

民国二十一年（1932）铅印本　四册

F4549　[民国]重纂兴平县志八卷

王廷珪修　张元际　冯光裕纂

民国十二年（1923）西安艺林印书局铅印本　合册

F4550　[民国]盩厔县志八卷

庞文中修　任肇新　路孝愉纂

民国十四年（1925）铅印本　四册

F4551　[乾隆]五凉考治六德集全志

（清）张珏美修　曾钧等纂

清乾隆十四年(1749)刻本　十二行三十字小字双行同白口四周单边　五册

F4552　[光绪]海城县志十卷
(清)杨金庚修　陈廷珍纂
清光绪三十四年(1908)铅印本　二册

F4553　[乾隆]兴平县志二十五卷
(清)顾声雷修　张埙纂
清光绪二年(1876)刻本　十行二十四字黑口四周单边　六册

F4554　[光绪]兴平县续志三卷
(清)王权纂修
清光绪二年(1876)刻本　十行二十四字黑口四周单边　一册

F4555　[光绪]洋县志八卷
(清)张鹏翼纂修
清光绪二十四年(1898)青门寓庐刻本　十行二十二字黑口四周双边　八册

F4556　[乾隆]白水县志四卷首一卷
(清)梁善长纂修
清同治九年(1870)刻本　九行二十二字小字双行同白口四周双边　四册

F4557　[光绪]宁羌州志五卷
(清)马毓华修　郑书香　曹良模纂
清光绪十四年(1888)刻本　九行二十一字小字双行同白口四周双边　五册

F4558　[乾隆]直隶商州志十四卷首一卷
(清)王如玖纂修
清乾隆九年(1744)刻本　十行二十字小字双行同白口四周双边　八册

F4559　[乾隆]续商州志十卷
(清)罗文思纂修
清乾隆二十三年(1758)刻本　十行二十字白口四周双边　二册

F4560　[嘉庆]涉县志八卷
(清)咸学标纂修
清嘉庆四年(1799)刻本　九行二十一字小字双行同白口四周双边　四册

F4561　[光绪]临漳县志十八卷首一卷
(清)周秉彝修　周寿梓　李耀中纂
清光绪三十年(1904)刻本　九行二十一字小字双行同白口四周双边　十二册

F4562　[乾隆]武安县志二十卷图一卷
(清)蒋光祖修　夏兆丰纂
清乾隆四年(1739)刻本　九行二十字白口四周双边　八册

F4563　[康熙]磁州志十八卷
(清)蒋擢修　乐玉声纂
清同治十三年(1874)补刻本　九行二十字小字双行同白口左右双边　四册

F4564　[同治]磁州续志六卷首一卷
(清)程光滢纂修
清同治十三年(1874)刻本　九行二十字小字双行同白口左右双边　四册

F4565　[同治]当阳县志十八卷首一卷末一卷
(清)阮恩光修　王柏心等纂
清同治五年(1866)刻本　九行二十字小字双行同白口四周双边　十册

F4566　[光绪]当阳县补续志四卷首一卷
(清)李元才等修　李葆贞纂
清光绪十五年(1889)刻本　九行二十字小字双行同白口四周双边　四册

F4567　[民国]上海市自治志三编
杨逸编纂
民国四年(1915)铅印本　五册

F4568　[道光]鹤峰州志十四卷首一卷
(清)吉钟颖修　洪先焘纂
清道光二年(1822)刻光绪十一年(1885)重印本　十行二十一字白口左右双边　四册

F4569　[同治]鹤峰州志续修十四卷首一卷
(清)徐澍楷修　雷春沼纂
清光绪十一年(1885)刻本　十行二十一字白口左右双边　一册

F4570　[光绪]鹤峰州志续修十四卷首一卷

(清)长庚　厉祥官修　陈鸿渐纂

清光绪十一年(1885)刻本　十行二十一字白口左右双边　一册

F4571　[光绪]寿州志三十六卷首一卷末一卷

(清)曾道唯等修　葛荫南等纂

清光绪十五年(1889)活字本　十二行二十六字白口四周双边　十六册

F4572　[光绪]亳州志二十卷首一卷

(清)钟泰　宗能征纂修

清光绪二十年(1894)活字本　十行二十一字小字双行同白口四周单边　十四册

F4573　[同治]黟县三志十六卷首一卷末一卷

(清)谢永泰修　程鸿诏等纂

清同治十年(1871)刻本　十行二十二字小字双行同黑口左右双边　十六册

F4574　[同治]南漳县志集钞二十六卷首一卷

(清)沈兆元修　胡正楷纂　胡心悦增纂

清同治四年(1865)东鹤山堂增刻嘉庆本　九行二十字白口左右双边　八册

F4575　[同治]郧县志十卷首一卷

(清)周瑞　定熙修　余滢廷　崔诰纂

清同治五年(1866)刻本　九行二十一字白口四周双边　八册

F4576　[同治]松滋县志十二卷首一卷

(清)吕绪云　李晶修　罗有文　朱美燮纂

清同治八年(1869)刻本　九行二十一字白口四周双边　十册

F4577　[民国]麻城县志前编十五卷首一卷

郑重修　余晋芳纂

民国二十四年(1935)汉口中亚印书馆铅印本　十六册

F4578　[道光]安陆县志四十卷首一卷

(清)蒋炯等纂修　李廷锡增纂

清道光二十三年(1843)霁照堂刻本　十行二

十二字小字双行同白口左右双边　十二册

F4579　[同治]肥乡县志三十六卷补遗一卷

(清)李鹏展修　赵文濂纂

清同治六年(1867)刻本　十行二十三字白口四周双边　八册

F4580　[同治]畿辅通志三百卷首一卷

(清)李鸿章等修　黄彭年等纂

清宣统二年(1910)石印本　二百三十九册

F4581　[嘉庆]安康县志二十卷

(清)郑谦修　王森文纂

清咸丰三年(1853)修　刻本　十一行二十二字白口四周单边　四册

F4582　[光绪]凤县志十卷首一卷

(清)朱子春修　段澍霖纂

清光绪十八年(1892)刻本　九行二十四字小字双行同白口四周双边　四册

F4583　[光绪]续修平利县志十卷

(清)杨孝宽修　李联芳等纂

清光绪二十三年(1897)刻本　十一行二十三字白口四周双边　四册

F4584　元丰九域志十卷

(宋)王存等纂

清光绪八年(1882)金陵书局刻本　行字小字双行同白口四周双边　四册

F4585　[咸丰]海安县志

(清)王叶衢修

1962年扬州古旧书店油印咸丰五年(1855)石麟书馆原告本　六册

F4586　兰溪市志十四编

兰溪市编纂委员会编

1988年铅印本　一册

F4587　[光绪]江都县续志三十卷首一卷

(清)谢延庚修　刘寿曾纂

清光绪十年(1884)刻本　十行二十一字小字双行同黑口左右双边　八册

F4588　[民国]创修渭源县志十卷首一卷

陈鸿宝纂修

民国十五年（1926）平凉新龙书社石印本
四册

F4589 ［同治］石门县志十四卷首一卷
（清）林葆元　陈煊修　申正扬纂
清同治七年（1868）刻本　十行二十二字小字
双行同白口四周双边　十二册

F4592* 大清一统志三百五十六卷
（清）陈德华等修　王安国等纂
清乾隆九年（1744）内府刻本　十行二十一字
小字双行同白口左右双边　一百二十册

F4593 大清一统志三百五十六卷
（清）陈德华等修　王安国等纂
清乾隆九年（1744）刻本　十行二十一字小字
双行同白口左右双边　一百八册

F4631* ［宣统］新疆图志一百十六卷首一卷
袁大化修　王树枬　王学曾纂
清宣统三年（1911）抄本　十行二十三字　一
百二十二册

F4633* 大清一统志四百二十四卷
（清）和珅等纂修
清乾隆五十五年（1790）内府刻本　十行二十
一字小字双行同白口左右双边　一百六十册

F4637* ［万历］四镇三关志十卷
（明）刘应节　杨兆修　刘效祖纂
清抄本　十行二十一字小字双行十九字蓝格
白口四周双边　二十册

F4638 清丰县乡土志二卷
（清）吴鸿基修　刘元俊纂
清光绪三十一年（1905）抄本　八行二十二字
二十册

F4645 宛陵郡志备要四卷
（清）谢庭氏纂
清光绪二年（1876）宁郡清华斋刻本　八行二
十二字小字双行同白口左右双边　四册

F4646 台湾小志一卷
（清）龚柴纂
抄本　一册

F4649 ［康熙］宁乡县志十卷首一卷
（清）吕履恒纂修
清康熙四十一年（1702）刻本　九行二十一字
小字双行同白口四周单边　二册

F4650 ［同治］兴安县志十六卷首一卷
（清）李宾旸修　赵桂林纂
清同治十年（1871）刻本　九行二十二字小字
双行二十字白口四周双边　六册

F4651 ［同治］兴安县志十六卷首一卷
（清）李宾旸修　赵桂林纂
清同治十年（1871）刻本　九行二十二字小字
双行二十字白口四周双边　六册

F4652 ［嘉庆］顺昌县志十卷
（清）许庭梧修　谢钟瑾纂　陆嗣渊　贾懋
功增修　谢钟玥增纂
清嘉庆八年（1803）修道光十二年（1832）增修
光绪七年（1881）重刻本　十行二十字小字双
行同白口左右双边　六册

F4653 ［康熙］宁化县志七卷
（清）祝文郁修　李世熊纂
清同治八年（1869）蒋泽沅刻本　九行二十二
字小字双行同白口四周双边　八册

F4657 鄢陵文献志四十卷补遗一卷
（清）苏源生纂
清同治四年（1865）刻本　十行二十一字白口
四周双边　十九册

F4660 ［光绪］榆社县志十卷首一卷末一卷
（清）王家坊修　萬士达纂
清光绪七年（1881）刻本　九行二十二字小字
双行同白口四周双边　四册

F4663 ［嘉庆］海州直隶州志三十二卷首
一卷
（清）唐仲冕修　汪梅鼎等纂
清嘉庆十六年（1811）刻本　十一行二十三字
小字双行同白口左右双边　十册

F4666 ［乾隆］重修襄垣县志八卷
（清）李廷芳修　徐珏　陈于廷纂
清光绪六年（1880）增补重印本　十行二十一

255

字白口四周双边　八册

F4667　[光绪]襄垣县续志二卷
(清)李汝霖纂修
清光绪六年(1880)刻本　十行二十一字白口
四周双边　二册

F4671　[乾隆]大名县志四十卷首一卷
(清)张维祺修　李棠纂
清乾隆五十四年(1789)刻本　九行二十一字
同白口四周双边　十一册

F4672　[道光]壶关县志十卷首一卷
(清)茹金　申瑶等纂修
清光绪七年(1881)重印本　十行二十一字小
字双行同白口四周双边　六册

F4673　[光绪]壶关县续志二卷
(清)胡燕昌修　杨笃纂
清光绪七年(1881)刻本　十行二十一字小字
双行同白口四周双边　二册

F4675　[至元]齐乘六卷附释音一卷
(元)于钦纂
清乾隆四十六年(1781)刻本　十一行二十一
字白口左右双边　四册

F4710　[顺治]祥符县志六卷
(清)李同亨　张俊哲修　马士骘纂
清顺治十八年(1661)刻本　十行二十字小字
双行同白口四周单边　五册

F4723　乾隆府厅州县图志五十卷
(清)洪亮吉撰
清嘉庆七年(1802)刻本　十二行二十四字小
字双行同黑口四周双边　十六册

F4740　续志草补二卷
(清)陈搽纂
清赵允怀抄本　六册

F4741　[康熙]泰兴县志四卷
(清)钱见龙
吴朴纂修　抄本　四册

F4802　新校天津卫志四卷首一卷
(清)薛柱斗纂修

民国二十三年(1934)易社铅印本　二册

F4803　新校天津卫志四卷首一卷
(清)薛柱斗纂修
民国二十三年(1934)易社铅印本　二册

F4804　新校天津卫志四卷首一卷
(清)薛柱斗纂修
民国二十三年(1934)易社铅印本　二册

F4805　新校天津卫志四卷首一卷
(清)薛柱斗纂修
民国二十三年(1934)易社铅印本　二册

F4806　新校天津卫志四卷首一卷
(清)薛柱斗纂修
民国二十三年(1934)易社铅印本　二册

F4829　[民国]朔方道志三十一卷首一卷
马福祥　陈必淮修　王之臣纂
民国十六年(1927)天津华泰书局铅印本

F4856　黔记四卷
(清)李宗昉纂
清刻本　行字小字双行同白口四周双边
一册

F4857　[乾隆]宸垣识略十六卷
(清)吴长元辑
清乾隆五十三年(1788)池北草堂刻巾箱本
八册

F4858　[光绪]宸垣识略十六卷
(清)吴长元辑
清光绪二年(1876)刻巾箱本　九行二十一字
小字双行同白口左右双边　八册

F4861　桂阳县乡土志一卷
(清)胡祖复编
清光绪三十四年(1908)活字本　九行二十五
字白口四周双边　一册

F4996　中国通览二卷
商务印书馆译
清光绪二十九年（1903）上海商务铅印本
一册

256

F4997　吉林地志一卷鸡林旧闻录三卷

魏声龢撰

民国二年(1913)吉东印刷社 铅印本　一册

F4998　滇絮不分卷

(清)师范纂修

清光绪十三年(1887)云南通志局刻本　九行
二十四字小字双行同白口四周双边　四十册

F4999　塔尔巴哈台事宜四卷

(清)永保修

民国间油印本　一册

F5000　乌鲁木齐事宜一卷

(清)永保修

民国间油印本　一册

F5001　元丰九域志十卷

(宋)王存等纂

清光绪八年(1802)金陵书局刻本　十一行二
十一字小字双行同白口左右双边　四册

F5002　余姚六仓志四十四卷首一卷末一卷

张宝琛撰

民国九年(1920)铅印本　八册

F5003　新疆山脉图志六卷

王树枏撰

清宣统元年(1909)刻本　六册

F5004　乾隆府厅州县图志五十卷

(清)洪亮吉撰

清光绪五年(1879)授经堂重刊本　十二行二
十四字小字双行同黑口四周双边　十四册

F5005　乾隆府厅州县图志五十卷

(清)洪亮吉撰

清嘉庆八年(1803)刻本　十二行二十四字小
字双行同黑口四周双边　十六册

F5006　西藏通览二卷

(日)山县初男编　(日)三原宸次校

清光绪三十四年(1908)铅印本　四册

F5007　西招图略一卷附录一卷

(清)松筠纂修

清道光二十七年(1847)王师道刻本　六行二

十二字小字双行同白口四周双边　二册

F5008　上海市自治志不分卷

杨逸等纂修

民国四年(1915)铅印本　七册

F5009　西藏图考八卷首一卷

(清)黄沛翘辑

清光绪二十三年(1897)刻本　十行二十四字
小字双行同黑口左右双边　四册

F5010　黔书

(清)田雯编

清光绪二十三年(1897)贵阳书局刻本　十一
行二十四字小字双行同黑口左右双边　二册

F5011　鹦鹉洲小志四卷

(清)胡凤丹编

清同治十三年(1874)退补斋刻本　二册

F5012　湖南各县调查笔记五卷

湖南全省地方自治筹备处辑

民国二十年(1931)和济印刷公司铅印本
二册

F5013　新疆回部志四卷

(清)苏尔德纂修

民国间吴江吴氏油印边疆丛书编续本　一册

F5014　蒙古游牧记十六卷

(清)张穆纂修

清同治六年(1867)寿阳祁氏刻本　四册

F5015　上海市自治甲乙丙编

穆湘瑶编辑

民国四年(1915)铅印本　八册

F5016　广德县志稿五十九卷首一卷末一卷

钱文选编

民国三十七年(1948)铅印本　一册

F5017　河北省春秋战国时代疆域考一卷

张承谋撰

民国二十二年(1933)铅印本　一册

F5018　天津县新志人物艺文单行本

高凌雯纂

257

民国九年（1930）刻本　四册

F5019　盛京疆域考六卷
杨同桂等辑
清光绪中贵池刘氏刊聚学轩丛书本　一册

F5020　湖野小志四卷
（清）高鹏年纂修
清光绪二十二年（1896）石印本　二册

F5021　中华民国疆域沿革录不分卷
王念伦编
民国二十四年（1935）集成书局铅印本　一册

F5022　京山县志草例不分卷
李廉方撰
民国三十六年（1947）湖北通志馆铅印本
一册

F5023　京山县志草例不分卷
李廉方撰
民国三十六年（1947）湖北通志馆铅印本
一册

F5024　澳门纪略二卷
（清）印光任　张汝霖纂
清光绪六年（1880）宁藩署重刻本　九行二十
字小字双行同白口左右双边　二册

F5025　龙城旧闻四卷
魏毓兰编辑
民国八年（1919）黑龙江报铅印本　一册

F5026　辉南风土调查录一卷
王瑞之编辑
民国八年（1919）奉天作新印刷局 铅印本
一册

F5027　黑龙江外记八卷
（清）西清撰
清光绪二十年（1894）渐西村舍刻本　十行二
十一字白口左右双边　二册

F5028　吉林外记十卷
（清）萨英额撰
清光绪二十一年（1895）渐西村舍刻本　十行
二十一字白口左右双边　四册

F5029　［乾隆］天津县志二十四卷
（清）吴廷华纂　朱奎扬修
清乾隆四年（1739）刻本　十行二十一字小字
双行同白口四周双边　八册

F5030　补元和郡县志四十七镇图说一卷
庞鸿书撰
清末贵州调查局铅印本　一册

F5031　蒙古游牧记十六卷
（清）张穆撰
清光绪二十年（1894）上海复古书局石印本
十行二十二字小字双行同白口左右双边　六册

F5032　大清一统志辑要五十卷
（清）洪亮吉撰
清光绪二十八年（1902）石印本　十二册

F5035　续修盐城县志稿第一辑政错录六卷
薛综录撰
民国二十四年（1935）铅印本　一册

F5036　惠志略一卷
（明）杨载鸣纂修
民国间油印本　一册

F5037　元和郡县图志四十卷补志九卷
（唐）李吉甫撰
清光绪八年（1882）金陵书局刻本　十二行二
十四字小字双行同黑口左右双边　八册

F5038　黔记四卷
（清）李宗昉纂修
清刻本　一册

F6390　天津市概要
天津市志编纂处编辑
民国二十三年（1934）天津市政府铅印本
二册

F6437　［乾隆］天津县志二十四卷
（清）吴廷华纂　朱奎扬修
清乾隆四年（1739）刻本　十行二十一字小字
双行同白口四周双边　八册

F6437－1 [乾隆]天津县志二十四卷

(清)吴廷华纂　朱奎扬修

清乾隆四年(1739)刻本　十行二十一字小字双行同白口四周双边　七册

F6438 [同治]续天津县志二十卷首一卷图一卷

(清)吴惠元修　(清)蒋玉虹　俞樾纂

清同治九年(1870)刻本　十行二十一字白口四周双边　八册

Z55 [乾隆]钦定热河志一百二十卷

(清)和坤　梁国治纂修

清内府抄本　九行二十字红格白口四周双边四十九册

Z101* [嘉靖]浙江通志七十二卷

(明)胡宗宪修　薛应旗等纂

明嘉靖四十年(1561)刻本　十行二十字小字双行同白口四周单边　三十二册

Z102 [嘉靖]兴济县志二卷

(明)萧蕃修　郑孝纂

抄本　二册

Z103 [咸丰]重修沧州志稿

(清)沈如潮等修　董友筠　叶圭绶等纂

稿本　一册

Z104* [顺治]丁酉重刊西镇志不分卷

(清)苏铣纂

清顺治十四年(1657)刻本　八行十九字白口四周双边　四册

Z105 [万历]徐州志六卷

(明)姚应龙纂修

明万历五年(1577)刻本　十行二十字小字双行同白口左右双边　六册

Z106* [顺治]新修望江县志十卷

(清)王世胤修　龙之珠纂

清顺治八年(1651)刻本　八行二十字白口四周双边　六册

Z107* [康熙]池州府志九十二卷

(清)马世永纂修

清乾隆五年(1740)刻本　十行二十一字小字双行同黑口左右双边　二十八册

Z108* [乾隆]吉水县志四十二卷

(清)米嘉续修　黄世成纂

清乾隆十五年(1750)刻本　九行二十一字小字双行二十字白口左右双边　十六册

Z109* [雍正]南陵县志十六卷首一卷

(清)宋廷佐修　汪越纂

清雍正四年(1726)刻本　九行二十字小字双行同白口四周双边　八册

Z110* [万历]续修严州府志二十四卷

(明)吕昌期修　俞炳然纂

明万历四十一年(1613)刻本　十行二十字白口左右双边　二十四册

Z111* [嘉庆]仁化县志三卷

(清)郑绍曾纂修

清嘉庆二十四年(1819)刻本　九行二十一字白口四周双边　三册

Z112* [嘉靖]徽州府志二十二卷

(明)何东序修　汪尚宁等纂

明嘉靖四十五年(1566)刻万历三年(1575)增修本　九行二十三字小字双行同白口左右双边　十六册

Z113* [嘉靖]四川总志十六卷

(明)刘大谟等修　王元正等纂　周复俊崔廷槐重编

明嘉靖二十四年(1545)刻本　九行二十二字小字双行二十一字白口四周双边　二十册

Z115* [隆庆]云南通志十七卷

(明)邹应龙修　李元阳纂

明隆庆六年(1572)修万历四年(1576)刻本十行二十字小字双行十九字白口四周双边十四册

Z116* [嘉靖]陕西通志四十卷

(明)赵廷瑞修　马理纂

明嘉靖二十一年(1542)刻本　十行二十字小字双行同白口四周单边　十七册

259

Z117 [弘治]八闽通志八十七卷

(明)陈道修 黄仲昭纂

明弘治四年(1491)刻本 九行二十一字小字双行同黑口四周双边 四十册

Z118[*] [嘉靖]嘉兴府图记二十卷

(明)赵瀛修 赵文华纂

明嘉靖二十八年(1549)刻本 九行十九字白口左右双边 十册

Z119[*] [万历]邹志四卷图一卷

(明)胡继先纂修

明万历三十九年(1611)刻本 九行二十一字小字双行同白口四周单边 四册

Z120 [康熙]路南州志四卷

(清)金廷献修 李汝相纂

清康熙五十一年(1712)刻本 九行十九字白口四周双边 六册

Z120[*] [乾隆]续编路南州志四卷

(清)史进爵修 郭廷选纂

清乾隆二十二年(1757)刻本 九行十九字白口四周双边

Z121[*] [嘉靖]吴江县志二十八卷首一卷

(明)曹一麟修 徐师曾等纂

明嘉靖三十七年(1558)修 四十年(1561)刻本 八行十六字小字双行同白口左右双边 十四册

Z122 [乾隆]铜陵县志十六卷首一卷

(清)单履中纂修

清乾隆十二年(1747)刻本 十一行二十三字小字双行同白口四周双边 六册

Z123 [乾隆]澎湖志略不分卷

(清)周于仁 胡格纂

清乾隆五年(1740)刻本 八行二十字白口四周单边 一册

Z124[*] [万历]重修镇江府志三十六卷图一卷

(明)王应麟修 王樵等纂

明万历二十四年(1596)刻本 十行二十一字小字双行同白口四周双边 十六册

Z125 [嘉靖]常熟县志十三卷

(明)冯汝弼修 邓韨等纂

明嘉靖十八年(1539)刻本 九行十八字白口左右双边 十二册

Z126[*] [康熙]黄安县志十二卷

(清)刘承启修 詹大卫纂

清康熙三十六年(1697)刻本 八行十九字小字双行同白口四周双边 十二册

Z127[*] [万历]上虞县志二十卷首一卷

(明)徐特聘修 马明瑞 葛晓纂

明万历三十四年(1606)刻本 八行十六字小字双行同白口左右双边 八册

Z128[*] [万历]武进县志八卷

(明)晏文辉修 唐鹤征纂

明万历三十三年(1605)刻本 十行二十二字小字双行二十一字白口左右双边 八册

Z129[*] [万历]会稽县志十六卷

(明)杨维新修 张元忭 徐渭纂

明万历三年(1575)刻本 十行二十字小字双行同白口左右双边 六册

Z130[*] [康熙]凤山县志十卷首一卷

(清)李丕煜修 陈文达 李钦文纂

清康熙五十九年(1720)刻本 八行二十字小字双行十八字白口四周双边 六册

Z131[*] [光绪]修仁县志不分卷

(清)□□纂

清光绪间稿本 八行字数不等 二册

Z132[*] [嘉庆]大埔县志十八卷首一卷

(清)洪先焘纂修

清嘉庆九年(1804)刻本 十行二十二字小字双行二十一字白口四周双边 十六册

Z133[*] [乾隆]繁昌县志三十卷

(清)王熊飞纂修

清乾隆十六年(1751)刻本 八行二十二字小字双行同白口四周双边 六册

Z134 [万历]沃史二十六卷

(明)赵彦复纂修

明万历四十年(1612)刻本　十行二十一字白口左右双边　八册

Z135　[嘉靖]辽东志九卷
(明)毕恭等修　任洛等重修
明正统八年(1463)修嘉靖十六年(1537)重修刻本　九行十八字大黑口四周双边　六册

Z136*　[嘉靖]山西通志三十二卷
(明)杨宗气修　周斯盛纂
明嘉靖四十三年(1564)刻本　十行二十字白口四周双边　二十册

Z137*　[嘉靖]山东通志四十卷
(明)陆钱等纂修
明万历四十五年(1617)补刻本　十行二十字白口四周双边　十二册

Z138　[万历]兴化县新志十卷
(明)欧阳东凤修　严铸纂
明万历十九年(1591)刻本　九行二十二字白口左右双边　十二册

Z139*　[康熙]惠来县志十八卷
(清)张秉政修　张经纂
清康熙二十六年(1687)刻本　九行二十一字白口四周双边　六册

Z199　安南志略二十卷
(元)黎崱撰
抄本　八行二十一字　六册

Z204　[民国]清苑县志六卷附录一卷
姚寿章　周维章等纂
民国二十三年(1934)石印本　六册

Z208　[万历]宁国府志二十卷图一卷
(明)陈俊修　梅守德　贡安国纂
明万历五年(1577)刻本　九行十九字小字双行同白口左右双边　散叶　存五卷(一至四、八)

Z209　[光绪]元氏县志十四卷首一卷末一卷
(清)胡岳修　赵文濂　王钧如纂
清光绪元年(1875)刻本　十行二十四字小字双行同白口四周双边　八册

S2140　锡金乡土地理二卷
侯鸿鉴编
清光绪三十二年(1906)无锡艺文斋活字本九行二十一字小字双行同白口四周单边一册

S2678　[元丰]吴郡图经续记三卷
(宋)朱长文纂修
清咸丰三年(1853)木活字排印《琳琅秘室丛书》第二集本

S4000　[绍定]吴郡志五十卷
(宋)范成大纂　汪泰亨等增订
清嘉庆间刻《墨海金壶》本

S5019　吴地记一卷后集一卷
(唐)陆广微纂　后集(宋)□□辑
清嘉庆十年(1805)张氏照旷阁刻《学津讨原》本

S5019　[元丰]吴郡图经续记三卷
(宋)朱长文纂修
清嘉庆十年(1805)张氏照旷阁刻《学津讨原》本

S5157　[康熙]龙沙纪略一卷
(清)方式济纂
清乾隆二十年(1755)桐城方氏刻《述本堂诗集》本

S7596*　[康熙]鄂署杂钞十二卷首一卷末一卷续钞一卷
(清)汪为熹纂
清康熙五十八年(1719)纶嘏堂刻本　十一行二十一字小字双行同黑口左右双边　三册

P10783　[至正]昆山郡志六卷
(元)杨谦纂
清光绪二十年(1894)石埭徐氏刻《观自得斋丛书》本

P14264　蒙古游牧记十六卷
(清)张穆撰
清同治六年(1867)寿阳祁寯藻刻本　十行二十二字小字双行同白口左右双边　四册

P14688　[嘉庆]黑龙江外记八卷

（清）西清纂

清光绪二十九年（1903）上海文瑞楼石印《皇朝藩属舆地丛书》本

P14688　[道光]吉林外纪十卷

（清）萨英额纂

清光绪二十九年（1903）上海文瑞楼石印《皇朝藩属舆地丛书》本

P14688　内蒙古牧记十六卷

（清）张穆纂

清光绪二十九年（1903）上海文瑞楼石印《皇朝藩属舆地丛书》本

P19884　[光绪]宸垣识略十六卷

（清）吴长元辑

清光绪二年（1876）刻本　九行二十一字小字双行同白口左右双边　八册

P21517　[绍定]吴郡志五十卷

（宋）范成大纂　汪泰亨等增订

清光绪十五年（1889）石印道光刻《守山阁丛书》本

P21531　西域闻见录八卷首一卷

（清）七十一（椿园）纂

清道光十五年（1835）朝邑刘际清等刻《青照堂丛书》本

P21538　西陲要略四卷

（清）祁韵士纂

清同治元年（1862）刻《粤雅堂丛书三编》第二十二集本

P21575　[至正]昆山郡志六卷

（元）杨谦纂

清光绪石埭徐氏刻《观自得斋丛书》本

P23541　穿山小识二卷

（清）邵廷烈纂

清光绪二十年（1894）上海著易堂铅印《小方壶斋舆地丛抄补编》本

P23541　[康熙]柳边纪略五卷

（清）杨宾纂

清光绪二十三年（1897）上海著易堂铅印《小方壶斋舆地丛抄》本　一册

P23541　[光绪]河套略一卷

（清）储大文纂

清光绪十七年（1891）上海著易堂铅印《小方壶斋舆地丛抄》本

P23541　内蒙古牧记十六卷

（清）张穆纂

清光绪十七年（1891）上海著易堂铅印《小方壶斋舆地丛抄》本

P23547　[康熙]宁古塔纪略一卷

（清）吴桭臣纂

清道光二十三年（1843）青玉山房刻《舟车所至》本

P37504　[元丰]吴郡图经续记三卷

（宋）朱长文纂修

清光绪间木活字排印《琳琅秘室丛书》第二集本

P38065　[光绪]西域南八城纪略一卷

（清）王文锦纂

清光绪二十三年（1897）上海著易堂铅印《小方壶斋舆地丛抄》本

P38065　回疆风土记一卷

（清）七十一（椿园）纂

清光绪六年（1880）上海著易堂铅印《小方壶斋舆地丛抄》本

P38065　外藩列传

（清）七十一（椿园）纂

清光绪六年（1880）上海著易堂铅印《小方壶斋舆地丛抄》本

P38065　新疆纪略一卷

（清）七十一（椿园）纂

清光绪六年（1880）上海著易堂铅印《小方壶斋舆地丛抄》本

P38065　西藏纪略一卷

（清）龚柴纂

清光绪十七年（1891）上海著易堂铅印《小方

壶斋舆地丛抄》(第三峡)本

P38065　回疆风土记一卷
(清)七十一(椿园)纂
清光绪十七年(1891)上海著易堂铅印《小方壶斋舆地丛抄》本

P38065　军台道里表一志
(清)七十一(椿园)纂
清光绪十七年(1891)上海著易堂铅印《小方壶斋舆地丛抄》本

P38065　西陲要略四卷
(清)祁韵士纂
清光绪十七年(1891)上海著易堂铅印《小方壶斋舆地丛抄》本

P38065　新疆纪略一卷
(清)七十一(椿园)纂
清光绪十七年(1891)上海著易堂铅印《小方壶斋舆地丛抄》本

P40235　[道光]万全县志十卷首一卷
(清)左承业纂修　施彦士续纂修
清道光十四年(1834)刻本　十行二十一字小字双行同白口四周双边　四册

P40937　[宣统]建德县志二十卷首一卷
(清)张赞巽　张翊六修　周学铭等纂
清宣统二年(1910)湖北官刷印局铅印本十册

P41621　[咸丰]邳州志二十卷首一卷
(清)董用威　马轶群修　鲁一同纂
清咸丰元年(1851)刻本　十行二十一字小字双行同白口四周双边　四册

P41624　[嘉庆]怀远县志二十八卷首一卷
(清)孙让修　李兆洛纂
清嘉庆二十四年(1819)活字本　十行二十字小字双行同黑口左右双边　六册　存十六卷(一至十六)

P42698　[光绪]宁河县志十六卷
(清)丁符九修　谈松林纂
清光绪六年(1880)刻本　九行二十二字小字

双行同白口四周双边　四册　存六卷(二至四、六至八)

P42698.1　[道光]武进阳湖县合志三十六卷首一卷
(清)孙琬　王德茂修　李兆洛　周仪晖纂
清光绪十二年(1886)活字本　十行二十五字小字双行同白口左右双边　一册　存二卷(二十五至二十六)

P42700　[光绪]宁津县志十二卷首一卷
(清)祝嘉庸修　(清)吴浔源纂
清光绪二十六年(1900)刻本　十行二十二字小字双行同白口四周双边　一册　存二卷(六、七)

T602204　[光绪]余姚县志二十七卷首一卷末一卷
(清)周炳麟修　邵友濂　孙德祖纂
清光绪二十五年(1899)刻本　十一行二十二字白口四周双边　一册　存二卷(二十三至二十四)

T602204　[康熙]新校天津卫志四卷首一卷
(清)薛柱斗修　冯允京纂
民国二十三年(1934)易社铅印本　一册　存二卷(三至四)

T602206　杭州府志一百七十八卷首十卷
(清)吴庆坻纂　龚嘉儁等修
清光绪二十一年(1895)铅印本　十行而十五字小字双行同黑口四周双边　一册存三卷(七十三至七十五)

T602207　[道光]汾阳县志十四卷首一卷
(清)周贻缨　曹文锦纂修
清咸丰元年(1851)刻本　十行二十一字白口四周双边单鱼尾　二册　存四卷(首、一至三)

T602208　[民国]静海县志十二集
白凤文等修　高毓浵等纂
民国二十三年(1934)静海县志书局天津文竹斋铅印本　一册　存二集(子、丑)

263

T602209　[民国]德县志十六卷

李宴春等修　赵晋臣 孙云章纂

民国二十四年(1935)铅印本　五册　存五卷
(卷二、十三至十六)

T602210　庐陵县志二十八卷首二末一卷

王补等纂修

民国九年(1920)刻本　十二行二十五字白口
左右双边　二册　存四卷(二十六至二十八、
末)

T602211　[光绪]蠡县志十卷

(清)张玠纂　(清)韩志超等修

清光绪二年(1876)刻本　十行二十字小字双
行同白口四周双边　一册　存一卷(三)

T602212　[民国]沧县志十六卷首一卷

张凤瑞等修　张坪等纂

民国二十二年(1933)沧县志书局铅印本　九
册　存十二卷(五至十六)

**T602213　[光绪]新修荷泽县志十八卷首
一卷**

(清)叶道源纂修

清光绪十年(1884)刻本　十行二十一字白口
四周双边　六册

T602214　吉林通志一百二十二卷

(清)李桂林纂　长顺修

清光绪十七年(1891)刻本　十行二十二字黑
口四周单边　七册　存十七卷(二至十八)

T602215　[乾隆]孝义县志二十卷

(清)邓必安纂　邓常修

清乾隆三十五年(1770)刻本　十行二十字小
字双行同白口左右双边　四册　存八卷(里
甲村庄二卷、田赋积贮一卷、官司建置一卷、
学校典礼一卷、物产民俗一卷、艺文参考二
卷)

**T602216　[光绪]婺源县志六十四卷首卷
一卷**

(清)汪正元纂　吴鹗修

清光绪九年(1883)刻本　十行二十二字小字
双行字同白口左右双边　二册　存五卷(二

十一至二十三、三十三至三十四)

T602217　[乾隆]天津县志二十四卷

(清)吴廷华纂　朱奎扬修

清乾隆四年(1739)刻本　十行二十一字白口
四周双边　一册　存三卷(七至九)

T602218　[同治]续纂扬州府志二十四卷

(清)晏端书 钱振伦等纂　英杰修

清同治十三年(1874)刻本　十行二十一字白
口四周单边　一册存二卷(一至二)

T602219　[雍正]山东通志三十六卷首一卷

(清)杜诏纂　岳浚修

清乾隆元年(1736)刻本　十行二十四字白口
四周双边　十一册　存二十七卷(首、一至
四、六至九、十一至二十、二十九到三十六)

T602220　[民国]青县志十卷

(清)茹岱林纂　江贡琛修

民国十七年(1928)铅印本　一册　存二卷
(六至七)

T602221　[民国]交河县志十卷首一卷

高步青 王恩沛等修　苗毓芳 苏彩河等纂

民国六年(1917)刻本　十二行二十五字白口
四周双边　二册　存二卷(一、七)

T602222　[同治]续天津县志二十卷首一卷

(清)吴惠元等纂　崇厚修

清同治九年(1870)刻本　十行二十一字白口
四周双边　五册　存十五卷(三至十三、十七
至二十)

T602223　[乾隆]天津县志二十四卷

(清)吴廷华纂　朱奎扬修

清乾隆四年(1739)刻本　十行二十一字白口
四周双边　四册　存十三卷(十至十二、十五
至二十四)

T602224　[同治]畿辅通志三百卷首一卷

(清)李鸿章修　黄彭年纂

清宣统二年(1910)石印本　十册　存十四卷
(一百八十三至一百九十六)

T602225 [光绪]重修天津府志五十四卷末一卷

(清)徐宗亮等纂 沈家本修

清光绪二十五年(1899)重刻本 十行二十一字白口左右双边 八册 存三十三卷(二十四至五十四、三十一、末)

T602226 [嘉庆]介休县志十四卷

(清)徐品山 陆元镳纂修

清嘉庆二十四年(1819)刻本 十行二十一字白口四周双边 四册 存六卷(一至五、十二)

T602227 [光绪]嘉应州志三十二卷

(清)温仲和纂 吴宗焯等修

清光绪二十四年(1898)刻本 十二行二十四字小字双行同黑口四周双边 一册 存三卷(三十至三十二)

T602228 [道光]南宫县志十六卷

(清)陈柱纂 周梽修

清道光十一年(1831)刻本 十行二十二字白口左右双边单鱼尾 一册 存二卷(二至三)

T602229 [民国]冀县志二十卷

王树枏纂

民国十八年(1929)铅印本 一册 存三卷(十四至十六)

T602230 [民国]青城续修县志四卷

杨启东等修 赵梓湘等纂

民国二十四年(1935)济南五三美术印刷社铅印本 六册

FV1 [民国]安次县志十二卷

熊济熙等修 刘钟英 马钟秀纂

民国三年(1914)铅印本 五册

FV2 [光绪]南皮县志十五卷首一卷末一卷

(清)殷树森修 汪宝树 傅金铨纂

清光绪十四年(1888)刻本 十字二十一小字双行同白口四周双边 八册

FV3 [道光]内丘县志四卷

(清)汪匡鼎原本 施彦士续纂修

清道光十二年(1832)增刻重印本 九行二十字小字双行同白口四周双边 四册

FV4 [光绪]南乐县志十卷首一卷补遗一卷

(清)施有方 陆维炘修 武勋朝 李云峰纂

清光绪二十九年(1903)刻本 十行二十字小字双行同白口四周双边 四册

FV5 [光绪]开州志八卷首一卷

(清)陈兆麟修 祁德昌纂

清光绪八年(1882)刻本 十行二十二字白口四周双边 七册存八卷(首、一至七)

FV6 [民国]安次县志十二卷

熊济熙等修 刘钟英 马钟秀纂

民国三年(1914)铅印本 六册

FV7 [乾隆]沙河县志十卷首一卷末一卷

(清)杜灏纂修

清乾隆二十二年(1757)刻道光二十五年(1845)重印本 十行二十四字小字双行同白口左右双边 四册

FV8 [道光]续增沙河县志二卷

(清)鲁杰纂修

清道光二十五年(1845)刻本 九行二十二字白口四周双边 二册

FV9 [光绪]定兴县志二十六卷首一卷

(清)张主敬等修 杨晨纂

清光绪十九年(1893)校定本 十行二十二字小字双行同白口四周双边 八册

FV10 [光绪]永年县志四十卷首一卷

(清)夏诰钰纂修

清光绪三年(1877)刻本 十行二十二字小字双行同白口四周双边 八册

FV11 [道光]承德府志六十卷首二十六卷

(清)海忠纂修

清光绪十三年(1887)廷杰、李世寅重订本 九行二十一字小字双行同白口四周双边 二十四册

FV12 [光绪]丰润县志四卷

(清)牛昶煦 郝增祜修纂

清光绪十七年(1891)刻民国十年(1921)铅印本 四册

265

FV13 [光绪]雄县乡土志十五卷

(清)刘崇本编

清光绪三十一年(1905)铅印本　一册

FV14 [光绪]唐山县志十二卷首一卷末
一卷

(清)苏玉修　杜霭　李飞鸣纂

清光绪七年(1881)刻本　九行二十字小字双
行同白口四周单边　八册

FV15 [民国]涿县志八编

宋大章等修　周存培　张星楼纂

民国二十五年(1936)北平京城印书局铅印本
四册

FV16 [乾隆]沧州志十六卷

(清)徐时作修　胡淦等纂

清乾隆八年(1743)刻本　十行二十一字小字
双行同白口四周双边　六册

FV17 [民国]阳原县志十八卷

刘志鸿等修　李泰棻纂

民国二十四年(1935)铅印本　四册

FV19 [民国]阳原县志十八卷

刘志鸿等修　李泰棻纂

民国二十四年(1935)铅印本　四册

FV20 [乾隆]任丘县志十二卷首一卷

(清)刘统修　刘炳　王应鲸纂

清乾隆二十七年(1762)刻道光十七年(1837)
重印本　十行二十字白口左右双边　十册

FV20 [道光]任丘县志续编二卷

(清)鲍承焘修　瞿光缙　边士圻纂

清道光十七年(1837)刻本　九行十八字白口
四周单边　二册

FV21 [同治]栾城县志十四卷首一卷末
一卷

(清)陈咏修　张惇德纂

清同治十一年(1872)刻本　十行二十二字小
字双行同白口四周双边　六册

FV22 [民国]志余随笔六卷

高凌雯纂

民国二十五年(1936)天津金氏刻本　九行二
十一字白口四周双边　二册

FV23 [民国]志余随笔六卷

高凌雯纂

民国二十五年(1936)天津金氏刻本　九行二
十一字白口四周双边　二册

FV24 [民国]志余随笔六卷

高凌雯纂

民国二十五年(1936)天津金氏刻本　九行二
十一字白口四周双边　二册

FV25 [民国]志余随笔六卷

高凌雯纂

民国二十五年(1936)天津金氏刻本　九行二
十一字白口四周双边　二册

FV26 [同治]灵寿县志十卷末一卷

(清)陆陇其原本　刘赓年续纂修

清同治十三年(1874)刻本　十行二十二字小
字双行同白口四周双边　六册

FV27 [民国]志余随笔六卷

高凌雯纂

民国二十五年(1936)天津金氏刻本　九行二
十一字白口四周双边　二册

FV28 [民国]志余随笔六卷

高凌雯纂

民国二十五年(1936)天津金氏刻本　九行二
十一字白口四周双边　二册

FV29 [乾隆]宝坻县志十八卷

(清)洪肇楙修　蔡寅斗纂

民国六年(1917)石印本　八册

FV30 [同治]续修元城县志六卷首一卷

(清)吴大镛　王仲牲纂修

清同治十一年(1872)刻本　六册

FV31 [光绪]开州志八卷首一卷

(清)陈兆麟修　祁德昌纂

清光绪八年(1882)刻本　十行二十二字白口

四周双边　八册

FV33　[民国]固安文献志二十卷
贾廷琳纂

民国十六年(1927)赵庄贾氏无闷斋铅印本
八册

FV34　[光绪]祁县志十六卷附一卷
(清)刘发岮修　李芬纂

清光绪八年(1882)刻本　九行二十一字小字
双行同白口四周双边　十册

FV35　[光绪]宁津县志十二卷首一卷
(清)祝嘉庸修　吴浔源纂

清光绪二十六年(1900)刻本　十行二十二字
小字双行同白口四周双边　八册

FV36　[光绪]蔚州志二十卷首一卷
(清)庆之金修　杨笃纂

清光绪三年(1877)刻本　十行二十三字小字
双行同白口四周双边　八册

FV37　[乾隆]涿州志二十二卷首一卷
(清)吴山凤纂修

清光绪元年(1875)重印本　十行二十字白口
左右双边　六册

FV37　[同治]涿州续志十八卷
(清)石衡修　卢端衡纂

清同治十一年(1872)修光绪元年(1875)刻本
十行二十字白口左右双边　合册

FV38　[乾隆]宁武府志十二卷首一卷
(清)魏元枢　周景柱纂修

清乾隆十五年(1750)刻本　九行二十字小字
双行同白口左右双边　七册

FV38　[咸丰]续宁武府志不分卷
(清)常文遵　阿克达春纂修

清咸丰七年(1857)刻本　九行二十字小字双
行同白口左右双边　合册

FV39　[嘉庆]束鹿县志十卷
(清)李符清修　斐显相　沈乐善纂

清嘉庆四年(1799)刻本　十一行二十一字黑
左右双边　四册

FV40　[乾隆]三河县志十六卷首一卷
(清)陈咏修　王大信等纂

清乾隆二十五年(1760)刻本　九行二十字小
字双行同白口四周双边　四册

FV41　[光绪]垣曲县志十四卷
(清)薛元钊修　张于铸纂

清光绪五年(1879)刻本　九行二十字白口左
右双边　八册

FV42　[同治]灵寿县志十卷末一卷
(清)陆陇其原本　刘赓年续纂修

清同治十三年(1874)刻本　十行二十二字小
字双行同白口四周双边　六册

FV43　[道光]尉氏县志二十卷首一卷
(清)刘厚滋　沈淮修　王观潮等纂

清道光十一年(1831)刻本　十一行二十四字
白口四周双边　八册

FV44　[民国]阳原县志十八卷
刘志鸿等修　李泰棻纂

民国二十四年(1935)铅印本　四册

FV45　[民国]临河县志三卷
吕咸　白保庄修　王文墀纂

民国二十年(1931)铅印本　三册

FV46　[民国]雄县新志七卷
秦廷秀等修　刘崇本等纂

民国十九年(1930)铅印本　十册

FV47　[同治]栾城县志十四卷首一卷末一卷
(清)陈咏修　张惇德纂

清同治十一年(1872)刻本　十行二十二字小
字双行同白口四周双边　六册

FV48　[光绪]夏县志十卷首一卷
(清)黄绮荣　万启钧修　张承熊纂

清光绪六年(1880)刻本　十行二十一字小字
双行同黑口四周双边　四册

FV49　[光绪]直隶绛州志二十卷首一卷
(清)李焕扬修　张于铸纂

清光绪五年(1879)刻本　十行二十一字白口
左右双边　十册

FV50　［光绪］翼城县志二十八卷

（清）王耀章　龚履坦纂修

清光绪七年(1881)刻本　九行二十二字小字
双行同白口四周双边　八册

FV51　［光绪］忻州志四十二卷

（清）方戊昌修　方渊如纂

清光绪六年(1880)刻本　十行二十二字小字
双行同白口四周双边　八册

FV52　［光绪］忻州志四十二卷

（清）方戊昌修　方渊如纂

清光绪六年(1880)刻本　十行二十二字小字
双行同白口四周双边　八册

FV53　［光绪］定襄县补志十三卷图一卷

（清）郑继修等修　邢澍田纂

清光绪六年(1880)刻本　九行二十一字小字
双行同白口四周双边　八册

FV54　［乾隆］孝义县志二十卷

（清）邓必安修　邓常纂

清光绪六年(1880)重印本　十行二十二字白
口四周双边　四册

FV54　［光绪］孝义县续志二卷首一卷末一卷

（清）孔广熙修　何之煌纂

清光绪六年(1880)刻本　九行二十字白口左
右双边　二册

FV55　［光绪］清源乡志十八卷首一卷

（清）王勋祥修　王效尊纂

清光绪八年(1882)梗阳书院刻本　九行二十
字白口四周双边　六册

FV56　［光绪］五台新志四卷首一卷

（清）徐继畬纂修　孙汝明　王步墀续修
杨笃续纂

清同治四年(1865)修光绪九年(1883)续修刻
本　九行二十字小字双行同黑口四周双边
四册

FV57　［乾隆］广灵县志十卷首一卷末一卷

（清）郭磊等纂修

清乾隆十九年(1754)刻光绪七年(1881)重印
本　十行二十四字小字双行同白口四周双边

四册

FV57　［光绪］广灵县补志十卷

（清）杨亦铭等纂修

清光绪七年(1881)刻本　十行二十二字白口
四周双边　二册

FV58　［光绪］吉林通志一百二十二卷

（清）长顺　讷钦修　李桂林　顾云纂

清光绪十七年(1891)刻本　十行二十二字小
字双行同黑口四周单边　四十九册

FV59　［乾隆］咸阳县志二十二卷首一卷

（清）臧应桐纂修

清乾隆十九年(1754)刻道光十六年(1836)重
印本　十行二十二字白口四周双边　四册

FV59　［道光］续修咸阳县志一卷

（清）陈尧书纂修

清道光十六年(1836)刻本　十行二十二字白
口四周双边　合册

FV60　［光绪］白河县志十四卷

（清）顾骎修　王贤辅　李宗麟纂

清光绪十九年(1893)刻本　十行二十二字小
字双行同白口四周双边　四册

FV61　［道光］石泉县志四卷

（清）舒钧纂修

清道光二十九年(1849)运甓下帷之圃刻本
十行二十二字白口四周双边　二册

FV62　［光绪］靖边志稿四卷

（清）丁锡奎修　白翰章　辛居乾纂

清光绪二十五年(1899)刻本　十行二十四字
小字双行同白口四周双边　四册

FV63　［正德］朝邑县志二卷

（明）王道修　韩邦靖纂

清康熙五十一年(1712)王兆鳌刻本　九行二
十二字白口左右双边　一册

FV64　［乾隆］澄城县志二十卷

（清）戴治修　洪亮吉　孙星衍纂

清乾隆四十九年(1784)刻本　十二行二十四
字黑口四周单边　四册

268

FV65 [乾隆]郘阳县全志四卷

(清)席奉乾修　孙景烈纂

清乾隆三十四年(1769)刻本　十行二十二字
小字双行同白口四周单边　四册

FV66 [民国]胶澳志十二卷末一卷

赵琪修　袁荣叟纂

民国十七年(1928)铅印本　十册

FV67 河南通志经政志不分卷

不著撰人

民国三十二年(1943)铅印本　四册

FV68 [乾隆]通许县志

(清)阮龙光修　邵自祐纂

清乾隆三十五年(1770)刻本　十行二十二字
小字双行同白口四周双边　六册

FV69 [乾隆]原武县志十卷

(清)吴文炘修　何远纂

清乾隆十二年(1747)刻本　九行二十一字小
字双行同白口四周双边　五册

FV70 [道光]重纂福建通志二百七十八卷
首六卷

(清)孙尔准等修　陈寿祺纂　程祖洛等续
修　魏敬中续纂

清同治十年(1871)刻本　十一行二十五字小
字双行同白口四周双边　一百四十一册

FV71 [同治]襄阳县志七卷首一卷

(清)杨宗时修　崔淦纂　吴耀斗续修　李
士彬续纂

清同治十三年(1874)刻本　十行二十四字小
字双行同白口四周双边　八册

FV72 [光绪]续修平利县志十卷

(清)杨孝宽修　(清)李联芳纂

清光绪二十三年(1897)刻本　十一行二十三
字白口四周双边　四册

FV73 [光绪]宁远县志八卷

(清)张大煦修　欧阳泽阎纂

清光绪二年(1876)崇正书院刻本　十二行二
十五字小字双行同白口四周双边　四册

FV74 [光绪]南皮县志十五卷首一卷末
一卷

(清)殷树森修　汪宝树 傅金镍纂

清光绪十四年(1888)刻本　十字二十一小字
双行同白口四周双边　八册

FV75 [民国]霸县新志

张仁蠡 刘延昌修　刘崇本 崔汝襄纂

民国二十三年(1934)天津文竹斋铅印本
八册

FV76 [同治]西宁新志十卷首一卷

(清)韩志超 寅康等修　杨笃纂

清同治十二年(1873)修光绪元年(1875)宏州
书院刻本　十行二十四字小字双行同白口左
右双边　四册

FV77 [光绪]重修曲阳县志二十卷

(清)周斯亿修　(清)董涛纂

清光绪三十年(1904)刻本　十行二十一字小
字双行同白口四周双边　八册

FV78 [光绪]祥符县志二十四卷首一卷

(清)沈传义 俞纪瑞修　黄舒昺纂

清光绪二十四年(1898)刻本　十行二十一字
小字双行同白口左右双边　二十二册

FV79 [嘉庆]洛阳县志六十卷

(清)魏襄修　陆继辂纂

清嘉庆十八年(1813)刻本　十一行二十一字
小字双行同白口左右双边　四册

FV80 [雍正]井陉县志八卷

(清)钟文英纂修

清雍正八年(1730)刻光绪元年(1875)重印本
九行二十三字小字双行同白口四周双边
六册

FV81 [宣统]任县志八卷

(清)谢嵎麟原修　陈智原纂　王亿年续修
刘书旗续纂

民国四年(1915)铅印本　四册

FV82 [民国]庆云县志

郑希侨修　刘鸿逵纂

民国二十年(1931)七次重订石印本　四册

269

FV83 [光绪]延庆州志十二卷首一卷末一卷

(清)何道增等修　张惇德纂

清光绪六年(1880)刻本　十行二十四字小字双行同白口四周双边　十册

FV84 [道光]沙县志二十卷首一卷末一卷

(清)孙大焜　王庚修　徐逢盛　陈名世等纂

清道光十四年(1834)刻本　九行二十二字小字双行同白口四周双边　六册

FV85 [同治]上海县志三十二卷首一卷末一卷附补遗叙录

(清)应宝时等修　俞樾　方宗诚纂

清同治十一年(1872)上海文庙南园志局王承基等校正本　十二行二十三字小字双行同白口四周双边　十八册

FV86 [同治]栾城县志十四卷首一卷末一卷

(清)陈咏修　张惇德纂

清同治十一年(1872)刻本　十行二十二字小字双行同白口四周双边　六册

FV87 [民国]察哈尔省通志二十八卷首一卷

宋哲元修　梁建章等纂

民国二十四年(1935)铅印本　十二册

FV88 [民国]湖北通志一百七十二卷首一卷末一卷

杨丞禧修　张仲炘纂

民国十年(1921)刻本　十二行二十五字小字双行同白口左右双边　三册

FV91 [康熙]龙门县志十六卷

(清)章焞纂修

清康熙五十一年(1712)刻本　九行二十字小字双行同白口四周单边　五册

FV92 [光绪]续纂江宁府志十五卷

(清)王士铎等纂修

清光绪十年(1894)石印本　十二册

FV93 [光绪]永年县志四十卷首一卷

(清)夏诰钰纂修

清光绪三年(1877)刻本　十行二十二字小字双行同白口四周双边　八册

FV94 [光绪]蔚州志二十卷首一卷

(清)庆之金修　杨笃纂

清光绪三年(1877)刻本　十行二十三字小字双行同白口四周双边　八册

FV95 [道光]太原县志十八卷图一卷

(清)员佩兰修　杨国泰纂

清道光六年(1826)刻本　十行二十二字白口四周双边　六册

FV96 [光绪]怀来县志十八卷首一卷

(清)朱乃恭修　席之瓛纂

清光绪八年(1882)刻本　十行二十四字小字双行同白口四周单边　六册

FV97 [光绪]蠡县志十卷

(清)韩志超　何云诰修　张珧　王其衡等纂

清光绪二年(1876)刻本　十行二十字小字双行同白口四周双边　十册

FV98 [乾隆]衡水县志十四卷

(清)陶淑纂修

清乾隆三十二年(1767)刻本　十行二十字小字双行十八字白口四周单边　五册

FV100 [同治]黄县志十四卷首一卷末一卷

(清)尹继美纂修

清同治十年(1871)刻本　十行二十四字小字双行同白口四周双边　四册

FV101 [民国]河北省通志(县沿革表)

民国二十一年(1932)河北省通志馆编印　一册

FV102 [康熙]灵寿县志十卷末一卷

(清)陆陇其修　傅维枟纂

清康熙二十五年(1686)刻本　十行二十三字小字双行同白口四周双边　四册

FV103 [民国]良乡县志八卷

周志中修　吕植　见之深等纂

民国十三年(1924)铅印本　四册

FV104 [乾隆]汤阴县志十卷

(清)杨世达纂修

清乾隆三年(1738)刻本　八行十九字小字双

行同白口左右双边　　三册

FV105　[民国]高阳县志十卷
李大本修　李晓冷等纂
民国二十二年(1933)铅印本　　十册

FV106　[乾隆]肃宁县志十卷
(清)尹侃 范森修　谈有典纂
清乾隆二十一年(1756)刻本　　九行二十一字
小字双行同白口左右双边　　五册

FV107　[乾隆]无极县志十一卷末一卷
(清)黄可润纂修
清光绪十九年(1893)补刻本　　十行二十二字
白口左右双边　　四册

FV108　[光绪]南乐县志十卷首一卷补遗一卷
(清)施有方 陆雄炘修　武勋朝 李云峰纂
清光绪二十九年(1903)刻本　　十行二十字小
字双行同白口四周双边　　四册

FV109　[光绪]巨鹿县志十二卷首一卷
(清)凌燮修　赫慎修　夏应麟纂
清光绪十二年(1886)刻本　　九行二十字小字
双行同白口四周单边　　六册

FV110　[民国]完县新志九卷
彭作桢修　刘玉田等纂
民国二十三年(1934)铅印本　　六册

FV111　[康熙]威县志十六卷
(清)李之栋纂修
清康熙十二年(1673)刻本　　八行十八字小字
双行同白口四周双边　　四册

FV112　[乾隆]肃宁县志十卷
(清)尹侃 范森修　谈有典纂
清乾隆二十一年(1756)刻本　　九行二十一字
小字双行同白口左右双边　　四册

FV113　[乾隆]饶阳县志二卷首一卷末一卷
(清)单作哲纂修
清乾隆十四年(1749)刻本　　十行二十字小字
双行同白口四周双边　　二册

FV114　[光绪]乐亭县志十五卷首一卷末一卷
(清)游智开 蔡志修等修　史梦兰纂

清光绪三年(1877)刻本　　十行二十二字小字
双行同白口四周双边　　六册

FV115　[民国]昌黎县志十二卷首一卷末一卷
陶宗奇等修　张鹏翱等纂
民国二十二年(1933)铅印本　　八册

FV117　[乾隆]景州志六卷首一卷
(清)屈成霖纂修
清乾隆十年(1745)刻本　　十一行二十一字小
字双行同白口四周双边　　四册

FV118　[康熙]临城县志八卷
(清)杨宽修　乔巳百纂
清康熙三十年(1691)刻本　　九行二十字小字
双行同白口四周双边　　六册

FV119　[光绪]续修故城县志十二卷首一卷
(清)丁灿修　王靖德纂　张烘续修　范翰
文续纂
清同治十二年(1873)修光绪十一年(1885)续
修刻本　　八册

FV120　[同治]平乡县志十二卷首一卷
(清)苏性纂修
清光绪十二年(1886)吴沂增刻本　　九行二十
二字小字双行同白口四周双边　　四册

FV121　[康熙]保定县志四卷首一卷
(清)成其范修　柴经国纂
清康熙十二年(1673)刻本　　九行二十字白口
四周双边　　二册

FV122　[民国]房山县志
冯庆兰等修　高书官等纂
民国十七年(1928)铅印本　　八册

FV124　[乾隆]沧州志十六卷
(清)徐时作修　胡淦等纂
清乾隆八年(1743)刻本　　十行二十一字小字
双行同白口四周双边　　六册

FV125　[乾隆]安肃县志十六卷
(清)张钝修　史元善等纂
清嘉庆十三年(1808)石梁补刻本　　十行二十
字小字双行同白口四周双边　　八册

271

FV126 [乾隆]黔南识略三十二卷
(清)爱必达纂修
清乾隆十四年(1749)修清道光二十七年(1847)
刻本 十行二十字黑口四周单边 四册

FV127 [光绪]正定县志四十六卷首一卷末
一卷
(清)庆之金 贾孝彰修 赵文濂等纂
清光绪元年(1875)刻本 十行二十二字白口
四周双边 十四册

FV128 [民国]宁晋县志十一卷
苏毓琦等修 张震科等纂
民国十八年(1929)石印本 八册

FV129 [同治]阜平县志四卷首一卷
(清)劳辅芝修 张锡三纂
清同治十三年(1874)刻本 十行二十三字白
口四周双边 六册

FV130 [光绪]唐山县志十二卷首一卷末一卷
(清)苏玉修 杜霶 李飞鸣纂
清光绪七年(1881)刻本 九行二十字小字双
行同白口四周单边 八册

FV131 [乾隆]河间县志六卷
(清)吴山凤修 黄文莲 梁志恪纂
清乾隆二十五年(1760)刻本 十行二十字小
字双行同白口左右双边 十册

FV132 [康熙]槁城县志十二卷
(清)赖于宣修 张丙宿纂
清康熙五十九年(1720)阎尧熙增刻重印光绪
七年(1881)本 十行二十字小字双行同白口
四周双边 四册

FV133 [光绪]重修新乐县志六卷首一卷
(清)雷鹤鸣修 赵文濂纂
清光绪十一年(1885)刻本 十行二十字小字
双行同白口四周双边 六册

FV134 [咸淳]临安志一百卷
(宋)潜说友纂
清道光十年(1830)钱塘汪氏振绮堂刻本 十
行二十字小字双行同黑口左右双边 二十
四册

FV135 [光绪]唐县志十二卷首一卷
(清)陈咏修 张惇德纂
清光绪四年(1878)刻本 十行二十二字小字
双行同白口四周双边 八册

FV136 [民国]胶澳志十二卷末一卷
赵琪修 袁荣叟纂
民国十七年(1928)铅印本 十册

FV137 [民国]文安县志十二卷首一卷末一
卷补遗一卷
陈桢修 李兰增等纂
民国十一年(1922)铅印本 十二册

FV138* [咸丰]容城县志八卷
(清)詹作周 裴福德修 王振刚纂
清咸丰七年(1857)刻本 十行二十字小字双
行同白口左右双边 六册

FV139 [道光]承德府志六十卷首二十六卷
(清)海忠纂修
清道光十一年(1831)刻本 九行二十一字小
字双行同白口四周双边 十二册

FV140 [民国]天津县新志十一卷首一卷
高凌雯纂
民国二十七年(1938)刻本 十行二十一字黑
口左右双边 十六册

FV141 [同治]深州风土记
(清)吴汝纶纂
清同治十年(1871)纂光绪二十六年(1900)文
瑞书院刻本 十行二十二字小字双行三十三
字黑口四周双边 六册

FV142 [乾隆]贵州通志四十六卷首一卷
(清)鄂尔泰 张广泗修 靖道谟 杜诠纂
清乾隆六年(1741)刻本 十一行十九字小字
双行同白口四周双边 十六册

FV143 [乾隆]直隶遵化州志十二卷
(清)刘埥修 (清)边中宝纂
清乾隆二十一年(1756)刻本 十行二十一字
白口四周双边 十册

272

FV144 ［道光］广东通志三百三十四卷首一卷

（清）阮元修　陈昌齐等纂

民国二十三年（1934）上海商务印书馆影印本
五册

FV145 ［民国］青县志十六卷首一卷

万震霄修　高遵章　姚继锦等纂

民国二十年（1931）天津鸿兴印字馆铅印本
十册

FV146 ［民国］安次县旧志四种合刊

民国二十五年（1936）旧志四种合刊本　十
二册

FV147 ［民国］霸县志

张仁蠡　刘延昌修　刘崇本　崔汝襄纂

民国二十三年（1934）天津文竹斋铅印本
八册

FV148 ［嘉庆］昌乐县志三十二卷首一卷

（清）魏礼焯　时铭修　阎学夏　黄方远纂

清嘉庆十四年（1809）刻本　十行二十一字小
字双行同白口四周双边　六册

FV149 ［道光］章丘县志十六卷首一卷末一卷

（清）吴璋修　曹楙坚纂

清道光十三年（1833）刻本　十行二十字小字
双行同白口左右双边　八册

FV150 ［嘉靖］南宫县志五卷

（明）叶恒嵩　刘汀纂修

民国二十二年（1933）南宫邢氏求己斋影印本
一册

FV151 ［光绪］东平州志二十七卷图一卷首
编四卷

（清）左宜似等修　卢崟等纂

清光绪七年（1881）刻本　十行二十一字小字
双行同白口左右双边　二十册

FV152 ［道光］深州直隶州志

（清）张范东修　李广滋纂

清道光七年（1827）刻本　八行二十二字小字
双行同白口左右双边　四册

FV153 ［同治］襄阳县志七卷首一卷

（清）杨宗时修　崔淦纂　吴耀斗续修　李
士彬续纂

清同治十三年（1874）刻本　十行二十四字小
字双行同白口四周双边　八册

FV154 ［光绪］杭州府志

（清）吴庆坻等纂修

民国五年（1916）续修民国二十五年（1936）铅
印本　九册

FV155 ［光绪］定兴县志二十六卷首一卷

（清）张主敬等修　杨晨纂

清光绪十九年（1873）校定本　十行二十二字
小字双行同白口四周双边　八册

FV156 ［民国］文安县志十二卷首一卷末一
卷补遗一卷

陈桢修　李兰增等纂

民国十一年（1922）铅印本　十二册

FV157 ［同治］即墨县志十二卷首一卷

（清）林溥修　周翕镠纂

清同治十二年（1873）刻本　十行二十五字小
字双行同白口左右双边　八册

FV158 ［嘉庆］卫藏通志十六卷首一卷

（清）和琳纂

清光绪二十二年（1896）刻渐西村舍汇刻本
十行二十一字小字双行同白口左右双边　八册

FV159 ［乾隆］景州志六卷首一卷

（清）屈成霖纂修

清乾隆十年（1745）刻本　十一行二十一字小
字双行同白口四周双边　四册

FV160 ［民国］清苑县志六卷

金良骥等修　姚寿昌等纂

民国二十三年（1934）铅印本　六册

FV161 ［民国］南皮县志十四卷首一卷

王德乾　尹铭积修　刘树鑫纂

民国二十二年（1933）铅印本　八册

FV162 ［乾隆］博野县志八卷首一卷末一卷

（清）吴鳌修　朱基　尹启铨纂

273

清乾隆三十一年(1766)刻本　九行二十字小字双行同白口左右双边　五册

FV163　[道光]直隶定州志二十二卷首一卷

(清)宝琳　劳沅恩纂修

清道光三十年(1850)刻本　十行二十一字小字双行同白口四周双边　十二册

FV164　[民国]文安县志十二卷首一卷末一卷补遗一卷

陈桢修　李兰增等纂

民国十一年(1922)铅印本　十二册

FV166　[民国]固安文献志二十卷

贾廷琳纂

民国十六年(1927)赵庄贾氏无闷斋铅印本　八册

FV167　[道光]保安州志八卷首一卷

(清)杨桂森纂修

清道光十五年(1835)刻本　十行二十二字小字双行同白口左右双边　五册

FV168　[光绪]永平府志

(清)游智开修　史梦兰纂

清光绪五年(1879)敬胜书院刻本　三十二册

FV169　[光绪]东光县志十二卷首一卷

(清)周植瀛修　吴浔源纂

清光绪十四年(1888)刻本　十行二十二字小字双行同白口四周双边　十册

FV170　[光绪]定兴县志二十六卷首一卷

(清)张主敬等修　杨晨纂

清光绪十九年(1893)校定本　十行二十二字小字双行同白口四周双边　十二册

FV171　[嘉庆]长垣县志十六卷

(清)李于垣修　杨元锡纂

清嘉庆十五年(1810)刻本　十一行二十二字小字双行同白口左右双边　八册

FV171　[道光]续修长垣县志二卷

(清)茑之镛　陈寿昌修　蒋庸　郭余裕纂

清道光二十九年(1849)刻本　九行十八字白口左右双边　二册

FV171　[光绪]续修长垣县志二卷

(清)观祐　费瀛修　齐联芳　李元鹏纂

清同治十二年(1873)刻光绪补刻本　十一行二十一字白口四周单边　二册

FV173　[道光]直隶定州志二十二卷首一卷

(清)宝琳　劳沅恩纂修

清道光三十年(1850)刻本　十行二十一字小字双行同白口四周双边　十二册

FV174　[光绪]吴桥县志十二卷

(清)倪昌燮修　冯庆杨纂

清光绪元年(1875)澜阳书院刻本　十行二十四字小字双行同白口四周双边　八册

FV175　[光绪]宁津县志十二卷首一卷

(清)祝嘉庸修　吴浔源纂

清光绪二十六年(1900)刻本　十行二十二字小字双行同白口四周双边　八册

FV176　[民国]黑龙江志稿六十二卷首一卷附大事纪四卷

万福麟修　张伯英等纂

民国二十二年(1933)铅印本　三十二册

FV177　[民国]广宗县志十二卷

姜榏荣　祁卓如修　韩敏修纂

民国二十二年(1933)广宗文献委员会铅印本五册

FV178　[民国]胶澳志十二卷末一卷

赵琪修　袁荣叟纂

民国十七年(1928)铅印本　十册

FV179　[咸丰]平山县志八卷

(清)王涤心修　郭程先纂

清咸丰四年(1854)刻本　十行二十四字白口四周双边　六册

FV179　[光绪]平山县续志八卷末一卷

(清)熊寿钱修　周焕章纂

清光绪二十四年(1898)刻本　九行二十四字小字双行同白口四周双边　一册

FV180　[民国]阳原县志十八卷

刘志鸿等修　李泰棻纂

274

民国二十四年(1935)铅印本　四册

FV181　[光绪]蔚州志二十卷首一卷
(清)庆之金修　杨笃纂
清光绪三年(1877)刻本　十行二十三字小字
双行同白口四周双边　八册

FV182　[宝庆]会稽续志七卷
(宋)张淏纂修
清嘉庆十三年(1808)采鞠轩刻本　十行二十
字小字双行同白口左右双边　三册

FV182　[嘉泰]会稽志二十卷
(宋)沈作宾修　施宿等纂
清嘉庆十三年(1808)采鞠轩刻本　十行二十
字小字双行同白口左右双边　九册

FV183　[乾隆]宝坻县志十八卷
(清)洪肇楙修　蔡寅斗纂
清乾隆十年(1745)刻本　九行二十字小字双
行十八字白口四周双边　八册

FV184　[光绪]西藏图考八卷首一卷
(清)黄沛翘纂
清光绪十二年(1886)滇南李培荣刻本　十行
二十四字小字双行同黑口左右双边　四册

FV185　[光绪]杭州府志
(清)吴庆坻等纂修
民国五年(1916)续修民国二十五年(1936)铅
印本　八十一册

FV187　[民国]盐山新志三十卷
孙毓琇修　贾恩绂纂
民国五年(1916)刻本　十行二十二字小字双
行同黑口四周单边　八册

FV188　大清一统志四百二十四卷
(清)和珅等纂修
清光绪二十八年(1902)上海宝善斋石印本
五十五册　存三百九十卷(三十五至四百二
十四)

FV189　[民国]冀县志二十卷
王树枏纂
民国十八年(1929)铅印本　八册

FV190　[民国]临邑县续志四卷首一卷
崔公甫修　王树枏　王孟戊纂
民国二十五年(1936)铅印本　五册

FV191　[同治]盐山县志十六卷首一卷末一卷
(清)王福谦　江毓秀修　潘震乙纂
清同治七年(1868)京都文采斋刻本　十行二
十一字小字双行同白口四周双边　八册

FV192　[乾隆]解州全志十八卷图一卷
(清)言如泗修　吕瀛等纂
清乾隆二十九年(1764)刻解州全志本　十行
二十一字白口左右双边　四册

FV193　天下郡国利病书一百二十卷
(清)顾炎武辑
清道光十一年(1831)敷文阁刻本　十行二十
一字小字双行同白口左右双边　二十一册

FV194　[民国]束鹿五志合刊
民国二十六年(1937)束鹿五志合刊本　八册

FV195　[光绪]太平县志十四卷首一卷
(清)劳文庆　朱光绶修　娄道南纂
清光绪八年(1882)刻本　九行二十五字小字
双行同白口四周双边　十册

FV196　[道光]陵县志二十二卷首一卷
(清)沈淮修　李图等纂
民国二十四年(1935)铅印本　六册

FV196　[民国]陵县续志四卷首一卷
苗恩波修　刘荫岐纂
民国二十四年(1935)铅印本　四册

FV197　[民国]涿县志八编
宋大章等修　周存培　张星楼纂
民国二十五年(1936)北平京城印书局铅印本
四册

FV198　[民国]辽阳县志四十卷首一卷
裴焕星　王煜斌修　白永贞等纂
民国十七年(1928)铅印本　十二册

FV199　[乾隆]永清县志二十五篇文征五卷
(清)周震荣修　章学诚纂
清嘉庆十八年(1813)补刻本　十行二十五字

275

小字双行三十八字白口四周单边　八册

FV200　[光绪]延庆州志十二卷首一卷末一卷
(清)何道增等修　张惇德纂
清光绪六年(1880)刻本　十册

FV201　[光绪]重修天津府志五十四卷首一卷末一卷
(清)沈家本 荣铨修　徐宗亮 蔡启盛纂
清光绪二十五年(1899)刻本　十行二十一字小字双行同白口四周双边　二十八册

FV202　大清一统志表
(清)万廷兰编
清刻本　十行二十二字黑口四周双边　八册

FV203　[光绪]定兴县志二十六卷首一卷
(清)张主敬等修　杨晨纂
清光绪十九年(1873)校定本　十行二十二字小字双行同白口四周双边　八册

FV204　[民国]良乡县志八卷
周志中修　吕植 见之深等纂
民国十三年(1924)铅印本　四册

FV205　[咸丰]固安县志八卷
(清)陈崇砥修　陈福嘉 吴三峰等纂
清咸丰九年(1859)刻本　十行二十二字小字双行同白口四周单边　八册

FV206　[民国]固安文献志二十卷
贾廷琳纂
民国十六年(1927)赵庄贾氏无闷斋铅印本 八册

FV207　[乾隆]三河县志十六卷首一卷
(清)陈晸修　王大信等纂
清乾隆二十五年(1760)刻本　九行二十字小字双行同白口四周双边　四册

FV208　[光绪]通州志十卷首一卷末一卷
(清)高建勋等修　王维珍等纂
清光绪五年(1879)刻本　十行二十二字小字双行同白口四周双边　十二册

FV209　[民国]霸县志新志
张仁蠡 刘延昌修　刘崇本 崔汝襄纂

民国二十三年(1934)天津文竹斋铅印本 八册

FV210　[康熙]怀柔县新志八卷
(清)吴景果纂修
清康熙六十年(1721)刻本　四册

FV211　[民国]安次县志十二卷
熊济熙等修　刘钟英 马钟秀纂
民国三年(1914)铅印本　六册

FV213　[民国]霸县志
唐肯等修　章钰等纂
民国九年(1920)铅印本　八册

FV214　[光绪]通州志十卷首一卷末一卷
(清)高建勋等修　王维珍等纂
清光绪五年(1879)刻本　十行二十二字小字双行同白口四周双边　十二册

FV216　[雍正]阜城县志二十二卷首一卷
(清)陆福宜修　多时珍纂
清光绪三十四年(1908)铅印本　四册

FV217　[乾隆]任邱县志十二卷首一卷
(清)刘统修　刘炳 王应鲸纂
清乾隆二十七年(1762)刻本　十行二十字白口左右双边　十二册

FV218　[民国]南皮县志十四卷首一卷
王德乾 尹铭积修　刘树鑫纂
民国二十二年(1933)铅印本　八册

FV221　[民国]青县志十六卷首一卷
万震霄修　高遵章 姚继锦等纂
民国二十年(1931)天津鸿兴印字馆铅印本 十册

FV222　[乾隆]天津县志二十四卷
(清)朱奎扬 张志奇修　吴廷华等纂
清乾隆四年(1739)刻本　十行二十一字小字双行同白口四周双边　八册

FV223　[光绪]抚宁县志十六卷首一卷
(清)张上龢修　史梦兰纂
清光绪三年(1877)刻本　十行二十二字小字双行同白口四周双边　六册

FV224 ［民国］昌黎县志十二卷首一卷末一卷

陶宗奇等修　张鹏翱等纂

民国二十二年(1933)铅印本　八册

FV225 ［乾隆］献县志二十卷图一卷表一卷

(清)万廷兰修　戈涛纂

清乾隆二十六年(1761)刻本　十行二十字小字双行同白口左右双边　十二册

FV226 ［光绪］乐宁县志二十五卷首一卷末一卷

(清)游智开　史梦兰纂修

清光绪三年(1877)刻本　十行二十二字小字双行同白口四周双边　六册

FV227 ［光绪］东光县志十二卷首一卷

(清)周植瀛修　吴浔源纂

清光绪十四年(1888)刻本　十行二十二字小字双行同白口四周双边　十四册

FV228 ［民国］沧县志十六卷首一卷

张凤瑞等修　张坪等纂

民国二十二年(1933)沧县志书局铅印本　十二册

FV229 ［康熙］广平县志五卷

(清)夏显煜修　王俞巽纂

清康熙十五年(1676)刻本　八行二十一字小字双行同白口四周双边　五册

FV230 ［光绪］宁津县志十二卷首一卷

(清)祝嘉庸修　吴浔源纂

清光绪二十六年(1900)刻本　十行二十二字小字双行同白口四周双边　八册

FV231 ［民国］文安县志十二卷首一卷末一卷补遗一卷

陈桢修　李兰增等纂

民国十一年(1922)铅印本　十二册

FV232 ［同治］清苑县志十八卷首一卷

(清)李逢源修　诸崇俭纂

清同治十二年(1873)刻本　十行二十三字白口四周双边　八册

FV233 ［民国］清苑县志六卷

金良骥等修　姚寿昌等纂

民国二十三年(1934)铅印本　六册

FV234 ［光绪］定兴县志二十六卷首一卷

(清)张主敬等修　杨晨纂

清光绪十九年(1893)校定本　十行二十二字小字双行同白口四周双边　十二册

FV235 ［光绪］大城县志十二卷首一卷

(清)赵炳文　徐国祯修　刘钟英　邓毓怡纂

清光绪二十三年(1897)刻本　十行二十二字白口四周双边　十二册

FV236 ［乾隆］祁州志八卷

(清)罗以桂　王楷修　张莴铨　刁锦纂

清乾隆二十一年(1756)刻本　九行二十一字小字双行同白口左右双边　四册

FV237 ［光绪］蠡县志十卷

(清)韩志超　何云诰修　张玲　王其衡等纂

清光绪二年(1876)刻本　十行二十字小字双行同白口四周双边　十册

FV238 ［民国］雄县新志七卷

秦廷秀等修　刘崇本等纂

民国十九年(1930)铅印本　十册

FV239 ［光绪］唐县志十二卷首一卷

(清)陈咏修　张惇德纂

清光绪四年(1878)刻本　十行二十二字小字双行同白口四周双边　八册

FV240 ［乾隆］博野县志八卷首一卷末一卷

(清)吴鳌修　朱基　尹启铨纂

清乾隆三十一年(1766)刻本　九行二十字小字双行同白口左右双边　六册

FV241 ［光绪］玉田县志三十卷首一卷

(清)夏子鎏修　李昌时纂　丁雄续纂

清光绪十年(1884)刻本　九行二十字小字双行同白口四周双边　六册

FV242 ［光绪］宁河县志十六卷

(清)丁符九修　谈松林纂

清光绪六年(1880)刻本　九行二十二字小字

双行同白口四周双边　十二册

FV243　［光绪］临榆县志二十四卷首一卷
（清）赵允祜修　高锡畴纂
清光绪四年（1878）刻本　九行二十字小字双
行同白口四周双边　十册

FV244　［乾隆］直隶遵化州志十二卷
（清）刘埥修　边中宝纂
清乾隆二十一年（1756）刻本　十行二十一字
白口四周双边　八册

FV245　［光绪］获鹿县志十四卷首一卷末一卷
（清）俞锡纲修　曹镕纂
清光绪七年（1881）刻本　九行二十四字小字
双行同白口四周双边　十二册

FV246　［民国］高阳县志十卷
李大本修　李晓冷等纂
民国二十二年（1933）铅印本　十册

FV247　［康熙］晋州志十卷
（清）郭建章原本　康如琏续修　刘士麟
续纂
清咸丰十年（1860）补刻本　十行二十字白口
四周双边　五册

FV248　［乾隆］无极县志十一卷末一卷
（清）黄可润纂修
清光绪十九年（1893）补刻本　十行二十二字
白口左右双边　四册

FV248　［光绪］无极县续志十卷首一卷末一卷
（清）曹凤来纂修
清光绪十九年（1893）刻本　十行二十二字白
口左右双边　四册

FV249　［光绪］重修曲阳县志二十卷
（清）周斯亿修　董涛纂
清光绪三十年（1904）刻本　十行二十一字小
字双行同白口四周双边　四册

FV250　［同治］平乡县志十二卷首一卷
（清）苏性纂修
清光绪十二年（1886）吴沂增刻本　九行二十
二字小字双行同白口四周双边　六册

FV251　［民国］东明县新志
任传藻修　穆祥仲纂
民国二十二年（1933）铅印本　八册

FV252　［同治］深州风土记
（清）吴汝纶纂
清同治十年（1871）纂光绪二十六年（1900）文
瑞书院刻本　十行二十二字小字双行三十三
字黑口四周双边　八册

FV253　［弘治］易州志二十卷
（明）戴铣修纂
1965年中华书局上海编辑所影印天一阁弘治
本　八册

FV254　［光绪］元氏县志十四卷首一卷末一卷
（清）胡岳修　赵文濂　王钧如纂
清光绪元年（1875）刻本　十行二十四字小字
双行同白口四周双边　八册

FV255　［雍正］井陉县志八卷
（清）钟文英纂修
清雍正八年（1730）刻光绪元年（1875）印本
九行二十三字小字双行同白口四周双边　六册

FV256　［光绪］广昌县志十四卷首一卷末一卷
（清）刘荣纂修
清光绪元年（1875）刻本　十行二十一字白口
四周双边　六册

FV257　［光绪］涞水县志八卷首一卷末一卷
（清）陈杰等纂修
清光绪二十一年（1895）刻本　十行二十二字
小字双行同白口四周双边　八册

FV258　［民国］束鹿五志合刊
民国二十六年（1937）束鹿五志合刊本　八册

FV259　［民国］广宗县志十二卷
姜楹荣　祁卓如修　韩敏修纂
民国二十二年（1933）广宗文献委员会铅印本
五册

FV260　［光绪］南乐县志十卷首一卷补遗一卷
（清）施有方　陆雄炘修　武勋朝　李云峰纂
清光绪二十九年（1903）刻本　十行二十字小

278

字双行同白口四周双边　四册

FV261 [道光]直隶定州志二十二卷首一卷
(清)宝琳　劳沅恩纂修
清道光三十年(1850)刻本　十行二十一字小
字双行同白口四周双边　十二册

FV262 [道光]沙县志二十卷首一卷末一卷
(清)孙大焜　王庚修　徐逢盛　陈名世等纂
清道光十四年(1834)刻本　九行二十二字小
字双行同白口四周双边　六册

FV263 [道光]武强县志重修十二卷
(清)翟慎行修　翟慎典纂
清道光十一年(1831)刻本　九行二十字小字
双行同白口四周双边　十册

FV264 [雍正]深泽县志十二卷首一卷
(清)赵宪修　王植纂
清雍正十三年(1735)刻乾隆二十七年(1762)
增刻本　九行二十字小字双行十八字白口左
右双边　四册

FV265 [康熙]宁晋县志十卷
(清)万任修　张坦纂
清康熙十八年(1679)刻本　十行二十二字小
字双行同白口四周双边　六册

FV266 [光绪]赵州属邑志八卷
(清)孙传栻纂修
清光绪二十三年(1897)刻本　十行二十二字
白口四周双边　四册

FV267 [光绪]直隶赵州志十六卷首一卷末
一卷
(清)孙传栻纂修
清光绪二十三年(1897)刻本　十行二十二字
白口四周双边　六册

FV268 [民国]冀县志二十卷
王树枏纂
民国十八年(1929)铅印本　八册

FV269 [乾隆]柏乡县志十卷首一卷
(清)钟赓华纂修
清乾隆三十一年(1766)刻本　九行二十字小

字双行三十字白口四周双边　六册

FV270 [同治]曲周县志二十卷
(清)存禄修　刘自立纂
清同治八年(1869)刻本　九行二十二字小字
双行同白口四周双边　六册

FV271 [同治]肥乡县志三十六卷补遗一卷
(清)李鹏展修　赵文濂纂
清同治六年(1867)刻本　十行二十三字白口
四周双边　八册

FV272 [乾隆]邯郸县志十二卷首一卷
(清)王炯纂修
清乾隆二十一年(1756)刻本　九行二十字白
口四周双边　六册

FV273 [道光]内丘县志四卷
(清)汪匡鼎原本　施彦士续纂修
清道光十二年(1832)增刻重印本　九行二十
字小字双行同白口四周双边　四册

FV274 [同治]武邑县志十卷首一卷
(清)彭美修　龙文彬纂
清同治十一年(1872)刻本　九行二十四字小
字双行同白口四周双边　四册

FV275 [光绪]永年县志四十卷首一卷
(清)夏诒钰纂修
清光绪三年(1877)刻本　十行二十二字小字
双行同白口四周双边　八册

FV276 [道光]南宫县志十六卷
(清)周栻修　陈柱纂
清道光十一年(1831)刻本　十行二十二字小
字双行同白口左右双边　八册

FV277 [民国]桓台县志三卷
王元一纂修
民国二十三年(1934)铅印本　二册

FV278 [道光]济宁直隶州志十卷首一卷末
一卷图一卷
(清)徐宗干修　许瀚纂
清咸丰九年(1859)卢朝安刻本　十行二十一
字小字双行同白口左右双边　二十册

FV279 [民国]续修博山县志十五卷首一卷

王荫桂修　张新曾纂

民国二十六年(1937)铅印本　八册

FV280 [民国]济宁县志四卷首一卷

潘守廉修　袁绍昂等纂

民国十六年(1927)铅印本　四册

FV281 [乾隆]临清直隶州志十一卷首一卷

(清)张度 邓希曾修　朱钟纂

清乾隆五十年(1785)刻本　九行二十一字白口四周双边　六册

FV282 [道光]东阿县志二十四卷首一卷

(清)李贤书修　吴怡等纂

清道光九年(1829)刻本　十行二十一字小字双行同白口四周单边　十二册

FV283 [光绪]寿张县志十卷首一卷

(清)刘文焯修　王守谦纂

清光绪二十六年(1900)刻本　十行二十三字小字双行同白口四周双边　六册

FV284 [道光]陵县志二十二卷首一卷

(清)沈淮修　李图等纂

清道光二十六年(1846)刻本　九行二十一字小字双行同白口四周双边　六册

FV285 [康熙]邹县志三卷

(清)娄一均修　周翼纂

清康熙五十五年(1716)刻重印光绪二年(1876)本　十行二十字小字双行同白口四周双边　四册

FV286 [民国]临邑县续志四卷首一卷

崔公甫修　王树枏 王孟戌纂

民国二十五年(1936)铅印本　五册

FV287 [乾隆]昌邑县志八卷

(清)周来邰纂修

清乾隆七年(1742)刻本　九行二十字小字双行同白口四周双边　四册

FV288 [康熙]益都县志十四卷首一卷补遗一卷

(清)陈食花修　钟谔等纂

清康熙十一年(1672)刻本　九行二十一字小字双行同白口四周单边　六册

FV289 [道光]长清县志十六卷首四卷末二卷

(清)舒化民等修　徐德城等纂

清道光十五年(1835)刻本　十行二十三字小字双行同白口左右双边　六册

FV290 [康熙]茌平县志五卷

(清)王世臣修　孙克绪纂

清康熙四十九年(1710)刻本　九行二十二字白口四周双边　五册

FV291 [光绪]高密县志十卷首一卷末一卷

(清)罗邦彦 傅赉予修　李勤运纂

清光绪二十二年(1896)刻本　九行二十一字小字双行同白口左右双边　八册

FV292 [民国]胶澳志十二卷末一卷

赵琪修　袁荣叟纂

民国十七年(1928)铅印本　十册

FV293 [光绪]宁羌州志五卷

(清)马毓华修　郑书香 曹良模纂

清光绪十四年(1888)刻本　九行二十一字小字双行同白口四周双边　五册

FV294 [正德]武功县志三卷

(明)康海纂　(清)孙景烈评注

清同治十二年(1872)湖北崇文书局刻本　一册

FV295 [民国]安塞县志

安庆丰修　郭永清纂

民国三年(1914)铅印本　四册

FV296 [光绪]岐山县志八卷

(清)胡升猷修　张殿元纂

清光绪十年(1884)刻本　十行二十四字小字双行同白口四周双边　四册

FV297 [雍正]河南通志八十卷

(清)田文镜等修　孙灏等纂

清光绪二十八年(1902)补刻本　十一行二十二字小字双行同白口四周双边　三十二册

FV298 [康熙]开封府志四十卷
(清)管竭忠修 张沐纂
清同治二年(1863)修刻本 十行二十字小字双行同白口四周单边 十册

FV299 [嘉庆]安阳县志二十八卷首一卷
(清)贵泰修 武穆淳纂
清嘉庆二十四年(1819)刻本 十一行二十三字白口左右双边 十册

FV300 [乾隆]登封县志三十二卷
(清)陆继萼修 洪亮吉纂
清乾隆五十二年(1787)刻本 十一行二十一字黑口左右双边 八册

FV301 [同治]榆次县志十六卷首一卷末一卷
(清)俞世铨 陶良骏修 王平格 王序宾纂
清同治二年(1863)凤鸣书院刻本 十行二十一字小字双行同白口四周双边 八册

FV301 [光绪]榆次县续志四卷
(清)吴师祁 张承熊修 黄汝梅 王儆纂
清光绪十一年(1885)刻本 十行二十一字白口四周双边 二册

FV302 [乾隆]宁武府志十二卷首一卷
(清)魏元枢 周景柱纂修
清乾隆十五年(1750)刻本 九行二十字小字双行同白口左右双边 六册

FV303 [嘉庆]介休县志十四卷
(清)徐品山 陆元鏸修 熊兆占等纂
清嘉庆二十四年(1819)刻本 十行二十一字白口四周双边 八册

FV304 [光绪]广灵县补志十卷首一卷末一卷
(清)杨亦铭等纂修
清光绪七年(1881)刻本 十行二十二字白口四周双边 二册

FV305 [光绪]襄陵县志二十四卷
(清)钱墉修 郝登云纂
清光绪七年(1881)刻本 八行二十二字小字双行同白口四周双边 四册

FV306 [光绪]安邑县续志六卷首一卷
(清)赵辅堂修 张承熊纂
清光绪六年(1880)刻本 十行二十一字白口左右双边 二册

FV307 [乾隆]解州安邑县志十六卷首一卷
(清)言如泗修 熊名相 吕瀶等纂
清光绪六年(1880)重印本 十行二十一字白口左右双边 四册

FV308 [乾隆]解州安邑县运城志十六卷
(清)赵增纂修 陈克鋐 言如泗等修
清乾隆二十九年(1764)刻本 九行十九字小字双行同白口四周双边 四册

FV309 [光绪]虞乡县志十二卷首一卷
(清)崔铸善修 陈鼎隆 全谋慥纂
清光绪十二年(1886)刻本 九行二十二字白口左右双边 四册

FV310 [雍正]陕西通志一百卷首一卷
(清)刘于义修 沈青崖纂
清雍正十三年(1735)刻本 十二行二十五字小字双行同白口四周双边 一百册

FV311 [光绪]富平县志稿十卷首一卷
(清)樊增祥 刘锟修 谭麟纂
清光绪十七年(1891)刻本 十行二十三字小字双行同黑口四周双边 十册

FV312 [乾隆]郃阳县全志四卷
(清)席奉乾修 孙景烈纂
清乾隆三十四年(1769)刻本 十行二十二字小字双行同白口四周单边 四册

FV313 [道光]宁陕厅志四卷
(清)林一铭修 焦世官 胡官清纂
清道光九年(1829)刻本 十行二十四字白口四周双边 二册

FV314 [光绪]米脂县志十二卷
高照煦纂 高增融校订
清光绪三十三年(1907)铅印本 四册

FV315 [乾隆]成县新志四卷
(清)黄泳修 汪于雍等纂
清乾隆十七年(1752)刻本 九行二十二字白

口四周双边　四册

FV316　[光绪]重修安徽通志三百五十卷补遗十卷

(清)吴坤修等修　何绍基等纂　卢士杰续修　冯煦续

清光绪七年(1881)刻本　十行二十六字小字双行同白口四周双边　一百二十册

FV317　[光绪]续修庐州府志一百卷末一卷

(清)黄云修　林之望　汪宗沂纂

清光绪三十四年(1908)重印本　十一行二十三字小字双行同白口四周双边　四十八册

FV318　[民国]察哈尔省通志二十八卷首一卷

宋哲元修　梁建章等纂

民国二十四年(1935)铅印本　十二册

FV319　[光绪]吉林通志一百二十二卷图一卷

(清)长顺　讷钦修　李桂林　顾云纂

清光绪十七年(1891)刻本　十行二十二字小字双行同黑口四周单边　四十九册

FV320　[乾隆]乌青镇志十二卷

(清)董世宁纂

民国七年(1918)铅印本　二册

FV321　[光绪]黄岩县志四十卷首一卷黄岩集三十二卷首一卷

(清)陈宝善　孙憙修　王棻纂　陈钟英　郑锡滫续修　王咏霓续纂

清同治七年(1868)修光绪元年(1875)续修三年(1877)刻本　十一行二十二字小字双行同白口左右双边　八册

FV322　[宣统]西安县志略

(清)雷飞鹏等修　段盛梓等纂

清宣统三年(1911)石印本　一册

FV323　[光绪]西藏图考八卷首一卷

(清)黄沛翘纂

清光绪十二年(1886)滇南李培荣刻本　十行二十四字小字双行同黑口左右双边　四册

FV324　[民国]归绥县志不分卷

郑植昌修　郑裕孚纂

民国二十三年(1934)铅印本　三册

FV325　[光绪]蔚州志二十卷首一卷

(清)庆之金修　杨笃纂

清光绪三年(1877)刻本　十行二十三字小字双行同白口四周双边　八册

FV326　[道光]万全县志十卷首一卷

(清)左承业原本　施彦士续纂修

清道光十四年(1834)增刻乾隆本　十行二十一字小字双行同白口四周双边　四册

FV327　[嘉庆]卫藏通志十六卷首一卷

(清)和琳纂

清光绪二十二年(1896)刻渐西村舍汇刻本　十行二十一字小字双行同白口左右双边　八册

FV328　[民国]阳原县志十八卷

刘志鸿等修　李泰棻纂

民国二十四年(1935)铅印本　四册

FV329　[康熙]怀来县志十八卷首一卷

(清)许隆远纂修

清康熙五十一年(1712)刻雍正间增刻本　九行二十字小字双行十九字黑口四周单边　六册

FV330　[道光]保安州志八卷首一卷

(清)杨桂森纂修

清道光十五年(1835)刻本　十行二十二字小字双行同白口左右双边　四册

FV331　[光绪]赵州属邑志八卷

(清)孙传栻纂修

清光绪二十三年(1897)刻本　十行二十二字白口四周双边　四册

FV332　[同治]扬州府续志二十四卷

(清)方浚颐修　晏端书等纂

清同治十三年(1874)刻本　八册

FV333　[民国]满城县志略十六卷首一卷

陈宝生修　杨式震　陈昌源纂

民国二十年(1931)满城县修志局铅印本　七册

FV334　[弘治]易州志二十卷
(明)戴铣修纂
1965 年中华书局上海编辑所影印天一阁弘治本　八册

FV335　[民国]天津县新志人物艺文六卷
高凌雯纂
民国二十七年(1938)刻本　十行二十一字黑口左右双边　四册

FV336　[民国]天津县新志人物艺文六卷
高凌雯纂
民国二十七年(1938)刻本　十行二十一字黑口左右双边　四册

FV337*　[乾隆]天津县志二十四卷
(清)朱奎扬 张志奇修　吴廷华等纂
清乾隆四年(1739)刻本　十行二十一字小字双行同白口四周双边　八册

FV339*　[同治]续天津县志二十卷首一卷
(清)吴惠元修　蒋玉虹 俞樾纂
清嘉庆末年修同治九年(1870)续修刻本　十行二十一字白口四周双边　八册

FV340　[同治]续天津县志二十卷首一卷
(清)吴惠元修　蒋玉虹 俞樾纂
清嘉庆末年修同治九年(1870)续修刻本　十行二十一字白口四周双边　八册

FV341　[乾隆]天津县志二十四卷
(清)朱奎扬 张志奇修　吴廷华等纂
清乾隆四年(1739)刻本　十行二十一字小字双行同白口四周双边　八册

FV342　[同治]畿辅通志三百卷首一卷
(清)李鸿章等修　黄彭年等纂
清同治十年(1871)修光绪十年(1884)刻本十二行二十五字小字双行同白口四周双边二百三十九册　缺一卷(首)

FV343　[光绪]重修天津府志五十四卷首一卷末一卷
(清)沈家本 荣铨修　徐宗亮 蔡启盛纂
清光绪二十五年(1899)刻本　十行二十一字小字双行同白口四周双边　二十八册

FV345　[光绪]重修天津府志五十四卷首一卷末一卷
(清)沈家本 荣铨修　徐宗亮 蔡启盛纂
清光绪二十五年(1899)刻本　十行二十一字小字双行同白口四周双边　二十八册

FV346　[道光]新城县志十八卷首一卷
(清)李廷棨修　王振钟等纂
清光绪二十一年(1895)重刻本　十行二十字小字双行同白口左右双边　十二册

FV347　[民国]清苑县志六卷
金良骥等修　姚寿昌等纂
民国二十三年(1934)铅印本　六册

FV348　[康熙]顺义县志四卷补遗一卷
(清)黄成章纂修
民国四年(1915)铅印本　四册

FV349　[乾隆]三河县志十六卷首一卷
(清)陈晸修　王大信等纂
清乾隆二十五年(1760)刻本　九行二十字小字双行同白口四周双边　四册

FV350　[民国]文安县志十二卷首一卷末一卷补遗一卷
陈桢修　李兰增等纂
民国十一年(1922)铅印本　十二册

FV351　[民国]文安县志十二卷首一卷末一卷补遗一卷
陈桢修　李兰增等纂
民国十一年(1922)铅印本　十二册

FV352　[道光]直隶定州志二十二卷首一卷
(清)宝琳 (清)劳沅恩纂修
清道光三十年(1850)刻本　十行二十一字小字双行同白口四周双边　十二册

FV353*　[光绪]吴桥县志十二卷
(清)倪昌燮修　冯庆杨纂
清光绪元年(1875)澜阳书院刻本　十行二十四字小字双行同白口四周双边　八册

FV354　[同治]深州风土记二十二卷附表五卷
(清)吴汝纶纂

清同治十年(1871)纂光绪二十六年(1900)文瑞书院刻本　十行二十二字小字双行三十三字黑口四周双边　六册

FV355* [乾隆]永清县志二十五篇文征五卷
(清)周震荣修　章学诚纂
清嘉庆十八年(1813)补刻本　十行二十五字小字双行三十八字白口四周单边　四册

FV356 [民国]安次县志十二卷
熊济熙等修　刘钟英　马钟秀纂
民国三年(1914)铅印本　六册

FV358 [光绪]南皮县志十五卷首一卷末一卷
(清)殷树森修　汪宝树　傅金镁纂
清光绪十四年(1888)刻本　十字二十一小字双行同白口四周双边　八册

FV359* [光绪]宁津县志十二卷首一卷
(清)祝嘉庸修　吴浔源纂
清光绪二十六年(1900)刻本　十行二十二字小字双行同白口四周双边　七册

FV361* [嘉庆]枣强县志二十卷
(清)任衔蕙修　杨元锡纂
清光绪六年(1880)重印本　十一行二十四、二十二、二十一字不等小字双行二十二、二十一字不等同黑口左右双边　八册

FV362* [乾隆]赞皇县志十卷首一卷末一卷
(清)黄岗竹纂修
清乾隆十六年(1751)刻本　八行二十一字小字双行十九字白口四周双边　四册

FV363 [咸丰]平山县志八卷
(清)王涤心修　郭程先纂
清咸丰四年(1854)刻本　十行二十四字白口四周双边　八册

FV364 [道光]遵义府志四十八卷首一卷
(清)平翰等修　郑珍　莫友芝纂
清道光二十一年(1841)刻本　十行二十二字小字双行同白口左右双边　十二册

FV365 [乾隆]温州府志三十卷首一卷
(清)李琬修　齐召南　汪沆纂

清同治四年(1865)周开锡、陈思燏补版印本　十行二十二字小字双行同白口四周双边　二十册

FV366 [民国]鄞县通志五十一编附图
张传保修　陈训正　马瀛纂
民国二十二年(1933)修　1935—1951年铅印本　十三册

FV369 [民国]天津县新志人物艺文六卷
高凌雯纂
民国二十七年(1938)刻本　十行二十一字黑口左右双边　四册

FV370 天津县新志人物艺文六卷
高凌雯纂
民国二十七年(1938)刻本　十行二十一字黑口左右双边　四册

FV371 [民国]清苑县志六卷
金良骥等修　姚寿昌等纂
民国二十三年(1934)铅印本　六册

FV372 [光绪]临榆县志二十四卷首一卷
(清)赵允祜修　高锡畴纂
清光绪四年(1878)刻本　九行二十字小字双行同白口四周双边　十册

FV373 [道光]直隶定州志二十二卷首一卷
(清)宝琳　劳沅恩纂修
清道光三十年(1850)刻本　十行二十一字小字双行同白口四周双边　十二册

FV374 [民国]昌黎县志十二卷首一卷末一卷
陶宗奇等修　张鹏翱等纂
民国二十二年(1933)铅印本　八册

FV375 [民国]良乡县志八卷
周志中修　吕植　见之深等纂
民国十三年(1924)铅印本　四册

FV377 [同治]盐山县志十六卷首一卷末一卷
(清)王福谦　江毓秀修　潘震乙纂
清同治七年(1868)京都文采斋刻本　十行二十一字小字双行同白口四周双边　八册

FV378　[同治]盐山县志十六卷首一卷末一卷

（清）王福谦　江毓秀修　潘震乙纂

清同治七年（1868）京都文采斋刻本　十行二十一字小字双行同白口四周双边　八册

FV379　[民国]盐山新志三十卷

孙毓琇修　贾恩绂纂

民国五年（1916）刻本　十行二十二字小字双行同黑口四周单边　八册

FV380　[乾隆]宝坻县志十八卷

（清）洪肇楙修　蔡寅斗纂

清乾隆十年（1745）刻本　九行二十字小字双行十八字白口四周双边　八册

FV381　[乾隆]宝坻县志十八卷

（清）洪肇楙修　蔡寅斗纂

清乾隆十年（1745）刻本　九行二十字小字双行十八字白口四周双边　八册

FV382　[弘治]易州志二十卷

（明）戴铣修纂

1965年中华书局上海编辑所影印天一阁弘治本　九册

FV383　[民国]宣化县新志十八卷首一卷

陈继曾　陈时隽修　郭维城纂

民国十一年（1922）铅印本　十册

FV384　[光绪]南皮县志十五卷首一卷末一卷

（清）殷树森修　汪宝树　傅金铼纂

清光绪十四年（1888）刻本　十字二十一小字双行同白口四周双边　八册

FV385　[光绪]吴桥县志十二卷

（清）倪昌燮修　冯庆杨纂

清光绪元年（1875）澜阳书院刻本　十行二十四字小字双行同白口四周双边　八册

FV386　[光绪]宁津县志十二卷首一卷

（清）祝嘉庸修　吴浔源纂

清光绪二十六年（1900）刻本　十行二十二字小字双行同白口四周双边　八册

FV387　[光绪]涞水县志八卷首一卷末一卷

（清）陈杰等纂修

清光绪二十一年（1895）刻本　十行二十二字小字双行同白口四周双边　八册

FV388　[民国]南皮县志十四卷首一卷

王德乾　尹铭积修　刘树鑫纂

民国二十二年（1933）铅印本　八册

FV389　[民国]冀县志二十卷

王树枏纂

民国十八年（1929）铅印本　八册

FV390　[民国]束鹿五志合刊

民国二十六年（1937）束鹿五志合刊本　八册

FV391　[民国]束鹿五志合刊

民国二十六年（1937）束鹿五志合刊本　八册

FV393　[同治]深州风土记二十二卷附表五卷

（清）吴汝纶纂

清同治十年（1871）纂光绪二十六年（1900）文瑞书院刻本　十行二十二字小字双行三十三字黑口四周双边　八册

FV394　[同治]深州风土记二十二卷附表五卷

（清）吴汝纶纂

清同治十年（1871）纂光绪二十六年（1900）文瑞书院刻本　十行二十二字小字双行三十三字黑口四周双边　八册

FV395　[康熙]灵寿县志十卷末一卷

（清）陆陇其修　傅维枟纂

清康熙二十五年（1686）刻本　十行二十三字小字双行同白口四周双边　三册

FV397　[光绪]东光县志十二卷首一卷

（清）周植瀛修　吴浔源纂

清光绪十四年（1888）刻本　十行二十二字小字双行同白口四周双边　八册

FV398　[道光]南宫县志十六卷

（清）周栻修　陈柱纂

清道光十一年（1831）刻本　十行二十二字小

285

字双行同白口左右双边　八册

FV399　[光绪]直隶赵州志十六卷首一卷末
一卷

（清）孙传栻纂修

清光绪二十三年（1897）刻本　十行二十二字
白口四周双边　六册

FV400　[嘉庆]介休县志十四卷

（清）徐品山　陆元镳修　熊兆占等纂

清嘉庆二十四年（1819）刻本　十行二十一字
白口四周双边　八册

FV401　[乾隆]直隶代州志六卷

（清）吴重光纂修

清乾隆四十九年（1784）刻本　九行二十字小
字双行同白口四周双边　八册

FV402　[同治]栾城县志十四卷首一卷末
一卷

（清）陈咏修　张惇德纂

清同治十一年（1872）刻本　十行二十二字小
字双行同白口四周双边　六册

FV403　[康熙]磁州志十八卷

（清）蒋擢修　乐玉声纂

清同治十三年（1874）补刻本　九行二十字小
字双行同白口左右双边　八册

FV403　[同治]磁州续志六卷首一卷

（清）程光滢纂修

清同治十三年（1874）刻本　九行二十字小字
双行同白口左右双边　合册

FV405　[光绪]吉林通志一百二十二卷图
一卷

（清）长顺　讷钦修　李桂林　顾云纂

清光绪十七年（1891）刻本　十行二十二字小
字双行同黑口四周单边　四十八册

FV406　[宣统]山东通志二百卷首一卷

（清）杨士骧等修　孙葆田等纂

清宣统三年（1911）修民国四年（1915）山东通
志刊印局铅印本　九十六册

FV407　[道光]重修平度州志二十七卷

（清）保忠　吴慈修　李图　王大钥纂

清道光二十九年（1849）刻本　十行二十五字
小字双行同白口左右双边　八册

FV408　[道光]长清县志十六卷首四卷末
二卷

（清）舒化民等修　徐德城等纂

清道光十五年（1835）刻本　十行二十三字小
字双行同白口左右双边　四册

FV409　[同治]即墨县志十二卷首一卷

（清）林溥修　周翕镤纂

清同治十二年（1873）刻本　十行二十五字小
字双行同白口左右双边　八册

FV410　[民国]续修历城县志五十四卷

毛承霖纂修

民国十五年（1926）铅印本　二十册

FV411　[民国]胶澳志十二卷末一卷

赵琪修　袁荣叜纂

民国十七年（1928）铅印本　十册

FV412　[咸丰]金乡县志略十二卷首一卷

（清）李垒纂修

清咸丰十年（1860）修同治元年（1862）刻本
十二行二十五字小字双行同白口四周双边
四册

FV413　[乾隆]德州志十二卷首一卷

（清）王道亨修　张庆源纂

清乾隆五十三年（1788）刻本　九行二十字小
字双行同白口左右双边　八册

FV414　[康熙]堂邑县志二十卷

（清）卢承琰修　刘淇纂

清光绪十八年（1892）刻本　十行二十字白口
四周单边　四册

FV415　[道光]东阿县志二十四卷首一卷

（清）李贤书修　吴怡等纂

清道光九年（1829）刻本　十行二十一字小字
双行同白口四周单边　十二册

FV416　[民国]长清县志十六卷首一卷末一卷

李起元修　王连儒等纂

286

民国二十四年(1935)铅印本　五册

FV417　[乾隆]潍县志六卷首一卷末一卷
(清)张耀璧修　王诵芬纂
清乾隆二十五年(1760)刻本　九行二十一字
小字双行同白口左右双边　六册

FV418　[民国]胶澳志十二卷末一卷
赵琪修　袁荣叟纂
民国十七年(1928)铅印本　十册

FV419　[民国]胶澳志十二卷末一卷
赵琪修　袁荣叟纂
民国十七年(1928)铅印本　十册

FV420　[同治]上海县志三十二卷首一卷末
一卷附补遗叙录
(清)应宝时等修　俞樾　方宗诚纂
清同治十一年(1872)上海文庙南园志局王承
基等校正本　十二行二十三字小字双行同白
口四周双边　十六册

FV421　[咸丰]邳州志二十卷首一卷
(清)董用威　马轶群修　鲁一同纂
清光绪十八年(1892)善化杨激云重印本　十
行二十一字小字双行同白口四周双边　四册

FV422　[雍正]浙江通志二百八十卷首三卷
(清)李卫　嵇曾筠等修　沈翼机　傅王露
等纂
清光绪二十五年(1899)浙江书局刻本　十行
二十二字小字双行同白口左右双边　一百二
十册

FV423　[雍正]浙江通志二百八十卷首三卷
(清)李卫　嵇曾筠等修　沈翼机　傅王露
等纂
清光绪二十五年(1899)浙江书局刻本　十行
二十二字小字双行同白口左右双边　一百二
十册

FV424　[民国]石棣备志汇编五卷
倪文硕　苏贻纶编辑
民国二十七年(1938)铅印本　三册

FV425　[民国]石棣备志汇编五卷

倪文硕　苏贻纶编辑
民国二十七年(1938)铅印本　三册

FV426　[民国]石棣备志汇编五卷
倪文硕　苏贻纶编辑
民国二十七年(1938)铅印本　三册

FV427　[民国]石棣备志汇编五卷
倪文硕　苏贻纶编辑
民国二十七年(1938)铅印本　三册

FV428　[民国]木渎小志六卷首一卷
张郁文纂
民国十年(1921)苏州华兴印书局铅印本　二
册

FV429　[乾隆]乌青镇志十二卷
(清)董世宁纂
民国七年(1918)铅印本　二册

FV430　[乾隆]乌青镇志十二卷
(清)董世宁纂
民国七年(1918)铅印本　二册

FV431　[嘉泰]会稽志二十卷
(宋)沈作宾修　施宿等纂
清嘉庆十三年(1808)采鞠轩刻本　十行二十
字小字双行同白口左右双边　九册

FV432　[宝庆]会稽续志七卷
(宋)张淏纂修
清嘉庆十三年(1808)采鞠轩刻本　十行二十
字小字双行同白口左右双边　三册

FV433　[嘉泰]会稽志二十卷
(宋)沈作宾修　施宿等纂
清嘉庆十三年(1808)采鞠轩刻本　十行二十
字小字双行同白口左右双边　九册

FV434　[嘉泰]会稽志二十卷
(宋)沈作宾修　施宿等纂
清嘉庆十三年(1808)采鞠轩刻本　十行二十
字小字双行同白口左右双边　九册

FV435　[宝庆]会稽续志七卷
(宋)张淏纂修
清嘉庆十三年(1808)采鞠轩刻本　十行二十

287

字小字双行同白口左右双边　三册

FV436　［民国］杭州府志一百七十八卷首八卷
(清)陈璚修　王棻纂　屈映光续修
民国十一年(1922)铅印本　八十册

FV437　［民国］杭州府志一百七十八卷首八卷
(清)陈璚修　王棻纂　屈映光续修
民国十一年(1922)铅印本　八十册

FV438　［宣统］建德县志二十卷首一卷
(清)张赞巽　张翊六修　周学铭等纂
清宣统二年（1910）湖北官印刷局铅印本
十册

FV439　［民国］龙游县志四十卷首一卷末一卷
余绍宋纂
民国十四年(1925)铅印本　十六册

FV440　［光绪］台州府志一百卷
(清)赵亮熙　郭式昌修　王舟瑶等纂
民国十五年(1926)王佩瑶校定台州旅杭同乡会铅印本　六十册

FV441　［民国］湖北通志一百七十二卷首一卷末一卷
杨丞禧修　张仲炘纂
民国十年(1921)刻本　十二行二十五字小字双行同白口左右双边　一百八册

FV442　［康熙］开封府志四十卷
(清)管竭忠修　张沐纂
清同治二年(1863)刻本　十行二十字小字双行同白口四周单边　十册

FV443　［乾隆］登封县志三十二卷
(清)陆继萼修　洪亮吉纂
清乾隆五十二年(1787)刻本　十一行二十一字黑口左右双边　八册

FV444　［乾隆］登封县志三十二卷
(清)陆继萼修　洪亮吉纂
清乾隆五十二年(1787)刻本　十一行二十一字黑口左右双边　八册

FV445　［乾隆］登封县志三十二卷
(清)陆继萼修　洪亮吉纂
清乾隆五十二年(1787)刻本　十一行二十一字黑口左右双边　八册

FV446　［乾隆］重修固始县志二十六卷首一卷
(清)谢聘修　洪亮吉纂
清乾隆五十一年(1786)刻本　九行二十三字白口左右双边　十二册

FV447　［光绪］西藏图考八卷首一卷
(清)黄沛翘纂
清光绪十二年(1886)滇南李培荣刻本　十行二十四字小字双行同黑口左右双边　四册

FV448　［嘉庆］卫藏通志十六卷首一卷
(清)和琳纂
清光绪二十二年(1896)刻渐西村舍汇刻本
十行二十一字小字双行同白口左右双边　八册

FV449　［民国］天津县新志十一卷首一卷
高凌雯纂
民国二十至二十七年(1931—1938)刻本　十行二十一字黑口左右双边　二十八册

FV450　［民国］南皮县志十四卷首一卷
王德乾　尹铭积修　刘树鑫纂
民国二十二年(1933)铅印本　八册

FV451　［光绪］续修庐州府志一百卷首一卷末一卷
(清)黄云修　林之望等纂
清光绪十一年(1885)刻本　二十四册

FV452　［道光］重纂福建通志二百七十八卷首六卷
(清)孙尔准等修　陈寿祺纂　程祖洛等续修　魏敬中续纂
清同治十年(1871)刻本　十一行二十五字小字双行同白口四周双边　一百四十一册

FV453　大清一统志四百二十四卷
(清)和珅等纂修
清光绪二十三年(1897)杭州竹简斋石印本
七册

FV454 [民国]文安县志十二卷首一卷末一卷补遗一卷

陈桢修　李兰增等纂

民国十一年(1922)铅印本　十二册

FV455 [民国]鄞县通志图

张传保修　陈训正　马瀛纂

1935—1951年铅印本　二十六幅

FV456 [光绪]杭州府志一百七十八卷首八卷

(清)陈璚修　王棻纂　屈映光续修

民国十一年(1922)铅印本　八十册

FV456 [民国]杭州府志校勘记不分卷

吴宪奎编

民国铅印本　一册

FV457 [正德]武功县志三卷

(明)康海纂　(清)孙景烈评注

清同治十二年(1873)湖北崇文书局刻本一册

FV461 [乾隆]乐陵县志八卷首一卷末一卷

(清)王谦益修　郑成中纂

清乾隆二十七年(1762)刻本　九行十九字白口左右双边　八册

FV462 [民国]昌黎县志十二卷首一卷末一卷

陶宗奇等修　张鹏翱等纂

民国二十二年(1933)铅印本　八册

FV463 [民国]昌黎县志十二卷首一卷末一卷

陶宗奇等修　张鹏翱等纂

民国二十二年(1933)铅印本　六册　存十卷(首、一、四至五、八至十二、末)

FV464 井陉县志料十六篇

王用舟等修　傅汝凤等纂

民国二十三年(1934)铅印本　四册

FV466 [乾隆]狄道州志十六卷

(清)呼延华国修　吴镇纂

清光绪间官报书局铅印本　八册

FV467 [宣统]狄道州续志十二卷首一卷

(清)联瑛修　李镜清纂

清宣统元年(1909)刻本　十行二十四字白口四周双边　八册

FV468 [民国]天津县新志人物艺文志六卷

高凌雯纂

民国二十七年(1938)刻本　十行二十一字黑口左右双边　四册

FV469 [民国]天津县新志人物艺文志六卷

高凌雯纂

民国二十七年(1938)刻本　十行二十一字黑口左右双边　四册

FV471 [光绪]玉田县志三十卷首一卷

(清)夏子鎏修　李昌时纂　丁雄续纂

清光绪十年(1884)刻本　九行二十字小字双行同白口四周双边　六册

FV472 [乾隆]宝坻县志十八卷

(清)洪肇楙修　蔡寅斗纂

清乾隆十年(1745)刻本　九行二十字小字双行十八字白口四周双边　八册

FV473 [民国]青县志十六卷首一卷

万震霄修　高遵章　姚继锦等纂

民国二十年(1931)天津鸿兴印字馆铅印本十册

FV474 [光绪]宁河县志十六卷

(清)丁符九修　谈松林纂

清光绪六年(1880)刻本　九行二十二字小字双行同白口四周双边　十一册

FV475 [民国]察哈尔省通志二十八卷首一卷

宋哲元修　梁建章等纂

民国二十四年(1935)铅印本　六册

FV476 [乾隆]威海卫志十卷首一卷

(清)毕懋第修　郭文大续修　王兆鹏增订

民国十八年(1929)铅印本　二册

FV477 [光绪]宁河县志十六卷

(清)丁符九修　谈松林纂

清光绪六年(1880)刻本　九行二十二字小字双行同白口四周双边　十二册

FV478　[光绪]汉阳县识十卷首一卷
(清)濮文昶修　张行简纂
清光绪十五年(1889)景贤书塾刻本　九行二十一字小字双行同白口四周双边　五册

FV479　[光绪]长子县志二十卷首一卷
(清)豫谦修　杨笃纂
清光绪八年(1882)刻本　十行二十一字小字双行同白口四周双边　八册

FV480　[乾隆]天津县志二十四卷
(清)朱奎扬　张志奇修　吴廷华等纂
清乾隆四年(1739)刻本　十行二十一字小字双行同白口四周双边　七册　存二十卷(一至九、十四至二十四)

FV481　[民国]志余随笔六卷
高凌雯纂
民国二十五年(1936)　天津金氏刻本　九行二十一字白口四周双边　二册

FV483　[民国]河北通志稿二十四卷
卢启贤纂
铅印本　一册

FV484　[乾隆]盛京通志四十八卷首一卷
(清)吕耀曾　王河　宋筠修　魏枢等纂
清咸丰二年(1852)雷以諴校补重印本　十行二十一字小字双行同白口四周双边　二十册

FV485　[民国]涿县志八编
宋大章等修　周存培　张星楼纂
民国二十五年(1936)北平京城印书局铅印本　四册

FV487　[同治]畿辅通志三百卷首一卷
(清)李鸿章等修　黄彭年等纂
清同治十年(1871)修光绪十年(1884)刻本　十二行二十五字小字双行同白口四周双边　二十册　存二十二卷(首、一至九、一百四十二至一百五十三)

FV490　[同治]畿辅通志三百卷首一卷

(清)李鸿章等修　黄彭年等纂
清同治十年(1871)修光绪十年(1884)刻本　十二行二十五字小字双行同白口四周双边　二百二十册　缺二十五卷(首、一至十、一百八十三至一百九十六)

FV492　天下郡国利病书一百二十卷
(清)顾炎武辑
清道光十一年(1831)敷文阁刻本　十行二十一字小字双行同白口左右双边　五十七册　缺八卷(九十九至一百零二、一百十五至一百一十八)

FV493　天下郡国利病书一百二十卷
(清)顾炎武辑
清道光十一年(1831)敷文阁刻本　十行二十一字小字双行同白口左右双边　十六册　缺六十八卷(四至六、二十二至八十六)

FV494　[光绪]广平府志六十三卷首一卷
(清)吴中彦修　胡景桂纂
清光绪二十年(1894)刻本　十行二十三字小字双行同白口四周双边　十二册　存三十一卷(首、三十四至六十三)

FV495　[光绪]重修天津府志五十四卷首一卷末一卷
(清)沈家本　荣铨修　徐宗亮　蔡启盛纂
清光绪二十五年(1899)刻本　十行二十一字小字双行同白口四周双边　二十八册

FV496　[乾隆]续河南通志八十卷首四卷
(清)阿思哈　嵩贵纂修
民国三年(1914)河南教育司补刻本　十一行二十二字小字双行同白口四周双边　二十五册

FV497　广舆记二十四卷图一卷提要一卷
(清)陆应阳原纂　蔡方炳增辑
清康熙二十五年(1686)刻本　十行十九字小字双行同白口四周单边存三卷(三、十三至十四)　二册

FV498　[道光]云南通志稿二百十六卷首三卷
(清)阮元　伊里布等修　王崧　李诚纂

清道光十五年(1835)刻本　十行二十二十字小字双行同白口四周双边　一册　存二卷(一七七至一七八)

FV499　[乾隆]长沙府志五十卷首一卷
(清)吕肃高修　张雄图　王文清纂
清乾隆十二年(1747)刻本　十行二十字小字双行十九字白口四周双边　一册　存舆图五至二十页

FV500　[光绪]雄县乡土志十五卷
(清)刘崇本编
清光绪三十一年(1905)铅印本　十三行三十字白口四周双边　一册

FV501　[乾隆]沧州志十六卷
(清)徐时作修　胡淦等纂
清乾隆八年(1743)刻本　十行二十一字小字双行同白口四周双边　二册

FV502　[嘉庆]介休县志十四卷
(清)徐品山　陆元镳修　熊兆占等纂
清嘉庆二十四年(1819)刻本　十行二十一字白口四周双边　一册　存一卷(十二)

FV503　[乾隆]介休县志十四卷
(清)王谋文纂修
清乾隆三十五年(1770)刻本　十行二十一字白口四周双边　一册　存二卷(二至三)

FV504　[民国]沧县志十六卷首一卷
张凤瑞等修　张坪等纂
民国二十二年(1933)沧县志书局铅印本　三册

FV505　[同治]扬州府续志二十四卷
(清)方浚颐修　(清)晏端书等纂
清同治十三年(1874)刻本　十三册

FV506　[道光]津门保甲图说
不著纂人
清道光二十六年(1846)刻本　二册

FV507　[康熙]新校天津卫志四卷首一卷
(清)薛桂斗修　高必大纂
民国二十三年(1934)铅印本　二册

FV508　[光绪]绥远志十卷首一卷
(清)贻谷修　高赓恩纂
清光绪三十四年(1908)活字本　十行二十二字小字双行同白口四周双边　五册

FV509　[道光]承德府志六十卷首二十六卷
(清)海忠纂修
清道光十一年(1831)刻本　九行二十一字小字双行同白口四周双边　十八册

FV510　[光绪]重修天津府志五十四卷首一卷末一卷
(清)沈家本　荣铨修　徐宗亮　蔡启盛纂
清光绪二十五年(1899)刻本　十行二十一字小字双行同白口四周双边　十四册　存三十二卷(首、一至十七、四十二至五十四、末)

FV511　[光绪]江西通志一百八十卷首五卷
(清)刘坤一等修　刘绎　赵之谦等纂
清光绪七年(1881)刻本　十二行二十字小字双行同黑口四周双边　三十七册　存五十五卷(首之四、一至十二、二十八至四十、四十三至七十一)

FV515　[同治]畿辅通志三百卷首一卷
(清)李鸿章等修　黄彭年等纂
清宣统二年(1910)北洋官报兼印刷局石印本　一百四十七册　存一百九十六卷(十至二十四、八十二至一百四十一、一百五十四至二百二十二、二百四十九至二百九十九、附叙传)

FV516　[同治]畿辅通志三百卷首一卷
(清)李鸿章等修　黄彭年等纂
清同治十年(1871)修光绪十年(1884)刻本　十二行二十五字小字双行同白口四周双边　二百册　缺二十四卷(卷首目录、六十二至六十三、八十九至九十三、一百七十五至一百七十八、一百八十一至一百八十七、二百一十七至二百一十九、二百二十五、二百二十八)

FV517　[同治]畿辅通志三百卷首一卷
(清)李鸿章等修　黄彭年等纂
清同治十年(1871)修光绪十年(1884)刻本　十二行二十五字小字双行同白口四周双边　一百九十册　缺六十卷(四十六至六十八、一

百三十一至一百四十一、一百八十三至一百九十六、二百二十三至二百三十四）

FV518 ［同治］畿辅通志三百卷首一卷
(清)李鸿章等修　黄彭年等纂
清宣统二年(1910)北洋官报兼印刷局石印本
十九册　存二十二卷（一百三十二至一百四十一、二百二十三至二百三十四）

FV519 ［乾隆］邯郸县志十二卷首一卷
(清)王炘纂修
清乾隆二十一年(1756)刻本　九行二十字白口四周双边　六册

FV520 ［乾隆］获嘉县志十六卷首一卷
(清)吴乔龄修　李栋纂
清乾隆二十一年(1756)刻本　十行二十二字小字双行同黑口四周双边　六册

FV521 ［顺治］淇县志十卷图考一卷
(清)王谦吉　王南国修　白龙跃　葛汉忠纂
清顺治十七年(1660)刻本　八行二十字白口四周单边　二册

FV522 ［康熙］顺义县志四卷补遗一卷
(清)黄成章纂修
民国四年(1915)铅印本　五册

FV523 ［康熙］新校天津卫志四卷首一卷
(清)薛桂斗修　高必大纂
民国二十三年(1934)铅印本　二册

FV524 ［同治］深州风土记
(清)吴汝纶纂
清同治十年(1871)纂光绪二十六年(1900)文瑞书院刻本　十行二十二字小字双行三十三字黑口四周双边　八册

FV525 ［光绪］赵州属邑志八卷
(清)孙传栻纂修
清光绪二十三年(1897)刻本　十行二十二字白口四周双边　四册

FV526 ［民国］阳信县志八卷
朱兰等修　劳乃宣　缪润绂等纂
民国十五年(1926)铅印本　八册

FV527 ［康熙］磁州志十八卷
(清)蒋擢修　乐玉声纂
清同治十三年(1874)补刻本　九行二十字小字双行同白口左右双边　四册

FV528 ［同治］磁州续志六卷首一卷
(清)程光滢纂修
清同治十三年(1874)刻本　九行二十字小字双行同白口左右双边　四册

FV529 ［民国］密云县志八卷卷首一卷
臧理臣等修　庆煦纂
民国三年(1914)北平京华书局铅印本　八册

FV530* ［乾隆］宝坻县志十八卷
(清)洪肇楙修　蔡寅斗纂
清乾隆十年(1745)刻本　九行二十字小字双行十八字白口四周双边　八册

FV531 ［雍正］畿辅通志一百二十卷
(清)唐执玉　李卫修　陈仪　田易纂
清雍正十三年(1735)刻本　十行二十字白口四周双边　七十二册

FV532 ［乾隆］武清县志十二卷首一卷末一卷
(清)吴翀修　曹涵　赵晃纂
清乾隆七年(1742)刻本　九行二十字小字双行十七字白口四周双边　八册

FV533 ［光绪］顺天府志一百三十卷附录一卷
(清)万青黎　周家楣修　张之洞　缪荃孙纂
清光绪十二年(1886)刻本　十二行二十五字小字双行同黑口四周单边　六十四册

FV534 ［光绪］重修天津府志五十四卷首一卷末一卷
(清)沈家本　荣铨修　徐宗亮　蔡启盛纂
清光绪二十五年(1899)刻本　十行二十一字小字双行同白口四周双边　二十八册

FV535 ［同治］续天津县志二十卷首一卷
(清)吴惠元修　蒋玉虹　俞樾纂
清嘉庆末年修同治九年(1870)续修刻本　十行二十一字白口四周双边　八册

FV536　[同治]畿辅通志三百卷首一卷

(清)李鸿章等修　黄彭年等纂

清同治十年(1871)修光绪十年(1884)刻本
十二行二十五字小字双行同白口四周双边
二百四十册

FV537　[康熙]天津卫志四卷首一卷

(清)薛柱斗修　高必大纂

抄本　四册

FV538　[民国]河北通志稿二十四卷

卢启贤纂

铅印本　一册

FV539　天津政俗沿革记十六卷卷首一卷

王守恂纂

民国二十七年(1938)刻本　十行二十一字黑
口左右双边　四册

FV540　[民国]天津县新志十一卷首一卷

高凌雯纂

民国二十七年(1938)刻本　十行二十一字黑
口左右双边　十六册

FV541　天津卫初考不分卷

于鹤年撰

民国铅印本　一册

FV542　[民国]志余随笔六卷

高凌雯纂

民国二十五年(1936)　天津金氏刻　九行二
十一字白口四周双边本　二册

FV543　[乾隆]天津县志二十四卷

(清)朱奎扬　张志奇修　吴廷华等纂

清乾隆四年(1739)刻本　十行二十一字小字
双行同白口四周双边　八册

FV544　[康熙]新校天津卫志四卷首一卷

(清)薛柱斗修　高必大纂

民国二十三年(1934)铅印本　二册

FV545　[道光]蓟州志十卷首一卷

(清)沈锐纂修

清道光十一年(1831)刻本　九行二十四字白
口四周双边　六册

FV546　[同治]重辑静海县志八卷

(清)郑士蕙纂修

清同治十二年(1873)刻本　六册

FV547　[民国]静海县志十二集

白凤文等修　高毓浵等纂

民国二十三年(1934)铅印本　六册

FV548　[光绪]宁河县志十六卷

(清)丁符九修　谈松林纂

清光绪六年(1880)刻本　九行二十二字小字
双行同白口四周双边　十二册

FV551　光绪台州府志一百卷

(清)赵亮熙　郭式昌修　王舟瑶等纂

民国十五年(1926)王佩瑶校定台州旅杭同乡
会铅印本　六十册

**FV552　[光绪]续修庐州府志一百卷首一卷
末一卷**

(清)黄云修　林之望　汪宗沂纂

清光绪十一年(1885)刻本　十一行二十三字
小字双行同白口四周双边　二十四册　存四
十二卷(六十至一百、末)

FV553　[乾隆]天津县志二十四卷

(清)朱奎扬　张志奇修　吴廷华等纂

清乾隆四年(1739)刻本　十行二十一字小字
双行同白口四周双边　八册

**FV554　[同治]深州风土记二十二卷附表
五卷**

(清)吴汝纶纂

清同治十年(1871)纂光绪二十六年(1900)文
瑞书院刻本　十行二十二字小字双行三十三
字黑口四周双边　六册

FV555　[雍正]畿辅通志一百二十卷

(清)唐执玉　李卫修　陈仪　田易纂

清雍正十三年(1735)刻本　十行二十字白口
四周双边　三十二册　存五十二卷(十一至
二十七、五十三至五十七、九十一至一百二
十)

FV556　[同治]畿辅通志三百卷首一卷

(清)李鸿章等修　黄彭年等纂

清宣统二年(1910)北洋官报兼印刷局石印本
二百三十册　缺十二卷(二百二十三至二百
三十四)

FV557　[同治]畿辅通志三百卷首一卷
(清)李鸿章等修　黄彭年等纂
清宣统二年(1910)北洋官报兼印刷局石印本
二百册　缺五十二卷(二百四十九至三百)

FV558　[同治]畿辅通志三百卷首一卷
(清)李鸿章等修　黄彭年等纂
清宣统二年(1910)北洋官报兼印刷局石印本
一百二十八册　缺一百四十卷(首、一至九、
一百三十一至一百九十六、二百二十三至二
百三十四、二百四十九至三百)

FV559　[民国]天津县新志人物艺文志六卷
高凌雯纂
民国二十七年(1938)刻本　十行二十一字黑
口左右双边　二十册

FV560　[同治]畿辅通志三百卷首一卷
(清)李鸿章等修　黄彭年等纂
清宣统二年(1910)北洋官报兼印刷局石印本
三十八册　存四十六卷(十至十五、二十四、
六十九至九十三、一百零七至一百十八、二百
二十六、二百四十)

FV561　[同治]畿辅通志三百卷首一卷
(清)李鸿章等修　黄彭年等纂
清宣统二年(1910)北洋官报兼印刷局石印本
十九册　存二十四卷(十、十三至十五、六十
九至八十八)

FV562　[同治]畿辅通志三百卷首一卷
(清)李鸿章等修　黄彭年等纂
清同治十年(1871)修光绪十年(1884)刻本
十二行二十五字小字双行同白口四周双边
一册　存一卷(五十五)

FV563　[同治]畿辅通志三百卷首一卷

(清)李鸿章等修　黄彭年等纂
清同治十年(1871)修光绪十年(1884)刻本
十二行二十五字小字双行同白口四周双边
六十五册　存八十一卷(一、五、十二至十六、
十九至二十四、二十六、三十、三十三、三
六、三十八、四十七、四十八、五十、五十一、五
十三、五十五至五十七、六十、六十五、六十
九、七十至七十二、七十五至七十七、七十九
至八十一、一百三十一至一百三十四、一百三
十六至一百四十一、一百七十二、一百七十
五、一百七十八至一百八十一、一百八十七、
一百八十九、一百九十、一百九十三、一百九
十四、二百一十一、二百一十四至二百一十
七、二百二十至二百二十二、二百四十三、二
百四十四、二百五十九至二百六十一、二百六
十四、二百六十五、二百六十七、二百七十一、
二百七十二、二百八十五、二百八十六、二百
八十八)

FV564　[同治]畿辅通志三百卷首一卷
(清)李鸿章等修　黄彭年等纂
清同治十年(1871)修光绪十年(1884)刻本十
二行二十五字小字双行同白口四周双边　十
三册　存十六卷(一百三十一至一百四十卷、
二百六十六、二百六十八至二百七十、二百七
十五、二百七十六)

FV565　[同治]畿辅通志三百卷首一卷
(清)李鸿章等修　黄彭年等纂
清同治十年(1871)修光绪十年(1884)刻本
十二行二十五字小字双行同白口四周双边
四册　存四卷(一百三十六、一百三十九至一
百四十一)

FV566　[民国]万载县志十二卷首一卷末
一卷
张芗甫修　龙赓言纂
民国二十九年(1940)铅印本　十四册

书名笔画索引

一画

一统志案说十六卷 …………………… 005
一统志案说十六卷 …………………… 162
一统志案说十六卷 …………………… 162

二画

[顺治]丁西重刊西镇志不分卷 ………… 259
丁草刘白疆域属东驳义 ……………… 081
[弘治]八闽通志八十七卷 …………… 260
[嘉靖]九江府志十六卷 ……………… 104
[同治]九江府志五十四卷首一卷末一
　　卷 …………………………………… 104
[康熙]九溪卫志三卷 ………………… 121

三画

[同治]三水县志十二卷首一卷 ……… 063
[同治]三水县志十二卷首一卷 ……… 063
[嘉庆]三水县志十六卷首一卷 ……… 141
[民国]三台县志二十六卷 …………… 127
[嘉庆]三台县志八卷 ………………… 127
[嘉靖]三关志七卷 …………………… 051
[嘉庆]三州辑略九卷 ………………… 208
[乾隆]三河县志十六卷 ……………… 012
[乾隆]三河县志十六卷 ……………… 012
[乾隆]三河县志十六卷首一卷 ……… 012
[乾隆]三河县志十六卷首一卷 ……… 012
[乾隆]三河县志十六卷首一卷 ……… 267
[乾隆]三河县志十六卷首一卷 ……… 276
[乾隆]三河县志十六卷首一卷 ……… 283
[民国]三河县新志十六卷 …………… 012
[光绪]三原县新志八卷 ……………… 064

[光绪]三原县新志八卷 ……………… 227
[光绪]三续华州志十二卷 …………… 066
[光绪]三续华州志十二卷 …………… 066
[光绪]三续华州志十二卷 …………… 227
[光绪]三续掖县志四卷首一卷 ……… 032
[光绪]三续掖县志四卷首一卷 ……… 231
干巷志六卷首一卷 …………………… 076
[光绪]土默特旗志十卷 ……………… 160
[光绪]土默特旗志十卷 ……………… 225
[光绪]大宁县志八卷 ………………… 061
[光绪]大宁县志八卷首一卷 ………… 129
[道光]大同县志二十卷首一卷末一卷
　　……………………………………… 051
[道光]大同县志二十卷首一卷末一卷
　　……………………………………… 220
[乾隆]大同府志三十二卷首一卷 …… 178
[乾隆]大同府志三十二卷首一卷 …… 225
[民国]大竹县志十六卷 ……………… 129
[道光]大竹县志四十卷 ……………… 129
[康熙]大名县志二十卷 ……………… 165
[民国]大名县志三十卷首一卷 ……… 015
[民国]大名县志三十卷首一卷 ……… 240
[乾隆]大名县志四十卷首一卷 ……… 015
[乾隆]大名县志四十卷首一卷 ……… 015
[乾隆]大名县志四十卷首一卷 ……… 256
[咸丰]大名府志二十二卷首一卷续志
　　六卷末一卷 ……………………… 007
[咸丰]大名府志二十二卷首一卷续志
　　六卷末一卷 ……………………… 007
[正德]大名府志十卷 ………………… 211
[康熙]大兴县志六卷 ………………… 164
[康熙]大兴县志六卷 ………………… 164
[光绪]大足县志八卷 ………………… 130
[同治]大邑县志二十卷 ……………… 124

295

［民国］大邑县志十四卷 ⋯⋯⋯⋯⋯ 124

［康熙］大冶县志十二卷首一卷 ⋯⋯ 199

［同治］大冶县志十八卷首一卷 ⋯⋯⋯ 110

［同治］大冶县志十八卷首一卷 ⋯⋯⋯ 250

［光绪］大冶县志后编二卷 ⋯⋯⋯⋯⋯ 250

［光绪］大冶县志续编七卷首一卷末一
卷 ⋯⋯⋯⋯⋯⋯⋯⋯⋯⋯ 110

［光绪］大冶县志续编七卷首一卷末一
卷 ⋯⋯⋯⋯⋯⋯⋯⋯⋯⋯ 250

大明一统志九十卷 ⋯⋯⋯⋯⋯⋯⋯ 162

［弘治］大明兴化府志五十四卷 ⋯⋯ 136

［光绪］大城县志十二卷首一卷 ⋯⋯⋯ 010

［光绪］大城县志十二卷首一卷 ⋯⋯⋯ 238

［光绪］大城县志十二卷首一卷 ⋯⋯⋯ 277

［康熙］大城县志八卷 ⋯⋯⋯⋯⋯⋯ 164

［乾隆］大荔县志二十六卷首一卷 ⋯ 065

［道光］大荔县志十六卷首一卷 ⋯⋯ 065

［道光］大荔县志十六卷首一卷 ⋯⋯ 226

［光绪］大荔县续志十二卷首一卷 ⋯⋯ 065

［民国］大荔县新志存稿十一卷首一卷
足征录四卷 ⋯⋯⋯⋯⋯ 065

［民国］大荔县新志存稿十一卷首一卷
足征录四卷 ⋯⋯⋯⋯⋯ 065

［道光］大姚县志十六卷图一卷 ⋯⋯⋯ 152

［嘉庆］大埔县志十八卷首一卷 ⋯⋯⋯ 260

［民国］大理县志稿三十二卷首一卷 ⋯ 151

［康熙］大理府志三十卷首一卷 ⋯⋯⋯ 149

［同治］大庾县志二十六卷首一卷 ⋯⋯ 109

大清一统志 ⋯⋯⋯⋯⋯⋯⋯⋯⋯ 162

大清一统志三百五十六卷 ⋯⋯⋯⋯ 255

大清一统志三百五十六卷 ⋯⋯⋯⋯ 255

大清一统志五百六十卷 ⋯⋯⋯⋯⋯ 163

大清一统志四百二十四卷 ⋯⋯⋯⋯⋯ 005

大清一统志四百二十四卷 ⋯⋯⋯⋯⋯ 005

大清一统志四百二十四卷 ⋯⋯⋯⋯⋯ 211

大清一统志四百二十四卷 ⋯⋯⋯⋯⋯ 255

大清一统志四百二十四卷 ⋯⋯⋯⋯⋯ 275

大清一统志四百二十四卷 ⋯⋯⋯⋯⋯ 288

大清一统志表 ⋯⋯⋯⋯⋯⋯⋯⋯⋯ 276

大清一统志表不分卷 ⋯⋯⋯⋯⋯⋯ 005

大清一统志表不分卷 ⋯⋯⋯⋯⋯⋯ 211

大清一统志残本 ⋯⋯⋯⋯⋯⋯⋯⋯ 162

大清一统志辑要五十卷 ⋯⋯⋯⋯⋯ 258

大德昌国州图志七卷首一卷末一卷 ⋯⋯ 094

［同治］万年县志十二卷首一卷 ⋯⋯⋯ 106

［民国］万全县志十二卷首一卷 ⋯⋯⋯ 025

［道光］万全县志十卷首一卷 ⋯⋯⋯⋯ 025

［乾隆］万全县志十卷首一卷 ⋯⋯⋯⋯ 170

［道光］万全县志十卷首一卷 ⋯⋯⋯⋯ 236

［道光］万全县志十卷首一卷 ⋯⋯⋯⋯ 263

［道光］万全县志十卷首一卷 ⋯⋯⋯⋯ 282

［道光］万州志十卷 ⋯⋯⋯⋯⋯⋯⋯ 146

［道光］万州志十卷 ⋯⋯⋯⋯⋯⋯⋯ 210

［同治］万安县志二十卷首一卷末一卷
⋯⋯⋯⋯⋯⋯⋯⋯⋯⋯ 108

［同治］万安县志二十卷首一卷末一卷
⋯⋯⋯⋯⋯⋯⋯⋯⋯⋯ 108

［康熙］万安县志十二卷首一卷 ⋯⋯⋯ 198

［乾隆］万泉县志八卷 ⋯⋯⋯⋯⋯⋯ 060

［民国］万泉县志八卷首一卷末一卷 ⋯ 060

［民国］万泉县志八卷首一卷末一卷 ⋯ 224

［民国］万载县志十二卷首一卷末一卷
⋯⋯⋯⋯⋯⋯⋯⋯⋯⋯ 294

［道光］万载县志三十卷首一卷 ⋯⋯⋯ 105

［民国］万源县志十卷首一卷末一卷 ⋯ 129

［同治］弋阳县志十四卷首一卷 ⋯⋯⋯ 106

［万历］上元县志十二卷 ⋯⋯⋯⋯⋯ 077

［同治］上江两县志二十九卷首一卷 ⋯ 077

［光绪］上犹县志十八卷首一卷 ⋯⋯⋯ 109

［民国］上林县志十六卷首一卷 ⋯⋯⋯ 147

［光绪］上林县志十卷首一卷末一卷 ⋯ 147

［民国］上杭县志三十六卷首一卷末一
卷 ⋯⋯⋯⋯⋯⋯⋯⋯⋯⋯ 138

［道光］上思州志二十卷首一卷 ⋯⋯⋯ 205

［同治］上饶县志二十六卷首一卷 ⋯⋯ 106

上海市自治甲乙丙编 ⋯⋯⋯⋯⋯⋯ 257

［民国］上海市自治志三编 ⋯⋯⋯⋯ 074

［民国］上海市自治志三编 ⋯⋯⋯⋯ 253

上海市自治志不分卷 ⋯⋯⋯⋯⋯⋯ 257

［弘治］上海志八卷 ⋯⋯⋯⋯⋯⋯⋯ 074

［民国］上海县志二十卷 ⋯⋯⋯⋯⋯ 075

［嘉庆］上海县志二十卷首一卷 ⋯⋯⋯ 075

［乾隆］上海县志十二卷首一卷 ┄┄┄ 074

［嘉靖］上海县志八卷 ┄┄┄ 074

［同治］上海县志三十二卷首一卷末一
　　卷附补遗叙录 ┄┄┄ 075

［同治］上海县志三十二卷首一卷末一
　　卷附补遗叙录 ┄┄┄ 216

［同治］上海县志三十二卷首一卷末一
　　卷附补遗叙录 ┄┄┄ 270

［同治］上海县志三十二卷首一卷末一
　　卷附补遗叙录 ┄┄┄ 287

上海县志札记六卷 ┄┄┄ 075

［民国］上海县续志三十卷首一卷末一
　　卷 ┄┄┄ 075

［康熙］上虞县志二十卷首一卷 ┄┄┄ 195

［万历］上虞县志二十卷首一卷 ┄┄┄ 260

［嘉庆］上虞县志十四卷首一卷 ┄┄┄ 195

［光绪］上虞县志四十八卷首一卷末一
　　卷 ┄┄┄ 099

［光绪］上虞县志校续五十卷首一卷末
　　一卷 ┄┄┄ 099

［康熙］上蔡县志十五卷 ┄┄┄ 177

［康熙］上蔡县志十五卷 ┄┄┄ 249

［乾隆］口北三厅志十六卷首一卷 ┄┄┄ 007

［乾隆］口北三厅志十六卷首一卷 ┄┄┄ 163

［乾隆］口北三厅志十六卷首一卷 ┄┄┄ 163

［宣统］山东通志二百卷首一卷 ┄┄┄ 026

［宣统］山东通志二百卷首一卷 ┄┄┄ 026

［宣统］山东通志二百卷首一卷 ┄┄┄ 286

［宣统］山东通志二百卷首九卷附录一
　　卷补遗一卷 ┄┄┄ 228

［雍正］山东通志三十六卷首一卷 ┄┄┄ 026

［雍正］山东通志三十六卷首一卷 ┄┄┄ 264

［康熙］山东通志六十四卷 ┄┄┄ 170

［嘉靖］山东通志四十卷 ┄┄┄ 261

［乾隆］山西志辑要十卷首一卷 ┄┄┄ 050

［康熙］山西直隶沁州志八卷首一卷 ┄┄┄ 181

［光绪］山西通志一百八十四卷首一卷
　　┄┄┄ 050

［雍正］山西通志二百三十卷 ┄┄┄ 050

［雍正］山西通志二百三十卷 ┄┄┄ 178

［康熙］山西通志三十二卷 ┄┄┄ 178

［嘉靖］山西通志三十二卷 ┄┄┄ 261

山阳志遗四卷 ┄┄┄ 082

山阳志遗四卷 ┄┄┄ 209

［乾隆］山阳县志二十二卷首一卷 ┄┄┄ 189

［康熙］山阴县志三十八卷 ┄┄┄ 195

［嘉庆］山阴县志三十卷首一卷 ┄┄┄ 098

［嘉庆］山阴县志三十卷首一卷 ┄┄┄ 098

［崇祯］山阴县志六卷 ┄┄┄ 179

［崇祯］山阴县志六卷 ┄┄┄ 179

山阴县志校记一卷 ┄┄┄ 098

山阴县志校记一卷 ┄┄┄ 195

［康熙］山海关志十卷 ┄┄┄ 170

山陵杂记一卷年谱一卷 ┄┄┄ 063

［光绪］川沙厅志十四卷首一卷末一卷
　　┄┄┄ 075

［道光］川沙抚民厅志十二卷首一卷 ┄┄┄ 075

［民国］川沙县志二十四卷首一卷 ┄┄┄ 075

［嘉庆］义乌县志二十二卷首一卷 ┄┄┄ 102

［嘉庆］义乌县志二十二卷首一卷 ┄┄┄ 102

［康熙］义乌县志二十卷 ┄┄┄ 196

［道光］义宁州志三十二卷首三卷 ┄┄┄ 197

［民国］义县志三卷前一卷后一卷 ┄┄┄ 156

［同治］广丰县志十卷首一卷 ┄┄┄ 106

［道光］广丰县志三十二卷首一卷 ┄┄┄ 197

广平县乡土志五卷 ┄┄┄ 165

［民国］广平县志十二卷 ┄┄┄ 015

［康熙］广平县志五卷 ┄┄┄ 165

［康熙］广平县志五卷 ┄┄┄ 235

［康熙］广平县志五卷 ┄┄┄ 277

［乾隆］广平府志二十四卷 ┄┄┄ 007

［嘉靖］广平府志十六卷 ┄┄┄ 007

［光绪］广平府志六十三卷首一卷 ┄┄┄ 007

［光绪］广平府志六十三卷首一卷 ┄┄┄ 239

［光绪］广平府志六十三卷首一卷 ┄┄┄ 290

广东考古辑要四十六卷 ┄┄┄ 140

广东图志九十二卷 ┄┄┄ 140

［康熙］广东通志三十卷 ┄┄┄ 204

［道光］广东通志三百三十四卷首一卷
　　┄┄┄ 140

［道光］广东通志三百三十四卷首一卷
　　┄┄┄ 140

297

［道光］广东通志三百三十四卷首一卷 ……………………………………… 140

［道光］广东通志三百三十四卷首一卷 ……………………………………… 228

［道光］广东通志三百三十四卷首一卷 ……………………………………… 273

［嘉靖］广东韶州府翁源县志不分卷 …… 142

［嘉靖］广东韶州府翁源县志不分卷 …… 142

［道光］广宁县志十七卷 …………………… 145

［康熙］广宁县志八卷 ……………………… 156

［乾隆］广西府志二十六卷 ………………… 207

［雍正］广西通志一百二十八卷 …………… 205

［雍正］广西通志一百二十八卷 …………… 205

［嘉庆］广西通志二百七十九卷首一卷 …………………………………………… 146

［嘉庆］广西通志二百七十九卷首一卷 …………………………………………… 146

［光绪］广西通志辑要十七卷首一卷 …… 146

［光绪］广州府志一百六十三卷 …………… 140

［光绪］广安州志十三卷首一卷 …………… 128

［咸丰］广安州志八卷 ……………………… 201

［光绪］广安州新志四十三卷首一卷 …… 128

［乾隆］广灵县志十卷首一卷末一卷 …… 051

［乾隆］广灵县志十卷首一卷末一卷 …… 220

［乾隆］广灵县志十卷首一卷末一卷 …… 268

［光绪］广灵县补志十卷 …………………… 268

［光绪］广灵县补志十卷首一卷末一卷 …………………………………………… 051

［光绪］广灵县补志十卷首一卷末一卷 …………………………………………… 220

［光绪］广灵县补志十卷首一卷末一卷 …………………………………………… 281

［光绪］广昌县志十四卷首一卷末一卷 …………………………………………… 023

［光绪］广昌县志十四卷首一卷末一卷 …………………………………………… 023

［光绪］广昌县志十四卷首一卷末一卷 …………………………………………… 278

［同治］广昌县志十卷首一卷 …………… 109

［乾隆］广昌县志八卷首一卷 …………… 023

［同治］广宗县志十二卷 ………………… 017

［民国］广宗县志十二卷 …………………… 274

［民国］广宗县志十二卷 …………………… 278

［民国］广宗县志十六卷首一卷末一卷 …………………………………………… 017

［民国］广宗县志十六卷首一卷末一卷 …………………………………………… 239

［道光］广南府志四卷 ……………………… 149

［道光］广顺州志十二卷首一卷末一卷 …………………………………………… 154

［道光］广顺州志十二卷首一卷末一卷 …………………………………………… 154

［同治］广信府志十二卷首一卷 …………… 104

［同治］广济县志十六卷首一卷 …………… 112

［康熙］广通县志九卷首一卷 …………… 207

广舆记二十四卷图一卷提要一卷 ………… 162

广舆记二十四卷图一卷提要一卷 ………… 162

广舆记二十四卷图一卷提要一卷 ………… 290

［光绪］广德州志六十卷首一卷末一卷 …………………………………………… 090

［光绪］广德州志六十卷首一卷末一卷 …………………………………………… 244

［民国］广德县志稿五十九卷首一卷末一卷 …………………………………… 090

广德县志稿五十九卷首一卷末一卷 …… 257

［乾隆］广德直隶州志五十卷 …………… 192

［乾隆］卫辉府志五十三卷首一卷末一卷 …………………………………… 040

［乾隆］卫辉府志五十三卷首一卷末一卷 …………………………………… 214

［乾隆］卫藏图识四卷附蛮语一卷 ……… 161

［嘉庆］卫藏通志十六卷首一卷 ………… 162

［嘉庆］卫藏通志十六卷首一卷 ………… 162

［嘉庆］卫藏通志十六卷首一卷 ………… 273

［嘉庆］卫藏通志十六卷首一卷 ………… 282

［嘉庆］卫藏通志十六卷首一卷 ………… 288

小海场新志十卷 …………………………… 189

［嘉庆］马边厅志略六卷首一卷 ………… 202

［民国］马关县志十卷 …………………… 151

［康熙］马邑县志五卷 …………………… 052

［民国］马邑县志四卷 …………………… 052

［乾隆］马巷厅志十八卷首一卷 ………… 136

［嘉靖］马湖府志七卷 ·················· 132
乡土志丛编十七卷 ·················· 061
［乾隆］乡宁县志十五卷 ·············· 061
［乾隆］乡宁县志十五卷 ·············· 061
［乾隆］乡宁县志十五卷 ·············· 224
［民国］乡宁县志十六卷首一卷 ········ 061

四画

［光绪］丰县志十六卷首一卷 ·········· 083
［乾隆］丰县志十六卷首一卷 ·········· 083
［同治］丰城县志二十八卷首一卷 ······ 105
［道光］丰城县志二十四卷首一卷 ······ 197
［乾隆］丰顺县志八卷首一卷 ·········· 144
［光绪］丰润县志十二卷 ·············· 026
［光绪］丰润县志十二卷 ·············· 236
［乾隆］丰润县志八卷 ················ 026
［康熙］丰润县志八卷 ················ 170
［乾隆］丰润县志八卷 ················ 236
［光绪］丰润县志四卷 ················ 026
［光绪］丰润县志四卷 ················ 237
［光绪］丰润县志四卷 ················ 265
［光绪］丰镇厅志八卷首一卷末一卷 ····· 161
［光绪］丰镇厅志八卷首一卷末一卷 ····· 225
［民国］王家营志六卷 ················ 082
［雍正］井陉县志八卷 ················ 168
［雍正］井陉县志八卷 ················ 235
［雍正］井陉县志八卷 ················ 269
［雍正］井陉县志八卷 ················ 278
井陉县志料十六篇 ·················· 020
井陉县志料十六篇 ·················· 238
井陉县志料十六篇 ·················· 289
［光绪］井研志四十二卷首一卷 ········ 134
［光绪］开化县志十四卷 ·············· 103
［道光］开平县志十卷 ················ 205
［民国］开平县志四十五卷首一卷 ······ 145
开庆四明续志十二卷 ················ 094
［嘉靖］开州志十卷 ·················· 043
［嘉庆］开州志八卷首一卷 ············ 043
［光绪］开州志八卷首一卷 ············ 044
［光绪］开州志八卷首一卷 ············ 044

［嘉庆］开州志八卷首一卷 ············ 244
［光绪］开州志八卷首一卷 ············ 265
［光绪］开州志八卷首一卷 ············ 266
［乾隆］开州志四卷 ·················· 153
［民国］开州志补辑不分卷 ············ 153
开州新编辑乡土志不分卷 ············ 176
开州新编辑乡土志不分卷 ············ 176
［咸丰］开县志二十七卷首一卷 ········ 129
［康熙］开封府志四十卷 ·············· 040
［康熙］开封府志四十卷 ·············· 213
［康熙］开封府志四十卷 ·············· 281
［康熙］开封府志四十卷 ·············· 288
［康熙］开原县志二卷 ················ 155
［民国］开原县志十二卷首一卷 ········ 155
［咸丰］开原县志八卷首一卷 ·········· 155
［民国］开原县志六卷 ················ 155
开通县乡土志不分卷 ················ 158
天下郡国利病书一百二十卷 ·········· 005
天下郡国利病书一百二十卷 ·········· 005
天下郡国利病书一百二十卷 ·········· 211
天下郡国利病书一百二十卷 ·········· 275
天下郡国利病书一百二十卷 ·········· 290
天下郡国利病书一百二十卷 ·········· 290
［道光］天门县志三十六卷首一卷 ······ 113
［嘉庆］天长县志四卷 ················ 192
［民国］天水县志十四卷首一卷 ········ 072
［康熙］天台县志十五卷首一卷 ········ 195
［康熙］天台县志十五卷首一卷 ········ 195
［咸丰］天全州志八卷首一卷 ·········· 202
［康熙］天柱县志二卷 ················ 153
［光绪］天柱县志八卷首一卷附兵燹记
　一卷 ···························· 154
天津卫考初稿 ······················ 010
［康熙］天津卫志四卷图一卷 ·········· 164
［康熙］天津卫志四卷首一卷 ·········· 164
［康熙］天津卫志四卷首一卷 ·········· 164
［康熙］天津卫志四卷首一卷 ·········· 293
天津卫初考不分卷 ·················· 293
天津市概要 ························ 258
天津志略二十篇 ···················· 010
［乾隆］天津县志二十四卷 ············ 008

[乾隆]天津县志二十四卷 …………… 009
[乾隆]天津县志二十四卷 …………… 009
[乾隆]天津县志二十四卷 …………… 009
[乾隆]天津县志二十四卷 …………… 009
[乾隆]天津县志二十四卷 …………… 258
[乾隆]天津县志二十四卷 …………… 258
[乾隆]天津县志二十四卷 …………… 259
[乾隆]天津县志二十四卷 …………… 264
[乾隆]天津县志二十四卷 …………… 264
[乾隆]天津县志二十四卷 …………… 276
[乾隆]天津县志二十四卷 …………… 283
[乾隆]天津县志二十四卷 …………… 283
[乾隆]天津县志二十四卷 …………… 290
[乾隆]天津县志二十四卷 …………… 293
[乾隆]天津县志二十四卷 …………… 293
[民国]天津县新志十一卷首一卷 …… 009
[民国]天津县新志十一卷首一卷 …… 009
[民国]天津县新志十一卷首一卷 …… 009
[民国]天津县新志十一卷首一卷 …… 009
[民国]天津县新志十一卷首一卷 …… 009
[民国]天津县新志十一卷首一卷 …… 010
[民国]天津县新志十一卷首一卷 …… 272
[民国]天津县新志十一卷首一卷 …… 288
[民国]天津县新志十一卷首一卷 …… 293
[民国]天津县新志人物艺文六卷 …… 010
[民国]天津县新志人物艺文六卷 …… 010
[民国]天津县新志人物艺文六卷 …… 010
[民国]天津县新志人物艺文六卷 …… 283
[民国]天津县新志人物艺文六卷 …… 283
天津县新志人物艺文六卷 …………… 284
[民国]天津县新志人物艺文六卷 …… 284
[民国]天津县新志人物艺文志六卷 … 289
[民国]天津县新志人物艺文志六卷 … 289
[民国]天津县新志人物艺文志六卷 … 294
天津县新志人物艺文单行本 ………… 257
[乾隆]天津府志四十卷 ……………… 006
[乾隆]天津府志四十卷 ……………… 006
天津政俗沿革记十六卷 ……………… 164
天津政俗沿革记十六卷卷首一卷 …… 293
天津政俗沿革记十六卷首一卷 ……… 009
天津政俗沿革记十六卷首一卷 ……… 009

[乾隆]天镇县志八卷 ………………… 179
[光绪]天镇县志四卷首一卷 ………… 051
[光绪]天镇县志四卷首一卷 ………… 220
[乾隆]无为州志二十五卷首一卷 …… 090
[嘉庆]无为州志三十六卷首一卷 …… 090
无为县小志不分卷 …………………… 245
[民国]无极县志二十卷 ……………… 018
[乾隆]无极县志十一卷末一卷 ……… 018
[乾隆]无极县志十一卷末一卷 ……… 239
[乾隆]无极县志十一卷末一卷 ……… 271
[乾隆]无极县志十一卷末一卷 ……… 278
[光绪]无极县续志十卷首一卷末一卷
    …………………………………… 018
[光绪]无极县续志十卷首一卷末一卷
    …………………………………… 239
[光绪]无极县续志十卷首一卷末一卷
    …………………………………… 278
[民国]无棣县志二十四卷首一卷末一
    卷 ………………………………… 028
[民国]无棣县志二十四卷首一卷末一
    卷 ………………………………… 229
[康熙]无锡县志四十二卷 …………… 188
[乾隆]无锡县志四十二卷首一卷 …… 188
[光绪]无锡金匮县志四十卷首一卷 … 077
[光绪]无锡金匮县志四十卷首一卷 … 077
[嘉庆]无锡金匮县志四十卷首一卷 … 077
[道光]无锡金匮续志十卷首一卷 …… 077
元丰九域志十卷 ……………………… 005
元丰九域志十卷 ……………………… 162
元丰九域志十卷 ……………………… 254
元丰九域志十卷 ……………………… 257
[光绪]元氏县志十四卷首一卷末一卷
    …………………………………… 020
[光绪]元氏县志十四卷首一卷末一卷
    …………………………………… 235
[光绪]元氏县志十四卷首一卷末一卷
    …………………………………… 261
[光绪]元氏县志十四卷首一卷末一卷
    …………………………………… 278
[乾隆]元氏县志八卷末一卷 ………… 020
元江乡土韵言一卷 …………………… 150

天津图书馆新编历史文献目录五种

［道光］元江州志四卷 …………………… 207

［民国］元江志稿三十卷首一卷末一卷

………………………………………… 150

［乾隆］元和县志三十二卷首一卷 ……… 085

元和郡县志四十卷 ………………………… 162

元和郡县补志九卷 ………………………… 163

元和郡县图志四十卷 ……………………… 162

元和郡县图志四十卷 ……………………… 163

元和郡县图志四十卷补志九卷 ………… 258

元和唯亭志二十卷首一卷末一卷 ……… 085

［顺治］云中郡志十四卷 ………………… 178

［雍正］云龙州志十二卷首一卷 ………… 207

［嘉靖］云阳县志二卷 …………………… 129

［咸丰］云阳县志十二卷 ………………… 129

［民国］云阳县志四十四卷首一卷 ……… 129

［绍熙］云间志三卷 ……………………… 217

［绍熙］云间志三卷续志一卷 …………… 188

［同治］云和县志十六卷首一卷 ………… 101

云南地志三卷 ……………………………… 149

［光绪］云南县志十二卷 ………………… 151

云南备征志二十一卷 ……………………… 149

［康熙］云南府志二十六卷 ……………… 206

云南省地志 ………………………………… 151

云南省地志六卷 …………………………… 149

［光绪］云南通志二百四十二卷首四卷

附录四十一卷 …………………………… 149

［隆庆］云南通志十七卷 ………………… 206

［隆庆］云南通志十七卷 ………………… 259

［乾隆］云南通志三十卷首一卷 ………… 149

［康熙］云南通志三十卷首一卷 ………… 206

［道光］云南通志稿二百十六卷首三卷

………………………………………… 149

［道光］云南通志稿二百十六卷首三卷

………………………………………… 290

［乾隆］云南腾越州志十三卷 …………… 151

［道光］云梦县志略十二卷首一卷末一

卷 ………………………………………… 111

［嘉庆］云霄厅志二十卷 ………………… 138

［嘉庆］云霄厅志二十卷 ………………… 203

［民国］云霄县志二十二卷 ……………… 247

［民国］云霄县志二十二卷首一卷末一

卷 ………………………………………… 138

［民国］木渎小志六卷 …………………… 084

［民国］木渎小志六卷首一卷 …………… 217

［民国］木渎小志六卷首一卷 …………… 287

［乾隆］五台县志八卷 …………………… 052

［康熙］五台县志八卷首一卷 …………… 179

［光绪］五台新志四卷首一卷 …………… 052

［光绪］五台新志四卷首一卷 …………… 220

［光绪］五台新志四卷首一卷 …………… 268

［嘉庆］五河县志十二卷首一卷 ………… 191

［乾隆］五凉考治六德集全志 …………… 252

五寨县志二卷 ……………………………… 180

支溪小志六卷艺文志二卷 ……………… 210

［宣统］太仓州志二十八卷首一卷末一

卷 ………………………………………… 086

［宣统］太仓州志二十八卷首一卷末一

卷 ………………………………………… 217

［崇祯］太仓州志十五卷 ………………… 190

［弘治］太仓州志十卷 …………………… 086

［道光］太平县志十六卷首一卷 ………… 059

［道光］太平县志十六卷首一卷 ………… 223

［光绪］太平县志十四卷首一卷 ………… 059

［光绪］太平县志十四卷首一卷 ………… 223

［光绪］太平县志十四卷首一卷 ………… 275

［乾隆］太平县志十卷 …………………… 059

［光绪］太平县志十卷首一卷 …………… 129

［嘉靖］太平县志八卷 …………………… 100

［康熙］太平县志八卷 …………………… 182

［雍正］太平县志八卷 …………………… 182

［康熙］太平县志八卷 …………………… 196

［康熙］太平府志四十卷 ………………… 087

太平寰宇记二百卷 ………………………… 162

太平寰宇记二百卷补阙一卷纪元表一

卷 ………………………………………… 162

太平寰宇记二百卷补阙一卷纪元表一

卷 ………………………………………… 211

太平寰宇记二百卷附纪元表 …………… 005

［万历］太谷县志十卷 …………………… 180

［民国］太谷县志八卷 …………………… 054

［乾隆］太谷县志八卷 …………………… 054

［光绪］太谷县志八卷首一卷末一卷 …… 054

［咸丰］太谷县志八卷首一卷末一卷 …… 054

［光绪］太谷县志八卷首一卷末一卷 …… 221

［顺治］太谷县续志二卷 …………… 180

［民国］太和县志十二卷首一卷 …… 088

［乾隆］太和县志八卷 ……………… 088

［道光］太原县志十八卷图一卷 …… 051

［道光］太原县志十八卷图一卷 …… 219

［道光］太原县志十八卷图一卷 …… 219

［道光］太原县志十八卷图一卷 …… 270

［嘉靖］太原县志六卷 ……………… 051

［万历］太原府志二十六卷 ………… 178

［乾隆］太原府志六十卷 …………… 050

［乾隆］太原府志六十卷 …………… 219

［顺治］太原府志四卷 ……………… 178

［民国］太康县志十二卷首一卷 …… 045

［道光］太康县志八卷 ……………… 045

［道光］太康县志八卷 ……………… 249

［同治］太湖县志四十六卷首一卷末一

　　卷 ……………………………… 092

［民国］太湖县志四十卷首一卷末一卷

　　………………………………… 092

［乾隆］太湖备考十六卷首一卷 …… 190

［乾隆］历阳典录三十四卷首一卷历阳

　　典录补六卷 …………………… 090

［乾隆］历阳典录三十四卷首一卷历阳

　　典录补六卷 …………………… 246

［崇祯］历城县志十六卷 …………… 170

［乾隆］历城县志五十卷首一卷 …… 027

［乾隆］历城县志五十卷首一卷 …… 229

［崇祯］历乘十九卷 ………………… 027

［嘉靖］尤溪县志七卷 ……………… 139

［道光］巨野县志二十四卷首一卷 …… 035

［道光］巨野县志二十四卷首一卷 …… 035

［康熙］巨野县志十五卷首一卷 …… 173

［光绪］巨鹿县志十二卷 …………… 017

［光绪］巨鹿县志十二卷首一卷 …… 271

［光绪］屯留县志八卷首一卷 ……… 057

［雍正］屯留县志四卷 ……………… 181

　　屯留县志补记一卷 ……………… 057

［康熙］日照县志十二卷 …………… 172

［光绪］日照县志十二卷首一卷 …… 032

［光绪］日照县志十二卷首一卷 …… 032

［道光］中卫县志十卷 ……………… 073

　　中华民国疆域沿革录不分卷 …… 258

［民国］中江县志二十四卷首一卷 …… 128

［道光］中江县新志八卷首一卷 …… 127

［同治］中江县新志补遗一卷续编一卷

　　………………………………… 128

［乾隆］中牟县志十一卷首一卷 …… 175

［同治］中牟县志十二卷首一卷末一卷

　　………………………………… 041

［同治］中牟县志十二卷首一卷末一卷

　　………………………………… 041

　　中吴纪闻六卷附校勘记一卷 …… 086

　　中国通览二卷 …………………… 256

［民国］中部县志二十一卷首一卷 …… 067

［康熙］内乡县志十二卷 …………… 178

［康熙］内乡县志十二卷 …………… 248

［道光］内丘县志四卷 ……………… 016

［道光］内丘县志四卷 ……………… 016

［道光］内丘县志四卷 ……………… 265

［道光］内丘县志四卷 ……………… 279

［民国］内江县志十二卷 …………… 131

［光绪］内江县志十五卷首一卷 …… 131

［宣统］内江县志八卷 ……………… 131

［道光］内江县志要四卷 …………… 131

　　内邱县乡土志二卷 ……………… 166

［乾隆］内黄县志十八卷首一卷 …… 043

［乾隆］内黄县志十八卷首一卷 …… 214

［光绪］内黄县志十九卷首一卷 …… 043

［光绪］内黄县志十九卷首一卷附内黄

　　县志初稿 ……………………… 249

　　内黄县志十六卷首一卷 ………… 176

［嘉靖］内黄县志九卷 ……………… 043

　　内蒙古牧记十六卷 ……………… 262

　　内蒙古牧记十六卷 ……………… 262

［咸丰］壬癸志稿二十八卷 ………… 086

［嘉庆］长山县志十六卷首一卷 …… 029

［嘉庆］长山县志十六卷首一卷 …… 171

［嘉庆］长山县志十六卷首一卷 …… 230

［康熙］长山县志十卷首一卷 ……… 171

［光绪］长子县志二十卷首一卷 ············· 057
［光绪］长子县志二十卷首一卷 ············· 222
［光绪］长子县志二十卷首一卷 ············· 290
［康熙］长子县志六卷 ····················· 181
［宣统］长白汇征录八卷首一卷 ············· 158
［同治］长乐县志二十卷首一卷 ············· 136
［光绪］长乐县志十六卷首一卷末一卷

　　　　　　　　　　　　　　　　　　　　 115
［道光］长乐县志十卷 ····················· 144
［康熙］长乐县志八卷 ····················· 204
［民国］长乐县志三十卷首一卷 ············· 136
［民国］长乐县志三十卷首一卷 ············· 246
［光绪］长汀县志三十三卷首一卷末一

　　卷 ································· 138
［嘉庆］长宁县志十二卷 ··················· 202
［咸丰］长宁县志四卷首一卷末一卷 ······· 109
长兴志拾遗二卷首一卷 ··················· 097
［乾隆］长兴县志十二卷首一卷 ············· 195
［同治］长兴县志三十二卷 ················· 097
［熙宁］长安志二十卷附图三卷 ············· 210
［熙宁］长安志二十卷图三卷 ··············· 062
［熙宁］长安志二十卷图三卷 ··············· 062
［康熙］长安县志八卷 ····················· 183
［嘉庆］长安县志三十六卷 ················· 062
［嘉庆］长安县志三十六卷 ················· 062
［嘉庆］长安县志三十六卷 ················· 252
［同治］长阳县志七卷首一卷 ··············· 115
［同治］长阳县志七卷首一卷 ··············· 251
［嘉庆］长沙县志二十八卷首一卷 ········· 116
［同治］长沙县志三十六卷首一卷 ········· 117
［同治］长沙县志三十六卷首一卷 ········· 117
［乾隆］长沙府志五十卷首一卷 ············· 116
［乾隆］长沙府志五十卷首一卷 ············· 291
［宣统］长武县志十二卷 ··················· 063
［乾隆］长武县志十二卷 ··················· 063
［乾隆］长武县志十二卷 ··················· 226
［康熙］长河志籍考十卷 ··················· 174
［乾隆］长治县志二十八卷首一卷末一

　　卷 ································· 055
［乾隆］长治县志二十八卷首一卷末一

　　卷 ································· 221

［光绪］长治县志八卷首一卷 ··············· 055
［民国］长春县志六卷首一卷 ··············· 157
［嘉庆］长垣县志十六卷 ··················· 044
［嘉庆］长垣县志十六卷 ··················· 247
［嘉庆］长垣县志十六卷 ··················· 274
［嘉靖］长垣县志九卷 ····················· 044
［乾隆］长洲县志三十四卷首一卷 ········· 190
［康熙］长洲县志摘要不分卷 ··············· 190
［乾隆］长泰县志十二卷首一卷 ············· 138
［乾隆］长泰县志十二卷首一卷 ············· 138
［民国］长清县志十六卷首一卷末一卷

　　　　　　　　　　　　　　　　　　　　 034
［民国］长清县志十六卷首一卷末一卷

　　　　　　　　　　　　　　　　　　　　 286
［道光］长清县志十六卷首四卷末二卷

　　　　　　　　　　　　　　　　　　　　 034
［道光］长清县志十六卷首四卷末二卷

　　　　　　　　　　　　　　　　　　　　 232
［道光］长清县志十六卷首四卷末二卷

　　　　　　　　　　　　　　　　　　　　 280
［道光］长清县志十六卷首四卷末二卷

　　　　　　　　　　　　　　　　　　　　 286
［乾隆］长葛县志十卷 ····················· 045
［乾隆］长葛县志十卷 ····················· 248
［同治］仁化县志八卷首一卷 ··············· 142
［嘉庆］仁化县志三卷 ····················· 259
［嘉靖］仁化县志五卷 ····················· 142
［嘉靖］仁化县志五卷 ····················· 142
［嘉靖］仁化县志五卷 ····················· 228
［道光］仁寿县新志八卷 ··················· 134
［康熙］仁和县志二十八卷 ················· 193
［嘉靖］仁和县志十四卷 ··················· 095
［嘉庆］什邡县志五十四卷 ················· 125
［光绪］化州志十二卷 ····················· 145
［民国］介休县志二十卷首一卷 ············· 054
［乾隆］介休县志十四卷 ··················· 054
［嘉庆］介休县志十四卷 ··················· 054
［嘉庆］介休县志十四卷 ··················· 221
［嘉庆］介休县志十四卷 ··················· 265
［嘉庆］介休县志十四卷 ··················· 281
［嘉庆］介休县志十四卷 ··················· 286

［乾隆］介休县志十四卷 ……………… 291
［嘉庆］介休县志十四卷 ……………… 291
［康熙］介休县志八卷 ………………… 054
［光绪］分水县志十卷首一卷末一卷 …… 095
［道光］分水县志十卷首一卷末一卷 …… 095
［光绪］分水县志十卷首一卷末一卷 …… 218
［道光］分宜县志三十二卷首一卷 ……… 197
分湖小识六卷 ………………………… 085
分湖小识六卷 ………………………… 217
［同治］公安县志八卷首一卷 ………… 113
月浦里志十五卷首一卷附录一卷 ……… 077
［光绪］丹阳县志三十六卷首一卷 ……… 079
［民国］丹阳县续志二十四卷首一卷 …… 079
［光绪］丹徒县志六十卷首四卷 ………… 078
［光绪］丹徒县志六十卷首四卷 ………… 217
［嘉庆］丹徒县志四十七卷首四卷 ……… 078
［光绪］丹徒县志摭余二十一卷 ………… 078
［光绪］丹棱县志十卷首一卷 ………… 134
［民国］丹棱县志八卷首一卷 ………… 134
乌青镇志十二卷 ……………………… 097
［乾隆］乌青镇志十二卷 ……………… 218
［乾隆］乌青镇志十二卷 ……………… 282
［乾隆］乌青镇志十二卷 ……………… 287
［乾隆］乌青镇志十二卷 ……………… 287
乌青镇志四十四卷首一卷 …………… 098
［乾隆］乌程县志十六卷 ……………… 097
［光绪］乌程县志三十六卷 …………… 098
乌鲁木齐事宜一卷 …………………… 257
［康熙］凤山县志十卷首一卷 ………… 260
［嘉庆］凤台志十二卷 ………………… 089
［嘉庆］凤台志十二卷 ………………… 245
［光绪］凤台县志二十五卷首一卷 …… 089
［乾隆］凤台县志二十卷首一卷 ……… 056
［乾隆］凤台县志二十卷首一卷 ……… 056
［乾隆］凤台县志二十卷首一卷 ……… 056
［光绪］凤台县续志四卷首一卷 ……… 056
［光绪］凤阳县志十六卷首一卷 ……… 090
［光绪］凤阳县志十六卷首一卷 ……… 245
［光绪］凤阳府志二十一卷 …………… 088
［光绪］凤阳府志二十一卷 …………… 244
［光绪］凤县志十卷首一卷 …………… 070

［光绪］凤县志十卷首一卷 …………… 254
［民国］凤城县志十六卷首一卷 ……… 156
［道光］凤凰厅志二十卷首一卷 ……… 122
［雍正］凤翔县志十卷 ………………… 069
［乾隆］凤翔县志八卷首一卷 ………… 069
［乾隆］凤翔县志八卷首一卷 ………… 226
［乾隆］凤翔府志十二卷首一卷 ……… 062
［乾隆］凤翔府志十二卷首一卷 ……… 251
［顺治］六合县志十二卷 ……………… 188
［光绪］六合县志八卷图说一卷附录一
　　卷 ……………………………… 077
［乾隆］六安州志二十四卷 …………… 191
［同治］六安州志六十卷首一卷 ……… 088
［光绪］文水县志十二卷首一卷末一卷
　　………………………………… 055
［光绪］文水县志十二卷首一卷末一卷
　　………………………………… 221
［康熙］文水县志十卷首一卷 ………… 180
［民国］文安县志十二卷首一卷末一卷
　　………………………………… 010
［民国］文安县志十二卷首一卷末一卷
　　………………………………… 010
［民国］文安县志十二卷首一卷末一卷
　　补遗一卷 …………………………… 272
［民国］文安县志十二卷首一卷末一卷
　　补遗一卷 …………………………… 273
［民国］文安县志十二卷首一卷末一卷
　　补遗一卷 …………………………… 274
［民国］文安县志十二卷首一卷末一卷
　　补遗一卷 …………………………… 277
［民国］文安县志十二卷首一卷末一卷
　　补遗一卷 …………………………… 283
［民国］文安县志十二卷首一卷末一卷
　　补遗一卷 …………………………… 283
［民国］文安县志十二卷首一卷末一卷
　　补遗一卷 …………………………… 289
［康熙］文安县志八卷 ………………… 164
［康熙］文安县志八卷 ………………… 164
［光绪］文县志八卷首一卷末一卷 …… 072
［光绪］文登县志十四卷首一卷 ……… 031
［道光］文登县志十卷 ………………… 031

［道光］文登县志十卷 ……………… 231

［民国］巴中县志四编 ……………… 129

［同治］巴东县志十六卷首一卷 …… 114

［同治］巴东县志十六卷首一卷 …… 250

［康熙］巴东县志四卷 ……………… 199

［道光］巴州志十卷首一卷 ………… 129

［民国］巴县志二十三卷 …………… 123

［乾隆］巴县志十七卷首一卷 ……… 201

［同治］巴陵县志三十卷首一卷 …… 117

［光绪］巴陵县志六十三卷首一卷 … 117

［光绪］巴陵县志六十三卷首一卷 … 117

［咸丰］邓川州志十六卷首一卷末一卷

　　　………………………………… 151

［乾隆］邓州志二十四卷首一卷末一卷

　　　………………………………… 048

［乾隆］邓州志二十四卷首一卷末一卷

　　　………………………………… 215

［嘉靖］邓州志十六卷 ……………… 048

双山县乡土志一卷 ………………… 158

双山县乡土志一卷 ………………… 158

双山县乡土志略 …………………… 158

［民国］双山县志不分卷 …………… 158

［民国］双山县志不分卷 …………… 158

双阳县乡土志不分卷 ……………… 157

双林镇志三十二卷首一卷 ………… 098

［民国］双城县志十五卷首一卷 …… 159

［民国］双城县志十五卷首一卷 …… 225

［光绪］双流县志二卷 ……………… 124

［民国］双流县志四卷首一卷 ……… 124

［光绪］双流县志四卷首一卷 ……… 124

［嘉庆］双流县志四卷首一卷 ……… 124

五画

［同治］玉山县志十卷首一卷附补遗一

　　卷 ………………………………… 106

［嘉庆］玉门县志 …………………… 187

［嘉庆］玉门县志一卷 ……………… 187

［乾隆］玉田县志十卷 ……………… 026

［光绪］玉田县志三十卷首一卷 …… 026

［光绪］玉田县志三十卷首一卷 …… 237

［光绪］玉田县志三十卷首一卷 …… 277

［光绪］玉田县志三十卷首一卷 …… 289

［光绪］玉环厅志十四卷首一卷 …… 096

［雍正］玉环志四卷 ………………… 194

［乾隆］玉屏县志十卷首一卷 ……… 211

［淳祐］玉峰志三卷 ………………… 086

［淳祐］玉峰续志一卷 ……………… 086

［民国］巧家县志稿十卷首一卷 …… 150

［嘉庆］正阳县志十卷 ……………… 047

［嘉庆］正阳县志十卷 ……………… 047

［光绪］正定县志四十六卷首一卷末一

　　卷 ………………………………… 017

［光绪］正定县志四十六卷首一卷末一

　　卷 ………………………………… 241

［光绪］正定县志四十六卷首一卷末一

　　卷 ………………………………… 272

［乾隆］正定府志五十卷首一卷 …… 007

［乾隆］正定府志五十卷首一卷 …… 007

正德兴宁志四卷 …………………… 144

［嘉庆］邛州直隶州志四十六卷首一卷

　　　………………………………… 124

［民国］邛崃县志四卷首一卷 ……… 124

［乾隆］甘州府志十六卷首一卷 …… 071

［乾隆］甘州府志十六卷首一卷 …… 212

［民国］甘肃地理沿革图表 ………… 213

［民国］甘肃省县总分图 …………… 213

［光绪］甘肃通志一百卷首五卷 …… 070

［乾隆］甘肃通志五十卷首一卷 …… 070

［民国］甘肃通志总分图不分卷 …… 070

［民国］甘肃通志稿十三种 ………… 070

［乾隆］甘泉县志二十卷首一卷 …… 080

［民国］甘泉县续志二十九卷首一卷 … 080

［咸丰］甘棠小志四卷首一卷末一卷 … 080

［咸丰］甘棠小志四卷首一卷末一卷 … 080

［光绪］古文坪厅志十六卷 ………… 122

［乾隆］古田县志八卷 ……………… 203

［民国］古田县志三十八卷首一卷 … 139

［民国］古田县志三十八卷首一卷 … 246

［光绪］古州厅志十卷首一卷 ……… 154

［乾隆］古汜城志十卷 ……………… 177

［乾隆］古浪县志一卷 ……………… 071

［光绪］左云县志四卷 ·················· 052

［嘉庆］石门县志二十六卷首一卷 ········ 195

［光绪］石门县志十一卷首一卷 ·········· 097

［康熙］石门县志十二卷 ················ 195

［同治］石门县志十四卷首一卷 ·········· 122

［同治］石门县志十四卷首一卷 ·········· 255

［康熙］石门县志三卷 ·················· 200

［嘉庆］石门县志五十五卷首一卷 ········ 122

［同治］石阡府志八卷 ·················· 152

［道光］石城县志八卷图一卷 ············ 198

［光绪］石城县志九卷首一卷末一卷 ······ 145

［嘉庆］石城县志六卷首一卷 ············ 145

［道光］石泉县志十卷 ·················· 127

［康熙］石泉县志不分卷 ················ 185

［道光］石泉县志四卷 ·················· 068

［道光］石泉县志四卷 ·················· 227

［道光］石泉县志四卷 ·················· 268

［同治］石首县志八卷 ·················· 113

［乾隆］石首县志八卷首一卷末一卷 ······ 199

［乾隆］石屏州志八卷 ·················· 207

［乾隆］石屏州续志二卷 ················ 207

［民国］石屏县志四十卷首一卷 ·········· 151

［乾隆］石砫厅志不分卷 ················ 201

［康熙］石埭县志八卷 ·················· 091

［康熙］石埭县志八卷 ·················· 192

［康熙］石埭县志八卷 ·················· 244

［康熙］石埭县志四卷 ·················· 091

石埭县志采访录一卷 ·················· 091

［道光］石埭县志采访录不分卷 ·········· 092

石埭县采访录一卷 ···················· 245

［民国］石埭备志汇编五卷 ·············· 092

［民国］石埭备志汇编五卷 ·············· 092

［民国］石埭备志汇编五卷 ·············· 246

［民国］石棣备志汇编五卷 ·············· 287

［民国］石棣备志汇编五卷 ·············· 287

［民国］石棣备志汇编五卷 ·············· 287

［民国］石棣备志汇编五卷 ·············· 287

［雍正］石楼县志八卷首一卷 ············ 183

［光绪］龙山县志十六卷首一卷补刻一
  卷 ······························ 122

［嘉庆］龙川县志四十卷末一卷 ·········· 143

［民国］龙门县志二十卷首一卷 ·········· 142

［康熙］龙门县志十六卷 ················ 169

［康熙］龙门县志十六卷 ················ 169

［康熙］龙门县志十六卷 ················ 270

［道光］龙门县志十六卷首一卷末一卷
  ································ 142

［嘉庆］龙州纪略二卷 ·················· 205

［道光］龙安府志十卷 ·················· 123

［康熙］龙沙纪略一卷 ·················· 261

［道光］龙岩州志二十卷首一卷 ·········· 138

龙城旧闻节刊三卷 ···················· 159

龙城旧闻节刊三卷 ···················· 225

龙城旧闻四卷 ························ 258

［光绪］龙南县志八卷首一卷 ············ 109

［光绪］龙泉县志十二卷首一卷 ·········· 101

［乾隆］龙泉县志十二卷首一卷 ·········· 101

［同治］龙泉县志十八卷首一卷末一卷
  ································ 108

［道光］龙泉县志十八卷首一卷末一卷
  ································ 198

［道光］龙胜厅志一卷 ·················· 148

［民国］龙津县志十三编 ················ 147

［民国］龙陵县志十六卷首一卷 ·········· 151

［康熙］龙游县志十二卷首一卷 ·········· 103

［康熙］龙游县志十二卷首一卷 ·········· 196

［民国］龙游县志四十卷首一卷末一卷
  ································ 103

［民国］龙游县志四十卷首一卷末一卷
  ································ 218

［民国］龙游县志四十卷首一卷末一卷
  ································ 288

［乾隆］龙溪县志二十四卷首一卷 ········ 138

［嘉靖］龙溪县志八卷 ·················· 138

［咸丰］平山县志八卷 ·················· 020

［咸丰］平山县志八卷 ·················· 021

［咸丰］平山县志八卷 ·················· 274

［咸丰］平山县志八卷 ·················· 284

［康熙］平山县志五卷 ·················· 168

［民国］平山县志料集十六卷 ············ 021

［光绪］平山县续志八卷末一卷 ·········· 021

［光绪］平山县续志八卷末一卷 ·········· 021

［光绪］平山县续志八卷末一卷 ……… 274

［同治］平乡县志十二卷首一卷 ……… 017

［同治］平乡县志十二卷首一卷 ……… 017

［同治］平乡县志十二卷首一卷 ……… 240

［同治］平乡县志十二卷首一卷 ……… 271

［同治］平乡县志十二卷首一卷 ……… 278

［光绪］平乐县志十卷 ……………… 148

［嘉庆］平乐府志四十卷首一卷 ……… 146

［同治］平江县志五十五卷首二卷末一

    卷 …………………………………… 117

［同治］平江县志五十五卷首二卷末一

    卷 …………………………………… 242

［乾隆］平阳县志二十卷首一卷 ……… 101

［民国］平阳县志九十八卷首一卷 …… 101

［雍正］平阳府志三十六卷 …………… 050

［雍正］平阳府志三十六卷 …………… 050

［光绪］平阴县志八卷首一卷 ………… 034

［嘉庆］平阴县志四卷 ………………… 034

［道光］平阴县志续刻二卷 …………… 034

［道光］平阴县志续刻二卷 …………… 232

［道光］平远州志二十卷图一卷 ……… 153

［光绪］平远州续志八卷首一卷 ……… 153

［光绪］平远县志十卷 ………………… 073

［嘉庆］平远县志五卷首一卷 ………… 204

［乾隆］平利县志四卷 ………………… 068

［乾隆］平谷县志三卷 ………………… 008

［民国］平谷县志六卷 ………………… 239

［民国］平谷县志六卷附图 …………… 008

［民国］平谷县志四卷 ………………… 008

［民国］平谷县志四卷 ………………… 209

［民国］平谷县志四卷 ………………… 239

［光绪］平陆县续志二卷首一卷末一卷

    ……………………………………… 059

［光绪］平定州志十六卷首一卷 ……… 053

［光绪］平定州志十六卷首一卷 ……… 221

［乾隆］平定州志十卷图一卷 ………… 053

［道光］平南县志二十二卷首一卷 …… 148

［光绪］平南县志二十四卷首一卷 …… 149

［光绪］平南县志二十四卷首一卷 …… 243

［民国］平泉县逸志五卷 ……………… 132

［康熙］平度州志十二卷 ……………… 171

［民国］平度县续志十二卷首一卷末一

    卷 …………………………………… 029

［乾隆］平原县志十卷首一卷 ………… 039

［乾隆］平原县志十卷首一卷 ………… 039

［乾隆］平原县志十卷首一卷 ………… 234

［嘉靖］平凉府志十三卷 ……………… 186

［道光］平望志十八卷首一卷 ………… 085

［光绪］平望续志十二卷首一卷 ……… 085

［乾隆］平番县志一卷 ………………… 071

［光绪］平湖县志二十五卷首一卷末一

    卷 …………………………………… 096

［乾隆］平湖县志十卷 ………………… 194

［光绪］平遥县志十二卷 ……………… 054

［光绪］平遥县志十二卷 ……………… 221

［康熙］平彝县志十卷 ………………… 207

打箭炉志略 …………………………… 135

［乾隆］打箭炉志略二卷 ……………… 202

［宣统］东三省沿革表六卷 …………… 209

［光绪］东川府续志四卷 ……………… 149

［嘉靖］东乡县志二卷 ………………… 107

［同治］东乡县志十六卷首一卷末一卷

    ……………………………………… 107

［嘉庆］东乡县志三十三卷 …………… 128

［光绪］东平州志二十七卷图一卷首编

    四卷 ………………………………… 033

［光绪］东平州志二十七卷图一卷首编

    四卷 ………………………………… 232

［光绪］东平州志二十七卷图一卷首编

    四卷 ………………………………… 273

［乾隆］东平州志二十卷首一卷补遗一

    卷 …………………………………… 033

［道光］东平州志三十卷首二卷 ……… 033

［康熙］东平州志六卷 ………………… 173

［康熙］东平州续志八卷 ……………… 173

［民国］东平县志十七卷 ……………… 034

［嘉庆］东台县志四十卷 ……………… 083

［光绪］东台县志稿四卷 ……………… 083

东台县栟茶市乡土志 ………………… 083

［光绪］东光县志十二卷首一卷 ……… 013

［光绪］东光县志十二卷首一卷 ……… 013

［光绪］东光县志十二卷首一卷 ……… 274

307

［光绪］东光县志十二卷首一卷 …………… 277
［光绪］东光县志十二卷首一卷 ………… 285
［乾隆］东安县志 ………………………… 238
［乾隆］东安县志二十二卷 ……………… 011
［康熙］东安县志二十二卷 ……………… 011
［乾隆］东安县志二十二卷 ……………… 165
［康熙］东安县志十卷 …………………… 238
［光绪］东安县志八卷 …………………… 119
［光绪］东安县志八卷 …………………… 242
［天启］东安县志六卷 …………………… 011
［天启］东安县志六卷 …………………… 238
［道光］东阳县志二十八卷首一卷 ……… 102
［道光］东阿县志二十四卷首一卷 ……… 036
［道光］东阿县志二十四卷首一卷 ……… 036
［道光］东阿县志二十四卷首一卷 ……… 233
［道光］东阿县志二十四卷首一卷 ……… 280
［道光］东阿县志二十四卷首一卷 ……… 286
［民国］东阿县志十八卷首一卷 ………… 037
［乾隆］东昌府志五十首一卷 …………… 027
［乾隆］东昌府志五十首一卷 …………… 229
［乾隆］东明县志八卷 …………………… 040
［乾隆］东明县志八卷 …………………… 175
［乾隆］东明县志八卷 …………………… 248
［民国］东明县续志四卷 ………………… 040
［民国］东明县新志 ……………………… 278
［民国］东明县新志二十二卷首一卷 …… 040
［民国］东明县新志二十二卷首一卷 …… 213
［民国］东莞县志一百零二卷首一卷 …… 141
［嘉庆］东莞县志四十六卷 ……………… 141
［嘉庆］东流县志三十卷 ………………… 092
［光绪］北流县志二十四卷 ……………… 148
［民国］北镇县志六卷 …………………… 156
［民国］卢龙县志二十四卷首一卷 ……… 025
［民国］卢龙县志二十四卷首一卷 ……… 237
［顺治］卢龙县志六卷首一卷 …………… 170
［嘉庆］归州志十卷 ……………………… 115
［光绪］归州志十卷首一卷 ……………… 115
［光绪］归安县志五十二卷首一卷 ……… 098
［光绪］归顺直隶州志六卷 ……………… 147
［民国］归绥县志不分卷 ………………… 160
［民国］归绥县志不分卷 ………………… 212

［民国］归绥县志不分卷 ………………… 282
［乾隆］归善县志十八卷首一卷 ………… 204
［乾隆］归德府志三十六卷首一卷 ……… 040
［乾隆］归德府志三十六卷首一卷 ……… 213
［光绪］甲午新修台湾澎湖志十四卷首
　　一卷 ………………………………… 140
［同治］叶县志十卷首一卷 ……………… 046
［同治］叶县志十卷首一卷 ……………… 046
四川地理学 ……………………………… 123
［乾隆］四川保宁府广元县志十三卷首
　　一卷 ………………………………… 126
［嘉靖］四川总志十六卷 ………………… 259
［民国］四川郡县志十二卷 ……………… 122
［民国］四川郡县志十二卷 ……………… 123
［嘉庆］四川通志二百零四卷首二十二
　　卷 …………………………………… 122
［嘉庆］四川通志二百零四卷首二十二
　　卷 …………………………………… 243
［民国］四川通志目录 …………………… 123
［雍正］四川通志四十七卷首一卷 ……… 200
［光绪］四川綦江续志四卷 ……………… 201
［康熙］四会县志二十卷 ………………… 204
［光绪］四会县志十编首一编末一编 …… 144
四明六志校勘记九卷 …………………… 094
［宝庆］四明志二十一卷 ………………… 094
［乾道］四明图经十二卷 ………………… 093
［民国］四续掖县志六卷首一卷 ………… 032
［万历］四镇三关志十卷 ………………… 255
乍浦志六卷首一卷末一卷续纂二卷 …… 194
乍浦备志三十六卷首一卷 ……………… 194
［光绪］代州志十二卷首一卷 …………… 052
［万历］仙居县志十二卷 ………………… 100
［康熙］仙居县志三十卷 ………………… 195
［乾隆］仙游县志五十三卷首一卷 ……… 137
［乾隆］仙游县志五十三卷首一卷 ……… 138
［同治］仪陇县志六卷 …………………… 128
［乾隆］仪封县志十二卷首一卷末一卷
　　……………………………………… 041
［乾隆］仪封县志十二卷首一卷末一卷
　　……………………………………… 213
［康熙］仪封县志四十卷首一卷 ………… 175

［康熙］仪真县志二十二卷 ……… 189

［隆庆］仪真县志十四卷 …………… 081

［隆庆］仪真县志十四卷 …………… 217

［乾隆］白水县志四卷首一卷 …… 184

［乾隆］白水县志四卷首一卷 …… 184

［乾隆］白水县志四卷首一卷 …… 253

［光绪］白河县志十三卷 …………… 227

［光绪］白河县志十四卷 …………… 068

［光绪］白河县志十四卷 …………… 268

［道光］白蒲镇志十卷 ……………… 189

瓜洲志八卷首一卷 …………………… 079

［民国］瓜洲续志二十八卷 ……… 080

［道光］印江县志二卷 ……………… 208

［弘治］句容县志十二卷 …………… 211

［乾隆］句容县志十卷首一卷末一卷 …… 079

［光绪］处州府志三十卷首一卷末一卷

……………………………………………… 095

外藩列传 ……………………………… 262

［民国］乐山县志十二卷 …………… 133

［嘉庆］乐山县志十六卷首一卷 … 133

［同治］乐平县志十卷首一卷 …… 107

［光绪］乐宁县志二十五卷首一卷末一

卷 ……………………………………… 277

［道光］乐至县志十六卷首一卷 … 132

［民国］乐至县志又续四卷首一卷 … 132

［康熙］乐会县志四卷 ……………… 205

［康熙］乐会县志四卷 ……………… 210

［雍正］乐安县志二十卷 …………… 028

［雍正］乐安县志二十卷 …………… 230

［同治］乐安县志十一卷首一卷 … 107

［民国］乐安县志十三卷首一卷 … 028

［同治］乐昌县志十二卷 …………… 142

［光绪］乐亭县志十五卷首一卷末一卷

……………………………………………… 025

［光绪］乐亭县志十五卷首一卷末一卷

……………………………………………… 237

［光绪］乐亭县志十五卷首一卷末一卷

……………………………………………… 271

［乾隆］乐亭县志十四卷首一卷 … 025

［乾隆］乐陵县志八卷首一卷末一卷 … 038

［乾隆］乐陵县志八卷首一卷末一卷 … 038

［乾隆］乐陵县志八卷首一卷末一卷 …… 289

［光绪］乐清县志十六卷首一卷 … 100

［道光］乐清县志十六卷首一卷 … 100

［康熙］兰州志四卷 …………………… 186

［道光］兰州府志十二卷首一卷 … 070

［道光］兰州府志十二卷首一卷 … 212

［康熙］兰阳县志十卷 ……………… 041

［嘉靖］兰阳县志十卷 ……………… 041

［康熙］兰阳县志十卷 ……………… 213

［乾隆］兰阳县续志八卷 …………… 041

［乾隆］兰阳县续志八卷 …………… 213

［乾隆］兰阳县续志八卷图一卷 … 175

兰溪市志十四编 ……………………… 254

［康熙］兰溪县志七卷 ……………… 196

［乾隆］汀州府志四十五卷首一卷 … 136

［同治］汉川县志二十二卷首一卷 … 111

［同治］汉川县志二十二卷首一卷 … 251

［嘉庆］汉州志四十卷首一卷末一卷 … 125

［嘉庆］汉阳县志三十六卷首一卷 … 199

［光绪］汉阳县识十卷首一卷 …… 111

［光绪］汉阳县识十卷首一卷 …… 111

［光绪］汉阳县识十卷首一卷 …… 290

［嘉靖］汉阳府志十卷 ……………… 109

［乾隆］汉阳府志五十卷首一卷 … 199

［嘉庆］汉阴厅志十卷首一卷 …… 068

［嘉庆］汉阴厅志十卷首一卷 …… 227

［嘉庆］汉南续修郡志三十二卷首一卷

……………………………………………… 062

［民国］汉源县志四卷 ……………… 135

汉潏亭考不分卷 ……………………… 127

［民国］宁乡县志 ……………………… 117

［康熙］宁乡县志十卷首一卷 …… 180

［康熙］宁乡县志十卷首一卷 …… 255

［康熙］宁化县志七卷 ……………… 139

［康熙］宁化县志七卷 ……………… 255

［康熙］宁古塔纪略一卷 …………… 262

［乾隆］宁州志十卷 …………………… 197

［宣统］宁州志不分卷 ……………… 150

［宣统］宁州志不分卷 ……………… 206

［民国］宁安县志四卷 ……………… 160

宁阳县乡土志一卷 …………………… 033

宁阳县乡土志一卷 …………………… 232

[光绪]宁阳县志二十四卷 …………… 033

[康熙]宁远州志八卷 ………………… 156

[光绪]宁远县志八卷 ………………… 118

[光绪]宁远县志八卷 ………………… 242

[光绪]宁远县志八卷 ………………… 269

[康熙]宁远县志六卷 ………………… 186

[乾隆]宁远县志续略八卷 …………… 186

[乾隆]宁远县志续略八卷　宁远县志

　　补阙不分卷 …………………… 186

[道光]宁远府志五十四卷 …………… 155

[道光]宁远府志五十四卷 …………… 209

[光绪]宁羌州志五卷 ………………… 069

[光绪]宁羌州志五卷 ………………… 253

[光绪]宁羌州志五卷 ………………… 280

[乾隆]宁武府志十二卷首一卷 ……… 051

[乾隆]宁武府志十二卷首一卷 ……… 219

[乾隆]宁武府志十二卷首一卷 ……… 267

[乾隆]宁武府志十二卷首一卷 ……… 281

[民国]宁国县志十四卷首一卷 ……… 091

[光绪]宁国县通志十卷 ……………… 091

[万历]宁国府志二十卷图一卷 ……… 261

[嘉靖]宁国府志十卷 ………………… 087

[康熙]宁国府志三十二卷首一卷 …… 191

[嘉庆]宁国府志三十六卷首一卷末一

　　卷 ……………………………… 087

[嘉庆]宁国府志三十六卷首一卷末一

　　卷 ……………………………… 244

宁河县乡土志不分卷 ………………… 170

[光绪]宁河县志十六卷 ……………… 026

[光绪]宁河县志十六卷 ……………… 026

[乾隆]宁河县志十六卷 ……………… 026

[乾隆]宁河县志十六卷 ……………… 241

[光绪]宁河县志十六卷 ……………… 263

[光绪]宁河县志十六卷 ……………… 277

[光绪]宁河县志十六卷 ……………… 289

[光绪]宁河县志十六卷 ……………… 289

[光绪]宁河县志十六卷 ……………… 293

[雍正]宁波府志三十六卷首一卷 …… 094

[雍正]宁波府志三十六卷首一卷 …… 218

宁波府简要志五卷 …………………… 094

[道光]宁陕厅志四卷 ………………… 068

[道光]宁陕厅志四卷 ………………… 227

[道光]宁陕厅志四卷 ………………… 281

[同治]宁洋县志十二卷首一卷 ……… 138

宁津县乡土志 ………………………… 165

[光绪]宁津县志十二卷首一卷 ……… 013

[光绪]宁津县志十二卷首一卷 ……… 013

[光绪]宁津县志十二卷首一卷 ……… 263

[光绪]宁津县志十二卷首一卷 ……… 267

[光绪]宁津县志十二卷首一卷 ……… 274

[光绪]宁津县志十二卷首一卷 ……… 277

[光绪]宁津县志十二卷首一卷 ……… 284

[光绪]宁津县志十二卷首一卷 ……… 285

宁晋县乡土志 ………………………… 166

[民国]宁晋县志十一卷 ……………… 016

[民国]宁晋县志十一卷 ……………… 239

[民国]宁晋县志十一卷 ……………… 272

[康熙]宁晋县志十卷 ………………… 166

[康熙]宁晋县志十卷 ………………… 166

[康熙]宁晋县志十卷 ………………… 279

[乾隆]宁夏府志二十二卷首一卷 …… 187

[乾隆]宁夏府志二十二卷首一卷 …… 187

[嘉靖]宁夏新志八卷 ………………… 073

[康熙]宁海州志十卷 ………………… 172

[康熙]宁陵县志十二卷首一卷 ……… 045

[康熙]宁陵县志十二卷首一卷 ……… 214

[乾隆]宁德县志十卷首一卷图一卷 … 137

[乾隆]礼县志十九卷首一卷 ………… 186

[光绪]永川县志十卷首一卷 ………… 130

[同治]永丰县志四十卷 ……………… 108

[嘉靖]永丰县志四卷 ………………… 108

[光绪]永平府志 ……………………… 274

[乾隆]永平府志二十四卷首一卷末一

　　卷 ……………………………… 006

[万历]永平府志十卷 ………………… 163

[光绪]永平府志七十二卷首一卷末一

　　卷 ……………………………… 006

[光绪]永平府志七十二卷首一卷末一

　　卷 ……………………………… 006

[乾隆]永北府志二十八卷 …………… 207

[光绪]永宁州志十二卷 ……………… 153

［道光］永宁州志十二卷首一卷 ·········· 153

［道光］永宁州志十二卷首一卷 ·········· 209

［光绪］永宁州志十六卷 ·············· 147

［光绪］永宁州志十六卷 ·············· 148

［康熙］永宁州志八卷 ··············· 181

［乾隆］永宁县志八卷首一卷 ·········· 178

［道光］永宁县志八卷首一卷 ·········· 198

［乾隆］永宁县志八卷首一卷 ·········· 248

永吉县乡土志不分卷 ··············· 157

永年县乡土志三卷 ················ 165

永年县乡土志三卷 ················ 165

［康熙］永年县志十九卷首一卷 ········ 014

［乾隆］永年县志四十四卷首一卷 ······ 014

［光绪］永年县志四十卷首一卷 ········ 014

［光绪］永年县志四十卷首一卷 ········ 238

［光绪］永年县志四十卷首一卷 ········ 265

［光绪］永年县志四十卷首一卷 ········ 270

［光绪］永年县志四十卷首一卷 ········ 279

［道光］永州府志十八卷首一卷 ········ 116

［光绪］永兴县志五十五卷首一卷 ······ 119

［光绪］永安州志四卷首一卷 ·········· 148

［雍正］永安县志十卷首一卷 ·········· 138

［道光］永安县续志十卷 ············· 139

［光绪］永寿县重修新志十卷首一卷 ····· 063

［乾隆］永寿县新志十卷首一卷 ········ 063

［乾隆］永昌县志一卷 ··············· 071

［光绪］永昌府志六十六卷首一卷 ······ 149

［光绪］永昌府志六十六卷首一卷 ······ 217

［道光］永明县志十三卷首一卷 ········ 118

［康熙］永和县志二十四卷 ··········· 183

［民国］永和县志十六卷首一卷附录一

　　卷 ························ 061

［嘉庆］永定县志八卷 ··············· 122

［道光］永定县志三十二卷 ··········· 138

［乾隆］永春州志十六卷首一卷 ········ 137

［光绪］永城县志三十八卷首一卷 ······ 044

［光绪］永城县志三十八卷首一卷 ······ 247

［同治］永顺县志八卷首一卷末一卷 ····· 122

［民国］永顺县志三十六卷 ··········· 122

［同治］永顺府志十二卷首一卷 ········ 116

［乾隆］永顺府志十二卷首一卷 ········ 116

［光绪］永济县志二十四卷 ··········· 060

［光绪］永济县志二十四卷 ··········· 224

［民国］永泰县志十二卷 ············· 136

［宣统］永绥厅志三十卷首一卷 ········ 122

［宣统］永绥厅志三十卷首一卷 ········ 243

［同治］永绥直隶厅志六卷 ··········· 122

［光绪］永康县志十六卷首一卷 ········ 102

［乾隆］永清县志二十五卷文征五卷 ···· 011

［乾隆］永清县志二十五篇 ··········· 238

［乾隆］永清县志二十五篇文征五卷 ···· 011

［乾隆］永清县志二十五篇文征五卷 ···· 011

［乾隆］永清县志二十五篇文征五卷 ···· 275

［乾隆］永清县志二十五篇文征五卷 ···· 284

［同治］永新县志二十六卷首一卷 ······ 108

［乾隆］永福县志十卷 ··············· 203

［民国］永福县志四卷 ··············· 147

［光绪］永嘉县志三十八卷首一卷 ······ 099

民国重修大足县志九卷首一卷 ········ 130

民国新修大埔县志三十九卷首一卷 ····· 143

民国新修合川县志八十三卷 ·········· 131

［光绪］台州府志一百四十卷 ········· 218

［光绪］台州府志一百四十卷首一卷 ···· 094

［光绪］台州府志一百卷 ············· 094

［光绪］台州府志一百卷 ············· 218

［光绪］台州府志一百卷 ············· 288

［康熙］台州府志十八卷首一卷 ········ 193

台海使槎录 ···················· 139

台湾小志一卷 ··················· 255

［乾隆］台湾县志六卷 ··············· 203

［咸丰］台湾府噶玛兰厅志八卷 ········ 139

［民国］辽中县志二十九卷首一卷 ······ 155

［嘉靖］辽东志九卷 ················ 154

［嘉靖］辽东志九卷 ················ 154

［嘉靖］辽东志九卷 ················ 261

［嘉靖］辽东志九卷图一卷地名索引一

　　卷 ························ 154

辽东志校勘记一卷勘误表一卷 ········ 154

辽东志校勘记一卷勘误表一卷 ········ 154

［雍正］辽州志八卷 ················ 180

［雍正］辽州志八卷 ················ 225

辽阳乡土志一卷 ·················· 155

311

天津图书馆馆藏历代方志目录

［民国］辽阳县志四十卷首一卷 ……… 155

［民国］辽阳县志四十卷首一卷 ……… 275

［宣统］辽源州志书不分卷 ……… 158

辽源县乡土志书 ……… 158

六画

耒阳县乡土志二卷 ……… 119

［道光］耒阳县志二十二卷首一卷 ……… 119

［光绪］耒阳县志八卷首一卷 ……… 119

［光绪］耒阳县志八卷首一卷 ……… 242

［嘉庆］邢台县志十卷首一卷 ……… 016

［民国］邢台县志八卷 ……… 016

［光绪］邢台县志八卷首一卷 ……… 016

［光绪］邢台县志八卷首一卷 ……… 241

［光绪］吉水县志六十六卷首一卷 ……… 108

［乾隆］吉水县志四十二卷 ……… 259

［光绪］吉州全志八卷 ……… 061

［光绪］吉州全志八卷 ……… 061

［乾隆］吉州全志志八卷 ……… 183

［乾隆］吉安府志七十四卷首一卷 ……… 196

［光绪］吉安府志五十三卷首一卷 ……… 104

［民国］吉林方正县志不分卷 ……… 160

吉林双城县乡土志不分卷 ……… 159

［道光］吉林外记十卷 ……… 157

吉林外记十卷 ……… 258

［道光］吉林外纪十卷 ……… 262

［民国］吉林汇征二卷附录一卷 ……… 157

［民国］吉林地志 ……… 157

［民国］吉林地志 ……… 157

［民国］吉林地志 ……… 225

吉林地志一卷鸡林旧闻录三卷 ……… 257

［民国］吉林依兰县志不分卷 ……… 160

吉林通志一百二十二卷 ……… 264

［光绪］吉林通志一百二十二卷 ……… 268

［光绪］吉林通志一百二十二卷图一卷
……… 156

［光绪］吉林通志一百二十二卷图一卷
……… 157

［光绪］吉林通志一百二十二卷图一卷
……… 212

［光绪］吉林通志一百二十二卷图一卷
……… 212

［光绪］吉林通志一百二十二卷图一卷
……… 282

［光绪］吉林通志一百二十二卷图一卷
……… 286

［民国］吉林新志二编 ……… 157

［光绪］吉林舆地略二卷 ……… 157

［康熙］考城县志四卷 ……… 175

［康熙］考城县志四卷 ……… 248

［乾隆］巩县志二十卷首一卷 ……… 041

［乾隆］巩县志二十卷首一卷 ……… 213

［嘉靖］巩县志八卷 ……… 041

［康熙］巩昌府志二十八卷 ……… 186

［乾隆］再续华州志十二卷 ……… 066

［乾隆］再续华州志十二卷 ……… 066

［乾隆］再续华州志十二卷 ……… 227

［光绪］再续高邮州志八卷首一卷 ……… 080

［道光］再续掖县志二卷 ……… 031

［道光］再续掖县志二卷 ……… 231

［道光］西乡县志六卷 ……… 069

［康熙］西平县志十卷 ……… 177

［康熙］西平县志十卷 ……… 248

［康熙］西宁县志十二卷首一卷 ……… 205

［康熙］西宁县志八卷首一卷 ……… 170

［乾隆］西宁府新志四十卷 ……… 187

［同治］西宁新志十卷首一卷 ……… 024

［同治］西宁新志十卷首一卷 ……… 237

［同治］西宁新志十卷首一卷 ……… 269

［乾隆］西华县志十四卷首一卷 ……… 046

［乾隆］西华县志十四卷首一卷 ……… 215

［康熙］西充县志十二卷 ……… 201

［光绪］西充县志十四卷图一卷 ……… 128

西安县乡土志 ……… 157

［嘉庆］西安县志四十八卷首一卷 ……… 103

［宣统］西安县志略 ……… 282

［宣统］西安县志略十三卷 ……… 157

［宣统］西安县志略十三卷 ……… 212

西安县新志正误三卷 ……… 103

［乾隆］西安府志八十卷首一卷 ……… 061

西招图略一卷 ……… 161

西招图略一卷附录一卷 …………… 257

[民国]西昌县志十二卷首一卷 …… 135

[乾隆]西和县志四卷 …………… 072

西陲要略四卷 …………………… 262

西陲要略四卷 …………………… 263

[乾隆]西陲总统事略十二卷 …… 161

[光绪]西域南八城纪略一卷 …… 262

西域闻见录八卷首一卷 ………… 262

[民国]西康建省记不分卷 ……… 246

[康熙]西隆州志不分卷 ………… 205

西溪镇志 ………………………… 210

西藏纪略一卷 …………………… 262

[乾隆]西藏志不分卷 …………… 161

[光绪]西藏图考八卷首一卷 …… 161

[光绪]西藏图考八卷首一卷 …… 162

西藏图考八卷首一卷 …………… 257

[光绪]西藏图考八卷首一卷 …… 275

[光绪]西藏图考八卷首一卷 …… 282

[光绪]西藏图考八卷首一卷 …… 288

西藏通览二卷 …………………… 257

西藏通览二编 …………………… 162

[光绪]百色厅志八卷首一卷 …… 147

[民国]达县志二十卷首一卷末一卷补
　　遗二卷 ……………………… 128

[民国]达县志二十卷首一卷末一卷补
　　遗二卷 ……………………… 128

[嘉庆]达县志五十二卷 ………… 128

[嘉庆]成安县志十二卷 ………… 015

[康熙]成安县志十二卷 ………… 166

[康熙]成安县志十二卷 ………… 235

[民国]成安县志十六卷首一卷 … 015

[民国]成安县志十六卷首一卷 … 240

[乾隆]成县新志四卷 …………… 072

[乾隆]成县新志四卷 …………… 281

[嘉庆]成都县志六卷首一卷 …… 123

[民国]夹江县志十二卷首一卷 … 134

[嘉庆]夹江县志十二卷首一卷 … 134

[万历]扬州府志二十七卷首一卷 … 188

[康熙]扬州府志四十卷 ………… 188

[雍正]扬州府志四十卷 ………… 188

[同治]扬州府续志二十四卷 …… 282

[同治]扬州府续志二十四卷 …… 291

[道光]扬州营志十六卷 ………… 079

[道光]扬州营志十六卷 ………… 080

[光绪]毕节县志十卷首一卷 …… 153

至元嘉禾志三十二卷 …………… 093

至元嘉禾志三十二卷 …………… 193

至正四明续志十二卷 …………… 094

[康熙]师宗州志二卷 …………… 210

[嘉靖]光山县志九卷 …………… 047

[乾隆]光山县志三十二卷首一卷 … 048

[乾隆]光山县志三十二卷首一卷 … 048

[光绪]光化县志八卷首一卷 …… 114

[光绪]光化县志八卷首一卷 …… 250

[正德]光化县志六卷末一卷 …… 114

光州乡土志不分卷 ……………… 048

[光绪]光州志十二卷首一卷 …… 048

[光绪]光州志十二卷首一卷 …… 215

[乾隆]光州志六十八卷 ………… 048

[乾隆]光州志六十八卷 ………… 048

光宣宜荆续志十二卷首一卷 …… 078

光绪太平续志十八卷首一卷 …… 100

光绪丙子清河县志二十六卷 …… 082

光绪仙居志二十四卷首一卷 …… 100

光绪仙居志二十四卷首一卷仙居集二
　　十四卷 ……………………… 100

光绪兰溪县志八卷首一卷附补遗一卷
　　…………………………………… 102

光绪宁海县志二十四卷首一卷 … 099

光绪台州府志一百卷 …………… 293

光绪余杭县志稿不分卷 ………… 095

光福志十二卷首一卷 …………… 084

[同治]当阳县志十八卷首一卷末一卷
　　…………………………………… 115

[同治]当阳县志十八卷首一卷末一卷
　　…………………………………… 253

[光绪]当阳县补续志四卷首一卷 … 115

[光绪]当阳县补续志四卷首一卷 … 253

[乾隆]当涂县志三十三卷 ……… 090

当湖外志八卷 …………………… 096

[光绪]曲江县志十六卷 ………… 142

曲阳县乡土志 …………………… 169

313

曲阳县乡土志 …………………… 169

［康熙］曲阳县新志十一卷 …………… 023

［康熙］曲沃县志三十卷 ……………… 182

［乾隆］曲阜县志一百卷 ……………… 034

［乾隆］曲阜县志一百卷 ……………… 234

［同治］曲周县志二十卷 ……………… 015

［同治］曲周县志二十卷 ……………… 015

［同治］曲周县志二十卷 ……………… 279

［嘉靖］吕泾野先生高陵县志七卷 …… 064

［民国］同正县志十卷 ………………… 147

［乾隆］同州府志二十卷首一卷 ……… 183

［咸丰］同州府志三十四卷首二卷 …… 061

［咸丰］同州府志三十四卷首二卷 …… 227

［光绪］同州府续志十六卷首一卷 …… 061

［乾隆］同安县志三十卷首一卷 ……… 202

［民国］同安县志四十二卷首一卷 …… 136

同里志二十四卷首一卷 ……………… 085

［乾隆］同官县志十卷 ………………… 183

［民国］同官县志三十卷首一卷末一卷

………………………………………… 064

回疆风土记一卷 ……………………… 262

回疆风土记一卷 ……………………… 263

［嘉庆］回疆通志十二卷 ……………… 208

［嘉庆］朱泾志十卷 …………………… 076

［同治］竹山县志二十九卷 …………… 114

［同治］竹山县志二十九卷 …………… 249

［同治］竹溪县志十六卷首一卷 ……… 114

［光绪］迁江县志四卷 ………………… 147

［光绪］迁江县志四卷 ………………… 243

［同治］迁安县志十八卷首一卷末一卷

………………………………………… 025

［同治］迁安县志十八卷首一卷末一卷

………………………………………… 236

［同治］迁安县志十八卷首一卷末一卷

………………………………………… 236

［乾隆］迁安县志三十卷 ……………… 025

［道光］休宁县志二十四卷图一卷 …… 091

［康熙］休宁县志八卷首一卷 ………… 192

休宁碎事十二卷 ……………………… 192

［乾隆］伏羌县志十四卷 ……………… 072

［乾隆］延长县志十卷 ………………… 066

［嘉靖］延平府志二十三卷 …………… 136

［乾隆］延平府志四十六卷首一卷 …… 136

［民国］延吉县志十二卷 ……………… 159

［光绪］延庆州志十二卷首一卷末一卷

………………………………………… 008

［光绪］延庆州志十二卷首一卷末一卷

………………………………………… 239

［光绪］延庆州志十二卷首一卷末一卷

………………………………………… 270

［光绪］延庆州志十二卷首一卷末一卷

………………………………………… 276

［乾隆］延庆州志十卷首一卷 ………… 164

［乾隆］延庆县志十卷首一卷 ………… 008

［弘治］延安府志八卷 ………………… 062

［弘治］延安府志八卷 ………………… 225

［康熙］延津县志十卷 ………………… 175

［康熙］延津县志十卷 ………………… 248

［康熙］延绥镇志八卷 ………………… 185

［康熙］延绥镇志六卷 ………………… 185

［乾隆］任丘县志十二卷首一卷 ……… 014

［乾隆］任丘县志十二卷首一卷 ……… 014

［乾隆］任丘县志十二卷首一卷 ……… 266

［道光］任丘县志续编二卷 …………… 014

［道光］任丘县志续编二卷 …………… 014

［道光］任丘县志续编二卷 …………… 014

［道光］任丘县志续编二卷 …………… 266

［宣统］任县志八卷 …………………… 016

［宣统］任县志八卷 …………………… 017

［宣统］任县志八卷 …………………… 269

［乾隆］任邱县志十二卷首一卷 ……… 276

［隆庆］华州志二十四卷 ……………… 066

［隆庆］华州志二十四卷 ……………… 066

［隆庆］华州志二十四卷 ……………… 227

［民国］华阳县志三十六卷首一卷 …… 124

［嘉庆］华阳县志四十四卷首一卷 …… 124

［乾隆］华阴县志二十二卷首一卷 …… 066

［万历］华阴县志九卷 ………………… 184

［万历］华阴县志九卷 ………………… 184

［民国］华阴县续志八卷 ……………… 066

［民国］华亭县志四卷 ………………… 071

［光绪］华容县志十五卷首一卷 ……… 121

［康熙］华容县志八卷 …………………… 200

［乾隆］行唐县新志十六卷 ……………… 018

［乾隆］行唐县新志十六卷 ……………… 239

［嘉靖］全辽志六卷 ……………………… 154

［嘉靖］全辽志六卷 ……………………… 154

［嘉靖］全辽志六卷 ……………………… 228

［嘉庆］全州志十二卷首一卷末一卷 …… 147

［康熙］全州志八卷 ……………………… 206

［康熙］全椒县志十八卷 ………………… 192

［民国］全椒县志十六卷首一卷 ………… 090

［民国］全椒县志十六卷首一卷 ………… 090

［民国］全椒县志十六卷首一卷 ………… 245

［光绪］全滇纪要不分卷 ………………… 149

［道光］会宁县志十二卷首一卷 ………… 186

［光绪］会同县志十四卷首一卷 ………… 121

［嘉庆］会同县志十卷 …………………… 146

［同治］会昌县志三十二卷首一卷 ……… 109

［同治］会理州志十二卷 ………………… 135

［嘉泰］会稽志二十卷 …………………… 094

［嘉泰］会稽志二十卷 …………………… 218

［嘉泰］会稽志二十卷 …………………… 275

［嘉泰］会稽志二十卷 …………………… 287

［嘉泰］会稽志二十卷 …………………… 287

［嘉泰］会稽志二十卷 …………………… 287

［康熙］会稽县志二十八卷首一卷 ……… 195

［康熙］会稽县志二十八卷首一卷附校
　　误一卷 ……………………………… 098

［万历］会稽县志十六卷 ………………… 260

［道光］会稽县志稿二十五卷首一卷 …… 098

［宝庆］会稽续志七卷 …………………… 275

［宝庆］会稽续志七卷 …………………… 287

［宝庆］会稽续志七卷 …………………… 287

［宝庆］会稽续志八卷 …………………… 094

［宝庆］会稽续志八卷 …………………… 218

［乾隆］合水县志二卷 …………………… 071

［光绪］合州志十六卷首一卷 …………… 131

［嘉庆］合江县志五十四卷 ……………… 202

［同治］合江县志五十四卷首一卷 ……… 133

［民国］合江县志六卷 …………………… 133

［康熙］合肥县志二十卷 ………………… 191

［嘉庆］合肥县志三十六卷首一卷 ……… 088

［嘉庆］合肥县志三十六卷首一卷 ……… 191

［嘉庆］合肥县志三十六卷首一卷 ……… 245

［民国］邠县新志稿二十卷 ……………… 063

［民国］创修渭源县志十卷首一卷 ……… 073

［民国］创修渭源县志十卷首一卷 ……… 254

［光绪］名山县志十五卷 ………………… 134

［民国］名山县新志十六卷首一卷末一
　　卷 …………………………………… 134

［民国］庄河县志十二卷首一卷 ………… 155

［乾隆］庄浪志略二十卷 ………………… 071

［道光］庆元县志十二卷图一卷 ………… 196

［光绪］庆元县志十二卷首一卷 ………… 101

［民国］庆云县志 ………………………… 269

［咸丰］庆云县志三卷首一卷末一卷 …… 012

［咸丰］庆云县志三卷首一卷末一卷 …… 013

［民国］庆云县志不分卷 ………………… 013

［民国］庆云县志四卷 …………………… 013

［民国］庆云县志四卷 …………………… 013

［康熙］庆都县志六卷 …………………… 169

［康熙］庆都县志六卷 …………………… 169

［康熙］庆都县志六卷 …………………… 169

［嘉庆］庆符县志五十四卷 ……………… 202

［雍正］齐河县志十卷首一卷 …………… 038

［雍正］齐河县志十卷首一卷 …………… 174

［雍正］齐河县志十卷首一卷 …………… 234

［民国］齐河县志三十四卷首一卷 ……… 039

［至元］齐乘六卷附释音一卷 …………… 256

齐溪小志 ………………………………… 085

［民国］交河县志十卷首一卷 …………… 013

［民国］交河县志十卷首一卷 …………… 239

［民国］交河县志十卷首一卷 …………… 264

［康熙］交河县志七卷图 ………………… 165

［康熙］交河县志七卷图 ………………… 235

［康熙］交城县志十八卷首一卷 ………… 180

［康熙］交城县志十八卷首一卷 ………… 224

［光绪］交城县志十卷首一卷 …………… 055

羊城古钞八卷首一卷 …………………… 141

［光绪］米脂县志十二卷 ………………… 067

［光绪］米脂县志十二卷 ………………… 226

［光绪］米脂县志十二卷 ………………… 281

［康熙］米脂县志八卷 …………………… 185

［康熙］米脂县志八卷 ················ 185

州乘一览八卷 ······················· 084

州乘资四卷附州乘资续 ············ 083

［光绪］兴山县志二十二卷 ·········· 115

［光绪］兴山县志二十二卷 ·········· 250

［咸丰］兴义府志七十四卷首一卷 ··· 153

［光绪］兴义府志续编二卷 ·········· 153

［崇祯］兴化县志 ···················· 137

［万历］兴化县新志十卷 ············ 261

［乾隆］兴化府莆田县志三十六卷首一
卷 ·································· 137

［乾隆］兴化府莆田县志三十六卷首一
卷 ·································· 137

［光绪］兴文县志六卷首一卷 ······· 132

［乾隆］兴平县志二十五卷 ·········· 063

［乾隆］兴平县志二十五卷 ·········· 063

［乾隆］兴平县志二十五卷 ·········· 253

［民国］兴平县志八卷 ··············· 252

［光绪］兴平县续志三卷 ············ 063

［光绪］兴平县续志三卷 ············ 253

［乾隆］兴业县志四卷 ··············· 206

［咸丰］兴宁县志十二卷首一卷 ····· 144

［光绪］兴宁县志十八卷首一卷末一卷
·································· 119

［同治］兴安县志十六卷首一卷 ····· 106

［同治］兴安县志十六卷首一卷 ····· 255

［同治］兴安县志十六卷首一卷 ····· 255

［道光］兴安县志三十二卷首一卷 ··· 197

［乾隆］兴安府志三十卷 ············ 062

［乾隆］兴县志十八卷 ··············· 053

［乾隆］兴县志十八卷 ··············· 053

［乾隆］兴县志十八卷 ··············· 220

［光绪］兴县续志二卷 ··············· 053

［光绪］兴县续志二卷 ··············· 220

［光绪］兴国州志三十六卷首一卷 ··· 112

［道光］兴国县志四十六卷首一卷 ··· 108

［同治］兴国县志四十六卷首一卷 ··· 109

［同治］兴国县志四十六卷首一卷 ··· 209

［民国］兴京县志十五卷 ············ 156

［民国］兴城县志十五卷首一卷音义一
卷 ·································· 156

［嘉靖］兴济县志二卷 ··············· 259

［同治］江山县志十二卷首一卷末一卷
·································· 103

［道光］江北厅志八卷首一卷 ······· 131

［光绪］江宁府七县地形考略一卷 ··· 073

［康熙］江宁府志三十四卷 ·········· 187

［嘉庆］江西省大志 ················· 103

［光绪］江西通志一百八十卷首五卷 ··· 103

［光绪］江西通志一百八十卷首五卷 ··· 246

［光绪］江西通志一百八十卷首五卷 ··· 291

［雍正］江西通志一百六十二卷首三卷
·································· 196

［同治］江西新城县志十二卷首一卷末
一卷 ······························ 108

［同治］江华县志十二卷首一卷 ····· 119

［同治］江华县志十二卷首一卷 ····· 242

［道光］江安县志二卷首一卷 ······· 132

［嘉庆］江安县志六卷 ··············· 132

［民国］江安县志四卷 ··············· 132

［嘉靖］江阴县志二十一卷 ·········· 087

［道光］江阴县志二十八卷首一卷 ··· 087

［光绪］江阴县志三十卷首一卷 ····· 087

［民国］江阴县续志二十八卷 ······· 087

［光绪］江油县志二十四卷 ·········· 126

［雍正］江油县志二卷 ··············· 126

［道光］江油县志四卷首一卷 ······· 126

［乾隆］江南通志二百卷首四卷序目一
卷 ·································· 187

［康熙］江南通志七十六卷 ·········· 209

［光绪］江津县志十二卷志存一卷图考
一卷 ······························ 131

［民国］江津县志十六卷首一卷 ····· 131

［雍正］江都县志二十卷图一卷 ····· 189

［乾隆］江都县志三十二卷首一卷 ··· 079

［嘉庆］江都县续志十二卷首一卷 ··· 079

［光绪］江都县续志三十卷首一卷 ··· 080

［光绪］江都县续志三十卷首一卷 ··· 254

［同治］江夏县志八卷首一卷 ········ 111

［光绪］江浦埠乘四十卷首一卷 ····· 077

［顺治］江陵志余十卷 ··············· 199

［乾隆］江陵县志五十八卷首一卷 ··· 199

江湾里志十五卷附刊一卷 ……… 077

[民国]汲县今志二十章 ……… 042

[乾隆]汲县志十四卷首一卷末一卷 …… 042

[乾隆]汲县志十四卷首一卷末一卷 …… 213

[乾隆]汜水县志二十二卷图一卷 …… 175

[民国]汜水县志十二卷 ……… 042

[康熙]池州府志九十二卷 ……… 259

[嘉靖]池州府志九卷 ……… 087

[乾隆]池州府志五十八卷首一卷 …… 191

[康熙]汝宁府志十六卷首一卷 …… 175

[嘉庆]汝宁府志三十卷首一卷 …… 040

[嘉庆]汝宁府志三十卷首一卷 …… 213

[道光]汝州全志十卷首一卷 …… 049

[道光]汝州全志十卷首一卷 …… 216

[正德]汝州志八卷 ……… 049

[康熙]汝阳县志十卷 ……… 177

[康熙]汝阳县志十卷 ……… 248

[乾隆]汤阴县志十卷 ……… 176

[乾隆]汤阴县志十卷 ……… 249

[乾隆]汤阴县志十卷 ……… 270

[民国]汤溪县志二十卷首一卷 …… 101

[乾隆]汤溪县志十卷首一卷 …… 101

[同治]安义县志十六卷首一卷末一卷

……… 105

安广县乡土志不分卷 ……… 159

[乾隆]安乡县志八卷 ……… 121

[同治]安仁县志十六卷首一卷末一卷

……… 119

[道光]安仁县志三十二卷首一卷 …… 197

[同治]安仁县志三十六卷首一卷末一

卷 ……… 107

[康熙]安平县志十卷 ……… 167

[康熙]安平县志十卷 ……… 235

[道光]安平县志十卷首一卷 …… 211

[光绪]安东县志十五卷首一卷 …… 082

安东县志八卷首一卷 ……… 156

[万历]安丘县志二十八卷 …… 030

[万历]安丘县志二十八卷 …… 172

[万历]安丘县志二十八卷 …… 172

[同治]安吉县志十八卷首一卷 …… 097

[民国]安吉县志四十八卷 …… 246

[民国]安达县志十二卷 ……… 160

[康熙]安庆府志三十二卷 ……… 191

[康熙]安庆府宿松县志三十六卷 …… 193

[道光]安州志十九卷 ……… 168

[民国]安次县旧志四种合刊 ……… 273

[民国]安次县志十二卷 ……… 011

[民国]安次县志十二卷 ……… 238

[民国]安次县志十二卷 ……… 265

[民国]安次县志十二卷 ……… 265

[民国]安次县志十二卷 ……… 276

[民国]安次县志十二卷 ……… 284

[民国]安次县志十二卷附一山集一卷

……… 011

[民国]安次县志十二卷附一山集一卷

……… 011

[嘉庆]安阳县志二十八卷首一卷 …… 043

[嘉庆]安阳县志二十八卷首一卷 …… 176

[嘉庆]安阳县志二十八卷首一卷 …… 176

[嘉庆]安阳县志二十八卷首一卷 …… 215

[嘉庆]安阳县志二十八卷首一卷 …… 281

[康熙]安阳县志十卷 ……… 176

[同治]安远县志十卷首一卷 …… 109

[同治]安县志三十二卷首一卷 …… 127

[民国]安县志六十卷 ……… 127

[民国]安县续志六卷 ……… 127

[康熙]安邑县志十一卷 ……… 182

[光绪]安邑县续志六卷首一卷 …… 059

[光绪]安邑县续志六卷首一卷 …… 223

[光绪]安邑县续志六卷首一卷 …… 281

安邱县志四章 ……… 170

[道光]安陆县志四十卷首一卷 …… 112

[道光]安陆县志四十卷首一卷 …… 254

安陆县志补正二卷 ……… 112

[民国]安图县志六卷 ……… 159

[道光]安岳县志十六卷首一卷 …… 132

[康熙]安定县志八卷 ……… 186

[道光]安定县志八卷首一卷 …… 066

[乾隆]安肃县志十六卷 ……… 021

[乾隆]安肃县志十六卷 ……… 239

[乾隆]安肃县志十六卷 ……… 271

安南志略二十卷 ……… 261

317

［咸丰］安顺府志五十四卷首一卷 ……… 152

安亭志二十卷 …………………… 210

［嘉庆］安康县志二十卷 …………… 068

［嘉庆］安康县志二十卷 …………… 254

［乾隆］安溪县志十二卷首一卷 …… 203

［嘉靖］安溪县志八卷 ……………… 137

［民国］安塞县志 …………………… 280

［民国］安塞县志十二卷首一卷 …… 066

［民国］安塞县志十二卷首一卷 …… 227

［乾隆］安福县志二十二卷首一卷 …… 198

［同治］安福县志十八卷首一卷末一卷

………………………………… 108

［道光］安福县志三十二卷首一卷末一

卷 …………………………… 121

［民国］安徽无为县小志十卷 ……… 090

［道光］安徽通志二百六十卷首六卷 … 087

［民国］安徽通志金石古物考稿十七卷

例目一卷 …………………… 087

［民国］安徽通志馆列传稿 ………… 087

军台道里表一志 ………………… 263

［万历］祁门志四卷 ………………… 246

祁门县乡土地理誌稿本九章八十八节

………………………………… 091

［同治］祁门县志三十六卷首一卷 …… 091

［道光］祁门县志三十六卷首一卷 …… 192

［同治］祁门县志三十六卷首一卷 …… 245

［民国］祁门县志艺文考不分卷 …… 091

［万历］祁门县志四卷 ……………… 091

祁州乡土志 ……………………… 169

［乾隆］祁州志八卷 ………………… 022

［乾隆］祁州志八卷 ………………… 236

［乾隆］祁州志八卷 ………………… 277

［光绪］祁州续志四卷 ……………… 022

［光绪］祁州续志四卷 ……………… 236

［同治］祁阳县志二十四卷首一卷 …… 119

［嘉庆］祁阳县志二十四卷首一卷 …… 119

［光绪］祁县志十六卷 ……………… 054

［乾隆］祁县志十六卷 ……………… 054

［光绪］祁县志十六卷 ……………… 221

［光绪］祁县志十六卷附一卷 ……… 267

［民国］讷河县志十二卷 …………… 160

［乾隆］许州志十六卷 ……………… 045

［道光］许州志十六卷首一卷 ……… 045

［道光］许州志十六卷首一卷 ……… 247

［嘉靖］许州志八卷 ………………… 045

［民国］农安县志八卷 ……………… 157

［民国］农安县志八卷 ……………… 212

［嘉靖］寻甸府志二卷 ……………… 151

［道光］阳山县志十五卷首一卷 …… 143

［道光］阳曲县志十六卷 …………… 051

［道光］阳曲县志十六卷 …………… 219

［康熙］阳曲县志十四卷首一卷 …… 179

［道光］阳江县志八卷 ……………… 145

［康熙］阳谷县志八卷首一卷 ……… 033

［康熙］阳谷县志八卷首一卷 ……… 174

［康熙］阳谷县志八卷首一卷 ……… 234

［乾隆］阳武县志十二卷 …………… 042

［乾隆］阳武县志十二卷 …………… 213

［道光］阳春县志十四卷首一卷 …… 145

［同治］阳城县志十八卷首一卷 …… 057

［同治］阳城县志十八卷首一卷 …… 222

［乾隆］阳城县志十六卷 …………… 057

［康熙］阳城县志八卷 ……………… 181

［民国］阳信县志八卷 ……………… 028

［民国］阳信县志八卷 ……………… 292

［乾隆］阳信县志八卷首一卷 ……… 028

［乾隆］阳信县志八卷首一卷 ……… 229

［民国］阳原县志十八卷 …………… 024

［民国］阳原县志十八卷 …………… 236

［民国］阳原县志十八卷 …………… 266

［民国］阳原县志十八卷 …………… 266

［民国］阳原县志十八卷 …………… 267

［民国］阳原县志十八卷 …………… 274

［民国］阳原县志十八卷 …………… 282

［雍正］阳高县志六卷 ……………… 051

［雍正］阳高县志六卷 ……………… 179

［雍正］阳高县志六卷 ……………… 228

［道光］阳朔县志五卷首一卷 ……… 206

［乾隆］阳湖县志十二卷首一卷 …… 188

［光绪］阶州直隶州续志三十三卷 … 072

［嘉庆］如皋县志二十四卷 ………… 084

［嘉庆］如皋县志二十四卷 ………… 084

［乾隆］如皋县志三十二卷附录一卷 ⋯⋯ 189

［道光］如皋县续志十二卷 ⋯⋯⋯⋯⋯ 084

［道光］如皋县续志十二卷 ⋯⋯⋯⋯⋯ 084

［同治］如皋县续志十六卷 ⋯⋯⋯⋯⋯ 084

［道光］观城县志十卷首一卷 ⋯⋯⋯⋯ 037

［道光］观城县志十卷首一卷 ⋯⋯⋯⋯ 174

［道光］观城县志十卷首一卷 ⋯⋯⋯⋯ 233

［康熙］观城县志五卷首一卷 ⋯⋯⋯⋯ 174

［民国］牟平县志十卷首一卷 ⋯⋯⋯⋯ 031

［民国］牟平县志十卷首一卷 ⋯⋯⋯⋯ 231

七画

［康熙］寿宁县志八卷 ⋯⋯⋯⋯⋯⋯⋯ 203

［嘉庆］寿光县志二十卷 ⋯⋯⋯⋯⋯⋯ 030

［嘉庆］寿光县志二十卷 ⋯⋯⋯⋯⋯⋯ 231

［民国］寿光县志十六卷首一卷 ⋯⋯⋯ 031

［乾隆］寿州志十二卷首一卷末一卷 ⋯ 191

［嘉靖］寿州志八卷 ⋯⋯⋯⋯⋯⋯⋯⋯ 088

［光绪］寿州志三十六卷首一卷末一卷

⋯⋯⋯⋯⋯⋯⋯⋯⋯⋯⋯⋯⋯⋯ 088

［道光］寿州志三十六卷首一卷末一卷

⋯⋯⋯⋯⋯⋯⋯⋯⋯⋯⋯⋯⋯⋯ 191

［光绪］寿州志三十六卷首一卷末一卷

⋯⋯⋯⋯⋯⋯⋯⋯⋯⋯⋯⋯⋯⋯ 254

［光绪］寿阳县志十三卷首一卷 ⋯⋯⋯ 053

［光绪］寿阳县志十三卷首一卷 ⋯⋯⋯ 221

［光绪］寿阳县志十三卷首一卷 ⋯⋯⋯ 221

［乾隆］寿阳县志十卷首一卷 ⋯⋯⋯⋯ 053

［光绪］寿张县志十卷首一卷 ⋯⋯⋯⋯ 209

［光绪］寿张县志十卷首一卷 ⋯⋯⋯⋯ 234

［光绪］寿张县志十卷首一卷 ⋯⋯⋯⋯ 280

［康熙］寿张县志八卷 ⋯⋯⋯⋯⋯⋯⋯ 174

［民国］寿昌县志十卷首一卷 ⋯⋯⋯⋯ 102

［道光］进贤县志二十五卷首一卷 ⋯⋯ 197

［同治］远安县志八卷首一卷 ⋯⋯⋯⋯ 115

［同治］远安县志八卷首一卷 ⋯⋯⋯⋯ 250

［乾隆］赤城县志八卷首一卷 ⋯⋯⋯⋯ 024

［乾隆］赤城县志八卷首一卷 ⋯⋯⋯⋯ 237

［同治］赤城县续志十卷 ⋯⋯⋯⋯⋯⋯ 024

［同治］赤城县续志十卷 ⋯⋯⋯⋯⋯⋯ 237

［民国］赤溪县志八卷首一卷 ⋯⋯⋯⋯ 144

［光绪］孝义厅志十二卷首一卷 ⋯⋯⋯ 068

孝义县地理不分卷 ⋯⋯⋯⋯⋯⋯⋯⋯ 055

［乾隆］孝义县志二十卷 ⋯⋯⋯⋯⋯⋯ 055

［乾隆］孝义县志二十卷 ⋯⋯⋯⋯⋯⋯ 221

［乾隆］孝义县志二十卷 ⋯⋯⋯⋯⋯⋯ 264

［乾隆］孝义县志二十卷 ⋯⋯⋯⋯⋯⋯ 268

［雍正］孝义县志十八卷首一卷 ⋯⋯⋯ 055

［光绪］孝义县续志二卷首一卷末一卷

⋯⋯⋯⋯⋯⋯⋯⋯⋯⋯⋯⋯⋯⋯ 055

［光绪］孝义县续志二卷首一卷末一卷

⋯⋯⋯⋯⋯⋯⋯⋯⋯⋯⋯⋯⋯⋯ 221

［光绪］孝义县续志二卷首一卷末一卷

⋯⋯⋯⋯⋯⋯⋯⋯⋯⋯⋯⋯⋯⋯ 268

［同治］孝丰县志十卷首一卷 ⋯⋯⋯⋯ 097

［光绪］孝感县志二十四卷续补志一卷

⋯⋯⋯⋯⋯⋯⋯⋯⋯⋯⋯⋯⋯⋯ 110

［民国］志余随笔六卷 ⋯⋯⋯⋯⋯⋯⋯ 010

［民国］志余随笔六卷 ⋯⋯⋯⋯⋯⋯⋯ 010

［民国］志余随笔六卷 ⋯⋯⋯⋯⋯⋯⋯ 266

［民国］志余随笔六卷 ⋯⋯⋯⋯⋯⋯⋯ 266

［民国］志余随笔六卷 ⋯⋯⋯⋯⋯⋯⋯ 266

［民国］志余随笔六卷 ⋯⋯⋯⋯⋯⋯⋯ 266

［民国］志余随笔六卷 ⋯⋯⋯⋯⋯⋯⋯ 266

［民国］志余随笔六卷 ⋯⋯⋯⋯⋯⋯⋯ 290

［民国］志余随笔六卷 ⋯⋯⋯⋯⋯⋯⋯ 293

［嘉庆］芜湖县志二十四卷首一卷 ⋯⋯ 192

［乾隆］芜湖县志二十四卷首一卷末一

卷 ⋯⋯⋯⋯⋯⋯⋯⋯⋯⋯⋯⋯⋯ 192

［民国］芜湖县志六十卷 ⋯⋯⋯⋯⋯⋯ 244

［乾隆］邯郸县志十二卷首一卷 ⋯⋯⋯ 015

［乾隆］邯郸县志十二卷首一卷 ⋯⋯⋯ 015

［乾隆］邯郸县志十二卷首一卷 ⋯⋯⋯ 279

［乾隆］邯郸县志十二卷首一卷 ⋯⋯⋯ 292

［民国］邯郸县志十七卷首一卷末一卷

⋯⋯⋯⋯⋯⋯⋯⋯⋯⋯⋯⋯⋯⋯ 015

［民国］邯郸县志十七卷首一卷末一卷

⋯⋯⋯⋯⋯⋯⋯⋯⋯⋯⋯⋯⋯⋯ 240

［同治］芷江县志六十四卷首一卷 ⋯⋯ 121

［康熙］芮城县志四卷首一卷 ⋯⋯⋯⋯ 182

319

［康熙］花县志四卷 ·············· 141

［同治］苍梧县志十八卷首一卷 ·········· 148

［民国］苍溪县志十五卷 ·········· 128

［淳熙］严州图经三卷图一卷 ·········· 102

［光绪］严州府志三十八卷首一卷 ······· 094

［景定］严州续志十卷 ·············· 102

［景定］严州续志十卷 ·············· 102

［康熙］芦山县志二卷 ·············· 202

［道光］苏州府志一百五十卷首十卷 ······· 073

［同治］苏州府志一百五十卷首三卷 ······· 074

［同治］苏州府志一百五十卷首三卷 ······· 216

［康熙］苏州府志八十二卷首一卷 ······· 187

［乾隆］苏州府志八十卷首一卷 ······· 073

［光绪］巫山县志三十二卷首一卷 ······· 129

［乾隆］杞县志二十四卷 ·········· 041

［乾隆］杞县志二十四卷 ·········· 214

［光绪］束鹿乡土志十二卷 ·········· 019

束鹿乡土志十二卷 ·············· 167

［光绪］束鹿乡土志十二卷 ·········· 240

［民国］束鹿五志合刊 ·············· 275

［民国］束鹿五志合刊 ·············· 278

［民国］束鹿五志合刊 ·············· 285

［民国］束鹿五志合刊 ·············· 285

［乾隆］束鹿县志十二卷 ·········· 019

［乾隆］束鹿县志十二卷 ·········· 019

［乾隆］束鹿县志十二卷 ·········· 240

［嘉庆］束鹿县志十卷 ·············· 019

［嘉庆］束鹿县志十卷 ·············· 019

［嘉庆］束鹿县志十卷 ·············· 235

［嘉庆］束鹿县志十卷 ·············· 240

［嘉庆］束鹿县志十卷 ·············· 267

束鹿新志考征文料一卷 ·········· 019

［乾隆］两当县志四卷补一卷 ·········· 186

［同治］丽水县志十五卷 ·········· 101

［同治］丽水县志十五卷 ·········· 218

［民国］丽水县志十四卷 ·········· 101

［乾隆］辰州府志五十卷首一卷 ······· 116

［道光］辰溪县志四十卷首一卷末一卷

·············· 120

［咸丰］邠州志二十卷首一卷 ·········· 083

［咸丰］邠州志二十卷首一卷 ·········· 217

［咸丰］邠州志二十卷首一卷 ·········· 263

［咸丰］邠州志二十卷首一卷 ·········· 287

［民国］邠志补二十六卷 ·········· 083

［同治］来凤县志三十二卷首一卷末一

卷 ·············· 113

［乾隆］扶风县志十八卷 ·········· 185

［嘉庆］扶风县志十八卷首一卷 ······· 070

［嘉庆］扶风县志十八卷首一卷 ······· 226

［民国］扶余县志二十章 ·········· 159

［道光］扶沟县志十三卷 ·········· 046

［光绪］扶沟县志十六卷首一卷 ······· 046

［光绪］扶沟县志十六卷首一卷 ······· 215

［光绪］抚宁县志十六卷首一卷 ······· 025

［光绪］抚宁县志十六卷首一卷 ······· 237

［光绪］抚宁县志十六卷首一卷 ······· 276

［光绪］抚州府志八十六卷首一卷 ······· 104

［民国］抚松县志五卷首一卷 ······· 158

［宣统］抚顺县志略二十二卷 ······· 155

［宣统］抚顺县志略二十二卷 ······· 228

［道光］连山乡土志 ·············· 204

［雍正］连平州志十卷 ·············· 204

［同治］连州志十二卷 ·············· 143

［民国］连江县志三十四卷首一卷附纪

一卷 ·············· 136

连阳八排风土记十卷 ·········· 204

［民国］连城县志三十二卷首一卷 ······· 138

［民国］里安县志二十八卷 ·········· 100

［嘉靖］里安县志十卷 ·············· 100

［嘉庆］里安县志十卷首一卷 ······· 100

［民国］里安县志稿不分卷 ·········· 100

［民国］里安县志稿不分卷 ·········· 101

［光绪］呈贡县志八卷 ·············· 150

［光绪］呈贡县志八卷 ·············· 206

［道光］吴川县志十卷 ·············· 145

［光绪］吴川县志十卷首一卷 ······· 145

吴门补乘十卷首一卷续编一卷 ······· 190

吴地记一卷后集一卷 ·········· 261

［嘉泰］吴兴志二十卷 ·············· 093

［天启］吴兴备志三十二卷 ·········· 093

［嘉靖］吴江县志二十八卷首一卷 ······· 260

［乾隆］吴江县志五十八卷首一卷 ······· 085

[康熙]吴江县志四十六卷首一卷 ……… 190

[光绪]吴江县续志四十卷首一卷 …… 085

[民国]吴县志 …………………… 217

[乾隆]吴县志一百十二卷首一卷 …… 084

[民国]吴县志八十卷 …………… 084

[崇祯]吴县志五十四卷首一卷 …… 190

[绍定]吴郡志五十卷 …………… 216

[绍定]吴郡志五十卷 …………… 261

[绍定]吴郡志五十卷 …………… 262

吴郡志五十卷附校勘记一卷 ……… 073

[元丰]吴郡图经续记三卷 ……… 261

[元丰]吴郡图经续记三卷 ……… 261

[元丰]吴郡图经续记三卷 ……… 262

[光绪]吴桥县志十二卷 …………… 013

[光绪]吴桥县志十二卷 …………… 013

[光绪]吴桥县志十二卷 …………… 274

[光绪]吴桥县志十二卷 …………… 283

[光绪]吴桥县志十二卷 …………… 285

[道光]吴堡县志四卷首一卷 …… 067

[道光]吴堡县志四卷首一卷 …… 067

[民国]岐山县志十卷 …………… 070

[乾隆]岐山县志八卷 …………… 069

[光绪]岐山县志八卷 …………… 070

[光绪]岐山县志八卷 …………… 226

[光绪]岐山县志八卷 …………… 280

[乾隆]岑溪县志四卷 …………… 148

[光绪]利川县志十四卷首一卷 …… 114

[光绪]利川县志十四卷首一卷 …… 249

[光绪]利津县志十卷 …………… 028

[光绪]利津县志十卷 …………… 230

[民国]利津县志九卷 …………… 028

[乾隆]利津县志补六卷 ………… 171

[乾隆]利津县志续编十卷 ……… 171

[乾隆]利津县志续编十卷 ……… 171

[乾隆]利津县志续编十卷 ……… 244

[康熙]利津县新志十卷 ………… 171

[光绪]秀山县志十四卷首一卷 …… 130

[万历]秀水县志十卷 …………… 096

[康熙]秀水县志十卷 …………… 194

[乾隆]邱县志八卷 ……………… 015

[乾隆]邱县志八卷 ……………… 015

[乾隆]邱县志八卷 ……………… 015

[嘉庆]攸县志五十五卷 ………… 200

[同治]攸县志五十五卷首一卷 …… 118

[乾隆]攸县志六卷 ……………… 200

伯都讷乡土志 …………………… 159

佛山忠义乡志十九卷首一卷 …… 141

佛山忠义乡志十四卷图一卷 …… 141

[道光]佛冈直隶军民厅志四卷 …… 141

[光绪]佛坪厅志二卷首一卷 …… 069

[光绪]佛坪厅志二卷首一卷 …… 226

[同治]余干县志二十卷首一卷末一卷

………………………………… 106

[嘉庆]余杭县志四十卷 ………… 095

余姚乡土地理历史合编 ………… 099

余姚六仓志四十四卷首一卷末一卷 …… 099

余姚六仓志四十四卷首一卷末一卷 …… 257

[乾隆]余姚志四十卷 …………… 099

[光绪]余姚县志二十七卷首一卷末一

卷 …………………………… 099

[光绪]余姚县志二十七卷首一卷末一

卷 …………………………… 219

[光绪]余姚县志二十七卷首一卷末一

卷 …………………………… 263

[同治]谷城县志八卷 …………… 115

[同治]谷城县志八卷 …………… 250

[道光]邻水县志六卷首一卷 …… 129

[乾隆]狄道州志十六卷 ………… 072

[乾隆]狄道州志十六卷 ………… 072

[乾隆]狄道州志十六卷 ………… 212

[乾隆]狄道州志十六卷 ………… 289

[宣统]狄道州续志十二卷首一卷 …… 072

[宣统]狄道州续志十二卷首一卷 …… 212

[宣统]狄道州续志十二卷首一卷 …… 289

[民国]邹平县志十八卷 ………… 029

[道光]邹平县志十八卷 ………… 029

[康熙]邹平县志八卷 …………… 171

[康熙]邹平县志八卷 …………… 171

[万历]邹志四卷图一卷 ………… 260

邹县乡土志一卷 ………………… 035

[康熙]邹县志三卷 ……………… 173

[康熙]邹县志三卷 ……………… 280

［光绪］邹县续志十二卷首一卷 ………… 035

［嘉靖］应山县志二卷 ………… 111

［同治］应山县志三十六卷首一卷末一
卷 ………… 111

［同治］应山县志三十六卷首一卷末一
卷 ………… 251

［万历］应州志六卷 ………… 179

［乾隆］应州续志十卷首一卷 ………… 179

［乾隆］应州续志十卷首一卷 ………… 179

［光绪］应城志十四卷首一卷 ………… 111

［光绪］应城志十四卷首一卷 ………… 251

［乾隆］庐州卫志六卷首一卷 ………… 191

［嘉庆］庐州府志五十四卷图一卷 ………… 191

［嘉庆］庐江县志十五卷首一卷 ………… 088

［光绪］庐江县志十六卷首一卷 ………… 088

［民国］庐陵县志二十八卷首一卷末一
卷 ………… 108

［民国］庐陵县志二十八卷首一卷卷末
一卷 ………… 246

庐陵县志二十八卷首二末一卷 ………… 264

［同治］庐陵县志五十六卷首一卷附补
编一卷 ………… 108

［道光］庐陵县志四十八卷首一卷 ………… 198

［万历］怀仁县志二卷 ………… 179

［万历］怀仁县志二卷 ………… 179

［光绪］怀仁县新志十二卷首一卷续刻
一卷 ………… 051

［道光］怀宁县志二十八卷首一卷末一
卷 ………… 092

［民国］怀宁县志三十四卷首一卷 ………… 092

［民国］怀宁县志三十四卷首一卷 ………… 245

［顺治］怀庆府志十四卷 ………… 175

［乾隆］怀安县志二十四卷 ………… 024

［民国］怀安县志十卷首一卷 ………… 025

［光绪］怀安县志八卷首一卷末一卷 ………… 024

［光绪］怀安县志八卷首一卷末一卷 ………… 237

［嘉庆］怀远县志二十八卷 ………… 089

［嘉庆］怀远县志二十八卷 ………… 089

［嘉庆］怀远县志二十八卷 ………… 089

［嘉庆］怀远县志二十八卷首一卷 ………… 263

［光绪］怀来县志十八卷首一卷 ………… 024

［康熙］怀来县志十八卷首一卷 ………… 169

［康熙］怀来县志十八卷首一卷 ………… 169

［光绪］怀来县志十八卷首一卷 ………… 237

［光绪］怀来县志十八卷首一卷 ………… 270

［康熙］怀来县志十八卷首一卷 ………… 282

［康熙］怀柔县新志八卷 ………… 164

［康熙］怀柔县新志八卷 ………… 235

［康熙］怀柔县新志八卷 ………… 276

［民国］怀集县志十卷 ………… 145

［乾隆］怀集县志十卷 ………… 205

怀德县乡土志一卷 ………… 157

［民国］怀德县志十六卷 ………… 157

［民国］怀德县志十六卷 ………… 157

［乾隆］忻州志六卷 ………… 052

［乾隆］忻州志六卷 ………… 220

［光绪］忻州志四十二卷 ………… 052

［光绪］忻州志四十二卷 ………… 220

［光绪］忻州志四十二卷 ………… 268

［光绪］忻州志四十二卷 ………… 268

［同治］沅州府志四十卷首一卷 ………… 116

［嘉庆］沅江县志三十卷 ………… 121

［同治］沅陵县志五十卷首一卷 ………… 120

［同治］沅陵县志五十卷首一卷 ………… 243

［民国］沛县志十六卷 ………… 083

［乾隆］沛县志十卷首一卷 ………… 083

［光绪］沔阳州志十二卷首一卷 ………… 113

［光绪］沔阳州志十二卷首一卷 ………… 113

［光绪］沔阳州志十二卷首一卷 ………… 251

［嘉靖］沔阳志十八卷 ………… 113

［康熙］沔县志四卷 ………… 185

［光绪］沔县新志四卷 ………… 069

［光绪］沔县新志四卷 ………… 226

［道光］沙县志二十卷首一卷末一卷 ………… 139

［道光］沙县志二十卷首一卷末一卷 ………… 270

［道光］沙县志二十卷首一卷末一卷 ………… 279

［乾隆］沙河县志十卷首一卷末一卷 ………… 017

［乾隆］沙河县志十卷首一卷末一卷 ………… 240

［乾隆］沙河县志十卷首一卷末一卷 ………… 265

［万历］沃史二十六卷 ………… 181

［万历］沃史二十六卷 ………… 260

［道光］沂水县志十卷 ………… 032

［道光］沂水县志十卷 …………… 032

［康熙］沂州志八卷图一卷 ………… 172

［乾隆］沂州府志三十六卷首一卷 ……… 027

［乾隆］沂州府志三十六卷首一卷 ……… 229

［光绪］汾西县志八卷首一卷 ……… 058

［康熙］汾西县志八卷首一卷 ……… 182

［光绪］汾西县志八卷首一卷 ……… 222

［万历］汾州府志十六卷 …………… 178

［乾隆］汾州府志三十四卷首一卷 ……… 050

［乾隆］汾州府志三十四卷首一卷 ……… 219

［光绪］汾阳县志十四卷首一卷 ……… 055

［乾隆］汾阳县志十四卷首一卷 ……… 055

［道光］汾阳县志十四卷首一卷 ……… 055

［光绪］汾阳县志十四卷首一卷 ……… 221

［道光］汾阳县志十四卷首一卷 ……… 263

［康熙］汾阳县志八卷首一卷 ……… 180

［乾隆］沧州志十六卷 …………… 012

［乾隆］沧州志十六卷 …………… 238

［乾隆］沧州志十六卷 …………… 266

［乾隆］沧州志十六卷 …………… 271

［乾隆］沧州志十六卷 …………… 291

［康熙］沧州新志十五卷 …………… 165

［民国］沧县志十六卷首一卷 ……… 012

［民国］沧县志十六卷首一卷 ……… 012

［民国］沧县志十六卷首一卷 ……… 264

［民国］沧县志十六卷首一卷 ……… 277

［民国］沧县志十六卷首一卷 ……… 291

［万历］汶上县志八卷 …………… 173

［万历］汶上县志八卷 …………… 234

［民国］汶川县志七卷 …………… 135

［嘉庆］汶志纪略四卷 …………… 202

［乾隆］沈丘县志十二卷 …………… 045

［乾隆］沈丘县志十二卷 …………… 214

［民国］沈阳县志十五卷首一卷 ……… 155

［民国］沈阳县志十五卷首一卷 ……… 228

［光绪］沁水县志十二卷首一卷 ……… 057

［康熙］沁水县志十卷 …………… 181

［乾隆］沁州志十卷首一卷 …………… 181

［乾隆］沁州志十卷首一卷 …………… 225

［光绪］沁州复续志四卷末一卷 ……… 057

［雍正］沁源县志十卷首一卷 ……… 181

［雍正］沁源县志十卷首一卷 ……… 225

［光绪］沁源县续志四卷 …………… 181

［光绪］沁源县续志四卷 …………… 225

完县乡土志 …………………… 169

［雍正］完县志十卷 …………… 169

［民国］完县新志七卷 …………… 023

［民国］完县新志九卷 …………… 237

［民国］完县新志九卷 …………… 271

宋元四明志八十四卷首一卷附录十一

　卷 ……………………………… 094

［民国］良乡县志八卷 …………… 007

［光绪］良乡县志八卷 …………… 007

［民国］良乡县志八卷 …………… 238

［民国］良乡县志八卷 …………… 270

［民国］良乡县志八卷 …………… 276

［民国］良乡县志八卷 …………… 284

补元和郡县志四十七镇图说一卷 ……… 258

［光绪］补修徐沟县志六卷 ……… 051

［光绪］补修徐沟县志六卷 ……… 220

［道光］补辑石砫厅新志十二卷 ……… 130

［咸丰］初续献县志四卷 …………… 014

［咸丰］初续献县志四卷 …………… 240

［康熙］诏安县志十二卷志余一卷 ……… 138

［民国］诏安县志上篇十六卷首一卷 …… 138

［嘉庆］灵山县志十三卷 …………… 205

［嘉庆］灵石县志十二卷 …………… 054

［嘉庆］灵石县志十二卷 …………… 054

［嘉庆］灵石县志十二卷 …………… 211

［民国］灵石县志十二卷图考一卷 ……… 055

［民国］灵石县志十二卷图考一卷 ……… 221

［康熙］灵石县志四卷 …………… 180

［康熙］灵丘县志四卷 …………… 224

［康熙］灵丘县志志四卷 …………… 179

［光绪］灵丘县补志十卷 …………… 052

［嘉庆］灵州志迹四卷 …………… 187

［同治］灵寿县志十卷末一卷 ……… 018

［同治］灵寿县志十卷末一卷 ……… 018

［康熙］灵寿县志十卷末一卷 ……… 167

［康熙］灵寿县志十卷末一卷 ……… 167

［康熙］灵寿县志十卷末一卷 ……… 167

［同治］灵寿县志十卷末一卷 ……… 266

［同治］灵寿县志十卷末一卷 ………… 267

［康熙］灵寿县志十卷末一卷 ………… 270

［康熙］灵寿县志十卷末一卷 ………… 285

［乾隆］灵璧县志略四卷首一卷附河渠
　　原委三卷河防录一卷 ………… 191

［同治］即墨县志十二卷首一卷 ………… 031

［乾隆］即墨县志十二卷首一卷 ………… 031

［同治］即墨县志十二卷首一卷 ………… 231

［同治］即墨县志十二卷首一卷 ………… 273

［同治］即墨县志十二卷首一卷 ………… 286

［民国］张北县志八卷首一卷 ………… 024

［民国］陆川县志二十四卷首一卷末一
　　卷 ………… 148

［乾隆］陆丰县志十二卷 ………… 144

［道光］陆凉州志八卷 ………… 210

［乾隆］陆凉州志六卷 ………… 207

［嘉庆］阿迷州志十三卷 ………… 207

阿勒楚喀乡土志不分卷 ………… 159

［乾隆］陇西县志十二卷 ………… 186

［康熙］陇州志八卷首一卷 ………… 185

［康熙］陇州志八卷首一卷 ………… 185

［乾隆］陇州续志八卷首一卷末一卷 … 069

［乾隆］陈州府志三十卷首一卷 ………… 040

［乾隆］陈州府志三十卷首一卷 ………… 040

［宣统］陈留县志四十二卷首一卷 ………… 040

［康熙］陈留县志四十二卷首一卷 ………… 175

［宣统］陈留县志四十二卷首一卷 ………… 247

附劝诫歌 ………… 044

附吕泾野先生续传一卷 ………… 064

附还山遗稿二卷 ………… 063

附补编一卷 ………… 067

附金石录、甲骨文 ………… 043

邵阳县乡土志四卷首一卷 ………… 120

邵阳县乡土志四卷首一卷 ………… 243

［光绪］邵阳县志十卷 ………… 120

［光绪］邵阳县志十卷 ………… 120

［乾隆］邵武府志二十四卷 ………… 202

［嘉靖］邵武府志十五卷 ………… 136

［乾隆］鸡泽县志二十卷 ………… 015

［乾隆］鸡泽县志二十卷 ………… 241

［嘉庆］纳溪县志十卷 ………… 133

八画

［民国］奉天省洮安县志书一卷 ………… 158

［宣统］奉天省靖安县志不分卷 ………… 158

［光绪］奉化县志十四卷末一卷 ………… 158

［光绪］奉化县志十四卷末一卷 ………… 218

［乾隆］奉化县志十四卷首一卷 ………… 098

［乾隆］奉化县志十四卷首一卷 ………… 098

［光绪］奉化县志四十卷首一卷 ………… 098

［光绪］奉节县志三十六卷首一卷 ………… 129

［乾隆］奉贤县志十卷首一卷 ………… 188

［道光］奉新县志十二卷首一卷末一卷
　　………… 197

［同治］奉新县志十六卷首一卷末一卷
　　………… 105

［嘉庆］武义县志十二卷首一卷 ………… 102

［康熙］武乡县志六卷 ………… 181

［乾隆］武乡县志六卷首一卷 ………… 055

［乾隆］武乡县志六卷首一卷 ………… 222

［光绪］武乡县续志四卷 ………… 056

［乾隆］武冈州志十卷首一卷 ………… 200

［同治］武冈州志五十四卷首一卷 ………… 120

［正德］武功县志三卷 ………… 280

［正德］武功县志三卷 ………… 289

［正德］武功县志三卷首一卷 ………… 070

［正德］武功县志三卷首一卷 ………… 070

［正德］武功县志三卷首一卷 ………… 226

［光绪］武功县续志二卷 ………… 070

［道光］武宁县志四十四卷首一卷 ………… 106

［乾隆］武安县志二十卷图一卷 ………… 016

［乾隆］武安县志二十卷图一卷 ………… 253

［民国］武安县志十八卷 ………… 016

［光绪］武阳志余十二卷首一卷 ………… 078

［嘉庆］武阶备志二十二卷 ………… 072

［道光］武进阳湖县合志三十六卷首一
　　卷 ………… 078

［道光］武进阳湖合志三十六卷首一
　　卷 ………… 263

［光绪］武进阳湖县志三十卷首一卷 ………… 078

［光绪］武进阳湖县志三十卷首一卷 ………… 217

［万历］武进县志八卷 ……………… 260
［同治］武邑县志十卷首一卷 ……… 019
［同治］武邑县志十卷首一卷 ……… 240
［同治］武邑县志十卷首一卷 ……… 279
［康熙］武邑县志六卷 ……………… 168
［光绪］武昌县志二十六卷首一卷末一
　　卷 ……………………………… 111
［嘉靖］武定州志二卷 ……………… 028
［光绪］武定直隶州志六卷 ………… 152
［咸丰］武定府志三十八卷首一卷 … 027
［乾隆］武定府志三十八卷首一卷 … 027
［乾隆］武定府志三十八卷首一卷 … 229
［乾隆］武城县志十四卷首一卷 …… 174
［嘉靖］武城县志十卷 ……………… 039
［道光］武城县志续编十四卷首一卷 … 039
［道光］武城县志续编十四卷首一卷 … 234
［乾隆］武威县志一卷 ……………… 071
［嘉庆］武宣县志十六卷首一卷 …… 206
［道光］武陟县志三十六卷 ………… 042
［道光］武陟县志三十六卷 ………… 247
［同治］武陵县志四十八卷 ………… 121
［道光］武康县志二十四卷首一卷 … 195
［嘉靖］武康县志八卷 ……………… 097
［乾隆］武清县志十二卷首一卷末一卷
　　………………………………… 011
［乾隆］武清县志十二卷首一卷末一卷
　　………………………………… 011
［乾隆］武清县志十二卷首一卷末一卷
　　………………………………… 292
［道光］武强县志重修十二卷 ……… 014
［道光］武强县志重修十二卷 ……… 238
［道光］武强县志重修十二卷 ……… 279
［光绪］武缘县图经八卷 …………… 147
［雍正］青田县志十二卷 …………… 196
［光绪］青田县志十八卷首一卷 …… 101
［康熙］青州府志二十二卷 ………… 170
［康熙］青州府志二十卷 …………… 170
［嘉靖］青州府志十八卷 …………… 027
［咸丰］青州府志六十四卷 ………… 027
［咸丰］青州府志六十四卷 ………… 229
［光绪］青阳县志十二卷图一卷 …… 092

［民国］青县志十六卷首一卷 ……… 012
［民国］青县志十六卷首一卷 ……… 012
［民国］青县志十六卷首一卷 ……… 273
［民国］青县志十六卷首一卷 ……… 276
［民国］青县志十六卷首一卷 ……… 289
［民国］青县志十卷 ………………… 264
［嘉庆］青县志八卷 ………………… 012
［嘉庆］青县志八卷 ………………… 012
［乾隆］青城县志十二卷 …………… 029
［民国］青城续修县志四卷 ………… 029
［民国］青城续修县志四卷 ………… 230
［民国］青城续修县志四卷 ………… 265
［光绪］青神县志五十四卷首一卷 … 134
青神县备征录三辑 ………………… 134
青神备征录第二辑 ………………… 134
［康熙］青浦县志十卷 ……………… 188
［光绪］青浦县志三十卷首二卷末一卷
　　………………………………… 076
［光绪］青浦县志三十卷首二卷末一卷
　　………………………………… 216
［乾隆］青浦县志四十卷 …………… 076
［民国］青浦县续志二十四卷首二卷末
　　一卷 …………………………… 076
［光绪］盂县志二十二卷首一卷末一卷
　　………………………………… 053
［光绪］盂县志二十二卷首一卷末一卷
　　………………………………… 221
［乾隆］盂县志十卷首一卷末一卷 … 053
［民国］昔阳县志六卷首一卷 ……… 053
［民国］昔阳县志六卷首一卷 ……… 221
［光绪］茂名县志八卷首一卷 ……… 145
［道光］茂州志四卷首一卷 ………… 135
［民国］英山县志十四卷首一卷 …… 112
［民国］英德县续志十七卷首一卷末一
　　卷 ……………………………… 143
［民国］茌平县志二十八卷首一卷 … 036
［民国］茌平县志十二卷 …………… 036
［康熙］茌平县志五卷 ……………… 174
［康熙］茌平县志五卷 ……………… 174
［康熙］茌平县志五卷 ……………… 280
范县乡土志一卷 …………………… 037

325

[民国]范县志六卷 …………………… 037
[嘉庆]范县志四卷 …………………… 037
[嘉庆]范县志四卷 …………………… 037
[光绪]范县志续编不分卷 …………… 037
[嘉庆]直隶太仓州志六十五卷 ……… 086
[乾隆]直隶代州志六卷 ……………… 052
[乾隆]直隶代州志六卷 ……………… 220
[乾隆]直隶代州志六卷 ……………… 286
[乾隆]直隶邠州志二十五卷 ………… 063
[乾隆]直隶邠州志二十五卷 ………… 252
[乾隆]直隶易州志十八卷首一卷 …… 023
[乾隆]直隶易州志十八卷首一卷 …… 024
[光绪]直隶和州志四十卷首一卷补遗
　　一卷 ………………………… 090
[光绪]直隶泸州志十二卷 …………… 133
[道光]直隶定州志二十二卷首一卷 … 022
[道光]直隶定州志二十二卷首一卷 … 022
[道光]直隶定州志二十二卷首一卷 … 274
[道光]直隶定州志二十二卷首一卷 … 274
[道光]直隶定州志二十二卷首一卷 … 279
[道光]直隶定州志二十二卷首一卷 … 283
[道光]直隶定州志二十二卷首一卷 … 284
[雍正]直隶定州志十卷 ……………… 169
[咸丰]直隶定州续志四卷 …………… 023
[同治]直隶陕州志二卷 ……………… 050
[光绪]直隶赵州志十六卷首一卷末一
　　卷 …………………………… 020
[光绪]直隶赵州志十六卷首一卷末一
　　卷 …………………………… 020
[光绪]直隶赵州志十六卷首一卷末一
　　卷 …………………………… 020
[光绪]直隶赵州志十六卷首一卷末一
　　卷 …………………………… 240
[光绪]直隶赵州志十六卷首一卷末一
　　卷 …………………………… 279
[光绪]直隶赵州志十六卷首一卷末一
　　卷 …………………………… 286
[道光]直隶南雄州志三十四卷首一卷
　　……………………………… 142
[嘉庆]直隶叙永厅志四十八卷 ……… 202
[乾隆]直隶绛州志二十卷图考一卷 … 058

[光绪]直隶绛州志二十卷首一卷 …… 058
[光绪]直隶绛州志二十卷首一卷 …… 223
[光绪]直隶绛州志二十卷首一卷 …… 267
[乾隆]直隶秦州新志十二卷首一卷末
　　一卷 ………………………… 071
[乾隆]直隶秦州新志十二卷首一卷末
　　一卷 ………………………… 212
[乾隆]直隶通州志二十二卷 ………… 084
[同治]直隶理番厅志六卷首一卷 …… 135
[乾隆]直隶商州志十四卷首一卷 …… 067
[乾隆]直隶商州志十四卷首一卷 …… 253
[乾隆]直隶绵州志十九卷 …………… 125
[同治]直隶绵州志五十五卷 ………… 125
[乾隆]直隶遵化州志二十卷 ………… 026
[乾隆]直隶遵化州志二十卷 ………… 236
[乾隆]直隶遵化州志十二卷 ………… 026
[乾隆]直隶遵化州志十二卷 ………… 272
[乾隆]直隶遵化州志十二卷 ………… 278
[道光]直隶霍州志二十五卷首一卷 … 058
[道光]直隶霍州志二十五卷首一卷 … 222
[同治]直隶澧州志二十六卷首三卷 … 121
[乾隆]林县志十卷首一卷末一卷 …… 044
[乾隆]林县志十卷首一卷末一卷 …… 044
[同治]枝江县志二十卷首一卷 ……… 115
[同治]枝江县志二十卷首一卷 ……… 250
[嘉庆]松江府志八十四卷首二卷图一
　　卷 …………………………… 074
[康熙]松江府志五十四卷图经一卷 … 187
[光绪]松江府续志四十卷首一卷图一
　　卷 …………………………… 074
[乾隆]松阳县志十二卷 ……………… 196
[光绪]松阳县志十二卷首一卷 ……… 103
[道光]松陵见闻录十卷首一卷 ……… 085
[康熙]松滋县志二十四卷首一卷 …… 199
[同治]松滋县志十二卷首一卷 ……… 113
[同治]松滋县志十二卷首一卷 ……… 254
[康熙]松溪县志十卷首一卷末一卷 … 137
[同治]松潘记略不分卷 ……………… 202
[民国]松潘县志八卷首一卷 ………… 135
[光绪]杭州府志 ……………………… 093
[光绪]杭州府志 ……………………… 218

[光绪]杭州府志 ………………………… 273
[光绪]杭州府志 ………………………… 275
[乾隆]杭州府志一百十卷首五卷 ……… 193
杭州府志一百七十八卷首十卷 ………… 263
[民国]杭州府志一百七十八卷首八卷
　　………………………………………… 288
[民国]杭州府志一百七十八卷首八卷
　　………………………………………… 288
[光绪]杭州府志一百七十八卷首八卷
　　………………………………………… 289
[民国]杭州府志校勘记 ………………… 093
[民国]杭州府志校勘记不分卷 ………… 289
[民国]枣阳县志三十四卷首一卷 ……… 114
[同治]枣阳县志三十卷首一卷末一卷
　　………………………………………… 114
枣强县志 ………………………………… 228
[嘉庆]枣强县志二十卷 ………………… 019
[嘉庆]枣强县志二十卷 ………………… 020
[嘉庆]枣强县志二十卷 ………………… 284
[乾隆]枣强县志八卷首一卷末一卷 …… 168
枣强县志补正五卷 ……………………… 019
枣强县志补正五卷 ……………………… 020
枣强县志补正五卷 ……………………… 020
枣强县志料八卷 ………………………… 020
[光绪]郁林州志二十卷首一卷 ………… 148
[乾隆]郁林州志十卷 …………………… 148
[乾隆]郁林州志十卷 …………………… 206
[乾隆]砀山县志十四卷 ………………… 089
[康熙]瓯宁县志十三卷 ………………… 203
[同治]郏县志十二卷 …………………… 046
[咸丰]郏县志十二卷 …………………… 046
[咸丰]郏县志十二卷 …………………… 215
拉卜楞设治记不分卷 …………………… 162
[道光]拉萨厅志二卷 …………………… 162
[顺治]招远县志十二卷 ………………… 031
[顺治]招远县志十二卷 ………………… 231
[道光]招远县续志四卷 ………………… 031
[道光]招远县续志四卷 ………………… 231
[乾隆]盱眙县志二十四卷首一卷 ……… 189
[同治]盱眙县志六卷 …………………… 082
[光绪]盱眙县志稿十七卷首一卷 ……… 082

[光绪]盱眙县志稿十七卷首一卷 ……… 245
[康熙]具区志十六卷 …………………… 190
[嘉靖]昆山县志十六卷 ………………… 086
[万历]昆山县志八卷 …………………… 190
[至正]昆山郡志六卷 …………………… 086
[至正]昆山郡志六卷 …………………… 261
[至正]昆山郡志六卷 …………………… 262
[乾隆]昆山新阳合志三十八卷首一卷
　　末一卷人物补编一卷 ……………… 190
[道光]昆阳州志十六卷 ………………… 206
[民国]昆明市志 ………………………… 150
[道光]昆明县志十卷 …………………… 150
[民国]昆明县志八卷 …………………… 150
[民国]昆明县志八卷 …………………… 218
[道光]昆新两县志四十卷首一卷末一
　　卷 …………………………………… 086
[民国]昆新两县续补合志二十四卷首
　　一卷 ………………………………… 086
[光绪]昆新两县续修合志五十二卷首
　　一卷末一卷 ………………………… 086
[道光]昌化县志二十卷 ………………… 194
[民国]昌化县志十八卷首一卷 ………… 095
[光绪]昌平外志六卷 …………………… 008
[光绪]昌平外志六卷 …………………… 239
[康熙]昌平州志二十六卷首一卷 ……… 163
[光绪]昌平州志十八卷 ………………… 007
[光绪]昌平州志十八卷 ………………… 239
[嘉庆]昌乐县志三十二卷首一卷 ……… 030
[嘉庆]昌乐县志三十二卷首一卷 ……… 030
[嘉庆]昌乐县志三十二卷首一卷 ……… 230
[嘉庆]昌乐县志三十二卷首一卷 ……… 273
[民国]昌乐县续志三十八卷 …………… 030
昌吉县呼图壁乡土志不分卷 …………… 161
[乾隆]昌邑县志八卷 …………………… 029
[乾隆]昌邑县志八卷 …………………… 230
[乾隆]昌邑县志八卷 …………………… 280
[光绪]昌邑县续志八卷 ………………… 029
[民国]昌图县志四卷 …………………… 155
[宣统]昌图府志六章 …………………… 154
昌黎县乡土志 …………………………… 170
昌黎县乡土志 …………………………… 170

327

［民国］昌黎县志十二卷首一卷末一卷
　　　　…………………………………… 025

［民国］昌黎县志十二卷首一卷末一卷
　　　　…………………………………… 236

［民国］昌黎县志十二卷首一卷末一卷
　　　　…………………………………… 271

［民国］昌黎县志十二卷首一卷末一卷
　　　　…………………………………… 277

［民国］昌黎县志十二卷首一卷末一卷
　　　　…………………………………… 284

［民国］昌黎县志十二卷首一卷末一卷
　　　　…………………………………… 289

［民国］昌黎县志十二卷首一卷末一卷
　　　　…………………………………… 289

［同治］昌黎县志十卷 ………………… 025

［同治］昌黎县志十卷 ………………… 238

［康熙］昌黎县志八卷 ………………… 170

［弘治］易州志二十卷 ………………… 023

［弘治］易州志二十卷 ………………… 278

［弘治］易州志二十卷 ………………… 283

［弘治］易州志二十卷 ………………… 285

［民国］固安文献志二十卷 …………… 011

［民国］固安文献志二十卷 …………… 011

［民国］固安文献志二十卷 …………… 267

［民国］固安文献志二十卷 …………… 274

［民国］固安文献志二十卷 …………… 276

［光绪］固安志不分卷 ………………… 165

［咸丰］固安县志八卷 ………………… 010

［咸丰］固安县志八卷 ………………… 010

［咸丰］固安县志八卷 ………………… 276

［民国］固安县志四卷首一卷末一卷 …… 241

［康熙］固始县志十二卷首一卷 ……… 177

［嘉靖］固始县志十卷 ………………… 047

［万历］固原州志二卷 ………………… 187

忠义乡志二十卷首一卷 ………………… 098

［同治］忠州直隶州志十二卷首一卷 …… 130

［道光］忠州直隶州志八卷首一卷 …… 201

［民国］呼兰县志八卷首一卷 ………… 159

［宣统］呼兰府志十二卷 ……………… 159

［宣统］呼兰府志十二卷 ……………… 225

［民国］呼伦贝尔志略不分卷 ………… 161

［光绪］岢岚州志十二卷 ……………… 053

［乾隆］罗山县志八卷 ………………… 048

［乾隆］罗山县志八卷 ………………… 215

［康熙］罗平州志四卷 ………………… 210

［光绪］罗田县志八卷首一卷 ………… 112

［嘉庆］罗江县志十卷 ………………… 126

［嘉庆］罗江县志三十六卷 …………… 126

罗店镇志八卷 …………………………… 077

［民国］罗定志十卷 …………………… 145

［雍正］罗定直隶州志六卷首一卷 …… 145

［咸丰］岫岩志略十卷首一卷 ………… 208

［民国］岫岩县志四卷首一卷 ………… 156

［康熙］岷州志二十卷 ………………… 186

［光绪］峄县志二十五卷首一卷 ……… 028

［乾隆］峄县志十卷首一卷 …………… 028

［乾隆］峄县志十卷首一卷 …………… 028

［嘉庆］和平县志八卷首一卷 ………… 143

［咸丰］和林格尔厅志四卷 …………… 161

［同治］和林格尔厅志略一卷 ………… 161

［康熙］和顺县志四卷 ………………… 180

［隆庆］岳州府志十八卷 ……………… 116

［乾隆］岳州府志三十卷首一卷 ……… 200

［光绪］岳池县志二十卷首一卷 ……… 128

［雍正］岳阳县志十卷 ………………… 058

依兰县地方志二十八卷 ………………… 160

［民国］依安县志十一篇 ……………… 159

［同治］阜平县志四卷首一卷 ………… 023

［同治］阜平县志四卷首一卷 ………… 023

［同治］阜平县志四卷首一卷 ………… 272

［光绪］阜宁县志二十四卷首一卷 …… 083

［道光］阜阳县志二十四卷首一卷 …… 088

［道光］阜阳县志二十四卷首一卷 …… 246

［雍正］阜城县志二十二卷首一卷 …… 014

［雍正］阜城县志二十二卷首一卷 …… 240

［雍正］阜城县志二十二卷首一卷 …… 276

［民国］阜新县志六卷 ………………… 156

［正德］金山卫志六卷 ………………… 074

［乾隆］金山县志二十卷首一卷 ……… 076

［光绪］金山县志三十卷首一卷 ……… 076

［民国］金门县志二十四卷首一卷 …… 137

［乾隆］金乡县志二十卷 ……………… 035

［咸丰］金乡县志略十二卷首一卷 ……… 035
［咸丰］金乡县志略十二卷首一卷 ……… 232
［咸丰］金乡县志略十二卷首一卷 ……… 286
［光绪］金华县志十六卷首一卷 ……… 101
［康熙］金华县志十卷图一卷 ……… 196
［康熙］金华府志三十卷 ……… 094
［光绪］金坛县志十六卷首一卷 ……… 079
［光绪］金坛县志十六卷首一卷 ……… 217
［道光］金县志十三卷首一卷 ……… 071
［乾隆］金匮县志二十卷 ……… 188
［道光］金匮县舆地全图 ……… 078
［嘉庆］金堂县志九卷首一卷末一卷 …… 125
［民国］金堂县续志十卷首一卷 ……… 125
［同治］金溪县志三十六卷首一卷末一
卷 ……… 107
［道光］金溪县志六十卷首一卷末一卷
……… 107
［光绪］邠阳县乡土志一卷 ……… 065
［乾隆］邠阳县全志四卷 ……… 065
［乾隆］邠阳县全志四卷 ……… 226
［乾隆］邠阳县全志四卷 ……… 269
［乾隆］邠阳县全志四卷 ……… 281
［康熙］乳源县志十二卷 ……… 142
［同治］肥乡县志三十六卷补遗一卷 …… 015
［同治］肥乡县志三十六卷补遗一卷 …… 254
［同治］肥乡县志三十六卷补遗一卷 …… 279
［雍正］肥乡县志六卷 ……… 165
［光绪］肥城县志十卷首一卷 ……… 034
［嘉庆］肥城县新志十九卷首一卷 …… 034
周庄镇志六卷首一卷 ……… 084
［乾隆］鱼台县志十三卷首一卷末一卷
……… 035
［光绪］鱼台县志四卷首一卷末一卷 …… 035
［光绪］鱼台县志四卷首一卷末一卷 …… 232
［嘉庆］备修天长县志稿十卷 ……… 090
［光绪］京山县志二十三卷首一卷 …… 113
［光绪］京山县志二十三卷首一卷 …… 250
［康熙］京山县志十卷 ……… 199
京山县志草例不分卷 ……… 258
京山县志草例不分卷 ……… 258
［乾隆］府谷县志四卷 ……… 067

［嘉庆］於潜县志十六卷首一卷末一卷
……… 095
［乾隆］郑州志十二卷首一卷 ……… 040
［康熙］郑州志十二卷首一卷 ……… 175
［乾隆］郑州志十二卷首一卷 ……… 247
［民国］单县志二十四卷首一卷 ……… 036
［乾隆］单县志十三卷图一卷 ……… 036
法华乡志八卷首一卷末一卷 ……… 075
法华乡志八卷首一卷末一卷 ……… 216
［康熙］沭阳县志四卷 ……… 189
［道光］河内县志三十六卷 ……… 043
［道光］河内县志三十六卷 ……… 214
河北省大兴县事情十一章附大兴县实
体农村调查统计表 ……… 008
河北省丰润县事情十一章 ……… 026
河北省正定县事情 ……… 017
［民国］河北省民国以来政区变迁述略
不分卷 ……… 209
河北省怀柔县事情十二章 ……… 008
河北省武清县事情 ……… 011
［民国］河北省事变后各县移治有关事
项辑要不分卷 ……… 209
河北省宛平县事情 ……… 007
河北省春秋战国时代疆域考一卷 …… 257
［民国］河北省春秋战国时代疆域考不
分卷 ……… 209
［民国］河北省春秋战国时代疆域考不
分卷 ……… 241
［民国］河北省城址考证辑存不分卷 … 209
河北省获鹿县及石门市事情 ……… 018
［民国］河北省通志（县沿革表） ……… 270
河北省望都县事情十一章 ……… 023
河北省清苑县事情十二章 ……… 022
河北省滦县事情及唐山市事情十一章
……… 025
［民国］河北　县沿革表不分卷 …… 006
［民国］河北　县沿革表不分卷 …… 006
［民国］河北通志稿二十四卷 ……… 290
［民国］河北通志稿二十四卷 ……… 293
［民国］河北通志稿二十四卷附全图 …… 005
［同治］河曲县志八卷 ……… 053

329

［同治］河曲县志八卷 ……………… 220

［康熙］河州志六卷 ………………… 187

［民国］河阴县志十七卷金氏考二卷文
　　征三卷 …………………………… 042

［康熙］河阴县志四卷 ……………… 175

［康熙］河阴县志四卷 ……………… 175

［乾隆］河间县志六卷 ……………… 014

［乾隆］河间县志六卷 ……………… 014

［乾隆］河间县志六卷 ……………… 165

［乾隆］河间县志六卷 ……………… 272

［康熙］河间府志二十二卷 ………… 163

［嘉靖］河间府志二十八卷 ………… 006

［嘉靖］河间府志二十八卷 ………… 211

［乾隆］河间府新志二十卷首一卷 …… 006

［乾隆］河间府新志二十卷首一卷 …… 006

［乾隆］河南府志一百十六卷首四卷 …… 040

［乾隆］河南府志一百十六卷首四卷 …… 213

河南省区县沿革简表 ……………… 039

［雍正］河南通志八十卷 …………… 039

［雍正］河南通志八十卷 …………… 039

［雍正］河南通志八十卷 …………… 213

［雍正］河南通志八十卷 …………… 280

［顺治］河南通志五十卷 …………… 175

河南通志经政志不分卷 …………… 269

［民国］河南通志稿不分卷 ………… 039

［同治］河津县志十四卷 …………… 060

［光绪］河津县志十四卷首一卷 …… 061

［光绪］河津县志十四卷首一卷 …… 224

［乾隆］河套志六卷 ………………… 208

［乾隆］河套志六卷 ………………… 208

［乾隆］河套志六卷 ………………… 208

［光绪］河套略一卷 ………………… 262

［光绪］沾化县志十六卷首一卷 …… 028

［光绪］沾化县志十六卷首一卷 …… 229

［光绪］沾益州志六卷 ……………… 150

［民国］泸县志八卷 ………………… 133

［民国］泸县志八卷 ………………… 243

［道光］泸溪县志十二卷首一卷 …… 198

［同治］泸溪县志十四卷首一卷 …… 107

［顺治］泗水县志十二卷 …………… 035

［顺治］泗水县志十二卷 …………… 173

［顺治］泗水县志十二卷 …………… 173

［光绪］泗水县志十五卷首一卷 …… 035

［光绪］泗虹合志十九卷 …………… 089

［光绪］泗虹合志十九卷 …………… 245

［道光］泌阳县志十二卷首一卷 …… 048

［康熙］泽州志三十卷 ……………… 181

［雍正］泽州府志五十二卷 ………… 051

［雍正］泽州府志五十二卷 ………… 219

［乾隆］泾州志二卷 ………………… 186

［乾隆］泾阳县志十卷 ……………… 183

［道光］泾阳县志三十卷 …………… 064

［乾隆］泾县志十卷首一卷志余二卷 …… 192

［嘉庆］泾县志三十二卷首一卷 …… 090

［嘉庆］泾县志三十二卷首一卷 …… 090

［嘉庆］泾县志三十二卷首一卷 …… 245

［道光］泾县续志九卷 ……………… 090

［道光］泾县续志九卷 ……………… 245

［民国］宝山县再续志十七卷首一卷末
　　一卷 …………………………… 077

［光绪］宝山县志十四卷首一卷 …… 077

［乾隆］宝山县志十卷首一卷 ……… 076

［民国］宝山县续志十七卷首一卷末一
　　卷 ……………………………… 077

［嘉庆］宝丰县志二十四卷 ………… 177

［道光］宝丰县志十六卷首一卷 …… 046

宝庆会稽续志七卷 ………………… 193

［道光］宝庆府志一百四十三卷首二卷
　　末三卷 ………………………… 116

［康熙］宝应县志二十四卷 ………… 081

［民国］宝应县志三十二卷首一卷 …… 081

［嘉靖］宝应县志略四卷 …………… 080

［道光］宝应图经六卷首二卷 ……… 081

［乾隆］宝鸡县志十六卷 …………… 069

［乾隆］宝鸡县志十六卷 …………… 069

［乾隆］宝鸡县志十六卷 …………… 251

［乾隆］宝坻县志十八卷 …………… 011

［乾隆］宝坻县志十八卷 …………… 011

［乾隆］宝坻县志十八卷 …………… 011

［乾隆］宝坻县志十八卷 …………… 266

［乾隆］宝坻县志十八卷 …………… 275

［乾隆］宝坻县志十八卷 …………… 285

[乾隆]宝坻县志十八卷 ················· 285

[乾隆]宝坻县志十八卷 ················· 289

[乾隆]宝坻县志十八卷 ················· 292

[康熙]宝坻县志八卷 ··················· 165

[民国]宝清县志二十三卷首一卷附录

　　一卷 ····························· 160

[嘉庆]定边县志十四卷首一卷 ········· 067

[光绪]定兴县志二十六卷首一卷 ······· 021

[光绪]定兴县志二十六卷首一卷 ······· 237

[光绪]定兴县志二十六卷首一卷 ······· 265

[光绪]定兴县志二十六卷首一卷 ······· 273

[光绪]定兴县志二十六卷首一卷 ······· 274

[光绪]定兴县志二十六卷首一卷 ······· 276

[光绪]定兴县志二十六卷首一卷 ······· 277

[乾隆]定兴县志十二卷 ··············· 021

[光绪]定安县志十卷首一卷 ··········· 146

[光绪]定远厅志二十六卷首一卷末一

　　卷 ····························· 069

[光绪]定远厅志二十六卷首一卷末一

　　卷 ····························· 227

[道光]定远县志八卷 ················· 152

[道光]定远县志八卷 ················· 207

[嘉庆]定远县志三十五卷 ············· 210

[光绪]定远县志六卷 ················· 128

[民国]定县志二十二卷首一卷 ········· 023

[民国]定县志二十二卷首一卷 ········· 237

[乾隆]定南厅志七卷 ················· 198

[同治]定南厅志八卷 ················· 109

[光绪]定海厅志三十卷首一卷 ········· 096

[嘉靖]定海县志十三卷 ··············· 194

[康熙]定海县志八卷 ················· 194

[民国]定海县志不分卷 ··············· 096

[民国]定海县志不分卷 ··············· 218

[民国]定陶县志十二卷首一卷 ········· 036

[乾隆]定陶县志十卷首一卷 ··········· 035

[乾隆]定陶县志十卷首一卷 ··········· 233

[康熙]定番州志二十一卷 ············· 153

[康熙]定襄县志八卷 ················· 052

[光绪]定襄县补志十三卷图一卷 ······· 052

[光绪]定襄县补志十三卷图一卷 ······· 220

[光绪]定襄县补志十三卷图一卷 ······· 268

[民国]宜川县志二十七卷首一卷末一

　　卷 ····························· 066

[乾隆]宜川县志八卷首一卷末一卷 ····· 185

[乾隆]宜川县志八卷首一卷末一卷 ····· 185

[光绪]宜兴荆溪县新志十卷首一卷末

　　一卷 ····························· 078

[光绪]宜阳县志十六卷 ··············· 049

[民国]宜阳县志十卷 ················· 049

[康熙]宜阳县志四卷 ················· 178

[民国]宜良县志十卷首一卷 ··········· 150

[雍正]宜君县志不分卷 ··············· 185

[同治]宜昌府志十六卷首一卷 ········· 110

[同治]宜春县志十卷首一卷 ··········· 105

[同治]宜城县志十卷 ················· 114

[康熙]宜都县志十二卷首一卷末一卷

　　·································· 115

[同治]宜都县志四卷首一卷末一卷 ····· 115

[同治]宜都县志四卷首一卷末一卷 ····· 250

[嘉庆]宜宾县志五十四卷首一卷 ······· 132

[道光]宜黄县志三十二卷首一卷 ······· 107

[同治]宜黄县志五十卷首一卷 ········· 107

[嘉庆]宜章县志二十四卷首一卷 ······· 119

[康熙]宛平县志六卷 ················· 163

[康熙]宛平县志六卷 ················· 163

宛陵郡志备要四卷 ··················· 255

[民国]房山县志 ····················· 271

[康熙]房山县志十卷附杂诗一卷 ······· 164

[民国]房山县志八卷 ················· 008

[民国]房山县志八卷 ················· 008

[同治]房县志十二卷首一卷 ··········· 115

[同治]房县志十二卷首一卷 ··········· 250

[光绪]郓城县志十六卷首一卷 ········· 035

[光绪]郓城县志十六卷首一卷 ········· 233

[雍正]建水州志十六卷 ··············· 207

[雍正]建平县志二十二卷首一卷 ······· 192

[嘉靖]建平县志九卷 ················· 090

[乾隆]建宁县志二十八卷首一卷 ······· 203

[民国]建宁县志二十八卷首一卷末一

　　卷 ····························· 139

[嘉靖]建宁府志二十一卷 ············· 136

[康熙]建宁府志四十八卷 ············· 202

［嘉靖］建阳县志十六卷 …………… 139

［民国］建瓯县志三十七卷首一卷 ……… 139

［同治］建昌县志十二卷首一卷 ……… 106

［正德］建昌府志十九卷 …………… 211

［正德］建昌府志十九卷 …………… 211

［同治］建昌府志十卷首一卷 ……… 104

［同治］建始县志八卷首一卷 ……… 113

［同治］建始县志八卷首一卷 ……… 249

［景定］建康志五十卷 …………… 077

建德风土记十八卷 …………… 193

［光绪］建德县志二十一卷首一卷 …… 102

［道光］建德县志二十一卷首一卷 …… 196

［宣统］建德县志二十卷首一卷 ……… 092

［宣统］建德县志二十卷首一卷 ……… 246

［宣统］建德县志二十卷首一卷 ……… 263

［宣统］建德县志二十卷首一卷 ……… 288

［民国］建德县志十五卷首一卷附录二
　　卷 …………………………… 092

［民国］建德县志十五卷首一卷附徵录
　　二卷 ………………………… 102

［乾隆］肃宁县志十卷 …………… 014

［乾隆］肃宁县志十卷 …………… 014

［乾隆］肃宁县志十卷 …………… 271

［乾隆］肃宁县志十卷 …………… 271

［乾隆］弥勒州志二十七卷首一卷 …… 207

［乾隆］弥勒州志二十七卷首一卷 …… 235

陕西四镇　甘肃镇图说 …………… 209

［道光］陕西志辑要六卷首一卷 …… 061

［雍正］陕西通志一百卷首一卷 …… 183

［雍正］陕西通志一百卷首一卷 …… 183

［雍正］陕西通志一百卷首一卷 …… 281

［嘉靖］陕西通志四十卷 …………… 259

［光绪］陕州直隶州志十五卷首一卷 …… 050

［光绪］陕州直隶州续志十卷首一卷 …… 050

［正德］姑苏志六十卷 …………… 187

［嘉靖］始兴县志二卷 …………… 142

［民国］始兴县志十六卷首一卷 …… 142

［宣统］承德县志书不分卷 ……… 155

［道光］承德府志六十卷首二十六卷 …… 006

［道光］承德府志六十卷首二十六卷 …… 006

［道光］承德府志六十卷首二十六卷 …… 238

［道光］承德府志六十卷首二十六卷 …… 265

［道光］承德府志六十卷首二十六卷 …… 272

［道光］承德府志六十卷首二十六卷 …… 291

［乾隆］孟县志十卷 …………… 043

［乾隆］孟县志十卷 …………… 214

［康熙］孟津县志四卷 …………… 178

［康熙］孟津县志四卷 …………… 248

绍兴县志资料第一辑 …………… 098

［乾隆］绍兴府志八十卷首一卷 …… 094

［康熙］绍兴府志六十卷 …………… 193

［康熙］绍兴府志六十卷 …………… 193

九画

［顺治］封丘县志九卷首一卷 ……… 042

［顺治］封丘县志九卷首一卷 ……… 176

［顺治］封丘县志九卷首一卷 ……… 249

［民国］封丘县续志二十八卷首一卷末
　　一卷 …………………………… 042

［康熙］封丘县续志五卷 …………… 042

［康熙］封丘县续志五卷 …………… 176

［康熙］封丘县续志五卷 …………… 176

［康熙］封丘县续志五卷 …………… 249

［康熙］封丘县续志不分卷 ……… 042

［康熙］封丘县续志不分卷 ……… 176

［康熙］封丘县续志不分卷 ……… 249

［光绪］垣曲县志十四卷 …………… 058

［乾隆］垣曲县志十四卷 …………… 058

［光绪］垣曲县志十四卷 …………… 223

［光绪］垣曲县志十四卷 …………… 267

［乾隆］项城县志十卷首一卷 ……… 045

［乾隆］项城县志十卷首一卷 ……… 247

［道光］城口厅志二十卷首一卷 …… 201

［同治］城步县志十卷 …………… 120

［道光］城武县志十四卷首一卷 …… 036

［道光］城武县志十四卷首一卷 …… 233

［康熙］城武县志十卷图一卷 ……… 173

［康熙］城固县志十卷 …………… 069

［康熙］城固县志十卷 …………… 226

［民国］政和县志三十五卷首一卷末一
　　卷 …………………………… 137

赵州乡土志 ·················· 168

[隆庆]赵州志十卷 ·············· 020

[康熙]赵州志十卷 ·············· 168

[康熙]赵州志八卷附补逸一卷 ······ 168

[光绪]赵州属邑志八卷 ··········· 020

[光绪]赵州属邑志八卷 ··········· 236

[光绪]赵州属邑志八卷 ··········· 279

[光绪]赵州属邑志八卷 ··········· 282

[光绪]赵州属邑志八卷 ··········· 292

[乾隆]赵城县志二十四卷首一卷 ···· 057

[顺治]赵城县志八卷 ············ 182

[道光]赵城县志三十七卷首一卷 ···· 057

[道光]赵城县志三十七卷首一卷 ···· 222

[乾隆]荆门州志三十六卷 ········· 199

[同治]荆门直隶州志十二卷首一卷 ··· 113

[嘉庆]荆门直隶州志三十六卷 ······ 199

[光绪]荆州府志八十卷首一卷 ······ 110

[乾隆]荆州府志五十八卷首一卷 ···· 199

[康熙]荆州府志四十卷首一卷 ······ 199

[康熙]莒州志二卷 ············· 172

[嘉庆]莒州志十六卷首一卷 ······· 032

[嘉庆]莒州志十六卷首一卷 ······· 232

[嘉庆]茶陵州志二十七卷首一卷末一
卷 ······················ 200

[同治]茶陵州志二十四卷 ········· 118

[同治]茶陵州志二十四卷 ········· 242

[道光]荣成县志十卷 ············ 031

[道光]荣成县志十卷 ············ 231

[民国]荣县志十七篇 ············ 131

[道光]荣县志三十八卷首一卷 ······ 131

[光绪]荣昌县志二十二卷 ········· 131

[光绪]荣河县志十四卷首一卷 ······ 060

[光绪]荣河县志十四卷首一卷 ······ 224

[乾隆]荥阳县志十二卷 ··········· 041

[乾隆]荥阳县志十二卷 ··········· 042

[乾隆]荥泽县志十四卷图一卷 ······ 042

[乾隆]荥泽县志十四卷图一卷 ······ 213

[民国]荥经县志二十卷首一卷 ······ 135

[雍正]故城县志六卷 ············ 013

[民国]荔浦县志四卷 ············ 148

[康熙]荔浦县志四卷 ············ 206

[光绪]南川县志十二卷首一卷 ········ 130

[民国]南丰县志三十六卷首一卷末一
卷 ······················ 107

[同治]南丰县志四十六卷首一卷末一
卷 ······················ 107

[嘉庆]南平县志三十八卷首三卷末一
卷 ······················ 139

[民国]南田县志三十五卷首一卷 ····· 098

南乐县乡土志不分卷 ··········· 176

[康熙]南乐县志十五卷首一卷 ······ 176

[光绪]南乐县志十卷首一卷补遗一卷
························· 043

[光绪]南乐县志十卷首一卷补遗一卷
························· 214

[光绪]南乐县志十卷首一卷补遗一卷
························· 265

[光绪]南乐县志十卷首一卷补遗一卷
························· 271

[光绪]南乐县志十卷首一卷补遗一卷
························· 278

[光绪]南汇县志二十二卷首一卷末一
卷 ······················ 075

[光绪]南汇县志二十二卷首一卷末一
卷 ······················ 075

[光绪]南汇县志二十二卷首一卷末一
卷 ······················ 075

[民国]南汇县续志二十二卷首一卷 ··· 075

[民国]南汇县续志二十二卷首一卷 ··· 075

[咸丰]南宁县志十卷首一卷 ······· 150

[道光]南宁府志五十六卷 ········· 147

[乾隆]南召县志四卷 ············ 048

[乾隆]南召县志四卷 ············ 247

[光绪]南皮县志十五卷首一卷末一卷
························· 013

[光绪]南皮县志十五卷首一卷末一卷
························· 238

[光绪]南皮县志十五卷首一卷末一卷
························· 265

[光绪]南皮县志十五卷首一卷末一卷
························· 269

［光绪］南皮县志十五卷首一卷末一卷 …………………………………………… 284

［光绪］南皮县志十五卷首一卷末一卷 …………………………………………… 285

［民国］南皮县志十四卷首一卷 ………… 013

［民国］南皮县志十四卷首一卷 ………… 238

［民国］南皮县志十四卷首一卷 ………… 273

［民国］南皮县志十四卷首一卷 ………… 276

［民国］南皮县志十四卷首一卷 ………… 285

［民国］南皮县志十四卷首一卷 ………… 288

［康熙］南皮县志八卷首一卷 …………… 165

［民国］南充县志十六卷附图一卷 ……… 128

［嘉庆］南充县志八卷首一卷 …………… 128

［道光］南江县志三卷 …………………… 201

［民国］南江县志四编 …………………… 129

［康熙］南安州志六卷 …………………… 207

［康熙］南安县志二十卷附福建赋役简明总册二卷 ……………………………… 203

［同治］南安府志三十二卷首一卷 ……… 104

［光绪］南阳县志十二卷首一卷 ………… 048

［光绪］南阳县志十二卷首一卷 ………… 215

［康熙］南阳县志六卷首一卷 …………… 178

［康熙］南阳府志六卷 …………………… 175

［嘉庆］南阳府志六卷图一卷 …………… 040

［嘉庆］南阳府志六卷图一卷 …………… 247

［乾隆］南昌县志三十二卷首一卷末一卷 …………………………………………… 197

［道光］南昌县志三十九卷首一卷末一卷 …………………………………………… 105

［同治］南昌县志三十六卷首一卷末一卷 …………………………………………… 105

［光绪］南昌县志六十卷首一卷 ………… 105

［同治］南昌府志六十六卷首一卷末一卷 …………………………………………… 103

［同治］南昌府志六十六卷首一卷末一卷 …………………………………………… 246

南和县乡土志二卷 ……………………… 166

［光绪］南和县志十二卷首一卷 ………… 166

［光绪］南和县志十二卷首一卷 ………… 166

［乾隆］南和县志十二卷首一卷 ………… 166

［乾隆］南郑县志十六卷 ………………… 068

［民国］南郑重修县志材料集 …………… 068

［同治］南城县志十卷首一卷 …………… 108

南浔志六十卷首一卷 …………………… 098

南浔镇志四十卷首一卷 ………………… 097

南宫县乡土志 …………………………… 167

［民国］南宫县志二十六卷 ……………… 017

［民国］南宫县志二十六卷 ……………… 241

［康熙］南宫县志十二卷 ………………… 167

［光绪］南宫县志十八卷 ………………… 017

［道光］南宫县志十六卷 ………………… 017

［道光］南宫县志十六卷 ………………… 241

［道光］南宫县志十六卷 ………………… 265

［道光］南宫县志十六卷 ………………… 279

［道光］南宫县志十六卷 ………………… 285

［嘉靖］南宫县志五卷 …………………… 017

［嘉靖］南宫县志五卷 …………………… 017

［嘉靖］南宫县志五卷 …………………… 273

［道光］南部县志三十卷首一卷 ………… 201

［宣统］南海县志二十六卷末一卷 ……… 141

［道光］南海县志四十四卷首一卷末一卷 …………………………………………… 141

南陵小志四卷首一卷 …………………… 090

［雍正］南陵县志十六卷首一卷 ………… 259

［民国］南陵县志四十八卷首一卷末一卷 …………………………………………… 090

［民国］南陵县志四斗八卷首一卷末一卷 …………………………………………… 245

南通县乡土志一卷 ……………………… 084

［乾隆］南笼府志八卷首一卷末一卷 …… 210

［道光］南康县志二十四卷首一卷 ……… 198

［同治］南康县志十四卷首一卷 ………… 109

［同治］南康府志二十四卷首一卷 ……… 104

［正德］南康府志十卷 …………………… 104

［乾隆］南雄府志十九卷 ………………… 204

［嘉庆］南翔镇志十二卷首一卷 ………… 076

［同治］南溪县志八卷 …………………… 132

［民国］南溪县志六卷 …………………… 132

［民国］南溪县志六卷 …………………… 243

［同治］南漳县志集钞二十六卷首一卷 …………………………………………… 254

［嘉庆］南漳县志集钞三十五卷首一卷
…………………………………… 114

［乾隆］南澳志十二卷图一卷 ………… 143

［嘉靖］南畿志六十四卷 ……………… 187

［乾隆］柘城县志十八卷首一卷 ……… 044

［光绪］柘城县志十卷首一卷 ………… 044

［光绪］柘城县志十卷首一卷 ………… 214

相城小志六卷 ………………………… 084

［民国］柏乡县志十卷首一卷 ………… 016

［乾隆］柏乡县志十卷首一卷 ………… 016

［乾隆］柏乡县志十卷首一卷 ………… 240

［民国］柏乡县志十卷首一卷 ………… 241

［乾隆］柏乡县志十卷首一卷 ………… 279

［康熙］柳边纪略五卷 ………………… 262

［乾隆］柳州府马平县志十卷首一卷 …… 147

［乾隆］柳州府志四十卷首一卷 ……… 205

［光绪］柳河志一卷 …………………… 158

柳河县乡土志 ………………………… 158

［同治］咸丰县志二十卷首一卷附图一
卷 ………………………………… 114

［民国］咸丰县志十二卷末一卷 ……… 114

咸丰初朝邑县志三卷 ………………… 065

［民国］咸宁长安两县续志二十二卷 …… 062

［嘉庆］咸宁县志二十六卷首一卷 …… 062

［嘉庆］咸宁县志二十六卷首一卷 …… 183

［嘉庆］咸宁县志二十六卷首一卷 …… 252

［同治］咸宁县志十五卷首一卷 ……… 111

［康熙］咸宁县志八卷 ………………… 183

［乾隆］咸阳县志二十二卷首一卷 …… 062

［乾隆］咸阳县志二十二卷首一卷 …… 252

［乾隆］咸阳县志二十二卷首一卷 …… 268

咸淳临安志一百卷 …………………… 093

咸淳临安志一百卷 …………………… 209

［乾隆］威远县志八卷首一卷 ………… 131

［光绪］威远县志三编四卷 …………… 131

［民国］威县志二十卷首一卷末一卷 …… 017

［康熙］威县志十六卷 ………………… 167

［康熙］威县志十六卷 ………………… 167

［康熙］威县志十六卷 ………………… 271

［民国］威县志续修一卷 ……………… 017

［乾隆］威海卫志十卷首一卷 ………… 031

［乾隆］威海卫志十卷首一卷 ………… 230

［乾隆］威海卫志十卷首一卷 ………… 289

［宣统］砖坪县志不分卷 ……………… 185

括地志八卷 …………………………… 005

［光绪］垫江县志十卷 ………………… 130

［乾隆］垫江县志八卷首一卷 ………… 201

［同治］临川县志五十四卷首一卷末一
卷 ………………………………… 107

［民国］临江县志八卷首一卷 ………… 158

［隆庆］临江府志十四卷 ……………… 104

［同治］临江府志三十二卷首一卷 …… 104

［咸淳］临安志一百卷 ………………… 219

［咸淳］临安志一百卷 ………………… 272

［乾道］临安志十五卷 ………………… 219

［宣统］临安县志八卷首一卷末一卷 …… 095

［乾隆］临安县志四卷 ………………… 095

［嘉庆］临安府志二十卷 ……………… 149

［民国］临县志二十卷首一卷 ………… 055

［民国］临县志二十卷首一卷 ………… 221

［康熙］临县志八卷首一卷 …………… 181

［康熙］临县志八卷首一卷 …………… 224

［同治］临邑县志十六卷首一卷 ……… 038

［同治］临邑县志十六卷首一卷 ……… 233

［道光］临邑县志十六卷首一卷末一卷
…………………………………… 038

［民国］临邑县续志四卷首一卷 ……… 275

［民国］临邑县续志四卷首一卷 ……… 280

［民国］临沂县志十四卷首一卷 ……… 032

［民国］临沂县志十四卷首一卷 ……… 032

［民国］临沂县志十四卷首一卷 ……… 232

［乾隆］临汾县志十卷首一卷末一卷 …… 057

［康熙］临汾县志九卷 ………………… 182

［民国］临汾县志六卷首一卷 ………… 057

［民国］临汾县志六卷首一卷 ………… 222

［民国］临汾县志续编八卷首一卷末一
卷 ………………………………… 057

［康熙］临武县志十六卷首一卷 ……… 200

［民国］临河县志三卷 ………………… 161

［民国］临河县志三卷 ………………… 212

［民国］临河县志三卷 ………………… 267

［康熙］临城县志八卷 ………………… 166

335

［康熙］临城县志八卷 ……………… 166
［康熙］临城县志八卷 ……………… 271
［光绪］临朐县志十六卷首一卷 …… 030
［光绪］临朐县志十六卷首一卷 …… 230
［嘉靖］临朐县志四卷 ……………… 030
［康熙］临洮府志二十二卷 ………… 185
［民国］临晋县志十六卷 …………… 060
［乾隆］临晋县志八卷 ……………… 060
［乾隆］临晋县志八卷 ……………… 060
［嘉庆］临桂县志三十二卷 ………… 147
［光绪］临高县志二十四卷 ………… 146
［康熙］临海县志十五卷首一卷 …… 196
［民国］临海县志稿四十二卷首一卷 … 100
临海要览 …………………………… 100
［民国］临清县志十六卷 …………… 036
［民国］临清县志十六卷 …………… 234
［乾隆］临清直隶州志十一卷首一卷 … 173
［乾隆］临清直隶州志十一卷首一卷 … 174
［乾隆］临清直隶州志十一卷首一卷 … 280
［康熙］临淄县志十六卷 …………… 172
［民国］临淄县志三十五卷首一卷 …… 030
［顺治］临颍县志八卷 ……………… 177
［顺治］临颍县志八卷 ……………… 177
［乾隆］临颍县续志八卷 …………… 050
［乾隆］临颍县续志八卷 …………… 177
［同治］临湘县志十三卷首一卷末一卷
　　　　　　　　　　　　　　　…… 117
［同治］临湘县志十三卷首一卷末一卷
　　　　　　　　　　　　　　　…… 242
［民国］临榆县志二十四卷首一卷 …… 025
［光绪］临榆县志二十四卷首一卷 …… 025
［光绪］临榆县志二十四卷首一卷 …… 025
［光绪］临榆县志二十四卷首一卷 …… 278
［光绪］临榆县志二十四卷首一卷 …… 284
［乾隆］临榆县志十四卷首一卷 …… 025
［乾隆］临榆县志十四卷首一卷 …… 237
［光绪］临漳县志十八卷首一卷 …… 015
［光绪］临漳县志十八卷首一卷 …… 253
［雍正］临漳县志六卷首一卷 ……… 166
［乾隆］临潼县志九卷图一卷 ……… 064
［乾隆］临潼县志九卷图一卷 ……… 226

［同治］星子县志十四卷首一卷 …… 106
［雍正］昭文县志十卷首一卷 ……… 190
［民国］昭平县志八卷 ……………… 148
［宣统］昭觉县志稿四卷 …………… 135
［民国］昭通志稿十二卷 …………… 150
［民国］昭通县志稿二十四卷 ……… 150
［民国］昭萍志略十二卷首一卷末一卷
　　　　　　　　　　　　　　　…… 104
［弘治］贵州图经新志十七卷 ……… 207
［民国］贵州通志十九编首一卷 …… 152
［康熙］贵州通志三十三卷 ………… 207
［乾隆］贵州通志四十六卷首一卷 …… 152
［乾隆］贵州通志四十六卷首一卷 …… 243
［乾隆］贵州通志四十六卷首一卷 …… 272
［光绪］贵池县志四十四卷首一卷 …… 092
［光绪］贵池县沿革表 ……………… 092
［道光］贵阳府志八十八卷首二卷余编
　　　二十卷 ………………………… 152
［民国］贵县志十八卷 ……………… 148
［乾隆］贵溪县志十四卷首一卷 …… 197
［同治］贵溪县志十卷首一卷 ……… 107
［康熙］虹县志二卷 ………………… 191
［嘉靖］思南府志八卷 ……………… 152
［道光］思南府续志十二卷 ………… 152
［同治］郧西县志二十卷首一卷 …… 114
［乾隆］郧西县志二十卷首一卷 …… 200
［同治］郧西县志二十卷首一卷 …… 250
［嘉庆］郧阳志十卷首一卷 ………… 110
［同治］郧阳志八卷首一卷 ………… 110
［同治］郧县志十卷首一卷 ………… 114
［同治］郧县志十卷首一卷 ………… 254
［道光］哈密志五十一卷 …………… 161
［道光］峡江县志十四卷 …………… 198
［同治］峡江县志十卷首一卷 ……… 108
［光绪］钜鹿县志十二卷首一卷 …… 240
［民国］钟山县志十六卷 …………… 148
［同治］钟祥县志二十卷补编二卷 …… 113
［道光］钦州志十二卷首一卷 ……… 146
［嘉靖］钦州志九卷 ………………… 146
［乾隆］钦定皇舆西域图志四十八卷首
　　　四卷 …………………………… 161

［乾隆］钦定皇舆西域图志四十八卷首
　　四卷 ……………………………… 208

［乾隆］钦定皇舆西域图志四十八卷首
　　四卷 ……………………………… 208

［乾隆］钦定皇舆西域图志四十八卷首
　　四卷 ……………………………… 208

［乾隆］钦定皇舆西域图志四十八卷首
　　四卷 ……………………………… 212

［乾隆］钦定热河志一百二十卷 ……… 163

［乾隆］钦定热河志一百二十卷 ……… 259

［乾隆］钦定新疆识略十二卷首一卷 … 161

［乾隆］钦定新疆识略十二卷首一卷 … 225

钦定满洲源流考二十卷首一卷 ……… 154

钦定满洲源流考二十卷首一卷 ……… 154

钦定满洲源流考二十卷首一卷 ……… 154

［民国］拜泉县志四卷 ………………… 159

［光绪］香山县志二十二卷 …………… 142

［康熙］香山县志十卷 ………………… 142

［道光］香山县志八卷首一卷附录一卷

　　……………………………………… 142

［民国］香山县志续编十六卷首一卷 … 142

［康熙］香河县志十一卷 ……………… 165

［康熙］香河县志十一卷 ……………… 165

［康熙］香河县志十一卷 ……………… 165

［民国］香河县志十卷 ………………… 011

［嘉庆］重刊宜兴县旧志十卷首一卷末
　　一卷 ……………………………… 078

［道光］重刊续纂宜荆县志十卷首一卷
　　……………………………………… 079

［天顺］重刊襄阳郡志四卷 …………… 110

［道光］重庆府志九卷 ………………… 123

［道光］重修上高县志十二卷首一卷末
　　一卷 ……………………………… 105

［同治］重修上高县志十四卷首一卷末
　　一卷 ……………………………… 105

［同治］重修山阳县志二十一卷图一卷
　　……………………………………… 082

［民国］重修广元县志稿二十八卷首一
　　卷 ………………………………… 127

［光绪］重修天津府志五十四卷末一卷
　　……………………………………… 265

［光绪］重修天津府志五十四卷首一卷
　　末一卷 …………………………… 007

［光绪］重修天津府志五十四卷首一卷
　　末一卷 …………………………… 007

［光绪］重修天津府志五十四卷首一卷
　　末一卷 …………………………… 007

［光绪］重修天津府志五十四卷首一卷
　　末一卷 …………………………… 276

［光绪］重修天津府志五十四卷首一卷
　　末一卷 …………………………… 283

［光绪］重修天津府志五十四卷首一卷
　　末一卷 …………………………… 283

［光绪］重修天津府志五十四卷首一卷
　　末一卷 …………………………… 290

［光绪］重修天津府志五十四卷首一卷
　　末一卷 …………………………… 291

［光绪］重修天津府志五十四卷首一卷
　　末一卷 …………………………… 292

［康熙］重修无极志二卷 ……………… 167

［弘治］重修无锡县志三十六卷 ……… 077

［光绪］重修五河县志二十卷首一卷末
　　一卷 ……………………………… 089

［光绪］重修五河县志二十卷首一卷末
　　一卷 ……………………………… 245

［雍正］重修太原县志十六卷 ………… 178

［光绪］重修长寿县志十卷 …………… 123

［民国］重修什邡县志十卷 …………… 125

［民国］重修正阳县志八卷首一卷末一
　　卷 ………………………………… 047

［光绪］重修龙阳县志三十二卷首一卷
　　……………………………………… 121

［道光］重修平度州志二十七卷 ……… 029

［道光］重修平度州志二十七卷 ……… 230

［道光］重修平度州志二十七卷 ……… 286

［康熙］重修平遥县志八卷 …………… 054

［乾隆］重修卢氏县志十七卷首一卷 … 049

［光绪］重修卢氏县志十八卷首一卷 … 049

［光绪］重修卢氏县志十八卷首一卷 … 247

［道光］重修电白县志二十卷末一卷 … 145

［光绪］重修电白县志三十卷首一卷 … 145

重修四川通志例言 …………………… 123

337

［道光］重修仪征县志五十卷首一卷 …… 081
［同治］重修宁海州志二十六卷 ………… 031
［乾隆］重修台湾府志二十五卷首一卷
　　　　………………………………… 203
［康熙］重修台湾府志十卷 …………… 139
［同治］重修成都县志十六卷首一卷 …… 123
［嘉庆］重修扬州府志七十二卷首一卷
　　　　………………………………… 074
［嘉庆］重修扬州府志七十二卷首一卷
　　　　………………………………… 074
［嘉庆］重修扬州府志七十二卷首一卷
　　　　………………………………… 216
［康熙］重修曲江县志四卷 …………… 204
［光绪］重修曲阳县志二十卷 ………… 023
［光绪］重修曲阳县志二十卷 ………… 239
［光绪］重修曲阳县志二十卷 ………… 269
［光绪］重修曲阳县志二十卷 ………… 278
［道光］重修延川县志五卷首一卷 …… 184
［嘉庆］重修延安府志八十卷 ………… 062
［嘉庆］重修延安府志八十卷 ………… 225
［光绪］重修华亭县志二十四卷首一卷
　　末一卷 …………………………… 075
［道光］重修伊阳县志六卷首一卷末一
　　卷 ………………………………… 049
［道光］重修伊阳县志六卷首一卷末一
　　卷 ………………………………… 247
［咸丰］重修兴化县志十卷 …………… 081
［万历］重修安平县志六卷 …………… 167
［光绪］重修安徽通志三百五十卷补遗
　　十卷 ……………………………… 087
［光绪］重修安徽通志三百五十卷补遗
　　十卷 ……………………………… 246
［光绪］重修安徽通志三百五十卷补遗
　　十卷 ……………………………… 282
［雍正］重修岚县志十六卷 …………… 180
［道光］重修沔阳县志十二卷首一卷 … 069
［道光］重修沔阳县志十二卷首一卷 … 069
［咸丰］重修沧州志稿 ………………… 259
［光绪］重修灵宝县志八卷 …………… 049
［光绪］重修灵宝县志八卷 …………… 247
［乾隆］重修灵宝县志六卷 …………… 049

［光绪］重修奉贤县志二十卷首一卷末
　　一卷 ……………………………… 076
［光绪］重修青县志十卷 ……………… 012
［光绪］重修青县志十卷 ……………… 238
［同治］重修英山县志十卷首一卷 …… 112
［乾隆］重修直隶陕州志二十卷首一卷
　　　　………………………………… 050
［乾隆］重修直隶陕州志二十卷首一卷
　　　　………………………………… 249
［咸丰］重修枣阳县志十五卷首一卷 …… 114
［乾隆］重修固始县志二十六卷首一卷
　　　　………………………………… 047
［乾隆］重修固始县志二十六卷首一卷
　　　　………………………………… 047
［乾隆］重修固始县志二十六卷首一卷
　　　　………………………………… 288
［民国］重修和顺县志十卷 …………… 054
［乾隆］重修和顺县志八卷首一卷 …… 053
［宣统］重修泾阳县志十六卷首一卷末
　　一卷 ……………………………… 064
［宣统］重修泾阳县志十六卷首一卷末
　　一卷 ……………………………… 227
［道光］重修宝应县志二十八卷首一卷
　　　　………………………………… 081
重修宝应县志办一卷 ………………… 081
重修宝应县志办一卷 ………………… 081
［康熙］重修宜兴县志十卷图一卷 …… 189
［乾隆］重修肃州新志三十卷 ………… 073
［雍正］重修陕西乾州志六卷 ………… 183
［民国］重修南川县志十四卷首一卷 …… 130
［民国］重修临颍县志十六卷首一卷 …… 046
［道光］重修昭化县志四十八卷 ……… 127
［咸淳］重修毗陵志三十卷 …………… 187
［弘治］重修保定志二十五卷 ………… 211
［民国］重修信阳县志三十一卷首一卷
　　　　………………………………… 047
［乾隆］重修洛阳县志二十四卷图考一
　　卷 ………………………………… 048
［乾隆］重修洛阳县志二十四卷图考一
　　卷 ………………………………… 049
［乾隆］重修洛阳县志二十四卷图考一

卷 ························ 178

[民国]重修泰安县志十四卷 ········· 033

[民国]重修泰安县志十四卷 ········· 232

[乾隆]重修桃源县志十卷首一卷 ····· 082

[宣统]重修恩县志十卷首一卷 ······· 039

[宣统]重修恩县志十卷首一卷 ······· 234

[光绪]重修皋兰县志三十卷首一卷末

　　一卷 ························ 071

[道光]重修胶州志四十卷 ··········· 030

[道光]重修胶州志四十卷 ··········· 230

[乾隆]重修浮梁县志 ··············· 104

[光绪]重修通渭县新志十二卷首一卷

　　······························· 071

[咸丰]重修梓潼县志六卷 ··········· 126

[民国]重修常昭合志二十二卷首一卷

　　末一卷 ······················ 086

[道光]重修略阳县志四卷 ··········· 069

[道光]重修略阳县志四卷 ··········· 252

[民国]重修商河县志十五卷首一卷 ··· 038

[同治]重修涪州志十六卷首一卷 ····· 130

[宝祐]重修琴川志十五卷图一卷 ····· 085

[道光]重修博兴县志十二卷 ········· 028

[民国]重修博兴县志十七卷首一卷 ··· 029

[光绪]重修彭县志十三卷首一卷末一

　　卷附补遗一卷 ················ 124

[道光]重修蓬莱县志十四卷 ········· 032

[康熙]重修蒲台县志十卷 ··········· 171

[民国]重修蒙城县志十二卷 ········· 089

[民国]重修鄠县志十卷首一卷 ······· 062

[光绪]重修新乐县志六卷首一卷 ····· 018

[光绪]重修新乐县志六卷首一卷 ····· 018

[光绪]重修新乐县志六卷首一卷 ····· 272

[民国]重修新城县志二十六卷首一卷

　　······························· 029

[同治]重修嘉鱼县志十二卷 ········· 111

[嘉庆]重修嘉善县志二十卷首一卷 ··· 096

[光绪]重修嘉善县志三十六卷首一卷

　　······························· 096

[乾隆]重修镇平县志六卷 ··········· 204

[万历]重修镇江府志三十六卷图一卷

　　······························· 260

[民国]重修镇原县志十九卷首一卷 ····· 071

[道光]重修镇番县志十卷首一卷 ······· 073

[乾隆]重修鳌屖县志十四卷 ········· 183

[乾隆]重修鳌屖县志十四卷 ········· 252

[乾隆]重修襄垣县志八卷 ··········· 055

[乾隆]重修襄垣县志八卷 ··········· 055

[乾隆]重修襄垣县志八卷 ··········· 255

[民国]重修鄞都县志十四卷 ········· 130

重辑枫泾小志十卷 ················· 075

[道光]重辑渭南县志十八卷 ········· 064

[同治]重辑静海县志八卷 ··········· 293

[光绪]重纂礼县新志四卷首一卷 ····· 072

[道光]重纂光泽县志三十卷首一卷 ··· 139

[民国]重纂兴平县志八卷 ··········· 063

[民国]重纂兴平县志八卷 ··········· 252

[光绪]重纂邵武府志三十卷首一卷 ··· 136

[光绪]重纂秦州直隶州新志二十四卷

　　首一卷 ······················ 072

[光绪]重纂秦州直隶州新志二十四卷

　　首一卷 ······················ 212

[康熙]重纂靖远卫志六卷首一卷 ····· 186

[道光]重纂福建通志二百七十八卷首

　　七卷 ························ 135

[道光]重纂福建通志二百七十八卷首

　　七卷 ························ 246

[道光]重纂福建通志二百七十八卷首

　　六卷 ························ 269

[道光]重纂福建通志二百七十八卷首

　　六卷 ························ 288

[民国]复县志略不分卷 ············· 155

[民国]复县志略不分卷 ············· 228

[康熙]顺义县志四卷补遗一卷 ······· 008

[康熙]顺义县志四卷补遗一卷 ······· 008

[康熙]顺义县志四卷补遗一卷 ······· 283

[康熙]顺义县志四卷补遗一卷 ······· 292

[光绪]顺天府志一百三十卷附录一卷

　　······························· 006

[光绪]顺天府志一百三十卷附录一卷

　　······························· 006

[光绪]顺天府志一百三十卷附录一卷

　　······························· 006

[光绪]顺天府志一百三十卷附录一卷
　　……………………………………… 026

[光绪]顺天府志一百三十卷附录一卷
　　……………………………………… 292

[万历]顺天府志六卷 ……………………… 006

[万历]顺天府志六卷 ……………………… 164

[乾隆]顺宁府志十卷 ……………………… 206

[康熙]顺庆府志十卷 ……………………… 200

[康熙]顺庆府志增续一卷 ………………… 201

[嘉庆]顺昌县志十卷 ……………………… 139

[嘉庆]顺昌县志十卷 ……………………… 255

[民国]顺德县志二十四卷附郭志刊误
　　二卷 …………………………………… 141

[咸丰]顺德县志三十二卷 ………………… 141

[乾隆]顺德府志十六卷 …………………… 007

[乾隆]顺德府志十六卷 …………………… 238

[康熙]顺德府志四卷 ……………………… 007

[光绪]修仁县志不分卷 …………………… 260

[乾隆]修武县志二十卷首一卷 …………… 176

[道光]修武县志十二卷首一卷 …………… 043

[道光]修武县志十二卷首一卷 …………… 050

[道光]修武县志十二卷首一卷 …………… 216

[道光]修武县志十二卷首一卷 …………… 247

[道光]保宁府志六十二卷 ………………… 200

保安州乡土志不分卷 ……………………… 170

[道光]保安州志八卷首一卷 ……………… 024

[道光]保安州志八卷首一卷 ……………… 024

[道光]保安州志八卷首一卷 ……………… 274

[道光]保安州志八卷首一卷 ……………… 282

[光绪]保安州续志四卷 …………………… 024

[光绪]保安州续志四卷 …………………… 024

[咸丰]保安县志八卷 ……………………… 067

[乾隆]保县志八卷 ………………………… 202

[康熙]保定县志四卷首一卷 ……………… 164

[康熙]保定县志四卷首一卷 ……………… 164

[康熙]保定县志四卷首一卷 ……………… 164

[康熙]保定县志四卷首一卷 ……………… 271

[康熙]保定府祁州束鹿县志十卷 ……… 019

[康熙]保定府祁州束鹿县志十卷 ……… 240

[康熙]保定府志二十九卷 ………………… 163

[光绪]保定府志七十九卷首一卷 ……… 006

[光绪]保定府志七十九卷首一卷 ……… 006

[同治]保康县志七卷首一卷 ……………… 115

[同治]保康县志七卷首一卷 ……………… 249

[同治]保靖县志十二卷首一卷 …………… 122

[乾隆]保德州志十二卷首一卷 …………… 053

[康熙]保德州志十二卷首一卷 …………… 180

[乾隆]信丰县志十六卷 …………………… 198

[道光]信丰县志续编十六卷 ……………… 198

信今录十卷 ………………………………… 189

[乾隆]信阳州志十二卷首一卷 …………… 047

[乾隆]信阳州志十二卷首一卷 …………… 047

[乾隆]信阳州志十二卷首一卷 …………… 215

[嘉靖]皇明天长志七卷 …………………… 089

[乾隆]泉州府志七十六卷首一卷 ………… 136

[同治]禹州志二十六卷增续二卷 ………… 047

[同治]禹州志二十六卷增续二卷 ………… 215

[乾隆]禹州志十四卷 ……………………… 177

[嘉庆]禹城县志十二卷 …………………… 038

[嘉庆]禹城县志十二卷 …………………… 234

[民国]叙永县志八卷 ……………………… 133

[光绪]叙州府志四十三卷首一卷末一
　　卷 ……………………………………… 123

[同治]剑州志十卷 ………………………… 127

[同治]剑州志十卷 ………………………… 127

[民国]剑河县志十二卷首一卷 …………… 211

[民国]剑阁县续志十卷 …………………… 127

[民国]剑阁县续志十卷 …………………… 243

[顺治]胙城县志四卷 ……………………… 175

[顺治]胙城县志四卷 ……………………… 248

[乾隆]独山州志十卷 ……………………… 211

[光绪]饶平县志二十五卷 ………………… 143

[康熙]饶平县志二十四卷 ………………… 204

[同治]饶州府志三十二卷首一卷 ……… 104

[顺治]饶阳县后志六卷 …………………… 165

[乾隆]饶阳县志二卷首一卷末一卷 …… 014

[乾隆]饶阳县志二卷首一卷末一卷 …… 240

[乾隆]饶阳县志二卷首一卷末一卷 …… 271

[光绪]施南府志续编十卷 ………………… 110

[乾隆]闻喜县志十二卷首一卷 …………… 059

[乾隆]闻喜县志十二卷首一卷 …………… 059

[乾隆]闻喜县志十二卷首一卷 …………… 223

［光绪］闻喜县志补四卷 …………… 059
［光绪］闻喜县志补四卷 …………… 223
［民国］闻喜县志续二十五卷 ………… 059
［光绪］闻喜县志续四卷 …………… 059
［光绪］闻喜县志续四卷 …………… 059
［光绪］闻喜县志续四卷 …………… 223
［光绪］闻喜县志斠三卷首一卷 …… 059
［光绪］闻喜县志斠三卷首一卷 …… 223
［民国］闽侯县志一百六卷 ………… 246
［民国］闽侯县志一百零六卷 ……… 136
［万历］闽都记三十三卷 …………… 135
［万历］闽都记三十三卷 …………… 210
［民国］闽清县志八卷首一卷 ……… 137
［乾隆］娄县志三十卷首一卷 ……… 188
［光绪］娄县续志二十卷 …………… 075
娄塘镇志九卷 ……………………… 076
［乾隆］将乐县志十六卷首一卷 …… 203
［民国］洪洞县志十八卷首一卷末一卷

　　　　…………………………… 057
［民国］洪洞县志十八卷首一卷末一卷

　　　　…………………………… 222
［万历］洪洞县志八卷 ……………… 182
［雍正］洪洞县志九卷 ……………… 057
［雍正］洪洞县志九卷 ……………… 222
［顺治］洪洞县续志不分卷 ………… 182
［嘉庆］洪雅县志二十五卷首一卷 … 202
［光绪］洪雅县志十二卷首一卷 …… 134
［嘉靖］洪雅县志五卷 ……………… 134
［光绪］洧川县乡土志二卷 ………… 045
［嘉庆］洧川县志八卷首一卷 ……… 045
［嘉庆］洧川县志八卷首一卷 ……… 214
［光绪］洮州厅志十八卷首一卷 …… 073
［民国］洮沙县志五卷 ……………… 072
［乾隆］洵阳县志十四卷 …………… 068
［乾隆］洵阳县志十四卷 …………… 252
［民国］洛川县志二十六卷首一卷末一

　卷 ……………………………… 066
［嘉庆］洛川县志二十卷首一卷 …… 066
［民国］洛宁县志八卷首一卷 ……… 050
［同治］洛阳龙门志不分卷 ………… 210
［嘉庆］洛阳县志六十卷 …………… 049

［嘉庆］洛阳县志六十卷 …………… 049
［嘉庆］洛阳县志六十卷 …………… 216
［嘉庆］洛阳县志六十卷 …………… 216
［嘉庆］洛阳县志六十卷 …………… 269
［同治］浏阳县志二十四卷 ………… 117
［嘉庆］浏阳县志四十卷首一卷 …… 117
［民国］济宁县志四卷首一卷 ……… 232
［民国］济宁县志四卷首一卷 ……… 280
［民国］济宁县志四卷首一卷补遗一卷

　　　　…………………………… 034
［道光］济宁直隶州志十卷首一卷末一

　　卷图一卷 ……………………… 034
［道光］济宁直隶州志十卷首一卷末一

　　卷图一卷 ……………………… 034
［道光］济宁直隶州志十卷首一卷末一

　　卷图一卷 ……………………… 279
［乾隆］济宁直隶州志三十四卷首一卷

　　　　…………………………… 034
［民国］济宁直隶州续志二十四卷首一

　　卷末一卷 ……………………… 232
［民国］济宁直隶州续志二十四卷首一

　　卷末一卷补遗一卷 …………… 034
［咸丰］济宁直隶州续志四卷 ……… 034
［咸丰］济宁直隶州续志四卷 ……… 232
［民国］济阳县志二十卷首一卷 …… 038
［乾隆］济阳县志十四卷首一卷 …… 038
［乾隆］济阳县志十四卷首一卷 …… 234
［道光］济南府志七十二卷首一卷 … 026
［道光］济南府志七十二卷首一卷 … 228
［乾隆］济源县志十六卷首一卷末一卷

　　　　…………………………… 043
［乾隆］济源县志十六卷首一卷末一卷

　　　　…………………………… 247
［光绪］洋县志八卷 ………………… 185
［光绪］洋县志八卷 ………………… 253
［康熙］洋县志八卷首一卷 ………… 185
［顺治］浑源州志二卷图一卷附恒岳志

　　二卷 …………………………… 179
［乾隆］浑源州志十卷 ……………… 052
［乾隆］浑源州志十卷 ……………… 052
［乾隆］浑源州志十卷 ……………… 056

341

［光绪］浑源州续志十卷 ………………… 052
［光绪］浑源州续志十卷 ………………… 056
［光绪］浑源州续志十卷 ………………… 220
［道光］津门保甲图说 …………………… 009
［道光］津门保甲图说 …………………… 009
［道光］津门保甲图说 …………………… 291
［同治］浔州府志三十八卷首一卷 ……… 147
［乾隆］浔州府志五十卷首一卷 ………… 205
宣化县乡土志 ……………………………… 169
［康熙］宣化县志三十卷 ………………… 169
［康熙］宣化县志三十卷 ………………… 169
［民国］宣化县新志十八卷首一卷 ……… 024
［民国］宣化县新志十八卷首一卷 ……… 024
［民国］宣化县新志十八卷首一卷 ……… 285
［乾隆］宣化府志四十二卷首一卷 ……… 163
［乾隆］宣化府志四十二卷首一卷 ……… 163
［乾隆］宣化府志四十二卷首一卷 ……… 235
［光绪］宣平县志二十卷首一卷 ………… 101
［民国］宣平县志十四卷首一卷 ………… 101
［光绪］宣城县志四十卷首一卷 ………… 090
［民国］宣威县志稿十二卷首一卷 ……… 150
［同治］宣恩县志二十卷首一卷 ………… 113
［同治］宣恩县志二十卷首一卷 ………… 250
穿山小识二卷 ……………………………… 262
［道光］冠县志十卷 ……………………… 037
［道光］冠县志十卷 ……………………… 233
［万历］冠县志六卷 ……………………… 174
［道光］神木县志八卷 …………………… 067
［乾隆］屏山县志八卷首一卷 …………… 133
［乾隆］屏山县志八卷首一卷 …………… 133
［光绪］屏山县续志二卷首一卷 ………… 133
［光绪］屏山县续志二卷首一卷 ………… 133
［乾隆］屏南县志八卷首一卷 …………… 203
［光绪］费县志十六卷首一卷 …………… 032
［光绪］费县志十六卷首一卷 …………… 232
［康熙］费县志十卷 ……………………… 172
［民国］眉山县志十五卷 ………………… 134
［嘉庆］眉州属志十九卷 ………………… 133
［民国］姚安县志六十六卷首一卷末一
　卷 ……………………………………… 152
［光绪］贺县志八卷 ……………………… 148

［光绪］绛县志二十一卷 ………………… 058
［光绪］绛县志二十一卷 ………………… 228
［光绪］绛县志十四卷 …………………… 058
［乾隆］绛县志十四卷 …………………… 182

十画

［民国］秦州直隶州新志续编八卷 ……… 072
［民国］秦州直隶州新志续编八卷 ……… 212
［嘉靖］秦安志九卷 ……………………… 186
［道光］秦安县志十四卷 ………………… 072
［民国］泰宁县志三十八卷首一卷 ……… 139
泰州乡土志二卷 …………………………… 080
［崇祯］泰州志十卷图一卷 ……………… 080
［道光］泰州志三十六卷首一卷 ………… 080
泰州新志刊谬二卷首一卷 ………………… 080
［光绪］泰兴县志二十六卷首一卷末一
　卷 ……………………………………… 081
［光绪］泰兴县志二十六卷首一卷末一
　卷 ……………………………………… 081
［康熙］泰兴县志四卷 …………………… 189
［康熙］泰兴县志四卷 …………………… 256
［宣统］泰兴县志续十二卷首一卷志补
　八卷志校六卷 ………………………… 081
［乾隆］泰安县志十二卷首一卷末一卷
　………………………………………… 033
［道光］泰安县志十二卷首一卷末一卷
　………………………………………… 033
［道光］泰安县志十二卷首一卷末一卷
　………………………………………… 033
［乾隆］泰安府志三十卷前一卷首二卷
　………………………………………… 026
［乾隆］泰安府志三十卷前一卷首二卷
　………………………………………… 228
［民国］泰县志稿三十卷首一卷 ………… 080
［民国］泰县志稿三十卷首一卷 ………… 217
泰伯梅里志八卷 …………………………… 078
［同治］泰和县志三十卷首一卷 ………… 108
［同治］泰和县志三十卷首一卷 ………… 246
［同治］泰顺分疆录十二卷首一卷 ……… 101
［同治］泰顺分疆录十二卷首一卷 ……… 218

[雍正]泰顺县志十卷首一卷 ············· 196

[同治]珙县志十五卷首一卷 ············· 132

[民国]珠河县志二十卷首一卷 ············· 160

珲春县乡土志二十二卷 ············· 159

[同治]盐山县志十六卷首一卷末一卷

················· 012

[同治]盐山县志十六卷首一卷末一卷

················· 012

[同治]盐山县志十六卷首一卷末一卷

················· 275

[同治]盐山县志十六卷首一卷末一卷

················· 284

[同治]盐山县志十六卷首一卷末一卷

················· 285

[民国]盐山新志三十卷 ············· 012

[民国]盐山新志三十卷 ············· 012

[民国]盐山新志三十卷 ············· 275

[民国]盐山新志三十卷 ············· 285

[民国]盐丰县志十二卷首一卷 ············· 152

[光绪]盐城县志十七卷首一卷 ············· 083

[乾隆]盐城县志十六卷 ············· 083

[万历]盐城县志十卷 ············· 189

[乾隆]盐城县志十卷首一卷 ············· 083

[光绪]盐亭县志续编四卷首一卷 ············· 127

[正德]袁州府志十四卷 ············· 103

[同治]袁州府志十卷首一卷 ············· 103

[乾隆]袁州府志三十八卷首一卷 ············· 196

[民国]都匀县志稿二十二卷首一卷 ····· 154

[同治]都昌县志十六卷首一卷 ············· 106

[乾隆]壶关县志十八卷 ············· 056

[道光]壶关县志十卷首一卷 ············· 056

[道光]壶关县志十卷首一卷 ············· 056

[道光]壶关县志十卷首一卷 ············· 222

[道光]壶关县志十卷首一卷 ············· 256

[康熙]壶关县志四卷 ············· 181

[光绪]壶关县续志二卷 ············· 056

[光绪]壶关县续志二卷 ············· 256

[光绪]恭城县志四卷 ············· 147

[乾隆]莱州府志十六卷首一卷 ············· 027

[乾隆]莱州府志十六卷首一卷 ············· 229

[万历]莱州府志八卷 ············· 027

[万历]莱州府志八卷 ············· 244

[康熙]莱阳县志十卷 ············· 172

[民国]莱阳县志三卷首一卷末一卷 ····· 031

[民国]莱阳县志三卷首一卷末一卷 ····· 231

莱芜县乡土志一卷 ············· 033

[民国]莱芜县志二十二卷首一卷 ············· 033

[嘉靖]莱芜县志八卷 ············· 033

[道光]莲花厅志八卷首一卷末一卷 ····· 198

[光绪]荷泽县志二十卷 ············· 035

获鹿县乡土志二卷 ············· 018

获鹿县乡土志二卷 ············· 018

[乾隆]获鹿县志十二卷 ············· 018

获鹿县志十四卷首一卷末一卷 ············· 018

[光绪]获鹿县志十四卷首一卷末一卷

················· 241

[光绪]获鹿县志十四卷首一卷末一卷

················· 278

[光绪]获鹿县志十四卷首一卷末一卷
附图 ················· 018

[乾隆]获嘉县志十六卷首一卷 ············· 043

[乾隆]获嘉县志十六卷首一卷 ············· 050

[乾隆]获嘉县志十六卷首一卷 ············· 292

[民国]莘县志十二卷首一卷 ············· 037

[正德]莘县志十卷 ············· 037

[光绪]莘县志十卷 ············· 037

[光绪]莘县志十卷 ············· 233

[康熙]莘县志八卷 ············· 174

[康熙]晋州志十卷 ············· 019

[康熙]晋州志十卷 ············· 241

[康熙]晋州志十卷 ············· 278

晋江乡土志一卷 ············· 137

[顺治]真定县志十四卷 ············· 167

[道光]桂平县志十六卷 ············· 206

[同治]桂东县志二十卷首一卷 ············· 119

[同治]桂东县志二十卷首一卷 ············· 242

[康熙]桂阳州志十四卷 ············· 200

[光绪]桂阳县乡土志一卷 ············· 119

桂阳县乡土志一卷 ············· 256

[同治]桂阳县志二十二卷首一卷 ············· 119

[同治]桂阳直隶州志二十七卷首一卷

················· 120

［同治］桂阳直隶州志二十七卷首一卷
………………………… 243
［万历］郴州志二十卷 ………………… 119
［光绪］郴州直隶州乡土志二卷 ………… 119
［嘉庆］郴州总志四十三卷首一卷末一
卷 …………………………… 119
［民国］桓台志略三卷 ………………… 029
［民国］桓台县志三卷 ………………… 279
［乾隆］栖霞县志十卷 ………………… 031
［乾隆］栖霞县志十卷 ………………… 231
［光绪］栖霞县续志十卷首一卷 ………… 031
［光绪］栖霞县续志十卷首一卷 ………… 231
［光绪］桐乡县志二十四卷首四卷 ……… 097
［嘉庆］桐乡县志十二卷 ………………… 195
［康熙］桐庐县志四卷 ………………… 194
［民国］桐城志略不分卷 ………………… 092
［乾隆］桐柏县志八卷首一卷 …………… 048
［乾隆］桐柏县志八卷首一卷 …………… 216
［民国］桐梓县志四十九卷 ……………… 153
［民国］桦川县志六卷 ………………… 160
［民国］桦川县志六卷 ………………… 225
［同治］桃源县志二十卷首一卷 ………… 121
［民国］夏口县志二十二卷首一卷附补
遗一卷 ……………………… 110
［光绪］夏县志十卷首一卷 ……………… 059
［光绪］夏县志十卷首一卷 ……………… 223
［光绪］夏县志十卷首一卷 ……………… 267
［康熙］夏邑县志十卷首一卷 …………… 177
［嘉靖］夏邑县志八卷 ………………… 044
［民国］夏邑县志九卷首一卷 …………… 044
［民国］夏邑县志九卷首一卷 …………… 215
［嘉靖］夏津县志二卷 ………………… 039
［乾隆］夏津县志十卷首一卷 …………… 039
［乾隆］夏津县志十卷首一卷 …………… 039
［乾隆］夏津县志十卷首一卷 …………… 234
［民国］夏津县志续编十卷首一卷 ……… 039
［乾隆］原武县志十卷 ………………… 042
［乾隆］原武县志十卷 ………………… 213
［乾隆］原武县志十卷 ………………… 269
［乾隆］热河志一百二十卷 ……………… 005
［同治］监利县志十二卷首一卷 ………… 113

［道光］晃州厅志四十四卷首一卷末一
卷 …………………………… 121
［康熙］恩平县志十一卷 ………………… 205
［道光］恩平县志十八卷首一卷末一卷
………………………………… 145
［万历］恩县志六卷 …………………… 174
［雍正］恩县续志五卷 ………………… 174
［同治］恩施县志十二卷首一卷 ………… 113
［同治］恩施县志十二卷首一卷 ………… 113
［民国］峨边县志四卷首一卷 …………… 134
［嘉庆］峨眉县志十卷首一卷 …………… 134
［宣统］峨眉县续志十卷图一卷 ………… 134
钱门塘乡志十二卷首一卷 ……………… 076
［万历］钱塘县志十纪 ………………… 095
［康熙］钱塘县志三十六卷首一卷 ……… 193
［民国］铁岭县志二十卷 ………………… 155
［康熙］铁岭县志二卷 ………………… 208
［民国］铁岭县志八卷 ………………… 155
［民国］铁岭县续志十二卷 ……………… 155
［同治］铅山县志三十卷首一卷 ………… 106
［光绪］射洪县志十八卷首一卷 ………… 127
［乾隆］皋兰县志二十卷 ………………… 071
［乾隆］皋兰县志二十卷 ………………… 212
［道光］皋兰县续志十二卷 ……………… 071
［嘉庆］息县志八卷首一卷 ……………… 047
［嘉庆］息县志八卷首一卷 ……………… 215
郫县乡土志不分卷 ……………………… 124
［民国］郫县志六卷 …………………… 124
［同治］郫县志四十四卷 ………………… 124
［民国］徐水县新志十二卷首一卷 ……… 021
［顺治］徐州志八卷 …………………… 188
［康熙］徐州志三十六卷 ………………… 188
［万历］徐州志六卷 …………………… 259
［同治］徐州府志二十五卷 ……………… 074
［乾隆］徐州府志三十卷首一卷 ………… 188
［康熙］徐沟县志四卷 ………………… 179
［康熙］徐沟县志四卷 ………………… 224
［嘉庆］翁源县新志十二卷首一卷末一
卷 …………………………… 143
［乾隆］胶州志八卷首一卷 ……………… 030
［乾隆］胶州志八卷首一卷 ……………… 172

［民国］胶澳志十二卷 ……………………… 230

［民国］胶澳志十二卷末一卷 ……………… 269

［民国］胶澳志十二卷末一卷 ……………… 272

［民国］胶澳志十二卷末一卷 ……………… 274

［民国］胶澳志十二卷末一卷 ……………… 280

［民国］胶澳志十二卷末一卷 ……………… 286

［民国］胶澳志十二卷末一卷 ……………… 287

［民国］胶澳志十二卷末一卷 ……………… 287

［民国］胶澳志十二卷附地图 ……………… 030

［道光］留坝厅志十卷 ……………………… 068

［道光］留坝厅志十卷 ……………………… 227

［同治］栾城县志十四卷首一卷末一卷

　　　　　………………………………… 019

［同治］栾城县志十四卷首一卷末一卷

　　　　　………………………………… 241

［同治］栾城县志十四卷首一卷末一卷

　　　　　………………………………… 266

［同治］栾城县志十四卷首一卷末一卷

　　　　　………………………………… 267

［同治］栾城县志十四卷首一卷末一卷

　　　　　………………………………… 270

［同治］栾城县志十四卷首一卷末一卷

　　　　　………………………………… 286

［道光］栾城县志十卷首一卷末一卷 …… 018

［乾隆］高平县志二十二卷末一卷 ……… 056

［乾隆］高平县志二十二卷末一卷 ……… 222

［顺治］高平县志十卷 ……………………… 181

［道光］高州府志十六卷首一卷 ………… 140

［光绪］高州府志五十四卷首一卷末一

　　卷 ……………………………………… 140

［道光］高安县志二十二卷首一卷 ……… 197

［同治］高安县志二十八卷首一卷 ……… 105

高阳县乡土志 ……………………………… 168

［民国］高阳县志十卷 ……………………… 022

［民国］高阳县志十卷 ……………………… 236

［民国］高阳县志十卷 ……………………… 271

［民国］高阳县志十卷 ……………………… 278

［雍正］高阳县志六卷 ……………………… 168

［同治］高县志五十四卷首一卷 ………… 132

［雍正］高邮州志十二卷 …………………… 189

［嘉庆］高邮州志十二卷首一卷 ………… 080

［嘉庆］高邑县志十卷首一卷 …………… 020

［嘉庆］高邑县志十卷首一卷 …………… 237

［康熙］高邑县志三卷 ……………………… 168

［乾隆］高苑县志十卷 ……………………… 029

［乾隆］高苑县志十卷 ……………………… 230

［康熙］高苑县志八卷 ……………………… 171

［康熙］高苑县续志十卷 …………………… 171

［康熙］高明县志十八卷首一卷 ………… 205

［道光］高明县志十八卷首一卷 ………… 205

［光绪］高明县志十六卷首一卷 ………… 144

［道光］高要县志二十二卷首一卷 ……… 144

［宣统］高要县志二十六卷附志二卷 …… 144

高峣志二卷附二卷 ………………………… 150

［光绪］高唐州志八卷首一卷末一卷 …… 036

［道光］高唐州志八卷首一卷末一卷 …… 036

［光绪］高唐州志八卷首一卷末一卷 …… 233

［嘉靖］高陵县志七卷 ……………………… 183

［光绪］高陵县续志八卷 …………………… 064

［光绪］高陵县续志八卷 …………………… 226

［民国］高淳县志二十八卷首一卷 ……… 079

［光绪］高淳县志二十八卷首一卷 ……… 079

［嘉靖］高淳县志四卷 ……………………… 079

［民国］高密县志十六卷首一卷 ………… 030

［民国］高密县志十六卷首一卷 ………… 230

［乾隆］高密县志十卷首一卷末一卷 …… 029

［光绪］高密县志十卷首一卷末一卷 …… 030

［光绪］高密县志十卷首一卷末一卷 …… 230

［光绪］高密县志十卷首一卷末一卷 …… 280

［光绪］亳州志二十卷首一卷 …………… 088

［光绪］亳州志二十卷首一卷 …………… 254

［乾隆］衮州府志三十二卷首一卷图考

　　一卷 …………………………………… 027

［乾隆］衮州府志三十二卷首一卷图考

　　一卷 …………………………………… 229

［康熙］衮州府志四十卷首一卷 ………… 170

［光绪］唐山县志十二卷首一卷末一卷

　　　　　………………………………… 016

［光绪］唐山县志十二卷首一卷末一卷

　　　　　………………………………… 016

［光绪］唐山县志十二卷首一卷末一卷

　　　　　………………………………… 266

［光绪］唐山县志十二卷首一卷末一卷

    …………………………… 272

［乾隆］唐市志三卷 ……………… 210

［光绪］唐市补志不分卷 ………… 210

［光绪］唐县志十二卷首一卷 …… 023

［光绪］唐县志十二卷首一卷 …… 023

［光绪］唐县志十二卷首一卷 …… 272

［光绪］唐县志十二卷首一卷 …… 277

［乾隆］唐县志十卷 ……………… 048

［乾隆］唐县志十卷 ……………… 249

［康熙］唐县新志十八卷 ………… 169

唐栖志二十卷 …………………… 193

唐栖志略稿二卷 ………………… 095

［民国］旅大文献征存八卷　旅大文献

    征存续编一卷　旅大文献征存补遗

    一卷 ……………………………… 209

［咸丰］阆中县志八卷 …………… 128

［民国］阆中县志三十卷 ………… 128

［同治］益阳县志二十五卷首一卷 …… 121

［同治］益阳县志二十五卷首一卷 …… 243

［康熙］益都县志十四卷首一卷 … 172

［康熙］益都县志十四卷首一卷补遗一

    卷 ………………………………… 172

［康熙］益都县志十四卷首一卷补遗一

    卷 ………………………………… 280

［光绪］益都县图志五十四卷首一卷 …… 030

［光绪］益都县图志五十四卷首一卷 …… 231

［民国］朔方道志三十一卷首一卷 … 073

［民国］朔方道志三十一卷首一卷 … 256

［雍正］朔平府志十二卷 ………… 178

［雍正］朔平府志十二卷 ………… 178

［雍正］朔州志十二卷 …………… 179

［雍正］朔州志十二卷 …………… 179

［嘉定］剡录十卷 ………………… 099

剡源乡志二十四卷首一卷 ……… 098

剡源乡志二十四卷首一卷 ……… 219

［乾隆］郯城县志十二卷首一卷 … 172

［光绪］资州直隶州志三十卷首四卷 …… 132

［嘉庆］资州直隶州志三十卷首四卷 …… 201

［咸丰］资阳县志四十八卷首二卷 …… 132

［嘉靖］浦江志略八卷 …………… 102

［光绪］浦江县志十五卷首一卷 … 102

［光绪］涞水县志八卷首一卷末一卷 …… 022

［光绪］涞水县志八卷首一卷末一卷 …… 022

［乾隆］涞水县志八卷首一卷末一卷 …… 168

［光绪］涞水县志八卷首一卷末一卷 …… 278

［光绪］涞水县志八卷首一卷末一卷 …… 285

［雍正］浙江通志二百八十卷首三卷 …… 092

［雍正］浙江通志二百八十卷首三卷 …… 218

［雍正］浙江通志二百八十卷首三卷 …… 287

［雍正］浙江通志二百八十卷首三卷 …… 287

［嘉靖］浙江通志七十二卷 ……… 259

［康熙］浙江通志五十卷首一卷 … 193

［民国］浙江新志二卷 …………… 093

［光绪］浙志便览七卷 …………… 093

［嘉庆］涉县志八卷 ……………… 166

［嘉庆］涉县志八卷 ……………… 253

涡阳风土记十七卷首一卷 ……… 088

涡阳风土记十七卷首一卷 ……… 244

［同治］涡阳县志六卷 …………… 191

［光绪］海门厅图志二十卷首一卷 … 084

［嘉靖］海门县志集六卷 ………… 084

［嘉靖］海门县志集六卷 ………… 084

［康熙］海丰县志十二卷首一卷 … 171

［乾隆］海丰县志十卷末一卷 …… 144

［同治］海丰县志续编二卷 ……… 144

［民国］海龙县志二十五类 ……… 158

海龙府乡土志一卷 ……………… 158

［乾隆］海宁州志十六卷首一卷 … 097

［民国］海宁州志稿四十一卷首一卷末

    一卷 ……………………………… 097

［民国］海宁州志稿四十一卷首一卷末

    一卷 ……………………………… 097

［康熙］海宁县志十三卷图一卷 … 194

［嘉靖］海宁县志九卷首一卷 …… 097

［顺治］海宁县志略不分卷 ……… 097

海曲拾遗六卷 …………………… 189

海曲拾遗续补六卷 ……………… 189

海州文献录十六卷 ……………… 210

［隆庆］海州志十卷 ……………… 082

［嘉庆］海州直隶州志三十二卷首一卷

    …………………………………… 082

[嘉庆]海州直隶州志三十二卷首一卷

    …………………………… 255

[咸丰]海安县志 …………… 254

[雍正]海阳县志十二卷 …………… 143

[乾隆]海阳县志八卷 …………… 031

[乾隆]海阳县志八卷 …………… 231

[光绪]海阳县续志十卷首一卷 …………… 031

[光绪]海阳县续志十卷首一卷 …………… 231

海昌外志八卷 …………… 194

海昌备志五十二卷图一卷附录二卷 …… 097

[光绪]海城县志十卷 …………… 073

[光绪]海城县志十卷 …………… 253

[民国]海城县志八卷 …………… 155

[光绪]海盐县志二十二卷首一卷末一

  卷 …………… 097

[天启]海盐县图经十六卷 …………… 194

[乾隆]海盐县续图经七卷 …………… 194

[嘉庆]海康县志八卷 …………… 145

[乾隆]海澄县志二十四卷首一卷 …… 138

[同治]浮山县志三十七卷 …………… 058

[同治]浮山县志三十七卷 …………… 222

[光绪]浮山县志三十四卷 …………… 058

[乾隆]浮梁县志十二卷首一卷 …… 196

[光绪]浪穹县志略十三卷 …………… 151

[嘉庆]浚县志二十二卷首一卷末一卷

    …………………………… 044

[嘉庆]浚县志二十二卷首一卷末一卷

    …………………………… 214

[民国]宽甸县志略不分卷 …………… 156

[光绪]宸垣识略十六卷 …………… 211

[光绪]宸垣识略十六卷 …………… 256

[乾隆]宸垣识略十六卷 …………… 256

[光绪]宸垣识略十六卷 …………… 262

[民国]宾阳县志八编 …………… 147

[民国]宾县县志四卷 …………… 159

[光绪]容县志二十八卷首一卷 …… 148

[光绪]容城县志八卷 …………… 021

[咸丰]容城县志八卷 …………… 021

[光绪]容城县志八卷 …………… 236

[咸丰]容城县志八卷 …………… 272

[康熙]诸城县志十二卷 …………… 172

[乾隆]诸城县志四十六卷 …………… 030

[乾隆]诸城县志四十六卷 …………… 230

[道光]诸城县续志二十三卷 …………… 030

[道光]诸城县续志二十三卷 …………… 230

[光绪]诸暨县志六十卷首一卷 …… 099

[乾隆]诸暨县志四十四卷首一卷末一

  卷 …………… 099

[乾隆]祥符县志二十二卷 …………… 040

[光绪]祥符县志二十四卷首一卷 …… 040

[光绪]祥符县志二十四卷首一卷 …… 214

[光绪]祥符县志二十四卷首一卷 …… 269

[顺治]祥符县志六卷 …………… 256

[民国]陵川县志十卷 …………… 056

[光绪]陵川县志三十卷首一卷 …… 056

[乾隆]陵川县志三十卷首一卷 …… 056

[乾隆]陵水县志十卷附补遗 …………… 205

[康熙]陵水县志不分卷 …………… 146

[康熙]陵水县志不分卷 …………… 228

[道光]陵县志二十二卷首一卷 …… 275

[道光]陵县志二十二卷首一卷 …… 280

[光绪]陵县志二十二卷首一卷续志十

  三卷 …………… 038

[光绪]陵县志二十二卷首一卷续志十

  三卷 …………… 038

[光绪]陵县志二十二卷首一卷续志十

  三卷 …………… 038

[民国]陵县续志四卷首一卷 …………… 038

[民国]陵县续志四卷首一卷 …………… 233

[民国]陵县续志四卷首一卷 …………… 275

[同治]通山县志八卷首一卷 …………… 111

通化县乡土志不分卷 …………… 158

[民国]通化县志四卷 …………… 158

[康熙]通州志十五卷 …………… 190

[光绪]通州志十卷首一卷末一卷 …… 008

[光绪]通州志十卷首一卷末一卷 …… 008

[乾隆]通州志十卷首一卷末一卷 …… 163

[光绪]通州志十卷首一卷末一卷 …… 238

[光绪]通州志十卷首一卷末一卷 …… 276

[光绪]通州志十卷首一卷末一卷 …… 276

[万历]通州志八卷 …………… 083

[光绪]通州直隶州志十六卷首一卷末

一卷 ………………… 084

[道光]通江县志十五卷 …………… 201

[乾隆]通许县志 ………………… 269

[乾隆]通许县志十卷 …………… 041

[乾隆]通许县志十卷 …………… 214

[民国]通县志要十卷 …………… 008

[同治]通城县志二十四卷首一卷补遗

一卷 …………………… 110

[康熙]通海县志八卷 …………… 207

[乾隆]通渭县志十卷首一卷 …… 186

[同治]桑植县志八卷首一卷 …… 122

[民国]绥中县志十八卷首一卷 … 156

[民国]绥化县志十二卷 ………… 160

[同治]绥宁县志四十卷首一卷 … 120

[民国]绥阳县志九卷 …………… 153

[光绪]绥远志十卷首一卷 ……… 160

[光绪]绥远志十卷首一卷 ……… 211

[光绪]绥远志十卷首一卷 ……… 291

绥乘十一卷 …………………… 160

绥蒙辑要不分卷 ……………… 160

绥靖屯志十卷首一卷 ………… 202

[光绪]绥德直隶州志八卷首一卷 …… 067

[光绪]绥德直隶州志八卷首一卷 …… 251

十一画

[乾隆]琅盐井志四卷首一卷 …… 207

[宣统]聊城县志十二卷首一卷 … 036

[宣统]聊城县志十二卷首一卷 … 233

[康熙]聊城县志四卷 …………… 173

[康熙]聊城县志四卷 …………… 173

[光绪]黄冈县志二十四卷首一卷 … 112

[光绪]黄冈县志二十四卷首一卷 … 251

[嘉庆]黄平州志十二卷首一卷附录一

卷 …………………… 208

[乾隆]黄州府志二十卷 ………… 199

[弘治]黄州府志十卷 …………… 110

[光绪]黄州府志四十卷首一卷 … 110

黄州府志拾遗六卷 …………… 110

黄安乡土志二卷图一卷 ……… 112

[康熙]黄安县志十二卷 ………… 260

[乾隆]黄县志十二卷 …………… 032

[同治]黄县志十四卷首一卷末一卷 …… 032

[同治]黄县志十四卷首一卷末一卷 …… 231

[同治]黄县志十四卷首一卷末一卷 …… 270

[同治]黄陂县志十六卷附图一张 …… 111

[万历]黄岩县志七卷 …………… 100

[光绪]黄岩县志四十卷首一卷 … 219

[光绪]黄岩县志四十卷首一卷黄岩集

三十二卷首一卷 ……… 100

[光绪]黄岩县志四十卷首一卷黄岩集

三十二卷首一卷 ……… 100

[光绪]黄岩县志四十卷首一卷黄岩集

三十二卷首一卷 ……… 282

[光绪]黄梅县志四十卷首一卷 … 112

[光绪]黄梅县志四十卷首一卷 … 250

黄梅县简志 …………………… 112

[道光]萍乡县志十六卷 ………… 197

[同治]萍乡县志十卷首一卷 …… 104

[民国]营口县志十篇 …………… 156

[同治]营山县志三十卷 ………… 128

[光绪]乾州厅志十六卷首一卷 … 122

[光绪]乾州志稿十四卷首一卷 … 063

[光绪]乾州志稿十四卷首一卷 … 226

乾州志稿补正一卷 …………… 063

[民国]乾县新志十四卷首一卷 … 063

乾隆府厅州县图志五十卷 …… 256

乾隆府厅州县图志五十卷 …… 257

乾隆府厅州县图志五十卷 …… 257

乾隆绍兴府志校记不分卷 …… 195

乾道临安志三卷 ……………… 093

乾道临安志三卷 ……………… 093

[乾隆]萧山县志四十卷 ………… 095

[民国]萧山县志稿三十三卷首一卷末

一卷 …………………… 095

[嘉庆]萧县志十八卷首一卷 …… 089

[嘉庆]萧县志十八卷首一卷 …… 245

[乾隆]梧州府志二十四卷首一卷 … 146

梅里志十八卷 ………………… 096

梅里志十六卷 ………………… 194

[乾隆]郿城县志十八卷 ………… 046

[乾隆]郿城县志十八卷 ………… 215

[顺治]鄞城县志十卷 ························· 177

[康熙]曹州志二十卷 ························· 173

[乾隆]曹州府志二十二卷 ················· 027

[乾隆]曹州府志二十二卷 ················· 229

[光绪]曹县志十八卷首一卷 ············· 036

[光绪]曹县志十八卷首一卷 ············· 233

[乾隆]敕修浙江通志 ····················· 218

[乾隆]敕修浙江通志二百八十卷首三

　　卷附索引 ····························· 093

[乾隆]盛京通志一百三十卷首一卷 ······ 154

[乾隆]盛京通志四十八卷首一卷 ········· 154

[乾隆]盛京通志四十八卷首一卷 ········· 208

[乾隆]盛京通志四十八卷首一卷 ········· 208

[乾隆]盛京通志四十八卷首一卷 ········· 227

[乾隆]盛京通志四十八卷首一卷 ········· 290

盛京疆域考六卷 ····················· 258

盛湖志十四卷首一卷末一卷志补四卷

　　······································· 085

[光绪]盛湖志补四卷 ····················· 085

[同治]雩都县志十六卷首一卷 ············ 109

[乾隆]掖县志八卷首一卷 ················· 031

[乾隆]掖县志八卷首一卷 ················· 032

[乾隆]掖县志八卷首一卷 ················· 231

[康熙]堂邑县志二十卷 ··················· 036

[康熙]堂邑县志二十卷 ··················· 233

[康熙]堂邑县志二十卷 ··················· 286

[嘉庆]常山县志十二卷首一卷 ············ 196

[光绪]常山县志六十八卷首一卷末一

　　卷 ··································· 103

[同治]常宁县志十六卷首一卷 ············ 118

[同治]常宁县志十六卷首一卷 ············ 242

[康熙]常州府志三十八卷首一卷附校

　　勘记一卷 ····························· 074

[乾隆]常昭合志十二卷首一卷 ············ 086

[乾隆]常昭合志十二卷首一卷 ············ 086

[光绪]常昭合志稿四十八卷首一卷末

　　一卷 ································· 086

[嘉靖]常德府志二十卷 ··················· 116

[嘉庆]常德府志四十八卷首一卷 ········· 116

[康熙]常熟县志二十六卷末一卷 ········· 190

[嘉靖]常熟县志十三卷 ··················· 260

[康熙]常熟县志八卷 ····················· 190

[弘治]常熟县志四卷 ····················· 190

[咸丰]冕宁县志十二卷首一卷末一卷

　　······································· 135

[嘉靖]略阳县志六卷 ····················· 069

[民国]崖州志二十二卷 ··················· 210

[乾隆]崖州志十卷 ······················· 205

[乾隆]崞县志八卷 ······················· 179

[乾隆]崞县志八卷 ······················· 224

[道光]崇川咫闻录十二卷 ················· 084

[嘉靖]崇义县志二卷 ····················· 228

[光绪]崇义县志八卷续增一卷 ············ 109

[民国]崇宁县志八卷首一卷 ············· 124

[嘉庆]崇宁县志四卷 ····················· 201

[民国]崇庆县志十二卷 ··················· 125

[雍正]崇安县志八卷 ····················· 203

[同治]崇阳县志十二卷首一卷 ············ 111

[雍正]崇明县志二十卷首一卷 ············ 210

[民国]崇明县志十八卷 ··················· 076

[光绪]崇明县志十八卷 ··················· 076

[乾隆]崇明县志十六卷首一卷 ············ 188

[民国]崇善县志十编 ····················· 147

[道光]铜山县志二十四首一卷 ············ 082

[乾隆]铜山县志十二卷首一卷 ············ 082

[民国]铜山县志七十六卷附编一卷 ······ 082

[道光]铜仁府志十一卷补遗一卷 ········· 207

[乾隆]铜陵县志十六卷首一卷 ············ 260

[乾隆]铜陵县志十四卷图一卷 ············ 092

[嘉靖]铜陵县志八卷 ····················· 088

铜梁县地理志八编 ····················· 131

[光绪]铜梁县志十六卷首一卷 ············ 130

[乾隆]偃师县志三十卷首一卷 ············ 049

[乾隆]偃师县志三十卷首一卷 ············ 216

[弘治]偃师县志四卷 ····················· 049

[道光]偏关志二卷 ······················· 053

[道光]偏关志二卷 ······················· 220

盘山厅乡土志不分卷 ··················· 156

[宣统]盘山厅志 ························· 208

[民国]象山县志 ························· 098

[道光]象山县志二十二卷首一卷 ········· 098

[乾隆]象山县志十二卷 ··················· 195

［同治］象州志不分卷 ·············· 147

［雍正］猗氏县志八卷 ·············· 060

［雍正］猗氏县志八卷 ·············· 224

［民国］馆陶县志十一卷 ·············· 037

［雍正］馆陶县志十二卷 ·············· 037

［雍正］馆陶县志十二卷 ·············· 174

［雍正］馆陶县志十二卷 ·············· 233

［康熙］麻城县志十卷 ·············· 199

［光绪］麻城县志四十卷首一卷末一卷

·············· 112

［民国］麻城县志前编十五卷首一卷 ··· 112

［民国］麻城县志前编十五卷首一卷 ··· 254

康平县乡土志 ·············· 155

［乾隆］鹿邑县志十二卷首一卷 ·············· 045

［光绪］鹿邑县志十六卷首一卷 ·············· 045

［光绪］鹿邑县志十六卷首一卷 ·············· 045

［嘉庆］旌德县志十卷 ·············· 091

［嘉庆］旌德县志十卷 ·············· 245

［道光］旌德县续志十卷 ·············· 091

［道光］旌德县续志十卷 ·············· 246

章丘县乡土志二卷 ·············· 033

［乾隆］章丘县志十三卷首一卷 ·············· 173

［道光］章丘县志十六卷首一卷末一卷

·············· 033

［道光］章丘县志十六卷首一卷末一卷

·············· 232

［道光］章丘县志十六卷首一卷末一卷

·············· 273

章练小志八卷 ·············· 076

［民国］商水县志二十五卷 ·············· 046

［乾隆］商水县志十卷首一卷 ·············· 046

［康熙］商丘县志二十卷首一卷 ·············· 044

［康熙］商丘县志二十卷首一卷 ·············· 214

［道光］商河县志八卷首一卷 ·············· 038

［道光］商河县志八卷首一卷 ·············· 233

［嘉庆］商城县志十四卷首一卷末一卷

·············· 047

［嘉庆］商城县志十四卷首一卷末一卷

·············· 047

［康熙］商城县志八卷 ·············· 177

［乾隆］商南县志十二卷 ·············· 068

［乾隆］商南县志十二卷 ·············· 068

［乾隆］望江县志八卷 ·············· 092

［民国］望奎县志四卷 ·············· 160

［民国］望奎县志四卷 ·············· 212

望都县图说 ·············· 023

［光绪］望都县新志十卷补遗一卷 ·············· 023

［嘉靖］惟扬志三十八卷 ·············· 074

［光绪］阌乡县志十二卷首一卷末一卷

·············· 049

盖平县乡土志二卷 ·············· 156

［康熙］盖平县志二卷 ·············· 155

［民国］盖平县志十六卷首一卷末一卷

·············· 156

清丰县乡土志二卷 ·············· 176

清丰县乡土志二卷 ·············· 255

［同治］清丰县志十卷 ·············· 043

［民国］清丰县志十卷首一卷 ·············· 043

［康熙］清丰县志十卷首一卷 ·············· 249

［乾隆］清水县志十六卷 ·············· 072

［嘉庆］清平县志十七卷 ·············· 036

［嘉庆］清平县志十七卷 ·············· 233

［民国］清平县志不分卷 ·············· 036

［道光］清平县志六卷 ·············· 153

［道光］清江县志二十八卷首一卷末一

卷 ·············· 197

［同治］清江县志十卷首一卷 ·············· 105

［民国］清远县志二十一卷图一卷 ·············· 143

［光绪］清远县志十六卷首一卷 ·············· 143

［康熙］清苑县志十二卷首一卷 ·············· 169

［康熙］清苑县志十二卷首一卷 ·············· 241

［同治］清苑县志十八卷首一卷 ·············· 022

［同治］清苑县志十八卷首一卷 ·············· 022

［同治］清苑县志十八卷首一卷 ·············· 277

［民国］清苑县志六卷 ·············· 022

［民国］清苑县志六卷 ·············· 022

［民国］清苑县志六卷 ·············· 273

［民国］清苑县志六卷 ·············· 277

［民国］清苑县志六卷 ·············· 283

［民国］清苑县志六卷 ·············· 284

［民国］清苑县志六卷附录一卷 ·············· 261

［咸丰］清河县志二十四卷首一卷 ·············· 081

[咸丰]清河县志二十四卷首一卷 ……… 081
[民国]清河县志十七卷首一卷 ……… 017
[同治]清河县志十八卷 ……………… 017
[同治]清河县志附编二卷 …………… 081
[同治]清河县志附编二卷 …………… 082
[同治]清泉县志十卷首一卷末一卷 … 118
[乾隆]清泉县志三十六卷首一卷 …… 118
[道光]清涧县志八卷首五卷 ………… 067
[康熙]清浪卫志略不分卷 …………… 208
[光绪]清源乡志十八卷首一卷 ……… 051
[光绪]清源乡志十八卷首一卷 ……… 219
[光绪]清源乡志十八卷首一卷 ……… 268
[顺治]清源县志二卷 ………………… 179
[嘉庆]清溪县志四卷 ………………… 135
[顺治]淇县志十卷图考一卷 ………… 176
[顺治]淇县志十卷图考一卷 ………… 248
[顺治]淇县志十卷图考一卷 ………… 292
[咸丰]淅川厅志四卷 ………………… 048
[咸丰]淅川厅志四卷 ………………… 215
[乾隆]涿州志二十二卷首一卷 ……… 021
[乾隆]涿州志二十二卷首一卷 ……… 021
[乾隆]涿州志二十二卷首一卷 ……… 209
[乾隆]涿州志二十二卷首一卷 ……… 267
[同治]涿州续志十八卷 ……………… 021
[同治]涿州续志十八卷 ……………… 021
[同治]涿州续志十八卷 ……………… 209
[同治]涿州续志十八卷 ……………… 267
[民国]涿县志十八卷 ………………… 239
[民国]涿县志八编 …………………… 021
[民国]涿县志八编 …………………… 266
[民国]涿县志八编 …………………… 275
[民国]涿县志八编 …………………… 290
[民国]涿县志稿二十卷 ……………… 168
[民国]渠县地理志概要 ……………… 129
[同治]渠县志五十二卷首一卷 ……… 129
[嘉庆]渑池县志十六卷 ……………… 050
[嘉庆]渑池县志十六卷 ……………… 247
[道光]淮宁县志二十七卷 …………… 045
[道光]淮宁县志二十七卷 …………… 214
[康熙]淮安府志十三卷首一卷 ……… 187
[乾隆]淮安府志三十二卷 …………… 188

[光绪]淮安府志四十卷首一卷 ……… 074
[光绪]淮安府志四十卷首一卷 ……… 074
[民国]淮阳县志二十卷首一卷附陈州
　　府职官备考 …………………… 045
[民国]淮阳县志八卷首一卷附文征内
　　集二卷外集二卷 ……………… 045
[民国]淮阴县志征访稿八卷 ………… 189
[民国]淮阴县志征访稿八卷 ………… 210
[康熙]淮南中十场志十卷 …………… 189
淮郡文献志二十六卷补遗一卷 …… 210
[咸丰]淮壖小记四卷 ………………… 074
[乾隆]淳化县志三十卷 ……………… 064
[乾隆]淳化县志三十卷 ……………… 251
[嘉靖]淳安县志十七卷 ……………… 103
[光绪]淳安县志十六卷首一卷 ……… 103
[民国]涪陵县续修涪州志二十七卷首
　　一卷 …………………………… 130
[同治]淡水厅志十六卷 ……………… 139
[同治]深州风土记 …………………… 272
[同治]深州风土记 …………………… 278
[同治]深州风土记 …………………… 292
[同治]深州风土记二十二卷附表五卷
　　………………………………… 019
[同治]深州风土记二十二卷附表五卷
　　………………………………… 167
[同治]深州风土记二十二卷附表五卷
　　………………………………… 236
[同治]深州风土记二十二卷附表五卷
　　………………………………… 283
[同治]深州风土记二十二卷附表五卷
　　………………………………… 285
[同治]深州风土记二十二卷附表五卷
　　………………………………… 285
[同治]深州风土记二十二卷附表五卷
　　………………………………… 293
[康熙]深州志八卷 …………………… 167
[道光]深州直隶州志 ………………… 273
[道光]深州直隶州志十卷首一卷末一
　　卷 ……………………………… 019
[道光]深州直隶州志十卷首一卷末一
　　卷 ……………………………… 236

［雍正］深泽县志十二卷首一卷 …………… 167

［雍正］深泽县志十二卷首一卷 ………… 235

［雍正］深泽县志十二卷首一卷 ………… 279

［咸丰］深泽县志十卷 ……………………… 019

［嘉庆］梁山县志十八卷首一卷 …………… 130

［光绪］梁山县志十卷首一卷 ……………… 130

［乾隆］淄川县志八卷首一卷 ……………… 027

［乾隆］淄川县志八卷首一卷 ……………… 171

［嘉靖］淄川县志六卷 ……………………… 027

［民国］宿迁县志二十卷 …………………… 082

［同治］宿迁县志十九卷 …………………… 082

［嘉靖］宿州志八卷 ………………………… 089

［光绪］宿州志三十六卷 …………………… 089

［道光］宿松县志二十八卷首一卷 ……… 193

［民国］宿松县志五十六卷首一卷末一

　　卷 ………………………………………… 092

［民国］密云县志十三章 …………………… 008

［民国］密云县志八卷卷首一卷 ………… 292

［民国］密云县志八卷首一卷 ……………… 008

［民国］密云县志八卷首一卷 ……………… 239

［雍正］密云县志六卷 ……………………… 164

［光绪］密云县志六卷首一卷 ……………… 008

［光绪］密云县志六卷首一卷 ……………… 238

［民国］密县志二十卷 ……………………… 041

［嘉庆］密县志十六卷首一卷 ……………… 041

［嘉庆］密县志十六卷首一卷 ……………… 214

［道光］尉氏县志二十卷首一卷 …………… 041

［道光］尉氏县志二十卷首一卷 …………… 213

［道光］尉氏县志二十卷首一卷 …………… 267

［嘉靖］尉氏县志五卷 ……………………… 041

［宣统］郿县志十八卷首一卷 ……………… 070

［乾隆］郿县志十八卷首一卷 ……………… 070

［乾隆］郿县志十八卷首一卷 ……………… 226

［乾隆］随州志十八卷首一卷 ……………… 199

［同治］随州志三十二卷首一卷 …………… 114

［同治］随州志三十二卷首一卷 …………… 250

［民国］隆化县志六卷 ……………………… 025

［乾隆］隆平县志十卷 ……………………… 016

［乾隆］隆平县志十卷 ……………………… 016

［乾隆］隆平县志十卷 ……………………… 166

［乾隆］隆平县志十卷 ……………………… 166

［乾隆］隆平县志十卷 ……………………… 241

［嘉靖］隆庆志十卷 ………………………… 024

［乾隆］隆昌县志二卷 ……………………… 202

［嘉庆］绩溪县志十二卷首一卷 …………… 192

［乾隆］绩溪县志十卷首一卷 ……………… 192

［同治］续天津县志二十卷首一卷 ……… 009

［同治］续天津县志二十卷首一卷 ……… 009

［同治］续天津县志二十卷首一卷 ……… 009

［同治］续天津县志二十卷首一卷 ……… 009

［同治］续天津县志二十卷首一卷 ……… 009

［同治］续天津县志二十卷首一卷 ……… 264

［同治］续天津县志二十卷首一卷 ……… 283

［同治］续天津县志二十卷首一卷 ……… 283

［同治］续天津县志二十卷首一卷 ……… 292

［同治］续天津县志二十卷首一卷图一

　　卷 ………………………………………… 259

［光绪］续云南通志稿一百九十四卷首

　　六卷 ……………………………………… 149

［光绪］续云梦县志略十卷首一卷末一

　　卷 ………………………………………… 111

［光绪］续太原县志二卷 …………………… 051

［民国］续丹徒县志二十卷首一卷 ……… 078

［乾隆］续石埭县志四卷 …………………… 091

［乾隆］续石埭县志四卷 …………………… 091

［乾隆］续石埭县志四卷 …………………… 245

［万历］续处州府志八卷 …………………… 209

［同治］续汉州志二十四卷首一卷补志

　　一卷 ……………………………………… 125

［咸丰］续宁武府志不分卷 ………………… 051

［咸丰］续宁武府志不分卷 ………………… 219

［咸丰］续宁武府志不分卷 ………………… 267

［光绪］续永清县志十四卷 ………………… 011

［民国］续永清县志十四卷 ………………… 238

［光绪］续永清县志十四卷文征二卷 …… 011

［同治］续伏羌县志六卷 …………………… 072

［康熙］续华州志四卷 ……………………… 066

［康熙］续华州志四卷 ……………………… 066

［康熙］续华州志四卷 ……………………… 227

［嘉庆］续兴安府志八卷 …………………… 062

［康熙］续安丘县志二十八卷 ……………… 172

［康熙］续安丘县志二十五卷 ……………… 030

352

[民国]续安阳县志十六卷首一卷末一
　　卷 ·························· 043

续志草补二卷 ·················· 256

[嘉庆]续武功县志五卷 ············ 070

[咸丰]续林县志四卷首一卷 ········ 044

[乾隆]续河南通志八十卷首四卷 ····· 039

[乾隆]续河南通志八十卷首四卷 ····· 039

[乾隆]续河南通志八十卷首四卷 ····· 039

[乾隆]续河南通志八十卷首四卷 ····· 290

[光绪]续顺宁府志稿三十八卷 ······ 149

[民国]续修广饶县志二十八卷首一卷
　　······························ 028

[民国]续修广饶县志二十八卷首一卷
　　······························ 230

[光绪]续修乡宁县志十五卷 ········ 061

[光绪]续修乡宁县志十五卷 ········ 224

[光绪]续修井陉县志三十六卷 ······ 168

[光绪]续修井陉县志三十六卷 ······ 235

[同治]续修元城县志六卷首一卷 ···· 015

[同治]续修元城县志六卷首一卷 ···· 240

[同治]续修元城县志六卷首一卷 ···· 266

[民国]续修历城县志五十四卷 ······ 027

[民国]续修历城县志五十四卷 ······ 229

[民国]续修历城县志五十四卷 ······ 286

[嘉庆]续修中部县志四卷首一卷 ···· 067

[嘉庆]续修中部县志四卷首一卷 ···· 067

[道光]续修长垣县志二卷 ·········· 247

[光绪]续修长垣县志二卷 ·········· 274

[道光]续修长垣县志二卷 ·········· 274

[道光]续修长垣县志二卷附分募经费
　　姓氏 ························ 044

[民国]续修分水县志十四卷首一卷 ··· 095

[光绪]续修正安州志十卷 ·········· 153

[光绪]续修平山县志六卷首一卷 ···· 021

[光绪]续修平山县志六卷首一卷 ···· 021

[光绪]续修平利县志十卷 ·········· 068

[光绪]续修平利县志十卷 ·········· 254

[光绪]续修平利县志十卷 ·········· 269

[民国]续修平原县志十二卷首一卷 ··· 039

[民国]续修平原县志十二卷首一卷 ··· 234

[民国]续修东阿县志十六卷首一卷 ··· 037

[同治]续修东湖县志三十卷首一卷续
　　补艺文一卷 ·················· 115

[光绪]续修白盐井志十一卷首一卷 ··· 152

[同治]续修宁乡县志四十四卷首一卷
　　······························ 117

[道光]续修宁羌州志四卷 ·········· 068

[光绪]续修永北直隶属志十卷首一卷
　　······························ 151

[同治]续修永定县志十二卷 ········ 122

[嘉庆]续修台湾县志八卷首一卷 ···· 139

[乾隆]续修台湾府志二十六卷首一卷
　　······························ 203

[光绪]续修曲沃县志三十二卷 ······ 057

[光绪]续修曲沃县志三十二卷 ······ 222

[乾隆]续修曲沃县志六卷 ·········· 057

[乾隆]续修曲沃县志六卷 ·········· 222

[民国]续修曲阜县志八卷 ·········· 034

[民国]续修曲阜县志八卷附补遗一卷
　　······························ 244

[民国]续修兴化县志十五卷 ········ 081

[光绪]续修江陵县志六十五卷首一卷
　　······························ 113

[光绪]续修江陵县志六十五卷首一卷
　　······························ 251

[光绪]续修安岳县志四卷 ·········· 132

[万历]续修严州府志二十四卷 ······ 259

[同治]续修束鹿县志八卷 ·········· 019

[同治]续修束鹿县志八卷 ·········· 019

[同治]续修束鹿县志八卷 ·········· 240

[民国]续修邹县志稿 ·············· 035

[光绪]续修庐州府志一百卷末一卷 ··· 282

[光绪]续修庐州府志一百卷首一卷末
　　一卷 ························ 087

[光绪]续修庐州府志一百卷首一卷末
　　一卷 ························ 244

[光绪]续修庐州府志一百卷首一卷末
　　一卷 ························ 288

[光绪]续修庐州府志一百卷首一卷末
　　一卷 ························ 293

[民国]续修怀德县志十二卷 ········ 157

[康熙]续修汶上县志六卷 ·········· 173

353

[康熙]续修汶上县志六卷 …………… 234
[光绪]续修灵石县志二卷 …………… 054
[光绪]续修灵石县志二卷 …………… 055
续修枫泾小志十卷首一卷 …………… 075
[同治]续修罗江县志二十四卷 ……… 126
[同治]续修定远县志二卷 …………… 210
[道光]续修定远县志二卷 …………… 210
[民国]续修建水县志稿十八卷 ……… 151
[民国]续修陕西通志稿二百二十四卷
　　首一卷 ………………………… 061
[光绪]续修故城县志十二卷首一卷 … 013
[光绪]续修故城县志十二卷首一卷 … 013
[光绪]续修故城县志十二卷首一卷 … 271
[民国]续修南郑县志七卷首一卷 …… 068
[道光]续修咸阳县志一卷 …………… 062
[道光]续修咸阳县志一卷 …………… 252
[道光]续修咸阳县志一卷 …………… 268
[民国]续修临邑县志四卷首一卷 …… 038
[民国]续修临邑县志四卷首一卷 …… 234
[民国]续修临沂县志十七卷首一卷 … 032
[光绪]续修临晋县志二卷 …………… 060
[光绪]续修临晋县志二卷 …………… 060
[光绪]续修叙永永宁厅县合志五十四
　　卷首一卷 ……………………… 133
[嘉庆]续修泰兴县志八卷 …………… 081
[民国]续修盐城县志十四卷首一卷 … 083
[民国]续修盐城县志稿十四卷首一卷
　　…………………………………… 083
续修盐城县志稿第一辑政错录六卷 … 258
[民国]续修莱芜县志三十八卷首一卷
　　…………………………………… 033
[道光]续修桐城县志二十四卷首一卷
　　…………………………………… 193
[道光]续修桐城县志二十四卷首一卷
　　…………………………………… 193
[嘉庆]续修郯城县志十卷 …………… 032
[嘉庆]续修郯城县志十卷 …………… 232
[光绪]续修浦城县志四十二卷首一卷
　　…………………………………… 139
续修浙江通志采访稿不分卷 ………… 093
[光绪]续修嶧县志八卷 ……………… 052

[民国]续修博山县志十五卷首一卷 …… 027
[民国]续修博山县志十五卷首一卷 …… 229
[民国]续修博山县志十五卷首一卷 …… 280
[光绪]续修舒城县志五十卷首一卷末
　　一卷 …………………………… 088
[乾隆]续修蒙化直隶厅志六卷首一卷
　　…………………………………… 151
[光绪]续修睢州志十二卷首一卷 …… 045
[光绪]续修睢州志十二卷首一卷 …… 248
[光绪]续修新城县志十卷 …………… 021
[光绪]续修新城县志十卷 …………… 241
[民国]续修槁城县志十二卷 ………… 018
[光绪]续修稷山县志二卷 …………… 060
[光绪]续修稷山县志二卷 …………… 224
[嘉庆]续修潼关厅志三卷 …………… 184
[光绪]续修赞皇县志二十九卷首一卷
　　…………………………………… 020
[民国]续修醴泉县志稿十四卷 ……… 063
[嘉庆]续济源县志十二卷 …………… 043
[嘉庆]续济源县志十二卷 …………… 247
[嘉庆]续眉州志略不分卷 …………… 133
[光绪]续浚县志八卷 ………………… 044
[同治]续通江县志四卷 ……………… 201
[同治]续萧县志十八卷首一卷 ……… 089
[嘉庆]续掖县志四卷 ………………… 031
[嘉庆]续掖县志四卷 ………………… 231
[光绪]续猗氏县志二卷 ……………… 060
[同治]续猗氏县志四卷 ……………… 060
[同治]续猗氏县志四卷 ……………… 224
[乾隆]续商州志十卷 ………………… 067
[乾隆]续商州志十卷 ………………… 253
[万历]续朝邑县志八卷 ……………… 184
[万历]续朝邑县志八卷 ……………… 252
[乾隆]续登州府志十二卷 …………… 027
[乾隆]续登州府志十二卷 …………… 170
[乾隆]续编路南州志四卷 …………… 260
[宣统]续蒙自县志十二卷首一卷 …… 151
[同治]续辑汉阳县志二十八卷 ……… 111
[光绪]续辑均州志十六卷首一卷 …… 115
[光绪]续辑均州志十六卷首一卷 …… 250
[光绪]续辑咸宁县志八卷首一卷 …… 062

［雍正］续静乐县志十卷 …………… 180

续漖水志九卷 ……………………… 194

［同治］续增什邡县志五十四卷 …… 125

［光绪］续增乐至县志四卷首一卷 …… 132

［道光］续增沙河县志二卷 ………… 017

［道光］续增沙河县志二卷 ………… 240

［道光］续增沙河县志二卷 ………… 265

［道光］续增高邮州志不分卷 ……… 080

［乾隆］续增靖远县志不分卷 ……… 186

［民国］续滕县志五卷 ……………… 035

［乾隆］续耀州志十一卷 …………… 064

［乾隆］续耀州志十一卷 …………… 184

［宣统］续纂山阳县志十六卷 ……… 082

［光绪］续纂句容县志二十卷首一卷末
　　一卷 …………………………… 079

［同治］续纂扬州府志二十四卷 …… 074

［同治］续纂扬州府志二十四卷 …… 216

［同治］续纂扬州府志二十四卷 …… 264

［光绪］续纂江宁府志十五卷 ……… 270

［同治］续纂江宁府志十五卷首一卷 …… 073

［同治］续纂江宁府志十五卷首一卷 …… 216

［宣统］续纂泰州志三十五卷 ……… 189

［民国］续纂清河县志 ……………… 082

绵竹县乡土志不分卷 ……………… 126

［光绪］绵竹县乡土志不分卷 ……… 126

［民国］绵竹县志十八卷 …………… 126

［康熙］绵竹县志七卷首一卷 ……… 201

［道光］绵竹县志四十六卷 ………… 126

［嘉庆］绵竹县志四十四卷 ………… 201

［民国］绵阳县志十卷首一卷 ……… 126

［道光］巢县志二十卷首一卷 ……… 192

十二画

琴川三志补记十卷 ………………… 190

琴川三志补记续八卷 ……………… 190

［咸丰］琼山县志三十卷首一卷 …… 146

［正德］琼台志四十四卷 …………… 146

［正德］琼台志四十四卷 …………… 146

［道光］琼州府志四十四卷首一卷 …… 146

塔尔巴哈台事宜四卷 ……………… 257

［光绪］越嶲厅全志十二卷 ………… 135

［乾隆］博山县志十卷首一卷 ……… 027

［乾隆］博山县志十卷首一卷 ……… 229

［道光］博平县志六卷 ……………… 036

［道光］博平县志六卷 ……………… 036

［乾隆］博罗县志十四卷 …………… 142

［乾隆］博野县志八卷首一卷末一卷 …… 022

［乾隆］博野县志八卷首一卷末一卷 …… 022

［乾隆］博野县志八卷首一卷末一卷 …… 273

［乾隆］博野县志八卷首一卷末一卷 …… 277

［嘉庆］彭山县志六卷 ……………… 134

［光绪］彭水县志四卷首一卷 ……… 130

［同治］彭泽县志十八卷首一卷 …… 106

［乾隆］彭泽县志十六卷 …………… 197

［乾隆］韩城县志十六卷首一卷 …… 065

［乾隆］韩城县志十六卷首一卷 …… 065

［乾隆］韩城县志十六卷首一卷 …… 225

［康熙］韩城县续志八卷 …………… 184

［嘉庆］韩城县续志五卷 …………… 065

［嘉庆］韩城县续志五卷 …………… 225

［民国］韩城县续志四卷 …………… 065

［民国］朝阳县志三十六卷 ………… 156

［康熙］朝邑县后志八卷 …………… 184

［康熙］朝邑县后志八卷 …………… 252

［正德］朝邑县志二卷 ……………… 184

［正德］朝邑县志二卷 ……………… 252

［正德］朝邑县志二卷 ……………… 268

［乾隆］朝邑县志十一卷首一卷 …… 065

［乾隆］朝邑县志十一卷首一卷 …… 252

［光绪］朝城县乡土志一卷 ………… 037

［康熙］朝城县志十卷 ……………… 037

［康熙］朝城县志十卷 ……………… 174

［民国］朝城县续志二卷 …………… 037

［嘉庆］葭州志二卷 ………………… 067

［嘉庆］葭州志二卷 ………………… 251

［乾隆］惠民县志十卷首一卷 ……… 028

［光绪］惠民县志三十卷首一卷末一卷
　　 ……………………………………… 028

［光绪］惠民县志三十卷首一卷末一卷
　　 ……………………………………… 028

［光绪］惠民县志三十卷首一卷末一卷

　…………………………………… 229

惠民县志补遗一卷 …………………… 028

惠民县志补遗一卷 …………………… 229

［康熙］惠州府志二十卷首一卷 ……… 204

［嘉靖］惠州府志十六卷 ……………… 140

［光绪］惠州府志四十五卷首一卷 …… 140

［嘉靖］惠安县志十三卷 ……………… 137

［嘉庆］惠安县志三十六卷首一卷 …… 203

惠志略一卷 …………………………… 258

［嘉靖］惠志略不分卷 ………………… 140

［嘉靖］惠志略不分卷 ………………… 140

［康熙］惠来县志十八卷 ……………… 261

［道光］厦门志十六卷 ………………… 136

［乾隆］确山县志四卷 ………………… 047

［乾隆］确山县志四卷 ………………… 216

雄县乡土志十五卷 …………………… 022

雄县乡土志十五卷 …………………… 235

［光绪］雄县乡土志十五卷 …………… 266

［光绪］雄县乡土志十五卷 …………… 291

［民国］雄县新志七卷 ………………… 022

［民国］雄县新志七卷 ………………… 236

［民国］雄县新志七卷 ………………… 267

［民国］雄县新志七卷 ………………… 277

［嘉靖］雄乘二卷 ……………………… 022

［康熙］雄乘三卷 ……………………… 168

［乾隆］揭阳县志八卷首一卷附录一卷

　…………………………………… 144

［乾隆］雅州府志十六卷 ……………… 123

雅安历史四卷 ………………………… 134

［民国］雅安县志六卷 ………………… 134

［道光］紫阳县志八卷首一卷 ………… 068

［道光］紫阳县志八卷首一卷 ………… 227

［道光］辉县志二十卷首一卷末一卷 … 042

［道光］辉县志二十卷首一卷末一卷 … 042

［道光］辉县志二十卷首一卷末一卷 … 214

［乾隆］辉县志十二卷首一卷末一卷 … 175

［宣统］辉南厅志二卷 ………………… 208

辉南风土调查录一卷 ………………… 258

辉南风土调查录十四章 ……………… 158

［康熙］鼎修霍州志十卷 ……………… 182

［同治］景宁县志十四卷首一卷末一卷

　…………………………………… 101

［乾隆］景州志六卷首一卷 …………… 013

［乾隆］景州志六卷首一卷 …………… 013

［乾隆］景州志六卷首一卷 …………… 271

［乾隆］景州志六卷首一卷 …………… 273

［民国］景县志十四卷 ………………… 013

［民国］景星县状况一卷 ……………… 159

［康熙］景陵县志十二卷 ……………… 199

黑龙江乡土志不分卷 ………………… 159

黑龙江乡土录十九章 ………………… 159

［嘉庆］黑龙江外记八卷 ……………… 159

黑龙江外记八卷 ……………………… 258

［嘉庆］黑龙江外记八卷 ……………… 262

［嘉庆］黑龙江外纪八卷 ……………… 209

［民国］黑龙江志稿六十二卷首一卷附

　大事纪四卷 ……………………… 159

［民国］黑龙江志稿六十二卷首一卷附

　大事纪四卷 ……………………… 212

［民国］黑龙江志稿六十二卷首一卷附

　大事纪四卷 ……………………… 274

［光绪］黑龙江述略六卷 ……………… 159

［民国］黑龙江通志纲要二卷 ………… 159

［民国］黑龙江通志纲要二卷 ………… 212

［民国］犍为县志十四卷首一卷 ……… 133

［嘉庆］犍为县志十卷首一卷 ………… 202

［民国］集宁县志四卷 ………………… 208

［民国］集宁县志四卷 ………………… 208

皖志列传稿 …………………………… 244

皖志列传稿八卷坿编一卷 …………… 087

［道光］皖省志略四卷 ………………… 191

［道光］皖省志略四卷 ………………… 244

［嘉庆］舒城县志三十六卷 …………… 191

［同治］番禺县志五十四卷首一卷附录

　一卷 ……………………………… 141

［同治］番禺县志五十四卷首一卷附录

　一卷 ……………………………… 228

［宣统］番禺县续志四十四卷首一卷 … 141

［宣统］番禺县续志四十四卷首一卷 … 228

［乾隆］鲁山县全志九卷 ……………… 177

［嘉庆］鲁山县志二十六卷 …………… 177

［嘉庆］鲁山县志二十六卷 ·············· 249

［嘉靖］鲁山县志十卷 ················· 046

［同治］颍上县志十二卷首一卷 ·········· 089

［道光］颍上县志十三卷首一卷 ·········· 089

［顺治］颍上县志十四卷 ··············· 089

［正德］颍州志六卷 ·················· 088

［乾隆］颍州府志十卷 ················ 088

［道光］敦煌县志七卷首一卷 ············ 187

［道光］敦煌县志七卷首一卷 ············ 187

［道光］敦煌县志七卷首一卷 ············ 213

［乾隆］善化县志十二卷 ··············· 200

［光绪］善化县志三十四卷首一卷 ········· 117

［乾隆］普宁县志十卷首一卷 ············ 204

［嘉靖］普安州志十卷 ················ 153

［光绪］普安直隶厅志二十二卷 ·········· 153

［民国］普思沿边志略 ················ 151

［道光］普洱府志二十卷 ··············· 206

［道光］道光金华县志十二卷首一卷 ······ 101

［嘉庆］道州志十二卷 ················ 118

［光绪］道州志十二卷首一卷 ············ 118

［光绪］道州志十二卷首一卷 ············ 242

［康熙］道州新志十五卷 ··············· 200

［顺治］遂平县志十五卷 ··············· 177

［乾隆］遂平县志十六卷首一卷 ·········· 047

［乾隆］遂平县志十六卷首一卷 ·········· 248

［民国］遂宁县志八卷 ················ 127

［光绪］遂宁县志六卷首一卷 ············ 127

［乾隆］遂安县志十卷首一卷 ············ 103

［民国］遂安县志十卷首一卷末一卷 ······ 103

［乾隆］遂昌县志十二卷 ··············· 196

［光绪］遂昌县志十二卷首一卷 ·········· 218

［光绪］遂昌县志十二卷首一卷外编四
卷 ························· 102

［同治］湖口县志十卷首一卷 ············ 105

［康熙］湖广武昌府志十二卷 ············ 199

［康熙］湖广通志八十卷图考一卷 ········ 198

［乾隆］湖北下荆南道志二十八卷 ········ 109

［民国］湖北通志一百七十二卷首一卷
末一卷 ····················· 109

［民国］湖北通志一百七十二卷首一卷
末一卷 ····················· 109

［民国］湖北通志一百七十二卷首一卷
末一卷 ····················· 251

［民国］湖北通志一百七十二卷首一卷
末一卷 ····················· 270

［民国］湖北通志一百七十二卷首一卷
末一卷 ····················· 288

［嘉庆］湖北通志一百卷首五卷 ·········· 109

［万历］湖州府志十四卷 ··············· 093

［同治］湖州府志九十六卷首一卷 ········· 093

［乾隆］湖州府志四十八卷首一卷 ········· 093

湖南各县调查笔记五卷 ··············· 257

湖南各县调查笔记五类 ··············· 116

［嘉庆］湖南通志二百十九卷首三卷末
六卷 ······················· 115

［嘉庆］湖南通志二百十九卷首三卷末
六卷 ······················· 242

［光绪］湖南通志二百八十八卷首八卷
末十九卷 ···················· 116

［光绪］湖南通志二百八十八卷首八卷
末十九卷 ···················· 116

［光绪］湖南通志二百八十八卷首八卷
末十九卷 ···················· 242

［光绪］湖南通志二百八十八卷首八卷
末十九卷 ···················· 242

湖野小志四卷 ····················· 258

［同治］湘乡县志二十三卷首一卷末一
卷 ························· 120

［嘉庆］湘乡县志十卷首一卷 ············ 120

［嘉庆］湘阴县志三十九卷首一卷补遗
一卷 ······················· 117

［光绪］湘阴县图志三十四卷首一卷末
一卷 ······················· 117

［光绪］湘阴县图志三十四卷首一卷补
遗一卷 ····················· 242

［光绪］湘潭县志十二卷 ··············· 117

［光绪］湘潭县志十二卷 ··············· 242

［嘉庆］湘潭县志四十卷 ··············· 117

［永乐］温州府乐清县志八卷 ············ 100

［嘉靖］温州府志八卷 ················ 094

［乾隆］温州府志三十卷首一卷 ·········· 095

［乾隆］温州府志三十卷首一卷 ·········· 218

357

［乾隆］温州府志三十卷首一卷 …………… 284

［民国］温江县志十二卷首一卷 …………… 124

［嘉庆］温江县志三十六卷首一卷 ………… 124

［乾隆］温县志十二卷首一卷 ……………… 248

［乾隆］温县志十二卷首一卷附怀庆府
　　温县宪纲清册　怀庆府温县境内河
　　舆寨图 …………………………………… 043

［同治］滑县志十二卷 ……………………… 044

［同治］滑县志十二卷 ……………………… 215

［乾隆］滑县志十四卷首一卷 ……………… 176

［同治］溆浦县志二十四卷首一卷 ………… 243

［光绪］滋阳县志十四卷 …………………… 034

［光绪］滋阳县志十四卷 …………………… 234

［康熙］滋阳县志四卷 ……………………… 173

［光绪］湄潭县志八卷 ……………………… 153

［光绪］滁州志十卷首一卷末一卷 ………… 089

［光绪］滁州志十卷首一卷末一卷 ………… 245

［康熙］滁州志三十卷 ……………………… 192

滁县乡土志二卷 …………………………… 089

［光绪］富川县志十二卷 …………………… 148

［万历］富平县志十卷 ……………………… 184

［乾隆］富平县志八卷 ……………………… 064

［光绪］富平县志稿十卷首一卷 …………… 064

［光绪］富平县志稿十卷首一卷 …………… 226

［光绪］富平县志稿十卷首一卷 …………… 281

［康熙］富民县志不分卷 …………………… 150

［光绪］富阳县志二十四卷首一卷 ………… 095

［康熙］富阳县志十卷 ……………………… 193

［民国］富顺县志十七卷首一卷 …………… 133

［道光］富顺县志三十八卷 ………………… 133

［乾隆］富顺县志五卷首一卷 ……………… 133

［乾隆］裕州志六卷 ………………………… 178

［乾隆］裕州志六卷 ………………………… 248

［顺治］登州府志二十二卷 ………………… 170

［乾隆］登封县志三十二卷 ………………… 041

［乾隆］登封县志三十二卷 ………………… 214

［乾隆］登封县志三十二卷 ………………… 281

［乾隆］登封县志三十二卷 ………………… 288

［乾隆］登封县志三十二卷 ………………… 288

［乾隆］登封县志三十二卷 ………………… 288

婺川县备志十一卷 ………………………… 211

［道光］婺志粹十四卷 ……………………… 102

［民国］婺源县志七十卷末一卷 …………… 107

［道光］婺源县志三十九卷首一卷 ………… 107

［乾隆］婺源县志三十九卷首一卷 ………… 197

［光绪］婺源县志六十四卷首一卷 ………… 107

［光绪］婺源县志六十四卷首一卷 ………… 245

［光绪］婺源县志六十四卷首卷一卷 …… 264

十三画

［同治］瑞州府志二十四卷首一卷 ……… 103

［同治］瑞昌县志十卷首一卷 …………… 106

［隆庆］瑞昌县志八卷 …………………… 106

［道光］瑞金县志十六卷首一卷 ………… 198

［嘉靖］瑞金县志八卷 …………………… 109

鄢陵文献志四十卷补遗一卷 …………… 255

［道光］鄢陵县志十八卷 ………………… 046

［道光］鄢陵县志十八卷 ………………… 248

［嘉靖］鄢陵县志八卷 …………………… 045

［康熙］鄢署杂钞十二卷首一卷末一卷
　　续钞一卷 ……………………………… 261

［同治］鄞县志七十五卷 ………………… 096

［咸丰］鄞县志三十二卷首一卷 ………… 096

［乾隆］鄞县志三十卷首一卷 …………… 194

［民国］鄞县通志五十一编附图 ………… 284

［民国］鄞县通志五十一编附鄞县通志
　　地图 …………………………………… 096

［民国］鄞县通志图 ……………………… 289

［同治］蓝山县志十六卷末一卷 ………… 120

［光绪］蓝田县志十六卷 ………………… 066

［道光］蓝田县志十六卷 ………………… 066

［道光］蓟州志十卷首一卷 ……………… 011

［道光］蓟州志十卷首一卷 ……………… 012

［道光］蓟州志十卷首一卷 ……………… 293

［康熙］蓟州志八卷 ……………………… 165

［光绪］蓬州志十五卷 …………………… 128

［光绪］蓬莱县续志十四卷 ……………… 032

［光绪］蓬莱县续志十四卷 ……………… 231

［道光］蓬溪县志十六卷首一卷 ………… 127

［光绪］蓬溪县志十四卷首一卷 ………… 127

［民国］蓬溪县近志十四卷首一卷 ……… 127

［乾隆］蒲台县志四卷首一卷 ·········· 029
［乾隆］蒲台县志四卷首一卷 ·········· 230
［康熙］蒲州志十二卷 ·············· 183
［乾隆］蒲州府志二十四卷图一卷 ······ 051
［乾隆］蒲州府志二十四卷图一卷 ······ 051
［乾隆］蒲江县志四卷 ·············· 124
［同治］蒲圻县志八卷 ············ 111
［乾隆］蒲县志十卷首一卷 ·········· 061
［乾隆］蒲县志十卷首一卷 ·········· 061
［乾隆］蒲县志十卷首一卷 ·········· 224
［光绪］蒲县续志 ················ 224
［光绪］蒲县续志十卷 ·············· 061
［光绪］蒲县续志十卷 ·············· 061
［康熙］蒲县新志八卷 ·············· 183
［康熙］蒲城志四卷 ············· 184
［乾隆］蒲城县志十五卷 ············ 064
［乾隆］蒲城县志十五卷 ············ 252
［康熙］蒲城县续志四卷 ············ 184
［光绪］蒲城县新志十三卷首一卷 ······ 064
［民国］蒙化志稿二十六卷 ·········· 151
［康熙］蒙化府志六卷首一卷 ········ 151
［康熙］蒙化府志六卷首一卷 ········ 217
蒙古地志 ···················· 160
［光绪］蒙古志三卷 ·············· 160
蒙古游牧记十六卷 ·············· 257
蒙古游牧记十六卷 ·············· 258
蒙古游牧记十六卷 ·············· 261
蒙古鉴七卷 ·················· 160
蒙古鉴七卷 ·················· 160
［康熙］蒙阴县志八卷 ············ 172
［宣统］蒙阴县志八卷首一卷 ········ 172
［康熙］蒙阴县志不分卷 ··········· 172
蒙藏状况八章附青海概要补述 ······· 160
献县乡土志书 ················· 165
［民国］献县志二十卷图一卷表一卷 ····· 014
［乾隆］献县志二十卷图一卷表一卷 ····· 014
［乾隆］献县志二十卷图一卷表一卷 ····· 240
［乾隆］献县志二十卷图一卷表一卷 ····· 277
蒸里志略十二卷 ················ 076
［康熙］楚雄府志十卷首一卷 ········ 206

［民国］榆次县志二十卷首一卷末一卷
　　·················· 053
［民国］榆次县志二十卷首一卷末一卷
　　·················· 221
［同治］榆次县志十六卷首一卷末一卷
　　·················· 053
［同治］榆次县志十六卷首一卷末一卷
　　·················· 056
［同治］榆次县志十六卷首一卷末一卷
　　·················· 220
［同治］榆次县志十六卷首一卷末一卷
　　·················· 222
［同治］榆次县志十六卷首一卷末一卷
　　·················· 281
［乾隆］榆次县志十四卷首一卷续编二
　　卷 ················· 180
［万历］榆次县志十卷 ·············· 180
［康熙］榆次县续志十四卷首一卷 ······· 180
［光绪］榆次县续志四卷 ············ 053
［光绪］榆次县续志四卷 ············ 056
［光绪］榆次县续志四卷 ············ 221
［光绪］榆次县续志四卷 ············ 222
［光绪］榆次县续志四卷 ············ 281
［乾隆］榆社县志十二卷 ············ 054
［康熙］榆社县志十卷 ············· 180
［光绪］榆社县志十卷首一卷末一卷 ····· 054
［光绪］榆社县志十卷首一卷末一卷 ····· 255
［道光］榆林府志五十卷首一卷 ······· 062
［道光］榆林府志五十卷首一卷 ······· 227
［民国］感恩县志二十卷首一卷 ······· 146
［乾隆］鄠县新志六卷 ············· 062
［乾隆］鄠县新志六卷 ············· 183
［嘉庆］雷州府志二十卷首一卷 ······· 141
［康熙］雷州府志十卷 ············· 204
［光绪］雷波厅志三十六卷首一卷 ······ 135
［光绪］零陵县志十五卷附补遗一卷 ····· 119
［嘉庆］零陵县志十六卷 ············ 118
［光绪］辑安县乡土志一卷附外交公牍
　　一卷 ················ 158
［民国］辑安县志四卷 ············· 158
［乾隆］虞乡县志十二卷 ············ 060

［光绪］虞乡县志十二卷首一卷 ………… 060

［光绪］虞乡县志十二卷首一卷 ………… 224

［光绪］虞乡县志十二卷首一卷 ………… 281

［民国］虞乡县新志十卷 ……………… 060

［光绪］虞城县志十卷 ………………… 044

［乾隆］虞城县志十卷 ………………… 176

［康熙］睢宁县旧志十卷 ……………… 083

［光绪］睢宁县志稿十八卷 …………… 083

［光绪］睢宁县志稿十八卷 …………… 217

［康熙］路南州志四卷 ………………… 260

［民国］路桥志略 …………………… 100

蜀故二十七卷 ………………………… 122

［民国］嵊县志 ……………………… 099

［同治］嵊县志二十六卷首一卷末一卷
………………………………………… 099

［道光］嵊县志十四卷首一卷末一卷 …… 099

［光绪］嵩县志三十卷首一卷 ………… 049

［乾隆］嵩县志三十卷首一卷 ………… 049

［民国］嵩明县志三十八卷 …………… 151

锡金乡土地理二卷 …………………… 077

锡金乡土地理二卷 …………………… 261

［道光］锡金考乘十四卷首一卷 ……… 077

锡金志外五卷 ………………………… 077

锡金识小录十二卷 …………………… 078

［民国］锡金续识小录 ………………… 078

［民国］锦西县志六卷 ………………… 156

锦县乡土志一卷 ……………………… 156

［康熙］锦县志八卷 …………………… 156

［民国］锦县志略二十四卷首一卷 …… 156

［同治］筠连县志十六卷 ……………… 132

［咸丰］简州志十四卷 ………………… 131

［光绪］简州续志二卷 ………………… 131

［光绪］简州续志二卷 ………………… 243

［民国］简阳县志二十四卷首一卷末一
卷 …………………………………… 131

［光绪］腾越厅志稿二十卷首一卷 …… 151

［乾隆］解州平陆县志十六卷首一卷 …… 059

［乾隆］解州平陆县志十六卷首一卷 …… 223

［乾隆］解州全志十八卷图一卷 ……… 059

［乾隆］解州全志十八卷图一卷 ……… 223

［乾隆］解州全志十八卷图一卷 ……… 275

［乾隆］解州安邑县运城志十六卷 …… 281

［乾隆］解州安邑县运城志十六卷首一
卷 …………………………………… 059

［乾隆］解州安邑县运城志十六卷首一
卷 …………………………………… 223

［乾隆］解州安邑县志十六卷首一卷 …… 059

［乾隆］解州安邑县志十六卷首一卷 …… 223

［乾隆］解州安邑县志十六卷首一卷 …… 281

［康熙］解州志二十二卷首一卷 ……… 182

［乾隆］解州芮城县志十六卷图一卷首
一卷 ………………………………… 182

［乾隆］解州芮城县志十六卷图一卷首
一卷 ………………………………… 182

［乾隆］解州夏县志十六卷首一卷 …… 059

［乾隆］解州夏县志十六卷首一卷 …… 223

［民国］解县志十四卷首一卷 ………… 060

［民国］解县志十四卷首一卷 ………… 223

［道光］廉州府志二十六卷首一卷 …… 141

［康熙］郿州志八卷 …………………… 185

［道光］郿州志六卷首一卷 …………… 067

［光绪］靖边志稿四卷 ………………… 067

［光绪］靖边志稿四卷 ………………… 227

［光绪］靖边志稿四卷 ………………… 268

靖州乡土志四卷 ……………………… 121

［乾隆］靖州志十四卷首一卷末一卷 …… 200

［光绪］靖州直隶州志十二卷首一卷末
一卷 ………………………………… 121

［光绪］靖江县志十六卷首一卷 ……… 080

［咸丰］靖江县志稿十六卷首一卷 …… 080

［同治］靖安县志十六卷首一卷 ……… 105

［道光］靖远县志八卷首一卷 ………… 071

［乾隆］新乡县志三十四卷首一卷 …… 042

［乾隆］新乡县志三十四卷首一卷 …… 249

［乾隆］新乡县志三十四卷首一卷 …… 249

［正德］新乡县志六卷 ………………… 042

［民国］新乡县续志六卷 ……………… 042

［同治］新化县志三十五卷首二卷末一
卷 …………………………………… 120

［同治］新化县志三十五卷首二卷末一
卷 …………………………………… 243

［嘉庆］新刊江宁府志五十六卷 ……… 073

［嘉庆］新刊江宁府志五十六卷 ………… 216

［民国］新平县志八卷首一卷 ………… 150

［嘉庆］新田县志十卷 ………… 120

［光绪］新宁县志二十六卷首一卷 …… 120

［光绪］新宁县志二十六卷首一卷 …… 144

［道光］新宁县志十卷 ………… 144

［同治］新宁县志八卷 ………… 129

［民国］新民县志十八卷首一卷 …… 155

［宣统］新民府志不分卷 ………… 154

［宣统］新民府志不分卷 ………… 228

［道光］新会县志十四卷首一卷 …… 144

［乾隆］新兴州志十卷 ………… 206

［康熙］新兴县志二十卷 ………… 205

［淳熙］新安志十卷 ………… 087

［淳熙］新安志十卷 ………… 245

［嘉庆］新安县志二十四卷首一卷 …… 204

［乾隆］新安县志十四卷首二卷末一卷

………… 050

［乾隆］新安县志十四卷首二卷末一卷

………… 216

［乾隆］新安县志八卷 ………… 168

［民国］新昌县志二十卷 ………… 099

［民国］新昌县志二十卷 ………… 219

［康熙］新昌县志十八卷 ………… 195

［万历］新昌县志十三卷首一卷 …… 099

［同治］新昌县志三十二卷首一卷末一

卷 ………… 105

［乾隆］新郑县志三十一卷首一卷 …… 041

［乾隆］新郑县志三十一卷首一卷 …… 041

［康熙］新郑县志四卷 ………… 175

［民国］新河县志二十四卷首一卷末一

卷 ………… 016

［民国］新河县志二十四卷首一卷末一

卷 ………… 239

［光绪］新河县志十六卷 ………… 016

［光绪］新河县志十六卷 ………… 016

［道光］新建县志七十四卷首一卷末一

卷 ………… 197

［同治］新建县志九十九卷首一卷末一

卷 ………… 105

［民国］新城县志二十四卷 ………… 022

［道光］新城县志十八卷首一卷 ………… 021

［道光］新城县志十八卷首一卷 ………… 022

［道光］新城县志十八卷首一卷 ………… 283

［康熙］新城县志十四卷首一卷 ………… 171

［乾隆］新城县志十四卷首一卷 ………… 198

［康熙］新城县志十四卷首一卷 ………… 234

［康熙］新城县志八卷首一卷 ………… 168

［康熙］新城县志八卷首一卷 ………… 194

［万历］新城县志四卷 ………… 194

［康熙］新城县续志二卷 ………… 171

［康熙］新城县续志二卷 ………… 234

［道光］新修曲沃县志十二卷 ………… 057

［乾隆］新修曲沃县志四十卷 ………… 057

［乾隆］新修庆阳府志四十二卷末一卷

………… 070

［康熙］新修齐东县志八卷 ………… 029

［康熙］新修齐东县志八卷 ………… 171

［乾隆］新修怀庆府志三十二卷首一卷

图经一卷 ………… 040

［乾隆］新修怀庆府志三十二卷首一卷

图经一卷 ………… 248

［民国］新修张掖县志 ………… 073

［宣统］新修固原直隶州志十二卷 ………… 073

［宣统］新修固原直隶州志十二卷 ………… 213

［道光］新修罗源县志三十卷首一卷 …… 137

［民国］新修岳阳县志十六卷 ………… 058

［民国］新修岳阳县志十六卷 ………… 222

［嘉庆］新修宜兴县志四卷首一卷 ………… 078

［嘉庆］新修宜兴县志四卷首一卷 ………… 189

［嘉庆］新修宜兴县志四卷首一卷 ………… 217

［康熙］新修宜良志十卷 ………… 207

［嘉庆］新修荆溪县志四卷首一卷 ………… 079

［嘉庆］新修荆溪县志四卷首一卷 ………… 189

［康熙］新修莱芜县志十卷 ………… 033

［康熙］新修莱芜县志十卷 ………… 173

［光绪］新修荷泽县志十八卷首一卷 …… 035

［光绪］新修荷泽县志十八卷首一卷 …… 264

［同治］新修麻阳县志十四卷首一卷 …… 120

［顺治］新修望江县志十卷 ………… 259

［民国］新修阌乡县志二十四卷首一卷

………… 049

361

［光绪］新修清水河厅志二十卷首一卷

‥‥‥‥‥‥‥‥‥‥‥‥‥‥ 208

［光绪］新修潼川府志三十卷 ‥‥‥‥ 123

［道光］新津县志四十卷首一卷 ‥‥‥ 124

［道光］新津县志四十卷首一卷 ‥‥‥ 243

［民国］新绛县志十卷首一卷 ‥‥‥‥ 058

［乾隆］新泰县志二十卷首一卷 ‥‥‥ 033

［乾隆］新泰县志二十卷首一卷 ‥‥‥ 033

［乾隆］新泰县志二十卷首一卷 ‥‥‥ 232

［道光］新都县志十八卷首一卷 ‥‥‥ 125

［民国］新都县志六编 ‥‥‥‥‥‥‥ 125

［康熙］新校天津卫志 ‥‥‥‥‥‥‥ 008

［康熙］新校天津卫志 ‥‥‥‥‥‥‥ 008

［康熙］新校天津卫志四卷首一卷 ‥‥‥ 009

新校天津卫志四卷首一卷 ‥‥‥‥‥‥ 256

新校天津卫志四卷首一卷 ‥‥‥‥‥‥ 256

新校天津卫志四卷首一卷 ‥‥‥‥‥‥ 256

新校天津卫志四卷首一卷 ‥‥‥‥‥‥ 256

新校天津卫志四卷首一卷 ‥‥‥‥‥‥ 256

［康熙］新校天津卫志四卷首一卷 ‥‥ 263

［康熙］新校天津卫志四卷首一卷 ‥‥ 291

［康熙］新校天津卫志四卷首一卷 ‥‥ 292

［康熙］新校天津卫志四卷首一卷 ‥‥ 293

［乾隆］新野县志九卷首一卷 ‥‥‥‥ 048

［乾隆］新野县志九卷首一卷 ‥‥‥‥ 215

［同治］新淦县志十卷首一卷 ‥‥‥‥ 108

［光绪］新续略阳县志一卷 ‥‥‥‥‥ 069

［光绪］新续略阳县志一卷 ‥‥‥‥‥ 252

［光绪］新续渭南县志十二卷 ‥‥‥‥ 064

［光绪］新续渭南县志十二卷 ‥‥‥‥ 226

［同治］新喻县志十六卷首一卷 ‥‥‥ 104

［道光］新喻县志十四卷首一卷 ‥‥‥ 196

［民国］新登县志二十卷首一卷 ‥‥‥ 095

新塍镇志二十六卷首一卷 ‥‥‥‥‥‥ 096

［乾隆］新蔡县志十卷 ‥‥‥‥‥‥‥ 047

［乾隆］新蔡县志十卷 ‥‥‥‥‥‥‥ 177

新繁县乡土志十卷 ‥‥‥‥‥‥‥‥‥ 125

［同治］新繁县志十六卷首一卷 ‥‥‥ 125

［民国］新繁县志三十四卷首一卷 ‥‥ 125

新疆大记六卷首一卷 ‥‥‥‥‥‥‥‥ 161

新疆山脉图志六卷 ‥‥‥‥‥‥‥‥‥ 257

新疆吐鲁番厅乡土志不分卷 ‥‥‥‥‥ 161

新疆回部志四卷 ‥‥‥‥‥‥‥‥‥‥ 257

新疆纪略一卷 ‥‥‥‥‥‥‥‥‥‥‥ 262

新疆纪略一卷 ‥‥‥‥‥‥‥‥‥‥‥ 263

新疆志稿三卷 ‥‥‥‥‥‥‥‥‥‥‥ 161

［宣统］新疆图志一百十六卷首一卷 ‥ 161

［宣统］新疆图志一百十六卷首一卷 ‥ 161

［宣统］新疆图志一百十六卷首一卷 ‥ 212

［宣统］新疆图志一百十六卷首一卷 ‥ 225

［宣统］新疆图志一百十六卷首一卷 ‥ 255

新疆建置志四卷 ‥‥‥‥‥‥‥‥‥‥ 161

［民国］新纂云南通志二百六十六卷首

一卷 ‥‥‥‥‥‥‥‥‥‥‥ 149

［民国］新纂高台县志八卷首一卷 ‥‥ 073

［民国］慈利县志二十卷首一卷 ‥‥‥ 122

［民国］慈利县志二十卷首一卷 ‥‥‥ 243

［万历］慈利县志十八卷 ‥‥‥‥‥‥ 121

［万历］慈利县志十八卷 ‥‥‥‥‥‥ 243

［同治］慈利县志十四卷首一卷 ‥‥‥ 121

［雍正］慈溪县志十六卷 ‥‥‥‥‥‥ 099

［天启］慈溪县志十六卷 ‥‥‥‥‥‥ 195

［光绪］慈溪县志五十六卷附编一卷 ‥ 099

［光绪］慈溪县志五十六卷附编一卷 ‥ 218

［乾隆］满城县志十二卷 ‥‥‥‥‥‥ 023

［乾隆］满城县志十二卷 ‥‥‥‥‥‥ 241

［民国］满城县志略十六卷首一卷 ‥‥ 023

［民国］满城县志略十六卷首一卷 ‥‥ 237

［民国］满城县志略十六卷首一卷 ‥‥ 282

满洲地志 ‥‥‥‥‥‥‥‥‥‥‥‥‥ 154

［嘉庆］滇系四十卷 ‥‥‥‥‥‥‥‥ 149

［嘉庆］滇系四十卷 ‥‥‥‥‥‥‥‥ 217

滇绎四卷 ‥‥‥‥‥‥‥‥‥‥‥‥‥ 149

滇略十卷 ‥‥‥‥‥‥‥‥‥‥‥‥‥ 149

滇絮不分卷 ‥‥‥‥‥‥‥‥‥‥‥‥ 257

［光绪］溧水县志二十二卷首一卷 ‥‥ 079

［乾隆］溧水县志十六卷 ‥‥‥‥‥‥ 079

［嘉庆］溧阳县志十六卷 ‥‥‥‥‥‥ 079

［光绪］溧阳县续志十六卷续补一卷 ‥ 079

［光绪］滦州志十八卷首一卷 ‥‥‥‥ 025

［光绪］滦州志十八卷首一卷 ‥‥‥‥ 170

［光绪］滦州志十八卷首一卷 ‥‥‥‥ 236

［嘉庆］滦州志八卷首一卷末一卷 ……… 025
［嘉庆］滦州志八卷首一卷末一卷 ……… 236
［光绪］滦县志十八卷 ……………………… 025
［光绪］滦县志十八卷 ……………………… 025
漯阴志略一卷 …………………………… 164
［咸丰］滨州志十二卷首一卷 …………… 028
［咸丰］滨州志十二卷首一卷 …………… 229
［康熙］滨州志八卷首一卷 ……………… 171
［乾隆］福山县志十二卷 ………………… 032
［民国］福山县志十卷 …………………… 032
福山县志稿十卷 ………………………… 217
［乾隆］福宁府志四十四卷首一卷 ……… 136
［乾隆］福州府志七十六卷首一卷 ……… 135
［光绪］福安县志三十八卷首一卷末一

　　卷 …………………………………… 137
［乾隆］福建通志七十八卷首一卷 ……… 202
［民国］福建通志三百十五卷 …………… 135
［乾隆］福清县志二十卷图一卷 ………… 136
［道光］缙云县志十八卷首一卷 ………… 102
［光绪］缙云县志十六卷首一卷末一卷

　　………………………………………… 102

十四画

［康熙］静乐县志十卷 …………………… 180
［同治］静乐县续志二卷 ………………… 053
［乾隆］静宁州志八卷首一卷 …………… 186
［民国］静海县志十二卷 ………………… 241
［民国］静海县志十二集 ………………… 010
［民国］静海县志十二集 ………………… 263
［民国］静海县志十二集 ………………… 293
［同治］静海县志八卷 …………………… 010
［同治］静海县志八卷 …………………… 010
［康熙］静海县志四卷 …………………… 164
［民国］瑷珲县志十四卷 ………………… 160
［民国］瑷珲县志十四卷 ………………… 209
嘉庆太平县志十八卷 …………………… 100
［康熙］嘉兴县志九卷 …………………… 194
［光绪］嘉兴县志三十七卷首二卷末一

　　卷 …………………………………… 096
［光绪］嘉兴县志三十七卷首二卷末一

　　卷 …………………………………… 219
［康熙］嘉兴府志十六卷 ………………… 193
［光绪］嘉兴府志八十八卷首二卷 ……… 093
［嘉庆］嘉兴府志八十卷首三卷 ………… 093
［嘉靖］嘉兴府图记二十卷 ……………… 260
［民国］嘉兴新志上编 …………………… 096
嘉应乡土志不分卷 ……………………… 144
［光绪］嘉应州志三十二卷 ……………… 265
［光绪］嘉应州志三十二卷首一卷 ……… 144
［光绪］嘉应州志三十二卷首一卷 ……… 228
［光绪］嘉应州志三十二卷首一卷 ……… 228
［康熙］嘉定县志二十四卷 ……………… 188
［乾隆］嘉定县志十二卷首一卷 ………… 076
［光绪］嘉定县志三十二卷首一卷补遗

　　一卷 ………………………………… 076
［光绪］嘉定县志三十二卷首一卷补遗

　　一卷 ………………………………… 251
［民国］嘉定县续志十五卷首一卷末一

　　卷 …………………………………… 216
［民国］嘉定县续志十五卷首一卷末一

　　卷附地图 …………………………… 076
［同治］嘉定府志四十八卷首一卷 ……… 123
嘉泰会稽志二十卷 ……………………… 193
［光绪］嘉祥县志四卷首一卷 …………… 035
［光绪］嘉祥县志四卷首一卷 …………… 232
［道光］綦江县志十二卷首一卷 ………… 123
［光绪］蔚州志二十卷首一卷 …………… 024
［光绪］蔚州志二十卷首一卷 …………… 237
［光绪］蔚州志二十卷首一卷 …………… 267
［光绪］蔚州志二十卷首一卷 …………… 270
［光绪］蔚州志二十卷首一卷 …………… 275
［光绪］蔚州志二十卷首一卷 …………… 282
［乾隆］蔚州志补十二卷首一卷 ………… 024
［乾隆］蔚县志三十一卷 ………………… 024
［乾隆］蔚县志三十一卷 ………………… 237
［康熙］槁城县志十二卷 ………………… 018
［康熙］槁城县志十二卷 ………………… 167
［康熙］槁城县志十二卷 ………………… 235
［康熙］槁城县志十二卷 ………………… 272
［嘉靖］槁城县志十卷 …………………… 018
［光绪］槁城县志续补十一卷 …………… 018

［光绪］槁城县志续补十一卷 …………… 167

［光绪］槁城县志续补十一卷 …………… 235

磁州乡土志 ……………………………… 166

［康熙］磁州志十八卷 …………………… 015

［康熙］磁州志十八卷 …………………… 166

［康熙］磁州志十八卷 …………………… 253

［康熙］磁州志十八卷 …………………… 286

［康熙］磁州志十八卷 …………………… 292

［康熙］磁州志十八卷图一卷 …………… 166

［康熙］磁州志十八卷图一卷 …………… 166

［同治］磁州续志六卷首一卷 …………… 016

［同治］磁州续志六卷首一卷 …………… 166

［同治］磁州续志六卷首一卷 …………… 253

［同治］磁州续志六卷首一卷 …………… 286

［同治］磁州续志六卷首一卷 …………… 292

［民国］磁县县志二十章 ………………… 016

［道光］舞阳县志十二卷 ………………… 046

［道光］舞阳县志十二卷 ………………… 046

［乾隆］舞阳县志十二卷图一卷 ………… 046

舆地广记三十八卷　校勘舆地广记

　札记二卷 ………………………………… 005

舆地纪胜二百卷 ………………………… 005

［同治］鄱阳县志二十四卷首一卷末一

　卷 ………………………………………… 106

［道光］鄱阳县志三十二卷首一卷末一

　卷 ………………………………………… 106

［乾隆］雒南县志十二卷 ………………… 067

［乾隆］雒南县志十二卷 ………………… 068

［同治］彰明县志五十七卷首二卷 ……… 126

［乾隆］彰德府志二十四卷首一卷 ……… 040

［嘉靖］彰德府志八卷 …………………… 040

［乾隆］彰德府志三十二卷首一卷 ……… 040

［乾隆］彰德府志三十二卷首一卷 ……… 248

［康熙］韶州府志十八卷 ………………… 204

［同治］韶州府志四十卷 ………………… 140

［同治］溆浦县志二十四卷首一卷 ……… 120

［康熙］漵水志林二十六卷 ……………… 198

［道光］漳平县志十卷首一卷 …………… 138

［康熙］漳平县志九卷首一卷 …………… 203

［光绪］漳州府志五十卷首一卷 ………… 136

［民国］漳县志八卷首一卷 ……………… 073

［民国］漳县志八卷首一卷 ……………… 073

［康熙］漳浦县志二十卷 ………………… 203

潍县乡土志不分卷 ……………………… 029

［乾隆］潍县志六卷首一卷末一卷 ……… 029

［乾隆］潍县志六卷首一卷末一卷 ……… 230

［乾隆］潍县志六卷首一卷末一卷 ……… 287

［民国］潍县志稿四十二卷附潍县志稿

　历代疆域沿革图 ……………………… 029

［民国］察哈尔省通志二十八卷首一卷

　………………………………………………… 005

［民国］察哈尔省通志二十八卷首一卷

　………………………………………………… 005

［民国］察哈尔省通志二十八卷首一卷

　………………………………………………… 270

［民国］察哈尔省通志二十八卷首一卷

　………………………………………………… 282

［民国］察哈尔省通志二十八卷首一卷

　………………………………………………… 289

［道光］肇庆府志二十二卷首一卷 ……… 140

十五画

璜泾志稿八卷 …………………………… 086

［民国］增订吉林地理纪要二卷 ………… 157

［民国］增订武城县志续编十五卷 ……… 039

［民国］增订武城县志续编十五卷 ……… 234

［民国］增补续辑峉峨县志七卷 ………… 150

［嘉庆］增城县志二十卷首一卷末一卷

　………………………………………………… 141

［民国］增城县志三十一卷首一卷 ……… 141

［同治］增修万县志三十六卷首一卷 …… 129

［光绪］增修甘泉县志二十四卷首一卷

　图一卷 ………………………………… 080

［同治］增修酉阳直隶州总志二十二卷

　首一卷末一卷 ………………………… 130

［嘉庆］增修宜兴县旧志十卷首一卷末

　一卷 …………………………………… 078

［同治］增修施南府志三十卷首一卷 …… 110

［民国］增修胶志五十五卷首一卷 ……… 030

［光绪］增修诸城县续志二十二卷 ……… 030

［光绪］增修崇庆州志十二卷首一卷 …… 125

［光绪］增修登州府志六十九卷首一卷
　　…………………………………… 027
［光绪］增修登州府志六十九卷首一卷
　　…………………………………… 229
［光绪］增修灌县志十四卷首一卷 …… 125
［光绪］增续沔阳县志二卷 …………… 069
［宣统］增辑清平县志十六卷首一卷 … 036
［光绪］蕲水县志二十卷首一卷末一卷
　　…………………………………… 112
［光绪］蕲水县志二十卷首一卷末一卷
　　…………………………………… 112
［光绪］蕲水县志二十卷首一卷末一卷
　　…………………………………… 251
［嘉靖］蕲水县志四卷 ………………… 112
［嘉靖］蕲州志九卷 …………………… 112
［光绪］蕲州志三十卷 ………………… 112
［民国］横山县志四卷 ………………… 067
［乾隆］震泽县志三十八卷首一卷 …… 190
［弘治］震泽编八卷 …………………… 190
震泽镇志十四卷首一卷末一卷 ……… 085
［光绪］镇平县志六卷 ………………… 048
［光绪］镇平县志六卷 ………………… 215
［民国］镇东县志五卷 ………………… 159
［至顺］镇江志二十一卷首一卷 ……… 078
［嘉定］镇江志二十二卷首一卷 ……… 078
［嘉定］镇江志二十二卷首一卷 ……… 217
［乾隆］镇江府志五十五卷首一卷 …… 187
［乾隆］镇安县志十卷首一卷末一卷 … 185
［光绪］镇安府志二十五卷首一卷 …… 147
［乾隆］镇远府志二十八卷 …………… 211
［光绪］镇南州志略十一卷 …………… 152
［民国］镇洋县志十一卷末卷附录一卷
　　…………………………………… 087
［乾隆］镇洋县志十四卷首一卷末一卷
　　…………………………………… 087
［道光］镇原县志二十二卷首一卷 …… 071
［乾隆］镇海县志八卷首一卷 ………… 096
［民国］镇海县志四十五卷首一卷附地
　　图 ………………………………… 096
［光绪］镇海县志四十卷 ……………… 096
［光绪］镇雄州志六卷 ………………… 150

［乾隆］镇番县志一卷 ………………… 070
［同治］稷山县志十卷 ………………… 060
［乾隆］稷山县志十卷 ………………… 183
［同治］稷山县志十卷 ………………… 224
［光绪］黎平府志八卷首一卷 ………… 152
［光绪］黎平府志八卷首一卷 ………… 244
黎里志十六卷首一卷 ………………… 085
黎里志十六卷首一卷 ………………… 085
黎里续志十六卷首一卷 ……………… 085
黎里续志十六卷首一卷 ……………… 085
［康熙］黎城县志四卷 ………………… 181
［光绪］黎城县续志四卷 ……………… 056
［光绪］黎城县续志四卷 ……………… 222
［乾隆］德化县志十八卷首一卷 ……… 137
［嘉靖］德化县志十卷 ………………… 137
［同治］德化县志五十四卷首一卷 …… 105
［乾隆］德化县续志稿一卷 …………… 137
［光绪］德平县志十二卷首一卷 ……… 038
［光绪］德平县志十二卷首一卷 ……… 038
［嘉庆］德平县志十卷首一卷 ………… 038
［民国］德平县续志十二卷首一卷 …… 038
［光绪］德庆州志十五卷首一卷末一卷
　　…………………………………… 145
［乾隆］德州志十二卷首一卷 ………… 037
［乾隆］德州志十二卷首一卷 ………… 233
［乾隆］德州志十二卷首一卷 ………… 286
［乾隆］德州新志考误十二卷首一卷 … 037
［同治］德兴县志十卷首一卷末一卷 … 107
［康熙］德安安陆郡县志二十卷 ……… 199
［乾隆］德安县志十五卷首一卷 ……… 197
［光绪］德安府志二十卷首一卷补遗一
　　卷 ………………………………… 110
［嘉庆］德阳县志五十四卷 …………… 126
［民国］德阳县志五卷 ………………… 126
［同治］德阳县志四十四卷首一卷 …… 126
［道光］德阳县新志十二卷首一卷末一
　　卷 ………………………………… 126
［民国］德县志十六卷 ………………… 038
［民国］德县志十六卷 ………………… 233
［民国］德县志十六卷 ………………… 264
［康熙］德清县志十卷 ………………… 195

［民国］德清县新志十四卷 ……………… 097
德惠县乡土志不分卷 …………………… 157
磐石县乡土志不分卷 …………………… 157
［道光］滕县志十四卷首一卷 …………… 035
［道光］滕县志十四卷首一卷 …………… 232
［康熙］滕县志十卷 ……………………… 173
［道光］襄城县志十一卷 ………………… 069
［道光］遵义府志四十八卷首一卷 ……… 152
［道光］遵义府志四十八卷首一卷 ……… 244
［道光］遵义府志四十八卷首一卷 ……… 284
［光绪］遵化通志六十卷首一卷 ………… 026
［民国］潜山县志三十卷首一卷 ………… 092
［康熙］潜江县志二十卷首一卷 ………… 113
［康熙］潜江县志二十卷首一卷 ………… 250
［光绪］潜江县志续二十卷首一卷 ……… 113
［光绪］潜江县志续二十卷首一卷 ……… 251
［光绪］澎湖厅志十五卷首一卷 ………… 140
［光绪］澎湖厅志十五卷首一卷 ………… 204
［乾隆］澎湖志略不分卷 ………………… 260
［民国］潮州志不分卷 …………………… 143
［民国］潮州志不分卷 …………………… 143
［乾隆］潮州府志四十二卷首一卷 ……… 140
［光绪］潮阳县志二十二卷首一卷 ……… 143
［隆庆］潮阳县志十五卷 ………………… 143
［隆庆］潮阳县志十五卷 ………………… 143
［隆庆］潮阳县志十五卷 ………………… 144
澳门纪略二卷 …………………………… 258
［乾隆］澳门纪略二卷首一卷末一卷 …… 142
［乾隆］潼川府志十二卷首一卷 ………… 123
［民国］潼开县新志二卷 ………………… 066
［康熙］潼关卫志三卷 …………………… 184
［康熙］潼关卫志三卷 …………………… 184
［光绪］澄迈县志十二卷首一卷 ………… 146
［康熙］澄江府志十六卷 ………………… 206
［乾隆］澄城县志二十卷 ………………… 065
［乾隆］澄城县志二十卷 ………………… 252
［乾隆］澄城县志二十卷 ………………… 268
［嘉靖］澄城县志二卷 …………………… 064
［顺治］澄城县志二卷首一卷 …………… 065
［咸丰］澄城县志三十卷 ………………… 065
［民国］澄城县续志十五卷首一卷 ……… 065

澄城附志十二卷首一卷 ………………… 065
［乾隆］澄海县志二十九卷首一卷 ……… 143
［嘉庆］澄海县志二十六卷首一卷 ……… 143
［民国］额穆县志十五卷 ………………… 157
［道光］鹤山县志十二卷末一卷 ………… 144
［光绪］鹤庆州志三十二卷首一卷 ……… 151
［道光］鹤峰州志十四卷首一卷 ………… 114
［道光］鹤峰州志十四卷首一卷 ………… 253
［同治］鹤峰州志续修十四卷首一卷 …… 253
［光绪］鹤峰州志续修十四卷首一卷 …… 254
［雍正］畿辅通志一百二十卷 …………… 163
［雍正］畿辅通志一百二十卷 …………… 163
［雍正］畿辅通志一百二十卷 …………… 163
［雍正］畿辅通志一百二十卷 …………… 292
［雍正］畿辅通志一百二十卷 …………… 293
［同治］畿辅通志三百卷首一卷 ………… 005
［同治］畿辅通志三百卷首一卷 ………… 005
［同治］畿辅通志三百卷首一卷 ………… 005
［同治］畿辅通志三百卷首一卷 ………… 005
［同治］畿辅通志三百卷首一卷 ………… 235
［同治］畿辅通志三百卷首一卷 ………… 254
［同治］畿辅通志三百卷首一卷 ………… 264
［同治］畿辅通志三百卷首一卷 ………… 283
［同治］畿辅通志三百卷首一卷 ………… 290
［同治］畿辅通志三百卷首一卷 ………… 290
［同治］畿辅通志三百卷首一卷 ………… 291
［同治］畿辅通志三百卷首一卷 ………… 291
［同治］畿辅通志三百卷首一卷 ………… 291
［同治］畿辅通志三百卷首一卷 ………… 292
［同治］畿辅通志三百卷首一卷 ………… 293
［同治］畿辅通志三百卷首一卷 ………… 293
［同治］畿辅通志三百卷首一卷 ………… 294
［同治］畿辅通志三百卷首一卷 ………… 294
［同治］畿辅通志三百卷首一卷 ………… 294
［同治］畿辅通志三百卷首一卷 ………… 294
［同治］畿辅通志三百卷首一卷 ………… 294
［同治］畿辅通志三百卷首一卷 ………… 294
［同治］畿辅通志三百卷首一卷 ………… 294
［康熙］畿辅通志四十六卷 ……………… 163

十六画

整理贵州省县行政区草案 …………………… 152
[光绪]霍山县志十五卷首一卷 ………… 088
[光绪]霍山县志十五卷首一卷 ………… 246
[乾隆]霍邱县志十二卷 …………………… 191
[同治]霍邱县志十六卷首一卷 ………… 088
[乾隆]冀州志二十卷续编一卷 ………… 020
[民国]冀县志二十卷 ……………………… 020
[民国]冀县志二十卷 ……………………… 239
[民国]冀县志二十卷 ……………………… 265
[民国]冀县志二十卷 ……………………… 275
[民国]冀县志二十卷 ……………………… 279
[民国]冀县志二十卷 ……………………… 285
黔书 ………………………………………… 257
黔记四卷 …………………………………… 256
黔记四卷 …………………………………… 258
[道光]黔西州志八卷 ……………………… 153
[光绪]黔西州续志六卷 …………………… 153
[光绪]黔江县志五卷首一卷 …………… 130
[同治]黔阳县志六十卷首一卷 ………… 120
[同治]黔阳县志六十卷首一卷 ………… 243
[乾隆]黔阳县志四十二卷首一卷 ……… 200
[乾隆]黔南识略三十二卷 ……………… 152
[乾隆]黔南识略三十二卷 ……………… 244
[乾隆]黔南识略三十二卷 ……………… 272
[道光]黔南职方纪略九卷 ……………… 152
[道光]黔南职方纪略九卷 ……………… 244
鹦鹉洲小志四卷 ………………………… 257
赞皇县乡土志 …………………………… 168
[乾隆]赞皇县志十卷首一卷末一卷 …… 020
[乾隆]赞皇县志十卷首一卷末一卷 …… 020
[乾隆]赞皇县志十卷首一卷末一卷 …… 284
[道光]衡山县志五十五卷首一卷 ……… 118
[光绪]衡山县志四十五卷首一卷 ……… 118
[光绪]衡山县志四十五卷首一卷 ……… 242
[乾隆]衡水县志十四卷 ………………… 019
[乾隆]衡水县志十四卷 ………………… 241
[乾隆]衡水县志十四卷 ………………… 270
[嘉靖]衡州府志九卷 …………………… 116
[乾隆]衡州府志三十三卷首一卷 ……… 116
[同治]衡阳县志十二卷 ………………… 118
[同治]衡阳县志十二卷 ………………… 118
[乾隆]歙县志二十卷首一卷 …………… 192
[康熙]歙县志十二卷 …………………… 192
[民国]歙县志十六卷 …………………… 091
[顺治]潞安府志二十卷 ………………… 178
[乾隆]潞安府志四十卷首一卷 ………… 050
[乾隆]潞安府志四十卷首一卷 ………… 219
[康熙]潞城县志八卷 …………………… 181
[光绪]潞城县志四卷首一卷 …………… 055
[光绪]潞城县志四卷首一卷 …………… 222
[嘉庆]澧志举要三卷首附补编 ………… 121
[康熙]隰州志二十四卷 ………………… 183
[康熙]隰州志二十四卷 ………………… 225

十七画

[民国]盩厔县志八卷 …………………… 063
[民国]盩厔县志八卷 …………………… 252
[民国]霞浦县志四十卷首一卷 ………… 137
[康熙]繁昌县志十八卷 ………………… 192
[乾隆]繁昌县志三十卷 ………………… 260
[道光]繁峙县志六卷 …………………… 052
[道光]繁峙县志六卷 …………………… 220
[光绪]繁峙县志四卷首一卷 …………… 052
[光绪]繁峙县志四卷首一卷 …………… 220
[嘉靖]徽州府志二十二卷 ……………… 259
[弘治]徽州府志十二卷 ………………… 211
[康熙]徽州府志十八卷图一卷 ………… 191
[道光]徽州府志十六卷首一卷 ………… 087
[道光]徽州府志十六卷首一卷 ………… 244
[嘉庆]徽县志八卷 ……………………… 072
[同治]襄阳县志七卷首一卷 …………… 114
[同治]襄阳县志七卷首一卷 …………… 251
[同治]襄阳县志七卷首一卷 …………… 269
[同治]襄阳县志七卷首一卷 …………… 273
[光绪]襄阳府志二十六卷志余一卷 …… 110
[乾隆]襄阳府志四十卷图一卷 ………… 110
[光绪]襄垣县续志二卷 ………………… 055
[光绪]襄垣县续志二卷 ………………… 256

襄城文献录十二卷 ·················· 177
[乾隆]襄城县志十卷首一卷 ············ 046
[乾隆]襄城县志十卷首一卷 ············ 215
[嘉靖]襄城县志八卷 ················ 046
[光绪]襄陵县志二十四卷 ············· 058
[雍正]襄陵县志二十四卷 ············· 058
[光绪]襄陵县志二十四卷 ············· 223
[光绪]襄陵县志二十四卷 ············· 281
[康熙]襄陵县志八卷 ················ 182
[民国]襄陵县新志二十四卷 ··········· 058
[康熙]濮州六卷 ·················· 174
[宣统]濮州志八卷 ················· 037
[宣统]濮州志八卷 ················· 233
[乾隆]濮州志六卷 ················· 037
[康熙]濮州续志二卷 ················ 174
[光绪]翼城县志二十八卷 ············· 058
[乾隆]翼城县志二十八卷 ············· 058
[乾隆]翼城县志二十八卷 ············· 182
[光绪]翼城县志二十八卷 ············· 223
[光绪]翼城县志二十八卷 ············· 268
[民国]翼城县志三十八卷首一卷 ········ 058

十八画

[同治]藤县志二十二卷 ·············· 148
[同治]黟县三志十六卷首一卷末一卷
·························· 091
[同治]黟县三志十六卷首一卷末一卷
·························· 254
[民国]黟县四志十六卷首一卷末一卷
·························· 091
[嘉庆]黟县志十六卷首一卷 ··········· 091
[嘉庆]黟县志十六卷首一卷 ··········· 091
[道光]黟县续志 ·················· 091
[道光]黟县续志 ·················· 091
[同治]璧山县志十卷首一卷末一卷 ····· 131

十九画

[同治]鄮县志二十卷首一卷 ··········· 118

二十画

[乾隆]醴泉县志十四卷图一卷 ·········· 063
[乾隆]醴泉县志十四卷图一卷 ·········· 226
[嘉庆]醴陵县志二十六卷首一卷 ········ 118
[同治]醴陵县志十四卷首一卷末一卷
·························· 118
[民国]醴陵县志十卷 ················ 118
[光绪]鄳都县志四卷首一卷 ··········· 130
[嘉靖]耀州志十一卷 ················ 064
[嘉靖]耀州志十一卷 ················ 184
[嘉庆]耀州志十卷 ················· 064
[道光]灌阳县志二十卷首一卷 ·········· 206
灌县乡土志二卷 ·················· 125
[乾隆]灌县志十二卷首一卷 ··········· 201
[民国]灌县志十八卷首一卷 ··········· 125

二十一画

[康熙]霸州志十卷 ················· 164
[嘉靖]霸州志九卷 ················· 010
[民国]霸县志 ··················· 273
[民国]霸县志 ··················· 276
[民国]霸县志五卷首一卷 ············· 010
[民国]霸县志五卷首一卷 ············· 010
[民国]霸县志新志 ················· 276
[民国]霸县新志 ·················· 269
[民国]霸县新志八卷 ················ 010
[民国]霸县新志八卷 ················ 239
[嘉靖]赣州府志十二卷 ·············· 104
[同治]赣州府志七十八卷首一卷 ········ 104
[道光]赣州府志七十八卷首一卷 ········ 104
[同治]赣县志五十四卷首一卷 ·········· 108
[光绪]赣榆县志十八卷 ·············· 083
[正德]夔州府志十二卷首一卷 ·········· 123
[道光]夔州府志三十六卷首一卷 ········ 123
[光绪]蠡县志十卷 ················· 169
[光绪]蠡县志十卷 ················· 235
[光绪]蠡县志十卷 ················· 264
[光绪]蠡县志十卷 ················· 270

［光绪］蠡县志十卷 …………………… 277

［顺治］蠡县志十卷续志四卷 ………… 168

［康熙］蠡县续志一卷 ………………… 168

［光绪］麟游县新志草十卷首一卷 ……… 070

［光绪］麟游县新志草十卷首一卷 ……… 226

二十三画

［康熙］麟游县志五卷 ………………… 185

二十四画

［康熙］衢州府志四十卷首一卷 ………… 094

天津图书馆馆藏历代小说目录

天津图书馆新编历史文献目录五种

王进 编

国家图书馆出版社

目　录

凡例 …………………………………………………………………………… 371

正文 …………………………………………………………………………… 375

附录 …………………………………………………………………………… 425

书名笔画索引 ………………………………………………………………… 431

Z7　红楼梦一百二十回

（清）曹霑撰　（清）高鹗补

清乾隆五十七年（1792）程氏萃文书屋活字印本　四十八册　十行二十四字白口四周双边

钤"木斋"朱方、"李盛铎印"白方

Z8　聊斋志异十六卷

（清）蒲松龄撰　（清）王士正评

清乾隆三十一年（1766）青柯亭刻本　三十二册　九行二十一字细黑口左右双边

钤"王利器"白方、"寿眉过眼"朱方、"花桥吴生"朱方、"江夏徐氏文房"朱方

Z9　新刻绣像批评金瓶梅二十卷一百二十四回

题（明）兰陵笑笑生撰

明崇祯刻本　三十六册　十行二十二字白口四周单边

Z17　新列国志一百八回

（明）冯梦祯撰

明末刻本　二十册　十行二十二字白口左右双边

Z20　忠义水浒全书一百二十回首一卷图一卷

（元）施耐庵撰　（明）罗贯中修

明末郁郁堂刻本　三十二册　十行二十二字白口四周单边

S1557　广四十家小说四十种

（明）顾元庆辑

明嘉靖刻本　三册

存五种

　　渔樵闲话一卷　（宋）苏轼撰

　　襄阳耆旧传一卷　（晋）习凿齿撰

　　江淮异人录一卷　（宋）吴淑撰

　　吴中旧事一卷　（元）陆友仁撰

　　平江纪事一卷　（元）高德基撰

S1354　拍案惊奇三十六卷

（明）凌蒙初撰

明消闲居刻本　十六册　十一行二十四字白口四周单边无格

S1355　拍案惊奇三十六卷

（明）凌蒙初撰

明刻本　二册　十一行二十四字白口四周单边无格　存四卷（一至四）

S1356　忠义水浒全书一百二十回附宣和遗事一卷水浒忠义一百八人籍贯出身一卷图一卷

（元）施耐庵撰　（明）罗本纂修　（明）李贽评

明末郁郁堂刻本　四十八册　十行二十二字白口四周单边

S1357　第五才子书施耐庵水浒传七十五卷七十回

（元）施耐庵撰　（清）金人瑞评

明崇祯贯华堂刻本　二十册　八行十九字小字双行同白口左右双边　李尚暳题识："先大夫尝云：'圣叹外书惟五才子七才子之笔，余皆假托。'贯华堂原刻久作广陵散，世无第二本矣。此本收藏至余已三世，先大夫常戒秘惜藏弄，勿遗失，勿借人。先是有友借观，意将干没，固索三五载，乃得珠还。嗣后求借者半辞无有矣。稗官原无实用，然其笔之矫健开拓，实得力于盲左腐史。俗本多点窜讹谬处，古本仅存，庶几得睹庐山之真耳。道光丁酉八月李尚暳识。"

S1358　忠义水浒传二十卷一百十五回

（明）施耐庵撰　四大奇书第一种二十卷一百二十回　（明）熊飞辑

明末金陵文元堂刻两节本　一册　上下两节版上栏十六行十二字下栏十五行二十二字白口四周单边　存二卷（忠义水浒传一至十回、四大奇书第一种一至十二回）

S1359　水浒后传八卷四十回论略一卷

（明）陈忱撰

清绍裕堂刻本　十六册　九行二十字白口四周单边无格

S1360　新镌玉茗堂批评按鉴参补北宋志传十卷五十回

题（明）熊大木编

明末刻本　六册　十一行二十字白口四周单边

S1361　新镌全像通俗演义隋炀帝艳史八卷四十回爵里姓氏一卷图一卷

（明）齐东野人撰　（明）不经先生批评

明崇祯四年（1631）人瑞堂刻本　八册　九行二十字白口四周双边

钤"周绍良经眼"白方

S1362　新刻全像三宝太监西洋记通俗演义二十卷一百回

（明）罗懋登撰

明万历刻本　十册　十二行二十五字白口四周双边　存十卷四十七回（一至十卷一至四十七回）

S1363　新锲重订出像注释通俗演义西晋志传题评四卷东晋志传题评十二卷纪元传一卷

题（明）陈氏尺蝮斋评释

明周氏大业堂刻世德堂补刻本　六册　十二行二十四字白口四周单边　存二卷（东晋志传题评一至二）

S1364　三国志通俗衍义二十四卷二百四十则

（明）罗本撰

明嘉靖元年（1522）刻本　四册　九行十七字黑口四周双边　存二卷（五至六）

S1366　新刻按鉴编纂开辟衍绎通俗志传六卷八十回图一卷

（明）周游撰　（明）王黉释

明末麟瑞堂刻本　六册　九行十八字白口四周单边

S1375　新镌批评出相韩湘子三十回

（明）杨尔曾撰

明天启三年（1623）金陵九如堂刻本　八册　十行二十二字白口左右双边

S1525　新镌玉茗堂批点按鉴参补杨家将传十卷五十回

题（明）研石山樵订

明末启元堂刻本　六册　十二行二十四字白口左右双边

S1706　皇明百家小说一百八种

（明）沈廷松辑

明刻本　十六册

皇朝盛事一卷	（明）王世贞撰
菽园杂记一卷	（明）陆容撰
客座新闻一卷	（明）沈周撰
枝山前闻一卷	（明）祝允明撰
莘野幂闻一卷	（明）伍余福撰
驹阴冗记一卷	（明）阚庄撰
中洲野录一卷	（明）程文宪撰
长安客话一卷	（明）蒋一葵撰
古穰杂录一卷	（明）李贤撰
后渠漫记一卷	（明）崔铣撰
悬笥琐探一卷	（明）刘昌撰
南翁梦录一卷	（安南）黎澄撰
碧里杂存一卷	（明）董谷撰
田居乙记一卷	（明）方大镇撰
西樵野记一卷	（明）侯甸撰
二酉委谭一卷	（明）王世懋撰
三余赘笔一卷	（明）都卬撰
听雨纪谈一卷	（明）都穆撰
刘氏杂志一卷	（明）刘定之撰
推篷寤语一卷	（明）李豫亨撰
寒檠肤见一卷	（明）毛元仁撰
书肆说铃一卷	（明）叶秉敬撰
语窥今古一卷	（明）洪文科撰
新知录一卷	（明）刘仕义撰
识小录一卷	（明）周宾所撰
庚己编一卷	（明）陆粲撰
积己编一卷	（明）郎瑛撰
涉异志一卷	（明）闵文振撰
苏谈一卷	（明）杨循吉撰
意见一卷	（明）陈于陛撰
遇恩录一卷	（明）刘仲璟撰
天顺日录一卷	（明）李贤撰
今言一卷	（明）郑晓撰
彭公笔记一卷	（明）彭时撰
琅铘漫抄一卷	（明）文林撰
震泽纪闻一卷	（明）王黎撰
震泽长卷	（明）王鏊撰
病逸漫记二卷	（明）陆釴撰
高坡异纂一卷	（明）杨仪撰
豫章漫抄一卷	（明）陆深撰

篷轩别记一卷　（明)杨循吉撰
蓬窗续录一卷　（明)冯时可撰
青岩丛录一卷　（明)王韩撰
东谷赘言一卷　（明)敖英撰
闲中今古录一卷　（明)黄溥撰
春风堂随笔一卷　（明)陆深撰
檐曝偶谈一卷　（明)顾元庆撰
雨航杂录一卷　（明)冯时可撰
农田余话一卷　（明)长谷真逸撰
水南翰记一卷　（明)李如一(一题张
衮)撰
矗采清课一卷　（明)费元禄撰
吴风录一卷　（明)黄省曾撰
篷栊夜话一卷　（明)李日华撰
宝椟记一卷　（明)滑惟善撰
脚气集一卷　（宋)车若水撰
续志林一卷　（明)王祎撰
逐鹿记一卷　（明)王祎撰
寓圃杂记一卷　（明)王锜撰
青溪暇笔一卷　（明)姚福撰
近峰闻略一卷　（明)皇甫录撰
蒯胜野闻一卷　（明)徐祯卿撰
觚不觚录一卷　（明)王世贞撰
逊国记一卷　（明)□□撰
溪山余话一卷　（明)陆深撰
吴中故语一卷　（明)杨循吉撰
清暑笔谈一卷　（明)陆树声撰
甲乙剩言一卷　（明)胡应麟撰
百可漫志一卷　（明)陈蕙撰
见闻纪训一卷　（明)陈良谟撰
先进遗风一卷　（明)耿定向撰
拥絮迂谈一卷　（明)朱鹭撰
辽邸记闻一卷　（明)钱希言撰
女侠传一卷　（明)郇之麟撰
秘录一卷　（明)李梦阳撰
西征记一卷　（晋)戴祚撰
医间漫记一卷　（明)贺钦撰
义虎传一卷　（明)祝允明撰
琉球使略一卷　（明)陈侃撰
云中事记一卷　（明)苏佑撰
南巡日录一卷　（明)陆深撰

朝鲜纪事一卷　（明)倪谦撰
平定交南录一卷　（明)丘浚撰
云林遗事一卷　（明)顾元庆撰
国宝新编一卷　（明)顾璘撰
仰山脞录一卷　（明)关究振撰
新倩籍一卷　（明)徐祯卿撰
吴中往哲记一卷　（明)杨循吉撰
绿雪亭杂言一卷　（明)敖英撰
云梦药溪谈一卷　（明)文翔凤撰
兼葭堂杂抄一卷　（明)陆楫撰
快雪堂漫录一卷　（明)冯梦祯撰
天爵堂笔余一卷　（明)薛岗撰
遁徇编一卷　（明)叶秉敬撰
雪涛谈丛一卷　（明)江盈科撰
前定录补一卷　（明)朱佐撰
谭辂一卷　（明)张凤翼撰
戏瑕一卷　（明)钱希言撰
语怪一卷　（明)祝允明撰
异林一卷　（明)徐祯卿撰
西州合谱一卷　（明)张鸿盘撰
海味索隐一卷　（明)屠本畯撰
笑禅录一卷　（明)潘游龙撰
杂纂三续一卷　（明)黄允交撰
洞箫记一卷　（明)陆粲撰
广寒殿记一卷　（明)朱瞻基撰
周颠仙人传一卷　（明)朱元璋撰
李公子传一卷　（明)陈继儒撰
阿寄传一卷　（明)田汝成撰

S1724　于少保萃忠全传十卷四十传
（明)孙高亮撰
明刻本　六册　九行二十四字白口四周单边

S1750　东周列国全志二十三卷一百八回附图一卷
（清)蔡奡评点
清咸丰四年(1854)书成山房刻套印本　二十四册　十二行二十六字小字双行同白口四周双边

S1802　虞初志七卷
（明)袁宏道评　（明)屠隆点阅
明凌性德刻套印本　八册　八行十九字白口

四周单边

S1950　三国志演义一百二十回
(明)罗本撰
明刻本　一册　十行二十二字白口四周单边
存四回(六十二至六十五)

S1951　三国志演义一百二十回
(明)罗本撰
明刻本　一册　十行二十二字白口四周单边

S2666　聊斋志异遗稿四卷
(清)蒲松龄撰
清光绪四年(1878)京都聚珍堂活字印本　二
册　十行二十二字白口四周双边
钤"周氏未斁"朱方

S2667　儿女英雄传评话四十回首一回
(清)文康撰
清光绪四年(1878)京都聚珍堂活字印本　二
十册　十行二十二字白口四周双边
钤"周氏叔斁"朱方

S2668　儒林外史五十六回
(清)吴敬梓撰
清同治八年(1869)群玉斋活字印本　十四册
九行二十字白口四周单边

S2670　第一奇书野叟曝言二十卷一百五十二回
(清)夏敬渠撰
清光绪七年(1881)毗陵汇珍楼活字印本　二
十册　十行二十八字白口左右单边

S2671　精订纲鉴廿一史通俗衍义二十六卷四十四回
(清)吕抚撰
清雍正新昌吕抚活字泥版印本　二十四册
十行二十二字白口四周单边
钤"蠹斋藏小说"朱长方、"鸣晦廬珍藏金石书画记"朱长方

S2700　红楼梦一百二十回
(清)曹霑撰　(清)高鹗补
清光绪二年(1876)聚珍堂活字印本　二十四
册　十行二十二字白口四周单边

钤"周氏叔斁"朱方

S2938　剿闯小说十卷附录一卷
(明)西吴懒道人口授
清抄本　二册
钤"周绍良印"白方、"周绍良经眼"白方

S3390　滑稽小说天上春秋十八回社会小说缙绅镜三十回附杂钞一卷
(□)□□撰
清光绪王少泉抄本三册
钤"蠹斋藏小说"朱长方、"周绍良经眼"白方

S4879　续红楼梦三十卷
(清)秦子忱撰
清嘉庆四年(1799)抱瓮轩刻本　十二册　九
行二十字黑口四周单边

S4884　新镌玉茗堂批评按鉴参补南宋志传十卷五十回
(明)研石山樵订正　(明)织里崎人校阅
清武林鸿文堂刻本　五册　十一行二十字白
口四周单边

S4885　四雪草堂重订通俗隋唐演义二十卷一百回图一卷
(清)褚人获撰
清康熙四雪草堂刻本　二十册　十行二十三
字白口四周单边

S4886　四雪草堂重订通俗隋唐演义二十卷一百回图一卷
(清)褚人获撰
清文盛堂刻本　二十册　十行二十三字白口
四周单边

S4912　今古奇观四十卷
题(明)抱瓮老人编
清乾隆四十九年(1784)刻本　十六册　十一
行二十四字白口四周单边

S4913　西游真诠一百回
(清)陈士斌诠解
清乾隆敬业堂刻本　二十册　十一行二十四
字白口四周单边

S4914　水浒后传十卷四十回首一卷

（明）陈忱撰

清乾隆刻本　十册　九行二十五字白口左右双边

S4915　豆棚闲话十二卷

题（清）艾衲居士撰　紫髯狂客评

清初刻本　六册　九行二十二字白口四周单边

钤"曾在周绍良处"朱长方

S4916　觉世名言十二卷三十八回

（清）李渔撰　（清）觉世稗官编次　（清）睡乡祭酒批评

清乾隆五十五年（1790）文宝堂刻本　六册　十行二十六字白口四周单边

钤"周绍良读书记"朱方

S4917　西湖佳话古今遗迹十六卷

墨浪子辑

清初刻本　八册　九行二十字白口四周单边

S4918　新刻今古传奇十四卷

题梦闲子编

清嘉庆二十三年（1818）刻本　二册　十二行二十八字白口四周单边

钤"周绍良印"白方

S4919　新编东游记二十卷一百回

题（明）清溪道人撰

清云林刻本　二十册　十行二十字白口四周单边

S4920　新刻杨家府世代忠勇演义志传八卷

题（明）秦淮墨客校阅　（明）烟波钓叟参订

清刻本　八册　十行二十二字白口四周单边

钤"蠹斋藏小说"朱长方、"周绍良经眼"白方

S4921　初刻封神演义八卷一百回

（明）许仲琳撰

清乾隆四十三年（1778）经纶堂刻本　八册　十五行三十二字白口四周单边

S4922　西游证道大奇书二十卷一百回

（清）汪象旭评

清九如堂刻本　二十册　九行二十字白口左右双边

钤"蠹斋"朱方、"周绍良印"白方

S4923　新镌批评绣像烈女演义六卷

题（明）冯梦龙撰

清初三多斋刻本　五册　八行二十字白口四周单边

S4924　新刻京本列国志传八卷

（明）余邵鱼撰

清刻本　八册　十五行三十二字白口四周单边

S4925　新刻全像海刚峰先生居官公案四卷七十一回

（明）李春芳撰

清焕文堂刻本　四册　十二行二十三字白口四周双边

钤"某某所藏法律书籍"白方

S4926　绣像云合奇踪五卷八十回

（明）徐渭撰　（明）玉茗堂评点

清文英堂刻本　二册　十二行二十八字白口四周单边

序下钤"周绍良印"白方

S4927　平妖传八卷四十回

（明）罗本撰　（明）冯梦龙增补

清嘉庆十七年（1812）书业堂刻本　八册　十二行二十四字黑口四周单边

S4928　醉醒石十四回

题东鲁古狂生撰

清乾隆五十四年（1789）瀛经堂刻本　四册　九行十九字白口四周单边

S4929　新镌全像东西两晋演义志传十二卷五十回

（明）杨尔曾撰

清刻本　十册　十四行二十四字白口四周单边　存十卷（一至十）　张璇题识："林畏庐丈收藏善本戏曲小说颇丰。壬子中秋将此万历刻本西晋演义贻予。次日镌印一方，回敬以表谢忱。丁亥花朝璇记。"

S4930　新评龙图神断公案十卷

(□)□□撰

清刻本　四册　九行二十字白口四周单边

S4931　西游补十六回

(明)董说撰

清空青室刻本　二册　十行二十字白口左右双边

钤"周绍良"朱方

S4932　重刻绣像说唐演义全传六十八回后传五十五回

鸳湖渔叟校定

清崇德书院刻本　二十册　十一行二十五字白口四周单边

S4933　天花藏批评玉娇梨五卷二十回天花藏批评平山冷燕五卷二十回

(清)夷荻散人编

清乾隆三十六年(1771)刻两节本　十册　上节十四行十五字下节十一行十八字白口四周单边

S4934　飞龙全传十二卷六十回

(清)吴浚编

清乾隆三十三年(1768)崇德书院刻本　十六册　十行二十字白口四周单边

S4935　飞龙传六十回

(清)吴璇撰

清乾隆崇德书院刻本　二十册　十行二十字白口四周单边

S4936　儒林外史五十六回

(清)吴敬梓撰

清嘉庆八年(1803)卧闲草堂刻本　十六册　九行十八字白口四周单边

S4937　新镌刘生觅莲记六卷十六回

(明)吴敬所撰

清竹轩刻本　二册　九行二十四字白口四周单边

钤"蠹斋"朱方、"周绍良印"白方

S4938　新编批评绣像后七国乐田演义十八回

题遁世老人演辑

清刻本　八册　八行二十字白口四周单边

S4939　鸳鸯配四卷十二回

(清)徐震撰

清刻本　四册　八行十九字白口四周单边

S4940　水石缘六卷

(清)李春荣撰　(清)云慕空子鉴定

清明德堂刻本　六册　八行二十一字白口四周单边

S4941　岭南逸史二十八回

(清)黄耐庵撰

清嘉庆文道堂刻本　十六册　八行十六字白口四周单边

S4942　北史演义六十四卷

(清)杜纲撰　(清)许宝善评

清乾隆五十八年(1793)刻本　十二册　九行二十字白口四周单边

钤"蠹斋藏小说"朱长方、"周绍良经眼"白方

S4943　新刻逸田叟女仙外史大奇书一百回

(清)吕熊撰

清钧璜轩刻本　二十册　十行二十二字白口四周单边

S4944　西游真诠一百回

(清)陈士斌诠解

清刻本　二十册　十一行二十四字白口四周单边

S4945　好逑传四卷

题名教中人编次

清独处轩刻本　四册　十行二十字白口四周双边

S4946　英云梦传八卷

题(清)九容楼主人松云氏撰

清刻本　八册　十一行二十二字白口四周单边

S4947　英云梦传八卷

题(清)九容楼主人松云氏撰

清宝华顺刻本　八册　十一行二十二字白口四周单边

钤"潭溪"白方、"蠹斋"朱方、"周绍良读书记"朱方

S4948　　醒世姻缘传一百回

(清)西周生撰

清刻本　　三十二册　　十二行二十五字白口四周单边

S4949　　续英烈传五卷三十四回

题(明)空谷老人编次

清集古斋刻本　　五册　　九行二十一字白口四周单边

钤"蠹斋藏"白方、"曾藏周绍良处"朱方

S4950　　异说征西演义全传六卷四十回

题恂庄主人编次

清乾隆十九年(1754)鸿宝堂刻本　　六册　　十行二十字白口四周单边

S4951　　新史奇观演义全传二十二回

(清)蓬蒿子撰

清嘉庆八年(1803)集古居刻本　　四册　　九行二十字白口四周单边

S4952　　觉世名言六卷十二种三十八回

(清)李渔撰

清嘉庆五年(1800)会成堂刻本　　六册　　十行二十四字白口左右双边

S4953　　快心编初集五卷十回二集五卷十回三集六卷十二回

题天花才子编　四桥居士评点

清课花书屋刻本　　十二册　　十行二十二字白口四周单边

S4954　　凤凰池四卷十六回

题烟霞散人编

清华文堂刻本　　四册　　十行二十八字白口四周单边

钤"蠹斋"朱方、"周绍良印"白方

S4955　　蝴蝶媒四卷十六回

题(清)南岳道人编　(清)青溪醉客评

清四友堂刻本　　四册　　十二行二十八字白口四周单边

钤"蠹斋藏"白方、"周绍良印"白方

S4956　　希夷梦四十卷

(清)汪寄撰

清嘉庆十四年(1809)刻本　　二十册　　九行二十字白口左右双边

S4957　　新镌孙庞演义六卷二十回

(□)□□撰

清古吴树本堂刻本　　八册　　九行二十二字白口四周单边

S4958　　新镌批评绣像秘本定情人十六回

(□)□□撰

清刻本　　三册　　八行二十字白口四周单边

存六回(一至六)

S4959　　新编绣像簇新小说麟儿报十六回

(□)□□撰

清啸花轩刻本　　四册　　十行二十五字白口四周单边

钤"蠹斋藏"白方、"周绍良曾读过"朱长方

S4960　　情梦柝四卷二十回

题(清)安阳酒民撰　(清)灌菊散人评

清刻本　　六册　　十一行二十八字白口四周单边

S4961　　春柳莺四卷十回

题鹖冠史者撰

清刻本　　四册　　十行二十五字白口四周单边

S4963　　新镌才美巧相逢宛如约四卷十六回

(清)惜花主人批评

清刻本　　四册　　十一行二十六字白口四周单边

钤"周绍良印"白方、"蠹斋"朱方、"晓铃藏书"朱方

S4965　　燕山外史八卷

(清)陈球撰

清嘉庆十六年(1811)三陌居刻本　　二册　　八行二十字白口左右双边

S4966　　新刻小说跻云楼十四回

题(清)自得主人编

清刻本　　四册　　十一行二十八字白口四周单边

S4969　雪月梅传十卷五十回

（清）陈朗撰　（清）董孟汾评　（清）邵松年校

清乾隆四十年(1775)德华堂刻本　十册　十行二十一字黑口左右双边

S4970　新镌批评出像通俗奇侠禅真逸史四十回

（清）方汝浩撰

清刻本　二十册　九行二十二字白口四周单边

S4971　水浒后传八卷四十回

（明）陈忱撰

清刻本　六册　十二行二十八字白口四周单边

S4972　结水浒全传七十卷七十回末一卷结子一回

（清）俞万春撰　（清）范辛来校

清咸丰三年(1853)刻本　十二册　十行二十五字白口左右双边

S5055　新说西游记一百回

（明）吴承恩撰　（清）张书绅注

清刻本　二十四册　十行二十四字白口四周单边

钤“蠹斋藏”白方、“至德周氏藏书”白方、“周绍良曾读过”朱长方、“周绍良印”白方

S5058　镌李卓吾批点残唐五代史演义传八卷六十回

（明）罗本撰　（明）李贽批评

清刻本　八册　九行二十字白口四周单边

S5284　四大奇书第一种六十卷一百二十回

（明）罗本撰　（清）毛宗岗评

清康熙贯华堂刻本　三十册　十行二十三字白口四周单边

钤“周绍良印”白方

S5362　四大奇书第一种六十卷一百二十回

（明）罗贯中撰　（清）毛宗岗评

清乾隆十七年(1752)姑苏书业怀颖堂刻本　二十册　十一行二十三字白口四周单边

S5541　夏商合传十卷

（明）钟惺编辑　（明）冯梦龙鉴定

清嘉庆十九年(1814)稽古堂刻本　四册　九行二十一字白口四周单边

S5564　新刻黄掌纶先生评订神仙鉴二十二卷

（清）徐道撰

清刻本　二十四册　十行二十二字白口左右双边

S5817　四大奇书第一种十九卷一百二十回首一卷

（明）罗本撰　（清）毛宗岗评

清顺治刻本　二十二册　十二行二十六字小字双行同白口四周单边

S5819　新刻剑啸阁批评西汉演义传八卷

（明）甄伟撰　新刻剑啸阁批评东汉演义传十卷　（明）谢诏撰

清刻本　十八册　十行二十二字白口四周单边

S5838　新刻逸田叟女仙外史大奇书一百回

（清）吕熊撰

清康熙钧璜轩刻本　二十册　十行二十二字白口四周单边

S5984　红楼梦一百二十回

（清）曹霑撰　（清）高鹗补

清嘉庆十六年(1811)东观阁刻本　四十八册　十行二十三字白口四周单边

S5997　儒林外史五十六回

（清）吴敬梓撰

清嘉庆二十一年(1816)艺古堂刻本　十二册　九行十八字白口四周单边

S6157　新刻黄掌纶先生评订神仙鉴二十二卷

（清）徐道撰

清刻本　二十四册　十行二十二字白口左右双边

S6351　燕山外史八卷

（清）陈球撰

清嘉庆三陋居刻本　二册　八行二十字白口左右双边

卷四下钤"吴守贞印"朱方

S6378　豆棚闲话十二卷十二则
题艾衲居士撰　百楙道人重订
清乾隆五十年(1785)大成斋刻本　一册　十
行二十五字白口四周单边　存三卷(一至三)

S6556　风月鉴十六卷十六回
(清)吴贻先撰
清嘉庆刻本　五册　六行十六字白口左右
双边

S6981　第五才子书水浒传七十一卷六十六回
(元)施耐庵撰　(清)金圣叹评
清刻本　二十四册　十行二十三字白口左右
双边

S6989　初刻封神演义八卷一百回
(明)许仲琳撰
清乾隆四十三年(1778)经纶堂刻本　八册
十五行三十二字白口四周单边

S7097　西游真诠一百回
(清)陈士斌诠解
清刻本　六册　十二行二十八字白口四周
单边

S7317　大明正德皇帝游江南传七卷
(清)何梦梅撰
清道光二十二年(1842)宝文堂刻本　四册
十行二十一字白口左右双边
钤"蠹斋藏小说"、"周绍良印"白方

S7354　第八才子书白圭志四卷十六回
(清)崔象川撰
清嘉庆十年(1805)绣文堂刻本　八册　八行
十六字黑口左右双边

S7460　新编雷锋塔奇传五卷
(清)玉花堂主人校订
清嘉庆十一年(1806)刻本　五册　八行十七
字白口四周单边

S7461　绮楼重梦四十八回
题(清)兰皋居士撰
清嘉庆四年(1799)刻本　十二册　八行二十

字白口四周单边

S7470　列国志辑要八卷
(清)杨庸辑　(清)杨冈校
清四知堂刻本　二册　九行二十字白口左右
双边

S7472　西游原旨二十四卷一百回
(清)刘一明撰
清嘉庆二十四年(1819)湖南常德同善分社刻
本　十二册　十行二十四字白口左右双边

S7492　拍案惊奇十八卷
(明)凌蒙初撰
清嘉庆二十一年(1816)书业堂刻本　十册
十二行二十五字白口四周单边

S7519　飞龙传六十回
(清)吴璇撰
清乾隆刻本　十二册　十行二十字白口四周
单边

S7667　新刻清风闸四卷三十二回
(清)浦琳撰
清嘉庆二十四年(1819)奉孝轩刻本　四册
九行二十字白口左右双边

S7668　觉世名言十二卷三十八回
(清)李渔撰
清刻本　六册　九行二十字白口四周单边

**S7669　新刻钟伯敬先生批评封神演义二十
卷一百回**
(明)许仲琳撰
清乾隆四十七年(1782)刻本　二十册　十行
二十四字白口四周单边

S7689　儒林外史五十六回
(清)吴敬梓撰
清嘉庆八年(1803)卧闲草堂刻本　十六册
九行十八字白口四周单边
钤"蠹斋"朱方

**S7693　官板大字全像三国志二十四卷一百
二十回**
(明)罗本撰　(清)金圣叹　(清)毛宗岗批

（清）李渔评

清郁文堂刻本　十二册　十一行二十二字白口四周单边

S7719　听月楼二十回

（清）□□撰

清嘉庆二十年(1815)忠恕堂刻本　六册　八行十八字白口左右双边

S7726　新镌济颠大师醉菩提全传二十回

题（清）天花藏主人编

清乾隆五十三年(1788)刻本　四册　九行二十字白口左右双边

钤"蠡斋"朱方、"周绍良印"白方

S7920　儿女英雄传四十回首一回

（清）文康撰

清光绪二十四年(1898)扫叶山房石印本　十二册

钤"蠡斋藏小说"朱长方、"周绍良印"白方

S8002　镜花缘二十卷一百回

（清）李汝珍撰

清刻本　二十册　十行二十字白口左右双边

S8007　续英烈传二十回

题（明）空谷老人撰

清刻本　八册　八行二十字白口四周双边

P3114　增评补图石头记一百二十卷首一卷

（清）曹雪芹（清）高鹗撰

清光绪铅印本　十六册

P5803　景宋残本五代平话八卷

董康辑

清宣统三年(1911)毗陵董氏诵芬室刻本　二册　十五行二十五字黑口四周单边

P5828　觉世名言十二楼十二卷四十八回

（清）李渔撰

清刻本　六册　九行二十字白口四周单边

P5834　新选今古奇闻二十二卷

（清）东壁山房主人撰　（清）退思轩主人校订

清光绪十七年(1891)文成堂刻本　六册　九

行二十字白口左右双边

P5835　西湖佳话古今遗迹十六卷题

（清）墨浪子辑

清宣统元年（1909）上海广益书局铅印本六册

P5836　西湖佳话古今遗迹十六卷题

（清）墨浪子辑

清荷香小榭刻本　六册　十行二十二字白口左右双边

P5880　新刻史纲总会列国志传十九卷

（明）余邵鱼撰

清文行堂刻本　十二册　十行二十三字白口四周双边

P5908　残唐五代史演义传十二卷六十回

（明）罗本撰　（明）李贽批评

清同治十年(1871)书业德记抄本　六册

P6034　红楼梦偶说二卷

（清）晶三芦月草舍居士撰

清光绪二年(1876)箦覆山房刻本　四册　十行二十五字白口四周双边

P6075　金石缘全传八卷二十四回首一卷

（□）□□撰

清刻本　四册　十一行二十六字白口四周单边

P6088　绘图明珠缘六卷五十回

（□）□□撰

清光绪三十三年（1907）上海书局石印本六册

P6118　绣像五女兴唐传四卷四十二回

（□）□□撰

清末影印本　四册

P6153　绘图增批麟儿报四卷十六回

（□）□□撰

清光绪三十一年（1905）上海书局影印本四册

P6235　新镌绘图醒梦录全传四卷十六回

（□）□□撰

清光绪三十一年（1905）上海书局石印本
四册

P6323　绘图龙图公案四卷
（□）□□撰
清光绪二十六年（1900）上海书局石印本
四册

P6395　唐开元小说六种（唐人小说六种）
（清）叶德辉辑
清宣统三年（1911）叶氏观古堂刻本　二册
九行二十一字白口四周双边
　　次柳氏旧闻（一名明皇十七事）一卷考异
　　　　一卷　（唐）李德裕撰　叶德辉考异
　　杨太真外传二卷　（宋）乐史撰
　　梅妃传一卷　（唐）曹邺撰
　　李林甫外传一卷　（唐）□□撰
　　高力士外传一卷　（唐）郭湜撰
　　安禄山事迹三卷附校记一卷　（唐）姚汝
　　　　能撰　缪荃孙撰

P6432　绘图平金川四卷三十二回
（清）张小山撰
清光绪三十二年（1906）章福记石印本　四册

P6467　景宋残本五代平话八卷
董康辑
清宣统三年（1911）毗陵董氏诵芬室刻本　二
册　十五行二十五字黑口四周单边

P6469　唐开元小说六种（唐人小说六种）
叶德辉辑
清宣统三年（1911）叶氏观古堂刻本　二册
九行二十一字白口四周双边

P7833　剑侠传四卷图像一卷
（清）王龄校　（清）任熊绘
清咸丰七年（1857）王氏养龢堂刻本　一册
八行十八字白口四周单边

P8368　皆大欢喜四卷
（□）□□撰
清道光元年（1821）香叶楼刻本　四册　八行
二十字白口左右双边

P17851　天花藏批评平山冷燕八卷二十回

（清）荑获散人编
清宝仁堂刻本　六册　十行二十五字白口四
周单边

P19484　剑侠传四卷续四卷
（清）郑官应辑
清光绪七年（1881）刻本　三册　八行十八字
白口四周单边

P19820　增订忠孝节义全传二十卷六十回
（清）史淑真辑
清抄本　二十册

P25796　今古奇观四十卷
题（明）抱瓮老人编
抄本　一册

P37637　聊斋志异新评十六卷
（清）蒲松龄撰　（清）王士禛评　（清）但
明伦新评
清道光二十二年（1842）广顺但氏刻套印本
十六册　九行二十一字黑口左右双边

P39286　五美缘全传八十回
（□）□□撰
清光绪六年（1880）文奎堂刻本　四册　九行
二十字白口四周单边单黑鱼尾　存四十回
（一至二十回、三十一至四十回、六十一至七
十回）

P40137　新刻剑啸阁批评西汉演义传八卷
（明）甄伟撰　新刻剑啸阁批评东汉演义传
十卷　（明）谢诏撰
清刻本　一册　十行二十二字白口四周单边
存一卷（二）

P40138　新刻剑啸阁批评西汉演义传八卷
（明）甄伟撰　新刻剑啸阁批评东汉演义传
十卷　（明）谢诏撰
清刻本　一册　十行二十二字白口四周单边
存一卷（三）

P40722　第一才子书六十卷一百二十回
（明）罗贯中撰　（清）金圣叹　（清）毛宗岗评
清石印本　四册　存八卷（六至二十一、三十
至三十五、五十三至六十）

P40980　　结水浒全传七十卷末一卷

（清）俞万春撰

清光绪九年（1883）上海申报馆铅印本　十八册

P41249　　详注聊斋志异图咏十六卷首一卷

（清）蒲松龄著　（清）吕湛恩注

清光绪十二年（1886）上海同文书局石印本八册

P41279　　红楼梦精义一卷

（清）话石主人撰

清光绪三年（1877）上海申报馆铅印本　一册

P41280　　后红楼梦三十回首一卷

（清）□□撰

清刻本　八册　九行二十字细黑口四周单边单鱼尾

P41361　　儿女英雄传评话四十回

（清）还读我书室主人评

清光绪二十四年（1898）上海书局石印本九册

P41414　　增评补像全图金玉缘一百二十回

（清）曹雪芹撰　（清）高鹗续

清光绪三十四年（1908）求不负斋石印本七册

T10001　　四大奇书第一种六十卷一百二十回

（明）罗贯中撰　（清）金人瑞注

清英德堂刻本　八册　八行二十字白口四周双边

T10002　　第一才子书六十卷一百二十回

（明）罗贯中撰

清光绪十六年（1890）上海图书集成印书局铅印本　二十五册

T10003　　第一才子书六十卷一百二十回

（明）罗贯中撰　（清）毛宗岗评

清光绪十六年（1890）上海书局石印本　十二册

T10004　　三国志平话三卷

（□）□□撰

民国十五年（1926）海宁陈氏慎初堂铅印古佚小说丛刊本　一册

T10005　　第一才子书六十卷一百二十回

（明）罗贯中撰　（清）毛宗岗评

清末新华图书局铅印本　十二册

T10006　　绘图三国志演义八卷一百四十八回

（□）□□撰

民国间世界书局石印本　十四册

T10007　　增像全图三国演义十六卷一百二十回

（明）罗贯中撰

清末锦章图书局石印本　八册

T10008　　后三国石珠演义不分卷三十回

（清）梅溪遇安氏著

清刻本　八册　十行二十二字白口四周单边

T10009　　绣像三国演义续编纪元八卷

题（明）陈氏尺蠖斋评释

清光绪十九年（1893）上海广百宋斋铅印本六册

T10010　　新印绘图盖三国奇缘不分卷

（□）□□撰

清光绪二十年（1894）上海奎光斋石印本二册

T10011　　绣像三国演义续编八卷

题（明）陈氏尺蠖斋评释

清光绪三十四年（1908）上海文宜书局石印本一册

T10012　　东晋演义八卷西晋演义四卷

（明）□□撰

民国间石印本　六册

T10013　　说唐前传后传十卷六十八回后一种六卷四十二回

原题（清）姑苏如莲居士编次

清渔石山房刻本　八册　八行二十字白口四周双边

T10014　新刻增异说唐秘本全传十卷六十八回

（□）□□撰

清末维经堂刻本　八册　十一行二十五字白口四周单边

钤"臣珩之印"朱方、"蠹斋藏"白方

T10015　增像全图三国演义十六卷一百二十回

（明）罗贯中撰

清末上海铸记书局石印本　十册

T10016　增像全图三国演义十六卷一百二十回

（明）罗贯中撰

清末上海铸记书局石印本　八册

T10017　新刻按鉴演义三国英雄志传二十卷

（明）罗贯中撰

清嘉庆七年（1802）刻本　九册　十六行四十二字白口四周单边

钤"至德周绍良所珍悉书"朱方、"蠹斋藏小说"朱方

T10018　新刻按鉴演义京本三国英雄志传六卷

（明）罗贯中撰

清同治十一年（1873）湖南经纶堂刻本　六册　十六行四十二字白口四周单边　于杨题识："民国三十四年秋季于杨购。民国三十八年复识于潭中。"

T10019　说唐罗通扫北全传四卷十五回

（□）□□撰

民国二年（1913）江东书局石印本　四册

T10020　绘图秦英征西四卷四十八回

（□）□□撰

清光绪三十一年（1905）上海煮字山房石印本　六册

T10021　绣像征东全传四卷四十二回

（□）□□撰

清光绪文宜书局石印本　四册

T10022　绣像征东全传四卷四十回

（□）□□撰

民国间上海章福记石印本　四册

T10023　南史演义三十二卷

（清）杜纲撰

清道光十年（1830）培德堂刻本　四册　九行二十字白口左右双边

T10024　异说征西演义全传六卷四十回

（□）□□撰

清道光三十年（1850）宝兴堂刻本　四册　十行二十二字白口四周单边

T10025　说唐征西全传六卷九十回

（□）□□撰

民国间上海沈鹤记书局石印本　六册

T10026　两晋通俗演义十卷一百回

蔡东藩撰

民国十三年（1924）上海会文堂石印本　十册

T10027　第五才子书十二卷一一二四回

（元）施耐庵撰　（清）金圣叹评

清刻本　二册　十二行三十字白口四周单边

T10028　绣像封神演义一百回

（明）许仲琳撰

清光绪十五年（1889）上海文百宋斋铅印本　六册

T10029　新镌批评出像通俗奇侠禅真逸史四十回

（明）方汝浩撰

清刻本　十册　十一行二十四字白口左右双边

T10030　水浒传十五卷七十回

（日）平冈龙城译

日本大正五年（1916）日本近世汉文学会铅印本　十五册

T10031　水浒全传十二卷七十回

（元）施耐庵撰　（清）金圣叹评

民国间上海文瑞楼石印本　十二册

T10032　评论出像水浒传二十卷七十回

（清）金圣叹评　（清）王望如加评

387

清刻本　八册　十行二十三字白口四周单边

T10033　水浒传七十五卷七十一回
(元)施耐庵撰　(清)金人瑞评
1934年中华书局影印贯华堂本　二十四册

T10034　第五才子书十二卷一百二十四回
(元)施耐庵撰
清刻本　二十册　十一行四十字小字双行白口四周单边

T10035　第五才子书水浒全传七十回卷首一卷
(元)施耐庵撰　(清)金圣叹评
清光绪十四年(1888)上海文同书局石印本十二册

T10036　水浒传八卷九十回
(元)施耐庵撰
民国十三年(1924)世界书局石印本　八册

T10037　删订二奇合传十六卷四十四回
(□)□□撰
清光绪四年(1878)渝城二胜会刻本　八册十一行二十四字白口四周单边

T10038　删订二奇合传十六卷四十四回
(□)□□撰
清光绪四年(1878)渝城二胜会刻本　八册十一行二十四字白口四周单边

T10039　娱目醒心编十六卷三十九回
(清)杜纲撰　(清)许宝善评
清咸丰二年(1852)三星堂刻本　八册　十一行二十四字白口四周单边

T10040　新选今古奇闻二十二卷
题(清)东壁山房主人编　(清)退思轩主人校
清光绪十七年(1891)文成堂刻本　六册　九行二十字白口左右双边

T10041　今古奇观四十回
题(明)抱瓮老人辑
民国间上海广雅书局石印本　八册

T10042　石点头十四卷

题(清)天然痴叟撰
清刻本　十六册　九行二十字白口左右双边

T10043　古今小说四十回附一卷
(明)冯梦龙撰
1955年北京文学古籍刊行社铅印本　七册

T10044　第五才子书十二卷一二四回
(元)施耐庵撰　(明)罗贯中参订　(明)李贽　(清)金人瑞订
清刻本　四册　十一行二十二字　周绍良题识："壬辰秋,以贯华堂本校杨定见本一遍;癸巳秋,又以一百十五回英雄谱校杨定见本一遍;甲午冬,以容与堂本校杨定见本一遍;今年又以一百十五回本校一百二十四回本一遍;四年之中,凡校四度,聊志之以记笔墨缘。绍良乙未秋。"

T10045　评注图像水浒传七十五卷七十回
(元)施耐庵撰
清光绪三十三年(1907)石印本　六册

T10046　水浒志传评林二十五卷
题中原罗道本编集
1956年北京文学古籍刊行社据日本藏版影印本　八册

T10047　水浒志传评林二十五卷
题中原罗道本编集
1956年北京文学古籍刊行社据日本藏版影印本　八册

T10048　水浒志传评林二十五卷
题中原罗道本编集
1956年北京文学古籍刊行社据日本藏版影印本　八册

T10049　今古奇观四十卷
(明)抱瓮老人选辑
清光绪十六年(1890)善成堂刻本　十二册十五行六十六字小字双行白口四周单边

T10050　今古奇观四十卷
(明)抱瓮老人选辑
清光绪十四年(1888)茂苑萃珍书屋石印本六册

T10051　西湖拾遗四十四卷附录一卷
（清）陈树基撰
上海申报馆铅印本　六册

T10052　东周列国全志一百零八回
（清）蔡元放评点
石印本　六册

T10053　东周列国全志一百零八回
（清）蔡元放评点
石印本　九册

T10054　东周列国志一百零八回
（清）蔡元放评点
民国七年（1918）上海文华书局石印本　八册

T10055　东周列国志二十七卷一百零八回
（清）蔡元放评点
民国十一年（1922）扫叶山房石印本　十二册

T10056　绘图走马春秋全传六卷五十四回
（□）□□撰
清宣统元年（1909）上海茂记书庄石印本
十册

T10057　东周列国志二十七卷一百零八回
（清）蔡元放评点
清光绪十六年（1890）上海点石斋石印本
六册

T10058　东周列国志二十七卷一百零八回图像一册
（清）蔡元放评点
石印本　八册

T10059　东周列国志二十七卷一百零八回
（清）蔡元放评点
石印本　十四册

T10060　孙庞演义乐田演义四卷二十回后一种四卷十八回
（□）□□撰
清文和堂刻本　八册　十二行二十八字白口四周单边
钤"蠹斋"朱方

T10061　鬼谷四友志三卷

（清）杨景撰
清道光四年（1824）聚珍堂刻本　八册　十行二十五字白口四周单边
钤"□□所藏通俗善本小说印"白方

T10062　锋剑春秋十卷六十回
（清）黄淦撰
清光绪二年（1876）刻本　六册　八行十七字白口四周单边

T10063　绣像前七国六卷
（□）□□撰
清光绪三十四年（1908）营口成文厚石印本
十册

T10064　大唐三藏取经诗话三卷
（宋）□□撰
民国五年（1916）罗振玉影印宋中瓦子张氏刻本　一册

T10065　绘图增像后列国志十卷六十回
（□）□□撰
清光绪十九年（1893）上海宝文书局石印本
四册

T10066　绘图增像万仙斗法八卷六十回
（□）□□撰
清光绪二十六年（1900）上海江南书局石印本
四册

T10067　新刻剑啸阁批评西汉演义传八卷新刻批评东汉演义传十卷
（□）□□撰
清茂经楼刻本　八册　八行十七字白口四周单边

T10068　后列国志八卷六十回
（□）□□撰
民国间上海进步书局石印本　四册

T10069　新刻剑啸阁批评西汉演义传八卷新刻批评东汉演义传十卷
（□）□□撰
清善成堂刻本　八册　十行二十五字白口四周单边
钤"蠹斋藏小说"朱长方

天津图书馆馆藏历代小说目录

T10070　新刻剑啸阁批评西汉演义传八卷新刻批评东汉演义传十卷

(□)□□撰

清刻本　十二册　十一行二十六字白口左右双边

钤"某某所藏曲本小说记"朱方

T10071　东周列国志一百零八回

(清)蔡元放辑

1955年作家出版社复印本　四十册

T10072　全相平话五种

(□)□□撰

1956年上海文学古籍刊行社据商务印书馆影印本　五册

T10073　全相平话三国志三卷

(□)□□撰

民国间上海涵芬楼影印相平话五种本　三册

T10074　全相平话四种十二卷

(□)□□撰

日本影印元至治年建安虞氏刻本　四册

T10075　大唐三藏取经诗话三卷附新雕大唐三藏法师取经记一卷

(宋)□□撰

1955年北京文学古籍刊行社影印本　一册

T10076　大唐三藏取经诗话三卷附新雕大唐三藏法师取经记一卷

(宋)□□撰

1955年北京文学古籍刊行社影印本　一册

T10077　新刻京本列国志传八卷

(明)余邵鱼撰

清文锦堂刻本　六册　十行二十五字白口四周单边

钤"蠹斋藏小说"朱长方

T10078　东周列国全志一百零八回

(清)蔡元放评点

清光绪十三年(1887)东昌书叶德刻本　四册

十五行三十二字白口四周单边

T10079　东周列国全志一百八回

(清)蔡元放评点

清大文堂刻本　十二册　十三行二十四字白口四周双边

钤"蠹斋藏小说"朱长方

T10080　西汉演义四卷一百回东汉演义四卷六十四回

(□)□□撰

民国十一年(1922)上海大成书局石印本　八册

T10081　西汉演义八卷一百回

(□)□□撰

民国间铅印本　四册

T10082　绣像西汉演义绘图东汉演义四卷一百回后一种四卷六十四回

(□)□□撰

民国间上海广益书局石印本　二十册

T10083　西汉演义八卷一百回东汉演义十卷一百二十六回

(□)□□撰

清光绪十八年(1892)上海广百宋斋铅印本　六册

T10084　东汉演义四卷六十四回

(□)□□撰

民国十五年(1926)上海江东茂记书局石印本　八册

T10085　前汉通俗演义十卷一百回

蔡东藩撰

民国十四年(1925)全文堂石印本　十册

T10086　双凤奇缘传二十卷八十回

(□)□□撰

清道光刻本　八册　十行二十四字白口四周单边

T10087　后汉通俗演义十卷一百回

蔡东藩撰

民国十五年(1926)上海会文堂石印本　十册

T10088　玉茗堂绣像昭君和番双奇缘传八卷八十回

（□）□□撰

清芥子园刻本　六册　十行二十一字白口四周双边

T10089　新刻剑啸阁批评西汉演义传八卷新刻批评东汉演义传十卷

（□）□□撰

清维经堂重刻本　四册　十行二十五字白口四周单边

T10090　昭君传八卷八十回

（□）□□撰

清兆敬堂刻本　十四册　十一行二十六字白口左右双边

钤"蠹斋藏小说"朱长方、"周绍良印"白方

T10091　三国志通俗演义二十四卷

（明）罗本撰

1974年人民文学出版社影印本　二十四册

T10092　三国志通俗演义二十四卷

（明）罗本撰

1974年人民文学出版社影印本　二十四册

T10093　三国志通俗演义二十四卷

（明）罗贯中撰

1929年涵芬楼影印明弘治本　二十四册

T10094　四大奇书第一种六十卷一百二十回

（明）罗贯中撰　（清）毛宗岗评

清英德堂刻本　十六册　十行二十字白口左右双边

T10095　四大奇书第一种十九卷一百二十回

（明）罗贯中撰　（清）毛宗岗评

清金闾艺海堂刻本　二十四册　十一行三十六字小字双行白口四周双边

T10096　四大奇书第一种五十一卷一百二十回

（明）罗贯中撰　（清）毛宗岗评

清文成室刻本　二十二册　十二行三十八字小字双行白口左右双边

T10097　四大奇书第一种十九卷一百二十回

（明）罗贯中撰　（清）毛宗岗评

清刻本　二十册　十二行二十八字白口四周单边

钤"周绍良曾读过"朱长方

T10098　第一才子书六十卷一百二十回

（明）罗贯中撰　（清）毛宗岗评

清光绪九年（1883）筑野书屋刻本　二十册　十二行二十六字白口四周单边

钤"有书真富贵无事小神仙"朱长方、"蠹斋藏小说朱长方"、"昕翁"朱方、"周绍良印"白方、"辑宁"白方、"竹梅赵氏操存堂珍藏"白方

T10099　四大奇书第一种十九卷一百二十回

（明）罗贯中撰　（清）毛宗岗评

清宝经堂重刻本　二十册　十一行四十七字小字双行白口左右双边

T10100　绣像云合奇踪五卷八十回

（明）徐渭撰

清光绪十二年（1886）京都文和堂重刻本　二十册　十二行五十字小字双行白口四周单边

钤"周绍良印"白方、"蠹斋"朱方、"东山草堂"朱方

T10101　绣像京本云合奇踪玉茗英烈全传十卷八十回

（明）徐渭撰

清刻本　五册　十二行二十八字白口四周单边

钤"蠹斋"朱方

T10102　绣像京本云合奇踪玉茗英烈全传十卷八十回

（明）徐渭撰

清致和堂刻本　五册　十二行二十六字白口四周双边

钤"周绍良印"白方、"蠹斋"朱方、"至德周氏藏书"白方

T10103　绣像京本云合奇踪全传十卷八十回

（明）徐渭撰

清刻本　六册　十二行二十六字白口四周双边

钤"蠹斋藏小说"朱长方、"周绍良读书记"朱方

T10104　新刻钟伯敬先生批评封神演义十九卷一百回
(明)许仲琳撰
清吴郡崇德书院刻本　五册　十二行二十六字白口四周双边
钤"蠹斋藏小说"朱长方、"周绍良曾读过"朱长方、"东山草堂"朱方

T10105　新刻钟伯敬先生批评封神演义十九卷一百回
(明)许仲琳撰
清光绪扫叶山房刻本　二十册　十一行二十四字白口左右双边

T10106　新镌批评出像通俗演义禅真后史五十三回
(明)清溪道人编次　(明)冲和居士评校
清刻本　二十册　十一行二十四字白口左右双边

T10107　原本海公大红袍全传六十卷六十回
(清)李春芳撰
清道光二年(1822)书业堂刻本　八册　十行二十四字白口左右双边
钤"蠹斋"朱方

T10108　新选今古奇闻二十二卷
(清)王寅选
清光绪十三年(1887)上海东麟山房刻本　八册　九行十九字白口左右双边

T10109　新刻京台公余胜览国色天香十卷
(明)吴敬所撰
清裕元堂刻两节版本　二册　九行二十字白口左右双边
钤"蠹斋"朱方

T10110　原本海公大红袍全传十卷六十回
(清)李春芳撰
清刻本　六册　行字不等

T10111　拍案惊奇三十五回
(明)凌蒙初撰
清敬业堂刻本　四册　十三行二十九字白口

四周单边

T10112　西游补十六回
(明)董说撰
1955年文学古籍刊行社影印本明崇祯本
二册

T10113　绣像韩湘子全传四卷三十回
(明)杨尔曾撰
上海沈鹤记书局石印本　九册

T10114　西游记传四卷四十一回
(明)吴承恩撰
清聚古斋刻本　四册　十行二十四字白口左右双边

T10115　新镌批评出像通俗奇侠禅真逸史八卷四十回
(明)方汝浩撰
清文新堂重刻爽阁本　四册　十二行二十三字白口四周单边
钤"蠹斋藏"白方、"周绍良读书记"朱方

T10116　新镌玉茗堂批评按鉴参补南宋志传十卷五十回
(明)熊大木撰
清武林鸿文堂刻本　十六册　九行二十二字白口四周单边

T10117　醉醒石十五回
题东鲁古狂生撰
民国间诵芬室刻本　二册　十行二十四字白口左右双边
钤"某某所藏"朱方

T10118　通俗小说七卷
(□)□□撰
民国间影印本　二册

T10119　花月痕全书十六卷五十二回
(清)魏秀仁撰
清光绪三十四年(1908)育文书局石印本
六册

T10120　豆棚闲话十二卷
(□)□□撰

清刻本　二册　十二行三十五字小字双行白口四周单边

T10121　雨窗欹枕集不分卷
(□)□□撰
民国二十三年(1934)宁波马氏平妖堂影印本
二册

T10122　聊斋志异十六卷
(清)蒲松龄撰
民国间上海有正书局铅印本　八册

**T10123　绘图新刊杨乃武供案全集四卷十二
回后集四卷十二回**
(□)□□撰
清末石印本　一册

T10124　绣像四游全传四种十四卷
(明)吴元泰等撰
清道光十年(1830)书林致和堂刻本　二册
十一行二十二字白口左右双边

**T10125　绣像京本云合奇踪玉茗英烈全传十
卷八十回**
(明)徐渭撰
清积秀堂刻本　八册　十行十八字白口四周
单边

T10126　聊斋志异新评十六卷
(清)蒲松龄撰　(清)王士禛　(清)但明伦评
清道光二十二年(1842)广顺但氏刻套印本
十册　十二行二十六字白口四周单边

T10127　第一才子书六十卷一百二十回
(明)罗本撰　(清)毛宗岗评
清光绪七年(1881)群玉山房刻套印本　十六
册　九行二十一字黑口

T10128　儒林外史五十六回
(清)吴敬梓撰
清同治八年(1869)群玉斋活字印本　二十册
十行三十七字小字双行黑口四周双边

T10129　第一才子书六十卷一百二十回
(明)罗本撰　(清)毛宗岗评
清善成堂刻套印本　二十册　十二行二十四

字白口四周双边

T10130　今古奇观四十卷
(明)抱瓮老人选辑
清刻本　十三册　九行二十字白口四周单边

T10131　今古奇观四十卷
(明)抱瓮老人选辑
清三让堂刻本　十六册　十一行二十四字白
口左右双边

T10132　今古奇观八卷三十八回
(明)抱瓮老人选辑
清同治八年(1869)聚锦堂刻本　八册　十二
行二十九字白口四周单边

T10133　绘图海公大红袍全传四卷六十回
(清)李春芳撰
清光绪十九年(1893)上海书局铅印本　四册

T10134　绘图三公奇案三种十卷
(□)□□撰
清光绪十七年(1891)正宜书局铅印本　四册

T10135　拍案惊异十六卷
(清)程世爵撰
清光绪二十八年(1902)上海铸记书局石印本
六册

T10136　绘图增像西游记一百回
(清)陈士斌诠解
清光绪十五年(1889)上海广百宋斋铅印本
六册

**T10137　红楼梦一百二十回论赞一卷总评
一卷**
(清)曹雪芹撰　(清)高鹗补　(清)王希
廉评
清光绪二年(1876)京都聚珍堂活字印本　十
册　八行十七字白口四周单边
钤"聚珍堂印"白方

T10138　吕祖全传一卷后卷一卷
题(清)唐吕撰　(清)汪象旭重订
清光绪十一年(1885)沪上重刻本　二十册
十行二十二字白口四周双边

钤"周绍良"朱方、"蠢斋藏"白方

T10139　封神演义十九卷一百回补评一卷
(明)许仲琳撰　(清)宋育仁评
民国十四年(1925)年刻问琴阁丛书外著小说
本　二十册　十行二十四字白口左右双边

T10140　龙图公案八卷
(□)□□撰
清两余堂刻本　四册　八行十八字白口四周
单边
钤"蠢斋"朱方

T10141　新镌全像武穆精忠传八卷
(明)熊大木撰
清经文堂刻本　四册　十二行二十六字白口
四周单边

T10142　新镌全像武穆精忠传八卷
(明)熊大木撰　(明)李卓吾评
清经文堂刻本　四册　十三行二十四字白口
四周单边

T10143　新镌全像武穆精忠传八卷
(明)熊大木撰　(明)李卓吾评
清刻本　八册　十三行二十四字白口四周
单边
钤"周绍良印"白方、"蠢斋"朱方、"蠢斋藏小
说"朱长方

T10144　新刻杨家府世代忠勇演义志传六卷
(□)□□撰
清道光三十年(1850)聚锦堂刻本　八册　十
三行二十四字白口四周单边

T10145　岳武穆精忠传六卷六十八回
(明)邹元标撰
大文堂刻本　四册　十二行三十字白口四周
单边

T10146　西游原旨二十四卷一百回
(清)刘一明撰
民国十五年(1926)上海宏大善书局石印本
十二册

T10147　通易西游正旨分章注释十卷一百回

(清)张含章撰　(清)何廷椿校刊
清道光十九年(1839)何廷椿刻本　四册　十
二行二十八字白口四周单边

T10148　镜花缘二十卷一百回
(清)李汝珍撰
清刻本　十册　十行三十九字小字双行黑口
左右双边

T10149　忠烈侠义传一百二十回
(□)□□撰
清光绪八年(1883)京都聚珍堂活字印本　二
十册　十行二十字白口四周单边

T10150　儿女英雄传评话四十一回
(清)文康撰　(清)董恂评
清光绪六年(1880)京都聚珍堂活字印本　二
十四册　十行二十二字白口四周双边

T10151　聊斋志异遗稿四卷
(清)蒲松龄撰
清光绪四年(1878)北京聚珍活字本　二十册
十行二十二字白口四周双边

T10152　新说西游记一百回
(清)张书绅撰
清光绪十四年(1888)味潜斋石印本　一册

T10153　西游真诠一百回
(清)陈士斌撰
清连元阁刻本　十六册　十一行三十三字黑
口四周单边无格单鱼尾

T10154　西游真诠一百回
(清)陈士斌撰
清翠云山房刻本　二十册　十行二十四字白
口左右双边
钤"蠢斋"朱方

T10155　儿女英雄传四十一回
(清)文康撰
清光绪十四年(1888)有益堂刻本　二十册
十一行二十三字白口四周单边
钤"蠢斋藏小说"朱长方

T10156 大隋志传四卷四十六回

（明）钟惺撰 （明）李贽参订

清光绪十四年（1888）文益堂刻本 十六册
十二行二十七字白口四周双边

T10157 大隋志传四卷四十六回

（明）钟惺撰

清刻本 四册 十一行二十八字白口四周
单边

钤"蠹斋"朱方、"周绍良经眼"白方

T10158 后水浒荡平四大寇传六卷四十九回

（□）□□撰

民国十九年（1930）沈鹤记书局石印本 一册

T10159 忠义水浒传十七卷一百一十四回

（元）施耐庵撰

清福文堂刻本 二十册 十一行二十八字白
口四周单边

T10160 新刻三宝太监西洋记通俗演义二十
卷一百回

（明）罗懋登撰

民国间申报馆铅印本 二十册

T10161 儿女英雄传评话八卷四十回续八卷
三十二回

（清）文康撰 （清）董恂评

清光绪二十二年（1896）上海凌霄阁石印本
十册

T10162 儿女英雄传评话四十一回

（清）文康撰 （清）董恂评

清光绪二十年（1894）上海书局石印本 十
二册

T10163 儿女英雄传评话四十一回

（清）文康撰 （清）董恂评

清光绪十四年（1888）上海蜚英馆石印本
八册

T10164 绣像小说第一至二十期第三十一期
至六十期

商务印书馆编

铅印本 五十册

T10165 新编玉蟾记六卷五十三回

（清）崔象川撰

清道光十九年（1839）绿玉山房刻本 六册
八行二十字白口左右双边

T10166 侠女奇缘传评话四十回

（清）文康撰

清光绪二十四年（1898）上海苏报馆铅印本
六册

T10167 第一奇书野叟曝言二十卷一五四回

（清）夏敬渠撰

清光绪八年（1882）申报馆铅印本 八册

T10168 第一奇书野叟曝言二十卷一五四回

（清）夏敬渠撰

清光绪八年（1882）上海石印本 二十册

T10169 续小五义二十四卷一百二十四回

（□）□□撰

清光绪十八年（1892）泰山堂刻本 二十册
九行二十一字白口四周双边

钤"蠹斋"朱方、"周绍良读书记"朱方

T10170 绣像续小五义一百二十四回

（□）□□撰

清光绪十八年（1892）上海书局石印本 二十
四册

T10171 绣像全图小五义一百二十四回

（□）□□撰

清光绪十六年（1890）上海文海堂铅印本 六
册

T10172 绣像小五义一百二十四回

（□）□□撰

清光绪十八年（1892）珍艺书局铅印本 六册

T10173 增像小五义传二十五卷一百二十
四回

（□）□□撰

清铅印本 六册

T10174 兴替金鉴二十卷一百五十四回

（清）夏敬渠撰

清末石印本 六册

T10175　小五义一百二十四回

(□)□□撰

清光绪十七年(1891)北京文光楼刻本　十八册　十行二十四字白口左右双边

钤"蠹斋"朱方

T10176　绣像绘图七侠五义传六卷一百回

(□)□□撰

上海大成书局石印本　二十四册

T10177　七侠五义二十四卷一百二十回

(清)石玉昆撰

清光绪二十二年(1896)上海广百宋斋铅印本　六册

T10178　新镌三分梦全传十六卷十六回

(清)张士登撰

清道光二十八年(1848)刻本　八册　八行十八字黑口左右双边

T10179　新镌三分梦全传十六卷十六回

(清)张士登撰

清道光二十八年(1848)刻本　六册　八行十八字黑口左右双边

T10180　新镌三分梦全集十六卷十六回

(清)张士登撰

清道光十五年(1835)刻本　六册　八行十八字黑口左右双边

T10181　新编玉蟾记六卷五十三回

(清)崔象川撰

清光绪元年(1875)刻本　六册　八行十八字黑口左右双边

钤"蠹斋"朱方

T10182　于少保萃忠全传十卷四十传

(明)孙高亮撰

清宝翰楼刻本　六册　八行二十字白口左右双边

T10183　于少保萃忠全传十卷四十传

(明)孙高亮撰

清三让堂刻本　五册　九行二十四字白口左右双边

T10184　圣朝鼎盛万年青初二三集三十八回

(□)□□撰

清光绪二十年(1894)上海书局石印本　四册

T10185　绣像清风闸四卷三十二回

(□)□□撰

清光绪二十五年(1899)上海书局石印本　十册

T10186　绣像七剑十三侠初集六卷续集六卷三集六卷

题(清)桃花馆主编

清光绪文盛书局石印本　四册

T10187　双凤奇缘十卷八十回

(□)□□撰

民国四年(1915)上海普通书局石印本　四册

T10188　绘图第一才女像四卷十六回

(清)崔象川撰

清光绪三十三年(1907)上海书局石印本　四册

T10189　新编前明正德白牡丹传八卷四十六回

(清)洪琮撰

清光绪二十七年(1901)上海书局石印本　四册

T10190　绣像绘图奇缘赛桃源四卷三十回

(清)李春荣撰

清光绪二十一年(1895)上海书局石印本　四册

T10191　后水浒荡平四大寇传四十九回

题(清)赏心居士撰

清光绪二十一年(1895)文宜书局石印本　四册

T10192　绘图荡平奇妖传六卷二十回

(明)罗贯中撰

清光绪二十二年(1896)上海书局石印本　六册

T10193　绘图荡平奇妖传六卷二十回

(明)罗贯中撰

清光绪二十二年（1896）上海书局石印本
四册

T10194　绘图龙图公案四卷
（□）□□撰
清光绪二十六年（1900）上海书局石印本
六册

T10195　绘图平金川四卷三十二回
（清）张小山撰
清光绪二十五年（1899）富文书局石印本
四册

T10196　新刻绣像走马春秋四卷十六回
（□）□□撰
清末石印本　一册

T10197　绘图密建游宫四卷四十八回
（□）□□撰
清宣统二年（1910）上海茂记书庄石印本
四册

**T10198　孙庞演义四卷二十回乐田演义四卷
十八回**
（□）□□撰　（清）吴宗重校
民国间上海锦章图章局石印本　四册

T10199　绘图第八才子书白圭志六十回
（清）崔象川撰
清石印本　四册

T10200　绣云阁一百四十三回
（清）魏文中撰
清同治八年（1870）富顺县刻本　四册　十二
行五十字小字双行白口四周单边
钤"三善堂"朱长方

T10201　花月痕全书十六卷五十二回
（清）魏秀仁撰
清光绪十四年（1888）刻本　八册　十行二十
五字白口四周双边
钤"蠹斋"朱方

T10202　绘图花月因缘十六卷五十二回
（清）魏秀仁撰
清光绪十九年（1893）铅印本　八册

T10203　飞龙传六十回
（清）吴睿撰
清嘉庆芥子园刻本　六册　八行十七字白口
四周单边

**T10204　二十年目睹之怪现状八卷一百零
八回**
（清）吴沃尧撰
清宣统二年（1910）上海广智书局铅印本　十
六册　周绍良题识："初版初印本，今日已为
难觅之书，久思求而未得，不备于南中无意
见之，因亟收得，亦一喜事也。绍良记于
苏州。"

T10205　新评龙图神断公案十卷
（□）□□撰
清道光二十九年（1849）三浪堂刻本　八册
十行二十二字白口四周双边

T10206　增补斋省堂儒林外史六十回
（清）吴敬梓撰
清光绪三十一年（1905）慎记书庄石印本
四册

T10207　增补斋省堂儒林外史六十回
（清）吴敬梓撰
清光绪十四年（1888）鸿宝斋石印本　八册

T10208　儒林外史六十回
（清）吴敬梓撰
民国三年（1914）育文书局石印本　六册

T10209　儒林外史六卷六十回
（清）吴敬梓撰
民国十一年（1922）上海二思堂石印本　六册

T10210　希夷梦四十卷四十回
（清）汪寄撰
清刻本　四册　十行二十四字白口左右双边
钤"蠹斋藏小说"朱长方、"周绍良印"白方、
"蠹斋"朱方

T10211　梦中缘四卷十五回
（清）李修行撰
清光绪十一年（1885）崇德堂刻本　二十
九行二十字白口左右双边

T10212　梦中缘四卷十五回

（清）李修行撰

清光绪十一年(1885)崇德堂刻本　四册　九行二十字白口四周双边

钤"蠹斋"朱方

T10213　齐省堂增订儒林外史五十六回

（清）吴敬梓撰

清同治十三年(1874)齐省堂刻本　四册　九行二十字白口四周双边

钤"蠹斋"朱方

T10214　儒林外史五十六回

（清）吴敬梓撰

清咸丰元年(1851)清江注礼阁刻本　十六册九行十八字白口四周双边

钤"蠹斋"朱方、"周绍良读书记"朱方

T10215　绿野仙踪八十回

（清）李百川撰

清道光十年(1830)刻本　二十四册　九行十八字白口四周单边

T10216　绿野仙踪八十回

（清）李百川撰

清道光十年(1830)青文堂刻本　十六册　九行二十一字白口四周单边

钤"蠹斋"朱方

T10217　绘图万花楼传十四卷六十八回

（清）李雨堂撰

清光绪十九年（1893）上海书局石印本　十二册

T10218　后续大宋杨家将文武曲星包公狄青初传初集十四卷六十八回

（清）李雨堂撰

清石印本　四册

T10219　后续大宋杨家将文武曲星包公狄青初传初集十四卷六十八回

（清）李雨堂撰

清光绪四年(1878)刻本　六册　十行二十一字细黑口四周单边

钤"蠹斋"朱方

T10220　后续大宋杨家将文武曲星包公狄青初传初集十四卷六十八回

（清）李雨堂撰

清聚文堂刻本　十四册　十二行二十四字白口四周单边

T10221　绣像三教三蛮维杨佳话奇传四卷三十二回

（清）邹必显撰

清光绪二十一年(1895)上海书局石印本　十四册

T10222　绘图第一情书听月楼二十回

（□）□□撰

清石印本　四册

T10223　侠义风月传四卷十八回

（□）□□撰

民国间石印本　四册

T10224　侠义风月传四卷十八回

（□）□□撰

民国二年(1913)年上海石印本　四册

T10225　清风闸四卷三十二回

（清）□□撰

民国间石印本　四册

T10226　绣像增图绿野仙踪八卷八十回

（清）李百川撰

清末石印本　四册

T10227　吴越春秋四卷四十八回

（□）□□撰

民国八年(1919)上海江东茂记书局石印本四册

T10228　新刻清风闸四卷三十二回

（□）□□撰

清同治十三年(1874)重刻本　八册　八行十七字白口四周单边

钤"蠹斋藏小说"朱长方、"周绍良经眼"白方

T10229　镜花缘二十卷一百回

（清）李汝珍撰

清道光元年(1821)刻本　四册　十一行二十

字白口四周单边

钤"林泉"白方、"音联翰墨"朱方

T10230　绿野仙踪八十回
(清)李百川撰
清光绪二十一年(1895)集宜会刻本　二十册
十行二十字白口左右双边

T10231　后续大宋杨家将文武曲星包公狄青初传初传十四卷六十八回
(清)李雨堂撰
清咸丰八年(1858)维经堂刻本　十六册　十行二十四字白口四周双边

T10232　红楼梦一百二十回
(清)曹雪芹撰
清刻本　七册　十二行二十二字白口四周单边

T10233　图像镜花缘一百回
(清)李汝珍撰
清光绪二十一年(1895)上海文盛书局铅印本
二十四册

T10234　东周列国全志一百八回
(清)蔡元放评点
清抄本　二十册

T10235　聊斋志异十六卷
(清)蒲松龄撰
清抄本　十四册

T10236　璞玉葆真一卷
(□)□□撰
稿本　七册

T10237　廿载繁华梦四十回
(清)黄小配撰
民国间大成书局石印本　四册

T10238　岭南逸史四卷二十八回
(清)黄耐庵撰
清光绪二十年(1894)上海凌云阁石印本
六册

T10239　岭南逸史六卷二十八回
(清)黄耐庵撰

民国间上海萃英书局石印本　六册

T10240　洪秀全演义四集五十四回
(清)黄小配撰
清宣统元年(1909)石印本　四册

T10241　洪秀全演义四十卷三百二十回
□□撰
民国十二年(1923)上海大成书局石印本　四十册

T10242　七真因果二卷二十九回
(清)黄永亮撰
民国十七年(1928)合川全善堂刻本　二册
十行二十四字白口左右双边

T10243　官场现形记五编六十卷
(清)李宝嘉撰
清光绪三十一年(1905)世界繁华报铅印本
八册

T10244　官场现形记五编六十回
(清)李宝嘉撰
清宣统元年(1909)崇本堂石印本　二十四册

T10245　医界现形记四卷二十二回
(清)郁闻尧撰
清光绪三十二年(1906)商务印书馆铅印本
十五册

T10246　林兰香八卷六十四回
(□)□□撰
清道光十八年(1838)刻本　四册　十行二十字白口四周单边

T10247　精订廿四史纲鉴通俗衍义二十六卷四十四回
(清)吕抚撰
清光绪十三年(1887)善成堂刻本　十二册
八行二十字白口四周双边

T10248　精订纲鉴廿四史通俗衍义二十六卷四十四回
(清)吕抚撰
清光绪十三年(1887)上海广百宋斋铅印本
八册

399

T10249　常言道四卷十六回

（清）落魄道人撰

清光绪元年(1875)得成堂刻本　六册　八行二十字白口左右双边

T10250　常言道四卷十六回

（清）落魄道人撰

清光绪元年(1875)得成堂刻本　六册　八行二十字白口左右双边

钤"某某所藏通俗善本小说印"白方

T10251　绘图镜花缘二十卷一百回

（清）李汝珍撰

清光绪十四年（1888）上海点石斋石印本六册

T10252　水石缘六卷

（清）李春荣撰

清刻本　六册　十一行四十七字小字双行白口左右双边

T10253　红楼梦二十八卷二十八回

（清）曹雪芹撰

1962年中华书局影印本　二册

T10254　红楼梦二十八卷二十八回

（清）曹雪芹撰

1962年北京中华书局影印本　四册

T10255　红楼梦稿一百二十回

（清）曹雪芹撰　（清）高鹗修订

1963年中华书局影印本　十二册

T10256　白莲教演义四卷二十四回

吴公雄撰

民国十一年(1922)世界书局石印本　四册

T10257　封神演义八卷一百回

（明）许仲琳撰

民国二年(1913)上海文华书局石印本　八册

T10258　红楼梦一百二十回

（清）曹雪芹撰

铅印本　十六册

T10259　新镌玉茗堂批评按鉴参补南宋志传十卷五十回

（明）研石山樵订正

清善成堂刻本　六册　九行二十二字白口四周单边

T10260　图像镜花缘全传六卷一百回

（清）李汝珍撰

清光绪三十一年（1905）上海书局石印本五册

T10261　绣像永庆升平十二卷九十七回

（清）姜振名等撰

清光绪二十九年（1903）上海简青斋石印本六册

T10262　西游记十二卷一百回

陈士斌诠解

民国十三年(1924)上海元昌书局石印本　十二册

T10263　唐史通俗演义十卷一百回

蔡东藩撰

民国十一年(1922)上海会文堂石印本　十册

T10264　醒世姻缘一百回

（□）□□撰

民国间上海爱古书店石印本　十二册

T10265　七真因果二卷二十九回

（清）黄永亮撰

民国二十一年（1932）上海明善书局石印本一册

T10266　绣像二度梅全传四卷四十回

（□）□□撰

上海大成书局石印本　八册

T10267　黄巢造反演虎四卷六十回

（□）□□撰

民国间乐雅堂石印本　一册

T10268　水浒全传八卷七十回

（元）施耐庵撰　（清）金圣叹评

民国十四年(1925)上海启新书局石印本八册

T10269　祸中福十二卷

（□）□□撰

民国二年（1913）尚石山房石印本　一册

T10270　上下古今谈前编四卷二十回
吴敬恒撰
民国四年（1915）文明书局铅印本　四册

T10271　清史通俗演义十卷一百回
蔡东藩撰
1924年上海会文堂石印本　十册

T10272　新刻三元传四卷四十八回
（□）□□撰
清光绪三十二年（1906）上海书局石印本
四册

T10273　绘图平金川四卷三十二回
（清）张小山撰
清光绪三十二年（1906）章福记石印本　四册

T10274　第九才子书捉鬼传四卷十回
（□）□□撰
清石印本　四册

T10275　海公小红袍全传四卷四十二回
（□）□□撰
民国间上海萃英书局石印本　四册

T10276　新刻绣像刘公案全传四卷
（□）□□撰
清光绪石印本　四册

T10277　绣像英雄大八义四卷五十六回续四卷四十四回
（□）□□撰
清光绪三十二年（1906）上海书局石印本
四册

T10278　绣像南唐演义薛家将六卷一百回
（□）□□撰
清光绪二十五年（1899）上海书局石印本
八册

T10279　后续大宋志家将文武曲星包公狄青万花楼初传六卷六十八回
（清）李雨堂撰
清光绪三十二年（1906）福记书局石印本
六册

T10280　增订绘图精忠说岳全传八卷八十回
（清）钱彩撰
清光绪三十一年（1905）上海书局石印本
四册

T10281　吴三桂演义四卷四十回
（□）□□撰
民国元年（1912）上海书局石印本　四册

T10282　绣像全图绿牡丹四卷六十四回
（□）□□撰
清光绪十八年（1892）上海宝品斋石印本
八册

T10283　绘像铁花仙史二十六回
（□）□□撰
清光绪十八年（1892）石印本　四册

T10284　绣像绘图花月痕十六卷五十二回
（清）魏秀仁撰
上海共和书局石印本　四册

T10285　聊斋志异新评十六卷
（清）蒲松龄撰　（清）王士正评
民国间商务印书馆铅印本　八册

T10286　红楼真梦六十四回
题云淙花隐撰
民国间铅印本　十六册

T10287　绘图增像第五才子书水浒全传八卷七十回
（元）施耐庵撰　（清）金圣叹评
民国间上海锦章图书局石印本　四册

T10288　镜花缘全传六卷一百回
（清）李汝珍撰
民国十八年（1929）江东书局石印本　六册

T10289　第十才子书六卷二十四回
（清）吴航野客编次　（清）水箬散人评阅
清刻本　八册　九行二十一字白口左右双边

T10290　儿女英雄传三十九回
（清）文康撰
清光绪十八年（1892）刻本　四册　十二行三十五字小字双行白口四周单边

401

T10291 评注图像水浒传七十回
(元)施耐庵撰
民国间上海广兴书局铅印本 十五册

T10292 侠义风月传四卷十八回
题名教中人编 游方外客批评
民国十六年(1927)上海大成书局石印本
四册

T10293 儿女英雄传十二卷四十回续四卷三
十二回
(清)文康撰
民国十二年(1923)上海启新书局石印本 十
六册

T10294 王麻子不分卷
(清)彭翼仲撰
民国间京话日报铅印本 十二册

T10295 批点聊斋志异十六卷
(清)蒲松龄撰 (清)何守奇批
清嘉庆二十一年(1816)一经堂刻本 一册
九行二十字白口左右双边

T10296 绿野仙踪八卷八十回
(清)李百川撰
民国十三年(1924)上海大成书局石印本
八册

T10297 增订绘图精忠说岳全传八卷八十回
(□)□□撰
清末上海天宝书局石印本 十四册

T10298 西游原旨二十四卷一百回
(清)刘一明撰
1924年上海书局石印本 二十五册

T10299 绣像永庆升平四卷九十七回
(清)姜振名等撰
民国间上海大成书局石印本 八册

T10300 精订廿四史纲鉴通俗衍义二十六卷
四十四回
(清)吕抚撰
清光绪十三年(1887)上海广百宋斋铅印本
八册

T10301 草木春秋演义三十二回
(清)江洪撰
清刻本 六册 十二行二十四字细黑口四周
单边

T10302 续英烈传演义四卷三十四回
(清)□□撰
民国元年(1912)国民图书局石印本 四册

T10303 增像玉茗堂批点按鉴参补南宋志传
四卷五十回
(清)徐来琛校正
民国间上海锦章图书局石印本 六册

T10304 白圭志四卷十六回
(清)崔象川撰
民国二年(1913)上海江东书局石印本 四册

T10305 绘图三下南唐全传四卷五十三回
(□)□□撰
民国间上海锦章图书局石印本 八册

T10306 绣像三侠剑清烈传四续四卷四十回
七续四卷二十回八续四卷二十回
(□)□□撰
民国间上海江东茂记书局石印本 四册

T10307 绣像真正九续济公传四十回
(□)□□撰
民国间上海校经山房石印本 四册

T10308 后水浒荡平四大寇传六卷四十九回
(□)□□撰
民国间上海江东茂记书局石印本 六册

T10309 台湾外纪十卷
(清)江日升撰
清刻本 四册 九行二十字白口四周单边

T10310 官场现形记初编十二卷续编十二卷
(清)李宝嘉撰
清崇本堂石印本 十册

T10311 言情小说五日缘二十章
题(清)古瀛痴虫撰
清宣统元年(1909)改良小说社铅印本 十
七册

T10312　图像新撰五剑十八义四十回

(□)□□撰

民国间上海广益书局石印本　一册

T10313　聊斋志异新评十六卷

(清)蒲松龄撰　(清)但明伦新评

清光绪三十三年(1907)书业德刻本　四册

九行二十一字白口左右双边

T10314　续小五义一百二十四回

(清)□□撰

民国间上海锦章书局石印本　六册

T10315　彭公案初集四卷一百回续集四卷八十回再续四卷八十回

(清)□□撰

民国间上海锦章书局石印本　十六册

T10316　聊斋志异图咏十六卷

(清)蒲松龄撰　吕湛恩注

民国间上海锦章书局石印本　八册

T10317　新刻春秋配十六回

(□)□□撰

清啸月轩刻本　十六册　十行二十三字白口四周双边

钤"益津张氏珍藏之印"朱长方

T10318　聊斋志异新评十六卷

(清)蒲松龄撰　(清)王士正评

民国七年(1918)上海广益书局石印本　十六册

T10319　精订绘图廿四史通俗演义六卷四十四回

(清)吕抚撰

民国间上海广益书局石印本　二册

T10320　精订绘图廿四史通俗演义六卷四十四回

(清)吕抚撰

民国间上海广益书局石印本　六册

T10321　精订绘图廿四史通俗演义六卷四十四回

(清)吕抚撰

民国间上海广益书局石印本　六册

T10322　绘图封神演义八卷一百回

(明)许仲琳撰

民国间上海锦章书局石印本　六册

T10323　水浒传八卷七十回

(元)施耐庵撰

民国二年(1913)上海文华书局石印本　八册

T10324　水浒传八卷七十回

(元)施耐庵撰

民国间上海天宝书局石印本　八册

T10325　聊斋志异图咏十六卷

(清)蒲松龄撰　(清)但明伦评

民国十一年(1922)扫叶山房石印本　十四册

T10326　绘图荡寇志八卷一百四十回

(清)俞万春撰

清光绪二十二年(1896)焕文书局铅印本　八册

T10327　清史通俗演义十卷一百回

蔡东藩撰

民国十一年(1922)会文堂书局石印本　十册

T10328　清宫历史演义十四卷一百二十回

(清)许慕义编辑

民国二十年(1931)广益书局石印本　十四册

T10329　狐狸缘六卷二十二回

(清)醉月山人撰

清刻本　八册　十二行二十四字白口四周单边

钤"蠡斋"朱方

T10330　新编雷峰塔奇传五卷

(清)玉花堂主人撰

清刻本　六册　九行十八字白口四周单边

钤"蠡斋"朱方

T10331　新刻粉妆楼传记十卷八十回

(□)□□撰

清大文堂刻本　五册　八行十七字白口四周单边

钤"蠡斋"朱方

T10332　新刻粉妆楼传记八卷八十回

(□)□□撰

清光绪十九年(1893)泰山堂刻本　十册　十一行二十三字白口四周单边

钤"蠹斋"朱方

T10333　粉妆楼全传六卷八十回

(□)□□撰

民国间上海沈鹤记书局石印本　六册

T10334　乾隆游江南八集七十六回

(□)□□撰

民国间上海锦章图书局石印本　六册

T10335　龙凤配再生缘十二卷七十四回

(□)□□撰

民国十六年(1927)年上海大成书局石印本　六册

T10336　小八义十二卷

(清)□□撰

民国九年(1920)上海江东书局石印本　二册

T10337　西游记八卷一百回

(明)吴承恩撰

民国七年(1918)上海锦章图书局石印本　八册

T10338　清史通俗演义十卷一百回

蔡东藩撰

民国十八年(1929)会文堂石印本　十册

T10339　儒林外史六卷六十回

(清)吴敬梓撰

民国十一年(1922)上海二思堂石印本　六册

T10340　宋史通俗演义十卷一百回

蔡东藩撰

民国十一年(1922)年会文堂石印本　十册

T10341　水浒传三十五卷七十回

(元)施耐庵撰

民国间上海锦章书局石印本　十二册

T10342　红楼梦一百二十卷

(清)曹雪芹撰　(清)王希廉评

清光绪三年(1877)芸居楼刻本　八册　十三

行三十字白口四周双边

T10343　新锓异说五虎平西珍珠旗演义狄青前传六卷一百一十二回

(□)□□撰

清道光奎壁堂刻本　二十二册　十行二十二字白口四周双边

T10344　新镌后续绣像五虎平南狄青演义六卷四十二回

(□)□□撰

清道光八年(1828)奎壁堂刻本　十四册　十二行二十五字白口四周单边

T10345　乾隆巡幸江南记八卷七十六回

(□)□□撰

民国间上海共和书局石印本　六册

T10346　增订绘图精忠说岳全传八卷八十回

(清)钱彩撰

清末上海锦章图书局石印本　六册

T10347　绣像绘图绘芳园全录八卷八十回

题(清)西冷野樵撰

民国间上海进步书局石印本　八册

T10348　儒林外史六卷六十回

(清)吴敬梓撰

民国间上海爱石书店石印本　六册

T10349　新镌玉茗堂批评按鉴参补南宋志传十卷五十回

(□)□□撰

清小西山房刻本　八册　九行二十二字白口四周单边

T10350　万年青奇才新传六卷二十七回

(□)□□撰

清刻本　六册　十一行二十字白口四周单边

T10351　万年青奇才新传六卷二十七回

(□)□□撰

清刻本　八册　十一行二十二字白口四周单边

钤"蠹斋"朱方

T10352　后红楼梦三十回附刻吴下诸子和大观园菊花社原韵诗二卷

（□）□□撰

清刻本　八册　十一行二十二字白口四周单边

T10353　后西游记四十回

（□）□□撰

清末刻本　十二册　九行二十字白口左右双边

钤"蠹斋藏小说"朱长方、"周绍良经眼"白方

T10354　金石缘全传八卷二十四回首一卷

题（清）省斋主人重编

清刻本　八册　十二行二十七字白口四周双边

钤"蠹斋"朱方

T10355　金石缘全传八卷二十四回

题（清）省斋主人重辑

清道光六年（1826）鸿文堂刻本　四册　十一行二十六字白口四周单边

T10356　金石缘全传八卷二十四回

题（清）省斋主人重编

清同治四年（1865）华经堂刻本　四册　十一行二十六字白口四周单边

钤"蠹斋"朱方

T10357　新镌批评绣像后西游记四十回

（□）□□撰

清刻本　四册　十一行二十一字白口左右双边

T10358　义侠好逑传十八回

（□）□□撰

清同治五年（1866）佛山宝翰楼刻本　十二册　九行二十一字白口左右双边

T10359　新刊五美缘八十回

（□）□□撰

清文安堂刻本　四册　十一行二十二字白口四周单边

钤"蠹斋"朱方

T10360　林兰香八卷六十四回

（□）□□撰

清刻本　六册　九行二十字白口四周单边

T10361　廿六史通俗演义十四卷六十回

（清）吕抚撰

民国十五年（1926）上海锦章图书局石印本　十四册

T10362　廿六史通俗演义十四卷六十回

（清）吕抚撰

民国十五年（1926）上海锦章图书局石印本　十四册

T10363　新刊五美缘八卷八十回

（□）□□撰

清道光二十五年（1845）味经堂刻本　十二册　八行三十六字小字双行白口四周双边

T10364　铁花仙史二十六回

（□）□□撰

清恒谦堂刻本　八册　九行二十字白口四周单边

T10365　听月楼二十回

（□）□□撰

清刻本　四册　八行十七字黑口左右双边

T10366　义侠好逑传四卷十八回

（□）□□撰

清文诚堂刻本　八册　八行十八字白口左右双边

T10367　义侠好逑传四卷十八回

（□）□□撰

清经国堂刻本　四册　十二行二十七字白口四周单边

钤"某某所藏通俗善本小说印"白方

T10368　侠义风月传四卷十八回

题名教中人编

民国十年（1921）扫叶山房石印本　四册

T10369　好逑传四卷十八回

（□）□□撰

清益秀堂刻本　四册　十三行二十五字白口四周单边

405

T10370　林兰香八卷六十四回

(□)□□撰

清光绪二十年(1894)维新堂刻本　二册　十三行二十七字白口四周单边

T10371　新刊五美缘全传八十回

(□)□□撰

清道光十二年(1832)三余堂刻本　十册　八行三十三字小字双行白口四周单边

T10372　美益奇观孝义传八卷六十四回

(□)□□撰

清刻本　四册　八行十八字白口四周单边

T10373　林兰香八卷六十四回

(□)□□撰

民国间上海苏报馆铅印本　十二册

T10374　一字不识之新党三十三回

题(清)老耘撰　(清)泉唐布衣评

清光绪三十三年(1907)彪蒙书室铅印本　二册

T10375　后西游记六卷四十回

(□)□□撰

民国四年(1915)上海章福记书局石印本　六册

T10376　花幔楼批评写图小说生绡剪十九回

(□)□□撰

清刻本　八册　十二行二十四字白口四周单边

钤"蠹斋"朱方

T10377　后西游记四十回

(清)天花才子评点

清道光元年(1821)贵文堂刻本　一册　八行二十二字白口四周单边

T10378　警富新书四卷四十回

题(清)安和先生撰

清宣统元年(1909)亚东书会石印本　二十册

T10379　绣像七星六煞征南传四卷四十四回

(□)□□撰

清光绪二十七年(1901)文宜书局石印本

四册

T10380　绣像七星六煞征南后传四卷四十回

(□)□□撰

清光绪二十六年(1900)文宜书局石印本　四册

T10381　奇中奇全传四卷四十八回

(□)□□撰

清光绪三十年(1904)上海书局石印本　四册

T10382　草木春秋四卷三十二回

(□)□□撰

民国间上海江东书局石印本　四册

T10383　新出八剑七侠十六义平蛮演义后传六卷六十回六一至一百二十回

(□)□□撰

清文宜书局石印本　四册

T10384　新出八剑七剑十六义平蛮演义前传四卷六十回

(□)□□撰

民国间上海锦章书局石印本　四册

T10385　熙朝快史十二回

(□)□□撰

清末香港起新山庄石印本　四册

T10386　剑侠飞仙传六卷四十回

(□)□□撰

民国六年(1917)萃英书局石印本　六册

T10387　剑侠飞仙传六卷四十回

(□)□□撰

民国六年(1917)萃英书局石印本　六册

T10388　绘图彭公案六卷一百回续十卷八十回再续八卷八十回全续八卷八一回

(□)□□撰

清光绪二十二至二十五年(1896—1898)上海书局石印本　四册

T10389　绘图鸳鸯梦四卷十六回

(清)樵李烟水散人编次　(清)青溪醉客评

清石印本　十七册

T10390　绘图绣像巧冤家四卷二十九回
(□)□□撰
清光绪三十二年(1906)上海石印本　四册

T10391　新编案中奇缘第四奇书二卷十二回
(□)□□撰
清光绪二十三年（1897）上海文宜书局石印本
四册

T10392　新编案中奇缘第四奇书二卷十二回
(□)□□撰
清光绪二十三年（1897）上海文宜书局石印本
二册

T10393　湘军平逆传四卷八回
(□)□□撰
民国间上海书局石印本　四册

T10394　绘图群英杰后宋奇书四卷三十四回
(□)□□撰
清光绪二十年(1894)上海书局石印本　二册

T10395　绘图扫荡粤逆演义四卷八回
(□)□□撰
清光绪二十二年（1896）上海书局石印本
四册

T10396　再续济公传全部四卷四十一回
(□)□□撰
清光绪三十二年（1906）上海书局石印本
四册

T10397　绣像兰花梦奇传八卷六十八回
(□)□□撰
清光绪三十一年（1905）上海文元阁石印本
四册

T10398　第二奇书八卷六十四回
(□)□□撰
民国六年(1917)上海书局石印本　八册

T10399　第九才子书捉鬼传四卷十回
(□)□□撰
清末石印本　八册

T10400　绘图三续今古奇观六卷二十回
(□)□□撰
清末石印本　四册

T10401　绘图鸳鸯梦四卷十六回
(□)□□撰
清光绪二十一年（1895）上海书局石印本
六册

T10402　绘图平山冷燕四才子书四卷二十回
(清)荻岸散人撰
石印本　四册

T10403　绘图睢阳忠毅录四卷十六回
题(清)古吴素庵主人编　(清)茂苑种花小
史阅
清末石印本　四册

T10404　绘图续四才子四卷十八回
(□)□□撰
清石印本　四册

T10405　鸳鸯影四卷十八回
(□)□□撰
清道光十五年(1835)刻本　四册　十一行二
十四字白口四周单边
钤"蠡斋藏小说"朱长方、"周绍良经眼"白方

T10406　警富新书四卷四十回
题(清)安和先生撰
清道光十二年(1832)桐石山房刻本　四册
九行二十一字白口左右双边

T10407　燕山外史四六传奇四卷
(清)陈球撰
清同治五年(1866)鸣盛堂刻本　四册　八行
十九字白口四周单边
钤"蠡斋藏小说"朱长方、"东山草堂"朱方

T10408　绣像绿牡丹全传八卷六十四回
(□)□□撰
清道光十八年(1838)忠信堂刻本　二册　八
行十九字白口四周单边

T10409　云钟雁三闹太平庄全传五十四回
(□)□□撰
清同治三年(1864)一笑轩刻本　六册　十一
行二十一字白口四周单边

407

**T10410   新镌异说可闻绣像群英杰全传六卷
三十四回**

(□)□□撰

清佛山玉经楼刻本   十册   八行十八字白口
四周单边

钤"蠡斋藏小说"朱长方、"周绍良经眼"白方

T10411   最新时事滑稽小说新天地二卷

(□)□□撰

清宣统二年(1910)集文书局石印本   六册

T10412   绘图火烧上海红庙演义二卷十二回

(□)□□撰

清末上海石印本   一册

T10413   新辑左公平西全传四卷三十二回

(□)□□撰

清光绪三十年(1904)上海书局石印本   二册

T10414   绘图第一奇书莲子瓶四卷二十三回

(□)□□撰

清末石印本   四册

T10415   武则天四大奇案六卷六十四回

(□)□□撰

清光绪十六年(1890)上海书局石印本   二册

**T10416   绘图后宋慈云走国全传八卷三十
五回**

(□)□□撰

清光绪二十一年（1895）上海书局石印本
六册

T10417   绘图醒世第二奇书十二卷十二回

原题(明)天然痴叟撰   (清)墨憨主人评
石印本   四册   周绍良题识："此书即石点
头,但缺页第十三、四两篇。盖为安人所窃,
改此名耳。一九五二年十二月初旬得于北京
之富晋书社。周绍良记。"

T10418   绘图英云三生梦传八卷

(□)□□撰

清光绪二十年(1894)上海书局石印本   六册

T10419   绘图仙狐窃宝录四卷二十二回

(□)□□撰

清光绪十九年(1893)上海书局石印本   四册

T10420   绘图银瓶梅四卷二十三回

(□)□□撰

清光绪三十二年（1906）上海书局石印本
四册

T10421   新编玉燕姻缘传记六卷七十七回

(清)庞颂尧编

清光绪二十一年（1895）上海书局石印本
四册

T10422   全像圆梦四卷三十回

(□)□□撰

清光绪二十三年（1897）上海书局石印本
六册

**T10423   圣朝鼎盛万年青四集至八集三十八
回起三十九至七十六回**

(□)□□撰

清末石印本   四册

T10424   绘图如意缘四卷十六回

(□)□□撰

清光绪二十九年（1903）福记书庄石印本
五册

T10425   绣像飞仙剑侠奇缘四卷三十回

(□)□□撰

清光绪二十七年（1901）上海书局石印本
四册

T10426   花柳深情传四卷三十二回

(清)詹熙撰

清光绪二十七年（1901）上海书局石印本
四册

T10427   支那儿女英雄遗事八卷六十八回

(□)□□撰

清光绪二十九年（1903）上海弘文馆石印本
四册   周绍良题识："即兰花梦奇传,印于
光绪癸卯,视孙凯迪目录所著为早。"

T10428   兰花梦奇传六卷六十八回

(□)□□撰

清末石印本   八册

T10429　绘图大明奇侠传十四卷五十四回

（□）□□撰

清光绪二十一年（1895）上海书局铅印本
一册

T10430　李公案奇闻初集三十四回

题（清）惜红居士撰

清光绪二十八年（1902）北京文光书场刻本
六册　九行二十一字白口左右双边

钤"某某所藏曲本小说记"

T10431　绘图仙卜奇缘全传八卷四十回

（□）□□撰

清光绪二十三年（1897）上海书局石印本
六册

T10432　绣像四续济公传四卷四十回

（□）□□撰

清上海校经山房石印本　六册

T10433　绣像仙侠五花剑六卷三十回

（清）海上剑痴撰

清光绪三十年（1904）上海书局石印本　四册

T10441　石头记一百二十回首一卷

（清）曹雪芹撰　（清）东洞庭护花主人评

民国间上海铸记书局铅印本　六册

T10442　红楼梦十五卷一百二十回

（清）曹雪芹撰

民国十一年（1922）上海同文书局石印本　十
六册

T10443　石点头六卷十四回

题（清）天然痴叟撰　（清）墨憨主人评

清道光四年（1824）竹春堂刻本　三十二册
九行二十字白口左右双边

T10444　游仙窟一卷

（唐）张鷟撰

1928年海宁陈氏慎初堂铅印古佚小说丛刊初
集本　一册

T10445　岳飞八章

孙毓修撰

民国间商务印书馆铅印本　一册

T10446　义勇少年十四回

（英）金思敦撰

民国七年（1918）青年学会铅印本　一册

T10447　老残游记四卷

（清）刘鹗撰

民国四年（1915）上海广益书局石印本　四册

T10448　增像小五义传六卷一百二十四回

（□）□□撰

清光绪上海公兴书局铅印本　六册

T10449　宋史通俗演义一百回

蔡东藩编

民国十七年（1928）上海会文堂书局石印本
十册

T10450　增像小五义全传一百二十四回

（□）□□撰

民国间上海锦章图书局石印本　六册

T10451　花月痕十六卷五十二回

（清）魏秀仁撰

民国间上海书局石印本　六册

T10452　绘图老残游记四卷二十章

（清）刘鹗撰

民国间上海世界书局石印本　二册

T10453　照世杯四卷

题（明）酌元亭主人撰

民国六年（1917）海宁陈氏慎初堂铅印古佚小
说丛刊初集本　一册

T10454　详注聊斋志异图咏十六卷

（清）蒲松龄撰　（清）吕湛恩注

清光绪十二年（1886）石印本　四册

T10455　文字狱一卷

剑胆撰

民国间京话日报社铅印本　一册

T10456　南社小说集一卷

南社编

民国六年（1917）文明书局铅印南社丛刻本
十册

T10457　唐五代妖乱镜初集二卷十回

沈慰农撰

民国十六年(1927)天津铅印本　二册

T10458　袁世凯演义四十四回

通俗小说社编

民国十三年(1924)世界书局石印本　二册

T10459　清史通俗演义十卷一百回

蔡东藩撰

民国五年(1916)上海会文堂书局石印本
十册

T10460　南北史通俗演义十卷一百回

蔡东藩撰

民国十三年(1924)上海会文堂书局石印本
十册

T10461　清史通俗演义十卷一百回

蔡东藩撰

民国九年(1920)上海会文堂书局石印本
十册

T10462　荡寇志演义八卷一百四十回

(清)俞万春撰

民国间天宝书局石印本　二册

T10463　聊斋志异图咏十六卷

(清)蒲松龄撰　(清)王士正评　(清)但
明伦新评

民国间中新书局铅印本　九册

T10464　聊斋志异图咏十六卷

(清)蒲松龄撰　吕湛恩注

民国间中华书局铅印本　六册

T10465　聊斋志异图咏十六卷

(清)蒲松龄撰　(清)王士正评　吕湛恩注

民国十八年(1929)上海扫叶山房石印本　十
三册

T10466　聊斋志异新评十六卷

(清)蒲松龄撰　(清)王士正评　(清)吕
湛恩注

民国间中新书局铅印本　十六册

T10467　聊斋志异新评十六卷

(清)蒲松龄撰　(清)王士正评　(清)但
明伦新评

清道光二十二年(1842)刻本　九册　九行二
十一字白口左右双边

钤"卷飞楼子实氏珍藏"

T10468　金钟传八卷六十四回

(清)正一子　(清)克明子著

清光绪二十二年(1896)乐善堂刻本　十五册
九行二十字黑口左右双边

T10469　英云梦传八卷

(□)□□撰

清光绪十四年(1888)扫叶山房重刻本　八册
十行二十字白口四周双边

T10470　金钟传八卷六十四回

(清)正一子　(清)克明子著

清刻本　四册　十一行二十二字白口四周
单边

T10471　济颠大师醉菩提全传二十回

题(清)西湖墨浪子撰

清光绪四年(1878)京都聚珍堂活字印本　十
二册　十行二十字白口左右双边

**T10472　永庆升平前传四卷九十七回后传四
卷一百回**

(清)姜振名等撰

民国十四年(1925)上海天在宝书局石印本
八册

T10473　续聊斋志异十二卷

(清)王文治撰

民国三年(1914)练石斋书局石印本　五册

T10474　标注训译水浒传十五卷七十回

(日)平冈龙城撰

日本大正十五年(1926)近世汉文学会铅印本
十五册

T10475　当代名人小说孙传芳全史十二回

(□)□□撰

民国间上海沈鹤记书局石印本　一册

T10476　珠塔缘四卷二十回

马如飞撰

民国二年（1913）上海文益书局石印本　四册

T10477　灵犀劫十二回

（□）□□撰

抄本　一册

钤"曼青"朱方

T10478　醒世姻缘传一百回

（清）西周生辑著　（清）然藜子校定

清同治九年（1870）刻本　四册　十行二十二字白口四周双边

T10479　上下古今谈四卷二十回

吴敬恒撰

民国二十年（1931）文明书局铅印本　四册

T10480　新镌批评出像通俗奇侠禅真逸史四十回后史五十三回

（明）方汝浩撰

清刻本　二十四册　十行二十五字白口四周单边

T10481　新刻批评平山冷燕六卷二十回

（清）荻岸散人撰

清静寄山房刻本　十四册　十行二十四字白口四周单边

钤"周绍良读书记"朱方、"至德周氏藏书"白方

T10482　雪月梅传十卷五十回

（清）陈朗撰

清德华堂刻本　六册　九行二十一字白口四周双边

T10486　第十才子绿云缘六卷二十四回

（清）吴航野客编次

清光绪二十二年（1896）石香阁石印本　八册
周绍良题识："按即驻春园小史也。癸巳冬月得于故都之藻玉堂。绍良记于津沽西深精舍。"

T10487　一笑缘四卷二十四回

（□）□□撰

民国间上海进步书局石印本　四册

T10488　绣像济公全传续集三十回

（□）□□撰

清宣统二年（1910）上海校经山房石印本一册

T10489　绣像第十才子驻春园四卷二十四回

（清）吴航野客编次

清末石印本　九十六册

T10490　新辑文广平南全传四卷二十二回

（□）□□撰

清光绪二十五年（1899）上海书局石印本四册

T10491　绘图平山冷燕四才子书四卷二十回

（清）荻岸散人撰

石印本　四册

T10492　秦英征西四卷四十八回

（□）□□撰

民国三年（1914）上海茂记书庄石印本　三册

T10493　第九才子书捉鬼传四卷十回

题阳直樵云山人编

民国二年（1913）上海大东书局石印本　四册

T10494　新刻离合剑莲子瓶全集三十二回

（□）□□撰

清道光二十二年（1842）绿云轩刻本　一册
八行十七字白口四周单边

钤"蠹斋"朱方

T10495　异说五虎平西珍珠旗演义狄青前传六卷一百一十二回

（□）□□撰

清光绪三十年（1904）上海书局石印本　六册

T10496　精订纲鉴廿四史通俗衍义二十六卷四十回

（清）吕抚撰

清光绪十三年（1887）鸿宝斋石印本　八册

T10497　绣像小八义十二卷一百二十回

（□）□□撰

清光绪三十一年（1905）上海书局石印本六册

T10498　绣像小八义十二卷一百二十回

(□)□□撰

清光绪三十一年（1905）上海书局石印本
六册

T10499　结水浒全传七十卷一百四十回附结子一回

(清)俞万春撰

清同治十年(1871)俞泸玉屏山馆重刻本　二十册　十一行二十八字白口四周双边

钤"某某所藏通俗善本小说印"白方、"知不足斋"朱方、"多读书识道理"朱方、"业精于勤"白方、"松下问童子"朱方

T10500　回文传十六卷

(清)李渔撰

清道光六年(1826)大文堂刻本　二十册　十行五十字小字双行白口左右双边

钤"蠢斋"朱方

T10501　西湖小史四卷十六回

(清)蓉江撰

清光绪二年(1876)六经堂重刻本　八册　八行十八字白口四周单边

T10502　扬州梦十六回

(□)□□撰

铅印本　三册

T10503　玉燕姻缘传六卷七十七回二集四卷二十四回

(清)庞颂尧编

民国十七年（1928）上海沈鹤记书局石印本
十册

T10504　绿牡丹全传八卷六十四回

(□)□□撰

清光绪十三年(1887)重刻本　四册　八行十七字白口四周单边

T10505　绿牡丹全传八卷六十四回

(□)□□撰

清光绪七年(1881)泰山堂刻本　四册　十四行三十二字白口四周单边

钤"蠢斋"朱方

T10506　轰天雷十四回

□□撰

民国间铅印本　一册

T10507　官场维新记十六回

(□)□□撰

民国间铅印本　二册

T10508　新编肉丘坟十二卷九十八回

(□)□□撰

清光绪二十三年(1897)京都义善堂刻本　二册　十四行三十二字白口四周单边

钤"蠢斋"朱方

T10509　新刻再续彭公案八卷八十回

(□)□□撰

清光绪二十三年(1897)上海石印本　十二册

T10510　绘图新撰范文正公全传四卷三十四回

(□)□□撰

清宣统元年(1909)石印本　四册

T10511　真正绣像十六续济公传四卷四十回

(清)葛藩撰

清宣统三年（1911）上海校经山房石印本
四册

T10512　绣像十三续济公传四卷

(□)□□撰

清宣统二年（1910）上海校经山房石印本
四册

T10513　新出绘图宦海风波第一编十二回

(□)□□撰

清光绪三十四年(1908)石印本　四册

T10514　新刻增删二度梅奇说六卷

(□)□□撰

清谦亨堂刻本　一册　十三行二十六字白口四周单边

T10515　新刻二度梅奇说全集六卷四十回

(□)□□撰

清刻本　六册　十一行二十六字白口四周单边

T10516　狸猫换太子演义八卷八十回续八卷八十回三集八卷八十回

唐熊撰

民国十六年(1927)上海石印本　二十四册

T10517　增订精忠演义说岳全传二十卷八十回

(清)钱彩撰

清大文堂刻本　六册　十二行二十八字白口左右双边

钤"蠹斋"朱方

T10518　梼杌萃编十二编二十四回

(清)钱锡宝撰

民国间铅印本　六册

T10519　说岳全传二十卷八十回

(清)钱彩撰

民国间上海珍艺书局铅印　六册

T10520　新刊绣像永庆升平后传一百回

(清)贪梦道人撰

清光绪二十九年(1903)胜芳德林堂刻本　十二册　十一行二十五字白口左右双边

T10521　增订精忠演义说岳全传二十卷八十回

(清)钱彩撰

清泉城同文堂刻本　二十四册　九行二十一字白口左右双边

T10522　绣像结水浒传七十回附结子一回

(清)俞万春撰

清光绪二十二年(1896)焕文书局石印本　十册

T10523　结水浒全传八卷七十回附结子一回

(清)俞万春撰

民国间广益书局石印本　八册

T10524　结水浒全传七十卷七十回图像二卷结子一卷一回

(清)俞万春撰

清光绪二十二年(1896)慎记书庄石印本　八册

T10525　结水浒全传七十卷一百四十回附结子一回一卷

(清)俞万春撰

清末书业堂刻本　十六册　九行二十字白口四周单边

T10526　雪月梅传十卷五十回

(清)陈朗撰

清道光二十二年(1842)芸香堂刻本　二十四册　八行二十二字白口左右双边

T10527　蟫史二十卷

(清)屠绅撰

清刻本　十册　十行二十一字白口左右双边

T10528　蟫史二十卷

(清)屠绅撰

清末庭梅朱氏刻本　十二册　九行二十字白口左右双边

T10529　新刻善恶图全传四十回

(□)□□撰

清颂德轩刻本　十一册　九行二十字白口左右双边

钤"蠹斋"朱方

T10530　绘图再续儿女英雄全传四卷四十回

(□)□□撰

清宣统二年(1910)上海炼石斋书局石印本　八册

T10531　绣像永庆升平前传二十四卷九十七回

(清)姜振名撰

清光绪二十六年(1900)上海申昌书局石印本　四册

T10532　绣像五续济公传四卷四十回

(□)□□撰

清光绪三十四年(1908)上海普新书局石印本　十二册

T10533　雪月梅传五十回

(清)陈朗撰

清光绪刻本　四册　十行二十八字白口左右单边

413

T10534　新纂四望亭全传十一卷六十四回

(□)□□撰

清光绪十三年(1887)京都琉璃厂重刻本　八册　十一行三十四字小字双行白口四周双边

T10535　新刻三合明珠宝剑全传六卷四十二回

(□)□□撰

清道光二十八年(1848)经纶堂刻本　六册　十行二十四字白口四周单边

钤"周绍良印"白方、"蠹斋藏小说"朱长方

T10536　续儿女英雄全传三十二回

(□)□□撰

清光绪二十四年(1898)京都宏文书局石印本　六册

T10537　新刊绣像彭公案二十三卷一百回

题(清)贪梦道人撰

清光绪二十年(1894)民安堂刻本　六册　八行三十三字小字双行白口四周单边

钤"蠹斋"朱方

T10538　老残游记二十卷

(清)刘鹗撰

民国间天津日日新闻社铅印本　十二册

函套上朱笔题"周绍良藏　老残游记"

T10539　续侠义传十六回

(□)□□撰

清刻本　二册　九行二十一字白口四周双边

T10540　忠孝节义二度梅全传六卷四十回

(□)□□撰

清颜锦章刻本　四册　十行二十三字黑口左右双边

T10541　绘图刘进忠三春梦六卷三十三回

(□)□□撰

清末石印本　一册

T10542　绣像永庆升平全传二十四卷

(□)□□撰

清宝文堂刻本　一册　十一行二十五字白口左右双边

钤"蠹斋"朱方

T10543　羊石园演义七回

(□)□□撰

清光绪二十五年(1899)东华报馆铅印本　二十四册

T10544　绘图工界伟人十回

(清)苍园撰

清宣统元年(1909)时事报馆铅印本　一册

T10545　绣像醒世姻缘传一百回

(清)西周生辑著

清光绪二十年(1894)上海书局石印本　一册

T10546　绣像醒世姻缘传一百回

(清)西周生辑著

清光绪二十四年(1898)上海书局石印本　十册

T10547　新刻天花藏批评平山冷燕四卷二十回

(清)荻岸散人撰

清大文堂刻本　十册　九行二十字白口左右双边

钤"蠹斋藏小说"朱长方

T10548　情梦柝四卷二十回

(□)□□撰

清末解颜堂刻本　四册　十三行二十五字白口四周单边

T10549　新刻天花藏批评平山冷燕四卷二十回

(清)荻岸散人撰

清三让堂刻本　二册　九行十七字白口左右双边

钤"蠹斋"朱方

T10550　增像全图清烈传四十卷一百回

(□)□□撰

清光绪二十年(1894)珍艺书局铅印本　四册

T10551　桃花新梦二编

题(清)香梦词人撰

清宣统三年(1911)改良小说社铅印本　六册

T10552　混元盒五毒全传二十回

(□)□□撰

清同治十年(1871)授经堂刻本　一册　十一行二十八字白口四周双边

钤"蠹斋藏小说"朱长方、"周绍良经眼"白方

T10553　续纂施公案三十六卷一百回

(□)□□撰

清光绪二十年(1894)梓潼会刻本　二册　八行十六字白口左右双边

T10554　第十才子书六卷二十四回

(清)吴航野客编次　(清)水箸散人评

清光绪二年(1876)唯发堂刻本　二十四册　九行二十一字白口左右双边

钤"周绍良印"白方、"蠹斋藏小说"朱长方

T10555　新刻天花藏批评平山冷燕四卷二十回

(清)荻岸散人撰

清光绪二十八年(1902)刻本　四册　八行十六字白口四周单边

T10556　结水浒全传七十卷七十回附结子一回

(清)俞万春撰

清咸丰七年(1857)东离山人重刻本　四册　十一行二十一字白口四周单边

T10557　异说后唐传三集薛丁山征西樊梨花全传十二卷八十八回

(□)□□撰

清光绪十九年(1893)崇德堂刻本　二十四册　八行二十二字白口左右双边

钤"蠹斋"朱方

T10558　新刻济颠大师醉菩提全传二十回

(□)□□撰

清刻本　六册　十一行二十四字白口四周单边

T10559　新刊绣像彭公案二十三卷一百回

题(清)贪梦道人撰

清光绪十八年(1892)德林堂刻本　二册　十一行二十六字白口四周单边

T10560　续四才子四卷十八回

(□)□□撰

清光绪十四年(1888)姑苏红叶山房刻本　二十四册　十行二十二字白口四周双边

钤"曾在周绍良处"朱长方　周绍良题识："此即两交婚,一名玉觉禅。孙楷第《中国通俗小说书目》著录巴黎图书馆藏道咸间枕松堂刊本,题步月主人著,首墨庄老人序。今此本未著撰人,序亦无款,不知与巴黎藏者同异若何?绍良记。五三年十二月十日。"

T10561　济颠大师醉菩提全传二十回

(□)□□撰

清刻本　四册　十一行二十八字白口四周双边

钤"蠹斋"朱方

T10562　新镌后续绣像五虎平南狄青演传六卷四十二回

(□)□□撰

清善成堂刻本　六册　十行二十二字白口四周双边

T10563　新镌异说五虎平西珍珠旗演义狄青前传十四卷一百一十二回

(□)□□撰

清同文堂刻本　六册　十行二十一字白口四周单边

钤"蠹斋"朱方

T10564　新刻大宋杨文广平南全传四卷二十二回

(□)□□撰

清同治四年(1865)富经堂刻本　十四册　十一行二十一字白口四周单边

T10565　红楼复梦一百回

题红香阁小和山樵南阳氏编辑　款月楼武陵女史月文氏校订

民国十二年(1923)上海启新书局石印本　十六册

T10566　异说后唐传三集薛丁山征西樊梨花全传十卷八十八回

(清)如莲居士编

清末经文堂刻本　四册　十一行二十三字白口四周单边

钤"蠹斋"朱方

T10567　安禄山全传四卷四十回

(清)□□

民国二十年(1931)上海沈鹤记书局石印本四册

T10568　新刊绣像升仙传演义八卷五十六回

(□)□□撰

清光绪七年(1881)东泰山房重刻本　十册十二行二十七字白口四周单边

钤"蠹斋"朱方

T10569　海国春秋十二卷

(□)□□撰

民国间上海苏报馆铅印本　九册

T10570　七真祖师列仙传不分卷

(□)□□撰

清光绪十九年(1893)重刻本　八册　十三行三十字白口四周单边

钤"某某所藏通俗善本小说印"白方

T10571　草木春秋演义三十二回

(清)江洪撰

清嘉庆二十三年(1818)博石堂刻本　六册九行二十四字白口四周双边

T10572　圣朝鼎盛万年青初集至八集七十六回

(□)□□撰

清末石印本　六册

T10573　绣像南唐演义薛家将一百回

(□)□□撰

清光绪二十一年(1895)上海文盛堂石印本八册

T10574　铁冠图八卷五十回

(□)□□撰

清光绪二十年(1894)友德堂刻本　四册　九行二十字白口四周单边

T10575　铁冠图八卷五十回

(□)□□撰

清光绪四年(1878)宏文堂刻本　四册　十行二十二字白口左右双边

钤"蠹斋藏小说"朱长方、"周绍良经眼"白方

T10576　南唐薛家将六卷一百回

(□)□□撰

民国间上海文益书局石印本　四册

T10577　新刻异说南唐演义全传十卷一百回

(□)□□撰

清似菊别墅刻本　六册　九行十七字白口左右双边

钤"蠹斋"朱方

T10578　新刻中兴大唐演义传十卷

(清)如莲居士编次

清光绪十二年(1886)京都文义堂刻本　五册十一行二十八字白口四周单边

钤"蠹斋"朱方

T10579　新刻中兴大唐演义传十卷一百回

(□)□□撰

清光绪十二年(1886)京都立盛堂刻本　六册十四行三十字白口四周双边

T10580　新刊绣像全图施公案后传二十五卷一百回

(□)□□撰

清光绪十九年(1893)上海书局石印本　四册

T10581　第九才子书平鬼传四卷十回

(清)东山云中道人撰

清经纶堂刻本　六册　九行十八字白口四周单边

T10582　海公小红袍全传四卷四十二回

(□)□□撰

民国十三年(1924)上海江东书局石印本四册

T10583　圣朝鼎盛万年青初集至八集七十六回

(□)□□撰

清末上海江左书局石印本　四册

T10584　蝴蝶媒四卷十六回

题（清）南岳道人编　（清）青溪醉客评

刻本　八册　九行十八字白口四周单边

钤"蠹斋"朱方

T10585　绘图施公案四卷九十八回续集六卷一百回三集四卷五十回四集四卷五

（□）□□撰

清光绪二十六年（1900）上海书局石印本四册

T10586　映旭斋增订北宋三遂平妖全传十八卷四十回

（明）罗贯中撰　（明）冯梦龙增订

清刻本　二十册　九行二十字白口左右双边

T10587　醒世姻缘传一百回

（清）西周生辑著

清同治九年（1870）刻本　八册　十三行二十八字白口左右双边

T10588　绘图后施公案六卷一百回

（□）□□撰

清光绪二十年（1894）上海书局石印本　二十四册

T10589　施案奇闻八卷九十七回

（□）□□撰

清务本堂刻本　六册　九行二十字白口左右双边

T10590　辽天鹤唳记四编十六回

（□）□□撰

清光绪三十年（1904）石印本　四册

T10591　新镌绣像赵太祖三下南唐被困寿州城八卷五十三回

（清）好古主人撰

清同治四年（1865）丹桂室刻本　二册　十行二十一字白口四周单边

T10592　绘图绘芳录八卷八十回

题（清）西泠野樵撰

清光绪二十年（1894）上海书局石印本　八册

T10593　邻女语十二回

（□）□□撰

民国间商务印书馆铅印本　一册

T10594　黄金世界二卷二十回

题（清）碧荷馆主人撰

清光绪三十二年（1906）小说林社铅印本八册

T10595　梼杌闲评五十卷五十回

（□）□□撰

清刻本　一册　九行二十字白口四周单边

T10596　忠孝勇烈奇女传四卷三十二回

（□）□□撰

清光绪三十三年（1907）义盛堂刻本　十六册九行二十字白口左右双边

T10597　新刊北魏奇史闺孝烈传十二卷四十六回

（清）张绍贤撰

清道光三十年（1850）藏德堂刻本　四册　九行二十四字白口四周单边

钤"蠹斋"朱方

T10598　双英记十二回

题（清）河氏梦庄居士撰

清咸丰五年（1855）十二室刻本　十二册　十行二十字白口四周双边　周绍良题识："稀见甲本，蠹斋得于历城。"

钤"蠹斋"朱方

T10599　永乐演义五卷三十四回

题（清）空谷老人编

民国四年（1915）上海自强书局石印本　二册

T10600　绣像绿牡丹全传六卷六十四回

（□）□□撰

清光绪十八年（1892）上海书局石印本　四册

T10601　彭公清烈传十三集

□□撰

民国七年（1918）间上海江东茂记书局石印本七十九册

T10602　梼杌闲评五十卷五十回

（□）□□撰

417

清刻本　四册　九行二十字白口四周单边

T10603　新编续西游记一百回
(□)□□撰
清刻本　十六册　九行二十字白口左右双边
钤"周绍良印"白方、"蠹斋藏"白方

T10604　康梁演义四卷四十回
(清)□□撰
民国间石印本　四册

T10606　玉楼春四卷二十四回
(□)□□撰
民国间上海炼石斋书局石印本　十六册

T10607　元史通俗演义六十回
蔡东藩撰
民国十一年(1922)上海会文堂书局石印本
六册

T10608　元史通俗演义六十回
蔡东藩撰
民国十一年(1922)上海会文堂书局石印本
六册

T10609　元史通俗演义六十回
蔡东藩撰
民国十一年(1922)上海会文堂书局石印本
六册

T10610　马鹞子全传四卷七十回
赵绂章撰
民国间上海竞智图书馆石印本　四册

T10611　第七才子琵琶记六卷
(□)□□撰
民国间文宜书局石印本　四册

T10612　东周列国全志二十三卷一百八回
(清)蔡元放评点
清刻本　一册　十二行三十五字小字双行白
口四周单边
钤"蠹斋"朱方

T10613　快心录七卷十四回
题山石老人撰
清抄本　七册

T10614　笔耕山房宜春香质四集二十回
题醉西湖心月主人撰
民国间抄本　四册

**T10615　歧路灯二十卷一百五回附家训谆言
八十一条**
(清)李海观撰
民国间钞本　二十册

T10616　章台柳四卷十六回
(清)(□)□□撰
民国间抄本　二册

T10617　航海西游记八十四回
(清)胡圣思撰
民国间抄本　八册

T10618　魏忠贤小说斥评书
(□)□□撰
抄本　五册

T10619　警寤钟四卷十六回
题嗤嗤道人撰　琢月山人校
民国间抄本　二册

T10620　醒梦骈言十二回
(清)题蒲崖主人辑
清抄本　六册

T10621　碎心记不分卷
刘苹漪撰
民国间抄本　一册

**T10622　皇明大儒王阳明先生出身靖乱录
三卷**
(明)冯梦龙撰
民国间抄本　二册

T10623　九云梦
□□撰
朝鲜抄本　一册
钤"蠹斋"朱方

T10624　雅观楼全传四卷十六回
题檀园主人编
民国间抄本　二册

T10625　圣烈传二卷

（清）乐舜日撰　赵云书辑

民国间钞本　二册

T10626　樵史通俗演义八卷四十回

题江左樵子撰　钱江拗生批点

民国间抄本　八册

钤"蠹斋藏"白方、"周绍良"朱方、"王锡璜藏书记"朱长方

T10627　封神演义诠解十卷

（清）俞景撰　邹存淦删补

清咸丰六年（1856）稿本　十册

邹存淦题识："删补封神演义诠解序。演义不知起于何时，今所传施耐庵《水浒传》、罗贯中《三国志》似最古。盖施、罗皆元人耳。自此以后《列国志》《西游记》《平妖传》《金瓶梅》诸书皆传自明季《封神传》，亦其一也。第列国、三国虽约略正史，疑以传疑，每多杜撰，不知考据为典故，故诬古人而误后学，流弊实不可胜言。至《金瓶梅》《水浒传》之海盗海淫，更不足论矣。《西游记》之取经西竺，当时实有其事，所不可知者，行者等耳。悟一子《真诠》出，而人始恍然悟为证道之什，然尚未能知《封神传》之亦含玄理也。咸丰丙辰客杭寓陈君耀奎（溶照）家偶得俞湖隐景《封神诠解》草稿，勾勒涂抹，几难入目。时日长无事，因约略句读辑录一过，编为十卷，是亦证道之一种，悟一子视之定当把臂入林矣。今人心不古，江河日下，读正史者每不终卷，得小说读之则津津有味，豆棚瓜架之间拍手纵谈，自以为博识者有之，然终不免为通人所笑。何不以此为谈柄，庶不致厚诬古人，而转知服食养胎之秘诀，其所得不已多乎？越三十许年，重理旧作，为叙数言于卷首。时光绪十年甲申大寒节海宁三百三十有六甲子老人邹存淦俪筌氏识于白莲花寺前之勤艺堂。"　俞樾题识："封神诠解序。《丘长春西游记》乃记西域地理者，故钱竹汀补《元史·艺文志》入之地理类。世俗所传《西游记演义》非丘作也，乃有悟一子者，不知何人，为作《西游真诠》，而此书居然谈道之书矣。《封神传》荒诞不经，更甚于《西游》，士大夫不屑寓目，然《夷坚志》载

程法师能持哪吒火球咒，则哪吒风火轮事亦必有本。陶景宏真语载建家埋圆石，文云'五方诸神赵公明'等，余考之《左传疏》知即晋侯之所梦大厉也，则赵公明亦实有其人。□此书者，始亦博览古书者欤。仁和有俞君者名景，自号湖隐，仿悟一子评《西游记》之例，作《封神传诠解》。其设想之奇，会意之巧，与悟一子异曲同工。而此书亦居然谈道之书矣。夫道，无所不在也。庄子不云乎道，在蝼蚁，在稊稗，在瓦甓，在屎溺。夫至屎溺犹可见道，况此洋洋数十万言文字乎？推而言之，《西厢记》临去秋波一语，可以悟禅。上大人孔乙己童子习书仿本也，而白云禅师以举示郭功甫。云淡风轻近午天儿童所读《千家诗》首篇也，而张界轩谓此诗备阴阳四时之气。然则吾人苟于道有得，随所见而皆有合焉，岂必《参同契》《阴符经》而后可以谈甲边庚内之功，见虎存龙想之妙哉？俞君与余同姓，同为浙人，而余不之知邹俪筌先生得此书于蟫断矗朽之中，而涂乙几不可辨识，乃以数年之功，董而理之，手自缮写，遂成定本。其哲嗣景□大令，余门下士也。出以示余，余读一过而归之。景□俾珍藏焉。方今卮言日出，东西洋新小说风行一时，而颇多离经背道之言，固不如读先生此书，使人悠然而有会矣。"　周绍良题识："右俞曲园先生所作也。此书始终无刻本，当时读春在堂杂文补遗，以为或已久不在天壤间矣。今年春偶得此书于南中，大喜过望，视之的是邹氏原钞本，因重为装池，并录原序于前。乙未中元周绍良识于都门。"　钤"周绍良印"白方、"蠹斋"朱方、"臣淦"朱方、"邹印存淦"白方、"俪筌"朱方

T10628　西游原旨一百回西游读法一卷西游始终歌一卷

（清）刘一明撰

清抄本　十四册

T10629　聊斋志异评注十六卷

（清）蒲松龄撰　（清）王士正评

民国间商务印书馆铅印本　八册

T10630　水浒传七十回

（日）平冈龙城译

日本大正三年（1914）近世汉文学会铅印本
十五册

T10631　绘图镜花缘一百回
（清）李汝珍撰
清光绪二十一年（1895）上海积山房书局石印
本　二十三册

T10632　第一才子书绣像三国演义十六卷
（清）毛宗岗评
清光绪三十年（1904）上海商务印馆铅印本
六册

T10633　东周列国志二十七卷
（清）蔡元放评点
清光绪十四年（1888）上海点石斋石印本　十
四册

T10634　花月痕四卷五十二回
（清）眠鹤道人撰
民国八年（1919）上海锦章书局石印本　二册

T10635　绘芳园全录八卷八十回
（清）西冷野樵撰
民国间上海进步书局石印本　八册

T10636　长春真人西游记二卷附录一卷
（元）李志常撰
民国二十五年（1936）中华书局铅印四部备要
本　一册

**T10637　绣像全图东汉演义四卷六十回西汉
演义四卷一百回**
（□）□□撰
清光绪三十年（1904）章福记石印本　十四册

T10638　南北史通俗演义一百回
蔡东藩编
民国十三年（1924）上海会文堂书局石印本
十册

T10639　宋史通俗演义一百回
蔡东藩编
民国十二年（1923）上海会文堂书局石印本
十册

T10640　石点头六卷十四回

题（清）天然痴叟撰　（清）墨憨主人评
清道光四年（1824）竹春堂刻本　六册　九行
二十字白口左右双边

T10641　绘图镜花缘一百回
（清）李汝珍撰
清光绪十四年（1888）点石斋石印本　六册

**T10642　镌玉茗堂批点残唐五代史演义传二
卷六十回**
（明）罗贯中撰
清光绪十六年（1890）经元堂刻本　六册　九
行二十一字白口左右双边

**T10643　映旭斋增订北宋三遂平妖全传十八
卷四十回**
（明）罗贯中撰　（明）冯犹龙补
清刻本　四册　十一行二十七字白口左右
双边

T10644　残唐五代演义传十二卷六十回
（明）罗贯中撰
清刻本　六册　十四行二十八字白口左右
双边
钤"蠹斋藏小说"朱长方、"周绍良经眼"白方

T10645　绣像忠烈全传六十卷六十回
（□）□□撰
清末刻本　六册　十二行二十八字白口四周
单边

T10646　绘图平金川四卷三十二回
（清）张小山撰
清光绪二十六年（1900）焕文堂刻本　十册
九行二十字白口四周单边
钤"蠹斋"朱方

T10647　绣像北宋金枪全传十卷五十回
（明）研石山樵订正　（清）废闲主人校阅
清刻本　四册　九行二十二字黑口四周双边

**T10648　四雪堂重订通俗隋唐演义二十卷一
百回**
（清）褚人获撰
清同治五年（1866）连元阁重刻本　十册　九
行二十一字白口左右双边

T10649　双奇梦传四卷二十回
（□）□□撰
清刻本　二十册　十行二十四字白口四周单边
钤"绍良赏"朱方、"晓玲藏书"朱方

T10650　新编绣像簇新小说麟儿报十六回
（□）□□撰
清飞斋刻本　二册　九行十七字白口左右双边
钤"周绍良印"白方、"蠹斋"朱方

T10651　雅观楼全传四卷十六回
（清）题济檀园主人编
清芥轩刻本　二册　九行十七字白口左右双边

T10652　新刊续彭公案十卷八十回
（□）□□撰
清光绪二十二年（1896）上海书局石印本四册

T10653　新刻按鉴编纂开辟衍绎六卷八十回
（明）周游撰
清道光十年（1830）刻本　六册　十六行四十二字白口四周单边

T10654　新刻按鉴编纂开辟衍绎通俗志传六卷八十回
（明）周游撰
清刻本　六册　九行十八字白口左右双边
钤"周绍良印"白方、"蠹斋"朱方

T10655　增订绘图精忠说岳全传八卷八十回
（清）钱彩撰
清光绪三十一年（1905）上海书局石印本六册

T10656　忠烈侠义传一百二十回
（□）□□撰
清光绪五年（1879）刻本　八册　十一行二十六字白口四周单边

T10657　绣像金台全传十二卷六十回
（□）□□撰
清光绪二十五年（1899）宁波甬江王文书局石

印本　二十四册

T10658　金粉录四卷三十回
题（清）燕山逸叟编　（清）珠湖居士校定
清光绪石印本　十二册

T10659　绣像蜃楼外史六卷三十回
题（清）八泳楼主述　（清）吴中梦花居士编
清光绪二十一年（1895）上海书局石印本一册

T10660　全像第十才子奇书四卷十六回
（□）□□撰
清光绪二十二年（1896）上海文宜书局石印本六册

T10661　人间乐四卷十八回
（□）□□撰
清光绪十九年（1893）上海居士石印本　四册

T10662　人间乐四卷十八回
（□）□□撰
清光绪十九年（1893）上海居士石印本　二册

T10663　人间乐四卷十八回
（□）□□撰
清光绪十九年（1893）上海居士石印本　二册

T10664　绘像铁花仙史二十六回
（□）□□撰
清光绪十八年（1892）上海石印本　四册

T10665　绘图大明奇侠传前传五十四回
（□）□□撰
清光绪三十二年（1906）上海书局石印本四册

T10666　绣像金台全传六卷六十回
（□）□□撰
清末上海炼石书局石印本　六册

T10667　结水浒全传七十回
（清）俞万春撰
清同治十年（1871）重刻本　六册　十一行二十八字白口四周双边

421

T10668　南北史通俗演义十卷一百回

蔡东藩撰

民国十三年(1924)会文堂石印本　十册

T10669　两晋通俗演义十卷一百回

蔡东藩撰

民国十三年(1924)会文堂石印本　十册

T10670　明史通俗演义十卷一百回

蔡东藩撰

民国九年(1920)会文堂石印本　十册

T10671　三宝太监下西洋通俗演义十六卷一百回

(明)罗懋登撰

民国十二年（1923）江左书林顺记石印本
八册

T10672　忠烈全传六卷六十回

(□)□□撰

民国三年(1914)沈鹤记书局石印本　六册

T10673　明清两国志演义四卷四十回

题鹅湖山人编

民国二年(1913)年斐章书局石印本　四册

T10674　两晋通俗演义十卷一百回

蔡东藩撰

民国十三年(1924)会文堂石印本　十册

T10675　明末痛史演义六卷四十六回

赵绂章撰

民国十一年(1922)交通图书馆铅印本　六册

T10676　后汉通俗演义十卷一百回

蔡东藩撰

民国十五年(1926)上海会文堂石印本　十册

T10677　金钟传八卷六十四回

题(清)正一子　(清)克明子撰

民国十五年(1926)上海锦文堂石印本　八册

T10678　红楼真梦六十四回

题云淙花隐撰

铅印本　十六册

T10679　快心编初集五卷十回二集五卷十回

三集六卷十二回

(□)□□撰

清课花书屋刻本　二十四册　十行二十五字
白口左右双边

T10680　绘图绘芳录八卷八十回

题(清)西冷野樵撰

清光绪二十年(1894)上海书局石印本　十六册

T10681　绘图银瓶梅四卷二十四回

(□)□□撰

清末石印本　八册　周绍良题识："此书为莲子瓶,孙楷第小说书目作二十三回,细按此二十三回本,独落此书之第二十三回之下半章及二十四回之前半也。"

T10682　五代史通俗演义六卷六十回

蔡东藩撰

民国十二年(1923)上海会文堂书局石印本
六册

T10683　五代史通俗演义六卷六十回

蔡东藩撰

民国十二年(1923)上海会文堂书局石印本
六册

T10684　五代史通俗演义六卷六十回

蔡东藩撰

民国十二年（1923）上海会文堂书局石印本
六册

T10685　绣像绿牡丹全传六卷六十四回

(□)□□撰

清光绪十八年(1892)上海书局石印本　一册

T10686　绣像七剑十三侠续集六卷六十回

题(清)月湖渔隐撰

清光绪二十七年(1901)石印本　四册

T10687　四游记十四卷

(清)吴元泰撰

民国间启新书局石印本　四册

T10688　彭公清烈传四卷四十回

(清)□□撰

422

民国十三年（1924）上海江东茂记书局石印本
一册

T10689　三侠剑清烈传四卷二十回
（□）□□撰
民国间上海江东茂记书局石印本　四册

T10690　济公传四卷四十回
（□）□□撰
民国间上海校经山房石印本　四册

T10691　镜花缘二十卷一百回
（清）李汝珍撰
清咸丰刻本　二十册　十行三十九字小字双
行黑口左右双边

**T10692　八剑七侠十六义平蛮演义前传四卷
六十回**
（□）□□撰
民国间上海锦章图书局石印本　八册

T10693　绣像绘图奇缘赛桃源四卷三十回
（□）□□撰
清光绪二十一年（1895）上海书局石印本　二
十册

T10694　绣像野草闲花臭姻缘四卷四十回
（□）□□撰
清光绪二十一年（1907）石印本　四册

T10695　增像全图加批西游记八卷一百回
（明）吴承恩撰　（清）陈士斌诠评
清光绪三十三年（1907）上海章福记石印本
四册

T10696　水浒传十二卷七十回
（清）王望如评
民国间广兴书局铅印本　十二册

T10697　洞冥记十卷三十八回
洴源惟一子辑
民国十三年（1924）铅印本　五册

**T10698　绣像七剑十三侠初集六卷六十回续
集六卷六十回三集六卷六十回**
（清）桃花馆主编次
清光绪三十二年（1906）文盛书局石印本　十

六册

**T10699　绣像绘图廿四史通俗衍义六卷四十
四回**
（清）吕抚撰
清光绪上海会文堂书局石印本　五册

T10700　绣像结水浒全传八卷
（清）俞万春撰
民国间上海大成书局石印本　五册

**T10701　增评加注全图红楼梦十五卷一百二
十回**
（清）曹雪芹撰
民国间上海扫叶山房石印本　五册

**T10702　增评加注全图红楼梦十五卷一百二
十回**
（清）曹雪芹撰
清末上海扫叶山房石印本　八册　存八至十
五卷

**T10703　增像全图东周列国二十七卷一百零
八回**
（清）蔡元放评点
民国间上海中新书局铅印本　八册　存八卷
（八至十五）

T10704　安邦志八卷
题补留生撰
民国十七年（1928）上海大一统图书局石印本
八册

T10705　绘图评点女仙外史一百回
（□）□□撰
清光绪石印本　八册　存十四卷（十四至二
十七）

T10706　新刻平闽全传八卷五十二回
（□）□□撰
清光绪十二年（1886）仁寿堂刻本　三册　十行
二十五字白口四周单边　存八卷（九至十六）

**T10707　儿女英雄传十二卷四十回续传四卷
三十二回**
（清）燕北闲人撰

民国间上海启新书局铅印本 三册 存五卷
（一至五）

T10708 明史通俗演义十卷
蔡东藩撰
民国十三年（1924）上海会文堂书局石印本
八册

T10709 廿六史通俗演义十四卷
（清）吕抚辑
民国十五年（1926）上海锦章书局石印本 十
二册

T10710 东周列国全志二十三卷一百零八回
（清）蔡元放评点
清刻本 八册 十二行三十五字小字双行白
口四周单边 存四卷（九至十二）

T10711 绘图增像后列国志十卷六十回
（□）□□撰
石印本 二十四册

T10712 西汉演义一百回东汉演义六十四回
（□）□□撰
民国三年（1914）上海共和书局石印本 五册

T10713 增像第六才子书五卷
（□）□□撰
民国间上海江东书局石印本 四册 存五卷
（六至十）

T10714 清史通俗演义十卷
蔡东藩撰
民国十四年（1925）上海会文堂石印本 六册

T10715 南北史通俗演义十卷
蔡东藩撰
民国十三年（1924）上海会文堂石印本 六册

T10716 醒世姻缘传一百回
（清）西周生辑著
清同治九年（1870）刻本 四册 十行二十二
字白口四周双边

T10717 再续济公传四卷四十一回
（□）□□撰
民国间上海校经山房石印本 十册

T10718 真正绣像十五续济公传四卷四十回
（□）□□撰
清宣统三年（1911）上海校经山房石印本 三
册 存三卷（二至四）

T10719 宋史通俗演义十卷
蔡东藩撰
民国十二年（1923）上海会文堂书局石印本
一册

T10720 闽都别记二十集
何求撰
民国三十五年（1946）福州万国出版社石印本
十五册

T10721 新刻平闽全传六卷五十二回
（□）□□撰
清光绪十一年（1885）刻本 三册 八行十七
字白口四周单边

T10722 镜花缘二十卷一百回
（清）李汝珍撰
清嘉庆刻本 二册 十三行二十七字白口四
周单边 存二卷（一、六）

T10723 林兰香八卷
（□）□□撰
清道光刻本 十九册 十行二十字白口四周
单边

T10724 增补斋省堂儒林外史六十回
（清）吴敬梓撰
清光绪三十二年（1906）石印本 六册 存四
卷（五至八）

T10725 第一才子书六十卷二百回
（清）毛宗岗评
清宣统元年（1909）上海时中书局铅印本
五册

T10726 唐五代妖乱镜初集四卷
沈慰农编
民国十七年（1928）铅印本 二册

T10727 唐五代妖乱镜初集四卷
沈慰农编

民国十七年（1928）铅印本　二册

T10728　聊斋志异十六卷
（清）蒲松龄撰
清刻本　十四册　十一行二十四字白口四周单边

T10729　新编凤双飞后传十六卷
（□）□□撰
抄本　二册　存八卷（九至十六）

T10730　第一才子书十九卷
（清）毛宗岗评
清刻本　十册　十二行三十五字小字双行白口四周单边

T10731　第一才子书十九卷
（清）毛宗岗评
清刻本　九册　十二行三十五字小字双行白口四周单边　存九卷（一至二、四至十）

T10732　清史通俗演义十卷一百回
蔡东藩撰
民国九年（1920）上海会文堂书局石印本十册

T10733　扬州梦十六回
（□）□□撰
民国间铅印本　三册

T10734　全相平话五种
（□）□□撰
1956年上海文学古籍刊行社影印本　五册

T10735　五代史通俗演义六卷六十回
蔡东藩撰
民国十二年（1923）上海会文堂书局石印本六册

T10736　醉醒石十五回
题东鲁古狂生撰
民国间诵芬室刻本　二册　十一行二十六字白口四周单边

T10737　红楼梦八卷八十回
（清）曹雪芹撰
1973年人民文学出版社影印本　二十册

T4000104　绘图官场现形记六十卷
（清）李伯元撰
清光绪二十九年（1903）崇本堂石印本　十七册

T4000542　金石缘全传二十四回
（□）□□撰
清乾隆十四年（1749）刻本　八册　九行十七字白口左右双边

T4001168　聊斋志异十六卷
（清）蒲松龄撰
清乾隆青柯亭刻本　十六册　九行二十一字黑口左右双边
钤"至德周叔弢藏"朱方、"就菊斋珍藏"朱长方、"楞严室"朱方

T501738　景宋残本五代平话八卷
董康辑
清宣统三年（1911）毗陵董氏诵芬室刻本　二册　十五行二十五字黑口四周单边

T602083　聊斋志异新评十六卷
（清）蒲松龄撰　（清）王士祯评
清末中新书局铅印本　六册　存八卷（九至十六）

附录：

天津图书馆藏小说禁书目录

登87913　金瓶梅一百回
题（明）兰陵笑笑生撰
清康熙皋鹤堂刻本　十六册　十一行二十二字小字双行同白口四周单边

登91643　肉蒲团六卷二十回
（□）□□撰
清活字本　六册　九行二十一字黑口左右双边

登91734　梅兰佳话四卷
（□）□□撰
抄本　四册

登91545　五色石八卷
（□）□□撰

抄本　四册

登 92378　明月台
(□)□□撰
抄本　二册

登 92518　天下第一绝妙书
题莫厘悟色子著
抄本　二册

登 91705　快士传十六卷
(□)□□撰
抄本　二册

登 91649　恋情人六卷十二回
(□)□□撰
抄本　一册

登 91647　觉世悟桐歌十二回
(□)□□撰
抄本　四册

登 91661　鸳鸯会全传八回
(□)□□撰
抄本　三册

登 91556　风流悟八回
(□)□□撰
抄本　四册

登 87914　金瓶梅一百回
题(明)兰陵笑笑生撰
清康熙影松轩刻本　二十四册　十行二十字
白口四周单边

登 91641　浪史四十回
(□)□□撰
抄本　二册

登 91527　三世报隔帘花影四十八回
(□)□□撰
清刻本　六册　九行十九字白口四周单边

登 91546　金瓶梅一百回
题(明)兰陵笑笑生撰
清康熙刻本　二十四册　十行二十二字白口
四周单边

登 91691　玉楼春四卷二十四回
(清)白云道人撰　(清)无缘居士点评
清刻本　四册　十二行二十五字白口四周
单边

登 91727　痴人福四卷八回
(□)□□撰
清嘉庆十年(1805)云秀轩刻本　四册　九行
十八字白口四周单边

登 91654　奇缘记十二回
(□)□□撰
清刻本　二册　十二行二十三字白口四周
双边

登 92415　妖狐艳史六卷十二回
(□)□□撰
清刻本　二册　九行二十字白口左右双边

登 92803　品花宝鉴六十回
(□)□□撰
清刻本　二十册　八行二十二字白口左右
双边

登 94715　金虏海陵王荒淫
(□)□□撰
铅印本　二册
钤"蠹斋"白方

登 91521　金虏海陵王荒淫
(□)□□撰
铅印本　一册
钤"费潮瑞"白方

登 92548　金虏海陵王荒淫
(□)□□撰
铅印本　一册

登 92549　金虏海陵王荒淫
(□)□□撰
铅印本　一册

登 91563　金瓶梅词话
题(明)兰陵笑笑生撰
民国间古籍刊行社影印本　十九册

登87913　　金瓶梅一百回

题(明)兰陵笑笑生撰

清康熙皋鹤堂刻本　十六册　十一行二十二字小字双行同白口四周单边

登91565　　第一奇书一百回

题(明)兰陵笑笑生撰

清刻本　二十册　十一行二十二字小字双行同白口四周单边

登91566　　金瓶梅

题(明)兰陵笑笑生撰

民国间太素轩刻本　四册　十行三十一字白口四周双边

登91568　　钟情传

(□)□□撰

香港石印本　三册

登91410　　风流天子传八卷四十回

(□)□□撰

清光绪二十一年(1895)石印本　八册

登91653　　闹花丛四卷

(□)□□撰

清刻本　一册　十一行二十四字白口四周单边无格

登91900　　瑶花传十一卷

(□)□□撰

民国间慎修堂刻本　十册　十一行二十六字白口四周单边

登84044　　续金瓶梅六十四回

(清)丁耀亢著

清刻本　十二册　九行二十字白口四周双边

登91569　　续金瓶梅六十四回

(清)丁耀亢著

清刻本　十二册　九行二十字白口四周双边

登91570　　金屋梦

(□)□□撰

民国间交通图书馆铅印本　十二册

登84029　　玉娇梨二十回

(清)夷荻散人编

清嘉庆三尺堂刻本　四册　十行三十一字白口四周双边

登91673　　玉娇梨二十回

(清)夷荻散人编

民国间江东书局石印本　四册

登91672　　玉娇梨二十回

(清)夷荻散人编

民国间宝翰楼刻本　四册　九行十八字白口四周单边

登91671　　玉娇梨二十回

(清)夷荻散人编

清乾隆禅山书房振贤堂刻本　四册　十行三十一字白口四周双边

登92519　　美人书四卷

(□)□□撰

民国间刻本　三册　九行二十字白口四周双边

登91644　　桃花影

(清)陈蝶仙撰

民国间刻本　一册　九行二十字白口四周双边

登91600　　海上花列传

(□)□□撰

石印本　十六册

登84000　　风月梦

(□)□□撰

民国间中报铅印本　四册

登91585　　风月梦

(□)□□撰

民国间聚盛堂刻本　六册　十行三十一字白口四周双边

登91586　　风月梦

(□)□□撰

民国间江左书林刻本　四册　十一行二十六字白口四周单边

登84046　　三世报隔帘花影四十八回

(□)□□撰

427

清刻本　八册　九行十九字白口四周单边

登 91573　三世报隔帘花影四十八回

(□)□□撰

石印本　四册

登 91577　蜃楼志二十四卷

(清)庾岭劳人著

清刻本　八册　十二行二十三字白口四周双边

登 91728　痴人福四卷八回

(□)□□撰

石印本　四册

登 92524　浓情秘史二卷

(□)□□撰

抄本　一册

登 91650　醒世和尚奇缘二卷

(□)□□撰

抄本　一册

登 91655　绣戈袍真传八卷

(清)江南随园主人撰

清刻本　八册　十行二十字白口左右双边

登 92406　像煞有介事四马白相记

(□)□□撰

石印本　一册

登 92326　新贪欢报

(□)□□撰

石印本　二册

登 92444　蜃楼志二十四卷

(□)□□撰

石印本　六册

登 92451　野草闲花臭姻缘

(□)□□撰

石印本　四册

登 91845　杀子报四卷

(□)□□撰

石印本　四册

钤"蠹斋记"白方

登 91846　杀子报四卷

(□)□□撰

石印本　四册

登 92450　真真鬼话聊篇

(□)□□撰

石印本　二册

登 92713　真真活神仙

(□)□□撰

石印本　一册

登 91651　桃花艳史六卷

(□)□□撰

清刻本　一册　九行二十一字黑口左右双边

登 92457　花影奇情传四卷

(□)□□撰

石印本　八册

登 92445　新辑查潘斗胜全传

(□)□□撰

石印本　四册

登 91601　青楼宝鉴六十四回

(清)韩邦庆撰

石印本　十五册

登 92403　改良仙人跳新小说

(□)□□撰

石印本　一册

登 91648　巫山艳史四卷十六回

(□)□□撰

旧刻本　一册　九行十八字白口四周单边

登 92401　李春来说本

(□)□□撰

石印本　一册

登 92335　黑心奇案

(□)□□撰

石印本　一册

登 92405　上海空心大老官

(□)□□撰

石印本　一册

登92404　大少爷拉洋车
(□)□□撰
石印本　一册

登91607　海上繁花梦
(□)□□撰
笑林报铅印本　十一册

登92430　武则天外史二十八回
(清)不奇生撰
石印本　二册

登92537　聚珍本小丛书
(□)□□撰
石印本　十五册

登92543　闺门秘术
(□)□□撰
石印本　四册

登92725　载阳堂意外缘
(□)□□撰
民国十五年(1926)石印本　二册

登91919　阴阳斗异说传奇
(□)□□撰
清光绪石印本　二册

登91980　风流太守三十回
(清)张愿圃撰
清末石印本　二册

登91998　梦游上海名妓争风传
(□)□□撰
清光绪石印本　四册

登91997　梦游上海名妓争风传
(□)□□撰
清光绪石印本　四册

登91645　浓情快史三十回
(□)□□撰
旧刻本　一册　十一行二十二字小字双行同
白口四周单边

登94045　欢喜冤家
(□)□□撰

清道光刻本　十册　十一行二十八字白口四
周单边

登92321　新上海
(□)□□撰
铅印本　十册

登92320　新上海
(□)□□撰
铅印本　十册

登91587　品花宝鉴六十回
(□)□□撰
清刻本　二十册　八行二十二字白口左右
双边

登91588　品花宝鉴
(□)□□撰
幻斋刻本　二十册　十一行二十四字白口四
周单边

登91589　品花宝鉴六十回
(□)□□撰
清刻本　三十二册　十二行二十三字白口四
周双边

登91590　燕京评花录
(□)□□撰
石印本　六册

登92440　五更钟
(□)□□撰
铅印本　一册

登92453　载阳堂意外缘四卷十八回
(清)周竹安撰
清光绪石印本　四册

登83981　青楼梦六十四回
(清)俞达撰
铅印本　十册

登91595　青楼梦六十四回
(清)俞达撰
石印本　八册

登 92390　　缘中缘

（□）□□撰

石印本　一册

登 91446　　浓情快史三十回

（□）□□撰

石印本　六册

登 92385　　并命花

（□）□□撰

铅印本　一册

登 92400　　闺中侠

（□）□□撰

石印本　一册

登 92391　　青春梦

（□）□□撰

石印本　一册

登 13509　　儿女浓情传

（□）□□撰

石印本　五册

登 34097　　九尾龟

（□）□□撰

石印本　八册

登 17420　　三世报隔帘花影四十八回

（□）□□撰

清刻本　八册　九行十九字白口四周单边

登 238667　　隋炀帝艳史四卷十六回

（□）□□撰

清刻本　八册　十一行二十四字白口四周
单边

书名笔画索引

一画

一字不识之新党三十三回 ………… 406
一笑缘四卷二十四回 ………… 411

二画

二十年目睹之怪现状八卷一百零八回
………… 397
七侠五义二十四卷一百二十回 ……… 396
七真因果二卷二十九回 ………… 399
七真因果二卷二十九回 ………… 400
七真祖师列仙传不分卷 ………… 416
八剑七侠十六义平蛮演义前传四卷六
十回 ………… 423
人间乐四卷十八回 ………… 421
人间乐四卷十八回 ………… 421
人间乐四卷十八回 ………… 421
儿女英雄传十二卷四十回续四卷三十
二回 ………… 402
儿女英雄传十二卷四十回续传四卷三
十二回 ………… 423
儿女英雄传三十九回 ………… 401
儿女英雄传四十一回 ………… 394
儿女英雄传四十回首一回 ………… 384
儿女英雄传评话八卷四十回续八卷三
十二回 ………… 395
儿女英雄传评话四十一回 ………… 394
儿女英雄传评话四十一回 ………… 395
儿女英雄传评话四十一回 ………… 395
儿女英雄传评话四十回 ………… 386
儿女英雄传评话四十回首一回 ……… 378
儿女浓情传 ………… 430

九云梦 ………… 418
九尾龟 ………… 430

三画

三世报隔帘花影四十八回 ………… 426
三世报隔帘花影四十八回 ………… 427
三世报隔帘花影四十八回 ………… 428
三世报隔帘花影四十八回 ………… 430
三国志平话三卷 ………… 386
三国志通俗衍义二十四卷二百四十则
………… 376
三国志通俗演义二十四卷 ………… 391
三国志通俗演义二十四卷 ………… 391
三国志通俗演义二十四卷 ………… 391
三国志演义一百二十回 ………… 378
三国志演义一百二十回 ………… 378
三侠剑清烈传四卷二十回 ………… 423
三宝太监下西洋通俗演义十六卷一百
回 ………… 422
于少保萃忠全传十卷四十传 ………… 377
于少保萃忠全传十卷四十传 ………… 396
于少保萃忠全传十卷四十传 ………… 396
大少爷拉洋车 ………… 429
大明正德皇帝游江南传七卷 ………… 383
大唐三藏取经诗话三卷 ………… 389
大唐三藏取经诗话三卷附新雕大唐三
藏法师取经记一卷 ………… 390
大唐三藏取经诗话三卷附新雕大唐三
藏法师取经记一卷 ………… 390
大隋志传四卷四十六回 ………… 395
大隋志传四卷四十六回 ………… 395
万年青奇才新传六卷二十七回 ……… 404
万年青奇才新传六卷二十七回 ……… 404

上下古今谈四卷二十回 …………… 411
上下古今谈前编四卷二十回 …… 401
上海空心大老官 …………………… 428
义侠好逑传十八回 ………………… 405
义侠好逑传四卷十八回 …………… 405
义侠好逑传四卷十八回 …………… 405
义勇少年十四回 …………………… 409
广四十家小说四十种 ……………… 375
飞龙传六十回 ……………………… 380
飞龙传六十回 ……………………… 383
飞龙传六十回 ……………………… 397
飞龙全传十二卷六十回 …………… 380
小八义十二卷 ……………………… 404
小五义一百二十四回 ……………… 396
马鹞子全传四卷七十回 …………… 418

四画

王麻子不分卷 ……………………… 402
天下第一绝妙书 …………………… 426
天花藏批评玉娇梨五卷二十回天花藏
　　批评平山冷燕五卷二十回 …… 380
天花藏批评平山冷燕八卷二十回 … 385
元史通俗演义六十回 ……………… 418
元史通俗演义六十回 ……………… 418
元史通俗演义六十回 ……………… 418
云钟雁三闹太平庄全传五十四回 … 407
廿六史通俗演义十四卷 …………… 424
廿六史通俗演义十四卷六十回 …… 405
廿六史通俗演义十四卷六十回 …… 405
廿载繁华梦四十回 ………………… 399
五代史通俗演义六卷六十回 ……… 422
五代史通俗演义六卷六十回 ……… 422
五代史通俗演义六卷六十回 ……… 422
五代史通俗演义六卷六十回 ……… 425
五色石八卷 ………………………… 425
五更钟 ……………………………… 429
五美缘全传八十回 ………………… 385
支那儿女英雄遗事八卷六十八回 … 408
长春真人西游记二卷附录一卷 …… 420
今古奇观八卷三十八回 …………… 393

今古奇观四十回 …………………… 388
今古奇观四十卷 …………………… 378
今古奇观四十卷 …………………… 385
今古奇观四十卷 …………………… 388
今古奇观四十卷 …………………… 388
今古奇观四十卷 …………………… 393
今古奇观四十卷 …………………… 393
风月梦 ……………………………… 427
风月梦 ……………………………… 427
风月梦 ……………………………… 427
风月鉴十六卷十六回 ……………… 383
风流天子传八卷四十回 …………… 427
风流太守三十回 …………………… 429
风流悟八回 ………………………… 426
凤凰池四卷十六回 ………………… 381
文字狱一卷 ………………………… 409
双凤奇缘十卷八十回 ……………… 396
双凤奇缘传二十卷八十回 ………… 390
双英记十二回 ……………………… 417
双奇梦传四卷二十回 ……………… 421
水石缘六卷 ………………………… 380
水石缘六卷 ………………………… 400
水浒传十二卷七十回 ……………… 423
水浒传十五卷七十回 ……………… 387
水浒传七十五卷七十一回 ………… 388
水浒传七十回 ……………………… 419
水浒传八卷七十回 ………………… 403
水浒传八卷七十回 ………………… 403
水浒传八卷九十回 ………………… 388
水浒传三十五卷七十回 …………… 404
水浒后传十卷四十回首一卷 ……… 379
水浒后传八卷四十回 ……………… 382
水浒后传八卷四十回论略一卷 …… 375
水浒全传十二卷七十回 …………… 387
水浒全传八卷七十回 ……………… 400
水浒志传评林二十五卷 …………… 388
水浒志传评林二十五卷 …………… 388
水浒志传评林二十五卷 …………… 388

五画

玉茗堂绣像昭君和番双奇缘传八卷八

十回 ···················· 391

玉娇梨二十回 ·············· 427

玉娇梨二十回 ·············· 427

玉娇梨二十回 ·············· 427

玉娇梨二十回 ·············· 427

玉楼春四卷二十四回 ·········· 418

玉楼春四卷二十四回 ·········· 426

玉燕姻缘传六卷七十七回二集四卷二

　　十四回 ················ 412

古今小说四十回附一卷 ········ 388

石头记一百二十回首一卷 ······ 409

石点头十四卷 ·············· 388

石点头六卷十四回 ··········· 409

石点头六卷十四回 ··········· 420

龙凤配再生缘十二卷七十四回 ··· 404

龙图公案八卷 ·············· 394

平妖传八卷四十回 ··········· 379

东汉演义四卷六十四回 ········ 390

东周列国全志一百八回 ········ 390

东周列国全志一百八回 ········ 399

东周列国全志一百零八回 ······ 389

东周列国全志一百零八回 ······ 389

东周列国全志一百零八回 ······ 390

东周列国全志二十三卷一百八回 ·· 418

东周列国全志二十三卷一百八回附图

　　一卷 ················· 377

东周列国全志二十三卷一百零八回 · 424

东周列国志一百零八回 ········ 389

东周列国志一百零八回 ········ 390

东周列国志二十七卷 ········· 420

东周列国志二十七卷一百零八回 ·· 389

东周列国志二十七卷一百零八回 ·· 389

东周列国志二十七卷一百零八回 ·· 389

东周列国志二十七卷一百零八回图像

　　一册 ················· 389

东晋演义八卷西晋演义四卷 ····· 386

北史演义六十四卷 ··········· 380

四大奇书第一种二十卷一百二十回 ·· 375

四大奇书第一种十九卷一百二十回 · 391

四大奇书第一种十九卷一百二十回 · 391

四大奇书第一种十九卷一百二十回 ·· 391

四大奇书第一种十九卷一百二十回首

　　一卷 ················· 382

四大奇书第一种五十一卷一百二十回

　　　　　　　　　　　　　 391

四大奇书第一种六十卷一百二十回 ·· 382

四大奇书第一种六十卷一百二十回 ·· 382

四大奇书第一种六十卷一百二十回 ·· 386

四大奇书第一种六十卷一百二十回 ·· 391

四雪草堂重订通俗隋唐演义二十卷一

　　百回图一卷 ············· 378

四雪草堂重订通俗隋唐演义二十卷一

　　百回图一卷 ············· 378

四雪堂重订通俗隋唐演义二十卷一百

　　回 ··················· 420

四游记十四卷 ·············· 422

白圭志四卷十六回 ··········· 402

白莲教演义四卷二十四回 ······ 400

兰花梦奇传六卷六十八回 ······ 408

永乐演义五卷三十四回 ········ 417

永庆升平前传四卷九十七回后传四卷

　　一百回 ················ 410

圣烈传二卷 ··············· 419

圣朝鼎盛万年青四集至八集三十八回

　　起三十九至七十六回 ······· 408

圣朝鼎盛万年青初二三集三十八回 ·· 396

圣朝鼎盛万年青初集至八集七十六回

　　　　　　　　　　　　　 416

圣朝鼎盛万年青初集至八集七十六回

　　　　　　　　　　　　　 416

台湾外纪十卷 ·············· 402

辽天鹤唳记四编十六回 ········ 417

六画

老残游记二十卷 ············ 414

老残游记四卷 ············· 409

再续济公传四卷四十一回 ······ 424

再续济公传全部四卷四十一回 ···· 407

西汉演义一百回东汉演义六十四回 · 424

西汉演义八卷一百回 ········· 390

西汉演义八卷一百回东汉演义十卷一

百二十六回 ·············· 390

西汉演义四卷一百回东汉演义四卷六

　　十四回 ·············· 390

西湖小史四卷十六回 ·············· 412

西湖佳话古今遗迹十六卷 ·············· 379

西湖佳话古今遗迹十六卷题 ·············· 384

西湖佳话古今遗迹十六卷题 ·············· 384

西湖拾遗四十四卷附录一卷 ·············· 389

西游记十二卷一百回 ·············· 400

西游记八卷一百回 ·············· 404

西游记传四卷四十一回 ·············· 392

西游证道大奇书二十卷一百回 ·············· 379

西游补十六回 ·············· 380

西游补十六回 ·············· 392

西游真诠一百回 ·············· 378

西游真诠一百回 ·············· 380

西游真诠一百回 ·············· 383

西游真诠一百回 ·············· 394

西游真诠一百回 ·············· 394

西游原旨一百回西游读法一卷西游始

　　终歌一卷 ·············· 419

西游原旨二十四卷一百回 ·············· 383

西游原旨二十四卷一百回 ·············· 394

西游原旨二十四卷一百回 ·············· 402

列国志辑要八卷 ·············· 383

扬州梦十六回 ·············· 412

扬州梦十六回 ·············· 425

当代名人小说孙传芳全史十二回 ·············· 410

吕祖全传一卷后卷一卷 ·············· 393

回文传十六卷 ·············· 412

肉蒲团六卷二十回 ·············· 425

后三国石珠演义不分卷三十回 ·············· 386

后水浒荡平四大寇传六卷四十九回 ·············· 395

后水浒荡平四大寇传六卷四十九回 ·············· 402

后水浒荡平四大寇传四十九回 ·············· 396

后汉通俗演义十卷一百回 ·············· 390

后汉通俗演义十卷一百回 ·············· 422

后西游记六卷四十回 ·············· 406

后西游记四十回 ·············· 405

后西游记四十回 ·············· 406

后列国志八卷六十回 ·············· 389

后红楼梦三十回附刻吴下诸子和大观

　　园菊花社原韵诗二卷 ·············· 405

后红楼梦三十回首一卷 ·············· 386

后续大宋志家将文武曲星包公狄青万

　　花楼初传六卷六十八回 ·············· 401

后续大宋杨家将文武曲星包公狄青初

　　传初传十四卷六十八回 ·············· 399

后续大宋杨家将文武曲星包公狄青初

　　传初集十四卷六十八回 ·············· 398

后续大宋杨家将文武曲星包公狄青初

　　传初集十四卷六十八回 ·············· 398

后续大宋杨家将文武曲星包公狄青初

　　传初集十四卷六十八回 ·············· 398

全相平话三国志三卷 ·············· 390

全相平话五种 ·············· 390

全相平话五种 ·············· 425

全相平话四种十二卷 ·············· 390

全像圆梦四卷三十回 ·············· 408

全像第十才子奇书四卷十六回 ·············· 421

杀子报四卷 ·············· 428

杀子报四卷 ·············· 428

齐省堂增订儒林外史五十六回 ·············· 398

羊石园演义七回 ·············· 414

并命花 ·············· 430

兴替金鉴二十卷一百五十四回 ·············· 395

安邦志八卷 ·············· 423

安禄山全传四卷四十回 ·············· 416

异说五虎平西珍珠旗演义狄青前传六

　　卷一百一十二回 ·············· 411

异说后唐传三集薛丁山征西樊梨花全

　　传十二卷八十八回 ·············· 415

异说后唐传三集薛丁山征西樊梨花全

　　传十卷八十八回 ·············· 415

异说征西演义全传六卷四十回 ·············· 381

异说征西演义全传六卷四十回 ·············· 387

阴阳斗异说传奇 ·············· 429

好逑传四卷 ·············· 380

好逑传四卷十八回 ·············· 405

欢喜冤家 ·············· 429

红楼复梦一百回 ·············· 415

红楼真梦六十四回 ·············· 401

红楼真梦六十四回 ·············· 422

红楼梦一百二十回 375

红楼梦一百二十回 378

红楼梦一百二十回 382

红楼梦一百二十回 399

红楼梦一百二十回 400

红楼梦一百二十回论赞一卷总评一卷

·············· 393

红楼梦一百二十卷 404

红楼梦二十八卷二十八回 400

红楼梦二十八卷二十八回 400

红楼梦十五卷一百二十回 409

红楼梦八卷八十回 425

红楼梦偶说二卷 ·············· 384

红楼梦精义一卷 ·············· 386

红楼梦稿一百二十回 400

孙庞演义四卷二十回乐田演义四卷十

八回 ·············· 397

孙庞演义乐田演义四卷二十回后一种

四卷十八回 ·············· 389

七画

花月痕十六卷五十二回 ·············· 409

花月痕四卷五十二回 420

花月痕全书十六卷五十二回 392

花月痕全书十六卷五十二回 397

花柳深情传四卷三十二回 408

花幔楼批评写图小说生绡剪十九回 406

花影奇情传四卷 428

巫山艳史四卷十六回 ·············· 428

李公案奇闻初集三十四回 409

李春来说本 ·············· 428

豆棚闲话十二卷 379

豆棚闲话十二卷 392

豆棚闲话十二卷十二则 383

两晋通俗演义十卷一百回 387

两晋通俗演义十卷一百回 422

两晋通俗演义十卷一百回 422

医界现形记四卷二十二回 399

批点聊斋志异十六卷 ·············· 402

吴三桂演义四卷四十回 ·············· 401

吴越春秋四卷四十八回 398

听月楼二十回 384

听月楼二十回 405

希夷梦四十卷 381

希夷梦四十卷四十回 397

邻女语十二回 ·············· 417

删订二奇合传十六卷四十四回 388

删订二奇合传十六卷四十四回 388

言情小说五日缘二十章 402

快士传十六卷 426

快心录七卷十四回 418

快心编初集五卷十回二集五卷十回三

集六卷十二回 381

快心编初集五卷十回二集五卷十回三

集六卷十二回 422

宋史通俗演义一百回 409

宋史通俗演义一百回 420

宋史通俗演义十卷 ·············· 424

宋史通俗演义十卷一百回 404

评论出像水浒传二十卷七十回 ·············· 387

评注图像水浒传七十五卷七十回 388

评注图像水浒传七十回 402

初刻封神演义八卷一百回 379

初刻封神演义八卷一百回 383

灵犀劫十二回 411

改良仙人跳新小说 428

妖狐艳史六卷十二回 ·············· 426

八画

武则天四大奇案六卷六十四回 408

武则天外史二十八回 ·············· 429

青春梦 430

青楼宝鉴六十四回 428

青楼梦六十四回 429

青楼梦六十四回 429

英云梦传八卷 380

英云梦传八卷 380

英云梦传八卷 410

林兰香八卷 ·············· 424

林兰香八卷六十四回 …………… 399
林兰香八卷六十四回 …………… 405
林兰香八卷六十四回 …………… 406
林兰香八卷六十四回 …………… 406
雨窗欹枕集不分卷 ……………… 393
奇中奇全传四卷四十八回 ……… 406
奇缘记十二回 …………………… 426
轰天雷十四回 …………………… 412
拍案惊异十六卷 ………………… 393
拍案惊奇十八卷 ………………… 383
拍案惊奇三十五回 ……………… 392
拍案惊奇三十六卷 ……………… 375
拍案惊奇三十六卷 ……………… 375
歧路灯二十卷一百五回附家训谆言八
　十一条 ………………………… 418
明月台 …………………………… 426
明末痛史演义六卷四十六回 …… 422
明史通俗演义十卷 ……………… 424
明史通俗演义十卷一百回 ……… 422
明清两国志演义四卷四十回 …… 422
忠义水浒传二十卷一百十五回 … 375
忠义水浒传十七卷一百一十四回 … 395
忠义水浒全书一百二十回附宣和遗事
　一卷水浒忠义一百八人籍贯出身一
　卷图一卷 ……………………… 375
忠义水浒全书一百二十回首一卷图一
　卷 ……………………………… 375
忠孝节义二度梅全传六卷四十回 … 414
忠孝勇烈奇女传四卷三十二回 … 417
忠烈全传六卷六十回 …………… 422
忠烈侠义传一百二十回 ………… 394
忠烈侠义传一百二十回 ………… 421
岭南逸史二十八回 ……………… 380
岭南逸史六卷二十八回 ………… 399
岭南逸史四卷二十八回 ………… 399
图像新撰五剑十八义四十回 …… 403
图像镜花缘一百回 ……………… 399
图像镜花缘全传六卷一百回 …… 400
岳飞八章 ………………………… 409
岳武穆精忠传六卷六十八回 …… 394
侠义风月传四卷十八回 ………… 398

侠义风月传四卷十八回 ………… 398
侠义风月传四卷十八回 ………… 402
侠义风月传四卷十八回 ………… 405
侠女奇缘传评话四十回 ………… 395
金石缘全传二十四回 …………… 425
金石缘全传八卷二十四回 ……… 405
金石缘全传八卷二十四回 ……… 405
金石缘全传八卷二十四回首一卷 … 384
金石缘全传八卷二十四回首一卷 … 405
金虏海陵王荒淫 ………………… 426
金虏海陵王荒淫 ………………… 426
金虏海陵王荒淫 ………………… 426
金虏海陵王荒淫 ………………… 426
金钟传八卷六十四回 …………… 410
金钟传八卷六十四回 …………… 410
金钟传八卷六十四回 …………… 422
金屋梦 …………………………… 427
金瓶梅 …………………………… 427
金瓶梅一百回 …………………… 425
金瓶梅一百回 …………………… 426
金瓶梅一百回 …………………… 426
金瓶梅一百回 …………………… 427
金瓶梅词话 ……………………… 426
金粉录四卷三十回 ……………… 421
狐狸缘六卷二十二回 …………… 403
闹花丛四卷 ……………………… 427
官场现形记五编六十回 ………… 399
官场现形记五编六十卷 ………… 399
官场现形记初编十二卷续编十二卷 … 402
官场维新记十六回 ……………… 412
官板大字全像三国志二十四卷一百二
　十回 …………………………… 383
详注聊斋志异图咏十六卷 ……… 409
详注聊斋志异图咏十六卷首一卷 … 386

九画

春柳莺四卷十回 ………………… 381
封神演义十九卷一百回补评一卷 … 394
封神演义八卷一百回 …………… 400
封神演义诠解十卷 ……………… 419

草木春秋四卷三十二回 …………… 406

草木春秋演义三十二回 …………… 402

草木春秋演义三十二回 …………… 416

荡寇志演义八卷一百四十回 ……… 410

南北史通俗演义一百回 …………… 420

南北史通俗演义十卷 ……………… 424

南北史通俗演义十卷一百回 ……… 410

南北史通俗演义十卷一百回 ……… 422

南史演义三十二卷 ………………… 387

南社小说集一卷 …………………… 409

南唐薛家将六卷一百回 …………… 416

标注训译水浒传十五卷七十回 …… 410

残唐五代史演义传十二卷六十回 … 384

残唐五代演义传十二卷六十回 …… 420

皆大欢喜四卷 ……………………… 385

映旭斋增订北宋三遂平妖全传十八卷

　　四十回 …………………………… 417

映旭斋增订北宋三遂平妖全传十八卷

　　四十回 …………………………… 420

昭君传八卷八十回 ………………… 391

品花宝鉴 …………………………… 429

品花宝鉴六十回 …………………… 426

品花宝鉴六十回 …………………… 429

品花宝鉴六十回 …………………… 429

钟情传 ……………………………… 427

重刻绣像说唐演义全传六十八回后传

　　五十五回 ………………………… 380

皇明大儒王阳明先生出身靖乱录三卷

　　　　　　　　　　　　　　　　418

皇明百家小说一百八种 …………… 376

鬼谷四友志三卷 …………………… 389

剑侠飞仙传六卷四十回 …………… 406

剑侠飞仙传六卷四十回 …………… 406

剑侠传四卷图像一卷 ……………… 385

剑侠传四卷续四卷 ………………… 385

施案奇闻八卷九十七回 …………… 417

闺门秘术 …………………………… 429

闺中侠 ……………………………… 430

闽都别记二十集 …………………… 424

美人书四卷 ………………………… 427

美益奇观孝义传八卷六十四回 …… 406

前汉通俗演义十卷一百回 ………… 390

觉世名言十二卷三十八回 ………… 379

觉世名言十二卷三十八回 ………… 383

觉世名言十二楼十二卷四十八回 … 384

觉世名言六卷十二种三十八回 …… 381

觉世悟桐歌十二回 ………………… 426

洪秀全演义四十卷三百二十回 …… 399

洪秀全演义四集五十四回 ………… 399

洞冥记十卷三十八回 ……………… 423

济公传四卷四十回 ………………… 423

济颠大师醉菩提全传二十回 ……… 410

济颠大师醉菩提全传二十回 ……… 415

浓情快史三十回 …………………… 429

浓情快史三十回 …………………… 430

浓情秘史二卷 ……………………… 428

说岳全传二十卷八十回 …………… 413

说唐罗通扫北全传四卷十五回 …… 387

说唐征西全传六卷九十回 ………… 387

说唐前传后传十卷六十八回后一种六

　　卷四十二回 ……………………… 386

结水浒全传七十回 ………………… 421

结水浒全传七十卷一百四十回附结子

　　一回 ……………………………… 412

结水浒全传七十卷一百四十回附结子

　　一回一卷 ………………………… 413

结水浒全传七十卷七十回末一卷结子

　　一回 ……………………………… 382

结水浒全传七十卷七十回附结子一回

　　　　　　　　　　　　　　　　415

结水浒全传七十卷七十回图像二卷结

　　子一卷一回 ……………………… 413

结水浒全传七十卷末一卷 ………… 386

结水浒全传八卷七十回附结子一回 … 413

绘芳园全录八卷八十回 …………… 420

绘图三下南唐全传四卷五十三回 … 402

绘图三公奇案三种十卷 …………… 393

绘图三国志演义八卷一百四十八回 … 386

绘图三续今古奇观六卷二十回 …… 407

绘图工界伟人十回 ………………… 414

绘图大明奇侠传十四卷五十四回 … 409

绘图大明奇侠传前传五十四回 …… 421

绘图万花楼传十四卷六十八回 ……… 398
绘图火烧上海红庙演义二卷十二回 …… 408
绘图龙图公案四卷 ………………… 385
绘图龙图公案四卷 ………………… 397
绘图平山冷燕四才子书四卷二十回 …… 407
绘图平山冷燕四才子书四卷二十回 …… 411
绘图平金川四卷三十二回 …………… 385
绘图平金川四卷三十二回 …………… 397
绘图平金川四卷三十二回 …………… 401
绘图平金川四卷三十二回 …………… 420
绘图仙卜奇缘全传八卷四十回 ……… 409
绘图仙狐窃宝录四卷二十二回 ……… 408
绘图老残游记四卷二十章 …………… 409
绘图再续儿女英雄全传四卷四十回 …… 413
绘图扫荡粤逆演义四卷八回 ………… 407
绘图后宋慈云走国全传八卷三十五回

……………………………………… 408
绘图后施公案六卷一百回 …………… 417
绘图刘进忠三春梦六卷三十三回 …… 414
绘图如意缘四卷十六回 ……………… 408
绘图走马春秋全传六卷五十四回 …… 389
绘图花月因缘十六卷五十二回 ……… 397
绘图评点女仙外史一百回 …………… 423
绘图英云三生梦传八卷 ……………… 408
绘图明珠缘六卷五十回 ……………… 384
绘图官场现形记六十卷 ……………… 425
绘图封神演义八卷一百回 …………… 403
绘图荡平奇妖传六卷二十回 ………… 396
绘图荡平奇妖传六卷二十回 ………… 396
绘图荡寇志八卷一百四十回 ………… 403
绘图施公案四卷九十八回续集六卷一
百回三集四卷五十回四集四卷五 … 417
绘图绘芳录八卷八十回 ……………… 417
绘图绘芳录八卷八十回 ……………… 422
绘图秦英征西四卷四十八回 ………… 387
绘图鸳鸯梦四卷十六回 ……………… 406
绘图鸳鸯梦四卷十六回 ……………… 407
绘图海公大红袍全传四卷六十回 …… 393
绘图绣像巧冤家四卷二十九回 ……… 407
绘图银瓶梅四卷二十三回 …………… 408
绘图银瓶梅四卷二十四回 …………… 422

绘图第一才女像四卷十六回 ………… 396
绘图第一奇书莲子瓶四卷二十三回 …… 408
绘图第一情书听月楼二十回 ………… 398
绘图第八才子书白圭志六十回 ……… 397
绘图密建游宫四卷四十八回 ………… 397
绘图续四才子四卷十八回 …………… 407
绘图彭公案六卷一百回续十卷八十回
再续八卷八十回全续八卷八一回 …… 406
绘图睢阳忠毅录四卷十六回 ………… 407
绘图新刊杨乃武供案全集四卷十二回
后集四卷十二回 ………………… 393
绘图新撰范文正公全传四卷三十四回

……………………………………… 412
绘图群英杰后宋奇书四卷三十四回 …… 407
绘图增批麟儿报四卷十六回 ………… 384
绘图增像万仙斗法八卷六十回 ……… 389
绘图增像西游记一百回 ……………… 393
绘图增像后列国志十卷六十回 ……… 389
绘图增像后列国志十卷六十回 ……… 424
绘图增像第五才子书水浒全传八卷七
十回 ……………………………… 401
绘图醒世第二奇书十二卷十二回 …… 408
绘图镜花缘一百回 ………………… 420
绘图镜花缘一百回 ………………… 420
绘图镜花缘二十卷一百回 …………… 400
绘像铁花仙史二十六回 ……………… 401
绘像铁花仙史二十六回 ……………… 421

十画

秦英征西四卷四十八回 ……………… 411
珠塔缘四卷二十回 ………………… 411
载阳堂意外缘 ……………………… 429
载阳堂意外缘四卷十八回 …………… 429
袁世凯演义四十四回 ……………… 410
真正绣像十五续济公传四卷四十回 …… 424
真正绣像十六续济公传四卷四十回 …… 412
真真鬼话聊篇 ……………………… 428
真真活神仙 ………………………… 428
桃花艳史六卷 ……………………… 428
桃花新梦二编 ……………………… 414

桃花影 …………………………………………… 427

夏商合传十卷 ……………………………………… 382

原本海公大红袍全传十卷六十回 ……… 392

原本海公大红袍全传六十卷六十回 …… 392

铁花仙史二十六回 ……………………………… 405

铁冠图八卷五十回 ……………………………… 416

铁冠图八卷五十回 ……………………………… 416

笔耕山房宜春香质四集二十回 ………… 418

航海西游记八十四回 ………………………… 418

狸猫换太子演义八卷八十回续八卷八
　十回三集八卷八十回 ………………… 413

鸳鸯会全传八回 ………………………………… 426

鸳鸯配四卷十二回 ……………………………… 380

鸳鸯影四卷十八回 ……………………………… 407

恋情人六卷十二回 ……………………………… 426

唐开元小说六种（唐人小说六种） …… 385

唐开元小说六种（唐人小说六种） …… 385

唐五代妖乱镜初集二卷十回 …………… 410

唐五代妖乱镜初集四卷 ……………………… 424

唐五代妖乱镜初集四卷 ……………………… 424

唐史通俗演义十卷一百回 ………………… 400

粉妆楼全传六卷八十回 ……………………… 404

海上花列传 ………………………………………… 427

海上繁花梦 ………………………………………… 429

海公小红袍全传四卷四十二回 ………… 401

海公小红袍全传四卷四十二回 ………… 416

海国春秋十二卷 ………………………………… 416

浪史四十回 ………………………………………… 426

娱目醒心编十六卷三十九回 …………… 388

通易西游正旨分章注释十卷一百回 …… 394

通俗小说七卷 ……………………………………… 392

绣云阁一百四十三回 ………………………… 397

绣戈袍真传八卷 ………………………………… 428

绣像二度梅全传四卷四十回 …………… 400

绣像十三续济公传四卷 ……………………… 412

绣像七星六煞征南传四卷四十四回 …… 406

绣像七星六煞征南后传四卷四十回 …… 406

绣像七剑十三侠初集六卷六十回续集
　六卷六十回三集六卷六十回 ……… 423

绣像七剑十三侠初集六卷续集六卷三
　集六卷 …………………………………… 396

绣像七剑十三侠续集六卷六十回 ……… 422

绣像三国演义续编八卷 ……………………… 386

绣像三国演义续编纪元八卷 …………… 386

绣像三侠剑清烈传四续四卷四十回七
　续四卷二十回八续四卷二十回 …… 402

绣像三教三蛮维杨佳话奇传四卷三十
　二回 ……………………………………… 398

绣像飞仙剑侠奇缘四卷三十回 ………… 408

绣像小八义十二卷一百二十回 ………… 411

绣像小八义十二卷一百二十回 ………… 412

绣像小五义一百二十四回 ………………… 395

绣像小说第一至二十期第三十一期至
　六十期 …………………………………… 395

绣像云合奇踪五卷八十回 ………………… 379

绣像云合奇踪五卷八十回 ………………… 391

绣像五女兴唐传四卷四十二回 ………… 384

绣像五续济公传四卷四十回 …………… 413

绣像北宋金枪全传十卷五十回 ………… 420

绣像四续济公传四卷四十回 …………… 409

绣像四游全传四种十四卷 ………………… 393

绣像仙侠五花剑六卷三十回 …………… 409

绣像兰花梦奇传八卷六十八回 ………… 407

绣像永庆升平十二卷九十七回 ………… 400

绣像永庆升平四卷九十七回 …………… 402

绣像永庆升平全传二十四卷 …………… 414

绣像永庆升平前传二十四卷九十七回
　………………………………………………… 413

绣像西汉演义绘图东汉演义四卷一百
　回后一种四卷六十四回 …………… 390

绣像全图小五义一百二十四回 ………… 395

绣像全图东汉演义四卷六十回西汉演
　义四卷一百回 ………………………… 420

绣像全图绿牡丹四卷六十四回 ………… 401

绣像英雄大八义四卷五十六回续四卷
　四十四回 ………………………………… 401

绣像忠烈全传六十卷六十回 …………… 420

绣像征东全传四卷四十二回 …………… 387

绣像征东全传四卷四十回 ………………… 387

绣像金台全传十二卷六十回 …………… 421

绣像金台全传六卷六十回 ………………… 421

绣像京本云合奇踪玉茗英烈全传十卷

八十回 ················ 391

绣像京本云合奇踪玉茗英烈全传十卷

八十回 ················ 391

绣像京本云合奇踪玉茗英烈全传十卷

八十回 ················ 393

绣像京本云合奇踪全传十卷八十回 ··· 391

绣像封神演义一百回 ·········· 387

绣像南唐演义薛家将一百回 ······ 416

绣像南唐演义薛家将六卷一百回 ···· 401

绣像前七国六卷 ············ 389

绣像济公全传续集三十回 ······· 411

绣像结水浒传七十回附结子一回 ···· 413

绣像结水浒全传八卷 ········· 423

绣像绘图七侠五义传六卷一百回 ···· 396

绣像绘图廿四史通俗衍义六卷四十四

回 ················· 423

绣像绘图花月痕十六卷五十二回 ···· 401

绣像绘图奇缘赛桃源四卷三十回 ···· 396

绣像绘图奇缘赛桃源四卷三十回 ···· 423

绣像绘图绘芳园全录八卷八十回 ···· 404

绣像真正九续济公传四十回 ······ 402

绣像野草闲花臭姻缘四卷四十回 ···· 423

绣像第十才子驻春园四卷二十四回 ·· 411

绣像清风闸四卷三十二回 ······· 396

绣像续小五义一百二十四回 ······ 395

绣像绿牡丹全传八卷六十四回 ····· 407

绣像绿牡丹全传六卷六十四回 ····· 417

绣像绿牡丹全传六卷六十四回 ····· 422

绣像韩湘子全传四卷三十回 ······ 392

绣像蜃楼外史六卷三十回 ······· 421

绣像增图绿野仙踪八卷八十回 ····· 398

绣像醒世姻缘传一百回 ········ 414

绣像醒世姻缘传一百回 ········ 414

十一画

聊斋志异十六卷 ············ 375

聊斋志异十六卷 ············ 393

聊斋志异十六卷 ············ 399

聊斋志异十六卷 ············ 425

聊斋志异十六卷 ············ 425

聊斋志异评注十六卷 ·········· 419

聊斋志异图咏十六卷 ·········· 403

聊斋志异图咏十六卷 ·········· 403

聊斋志异图咏十六卷 ·········· 410

聊斋志异图咏十六卷 ·········· 410

聊斋志异图咏十六卷 ·········· 410

聊斋志异遗稿四卷 ··········· 378

聊斋志异遗稿四卷 ··········· 394

聊斋志异新评十六卷 ·········· 385

聊斋志异新评十六卷 ·········· 393

聊斋志异新评十六卷 ·········· 401

聊斋志异新评十六卷 ·········· 403

聊斋志异新评十六卷 ·········· 403

聊斋志异新评十六卷 ·········· 410

聊斋志异新评十六卷 ·········· 410

聊斋志异新评十六卷 ·········· 425

黄金世界二卷二十回 ·········· 417

黄巢造反演虎四卷六十回 ······· 400

乾隆巡幸江南记八卷七十六回 ····· 404

乾隆游江南八集七十六回 ······· 404

梼杌闲评五十卷五十回 ········ 417

梼杌闲评五十卷五十回 ········ 417

梼杌萃编十二编二十四回 ······· 413

梦中缘四卷十五回 ··········· 397

梦中缘四卷十五回 ··········· 398

梦游上海名妓争风传 ·········· 429

梦游上海名妓争风传 ·········· 429

梅兰佳话四卷 ············· 425

雪月梅传十卷五十回 ·········· 382

雪月梅传十卷五十回 ·········· 411

雪月梅传十卷五十回 ·········· 413

雪月梅传五十回 ············ 413

常言道四卷十六回 ··········· 400

常言道四卷十六回 ··········· 400

野草闲花臭姻缘 ············ 428

第一才子书十九卷 ··········· 425

第一才子书十九卷 ··········· 425

第一才子书六十卷一百二十回 ····· 385

第一才子书六十卷一百二十回 ····· 386

第一才子书六十卷一百二十回 ····· 386

第一才子书六十卷一百二十回 ····· 386

第一才子书六十卷一百二十回 ………… 391
第一才子书六十卷一百二十回 ………… 393
第一才子书六十卷一百二十回 ………… 393
第一才子书六十卷二百回 ………… 424
第一才子书绣像三国演义十六卷 ………… 420
第一奇书一百回 ………… 427
第一奇书野叟曝言二十卷一五四回 …… 395
第一奇书野叟曝言二十卷一五四回 …… 395
第一奇书野叟曝言二十卷一百五十二
　回 ………………………………… 378
第二奇书八卷六十四回 ………… 407
第十才子书六卷二十四回 ………… 401
第十才子书六卷二十四回 ………… 415
第十才子绿云缘六卷二十四回 ………… 411
第七才子琵琶记六卷 ………… 418
第八才子书白圭志四卷十六回 ………… 383
第九才子书平鬼传四卷十回 ………… 416
第九才子书捉鬼传四卷十回 ………… 401
第九才子书捉鬼传四卷十回 ………… 407
第九才子书捉鬼传四卷十回 ………… 411
第五才子书十二卷一二四回 ………… 387
第五才子书十二卷一二四回 ………… 388
第五才子书十二卷一百二十四回 ………… 388
第五才子书水浒传七十一卷六十六回
　………………………………… 383
第五才子书水浒全传七十回卷首一卷
　………………………………… 388
第五才子书施耐庵水浒传七十五卷七
　十回 ………………………… 375
康梁演义四卷四十回 ………… 418
章台柳四卷十六回 ………… 418
情梦柝四卷二十回 ………… 381
情梦柝四卷二十回 ………… 414
清风闸四卷三十二回 ………… 398
清史通俗演义十卷 ………… 424
清史通俗演义十卷一百回 ………… 401
清史通俗演义十卷一百回 ………… 403
清史通俗演义十卷一百回 ………… 404
清史通俗演义十卷一百回 ………… 410
清史通俗演义十卷一百回 ………… 410
清史通俗演义十卷一百回 ………… 425

清宫历史演义十四卷一百二十回 ……… 403
混元盒五毒全传二十回 ………… 415
祸中福十二卷 ………… 400
隋炀帝艳史四卷十六回 ………… 430
续儿女英雄全传三十二回 ………… 414
续小五义一百二十四回 ………… 403
续小五义二十四卷一百二十四回 ……… 395
续四才子四卷十八回 ………… 415
续红楼梦三十卷 ………… 378
续英烈传二十回 ………… 384
续英烈传五卷三十四回 ………… 381
续英烈传演义四卷三十四回 ………… 402
续侠义传十六回 ………… 414
续金瓶梅六十四回 ………… 427
续金瓶梅六十四回 ………… 427
续聊斋志异十二卷 ………… 410
续纂施公案三十六卷一百回 ………… 415
绮楼重梦四十八回 ………… 383
绿牡丹全传八卷六十四回 ………… 412
绿牡丹全传八卷六十四回 ………… 412
绿野仙踪八十回 ………… 398
绿野仙踪八十回 ………… 398
绿野仙踪八十回 ………… 399
绿野仙踪八卷八十回 ………… 402

十二画

彭公案初集四卷一百回续集四卷八十
　回再续四卷八十回 ………… 403
彭公清烈传十三集 ………… 417
彭公清烈传四卷四十回 ………… 422
雅观楼全传四卷十六回 ………… 418
雅观楼全传四卷十六回 ………… 421
最新时事滑稽小说新天地二卷 ………… 408
景宋残本五代平话八卷 ………… 384
景宋残本五代平话八卷 ………… 385
景宋残本五代平话八卷 ………… 425
黑心奇案 ………… 428
锋剑春秋十卷六十回 ………… 389
湘军平逆传四卷八回 ………… 407
滑稽小说天上春秋十八回社会小说缙

绅镜三十回附杂钞一卷 ……………… 378

游仙窟一卷 …………………………… 409

缘中缘 ………………………………… 430

十三画

蜃楼志二十四卷 ……………………… 428

蜃楼志二十四卷 ……………………… 428

碎心记不分卷 ………………………… 418

虞初志七卷 …………………………… 377

照世杯四卷 …………………………… 409

像煞有介事四马白相记 ……………… 428

痴人福四卷八回 ……………………… 426

痴人福四卷八回 ……………………… 428

新上海 ………………………………… 429

新上海 ………………………………… 429

新刊五美缘八十回 …………………… 405

新刊五美缘八卷八十回 ……………… 405

新刊五美缘全传八十回 ……………… 406

新刊北魏奇史闺孝烈传十二卷四十六
　　回 ………………………………… 417

新刊绣像升仙传演义八卷五十六回 … 416

新刊绣像永庆升平后传一百回 ……… 413

新刊绣像全图施公案后传二十五卷一
　　百回 ……………………………… 416

新刊绣像彭公案二十三卷一百回 …… 414

新刊绣像彭公案二十三卷一百回 …… 415

新刊续彭公案十卷八十回 …………… 421

新史奇观演义全传二十二回 ………… 381

新印绘图盖三国奇缘不分卷 ………… 386

新出八剑七侠十六义平蛮演义后传六
　　卷六十回六一至一百二十回 …… 406

新出八剑七剑十六义平蛮演义前传四
　　卷六十回 ………………………… 406

新出绘图宦海风波第一编十二回 …… 412

新列国志一百八回 …………………… 375

新评龙图神断公案十卷 ……………… 380

新评龙图神断公案十卷 ……………… 397

新贪欢报 ……………………………… 428

新刻二度梅奇说全集六卷四十回 …… 412

新刻三元传四卷四十八回 …………… 401

新刻三合明珠宝剑全传六卷四十二回
　　…………………………………… 414

新刻三宝太监西洋记通俗演义二十卷
　　一百回 …………………………… 395

新刻大宋杨文广平南全传四卷二十二
　　回 ………………………………… 415

新刻小说跻云楼十四回 ……………… 381

新刻天花藏批评平山冷燕四卷二十回
　　…………………………………… 414

新刻天花藏批评平山冷燕四卷二十回
　　…………………………………… 414

新刻天花藏批评平山冷燕四卷二十回
　　…………………………………… 415

新刻中兴大唐演义传十卷 …………… 416

新刻中兴大唐演义传十卷一百回 …… 416

新刻今古传奇十四卷 ………………… 379

新刻平闽全传八卷五十二回 ………… 423

新刻平闽全传六卷五十二回 ………… 424

新刻史纲总会列国志传十九卷 ……… 384

新刻再续彭公案八卷八十回 ………… 412

新刻全像三宝太监西洋记通俗演义二
　　十卷一百回 ……………………… 376

新刻全像海刚峰先生居官公案四卷七
　　十一回 …………………………… 379

新刻异说南唐演义全传十卷一百回 … 416

新刻杨家府世代忠勇演义志传八卷 … 379

新刻杨家府世代忠勇演义志传六卷 … 394

新刻批评平山冷燕六卷二十回 ……… 411

新刻京本列国志传八卷 ……………… 379

新刻京本列国志传八卷 ……………… 390

新刻京台公余胜览国色天香十卷 …… 392

新刻春秋配十六回 …………………… 403

新刻按鉴编纂开辟衍绎六卷八十回 … 421

新刻按鉴编纂开辟衍绎通俗志传六卷
　　八十回 …………………………… 421

新刻按鉴编纂开辟衍绎通俗志传六卷
　　八十回图一卷 …………………… 376

新刻按鉴演义三国英雄志传二十卷 … 387

新刻按鉴演义京本三国英雄志传六卷
　　…………………………………… 387

新刻钟伯敬先生批评封神演义二十卷

一百回 …………………… 383

新刻钟伯敬先生批评封神演义十九卷
　　一百回 …………………… 392

新刻钟伯敬先生批评封神演义十九卷
　　一百回 …………………… 392

新刻剑啸阁批评东汉演义传十卷 ……… 382

新刻剑啸阁批评东汉演义传十卷 ……… 385

新刻剑啸阁批评东汉演义传十卷 ……… 385

新刻剑啸阁批评西汉演义传八卷 ……… 382

新刻剑啸阁批评西汉演义传八卷 ……… 385

新刻剑啸阁批评西汉演义传八卷 ……… 385

新刻剑啸阁批评西汉演义传八卷新刻
　　批评东汉演义传十卷 …………… 389

新刻剑啸阁批评西汉演义传八卷新刻
　　批评东汉演义传十卷 …………… 389

新刻剑啸阁批评西汉演义传八卷新刻
　　批评东汉演义传十卷 …………… 390

新刻剑啸阁批评西汉演义传八卷新刻
　　批评东汉演义传十卷 …………… 391

新刻济颠大师醉菩提全传二十回 ……… 415

新刻离合剑莲子瓶全集三十二回 ……… 411

新刻粉妆楼传记十卷八十回 …………… 403

新刻粉妆楼传记八卷八十回 …………… 404

新刻绣像刘公案全传四卷 ……………… 401

新刻绣像走马春秋四卷十六回 ………… 397

新刻绣像批评金瓶梅二十卷一百二十
　　四回 ……………………………… 375

新刻黄掌纶先生评订神仙鉴二十二卷
　　　　…………………………………… 382

新刻黄掌纶先生评订神仙鉴二十二卷
　　　　…………………………………… 382

新刻逸田叟女仙外史大奇书一百回 …… 380

新刻逸田叟女仙外史大奇书一百回 …… 382

新刻清风闸四卷三十二回 ……………… 383

新刻清风闸四卷三十二回 ……………… 398

新刻善恶图全传四十回 ………………… 413

新刻增异说唐秘本全传十卷六十八回
　　　　…………………………………… 387

新刻增删二度梅奇说六卷 ……………… 412

新选今古奇闻二十二卷 ………………… 384

新选今古奇闻二十二卷 ………………… 388

新选今古奇闻二十二卷 ………………… 392

新说西游记一百回 ……………………… 382

新说西游记一百回 ……………………… 394

新锲异说五虎平西珍珠旗演义狄青前
　　传六卷一百一十二回 …………… 404

新编凤双飞后传十六卷 ………………… 425

新编玉燕姻缘传记六卷七十七回 ……… 408

新编玉蟾记六卷五十三回 ……………… 395

新编玉蟾记六卷五十三回 ……………… 396

新编东游记二十卷一百回 ……………… 379

新编肉丘坟十二卷九十八回 …………… 412

新编批评绣像后七国乐田演义十八回
　　　　…………………………………… 380

新编前明正德白牡丹传八卷四十六回
　　　　…………………………………… 396

新编案中奇缘第四奇书二卷十二回 …… 407

新编案中奇缘第四奇书二卷十二回 …… 407

新编绣像簇新小说麟儿报十六回 ……… 381

新编绣像簇新小说麟儿报十六回 ……… 421

新编续西游记一百回 …………………… 418

新编雷峰塔奇传五卷 …………………… 403

新编雷锋塔奇传五卷 …………………… 383

新辑文广平南全传四卷二十二回 ……… 411

新辑左公平西全传四卷三十二回 ……… 408

新辑查潘斗胜全传 ……………………… 428

新锲重订出像注释通俗演义西晋志传
　　题评四卷东晋志传题评十二卷纪元
　　传一卷 …………………………… 376

新镌三分梦全传十六卷十六回 ………… 396

新镌三分梦全传十六卷十六回 ………… 396

新镌三分梦全集十六卷十六回 ………… 396

新镌才美巧相逢宛如约四卷十六回 …… 381

新镌玉茗堂批评按鉴参补北宋志传十
　　卷五十回 ………………………… 375

新镌玉茗堂批评按鉴参补南宋志传十
　　卷五十回 ………………………… 378

新镌玉茗堂批评按鉴参补南宋志传十
　　卷五十回 ………………………… 392

新镌玉茗堂批评按鉴参补南宋志传十
　　卷五十回 ………………………… 400

新镌玉茗堂批评按鉴参补南宋志传十

卷五十回 ·················· 404

新镌玉茗堂批点按鉴参补杨家将传十

卷五十回 ·················· 376

新镌后续绣像五虎平南狄青演义六卷

四十二回 ·················· 404

新镌后续绣像五虎平南狄青演传六卷

四十二回 ·················· 415

新镌全像东西两晋演义志传十二卷五

十回 ····················· 379

新镌全像武穆精忠传八卷 ········ 394

新镌全像武穆精忠传八卷 ········ 394

新镌全像武穆精忠传八卷 ········ 394

新镌全像通俗演义隋炀帝艳史八卷四

十回爵里姓氏一卷图一卷 ····· 376

新镌刘生觅莲记六卷十六回 ····· 380

新镌异说五虎平西珍珠旗演义狄青前

传十四卷一百一十二回 ······· 415

新镌异说可闻绣像群英杰全传六卷三

十四回 ···················· 408

新镌孙庞演义六卷二十回 ······· 381

新镌批评出相韩湘子三十回 ····· 376

新镌批评出像通俗奇侠禅真逸史八卷

四十回 ···················· 392

新镌批评出像通俗奇侠禅真逸史四十

回 ······················· 382

新镌批评出像通俗奇侠禅真逸史四十

回 ······················· 387

新镌批评出像通俗奇侠禅真逸史四十

回后史五十三回 ············ 411

新镌批评出像通俗演义禅真后史五十

三回 ····················· 392

新镌批评绣像后西游记四十回 ···· 405

新镌批评绣像烈女演义六卷 ····· 379

新镌批评绣像秘本定情人十六回 ·· 381

新镌济颠大师醉菩提全传二十回 ·· 384

新镌绘图醒梦录全传四卷十六回 ·· 384

新镌绣像赵太祖三下南唐被困寿州城

八卷五十三回 ·············· 417

新纂四望亭全传十一卷六十四回 ·· 414

剿闯小说十卷附录一卷 ········· 378

十四画

瑶花传十一卷 ················ 427

聚珍本小丛书 ················ 429

熙朝快史十二回 ·············· 406

精订廿四史纲鉴通俗衍义二十六卷四

十四回 ···················· 399

精订廿四史纲鉴通俗衍义二十六卷四

十四回 ···················· 402

精订纲鉴廿一史通俗衍义二十六卷四

十四回 ···················· 378

精订纲鉴廿四史通俗衍义二十六卷四

十四回 ···················· 399

精订纲鉴廿四史通俗衍义二十六卷四

十回 ····················· 411

精订绘图廿四史通俗演义六卷四十四

回 ······················· 403

精订绘图廿四史通俗演义六卷四十四

回 ······················· 403

精订绘图廿四史通俗演义六卷四十四

回 ······················· 403

十五画

增订忠孝节义全传二十卷六十回 ····· 385

增订绘图精忠说岳全传八卷八十回 ··· 401

增订绘图精忠说岳全传八卷八十回 ··· 402

增订绘图精忠说岳全传八卷八十回 ··· 404

增订绘图精忠说岳全传八卷八十回 ··· 421

增订精忠演义说岳全传二十卷八十回

························ 413

增订精忠演义说岳全传二十卷八十回

························ 413

增评加注全图红楼梦十五卷一百二十

回 ······················· 423

增评加注全图红楼梦十五卷一百二十

回 ······················· 423

增评补图石头记一百二十卷首一卷 · 384

增评补像全图金玉缘一百二十回 ···· 386

增补斋省堂儒林外史六十回 ······· 397

增补斋省堂儒林外史六十回 ·········· 397
增补斋省堂儒林外史六十回 ·········· 424
增像小五义传二十五卷一百二十四回
·········· 395
增像小五义传六卷一百二十四回 ····· 409
增像小五义全传一百二十四回 ········· 409
增像玉茗堂批点按鉴参补南宋志传四
卷五十回 ·········· 402
增像全图三国演义十六卷一百二十回
·········· 386
增像全图三国演义十六卷一百二十回
·········· 387
增像全图三国演义十六卷一百二十回
·········· 387
增像全图东周列国二十七卷一百零八
回 ·········· 423
增像全图加批西游记八卷一百回 ····· 423
增像全图清烈传四十卷一百回 ········· 414
增像第六才子书五卷 ·········· 424
醉醒石十五回 ·········· 392
醉醒石十五回 ·········· 425
醉醒石十四回 ·········· 379
蝴蝶媒四卷十六回 ·········· 381
蝴蝶媒四卷十六回 ·········· 417
镌玉茗堂批点残唐五代史演义传二卷
六十回 ·········· 420
镌李卓吾批点残唐五代史演义传八卷
六十回 ·········· 382

十六画

璞玉葆真一卷 ·········· 399
燕山外史八卷 ·········· 381
燕山外史八卷 ·········· 382
燕山外史四六传奇四卷 ·········· 407
燕京评花录 ·········· 429
樵史通俗演义八卷四十回 ·········· 419
醒世和尚奇缘二卷 ·········· 428

醒世姻缘一百回 ·········· 400
醒世姻缘传一百回 ·········· 381
醒世姻缘传一百回 ·········· 411
醒世姻缘传一百回 ·········· 417
醒世姻缘传一百回 ·········· 424
醒梦骈言十二回 ·········· 418
镜花缘二十卷一百回 ·········· 384
镜花缘二十卷一百回 ·········· 394
镜花缘二十卷一百回 ·········· 398
镜花缘二十卷一百回 ·········· 423
镜花缘二十卷一百回 ·········· 424
镜花缘全传六卷一百回 ·········· 401
儒林外史五十六回 ·········· 378
儒林外史五十六回 ·········· 380
儒林外史五十六回 ·········· 382
儒林外史五十六回 ·········· 383
儒林外史五十六回 ·········· 393
儒林外史五十六回 ·········· 398
儒林外史六十回 ·········· 397
儒林外史六卷六十回 ·········· 397
儒林外史六卷六十回 ·········· 404
儒林外史六卷六十回 ·········· 404

十七画

魏忠贤小说斥评书 ·········· 418

十八画

蟫史二十卷 ·········· 413
蟫史二十卷 ·········· 413

十九画

警富新书四卷四十回 ·········· 406
警富新书四卷四十回 ·········· 407
警寤钟四卷十六回 ·········· 418